清代台湾
军事与社会

（台湾）许毓良　著

九州出版社
JIUZHOUPRESS

图书在版编目（CIP）数据

清代台湾军事与社会 / 许毓良著．—北京：九州出版社，2008.10

ISBN 978-7-80195-837-2

Ⅰ．清…　Ⅱ．许…　Ⅲ．①军事－概况－台湾省－清代 ②政治－概况－台湾省－清代　Ⅳ．E295　D691

中国版本图书馆 CIP 数据核字（2008）第 158085 号

清代台湾军事与社会

作　　者	（台湾）许毓良　著
出版发行	九州出版社
出 版 人	徐尚定
地　　址	北京市西城区阜外大街甲 35 号（100037）
发行电话	（010）68992190/2/3/5/6
网　　址	www. jiuzhoupress. com
电子信箱	jiuzhou@ jiuzhoupress. com
印　　刷	三河市东方印刷厂
开　　本	787 × 1092 毫米　　16 开
印　　张	39.5
字　　数	730 千字
版　　次	2008 年 11 月第 1 版
印　　次	2008 年 11 月第 1 版　　第 1 次印刷
书　　号	ISBN 978-7-80195-837-2/D · 193
定　　价	88. 00 元

序言一

许毓良以《清代台湾军事与社会》为题，完成本书，全书七十万言，为近年来台湾史研究的力作。

近一二十年来清代台湾史的研究似乎在退潮中，主要原因可能是日治时期台湾相关档案史料数位化不少，家族档案资料、私人日记的出现也多，资料的丰富性便吸引了研究者；其次则为过去一向较不注重殖民地时期台湾史的研究；三则研究日治时期台湾史有较多的机会与日本、韩国的学者切磋。在个人指导的博硕士生当中以清代台湾史为主题的相形之下少很多。毓良则是硕士、博士论文均以清代为主题，在寂寞的清代台湾史研究中踽踽独行，他反而显露了锋芒。

过去对于清代台湾史的研究，较以台湾去看清朝，较少由清朝来看台湾，因此对清廷的治台政策往往有些误解，以往学界对清朝统治采取消极性的看法，如伊能嘉矩；也有认为虽看似消极，但若与同时期的四川相较，在台的统治毋宁是积极的；亦有提出清廷为防台而治台者。近年来邵式伯（J. R. Shepherd）提出清廷理性治台说，而柯志明则随后提出族群政治治台说，皆各自言之成理。许毓良在众多论述中提出了清代治理台湾是稳定治台说的新见解，主要是经由分区讨论兵力、人口以及平定乱事的模式的架构而来。

在书中他认为清代设绿营，其汛塘分布、兵力派遣与各区域人口分布和数量有密切的关系。清代台湾动乱，南、中部多民变，北部多械斗，清廷平定乱事除了使用武力外，平时也善用司法判决、购线得讯，限制磺、铁来控制台湾。由于控制得宜，虽台湾民变、械斗不少，但清廷总能运用来自福建的兵力驰援，将动乱控制在一隅，而后平乱，使得移民得以在稳定的环境中从事开垦及商业活动。

清代在台行班兵制度，有其时代背景，其兵力虽比内地一镇的兵丁为多，但仍不足。为了有效控制台湾，必须寻找其他助力，遂分北、中、南、东采分地制宜的方式，如南部采行官番民合作的模式，中部采行官番合作模式，北部采行官方独大模式，东部采行官民合作模式。过去的研究并未细致的分区讨论，本书则利用坚实的史料来证明其说法，并言及到清末防军已取代绿营的角色。因此台湾建省后，在刘铭传的命令下，台湾的团练与土勇全面模仿防军营制，收编了民间武力。不过在面对乙未日军攻台，仍必须招募粤勇，而台湾仍不免沦陷于日人之手。

本书除了提出稳定治台说的新看法，也分区分析政府与民间武力如何互动，是相当有创意的作品。其所以能如此，与本书使用许多台湾、中国大陆的相关资料有关。台湾方面以古文书为多，中国大陆方面以中国第一历史档案馆、北京国家图书馆所藏为主，其中《清代兵部处分则例》、《中枢备览》尤其重要，这些都是前人未曾使用的。此外本书耗尽心力调制许多表，以利学界参考，是本书的又一贡献。

我有幸指导许毓良硕、博士论文，而他的主题等于我过去对绿营研究的扩充，并另提出新意。在资料的使用上更超出二十年前我的博士论文甚多，这种青出于蓝的学生相信是指导教授最大的欣慰。如今毓良在辅仁大学历史系谋得教职，论文即将出版为专书，可谓双喜临门。忝为人师，为本书作序，亦属当仁不让。谨为之序。

许雪姬

台湾“中央研究院”台湾史研究所研究员兼所长

2007 年 12 月 3 日

序言二

台湾青年学者许毓良的新著《清代台湾军事与社会》，送交大陆的九州出版社付梓，许君索序殷切，难以辞谢。

台湾历史的研究，在台湾已从“险学”演变成“显学”。学人趋之若骛，大陆的台湾历史研究，也有逐渐加强的迹象。现实政治的需要是第一动力，学术的发展往往总是受到现实政治的推动，学者的研究兴趣往往是在现实政治的推动下产生的。

许毓良君的新著着意讨论有清一代对台湾的统治。他从军事与社会的角度切入这一领域。这是有眼光的。所谓军事，其实质内容是军队组成及其运动方向。而军队是国家机器控制社会的核心力量。研究台湾社会军事（含军队，或者武装力量）与社会的关系，就是探讨了有清一代台湾政治史的基本内容。我个人对这样的研究取向是赞赏的。

本书作者有很好的学术素养。他把政治史、军事史、社会史的研究内容和研究方法熔冶于一炉，有纵的历史走向，又有横的历史剖面，经纬分明。他从台湾的人口发展问题入手，通过大量历史典籍，钩稽了从康熙、雍正到乾隆、光绪时期台湾的人口发展。如何估算各个时期的人口，不是容易做到的。作者采用档案与方志记载的丁口数目、档案与方志记载的正供数目、档案与方志记载的开垦面积、档案与官书记载的食盐数目、档案与方志记载的仓储数目，交相推论，酌情估算，务求真实。这种研究方法是可取的。

作者正确地指出：人口是一切施政的重点，更是军事部署的指标。透过对清代台湾总人口与区域人口的描述，已经点出了一个基本问题。那就是面对数量众多的被统治者，清廷要如何稳定社会秩序。这其实是台湾政治史、社会史的重大问题。清朝统治者既需要基本的武装力量，才能达到稳定台湾社会秩序的目的，又需要从对台湾统治的经验中，学会如何利用存在台湾民间的武装力量，寻找可靠的合作对象，才能有效地来治理台湾的社会。

台湾由于闽粤移民社会的特点，早期垦殖不易，生存的争斗剧烈，往往形成社会动乱的渊薮。竖旗、抢劫、械斗，“三年一小反，五年一大反”，充斥着台湾的历史。作者研究了竖旗、抢劫、械斗的蔓延区域，研究了每件个案都呈现不同的发展特点，指出不管任何动乱，它代表的意义是各方武力本质的展现；也因为武力的本质有差异，所以乱事的结果也各不相同。作者尝试把清代台湾社会的武力分为四大类，并依照战力高低排列为职业式、原住民、契约式、拜盟式，进而解释以它们为主体的军事史发展。然后探讨与武力相关的统治手段，说明武力以外的统治策略；以及讨论战争发生时，各方兵力的人数分析。作者最后指出了武力是维持台湾区域稳定与土地开拓的重要因素。

许毓良君在研究过程中，相当全面地利用了大陆和台湾地区档案馆、图书馆所藏文献，相当全面地利用了海峡两岸学术界的相关研究成果。这是许君研究中的一大特点。像这样全面参考、利用海峡两岸学者的研究成果而形成自己的独特研究，我所见是不多的。许君在获得台湾师范大学博士学位后，曾有机会到中国社会科学院近代史研究所从事博士后研究，我有幸认识他，并有机会与他共同切磋。许君的研究成果，是海峡两岸学术交流的成果与结晶。他的研究公之于世，我谨表衷心祝贺。

张海鹏

中国社会科学院学部委员

中国社会科学院近代史研究所研究员

2008 年 1 月 1 日于北京东厂胡同一号

目　录

第四章　战斗兵力的分析

第五章　武力控制下的拓垦

绪 论

在台湾史的研究中，对于军事史的讨论可说较为人所漠视。然而军事发展背后，所反映出国家机器的运作、社会经济的成长、工艺科技的水平、统治与被统治阶级的矛盾等，皆是理解统治之道的重要指标。① 清代是台湾史断代一个关键性的阶段。除了它的时间长达212年（1683～1895）之外，更是从原住民社会，转化成汉人社会的分水岭。这使得清廷有机会在该岛，实行与福建相同的武备。所以可以很确定地说，同一时期台湾军事的发展和闽省是分不开的。

作为最长时期的统治者，清廷的治理必有独到之处。对于该问题的探讨，则是本书的研究动机。事实上在以往的研究成果中，治台政策的讨论不乏其人，归纳后可分四个观点：

其一，消极治台说。此观点能找到最早的首倡者，则是日治时期学者伊能嘉矩。伊能根据康熙二十二年（1683）弃留台湾的廷议，认为虽然以福建水师提督施琅为主的留台派取得胜利，但受到弃台意见的影响，使得清廷对台实施严格的移民政策，并造成层出不穷的偷渡案件。② 日后的研究者抓住这一点再多作发挥，并把例如：划定番界、民番分治、航运限制、社会动乱等政策与现象的出现，全归咎于是清廷态度被动导致的结果。于是乎“消极治台”说的刻板印象形成，它已成为同治十三年（1874）台湾执行开山抚番前，清廷治台的一个注脚。③

其二，因防台而治台说。此观点的提倡者，以厦门大学台湾研究所首任所长陈碧笙为最著名。陈氏以移民法令、番地划定、不准台人当兵、不准台湾筑砖城、正口对渡、实施铁禁等，认定清廷害怕台人反抗，所以采取管制方式。④ 该说似乎比较贴近军事层面，但仔细思考又有两点值得商榷。一为此说把台湾与福建分割成两块区域。过度强调治台特殊性的结果，忘记了满

---

① 杰弗里·帕克（Geoffery Parker）著，傅景川等译，《剑桥战争史（Cambridge Illustrated History of Warfare）》（吉林：吉林人民出版社，2001年3月二刷）。

② 伊能嘉矩著，江庆林等译，《台湾文化志（中卷）》（台中：台湾省文献委员会，1991年6月），页409～419。

③ 薛化元，《台湾开发史》（台北：三民书局，1999年7月），页49；黄秀政等，《台湾史》（台北：五南图书出版股份有限公司，2002年2月），页82。

④ 陈碧笙，《台湾人民历史》（台北：人间出版社，1996年12月），页134～138。

族人以少数民族入主中原，先天就对被统治者保持着疑惧。他们防范的对象应带有普遍性，不是特殊性。另一为清廷实施这些政策的当下，所要对付的对象不是“台人”，正确说法应是带有浓厚原籍观念的闽粤移民。其证据是直到咸丰朝以前，大部分竖旗者的口供，多以自己的祖籍别招供。

其三，理性治台说。二十世纪七十年代美国人类学者邵式伯（J. R. Shepherd），利用台湾银行文献丛刊、台湾研究丛刊、日人整理的资料和国势调查报告、中译与英译的荷兰文献。尝试从战略、控制成本、岁入潜力的角度出发，说明清廷对台统治维持着理性的统治。① 然而批评者从研究方法切入，认为就史料的性质而言，多数是官方的记录，所反映的观点也是以统治者为主。② 此外邵氏讨论的断限，基本上是在1600～1800年。由于缺乏对十九世纪的讨论，很难借此推论清末的对台统治，是否也同样带有“理性”，或如何带有“理性”。

其四，族群政治治台说。2001年社会学者柯志明利用日治时期临时台湾土地调查局、临时台湾旧惯调查会、台湾公私藏古文书、台北故宫典藏档案，说明从熟番地权制度的形成与转变，可以解释清廷对台湾统治的特定关切。同时也显现出清廷与番汉族群互动的结果——族群政治。柯氏从土地地权、汉番关系着眼，认为清廷以垦地重新配置的方式，让汉人、熟番、生番均有各自的生活领域，达到“三层族群”的最佳分布，让人对清代台湾社会史有更进一步地思考。③ 但他研究的领域仅限于番界以西，未把宜兰、花东属于番界以东的地区纳入，遂给了后继者一个再深入探讨的机会。

方知一种理论的提出，其论点必须可以检验历史的整体面向。上述四种说法，不论从年代与地域审视，均无法达到对应的要求。因此本书的问题意识，则是试图从武力统治之道，来讨论是否有“稳定治台”说的可能。事实上从统治策略来看，清廷可以选择的项目实在不少。例如：遵循旧制灌输社会行为的正统原则（礼），其次是利用奖惩兼施的办法（司法），最后才是使用武力来维持秩序。④ 可见得武力不是唯一的方法，然而该方法在台湾却相对重要。最大的原因是台湾属于海疆的特性。

---

① Shepherd J. R., *Statecraft and Political Economy on the Taiwan Frontier* 1600－1800（Taipei：Nan－Tian Bookstore press，1995）.

② 潘英海，《平埔族研究的困惑与意义——从邵式伯的博士论文“十七及十八世纪台湾拓垦中的汉番关系”谈起》，《台湾风物》，第37卷第2期，1987年6月，页157～165。

③ 柯志明，《番头家——清代台湾族群政治与熟番地权》（台北：“中央研究院”社会学研究所，2001年3月。

④ 费正清（John King Fairbank）著，张理京译，《美国与中国（The United States and China）》（北京：世界知识出版社，2000年3月），页67。

以中国东南省份来说，福建、广东素有侨乡之称。虽然海外移民非始于清代，但究其移民人数与规模，都非清以前各朝所能比拟。这使得清代成为研究海外移民史、社会经济史的一个重要阶段。① 台湾在这一波移民潮下，亦成为闽粤之民考虑的地点。然客观的环境，让清廷对这群移民保持谨慎的态度。理由是闽粤原乡不同于中国其他地方，有三种特殊的社会现象——大规模的宗族组织、反官方的行动、宗族间的世仇，使得官府不得不小心提防，这就是清廷治理台湾的基本态度。② 乾隆十年（1745）福建布政使高山的《陈台湾事宜疏》，更透露出清廷统治台湾的原意。他谓："……诚以台阳一岛海外孤悬，聊为边界藩篱，倚作东隅屏障；原非欲驱内地游手之民，而使之就食于彼也……"③由此可知清廷对台湾是以军事第一，拓垦为次的心态在治理。

既然已经确立武力作为统治之道的首位，就必须深究其中的操作关系为何。换句话说，统治者与被统治者的武力如何合作，才能达到社会秩序的稳定。有趣的是本书虽一再强调清廷武力治台的重要，但熟悉清代台湾史的人都知道，多动乱是当时社会的现象。如何解释统治者想要求治，却又与事实相违的矛盾。按照作者对研究成果的观察，以往在探讨清代台湾社会动乱的问题上，不脱二大模式：一为只对单一问题进行编年整理，较少把不同性质的事件，归纳后再按区域排列对照。④ 二为采取量化分析，以农民起义、游民骚乱、地方豪强骚乱、民间械斗、土汉冲突进行统计，顾不得这些个案是否有相关联性。⑤

前述的两种讨论，均会忽视清廷"挑战与反应"的过程，有意、无意地排除清廷危机处理的能力。要知道在号称"三年一反"的台湾，清廷对于乱事的平定，想必也累积了不少经验。⑥ 这种一次教训、一次学习的过程，终究都能使续发的乱事获得控制，同时也是进行武力治台的重要手段。道光十四年（1834）台湾道刘鸿翱就已提到台湾社会动乱的祸首，一是竖旗，二是抢劫，三是械斗，四是因故斗殴，五是狱讼。⑦ 扣除最后二者不

---

① 孙谦，《清代华侨与闽粤社会变迁》（厦门：厦门大学出版社，1999 年 6 月），页1～16；朱国宏，《中国的海外移民——一项国际迁移的历史研究》（上海：复旦大学出版社，1994 年 12 月），页 98～227。

② 莫里斯·弗里德曼（Maurice Freedman）著，刘晓春译，《中国东南的宗族组织（Lineage Organization in Southeastern China）》（上海：上海人民出版社，2000 年 3 月），页 177。

③ 诸家，《清奏疏选汇》，台湾银行文献丛刊第二五六种，1968 年 11 月，页 40。

④ 许达然，《械斗和清朝台湾社会》，《台湾社会研究》，第 23 期，1996 年 7 月，页1～81；许达然，《清朝台湾民变探讨》，《史学与国民意识论文集》（台北：稻乡出版社，1999 年 2 月），页41～211。

⑤ 林仁川、黄福才，《台湾社会经济史研究》（厦门：厦门大学出版社，2001 年 3 月），页284～286。

⑥ 徐宗幹，《斯未信斋文编》，台湾银行文献丛刊第八七种，1960 年 8 月，页 97。

⑦ 刘鸿翱，《绿野斋集钞》；摘自诸家，《清经世文编选录》，台湾银行文献丛刊第二二九种，1966 年 7 月，页 72。

论，前三者一旦有警，即常有燎原之势。因此就衍生出两个重要的问题值得讨论，一是为何竖旗、抢劫、械斗的蔓延区域，每件个案都呈现不同的发展？二是在同一时间上，为何有的地区是发生械斗，有的地区就发生竖旗？作者认为不管是任何动乱，它代表的意义是各方武力本质的展现；也因为武力的本质有差异，所以乱事的结果也有所不同。本书尝试把清代台湾社会的武力分为四大类，并依照战力高低排列——职业式、原住民、契约式、拜盟式，进而解释以它们为主体的军事史发展。

职业式武力顾名思义就是把武力的整编，以职业分工的方式进行。因为编制、操练、给饷、武器、指挥、后勤、抚恤等业务，都有专人负责与要求，所以能发挥的战力最强。而有能力统筹如此规模者，基本上只有统治者才有办法做到，其代表是绿营与防军。因此也可以说职业式武力就代表官方武力。

原住民武力是指生、熟番的武力。他们平常健走于平原、山地，从捕鹿、射鱼到出草、馘首，皆已练就一身好功夫。若从单兵作战的标准评审，他们的战力不会输给职业式武力。可惜的是他们没有像金字塔架构般的军事组织，战斗时难以统合所有的战力。并且在武器与后勤上远远不及官方，亦很难与官方相抗衡。不过清廷看上他们坚实的一面，乾隆五十三年（1788）以后收编部分熟番成为番屯，作为官方武力的辅助力量。番屯的屯丁能得到官方的给饷，表面上也有职业式武力的身影，但却被本书排除。最主要的原因是从制度面来看，“职业”的标准不是空有发饷的规定而已，还需注意这套制度是否运作流畅。嘉庆朝以后番屯连年欠饷，说明番屯若列为职业式武力是不符标准的。

契约式武力顾名思义是指武力的整编，以契约的方式进行。虽然它不一定有签约的动作，但在约定的期限内，首从彼此有权利义务的关系。其代表是以民团、隘与结首为主。当然从“给薪”的动作来看，契约式武力很像雇佣兵，但本书不认为可以把它视为职业式武力的原因。主要是他们的武力，多采旋聚旋散的方式组成；当约定的时间到期，该团体就解散或另行编组。如此临时性浓厚的特征，使得该武力的分类以契约式的称呼为宜。至于把他们列在原住民武力之后，则是以每次战役的结果而定。尤其是光绪元年至二十年的开山抚番战争，契约式武力最具战力者——土勇营，仍然不敌生番。

拜盟式武力专指秘密结社形成的武力，其代表以会党为主。清代的会党分为闽粤天地会与川楚哥老会二大系统。他们在台湾都有活动的记录。按照清律会党为法所不容，因此会党分子为维系彼此的向心力，均产生出一套诸如：序齿、歃血、立誓、焚表、钻刀的仪式。其武力基础是在拜盟之上产生，故名拜盟式武力。他们的特性是人数少，但反官方的立场明显。由于经常突然发动竖旗，挑战清廷治台的权威，所以也是官方联合番、民围剿的对象。

本书在史料的运用上，较其他的作品有独到之处，其特色是能结合海峡两岸的馆藏——台北故宫博物院与北京中国第一历史档案馆、台湾大学图书馆特藏室与北京大学图书馆古籍善本室、"中央图书馆"台湾分馆与北京国家图书馆（包括北海分馆）。

首先在清宫档案的部分，由于台北故宫博物院已陆续出版宫中档、月折档、谕旨档、廷寄档、洋务始末的台湾史料汇编，再加上中国第一历史档案馆所藏军机处奏折录副台湾史料部分（详见参考书目），可以很完整勾勒当时皇帝、京官、疆吏对治台政策的看法。其次是台湾大学图书馆所藏《淡新档案》与北京大学图书馆所藏清代官书，刚好可以补充厅、县级地方行政事务的运作，与前者中央级档案做一对照，充分还原出清廷国家机器治台的原貌。其三是北京国家图书馆的馆藏资料，这当中最特别的是历朝福建武乡试录的史料，透过它们可以了解清代武科功名者在台湾的地位，同时这也是清代台湾史研究长期被人忽视的问题。其四是对台湾所藏清代古文书的运用。该资料是当时拓垦的第一手文件，重要性当然不可言喻。不过以往对清代台湾开发史的研究，多是单独运用它们，少有结合前述三种不同性质的史料配合讨论。

至于在章节编排方面，扣除绪论、结论外，本书共分成五章十六节。第一、二、三章论述清代台湾社会武力的发展，以及配合武力统治的其他方法。第四、五章则是验证前三章的说法——前者采个案、后者采地区分析。在各章次序与逻辑架构方面，首章开宗明义先讨论人口问题，盖因为人口是兵防分布多寡的基础。其次是讨论武力的本质——职业式、原住民、契约式、拜盟式，说明四大类武力个别的发展历史。再次是探讨与武力相关的统治手段，说明武力以外的统治策略。之后接续讨论发生战争时，各方兵力的人数分析。最后探讨武力是否为维持区域稳定与开拓的重要因素。

在章节内容简介方面，第一章共分为三节，谈的是清代台湾的人口估量。史学界对于清代人口研究的命题，大致上可分为四点，包括：人口历史研究的问题与方法、非真实水平的人口统计、生育与死亡与婚姻、气候粮价与人口变化。① 近年来对于清代人口的讨论，焦点集中在支持或反对十九世

① 梁荣迅，《美国首次"清代历史人口的讨论会"综述》，《中国史研究动态》，总第85期，1986年1月，页20～25。

纪英国经济学家马尔萨斯（Thomas Robert Malthus）的中国人口研究。① 然不管是哪一个层面的研究，对于清代台湾人口的讨论却很少。事实上要求出清代正确的区域人口数，可说是困难度极高的事情。透过从官方的资料中去整理这些人口数据，虽然会有误差值过大的缺点，但它仍有一个重要意义，即是官方对当地施政的重要参考依据。这对本书试图从国家机器来做控制地方的讨论是很重要。作者在北京中国第一历史档案馆，找寻到内阁大库汉文黄册，包括：额派地丁钱粮文册、正杂钱粮文册、民数谷数清册、销盐盈余引目黄册等。在配合台湾方志、采访册中关于人丁、正供、盐引的记载，试着估算出官方资料中的台湾总人口与区域人口。

第二章亦分有三节，谈的是官番民个别武力整合的类型，这涉及彼此合作的关系。第一节先讨论官方武力布置的问题。绿营是台湾官方武力的骨干，早有专作对此做详细的研究。② 不过本书从另一个角度思考——即班兵的驻台是否为内地武力的延伸。台湾动乱时内地再调派大军援台，是否可说是让这一层关系更加巩固而已。绿营兵的编组虽分为马兵、战兵、守兵，但以台湾多山、多丘陵，又不产马的环境，基本上以战兵、守兵的编制为主。少了马兵的冲锋陷阵，台湾绿营野战的要求降低；着重的是坚守城池、据点的阵地战，这一点相当符合清廷在增援战略上的安排。③ 再者对于清末福建与台湾绿营改编成练军的情况为何？他们对戍台有无影响，也是内容补充的地方。最后是讨论防军的问题。本书按照《清史稿》的称呼，把湘、淮系的勇营都称作防军，有别于台民自组的土勇营。这些配有洋武器的防军，在台湾建省前后成为官军的主力。这些部署配合第一章估算出的区域人口，可以讨论各地兵防与控制的问题。

第二节要讨论的是原住民武力类型的问题。首先以番社为单位谈起。盖因于不论生、熟番，番社除了是生产单位外，亦是战斗单位；当然官方对其剿抚，亦是以各番社来进行。本书拟整理出百余个生、熟番社后，将按区域对照绿营的部署。其次是番屯，这批熟番武力的出现，足以说明官、番合作牵制汉人。不过碍于番饷、番大租发放或收取难易有别，各地番屯战力的维持或有不同，绿营与番屯的合作在第四章中，采个案讨论的方式呈现。

第三节讨论汉人武力类型的问题。首先被提出来是民团。民团之所以重要，是它最常与官方合作平定乱事。溯其演变可从事件中，义民首或头人的

① 曹树基、陈意新，《马尔萨斯理论和清代以来的中国人口——评美国学者近年来的相关研究》，《历史研究》，总第275期，2002年2月，页1~54；同前注，李中清、王丰，《摘掉人口决定论的光环——兼谈历史人口研究的思路与方法》，页55~61。

② 许雪姬，《清代台湾的绿营》（台北："中央研究院"近代史研究所，1987年5月）。

③ 朱璐，《防守集成》；收录高体乾等编，《中国兵书集成（46）》（沈阳：辽沈书社，1992年4月）。

号召开始，从旋聚旋散的暂时性武力，逐渐发展成清庄联甲体系，最后以团练或土勇营定型。然而民团在发展的阶段中，有无反扑官方的例子？西方学者研究后指出，清末官方常利用团练过当，反而削弱原有统治秩序助长农村的动乱。① 如此的情况在台湾也看得到，例如：咸丰朝的林供事件、同治朝的戴潮春事件（见第四章第一节、第五章第三节）。其次是隘的形成。该制虽是全岛常见的武力，但以大肚溪以北至宜兰的数量最多。尤其从管理方式，再细分成全官隘、官四民六隘、屯隘、隘丁团体隘，更可见与官方合作关系之深。其三是结首的出现。源出于宜兰的结首制是武装农垦的代表。尔后因为实用性质颇高，又被流传到台北、新竹浅山地区，并且有时和隘制结合，成为一种特殊的武力整合方式。其四是会党的产生。“反清复明”或“互助合作”，哪个才是会党的组成核心，将会在每个破获的个案中充分讨论。② 但从清律上看，任何一种形式的结盟拜会，都是条文所禁止。而且多数的会党，反官方的色彩均相当明显。这根本动摇了清廷对台湾统治的稳定性，屡成为统治者结合番民的武力，所要对付的对象。

第三章要谈的是台湾社会稳定的潜在因素。第一节要讨论的是官吏权力运作对民番的制约，简言之就是国家机器的运作对台湾的控制程度如何。其实除了武力之外，法律也是钳制社会的重要手段。台湾向称动乱，“以法制人”成效为何，就是一个很重要的问题。西方学者运用《淡新档案》研究时发现，北台湾居民并不畏惧遇有纠纷时采取法律行动；也非如刻板印象中，百姓选择打官司是件“不得已”的事情。③ 另有研究指出包括台湾、四川、直隶在内，残存的628件厅县级民事档案中，只有221件是正式闹到开庭。其余约2/3的案件，均在未开庭前就以和解的方式了结。④ 看样子司法对于人民的影响有两极化的呈现。因此还必须探究在背后运作司法的人——讼师、讼棍、胥役，试图探讨在行政、司法控制上，有无出现波段性的

① 魏斐德（Frederic Evans Wakeman）著，王小荷译，《大门口的陌生人：1836～1861年间华南的社会动乱（Strangers at the Gate：Social Disorder in South China）》（北京：中国社会科学出版社，2002年1月二刷）。

② 穆黛安（Dian H. Murray）、秦宝琦，《西方学者有关天地会研究述略》，《清史研究通讯》，总第34期，1990年12月，页54～58、62。

③ 艾马克（Mark a. Allee）著，王兴安译，《晚清中国的法律与地方社会——十九世纪的北部台湾（Law and Local Society in Late Imperial China：Northern Taiwan in the Nineteenth Century）》（台北：播种者文化有限公司，2003年9月），页261～171。

④ 黄宗智，《中国的“公共领域”与“市民社会”——国家与社会间的第三领域》，《国家与市民社会——一种社会理论的研究路径》（北京：中央编译出版社，1999年3月），页420～443。

强弱。①

第二节是讨论军功、武科功名者出现的问题。刻板印象总以文科科考上榜人数多寡，来衡量地方文风兴盛与否，同样的道理能适用于武科科考吗？形式上是可以肯定的。台湾当时共取中10名武进士、297位武举人；其中包括1名武探花，3名武解元，代表该地确有尚武之风。② 至于军功，简言之就是随军出力，而被朝廷奖赏者。③ 他们不管在地方武力上的号召，或是被奖赏后出任官职，其表现不亚于武科功名者，为不能小觑的一批人物。这些人在动乱时，常以“义民首”的姿态出现，成为官府在平乱时重要倚靠的对象。

第三节是讨论铁器、硝磺的掌握。台湾与中国西南边省一样，亦被严格禁止铁、硝磺的流通。即便是道光二十三年（1843）鸦片战争后开放五口通商，硝磺仍属禁出洋的货品。④ 但台湾走私活动猖獗，亦禁不胜禁；使得合法持有武器的绿营、熟番屯丁时而受到挑战。它们是影响台湾官民番武力平衡的因素，亦是清廷执行“以物制人”成败的关键。整体来说官方对台湾管制磺铁的政策是失败的，因每次民变、械斗、斗殴，均能找到“持械”的记录可以证明。⑤ 然而对火器的管制却相当成功，尤其是不同口径的大炮。所以即便在乱初，官军无法有效弹压，但在调集占有绝对优势的火器后，皆能迅速平定乱事。⑥

第四章要谈的是官番民武力合作的检验——从个案中举证。第一节要讨论清代台湾的三大乱事。从清史的角度来看，在台湾发生的乱事，哪些够资格被称为“国朝”之乱。清末革命党人胡蕴玉所撰《二百六十年汉人不服满人表》，提到四则：康熙朝的朱一贵事件、雍正朝的大甲番事件、乾隆朝

① 张仲礼著，费成康、王寅通译，《中国绅士的收入——“中国绅士”续篇》（上海：上海社会科学出版社，2001年1月），页63。

② 清代台湾历史上取中文进士29人，文举人251人，没有出现解元。文进士人数是武进士近三倍，文举人人数与武举人伯仲之间，表面上看文科略胜一筹。不过要知道文科，除了科考还有贡举一途，使得求得功名机会增多。参阅庄明水等，《台湾教育简史》（福州：福建教育出版社，1994年7月），页95～96。

③ 谢金銮，《续修台湾县志》，台湾银行文献丛刊第一四〇种，1962年6月，页224；周玺，《彰化县志》，台湾银行文献丛刊第一五六种，1962年11月，页252。

④ 故宫博物院明清档案部编，《第二次鸦片战争（一）》（上海：上海人民出版社，1978年7月），页24。

⑤ 中国第一历史档案馆、中国社会科学院历史研究所，《乾隆刑科题本租佃关系史料之一——清代地租剥削形态》（北京：中华书局，1982年11月），页59～60、421、421、572～573。

⑥ 福格，《听雨丛谈》（北京：中华书局，1997年12月三刷），页121～124。

的林爽文事件、嘉庆朝的蔡牵事件。① 这可以当做是时论，但不是官方认定的版本。光绪二十九年（1903）清廷编订的初等小学课本——《皇朝事略》，其内容最具代表性。清代台湾乱事被列为事功者也有四则：朱一贵事件、林爽文事件、蔡牵事件、道光朝鸦片战争台湾镇道冤狱。② 由此可知朱案、林案、蔡案是被公认的巨案。不过蔡牵是行踪飘忽不定的海盗，不宜以台湾民变的标准视之。所以本书另换成清代台湾史上最后一次跨厅县的民变——戴潮春事件，而把蔡案调整到第五章讨论。

第二节要讨论的是族群对抗下的冲突，以械斗与对番用武为主。械斗牵涉到治安的维持。康熙二十三年（1684）台湾被并入清版图之初，就有郑氏新附将领不严约束，纵容官兵剽劫的记录。③ 直到康熙五十年（1711）台厦道陈瑸观察台湾的治安状况，还是以难治称之；尤其是官庄窝贼、窝赌，以及官庄的管事、甲头武断乡曲最为棘手。④ 为什么会有如此的情况？原来台湾社会潜藏的流动人口——罗汉脚太多。⑤ 这些游民不一定在台湾定居，有可能只是在本地赚食后即返回原乡，更有一大部分的人采偷渡的方式抵台。然而他们在台湾都有一个共同的现象——未落籍。在台未落籍的结果，只有四处流徙游食；再加上他们多是青壮的劳动主，遂成为治安不稳定的因素。这些游民危害治安的代表作，包括流向非正规的军队——民变军，更多的例子是成为械斗燎原的散播者。⑥ 道光以后整个清帝国盗风转炽，体现社会危机的严重。⑦ 而台湾“三年一小反、五年一大反”的俗谚，也正是在这个时候才见于史籍。⑧ 至于在对番用武方面，以同治十三年（1874）做一历史分野；之前是官民被动的防御，之后是官民主动的攻击。不过整体来说清末对生番的作战，官方是胜少败多，其详细过程会在本节详述。

第三节要讨论列强的叩关。所谓列强叩关，其标准是需动员到台湾社会

---

① 胡蕴玉，《二百六十年汉人不服满人表》；摘自胡寄尘，《清季野史》（长沙：岳麓书社，1985年12月），页164~165。

② 直隶学校司编译处纂，《皇朝事略（初等小学课本）》，光绪二十九年山东印书局石印本，北京国家图书馆分馆藏。

③ 施琅，《靖海纪事》，台湾银行文献丛刊第一三种，1958年2月，页54。

④ 陈瑸，《陈清端公文选》，台湾银行文献丛刊第一一六种，1961年11月，页19~20。

⑤ 朱景英，《海东札记》，台湾银行文献丛刊第一九种，1958年10月，页29~30；连横，《台湾语典》，台湾银行文献丛刊第一六一种，1963年3月，页68~69。

⑥ 池子华，《中国近代流民》（杭州：浙江人民出版社，1996年3月），页122~134。

⑦ 宓汝成，《嘉道年间（1796-1850）的中国——太平天国革命历史背景浅析》，《太平天国学刊（第五辑）》（北京：中华书局，1987年7月），页349~360。

⑧ 陈孔立，《清代台湾社会动乱原因与性质的分析》，《台湾研究集刊》，总第54期，1996年11月，页46~59。

武力合作的机制才算数。至于像同治六年（1867）的美船罗妹号事件、同治七年（1868）英商樟脑事件，以及同年英、德合谋侵垦大南澳事件，均属于涉外纠纷个案，本节不准备讨论。虽然这三小节议题以往都有研究成果展现，但透过上文指出的重点——区域人口、驻军布防、民番的征调、火器的使用等，可以再做更细致的分析。

第五章要谈的是武力控制下的拓垦问题。如前所述，以往的研究多着重于族群互动、移民垦殖、土地经济等的角度。这些议题固然重要，但也不能轻忽统治者能以武力控制社会的事实；或采取与被统治者合作的方式，促其区域秩序稳定的企图。这些条件都是在尽量讲求平和的开发过程中所需要。方知对于清代台湾治安的危害，除了竖旗、械斗、番害之外，抢劫也具有极大威胁，而始作俑者即是土匪。光绪朝鹿港文人洪繻的《绿林豪》描述十分生动，他云："北风萧萧暮色黄，绿林豪客结成行；腰横宝剑手长枪，明火杀人胆气强。来往跳梁何所忌，入室胠箧又探囊；县令闻之无所问，此辈出入已寻常……今日作贼胜作官，坐收物力不知艰；不稼不穑无所事，财帛货贿高于山。"① 西方学者在讨论土匪问题时，喜欢从"侠盗"的角度视之。② 台湾有无找到类似的例子？其实是有的，乾隆朝台湾县的黄教、同治朝彰化县的廖有富、光绪朝嘉义县的庄芋可以相互对照。不过要了解的是让土匪感兴趣，主要是自身生存的问题。在此原则下，土匪们以武乱纪的作风始终都与官府呈现对立。③ 而台湾一般民居为应付突如其来的土匪，建筑架构多有防卫的功能，铳眼与刺竹是普遍的要求，反映出武力与拓垦的关系。④

另外本书也要重建一个事实——即台湾某地区发生动乱时，清廷可以运用堵御的方式，限制乱事的蔓延，让其他地区仍能稳定开垦。分区验证是本章的重点。并且再按各区域，补充发生在该地的盗乱、小型民变、涉外纠纷，借以说明施政因地制宜的不同。至于研究方法是以古文书中的招耕契、招佃契、招垦契、购耕契等，作为土地投资者主观认知风险的标准。盖因为进行土地投资，通常都会选择在平和的地区与时间进行，借此说明该区域社会秩序的稳定。而它将会呈现出一种图像，即南部发生动乱时，中、北部在

① 洪弃生，《寄鹤斋选集》，台湾银行文献丛刊第三〇四种，1972年8月，页238。

② 埃瑞克·霍布斯鲍姆（Eric Hobsbawm）著，李立玮、谷晓静译，《匪徒（BANDITS）》（北京：中国友谊出版公司，2001年1月）。

③ 贝思飞（Phil Billingsley）著，徐有威等译，《民国时期的土匪（Bandits in Republican China）》（上海：上海人民出版社，1996年1月二刷），页1~18。

④ 国分直一著，邱梦蕾译，《台湾的历史与民俗》（台北：武陵出版有限公司，1998年9月二版），页35~37。

进行拓垦；中部发生动乱时，南、北部在进行拓垦。以此类推其他地方，修正以往刻板印象中，台湾无十年不反，等同于民不聊生的错误认知。

最后，重新阐释清廷治台之道是本书的目的；而从官番民武力合作的角度切入，正是有别于旧说的一种尝试。作者认为所谓治台的积极性，是反映在清廷对现况掌握与危机处理，并非政策的前瞻性。由于之前台湾史的研究，多偏纵向的探讨，也就是说透过历史分期，彰显台湾一地的独特性。但现在换一个观点，采横向的探讨，除强调台闽在军政上的一体性外，更凸显清廷在治理属于海疆中的台湾，存在其策略但一直都不明显的弹性。

第一章　武力配置的基础——人口估量

第一节　康雍时期的人口

对于清代中国人口数目的讨论，一直是学术界倍感兴趣的议题。十八世纪到二十世纪初，欧美传教士、学者在这方面表现突出。① 近年来受惠于清代官方档案的开放与流通，使得该议题的研究有了极大的进展。清初的“滋生人丁永不加赋”与“摊丁入地”，算是二十世纪七十年代以后，大陆学界注意与研究的两大主题。② 在此基础之上，除了澄清早在康熙初年，中国人口即已突破一亿的事实外，又对清代的人口成长，分别做出不同的分期。③ 不过在二十世纪五十年代，由美国学者何炳棣提出的新看法——户役中的“丁”，只不过是劳役转化为代纳银两的数目。即便到了今天，仍受到部分学者的支持。④ 如果该说法可以成立，那么之前利用人丁数目，推估乾隆中叶以前的人口数字，将受到严峻的挑战。因为他们都掉入丁额的迷思当中，忽略此数目有可能是赋役制度下，事先“预定的”。⑤

本书所探讨的也是人口问题。但不准备有如人口学般，精算出清代的台湾人口。作者关心的焦点是如何让官方资料说话——透过对资料的解读，反

① 参阅王士达，《近代中国人口的估计（初稿）》（北平：北平社会调查所，1931年8月）。

② 李华，《清代前期赋役制度的改革——从“盛世滋生人丁永不加赋”到“摊丁入地”》，《清史论丛》，第1辑，1979年8月，页100～109；郭松义，《论“摊丁入地”》，《清史论丛》，第3辑，1982年2月，页1～60；陈桦，《释“滋生人丁”》，《清史研究通讯》，总14期，1985年12月，页18～22。

③ 周源和，《清代人口研究》，《中国社会科学》，总14期，1982年3月，页161～189；胡果文，《论清代的人口膨胀》，《华东师范大学学报（哲学社会科学版）》，总52期，1984年4月，页75～79；杨其昌，《清代人口问题及其历史教训》，《云南教育学院学报》，总10期，1987年3月，页89～95。

④ 何炳棣著，葛剑雄译，《明初以降人口及其相关问题（1368－1953）》（北京：三联书店，2000年11月）；姜涛，《人口与历史——中国传统人口结构研究》（北京：人民出版社，1998年7月）；曹树基，《中国人口史——第五卷清时期》（上海：复旦大学出版社，2001年5月）。

⑤ 马小鹤，《清代前期人口数字勘误》，《复旦学报》，1980年第1期，1984年1月，页78～82；程贤敏，《论清代人口增长率及“过剩”问题》，《中国史研究》，总15期，1982年9月，页48～60；赵文林、谢淑君，《中国人口史》（北京：人民出版社，1991年12月）；路遇、滕泽之，《中国人口通史（下）》（济南：山东人民出版社，2000年1月）。

映出清廷眼中的台湾人口。当然对于官方资料所记载人口数的准确性，或许已有人提出质疑①；但必须注意到的是，这些资料仍然是官方主要的施政依据。尤其是在讨论军事部署时，据点与兵额数目的分配，决不是行政官僚，神来一笔所能定案。追溯其源头，武力统治之道的重点，就分藏于这些官方资料当中。

台湾史学界对于清代台湾人口的讨论不多，早期的学者以陈绍馨为代表。虽然陈氏对于当时台湾人口的数量，只是呈现出一个轮廓式的估算；但他已经点出一个重点，那就是人口数与民变、械斗频繁的关系。② 再者对于清代台湾人口成长的分期，透过先前大陆及港台的学者，对台闽千百种族谱做过的研究。了解到清代闽粤移民台湾，基本上是以康雍、乾嘉做数量多寡的分期；而乾嘉、道咸同光时期，因随着台湾与海外移民政策的调整，可以再划分成二期。③ 至于关键的人口估算，本书拟以五种方法为主，包括：采用档案与方志记载的丁口数目、档案与方志记载的正供数目、档案与方志记载的开垦面积、档案与官书记载的食盐数目、档案与方志记载的仓储数目。当然从康熙到光绪朝，不一定都能尽如作者之意，均可用这五种方法估算。因为还需看史料的有无而定。但是透过至少三种以上的方法，应可估算出当时全岛总人口数与区域人口数。

康熙二十二年（1683）清军攻台成功，福建总督姚启圣、靖海将军施琅同时建议设置府县治理。④ 期间虽然经过一番弃留的争辩，但是在施琅与保和殿大学士李霨的力主下，圣祖最后采纳其意见。⑤ 台湾遂成为清帝国版图的一府，开启了长达二百余年（1684～1895）的统治。领台之初人口数有多少？透过陈绍馨的研究得知，明郑时代台湾汉人在十二万左右。⑥ 邓孔昭虽赞同陈氏的看法，但他提醒由于清廷曾经把占总人口约半数的文武官员、兵丁安插回内地，所以康熙二十三至二十四年（1684～1685），台湾汉人有

① 其实不止现在的学者质疑，就是清代来台的文人，对部分方志的记载也抱持疑问。参阅蒋师辙，《台游日记》，台湾银行文献丛刊第六种，1957年12月，页41。

② 陈绍馨，《台湾人口史的几个问题（座谈会）》，《台湾文献》，第13卷第2期，1962年6月，页110～119。

③ 参阅庄为玑、王连茂编，《闽台关系族谱资料选编》（福州：福建人民出版社，1984年8月）；刘光涛，《敦厚堂文史论丛》（台北：天工书局，1990年12月）；陈亦荣，《清代汉人在台湾地区迁徙之研究》（台北：东吴大学学术著作奖助委员会，1991年5月）。

④ 李光地著，陈祖武点校，《榕村语录/榕村续语录（下）》（北京：中华书局，1995年6月），页709。

⑤ 李桓编，《国朝耆献类征（136）》（台北：明文书局，1985年5月），页671～675。

⑥ 方家慧、林崇智监修，陈绍馨纂修，《台湾省通志稿·卷二人民志人口篇》（台北：台湾省文献委员会，1964年6月），页117。

可能降至七万人左右。① 七万的人口数目，是一个可以让人接受的数字吗？康熙二十三年李霨与圣祖的对话，前者根据施琅的奏报，提到郑氏治理下的人民有十万之众。② 看来清初台湾的汉人人口，或许从五万至七万估算起，是一个比较适宜的数目。

康熙朝的官方资料，除了食盐的数据作者无法掌握之外，其余的资料均可以搜集得到。在方志记载的人口数方面，康熙二十八年（1689）成书的《台湾府志》，首先记载当时台湾府、县的人口数目（原书记为民口，参阅表一）。从表一的数据来看，发现台湾府的总人口数为30229，比起台湾、凤山、嘉义县的人口总和30228，还多出一人。另外诸罗县的人口数，与该县男、女数的总和也有出入。但是该志所编审的人口，颇具参考价值，因为康熙三十四、五十一年（1695/1712）重修的《台湾府志》，其人口数的额编就略显粗糙。按清之人口调查，腹民以丁口计，边民以户计。③ 台湾属于海疆，因此编审就以"户"计。重修的《府志》则以五年为期，对"户"与"口"进行编审（参阅表二）。透过表二内容得知，康熙二十八年后，户的编审已经固定，更动的仅是"口"。然此处的"口"并非指妇女与未满十六岁的小孩。因为原书的《陆饷》篇中，已经说明它是代表成年男子的人丁。④

值得一提的是根据康熙三十七、五十八年（1698/1719）汉文黄册所载的内容，在丁银数额上有完全不同的记录。事实上台湾每年额丁除缴纳丁银之外，还须缴纳丁米；但缴纳丁米的数量为方志所不载，而《黄册》是以"人丁兵饷银"之名囊括二者（参阅表三）。从表三得知康熙三十七、五十八年，丁银数额分别为8459两9钱、8961两6钱；若以每丁纳银4钱计算（实际上为4钱7分6厘），二年的额丁人数分别为21149、22402。

在史料记载的正供数目方面，为何要以正供作为人口估算的基准，那是因为正供谷数，理论上可以提供该区域粮食所需。并且也是官方对该区域了解与控制的参考之一。至于一人一天的食米数量为何？参酌《则例》对出洋船员携米的规定，确定一人一天食用一升的米。⑤ 该数字在清初文人的记载中亦得到验证。⑥ 确定了一人一天的食米量后，可以累计一年的食米总

---

① 邓孔昭，《台湾通史辨误》（台北：自立晚报社文化出版部，1991年7月台版一刷），页116～117。

② 王先谦，《东华录》（济南：齐鲁书社，2000年5月），页189。

③ 徐珂著，孙安邦、路建宏点校，《康居笔记汇函（一）》（太原：山西古籍出版社，1997年7月），页108。

④ 高拱乾，《台湾府志》，台湾银行文献丛刊第六五种，1960年9月，页132。

⑤ 不著编人，《兵部则例□□卷·海禁》，清乾隆内（务）府抄本，北京国家图书馆藏。

⑥ 蓝鼎元，《平台纪略》，台湾银行文献丛刊第一四种，1958年4月，页59。

数，再除以一年的正供谷数，就不难估算出区域米谷产量，到底可以养活多少人口（参阅表四）。从表四的内容来看，从康熙二十八到六十一年（1689～1722）当中，每年正供数所供养的人口最少有12000人左右，至多有20000人。

在史料记载的开垦面积方面，这是与正供数目相类似的人口估算方法。台湾的田园开垦，有如内地一般，科则分有许多等级。不过在乾隆朝官员洪亮吉的看法中，差不多四亩地即可养活一个人。① 当然从以后的研究显示，低于四亩地的产量，也能勉强维持生计。② 但洪的看法受到当代学者的支持，证明确实是可以被接受。③ 只是台湾耕地面积的计算单位，是沿用荷兰人殖民时期的习惯；以“甲”为单位，有别于内地省份以“亩”为单位。按照度量衡的换算，一甲差不多等于11.3亩。由此可以对康熙朝台湾的垦地，大概能供养多少人口进行估算（参阅表五）。从表五的内容得知康熙二十八至五十八年（1689～1719），台湾垦地面积可能养活的人口，从59379人成长到85718人。该数字估算的结果，比前述用人丁编审、正供的方法，求得的数目更多。如果与康熙二十八年《台湾府志》记载的总人口——30229人比较，这一连串数字让人接受的程度应稍高些。所以有必要再以垦地面积的估算法，计算出台湾、凤山、诸罗县的供养人口（参阅表六）。若从表六来看，可发现以下三个现象。首先是康熙二十八、三十四、三十七年，三县合计的人口数分别为52132、73005、78050；这与表五同年度台湾府垦地面积养活的人口数对照，有些许的出入。其次是诸罗县的人口，成长的最快，康熙五十一年（1712）时已比二十三年前增长二倍。最后是三县人口中，以台湾县的可能人口最多；再加上台湾县的面积是三县中最小，所以该县的人口密度也最大。

在史料记载的仓贮数目方面，清制各府、县、厅依规定，都要兴建常平仓储存米谷，其目的最主要是平粜与赈灾。④ 因此仓贮米谷的数量，应该与当地官员设想统治下的百姓人数有关。当然按照清末传教士的观察，暗讽中国人烹调技术高超，即使“饥馑三年，每天不足一文半的定额，也足以让成千上万的人苟全性命。”⑤ 不过这毕竟不在官方的规划当中。这种区域设想人口的估算，比较困难的是仓贮米谷存量期限。幸好这个问题在资料上亦有

---

① 罗尔纲，《太平天国史》（北京：中华书局，2000年11月二刷），页18。

② 行龙，《人口问题与近代社会》（台北：南天书局，1998年1月），页51。

③ 闵宗殿，《清代的人口问题及其农业对策》，《清史研究通讯》，总31期，1990年3月，页1～8。

④ 张岩，《试论清代的常平仓制度》，《清史研究》，总12期，1993年12月，页28～39。

⑤ 明恩溥（Arthur Henderson Smith，1845～1942）著，林欣译，《中国人的素质（Chinese Characteristics）》（北京：京华出版社，2002年6月），页6。

记载。对于此《则例》有清楚的规定：

> 直省州县采买常平仓谷石，领价后勒限六箇月买补。逾限不买，即由藩司查取职名咨叅，罚俸一年。再限三箇月买完。傥限满仍有未完，革职留任。如查有亏缺，即行严叅。①

由此可知采买的期限是限定九个月要完成，所以不妨就视仓贮的存量期限，也以九个月为准。康熙朝台湾府所属仓贮，初设于何年史料不载；四十一年（1702）台湾知县陈璸提到该县存仓之粟二万有余，岁积一岁存仓之粟不下十余万石。②“不下十余万石”是多少呢？再根据《会典》所记，康熙四十三年（1704）台湾一府三县现存捐输谷八千六百余石，常平仓谷十一万石。③ 康熙五十二年（1713）闽浙总督范时崇，在疏言中提到经过十年的累积，台湾属三县见存谷六十六万三千余石。④ 不过隔年范时崇似乎觉得没有储存那么多谷的必要，因此奏准只要保留四十余万石即可，其余分头平粜。⑤ 康熙六十一年（1722）朱一贵举事，此役台湾被抢失二十五万余石，由于世宗谕令概行豁免，所以闽省官员幸运地不用赔补。⑥ 按照前述的计算方式，得知康熙四十一年（1702）台湾县存仓养活的人口可能有3703人。康熙四十三年（1704）台湾府存仓养活的人口可能有21962人。康熙五十二年（1713）台湾府存仓养活的人口可能有122777人。康熙六十一年（1722）台湾府存仓养活的人口可能有74074人（计算方式参阅表七）。

透过上文的讨论，已对康熙朝官方眼中的台湾人口做一整理。从表八内容来看，所列共有六种计算人口的方式。其中以正供估算台湾府抚养人口的数字，由于数字偏低，参考价值较低。另外《文册》与周元文所编《府志》估算出的结果，仅是男丁的数字，参考价值亦不高。不过值得注意的是蒋编《府志》、开垦面积、仓贮的估算结果，尤其是后两者的内容。康熙五十二年（1713）台湾府存仓养活的人口可能有122777人，但因贮谷存量减异少，所以康熙六十一年（1722）台湾府存仓养活的人口降至74074人。这个数字与康熙五十八年（1719）开垦面积可能的养活人口85718人差距不大。或许可以解释康熙朝，清廷对台湾人口的了解，可能就是七万至八万人之间。但是该数字，绝对不是“真正的”人口总数。因为它估算方法的基础，大前

① 载龄等纂，《钦定户部则例·卷十七仓庾》，同治十三年刻本，北京国家图书馆分馆藏。
② 陈璸，《陈清端公文选》，台湾银行文献丛刊第一一六种，1961年11月，页4、8。
③ 台湾银行经济研究室编，《清会典台湾事例》，台湾银行文献丛刊第二二六种，1965年5月，页51。
④ 李桓编，《国朝耆献类征（141）》（台北：明文书局，1985年5月），页699～706。
⑤ 中国第一历史档案馆编，《康熙朝汉文朱批奏折汇编（第五册）》，页858。
⑥ 允禄等编，《清雍正上谕内阁》，雍正九年、乾隆八年两次内府刻本，北京国家图书馆分馆藏。

提都是以在台湾有册籍的人为准，不包括那些偷渡的人。然而这就真的无法推测当时台湾的人口总数吗？其实也不尽然。因为在同一时期的私家记载里，仍可找到一些蛛丝马迹。康熙六十年（1721）随军来台平定朱一贵举事的蓝鼎元，在他的著作中提到“贼众至三十万”。① 作者以为这个数字极具参考价值。原因有四，其一，以当时人的看法来说，该记录是最接近历史描述的。其二，该数字在往后文人的论述中，仍一再被提到。② 其三，康熙五十四年（1715）福建巡抚陈瑸在与圣祖对话时，提到台湾有数十万户口。③ 其四，三十万的数字与下一节将要讨论乾隆朝的人口数字相比，是可以让人接受的。

如果康熙六十年（1721）台湾的总人口数，真有如蓝鼎元所讲至三十万人，那么与官方册籍所列而推算出的可能人口，就有一段不小的差距。如此恐不太容易估算出区域人口数。表六的内容是说明台湾、凤山、诸罗三县的可能人口，按照总人口比例的分布，分别为40%、29%、31%。这三个百分比是参考的概数，因为它是官方账面记录所求得的结果。至于到了雍正朝，虽然台湾在这一阶段并没有方志的编纂，但对于人口的推估，却有奏折、官书与私家著作的记载。

雍正朝台湾的米谷供需有了极大的变革，那就是出现平粜米与台运的规定。何谓平粜米？就是平抑米价的米。不过台湾的平粜米，不是平抑本岛的米价，而是运赴漳泉平抑二府的米价。考其实施的年代，最早是在雍正二年（1724）；并且规定平粜米是从仓贮直接碾放，每年数额是五万石米。④ 雍正四年（1726）再规定，可经动用正项钱粮运米十万石存边海地方，若遇台湾丰收之年，再酌量加增运储。⑤ 不过这十万石米虽存储于边海，但不一定每年运送至福建。⑥ 何谓台运？那就是台湾额征的米谷，照船只大小配运到福建，充作各县厅的兵谷、兵米，谓之台运。⑦ 考其台运最早运作的时间，大抵是在雍正八年（1730）；并且规定每年春、冬拨台粟十六万六千余石赴厦门发放。⑧

---

① 蓝鼎元，《东征集》，台湾银行文献丛刊第一二种，1958年2月，页3。

② 龙顾山人纂，汴孝萱、姚松点校，《十朝诗乘》（福州：福建人民出版社，2000年8月），页184。

③ 丁宗洛，《陈清端公年谱》，台湾银行文献丛刊第二〇七种，1964年11月，页85。

④ 不著编人，《清实录－世宗宪皇帝实录（七）》（北京：中华书局，1985年10月），页688。

⑤ 《清会典台湾事例》，页51。

⑥ 中国第一历史档案馆编，《雍正朝汉文朱批奏折汇编（第六册）》，页767；同前注，第九册，页45～46。

⑦ 周凯，《厦门志》，台湾银行文献丛刊第九五种，1961年10月，页185。

⑧ 《清实录－世宗宪皇帝实录（八）》，页233。

不管是平粜米或台运，都对台湾米谷的存量有着极严重的削夺。按理此时台湾人口的估算，好像不宜再用前述的几种方法推敲。但如果逆向思考一下，清廷欲大规模地把台湾的米谷搬运至闽，其数量一定早在计算之中。也就是说，官方削夺台湾的米谷数额，是在产量的容许范围内的。① 此数额以台运的十六万六千余石为例，该数字要到雍正十一年（1733），台湾的正供才有办法达到这个要求（雍正八至十年推测应先由仓贮支放）。② 所以可以判断台湾运往福建的平粜米或台运数额，本岛的米谷生产量至少也有对等的数字回应，不然不足以应付庞大的索求。如果此逻辑可以成立，那么运用正供、垦地面积、仓贮，去估算可能的养活人口才有意义。

在正供数目方面，从表九的内容得知，雍正朝台湾可能的养活人口已突破二万人。但这样的数字从康熙朝一路观察下来，仍觉得成长相当“缓慢”。不过若从垦地面积的增加来估算，便会有不一样的结果。表十的内容分别是登录雍正五、七年（1727、1729）的数据。如果以康熙五十八年（1719）的垦地面积30342.8甲（表五·编号5），与雍正五年的30618.9甲比较，两者其实相差无多。然而关键就在于雍正七年，垦地面积突然暴增至四万甲以上。原来这一年世宗谕令各省加强清查隐田，并鼓励自行首报者悉免欺隐之罪。③ 也许是如此，台湾当年即首报17170甲的田园。于是乎同年的可能养活人口，也突破了十万，达到135003人。至于在仓贮数目方面，雍正四年（1726）台湾的仓贮谷数，一度下降到三十余万石的存量。④ 但到了雍正十一年（1733），台湾的仓贮谷数回升至七十余万石。⑤ 这样的数额大概可以养活129629人（参阅表十一）。

综合上述，有一个极为有趣的现象，就是台湾仓贮的数额增减的问题，雍正朝官方对于台湾的可能人口掌握，极“可能”也没什么把握。雍正四年（1726）台湾仓贮谷数三十余万石的存量，如果换算成养活的人口，也只不过55555人（参阅表十一）。但到了雍正十一年（1733），即刻变成129629人。十二万人的账面数字或许还嫌保守一点，但是可以被理解；因为从垦地面积来估算养活的人口，时至雍正七年（1729）就已达135003人

① 至于台湾不同时期所产生的缺米、缺谷风潮，作者认为是台闽产销与供需失调的结果，尤其是透过“短摆”造成的米荒。不能就此归咎是平粜米、台运，因搬运台湾米谷太多所致。

② 台湾银行经济研究室选编，《台案汇录丙集》，台湾银行文献丛刊第一七六种，1963年11月，页1。

③ 中国第一历史档案馆编，《雍正朝汉文朱批奏折汇编（第十八册）》（上海：江苏古籍出版社，1991年3月），页116。

④ 《台案汇录丙集》，页173。

⑤ 中国第一历史档案馆编，《雍正朝汉文朱批奏折汇编（第二十四册）》（上海：江苏古籍出版社，1991年3月），页85。

（参阅表十二）。至于从正供的数额来估算养活的人口，从康熙到雍正朝一直很稳定。当然它持续偏低的数字，也让人怀疑是否有参考价值。再者往后的发展，台湾所征收的正供，几乎全数用做支应兵眷米谷，这使得它的代表性又降低。① 然而基于两个理由，本书觉得还是有详列的必要：其一，即便被视为聊备一格的数字，也代表着区域人口估算的底线。其二，也是最重要的，需要把正供的数目与台闽民间米谷贸易的数目做一比较。诚如上文所提到，两者的比例至少是1∶1，或者比例的差距会更大，此点也会在下一节中被证实。

在讨论那么多制度面的问题时，也不得不提到关于政策执行面的问题。首先是仓贮。常平仓的设立在世宗的眼中是民命所关，据他表示自己还曾“宵旰焦劳，谆谆训诫”一番。无奈福建官员不能体察上意，竟然胆敢在仓贮上亏空。② 以当时的台湾为例：雍正三年（1725）台湾仓贮积谷五十三万石，但经盘点只存289831石。其亏空的数额，就在闽浙总督觉罗满保的奏准下，以没收台湾文武官员充做的官庄租谷来赔补。③ 其次是垦地面积的清查。前文提到雍正七年（1729）做的那一次首报，其实是为稍后田园赋则改定铺路。这一次改定的构想，是以较轻额的税则，鼓励隐田现形。不过清廷对于受到较重科则的旧田园，并没有一体均沾跟着减轻税则的打算。因为在它的考量中，维持社会的稳定，比重新清丈旧有升科田引起的不安还来的重要。④ 最后是台闽米谷的贸易。清初台湾强大的米谷产能，已在上一段内容介绍。然雍正四年（1726）闽浙总督高其倬所称“台湾地广民稀，所出之米，一年丰收，足供四、五年之用”，诚属话中有话的重点。高氏这一次的奏请，目的是为了解除从康熙六十一年（1722）以来，台湾米谷不得再贩售至福建的规定。⑤ 但他的一句“足供四、五年之用”，遂成为估算当时台湾米谷总产量的线索。按照雍正三、五年正供的数额约七万石推估（参阅表九），未被征收储存于民间的谷可能就有三十万石之多。三十万石谷可能的养活人口，约有九万人之众。所以应该可以判断，当时清廷对台湾人口的了解，已从康熙朝的七万至八万人，跃升到雍正朝的九万至十三万人。

不过雍正朝与康熙朝相比，却留下极具参考价值的人口直接记录。雍正

① 李国荣，《论雍正时期对台湾的开发》，《历史档案》，总48期，1992年11月，页97。

② 中国第一历史档案馆编，《雍正朝汉文谕旨汇编（十）》（桂林：广西师范大学出版社，1999年3月），页18～19。

③ 柯志明，《番头家——清代台湾族群政治与熟番地权》（台北：“中央研究院”社会学研究所，2001年3月），页72。

④ 李祖基，《清代前期台湾的田园赋则》，《台湾研究集刊》，总32期，1991年5月，页62。

⑤ 仁和琴川居士，《皇清奏议（五）》（台北：文海出版社，1967年10月），页2401～2405。

十三年（1735）担任台湾道的尹士俍，留下了对台湾府属各厅县的人口资料（参阅表十三）。从表十三来看有两点值得注意：其一，台湾府的总人口从康熙朝的三十万人，增加到现在的440686人。其二，各厅县的人口比较，若与康熙朝对照，其消长结果惊人。例如：台湾县从康熙朝的40%，下降到24.67%。凤山县从康熙朝的29%，下降到20.79%。诸罗县从康熙朝的31%，上涨到54.54%。然而雍正元年（1723），因为清廷析分诸罗县，别置彰化县与淡水厅。① 所以54.54%还要细分出彰化县的7.86%，以及淡水厅的0.74%。再从表十四观察，透过乾隆初年记载雍正朝彰化县、淡水厅的村庄数目，估算出台北可能人口为2326，桃竹苗可能人口为931，台中可能人口为8786，彰化可能人口为25867。

台湾人口经康熙、雍正朝半个世纪（1684～1735）的成长，与明郑时代的十二万汉人相比，显然有所上扬。不过仍有一个老问题，有必要重复讨论——康雍朝时期对台湾移民政策的问题。康熙二十三年（1684）清廷取得台湾以后，到底有没有随即禁止闽粤百姓携眷入台？传统的看法越来越受到挑战，并有学者提出禁止携眷最早也只能从康熙四十一年（1702）算起。② 此观点颇具参考的价值，因为如果属实就可以解释康雍朝，福建人口向台湾的流动是“春时往耕，西成回籍；只身去来，习以为常”的现象。③ 还要附带说明的是，如果上文所估算的台湾人口——康熙朝的七万至八万人，雍正朝的九万至十三万人，都是清廷可以掌握的数字，并且是可以让人所接受的话；那么再对照流寓人口可能达到的三四十万，就只能说清廷想用给照来管制合法移民其实还算成功，但查缉非法的偷渡就执行不力了。

康雍之后就步入乾嘉朝，闽粤移民台湾的方式，也渐渐从季节性移民转变为定居性移民。两者最大的差异，就是官方对其人口数字的掌握，亦趋向明朗与直接。同时也表明它对该岛的控制力渐渐增强。

第二节　乾嘉时期的人口

乾隆六年（1741）清廷对人口的编审，有一新的措施——从过去只注重丁的编审，到以后注重人口的编审。④ 透过学者们的研究，确定人丁与人

---

① 张胜彦，《清代台湾厅县制度之研究》（台北：华世出版社，1993年3月），页10～18。

② 邓孔昭，《清政府禁止沿海人民偷渡台湾和禁止赴台者携眷的政策及其对台湾人口的影响》，《台湾研究十年》（台北：博远出版社，1991年11月），页351。

③ 林仁川、王蒲华，《清代福建人口向台湾的流动》，《历史研究》，总162期，1983年4月，页132。

④ 蒋德学，《试论清代人口编审的几个问题》，《贵州社会科学》，总25期，1984年7月，页73～77。

口之间并无必然的关系。① 即便如此，本书还是认为人丁多少是官方对区域人口的“想象”。日治学者伊能嘉矩，在所著《台湾文化志》里，曾提到当时有所谓寄籍与入籍的问题。按乾隆三十八年（1773）部议：寄籍二十年，经地方官查明属实，准其入籍。② 步入乾嘉时期的台湾，正处于移民大量涌入的阶段；现存留有相当多的官方资料，有助于估算当时的人口。不过康熙五十二年（1713）有着“续生人丁，永不加赋”的规定。由于人丁银成为定额的事实，使得尔后想用此来推估清廷对区域的想象人口也不可得。因此本书欲从正供、垦地面积、食盐数额、仓贮数额、直接人口记录，来估算清廷眼中的台湾人口。

在史料记载正供方面，表十五为乾隆朝征粟数额。整体来看，除了乾隆三年（1738）之外，每年的数额都已经超过台运的十六万六千余石。再者不同的年度，正供多寡的差距也颇大。例如：乾隆二十一年（1756）的196179石是整个乾隆朝高峰，但与前后年度数额就存有落差。另外从乾隆二十二年（1757）以后，正供原本应逐年递增，但到乾隆四十五年（1780）又滑落至160000石。而正供所可能养活人口仍持续低迷，其人口估算的底线约在二万五千人左右。至于在正供之外，民间米谷贸易流通的数额有多少呢？虽然这是一个概数，但不乏记录。乾隆七年（1742）高宗提到，扣除官方所需米谷，单单是商船所带，每年就不下四五十万石之数。③ 同年巡台御史书山、张湄更奏称：“台湾有兵米、眷米及拨运福兴泉漳平粜之谷，以及商船定例所带之米，通计不下八九十万”。④

这四五十万到八九十万石，到底是米还是谷其实语焉不详。不过衡量上下文之意，应是指谷的可能性较高。为了解决积压问题，整个台运与平粜米的规定，在乾隆朝有所调整。乾隆六年（1741）闽浙总督德沛奏准，由于压欠未运谷达二十万石之谱，所以每年出运的五万石平粜谷，暂行停运。⑤ 乾隆十一年（1746）福建巡抚周学健再奏准，一改原先台运十六万六千余石的定额，裁减为每年运谷85297石，遇闰年再加运谷89595石。⑥ 台运数额大规模的削减异，不管是从产量或是配运来说，都大幅度地减轻台湾人民的负担。不过这些数额日后还是有变。例如：乾隆十六年（1751）台湾运闽

① 潘喆、陈桦，《论清代的人丁》，《中国经济史研究》，总5期，1987年3月，页95～110。

② 伊能嘉矩，《台湾文化志（中译本·中卷）》（台中：台湾省文献委员会，1991年6月），页123。

③ 佚名，《乾隆谕折》，清抄本，北京国家图书馆分馆藏。

④ 六十七，《使署闲情》，台湾银行文献丛刊第一二二种，1961年10月，页82。

⑤ 不著编人，《清实录－高宗纯皇帝实录（一〇）》（北京：中华书局，1985年11月），页1030。

⑥ 周凯，《厦门志》，台湾银行文献丛刊第九五种，1961年1月，页185。

的平粜米恢复到35144石。① 乾隆三十八年（1773）台运小幅增加到94488石。② 然而台闽流通的八九十万石谷，就是台湾米谷的总生产量吗？当然不是，因为还没包括留在台湾充做民食的数额。庄吉发认为，由于福建所需米谷都仰台湾接济，所以清廷欲限制渡台的人数，深恐当地人口增加，不利两岸米谷供需。③ 该说法提供一种思考，那就是台湾人口到底成长到多少数目，才会妨碍运作有年的台运或平粜谷供给呢？

值得注意的是，乍看起来乾隆朝是清代台湾方志多产的一个阶段，但审视记载内容，却不是那么回事。原因是有不少的重复与抄袭。例如：乾隆十七年（1752）刊刻的《重修台湾县志》，以及乾隆二十九年（1764）刊刻的《重修凤山县志》，书中《田赋》的记载仅止于乾隆七年（1742）、乾隆二十四年（1759）。这与府志有诸多重叠之处。④ 然而就算是三种重修的府志，其资料亦未能尽用。第一，乾隆七年（1742）刊刻的《台湾府志·田赋》，其台、凤、诸、彰四县的垦地记录仅到雍正十二年（1734）。所以不能再仔细计算乾隆初年，厅县的垦地面积。⑤ 第二，乾隆三十九年（1774）刊刻的《台湾府志·田赋》，其县厅内容全部重抄乾隆十二年（1747）的，如此亦无法计算乾隆中叶，厅县的垦地面积。⑥ 这样对欲从垦地面积来估算养活的人口，不啻造成一不小的阻力。幸而方志资料的缺乏，可从《赋役总册》里得到补充。从表十六的内容得知三点。其一，台湾田园开辟的面积，比起雍正朝已突破五万甲大关（参阅表十）。其二，由于天灾等的原因，使得田园面积各年度差异颇多。然而再对照正供的数额，则会发现田园面积减少，不一定会使正供也随着减少（参阅表十五）。其三，从垦地面积来估算可能的养活人口，其数目约在十四五万之众。该数目与台闽流通的八九十万石谷，所可能养活的人口数十二万人接近。⑦ 如果再加上留台充做民食的部分，或许十四五万是一个可以让人接受的数字。

至于对区域人口的估算，那就必须从台湾府属各厅县的垦地面积估算起。从表十七内容来看，虽然仅反映乾隆朝六十年中，1/3阶段的记录而

① 董天工，《台海见闻录》，台湾银行文献丛刊第一二九种，1961年10月，页23。

② 朱景英，《海东札记》，台湾银行文献丛刊第一九种，1958年10月，页18。

③ 庄吉发，《清史论集（五）》（台北：文史哲出版社，2000年3月），页92~93。

④ 王必昌，《重修台湾县志》，台湾银行文献丛刊第一一三种，1961年11月，页115；王瑛曾，《重修凤山县志》，台湾银行文献丛刊第一四六种，1962年12月，页103。

⑤ 刘良璧，《重修福建台湾府志》，台湾银行文献丛刊第七四种，1961年3月，页138~162。

⑥ 范咸，《重修台湾府志》，台湾银行文献丛刊第一〇五种，1961年11月，页169~181；余文仪，《续修台湾府志》，台湾银行文献丛刊第一二一种，1962年4月，页224~240。

⑦ 900000（谷）石÷2=450000（米）石=45000000（米）升/45000000÷365=123287（人）

已，但已经有不同于康雍时期的发展出现。首先，彰化县与淡水厅的垦地面积逐年增加。尤其是淡水厅在乾隆三、九年（1738、1744）的开垦成果，后者的甲数是前者的四倍之多。其次，相较于彰、淡开垦面积的迅增，台、凤、诸三县的情况彼此不同。例如：台湾县逐年呈下降之势，但凤山、诸罗县呈缓增之势。其三，如果按每个年度区分，诸罗县垦地面积的甲数为全岛之冠，淡水厅则为全岛之末。然有趣的是中间名次的排名。乾隆三年是台湾县胜过彰化县的最后一年，之后的垦地面积甲数排名，遂排成为彰化县、台湾县、凤山县。其四，垦地面积的多寡关系到所能养活人口数。按照前述越到后来，则诸罗县、彰化县、台湾县、凤山县、淡水厅的排名大致确定；人口比例若以乾隆二十一年（1756）为准，亦是28.56%、24.18%、22.56%、21.06%、3.64%。该数据与雍正十三年（1735）所记比较——45.94%、7.86%、24.67%、20.79%、0.74%，则会发现当时台湾人口流动有逐渐向北移的事实（参阅表十三）。

上述讨论的田园开垦实指民田而言，至于文官管理的官庄，以及武官管理的隆恩庄，由于收取的息租全供官员与弁兵养廉、恤赏、花红等之用，所以不列入估算。① 然不管是民田、官庄、隆恩庄，对其土地开垦都是地方官责无旁贷的事情。《则例》规定：一省荒地，一年之内开垦一千一百顷（约9734.5甲）以上，记录一次。但垦地后有复荒者，将开垦之级削去，督抚与布政使罚俸一年，道府降一级，州县降三级。如果地方官隐漏地亩不报，只要隐漏一亩以上者，就降四级调用。隐漏十亩以上，革职。隐漏一百亩以上，革职治罪。② 此规定若真的严格执行，恐台闽官员为了清查隐田之事就要忙得焦头烂额。乾隆十二年（1747）高宗突然收回成命，谕令之前放宽在福建海岛拓垦的政策，借口为恐绅士霸踞垦地为由，停止持续的垦业。③或许是这份谕旨收效，乾隆二十一年（1756）台湾府的田园甲数，竟然比乾隆九年（1744）还少了许多（参阅表十六）。

在史料记载仓贮方面，一改雍正朝举棋不定的数额，到了乾隆朝台湾仓贮开始出现定额。不过事情的发展有一段经过。台湾虽然以福建的米仓自居，但自雍正十年（1732）以后却连年歉收。时至乾隆四年（1739）台湾终于大丰收，然而每石需四五钱的价格，仍比福建每石三钱贵。④ 这样的情

---

① 中国第一历史档案馆，《清代查勘台湾官庄民地佃租史料》，《历史档案》，总25期，1987年2月，页28～35。

② 沈书城，《则例便览》；摘自四库未收书辑刊编纂委员会编，《四库未收书辑刊（贰辑·贰拾柒册）》（北京：北京出版社，2000年1月），页182～183。

③ 中国第一历史档案馆编，《乾隆朝上谕档（第二册）》（北京：档案出版社，1991年6月），页197。

④ 乾隆朝汉文录副奏折，档号：0740，微缩号：049－1853，中国第一历史档案馆藏。

况非常不利于官府采买米谷存仓。乾隆八年（1743）巡台御史书山、张湄奏准，台湾府贮谷四十万石，恐怕不能一时买足，特请宽限三年分批采买。① 四十万石正是康熙五十三年（1714）台湾府存仓数目，时过境迁三十年后，清廷渐渐有以该数字作为定额的迹象。不过书山、张湄在期限内仍未买足。因为乾隆十一年（1746）福建巡抚周学健又奏称，想于秋成后向民间买粟二十万石，并等到民欠及应买谷石征完，再凑足四十万石作为定额。② 这项任务就由同年年底，接替周职位的陈大受完成。同时在陈的奏准下，台湾仓贮存额四十万石已告确定。③

若按《则例》规定，台湾府存仓的四十万石谷，主要是用来接济福、兴、漳、泉四府的民食。④ 不过有理由相信，该常平仓的积贮也考虑到了台湾的民食。乾隆二十年（1755）福建巡抚钟音提到该仓贮的分配，据他奏称：

> ……台属额贮谷四十万石，必须酌量地方之大小，均匀分贮，庶各处积贮有备。查台湾府兵民辐辏，积贮宜广，应拨贮二十万石。台湾一县，与府同城，不须多贮，应拨贮三万石。凤山、诸罗、彰化三县，距府远近不一，民人众多，道路袤延，应各拨贮五万石。淡防厅离郡最远，僻处一隅，出产尚易，毋庸多贮，应拨贮二万石，即可备用等语……⑤

依照清廷常平仓的分配，官方对台湾府总人口的估算约在74074人，台湾县为42592人，凤山、诸罗、彰化三县为9259人，淡水厅为3703人（参阅表十八）。此数据与表十七内容对照，则会发现一有趣的事实：即台湾县可能养活人口33748人（表十七·编号3），刚好是台湾县常平仓贮谷可负担的数目。但在总人口与凤山、诸罗、彰化三县的人口估算上，彼此的差距就很大。这或许能说明一件事，清廷对于台湾区域人口的掌握，还是以台湾县与府城为主。

然而台湾府的四十万仓贮虽是定额，但在执行上也不是一成不变。例

---

① 乾隆朝汉文录副奏折，档号：0741，微缩号：049－2079，中国第一历史档案馆藏。

② 《清实录－高宗纯皇帝实录（一二）》，页366～367。

③ 台湾银行经济研究室编，《清会典台湾事例》，台湾银行文献丛刊第二二六种，1965年5月，页51；《清实录－高宗纯皇帝实录（一二）》，页774～775。

④ 不著编人，《户部则例□□卷存二十卷·积贮》，清乾隆内（务）府抄本，北京国家图书馆藏。

⑤ 台湾银行经济研究室选编，《台案汇录丙集》，台湾银行文献丛刊第一七六种，1963年11月，页78。

如：乾隆三十二年（1767）台湾府府仓贮谷降至十八万石。① 乾隆四十七年（1782）台湾府属仓贮升至七十万余石。② 乾隆五十一年（1786）扣除台湾县，台湾府属仓贮为五十六万余石。③ 再者官员实际地操作也是一问题。乾隆十一年（1746）闽抚周学健在奏言中，就曾提到台湾地方官员常趁采买之机射利为己。④ 这些积弊往后还是难以杜绝，而且还有变本加厉之势。乾隆十九年（1754）福建巡抚陈宏谋提到当时台湾采买米谷的情况，以“节年拨运，大半空虚；应买之谷，虚悬未补”，来形容该政策的难行。⑤ 不得已清廷只能用更严格的行政法来约束这些地方官。乾隆二十四年（1759）在彰化县管岸里社附近（今台中县神冈乡），就设立了一块“勒买番谷示禁碑”，保护熟番不受吏役私买短收的骚扰。⑥ 另外直接把规定条文载入省例也是一个好方法。从乾隆二十至五十年，《省例》就详载诸多关于采籴交仓、给照买米、采买仓谷的条文。⑦

在史料记载食盐数额方面，现今能找到最早的记录，可说是乾隆三年（1738）刊刻的《台湾志略》。该书记载乾隆元年（1736）台湾销盐数额约在九万至十一万石不等。⑧ 不过现在有一个问题是，如何能知道每人每天，或者每人每年食盐量是多少呢？该答案在方志里有解。道光二十年（1840）成稿的《噶玛兰厅志·赋役》，就在其《盐课》项下提到：“一口日食盐三钱，一年应六觔（斤）十二两”。⑨ 虽然《厅志》与《志略》成书的年代相距已一百年，但每人每天的食盐量，其实改变不大。因此该数据的参考价值相当高。按照这样的公式换算，九万至十一万石的盐额约可供养 1315060 到 1607300 人（参阅表十九）。

乾隆二十四年（1759）清廷终于把台湾销盐数额定在每年十一万石。乾隆五十五年（1790）又在定额之外，每年追加二万石。⑩ 这十三万石的盐额，约可供养 1899540 人（参阅表十九）。伊能嘉矩研究清代台湾的盐务，

---

① 乾隆朝汉文录副奏折（财政），档号：0754，微缩号：051，中国第一历史档案馆藏。

② 乾隆朝汉文录副奏折（财政），档号：0761，微缩号：051，中国第一历史档案馆藏。

③ 乾隆朝汉文录副奏折（财政），档号：0799－056，微缩号：054－1204，中国第一历史档案馆藏。

④ 《乾隆朝上谕档（第二册）》，页 146～147。

⑤ 诸家，《台湾关系文献集零》，台湾银行文献丛刊第三〇九种，1972 年 12 月，页 52。

⑥ 台湾银行经济研究室编，《台湾中部碑文集成》，台湾银行文献丛刊第一五一种，1962 年 9 月，页 67。

⑦ 佚名，《福建省例》，台湾银行文献丛刊第一九九种，1964 年 6 月，页 30～68。

⑧ 尹士俍，《台湾志略上卷·收销盐课》，清乾隆三年刻本，北京国家图书馆藏。

⑨ 陈淑均，《噶玛兰厅志》，台湾银行文献丛刊第一六〇种，1963 年 3 月，页 77～78。

⑩ 丁绍仪，《东瀛识略》，台湾银行文献丛刊第二种，1957 年 9 月，页 17；《清会典台湾事例》，页 56。

认为在同治六年（1867）以前皆归台湾知府掌管，之后由台湾道接手。此说法与历年《黄册》记载吻合。按清代台湾的盐课有两种：一为盐场课，另一为盐引课。① 盐引课由于都是向贩户征银，且都是以预定销盐额来定引数，所以定额的十一万、十三万石应属盐引课。至于盐场课部分，本书透过乾隆四十一、五十七年（1776、1792）的《黄册》，得知当时征银为16864.8两、12528两。它们换算成的盐额分别为140540石、104400石，再换算成供养的人口则为2053550人、1525470人（参阅表二十）。从盐额估算出130万～200万的养活人口，与米谷、垦地面积估算的14万～15万差距很大。该如何解释其间的落差呢？本书认为由于盐额属于"定额"，它在经制运作下不得任意改变。因此不排除清廷在设定定额时，也跟赋役一样都是事先"预定的"。这样的看法会在下文被证明。当然或许已有人注意到，盐场课与盐引课彼此数额的不同。这其实就是总产量与定额销盐量的差别而已。两者虽有出入，但并不抵触。因为它们都是官方账面人口的高低值。

综合前述可以对正供、台谷、仓贮所估算的人数做一小结。在乾隆初年，官方账面的台湾人口约在十四五万左右。然该数字算是保守的，因为仍有许多人未被算入。乾隆三十四年（1769）闽浙总督崔应阶在奏言提到："台湾流寓内，闽人约数十万、粤人约十余万，而渡台者仍源源不绝。"② 这一段记录颇为珍贵，因为它把当时台湾人口的现状，做一轮廓式的描述。然这些流寓还是受到官方的掌控，现存乾隆二十一至五十五年（1756～1790）的人口编审，把这些资料都保留下来。从表二十来看，乾隆三十四年台湾人口约在六十八九万。前面提到过十四五万的数字，如果与崔应阶的描述相对照。说明本书对清廷的人口估算，大致上还能让人接受。再者从乾隆三十四年（1769）以后，台湾人口突破七十万；乾隆四十二年（1777）跃升至八十余万，乾隆四十六年（1781）增至九十余万。③ 当台湾人口到达八十万时，其实已经开始对台闽的米谷供需产生压力。北京中国第一历史档案馆典藏一份清单，记载着乾隆四十四、四十五、四十六年（1779～1781），台闽贸易的船只航次、数目与运谷统计。这三年运谷分别为77280、82160、75200石（不属于台运），这与乾隆六、七年（1741、1742），动辄四五十万到八九十万的数目不可同日而语。④

① 《台湾文化志（中译本·中卷）》，页399。

② 洪安全主编，《清宫廷寄档台湾史料（一）》（台北：故宫博物院，1998年10月），页115。

③ 大陆学者曹树基检证乾隆四十七年台湾人口数九十一万，认为大致可信。参阅曹树基，《中国人口史——第五卷清时期》（上海：复旦大学出版社，2001年5月），页188。

④ 乾隆朝汉文录副奏折（军机处录副），档号：1459－1417，微缩号：099，中国第一历史档案馆藏。

另外还有一个问题是清代的台湾人口，什么时候突破一百万人?① 按照表二十一的数据，“有可能”在乾隆五十九年（1794）台湾人口才到达百万。不过根据《黄册》的记录，年代应可提前几年。乾隆五十四年（1789）《黄册》记载福建省人口，不算台湾府的人数是12234872;② 乾隆五十六年（1791）《黄册》提到前一年通省人口为13298394。③ 这两个数字相减所得为1063522，应就是乾隆五十五年（1790）台湾的人口数。但此时又有一个疑问？因为该数目与表二十一所列，乾隆五十五年台湾人口943414不符。这又如何解释呢，作者推测只有一个可能，即《黄册》的资料是户部官员根据闽省的册报后，自己再重新计算过呈送给皇帝过目。而奏折上面记载的数目，则是闽省督抚直接计算后上奏给皇帝的。这么一来一往之间，就造成差距。可惜乾隆朝关于台湾的《黄册》人口资料，就只有这两份。无法再继续追索下去。不过应该可以肯定的是，时至乾隆末年台湾账面上的人口加上流寓，使得总人口数已突破一百万人。

至于在区域人口的估算上，这是另一个困难度较高的问题。当时的官方资料并没有对此特别做一调查，所以只能靠有限的数据推测。乾隆十四年（1749）巡台御史伊灵阿、白瀛奏请在台湾北部淡水地方添设一县；而所谓的淡水地方，又专指何处呢？原来就是西至八里坌，东至蛤仔难山，北至大鸡笼山，南至桃仔园之地，亦为今天的台北盆地。据当时记载此处有不下“数万人”。④ 乾隆五十二年十一月（1787.12）正值林爽文举事方炽之际，根据湖广总督兼钦差大臣常青奏报，有南路凤山县粤民约一万余人，赴府城请给腰牌以为识别。⑤ 然最有趣史料是一位洋人留下的记录。也是同年，一位法国的旅人La Pérouse来台观察。据他表示，他们一行人是在1787年4月21日抵台。当然一上岸就遇上林案的发生。在这兵荒马乱之时，他估计台

---

① 根据大陆学者陈孔立以人口增长率计算，他认为在乾隆四十七年台湾人口就突破百万，此论点和曹树基显然有别。参阅陈孔立，《清代台湾移民社会研究》（厦门：厦门大学出版社，1990年10月），页97。

② 不著编人，《乾隆五十四年汇奏各省民数谷数清册》，内阁大库现存清代汉文黄册编号：966，中国第一历史档案馆藏。

③ 不著编人，《乾隆五十六年汇奏各省民数谷数清册》，内阁大库现存清代汉文黄册编号：967，中国第一历史档案馆藏。

④ 国学文献馆主编，《台湾研究资料汇编（第一辑·第二十七册）》（台北：联经出版社，1993年9月），页11791～11792。

⑤ 洪安全主编，《清宫谕旨档台湾史料（一）》（台北：故宫博物院，1996年10月），页597。

湾府城有五万居民。①

归纳出这些记录，再参酌表十七：乾隆二十一年（1756）台湾府属各厅县垦地面积的比例，得自如表二十二的结果。当然从面积比例来估算区域人口，大前提已假设移民都是按照区域开垦的速度，前往当地谋食或雇工。表中编号1的数据，即是所谓账面人口的分布；编号2则是直接人口记录的分布。这当中的数据，跟前述提到台湾人口逐渐向北移动吻合，不过让人比较感到好奇的是，台北与桃竹苗的人口分布。前者的数量在十八世纪中叶稍微高过后者，这个发展还值得在下一节中持续探讨。再者乾隆朝的台湾区域人口估算，充其量也只能以二十一年为讨论对象。因为往后虽还有乾隆三十九年（1774）刊刻的《府志》为依据，但如果用书中的厅县村庄比例作为人口分布的依据，所得的结果参考价值更低。关键在于各县厅的里堡街庄吸纳的人口数目不一。以台湾县与淡水厅为例，前者的坊里堡庄总合才二十七，后者已达一百三十二庄。如果真的按照百分比加乘，那淡水厅的人口一定超过台湾县许多，但实情并非如此。

至于在人口结构方面，乾隆朝方志很少再提到男女比例失衡的问题。或许该情况已有所改善也说不定。不过从季节式移民渐渐转变成定居式移民，则是本阶段的特色。有几点理由可以说明这一波移民潮。在耕地面积上，清初福建的平均耕地面积还多至17.11亩，但到了乾隆三十一年（1766）已降至1.71亩。② 福建每亩地的产量约3.49石（349升），如果以每人每年食用365升计算，这个数字刚好令他温饱。③ 但是耕种者还要上缴正供，而且还不包括无操持农事的人，那他们怎么办呢？无怪乎台湾的米谷供应，为什么会对福建那么重要。在福建人口增加上，康熙二十四年（1685）闽省约有1395102人，但到了乾隆十八年（1753）增至4710339人，乾隆三十二年（1767）再增至8094294人。④ 迅增出来的人口在原乡谋食维艰，而移民同属一省的台湾府是很自然的事。在福建家族的发展上，刻板印象认为家族是安土重迁、自给自足的团体，现在也有所改变。由于族众的繁衍已超出地域应有的容量，部分家族成员不得不另觅他乡发展。⑤ 台湾有如四川、南洋都

---

① La Pérouse, Jean - Francois de Galaup, comte de, The Voyage of La Pérouse round the world in the years 1785, 1786, 1787 and 1788 with nautical tables. Translated from the French Illustrated with fifty - one plates in two volumes. London: Printed for John Stockdate, Piccadilly, 1798.

② 秦宝琦，《洪门真史》（福州：福建人民出版社，2000年8月二刷），页17～18。

③ 赵冈等，《清代粮食亩产量研究》（北京：中国农业出版社，1995年5月），页15。

④ 苏鑫鸿，《略论清代福建佃农斗争挫折的社会原因》，《明清福建社会与乡村经济》（厦门：厦门大学出版社，1987年10月），页254～255。

⑤ 陈支平，《明清福建家族与人口变迁》，《中国社会经济史研究》，总30期，1989年8月，页54～55。

是当时选择的地方之一。① 在适婚年龄上，王跃生运用刑科题本研究发现，乾隆四十六至五十六年（1781～1791）沿海男性初婚岁数为21岁，女性初婚岁数为18.96岁。这数字比当时全国的平均数，男子为22.15岁与女子为17.41略有不同。② 同一时期的自耕农、佃农和佣工，绝大多数都是生活在核心家庭中，而父母同住的直系家庭尚可勉强为之，但复合家庭就很难维持。③ 这可以作为同一时期台湾移民结构的参考。

先前的研究成果认为，台湾县、诸罗县在雍正朝开垦似已饱和，从表十七来看证明是如此。不过雍正以后，台湾府土地开垦及人口增加也出现饱和，显然就有点问题。④ 盖因于"饱和"是指区域耕地面积无法负担过多的人口，但是从台闽的米谷供需，以及彰化县、淡水厅的开垦来看，"饱和"现象的出现也是在嘉庆以后的事。事实上在乾隆朝谈台湾土地开垦已趋饱和，真的还是太早。乾隆五十三年（1788）林案之后，清廷清查出多达五千余甲的未垦埔地，它让随后而至的嘉庆朝，提升不少米谷的生产力。⑤

嘉庆朝台湾行政区域最大的变革就是多了噶玛兰厅，该厅在嘉庆十五年四月（1810.5）被纳入版图，但要二年之后才设官理民。⑥ 兰地的并入，理应在正供、食盐的统计上，要归入台湾府整体的数额中。然从方志、官书来看，却不是如此。嘉庆元年（1796）台湾正供谷小增为190933石，这当中需存留台湾、澎湖的兵粟为96422石，台运为84689石。⑦ 嘉庆二十四至二十五年（1819～1820）编纂的《台湾府赋役册》、《大清一统志》，在未登录噶玛兰厅赋额之下，台湾府的正供记为188484石。⑧ 如果再加上嘉庆十七年（1812）兰厅的定额14063石，则台湾府的正供总数增至202547石。⑨ 增至二十万余石的台谷，并无改变台运多大的数额。因为嘉庆十五年闽浙总督方

① 参阅孙晓芬，《四川的客家人与客家文化》（成都：四川大学出版社，2000年5月）；曾少聪，《东洋航路移民——明清海洋移民台湾与菲律宾的比较研究》（南昌：江西高校出版社，1998年11月）。

② 王跃生，《十八世纪中国婚姻家庭研究——建立在1781～1791年个案基础上的分析》（北京：法律出版社，2000年4月），页24～53。

③ 王跃生，《18世纪中国家庭结构分析——立足于1782～1791年的考察》，《婚姻家庭与人口行为》（北京：北京大学出版社，2000年1月），页140。

④ 陈鸿图，《水利开发与清代嘉南平原的发展》（台北："国史馆"，1996年6月），页43～49。

⑤ 陈秋坤，《清代台湾土著地权——官僚、汉佃与岸里社人的土地变迁（1700～1895）》（台北："中央研究院"近代史研究所，1994年12月），页52。

⑥ 《噶玛兰厅志》，页3。

⑦ 台湾银行经济研究室编，《台案汇录丁集》，台湾银行文献丛刊第一七八种，1963年9月，页266。

⑧ 佚名，《台湾府赋役册》，台湾银行文献丛刊第一三九种，1962年2月，页14～15；台湾银行经济研究室编，《清一统志台湾府》，台湾银行文献丛刊第六八种，1960年2月，页6。

⑨ 柯培元，《噶玛兰志略》，台湾银行文献丛刊第九二种，1961年1月，页45。

维甸仍奏称："台湾每年额运官谷八万五千余石，遇闰加增四千余石"。①

假若仅从台湾正供的数额估算当时的人口，那求得27746人肯定与实际数目有落差。② 不过多增的正供并没有解决一个问题，那就是台运又出现壅塞的窘境。可以想见台湾的人口成长，一定是呈现大幅度的增加。现在有几个记录触及此议题。其一，嘉庆末年编纂的《福建通志》记载台湾人口为1944737。③ 其二，嘉庆十六年（1811）《大清一统志》记载台湾府人口为1786883人。④ 其三，陈孔立以未标明出处的资料，说明嘉庆十六年台湾人口为1901833。⑤ 其四，金梁使用据信是《清史稿》稿本的资料，说明嘉庆十六年台湾人口为2003861。⑥ 其五，陈绍馨认为嘉庆十五年台湾人口已增至二百万人。⑦ 前述不管是哪一个数据，都是一个相当惊人的数目。但却是可以理解。按前文时至乾隆末年（1790）台湾人口才突破百万，结果仅花了二十年的时间，台湾人口就激增七十八万、九十万，甚至一百万人。这个原因只有一种可能，那就是台湾历经乾隆五十一至五十三年林爽文事件，嘉庆十一年（1806）蔡牵侵扰南路，二次重大兵燹造成庞大的死伤，使得劳动力严重不足。唯有大量移民，才能在短时间内恢复生产。从正供增加的数额来看，此目标是达到了；但也因人口增加迅速，影响了台闽的米谷供需。

不过现在要问的是，上面五种数据到底哪一个比较能让人接受呢？本书倾向接受第二种的说法，原因有二：其一，除了《大清一统志》、《福建通志》之外，另外三种史料的来源都还待考。其二，或许有人会问道，第一种说法也是官方的数据为何不用呢？因为本书认为该数据从分县人口总和得出，但细看分县人口之后，觉得可能还有再讨论的必要。此点还会在下段继续讨论。既然已经认为嘉庆十六年（1811）台湾人口为1786883，那么可以估算出各厅县的人口数目吗？此答案是肯定的。表二十三的内容是嘉庆朝台湾府属开垦面积。然比较美中不足的是，《赋役册》记载的田园甲数各厅县详略有别，简略的部分本来可以用方志补充。无奈《方志》也是详略有别。不过这当中仍有三项重点可以讨论。首先，台湾府的垦地面积已超过六万甲，这是噶玛兰厅、淡水厅开垦成果的反映。其次，跟乾隆朝相比，台、凤、嘉、彰四县垦地面积，占台湾府总额比例全部下降；只有噶玛兰厅、淡

① 不著编人，《清实录－仁宗睿皇帝实录（三一）》（北京：中华书局，1986年6月），页84～85。
② 202547（谷）石÷2＝101274（米）石＝10127400（米）升/10127400÷365＝27746（人）
③ 陈寿祺，《福建通志台湾府》，台湾银行文献丛刊第八四种，1960年8月，页149～152。
④ 《清一统志台湾府》，页6。
⑤ 《清代台湾移民社会研究》，页8。
⑥ 金梁，《台湾史料（油印本）》，1955年，页22～24，北京国家图书馆分馆藏。
⑦ 陈绍馨，《台湾的人口变迁与社会变迁》（台北：联经出版社，1997年9月五刷），页18。

水厅的提高，显示台湾人口继续北移（参阅表十七）。其三，如果各厅县田园甲数比例是人口分布的假设，还能让人接受的话，则台湾人口1786883加乘后估算所得：噶玛兰厅参考人数约为159747，淡水厅参考人数约为211030（包括：桃竹苗115364/台北95666），台湾县参考人数约为339865，凤山县参考人数约为353624，嘉义县参考人数约为416522，彰化县参考人数约为306093（包括：彰化153047/台中153046/参阅表二十四）。

上述的数据可以跟《台湾省通志稿》的内容做一比较（参阅表二十四）。通志稿的作者陈绍馨是利用《福建通志》的资料，算得全台户数为246695，总人口数1944737；这当中噶玛兰厅人口为42904，淡水厅人口为214833，台湾县人口为300622，凤山县人口为184551，嘉义县人口为818659，彰化县人口为342166。本书与陈氏估算出的数据以淡水厅的人口差别最小——同为二十一万余人。美国学者蓝厚理（HarryJ. Lamley/或译拉姆利）还在陈氏的基础上，推测嘉庆末期（1820）淡水厅治竹堑城约有8000居民。① 至于台湾县、彰化县的人口差别不大——两者都是超过三十万；但是嘉义县、凤山县、噶玛兰厅，本书与《通志》的记录差距颇大。对此只能说研究方法与采用史料迥异，所导致的结论也不同。不过若细看《通志》的数据，当时台湾人口以嘉义县做最高额的集中，此点恐有两点疑问。其一，前述提到过台湾刚历经林、蔡二案，如果以劳动人口流向推测，应是台、凤、嘉、彰四县都急需招徕，嘉义县应不大可能一时聚居相当于三县总和的人数。其二，噶玛兰厅虽是嘉庆十五年（1810）才被纳入版图，但在元年早有汉移民入兰开垦。期间兰地虽属番界，但却是移民拓垦的新天地。同年闽浙总督方维甸调查该地，声称约有汉移民四万余人，表面上跟本书估算的数目相差很大。② 然而从兰地西势至嘉庆十五年已开垦殆尽，东势在嘉庆十一、十四年即涌入开垦的速度来看③；本书认为绝不可能区区“四万人”之功就能达成。这一点可以对照康熙二十八年（1689）凤山县的开垦面积5048.6甲，以及嘉庆十六年（1811）噶玛兰厅的5708.7甲而可见一斑（参阅表六、二十三）。

嘉庆十七年（1812）福建人口增为14777410。④ 如果前述乾隆朝因福建人口增长迅速，致使移民大量流入台湾的说法能为人所接受。现在福建人口

---

① 哈雷·J. 拉姆利（Harry J. Lamley），《修筑台湾三城的发轫与动力》，《中华帝国晚期的城市（The City in Late Imperial China）》（北京：中华书局，2000年12月），页183、233。

② 洪安全主编，《清宫谕旨档台湾史料（四）》（台北：故宫博物院，1997年10月），页3047。

③ 廖风德，《清代之噶玛兰》（台北：正中书局，1994年11月二刷），页79、101~105。

④ 龙思泰（Anders Ljubgstedt，1759~1835）著，吴义雄等译，《早期澳门史》（北京：东方出版社，1997年10月），页321。

已突破一千万，将导致更多人移民入台。这也足已解释台湾人口，从乾隆末到嘉庆末年趋近二百万的原因。先前的研究成果认为，道光以前由于中国人口增加快速，以至于影响经济层面形成人口危机。① 对台湾来说，由于增加的人口可从持续拓垦得到抚养，至少在嘉庆朝“危机”还没那么快出现。

第三节 道咸同光时期的人口

十九世纪初英国经济学家马尔萨斯（Thomas Robert Malthus，1766～1834），在其著作《人口原理（Principle of Population）》中认为，土地肥沃、对农业与婚姻的鼓励是中国人口大幅成长的要素。② 然当今的美国学者李中清、王丰却对此抱着不同的看法。简言之二位对“中国人口过剩”的印象提出挑战，并论述在乾隆中叶至道光初期，中国人的生活水平不因人口增长而有所下降。③ 同样的问题反映在台湾，必须试问该岛人口的成长，到底有无对生活空间产生压力？由于史料并无直接记载人民的感受，所以只能从一些字里行间中找寻线索。不过本书认为时至清末，台湾人口成长的数量，还不至于对清廷造成统治上的危机。理由是台湾还有一块被称为“后山”的地区尚待开发，不管它能不能够提供岛内移民所需的条件，至少在同、光朝它还是部分“前山”住民向往的地方。

其次清廷对移民政策的调整，亦是清末时务重大改变之一。现今台湾史学者一致认定光绪元年（1875），为官方解除移民来台限制的一年。此看法固然没错，但是需要配合从道光以来海外移民发展一并讨论。其中最重要的是从道光二十七年（1847）开始的苦力贸易。苦力贸易的出口港原先设在厦门，咸丰九年（1859）后逐渐转移到南澳、汕头、澳门、香港。然而不管是在福建或是广东，在咸丰九年之前因与《清律》禁止人民无照出洋有抵触，所以苦力们即使是被诈骗、诱拐、胁迫，仍属于非法的海外移民。④ 但是这一切，在咸丰十年（1860）中英、中法北京条约签订后有了改变。因为清廷同意英、法在华招募华工。尔后同治五年（1866）再签订《中英法

---

① 田彤，《清代（1840年前）的人口危机及对近代社会经济的影响》，《史学月刊》，总209期，1994年5月，页52～57。

② 何兆武、柳卸林主编，《中国印象——世界名人论中国文化（下册）》（桂林：广西师范大学出版社，2001年4月），页21～35。

③ 参阅李中清、王丰，《人类的四分之一——马尔萨斯的神话与中国的现实（1700～2000）》（北京：三联书店，2000年3月）。

④ Irick Robert L.，Ch'ing Policy Toward the Coolie 1847－1878（Taipei：Chinese Materials Center，1982），pp15－151.

续定招工章程条约》，使得华人海外移民的合法性更得保障。① 当然不管是先前的苦力，之后的契约劳工，还是契约期满后在海外变成的自由劳工，总有说不完的血泪史。② 不过同治朝国人可以在放宽的政策下出洋，已是不争的事实；此点对照光绪元年以前，有条件的管制渡台也变得没什么意义。无怪乎同治十三年（1874）牡丹社事件一结束，钦差大臣沈葆桢以海防为由，奏请清廷废除旧令，立即获得正面的回应。③

以官方的资料而言，本阶段的人口记录不若之前广泛，但有一个特色就是多增西方传教士、外交官等的人口估计。咸丰八年（1858）的天津条约、咸丰十年（1860）的北京条约确定台湾对外开港，使得该岛在同、光朝涌入不少洋人，连带也留下一些观察。前面二节提到用正供、仓贮、盐额的估算方式，将持续被讨论。不过这些数据并非四朝皆有，或许还要搭配洋人笔下的人口记录，才能估量出清末的台湾人口。

道光朝台湾正供的征收有一重大的变革，就是全部从正色改成折色。这项措施从道光二十三年（1843）开始，隔年台运也半改折色。④ 根据日治学者东嘉生的研究，谷纳制变成银纳制的源头可以上溯至乾隆末叶，但由于推行不易仅在官斗上多做更张。道光二十三年的改制，除了涉及正供之外，也冲击到大、小租，并使得后者也从纳租转为纳银。依照官方订立的标准，谷一石换算“六八番银”二元。⑤ 道光五年（1825）台湾正供征粟为197693石⑥，该粟额至道光三十年（1850）期间，增涨至205600石。⑦ 有趣的是全台正供数额在咸丰、同治、光绪初年均无记录。直到光绪十二年（1886）因应台湾建省所需，首任巡抚刘铭传在奏折里提到：“全台额征银85746两，洋银18669元，谷198057石”，才又得知原来这三十余年中，全台清赋前正供数额增加了多少。⑧ 经过计算，它增加成为268638石（参阅表二十五）。该数字在清赋后更有着大幅度的成长。北京国家图书馆分馆典藏一份珍贵的

① 朱寰、王恒伟主编，《中国对外条约辞典（1689～1949）》（长春：吉林教育出版社，1994年6月），页190、232、291。

② 陈孔立，《厦门史话》（上海：人民出版社，1979年9月），页70～83。

③ 沈葆桢，《福建台湾奏折》，台湾银行文献丛刊第二九种，1959年2月，页11～13。

④ 上海社会科学院经济研究所编，《晚清经济史事编年》（上海：上海古籍出版社，2000年5月），页46、53。

⑤ 东嘉生（？～1943）著、周宪文译，《台湾经济史概说》（台北：海峡学术出版社，2000年5月），页52～53。

⑥ 陈寿祺，《福建通志台湾府》，台湾银行文献丛刊第八四种，1960年8月，页154。

⑦ 洪安全主编，《清宫月折档台湾史料（六）》（台北：故宫博物院，1995年8月），页4736～4737。

⑧ 刘铭传，《刘壮肃公奏议》，台湾银行文献丛刊第二七种，1958年9月，页303。

史料，其内容为光绪十四年（1888）台湾省会计年表，当中地粮的记载为512979两。① 经过计算它再增加成为366413石（参阅表二十五）。不过本书认为该数目可能还是太少。日本据台隔年——明治二十九年（1896），彰化捒东堡总理林振芳向日本殖民政府申报当地米谷产销情形，提及土葛窟（台中县龙井乡）、水里港（台中县龙井乡）、梧棲（台中县梧棲镇）、新港（彰化县伸港乡）每年出口米谷达七十万至五十余万石不等。② 金梁认为光绪年台湾建省清丈以后，该岛有年产米150万石的实力。虽然他没有清楚说明史料出处，但此数字与1896年台中、彰化米谷产量对照，有一定的参考价值。③

在知道清末台湾正供或米谷产量后，可以进一步讨论各厅、县的正供数额。这当中以淡水厅，以及光绪元年（1875）新设的台北府、淡水县、新竹县资料最多。从表二十六来看，首先编号1、2与编号7关于淡水厅正供数额是差不多的，可知未清丈前该厅年正供额是一万三千余石。不过清丈以后新竹县以七倍的新额，比旧额多出许多。其次编号4是台北府与中南部各县正供的总和，也就当时台湾正供的总额——186000余石。该数字接近乾隆三十三年（1768）台湾正供数额（参阅表十五），与上文算得二十六万余石差太多了。考其原因有二：一为《申报》把福建巡抚丁日昌的奏文数字误编；另一为丁巡抚所接收到的讯息是过时（这是非常有可能的，参阅页39，注1）的。

这些各厅、县正供的资料有何用呢？它们可以跟各厅、县的仓贮数额做一比较。康雍、乾嘉时期提到的常平仓制，在清末已不能继续维持。道光中叶掌四川道监察御史林士傅奏言，指出台湾地方官不善预备积贮；并认为眼前解决之道是设法劝谕民间多建义仓，而不是再整顿常平仓。④ 林的建言有了具体的回应。道光十八年（1838）台湾道沈汝瀚开始创设义仓，官绅捐谷共二万余石。咸丰元年（1851）大概是清廷最后一次清查台湾常平仓的积粟，文宗在上谕中指出自从乾隆六十年（1795）后，台湾的仓贮就没再清查过。⑤ 然或许是积弊已深，之后就不见常平仓的记录。同治五年（1866）台湾道丁曰健继续劝捐义仓，共得谷一万六千余石，加上先前数额

① 刘岳云，《光绪会计表》，光绪二十七年教育世界社石印本，北京国家图书馆分馆藏。

② 台湾银行经济研究室编，《刘铭传抚台前后档案》，台湾银行文献丛刊第二七六种，1968年6月，页245。

③ 金梁，《台湾史料（油印本）》，1955年，页22～24，北京国家图书馆分馆藏。

④ 台湾银行经济研究室编，《台案汇录甲集》，台湾银行文献丛刊第三一种，1959年1月，页192～193。

⑤ 中国第一历史档案馆编，《咸丰同治两朝上谕档（一）》（桂林：广西师范大学出版社，1998年8月），页30～34。

共三万六千余石。同治十二年（1873）台湾道夏献纶连同旧额再筹谷五万石。① 表二十七是台湾建省前后各厅、县的仓贮数目，该内容与表二十六对照可发现几个重点：第一在淡水厅方面，贮谷五万六千余石比每年的正供额还要多，可以想见该厅历年来积贮之丰。第二，除了淡水厅之外，其他厅、县的积贮都在正供数额之内；尤其在台湾建省以后，有记录的各县贮谷都偏低。第三，上述的义仓谷数，都是道台设在台湾府的存谷，不包括各厅、县的存谷。此数字与康雍、乾嘉时期动辄四十至七十余万的数目，差距以倍数增。为什么会变成这样呢？它佐证了台湾人口增加迅速的事实，同时也影响到台闽米谷的供需。

道光二年（1822）台湾知县姚莹提及当时泛海之舟日渐稀少。他归咎于是水灾、械斗、海盗的因素。② 道光十二年（1832）兴泉永道周凯把船只稀少的原因扩大解释，认为是台地物价渐昂、台湾正口开放至五个、鹿耳门沙线堵港、前一年袭浙的飓风造成重大损失、船家故意规避配运的结果。③ 不过台运、平粜米毕竟还是一项政策。虽然台闽米谷供需吃紧的征兆已经出现，但地方官责无旁贷要执行它。道光七年（1827）宣宗谕令闽浙总督孙尔准，必须把积压至该年共十六万余石的谷、一万余石的兵米，同该年兵谷七万余石、兵米七千余石全数运竣。④ 闽督孙尔准接到谕旨后，深知窒碍难行，就于同年底偕同闽抚韩克均建议朝廷，不如把所有的兵眷米谷改为折色。这样就可以应付商船日渐稀少，所带来运输上的不便。⑤ 孙、韩二位的建议，朝廷并未采行。其实台湾米谷积压的问题，虽大部分都是前一任官员留给下一任的烫手山芋，但不是不能解决。例如：道光十五年（1835）闽浙总督程祖洛、福建巡抚魏元烺在奏言中，提到该年台湾运至福建的米谷达二十万石，该数字也是清廷认为台湾余谷的数目。⑥ 而之前的积压，也在道光十七年（1837）由闽督钟祥、闽抚魏元烺清运完毕。⑦ 前文提到道光二十三年（1843）台湾正供全改折色，现也影响到台运的改制。孙、

---

① 唐赞衮，《台阳见闻录》，台湾银行文献丛刊第三〇种，1958 年 11 月，页 60。

② 姚莹，《东槎纪略》，台湾银行文献丛刊第七种，1957 年 11 月，页 22~30。

③ 周凯，《厦门志》，台湾银行文献丛刊第九五种，1961 年 10 月，页 166~172。

④ 洪安全主编，《清宫谕旨档台湾史料（四）》（台北：故宫博物院，1997 年 10 月），页 3453。

⑤ 台湾银行经济研究室编，《台案汇录丁集》，台湾银行文献丛刊第一七八种，1963 年 9 月，页 300~302。

⑥ 洪安全主编，《清宫谕旨档台湾史料（五）》（台北：故宫博物院，1997 年 10 月），页 4097~4099。

⑦ 台湾故宫博物院，《宫中档道光朝奏折（第二辑）》（台北：故宫博物院，1995 年 3 月），页 462~463。

韩的建议终于在道光二十四年（1844）部分得到实现。由于闽浙总督刘韵珂的奏准，台运一半数额改为折色。①

台运的积压除了证明台湾米谷生产余额已大不如前之外，另一个因素是行政管辖权限的问题。咸丰九年（1859）闽浙总督庆端有一观察，盖因为米谷的征收是各知县的责任，米谷的配运却是各厅同知的责任。台湾道、府虽有监督之权，但遇上疲顽的厅、县，也很难在第一时间解决问题。因循苟且的结果很容易形成积压。② 同治四年（1865）台湾再度禁止米谷出口。③ 隔年开禁，并根据闽浙总督左宗棠、福建巡抚徐宗幹的奏报，台运额谷总数为60524石；其中折色谷28442石，本色谷32081石。④ 同治六年（1867）福州将军署闽督英桂的上奏，疑为清末关于台运最后的奏折，而英桂这一次是揭参台湾、凤山、嘉义拖欠运谷的知县。⑤ 同治九、十一年（1870、1872）是官方对台湾米谷贸易记载的最后二年。这二年是因为要应付直隶春赈所需，闽浙总督文煜衔命派员前往台湾、上海采办运赴天津的米谷。⑥ 之后的光绪朝便不见台运记录。若按制度运作的逻辑推敲，台运的米谷都是属于兵眷米谷，在班兵制度仍实行的情况下，没有理由停止台运；除非皇帝下达谕旨，但是找不到类似的记录。不过有理由相信，迟至光绪十年（1884）台运可能不行。原因是该年爆发清法战争，法军宣布在同年九月五日（10.23）对台海实施封锁，直到光绪十一年三月一日（1885.4.15）才解除封锁。这长达半年的时间，如果台运还在持续运作，受到封锁的影响一定会见诸奏报。但是遍寻档案不着。⑦ 加上同年九月宣布台湾建省，首任巡抚刘铭传给朝廷的奏言中也是只字未提，更加确定台运在台湾建省前后应是终止。

在叙述整个台湾米谷生产、台闽米谷供需之后，至此可以发现一个有趣的事。就是光绪朝以前，台湾的“余谷”在官方的记录中仅剩二十万石；但是割台后一年，地方上报却有七十万石之多。其中的缘故为何？作者认为光绪元年（1875）执行开山抚番政策，以及光绪十一年（1885）台湾建省

---

① 中国第一历史档案馆编，《嘉庆道光两朝上谕档（四十九）》（桂林：广西师范大学出版社，2000年11月），页269。

② 台湾故宫博物院，《宫中档咸丰朝奏折（第二十二辑）》（台北：故宫博物院，1991年3月），页383。

③ 《晚清经济史事编年》，页265。

④ 左宗棠，《左文襄公奏牍》，台湾银行文献丛刊第八八种，1960年10月，页34。

⑤ 洪安全主编，《清宫宫中档奏折台湾史料（二）》（台北：故宫博物院，2001年11月），页952~955。

⑥ 张本政主编，《清实录台湾史资料专辑》（福州：福建人民出版社，1993年12月），页992、995。

⑦ 台湾银行经济研究室编，《法军侵台档》，台湾银行文献丛刊第一九二种，1964年3月。

招徕移民、广辟垦地、清赋是一大关键。不过谈了那么多，还未真正触及人口数目的讨论。台湾建省前后的正供、米谷产量数字为：谷 268638 石、谷 366413 石、米 150 万石都是一个指标，按此数字估算的养活人口为 36799、50193、410958（参阅表二十八）。它们依序是清代从米谷产量估算养活人口最高的数字。而除了米谷之外，不要忘了盐额也是一个推估的方法。

清代台湾的食盐生产，在乾、嘉朝原本有濑北、濑南、濑东、濑西、洲南、洲北盐场负责生产。① 然而从道光末叶（疑为二十四至二十八年/1844～1848）刊刻的《福建盐法志》来看，濑西场已经消失，仅剩其他五个场。② 根据张绣文的研究，清末的台湾盐政是从就场专卖，转变为就仓专卖，再转变为全部专卖的关键时期。同治元年（1862）台湾发生戴潮春事件，地方动乱给予私盐贩行大好机会。此时不管是盐引课或盐场课，都因为官盐没有销路而锐减异。同治七年（1868）台湾道吴大廷复行改革，以道台兼任盐务督办，并设全台盐务总局与台南盐务总局，以及征收竹堑私盐田成为官盐田，开启了就仓专卖的时代。③ 吴的措施是以各馆估计管辖区的用盐量，在呈报总局之后以四联式单据发放管引。当时管引一通可领盐五十五石，总局之下另设子馆、购馆。光绪十一年（1885）台湾建省，首任巡抚刘铭传把全台盐务总局迁设台北府，台南盐务总局改称台南盐务分局。总局、分局之下再设总馆、子馆、购馆。刘的设想比起之前就仓专卖更加细致，有产销一体的影子，开始走向全部专卖的方式。④

上述盐政的发展，越到后来官方对于区域盐额控制，越有配给的味道。假设能够知道各区域的定额，是有可能估算出当地养活的人口。道光朝盐额原本跟之前一样定为十三万石，但道光五年（1825）台湾开始代销漳州府南靖、长泰县盐额一万七千石，使得台湾府总额增为十四万七千石。⑤ 上一节提到乾隆初年盐额可能的养活人口130 万～200 万，已在嘉庆末年快要被追平。步入道光朝，清廷一方面考虑到漳州官盐销路不如台湾，一方面考虑台湾人口渐增的事实，所以把台湾的盐额调升。如此也给了人口讨论一个线索。北京中国第一历史档案馆典藏若干道光、咸丰、同治朝的《黄册》，有

---

① 卢嘉兴等纂修，《台南县志》（新营：台南县政府，1980 年 6 月），页 139。

② 佚名，《福建盐法志》，道光年间刻本，北京国家图书馆分馆藏。

③ 这当中盐务的掌管还是有点波动。同治七年正月底止是台湾道设局办理没错，但随即把盐务委给台湾知府；直到同治十一年（1872）署台湾道黎兆棠将盐务归给局办，才形成定制。参阅文煜撰，《署闽浙总督任内奏稿》，同治抄本，北京大学图书馆藏。

④ 张绣文，《台湾盐业史》（台北：台湾银行经济研究室，1955 年 11 月），页 6；颜义芳，《清代台湾盐业发展之脉络》，《台湾文献》，第 54 卷第 1 期，2003 年 3 月，页 47～63。

⑤ 唐赞衮，《台阳见闻录》，台湾银行文献丛刊第三〇种，1958 年 11 月，页 66。

助于了解这段时期台湾引课的变化。先从表二十九来看，虽说道光五年台湾开始代销漳盐，但到同治三年（1864）为止，有记录的盐引道数却不同。幸好这还不会妨碍对人口的估算，因为还有盐场课的收入可以参考。表三十、三十一是道光、咸丰朝台湾盐场课的记录，按这些数据算出的养活人口在226万～262万之间①。该数目可以跟盐引课十四万七千石估算的人口——2147945对照。结果发现从盐的总产量（盐场课），以及定额销盐量（盐引课）所估算的养活人口为214万～262万。该数据有一定的参考价值，不过都是同治七年（1868）盐务改革前的数据。光绪十一年（1885）台湾建省后，台南、台湾、台北府有留下些许的资料可供补充。

从表三十二来看，首先有记录的各县盐额总数为242050石，可以想见建省后盐务必经一番整顿。其次是从盐额估算的分县人口，安平、嘉义县的参考人数为1125114，凤山县的参考人数为613698，恒春县的参考人数为17534，彰化县的参考人数为1071780，苗栗县的参考人数为299541，新竹县的参考人数为409132。其三，不算全省的人数，仅算这些分县参考人数，总和就已达3536799。如果再加上未列入记录的台东州、宜兰县、淡水县、台湾县、云林县，难道台湾的人口已经接近四百万吗？事实上当时没有这么多人。但在上一节曾提及乾隆初年台湾盐额估算出来的人口约130万～200万。现在对照此数字，应该可以确定建省以后，盐额估算出接近400万的人口，亦是官方账面事先“预定”，设想数年后台湾的人口数。那么可能的人口是多少呢？这需要从直接的人口记录中去找答案。

看到这里可能有人会问道，本节为何没有像前二节一样，以垦地面积来估算人口数？有二个理由迫使此法不行。其一，清末台湾不再有以府为单位、或以省为单位的分县垦地资料。这使得各厅、县开垦面积，占总面积的百分比多少无从得知。② 其二，根据整理《户部则例》所得，其内容虽然载有道光二年（1822）、咸丰元年（1851）、同治十二年（1873）台湾府的垦地面积，但仔细审视之后发现数目都低于乾隆朝的甲数，利用价值不高。③ 值得一提的是从《黄册》来看，台湾府从嘉庆十七年（1812）开始，到光绪二十一年（1895）为止，即不再册报人口数目。常平仓贮从嘉庆九年

① 147000（石）=14700000（斤）=235200000（两）=2352000000（钱）/2352000000÷1095=2147945（人）

② 光绪十五年（1889）台湾建省清丈查得民业田园432008甲，可惜没有厅、县的完整资料，以至于无法继续探讨。参阅刘铭传撰，马昌华、翁飞点校，《刘铭传文集》（合肥：黄山书社，1997年7月），页285～289。

③ 孙毓棠、张寄谦，《清代的垦田与丁口的记录》，《清史论丛》，第1辑，1979年8月，页36～38。

（1804）到光绪二十一年，也不再册报谷数。① 这与康雍、乾嘉朝比较，官方对台湾人口数掌握的程度已经偏低。② 该数字与上文盐额的估算值没有抵触，方知这些官方资料都有某种程度的关联性。至于在非官方资料方面，区域人口是记录时的重点。这一点不会因它们并非提供给清廷作为参考，而降低史料的价值。因为对它们的估算，都是记录者亲自经历观察得来，其间可以与官方数字做一比较。

表三十四是清末洋人对台湾区域人口的记录。这当中有几点值得注意：其一，哪一个区域是洋人观察的重点呢？若以北、中、南、东区分，北部地区是被记录最多，尤其是台北盆地。另外清廷防御的三个边陲——埔里、琅峤（屏东县恒春镇）、奇莱（花莲县吉安乡），洋人也相当有兴趣，尤其是埔里。③ 其二，当时台湾岛内的重要县邑，除了建省后的台湾县与台东州没有记录之外，其他全有资料。至于县邑以外的聚落，如果规模夠大也会引起他们的注意。这包括：打狗（高雄市）、埔里、琅峤、猫里（苗栗市）、新埔（新竹县新埔镇）、艋舺（台北市万华区）、大稻埕（台北市中山区）、中港（台北县新庄市）、锡口（台北市松山区）、三角涌（台北县三峡镇）、水返脚（台北县汐止镇）、林圯埔（南投县竹山镇）、东港（屏东县东港镇）、枋寮（屏东县枋寮乡）、基隆、淡水、三结仔街（宜兰市）、奇莱、七脚川（花莲县吉安乡）。其三，透过洋人的记录，大概可以把清末府邑与几个县邑的人口做个估算。即府城（建省前称台湾府，建省后称台南府）约40000～75000人，嘉义县邑约10000～15000人。凤山县邑约15000人，彰化县邑约15000人，新竹县邑约30000～40000人，宜兰县邑约10000～60000人。其四，部分的城邑、聚落长期都有人口记录，可以对当时的人口发展作一解释。如果以城垣围绕的区域为标准，府城无疑是最大的城邑。但是如果把紧连着城的城外人口也列入计算，视为广义的城邑人口，那么同治十一年（1872）淡水县境的艋舺与大稻埕人口总和75000人已经追上府城（光绪元年/1875在二聚落间新建台北府城）。这再度说明了乾、嘉以来，台湾人口不停北移的事实。同样的例子也可以在新竹与宜兰看到。前者县邑的人口数已超越凤、嘉、彰县许多。后者的县邑人数，从同治十一年的一万人，增至光绪十年（1884）的四万人，再增至光绪十六年（1890）的六万人。

---

① 上文提到光绪三年（1877）福建巡抚丁日昌有可能收到过时的讯息，推测原因即出于此。

② 大陆学者梁方仲曾在书中提及，《户部清册》记录光绪十三年（1887），台湾省人口为320万。作者在北京中国第一历史档案馆也调阅同样的资料，但并没有相同的发现。参阅梁方仲，《中国历代户口、田地、田赋统计》（上海：上海人民出版社，1983年3月四刷），页266～267。

③ 不过据英国人Bullock描述，埔里的人口大半是原住民。参阅Bullock，T. L. "A trip into the interior of Formosa," *Royal Geographical Society of London*21（1877）：266－272。

然而在洋人的眼中，清末台湾的总人口数是多少呢？从表三十五来看，人口记录的波动颇大。咸丰十年（1860）是洋人对台湾总人口首次记录——二百万。不过三年之后，又有另一个估算数字出现——三百万。此后一直到光绪十三年（1887）台湾建省，洋人对台湾总人口的看法约在300万~400万左右。有趣的是在光绪十九、二十一年（1893、1895）估计的数字又骤降到二百五十万。因此要问的是这当中为何有如此大的落差？这整个问题的关键只有一个，那就是清末台湾的总人口数到底有没有到达三百万？

假设盐额估算养活人口的方法，能让人接受的话，前文算出的参考数字——同治七年（1868）为214万~262万，显然就把之前洋人估计到三百万人口的记录全给推翻掉。所以现在三百万的人口数就只可能发生在同治七年以后。这一段时期人口的官方记录，台湾建省后的第一部省志——《台湾通志》有记载。《通志》的数据，由陈绍馨摘录到战后修纂的《台湾省通志稿·人口志》，内容记为光绪十九年（1893）台湾省人口为2545731。① 然而该数据有无再检讨的必要呢？这必须再找其他的史料对照才行。道光四年（1824）刚卸任台湾知县姚莹，在其著作中留下“汉人蕃衍，丁口二百五十余万”的记录。② 连同刚才盐额对同治七年（1868）的214万~262万估算，以及前文提到招徕劳动力、米谷的生产量等，光绪朝台湾的总人口应该有突破300万的可能。同、光之际粤籍文人吴子光提出了相同的看法。③ 只不过会不会发生另一种情况，即光绪十九年（1893）以前台湾人口到达300万左右，之后总人数突然陡降到250万（表三十五编号12、13）？这个情况有可能。因为光绪二十至二十一年（1894~1895）甲午战争爆发与割让台湾前夕，台湾百姓离开本岛的数量可能远超乎想象。④ 有几条记录是如此写的，例如：光绪二十一年五月来台的河南候补道易顺鼎，在私著中记载“八月底台南居民内渡者日不暇给”。⑤ 同一时期台湾忧国文人洪繻的一首诗——“……逃遁先有人，万民阻行囊……昨日海关处，新令悬煌煌；赋税将重征，不及恤流亡……”也透露出端倪。⑥ 可惜关键的光绪元年至二十年（1875~

① 陈绍馨纂修，《台湾省通志稿·卷二人民志人口篇》（台北：台湾省文献委员会，1964年6月），页160~162。

② 姚莹，《东槎纪略》，台湾银行文献丛刊第七种，1957年11月，页39。

③ 吴子光，《台湾纪事》，台湾银行文献丛刊第三六种，1959年2月，页97。

④ 之前的研究成果认为在明治三十年五月八日（1897.5.8）台湾住民去就决定国籍之后，离台人数仅占总人口0.16%。但这个计算的基础是用前一年做的人口调查总数为准，并非清末台湾省的总人口数。参阅黄昭堂，《台湾总督府》（东京：教育社，1981年4月），页53~55。

⑤ 易顺鼎，《魂南记》，台湾银行文献丛刊第二一二种，1965年8月，页23。

⑥ 洪弃生，《洪弃生先生遗书（二）》（台北：成文出版社，1970年4月），页341~347。

1894）期间，除了《通志》之外，没有其他官方存留的资料可供考证，无法对光绪二十、二十一年间突然内渡的五十万人口再做出更有力的说明。

本书对同治朝以后台湾总人口的估算，提出一些假设性的看法。不过在区域人口的分布方面，光绪朝官方倒有不少资料存留。表三十六的内容是同、光朝的部分厅县人口。首先，彰化县鹿港人口的变化极大。同治元年（1862）该地人口为120000，但到了光绪十七年（1891）下降为40000～50000（编号1、10）。其次，同治十三年（1874）淡水厅册报的人口数24226有过低之嫌（编号4）。原因在于第二节提到嘉庆十六年（1811）该厅人口为211030，同治十一年与光绪元年（1872、1875）闽抚的奏报皆为420000，所以此次该厅的册报反而低于三万实不可能。① 其三，光绪十一年（1885）台湾建省以后，台东州的5839人、苗栗县的65000人左右、云林县的194765人、凤山县的393555人、恒春县的16737、新竹县的131094人，颇具参考价值。尤其是凤山县，它可以与嘉庆十六年本书估算的人口数353624对照，得知时至清末该县还是有小幅成长。其四，再与表三十四对照，发现从同治朝以后，恒春一直是受人注意的地方；然比起洋人，清廷对埔里人口留下的资料不多。其五，前述建省分县人口总和为806990，但仍有宜兰县、淡水县、台湾县、彰化县、嘉义县、安平县等一半的人口无法得知。虽然在日治初期，殖民地政府有不少区域人口的调查；但前文已经指出光绪二十、二十一年（1894～1895），台湾人口内渡者众，恐怕这些日人的调查资料，只能反映明治二十九年（1896）以后的现况。不过本书还是附上明治三十八年（1905）年以前的这一段期间，台湾的总人口数与部分区域人口数据以备比较（参阅表三十七）。从清代到日治，依据官方的记载，该年台湾的人口数首度突破三百万；这当中汉人为2979018、日人为59618、华侨与外国人为8223。②

当然现今的学者对于清末台湾人口的讨论，也有独到的看法。例如：美国学者德格洛珀（Donald R. Deglopper）推测十九世纪中叶，鹿港的人口为二万人左右。③ 荷兰学者施博尔（Kristofer M. Schipper/或译施舟人）认为十九世纪末台南府城有四万人。④ 陈延辉估算1895年宜兰县的泉籍人

---

① 根据同治十年（1871）刊刻的《淡水厅志》所载，桃竹苗的聚落数目为255，台北的聚落数目为129。按42万的人口比例分配，桃竹苗约有278906人，台北约有141093。

② 李絜非，《台湾》（上海：商务印书馆，1947年2月上海四版），页22。

③ 多纳尔德·R. 德格洛珀（Donald R. Deglopper），《一个十九世纪台湾海港城市的社会结构》，《中华帝国晚期的城市（The City in Late Imperial China）》（北京：中华书局，2000年12月），页765。

④ 施舟人（Kristofer M. Schipper），《旧台南的街坊祀神社》，《中华帝国晚期的城市（The City in Late Imperial China）》（北京：中华书局，2000年12月），页783。

数为3845、粤籍人数为1138、漳籍人数为34875。① 不过这些数据和表三十三、三十五对照明显偏低。

至于清末的人们对同一时代的人口有什么看法呢？光绪五年（1879）《纽约时报》提到当时中国总人口达四亿五千万之谱。② 按美国学者罗斯的观察，此时中国女孩平均出嫁的年龄是16～17岁，这比第二节曾提到乾嘉时期的平均岁数17.41岁略低。③ 郭松义研究清代女子初婚年龄，认为16～18岁结婚的比例最多。④ 然根据部分学者的看法，清末中国人口的初婚年龄与初育年龄是上升；而且末胎出生时年龄下降，生育间隔明显延长，显示出一种人为性抑制的人口控制。⑤台湾在道咸同光时期的婚龄记录几无，没办法再对此做细致的讨论。不过光绪二十年（1894）福建人口已跃升为21935184，比起嘉庆十七年（1812）的14777410大幅成长许多。⑥ 即便是透过任何的人为性抑制的人口控制，想必人口压力一定也不小。移民是该地方解决此问题的重要方法之一，台湾在清末人口可能达到三百万之众，跟这个因素大有关系。

综合以上三节的内容，在此对清代台湾人口的讨论做一总结。从表三十八来看，经过二百一十年（1684～1894）的发展，台湾人口的成长有几项重点。第一，正供、仓贮、垦地面积估算的人口数，可以视为官方"账面上"的人口数。该人口数虽然不能充分反映事实，但却是绿营部署最重要的参考数据。这是为什么呢？因为康熙二十三年（1684）清廷在台湾的第一次布防，监控的人数就是表列的5万～7万人（编号1）。即便是到了雍正十一年（1733）台湾营制大幅扩充，账面人口的增加也只有7万～8万（编号2）。此后营伍的编制基本上就固定了，直到嘉庆十五年（1810）为止不做更动。⑦ 所以不能小觑这些数字，带给清廷在兵防考量上的意义。第二，直接的人口记录，可以视为官方"认知上"的人口数。当然账面上人口数的偏

---

① 陈延辉，《十九世纪宜兰平原各族群人口的推估》，《"宜兰研究"第三届国际学术研讨会论文集》（宜兰：宜兰县文化局，2000年8月），页261～307。

② 郑曦原编，李方惠等译，《帝国的回忆——"纽约时报"晚清观察记（China in the New York Time）》（北京：三联书店，2001年5月），页59。

③ E. A. 罗斯著，公茂虹、张皓译，《变化中的中国人（The Changing Chinese）》（北京：时事出版社，1998年1月），页99。

④ 郭松义，《伦理与生活——清代的婚姻关系》（北京：商务印书馆，2000年8月），页199。

⑤ 侯扬方，《生存压力下的人口控制行为——中国历史人口学微观研究的评述与再探讨》，《中国谱牒研究——全国谱牒开发与利用学术研讨会论文集》（上海：上海古籍出版社，1999年10月），页256～269。

⑥ 台湾惯习研究会原著，《台湾惯习纪事（中译本）·第贰卷上》（南投：台湾省文献委员会，1986年6月），页240。

⑦ 李汝和，《清代驻台班兵考》（台北：台湾省文献委员会，1971年5月），页58～59。

低，想必也使得清廷颇有警觉。从乾隆五年（1740）开始执行的人口编审，就是要矫正此缺失。另外本书再补充上康熙、雍正、道光、光绪朝，在地官员对人口数目的看法，表列出一个较为人所接受的清代台湾实际人口总数。第三，盐额估算的人口，可以视为官方“预计上”的人口数。盖因为盐额的估算值都高于直接人口记录甚多，而在定额制度的运作下，每当定额食盐人口数快被追平，清廷就重新增加新的定额。所以它呈现出的是官方对未来人口数的看法。第四，清代台湾人口增加速度最快的阶段，是嘉庆、道光二朝，不是刻板印象中的康熙、雍正、乾隆三朝。原因是前者在短短的三十四年（1790～1824），人口就激增了144万（编号9、11/250－106＝144）；后者经过一〇六年（1684～1790），人口才增加101万（编号1、9/106－5＝101）。第五，清廷根据账面人口数所做的军事部署，结果与实际人口数产生极大的落差，其实就是检验武力治台成功与否的最佳机会。不过这还要从各区的布防，以及区域人口数来讨论才行。

表三十九的内容是清代台湾区域的人口数。从中可以发现到一点是，比较接近现代的道咸同光时期，官方的资料不多；反而康雍、乾嘉时期的分区人口，透过些许的史料，本书还有办法估算。其中最重要的是从雍正朝以后，台湾人口逐渐出现北移的现象。例如：台湾县与诸罗县都曾出现过人口数减少的情况，但彰化县以北的各厅县却逐年增加。不过人口逐渐北移，并不代表彰化县以北的各厅县人口总数，已经超过台、凤、嘉三县。事实上在整个清代，台、凤、嘉（光绪以后另加恒春县）的人口总和，仍占全台人口数一半以上。嘉庆十六年（1811）以前是如此（编号1～4），以后虽然没有完整的数据证明，但从绿营汛塘分布的比例来看也应该如此（参阅第二章第一节）。

人口是一切施政的重点，更是军事部署的指标。透过上文对清代台湾总人口与区域人口的描述，已经点出了一个基本问题。那就是面对数量众多的被统治者，清廷要如何稳定社会秩序。看样子除了军队之外，它还必须寻找可靠的合作对象才行。这些“伙伴”是如何被挑选的？他们会给区域社会带来什么样的变化？这些问题都考验着清廷统治台湾的智慧。

第二章 官番民的武力发展

第一节 官方——职业式武力的驻防

1. 绿 营

康熙二十二年（1683）清军克定台湾后，隔年正式驻军；与内地其他地方相较，台湾绿营的出现晚了四十年（1644～1684），但意义却是不凡。因为它实施异于他处的制度——班兵制。而在讨论班兵制之前，必须先对绿营有一清楚的了解。何谓绿营？考其名称是因为该营伍的旗纛通用绿色，并在边际以红缯饰之。① 该部队士兵全由汉人组成，规制仿效前明，与由满洲、蒙古、汉军组成的八旗，在咸丰朝以前并称为清廷二大武力。② 它有三个特色：其一，为终身制。绿营最先开始的时期——顺治朝，兵源都是归附的明军，以后改为招募。士兵一旦入伍，就被纳入兵籍，没有退伍的自由；兵籍则由兵部掌握，裁撤和调动兵籍，都需由兵部批准。士兵年过五十岁，因年老力衰不能作战，可以解除现役撤销粮饷。其二，土著制。绿营士兵皆招募本地人，不得由外来或由无籍之人充任。如果战时该营伤亡过大，不管它被调往何处作战，也都要在原驻地招募新兵。其三，余丁制。绿营士兵的等级是守兵、步兵、马兵、额外外委，再往上升就是正九品的外委把总，为最初级的官弁。步兵、马兵的部分子弟，每月可以分得五钱饷银，称之为余丁。余丁可说是营伍的跟役，担任杂务和运输的工作；若年满十六岁，遇上该营有守兵出缺，可以应考补兵。由于余丁的出现，日后补兵常形成“亲族乡承，视同世业”的局面。但从兵役制度来说，绿营仍属于募兵制，并非世兵制。③

班兵制是绿营下的产物。它能在台湾被实施，通常被认为与靖海将军施琅有关，不过当中的细节还需推敲。康熙二十二年十二月二十二日

---

① 况周颐著，郭长保点校，《眉庐丛话》（太原：山西古籍出版社，1995年9月），页322。

② 赵尔巽等著，《清史稿》（北京：中华书局，1998年1月），页1029～1037。

③ 中国军事史编写组，《中国军事史（第三卷兵制）》（北京：解放军出版社，1987年10月），页466～469。

（1684.2.6）施琅上了他有名的《恭陈台湾弃留疏》，当中的内容提到：

……且海氛既靖，内地溢设之官兵，尽可陆续汰减，以之分防台湾、澎两处。台湾额设总兵一员、水师副将一员、陆师参将二员，兵八千名；澎湖设水师副将一员，兵二千名。通共计兵一万名，足以固守，又无添兵增饷之费。其防守总兵、副、参、游等官，定以三年或二年转升内地，无致久任，永为成例……①

事实上在这篇疏言中，他只提到台湾的驻兵，并没有说明轮调的方法；至于转升只是总兵以下，游击以上的将弁，不是指士兵。那么班兵制是谁提议的呢？内阁学士李光地才是主导人。当时圣祖接到施琅的疏言后，曾召李光地策对。李氏明白指出施的万人永戍法不可行，唯有三年一更番归省，一番三千人的轮调才是上策。② 不过班兵制在康熙二十三年（1684）即已定案了吗？看来又未必。因为二十五年（1686）福建总督王国安曾奏请台湾驻防兵丁，三年中陆续更换，而所得到的结果是"下部议行"。③ 于是乎要问的是班兵制在何时实施呢？《国朝耆献类征·王国安》提到："……见在兵丁到汛年月各不同，请将此内有愿在台者听留外，余按赴汛年月，三年调归原营…如所议行。"④

因此现在可以厘清，台湾驻兵的建议是施琅提出，班兵制的建议是李光地提出，但决定付诸实行的时间应在康熙二十五年。班兵对清廷控制台湾极其重要，因为在一个没有八旗的地方，它是唯一的官方武力。⑤ 班兵的出现，阻断了台湾人当兵的机会，但它并没有破坏绿营以土著为兵的规定，因为所谓的土著是以省为区别的。台湾被纳入版图后，成为福建省的一个府，在防御上也与福建连成一气。所以班兵可以说是福建绿营向外延伸的武力，这些弁兵到了台湾以后组成台湾绿营。假若台湾绿营的武力不足以弹压地方，则福建绿营的援军随后赶到，这种台闽官方武力的依存关系颇值得重视。对于清代台湾绿营的研究，学者许雪姬为其先驱。⑥ 本书在其研究基础上，提出四点再做深入地讨论，包括：福建绿营台湾班兵、将弁兵的角色、营汛塘的防守、巡阅与考核。

在福建绿营台湾班兵方面，最重要的是额兵数量的问题。从表四十来

---

① 施琅，《靖海纪事》，台湾银行文献丛刊第一三种，1958年2月，页61。

② 李光地著，陈祖武点校，《榕村语录/榕村续语录（下）》（北京：中华书局，1995年6月），页710。

③ 不著编人，《清实录－圣祖仁皇帝实录（五）》（北京：中华书局，1985年9月），页358。

④ 李桓编，《国朝耆献类征（141）》（台北：明文书局，1985年5月），页571～590。

⑤ 任桂淳，《清朝八旗驻防兴衰史》（北京：三联书店，1993年3月）。

⑥ 许雪姬，《清代台湾的绿营》（台北："中央研究院"近代史研究所，1987年5月）。

看，可以归纳两个重点：第一是台闽绿营的总人数，第二是台湾绿营人数从递增到递减的现象。对于前者，康熙二十三年（1684）刊刻的《福建通志》，记录了攻台时福建绿营人数为83562（编号1）。这可谓重兵云集，因为当时郑氏集结在澎湖的主力，也才二万余人。① 不过征台成功以后，显然不需要存留太多的兵额，于是开始裁军。康雍时期初次裁减的人数不得而知，但从乾隆朝的额兵人数来看，台闽总兵力应维持在六万余人左右（编号8、9、14）。该数目一直维持到道光、咸丰朝都不变（编号21、24、25）。其中可以发现一个有趣的事实，即福建增兵，台湾减兵，反之亦然。例如：乾隆十九年（1754）福建绿营人数为51124，台湾额兵为10670；但到了乾隆五十三年（1788）福建绿营降为50943，台湾额兵增为10099；道光十三年（1833）福建绿营再降为47456，台湾额兵增为12063；咸丰三年（1853）福建绿营更减异为47300，台湾额兵增为12816（编号8、14、21、24、25）。因此可以很肯定地说，在清廷设计之下，台闽六万余兵力，就是官方控制当地的主力。它可以透过调兵遣将灵活运用，假如兵力不足时，再由他省支援。不过同治八年（1869）由闽浙总督左宗棠主导的"裁兵加饷"，大幅度删减台闽的兵额；此时福建绿营减为16298，台湾额兵减为6938（编号26、27）。光绪八年（1882）福建绿营人数回增至19500人，但台湾额兵再降至4323（编号28、29）。台湾绿营额兵一再缩减异，可以被解释为绿营战力衰退不得不的措施。②

对于后者，8000名的班兵是康熙初年台湾驻防主力。虽然康熙末年人数小跌至7580人，但雍正十三年（1735）驻台班兵人数首次超过一万人（编号1、4、5）。多增了二千人乍看没有什么，但它占一万余名额兵比例中的20%，实际上是相当多的。这种增加在乾隆五十三年（1788）至嘉庆十六年（1811）也可以看到。当时班兵人数是从10099增至12142，占一万二千余名比例中的16%（编号14、19）。如此的增长，正好呼应第一章所提到的台湾人口成长情况（参阅表三十八）。康、雍朝台湾人口从账面数字看，最多也不过十三万左右，但雍、乾朝直接的人口记录，已从四十四万增至六十六万。这使得清廷除了增加驻军之外别无他法。同样的情况又发生在乾、嘉朝，清代台湾人口突破一百万就在这个时期。清廷为了维持社会的稳定，只能再增加驻军因应。但道光朝台湾人口突破二百万之后，清廷因考虑到福建绿营也要维持闽省的治安，所以再增兵幅度不大，最多仅有六百余人（编号20～22）。同治八年（1869）的"裁兵加饷"，使得班兵数目锐减异至

① 陈孔立，《台湾历史纲要》（台北：人间出版社，1998年10月台一版三刷），页116。

② 《清代台湾的绿营》，页89～93。

6938。光绪八年（1882）又再减异至四千余人，然这四千余人可不是普通的士兵。光绪元年十二月二十日（1876. 1. 16）德宗下达谕旨，准台地兵丁换班可就地招募。① 此举使得绿营以土著为兵的特性，终于在台湾得以实现，“班兵”成为历史名词。尔后台湾建省，福建“台湾绿营”成为台湾“台湾绿营”，更有名副其实的意义。不过从割台前夕的记录来看，额兵数目已缩减异至历史性的新低——二千余人。光绪朝绿营人数大幅削减异，代表它逐渐从官方倚靠的武力中除名（编号26～32）。

除了额兵数量之外，另一个重点就是他们的分布。表四十一是清代台湾绿营分布人数。康熙二十八年（1689）台湾县涌入六千名军队驻防，比起凤山、诸罗县各驻守一千，可谓全台第一重镇。不过之后的布防有一些更动，雍正十三年（1735）台湾县驻军降为4270名，凤山、诸罗县分别增兵至2425、1485名。比较特别的是同时期新增彰化县、淡水厅，二地新驻1290名（含日后的台湾县）、1200名（苗、竹、淡县总和）。乾隆二十一年（1756）各厅县额兵人数不变，但到了嘉庆十六年（1811）又有一番更动。台湾县驻军4446名，仍保持第一；凤山、嘉义县（乾隆五十二年诸罗更名嘉义县）分别再增兵至2630、1825名。彰化县、淡水厅也分别增至1422、1369名。然此时版图又新设噶玛兰厅（日后更名宜兰县），因此在该厅新驻额兵450名。道、咸、同时期是台湾绿营额兵人数的高峰，不过受了人口北移的影响，台、凤、诸三县反而减异兵，多余的兵力分别调往彰化县、淡水厅、噶玛兰厅。同治十一年（1872）裁兵加饷的措施刚过，绿营人数被大幅删减异；但台湾县作为首县的地位，驻军的人数仍保持第一。光绪十五年（1889）各县绿营人数都降至最低，但台湾县保有692名仍为全台之冠；值得注意的是光绪元年（1875）新设的恒春县、埔里厅，也有绿营驻防。审视台湾绿营驻防史，或许有人已经察觉出，台湾县为什么长期保有绝对多数的兵力呢？这可从海防与陆防谈起。原来在乾隆四十九年（1784）以前，台湾仅有鹿耳门与福建厦门对渡，澎湖是海道的中继点。基于战略考量，扼有澎湖—鹿耳门防御是海防一大重点。鹿耳门在台湾县境（雍正九年/1731年以前属凤山县），所以该县自然有重兵驻守。即便是乾隆四十九年以后，台湾陆续有鹿港、八里坌、乌石港、五条港被开放为正口加入对渡，然不要忘了直到光绪元年（1785）以前，该县都一直是台湾府的首县。虽然同年有台北府的成立，但台湾府长达191年（1684～1875）首邑的地位早已确立，而绿营的部署更是要以它为重心进行陆

---

① 洪安全主编，《清宫谕旨档台湾史料（六）》（台北：故宫博物院，1997年10月），页4858。

防。① 前述绿营布防的经过，可以搭配区域人口来讨论；尤其对于械斗与部分民变的探讨，它将在第四章中被呈现。

福建绿营台湾班兵的战力如何？对此有两极化的评论。雍正二年（1724）巡台汉御史白瀛认为："台地兵骄将惰，积习已久；上下相关，以姑息为安静"。② 班兵素质低劣是在台湾招募造成的结果吗？当然不是，因为他们全都是从福建调来的。福建绿营兵丁良莠不齐，常为官员所诟病。例如：道光二十一年（1841）福建汀漳龙道张集馨指出，省民欲入营伍必先贿属，金额视家道贫富而定，分肥对象从把总以上至提、镇以下。③ 看来余丁制度到了清中叶也变质了。乾隆五十二年三月四日（1787.4.21）一位法国的旅人 La Pérouse 行抵台湾。据他观察由于清廷着眼该岛的利益，所以在当地有坚强的驻军（strong garrison）。④ 坚强与否到底是表象还是实质，可谓人言人殊。不过台湾绿营防务的分配不能不注意。大抵全台汛地在百余个以上，最多时候有一百四十余个之谱；然驻守该地的汛兵，专职弹压不能随意调动。⑤ 如遇乱事，则由驻防在府城"划界而守、策应援剿"的镇标出动平乱。⑥ 道光二年（1822）台湾道叶世倬建议招募土著为兵，但台湾知县兼摄南路海防理番同知的姚莹坚决反对。姚的理由是惧怕台湾人入伍，若有谋叛恐怕不像一般民变般可轻易敉平。姚的意见受到台湾镇总兵观喜、闽浙总督赵慎畛的支持，但也让台湾绿营错失执行土著制的良机。⑦

班兵制度在道光朝以前都被奉行着，不过太平天国举事之后发生了变化。从官员上奏的资料来看，直到咸丰三年（1853）为止，班兵都还在换班。⑧ 然同年奏准，兵丁换班由三年改成五年；每年调换一起，至第五年停换一年。咸丰九年（1859）又规定每起限七月初一日出营，新旧粮饷统于十月初一日支给。⑨ 事实上咸丰三年以后，班兵到底有无换班，现在看来颇有疑问。根据同治五年（1866）闽浙总督左宗棠的奏报："咸丰初年，因内

---

① 许毓良，《清代台湾的海防》（北京：社会科学文献出版社，2003 年 7 月）。

② 李桓编，《国朝耆献类征（145）》（台北：明文书局，1985 年 5 月），页 5 ~ 14。

③ 张集馨，《道咸宦海见闻录》（北京：中华书局，1999 年 5 月三刷），页 279。

④ La Pérouse, Jean - Francois de Galaup, comtede, The Voyage of LaPérouse round the world in the years 1785, 1786, 1787 and 1788 with nautical tables. Translated from the French Illustrated with fifty - one plates in two volumes. London: Printed for John Stockdate, Piccadilly, 1798.

⑤ 洪安全主编，《清宫洋务始末台湾史料（一）》（台北：故宫博物院，1999 年 10 月），页 79。

⑥ 洪安全主编，《清宫宫中档奏折台湾史料（一）》（台北：故宫博物院，2001 年 11 月），页 252。

⑦ 陆以湉，《冷庐杂识》（北京：中华书局，1997 年 12 月二刷），页 127 ~ 128。

⑧ 中国第一历史档案馆编，《清政府镇压太平天国档案史料（第九册）》（北京：社会科学文献出版社，1993 年 11 月），页 409。

⑨ 载龄等纂，《钦定户部则例·福建粮饷事例》，同治十三年刻本，北京国家图书馆分馆藏。

地兵事孔亟，班戍之制不行；见今存者不及三分之一，名册有兵，行伍无兵……今欲复兵制，则宜遵班兵旧章，三年更戍。”① 作者推测咸丰八年（1858）是左氏上奏前最后一次换班，所以才有隔年更定兵饷之举；之后暂停换班，直到同治六年（1867）台湾道吴大廷遵奉上谕，依左宗棠之议次第筹办。② 同治六年的换班或许是史上最后一次。因为光绪十九年（1893）编纂的《澎湖厅志·武备》有这样的记载：“自同治初，戍兵历二十余年始换班一次。今则班程已满，久不遣换。”③

在将弁兵的角色方面，本书主要是讨论绿营组成分子——将领、官弁、兵丁，三者如何协调成为一支军队。或许此问题提出来会让人觉得奇怪，因为绿营本来就是一支军队，为何还要讨论它的本质？但要了解的是在班兵制度下，台湾绿营的弁兵都是由福建绿营散丁抽调，带兵的将领亦按规章题补升迁。他们在台湾看似一个整体，其实倒像一群“杂牌军”。而是什么样的机制能让他们统合，并且执行朝廷交付的命令才是重点。

在将来的角色上，何谓将领？按绿营的制度，总兵（正二品）所属称“标”，副将（从二品）所属称“协”，参将（正三品）、游击（从三品）、都司（正四品）、守备（正五品）所属称“营”。④ 营是领兵专守的最基本单位，所以守备以上即可称为将领。这些将领中，台湾镇总兵官品秩最高、台湾水师协副将品秩次高（澎湖协不讨论、北路协成立较晚且同属陆路）是台湾绿营最重要的两个将领。朝廷对他们有什么期许呢？从敕谕中可以知其全貌，以下是乾隆五十三年（1788）高宗给台镇普吉保的敕谕：

> 特命尔镇守福建台湾等处地方，驻劄台湾府城，管辖本标中左右三营，统辖北路副将、台湾水师副将、澎湖水师副将、台湾城守营参将、南路营参将、南路下淡水营都司、北淡水营都司各营大小将领，俱照题定经制事例。尔须操练兵马，振扬威武，申明纪律，抚恤士卒，严明斥堠，防遏奸宄，修濬城池，缮治器械，相度地势险易，控制要害处所，责成该汛弁兵力图保障。各营额兵，务选补精强，毋容积猾老弱糜饷。一应本折粮饷，听该管衙门给发。所部官丁，必须严加钤束，秋毫无犯，使兵民相安；不得借打草放马为名，骚扰农业。如遇寇警，即统兵戮力剿捕，不得观望，致误军机。倘贼势重大，飞报总督、巡抚、提督发兵合剿，务尽根诛，毋

① 左宗棠，《左文襄公奏牍》，台湾银行文献丛刊第八八种，1960 年 10 月，页 11。

② 不著编人，《清实录－穆宗纯毅帝实录（四九）》（北京：中华书局，1987 年 1 月），页 520。

③ 林豪，《澎湖厅志》，台湾银行文献丛刊第一六四种，1963 年 6 月，页 144。

④ 郭松义等，《清朝典章制度》（长春：吉林文史出版社，2001 年 3 月），页 394。

使滋扰。如有贼众投诚，察其实心向化，即与安插。如招抚事体重大，即申报总督、巡抚、提督，奏请定夺。尔仍听闽浙总督、福建水师提督节制。所属副将以下，听尔节制。千把总以下，如有临阵退缩、杀良冒功、乘机抢掠、侵饷肥己者，会同总督、巡抚、提督，以军法从事。敕中开载未尽事宜，皆申报总督、巡抚、提督参酌施行。一应钱粮、词讼、民事，俱系有司职掌，不得干预。文官迟误粮饷及隐匿贼情不报者，尔移会巡抚指参，从重治罪。尔受兹委任，须持廉秉公，殚力奋勇，歼寇固圉，斯称厥职。如或贪黩乖张，因循怠忽，纵寇殃民，贻误封疆，过宪具存，尔其慎之！故谕。①

普吉保在未任台湾镇之前是福建汀州镇总兵官，他在乾隆五十二至五十三年（1787～1788）林爽文事件中以平乱有功被升调该职。在敕谕中有几个重点，其一把台湾镇辖下各营标示明白。其二，台湾镇的直属长官是闽督及水师提督，所以该镇是占水师职缺。其三，台湾镇在平时、战时的权责划分清楚，尤忌插手文官的事务。至于给台湾水师协副将的敕谕，内容与给总兵相比可说完全一样；其异者在于对投诚敌营的处置，由于官阶比总兵低，所以还谈不上剿抚与否。② 台湾镇总兵官与福建福宁镇、南澳镇、海坛镇、金门镇、建宁镇、汀州镇、漳州镇七个总兵官相比，职权最大。会有此情况出现，除了最盛时下辖十六个营之外，雍正十一年（1733）准台湾镇总兵官，仿山、陕边镇之例挂印是一关键。③ 道光朝台湾总兵已兼提督衔，并握有敕书、王命旗牌，可在办理夷务时准予先斩后奏。④ 此等权力要到光绪元年（1875），钦差大臣沈葆桢奏准撤其挂印，并归闽抚节制后才取消。⑤ 至于参将以下将领的升迁，《大清中枢备览》、《爵秩全览》福建省题缺有这样的记录：

台湾镇标中军游击→调中军守备→调左营游击→调中军守备→调右营游击→调中军守备→调台湾城守营参将→调左军守备→调右

① 台湾银行经济研究室编，《台案汇录庚集》，台湾银行文献丛刊第二〇〇种，1964年8月，页142。

② 台湾银行经济研究室编，《台案汇录乙集》，台湾银行文献丛刊第一七三种，1963年6月，页262。

③ 《清代台湾的绿营》，页156～159。

④ 奕赓，《寄楮备谈》；收录许仁图编，《清史资料汇编补编（上册）》（台北：河洛图书出版社，1974年），页531。

⑤ 再根据光绪七年（1881）闽浙总督何璟的奏折，声称之前又奏准台镇挂印。按何璟是在光绪三年（1877）任闽督，于是推测台镇取消挂印时间不长，不过台湾建省挂印之权即取消。参阅沈葆桢，《福建台湾奏折》，台湾银行文献丛刊第二九种，1959年2月，页63；诸家，《台湾关系文献集零》，台湾银行文献丛刊第三〇九种，1972年12月，页111。

营守备→调台湾北路营副将→调中军都司→调左营守备→调右军守备→调南路营参将→调中军守备→调台湾淡水营都司→调台湾南路下淡水营都司→调台湾水师营副将→调中军游击→调中军守备→调左营游击→调中军守备→调右营游击→调中军守备→调澎湖水师副将→调中军游击→调中军守备→调右营游击→调中军守备。①

上文的题缺升迁有两个问题，一为官职名称，另一为升迁品秩。前者有谓（台湾城守营）右营守备、台湾北路营副将；正确名称应是右军守备、台湾北路协副将。后者看得出升迁时，品秩时高时低，按例应不会发生此情况。不过从乾隆以至光绪朝刊刻的《备览》，都呈现出同样的内容，或许可以代表当时人对台湾武职官任用的看法。② 再者从回避制度来看，武职与文职也大异其趣。文职任何官员皆回避本省，武职则于乾隆十二年（1747）议定：副将、参将无论水师、陆路，均回避本省；游击、都司、守备准于五百里外及隔府别营题补，千总以下不必回避。③ 清廷考虑到长于水性的人才以福建居多，所以台湾绿营将领自总兵以下，均不必回避本籍，而闽籍台湾镇总兵官竟占历年总数33%。④

在弁的角色上，何谓官弁？指的就是千总（正六品）、把总（正七品）、外委千总（正八品）、外委把总（正九品）、额外外委（从九品）。他们虽然品秩不高，但都是各汛塘的带兵官；而且由于常跟士兵们相处，可说都是最基层的干部。由于施行回避的关系，遂有一个现象跟着出现，那就是各官员所使用的语言能否适应地方。“官话”不是当时全国统一的语言，却是任官的一种标准语；它分成三个系统，即北方官话（通行华北与西南）、中央官话（通行两江与浙皖）、西方官话（通行鄂湘川闽）。清代台湾流行的是福建官话，属于西方官话系统。⑤ 上述提到台湾绿营将弁多出自福建，免受回避之劳，因此在跟士兵的沟通上应比他省还容易。然而就算是这样，兵丁学习官话仍是刻不容缓的事。雍正十三年（1735）上谕闽督郝玉麟，要求他督促各营兵丁努力学习官话。只有技艺与官话流利者才准予拔补千把、额外。⑥ 因此可以确定，这些官弁其实才是营伍的中坚，因为他们既通晓土音也

① 宝名堂，《大清中枢备览》，乾隆五十年刻本，北京大学图书馆藏；荣华堂，《大清中枢备览》，光绪八年刻本，自藏；荣禄堂，《爵秩全览》，光绪三十四年刻本，自藏。

② 爵秩全览记文官，中枢为兵部别称记武官。参阅张英宇，《清代缙绅录略考》，《文献》，第19期，1984年3月，页116～124。

③ 梁章钜著，陈铁民点校，《浪迹丛谈/续谈/三谈》（北京：中华书局，1997年12月二刷），页60。

④ 《清代台湾的绿营》，页211。

⑤ 山根勇藏，《台湾民俗风物杂记》（台北：武陵出版有限公司，1989年5月），页149～151。

⑥ 内阁汉文题本，胶片号52，中国第一历史档案馆藏。

学会官话，发挥军令承上启下的作用，更弥补因方言隔阂造成指挥的困扰。

即便官弁品秩较低，但要充任该职也并非简单的事。定制兵丁不得拔补本营千、把，只能于就近或同城各标调补；此做法可避免弁兵结党，但又不会有忧虑家室远征之苦。① 然台湾情况特殊，由于实施班兵制，所以在台被拔补的陆路外委，归建回到本营反无属于该营的职缺。于是他们都要降回兵丁，成为与体制不符的怪现象。乾隆十年（1745）在巡台满御史六十七的奏准，这些拔补的陆路外委可照水师例，换班时与内地外委对调。② 如此打通台湾绿营弁兵的升迁管道，对士气的提升应有帮助。尔后在千、把的拔擢上更有一连串良法实施。乾隆二十四年（1759）议定在台湾俸满三年的千总，引见后发回题补候升者，均调回内地占缺；二十八年（1763）题准台、澎俸满把总以千总候补者，令该总督于甄别年满千总时，一体甄别；如有衰弱怠惰者，即行休退；五十六年（1791）议准台、澎千总照内地之例，六年俸满分别保送，毋庸计算边俸。③ 嘉庆九年（1804）台湾镇总兵官爱新泰特为台湾招募的弁兵请命，不但使该地出任两名外委、五名把总的义民首，可不必照例轮班调回④；仁宗还优待这一千一百余名的台湾兵，开列三名千总、五名把总、十名外委供其拔补。⑤ 道光四年（1824）宣宗更加恩闽籍的官弁，谕令他们三年期满，不必再调回内地，只要留在台湾等候升用即可。⑥

在兵的角色上，前文已提及兵可分守兵、战兵、马兵，但台湾民间却不这么称呼。较为文雅则称“管甫”，轻蔑则称“番子”，客套则称“总爷”。⑦ 对于绿营兵装扮的描述，中文史料记载不多，反而要透过西洋人的观察得知。乾隆五十七年（1792）英使马嘎尔尼（Macartney）使节团乘员之一——狮子号旗舰大副 Aeneas Anderson 描述：“士兵们的制服包括黑色的中国棉布大披肩，腰部围绕一条束腰，下身穿宽大的黑棉布裤；裤管塞入一双夹层絮有棉花缝拢的袜子，绑腿后穿上鞋底约一英寸厚的大鞋。士兵们的佩剑，剑锋向前，剑柄朝后；左手持弓，后背一支箭袋，通常装有十二支

---

① 萧奭著，朱南铣点校，《永宪录》（北京：中华书局，1997 年 12 月二刷），页 374。

② 不著编人，《清实录－高宗纯皇帝实录（一二）》（北京：中华书局，1985 年 11 月），页 25。

③ 台湾银行经济研究室编，《清会典台湾事例》，台湾银行文献丛刊第二二六种，1965 年 5 月，页 121。

④ 《台案汇录丁集》，页 119～121。

⑤ 洪安全主编，《清宫谕旨档台湾史料（三）》（台北：故宫博物院，1996 年 10 月），页 1765～1767。

⑥ 陈寿祺，《福建通志台湾府》，台湾银行文献丛刊第八四种，1960 年 8 月，页 32。

⑦ 连横，《台湾语典》，台湾银行文献丛刊第一六一种，1963 年 3 月，页 68～69；台湾银行经济研究室编，《台案汇录己集》，台湾银行文献丛刊第一九一种，1964 年 1 月，页 3；佚名，《嘉义管内采访册》，台湾银行文献丛刊第五八种，1959 年 9 月，页 28。

箭，无持弓者持火绳枪”。① 这样的装扮相当滑稽，武器性能好坏不说，过于宽松的衣裤不利于近身战斗。事实上在十八世纪，欧美国家对于军事改革早有一番作为，反观中国还是处于有如西方中世纪军队的水准。② 也是使节团乘员之一的祕书 Sir George Staunton 认为全中国的军队以首都最为精锐，他省次之。③ 这样的形容，对于同属他省军队中的台湾绿营颇为尴尬；然班兵战力下降，亦是不争的事实。

班兵战力下降有几个原因：其一，福建水师将领不需回避，所以在领道统御上难免会因乡谊而误事。乾隆二十二年（1757）高宗深知水师人才难得，亦无下令回避，只是劝谕各武职严加督考。④ 其二，福建各营散丁出调，弁兵间彼此不认识，也很难稽查。乾隆五十四年（1789）高宗谕令矫正缺失，此后换班以一营为单位，由各总兵出挑所属弁兵，然后整齐划一前往台湾某营换班。⑤ 其三，嘉庆十年（1805）台湾绿营素质大幅降低。同年闽浙总督玉德奏准在台湾招募水师兵二三百人，以对抗海盗蔡牵的入侵；但招募的对象竟是“游手无籍”之徒，原因是让他们隶名营伍，不致流为匪类有助地方治安。⑥ 其四，福建各营战力彼此迥异，台湾是各府移民之所，调兵戍守常顾忌结党为乱。道光六年（1826）北路海防理番同知陈盛韶描述：福建各营以漳、泉之兵最剽悍，延平、建宁、邵武、汀州、兴化、福宁、福州较懦弱。清廷为防止占多数的漳、泉移民与漳、泉之兵互结，开始征调所谓的上七府兵戍台。但此举更降低台湾绿营的基本战力。⑦ 其五，咸丰三年以后台湾班兵轮调断断续续，早已满班的戍兵在台湾登舟无期闲游生事，加上划饷不易兼顾，台湾绿营疲态至此涌现。⑧

事实上一支军队能否统合，上下同心协力最为重要。要达此目的除主观的荣誉心、向心力外，客观环境施以法律刑典，维持必要的纪律更不可缺。对此《兵部处分则例》可谓集大成者。该书是行政法的规定，内容包括巡阅、考校、训练、采办、违禁、查验等等。其中最为有趣的是出现不少台湾

---

① 爱尼斯·安德逊（Aeneas Anderson），费振东译，《英国人眼中的大清王朝》（北京：群言出版社，2002 年 1 月），页 58 ~ 59。

② 参阅张世明，《18 世纪的中国与世界（军事卷）》（沈阳：辽海出版社，1999 年 6 月）。

③ 斯当东（Sir George Staunton），叶笃义译，《英使谒见乾隆·纪实（An Authentic Account Of An Embassay From The King Of Great Britain To The Emperor Of China）》（上海：上海书店出版社，1997 年 6 月），页 58 ~ 59。

④ 中国第一历史档案馆编，《乾隆朝上谕档（第四册）》（北京：档案出版社，1991 年 6 月），页 49。

⑤ 《清实录 - 高宗纯皇帝实录》，页 975 ~ 976。

⑥ 台湾银行经济研究室编，《台案汇录辛集》，台湾银行文献丛刊第二〇五种，1964 年 12 月，页 61。

⑦ 陈盛韶，《问俗录》（南投：台湾省文献委员会，1997 年 11 月），页 84 ~ 85。

⑧ 徐宗幹，《斯未信斋文编》，台湾银行文献丛刊第八七种，1960 年 8 月，页 103 ~ 104。

专例，譬如：闽省台湾兵饷、台湾兵民不法文武徇纵、台湾兵丁滋事、台湾兵丁换班顶替、台湾文武官员互相稽查、台湾官员失察兵役包庇娼赌、台湾地方严禁开设押典、台湾换班兵丁脱逃。① 看来台湾绿营的素习别有名声，因此需要在通行全国的法律之外，还要另订更严格的条例制约。然而法条严密必不代表执法落实，对于台湾绿营来说更是如此。因为有三年一轮的换班，所以在责任的厘定上，常有追踪与考核不易的困难。例如与治安息息相关的捕盗、缉匪，就常有争功诿过的弊病存在。

至于在待遇上，将弁各有养廉银以充俸给。兵丁虽然没有养廉银，但班兵出洋戍守，清廷在给饷上有不少优待。顺治四年（1647）清廷始定兵饷的标准，马兵月给二两，步兵月给一两五钱，守兵月给一两。② 雍正二年（1724）世宗体恤班兵辛劳，动用台湾贮米，每兵以户为单位给米一斗。雍正六年（1728）福宁镇总兵官严光旿奏请，因班兵戍台自给与养家糊口费用仍属不夠，可否增加待遇以励士气。③ 隔年世宗再加恩台湾绿营每年赏银四万两，由闽浙总督均匀分配给各兵丁，充做父母妻孥养赡之资。④ 福建绿营每年岁需兵饷135万，排名仅次陕西、甘肃，位居全国第三。⑤ 台湾绿营每年兵饷共25万两，占闽省比例中的18%；台湾府旧管银115万两，兵饷又占其比例中的21%。⑥ 不过府库存银不能随便动用，班兵们想要领饷还需到福建布政司藩库领运。康熙二十五年（1686）福建总督王国安以台海风信难测，奏准每年四月拨发夏、秋二季饷银，十月拨发冬、春二季饷银。⑦ 雍正四年（1726）闽浙总督高其倬又改，二月拨发夏、秋二季饷银，八月拨发冬、春二季饷银。⑧ 乾隆十八年（1753）闽浙总督喀尔吉善复奏准，自隔年开始，台属文武官员于年前冬底派委领饷，同时务必于次年正月到省。布政使开印后将台、澎全年俸饷扣算清楚，于二月中领运至厦，并调拨哨船运往澎湖通判或台湾府库封贮。每月文武会同开库，再按数支散。⑨《户部

① 庆源等纂，《钦定兵部处分则例》，道光年间刻本，北京国家图书馆分馆藏。

② 《清代台湾的绿营》，页337。

③ 国学文献馆主编，《台湾研究资料汇编（第一辑·第七册）》（台北：联经出版社，1993年9月），页2535~2544。

④ 余文仪，《续修台湾府志》，台湾银行文献丛刊第一二一种，1962年4月，页376~378。

⑤ 刘献廷著，汪北平、夏志和点校，《广阳杂记》（北京：中华书局，1997年12月二刷），页75~76。

⑥ 不著编人，《雍正三年交代前任一切正杂钱粮四柱文册御览》，内阁大库现存清代汉文黄册，编号：714，中国第一历史档案馆藏。

⑦ 《国朝耆献类征（141）》，页571~590。

⑧ 中国第一历史档案馆，《雍正朝汉文朱批奏折汇编（第八册）》（上海：江苏古籍出版社，1991年3月），页673~674。

⑨ 不著编人，《台案汇录丁集》，台湾银行文献丛刊第一七八种，1963年9月，页222~226。

则例》更有清楚规定：台湾兵饷令台湾镇官于每年十一月内，核明次年应抵、应领银数造册，遴委妥员勒限十二月内到省。藩司立时确核于开印后，发文差员限二月初旬运至厦门，其接饷船只亦限正月底、二月初到厦，三月到台。如有延后，查明何员迟延，照例严行参处。①

乾隆五十三年（1788）高宗再提高班兵待遇，准照新疆班兵之例，给予行粮坐粮，每月除旧给外再加银四钱。估计年增银66000两（连旧额共316000两），全由叛产、盐课盈余支付。② 同治八年（1869）台、闽执行裁兵加饷，福建兵饷支出降至98万两；③ 台湾约降至24万~26万左右，其中马兵调薪为二两七钱，战兵为二两五钱，守兵为一两四钱。④ 罗尔纲认为绿营兵丁即便饷薄，但仍可以兼营“副业”（如：典当、放利、裁缝等），因此在生计上不致窘迫致铤而走险。⑤ 清廷治台212年，全然没有引发绿营的兵变原因何在？除了执行班兵制不允许多数的台湾人当兵之外，最重要的是少有拖欠兵饷情事。若按上述，该营不但没有饷薄的问题，且待遇还相当优厚。所以台湾绿营虽然看似“杂牌军”，但在出路（将弁曰升迁，兵丁曰拔补）、语言、军法、待遇等机制的统合下，终能成为一支听候调遣的军队。

在营汛塘的防守方面，汛塘就是各弁兵分散驻防的据点。其分别在于有官弁驻扎者曰汛，仅士兵防守者曰塘，城内安兵戍守者曰堆。⑥ 至于营、汛、塘的管辖权为何？简单地说是“营”管辖“大汛”，然后再由“大汛”管辖“小汛”；抑或是“营”直接管辖大、小汛，但大、小汛之间并无从属的关系。从史料整理的结果判断，清初绿营汛塘分布及管理的状况，以前者的模式进行居多。对于这个问题，日本学者太田出在研究江南的绿营汛塘时，也有相同的结论。⑦ 按照他的看法，只要在汛名前面冠上分防的字样，即表示是大汛的意思，其官弁有权力指挥下面的小汛。康雍朝台湾绿营汛塘的管辖，虽然确定是直线式的指挥，但汛名之前有无冠上分防的字样，才能管辖小汛的标准，倒不似内地严格。例如：也有冠上“轮防”的字样，实

① 载龄等纂，《钦定户部则例·福建粮饷事例》，同治十三年刻本，北京国家图书馆分馆藏。

② 佚名，《福建政事录》，清（道光九年）蓝丝栏钞本，北京国家图书馆分馆藏。

③ 《钦定户部则例·兵饷额数》。

④ 洪安全主编，《清宫月折档台湾史料（三）》（台北：故宫博物院，1994年10月）页2344、2627；《清代台湾的绿营》，页337。

⑤ 熊志勇，《从边缘走向中心——晚清社会变迁中的军人集团》（天津：天津人民出版社，1998年6月），页115。

⑥ 李元春，《台湾志略》，台湾银行文献丛刊第一八种，1958年10月，页62。

⑦ 太田出，《清代绿营的管辖区域与区域社会——以江南三角洲为中心》，《清史研究》，总第26期，1997年6月，页36~44。

际上也循同样的模式运作，如：目加溜湾汛、佳里兴汛。反观汛名之前虽有冠上“分防”的字样，却又不辖小汛的特例，如：桶盘浅汛、大线头汛、蚊港汛、猴树港汛、笨港汛、鹿仔港汛、三林港汛。这七个大汛有一个共同点，即全隶属于水师汛塘。此点并非巧合，可以解释为水师只负责海口的防卫，不像陆路汛塘还须考虑防线延伸至何处等问题。

乾嘉朝是否冠上“分防”的字样，才能成为大汛管辖小汛的标准，已变得两极。陆路汛塘几乎都无此名称，仅有城守营右军所辖佳里兴、（目）加溜湾二汛，以及北路协的几个汛塘仍循旧制。但是大部分的水师汛塘还有此名称，因此很难判断大部分的小汛，是否已经摆脱大汛的控制，直接由营来统辖。然而从日后发展来看，似乎有这个趋势。因为道咸同光时期，汛塘前皆无冠上“分防”的名称。此时汛塘的指挥可能交由将领直辖。

另外汛塘数量的增减异与分布也值得注意。前者从康雍朝开始，即在台湾分驻105个汛塘之多，乾嘉朝增加至143个，道咸同朝创下新高有193个，光绪朝建省前降至97个，建省后又增至156个。不过这当中有一个盲点，光绪朝的陡降与陡升，看似恢复了清中叶以前汛塘数目的水平；但仔细检视它的驻军，会发现都是一汛寡兵的状态。原来经过裁兵加饷以后，额兵的数量不若以往，尤其在建省后只能采取“重点”驻防为主。何谓重点驻防？其一，驻地属于府治、县邑者，例如：台北府、新竹县城、嘉义县城、凤山县城。其二，海边与近山的各要口者，例如：鹿港、山猪毛。光绪朝以前，台湾绿营数量与分布的更张，全靠几次民变处理所做的决议；但在平时则很少有档案存留，无法一窥他们的运作情况。① 幸好《则例》对此有所记载，从中透露了汛兵们任务上的要求。乾隆中叶编纂的《兵部则例·诘禁》，提到汛兵须注意保甲、缉盗、缉私、禁赌等事项。尤其是保甲，在清廷的设想下，它是民间绅衿听候安排的治安组织；如果能与官府配合得当，定能稳定地方的统治。针对此点将会在第三节中详述。② 道光朝编纂的《钦定兵部处分则例》，列有考核营员弓马生疏、擅受民词、分年查阅营伍、巡查营汛、汛弁怠忽营伍、废弛营伍、弁兵生事扰民、诬良为盗、营兵为盗、营兵窝盗、兵丁重利放赈、地方失事、盗贼藏匿地方、失察械斗、失察盟党、失察逞凶结党、失察硫磺、失察硝觔等工作。③ 同治九年（1870）编纂的《兵部处分则例》，在道光朝的内容上，

---

① 黄智伟，《清代台湾的绿营部署》，《台湾重层近代化论文集》（台北：播种者文化有限公司，2000年8月），页33~81。

② 不著编人，《兵部则例□□卷》，清乾隆，内（务）府抄本，北京国家图书馆藏。

③ 庆源等纂，《钦定兵部处分则例》，道光年间刻本，北京国家图书馆分馆藏。

另加汛兵擅责窃贼、窃盗充伍、失察私铸等。①

然而汛兵们真的都能达到要求吗？根据乾隆五十三年（1788）钦差大臣福康安的奏报，台湾绿营戍兵离营散处技艺生疏，遇操演之期复虚应故事，并不按名全到。再者总兵官营私牟利，官弁相率效尤，纵容兵丁离营，他处贸易谋生，甚至包庇娼赌。② 道光十三年（1833）闽浙总督程祖洛指出，台湾汛地难防的原因在于，无定期会哨以资巡防、驻防汛弁任意更调不专责成、汛地兵房坍塌无人过问、技艺不精收束不严。③ 值得注意的是前后两次奏言都提到汛兵技艺生疏的问题。到底当时弁兵们需要操练何种技艺？原来就是阵法。北京大学古籍善本室收藏一幅藤牌手鸟枪队合演阵图，难得的展现出当时营伍操练的情况。④ 同治十一年（1872）留下来的手抄，亦详载台湾绿营操演的阵式，包括：陈师鞠旅、三进四连环、进步连环、弓天威远、虎贲夺勇、风云际会、天地交泰、得胜安营、奏凯班师、振武威扬、三才制胜、梅花叠战、混元一气、壁垒扬威、光被四表。⑤ 不过台湾民间一般对汛兵的评价都不高。清末班兵制度败坏影响的确很大，由于班戍不行营兵无不以抗官、通贼为利。⑥ 当时文人的咏诗，把汛地兵形容为："犛牛不执鼠，虽大亦何为……深夜闻盗贼，剽掠在城池，女墙群酣睡，起立如醉癡……明朝在市井，哮阚威风施。"可谓写实的描述。⑦

在巡阅与考核方面，康熙六十一年（1722）以前，巡核营伍之责归台湾镇、道负责；以后添设巡台满汉御史各一人，直到乾隆五十一年（1786）巡台御史被取消为止，巡核营伍之权始终为四个人。福建水师提督虽是台湾镇总兵的直属长官，但向例提臣不渡海巡阅。⑧ 不过既然御史被撤，就必须有大员代替其职，于是乾隆五十三年（1788）新规定闽省将军、督抚、水陆提督五人，分年轮值一人前渡台湾实地稽查。嘉庆十一年（1806）再规定闽省的这五位大员，轮次亲赴台湾将营汛掺防等事，逐一认真查核。嘉庆十五年最后规定每隔二年，五位大员着轮赴台湾巡查一次，用资弹压。⑨ 这样巡阅台湾营伍之权，加上总兵就变成六人，该制一直实行到光绪十一年

① 佚名，《兵部处分则例》，光绪抄本，北京国家图书馆分馆藏。

② 《台案汇录庚集》，页147、151。

③ 台湾银行经济研究室编，《台案汇录甲集》，台湾银行文献丛刊第三一种，1959年1月，页114~115。

④ 佚名，《藤牌手鸟枪队合演阵图》，清绘本，北京大学图书馆藏。

⑤ 佚名，《台湾兵备手抄》，台湾银行文献丛刊第二二二种，1966年2月，页34~39。

⑥ 吴大廷，《小西腴山馆主人自著年谱》，台湾银行文献丛刊第二九七种，1971年12月，页100。

⑦ 诸家，《台湾诗钞》，台湾银行文献丛刊第二八〇种，1970年3月，页203。

⑧ 乾隆朝汉文录副（军机处录副），档号：0445-068，微缩号：030-1292，中国第一历史档案馆藏。

⑨ 文煜撰，《署闽浙总督任内奏稿》，清同治抄本，北京大学图书馆藏。

(1885) 台湾建省为止。

现公开的史料中，尚未发现康熙朝台湾总兵官巡阅营伍的题本或奏折。该时期最早跟台湾武备相关的资料，即康熙四十二年（1703）福建陆路提督梁鼐所提台澎武职官拣补的折子。① 若要审视巡阅的内容，只能从雍正朝开始讨论起。从表四十三来看，可以整理出几个重点：其一，雍、乾二朝的奏报最完整，像是雍正朝只缺六、八、十年；乾隆十六、十七、二十一、二十九、三十九、四十二、四十三、四十六年，各有总兵与御史的奏报可供比较（编号 14 ~ 21、24 ~ 26、29、30、33 ~ 39）。其二，巡阅的路线以台凤诸彰四县为主，淡水厅只有巡抵厅邑竹堑城多数即折返；巡视到桃园、台北的大员不多，总兵官陈林每、武隆阿、杨在元、张其光、总督刘韻珂是少数几个。其三，校阅的营伍以镇标中左右营、台湾水师协标中左右三营、城守营最重要，也呼应了前文提到府城才是全台防卫重心的看法。其四，即便是有大员们巡视，但从历年奏报的评语中，不免看出流于形式的作风；并且同治九年（1870）台湾绿营还在“藤牌对械跳舞”，让人有不知何夕之感（编号 46）。其五，除了绿营之外，熟番的番社也是巡阅的重点，尤其是凤山八社，更是大员常去的地方；另外嘉庆十九年十二月（1815. 1）的巡阅也列入番屯（编号 43）。

其实除了巡阅的描述之外，最重要的是大员们回郡后，是否有再针对缺失，另缮写一份折子上奏。举其重要者例如：雍正二年（1724）巡台御史禅济布奏陈台湾营伍事宜，认为增调马兵与兵饷就地支给是当务之急。② 乾隆五年（1740）巡台御史诺穆布、杨二酉举发台湾镇标设有探丁一事。认为此等皆非善类，往往借端挟私扰民；总兵章隆听信其言，妄拿妄报发交文员俨如督抚，府县不敢曲徇。章氏又对待标下弁兵过苛，兵丁逃去者颇多，屡劝不听毫不介意。③ 乾隆八年（1743）台湾镇总兵官张天骏奏报，欲把紧邻生番地界的散户，强制搬迁到附近大庄，以躲避秋深水涸生番出草。④ 乾隆四十二年（1777）台湾镇总兵官董果留心番界守备，偕同台湾道张栋、知府蒋元枢在山猪毛添建望楼。⑤ 隔年巡台御史觉罗图思义、孟邵再次提到番界的问题，并指出北路勘筑土牛、挑挖深沟，民番共知遵守，兵役不难稽

---

① 中国第一历史档案馆编，《康熙朝汉文朱批奏折汇编（第一册）》（北京：档案出版社，1984 年 5 月），页 85 ~ 90。

② 洪安全主编，《清宫宫中档奏折台湾史料（一）》（台北：故宫博物院，2001 年 11 月），页 237 ~ 243。

③ 乾隆朝汉文录副（军机处录副），档号：0062 - 001，微缩号：003 - 2243，中国第一历史档案馆藏。

④ 乾隆朝汉文录副（军机处录副），档号：0458，微缩号：031 - 1116，中国第一历史档案馆藏。

⑤ 乾隆朝汉文录副（军机处录副），档号：0447 - 005，微缩号：030，中国第一历史档案馆藏。

查。南路则山猪毛生番活动范围改变，原本生番罕迹之地，现在变得出没频繁，于是加建隘寮连旧有共十六座，酌派熟番守隘。①

乾隆朝以后虽规定闽省大员有巡阅台湾之责，但其记录存留不多。除了表四十三所记载的几年外（编号 43～47），另有嘉庆十八、二十一、二十五，道光三、八、十一、十六，同治六、十一，光绪元、二、三、四年督抚、提臣循例来台。② 而透过奏报才了解，原来自道光二十七年（1847）以后，闽省大员都以办理军务、裁改营制为由不克巡台。直到同治六年（1867）水师提督李成谋，同治十一年（1872）陆路提督江长贵再接续此任务。③ 绿营的重要性到此逐渐褪色，尔后巡台的重点遂从他们转移到另一支军队——防军的身上。

2. 防　军

何谓防军？根据《清史稿》的解释：指的就是湘、淮军与各省绿营模仿他们新组的练军。④ 湘军在咸丰二年（1852）成立，之后为转战南北所需，人数一度高达到三十余万。但同治三年（1864）克定太平天国首都天京城后陆续解散，到了同治五年（1866）之时只剩十余万人，这当中以左宗棠麾下的二万人最重要，同时也与台湾有关。⑤ 咸丰十一年（1861）福建延建邵道李鸿章承兵部侍郎曾国藩之命，在安徽省安庆组织淮军。此后淮军在李鸿章的领导下独树一帜，并且在同治五至七年（1866～1868）平捻战争中表现突出；全盛时达二百营以上，人数有十余万人。⑥ 光绪以后李的门生部将均占各重要军职，成为一股重要的政治势力，遂被称为“淮系”。其中与台湾相关者为铭字营统领刘铭传、武毅铭军统领唐定奎、武毅军统领聂士成等所指挥的军队。⑦ 同治二年（1863）直隶总督刘长佑，奏准直隶绿营仿湘军营制整编；四年（1865）兵部、户部诸臣会议选练直隶六军，始定练军之名。于是各省乃接踵组织练军，有仿行而未尽改者，有全行未改者。⑧ 除台湾绿营部分额兵也裁改成为练军外，与本地最相关的是闽、粤二省的练军。

至于当时在台湾自行招募的勇营，算不算防军呢？严格地说他们不算。

---

① 乾隆朝汉文录副（军机处录副），档号：1459－0013，微缩号：099，中国第一历史档案馆藏。

② 《清代台湾的绿营》，页 197～198。

③ 文煜撰，《署闽浙总督任内奏稿》，清同治抄本，北京大学图书馆藏。

④ 赵尔巽等著，《清史稿》（北京：中华书局，1998 年 1 月），页 1046。

⑤ 皮明勇，《湘军》（太原：山西人民出版社，1999 年 10 月），页 280～289。

⑥ 田玄，《淮军》（太原：山西人民出版社，2000 年 1 月），页 132～139。

⑦ 陆方、李之渤，《晚清淮系集团研究——淮军、淮将和李鸿章》（长春：东北师范大学出版社，1993 年 7 月），页 94～108、217～246。

⑧ 王之春著，赵春晨点校，《清朝柔远记》（北京：中华书局，2000 年 4 月二刷），页 384～385。

湘、淮军与练军通常也被视为勇营，他们若被调到台湾来则称为“客勇”，有别本地的“土勇”。虽然两者的本质都是“勇”，但前者已是清廷常设的军队，逐渐取代经制的绿营；不同于后者常因战事所需，为旋组旋散的临时招募。清代驻防过台湾的防军人数与单位有多少？这是一个极不容易回答的问题。因为防军有吃空缺的恶习，加上他们随时被调动、裁撤、缩编、改名，更显得难以掌握。

表四十四、四十五的内容是同、光朝，驻防在台湾防军总人数、驻扎地与勇额。光绪朝的记录还算完整，整体而言只缺十四、十八年（1888、1892），因此可以对它做一仔细的讨论。首先什么时候台湾开始有防军驻扎？表四十四编号1列出同治七年（1868）有新左、靖海调台。事实他们是台湾镇总兵刘明灯麾下的部队。刘氏在同治五年（1866）调补台湾镇总兵官，率领楚军新左营赴台，遂成为台湾有防军之始。① 楚军就是湘军系统，闽浙总督左宗棠继曾国藩之后，成为湘军的领导人之一。然他在营制上却师法湖北道员王鑫，除“营”外另设“旗”，并以楚军之名有别于湘军旧称。② 此外淮军与练军是什么时候驻防台湾呢？前者的时间是在同治十三年（1874），并且一调就是16500名大军，为了对付同年因牡丹社事件而来，盘踞在琅峤的日军（表四十四编号2）。后者可分为福建绿营练军与台湾绿营练军。福建绿营练军成立的时间为同治十三年（1874）。隔年随即调台，其目的是前往卑南厅南澳进行开山抚番（表四十五编号3）。至于台湾绿营练军成立的时间，他的滥觞可以远溯至道光十六年（1826），台湾镇总兵达洪阿对台湾绿营进行“选锋”。不过达氏并没有改定营制，仅挑选强健之兵另组劲旅。③ 同治十三年闽浙总督李鹤年在奏设福建绿营练军中，提到台营“自应照办”的话语。④ 光绪元年十二月（1876.1）上谕准许台湾绿营仿楚军营制编为练军。⑤

其次驻防台湾的防军，单位名称有哪些？它们包括：新左军、靖海军、兰字营、镇海营、宣义右营、绥远前左旗、振字营、福靖新右营、福靖右营、福锐左营、潮晋营、线枪营、飞虎左右营、海字营、绥靖营、健勇营、吉字营、恪靖营、仁绥营、擢胜营、铭字营、庆字营、祥字营、功字营、巡缉营、胜勇营、昌字营、武毅营、定海营、海防屯兵营、南路屯军、南番屯军、巡抚亲兵哨、淮军隘勇营、屯军营、台防卫队营、南字营、淮军台勇

---

① 不著编人，《清史列传（103）》（台北：明文书局，1985年5月），页430～433。

② 况周颐著，张继红点校，《餐樱庑随笔》（太原：山西古籍出版社，1995年9月），页47。

③ 姚莹，《东溟奏稿》，台湾银行文献丛刊第四九种，1959年6月，页120。

④ 洪安全主编，《清宫月折档台湾史料（二）》（台北：故宫博物院，1994年10月），页1687～1689。

⑤《清宫谕旨档台湾史料（六）》，页4858。

营、义抚军、台湾善后局亲兵、台湾左右翼练兵、大甲左翼练兵、安平左右翼练兵、北路中营练兵、嘉义营练兵、恒春营练兵、防军营、石头营、打鼓山营，总数达五十个之多。① 虽然光绪十八年（1892）来台编纂《台湾通志》的蒋师辙，已感叹了解营制的不易；② 但已涉及楚军、淮军、福建绿营练军、台湾绿营练军的编制，因此有必要从营制来个别讨论。

上述提到湘军的成立，根据《曾文正公水陆练兵志》所记，营是该部最基本的编制，一营共 500 人，指挥官称营官。以下分四哨，每哨 108 人，指挥官称哨官；另有哨长佐之，其余是护勇、伙勇若干。哨以下还有队，每哨八队，指挥官称什长。③ 然再根据王鑫所撰《练勇当言》，其编制就不是这样。一营共 508 人，指挥官仍称营官。以下分为四哨，每哨 85 人，指挥官称哨长；另有副哨长佐之，其余是护勇若干。哨以下还有队，每队都是 12 人，但抬枪队是 14 人，队的指挥官称什长。④ 湘军采明将戚继光兵法遗教，稍做变通后与连坐法并行，所以战力超越绿营许多。⑤ 左宗棠麾下的楚军"大营"有 505 人，"小营"也称"旗"有 370 人。台湾建省以前，小营的规模还颇为常见，例如：同治十三年（1874）福建提督罗大春，就把调台的三个营改为四个旗，重新命名为"绥远军"。⑥ 光绪七年（1881）福建巡抚岑毓英对台湾防军汰弱留强，把戍台的十二营与镇标练军全改为小营。⑦ 建省以后，由于台湾以淮军为主，所以"旗"的编制不再出现。

淮军的编制大抵与湘军相同，因为营制也是曾国藩手定。不过在平捻战争时，淮军另设马队营，此时在营、哨、队之外，又出现"棚"的编制。一哨有非骑兵的散勇五棚，一棚为 10 人，指挥官称什长。⑧ 营、哨、队、棚的编制影响到日后练军的营制。同治九年（1870）的《直隶练军马步营治

---

① 此外还有光绪十一年（1885）中法战争期间台南出现的礼、信、义、虎营，以及帮办钦差杨岳斌的乾字营；驻防恒春的忠字营，台湾府的翊安营，但驻地与人数均不详，所以未列入表中。参阅杨岳斌，《杨勇慤公奏议》，台湾银行文献丛刊第六二种，1959 年 9 月，页 35、54。

② 蒋师辙，《台游日记》，台湾银行文献丛刊第六种，1957 年 12 月，页 55。

③ 王定安，《曾文正公水陆行军练兵志》；收录高体乾等编，《中国兵书集成（47）》（沈阳：辽沈书社，1992 年 9 月），页 904 ~ 906。

④ 王鑫，《练勇当言》；收录高体乾等编，《中国兵书集成（47）》（沈阳：辽沈书社，1992 年 9 月），页 735 ~ 738。

⑤ 刘体智著，刘笃龄点校，《异辞录》（北京：中华书局，1997 年 12 月），页 5。

⑥ 罗大春，《台湾海防并开山日记》，台湾银行文献丛刊第三〇八种，1971 年 12 月，页 19。

⑦ 诸家，《台湾关系文献集零》，台湾银行文献丛刊第三〇九种，1972 年 12 月，页 115。

⑧ 王尔敏，《淮军志》（台北："中央研究院"近代史研究所，1981 年 2 月再版），页99 ~ 101。

章程》，清楚写明步队营制是营—哨—队，马队营制是营—哨—棚。① 不过同治十三年（1874）福建绿营始编练军时，用的是楚军的章程：以营—哨—队整编，营指挥官称管带，哨指挥官称正、副哨长，队指挥官称什长。② 台湾绿营练军在台湾建省前都仿湘楚军营制，理应找不到棚的痕迹；但建省以后大批淮军驻台，所以把棚的编制亦带来。然除了练军外，不管是湘军还是淮军，其军队的本质都是私兵性质。所以只要营以上的长官——统领，营的指挥官——营官，作战身亡或被撤职，即全军或军营必须解散重编。从表五十一来看，又会发现一个有趣的事情。就是指挥官一栏中，其头衔许多都是挂上"记名"二字。原来清末军兴，获得军功的人士太多，史载记名提督近八千人，总兵近二万人，副将以下汗牛充栋。③ 但是没有那么多职缺授予他们，于是只好先以记名的方式录下功劳，再随军出征取得遇缺即补的资格后才任官。

其三，台湾防军人数的起伏与地区性的分布。从表四十四来看总人数有二个阶段的起伏。第一阶段是从同治十三年到光绪九年（1874～1883/编号2～8），第二阶段是从光绪十年到十七年（1884～1891/编号9～15）。第一阶段初始台湾防军就有16500名，但逐年递减异；第二阶段为因应清法战争所需，防军又开始增援台湾。光绪十年（1884）人数一度冲破二万人达到新高，但这还不是最多。战争结束以后台湾随即建省，为因应开山抚番的需要，防军人数再次增加，光绪十五年（1889）达到21500人的历史新高。尔后抚番疲态出现，防军人数开始下降，到了光绪二十年（1884）甲午战争前夕仅存8000人（表四十五编号27）。

自从淮军崛起之后，清末军界就有"湘淮畛域"之分；其原因半在曾、李二人领道风格不同，半在地域情结作祟所致。④ 然这样的故事在台湾有上演吗？唯一的一次是在光绪十年至十一年（1884～1885）清法战争之时，督办台湾事务钦差刘铭传与台湾道刘璈的恶斗。⑤ 事实上从同治五年（1866）台湾有防军开始，湘、淮二军同时驻防的机会不多。淮军第一次驻防虽始于同治十三年（1874），但该部在南路开山抚番损失颇大，所以在光绪元年六

---

① 曾国藩，《直隶练军马步营制章程》；收录高体乾等编，《中国兵书集成（48）》（沈阳：辽沈书社，1993年5月），页117～153。

② 《清宫月折档台湾史料（二）》，页1687～1688。

③ 梁溪坐观老人著，王淑敏点校，《清代野记》（太原：山西古籍出版社，1996年9月），页96。

④ 徐凌霄、徐一士，《凌霄一士随笔（四）》（太原：山西古籍出版社，1997年7月），页1427～1428。

⑤ 许雪姬，《二刘之争与晚清台湾政局》，《"中央研究院"近代史研究所集刊》，第14期，1985年6月，页127～161。

月（1875.7）坚求内渡。① 该年十月直隶总督李鸿章复信给福建巡抚王凯泰，还告知“该处既无大利可兴，生番亦无归化之法，或留一二整军分扎镇抚”。② 看来淮系的势力是以北洋为主，对于属于南洋大臣辖地的台湾并无留恋。因此从光绪元年七月至九年（1875.8～1883），反倒是楚军、广东绿营练军、贵州绿营练军、福建绿营练军、台湾绿营练军协同守备。

这当中以广东绿营练军、贵州绿营练军移驻台湾较为特别，因为他们都是随带领者任官去向移防。前者有福建候补道方勋指挥的潮晋营，福宁镇总兵官吴光亮指挥的飞虎营、线枪营、振字营、吉字营（表四十五编号7～11）。吴氏的例子比较特殊，他原籍广东揭阳，在接福镇前先任南澳镇总兵官。飞虎营就是他在广东招募的勇丁，光绪元年至四年（1875～1878）参与中路开山抚番工作表现不错，五年（1879）调补台湾镇总兵官。后者是福建巡抚岑毓英的黔军，只在光绪七年至八年（1881～1882）短暂驻防过台湾，人数也有一二千之谱（表四十四编号6～7）。至于福建绿营练军，以陆路提督罗大春率领的十四营最为重要。罗氏也被赋予开凿北路通往后山道路的重任，他麾下的部队如：福靖新右营、福靖右营、福锐左中营等，全都驻防在苏澳至吴全城或台湾府城一带（表四十五编号3～9）。台湾绿营练军表列内容没有，因为资料存留太少。能找到的记录仅在光绪四年十一月（1878.12），福建巡抚吴赞诚巡阅台湾时，在府城校阅过镇、道二标练军。③

光绪十年至十一年（1884～1885）清法战争期间楚军大举援台，两年内至少增援8050人，创下湘军在台人数新高。同一时期淮军驻台人数多少呢？大约有8870人。两者相差不远，如此可以解释湘淮不合，跟彼此势均力敌有关吗？恐怕不行。因为从楚军重要的驻防地点——基隆、淡水来看，都是刘铭传指挥的范围；而清军与法军几次的胜仗都在此发生，实无法证明两军若有内讧还会有此表现（表四十五编号15～19）。所以战争结束后，刘铭传参劾刘璈可说是官员彼此的宿怨，和二派的将领们无关。不过台湾建省以后，楚军就陆续移防出台湾。在首任巡抚刘铭传的运作下，此时在台的淮军已是一军独大（表四十五编号20～27）。

淮军勇丁的来源不像湘军单纯，清一色都来自湖南。虽然大部分还是以安徽庐州、六安、安庆人为主，但来自苏、豫、鲁、津的也不少。④ 就是因为如此，所以光绪十七年（1891）台湾竟然也出现“淮军台勇营”（表四十

① 沈葆桢，《沈文肃公牍》（南投：台湾省文献委员会，1998年3月），页330。
② 李鸿章，《李文忠公全集（四）朋僚函稿》（台北：文海出版社，1970年），页338。
③ 吴赞诚，《吴光禄使闽奏稿选录》，台湾银行文献丛刊第二三一种，1967年10月，页33。
④ 罗尔纲，《晚清兵志·第一卷淮军志》（北京：中华书局，1997年1月），页29～30。

五编号 25～37）。然而淮军的创立，其军事功利目的倾向太明显，这与湘军创立的目的——挽救王朝与伦常危机相差很多。① 这个缺点使得淮军作为清末中国军事改革的契机，很快就消失了。十九世纪中叶以后欧美各列强，历经克里米亚战争（1854～1856）、美国南北战争（1861～1865）、普鲁士统一战争（1864～1871）、俄土战争（1877～1878），逐渐思考一系列的军事改革。它包括：新武器的研发、新科技产品的投入、新战术的出现，以及伴随而来编制、后勤、教育训练的更张。中国处于这变局中，如果对建军做出最适宜的调整，有可能赶上各列强的水平。②

初创时期的淮军，还是给人无限的期待。在模仿西洋战法的过程中，最重要的就是组织了合成军队——步兵、炮兵、骑兵、工兵（长夫）；③ 并且以各兵种协同作战的方式训练，让部队更能接受新式武器的考验。不过刘广京有着精辟的看法，他认为勇营的组织和现代的军事体制仍不能相容。症结在于官阶制度让中、上层将领免于直接参与作战，这使得营官甚至哨官，去接受严格的（洋式）操法是不可能的。④ 光绪元年九月（1875.10）《纽约时报》观察了中国的建军发展，并提出严苛的批评，认为他们在军容壮盛的欧洲军队面前，恐怕抵抗不到五分钟。⑤ 外国人的评论是有道理的。虽然清法战争清廷与法周旋的时间，已超过“五分钟”；但根据战后刘铭传形容湘、淮军已成弩末的情况看，非得有一番作为否则不足以振衰起敝。⑥

其四，驻台防军的训练与待遇。光绪元年（1875）沈葆桢在致李鹤年的信中，提到台湾绿营练军成军之难；营官数月仅下教场三四次，兵丁以鼓噪为能。⑦ 其实这些练军没有理由怠惰，因为他们的月饷每人均调高到四两五钱，是裁兵加饷后马兵的二倍。⑧ 光绪六年（1880）《申报》披露，福建绿营练军战力也下滑，呈现练如未练，操则空操的假象。⑨ 各省练军试行之

---

① 王继平，《湘军集团与晚清湖南》（北京：中国社会科学出版社，2002 年 3 月），页 46～47。

② Woodward David, *Armies of the World* 1854－1914（New York：G. P. Putnam's，1978），pp. 10－19.

③ 刘子明，《中国近代军事思想史》（南昌：江西人民出版社，1997 年 7 月），页169～170。

④ 费正清（J. K. Fairbank）、刘广京编，张玉法主译，《剑桥中国史（第十一册）——晚清篇（1800－1911）》（台北：南天书局，1987 年 9 月），页 224。

⑤ 郑曦原编，李方惠等译，《帝国的回忆——“纽约时报”晚清观察记（China in the New York Time）》（北京：三联书店，2001 年 5 月），页 215～217。

⑥ 刘铭传撰，马昌华、翁飞点校，《刘铭传文集》（合肥：黄山书社，1997 年 7 月），页 71。

⑦ 《沈文肃公牍》，页 302。

⑧ 蒋师辙，《台湾通志》，台湾银行文献丛刊第一三〇种，1962 年 5 月，页 711。

⑨ 台湾银行经济研究室编，《清季申报台湾纪事辑录》（南投：台湾省文献委员会，1994 年 7 月），页 971。

初，官员们以为兵比勇优；因为编籍则有伍可归，也无悍卒哗溃之虞。孰料台闽的情况不如预期。光绪九年（1883）台湾道刘璈颇思变通，声称“兵不能战未必全不能守”，仍把台湾府城的防御交由镇标练军掌理。① 光绪十一年（1885）台湾建省，福建绿营练军不再驻台；现留台者只存淮军、台湾绿营练军，这给予刘铭传一个改革的机会。

待遇的调整势在必行。台湾镇、道从前漫给统费银，每月多至四百、二百两，现统一发放每月一百两。淮军统领兼管带（营官）月饷银五十两，公费一百五十两。管带月饷十两，公费三十两。哨官月饷九两，哨长月饷八两，什长月饷四两八钱，正勇月饷四两二钱，伙勇月饷三两三钱，长夫月饷三两。② 练军除正勇调降至三两六钱外，其余皆同。③ 光绪十一、十二年（1885～1886）全台三十五营（包括部分土勇营），练军三营，每年军饷银约一百二十万两。④ 此数目比同治八年（1869）裁兵加饷时的24万～26万两，要多上五倍。那么钱从哪里来呢？湘、淮军创设时，饷源就是以“就地筹饷”的方式解决，其法就是设立厘卡抽取厘金。⑤ 根据《光绪会计表》记载，直到光绪十五年（1889）为止，台湾省新增洋税、厘金共106万两，加上福建省协饷44万两，遂解燃眉之急。⑥

防军在台湾驻扎，共集中在七个地方——台东直隶州、基隆、沪尾、台北府城、台南府城、恒春县、嘉义县。他们对地方武力的冲击有何影响？这就要反问防军原先调防台湾的目的为何。原来就是以武力执行开番抚番政策，以及应付对外战争需要。他们不像之前的绿营，为了专顾地方治安，还须左右地方汉番武力的发展；更不像绿营须株守固定的汛塘与营盘，若有必要全军开拔实属家常便饭。所以防军唯一影响到的区域，仅在俗称的后山——今天的中央山地与花东。建省以前称为卑南厅，以后改称台东直隶州。在这里没有绿营，防军是唯一的官方武力。为抵御生番的攻击，这里的守备呈现出战争或备战状态。为避免各营产生疲态，也要不时与驻守在前山的防军互调休息。

如何防止防军出现疲态，一直是个官方长期备受困扰的问题。跟当时英

---

① 刘璈，《巡台退思录》，台湾银行文献丛刊第二一种，1958年8月，页89、235。

② 胡传，《台东州采访册》，台湾银行文献丛刊第八一种，1960年5月，页15～16。

③ 连横整理的勇饷表是很好的参考资料，但是他所列屯兵营月饷有误，按当时台湾防军待遇几乎统一。参阅连横，《台湾通史》，台湾银行文献丛刊第一二八种，1962年2月，页237。

④ 唐赞衮，《台阳见闻录》，台湾银行文献丛刊第三〇种，1958年11月，页100。

⑤ 罗尔纲，《清季兵为将有的起源》；收录许仁图编，《清史资料汇编补编（下册）》（台北：河洛图书出版社，1974年），页240～255。

⑥ 刘岳云编，《光绪会计表》，光绪二十七年教育世界社石印本，北京国家图书馆分馆藏。

国士兵比较起来，勇丁们不酗酒的习惯值得嘉许，但他们有另一种恶习更甚于酗酒，那就是吸食鸦片。① 台湾后山瘴疠极多，勇丁们更借口吸烟以避瘴毒；长久下去如何谈得上出操训练，于是战力遂不复以往。② 光绪十九年（1893）时已经看出败象，认为招募客军（淮军）水土不习，每至暑月相继死亡；不如再定营制，改以土勇为主。③ 当然随即遇上割台，此法并没有实施。不过为什么到了这个时候，才提出土勇取代防军的建议，之前却没有类似的想法呢？原来台湾建省以后，刘铭传把台湾原有的团练、番屯都给予"防军化"——编制、训练、武器有如淮军，被收编的汉、番武力不啻成为一股生力军，但本质还是属于乡兵、土兵。

光绪二十年（1894）爆发的甲午战争，是防军在台湾的最后一战。由于台湾已经有8000名军驻防，所以福建防军援台的军队，比起清法战争时规模小了很多，仅包括驻扎基隆，由福建水师提督杨岐珍（淮系）率领的五营兵力；驻扎台南府，由南澳镇总兵刘永福率领的四营兵力，共约4500人。④ 由于战火到了澎湖就止住了，所以他们并没有参与作战，这些防军也随着割台而走入历史。总结清代台湾的官方武力，不论是绿营还是防军，都有一个共同点——二者都是职业军人。本书对此称之为"职业式"的武力。职业式武力的特征，就是组成分子以作战为本务；为了达成目的，一定的训练是必须。再加上饷、械基本上不缺，又听命于官方，所以能发挥的战力最强。它是清廷统治台湾的主力，但毕竟人数还是有限。因此另有原住民武力的番社、番屯，以及属于契约式武力的民团、隘、结首，提供选择以便于合作。

第二节　番人——原住民武力的招抚

1. 番　社

何谓番社？番人所居之地称为番社。⑤"番"是清代台湾原住民的通称，康熙朝按归化程度分为土番、野番，雍正朝以后普遍改称熟番、生番。不过要知道的是"生番"，并不专指台湾未归化的原住民，甘川青地方也有生番（喇子）存在，治理方式沿用西南土司制度。⑥ 台湾在乾隆初年，一度也想

---

① 约·罗伯茨（J. A. G. Roberts）著，蒋重跃、刘林海译，《十九世纪西方人眼中的中国（China Through Western Eyes：The Nineteenth Century）》（北京：时事出版社，1999年1月），页153。

② 胡传，《台湾日记与禀启》，台湾银行文献丛刊第七一种，1960年3月，页8～23。

③ 《台游日记》，页91～92、136。

④ 不著编人，《清光绪朝中日交涉史料（上册）》（台北：文海出版社，1963年5月），页496～497。

⑤ 连横，《台湾语典》，台湾银行文献丛刊第一六一种，1963年3月，页21。

⑥ 印鸾章，《清鉴》（北京：中国书店，1985年3月），页291。

改成土司管理，但考虑到该岛番人彼此语言、习俗并不统属，所以还是照旧以各番社的通事、土目领之。① 可见通、土是各番社的灵魂人物，尤其官方想要动员番社人力时，非得透过他们调拨才行。戴炎辉研究熟番番社的法律地位时，认为它们具有公法的法人地位，这说明了它们在权力、义务上与官方的关系。② 按统治之道，全台的番社理应由官方所掌握，但实情却不然。光绪朝以前官府的力量，以控制熟番番社为主，对生番多采羁縻的方法维系。③ 因此讨论到番社做为生、熟番武力整合的类型时，可以了解两者的武力，对清廷的意义是不同。前者纵使不能以“寇边”的观点来看待，但频繁的出草次数，迫使清廷考虑要如何加强紧邻生番地带的防务。而传统划界防守的观念，被移植到了台湾——遂出现了“番界”。番界可以视为一条防御线（不是国界线），它可随着政策的改变多作调整；清廷对于界外、界内的番社，有着不同的治理方式。对此本书先行讨论位于番界外的生番番社。

康、雍、乾三朝，所归化生番番社的数目，有三个重点值得说明，一是总数，一是归化时间，一是分布区域。在总数上，三朝归化生番番社共有182个，然再与光绪朝的673个比较，可知当时未归化的番社远多于归化者。未归化的生番属于“真正的”生番，应没有疑问；但归化的生番，有时也称为“化番”，他们还可不可以视为生番呢？从馘首的习俗未除的标准来看，他们仍被视为生番。④ 在归化时间上，康熙朝计有归化生番社89个，雍正朝计有归化生番社56个，乾隆朝计有归化生番社37个。归化番社逐朝递减异透露的一件事，那就是清廷渐渐放弃羁縻的方法，改采强硬的方式对付。这就是乾隆二十六年（1761）土牛红线划定时的背景。在分布区域上，凤山县的归化生番社有124个排名第一，不过当中包括位于花东地区的73个。其次为诸罗县的21个，再次是彰化县的30个，最后是淡水厅的7个。花东地区归化的生番社数量最多，容易让人理解。因为清廷的统治力不及于此，自然喜于用羁縻的方法维系关系。扣除花东的部分，凤山县归化生番社亦达51个，仍居前山地区第一。然值得注意的是归化生番番社越多，并不代表该区域汉番冲突的次数降低，此点还会在第四章第二节详述。

虽然康熙朝所收的归化生番番社最多，但对他们的描述却相对稀少。康熙三十九年（1700）来台采硫的郁永河，留下珍贵的一手描述。他说野（生）番生活在不见天日的崇山峻岭中，虽都是茹毛饮血之辈，但种类实

① 乾隆朝汉文录副（军机处录副），档号：1096－048，微缩号：076，中国第一历史档案馆藏。

② 戴炎辉，《清代台湾的乡治》（台北：联经出版事业公司，1992年5月三刷），页194。

③ 国学文献馆主编，《台湾研究资料汇编（第一辑·第八册）》（台北：联经出版社，1993年9月），页2717。

④ 王慧芬，《清代台湾的番界政策》，台湾大学历史学研究所硕士论文，2000年1月，页23~26。

繁。他们敏捷的身手，追捕猿猴、走兽毫不费力，土（熟）番知其能耐，亦不敢踏入领域。不仅如此野番们还恃其犷悍，时出剽掠，焚庐杀人，取其头颅而归，旁人无可奈何。郁氏的记录有一极重要之处，就是时人知道生番仅是一种泛称，实际上他们分有许多种类，并且他们的战力要比熟番还强。① 这些各种类的生番，多是以居住地命名，例如：阿里山番（邹族）就十分强悍，邻近的诸罗山、哆啰啯社熟番（洪雅/西拉雅族）皆畏之。水沙连番再分南、北港番（布农/泰雅族），彼此互相攻杀，但北港番较强。② 康熙六十一年（1722）清廷为搜查朱一贵阵营的余党，谕请卑南觅大土官文结，联络七十二社土番遍山搜捕，则是官方对生番首次的请调。③

到了雍正朝，归化的生番社首度有人口的记载。雍正二年（1724）福建巡抚黄国材奏报归化凤山县傀儡生番七十社、诸罗县本禄社四社，共有男妇5799名口。雍正三年二月（1725.3）黄国材再回奏，归化彰化县巴荖远等四社，共有男妇851名口。同年五月巡台御史禅济布亦奏报，归化凤山县猪朥束等十九社，共有男妇2326名口。④ 雍正五年（1727）福建总督高其倬奏报，水沙连番愿意归化者达4415名。⑤ 雍正十二年（1734）台湾镇总兵官苏明良奏报，归化彰化县生番199名口。⑥ 然生番以杀为事，难道都是针对汉人吗？当然不是。雍正元年（1723）首任巡台御史黄叔璥观察最明白，他说生番虽焚庐杀人，但启衅多由汉人自取。例如：业主、管事辈利开垦，不论生、熟番都越界侵占；入山搭寮见番弋取鹿只，往往窃为己有，故多遭杀戮。再者小民深入内山，抽籐锯板不自觉侵犯到生番领域，也难逃所害。⑦

另外归化生番的“危险性”，远低于未归化者吗？那是囿于字面解释所致。固然还未归化的生番，像是雍正四年（1726）彰化县的水沙连等社，则是出草伤人的危险番社。⑧ 但归化以后的生番社，仍有不断出草的个案。

---

① 郁永河，《裨海纪游》，台湾银行文献丛刊第四四种，1959年4月，页32~33。

② 周锺瑄，《诸罗县志》，台湾银行文献丛刊第一四一种，1962年12月，页173。

③ 蓝鼎元，《东征集》，台湾银行文献丛刊第一二种，1958年2月，页90~92。

④ 洪安全主编，《清宫宫中档奏折台湾史料（一）》（台北：故宫博物院，2001年11月），页293、320~321、362~364。

⑤ 洪安全主编，《清宫宫中档奏折台湾史料（二）》（台北：故宫博物院，2001年11月），页1029。

⑥ 中国第一历史档案馆编，《雍正朝汉文朱批奏折汇编（第二十六册）》（上海：江苏古籍出版社，1991年3月），页335。

⑦ 黄叔璥，《台海使槎录》，台湾银行文献丛刊第四种，1957年11月，页167。

⑧ 国学文献馆主编，《台湾研究资料汇编（第一辑·第五册）》（台北：联经出版社，1993年9月），页1401。

凤山县的山猪毛社就是一个代表的案例。① 事实上羁縻不代表控制，在官员的眼中，与归化生番维系关系，通常只是在战时找寻效力的对象而已。就像朱案一样，雍正七年（1729）台湾知府沈起元亦盛赞内悠六社、水沙连十五社生番，能在归化后随军调遣别讨其余的生番社。②

乾隆朝比起之前，官方对生番的描述，内容充实不少，其特点是有了分县的叙述。例如：彰化县、淡水厅未归化的生番，就被形容最为刚狠，一遇汉移民辄加戕害。③ 而归化生番的工作逐渐告一个段落，清廷在羁縻之余也出现检讨的话语。在部分官员看来生番素喜为乱，只要不足用则下山屠杀商民。要招抚他们，出兵讨伐很难直捣巢穴，若改施恩惠也很难满足他们。最重要的驾驭之道在于示以威武，怀以德意才不会让他们背叛。再者分化他们，各树其党不相统属，也是一个约束的好办法。④ 每年的秋冬台湾正值枯水季节，是生番下山出草的时候。不过近山的汉移民村庄，因开垦所需多呈散村分布，遂给了生番趁隙突袭的机会。乾隆十二年（1747）台湾道庄年就传檄这些村落，命令他们以大庄并小庄的方式集中管理。⑤ 同年闽浙总督喀尔吉善亦提出一“保护”生番的措施。有鉴于台湾闽粤流寓之人惯欺番众，对生番游侵其疆土；恐将来流寓日强、番众日弱，官府明令禁止奸徒侵犯生番。喀尔吉善的想法颇值得推敲，盖因于生番的武力强大，照往例一遇侵犯必以武相向，何来需要官府保护？于是乎这就说明了清廷对生番治理态度，即不管有无归化清廷都以治下的百姓看待。只是官府的控制力一时不及深山，所以先用划界的方式处理。⑥ 尔后淡水厅生番为患有越演越烈的趋势。乾隆二十四年（1759）该厅生番出草次数增多，不仅如此熟番亦冒托为奸借机生事。前同知杨愚提出几点方策，包括：订立疆界、禁游民偷越番境占垦、令熟番剃发或留发以示区别、迁淡水都司署于艋舺渡，令民家置竹枪与木棍捍卫。⑦

乾隆四十六年（1781）发生一件个案，即已经归化的山猪毛社生番，因不堪该社头人多抽米石的虐索，共有男妇109名投附官方，现被安顿在搭

① 洪安全主编，《清宫宫中档奏折台湾史料（三）》（台北：故宫博物院，2001年11月），页2052～2054。

② 贺长龄，《皇朝经世文编》（台北：文海出版社，1973年12月），页3028～3032。

③ 谢遂，《清职贡图选》，台湾银行文献丛刊第一八〇种，1963年8月，页56、60。

④ 范咸，《重修台湾府志》，台湾银行文献丛刊第一〇五种，1961年11月，页471。

⑤ 六十七，《使署闲情》，台湾银行文献丛刊第一二二种，1961年10月，页89。

⑥ 国学文献馆主编，《台湾研究资料汇编（第一辑·第二十五册）》（台北：联经出版社，1993年9月），页10815～10817。

⑦ 钱仪吉编，《碑传集（111）》（台北：明文书局，1985年5月），页701～704。

楼、武洛二社熟番埔地耕种。① 高宗的裁示十分重要，他认为对于归化生番中再行投附者，按西北哈萨克诸部落例，理应不能收留。该案是下不为例的事。日后只能收留非归化的生番，如果再遇归化者必须先奏明后请旨。② 这样的处理态度说明了羁縻的意义，旨在不干涉归化生番内部的事务。乾隆五十年（1785）福建巡抚徐嗣曾带领三十个归化生番番社的通、土，入京觐见高宗。这些番社包括：屋鳌总社、攸武乃社、狮头社、打铁蘩社、虾骨社、合欢社、蛤仔烂社、阿里山总社、珠母乐社、踏邦社、兰仔濑社、大规佛社、涧仔雾社、阿拔泉社、鹿珠社、皂罗社、大武垅总社、内攸社、籐桥社、美笼社、岸社、万斗笼社、傀儡山总社、枋寮社、乐里北社、柴乐篱社、加那仑社、八里蒙孩社、礁浓社、大的吉社。③ 他们可以被视为与官方关系最密切的生番，这一点颇为重要，因为即将而来的是林爽文事件，正考验着生番们与清廷的关系。

乾隆五十一至五十三年的林爽文事件，从波及区域来说，除了被视为台湾史上第二大民变之外，民军与官军互相争取生番的助阵，更是该事件一大特色。乾隆五十二年正月二十八日（1787.3.17）福建水师提督黄仕简首度奏报，据称林爽文被驱散逃入内山，可能恃其人众生番不敢杀害，也有可能诱之以利容番收留。黄氏畏葸谎称林已失败，当然被证实是不正确的，但是他提到林与生番有了接触是真的。黄仕简错误的讯息上奏后，使得北京一直做出错误的判断，误认为林爽文与生番接触，单纯为了逃亡所需。所以从同年二月初开始，高宗不断发出上谕，要求闽督常青、闽抚徐嗣曾、将要调台的江南提督蓝元枚，命令他们联络生番缉拿林爽文。④ 没料到二月十三日（1787.3.31）首度传出林爽文拥众至彰化县虎仔坑、万丹城（均在南投县名间乡），勾结内山生番骚扰村庄的消息。⑤

林爽文为何有如此本事呢？原来全靠通事杜美的帮助。杜美跟林氏都是漳州人，二人在加入天地会后认识。由于杜美常出入水沙连进行番割，所以与生番相当熟识。杜美联络到生番一千多人，原本计划事败逃入后山时可以倚靠，不过现在却变成主动出击。⑥ 乾隆五十二年五月（1787.6）官军俘获天地会党羽高文麟、林家齐，从二人的口供得知整个件事的始

---

① 中国第一历史档案馆编，《乾隆朝上谕档（第十册）》（北京：档案出版社，1991年6月），页517。

② 洪安全主编，《清宫廷寄档台湾史料（一）》（台北：故宫博物院，1998年10月），页122～124。

③ 军机处录副奏折—民族类，案卷号：635，胶片号：17，中国第一历史档案馆藏。

④ 中国第一历史档案馆、中国人民大学清史研究所合编，《天地会（一）》（北京：中国人民大学出版社，1980年11月），页282～283、290、292。

⑤ 高宗敕撰，《钦定平定台湾纪略》，台湾银行文献丛刊第一〇二种，1961年6月，页167、171。

⑥《天地会（一）》，页409。

末。原来林爽文所居的大里杙，离生番所居地仅二十里路程。他本身也进行番割，亦认识不少生番。不过天地会的举事，生番并未参与。林氏起初计划在事败后，逃入内山投靠熟识的生番；若生番不依，他就要以武力对付。此役得胜自然可以躲在生番地，假使输了可以再以花红、布匹厚贿生番求得棲身。①

官军获悉情报后在同年八月，趁台湾府城、嘉义县城战事方歇，密遣熟番进山，晓谕生番人等断绝与林爽文的来往。② 十一月彰化县岸里社通事贡生张凤华（亦是屋鳌六社通事）、纪阿林等亦进入内山晓谕。特别是针对水沙连各社，严令不许与林爽文阵营接触。③ 同年十二月钦差大臣福康安联络到屋鳌生番等十六社、水沙连生番等十四社，以及其他数社准备购线捉拿逃入内山的林爽文。无独有偶的乾隆五十三年二月（1788. 3）凤山县山猪毛义民曾中立，招集傀儡山生番一千名听候调遣，准备前往瑯峤擒拿庄大田。从林、庄二人穷蹙纷往山区逃窜，以及沿路遭逢生番截击的过程来看，清廷联络这些已归化的生番，其策略是成功的。事后论赏，乾隆五十三年十二月（1789. 1）上谕奖赏番社的名单，对照三年前入京觐见的名单完全一样。④这可以说清廷对归化生番的羁縻政策，在平定内乱时确实可以达到拉拢并请调的效果。

林爽文事件比起朱一贵事件，在官、（生）番互动中有更进一步的合作关系。虽然两个个案对清廷而言，生番的用处主要还是入山捉拿逸匪；但在南路的战事当中，透过义民首的晓谕，生番也开始下山主动投入战局。嘉庆十年十一月（1805. 12）闽海盗蔡牵窜入鹿耳门，并勾结凤山县土匪竖旗。此役有生番淡吗党等 68 名下山助战，在凤山剿匪中表现不错。⑤ 归化生番在步入清中叶以后，与官方关系更为密切。主动请缨的生番人数虽不多，但毕竟是清廷长期羁縻政策下应得的回馈。道光朝由于出现议辟水沙连地方的声音，因此该阶段较受到官方关注的生番，即以水沙连番为主。道光十二年（1832）编纂的《彰化县志》，条列出水沙连共有 24 个归化番社，它们仍与

① 中国第一历史档案馆、中国人民大学清史研究所合编，《天地会（二）》（北京：中国人民大学出版社，1980 年 11 月），页 205 ~ 206。

② 中国第一历史档案馆、中国人民大学清史研究所合编，《天地会（三）》（北京：中国人民大学出版社，1982 年 12 月），页 168。

③ 中国第一历史档案馆、中国人民大学清史研究所合编，《天地会（四）》（北京：中国人民大学出版社，1983 年 3 月），页 137。

④ 洪安全主编，《清宫谕旨档台湾史料（二）》（台北：故宫博物院，1996 年 10 月），页 954、1041、1363 ~ 1367。

⑤ 洪安全主编，《清宫廷寄档台湾史料（二）》（台北：故宫博物院，1998 年 10 月），页 765。

乾隆朝归化时一样。① 道光二十六年十一月（1846.12）发生水沙连“生番献地”之事。上谕要闽浙总督刘韵珂于隔年二、三月亲自渡台查看，惟恐汉移民怀诈挟私。原来议辟水沙连早在道光四年（1824）已由闽浙总都赵慎畛提出，然未几旋被否决。道光二十一年（1841）给事中朱成烈再提出，仍悬而未决。此次虽是生番主动献地，但要知道的是他们早已归化。在清廷羁縻政策之下，倾向以不干涉生番内部事务为主；此点在乾隆朝就已表明过，所以“献地”案一提出，清廷马上联想到是汉人导演的诡计。另外廷议也以“多一事不如少一事”为由，从防御的角度倾向保持现状。②

不过地方官却有不同于北京的看法，台湾道熊一本认为水沙连地方虽说是禁垦，但早已是番汉麇集之处。二十年来的迁徙，使得熟番长、生番消；不如开禁化暗为明，官府可收正供之利。尔后的发展水沙连仍以封禁收场，但熊氏探勘该地的过程中，倒是调查了不少之前未收录的生番番社资料。据称水沙连东、南、北三面大山，归化的二十四社贴近盆地内侧，在他们之后，东有未归化的平达万等十五社。东北有疾约等十二社，南有治卯等十社，东南有产竹等十四社，北有乃烟等六社。较发生斗杀的番社是南社、雾社、卓社、干达万社、鸾社、沙里兴社。③ 官方对番社社名以及地点的掌握是必须，因为它不仅涉及对番情的了解，更重要的是成为清末被列强质疑羁縻作为主权合法性时，一种据理力争的依据。

咸丰朝经由天津、北京条约的签订，台湾的安平、打狗、淡水、鸡笼，陆续被开为通商口岸。这些出入台湾的洋人，有不少刻意是前往生番地探险，因此也留下不少对他们的记录。同治三年（1864）首任英国驻安平领事郇和（或译史温侯/Robert Swinhoe），搭船前往琅峤采访大土目卓杞笃时，记下了当地约有10000名生番，为首次对（下）琅峤十八社生番人数的记录。④ 不知是否受到洋人一再深入番境的刺激，清廷在同治六年（1867）罗妹号事件后，也加紧对生番番社的调查。得到归化生番237社，未归化生番89社的记录。⑤ 其生番社总合达326，比之前的182个超出许多。为应付此时局，不同于封禁的异论又出现。用熟番做前道，先招徕生番，再建城防

---

① 周玺，《彰化县志》，台湾银行文献丛刊第一五六种，1962年11月，页52。

② 中国第一历史档案馆编，《嘉庆道光两朝上谕档（五十一）》（桂林：广西师范大学出版社，2000年11月），页413~414。

③ 丁曰健，《治台必告录》，台湾银行文献丛刊第一七种，1959年7月，页230~232。

④ Swinhoe Robert, “Additional notes on Formosa,” *Royal Geographical Society of London*10（1866）：122-128.

⑤ 丁绍仪，《东瀛识略》，台湾银行文献丛刊第二种，1957年9月，页70。

卫，后设官经理，以通商有无，则是当时的谠论。① 不过值得注意的是，这当中并没有提到入山开垦的问题；可见传统“移民实边”的做法，对台湾来说尚属不急之务。

同治十三年四月（1874.5）日本出兵台湾琅峤。此事的起因传统都从外交、军事的角度出发，解读清廷过度依赖外交调停，又没有求战的决心，以致让对手趁隙所致。② 不过从理番角度来看，它正挑战清廷以往的羁縻政策。（下）琅峤十八社包括：姑仔律（龟仔角）、龙銮珠（龙銮）、力索（老佛山）、四林角（四林格）、快仔、八之慝（巴士墨）、八姑律（八姑角）、小麻里（射麻利）、网卒（蚊蟀）、麻仔（猫仔）、加之来、牡丹社、中社、尔奈（家新路）、高士佛、八徭（八瑶）、竹社、射不力（射武力）。③ 若按先前归化番社的数目计算，仅有猫仔、合兰、蚊蟀、龟朥律、加锥来五社归化。这样的情况透露了其余八社是清廷所未知，很容易被质疑统治的合法性。该缺失迫使清廷改弦易辙，全力访察未知的番社。

同治十三年六月（1874.7）福建布政使潘霨遣人至山后，再度与卑南觅等七十二社取得联系。除了令番目陈安生等剃发，分别赏给银牌信物外，最重要是调查到生番丁壮数目约有万人。④ 这样子的做法有别于以往羁縻，遂变成主动出击的“抚番”。抚番代表着官方的力量，强行进入内山；不管生番们愿意与否，一律强迫其归顺。这与昔日采羁縻之法，主动权操之在生番，端看他们愿不愿意归化，整体意义大不相同。在这个新政策下，清廷也遇见前所未有的问题。例如：在官方眼中台南生番尚易招致，但北路各社率多顽梗之徒，尤其在大南澳（宜兰县南澳乡）、平埔（花莲县秀林乡）等处，有凶番纠集丁壮数千，意在抗违。⑤ 对此清廷有别于以往按地名的分类，根据受抚的程度区分为“凶番”，即包括牡丹在内的（下）琅峤十八社；“良番”即卑南、埔里一带生番；“王字凶番”即台北府阿史等社。⑥ 值得一提的是受到日本兴兵琅峤的影响，台湾生番知名度大增，从同治十三年三至六月，对中国知识界颇有影响力的《申报》，连续刊载了不少对生番惯习的介绍。不过观其出处除了转引《循环日报》，而非实地采访较为可惜

① 盛康，《皇朝经世文编续编》（台北：文海出版社，1973年12月），页3473～3490。

② 张建华，《英国与1874年日本侵犯台湾事件》，《北大史学》，第8期，2001年12月，页320～345。

③ 王元穉，《甲戌公牍钞存》，台湾银行文献丛刊第三九种，1959年6月，页60；伊能嘉矩，《瑯峤十八社》，伊能文库手稿及抄写，编号：MO33，台湾大学图书馆藏。

④ 洪安全主编，《清宫洋务始末台湾史料（二）》（台北：故宫博物院，1999年10月），页840。

⑤ 台湾银行经济研究室编，《同治甲戌日兵侵台始末》，台湾银行文献丛刊第三八种，1959年4月，页172。

⑥ 不著编人，《清史列传（102）》（台北：明文书局，1985年5月），页501～510。

外，其内容也是摘抄自清初、中叶对生番的记录。①

光绪朝台湾进入“开山抚番”的阶段，对生番的了解是这个时期官方的首要工作。同样的洋人对这问题也深感兴趣。光绪元年（1875）俄国人 Paul Ibis 趁着搭乘军舰 Ustold 号泊锚香港之便，在 1～2 月间来台湾旅行，就他估计当时生番人数在 150000～200000 左右。至于（下）琅峤十八社的凶番，所有男丁人数至多不超过3000人。② 然官方眼中的“凶番”，在部分洋人笔法的记录下完全不是这么回事。同时期英国驻淡水领事阿赫伯（Allen J. Herbert），就提到内陆的原住民是心智简单和安静之人（simple minded and quiet people）。③ 心智简单的叙述十分贴切，但安静恐不能完全描述现状。按照往例生番屡见不鲜的馘首，已使得番界沿线不甚太平。现在抚番政策一行，取消了番界，代之而起的是武力征讨，生番更不可能“安静”。光绪十年（1884）洋人非正式的估计，十年战争下来生番总数约减异少 20000 人左右。④

开山抚番初期，清廷针对个别凶番的讨伐，获得初步的成果。光绪元年（1875）福宁镇总兵吴光亮在中部抚番，据称归化生番有7293人。⑤ 光绪三年（1877）福建巡抚丁日昌声称恒春县的下琅峤十八社番，已比凤山县的上琅峤十八社番为驯。为了应付洋人频繁出入内山，恐洋教流传于当地，在抚番之余也要进行沐化。仿照熟番之制设立番学，制定学额编入字号是反制的方法。⑥ 有理由相信光绪初年，清廷对于生番番社的了解比之前深入。光绪五年（1879）编纂的《台湾舆图》，其内容对于恒春县、埔里厅、卑南厅的生番社方位，有比以前更仔细的记录。⑦ 光绪十年（1884）清法战争进行时，已升任江西巡抚的潘霨甚至还建议，模仿洋人训练黑兵（黑人军队）之道，可以试着征调（下）琅峤十八社的生番练兵。⑧ 此法在战争进行时没

① 台湾银行经济研究室编，《清季申报台湾纪事辑录》（南投：台湾省文献委员会，1994 年 7 月），页 73～75、79～81、83～86、94～96、99～100、151～154、187～190、241～243。

② Translated by Christian Buss, Edited by Douglas Fix, Ibis Paul, “Auf Formosa: Enthnographische Wanderungen,” *Globus*31（1877）: 149－152, 167－171, 181－187, 196－200, 214－219, 230－235.

③ Allen, Herbert J., “On a journal through Formosa from Tamsui to Taiwan fu,” *Geographical Magazine* 4（1877）: 135－6.

④ Write by Reclus Elisée, Edit by A. H. Keane, “Formosa”, in *The earth and its inhabitant Asia, Vol. II, East Asia: Chinese empire, Corea, Japan*（New York: D. Appleton, 1884）

⑤ 钟义明，《台湾的文采与泥香》（台北：武陵出版有限公司，1992 年 11 月），页 328。

⑥ 洪安全主编，《清宫月折档台湾史料（三）》（台北：故宫博物院，1994 年 10 月），页 2571、2645。

⑦ 夏献纶，《台湾舆图》，台湾银行文献丛刊第四五种，1959 年 8 月，页 53～54、77～79。

⑧ 洪安全主编，《清宫月折档台湾史料（五）》（台北：故宫博物院，1995 年 8 月），页 3878～3879。

有准行，但建省后在部分地区试行。

光绪十一年（1885）建省之际百废待举，此时清法战争退下来的散兵游勇，每有百十成群聚集于番民交界处，或抢劫居民或侵犯生番。生番遇有冤屈定出外杀人报复，然所受害者多无辜良民。① 这就是当时重启开山抚番时的背景。透过光绪十二年（1886）所绘制的番社总图得知，清廷对台湾内山生番社坐落的了解更甚于以往。按凡例所录同年就抚生番有一千二百余社，然内有社小丁稀者，即数社归并成一社，选一土目管束。之前归化的（熟）番社就不再标明，现总共归化806个番社，男妇大小丁口有148479人。② 由于当时调查的番社位置，颇相近于今日高山原住民的分布区域，所以能用族群再做更细致的讨论。

这当中以泰雅族所占240个社比例最大。其次是排湾族的140个社，再次是布农族的116个社，再次是阿美族的76个社，再次是赛夏族的57个社，再次是卑南族的17个社，再次是鲁凯族的5个社，再次是邵族的1个社。以上各族的战争行为皆不相同，必须要分清楚的是原住民出草（馘首）与战争，指的是两种不同的事务。前者只是个人对异族敌人猎头借以炫耀勇武，后者是基于各社间之纷争而动武。当然战争进行时，众番仍免不了彼此猎首，但这二种行为的本质确有不同。③

根据胡良珍研究，泰雅族作战方式是在战前两三天，派遣中立人士往敌方下战书，时间、地点敌方可以更改后确定。通常战争时间都在用早膳前后，作战时由番社土目带队前往。抵达后土目即在旁观战，改由另一壮丁带队挑战，再问明对方就是敌人时双方随即开战。④ 另一民族学者卫惠林研究阿美族的战争行为，部落长老会议是该族决定出征或应战的决策单位，一旦决定作战再召开全部落民会议，并依据年龄层进行作战编组。作战方式大体采包围法，有正面攻坚与左右伏击；阵地作战不出三日，武器粮食皆由战士自己携带。另外在阵地后方还有类似兵站之处，以收容负伤者扶持回社。⑤ 建省以后官方对生番进行的军事行动，有别于以往膺惩出草的个案，它是以战争的型态进行，迫使所有的番社全面归顺为止。其间以泰雅族、阿美族的抵抗最烈，他们就以此法与官军周旋（见第四章第二节）。

光绪十三年（1887）官方再抚得后山生番218社共五万余人，前山生番

---

① 《清宫月折档台湾史料（五）》，页4290。

② 佚名，《台湾内山番社地舆全图》，墨印，清光绪年间印本，北京国家图书馆藏。

③ 卫惠林，《阿美族的部落制度》，《台湾文献》，第9卷第1期，1958年3月，页8～9。

④ 胡良珍，《南投静观赛得克人的社会生活之研究》，《台湾文献》，第20卷第4期，1969年12月，页22～24。

⑤ 《阿美族的部落制度》，页8～9。

260余社共三万八千余人。① 十五年（1889）以后各厅、县事举颇有规模，于是也出现区域性的生番人口资料。例如：恒春县调查到境内生番男丁为4269人，女口为3441人（不包括小孩）。② 新竹县访查到内山生番男丁约有1110人。③ 台东直隶州生番男女约有53315人（不包括小孩）。④ 先前提到征调生番练兵，其实建省之初再由贵州按察使李元度奏请朝廷，建议让首任巡抚刘铭传试办。⑤ 刘氏是否依议档案不载，但在光绪十九年（1883）台东直隶州同知胡传的日记中，提到当时的防军、土勇营中，包括：恒春隘勇、南番屯军、后山南路屯军、埤南屯军、中路屯兵在内，皆有化番充当营勇。⑥ 化番指的应该是新归顺的生番。此推测若能让人所接受的话，那么可以视为清廷与生番关系新的转变；即从以往的请调变成招募，虽然这样的结果不是全面性的。

生番与官方关系的发展，是经过数百年的时间，从归化—羁縻—请调—抚番，最后在练兵上有了招募关系的出现。然熟番的历史却不是这样。他们一开始可说“就抚”了，此后与清廷保持一种权利与义务的关系。官方最终的目的是想塑造他们除了在绿营、防军外，成为一支可以密切合作的武力。此目的是达到了，但它的演变还是要先从熟番番社谈起。

清代台湾熟番番社的数目，总计共有154个之多；不过它们不是一开始就全部就抚，大抵是由南往北依次归顺。凤山县八社、台湾县四社、诸罗县十二社，是在康熙朝与官方来往较密切的熟番。而所谓来往比较密切的意思就是役使。康熙三十三年（1694）台厦道高拱乾的一篇《禁苦累土番等弊示》，透露了当时熟番们需为官府张罗花红、抽拨牛车、勒派竹木等事。⑦ 这些役使的负担多重呢？按照番社大小有所不同，每年大社或纳280两，或120两；小社或纳80两、60两、40两不等（知县每年俸银45两）。为什么会有花红，其实就是县官向通事索费，通事再向番社索费的结果。⑧ 由于官员无法以身作则，于公如出巡例调熟番携带弓刀前导，于私则派买芝麻、鹿皮、鹿脯，如此番力焉能不困。⑨ 康熙四十九年（1710）台厦道陈瑸提出海

---

① 洪安全主编，《清宫月折档台湾史料（六）》（台北：故宫博物院，1995年8月），页5319～5320。
② 屠继善，《恒春县志》，台湾银行文献丛刊第七五种，1960年5月，页100～109。
③ 陈朝龙，《新竹县采访册》，台湾银行文献丛刊第一四五种，1962年7月，页26～27。
④ 胡传，《台东州采访册》，台湾银行文献丛刊第八一种，1960年5月，页21～38。
⑤ 《清宫月折档台湾史料（六）》，页4531。
⑥ 胡传，《台湾日记与禀启》，台湾银行文献丛刊第七一种，1960年3月，页45～46。
⑦ 高拱乾，《台湾府志》，台湾银行文献丛刊第六五种，1960年2月，页249。
⑧ 丁宗洛，《陈清端公年谱》，台湾银行文献丛刊第二〇七种，1964年11月，页63。
⑨ 孙元衡，《赤嵌集》，台湾银行文献丛刊第一〇种，1958年1月，页18。

疆经理六条，其中针对熟番部分有几点，包括：除滥派以安番民、给脚费以苏番困、立社学以教番童、禁冒垦以保番产、添汛塘以防番社、归县署以驭番众。这些建议事项最重要的是“归县署以驭番众”值得留意。① 从陈璸的条陈反推，即表示当时熟番番社不是直接归县署，那么是归何人管辖？

从上述花红的共犯结构来看，说明清初官方是以间接控制的方式在理番；即官员透过通事来控制番社，不同于理民般采直接控制。为什么会有这种现象？语言迥异可能是最主要的原因。因为番语按各族不同而相异，再加上不谙官话或闽、粤方言，所以初期也只能透过通事管理。除了通事之外，常与番社交易的社商也需注意。前文提到与官方往来较密切的番社都在诸罗以南，但这些社商的足迹却不限于此。康熙二十六年（1687）的记录显示，他们最常交易的番社是大武咙（垅）、倒咯嘓、诸罗山、打猫、他里雾、东螺、猴闷、西螺、南社、麻支干（猫儿干社）、二林、三林、猫罗、大武郡、半线、马芝林（遴）、阿束、竹堑社。② 这些社商的引路相当有用，透过他们清廷可以了解一些未知的番社。

康熙三十八年（1699）清廷为平定吞霄社的举事，再次征调熟番作战，对象是府城附近的四大社。可惜战局不如预期，因此遂请调岸里社番一起弭乱。③ 之后岸里社是否随即就抚不得而知。可考的记录是在康熙五十四、五十五年（1715～1716），诸罗知县周锺瑄发给岸里社大土官阿莫信牌与全社的晓谕。④ 而在周氏任内，官府对北路熟番的了解更甚于以往；让他们感到难治的番社包括：吞霄社、后垅社、麻少翁社、内北投社、岸里社、噍吧哖社、（芋）茅匏社、阿里史社。这些熟番都倚仗着番社绝险，距离汛防遥远，加上本身武力相当强悍，一遇睚眦就发生戕杀，为官方亟要戒备的目标。⑤

不过也不是每个熟番都难以管理，凤山八社的熟番相较之下，就显得十分听命。有别于其他番社被役使番力之余，他们还必须力农以应付正供。然也因为是按口征收，所以也只有他们留下了详细的赋税人口资料。依据康熙五十九年（1720）记载，该县熟番男女老幼共 4345 丁口。⑥ 隔年朱一贵事件爆发，乱初官军一时堵御不住，再次征调四大社熟番助战。然因镇标右营

---

① 《陈清端公年谱》，页 62～63。

② 诸家，《澎湖台湾纪略》，台湾银行文献丛刊第一〇四种，1961 年 5 月，页 56。

③ 陈秋坤，《清代台湾土著地权——官僚、汉佃与岸里社人的土地变迁 1700～1895》（台北：“中央研究院”近代史研究所，1994 年 12 月），页 43。

④ 廖汉臣，《岸里大社调查报告书》，《台湾文献》，第 8 卷第 2 期，1957 年 6 月，页 3～4。

⑤ 周锺瑄，《诸罗县志》，台湾银行文献丛刊第一四一种，1962 年 12 月，页 173～174。

⑥ 陈文达，《凤山县志》，台湾银行文献丛刊第一二四种，1961 年 11 月，页 65。

游击周应龙指挥失当，造成熟番冒杀良民乱事遂不可抑止。① 纵观康熙一朝，清廷与熟番的关系尚在摸索阶段。即便是有人力、正供可以征调，但如何收编与有效运用其武力，还要假以时日才行。

雍正元年（1723）在巡台御史黄叔璥的笔下，透露着官方已经得知熟番族群分类之复杂。他说："土番非如云贵之猫、獠、猺、獞各分种类聚族而居者；社之大者不过一二百丁，社之小者止二三十丁。"这样的观察说明了清廷沿袭旧例，让正、副土官制度继续存在的原因。② 隔年曾经来台参与平定朱案的福建优贡生蓝鼎元，在与台厦道吴昌祚书信往返洽台事宜时，提到熟番的实况。在蓝氏看来四大社熟番邻近府治，习于民人恶习已变得刁猾健讼，而诸罗山社、哆啰啯社则仅次于他们。他一再提醒吴昌祚，县官与通事于规礼上的共犯关系；并留心讼师、社棍趁隙介入社务，因尾大不掉造成危害。③ 尹章义注意到通事，在汉人拓垦时期角色扮演的问题，然其观点倾向作为官番的中介者。④ 诚然通事是有此功能，但受惠于"间接控制"的理番政策，更能使得他们知法玩法。

尔后随着生、熟番，或者汉、番冲突事件的增加，通事的任务也变得繁重。雍正四年（1726）堋山社（又名崩山社、大甲西社）通事李旺禀报，本年二月南日社熟番 11 名前往东势山边砍柴，突被生番五十余名出草馘首。⑤ 雍正八年（1730）凤山县通事刘琦、黄炳回禀，锯匠陈勋等八人在傀儡番境巡视厚力木时遇袭。⑥ 前述二例说明了一件事，就是清廷扩大了通事的工作内容，只要是跟"番"有关，一律交由通事回报。现在通事的功能之一，又变成了官府理番的耳目。另外先前役使番力的恶习，迄今仍未改善。不仅如此现在连班兵移防，也要熟番出车出人；而弁兵路过番社，常仗势勒供酒食，稍不如意就肆加凌虐。⑦ 然鉴于汛塘数目增加，汛防不断扩大，半线（彰化）以北并无民庄饭店起见，班兵转调的确需要熟番帮忙。于是在雍正九年（1731）明令，每十名班兵拨给番车一辆，由县给票征调；每十里发给牛草饭食钱五十文，并设立循环号簿监督避免滥派。⑧

雍正八年（1730）根据福建水师提督许良彬奏报，台湾新旧归化的熟

---

① 蓝鼎元，《平台纪略》，台湾银行文献丛刊第一四种，1958 年 4 月，页 3。
② 《台海使槎录》，页 162～163。
③ 《平台纪略》，页 55～56。
④ 尹章义，《台湾开发史研究》（台北：联经出版事业公司，1999 年 10 月初版三刷），页 173～278。
⑤ 洪安全主编，《清宫宫中档奏折台湾史料（二）》（台北：故宫博物院，2001 年 11 月），页 833。
⑥ 洪安全主编，《清宫宫中档奏折台湾史料（四）》（台北：故宫博物院，2001 年 11 月），页 2465。
⑦ 李桓编，《国朝耆献类征（137）》（台北：明文书局，1985 年 5 月），页 803～827。
⑧ 张嗣昌，《巡台录》，乾隆元年刻本，北京大学图书馆藏。

番户口数已有2万~3万之多。① 这是清代史载第一次提到全台熟番的总数。这与康熙朝相较，官方对熟番的掌握又更往北发展，网罗了新设彰化县、淡水厅境的熟番社。这样的用心是非常必要的，因为雍正九、十年（1731~1732）先后爆发的大甲西社番，以及沙辘、牛骂、南大肚社番的举事，官军在无力平乱之余，就是靠着岸里社，与反正的后垅、大甲东、南日南社助剿才能成功。②

有记录显示乾隆朝官方对熟番番情更加了解。首先在人口方面，乾隆二年（1737）清廷把诸罗县、彰化县、淡水厅社饷改照民丁例，为此记载了辖境赋税人口资料。即诸罗县十三社番丁共1082人，彰化县二十社番丁共1318人，淡水厅二十七社番丁共1325人。乾隆九年（1744）广州将军署理巡抚印务策楞，受高宗之命调查福建陆路提督武进升，奏报凤山县刘奇竖旗是否属实时，在其奏折中提到当时熟番番社大小共有170余社（与118社的出入在于同一番社尚有大小之分），人口数为“不下十余万人”。③ 乾隆四十二年（1777）彰化知县马鸣镳在发给岸里社通事的公文中，提到该社男女共有二千余口，为首次对单一番社总人数的记载。④ 属于“概数”性质的户口数与人口数，虽不如厅、县番丁或个别番社人口清楚，但它代表着官方对当时台湾熟番的印象。再者知道了县、厅的番丁人数后，对于官府如何役使他们，也可以做出区域性的比较。

乾隆十七年（1752）诸罗县一块《严禁派拨累番碑记》，透露着该县熟番被差役、弁兵役使，担任解饷、载运、跟巡苦差的工作。⑤ 示禁碑的有无是一个标准。虽说不能借此认定，由于诸罗县的番丁被役使最力，因此必须立碑示禁，但它却可以作为该县对问题正视与否的指标。其实对于熟番的保护，透过巡台御史的回奏，朝廷早已注意了很久。现问题的焦点都在警告兵役，不准役使番力过重。⑥ 以往知县—通事的收贿结构，反倒很少提及。然公私史料不载，并不代表规费已经消失，可能是金额已成官场“合理”的价位，所以不再深究。班兵不给熟番脚费有时并非出于刻意，因为没有公费可以动用。乾隆四十八年（1783）福建巡抚雅德奏准从台湾官庄中，每年

---

① 国学文献馆主编，《台湾研究资料汇编（第一辑·第九册）》（台北：联经出版社，1993年9月），页3701。

② 张嗣昌，《巡台录》，乾隆元年刻本，北京大学图书馆藏。

③ 军机处录副奏折—农民运动类，案卷号：3303，胶片号：135，中国第一历史档案馆藏。

④ 台湾大学图书馆藏，《观风蹉跎》，伊能文库手稿及抄写，编号：M037。

⑤ 台湾银行经济研究室编，《台湾南部碑文集成》（南投：台湾省文献委员会，1994年7月，页380~382。

⑥ 不著编人，《清实录－高宗纯皇帝实录（九）》（北京：中华书局，1985年11月），页886。

拨出233.1两，合三年699.5两之数，充做班兵雇备车辆之资。①

役使番力属于额外的工作，所以需要酌给银两，那么什么是他们分内的工作呢？从乾隆十年（1745）绘制的《番社采风图考》来看，跟公务有关的是负责瞭望、哨望与守隘。对于前者在淡水厅竹堑、南嵌、芝包里（芝葩里，今桃园县中坜市）、八里坌，由通、土搭建望楼，每日派拨麻达（番语，意为番丁）巡视，以防生番或杜绝偷割稻谷。对于中者则是社番觅地自搭望楼，在上持械击柝彻晓巡视以防奸宄。对于后者则是由通、土派拨番丁，持械巡守隘防以防生番。② 其实公务的内容还不仅于此，《岸里社文书》中保留了大量官方征调熟番的案例，他们包括：土牛沟番界挑挖完成后，协同乡保至界外拆毁私越番界的草寮；跟随军工匠出入山区搬运木料或护卫安全；偶尔会被调派维修已经损坏的土牛沟等等。③

其次在理番事务方面，如果认为清廷不重视熟番，则是有悖史实的。乾隆十年（1745）出现了番务调整的建议。福建布政使高山在巡视台湾之后，密奏朝廷希望仿西南苗疆例，于熟番社目中选立土司。他的理由是土目为众番所举，非经制亦无责成。如果改成土司制，不仅可以分管众番，也可以统辖生番，能收民番相安之效。④ 高氏的建议颇值得细究。因为不久前（雍正五年）清廷才在西南实行“改土归流”，经过数次的镇压，费了一番工夫终能裁抑土司，一改间接统治为直接统治。高山的建议如果准行，那么台湾的番务岂不倒退——把间接控制变成最不乐见的间接统治。于是高宗谕令福建督、抚议决，闽浙总督马尔泰以熟番改制成土司，未必能管理生番为由否决该议。⑤

在官府的认知中，各社熟番番情如何呢？同时期诸罗知县周芬斗题番社七言绝句诗中，指出打猫社最为慕义，麻豆社跟随长官出巡最为驯良。⑥《清职贡图》中亦收录不少北路番社实况，例如：彰化县大肚等社番，除渔猎外亦勤耕作，暇日或至县贸易。同县西螺等社番，男子矫捷善奔走，即被选为接递官方文书的工作。淡水厅各社社番欲贸易者，一律与通事对口不赴厅治。⑦ 保护熟番除了前述提到的以苏番困外，清查社棍业也成重点工作。

---

① 台湾银行经济研究室编，《台案汇录丁集》，台湾银行文献丛刊第一七八种，1963年9月，页239。

② 六十七，《番社采风图考》，台湾银行文献丛刊第九〇种，1961年1月，页23、69、95。

③ 岸里大社文书出版编辑委员会，《台湾大学藏岸里大社文书（三）》（台北：台湾大学，1998年3月），页1003～1052。

④ 仁和琴川居士，《皇清奏议（七）》（台北：文海出版社，1967年10月），页3515～3534。

⑤ 《清实录－高宗纯皇帝实录（一二）》，页245～246。

⑥ 连横，《台湾诗乘》，台湾银行文献丛刊第六四种，1959年9月，页67。

⑦ 《清职贡图选》，页28、32、40。

社棍之前早有，但此时会成为官府注意的目标，则是乾隆以后闽粤私渡台湾人口增多，不少生事之徒藏匿于番社内。①

乾隆二十三年（1758）台湾道杨景素抵任后，得知内地渡台者众，且又奸良杂处；南、北两路番地多被豪民智取势占，黠者汇缘通事，科敛恣横几不聊生。于是与台湾知府余文仪合作，首请撤逐通事壮丁、厘定疆界、永免番役。②“撤逐通事壮丁”就是不再任用汉人为通事，此议受到闽浙总督杨应琚的支持；而第一个被罢黜的对象，就是岸里社的通事张达京。③ 台中图书馆典藏一批珍贵古文书，其中有一份乾隆二十四（1759）彰化县衙公文，即记载着淡水厅、彰化县、诸罗县新任的通事与土目名单。④ 不仅如此在乾隆三十二年（1767），清廷裁撤泉州府西仓同知，仿广东理猺同知例以其缺新设台湾府理番同知，统辖淡水厅、彰化县、诸罗县的民番交涉问题（南路番务由海防同知兼任）。⑤ 这是一个极重大的变革，因为揭示着官方欲从“间接控制”转变成“直接控制”。现在番务有了专责的职官。虽然在政务的推展上仍要靠通事配合，但由于通事也由熟番担任，不管形式或是实质，都代表官府直接接触众番，其直接控制意味浓厚。

戴炎辉认为通事、土目并立管理社务，形成了两头行政的型态。乾隆二十年以后，为防止通事侵吞社租又设立番业户，再形成三头行政的局面。由于社务不断被划分，使得番社的整体性甚见松弛。⑥ 戴氏的看法有独到之处，但从统治者的立场来说，当然是采分化而又不露痕迹是最好，尤其在武力上有可能威胁到他时。乾隆三十三年（1768）的黄教事件时，使得征调熟番作战的模式复见。由于黄教阵营多沿番界骚扰、逃窜，所以熟番的任务不是进行攻防战，而是入山追捕逸匪居多。⑦ 黄案仅是小规模的练兵，二十年后又有更大的事件，等着考验官方调动番丁作战的能力。

乾隆五十一年十一月底（1787.1）天地会首林爽文举事于大里杙，之后如燎原之火席卷各处。不过不同于生番有暗助林阵营的疑虑，事发之初熟番几乎都站在清廷这边。根据大甲社通事回报，本月二十七日（1787.1.16）

---

① 李桓编，《国朝耆献类征（145）》（台北：明文书局，1985 年 5 月），页 5 ~ 14。

② 余文仪，《续修台湾府志》，台湾银行文献丛刊第一二一种，1962 年 4 月，页 813。

③ 《清代台湾土著地权——官僚、汉佃与岸里社人的土地变迁 1700 ~ 1895》，页 66。

④ 台湾省立台中图书馆，《台湾中部地方文献资料（四）》，《台湾文献》，第 34 卷第 4 期，1983 年 12 月，页 83 ~ 86。

⑤ 周玺，《彰化县志》，台湾银行文献丛刊第一五六种，1962 年 11 月，页 67。

⑥ 戴炎辉，《清代台湾的乡治》（台北：联经出版事业公司，1992 年 5 月三刷），页 367。

⑦ 柯志明，《番头家——清代台湾族群政治与熟番地权》（台北："中央研究院"社会学研究所，2001 年 3 月），页 239 ~ 242。

彰化知县俞峻在大墩（台中市南区）拿盗时殒命，二天之后县城失陷。署淡水厅同知程峻、理番同知长庚接获回报后，急忙募集乡勇社番堵御。军机处录副、《彰化县志·列传》虽没有明言，程、长是调集哪一社的熟番，但匆促间可调之番应为竹堑社与马芝遴社莫属，这也是林案爆发时熟番投入战局最早的记录。① 乾隆五十二年正月十日（1787.2.27）在鹿港坐镇的福建陆路提督任承恩回奏，他业已派拨官兵、乡勇、熟番分路进剿。② 十三日（1787.3.2）官军与林阵营在彰化县三条仑（南投县名间乡）、月眉庄（南投县草屯镇）展开激烈的攻防战。二处战役幸赖大肚社、岸里社熟番相助，才能阵斩敌军数十人并擒获“扫北大将军”林里生。③ 不过林阵营已把攻击的矛头，指向嘉义县城（诸罗县更名）、台湾府城与鹿港。山区的战斗在乱初并不是主战场。

乾隆五十二年二月（1787.4）由于有消息传来，指称林爽文可能勾结生番助战，接获密报的清廷立刻谕令理番同知吴元琪，命令通、土传谕内山生番，以及番界沿县熟番，必须一体堵截擒拿逸匪后有重赏。该上谕透露了一件事，那就是投入官军阵营平乱的熟番，一开始仅限于城邑附近或平原地带的番社。位于山区的熟番可能还在观望之中，所以清廷急着要理番同知出面晓谕争取支持。④ 此时署北路协右营守备董得魁献策，提及先前在剿捕宛里庄（苗栗县苑里镇）贼匪时，曾带领后垅通事瓒英与弓箭番一百名追击。这些熟番中必素通山径者，现在可以再循旧例征调。⑤

乾隆五十二年四月二十一日（1787.6.6），困守在嘉义县城的台湾镇总兵官柴大纪回奏，连日来在柴头港（嘉义市）、草麻庄（嘉义县太保市）的战斗，有熟番在此阵亡。⑥ 同样地柴氏也没说是哪个番社相助，但根据地缘不外乎是诸罗山与打猫社。六月十六日（7.30）来台取代福建水师提督黄仕简的蓝元枚回奏，他已遣人至大甲等社与之联络，同日即命各庄义民与熟番数千人，杀至大肚溪的敌阵当中。⑦ 在鹿港指挥作战的蓝氏，相当注意运用熟番来牵制敌军，同年八月十六日（9.27）他又纠集牛骂一带的熟番、义民，从大肚溪分路进兵至彰化。⑧ 此时官军与林阵营同处于拉锯战的状

① 《天地会（一）》，页185；《彰化县志》，页107。

② 《钦定平定台湾纪略》，页173。

③ 《天地会（一）》，页335。

④ 《天地会（二）》，页9。

⑤ 《钦定平定台湾纪略》，页200～201。

⑥ 《钦定平定台湾纪略》，页329。

⑦ 《钦定平定台湾纪略》，页408。

⑧ 《天地会（三）》，页226。

态，为了打破此僵局高宗谕令驻守在淡水的闽安协副将徐鼎士，调集义民、熟番数千人，加上原有2500名的兵力，从北往南向大里杙进剿。① 徐的行动要到同年十月，配合钦差大臣福康安在彰化、诸罗的攻击才展开。不过按官军全面控制台北盆地周围的局面来看，徐鼎士麾下的熟番应该包括竹堑以北的所有番社。

乾隆五十二年十月二日（1787.11.11）官军再次获得大举增援后，分六路合围彰化县内山。东面三路由岸里社出发，进攻大里杙牵制敌势；西面三路由牛骂出发，往南直趋大肚。为应付这次任务，淡水同知徐梦麟已先招募民、番九千余名。② 之后战局有如摧枯拉朽，林阵营一反先前的勇猛，在福康安指挥大军的压境下全线崩溃。乾隆五十三年正月四日（1788.2.10）林爽文在逃至淡水厅老衢崎（苗栗县竹南镇）后，被改装易服的义民、社丁擒获，北路战局至此结束。③ 事后邀赏除了上述的几个熟番社外，又提到凤山县的茄藤社、淡水厅的霄间（里）社打仗颇为出力。④

透过林爽文事件了解到清廷在收编熟番武力上是成功的。林阵营失败的原因很多（第四章第一节将提到），其中一点是无法有效争取到熟番的支持。固然从被俘虏的口供中也晓得，有极少的“番妇”加入他们的行列。但其作用不外是利用旁人恐惧她们女巫的身份，借以催眠敌军、蛊惑敌军的骗术罢了。⑤ 经过长期的接触，从康、雍朝仍有熟番是官方亟要戒备的对象，到乾隆朝已不具任何武力的威胁，其中的因素值得深思。事实上清廷与熟番的接触，最富经验且次数频繁的，反倒不是被征调作战；而是跟随官员出巡、听调兵役差遣、保护军工匠、维修土牛沟、传递公文、守隘、瞭望等一些劳力性质的工作。熟番长期受役使的结果，使得他们变得习于听命。无怪乎林爽文在竖旗之初，能有计划的联络生番，惟独对这群熟番没办法。钦差大臣福康安来台后也看到这点，于是在林案结束后建议仿照四川屯练制度，从熟番中抽取可以整编的武力组成番屯。

番屯既然成立，乾隆朝以后熟番番社在武力上的意义，就不若之前那么强烈。不过还是有两个重点需要一提。其一是噶玛兰番情的记录。嘉庆十五年（1810）新设立噶玛兰厅，一下子把“化外”的三十六社全归为熟番。该厅特别之处在于来不及筹设番屯，而昔日在前山对熟番役使的旧例，似乎

---

① 台湾银行经济研究室编，《台案汇录庚集》，台湾银行文献丛刊第二〇〇种，1964年8月，页546。

② 《天地会（四）》，页3。

③ 洪安全主编，《清宫谕旨档台湾史料（二）》（台北：故宫博物院，1996年10月），页1016。

④ 《钦定平定台湾纪略》，页950。

⑤ 《天地会（一）》，页358；《天地会（三）》，页15；刘如仲、苗学孟编，《台湾林爽文起义资料选编》（福州：福建人民出版社，1984年3月），页272~273。

还要再重新上演。然不管是从方志，还是从档案来看，都没有发现兰地熟番被役使过重的记录。而且清廷为保护他们的地权，还在当地实施前所未有的新制——加留余埔。① 噶玛兰是一个有趣的个案，嘉庆朝以后在该地发生的民变事件不多，举其大者仅有道光三年（1823）的林泳春事件，咸丰三年（1853）的吴蹉、林汶英事件。二案的平乱过程巧合地都没有熟番或屯丁加入。② 笔者在中国第一历史档案馆查阅资料中，幸运地找到吴蹉、林汶英案的奖赏名单，其有功者都是文武官员与义民首。③ 再细察吴蹉一干人犯所录的口供，参与的人数仅 77 人，这样的规模或许由官军和义民敉平即可，不需再征调熟番或调动番屯。④

事实上包括噶玛兰在内的其他厅、县，在嘉庆以后就很少被过分役使。虽然乾隆五十三年（1788）福康安奏准，日后对熟番的役使只限于传递官方公文；⑤ 但实际上整体环境的改变，已让熟番们免去昔日的辛劳。其理由有以下几点：第一，班兵移防已成三口对渡，免去在唯一正口时陆地行车之劳。第二，随着台湾船政败坏与开港贸易所需，军工匠由采料改成采脑，熟番不需要再跟随入山。第三，土牛沟所形成的番界象征意义大于实质，虽在光绪以前还有封禁，但少见土牛沟维护的记录。第四，熟番守隘不是清末隘防的重点，如雨后春笋般设立的民隘才是最重要的。第五，瞭望的功能被隘防取代，哨望的功能被乡治的联庄取代。所以清末熟番如果还有因公被征调的事例，就剩下随官出巡或传递公文为多。然要注意的是同一时期汉人的人口数已滋生繁多，征调民壮的机会不少于熟番。

其二是熟番的人口记录。道光二十七年（1847）充任台湾知府仝卜年幕友的丁绍仪，在其私著中提到当时全台熟番共 128 社。⑥ 丁氏的记录虽是清代最后一次对熟番社数目的统计，但没有留下人数的估计颇为遗憾。幸好同时期有其他区域记录可作补充。道光元年（1821）署噶玛兰厅通判姚莹以浊水溪（今名兰阳溪）为界，记载西势番 20 社，番丁男妇共 2262 人；东势番 16 社，番丁男妇共 3307 人。⑦ 道光二年（1822）《赋役册》所载凤山

① 陈淑均，《噶玛兰厅志》，台湾银行文献丛刊第一六〇种，1963 年 3 月，页 31。

② 廖风德，《清代之噶玛兰》（台北：正中书局，1994 年 11 月二刷），页 246～266。

③ 军机处录副奏折—农民运动类，案卷号：3336，胶片号：137，中国第一历史档案馆藏。

④ 军机处录副奏折—农民运动类，案卷号：3335，胶片号：137，中国第一历史档案馆藏。

⑤ 台湾银行经济研究室编，《清代台湾大租调查书》，台湾银行文献丛刊第一五二种，1963 年 4 月，页 1029。

⑥ 丁绍仪，《东瀛识略》，台湾银行文献丛刊第二种，1957 年 9 月，页 70。

⑦ 姚莹，《东槎纪略》，台湾银行文献丛刊第七种，1957 年 11 月，页 77～82。

县熟番赋税人口数据，番丁 3592 人、番妇 1844 人、老番与少男女番 753 人。① 光绪二年（1876）怀带着人类学与植物学兴趣的美国学者 JosephBeal-Steere，在台湾南路调查之旅上，估计从打狗港（今高雄港）到台湾府城一带约有熟番 5000 人。② 这块区域若最北以新港溪（今盐水溪）为界的话，包括的番社有大杰巅社、大目降社、芋匏社、新港社。光绪十九年（1893）云林县记录境内柴里社有 550 人、他里雾社有 50 人。③ 同年苗栗县记录境内熟番共有 13 社，人数约 3522 人。④ 光绪二十年（1894）新竹县记录境内熟番共有竹堑社、中港社，人数为 653 人。⑤

咸丰元年（1851）台湾道徐宗幹“治番不如治民”的一席话，道出了清末治台之道的顺序。⑥ 基本上清廷对熟番的治理是成功的，雍正朝以后已没有熟番反叛可以证明之。整个清代官（熟）番的关系，都在抚番—征调的架构下进行。番社本身就是一个武力团体，但清廷透过平时的役使，让众番们已习于听命。所以各社即便是武力再强，终归还是要受官方所用。乾隆五十三年（1788）番屯的成立，是官方收编熟番武力重要的里程碑。有别于征调，它显示出官番合作的第二种选择——经制。

2. 番　屯

何谓番屯？其意是仿照屯田之例，挑选健壮熟番充做屯兵，按兵额多寡授予田亩；无事则各力田畴，有事听命征战，达到兵农合一之目的。番屯最早的建议，应可溯至乾隆五十三年五月（1788.6）钦差大臣福康安等联名上奏时提出。⑦ 同年六月福康安等再提出较详细的章程，包括：屯丁人数定额、屯弁人数的定额、屯丁与屯弁的待遇、清查即将要发给他们的埔地、武器的使用、免去徭役征调。福康安的议案中很重要的一点，就是想把台湾的番屯制度，以模仿四川屯练的方式建立。⑧ 然有趣的是在《清史稿·兵志》中，只见到川甘、湖广、云贵士兵的叙述，并无台湾“土兵”的记载。⑨ 笔者暗忖这是《清史稿》编纂时的疏漏，不过这并不妨碍番屯在台湾军事史

① 佚名，《台湾府赋役册》，台湾银行文献丛刊第一三九种，1962 年 2 月，页 2。

② Steere J. B.，“Formosa,” *Journal of the American Geographical Society of New York*（1876）：302 – 334.

③ 倪赞元，《云林县采访册》，台湾银行文献丛刊第三七种，1959 年 2 月，页 7、93。

④ 沈茂荫，《苗栗县志》，台湾银行文献丛刊第一五九种，1962 年 12 月，页 49 ~ 50。

⑤ 陈朝龙，《新竹县采访册》，台湾银行文献丛刊第一四五种，1962 年 7 月，页 4。

⑥ 丁曰健，《治台必告录》，台湾银行文献丛刊第一七种，1959 年 7 月，页 398。

⑦ 中国第一历史档案馆、中国人民大学清史研究所合编，《天地会（五）》（北京：中国人民大学出版社，1986 年 5 月），页 47。

⑧ 《天地会（五）》（北京：中国人民大学出版社，1986 年 5 月），页 79 ~ 83。

⑨ 赵尔巽等著，《清史稿》（北京：中华书局，1998 年 1 月），页 1055 ~ 1059。

上的地位。① 战后对于番屯的研究，庄金德与戴炎辉分别在1960、1970年奠下基础。② 本书在这成果之上，继续讨论之前较少注意的指挥与管理问题。

福康安的奏折在经过廷议后通过，台湾番屯设置大屯四处，每处400名；小屯八处，每处300名。这十二个屯4000名屯丁中，各屯分设外委一员指挥，四个大屯再分设把总各一员指挥，南、北路屯再分设千总各一员指挥。番屯成军的目的是为了在本社防守地方，稽查盗贼之用；因此不让他们远离乡井，在校验或调派时才容易齐集。至于在管理上，就将屯务交由北路协副将、南路营参将就近负责，不过花名图册交南、北路理番同知稽核。点检屯丁、拔补屯弁统归台湾镇总兵、台湾道管辖，再详报督、抚后给予劄附，报部存案。然番丁们素习技艺，非绿营招募新兵可比，所以可仿四川屯练例，不必归营操演。③ 在筹给月饷上，每位番弁、番丁有如绿营般，都可享有双饷的待遇。事后官方清查出台湾有未垦及没收埔地8800余甲，按屯丁每员拨给一甲，屯外委每员拨给三甲，屯把总每员拨给五甲，屯千总每员拨给十甲发放，让他们能招佃开垦收取租谷，名为养赡地。另外亦有偷越界外开垦的埔地，经过调查共有面积11200甲，全数收作官有，现耕佃人一律充做官佃，并以征银代替纳粟。每年官方收取后再按等级高低发放给屯弁、屯丁，其标准是屯千总发给番银100元（约银70两），屯把总发给番银80元（约银56两），屯外委发给番银60元（约银42两），屯丁发给番银8元（约银5.6两）。④

当然番屯政策能否落实，事前履勘的工作是相当重要的。台湾道万钟杰、台湾知府杨廷理、北路海防理番同知黄嘉训、南路海防理番同知清华、淡水同知徐梦麟是主要的执行者。他们在克服实际上的问题，例如：屯所设置于何处、屯丁与屯弁挑选于何人、埔地已垦未垦良瘠不同如何发放等，终于在乾隆五十五年十一月（1790.11）由闽浙总督觉罗伍拉纳再上奏后经廷议拍板定案。⑤ 表四十六的内容就是他们的成果，这当中有三项值得讨论：第一是屯丁的部署。以往的看法都止于番屯为南、北路的分布，之后即不再做任何解释殊为可惜。要知道清廷希望各屯能做到就近防御，所以分厅、县

① 对于《清史稿》疏漏与考证的评论，可参阅汪宗衍，《读清史稿札记》（台北：弘文馆出版社，1986年4月）。

② 《清代台湾的乡治》，页467～530；庄金德，《台湾屯政之兴废》，《台湾文献》，第11卷第4期，1960年12月，页33～107。

③ 台湾银行经济研究室编，《台案汇录壬集》，台湾银行文献丛刊第二二七种，1966年5月，页2～3。

④ 台湾银行经济研究室编，《台湾私法物权编》，台湾银行文献丛刊第一五〇种，1963年1月，页400～410。

⑤ 台湾银行经济研究室编，《台案汇录甲集》，台湾银行文献丛刊第三一种，1959年1月，页1～26。

的部署即相当重要，如此才能与各处汛防搭配。屯丁数额居首是彰化县境的1497名，其次是淡水厅的1000名，再次是凤山县的800名，嘉义县境的503名，台湾县境的300名。第二是指挥与管理。根据上文所示，番屯不若绿营呈现一元化态势，它分别有文、武官员介入其中。虽然道光九年（1829）《福建政事录》记载番屯是受南、北路海防理番同知管理。① 然从屯丁腰牌上盖“镇守福建台湾总兵官印”来看，屯丁们还是受到总兵官的节制。② 第三是养赡地的分配。每个番社，所分配到的养赡地即便不是跨县，也需“跋山涉水”才能抵达。万钟杰与徐梦麟早看出此问题，但这已是官方可以做到最好的安排。③ 因此有必要讨论清廷设想下的初衷。本书认为官方以“不在地地主”的设计，则是避免熟番利用经制武力，解决可能发生的地权纠纷，造成尾大不掉的局面。

台湾大学人类学系典藏一批珍贵的古文书，其中有不少关于番屯的契约。乾隆五十七年（1792）一张发贴新港社（又名新港仔社/苗栗县后龙镇）的晓谕，其内容就是要求屯丁做到几项工作，包括：提防奸徒侵越内山抽籐、吊鹿、毒鱼、烧硷，以致触怒生番逸出戕害；并且至各社所有隘口防守，巡查盗贼不得怠惰，亦要严查凶（酗）酒、聚赌、强梁、打架等事。然相当有意思的是具名人的头衔。新港社属于竹堑大屯管辖没有疑问，但署名是“福建台湾北路淡水三屯副守左部萧”指的是谁呢？“淡水三屯”的意思应是指淡水厅境的三个屯，“副守”的意思应是指屯千总之下的屯把总。“左部”推测可能是三个屯分为中、左、右部，各部由外委指挥，左部即是竹堑屯的外委。④ 这样的说法是有根据的，按二年前屯制设立时，北路屯千总由潘明慈担任，北路竹堑屯把总由钱茂祖担任，北路竹堑屯外委由和盛担任。⑤“和盛”是熟番的土名，改汉姓后成为萧氏。另外一项证据，则是乾隆六十年（1795）台湾镇总兵官哈当阿巡视北路，淡水厅同知何茹连传谕头役张喜，要他告知屯外委转饬竹堑屯通、土各社屯丁准备点检。“左部萧（氏）”蒙此合行饬着，即用钤记再发一份告示传往新港社，由此可证明该头衔是屯外委无误。⑥

嘉庆九年（1804）猫罗社与汉人官佃首郑士模订立的借据中，出现

① 佚名，《福建政事录》，清（道光九年）蓝丝栏钞本，北京国家图书馆分馆藏。
② 胡家瑜主编，《道卡斯新港社古文书》（台北：台湾大学人类学系，1999年9月），页285。
③ 陈寿祺，《福建通志台湾府》，台湾银行文献丛刊第八四种，1960年8月，页160～162。
④ 《道卡斯新港社古文书》，页282。
⑤ 《台案汇录甲集》，页18。
⑥ 《道卡斯新港社古文书》，页283。

“屯队首”的头衔。[①] 这是番屯经制中所没有的职位。戴炎辉在研究时早已注意到此现象，并还列举出包括：屯目、屯首、屯丁首、队目等职称。戴氏认为他们不是公称职名，而是社内屯丁首，约束社内屯丁所设。[②] 诚然是有这个可能，但是什么原因需要在屯外委之下私设新职呢？本书认为是为了指挥上的方便。对照绿营弁兵的比例，通常是1∶50以下；但各屯的弁丁比例悬殊，即便是大屯也有1∶133，小屯更高达1∶300。这样的编制非常不利小部队作战，于是在不能随意更改原制的前提下，便宜行事地设立一些新职辅以屯外委。同年台湾熟番中发生一件大事，原来彰化县岸里社熟番潘贤文，率领同社以及阿里史、阿束、东螺、北投、大甲、吞霄社番约一千余人，翻越雪山山脉进入噶玛兰成为“流番”。[③] 潘氏率众出走对于番社的运作肯定有影响，但是否造成番屯的崩溃恐还不至于。其原因在于数年之后闽、粤海盗相继犯台，番屯在官府的指挥下表现杰出，战力没有丝毫折损的样子。

番屯成军后首度投入战场，是在嘉庆十年十一月至隔年七月（1805.12～1806.8）。该役闽海盗蔡牵进犯台湾县洲仔尾（台南县永康市），并联络凤山县土匪举事。从事后的奖励名单来看，当时参与平乱的番屯有放索大屯、新港小屯，叙功原因是在洲仔尾战役中表现勇敢[④]；另外有搭楼小屯在外委潘天赐的带领下，晓谕生番助战并在内埔庄（屏东县内埔乡）随营作战颇有斩获。[⑤] 无独有偶地嘉庆十三年六月（1808.7）粤海盗朱濆突入淡水，台湾知府邹翰调集屯番五百余人应战；并配合官兵、义民、壮役围击，终能击退朱濆的攻势。[⑥] 以地缘关系来看，该役出动的番屯应为武朥湾小屯与竹堑大屯。除了攘外屯番表现英勇外，就算是安内亦能得力。嘉庆十四年四月（1809.5）淡水厅中港（苗栗县竹南镇）引发漳泉械斗，之后有如燎原往南部蔓延。福建陆路提督许文谟在同年八月亲带兵丁、屯丁至嘉义审办，稳住局势使地方逐渐宁静。[⑦]

不过番屯实施才二十年光景，立刻有隐忧浮现，那就是购耕养赡地的汉

---

① 《台湾私法物权编》，页358。

② 《清代台湾的乡治》，页469。

③ 潘继道，《清代台湾后山平埔族移民之研究》（台北：稻乡出版社，2001年4月），页89～90。

④ 《台案汇录甲集》，页18；台湾银行经济研究室编，《台案汇录辛集》，台湾银行文献丛刊第二〇五种，1964年12月，页83。

⑤ 中国第一历史档案馆编，《嘉庆道光两朝上谕档（十一）》（桂林：广西师范大学出版社，2000年11月），页687～688。

⑥ 洪安全主编，《清宫谕旨档台湾史料（四）》（台北：故宫博物院，1997年10月），页2843～2847、2853～2855。

⑦ 军机处录副奏折－农民运动类，案卷号：3318，胶片号：136，中国第一历史档案馆藏。

佃相继刁抗，甚者还采欺诈、霸占方法侵蚀。① 嘉庆十五年（1810）闽浙总督方维甸发觉事态严重，其苦累情况已影响到四千名番丁是否足额，因此决心加以整顿。② 仁宗针对此事发出上谕，指派方氏与福建巡抚张师诚查照旧章清厘屯地。尔后历朝总少不了加意整顿、清厘屯务的事宜，但奇怪的是屯弁、丁苦于欠租，却不曾发生哗变。③ 这意味着的原因不外乎有两种，一是他们听命于官府的习性，让他们不敢犯上；一是每次官府介入拖欠案件时，也都冀望司法能充作他们的后盾。不管是任何一种原因，都代表官府对番屯武力控制是有十足把握的。

道光朝熟番迁徙到番界外的案例又再度发生，分别在三、九年（1823/1829）彰化县的乌牛栏社、阿里史社、朴仔篱社等迁往水沙连，凤山县的武洛、搭楼、阿猴社绕过恒春迁往宝桑（台东市）。④ 有理由相信这二次迁徙，对番屯运作仍未造成决定性的破坏，相反的他们的战斗力仍然很强。例如：道光十二年（1826）嘉义县张丙竖旗，连陷斗六门、盐水港等要地，其势恐有演变成林案的翻版。该役南路三个屯在千总李元璋、外委潘仙英的带领下，全数投入战局，并在茅港尾与内地援军协同作战，大破敌阵。⑤ 数年之后番屯在鸦片战争中亦大显身手。道光二十年七月（1840.8）台湾道姚莹调集屯丁 200 名（疑为新港小屯），协同乡勇千余名戍守府成的咽喉——鹿耳门。此外北路的武朥湾小屯亦在防区鸡笼驻守，并在隔年八月俘获遭风击碎落海的英舰船员 25 人。九月淡水同知曹谨再檄调精通鸟枪射击的 250 名屯丁增援，让他们分驻鸡笼、沪尾二地（疑为竹堑大屯）。⑥ 十二月嘉义县土匪江见、凤山县土匪陈冲作乱，姚莹即刻传檄屯把总潘仙英、外委王正元，以及屯外委林鼎山随同围剿。⑦ 再从道光二十二、二十三年（1842～1843）姚莹的奏折来看，他声称调募屯丁、义勇、水勇有 5500～7952 名之众；推

---

① 《清宫谕旨档台湾史料（四）》，页 2980～2983。

② 洪安全主编，《清宫廷寄档台湾史料（二）》（台北：故宫博物院，1998 年 10 月），页 1047。

③ 《岸里社文书》收有不少借据，年代从嘉庆至道光，参阅岸里大社文书出版编辑委员会，《台湾大学藏岸里大社文书（一）》（台北：台湾大学，1998 年 3 月），页 573、586、590、746、748、857～858、861、894～897。

④ 伊能嘉矩著，杨南郡译注，《台湾踏查日记（下）》（台北：远流出版事业股份有限公司，1997 年 2 月初版二刷），页 174～179；《清代台湾后山平埔族移民之研究》，页 111。

⑤ 洪安全主编，《清宫谕旨档台湾史料（五）》（台北：故宫博物院，1997 年 10 月），页 3736～3740、3837。

⑥ 洪安全主编，《清宫洋务始末台湾史料（一）》（台北：故宫博物院，1999 年 10 月），页 31、73、95。

⑦ 姚莹，《东溟奏稿》，台湾银行文献丛刊第四九种，1959 年 6 月，页 109～113。

测当时的四千番屯应该全被动员，不足额才招募勇丁补充。① 尔后番屯仍表现不凡，道光二十五年（1845）嘉、彰二县发生漳泉械斗，台湾知府仝卜年即劄调屯丁350名（疑为新港与萧垅小屯）随同前往平乱。②

屯饷乏银、口粮拖欠的问题不乏记录。道光六年（1826）彰化知县周玺在谈到屯政时，感叹乾、嘉朝的番屯沿袭到现在，为有名无实日就废弛，且屯丁尚阙其人，不如如何运作。③ 道光十二年（1832）根据番同知陈盛韶的观察，番屯内部屯弁欺压屯丁情况严重，尤其各社社规不一，在请饷时常发生弊端。④ 诚然待遇的有无的确会影响到士气的维持，但从张丙之乱屯丁皆奋勇的情况来看，二者又好像没有必然的关系。嘉庆朝方维甸对屯务的清厘并没有成效，为此闽浙总督程祖洛还得趁张案善后时，再奏准另行整顿。⑤ 于是宣宗谕令嗣后春、秋二季放饷，理番同知须会同地方官周历各屯发放。⑥ 在北路方面，陈盛韶与淡水厅同知娄云办理认真。现存道光十七年（1837）的两份告示，就是二人署名警告新港社在三湾养赡地的佃户，以及大圭（鸡）笼社在田寮港养赡地的佃户，必须照例上缴租粟，否则将以充军例治罪。⑦ 在南路方面，同时期凤山知县曹谨亦催收得法，直到二十二年（1842）曹氏去职，后继者才显得无力。道光二十八年（1848）台湾道仝卜年曾上书给闽浙总督刘韵珂，提及应趁现在无事再详加清厘屯务。⑧

其实道光朝番屯也有细部的更制过。道光六年（1826）淡水厅三湾地方，有番割黄斗奶勾结生番作乱，闽浙总督孙尔准旋派官兵入山拿获正法。事平孙氏感于该地区为生番出入之所，奏准在此筑砌石墙，并从熟番中选拔健丁60名作为屯丁，派驻在大北埔（苗栗县三湾乡）防守，口粮就由黄斗奶越垦的五甲地支给。⑨ 不过除了三湾之外，其他议设番屯的新案均被否决。噶玛兰是其中的一例。兰地之所以不设番屯的原因有二：一为该处田园多被移民出资垦熟，而加留余埔又不便充做养赡地；二为该处虽有本地熟番居住，但更有“流番”混杂，编制上有困难。⑩ 另外一例是位于界外的水沙

---

① 《治台必告录》，页193；洪安全主编，《清宫月折档台湾史料（一）》（台北：故宫博物院，1994年10月），页113。

② 军机处录副奏折—农民运动类，案卷号：3324，胶片号：136，中国第一历史档案馆藏。

③ 《彰化县志》，页226。

④ 陈盛韶，《问俗录》（南投：台湾省文献委员会，1997年11月），页59。

⑤ 《清宫谕旨档台湾史料（五）》，页4031～4034。

⑥ 不著编人，《清实录—宣宗成皇帝实录（三六）》（北京：中华书局，1986年8月），页740～741。

⑦ 《清代台湾大租调查书》，页323～325、777～778。

⑧ 《治台必告录》，页249～251。

⑨ 《清宫谕旨档台湾史料（四）》，页3425。

⑩ 柯培元，《噶玛兰志略》，台湾银行文献丛刊第九二种，1961年1月，页53～54。

连。道光三年（1823）理番同知邓传安在熟番迁入后，亦尾随至该地视察，此行就有屯丁40人充做前道。不过邓氏恐展延番界后，莠民会混入其中开垦，所以倾向维持界外封禁的现状。① 事实上水沙连即有柴里小屯辖下的90名屯丁驻扎。道光二十八年（1848）台湾道徐宗幹因二年前生番“献地”一案，觉得可以在从六社番众中，选出400名壮健者新组一大屯。② 可惜这与清廷对生番的基本政策有所抵触，所以该议并没有准行。

咸丰元年（1851）再度出现熟番向后山迁徙的事件。这一次是居住于凤山县赤山、万金一带的力力社熟番，他们直接西行翻越中央山脉到达宝桑。③ 由于此次是该社的单独行动，所以对南路屯务影响有限。咸丰三年五月（1853.6）凤山县林恭竖旗作乱，各地烽火再起；北路股首王乌番、黄义、蔡南率百余人响应滋扰。④ 同年九月在台湾道徐宗幹、台湾镇总兵官恒裕的指挥下，各地乱事渐被敉平。从叙奖名单来看，北路出力尤多的是竹堑大屯千总林鼎山、屯把总李天恩、屯外委王基。⑤ 屯丁善战的确是官方平乱的好帮手，但是之前佃户抗租，以致饷源不继的老问题，仍未彻底解决。《淡新档案》难得的留下咸丰七年（1757）前后任淡水厅同知唐均、马庆钊处理的经过。其中有四项重点值得留意：一为贡生、监生、生员等有功名之人，则是所有拖欠租粟中额度最多的；少则一百石，多则四五百石。二为拖欠之地多集中在今桃、竹、苗一带，并以五小庄、霄里（桃园县八德市）、大姑崁（桃园县大溪镇）、猫里庄（苗栗县苑里镇）、中港（苗栗县竹南镇）、大坑口（苗栗县竹南镇）、铜锣（苗栗县铜锣乡）、九芎林（新竹县芎林乡）为主。三为这些拖欠的佃户，一致的借口都是因路途遥远，害怕运输途中匪徒拦抢米谷。四为“义首”、差役从中阻挠以致官府征收不顺。⑥

同治元年三月（1862.4）爆发的戴潮春事件，则是林爽文之后少见的大规模民变。乱初戴阵营连克彰化县城、斗六门、梧棲港，并围攻鹿港、大甲、嘉义县城、笨港、盐水港等要地。⑦ 是役番屯全员出动，但不比往常，有战功彪炳者，有误事战败者，更有变节投敌者。始役屯丁表现并不理想，

① 邓传安，《蠡测汇钞》，台湾银行文献丛刊第九种，1958年1月，页5。

② 徐宗幹，《斯未信斋文编》，台湾银行文献丛刊第八七种，1960年8月，页42～50。

③ 《清代台湾后山平埔族移民之研究》，页127。

④ 不著编人，《清实录－文宗显皇帝实录（四一）》（北京：中华书局，1986年11月），页592。

⑤ 军机处录副奏折一农民运动类，案卷号：3336，胶片号：137，中国第一历史档案馆藏。

⑥ 淡新档案校注出版编辑委员会，《淡新档案（一）：第一编行政/总务类》（台北：台湾大学，1995年9月），页131；淡新档案校注出版编辑委员会，《淡新档案（六）：第一编行政/财政类》（台北：台湾大学，2001年6月），页207～224。

⑦ 许毓良，《清代台湾的海防》（北京：社会科学文献出版社，2003年7月），页154～156。

同年五月台湾道洪毓琛派遣放索大屯千总龚朝俊率领屯丁500名，偕同义民首陆晋带领的200名勇丁北上解饷。不料在嘉义县境被股首向朝江偷袭，以致全军溃散，龚氏不得已收拾残部退至安溪寮（云林县四湖乡）。① 不过随后番屯扳回一城。六月的嘉义县城决战，守城官兵已困守三个月；幸赖萧垅小屯把总段得寿率领麾下300屯丁，并配合各营兵马驰援才能解围。嘉义县城攻防战，官军虽暂时取得胜利，但因洪毓琛催促台湾镇总兵官林向荣北进过急，反让林部在七月攻入斗六门时陷入包围。东螺大屯把总潘永寿久蓄异志，在林氏坐困斗六门时已密通戴阵营。九月十七日夜潘部屯丁倒戈相向，敌军趁隙进攻官军全营皆溃，林向荣仰药自尽，段得寿亦力竭阵亡。②

斗六门战败后官方一时阵脚大乱，台湾镇总兵官遗缺由北路协副将曾玉明护理，但总其事者还是远在府城的台湾道洪毓琛。稍早南路海防理番同知秦煦已调动南路三个屯赴府城防守，同年十月官军谋思反攻，即在当中挑选500名番丁，又招募500名勇丁由义民首姚潼带往嘉义。十二月洪氏再命义民首李成龙，率领剩余的屯番赶赴盐水港分守。隔年二月署福建水师提督吴鸿源率援军进抵嘉义，然城西南方的南靖、二重沟（均在嘉义县水上乡）敌营坚固，吴部在屯丁的助阵下还是无法攻取，所以也驻守在县城中等待援军。③ 大抵在同治二年九月（1863.10）内地大军援台前，官军仍以守势居多；如同北路海防理番同知兴廉能在鹿港死守年余，全靠麾下番屯之功。④ 尔后随者攻守互易，番屯又活跃起来。从同治三年十月（1864.11）台湾镇总兵官曾元福的奏折来看，番屯均反守为攻，并在彰化县内山新城庄、大篮（均在南投县鱼池乡）战役中表现杰出。同治四年正月（1865.2）戴案已进入尾声，当大军围攻敌阵最后据点——上、下茄荖（南投县草屯镇），屯丁被赋予最重要的任务，即在尽先补用守备陈云龙的率领下，赶到龟仔头（南投县国姓乡）堵截通番的要路。⑤ 台湾道丁曰健在事后统计戴案官军死伤人数，其中有283名屯丁阵亡，并以斗六门与水里港（台中县龙井乡）战役中牺牲最多。⑥

剿平戴案的工作确实让屯丁折损不少（阵亡率7%），但还未获得喘息远在最南端的琅峤又生事。同治六年（1867）发生的罗妹号船事件，因清

---

① 吴德功，《戴施两案纪略》，台湾银行文献丛刊第四七种，1959年6月，页16。

② 蔡青筠，《戴案纪略》，台湾银行文献丛刊第二〇六种，1964年11月，页21、26、31~32。

③ 洪安全主编，《清宫月折档台湾史料（一）》（台北：故宫博物院，1994年10月），页449、471、491、626。

④ 丁曰健，《治台必告录》，台湾银行文献丛刊第一七种，1959年7月，页487。

⑤ 《清宫月折档台湾史料（一）》，页690~691。

⑥ 《治台必告录》，页550~552。

廷外交交涉无方，致使美国径自派兵入台“处理”。美军压境自然引起南路一片紧张，台湾道吴大廷即刻派遣卸任，但却熟悉番事的放索大屯把总潘春晖前往哨探，并督令南路营、县责成选派屯弁、屯丁直赴琅峤。① 该工作后来交由卸任的台湾镇曾元福，以及南路海防理番同知王文棨负责。曾、王二人得到相机办理的指示，知道仅是外示兵威，并非真的要和美军作战。② 此次番屯开赴琅峤的行动，最终以和平收场，而番屯的征战也暂时画下句点。同治十三年（1874）的牡丹社事件，虽事发地点也是琅峤，且规模远大于上次；但清廷派出更精锐的防军应战，番屯并未与役。不过当中却发生一段插曲险些误事。原来在同年八月发生屯丁枪伤生番的事件。事情的缘由是洪目社（屏东县三地门乡）生番强仔，听闻台湾镇总兵官张其光在大路关（屏东县高树乡）招抚，于是委托庄民邱贵才带往。不料张氏赴内埔（屏县内埔乡）视察，强仔在回程途中被在茄蚋埔（屏东县高树乡）打猎的阿猴社屯丁开枪误伤。由于正值中、日两军对峙，并且互争生番拉拢之际，此案一出非同小可。幸赖台湾道夏献纶、江西即补道黎兆棠办理得宜遂小事化无。③

同治朝留下不少仅见的提、镇巡阅番屯奏折。最早是在同治七年十至十二月（1868.11～1869.1）署台湾镇总兵杨在元的回奏，根据杨氏的观察屯丁们均足数，并且器械也都完备。此外他还亲往淡北硫磺产地——纱帽山、大黄港勘查，转呈由福建巡抚英桂奏准封禁，饬令北投、毛少翁、圭北屯社屯丁就近守磺。同治十年十月（1871.11）台湾镇总兵林宜华的回奏巡阅结果，屯丁们还是“均皆足数、器械亦各完备”。同治十一年四月（1872.5）福建陆路提督江长贵的巡阅报告，屯丁们是“沿途迎接”；江氏照例赏以银牌，但没有提到足数、器械的问题。同年十至十一月林宜华再巡阅番屯，此次有提到严守淡水产磺诸山的重要，至于屯丁们的情况仍是“均皆足数、器械亦各完备”。④

从前文的奏报来看，屯务的运作好像都维持在最佳状态，然实情还需详查。至少在淡水厅方面不是如此，因为从咸丰朝拖欠下来的租粟仍未还清。同治二年（1863）淡水厅同知郑元杰对此问题困扰不已，而抗租的村庄还是之前包括霄里在内的几个地方。⑤ 从这个案例来看，清廷对番屯制度设计

---

① 《清宫洋务始末台湾史料（一）》，页326、353。

② 《东瀛识略》，页73。

③ 《清宫洋务始末台湾史料（二）》，页1066～1067；洪安全主编，《清宫廷寄档台湾史料（三）》（台北：故宫博物院，1998年10月），页1647、1653。

④ 洪安全主编，《清宫月折档台湾史料（二）》（台北：故宫博物院，1994年10月），页1350、1372～1373、1472～1475、1503～1509、1549～1553。

⑤ 《淡新档案（六）：第一编行政/财政类》，页267～268、279～284。

大有问题。按番屯有职业军人的身影，也正因为如此，该部的战力才会坚强。不过他们在指挥、管理上却无绿营一元化的运作，因此才会发生总兵官巡阅时，只在乎人数是否足额，器械是否精良。其他征饷、放饷等问题，不是在他权责之内。即便乏饷有可能造成士气低落，引发哗变的危机，但也不是总兵官可以过问的。同治五年（1866）编纂的《台湾府舆图》，对该问题有较清楚的记载，历经78年的发展屯务的管理如右：一切屯番词讼等件，以及千把、外委应革与应补事宜，均归南、北路海防理番同知专管；此外，同知在出具考语后，呈送台湾道考验做最后的定夺。屯租由所在地厅、县负责征收，然每年春、秋二季放饷时，需偕由南、北路海防理番同知一起发放。①

从屯饷征粟、发放、巡阅的过程来看，至少需透过三个不同身份的职官才能完成，这种组织只能用叠床架屋来形容。虽然管理养赡地、界外埔地的办法，已经被载入《则例》，就是要让厅、县知道这是重点施政之一；② 但饷黜的形成是结构性的问题，更不是地方官发一张谕示，对佃户、豪右晓以大义所能解决。③ 或许是屯饷征收困难度太高，每位屯丁原本每年可领番银八元，在同治时改发半饷成为四元。④ 常年扣克饷银、拖欠租谷还不会引起兵变，只能说这群屯番的效忠程度真是太高了。

光绪元年（1875）番屯的管理有了改变，那就是因应开山抚番所需，南、北路海防理番同知分别改成南、中路抚民理番同知，移驻卑南与埔里。上谕还下达由于改制、移驻，以往屯饷由厅县偕同同知发放的作业，直接由各县负责即可。⑤ 不过从《淡新档案》来看，该命令要到光绪二年二月（1876.3）以后才实施，因为当时竹堑大屯把总、外委拔补，仍由北路海防理番同知、淡水厅同知署名（后该厅划分成淡水与新竹县）。⑥ 有趣的是谕旨并没有说改制后的两同知，到底还有没有权力管理番屯。光绪九年（1883）福建巡抚张兆栋巡台回奏做了肯定的解答。他说到现在为止屯丁们仍分隶南、北同知钤束，同知徒有管辖之名，却因屯丁闲散难稽几同虚设。所以建议平时拟由各县经管，战时可再调遣转移。⑦

---

① 叶宗元，《台湾府舆图纂要》，同治五年抄本，北京大学图书馆藏。

② 载龄等纂，《钦定户部则例》，同治十三年刻本，北京国家图书馆分馆藏。

③ 伊能嘉矩，《观风蹉跎》，伊能文库手稿及抄写，编号：MO37，台湾大学图书馆藏。

④ 蔡振丰，《苑里志》，台湾银行文献丛刊第四八种，1959年6月，页32。

⑤ 中国第一历史档案馆编，《光绪宣统两朝上谕档（一）》（桂林：广西师范大学出版社，1996年10月），页515

⑥ 淡新档案，第一编行政，第七类抚垦，第四款屯务，案号：17416~17420，页码125612~125614，台湾大学图书馆藏。

⑦ 洪安全主编，《清宫月折档台湾史料（四）》（台北：故宫博物院，1995年8月），页3427。

张兆栋的建议是有道理的，因为光绪初年屯制的变化使得屯务大乱。光绪五年（1879）竹堑屯弁目钱登云向台湾道夏献纶回禀，由于缺饷严重各屯逃丁增多全不足额，例如：竹堑、麻薯二大屯额丁各四百名，现各存二百余名；武罗（朥）湾小屯额丁三百名，现仅存二百余名；日北小屯额丁三百名，现仅存一百余名。① 光绪七年（1881）福建巡抚岑毓英巡台时，也注意到这个现象。当时的情况是从屯千总以下的十八个屯弁缺，有五个缺久悬无人拔补。岑氏的解决之道倾向便宜行事，他在考拔补足这五个弁缺后，把原属于北路的东螺、柴里、萧垅屯改归南路千总管辖，遂变成南、北路个有二千名屯丁。另外派出委员管带操防，以三个月为期各屯轮操避免废农；而整顿后的番屯，即刻投入开山抚番的行列。在北路方面，抽调屯丁五百名派往大小南澳（宜兰县南澳乡/花莲县秀林乡）、新城（花莲县新城乡）一带开路以通花莲港。在中路方面调北路屯丁一百名入埔里厅，南路则调屯丁二百名协勇驻防。冀望能在开山抚番中做到“以客勇（防军）为主、以屯番为陪、以生番为助”。② 或许是受到这股风气的影响，时人在论及当时台湾番屯时，竟然认为番屯之设原为了“以番制番”。③ 如果说单从养赡地紧临番界的标准来看，不排除清廷是有此想法；但从提供绿营之外的另一支武力来看，设置番屯的目的绝非仅止于此。

光绪十一年（1885）台湾建省后，番屯的制度更有重大转变——防军化。台湾多烟瘴，地形多险阻，各方言迥异，言语每不通。加上外地人常水土不服，就算承平无事，官军驻防伤亡已不少，一旦交锋对垒能保全军无恙乎？这就是当时知兵者，对台湾岛内作战的看法，而解决之道只有善用民番。④ 清末熟番的战力远胜过绿营，则是当时普遍的认知。⑤ 既然已有大批的防军驻台，绿营酌改防军的经验，给了主政者一个很好的参考。整个屯制改革可以从两个方面来讨论。第一在制度上，之前提到张兆栋的建议并没有准行，南路的屯务仍由远调至卑南的抚民理番同知负责；⑥ 北路的屯务仍交由应移署到埔里，但仍驻扎于鹿港的中路抚民理番鹿港海防总补分府（同

① 淡新档案，第一编行政，第七类抚垦，第四款屯务，案号：17416～17420，页码125654～125660，台湾大学图书馆藏。

② 台湾银行经济研究室编，《刘铭传抚台前后档案》，台湾银行文献丛刊第二七六种，1968年6月，页38～39；刘璈，《巡台退思录》，台湾银行文献丛刊第二一种，1958年8月，页184。

③ 吴子光，《台湾纪事》，台湾银行文献丛刊第三六种，1959年2月，页68～69。

④ 黄逢昶，《台湾生熟番纪事》，台湾银行文献丛刊第五一种，1960年4月，页1。

⑤ 陈淡然，《建省略序六》，《刘壮肃公奏议》，台湾银行文献丛刊第二七种，1958年9月，页29。

⑥ 佚名，《安平县杂记》，台湾银行文献丛刊第五二种，1959年8月，页37。

知）负责。① 首任台湾巡抚刘铭传对于番屯的认识，或许可从光绪十二年九月（1886.10）候补道林朝栋，转呈健勇营都司郑有勤对酌留番丁的请示开始。当时的作法是以一百名番丁为度，编列营伍作为十棚；每棚挑选一名担任什长，另派熟悉番情有职熟番者为正百长，晓畅营务者为副百长。② 光绪十三年七月（1887.8）刘氏饬令将武朥湾、竹堑、麻薯、日北屯，共额设1400名屯丁中挑选350名归郑有勤统带。③ 不过这还是属于便宜行事的行政命令，真正改制还要奏请朝廷才行。

光绪十三年八月（1887.9）刘铭传上《整顿屯田折》，其做法是屯丁原额四千如数保留，每年按屯抽调分扼山内生番，半年轮防一次。屯营坐饷屯丁每月恢复到洋银八元，屯弁则照营哨酌加；番屯的管理、指挥权全归台湾镇总兵官，道台、同知不再过问。④ 该奏立即准行，随后发抄各府县为行知事。档案所见同年十二月恒春县即收到抄文，可能其他各县收到的时间亦不晚于此时。⑤ 光绪十四年五月（1888.6）台湾道发出的一张饬札对此事说得更清楚，内容写道：

> ……现台湾改建行省、添设郡县，所有旧设之中路同知已奉裁撤，卑南同知改为台东直隶州。其全台屯丁，并奉每年按屯抽调，分班出防；未调屯丁，各归该县营汛管带，均归台湾镇统属在案。嗣后各屯遇有补革弁缺，即由该县营汛照章遴选详办，其番民交涉讼案并由该管之厅、县就近审理，以专责成…⑥

上引文可知，番屯在某种程度上已和绿营结合；出调的屯丁按新编的屯制作战，未出调的屯丁受各县营汛管理。虽然在屯制中加入什长、百长、副百长等新职，但原职称的屯外委、屯千把并无取消掉。光绪十九年（1893）方志所记，只是把"屯"字删去而已。⑦ 不过地方公文书有着不同的记载。光绪二十年（1894）一张发给淡水县霄里社头目的饬文，上面署名"屯兵

---

① 淡新档案，第一编行政，第七类抚垦，第二款社租，案号：17210～17211，页码120540～120545，台湾大学图书馆藏。

② 淡新档案，第一编行政，第七类抚垦，第三款隘务，案号：17329，页码122348～122354、122407，台湾大学图书馆藏。

③ 淡新档案，第一编行政，第七类抚垦，第四款屯务，案号：17421～17434，页码126304～126049，台湾大学图书馆藏。

④ 刘铭传撰，马昌华、翁飞点校，《刘铭传文集》（合肥：黄山书社，1997年7月），页243～246。

⑤ 《刘铭传抚台前后档案》，页136～138。

⑥ 《刘铭传抚台前后档案》，页150～151、154～155。

⑦ 诸家，《新竹县志初稿》，台湾银行文献丛刊第六一种，1959年11月，页43～44。

营前哨兼理总哨事竹堑屯防厅邵”。① 邵者就是竹堑屯外委邵长发，该营的编组就是上文所谓的“出调”。它说明了在刘铭传的改制下，从番屯抽拨精锐组织“屯兵营”，以遂行防军化的决心。另外原本南路放索大屯额丁为四百名，但在方志中被记载着拆成二屯一放索屯统丁三百名、尖山屯（屏东县车城乡）统丁一百名，也算是制度上的改变。②

第二在养赡地处理上，根据刘铭传《整顿屯田折》的内容，他认为屯制要改革成功，必须先从屯地下手。按屯地就是养赡地，乾隆朝授地时名为奖功，实资捍御内山番众。近百年的流变让地权辗转易手，早已失去照顾屯丁的美意。现在正值清丈之际，非改租为赋不足以匡弊端。③ 而在刘氏的主持下所有养赡地一律升科，做到以田归民、按亩征赋的目的。此时养赡地从“官业民佃”转变为民业民佃。升科后屯丁虽失去土地的管理权，但确保了饷源不会拖欠。不过属于各县银米项下的田赋，虽直接征收但非直接发放给屯丁。④ 屯丁口粮发放的程序是，各县在征收完毕后会上缴到布政使司；再由各屯弁自行前往台北府的布政使司衙门，从各县税契银名目项下请领。⑤

番屯的改革似乎都在掌握之中，至少养赡地的升科比起垦户租、番口粮租、正供租的纠纷为少。为什么会如此，这是因为后三者呈现复杂的租佃关系；尤其刘铭传提出“减四留六”的政策后，使得大租户的收益首当其冲。原养赡地的耕种者，多半是小租户土地经营模式，大租户基本上就是各个屯丁。所以升科后扮演大租户的角色，只不过从屯丁易位到官府而已，因此在征赋上受的阻力较小。现存光绪十四年至十六年（1888～1890）台北府、台湾府辖下各县的告示，可说清一色都在为了解决社租抗赋问题而发。⑥ 养赡地改制后征赋的数额，根据光绪十四年（1888）《光绪会计表》的记录是23932.8两，发给屯弁、丁的支出是13000两。⑦ 收入大于支出，可见得刘筹给番屯新制是成功的。

建省后番屯投入战场的记录不多。除了上述的屯兵营外，南路在台湾道

---

① 王世庆辑，《台湾公私藏古文书》，第一辑第一册，总编号005、006、007，“中央研究院”民族学研究所藏。

② 卢德嘉，《凤山县采访册》，台湾银行文献丛刊第七三种，1960年8月，页148。

③ 中国第一历史档案馆编，《光绪朝朱批奏折（第一一七辑民族）》（北京：中华书局，1996年12月），页164～166。

④ 《刘壮肃公奏议》，页32、306；《台阳见闻录》，页63～64。

⑤ 佚名，《新竹县制度考》，台湾银行文献丛刊第一〇一种，1961年3月，页16。

⑥ 《清代台湾大租调查书》，页1100～1102、1398～1399；台湾银行经济研究室编，《台湾私法物权编》，台湾银行文献丛刊第一五〇种，1963年1月，页318～319、321～322。

⑦ 刘岳云编，《光绪会计表》，光绪二十七年教育世界社石印本，北京国家图书馆分馆藏。

刘璈的禀报下，知道在光绪十一年四月曾饬屯营管带潘高升，率众开赴恒春县率芒、七家山社（均在屏东县牡丹乡）。① 1895年台湾割让给日本后，殖民地政府曾主持详尽的旧惯调查，其中对于南路把总的叙述是率部一千名于“事变”之际，以总指挥官身份出兵。② 或许在官方的设计下，此时番屯安内的效用大于进行开山抚番战争。

生、熟番的武力本书归类为原住民武力。它的战力可说是仅次于绿营、防军等职业式武力。然为什么无法超越他们呢？人数是一个先天上的限制，其次生、熟番的强悍在于精于游击战，但不擅长大规模、持久性的团体战斗，针对此刚好是清廷所乐见。尔后在征调熟番的过程中，知道该对象是一个可以长期合作的伙伴。所以设法让他们组织化，在饷、械不缺的情况下，提升一部分熟番的武力成为番屯。生番是一个有趣的个案，在原本羁縻政策之下，即便与官方有武力上的冲突也是零星。更何况在多起民变时，清廷也有借助他们的时候，两者严格说来不算敌对。但清末的开山使得情况丕变，抚番政策代替羁縻，使得代表官方的职业式武力，有了与生番真正较量的机会。

现在可以提出一种假设，如果职业式武力加上原住民武力，有无可能成为清廷在稳定社会秩序方面的两股重要力量。从台湾历史发展的过程来看，它是有朝这个方向迈进的身影。不过再加上汉人的武力之后，使得官番民在武力合作的纵横捭阖变得更加复杂。

第三节　民人——契约、拜盟式武力的兴起

1. 民　团

本节所要探讨的是汉人，在当时社会所形成的各种武力类型。书中所举出的四例——民团、隘、结首、会党，则是按其重要性与史料多寡依次排列。有时它们仅出现在某一段时间，或者某个地区，但多数则存在于整个清代。美国学者麦斯基尔（J. M. Meskill）女士在研究清代台湾中部雾峰林家时，注意到氏族、地缘组织、自卫队、秘密社会、土豪的私人武力等，都是台湾乡村的政治结构。③ 这当中持有武力的团体或个人竟占了半数。他们透过什么样机制，去整合自身的武力，本就是一个饶富趣味的问题；而对这四例的讨论，或可解开其中的原委。

---

① 《刘壮肃公奏议》，页434～439。

② 刘泽民等编译，《台湾总督府档案平埔族关系文献选辑》（南投：台湾省文献委员会，2001年3月），页70。

③ 麦斯基尔（J. M. Meskill），王淑琤译，《雾峰林家——台湾拓荒之家》（台北：文镜文化事业有限公司，1986年11月），页290。

民团在《清史稿》的记述是属于乡兵性质，意思是“以民为团，不可以募勇塞责”。① 清廷的原意就是要当地人抽丁习武，同时也让它成为辅助官方最重要的地方性武力。然从台湾历史发展来看，它的成型是经过一段时间演变。本书归纳为：保甲→（地方头人、义民首的号召）→清庄联甲→团练→设局→防军化。② 值得注意是每个阶段名称的改变，并不意味旧有武力形成机制已经消失，只是代表又有一种新的机制出现而已。

在保甲方面，何谓保甲？戴炎辉认为：保甲系官为治安警察之目的，命街庄举办的组织。按照编制，十户为牌，十牌为甲，十甲为保，各有所长，办理户籍之事。③ 刻板印象都认为保甲是属于乡治的环节，它主要的功能是对辖下的人民监视、管束。以当时台湾多动乱的背景来看，乡治的编组着重治安民防，可视为功能论的观点。④ 然若想追溯民团的源头，最好是从保甲开始的理由有二：其一，康熙六十一年（1722）福建生员蓝鼎元的《请行保甲责成乡长书》，提到由于台湾保甲形同具文，所以在其基础上，另设乡长为捕盗之用。⑤ 其二，乾隆三十四年（1769）彰化县票簿记载官差持票缉捕人犯时，可协仝乡保甲前往拘拿。⑥ 很显然地保甲在运作时，虽没有掌握绝对的武力，但它可以与各单位人等配合来执行公权力。

康熙二十二年（1683）根据靖海将军施琅所记，台湾早在郑氏治理时已有保甲。⑦ 隔年首任诸罗知县季麒光，在《再陈台湾事宜文》记录该制仍持续被执行。不过此时的保甲，在运作中碰到了问题。原因是它只能行于街市，无法行于村落。其关键在于荒村僻野、身篁丛竹，难以互相纠结互保，所以当时“火兵”（托身班兵之家的莠民）潜踪草地，横行乡市罔知顾忌。⑧ 康熙四十一年（1702）台湾知县陈瑸也察觉出严重，遂力陈台湾施行保甲时，首要目的就是清查兵民杂处的问题。⑨ 可以很明确地说，康熙朝台湾续行保甲是失败的。康熙五十九年（1720）《台湾县志》以府治为例，记载着无赖之

---

① 赵尔巽等著，《清史稿》（北京：中华书局，1998 年 1 月），页 1052。

② 台湾惯习研究会原著，《台湾惯习记事（中译本）·第三卷上》（南投：台湾省文献委员会，1988 年 6 月），页 217～224；同前注，《台湾惯习记事（中译本）·第三卷下》，页 55～61。

③ 戴炎辉，《清代台湾的乡治》（台北：联经出版事业公司，1992 年 5 月三刷），页 79。

④ 张研，《清代社会的慢变量——从清代基层社会组织看中国封社会结构与经济结构的演变趋势》（太原：山西人民出版社，2000 年 1 月），页 18。

⑤ 蓝鼎元，《东征集》，台湾银行文献丛刊第一二种，1958 年 2 月，页 60～62。

⑥ 岸里大社文书出版编辑委员会，《台湾大学藏岸里大社文书（三）》（台北：台湾大学，1998 年 3 月），页 1080。

⑦ 施琅，《靖海纪事》，台湾银行文献丛刊第一三种，1958 年 2 月，页 55。

⑧ 陈文达，《台湾县志》，台湾银行文献丛刊第一〇三种，1961 年 6 月，页 232。

⑨ 陈瑸，《陈清端公文选》，台湾银行文献丛刊第一一六种，1961 年 11 月，页 10。

徒钻充保长者至数十人，均过事生风、架局吓骗，甚至窝藏匪类，肆害良民。①

雍正三年（1725）福建巡抚毛文铨奏陈台湾力行保甲，严查虚应故事者，颇有振作之志。② 雍正六年（1728）巡台御史赫硕色、夏之芳认为，业主实比保、甲长更贴近移民，于是奏请谕令业主之下的管事，充当各庄的保、甲长专稽“游民”。③ 然该议恐不准奏，因为雍正十一年（1733）巡台御史觉罗柏修再提业主、房主、邻佑具结之事。④ 值得注意的是二次奏请，游民均取代兵民杂处，成为保甲新的防治对象。这样子的发展，到了乾隆二年（1737）更加清楚。《会典》记载台地各官仿照内地设立十家牌，若奉行不力将以“失察偷渡例”议处。⑤ 乾隆朝清廷可说高度运用保甲，作为严堵偷渡过台的时代。根据乾隆四年（1739）巡台御史杨二酉所奏，保甲之法对付私渡来台者还颇有成效。⑥ 但其制不到十年又衰。乾隆十二年（1747）台湾廪生董梦龙对此有生动的描述，他提及现乡民入册者十无二三，县官只按册点名，匿者不问。入册者家仅遣一人听点，丁壮几何不问。约保徇私，房族长隐庇；及有伏奸隐匪，寝息自若。⑦

乾隆以后台湾的保甲制肯定还是继续施行，只是史料较少记载。例如：嘉庆十九年（1814）谕令收缴闽省牌甲保长，在缉拿人犯、催征钱粮的权力，只留稽查户口纠察之权。⑧ 道光四年（1824）台湾知府方传穟议复，欲在噶玛兰厅设立七个保。⑨ 同治七年（1868）御史王书瑞鉴于大乱甫过，人口大幅减异少，稽查较易奏请再行保甲。⑩ 光绪三年（1877）闽浙总督何璟在给朝廷的奏报中，仍称实力奉行保甲之制；而台湾府远隔重洋，已遣人催送到司另行办理。⑪ 光绪四年（1878）新设的台北府，奉福建按察使司之命实力编查保甲。⑫

---

① 戴炎辉，《清代台湾的乡治》（台北：联经出版事业公司，1992年5月三刷），页60～61。

② 洪安全主编，《清宫宫中档奏折台湾史料（一）》（台北：故宫博物院，2001年11月），页498。

③ 洪安全主编，《清宫宫中档奏折台湾史料（三）》（台北：故宫博物院，2001年11月），页1657。

④ 台湾银行经济研究室编，《台案汇录己集》，台湾银行文献丛刊第一九一种，1964年1月，页131～132。

⑤ 台湾银行经济研究室编，《清会典台湾事例》，台湾银行文献丛刊第二二六种，1965年5月，页30。

⑥ 不著编人，《清实录—高宗纯皇帝实录（一〇）》（北京：中华书局，1985年11月），页579。

⑦ 六十七，《使署闲情》，台湾银行文献丛刊第一二二种，1961年10月，页88。

⑧ 连横，《台湾通史》，台湾银行文献丛刊第一二八种，1962年2月，页76。

⑨ 姚莹，《东槎纪略》，台湾银行文献丛刊第七种，1957年11月，页64～65。

⑩ 陈弢编，《同治中兴奏议约编》，光绪元年匣剑囊琴之室刻本，北京国家图书馆分馆藏。

⑪ 中国第一历史档案馆编，《光绪朝朱批奏折（第二十六辑内政）》（北京：中华书局，1995年2月），页212。

⑫ 淡新档案校注出版编辑委员会，《淡新档案（三）：第一编行政/民政类》（台北：台湾大学，1995年10月），页358～359。

萧公权研究清代的保甲制度，认为该制在推行之初，就受到士绅阶层强有力的抵制。尤其在中国南部地区，一些名不见经传的保、甲长，可透过公权力的行使，挑战地方的绅权。① 台湾当时是一个新开发的地区，即便是有功名的士绅存在，也还没有壮大到形成“阶层”。更何况请垦之初，饬行乡保、通事查明取结的程序是很重要。② 前述提到以管事作为保、甲长的建议，从清中、末叶的资料来看，可能在稍做变通后实施。道咸同光时期新竹金广福大隘的垦户首，其工作内容就包括：保甲的编造、乡职的保举等。③ 福建是当时宗族、家族势力极为发达的地区之一，清廷在该地的统治除保甲之外，也相当倚赖家族的配合。④ 台湾作为一个移民社会，宗族、家族的力量在短时间之内，还没有达到维护社会秩序的条件。不过最迟在乾隆四十八年（1783）清廷开始认真思考此问题，慎选“族正”的建议即是一个指标。⑤《淡新档案》收藏嘉庆二十五年（1820）淡防厅一张甘结状，里面就有李氏族长的具文，可谓中叶以后家族成为乡治一环很好的明证。⑥

除了保甲之外，前文还增列了一个“地方头人、义民首的号召”，这是什么？它指的就是地方临时性质的武力。原来在动乱之初，官军无力弹压，只能借助亲官方的地方武力平乱。这些地方武力不是常备，通常都要靠头人的号召才组得成。如果平乱有功，清廷认为实至名归，除了追认这群人为义民，更会加封头人为义民首来表扬。考“义民”该词最早见于康熙六十年（1721）朱一贵事件，且是自封而不是敕封。朱案之时南路下淡水粤民建“大清义民旗”，成为官军平乱的股肱。⑦ 不过以后对义民的解释，倒呈现二种说法：一种仍以旗而得名，即古代所谓义旗（对应反旗）。另一种谓官府有事招募从军，得称义民。在道光朝以前，义民主要的事迹见于朱案、雍正九至十年（1731～1732）的大甲西社番乱与吴福生事件、乾隆五十一至五十三年（1786～1788）的林爽文事件、嘉庆十至十一年（1805～1806）海盗

① 王先明，《近代绅士——一个封建阶层的历史命运》（天津：天津人民出版社，1997年12月），页79～80。

② 尹章义，《台湾开发史研究》（台北：联经出版事业公司，1999年10月初版三刷），页96。

③ 吴学明，《金广福垦隘与新竹东南山区的开发1834～1895》（台北：台湾师范大学历史所，1986年2月），页174。

④ 陈支平，《近500年来福建的家族社会与文化》（上海：三联书店，1991年5月），页107。

⑤ 台湾银行经济研究室编，《台案汇录丙集》，台湾银行文献丛刊第一七六种，1963年11月，页322。

⑥ 淡新档案校注出版编辑委员会，《淡新档案（一）：第一编行政/总务类》（台北：台湾大学，1995年9月），页25。

⑦ 蓝鼎元，《平台纪略》，台湾银行文献丛刊第一四种，1958年4月，页20。

蔡牵袭郡事件。①

由于义民算是台湾史上颇为特殊的现象，当时人也注意到此问题。乾隆四十六至嘉庆十年（1781～1805）在台仕宦翟灏，明白指出义民不分闽粤。②光绪三年（1877）粤籍文人吴子光认为全台义民名气最响者，首推淡水厅的义民。③当代历史学者延续该议题研究得出六点看法：其一，义民与官府的关系是随军出征，搜捕余匪为主，不以保护官长、卫守城池为满足。其二，义民与平民的关系有互助与矛盾的一面，其标准是同籍与非同籍的区别；尤其透过乱后的绥靖，对于不同祖籍别的人多有"假公济私"的报复。其三，义民与乱民的关系本质类似，彼此的成员以游民为多，所不同者在于领导人是反官方还是亲官方。④其四，义与不义、反清与不反清，并非用来诠释义民的最佳标准；从维护社会治安的角度，观察义民的行为亦是另一种视野。⑤其五，深恐义民是专制王朝的同路人，而被污名化；台湾部分客籍人士认为粤籍义民指的是保护家乡的义民，绝对不是清朝的义民。⑥其六，乾、嘉朝以前义民首的出身，有功名者约占一半，以后比例扬升约占六七成。⑦

以社会治安稳定与否，来审视义民的出现，是一个不错的思考方向。不过要注意的是清代台湾社会存有"共犯结构"的问题。根据道光六年（1826）《问俗录》记载，台湾之所以难治，是因为头家—贼友—逃人—大哥，界线不明，善恶难辨。头家是有钱人的通称，常结交幕友、长随，唬吓穷民狐假虎威。若遇贼强，则贿通其党，摆饭敛钱；见贼败，则变为义首，高举义旗剿之。更有富户，故意结交巨盗为贼友，意图以毒攻毒；致使官差不敢惊动，小贼不敢打扰。再有命案凶手，身犯死罪，逃入内山，亡命于同乡强族庇护间。然自知必死，幸灾乐祸，闻某庄滋事，必起而抢掠，酿成巨案。最后还有漳、泉、潮、惠四府无赖，趁机偷渡台湾与当地匪类结合，窝娼、包赌、抢劫、械斗无恶不作。一旦竖旗，倡立者曰股头，又被尊称大哥；直到赴案，仍大言不惭、直言不讳。甚至录供时，群恶争称大哥；囚车

① 范咸，《重修台湾府志》，台湾银行文献丛刊第一〇五种，1961年11月，页360～362；谢金銮，《续修台湾县志》，台湾银行文献丛刊第一四〇种，1962年6月，页328～329；周玺，《彰化县志》，台湾银行文献丛刊第一五六种，1962年11月，页261。

② 翟灏，《台阳笔记》，台湾银行文献丛刊第二〇种，1958年5月，页3～17。

③ 吴子光，《台湾纪事》，台湾银行文献丛刊第三六种，1959年2月，页89～90。

④ 陈孔立，《清代台湾移民社会研究》（厦门：厦门大学出版社，1990年10月），页215～220。

⑤ 简炯仁，《台湾开发与族群》（台北：前卫出版社，2001年10月三刷），页72～75。

⑥ 台湾客家公共事务协会主编，《新个客家人》（台北：台原出版社，1993年2月二刷），页98。

⑦ 丁光玲，《清代台湾义民研究》（台北：文史哲出版社，1994年9月），页38～43。

解京，无赖子弟，捧送槟榔羡慕之。① 鉴于台湾有此恶习，平常的保甲与乱时的义民首，均无法有效维持治安。此时官府需谋思更好的解决方法才行。

在清庄联甲方面，何谓清庄联甲？根据日治初期临时台湾旧惯调查会解释，它又名联庄或清庄联团（团练）。肇因于匪势强大，以一街庄为主的保甲无法制伏时，可进一步联合各庄保甲，形成更大的保安单位对抗。② 不过按工作性质，清庄与联甲是二种不同的内容。它们是什么时候被付诸实行呢？现可考年代最早在道光朝。道光四年（1824）凤山县民许尚滋事，乱平后闽浙总督赵慎畛奏行清庄之法，上谕依议所请遂为最早的记录。③ 道光十三年（1833）张丙事件过后，闽浙总督程祖洛筹酌善后事宜，其中一项就是再行清庄以防盗薮。原来之前台湾办理清庄，地方官赴乡查办全靠书役引路，该人等惮于繁远，指东话西，得规包庇，多虚应故事。④ 廷议要程氏每年命令台湾镇、道于秋收后遴选干员，代替书役赴乡清查；如遇原册无名之人，或去来人数与所报不符，立刻拿交地方官严讯。⑤

现有记录的清庄公约，追溯最早的年代是道光十六年（1836），淡水同知娄云颁布的《庄规禁约》。该规内容有四则，包括：1. 庄内总理、董事、庄正、庄副，恪遵公亲与协调人之责，不能袒护子弟，党同滋事；若擅自争斗，不论曲直，先拿送问官。2. 力行清庄之法，总、董须把庄中岁产收入，取什一收入公所；不让庄中男丁游手好闲，可分配佃耕、巡守、手工恒业给予他们，不致因无业而为匪利用。3. 庄中不法子弟，该庄总、董有权力约束，恶行重大者可送官；若官府差人票拘者，总、董须协同拿送。4. 总理、董事、庄正、庄副办事得力，一年以上给予功牌，三年以上给予匾额奖励。此外还有禁约八条，包括：1. 闽、粤大小各庄归好，不得闻风纠众焚抢。2. 大、小租依限完纳不得抗欠。3. 不许掳人勒赎、窝盗肆窃。4. 坟墓、田园、水圳不得私相侵占。5. 一切词讼命盗等案，务须指控正凶、正犯。6. 庄众应完正供、钱粮充公租谷不得违例抗欠。7. 生员、乡职不得包揽词讼。8. 庄内不准收留外来者，不准私藏军械。⑥

至于现有记录的联甲公约，能追溯最早的年代是道光十八年（1838），彰化县水里崎脚新盛庄（台中县龙井乡）的文书。它的内容明显与清庄公约不同，规定的事项不是“禁”而是“赏”。举其大要者有：1. 擒获、杀毙

---

① 陈盛韶，《问俗录》（南投：台湾省文献委员会，1997 年 11 月），页 78 ~81。
② 《台湾惯习记事（中译本）·第三卷下》，页 1。
③ 洪安全主编，《清宫谕旨档台湾史料（四）》（台北：故宫博物院，1997 年 10 月），页 3350。
④ 台湾银行经济研究室编，《台案汇录甲集》，台湾银行文献丛刊第三一种，1959 年 1 月，页 108。
⑤ 洪安全主编，《清宫谕旨档台湾史料（五）》（台北：故宫博物院，1997 年 10 月），页 3998。
⑥ 诸家，《新竹县志初稿》，台湾银行文献丛刊第六一种，1959 年 11 月，页 234 ~238。

盗匪赏银的种类。2. 出阵受伤、阵亡时抚恤银的种类。3. 出阵退却、徇私窝盗罚银的种类。4. 通风报信的赏银与招惹事端的处罚。这份文书还有特别之处，在于参加的分子有漳泉粤三籍人士，显然官府欲化解分类的企图，在部分区域仍有奏效。①

清庄联甲推行之初，联庄的范围有多大呢?《淡新档案》收有道光二十三年（1843）淡水厅竹南三保（苗栗县苑里、通霄镇）佥举总理的请帖与庄约，观其区域大概是以一堡为联庄的基本单位。② 这不是北部独有的现象，同年嘉义县安定里西保的具佥文书中，也提到他们联庄的区域是仔内、欧汪、仔寮、头寮、鲲鯓、后港、中寮、大庭、竹仔脚、后港仔、槟榔林、公馆、下寮、番仔寮、北埔、将军、顶山仔脚、下山仔脚、顶寮、巷口、口寮、角带围、中社、过港仔庄（台南县将军乡)。③ 伴随着联庄的施行，在道光末期还出现“冬防”。台湾匪讧的季节约在秋收到岁末。这是因为秋收完毕每家贮谷丰裕，此时闲散男丁也变多，加上年关将近，若有人迫于生计，很容易铤而走险。冬防可说是联庄的一项重点工作，通常始于九月一日到十二月底，偶尔延至隔年一月底。④ 讨论到这里，应该可以发现一有趣的事实。即清庄、联甲虽都始于道光朝，但从疆吏的奏请与地方文书落款的时间来看，清庄可能早于联甲几年实施。再者，由于保甲已透过清庄联甲更行强化，官府在缉捕要犯与应付动乱时，最常使出的二招——购线、堵御。现在因乡治网络密集，地方耳目众多，成功的几率可大为提高。

到了咸丰朝，联庄的态势台湾南、北有不一样的发展。咸丰三年（1853）凤山县民林供（又称林恭）竖旗，一时声势浩大亦陷凤山县城。此乱后来能平定，闽、粤义民出力颇多。但双方畛域立随抚绥时的不和而起。根据台湾道徐宗幹的文示，粤堆总理曾史平等纵任手下焚抢闽庄；然闽人林万掌也假义首之名，径自剿捕粤人称其“逆党”。⑤ 看来在南路，欲把闽、粤各庄结合在联庄之下，是有一定程度的困难。不过在北部情况稍微好转。咸丰七年六月（1857.7）淡水厅竹南一保闽粤各庄，深感该保中港地方为南、北交通要道，向来为匪徒所觊觎。该贼时常诈称往过住宿，再趁机造谣分类、窃劫抢掠。所以闽粤庄总理、保正等，公议巡查规章，冀望团结彼此

---

① 许雪姬，《龙井林家的历史》（台北："中央研究院"近代史研究所，1990 年 6 月)，页 86 ~ 88。

② 《淡新档案（三）：第一编行政/民政类》，页 94 ~ 97。

③ 谢兴尧供稿，《台人舆论》；摘自中国社会科学院近代史研究所近代史资料编辑组编，《近代史资料》，总 82 号，1992 年 11 月，页 14 ~ 15。

④ 台湾惯习研究会原著，《台湾惯习记事（中译本）·第壹卷下》（南投：台湾省文献委员会，1984 年 6 月)，页 244。

⑤ 徐宗幹，《斯未信斋文编》，台湾银行文献丛刊第八七种，1960 年 8 月，页 14 ~ 15。

肃清匪类。① 同年八月淡水厅同知马庆钊，再进一步结合“族正”的力量，谕示竹南一、二、三、四保（苗栗县与台中县大甲镇、大安乡）的巨姓，包括：王、陈、林、李、张、黄、郭、何、蔡、庄、曾等，佥举一人为族长并发给谕戳，令他们约束子侄休得犯禁。② 这一段时期官府也不忘“布线”，尤其是徐宗幹对南路善后，声称趁火打劫之人，如愿改过自新、作线缉捕可宽免其罪。③

同治朝联庄的运作也施行了半个世纪，当中有几点可以深入探讨。首先是防治对象有所转变。同治二年（1863）淡水厅海山保大科崁居民立的示禁碑，除盗匪不准私自窝藏外，赌徒、流丐不法者一律逐出庄外。④ 其次是整顿联庄必先清庄的问题。同治十年（1871）竹南二保（苗栗县铜锣、后龙镇、公馆、西湖、造桥乡、苗栗市）总理彭继生，以规残俗败为由欲重新整顿联庄。于是再立公约时，强调重赏重罚。⑤ 其三是经费的问题。大抵如果联庄失败，经费无着占相当重要的原因。同治十一年（1872）竹北二保（新竹县湖口、新丰、关西乡与桃园县观音、新屋乡、杨梅镇）具禀提到，所用经费于田甲题派，按业四佃六匀出，每田甲出番银一元。如地方有事，头人先行垫用，事毕列出清单，禀官府出示谕佃完纳。⑥ 其四是随同各保联庄后，惟恐党恶生事，小庄个别再向官府佥禀的问题。竹南一保三湾地区（苗栗县三湾乡）在咸丰七年（1857）已联庄过，但到了同治十二年（1873）鉴于游荡之辈增多，又单独向淡水厅衙门具禀联庄。⑦ 其五是冬防的问题。事实上联庄并非一整年都保持高度警戒。最主要还是在初冬，防备生番出草、盗贼扎屋。此时各庄壮丁“把径”与修筑炮柜就很重要。⑧ 例如：同治十二年（1873）淡水厅桃涧保龙潭陂上、下各街庄（桃园县龙潭乡），针对隆冬之际、窃劫频传，再度邀集各头人另订庄规。其内容就有缉捕该盗，搭盖更寮等事宜。⑨

光绪朝台湾正值解除移民管制、进行开山抚番以及建省之际。这些重大政策的改变对社会造成的冲击可想而知。光绪三年（1877）《申报》的一则

① 《淡新档案（三）：第一编行政/民政类》，页 106～107。
② 《淡新档案（三）：第一编行政/民政类》，页 286～287。
③ 丁曰健，《治台必告录》，台湾银行文献丛刊第一七种，1959 年 7 月，页 361～363。
④ 邱秀堂编，《台湾北部碑文集成》（台北：台北市文献委员会，1986 年 6 月），页 28。
⑤ 《淡新档案（三）：第一编行政/民政类》，页 140～142。
⑥ 《淡新档案（三）：第一编行政/民政类》，页 292～293。
⑦ 《淡新档案（三）：第一编行政/民政类》，页 260～261。
⑧ 林占梅，《潜园琴余草简编》，台湾银行文献丛刊第二〇二种，1964 年 11 月，页 168。
⑨ 《淡新档案（三）：第一编行政/民政类》，页 307。

报道，说明因办理台防，各路散勇、游民冀图投效，纷至沓来。穷无所归者，难保不啸聚为匪。台湾各属抢劫之案，亦层出不穷，捕治非严肃不可。① 此报道有一定的真实性。因为从《淡新档案》资料发现，这一段时期重复联庄的个案增多。光绪元年（1875）竹南三保吞霄庄，正为贼匪强牵牛只所苦。新订的公约载明拿获抢牛贼，以及扎厝匪类的高额奖赏。② 光绪八年（1882）竹北二保杨梅坜庄除修建望寮，加强守备之外；亦规定庄民夜间穿墙盗窃财物、牛只、所畜鸡犬、池鱼、栽种树木什物等，庄众可将其家拆毁，家物充公处罚。③

光绪十一年（1885）台湾建省，制度上的转变也影响到乡治。根据台南知府唐赞衮所记，建省之初官府百务待举；各州县惜费纵驰，遇案鲜有破获，以致匪胆鸱张。当时的彰化、云林、嘉义、凤山县，强盗劫夺最为严重。十六年（1890）清赋告竣，在台湾道唐景崧的主持下，再度办理清庄。唐氏在做法上有一些创举，包括：一、调派勇营（防勇）周历四乡，按名拿办巨匪或责令族长绅耆捆送。二、遴选干员，分路清查；根究窝主，直捣处所。三、按庄结保存案，逐一清查包庇者，从重治罪。四、捕盗本为县令专责，清庄费用也由该县自筹；但为对付巨匪，必须广觅眼线，所费不赀。若力难筹垫，应准禀请提结公款，以示体恤。五、分别劝惩印委各员，采重赏重罚策略。④

在这股整顿的风气下，各县无不实心奉行，遂有以“县”、“府”为单位的联庄措施。例如：光绪十六年（1890）台南知府方祖荫筹得经费银六百元，交由安平知县陈步梯举办冬防。隔年新任知县范克承筹款苦无着落，遂查封大西门水仙宫旁的赌场，拍卖其房子充抵费用。⑤ 光绪十八年（1892）恒春县联庄章程明订，分界、巡丁、地保、修路、联庄事宜。比较特殊的是该县所要应付的对象，除了盗匪之外，生番也是大敌。最危险的地区是在县城西门至车城的路上。为此该县划分统埔、新街、车城、保力四区，分别设置“团巡公所”严密巡查。⑥ 光绪十九年（1893）台南府北区自

① 台湾银行经济研究室编，《清季申报台湾纪事辑录》（南投：台湾省文献委员会，1994 年 7 月），页 708～709。

② 《淡新档案（三）：第一编行政/民政类》，页 274～276。

③ 淡新档案校注出版编辑委员会，《淡新档案（四）：第一编行政/民政类》（台北：台湾大学，1995 年 11 月），页 124～126。

④ 唐赞衮，《台阳见闻录》，台湾银行文献丛刊第三〇种，1958 年 11 月，页 77～78。

⑤ 台湾银行经济研究室编，《台湾私法物权编》，台湾银行文献丛刊第一五〇种，1963 年 1 月，页 155～157。

⑥ 屠继善，《恒春县志》，台湾银行文献丛刊第七五种，1960 年 5 月，页 130～133。

订联境条约，其内容独特之处在于主其事者，不是一般的总、董与庄正、副，反倒是寺庙的炉主、签首。事实上温振华在研究台湾中、北部的开垦史时，早已注意到地区信仰与垦民祖籍别的关系，并由此再衍生出地区自我防卫意识的问题。① 针对此点本书将会在下文中进一步讨论。同年嘉义县大榱榔保的公约，则难得的记录十庄一〇一分公费的均摊比例。它们是：大榱榔庄二十分、小榱榔庄八分、东势蓁庄十分、马姻后庄三分、仑仔顶庄三分、三块厝庄二分、桥仔头庄二分、茄苳脚庄四分、春朱庄六分、德馨庄六分、埔心庄五分、溪潭庄十分、后沟尾庄六分、太保庄十六分（嘉义县太保市、朴子市、鹿草乡）。光绪二十一年（1895）淡水县芝兰三保（台北县淡水镇、三芝乡）联庄规条则写明，该约是从同治元年（1862）、光绪十年（1884）以来第三次重订。其内容特别的地方是列出炮、铳、刀、枪等武器，各壮丁必须常备。盖因于光绪以前台湾铁禁甚严，以后虽官府管制较弛，但把武器的使用载入庄约亦不常见。②

在团练方面，何谓团练？根据《安平县杂记》的解释，团练就是古代寓兵于农的意思。既然如此，它与前文提到义民首的军队相比有何不同？《杂记》认为义民是团练的滥觞。③ 作者认为义民与团练的差别有三点：其一，前者的成员以游民居多（前文已述），后者的组成分子虽不乏游民加入，但越到后期有职业者越占多数。其二，团练的成立有组织章程，义民则全靠义民首的号召，没有制定任何章程。其三，团练到了后期成立“局”或“总局”的机构，试图要统合各地区的团练；义民首多各自为政，几乎没有统合。

那么清代台湾的团练最早成立于何时呢？清末时人的看法，认为是从同治元年（1862）围剿戴潮春事件才开始。不过这是指施行“全台”团练，并非单指实施团练之意。④ 日治学者伊能嘉矩，在所著《台湾文化志》里透露出端倪。若按上述的定义来解释团练，则康熙六十年（1721）凤山县粤籍人士，因朱一贵事件所成立的“六堆”，可视为台湾最早的团练。⑤“团练”一词无独有偶也出现在康熙六十一年（1722），福建生员蓝鼎元的《请

---

① 温振华，《清代台湾中部的开发（第八十四回台湾研究研讨会记录）》，《台湾风物》，第43卷第1期，1993年3月，页127～145；温振华，《清代台北盆地汉人社会祭祀圈之演变》，《台北文献》，直字第88期，1989年6月，页1～42。

② 《台湾惯习记事（中译本）·第三卷下》，页2～6。

③ 佚名，《安平县杂记》，台湾银行文献丛刊第五二种，1959年8月，页103。

④ 许南英，《窥园留草》，台湾银行文献丛刊第一四七种，1962年9月，页220。

⑤ 伊能嘉矩，《台湾文化志（中译本·上卷）》（台中：台湾省文献委员会，1985年11月），页272～273。

行保甲责成乡长书》、《请权行团练书》。① 不过这只是六堆异于其他地方的特色，真正在官方主导下所组的团练，始于道光二十年（1840）的鸦片战争。

道光四年（1824）台湾知县的姚莹，在与台湾道孔昭虔讨论凤山许尚滋事时，就提到应该多募乡勇。他的理由是台湾每遇动乱，游民不待贼招而自赴；如果先阴收此辈，则贼势必不会因他们加入而壮大。② 道光二十年（1840）姚莹已升任台湾道，此时正好遇上英舰扰台，他之前的信念现可化为行动。同年十二月底，他巡视北路各海口时，沿途命令绅耆组织团练壮勇；在他的努力下，总数约有一万三千余人的团练壮勇被组织起来。姚氏的做法是一旦有警，半以守庄，半出听候调用。③ 道光二十一年八月（1841.9）台湾的团练人数已激增至四万七千余名，其中淡水厅竹堑城贡生林占梅，出钱出力表现杰出。④ 林氏的出头使得他与官府的关系日渐紧密，数十年之后仍见活跃于筹办团练之中。然此时以义民首为主的武力已经消失的吗？当然没有。只是与团练规模相较，他们现变成为“小型武力”。例如：道光二十一年底，淡水厅金广福大隘总理姜秀銮接到同知曹谨命令，随即带领精练鸟枪壮勇一百名，以及摆接、八芝兰保壮勇赶赴鸡笼助战。⑤ 不过单纯的义民首武力，越到清末越有被编成团练的迹象。盖因于团练需按名造册，缴送官府，权宜操之长上。⑥ 这种情况是官方刻意主道的结果，亦可视为清廷收编地方武力不露痕迹的杰作。

进至咸丰朝团练与官方依存日趋紧密。例如：咸丰二年（1852）淡水厅海山保发生业佃互控案件，败诉的范姓佃户引发同族人士不满，扬言在押解途中劫囚。接获消息的官府，立刻要求桃涧保中坜街总保王作霖等督率团练，护送人犯到案。⑦ 对于收编地方武力的举动，咸丰四年（1854）一时有“按户抽丁”之议。闽浙总督王懿德对此抱反对的态度。他的理由是抽丁散处城乡，稽查不易；有人遇事逃亡，则老弱充数，缺额虚名。如再征调，吏胥一出，遂成扰民。⑧ 看来团练已成地方官执行公权力时，一个重要的帮手。不过对于它的组成，大员宁愿还是以招募为主，借此省却再行编户的麻

---

① 《东征集》，页 60～64。

② 姚莹，《中复堂全集（东溟文外集）》（台北：文海出版社，1983 年 10 月），页200～201。

③ 文庆，《筹办夷务始末》（台北：国风出版社，1963 年 4 月），页 361～362。

④ 《治台必告录》，页 189～191。

⑤ 洪安全主编，《清宫洋务始末台湾史料（一）》（台北：故宫博物院，1999 年 10 月），页 80、96。

⑥ 王之春著，赵春晨点校，《清朝柔远记》（北京：中华书局，2000 年 4 月二刷），页 386。

⑦ 陈世荣，《清代北桃园的开发与地方社会建构 1683～1895》，台湾中央大学历史研究所硕士论文，1999 年 6 月，页 269。

⑧ 陈衍，《台湾通纪》，台湾银行文献丛刊第一二〇种，1961 年 8 月，页 184。

烦。咸丰七年（1857）淡水厅同知马庆钊，因大加蚋保锡口庄业户张国珍、张廷玉所请，发给庄民林彩章谕戳，晓示他组织团练。① 该例子也显示出当时团练的组成，应该还是由下而上的模式为主。

现仍有一个问题亟待厘清。即清末为统合各地团练所需，所成立的"局"是在什么时候出现？日治时期存留迄今的看法，都认为是从同治元年（1862）开始。不过在《淡新档案》所看到的资料却不是如此。最早的记录可追溯至咸丰七年（1857）淡水厅同知马庆钊给发淡南、淡北谕戳，并要他们设局团练的经过。② 至于在局务运作上，有二种做法收其经费：一是该地每百石抽谷四石，以业三佃一的方式鸠资；二是每百石仍抽谷四石，但以业六佃四的方式鸠资。

同治元年（1862）彰化县民戴潮春竖旗，一时台湾中部震荡不可扼抑。福建巡抚徐宗幹奏请竹堑士绅林占梅为全台团练大臣，设筹勇、筹饷局于台湾府。然所谓"全台团练大臣"空名居多。因为林氏设营驻扎大甲，权力还不及全台；再者当时局设台湾府，对于战事有远水近火之感。③ 戴案能被抑制与平定，团练居功厥伟。但士绅们未必都以社会安定为念。戴氏阵营中，如：林晟本身就是团练领袖。他们会对官府倒戈相向的原因，出自部分猾绅土豪，寅缘为利。又怙其势力互争雄长，武断乡曲，无人能奈何。如果巨奸积匪再藏之宇下，浸成游侠之风，官更不敢过问。④ 此弊病亟须被整顿，而把提调团练的权力，交付绿营将领是一个好的办法。例如：同治二年（1863）台湾水师协副将，就有提调彰化县团练之权。⑤ 同治十三年（1874）牡丹社事件发生，给了台湾团练发展一个极大的转变，就是成立了全台团练总局。他的倡议者是来台的钦差大臣沈葆桢。按沈氏的构想就是命各地士绅为局首，以首尾相应之策统合全台团练。⑥ 为了遵照沈的命令，想必台湾的团练有一番更动。《淡新档案》里的资料证实了此点。同年八月竹南二保后垅街庄团练分局总理杜和安，给予辖内二十四庄正副谕戳，而后垅分局则是受大甲团练总局约束。⑦

光绪朝是台湾团练发展成熟的阶段，同时也保留了许多章程可做细部讨

---

① 刘枝万，《台北平埔番印谱》，《台北文献》，第2期，1962年12月，页105。

② 《淡新档案（三）：第一编行政/民政类》，页107～108、280～282、288～291。

③ 《台湾文化志（中译本·上卷）》，页179；《安平县杂记》，页104。

④ 《台湾通史》，页377～478。

⑤ 刘泽民等编译，《台湾总督府档案平埔族关系文献选辑》（南投：台湾省文献委员会，2001年3月），页143。

⑥ 《台湾文化志（中译本·上卷）》，页179。

⑦ 《淡新档案（三）：第一编行政/民政类》，页158～160、161～163。

论。光绪七年（1881）台湾道刘璈抵任后，改全台团练总局为培元总局。局中办公经费由洋药（鸦片）税厘支付，业务总类不限于军事，连开道、赈济也包括在内。① 这样的运作势必要受到考验。光绪十年（1884）爆发的清法战争，是少见以台湾为主战场的大型御外战争，更是检验台湾之前兴办团练成果的机会。遗憾的是开战之初，官方还在为台湾兵勇不足大伤脑筋。为此朝廷还特别谕令台湾镇、道，将台属水、陆民团（团练）妥速察办，期能众志成城。② 在当时来台督办台湾事务的钦差刘铭传眼中，台湾团练的战力不佳。他认为狡黠之士，乘风而起，虽请募数千百人，但无器无法终不能助官军。况且法军装备精良，非昔日寇盗所能比拟。大批团练的出现，只会造成饷黜，更忧虑事平后他们聚众为盗。③ 远在北京的京官们不察，在谈到招募台勇组织团练时，总是觉得人数多多益善，并且希望淡水县富户林维源出面助军。④ 这当然是书生之见，不过上谕还真的要林维源捐款二十万两。⑤ 即便林对此避匿，还是没有办法抗拒圣意。光绪十年八月旨放全台团练大臣由林维源担任，直接受刘铭传节制。⑥ 同年十二月刘铭传上奏朝廷，褒扬林助饷的功绩，上谕给他四品京堂候补作为奖励。⑦

除了刘铭传在台北大展身手之外，刘璈在南部也力求表现。清法战争爆发后他立即把培元总局，再改回原名全台团练总局。光绪十年二、八月完成《全台团练章程》与《全台渔团章程》。对于前者，刘璈计划每县设一总局，总汇各地团务。在特殊的地方，如粤籍聚居之处则设“粤团”，如闽籍族大聚居者设“族团”。所有团练勇丁依操练次数分成三级。义勇常日驻团，每天操练；练勇十天赴局操练一次，团勇则每月赴局点名一次即可。局内经费一改以往提动公款的作法，现由各户按财力规模捐资养勇。刘尤忌讳办团内斗，他认为之前团练常借公报私，每酿成械斗、抢夺重案。为此他行连坐法，采重赏重罚的方式一扫前弊。对于后者，主要是练水勇以济水师之不足。不过观其内容，刘璈把渔团看成是水上保甲而已。主要还是联名造册，

---

① 《安平县杂记》，页105。

② 洪安全主编，《清宫洋务始末台湾史料（三）》（台北：故宫博物院，1999年10月），页1469。

③ 陈淡然，《奖贤略序九》，《刘壮肃公奏议》，台湾银行文献丛刊第二七种，1958年9月，页37。

④ 洪安全主编，《清宫月折档台湾史料（五）》（台北：故宫博物院，1995年8月），页3692、3785、3851～3852、3878。

⑤ 洪安全主编，《清宫廷寄档台湾史料（三）》（台北：故宫博物院，1998年10月），页1833、1853、1880。

⑥ 《清宫洋务始末台湾史料（三）》，页1585～1586。

⑦ 中国第一历史档案馆编，《光绪宣统两朝上谕档（十）》（桂林：广西师范大学出版社，1996年10月），页193。

避免敌军收买探子混入侦查。如果真有敌军抢滩上岸，渔团奉命在水浅处发动攻击，而陆上兵勇则在险处设计诱敌。①

刘璈的计划连廷议也相当关心。② 它落实到地方，所呈现出的执行面为何呢？现有二份当时的古文书，难得的透露出当时的讯息。一份为光绪十年二月（1884.3）张贴在台湾府城的告谕，内容几乎跟上述一样。其中还标定出招募勇丁的年龄须在16~40岁，并且由团勇中选出练勇，再由练勇中选出义勇，期能挑选精壮之才。③ 另一份是光绪十年八月（1884.9）摆接保十三庄（台北县板桥、土城、永和、中和市）所立的团练公约。该约详述在接获道台谕令后，于同年三月二十二日（1884.4.17）该保开局办团。其主要内容包括：预防匪徒、游勇横行，如遇此辈进入我庄，立刻鸣锣告警，再由本局义勇堵御擒获送官。每月练勇应点三期，兹因农事繁忙，可以不用来局听点，但须局传必到。各庄勇出队定用旗夹（军装制服），免得临阵莫认混淆误伤。团内常费理当应公匀议，按家赀多寡捐银等差；但现可由林本源暂垫，事平之日统即缴还。④

摆接保团练公约的内容其实很有趣。它证实了林维源（林本源是其家号）担任全台团练大臣所肩负的责任。同时对于台湾道台的命令，以"因地制宜"的方式稍打折扣；让练勇们各自忙于农事，又随传随到不妨碍团务。但在对付的敌人上，匪徒、游勇似乎比法军还更重要。清法战争的基隆战役，团勇们确实出力很大，要不是如此战局可能要全面改观。⑤ 光绪十一年三月（1885.3）战争结束，同年九月台湾进入建省的筹备阶段。此时的团练已有"防军化"的倾向，但设局团练并无消失。光绪二十一年（1895）甲午战争署台湾巡抚唐景崧奏行全台团练，并且仍以林维源为团练大臣。同年四月台湾民主国成立，改以进士丘逢甲为团练使。⑥

传统团练（不管有无设局）与所谓"防军化"的团练，最大的差别是在前者仍有寓兵于农的深意，但后者作风上已有职业军人的身影。上一节已提到过，在台招募的勇丁一律统称为"土勇"，只是防军化的团练因为都以

---

① 刘璈，《巡台退思录》，台湾银行文献丛刊第二一种，1958年8月，页246~252、271~283。

② 洪安全主编，《清宫谕旨档台湾史料（六）》（台北：故宫博物院，1997年10月），页5015~5016。

③ 曾振名、童元昭主编，《噶玛兰、西拉雅族古文书》（台北：台湾大学人类学系，1999年9月），页73~74。

④ 高淑媛，《罕见的团练公约》，《台湾风物》，第44卷第3期，1994年9月，页8~12。

⑤ 许毓良，《清法战争中的基隆之役——兼论民族英雄墓的由来》，《台湾文献》，第54卷第1期，2003年3月，页295~325。

⑥ 《台湾通史》，页379；《安平县杂记》，页106。

"营"为单位，所以有时也称他们为"土勇营"。土勇营最早出现的时间在同治十三年（1874），也是跟牡丹社事件有关。当时成立的土勇营，较为著名的有二军，一是卸任台湾镇总兵曾元福在凤山所招募五百人，由山东烟台税务司博朗（又名薄朗）练成洋枪队。这一支军队被沈葆桢命名为安抚军。① 跟内地第一支洋枪队——咸丰十年（1860）由美国人华尔（Frederick Townsend Ward）指挥的常胜军相比，台湾洋枪队的成立晚了十四年。② 但它也标示着台湾军事史一个重要的里程碑。另一个是同年七月，清廷谕令沈氏可在淡兰招募土勇二营。③ 九月噶玛兰厅闽籍头人陈辉煌，带领该地土勇，跟随福建陆路提督罗大春开山抚番。二年之后叙功，清廷特命陈氏统领苏澳南二营、叭哩沙（宜兰县三星乡）台勇营专防生番，并奖励他的辛劳。④

在光绪元年至九年这一段期间，台湾防军化的团练举其大要者不多，当时重要的戍台武力还是以防军为主。不过光绪十至十一年的清法战争打破了这个局面。在战争爆发之初，台湾的兵力根据大员们的奏报是相当不足的。这有二种解决之道。一是由内地调拨援军，一是在台招募。于是就发生一个有趣的现象，即各将领们除下辖的部队之外，新募的土勇营也归他们调度。例如：淮系福宁镇总兵曹志忠指挥庆、祥营外，还指挥五堵土勇二营。淮系记名总兵刘朝祜指挥铭军二营与土勇一营。淮系记名提督苏得胜指挥水返脚土勇二营。提督衔留闽差委总兵桂占彪指挥土勇一营。营官苏树森指挥土勇一营。营官邓长安指挥土勇一营。当然台湾本地的头人也有亲率土勇营的例子，像武举王廷理、捐职周玉谦的暖暖土勇营，在防守暖暖上就有不错的表现。⑤ 不过一战成名的，恐怕非彰化县雾峰士绅同时也是捐资监生、郎中的林朝栋莫属。

林朝栋率领的土勇营何时成军呢？从彰化县发给的札饬来看，应是在光绪十年九月十一日（1884.10.29）。当时台湾道刘璈听闻雾峰林家子弟擅长火器，林朝栋、林文钦叔侄素服乡里，遂命他们招募五百名壮丁，编成"礼"、"义"二字号营，按楚军营制一体训练。⑥ 林朝栋后来率勇增援基隆，

---

① 王元穉，《甲戌公牍钞存》，台湾银行文献丛刊第三九种，1959年6月，页98、107。

② R. J. 史密斯（Richard Joseph Smith）著，汝企和译，《十九世纪中国的常胜军（The Ever - Victorious Army of Nineteenth Century China）》（北京：中国社会科学出版社，2003年2月），页24~96。

③ 洪安全主编，《清宫洋务始末台湾史料（二）》（台北：故宫博物院，1999年10月），页856。

④ 廖风德，《清代之噶玛兰》（台北：正中书局，1994年11月二刷），页153。

⑤ 刘铭传撰，马昌华、翁飞点校，《刘铭传文集》（合肥：黄山书社，1997年7月），页123~124；《清宫月折档台湾史料（五）》，页3870、3994~3996。

⑥ 台湾银行经济研究室编，《刘铭传抚台前后档案》，台湾银行文献丛刊第二七六种，1968年6月，页53~54。

投入刘铭传的麾下；在同年十月至隔年三月的战事中，于月眉山、大水窟、大牛埔与淮军各路并肩作战，深受刘铭传倚重。① 战争结束台湾建省，林朝栋的土勇营受到重用且被扩编；改以“栋”字号，仿淮军营制编成六营。他们包括：1. 驻扎东大墩（台中市南屯区）的栋字正营。2. 驻扎桥仔头（台中市南区）、南北投、葫芦墩（台中县丰原市）的栋字副营。3. 驻扎平和厝（云林县虎尾镇）的栋字前营。4. 驻扎彰化的栋字隘勇副营。5. 驻扎东大墩（台中市南屯区）的栋字卫队营。6. 驻扎大湖（苗栗县大湖乡）的栋字隘勇营。更甚者巡抚刘铭传还把驻防在中部的防军，如：驻扎在埔里的屯军正营、彰化的定海后营，交由已升任二品顶戴选用道员的林朝栋指挥。②

林朝栋的栋字营在台湾建省后，的确活跃了一阵子；尤其在苗栗、台中的开山抚番，栋字营是与当地生番战斗的主力。至于其他土勇营的表现，《淡新档案》收藏有一份台东安抚军成军的饬文颇为难得。光绪十四年（1888）署埔里社通判吴本杰，经过刘铭传的认可在新竹县招募土勇三百名，命名为“台东安抚军”，成军经费二千两由台北府函请新竹县照拨库平银发给。③ 以上就是光绪十七年（1891）以前，台湾防军化团练的经过大要。美国学者芮玛丽（Mary Clabaugh Wright）在研究同治朝中国的内政时，提出了一个观念——“地方军队国家化”。当然她指的是逐渐取代绿营的湘、淮二军，不过发生在台湾的例子，可作为一个有趣的比较。④ 前述提到防军化团练，使得台湾出现职业军人的身影。这一点是官府跳过了地方士绅的位阶，直接收编民人的武力的高招。因为以往不管是保甲、地方头人或义民首的号召、清庄联甲、设局或非设局团练，在组织过程与编遣指挥中，官府不可能不与地方领导阶层接触。这个时候这些地方领导阶层，就有了与官府“议价”的空间，其结果是功名、利禄、特权，须随平乱脚步下放给他们。但现在可不是如此。官府在组织土勇营的过程里，它对地方领导阶层具有高度的选择性。再加上规定营制、武器需仿湘、楚军营制；这使得并不熟悉此点的台湾地方领导阶层，对官府唯命是从的态度大增。

另一位美国学者孔飞力（Philip A. Kuhn）在研究清末中国的社会时，认为军事化带给地方政府一定程度的影响。他的结论之一是士绅领导的团练，已转变成地方政府的正式机构。特别是在平定太平天国以后，团练开始

① 许毓良，《清法战争中的基隆之役——兼论民族英雄墓的由来》，页314～319。

② 洪安全主编，《清宫月折档台湾史料（七）》（台北：故宫博物院，1995年8月），页6141～6147。

③ 吴密察主编，《淡新档案（七）：第一编行政/财政类、建设类》（台北：台湾大学图书馆，2001年6月），页114、123～124。

④ 芮玛丽（Mary Clalaugh Wright）著，房德邻等译，《中国保守主义的最后抵抗——同治中兴1862～1874（The T'ung－Chih Restoration）》（北京：中国社会科学出版社，2002年1月），页242～273。

作为县以下的行政机关，用来行使保甲的职能。① 从台湾的例子来看，若仅从设局的个案审视，确有此迹象（摆接保的公约）。不过在土勇营活动较强的地区，特别是在中部栋字营的防区，传统团练力量到底能发挥多少作用，恐怕对此要有所保留。虽然台湾建省以后，对于传统团练的设立，仍不乏有人大声疾呼。② 但可以看出一个趋势是团练的重要性日渐降低，土勇营的重要性日渐提高。例如：光绪十七年九月（1891.10）淡水县大嵙崁内山讨番战争进行激烈，护理巡抚沈应奎新募勇丁1500名，长夫300名，编为劲勇、捷勇、新隘勇三营投入战场。同年十一月苗栗县五品军功贡生黄南球，也新募勇丁505名编成台勇营。③ 光绪十八年台湾巡抚邵友濂奏参林朝栋，责他所部营官勇额延旷，漫无察觉且处置未尽允协，然亦无解编栋字营的构想。④

光绪二十年（1894）的甲午战争是团练与土勇营效力清廷的最后一战。同年八月邵友濂的奏文中提到，在台北除新募勇丁十五营外，再募六营交由道员林朝栋与藩司唐景崧管带；在台南新募勇丁七营，交由台湾镇总兵官万国本、都司邱启标管带。总共二十八营的兵力，若以一营五百人计算，约有一万四千名之众。⑤ 隔年二月，台南团练总局行知凤山县招募义勇，分别在闽庄募得二千人，粤庄募得五千人。前者编为昌字前、后、左、右四营；后者编为仪字正中、正前、正左、正右、正后、副中、副前、副左、副右、副后十营；并且该局再奉上谕亦筹办渔团。⑥ 整体来看，台湾十年建省当中有一个有趣的现象；即是台北、台湾府多组土勇营，台南府仍续行设局办团（即便是采用营制）。作者认为开山抚番战争是决定性的因素。前面所提到土勇营的领导人，包括：陈辉煌、林朝栋、黄南球，他们率领的部队都是驻扎在桃园、台中、彰化、苗栗、叭哩沙，刚好都跟防军错开（参阅二章一节）。为了执行讨番，他们可是该地重要的武力。但南部则不然，台南府、嘉义县与恒春县本来就驻守一定数额的防军，而此地讨番的工作甚少交由土勇营担任。经过对番战争的区隔，使得台湾南、北民团武力的发展，至此呈

① 孔飞力（Philip A. Kuhn）著，谢亮生等译，《中华帝国晚期的叛乱及其敌人（Rebellion And Its Enemies In Late Imperial China）》（北京：中国社会科学出版社，2002年1月二刷），页217～220。

② 代表人物是前任兵部尚书彭玉麟。参阅洪安全主编，《清宫月折档台湾史料（六）》（台北：故宫博物院，1995年8月），页4531。

③ 洪安全主编，《清宫月折档台湾史料（八）》（台北：故宫博物院，1995年8月），页6535～6536、6566。

④ 中国第一历史档案馆编，《光绪朝朱批奏折（第四十二辑军务）》（北京：中华书局，1995年2月），页853～854。

⑤ 《清宫月折档台湾史料（八）》，页6983～6984。

⑥ 《刘铭传抚台前后档案》，页241～244。

现出二种不同的风貌。

建省前后的开山抚番实不能小觑，因为随之而来的讨番战争，把半个台湾带入烽火当中。中央山地与花东实不在话下，就算前山的府县，只要与生番毗邻之界，亦不时要保持备战状态。这当中就要谈一谈专为防番而设的隘，是不是也有相类似的发展。

2. 隘

何谓隘？简单地说就是防番之地。① 更早的说法是巡防野番（生番）出没之隘口，跟它相关的事物包括：官隘、民隘、隘首、隘丁、隘地、隘租、隘粮、隘寮。乾隆年间由官遴选壮丁，把守扼要巡逻防御，其人称作隘丁。如果在通事或隘丁中公举熟谙隘务者，则称他为隘首。隘丁们平日所需的口粮、铅药、酬劳，以准许他们在附近山麓垦种的方式代给，其地被称作隘地，其隘被称作官隘。如果是民隘，则由承耕各佃或樵夫来选举隘首、隘丁；每年按田园收成鸠资支给谷石或番银，谓之隘粮或隘租。隘丁们在隘旁搭寮而居则名为隘寮。② 同、光时期台湾已到了深山必有隘的地步，此时隘寮也被称为“铳柜”或“铳库”。③ 根据连横的考证，台湾设隘最早始于郑氏，其年代在永历十九年（1664）。④ 连氏的说法仅是一个参考。清代的隘才是本书要讨论的重点。

对于隘的研究，有三位学者的成果不能不提。第一位是日治学者伊能嘉矩。在他的著作《台湾蕃政志》中，首度把隘制演变与防番的关系做一清楚的论述。⑤ 第二位是戴炎辉，二十世纪五六十年代戴氏大量运用《淡新档案》的资料，详细讨论淡水厅治下各隘运作与官府行政控制等问题。⑥ 第三位是王世庆，再继伊能嘉矩之后，成功地把清代与日治隘制的变迁与发展，做一连贯性的讨论。⑦ 本书在这既有的基础上，还要讨论哪些问题呢？其实就是被防军取代的过程。隘与民团都是清代民人的二大武力，虽然最后都被官方收编，但结果却极不相同。因此有必要再做讨论。

清代台湾的隘最早出现于何时，伊能嘉矩认为是雍正十三年（1735）

---

① 连横，《台湾语典》，台湾银行文献丛刊第一六一种，1963 年 3 月，页 21。

② 丁绍仪，《东瀛识略》，台湾银行文献丛刊第二种，1957 年 9 月，页 48。

③ 吴子光，《台湾纪事》，台湾银行文献丛刊第三六种，1959 年 2 月，页 4。

④ 连横，《台湾通史》，台湾银行文献丛刊第一二八种，1962 年 2 月，页 369。

⑤ 伊能嘉矩，温吉编译，《台湾番政志》（台北：台湾省文献委员会，1957 年 12 月）。

⑥ 戴炎辉，《清代台湾的乡治》（台北：联经出版事业公司，1992 年 5 月三刷）。

⑦ 王世庆，《台湾隘制考》，《清代台湾社会经济》（台北：联经出版事业公司，1994 年 8 月），页 373 ~ 414。

彰化县的柳树湳隘（台中县雾峰乡）。① 不过官方有记录的时间，却是在乾隆元年（1736）淡水厅后垅、中港生番出草，北路协副将靳光瀚带兵弹压时，提到“紧要隘口”严加防范一语。② 或许是这件事情的影响，乾隆五年（1740）清廷命令彰化县岸里大社熟番守隘。乾隆十年（1745）福建布政使高山，亦提出在淡防厅日南、嘉志（台中县大甲镇、苗栗市）增隘的构想。③ 乾隆十三年（1748）淡水厅摆接保石门（台北县中和市）的一张古契，忠实反映出设隘的经过。其原委是招伙约字人李成向雷里社土目东义乃购垦山场，当务之急就是建造隘寮请丁把守。④ 熟番守隘的代表性个案就是岸里大社。雍正末年由于平定大甲西社番乱有功，靠着清廷的赏赐与拉拔，该社成为中部熟番势力最大者。然与官府维持稳定关系之余，随之而来就是听调。乾隆二十年（1755）他们负责把守的隘口有四处——校栗林（台中县潭子乡）、旧社岗仔头（台中县后里乡）、朴仔篱（台中县东势镇）、大坑口（台中市东区）。⑤ 守隘可不是一件轻松的工作，由于番丁连年守隘，没有多余的时间力农，因此常把近隘的埔地贌给汉人耕种。但这些土地常被差役讹诈为界外之地，借此向熟番们需索规礼。⑥ 尔后隘的数量有明显增加。乾隆二十五年（1760）单淡水厅即设隘十八处，彰化县也有十处，二处共征熟番 937 名。⑦

乾隆二十六年（1761）纵贯台湾南北的土牛沟完成，一条在地图的“番界”也确定。这条人为的界线对隘的影响极大，因为所到之处都是险要。虽征调熟番守隘，但毕竟人数有限。于是本书大胆推测，至此才开始有汉人守隘，例如：这一段时间出现在杨梅、竹北、平镇的隘口寮。⑧ 乾隆三十一、三十二年（1766～1767）淡水同知段玠招募乡勇分隘防守等等。⑨ 不过这并不表示熟番已被取代，事实上他们对此工作的表现，总是让官方印象

---

① 黄富三，《雾峰林家的兴起——从渡海拓荒到封疆大吏（1729～1864）》（台北：自立晚报，1987 年 10 月），页 95。

② 乾隆朝汉文录副（军机处录副），档号：0522－021，微缩号：036－1045，中国第一历史档案馆藏。

③ 施添福，《清代台湾的地域社会——竹堑地区的历史地理研究》（竹北：新竹县文化局，2001 年 9 月），页 134。

④ 林德喜主修，《重修中和乡志》（中和：中和乡公所，1977 年 12 月），页 94。

⑤ 潘大和，《平埔巴宰族沧桑史》（台北：南天书局有限公司，1998 年 4 月），页246～247。

⑥ 陈秋坤，《清代台湾土著地权——官僚、汉佃与岸里社人的土地变迁 1700～1895》（台北：“中央研究院”近代史研究所，1994 年 12 月），页 202。

⑦ 李桓编，《国朝耆献类征（138）》（台北：明文书局，1985 年 5 月），页 647～664；《清实录—高宗纯皇帝实录（一六）》，页 968。

⑧《清代台湾的地域社会——竹堑地区的历史地理研究》，页 94。

⑨ 台湾银行经济研究室编，《台案汇录己集》，台湾银行文献丛刊第一九一种，1964 年 1 月，页 297。

深刻。就像巡台御史六十七命人绘制的《番社采风图考》，也收录“守隘”一则，提及台湾各县紧邻生番之地，通事、土目每日均派拨番丁，各带镖枪弓箭以防生番出没。①

再者南路的隘仍是以熟番把守为主。较早的记录是乾隆二十七年（1762）凤山县六张犁（高雄县旗山镇）由大杰颠社番守隘。②乾隆四十二年巡台御史觉罗图思义、孟邵的一份奏报，透露出南路隘务的变迁。该县山猪毛（屏东县三地门乡）地方到目前为止，已有二百余庄沿山落户。从前为防止傀儡番出草，共设有隘寮六座把守，派拨熟番巡守。但今昔情况不同，前此山番易出没之区，今已远扬；前此番跡罕到之处，今易出没。于是有改弦易辙的必要。经台湾知府蒋元枢详明，新建隘寮十六座，亦派拨熟番把守；并饬令该丁携眷同住，就近给发埔地让其耕食。更重要的是仿照北路一体筑牛挑沟，使番界清楚可知，兵役不难稽查。③隔年台湾镇总兵官董果，会同台湾道张栋、蒋元枢悉心办理，且在各隘口再盖望楼，让各庄声势互联以兹守御。④

若说重要性，南、北路的隘在官方眼中都是一样，其标准在于地方大员巡阅的记录。乾隆十年（1745）闽督马尔泰、闽抚周学健议复藩司高山的奏折时，再次声称生番隘口一直是稽查的重点。⑤乾隆二十五年（1760）巡台御史觉罗实麟、汤世昌的奏报中，提及所过汛防除考校弁兵外，内山隘口尤须加意防范。⑥而且不止是御史巡阅要注意，连总兵官巡阅时，也要一体稽查，例如：乾隆三十九年十月（1774.11）颜鸣皋、五十一年四月（1786.5）陆廷柱上任之初，随即往生番交界处所视察。⑦

乾隆末期以后疲态开始出现，其症结在于口粮常不发放，导致丁逃隘悬的怪象。隘口空虚的结果，生番就趁机出草。乾隆四十一年（1776）猫罗保民（彰化县芬园乡、彰化市、台中县雾峰乡、乌日乡）因隘番失守，以致被戕杀多命，迫使北路隘番的直属长官理番同知出面善后。⑧除了一般百

① 六十七，《番社采风图考》，台湾银行文献丛刊第九〇种，1961年1月，页69。

② 《台湾番政志》，页89。

③ 乾隆朝汉文录副（军机处录副），档号：1459-013，微缩号：099，中国第一历史档案馆藏。

④ 乾隆朝汉文录副（军机处录副），档号：0447-005，微缩号：030-1537，中国第一历史档案馆藏。

⑤ 乾隆朝汉文录副（军机处录副），档号：1096-048，微缩号：076-2015，中国第一历史档案馆藏。

⑥ 乾隆朝汉文录副（军机处录副），档号：0443，微缩号：030，中国第一历史档案馆藏。

⑦ 乾隆朝汉文录副（军机处录副），档号：0445-037，微缩号：030-1224，中国第一历史档案馆藏；同前注，档号：0451-037，微缩号：030-2143。

⑧ 岸里大社文书出版编辑委员会，《台湾大学藏岸里大社文书（三）》（台北：台湾大学，1998年3月），页1172。

姓因隘悬丧命外，官员有时亦不能免。乾隆五十年底（1786）淡水同知潘凯在夜间行抵老衢崎（苗栗县竹南镇），遭到直加未南、目怀二社生番伏击杀害，他是清代殒命于生番之手最高的文官。事后调查原来是树林隘口疏忽，遂被生番偷袭成功。朝廷除先命竹堑巡检杨馨、北路协右营守备李希仁往拿外，还飞饬臬司李永祺赴台查办，并偕同台湾镇总兵官柴大纪、台湾道永福三路进剿。①

根据柯志明的研究，乾隆二十五年（1760）是"隘番制"开始执行的一年。在该政策下熟番们均被扩大动员，要求作为守边与治安的助力，确立了清廷与熟番彼此的结盟。柯氏认为该结盟有它积极的一面，并非可用熟番守隘导致无法力农；或者清廷对熟番保护地权之余，要求他们以守隘作为回报所能解释。② 这样的积极性，到了乾隆五十三年（1788）林爽文事件被敉平后，因实施番屯制而有更进一步的发展。例如：以岸里大社为主所组成的麻薯旧社大屯，该屯辖下的屯丁四百名，就是负责中部沿山一带的防戍工作。③ 并且还规定社番轮拨守隘，恐不暇自耕，可暂赎给汉人代耕，二三年限满取回。若赎约无通事盖戳，即以违例私赎论。④ 此外亦不要忘了汉人仍持续守隘的事实。乾隆五十五年（1790）闽浙总督觉罗伍拉纳、军机大臣、兵部官员，甚至台湾知府杨廷理，都对汉隘抱持继续运作的看法。⑤ 当时重要的汉隘有四处，全都在淡水厅，包括：蛤仔市（苗栗县公馆乡）的60名隘丁、铜锣圈（桃园县龙潭乡）的25名隘丁、芎蕉湾鸡笼山（苗栗县铜锣乡）的30名隘丁、九芎林（新竹县芎林乡）的隘丁10名。每年应发给口粮谷1680石，折合佛银1680元。⑥ 同年该厅拳山保万顺寮、深坑仔庄，感于"番害"严重，蒙同知袁秉义批准以高槐青为隘首，招佃同隘丁分垦以资粮食。⑦

隘丁除了防番之外，也是官方随时征调的地方武力，乾隆五十六年

---

① 洪安全主编，《清宫廷寄档台湾史料（一）》（台北：故宫博物院，1998年10月），页227～240；洪安全主编，《清宫谕旨档台湾史料（一）》（台北：故宫博物院，1996年10月），页257～279。

② 柯志明，《番头家——清代台湾族群政治与熟番地权》（台北："中央研究院"社会学研究所，2001年3月），页184～189、359。

③ 洪丽完，《台湾中部平埔族——沙辘社与岸里大社之研究》（台北：稻乡出版社，1997年6月），页306。

④ 台湾银行经济研究室编，《清代台湾大租调查书》，台湾银行文献丛刊第一五二种，1963年4月，页768。

⑤ 台湾银行经济研究室编，《台案汇录甲集》，台湾银行文献丛刊第三一种，1959年1月，页14、26、44。

⑥ 台湾银行经济研究室编，《台案汇录壬集》，台湾银行文献丛刊第二二七种，1966年5月，页28。

⑦ 温振华，《清代新店地区社会经济之变迁》（台北：台北县政府文化局，2000年12月），页120～121。

（1791）的一个案例就是台湾镇、道，风闻彰化县南投地方有天地会死灰复燃。然碍于内山密菁捉拿不便，遂命令社丁首黄汉率领熟悉当地地形的隘丁多人，深入群山缉捕脱逃的逸匪。① 另外熟番守隘著名者，淡水厅竹堑社的卫氏家族，也继彰化县岸里社的潘氏家族而崛起。最迟在乾隆六十年十月（1795.11）卫阿贵就为连际盛垦号，在美里庄（新竹县关西镇）担任隘首的工作。该家族在嘉、道时期一直在此扮演重要的角色。②

进至嘉庆朝，隘制的发展已超过半世纪。有几项重点颇值得注意：第一是熟番守隘与给膢的问题。嘉庆二年（1797）岸里社在总通事潘亮慈的协调下，一改隘番守隘无酬的方式，每名每日可支给食米一升五合作为口粮。③ 不过改善隘番的待遇后，能提高他们的士气吗？看来未必。嘉庆五年（1800）北路理番分府的一张贴示，告知了隘番深受汉佃霸耕所苦的事情。加上汉人还屡次私越南势坑、乌牛栏、东势角、投标埔、麻薯旧社（台中县丰原市、东势镇、后里乡）的番界，一旦被生番馘首反诬熟番守隘不力，抬尸讹索不胜其扰。④ 再者，新支的隘丁口粮是从番社的公费拨给，若公费的收取出了状况，口粮的发放也势必拖欠。《岸里社文书》就收录了嘉庆十八、二十一年（1813/1816），总通事潘集体向万兴头家商借白米的借据。⑤

同样在嘉庆二年卫阿贵出任新兴庄垦户隘首后，事业做得更大。辖下的九个隘首必须向他缴纳隘租，包括：彭玉乡、姜殿邦、卫寿宗、众佃、郑国良、卫国贤、金万成、徐炳成、连日昌。⑥ 时至嘉庆二十五年（1820）为止，淡水厅竹北二保的九钻头、山猪湖、猴洞、十股林、石壁潭、水坑、南河、燥坑、上下横坑、山猪湖洞、新兴庄（新竹县芎林乡、横山乡、关西镇）生番猖獗，于是更需要设隘防番。⑦ 此时卫寿宗就向淡水同知胡振远，禀举竹堑股户陈长顺为合兴庄业户。胡氏答应请求并给予陈长顺谕戳，准许

① 中国第一历史档案馆、中国人民大学清史研究所合编，《天地会（五）》（北京：中国人民大学出版社，1986年5月），页376。

② 陈运栋等，《斗葛族人——道卡斯族研究道论》（苗栗：苗栗县立文化中心，1998年6月），页113。

③ 《清代台湾土著地权——官僚、汉佃与岸里社人的土地变迁1700～1895》，页136。

④ 《清代台湾大租调查书》，页769～770。

⑤ 岸里大社文书出版编辑委员会，《台湾大学藏岸里大社文书（二）》（台北：台湾大学，1998年3月），页857、858。

⑥ 张炎宪、李季桦，《竹堑社势力衰退之探讨——以卫姓和钱姓为例》，《平埔研究论文集》（台北："中央研究院"台湾史研究所筹备处，1995年6月），页180、194。

⑦ 吴学明，《金广福垦隘与新竹东南山区的开发1834～1895》（台北：台湾师范大学历史所，1986年2月），页27。

他就地设隘建造炮柜。① 到了这里可以发现二件事，其一，隘因为本身拥有武力，为怕它有太阿倒持的可能，官府对它是处于管控的状态。其二，与岸里社潘氏相比，竹堑社卫氏掌理隘务就顺利许多；其中的关键就在于前者类似服劳役般必须守隘，而后者是把它当成事业在经营。

第二是汉人守隘与贌垦的问题。理论上隘的设立必须得到官方的许可，但也有例外。嘉庆元年（1796）吴沙入兰就是一个很好的例子。在清廷还没有把噶玛兰纳入版图时，漳籍头人吴沙即带垦民入兰开垦。但兰地生番势强，于是吴氏在沿山设隘寮十一处，取名"民壮寮"，而这些隘肯定是没有经过官方核准的。② 不过这毕竟是个"例外"，至少在前山的隘，大部分还在官府的掌控。嘉庆二十二年（1817）有三个案说明，一是淡水厅同知徐景扬准许摆接保石门设隘防番，隘丁首林开成除负责招募隘丁外，还要招佃垦耕抽收口粮。③ 二是噶玛兰厅通判陈蒸发给大里简隘首吴宋谕戳，准其督率隘丁开垦隘寮附近的埔地。④ 三是淡水厅拳山保青潭地方（台北县新店市）的古文书，其内容十分有意思，涉及的相关人士有隘丁、结首、垦户、番目。大意是说前一年蒙同知张学溥给谕，准予在此设隘；但因公费浩繁鸠用维艰，致隘丁瓦解佃众星散。现在要重新来过，雇请乡勇防堵生番。此触及一个很重要的问题，就是汉隘只要经营不善就有瓦解的可能。青潭原本是雷朗社的社域，但他们却不用守隘；反把这块地贌给汉人开垦，呈现出与台中、新竹都不一样的发展。⑤ 当然贌垦隘口附近的土地，也不一定都是赔本的生意。例如：雾峰林家向隘丁首郑万禄、隘丁苗秀等二十五人，承贌黄竹坑隘旁边柴坑社的土地，就是一项有利可图的事业。⑥

第三是汉人因隘防壮大武力的问题。官府怕太阿倒持不是没有原因，因为就曾发生这样的案例。嘉庆十九年（1814）水沙连隘丁首黄林旺，勾结嘉义、彰化县民人陈大用、郭百年，以及台湾府门丁黄里仁。诈称生番愿意献出土地与汉人耕作，知府准其申请，郭百年等蜂拥进入埔里，借口为高官侵占番地虐杀番人。⑦ 嘉庆二十二年（1817）淡水厅发生一起诉讼案，隘首

---

① 张炎宪、王世庆、李季桦主编，《台湾平埔族文献资料选集——竹堑社（上）》（台北："中央研究院"台湾史田野研究室，1993 年 5 月），页 68 ~ 69。

② 廖风德，《清代之噶玛兰》（台北：正中书局，1994 年 11 月二刷），页 166。

③ 台湾银行经济研究室编，《台湾私法物权编》，台湾银行文献丛刊第一五〇种，1963 年 1 月，页 478 ~ 479。

④ 陈进传，《宜兰传统汉人家族之研究》（宜兰：宜兰县立文化中心，1995 年 5 月），页 309。

⑤ 《清代新店地区社会经济之变迁》，页 42 ~ 43。

⑥ 《雾峰林家的兴起——从渡海拓荒到封疆大吏（1729 ~ 1864）》，页 103。

⑦ 《台湾番政志》，页 140。

廖科第、业户郭陈苏控告贡生林特魁，责他意图强占金山面厚力林（新竹市东区）的土地。透过这卷案宗附的绘图，得知当时在厅城竹堑附近共有双溪、大崎（新竹县宝山乡）、金山面隘，招募隘丁六十人，以及员山仔（新竹县竹东镇）废隘。该案缠讼至道光五年（1825）才判林特魁败诉。不过这当中发生案外案，有人具告业户郭陈苏以设隘，得有武力之便霸占他人田产，且率“党众十余猛，各执器械鸟枪”恃强凌弱。①

道光朝是全台隘数与名称，首次有较完整记载的时期。从中可以发现其中几个重点。其一，论兴建年代，南路的隘都是在乾隆朝所建，到了道光朝还持续运作。其二，论守隘的人，南路是以熟番为主，但在宜兰是以汉人为主。其三，论隘的数目，屏东平原有十七座，兰阳平原有二十座。其四，论防御与保护的对象，南路防御的傀儡番，就是今日的鲁凯、排湾族；宜兰防御的王字番，就是今日的泰雅族；二地的隘保护的对象都包括民番。道光二十七年（1847）担任台湾知府仝卜年幕友的丁绍仪，记下了当时全台隘数总额。即台湾县不设隘，凤山县民隘 12 座，隘丁 186 名。嘉义县官、民隘共八座，隘丁 120 名。彰化县官、民隘共 16 座，隘丁 218 名。淡水厅官、民隘共 27 座，隘丁 528 名。噶玛兰厅官、民隘共 20 座，隘丁 72 名。还说淡、兰二厅各隘如故，凤、嘉、彰三县各隘半已不知去向。②

丁氏的记录仅做参考，但他提到了一个重点；就是只有淡、兰二厅各隘还再运作，其他的地方都维持不力。然而为什么会维持不力，除了隘务乏人管理外，当地的生番已不具有威胁，可能也是原因之一。所以说越是隘务运作越佳的地方，当地的番害越大。此点可以再往后证明。另外丁氏还提到“官隘”、“民隘”，虽然前文已做过解释，但根据戴炎辉的研究，官、民隘的区分可以用隘费的负担，再做更细致的讨论。大抵官隘可分为四种，包括：1. 全官隘，只有二个——上述提到的九芎林隘，以及道光六年（1826）淡水厅的石碎仑隘（新竹县关西镇）。2. 官四民六隘，上述提到的蛤仔市、铜锣圈、芎蕉湾鸡笼山隘就是属于此。3. 屯隘，道光六年成立的三湾隘（苗栗县三湾乡）即是。4. 隘丁团体隘，其代表性就是噶玛兰厅的隘。民隘可分为二种，包括：1. 公隘，上述提到杨梅、平镇、竹北的隘属于此。2. 垦户隘，其代表性就是新竹的金广福。③ 按照丁、戴二氏的分法，只要是熟番把守的隘，就一定是官隘；但汉人把守的隘，官、民隘皆有。然而不管

① 淡新档案，第一编行政，第七类抚垦，第三款隘务，案码 17301～17303，页码 121214～121680，台湾大学图书馆藏。

② 《东瀛识略》，页 48～49。

③ 《清代台湾的乡治》，页 543～548。

是官、民隘，或者是汉、番隘，他们是与官方呈现出的互动，才是本书所关心。以下就以该阶段资料存留最多的宜兰、新竹、苗栗为例，说明隘制在该地的发展。

在宜兰方面，道光十二年（1832）编纂的《噶玛兰厅志》，对于隘的记录有别于之前。当时被废掉的隘有乌石港、大里简、远望坑、二结、三结、旱溪、清水沟隘；新设的隘有枕头山、颖广庄、内湖、三阄仔、大埤、摆燕山、葫芦堵、泉大湖隘。这当中可以发现到一点是，从嘉庆十五年（1810）噶玛兰设厅开始，至此已有二十余年的时间。汉人入垦的势力，迫使位于今头城镇、宜兰市地方的生番不得不远扬。所以废掉当地的隘，再改设于番害较严重的地区，例如：员山、礁溪、冬山、三星乡。早在道光四年（1824）噶玛兰厅通判吕志恒就记录，该厅隘丁总共有 226 名。第二任通判翟淦就曾提出，可以把隘地旁的土地，拨给隘首招佃垦耕的构想。但由于与原奏不符遂被否决。尔后在台湾知府方传穟的支持下决定照办。于是从以往责令附近诸佃，按田园甲数鸠给隘费的做法；改为由官府丈量隘旁土地，发给垦照由佃首募垦。① 道光十七年（1837）该厅隘丁总人数再降为 176 人。② 然而道光二十三年（1843）该厅人数有了大幅度的成长。按福建巡抚刘鸿翱奏报，由于生番伤人案件增多，隘丁人数已增募至四百名，通计动用口粮银 5142 两。③ 施添福对宜兰的隘防与聚落关系，有着独到的看法。他认为早期隘丁口粮是由附近民庄田甲匀给，隘丁只负责守隘，并未参与土地开垦。后期虽有隘地，但地狭丁少。因此总的来说隘防与隘垦，对于兰阳平原社会基层自治空间领域的形成，并未造成明显的影响。④

在新竹方面，道光十四年（1834）垦户隘的代表作——金广福成立。根据吴学明的研究，淡水厅同知李嗣业在同年十二月示谕姜秀銮，在堑南横岗顶建隘防番是金广福的开始。⑤ 那么要问的是金广福的隘务跟他处相比有何不同？也就是说何谓垦户隘？“金广福”实际上一个垦户的名称，不是一个隘的名称。垦户是一个开垦团体，以它来说之下有二个总垦首（垦户首）负责业务，一为粤籍的姜秀銮，一为闽籍的林德修。⑥“广福”之名，也是二人户名合串。当时李嗣业有感于竹堑之前的隘寮建设未周，

---

① 姚莹，《东槎纪略》，台湾银行文献丛刊第七种，1957 年 11 月，页 49～51。

② 柯培元，《噶玛兰志略》，台湾银行文献丛刊第九二种，1961 年 1 月，页 25～27。

③ 台湾银行经济研究室编，《台案汇录乙集》，台湾银行文献丛刊第一七三种，1963 年 6 月，页239。

④ 施添福，《兰阳平原的传统聚落——理论架构与基本资料（上册）》（宜兰：宜兰县立文化中心，1997 年 5 月修订版），页 46～47。

⑤ 《金广福垦隘与新竹东南山区的开发 1834～1895》，页 36。

⑥ 《台湾私法物权编》，页 475～476。

所以先提拨番银一千元（约690两），交给姜秀銮建隘楼15座，招募隘丁160名；其余不敷部分，再向各股户鸠捐番银一万余元融资。隘务运作之初，官府又怕重蹈费尽隘废的覆辙；亦允许可把山中硿籐栳料卖予军工匠，所得款项用来贴补。① 可见金广福的成立，官府是背后重要的推手。为了使垦务能夠顺利推动，防番的隘是必须设立，所以金广福之下才有许多隘。

“中央研究院”台湾史研究所典藏不少跟金广福相关的古文书，其内容有助于了解这一连串的过程。早在金广福设立之前，竹堑山区就有不少隘。其中一部分是竹堑社熟番钱氏所有。道光十五年（1835）的一份合约，透露该社通事钱旺富跟金广福取得妥协，在员山仔庄（新竹县竹东镇）界址堆做土墩，界内田园租谷归钱氏所有，界外不管是随垦随抛、未垦未开山园归金广福所有。② 道光十七年（1837）金广福又与九芎林、南势山、三重埔、四重埔（新竹县竹东镇、芎林乡）众佃达成协议。后者愿意割四重埔草地一块给前者，代价是前者必须来此设隘保护庄民，且将周围旧有官、民隘尽付移交由金广福承接。③ 这项交易以番银八十大元成交，又批明三重埔以外，以及铳柜之下外泥桥、内窝一带未分田园，待日后按股划分不得冒争。④ 当然加入了旧隘，使得金广福的武装力量更大；但此时有一个隐忧浮现，就是截至道光二十年（1840）为止，金广福仍呈现入不敷出的状态。同年的一份地契载明，除官给外尚不敷隘粮千余元，其解决之道就是再集资挹注。⑤ 道光二十九年（1849）金广福已是一个下辖四十余座隘，招募隘丁一百五十余名的垦户，但是隘费不继的问题始终没有解决。⑥ 隔年发生佃户抗缴隘粮的情事，这些佃户以上员山、下员山、二重埔、三重埔、企林南隘、宝斗仁、新城仔、中隘、大二抨、茄冬湖（新竹县竹东镇、宝山乡）最多。迫使淡水厅同知史密不得不晓谕各佃，劝他们放弃顽抗否则扭禀行辕严惩。⑦

吴学明的研究显示，竹堑山区因金广福的出现，使的隘线有了连贯。从竹东镇的树杞林开始，向西连接豆仔埔—三重埔—员山仔—新竹市金山面—

① 姜重烈文书－金广福文书（一），编号：T035D035.482，“中央研究院”台湾史研究所筹备处藏。

② 姜重烈文书－金广福文书（一），编号：T035D035.003，“中央研究院”台湾史研究所筹备处藏。

③ 姜重烈文书－金广福文书（一），编号：T035D035.104，“中央研究院”台湾史研究所筹备处藏。

④ 姜重烈文书－金广福文书（一），编号：T035D035.100，“中央研究院”台湾史研究所筹备处藏。

⑤ 姜重烈文书－金广福文书（一），编号：T035D035.070，“中央研究院”台湾史研究所筹备处藏。

⑥ 《台湾平埔族文献资料选集——竹堑社（上）》，页70～71。

⑦ 姜重烈文书—金广福文书（一），编号：T035D035.266，“中央研究院”台湾史研究所筹备处藏。

宝山乡大崎—双溪—新竹市青草湖—宝山乡茄苳湖。① 这条隘线是有实际的功能。道光十五、十七、二十九年进入南兴庄（新竹县北埔、宝山、峨嵋乡）的垦民，靠着它与生番激战数次，彼此死伤百人以上。② 但最后还是汉人取得胜利，生番退入今五峰、尖石山区。有过之前隘丁难制的经验，现在金广福壮大至此，官府难道不怕吗？上述提到的致命伤，就是隘务经费乏源的问题。这也就是官府为什么在它势盛时，还一直要当它后盾的原因。靠着对经费的监视或支持，金广福势大也始终在官方的掌握下。

在苗栗方面，主要是讨论隘首举充人选的问题。淡水厅竹南三保日北火焰山南势林坑口隘（苗栗县苑里镇），是一个拥有六名隘丁编制的隘。道光七年（1827）总理郭铨锥保举郭桃充当隘首，期间还算胜任愉快；但十六年（1836）郭桃对隘务有了怠惰，屡让生番出草得逞遂被撤换。众佃此时公举温隆伯为新隘首，但郭桃心有不甘，兴讼诬指温氏为棍徒，冀望能夺回隘首职位。道光十八年（1838）淡水厅同知龙大惇判决温隆伯胜诉。尔后温氏取得公议，把隘丁从六人减异成五人。原本应该尽心尽力才是，孰料在道光二十一年（1841），以“思念老母欲回铜锣湾（苗栗县铜锣乡）奉养为由”自行辞退，另举日北社熟番阿庄自代。后来经总理梁妈成状告，才得知温氏也是办隘不力；无奈此人真是棍徒之流，隔年又回庄瞒充撞骗。道光二十二年（1842）众佃再公推林福为隘首，然二十四年（1844）因林福的疏失，导致庄民郑呈六被番馘首，郑誉被铳伤。③

从这一个案中不难发现，隘首是一个吃力不讨好，但又可能潜藏无限利益的工作。所以一旦被人辞退，通常都会想办法复位。而隘首除了要堵御生番出草外，对于汉人番割私自与生番交易者，也要留心防止。④ 至于隘丁在守隘的过程中有无奖赏和处罚？道光九、十年（1829～1830）青潭地区的二份契字，告诉了我们答案。前者规定若能截杀凶番头颅五颗以上者，每颗赏银四十元；五颗以内，每颗赏银十元。但是巡逻松弛导致庄民被害，每一名隘丁要罚收埋银十二元（约8.28两）。后者的罚款更高，每一名隘丁要罚收埋银十二两五钱。⑤ 道光十二年（1832）张丙之乱过后，闽浙总督程祖洛所列的善后事宜中，内有一条就是整复隘口以杜勾番滋事。盖因于“番割”

---

①《金广福垦隘与新竹东南山区的开发1834～1895》，页37。

②《清代台湾的地域社会——竹堑地区的历史地理研究》，页107。

③ 淡新档案，第一编行政，第七类抚垦，第三款隘务，案码17301～17303，页码121508～121677，台湾大学图书馆藏。

④ 淡新档案，第一编行政，第七类抚垦，第一款社务，案码17101～17115，页码119553～119554，台湾大学图书馆藏。

⑤《清代新店地区社会经济之变迁》，页147～149。

日众，汉番纠纷激增。大学士曹振镛议复时，对此表示严办，并建议列入刑律成为台湾专例，上谕裁示许可。①

咸丰朝隘务的资料还是以新竹居多。道光末期金广福对于北埔东面迤南，至峨嵋一南直达三湾的区域，开垦积极性降低。于是欲深入内山的垦民，只能采自组垦号，向金广福申请垦权，最重要的是还向它借调隘丁，形成所谓的“抱隘”。② 抱隘又称贌隘，意思是将一切隘务责成承抱人办理，由承抱人募丁建隘防守，但必须禀请官方发给隘首谕戳。③ 其实抱隘的对象有时并不是只有金广福而已，咸丰六年（1856）的一份契约写明整个过程的原委。当时佃户金联昌向金广福抱得隘丁 48 名，铜锣圈垦户温克让抱得隘丁 12 名，三湾山塘背垦户金东和抱得隘丁 13 名，总共有 73 名，每年支付丁粮谷共 2365 石。抱隘期限二年，期间隘丁不测，金联昌悉照旧例而行；若遇紧急公务，各垦户可呼唤调用，募隘人不得抗违。④ 再者还有以“借隘”的形式行抱隘之实。例如：咸丰七年（1857）佃户金福成向金广福借出隘丁 14 名，树杞林垦户金惠成借出隘丁 20 名，总共有 34 名，由垦户首姜荣华帮理隘务，借隘期限八年。比较特别的是期满之日，佃户在垦地修筑的堵陂水圳，亦任由金广福主宰。⑤ 咸丰九年（1859）的一张契据说明除了别人向金广福抱隘之外，金广福也有向别人抱隘的记录。原委是当年金广福向金广和抱得隘丁 16 名，金泰和抱得隘丁 28 名；结果人数似嫌不夠，金泰和又向钟盛兴、黄庆兴、萧鸣皋三垦户募得隘丁 22 名。人数总共 76 名，每名隘额工食铅药谷 33 石，一共是 2508 石（一石值番银一元，所以是 2508 元，约 1730.52 两）⑥。

抱隘的出现使得隘丁的招募，变得有更像“雇佣兵”；原本是该地自己设法的隘防，现在全都委托给专业守隘团体负责。针对于此隘丁首角色的扮演就非常重要。其隘防的成败，不再是以往隘费不继所能搪塞了事。咸丰六年（1856）咸菜瓮庄的一份契字，内容载明欲更换隘丁首，则是全庄 122 名佃户都要出面的大事。事情经过是竹堑社熟番卫荣宗，因与罗、彭二姓佃户构讼自行禀退。经众佃同意后，新举垦户姜殿邦为隘丁首，并带领原隘 60

① 《台案汇录甲集》，页 119～120、135；洪安全主编，《清宫谕旨档台湾史料（五）》（台北：故宫博物院，1997 年 10 月），页 4034～4036。

② 《金广福垦隘与新竹东南山区的开发 1834～1895》，页 132。

③ 《清代台湾的乡治》，页 592。

④ 姜重烈文书－金广福文书（一），编号：T035D035.479，“中央研究院”台湾史研究所筹备处藏。

⑤ 姜重烈文书－金广福文书（一），编号：T035D035.427；同前注，编号：T035D035.479，“中央研究院”台湾史研究所筹备处藏。

⑥ 姜重烈文书－金广福文书（一），编号：T035D035.438，“中央研究院”台湾史研究所筹备处藏。

名的隘丁。不过姜的首要任务不是如何防番，而是处理卫氏留下的烂摊子——二千八百余石的隘费亏空。① 另外还有官府介入主导的个案。例如：咸丰十年（1860）彰化县龙眼林隘（南投县中寮乡）隘丁首张荣，因年迈目瞽、隘务废弛遂被革职。理番同知姚鸿谕令管下各庄董、通土等人，协同隘番克日邀集佥举壮番一名为新隘首。②

一个隘的建造要花多久时间呢？如果把旁边土地开垦的过程一并算入，多则十余年，少则二年（上文抱隘的期限）。淡水厅拳山保屈尺（台北县乌来乡）的一张契约，记录从咸丰七年（1857）设隘到同治十三年（1874）垦毕分管，竟然历时十四年才告终。③ 即便是隘建立之后，受到雨淋日晒养护也很困难。《淡新档案》收有咸丰七年（1857）淡水厅的一份禀文，提到竹南二保义首张进生督建的大坑隘柜（苗栗县公馆乡），才建好一个月就被洪水冲坏；结果众佃不愿意再缴公费，引发官府对张氏办事不力的误会。④上文提到在道光二十九年（1849），金广福因隘租收缴费时的问题，事实上同知黄开基还特别把树杞林垦户金惠成，须缴纳的屯租转给金广福以求挹注。这数目是多少呢？咸丰二年（1852）的契据透露出是番银 34.8 元（约 24.01 两）。从乾隆朝崛起的竹堑社卫氏，在咸丰朝显得后继乏力。除了上面提到的讼案之外，咸丰四年（1854）卫荣宗竟积欠隘丁 465 元（约 320.85 两），迫使同知丁曰健不得不出面提讯到案。⑤ 而隘除了是武力组织，也是一个吸金的单位。上文所列举的例子，隘费的总额少则数十两，多则上千两。这些数目总会让一些有心人觊觎。大概从咸丰以后，随着台湾开垦脚步渐入内山，隘数的增多使得侵吞隘租的案件也跟着增多。⑥

同治朝是台湾隘务发展一个关键性的阶段，因为它正处于开山抚番政策执行的前夕。随着山林日辟，中、南部防番功能早已降低，因此文献不一一记载。例如：彰化县辖下的 16 座隘即是。⑦ 同治六年（1867）台湾县罗汉门的一块石碑，上面亦明白写着该地隘丁垦耕的范围，包括：木栋仔园、菁荖埔、芋仔园、菜头园、苦苓埔、埤湖内、外湖等（高雄县内门乡），其收

---

① 姜重烈文书－金广福文书（一），编号：T035D035.520，“中央研究院”台湾史研究所筹备处藏。

② 《台湾私法物权编》，页 488～489。

③ 《清代新店地区社会经济之变迁》，页 141～145。

④ 吴密察主编，《淡新档案（六）：第一编行政/财政类》（台北：台湾大学图书馆，2001 年 6 月），页 213～214。

⑤ 姜重烈文书－金广福文书（一），编号：T035D035.268，“中央研究院”台湾史研究所筹备处藏。

⑥ 淡新档案，第一编行政，第七类抚垦，第三款隘务，案码 17305～17328，页码 121681～122248，台湾大学图书馆藏。

⑦ 叶宗元，《台湾府舆图纂要》，同治五年抄本，北京大学图书馆藏。

成每年提粟276石以充公用。① 至于在噶玛兰厅方面，厅辖的20座隘，不论地点与数目都和道光十二年（1832）相同，仅在守隘的人数上有所增减异。隘丁人数的增加肯定是跟番害为患程度有关（例如：摆燕、金面山、颖广庄、外员山、大湖隘），但下降不一定是跟番害有关，也有可能是跟隘费不继有关（例如：白石山、鹿埔隘）。由于本书欠缺各隘细部的资料，因此只能做推测到止。

不过在淡水厅方面却不是这样，当时厅辖隘数至少有74座之多。这跟道光二十七年（1847/见上文）丁绍仪记录的27座隘数相比，差距接近三倍之多，可见该厅向内山开垦时，所遭到生番的抵抗是多么强烈。而在所有隘数中，以大姑嵌地方（桃园大溪镇）集中了46座最为特别。《淡水厅志》提到同治初年采访时，该区垦地最多，且可以直达山后（花东）；但隘丁良莠不齐，土地渐辟的结果，盗贼也日渐增加。《厅志》忠实地记载当时的现况，告诉我们招募隘丁来防番，不一定能够维持当地社会的秩序，有时也要冒着“引狼入室”的风险。甚至隘丁首本身就充任番割，已破坏清律不准私下与生番贸易的规定。地方官苦于鞭长莫及，于是与隘防地区治安日坏。② 同治十二年（1873）淡水厅同知陈星聚终于痛下决心整顿，做法有二：一为再进行大规模联庄以廓清此辈，另一为谕示各垦户不得滥与番割充当隘丁（首）。③

有理由相信同治朝台湾的隘数已突破百座。因为淡、噶二厅隘数总合已达94座，但不要忘了还有金广福的事业。金广福“大隘”应是指金广福所辖各隘的总称。上述提到道光二十九年（1849）金广福就辖下40座隘，这些隘在同治甚少变化。同治元年（1862）抱隘的事业仍在进行，除了抱隘前双方需要订立合同外，如果中途退隘更需要再订合同。不过遇到这种情形，金广福通常就会把山林地领回自行办理垦务。④ 在金广福邻近的三湾地区（苗栗县三湾乡），同治十年（1871）所签订的一份契字十分有趣，大意是垦号赖福安向李逢春“总爷”承募地方隘务，后来抛荒认废由金协成垦号接手。总爷原本指绿营兵（见二章一节），但在这指的是屯把总。由于此

① 台湾银行经济研究室编，《台湾南部碑文集成》（南投：台湾省文献委员会，1994年7月，页496~497。

② 陈培桂，《淡水厅志》，台湾银行文献丛刊第一七二种，1963年8月，页50~51、458。

③ 淡新档案校注出版编辑委员会，《淡新档案（三）：第一编行政/民政类》（台北：台湾大学，1995年10月），页256~259。

④ 姜重烈文书－金广福文书（一），编号：T035D035.481，“中央研究院”台湾史研究所筹备处藏。

地是竹堑大屯的辖区，隘务发起由屯弁先开始，则是相当少见的特例。①

同治六年（1867）南路琅峤发生罗妹号船（Rover）事件，导致一连串涉外纠纷。清廷善后工作之一，就是在风港（屏东县枋山乡）、琅峤（屏东县恒春镇）各招募闽粤番三籍人士，选举正副隘首一，隘丁五十名，作为救助海难之人。② 不过这二处官隘显然没有发挥实效。例如：同治十三年（1874）日本兴兵牡丹社，仍托词琉球海难船民遭生番杀害即为明证。但当时闽浙总督李鹤年却辩称，前年该隘曾搭救过中州（琉球八重山贡船）难民，所以并非隘务松弛导致战火。③ 牡丹社事件的问题，本书将在第四章第三节谈到，只是此个案透露了同治朝官、民对建隘的急切。潮流所趋定会有迎合时局的人出现，同治二年（1863）年方24岁的淡水厅竹北二保杨梅坜人黄南球，组织金万成垦号拓垦三湾南坪。④ 金万成设隘后，便与北面的三湾隘、金广福大隘联成一气，成为中港地方的屏障。同治十年（1871）金万成垦业大致完成，此时黄氏再凑股创办金协成，向屯把总李逢春抱隘（见上）。⑤ 黄南球事业的企图心，将在往后活跃于桃竹苗山区。

光绪朝台湾隘务发展可以分为二个时期——建省前后。光绪元年至十一年九月（1875～1885.10）是隘丁全面防军化前最后一个时期。由于此时台湾正执行开山抚番，一些不同于以往的情况随着发生。首先是生番的抵抗更趋激烈。光绪元年（1875）淡水厅拳山保番仔寮坑（台北县坪林乡）的一张契约，写明该年生番大举出草，山民被杀毙31命后才亟思设隘。⑥ 光绪初，新竹县咸菜瓮（关西）也建立起26座隘，巩固了金广福北面的隘防。⑦ 其次是旧隘迁徙的事情。这一点在金广福看得最明显。但徙隘毕竟是费时费钱的工作，光绪十、十一年二月（1884/1885.3）的两张契字，说明了众人还得大费周章重新立据的经过。⑧ 其三是有兴趣参与隘务的人士增多。例如：黄南球在光绪二年（1876）承抱竹南二保陆成安的隘务，并入垦狮潭、下捞地区（苗栗县狮潭乡）。光绪十年（1884）大坑口隘首张益安、中隘隘

---

① 三田裕次文书（一）－北中南地区文书，编号：T020D020.035，“中央研究院”台湾史研究所筹备处藏。

② 洪安全主编，《清宫月折档台湾史料（二）》（台北：故宫博物院，1994年10月），页1227～1233。

③ 王元稺，《甲戌公牍钞存》，台湾银行文献丛刊第三九种，1959年6月，页44。

④ 邱彦贵、吴中杰，《台湾客家地图》（台北：城邦文化事业股份有限公司，2001年5月），页48。

⑤ 黄卓权，《黄南球先生年谱初稿（一）》，《台湾风物》，第37卷第3期，1987年9月，页142；黄卓权，《黄南球先生年谱初稿（二）》，《台湾风物》，第38卷第1期，1988年3月，页58～61。

⑥ 《清代新店地区社会经济之变迁》，页28。

⑦ 邱瑞杰，《清末关西地区散村的安全与防御》（竹北：新竹县立文化中心，1999年6月），页69。

⑧ 姜重烈文书－金广福文书（一），编号：T035D035.535；同前注，编号：T035D035.536，“中央研究院”台湾史研究所筹备处藏。

首黄福安、佃户张玉昆等联名保举黄氏抱隘，开垦八角林、下湖仔（苗栗县狮潭乡）。① 抱隘的工作无独有偶地也在三湾一带进行。总爷李逢春仍把管辖之地招人开垦。光绪七年（1881）垦户黄旺麟因守隘不力，自愿把向李氏抱隘的业务转给金万昌垦号经营。同样的例子二年后也上演，光绪九年（1883）黄富章、黄福章兄弟也是守隘不力，遂自愿把向李氏抱隘的业务转给黄锦章经营。② 值得注意的是有两个家族，也这波浪潮中寻求表现；一是竹堑郑家，另一是龙潭萧家。前者正是“开台进士”郑用锡的族系，光绪初年由其侄郑如磻出面，与钟石妹、徐廷胜组织金全和垦隘，开发横山庄大山背地区（新竹县横山乡）。③ 后者本是霄里社熟番，早在乾嘉之时对于铜锣圈的开垦就具有影响力。从道光三年（1823）萧东盛主持该区明兴庄隘务开始，到光绪十年（1884）已是一个拥有隘丁三百名的大隘。④

光绪十一年九月（1885.10）台湾筹备建省，首任巡抚刘铭传清楚隘制之后，进行史无前例的大改革——收编全岛之隘成为官隘。不仅如此还裁撤隘粮名目，解散隘丁，并以淮军隘勇取代（参阅表四十五编号25）。⑤ 与民团相较，隘作为民人另一股重要的武力，最后的结果却不是“防军化”，反而是被防军所取代。这是为什么呢？事实上若明白继清法战争之后，还有更大一场战争将要展开（长达十年的开山抚番战争），就不难了解刘铭传所做的决定。有三点原因以兹说明：其一，从隘的性质来说，建省以前的隘侧重的是防御面，但现在官军强调的是主动出击；加上先前民隘呈现疲态的记录，使得全面改制是必要的。其二，对成员的组成来说，之前隘丁良莠不齐、隘丁首充任番割，已让官方充满了戒心；这也是为什么官方宁愿解散原有的隘丁，也不对他们进行防军化的重要原因。其三，对指挥调度来说，先前隘的经营者，都是各地的头人；假若官府要役使他们进行讨番，能否在短时间内整合彼此的战力颇有疑问；何况台湾建省后，已是淮军独大的局面，刘氏在调兵遣将的过程中，当会选择与自己兵将最相习的队伍。

① 黄卓权，《黄南球先生年谱初稿（二）》，《台湾风物》，第38卷第1期，1988年3月，页71；黄卓权，《黄南球先生年谱初稿（三）》，《台湾风物》，第38卷第2期，1988年6月，页62~64；黄卓权，《黄南球先生年谱初稿（四）》，《台湾风物》，第38卷第3期，1988年9月，页82~83。

② 三田裕次文书（一）－北中南地区文书，编号：T020D020.037；同前注，编号：T020D020.039，“中央研究院”台湾史研究所筹备处藏。

③ 黄朝进，《清代竹堑地区的家族与地域社会——以郑、林两家为中心》（台北：“国史馆”，1999年6月二版），页78~79。

④ 张素玢，《龙潭十股寮萧家——一个霄里社家族的研究》，《平埔研究论文集》（台北：“中央研究院”台湾史研究所筹备处，1995年6月），页109~112。

⑤ 《清代台湾的乡治》，页539。

先前的看法认为建省后刘铭传改革隘制，只是建立“上层的指挥系统”，旧的官、民隘人员并未改变；也就是说以往的隘丁全部保留，仅更动上头的领导者。① 此看法实有待商榷。在此要先厘清一本质性的问题，那就是隘勇等不等于隘丁。从前文的叙述来看，两者的本质完全不同；前者是统治者的武力——防军，后者是被统治者的武力——隘丁。由这个问题再衍生出，怀疑隘丁人数颇众，官方不可能把原有一大批人裁撤，然后再招揽一批新的人，就显得站不住脚。实际上清廷就是这样去执行。上文提及同治朝台湾的隘数已突破百座，若以每隘 10～15 名隘丁估算，未改制的台湾隘丁人数约在 1000～1500 名。改制后的淮军隘勇三营（参阅表四十五编号 25），人数也在 1500 左右，完全可以取代既有的隘丁，而不会造成战力真空。

另外亦有把台湾建省隘勇的发展尝试分期，定名为郑有勤（1886～1889）、淮军隘勇（1890～1892）、五营隘勇（1892～1895）、割台（1896 以后）四时期。② 这样的分法有弄混台湾防军发展之嫌。盖因为所谓的“五营”，就是林朝栋的“栋字营”，本质属于土勇营而非防军。其实从都司郑有勤开始，台湾就是进入淮军独大的局面，不必等到第二期所谓淮军隘勇营的出现。如果执意在防军前面冠上“隘勇”字眼，才表示在执行守隘的工作，那就太不了解建省后隘勇的任务。事实上当时隘勇不见得守“隘”，他们入山讨番固守的据点都是碉、哨、营盘为主；他们在营伍前会冠上隘字，仅是表示他们专责区域是防番之地（见标题释义）。北京国家图书馆珍藏二张台湾地图证实了此看法。一张是光绪十一年（1885）初绘制的《台湾山水图》，清楚标明在宜兰、淡水、新竹县还有不少隘；但另一张光绪十三年（1887）绘制的《台湾内山番社地舆全图》，上面的隘全部消失，③ 更何况非隘勇营的防军也可以加入讨番，例如：光绪十二年（1886）进入新竹山区的武毅副营，光绪十五年（1889）敉平吕家望番的镇海后军。④ 所以实不必拘泥于隘勇的字义，甚至于还用它来说明隘改制后的发展。

伊能嘉矩在日治初期调查认为，当时的隘勇营分布有四大区域：北路隘勇下辖五营，包括甘指坪中营（新竹县关西镇）、外奎辉前营（桃园县复兴

① 李文良，《中心与周缘——台北盆地东南缘浅山地区的社会经济变迁》（台北：台北县立文化中心，1999 年 6 月），页 92。

② 杨庆平，《清末台湾的“开山抚番”战争（1885～1895）》，政治大学民族研究所硕士论文，1995 年 6 月。

③ 佚名，《台湾山水图》，色绘，不注比例，清光绪年间绘本，北京国家图书馆藏；佚名，《台湾内山番社地舆全图》，墨印，清光绪年间印本，北京国家图书馆藏。

④ 洪安全主编，《清宫月折档台湾史料（六）》（台北：故宫博物院，1995 年 8 月），页 4895～4897；同前注，《清宫月折档台湾史料（七）》，页 5432～5435。

乡）、五指山左营（新竹县尖石乡）、三角涌右营（台北县三峡镇）、水流东后营（台北县新店市）。中路隘勇下辖二营——大湖营（苗栗县狮潭乡与卓兰镇）、北港溪营（台中县新社乡、南投埔里镇与国姓乡）。宜兰隘勇辖叭哩沙营（宜兰县三星乡），恒春隘勇辖恒春营（屏东县枋山、车城乡）。① 不过根据光绪十八年（1892）台湾官员自己的记录，虽然淡水、新竹二县内山碉堡总数已达266个，但任务界定不明，反而为富绅土豪的脑寮、茶寮提供免费的保护，徒糜高额的防饷。②

当然本书也不排除，被解散的隘丁最后都流入土勇营中，呈现出换汤不换药的结果。但审视民团的发展，最后能有防军化的出现，还是要归功于在团练阶段中，有了“设局”的官绅共同经验。隘的发展普遍欠缺这段历史，因此它被刘铭传以“取代”收场实不让人感到意外。

3. 结　首

何谓结首？王世庆对此有独到的研究。它是一形成在嘉庆朝噶玛兰（宜兰）的特殊开垦方式。所谓结者，系具结于官，约束众佃，通力合作，从事拓垦，维持秩序。因此结可说是一种拓垦的组织单位，同时也是一个具有界址的空间单位；而负责带领的人，依结的大（小）规模被称为大（小）结首。大抵合十佃为一结，公推办事能力强又富财力者为小结首；再合数十小结，公推有能力者担任大结首。然为何结首制在清中叶才出现，而且还是从兰地先开始呢？这跟噶玛兰的开拓史有关，原因是汉移民进入该地，面临熟番强大的抗拒，为了应付时局，武力开垦有其必要性。所以结首制之下，有其分层严密的壮勇的组织，它是劳动力的来源，更是武力凝聚的机制。③

清代台湾西半部地区多数实施的土地制度，跟大陆东南省份流行的相同，那就是把土地经营细分成“田皮”与“田骨”的永佃制。④ 但噶玛兰可不一样，因为在嘉庆十五年（1810）被并入版图时，官府就不打算在此地续行这种制度，它想要的是招垦——形成小农制。其实自康熙中期以后，土地兼并现象产生的社会问题逐渐浮现。在道光二十年（1840）鸦片战争爆发前，东南地区地权集中情况最为严重。⑤ 清廷不再此地续行永佃制，更不愿意见到土地再度集中于地主手中（业户）有关。在此还有一个问题需要

---

① 《台湾番政志》，页491～492。

② 《清代台湾社会经济》，页383～486。

③ 王世庆，《结首制与噶玛兰的开发》，《中国海洋发展史论文集（第七辑·下册）》（台北：“中央研究院”中山人文社会科学研究所，1999年3月），页476、495。

④ 方行、经君健、魏金玉主编，《中国经济通史——清代经济卷（下）》（北京：经济日报出版社，2000年2月），页1567。

⑤ 史志宏，《清代前期的小农经济》（北京：中国社会科学出版社，1994年10月），页28～30、41。

厘清的是，结首制的租佃关系是不是真如傅衣凌所言，附有“极严重的封建依附性质”；即地主阶级通过大、小结首，把农民束缚在土地上面。① 从本书对兰地小农制的叙述，再对照傅氏所言，可知他对结首的理解是错误的，因为各结、各佃的本质就是小农。

针对噶玛兰结的组织，施添福在田野调查的过程中，再归纳出一重点。他认为结上还有“围”的单位，只是一围包括多少结，因缺乏完整的资料不得而知。但推测围所包括的结，应在十个以上；而且有时不以结称，另有股、阄等名。② 以武力开垦的结，适合应付开垦过程中生、熟番的挑战，尔后又被流传到桃竹苗的山区，形成台湾北部特殊的现象。至此可以对结的武力效应做一分析。嘉庆十年（1805）噶玛兰五围的一张契字写明，立杜卖尽根埔地人李仁，自己充当乡勇。经众结首议定后给予埔地一块，但现今李氏要卖掉它；经众结首议立，交付乡勇首郭三元收存。③ 嘉庆二十三年（1818）淡水厅拳山保青潭（台北县新店市），首度有兰地以外结首开垦的记录。该契约载明由于先前设隘失败，所以垦户特招佃人结首前来公议堵御生番。佃众自备工食，筑造土围僱募乡勇，约中议定土地拓垦四年以内，众佃以收成的米谷中抽出 1/10 给予垦户，第五年抽 1/5 给予垦户。迨第六年期满，垦户与佃众对于土地的持分均分一半。④

由以上二张不同时期、不同地点的契约，可以勾勒出结的军事运作。噶玛兰的经验告诉我们，各结佃垦地的取得是先与熟番发生冲突得胜后，才按比例分配土地开垦。包括结首在内的各佃，平常仍以拓垦务农为主，但一遇战事即可转变为金字塔结构的军事组织。因此可谓先战后农。不过结与各佃毕竟人数有限，因此又想到了另招乡勇以壮大势力，而兰地的乡勇在土地垦成后，也可得一分作为报酬。然传入淡水厅的结首制有些许不同。该厅山区的开垦事前不一定都与生番冲突过，反而是在开垦过程中不断受到生番的出草，因此才引进结首克番。但是此时的结首却不若在兰地一样，身份属于自耕性质的小农，遂变成主佃关系浓厚的佃人。就是因为这层关系，使得结首在招募乡勇的过程中是与兰地一样，但土地垦成后这些乡勇是分不到土地的。既然这样淡水厅的结首与隘制又有何不同？二者的差别就是前者的报酬是均分垦地，而后者单纯是招募来给薪的壮丁。

---

① 傅衣凌，《明清封建土地所有制论纲》（上海：上海人民出版社，1992 年 6 月），页 70～71。

② 施添福，《兰阳平原的传统聚落——理论架构与基本资料（上册）》（宜兰：宜兰县立文化中心，1997 年 5 月修订版），页 40～41。

③ 邱水金主编，《宜兰古文书第伍辑》（宜兰：宜兰县立文化中心，1998 年 5 月），页 12。

④ 温振华，《清代新店地区社会经济之变迁》（台北：台北县政府文化局，2000 年 12 月），页 42～43、136～137。

咸、同时期结首有较多的资料可以讨论。李文良在研究台北盆地东南缘浅山的拓垦时，发现咸丰年间金福成垦号下，有七位结首协助开垦。不过他认为结首制是垦号内的开垦组织，而非防卫组织。① 李的看法和上文的叙述有点扞格，有无可能结首制到了咸丰再度“变质”了呢？此点还需要进一步探讨。不过《淡新档案》收有一份咸丰七年（1857）禀文，内容是说竹北一保九芎林有强盗突入庄民张添才家，邻众、结首闻喊互相围救。② 证实了结首制在嘉庆以后继续南传至新竹。该地的结首制发展，使得结首逐渐成为地方头人的角色。例如：同治七年（1868）结首范阿富、傅德华，跟着甲首、庄耆、童生们，联名佥举徐安邦为竹北一保的总理。③ 同治九年（1870）桃涧保山仔顶庄（桃园县龙潭乡）结首池丙兴、钟宝龙，亦充当公亲调解庄民邓、陈二人斗殴事件。④

光绪朝是结首资料最多的时代，它有几个发展值得注意：其一，地方头人的角色更行强化。光绪四年（1878）竹南一保南隘结首潘妈送、潘金蛟，跟着垦户、庄耆具禀，严惩夫首黄文綵化身地棍、鱼肉乡民。⑤ 光绪九年（1883）竹北二保大溪墘（桃园县大溪镇）结首徐敬海等，壮告恶棍叶阿固、叶阿立，假借奉盐馆派拨缉私，无风鼓浪庄众含怨，希望能将叶氏二人解请讯究。⑥ 光绪十四年（1888）竹北二保头重坑（桃园县杨梅镇）结首陈文彬等，具禀因淡水县中坜盐馆兵丁，常以查缉私盐为名越界进入新竹县骚扰，恳求划定界线以安生业。⑦

其二，结首议行联庄。光绪八年（1882）竹南一保三湾庄（苗栗县三湾乡）结首陈上云等，鉴于该庄近日盗患严重，公议约束章程以防拿盗解究之用。⑧ 其实结首制在新竹部分山区已被广泛推行，有记录显示同年竹北一保树杞林庄，大小民家计有一千户，每十家有一人为结首，合计有一百多个

---

① 李文良，《中心与周缘——台北盆地东南缘浅山地区的社会经济变迁》（台北：台北县立文化中心，1999 年 6 月），页 24～25、40～43。

② 淡新档案，第三编刑事，第三类财产抢劫，第三款强盗，案码 33301～33307，页码 308231～308232，台湾大学图书馆藏。

③ 淡新档案校注出版编辑委员会，《淡新档案（三）：第一编行政/民政类》（台北：台湾大学，1995 年 10 月），页 132。

④ 淡新档案，第三编刑事，第三类财产抢劫，第三款强盗，案码 33308～33312（B），页码 308387～308388，台湾大学图书馆藏。

⑤ 《淡新档案（三）：第一编行政/民政类》，页 171。

⑥ 吴密察主编，《淡新档案（八）：第一编行政/建设类》（台北：台湾大学图书馆，2001 年 6 月），页 40。

⑦ 《淡新档案（八）：第一编行政/建设类》，页 251。

⑧ 《淡新档案（三）：第一编行政/民政类》，页 277。

结首。① 光绪十年七月（1884.8）桃涧保山明兴庄（桃园县龙潭乡）结首47人，合议庄规六条以靖地方事，观其内容不脱清庄范围。② 光绪十三年（1887）竹北二保鹿鸣庄（新竹县新埔镇）遇盗袭击，幸赖联庄约垦、结首、庄邻闻喊相救。③

从光绪朝结首的发展得知，越到清末其防番的功能越是降低。甚至在台湾建省前后，逐渐带有联庄的色彩。那么此时它还算不算是防卫组织呢？答案是肯定的。当然结首的出现，并不代表完全已取代隘制。两者的利弊，端看地方需要而定；就如同中、南部山区，从来也没出现结首一样。如此也彰显了台湾区域发展彼此特殊性之所在。

4. 会　党

何谓会党？若从清代官方档案中"结会树党"来解释，就是由下层社会的异姓结拜团体，发展而来的秘密组织。④ 近代学者在研究的过程中，提出学术性的用语——秘密社会来囊括它。其定义是一种具有秘密宗旨和仪式，并且从事特殊的宗教、社会、政治活动的秘密团体。⑤ 对于会党形成的原因，学者看法不一：陈旭麓认为，会党的发展同城乡社会矛盾激化，以及反清复明的思想有关，但主要还是人口过多造成的结果。⑥ 秦宝琦认为，会党同农村商品经济的发展有密切关系。盖因于农村商品经济的发展，必然造成农民内部分化加剧，不善经营者被排除于农村涌入市圩，谋食维艰之余自然会透过结会以求互助。⑦ 庄吉发认为闽粤移垦社会的形成，与会党的发展有莫大的关系。其原因是当地宗族组织，大都已从血缘衍化为地缘纽带，再衍化以经济利益为纽带。在各宗族彼此竞争过程中，常会激起小姓联合抵制大姓的情形，遂兴起异姓结拜的风气。⑧

清代的会党可分为二大系统，一为闽粤天地会系统，另一为川楚哥老会系统。两者都曾在台湾活跃过，但并无继承的关系。⑨ 天地会是清代会党史

① 淡新档案，第三编刑事，第三类财产抢劫，第三款强盗，案码33319.28～33319.31（D），页码308992～309099，台湾大学图书馆藏。

② 连昭光文书（四）－彰化、桃园地区文书，编号：T062D062.008，"中央研究院"台湾史研究所筹备处藏。

③ 淡新档案，第三编刑事，第三类财产抢劫，第三款强盗，案码33326.28～33330（H），页码309665，台湾大学图书馆藏。

④ 庄吉发，《清代秘密会党史研究》（台北：文史哲出版社，1994年11月），页4。

⑤ 蔡少卿，《中国秘密社会》（台北：南天书局有限公司，1996年8月），页1。

⑥ 陈旭麓，《近代中国社会的新陈代谢》（上海：上海人民出版社，1992年12月），页47。

⑦ 秦宝琦，《中国地下社会（清前期秘密社会卷）》（北京：学苑出版社，1994年1月），页2～3。

⑧ 庄吉发，《盛清时期台湾会党起源及其性质》，《淡江史学》，第11期，2000年6月，页186～187。

⑨ 连立昌，《福建秘密社会》（福州：福建人民出版社，1993年6月二刷），页158～208、254～266。

研究的重点对象，它是清代才出现已无疑问。只是出现于康熙朝还是乾隆朝，现有二派不同的看法，亦牵涉到对创立宗旨的歧义。赫治清是康熙说的代表，他认为天地会的源流可追溯至清初的万五道宗。根据天地会“会簿”考证，创立的时间、地点是在康熙十三年（1674），福建省漳州府漳浦县云霄镇高溪乡的高溪庙。① 秦宝琦是乾隆说的代表，他认为天地会源流只能追溯至万提喜和尚的结社。根据清宫档案的考证，创立的时间、地点是在乾隆二十六年（1761），福建省漳州府漳浦县云霄镇高溪乡的观音亭。② 因此前者认为天地会是一政治团体，目的在“反清复明”；后者认为天地会是一社会团体，目的仅在“互助合作”。本书不打算持续考证源头，因为不管是政治还是社会团体，都有一共同的本质——武力。该武力与上述最大的不同，则是反官方色彩鲜明，笔者称之为“拜盟式武力”。这一点特征在天地会是如此，甚至道光朝后起的哥老会亦复如此。③

从1851年荷兰学者施列格（Gustave Schlegel）首次在爪哇以天地会为名著书开始，④ 会党史研究有几个重要的命题，包括：厘清洪门就是天地会的别称、天地会与各种变名的支派、司法对会党的钳制、民间信仰与会党的关系、人口流动与会党的发展等等。⑤ 本书在这些研究基础之上，除了还要深究武力的问题之外，亦要讨论清廷对台湾民间普通结社的看法。这些神明会、祖公会、共祭会、父母会，早在台行之有年。⑥ 不过官方对他们的了解非一开始即是，而是要经过无数个案的处理，最后终于确定他们并非等同于会党。然这也是历经了不少大狱才换来的结果。

康熙十九年（1680）福建总督姚启圣鉴于漳州秘密结社严重，同一年中发布了《禁结社党》、《访禁结盟》、《申禁结盟》三件文告，是为清初少见官府扫荡秘密结社的史料。⑦ 但是姚的努力恐没有多少成效，因为康熙二

① 赫治清，《天地会起源研究》（北京：社会科学文献出版社，1996年2月），页210～278。

② 秦宝琦，《清前期天地会研究》（北京：中国人民大学出版社，1998年8月二刷），页85～106。

③ 周育民、邵雍，《中国帮会史》（上海：上海人民出版社，1995年12月二刷），页223～227。

④ 施列格（Gustave Schlegel），《天地会（Thian Ti Hwui, The Hung League, or Heaven – Earth League: A Secret Society with the Chinese in China and India)》（台北：古亭书屋，1975年8月）。

⑤ 秦宝琦，《洪门真史》（福州：福建人民出版社，2000年8月二刷）；庄吉发，《清史论集（一）》（台北：文史哲出版社，1997年12月），页149～164；庄吉发，《清史论集（二）》（台北：文史哲出版社，1997年12月），页369～407；庄吉发，《清代台湾会党史研究》（台北：南天书局有限公司，1999年5月），页203～239。

⑥ 梶原通好著，李文祺译，《台湾农民的生活习俗》（台北：台原出版社，1998年1月五刷），页24～28；金关丈夫原编，林川夫主编，《民俗台湾（第三辑）》（台北：武陵出版有限公司，1995年7月），页138。

⑦ 胡珠生，《清代洪门史》（沈阳：辽宁人民出版社，1996年5月），页103。

十三年（1684）首任诸罗知县季麒光即撰文《严禁结拜示》，警告漳泉移民结拜为首者必处以绞刑，为从者杖一百、流三千里。季氏的文章透露出官方对结社分子的看法，他们都是“奸之媒也、贫之基也、盗之门也、争之阶也。”① 值得注意的是不管是姚启圣，还是季麒光，都没有提到任何结社的社名或会名。可见得当时结社，不见得有名称存在。尔后台湾结社仍时有耳闻，只是府县城中较少，但乡村习以为常。康熙五十九年（1720）台湾府岁贡生陈文达就提到：

台显聚族，集异姓之人，结拜为兄弟，推一人为大哥，不论年齿；余各以行次相呼，胜于同胞，妻女不相避，以伯叔称之。②

康熙六十年（1721）朱一贵事件的导火线，就是台湾知府王珍滥捕结会及私伐山木者二百余人才爆发的。③ 雍正三年（1725）巡台御史景考祥奏报时，提到三年前的台湾，是一个“兵民立社结盟，作盗为奸无分昼夜；官员见其难治，惟苟且弥缝而已”的局面。④ 此言若属实，那台湾在当时可谓秘密结社的天下。刘平注意到会党与土匪的关系，他指出会党与股匪都是游民的聚集地，虽前者不乏“互助”的宗旨，但从互助到进行打家劫舍仅在一线之隔。⑤ 时至康熙朝结束，台湾的秘密结社风气盛行，但严格地说还没有形成会党，因为仍找不到立有名称的团体。

雍正六年四月（1728.5）台湾镇总兵官王郡奏报，在诸罗县菱仔林（嘉义市）访拿一个秘密结社团体，追捕到陈斌等14人。据这些人供称，他们拜盟除了序齿之外，还有歃血、立誓、焚表（书写盟书）等仪式，并有银扳指为号，亦雇请铁匠打造军器。⑥ 此案经福建总督高其倬，密饬台湾道吴昌祚、诸罗知县刘良璧严查，才发现他们在早在同年正月于“大哥”汤完家，就以父母会为名结社。这件案子对清廷来说颇为震惊，因为它是首次破获立有会名的结社，而且还有多种秘密仪式，至此史料所见台湾史上第一个会党终于出现。

无独有偶在雍正六年六月（1728.7）于诸罗县莲池潭（嘉义市），访拿一个也叫父母会的团体。经侦讯得知他们早在四年五月（1726.6）就成立。会中21人以蔡荫为大哥，有序齿但无歃血，亦无器械。清廷对于二者的处理：以汤完为首的父母会，首犯杖毙，从犯流放或发配。以蔡荫为首的父母

① 陈文达，《台湾县志》，台湾银行文献丛刊第一〇三种，1961年6月，页234~236。
② 陈文达，《台湾县志》，台湾银行文献丛刊第一〇三种，1961年6月，页58~59。
③ 汪荣宝，《清史讲义》（台北：文海出版社，1983年10月），页89。
④ 洪安全主编，《清宫宫中档奏折台湾史料（一）》（台北：故宫博物院，2001年11月），页389。
⑤ 刘平，《略论清代会党与土匪的关系》，《历史档案》，总第73期，1999年2月，页96~102。
⑥ 洪安全主编，《清宫宫中档奏折台湾史料（三）》（台北：故宫博物院，2001年11月），页1575。

会，首犯也是杖毙，从犯重枷后逐水原籍。① 虽然二案的首犯都以死刑结案，但从犯的量刑差别很大。前者一干人等是被遣送到三千里外的边疆，但后者只送回原籍由地方官监管。由此可知清廷已察知会党与结社的差异，然后者破案的时间与前者相近，所以首犯就以杀一儆百的方式处置。

雍正七年（1729）清廷仍密切监视台湾会党的发展。根据福建总督史贻直的奏报，台湾的会党以子龙会较为著名，其成员都是专尚勇力、角逐斗胜少年为主。② 隔年福建南澳镇总兵官许良彬奏报，在营中发现竟有一钱会活动。③ 这二案说明二件事，台湾会党发展武力的成分渐升；另外福建绿营已被会党所渗透，加入会党的兵丁有可能成为班兵被调往台湾。不过官方防备还是很严，雍正十三年（1735）台湾道张嗣昌在府城拿获散帖请会者十余人。事实上这些人连秘密结社的程度都谈不上，只是以兰亭为名请酒聚钱，以为乡邻公事之用。不过官方对此已有草木皆兵之感，仍枷号逐水遣回原籍。④

乾隆九年（1744）闽浙总督那苏图接获廷寄，要他严禁兵民结盟的恶风。原来兵科给事中胡定奏报，漳州镇所辖的云霄营兵胆敢结立小刀会。⑤ 之后小刀会已闯出名号，在日后访拿的各会党名目中，小刀会的再现总是时有耳闻。例如：乾隆四十七年（1782）台湾道杨廷桦拿获彰化（王爷）小刀会一案。原来该县武举许国梁倡议立会，身带小刀为记，自称“小刀会”；遇有斗殴即拿小刀相帮，众人害怕亦称他们像“王爷”一般。⑥ 此案经上谕严加查办后，把首犯林阿骞正法、许国梁抄家外，其余从犯以发遣结案。⑦ 有趣的是同样以神明的名称命名，另外结社的团体有着不一样的命运。《岸里大社文书》收有乾隆三十六年（1771）“关老爷会”契字一张，乾隆五十年（1785）“妈祖会”契字二张，乾隆六十年（1795）“妈祖会”契字一张。⑧ 这些全都是神明会募集资金的契据，而从档案不见举报的情形来看，清廷已认清楚台湾民间的结社（神明会）与会党的不同。甚至在林

---

① 国学文献馆主编，《台湾研究资料汇编（第一辑·第七册）》（台北：联经出版社，1993 年 9 月），页 2675 ~ 2691。

② 《清宫宫中档奏折台湾史料（三）》（台北：故宫博物院，2001 年 11 月），页 2135。

③ 中国第一历史档案馆编，《雍正朝汉文朱批奏折汇编（第十九册）》（上海：江苏古籍出版社，1991 年 3 月），页 396。

④ 张嗣昌，《巡台录》，乾隆元年刻本，北京大学图书馆藏。

⑤ 中国第一历史档案馆编辑部、上海师范大学历史系中国近代史研究室编，《福建·上海小刀会档案史料汇编》（福州：福建人民出版社，1993 年 9 月），页 11 ~ 12。

⑥ 《福建·上海小刀会档案史料汇编》，页 13 ~ 21。

⑦ 中国第一历史档案馆编，《乾隆朝上谕档（第十册）》（北京：档案出版社，1991 年 6 月），页 917。

⑧ 岸里大社文书出版编辑委员会，《台湾大学藏岸里大社文书（二）》（台北：台湾大学，1998 年 3 月），页 834；岸里大社文书出版编辑委员会，《台湾大学藏岸里大社文书（一）》（台北：台湾大学，1998 年 3 月），页 288、305、468。

爽文事件过后，亦不见官方风声鹤唳的取缔行动。

谈到林爽文事件，乾隆五十一年十一月（1787.1）由他以天地会为名的举事，可谓会党在台湾发起民变最大的一次。一般的看法认为天地会这一次举事是有前奏，那就是同年六月在诸罗县发生的“添弟会”与“雷公会”互斗案。① 但笔者认为彼此涉案程度不高。从福建水师提督黄仕简的奏报来看，该案是兄弟阋墙闹分家产未遂的结果。只是与以往不同的是，两会的互斗造成的烧杀抢掠，波及石榴班（云林县斗六市）的汛兵，且惊动北路协副将赫生额亲自率兵弹压。审视添弟会、雷公会立会的目的，简言之就是以“互助”为主。然他们不似之前破获的任何一个秘密结社或会党，其引发动乱的规模实在太大（共102人参与/38名被正法），才让人因“添弟会”与“天地会”的谐音而有政治企图的联想。这样的怀疑先从高宗身上开始，在他一声令下展开了前所未见的搜捕行动。② 包括：一、继续捉拿添弟会与雷公会逃往福建的“漏逆”。③ 二、厘清天地会是从福建漳州传来，并非台湾原生的会党。④ 三、搜集天地会内部的文件。四、修改则例以地方乡保来查访会盟，并协同地方官、营员一块捉拿。⑤

清廷的行动中，以搜集天地会内部的文件，对其了解最为重要。现藏中国第一历史档案馆的《天地会盟书誓词》，就是在乾隆五十二年（1787）从林爽文麾下大将林水身上搜查到。详阅该书内容对天地会充满传奇性的记录，其中最特殊的是有“明主传宗”一段话，并于结尾处提到“有善相劝，有过相规，缓急相济□，犯□相扶”。⑥ 结尾处的话语，则是印证了会党是互助团体的说法；但“明主传宗”很像反清复明的政治性口号。本书无意借此考证天地会，是否与明末清初抗清运动有关。但“明主传宗”的口号提出，使得台湾的会党从一社会团体，逐渐掺入政治色彩，而更带有反官方的成分。

天地会与台湾之前各会党不同之处，除了高举政治大旗外，传承与扩大吸收会员是其特色。举其大要包括：入会者每人发一腰牌作为识别，名字则

---

① 中国第一历史档案馆、中国人民大学清史研究所合编，《天地会（一）》（北京：中国人民大学出版社，1980年11月），页162～177。

② 台湾银行经济研究室编，《台案汇录己集》，台湾银行文献丛刊第一九一种，1964年1月，页317～325。

③ 洪安全主编，《清宫谕旨档台湾史料（一）》（台北：故宫博物院，1996年10月），页305、380。

④ 洪安全主编，《清宫谕旨档台湾史料（二）》（台北：故宫博物院，1996年10月），页1115～1119。

⑤ 沈书城，《则例便览》；摘自四库未收书辑刊编纂委员会编，《四库未收书辑刊（贰辑·贰拾柒册）》（北京：北京出版社，2000年1月），页426。

⑥ 赫治清，《“天地会盟书誓词”辨正》，《清史研究通讯》，总11期，1985年3月，页21～26。

登记于会簿成为名册，最重要的是要取得“花帖”，才有资格进行传会。① 乾隆五十三年（1788）林爽文事件结束后，五十六年（1791）在彰化县虎仔坑（南投县名间乡）又有张标、谢志准备复兴天地会的案件。② 不过该案有些复杂，原因是张标隶籍漳州，素与泉籍移民不睦，天地会分子谢志此时鼓动张氏，可以结会对抗泉人，因此招得49人入会。③ 审讯后共有28人被正法，其余流放云、贵极边充军。此案亦株连甚广，在同年六月至五十九年三月（1794.4）的搜捕中，至少有98人被正法。④

再者除了天地会之外，台湾仍有其他会党继续存在。例如：乾隆五十四年（1789）嘉义县下茄冬（台南县后壁乡）就拿获“游会”。原来同县崎内（台南县白河镇）庄民李効素不安分，竟然异想天开仿游戏创名游会，招伙16人凡遇打架拒捕各出帮护。⑤ 乾隆五十九年五月（1794.6）凤山县民郑光彩，长于勒索结仇甚多，因思从前天地会众皆畏惧，遂起意结会。然恐天地会过于招摇，遂改小刀会名目招伙33人。⑥ 乾隆朝台湾会党屡除屡起，从功能论的观点来看，一定是环境的因素，迫使官方所称的莠民铤而走险。然所谓的功能是什么呢？各会党立会的目的，已把答案说得很明白。可说都是为了以县为范围的小团体冲突，所兴起的一种武力聚合。

嘉庆六年（1801）淡水厅中港（苗栗县竹南镇）的一张契据，写明为伯公庙而成立伯公会（伯公，客家人所称的土地公）。⑦ 它显示出神明会的运作，到了清中叶已被约定成俗，官方基本上与会党分开处理。嘉庆七年（1802）嘉义县民白启又倡立小刀会，这一次官府量刑特别严厉，仅有4名发往黑龙江，其余36名被凌迟、斩枭。⑧ 为何这一次对会党有别于以往的惩创，据推测可能跟同一时期东南海盗猖獗有关。继安南夷匪之后，福建海

---

① 《清前期天地会研究》，页153～163。

② 台湾银行经济研究室编，《台案汇录庚集》，台湾银行文献丛刊第二〇〇种，1964年8月，页340～343。

③ 中国第一历史档案馆编，《乾隆朝上谕档（第十六册）》（北京：档案出版社，1991年6月），页148。

④ 中国第一历史档案馆、中国人民大学清史研究所合编，《天地会（五）》（北京：中国人民大学出版社，1986年5月），页385～402。

⑤ 台湾故宫博物院，《宫中档乾隆朝奏折（第五十三辑）》（台北：故宫博物院，1988年5月），页523。

⑥ 《福建·上海小刀会档案史料汇编》，页19～20。

⑦ 陈运栋文书（一）－竹堑社、猫里社地契簿，编号：T005D005.101，“中央研究院”台湾史研究所筹备处藏。

⑧ 中国第一历史档案馆编，《嘉庆道光两朝上谕档（七）》（桂林：广西师范大学出版社，2000年11月），页55。

盗蔡牵逐渐崭露头角，成为东南海疆一大患。嘉庆八年至十四年（1803～1809）是清廷水师与蔡牵，在海上进行追逐战最激烈的时期。① 这一段时期据被俘的海盗供称，蔡牵亦设置天地会勒索商艘。② 嘉庆二十一年（1816）当海盗寇风稍息时，清廷即研拟修例，把命盗、洋匪、会匪合一处理。这当中提到兵役、眼线实心办公访查弋获者固多。虽然不乏挟嫌诬害，但也明了之前欲运用乡保来惩治会党，发挥了一定的实效。③

道光六年（1826）律例又有一番修订，异姓结拜弟兄为从者，事发或未发而自行投案，经减异刑后再复犯罪加一等，应从极边烟瘴改发新疆。另外闽粤不法匪徒，潜谋纠结以复兴天地会作为名目；但平日并无为匪，仅只一次入会者，仍照原例发往新疆。④ 然趋严的法律并无法阻止会党的兴起。道光二十一年（1841）凤山县民陈头、陈冲结青龙会，趁鸦片战争之时焚抢滋事。使得下淡水闽粤各庄互相惊疑，纷纷搬避有分类械斗的前兆。⑤ 道光二十八年（1848）彰化县草湖庄（台中县大里市）土豪林和尚，勾结匪徒歃血为盟自组“关爷会”。⑥ 这二个个案说明会党在步入清末时的发展：其一，地方滋事分子懂得运用会党的名号，引发大众疑惧的心理；再借由谣言的传播，制造闽粤械斗的冲突，并趁机坐收渔利。其二，彰化的案例，不排除地方滋事分子利用神明会的名号私组会党，鱼目混珠借此以规避官府的查缉。

咸丰元年（1851）清廷首次在新颁的《圣谕广训》，加入“结会传徒，纠盟党恶，使我良民，受其愚惑”一语。⑦ 广训对会党的忧虑是可以理解，因为太平天国如燎原之势扑来，预料会党将会有一番作为。果不其然，两广天地会、上海小刀会随后趁机而起。⑧ 但从官方档案追索来看，粤、桂、沪的天地会举事与台湾无关，反倒与厦门小刀会有关。咸丰二年（1852）台湾道徐宗幹提到招盟结会恶习，近年始于北路。今嘉义县最盛，不久可能延

---

① 穆戴安（Dian H. Murray）著，刘平译，《华南海盗 1790～1810（Pirates of South China Coast 1790～1810）》（北京：中国社会科学出版社，1997 年 9 月）；许毓良，《清代台湾的海防》（北京：社会科学文献出版社，2003 年 7 月）。

② 军机处录副奏折—农民运动类，案卷号：3671，胶片号：145，中国第一历史档案馆藏。

③ 佚名，《福建省例》，台湾银行文献丛刊第一九九种，1964 年 6 月，页 1000。

④ 《嘉庆道光两朝上谕档（三十一）》，页 399～406。

⑤ 姚莹，《东溟奏稿》，台湾银行文献丛刊第四九种，1959 年 6 月，页 53～55。

⑥ 黄富三，《雾峰林家的兴起——从渡海拓荒到封疆大吏（1729～1864）》（台北：自立晚报，1987 年 10 月），页 118。

⑦ 中国第一历史档案馆编，《咸丰同治两朝上谕档（一）》（桂林：广西师范大学出版社，1998 年 8 月），页 226～227。

⑧ 参阅郭毅生主编，《太平天国历史地图集》（北京：中国地图出版社，1989 年 6 月）。

及台湾县境。① 同年徐氏拿获凤山县竖旗匪徒二百余名。当中有已革水师营兵，供认前入小刀会；并和在厦门举事的小刀会众取得联络，计划秋天时袭台。② 咸丰四年（1854）淡水厅鸡笼、噶玛兰厅苏澳洋面，真有小刀会船只来袭，但在官绅的合击下均被歼灭。③ 父母会在咸丰朝似乎颇为兴盛，收录台湾社会百态的《杂泳》，特别把父母会列为一项。④

吊诡的是咸丰中期以后，名列淡水厅案卷的会党案件，多不见清宫档案的记载。例如：咸丰七年嘉志阁（1857/苗栗县苗栗市）陆成安隘首谢大传，被控勾结会匪。⑤ 咸丰八年大溪墘庄（1858/桃园县大溪镇）"虎佃"姜阿顺等，被控纠会拜盟意图抗租。⑥ 同年东势庄（新竹市）监生郑希康指控林福顺等，纠结会匪百余猛，趁他去祭坟时拦路抢劫。⑦ 这些控案有一共通的特点，就是原告指控被告时，都没有说明被告会党的名称。因此很有可能是原告，为争取胜诉的机会，意图做不实指控。这个推测应可以被接受，因为每案卷宗之后，再也没有捉拿会党的记录。所以极有可能官府在查明后，亦得知和会党无关。不过在彰化县倒有"真正的"会党出现。那就是揀东保四张犁（台中市北屯区）的戴家。根据学者黄富三的研究，鉴于当盗贼横行戴万桂曾组织土地公会以自保。之后他又与庄民张水组织八卦会，约定有事相援，特别是与他人起田事纷争时。⑧ 戴万桂身故后其弟戴潮春继起，但有别于兄所组之名称，咸丰十一年（1861）他竟倡立了天地会。戴潮春持有传会花帖吗？现已不得而知。但他竖立起朱一贵、林爽文的"先贤牌"，又以立誓、隐语作为入会仪式，大有复兴天地会之志。⑨

从上述可以发现，所谓的会党时至清末，其功能还是以"互助"居多。当然互助的意思是负面的示范，均指打家劫舍、制造冲突、扰乱社会秩序等；但就是没有提出政治性的诉求，挑战清廷的统治权力。直到戴潮春的天地会一出，乾隆以来掺有政治色彩的会党，又重新再现。不过官方对戴倡立

---

① 徐宗幹，《斯未信斋文编》，台湾银行文献丛刊第八七种，1960年8月，页112。

② 陈衍，《台湾通纪》，台湾银行文献丛刊第一二〇种，1961年8月，页181。

③ 《雾峰林家的兴起——从渡海拓荒到封疆大吏（1729～1864）》，页168。

④ 诸家，《台湾杂咏合刻》，台湾银行文献丛刊第二八种，1958年9月，页11。

⑤ 淡新档案，第一编行政，第七类抚垦，第三款隘务，案码17305～17328，页码121835，台湾大学图书馆藏。

⑥ 淡新档案，第二编民事，第二类田房，第二款抗租，案码22201～22202，页码200996～201218，台湾大学图书馆藏。

⑦ 淡新档案，第一编行政，第七类抚垦，第四款屯务，案码17401～17404，页码124016～124017，台湾大学图书馆藏。

⑧ 《雾峰林家的兴起——从渡海拓荒到封疆大吏（1729～1864）》，页216。

⑨ 蔡青筠，《戴案纪略》，台湾银行文献丛刊第二〇六种，1964年11月，页1～2。

的天地会，一开始仍有迷惑。同治元年（1862）戴潮春竖旗时，闽浙总督庆端奏报时，还称他结立“添弟会”。① 此外哥老会也首度出现在台湾。哥老会是流行长江流域的会党，其渊源可溯至四川的啯噜。② 他们原本和东南省份没什么关系，但咸同围剿太平军时，不少哥老会分子混入湘、楚军中，再趁防军转战南北的机会，四处传播哥老会。③ 大抵从同治五年（1866）开始，福建绿营也出现哥老会的踪迹，同治八年（1869）闽浙总督英桂奏报，根据台湾镇总兵官杨在元、道台梁元桂禀称，在台湾府始获哥老会匪黄得润等四名。原来黄等人先加入湘军，嗣后调赴台湾入靖海营充勇；结有旗布，称为老冒，名曰行堂。④ 这些散勇即被正法处决，但哥老会渗透到台湾营伍，也成为不可挽的事实。同治九年（1870）福建陆路提督罗大春访闻有台湾遣散勇丁，潜回内地勾结游勇，暗立八卦为记，在兴化、漳、泉一带散布。按拿获匪徒供称，是因为台湾访查严紧，不敢招人入会，所以才暗渡回闽。尔后又在彰化县、澎湖厅捕获哥老会分子亦供认不讳。⑤

除了哥老会之外，同治六年（1867）在彰化县仍有拿获太子会、白旗会，嘉义县铳会的记录。⑥ 当然神明会中的妈祖会在此时仍持续运作，例如：彰化县二林保的一张契约，就提到妈祖会的田产。⑦ 而“诬控”被告纠结会匪，恣行逞凶的案件，也可以在淡水厅的公文中发现。⑧ 同治朝清廷平定太平天国、捻军、回变、各路会党的举事，终能取得最后的胜利。事后免不了又要修改法律，参考过先前的经验，更加强地方乡保对稽查盟党的要求。同时也区分失察盟党、逞凶结党的歧异，以便在判决量刑上做出区别。⑨

光绪朝是清廷统治台湾最后一个阶段，台湾会党的发展到此稍有不同，其中最重要的是天地会的活动销声匿迹，多是哥老会、小刀会的记录。光绪元年（1875）新竹县脚踏港发生一件劫案，案由是竹南四保庄民陈乞市，指控彰化县水里港（台中县龙井乡）总理张玉荣纠结“王爷会”，招伙三十

---

① 洪安全主编，《清宫月折档台湾史料（一）》（台北：故宫博物院，1994年10月），页442。

② 王纯五，《袍哥探秘》（成都：巴蜀书社，1993年6月），页13～19。

③ 彭先国，《湖南近代秘密社会研究》（长沙：岳麓书社，2001年9月）。

④ 中国第一历史档案馆，《同治年间哥老会史料》，《历史档案》，总73期，1998年11月，页39。

⑤ 洪安全主编，《清宫月折档台湾史料（二）》（台北：故宫博物院，1994年10月），页1416。

⑥ 庄吉发，《清史论集（八）》（台北：文史哲出版社，2000年11月），页286。

⑦ 陈庆芳文书（三）－台中、彰化地区契字，编号：T107D107.003，“中央研究院”台湾史研究所筹备处藏。

⑧ 淡新档案，第二编民事，第二类田房，第五款争界，案码22501～22506，页码200972，台湾大学图书馆藏。

⑨ 佚名，《兵部处分则例·卷三杂犯》，光绪抄本，北京国家图书馆分馆藏。

余猛在苗栗、台中沿海劫掠。该案拖至光绪七年（1881）还未结案，显得疑点重重。① 光绪十年（1884）新竹县新埔街廪生蓝彰、监生刘为岩等，指控恶棍统带盟结百余猛，持械冲入蓝、刘的茶园恣意破坏。隔年两造争执不休无法结案。② 以上二案可发现“真、假会党”的差别。经过百年办案的经验传承，告诉了官方在访拿的会党分子的过程中，需要清楚地辨视谁真是具有序齿、歃血、立誓、焚表、隐语的会党，谁仅是逞凶结党型的一般结社。如果是前者，那官方绝对是迅速捉拿。例如：光绪十一年十二月（1886.1）台湾建省后，台湾镇总兵官章高元亲率大队人马，驰赴嘉义县鱼寮庄（嘉义县六脚乡）围剿小刀会。③ 同年台湾道陈鸣志于台南府拿获哥老会匪首、王春华、易子林二名，均立刻被斩枭。④ 光绪十七年（1891）上谕各省严捕哥老会分子，这应该是台湾受清廷统治，所收到最后一份缉拿会党的谕令。⑤ 光绪二十一年四月（1895.5）割台之际，淮军兵痞哥老会首李文魁趁时局纷乱，在台北府制造哗变，戕杀巡抚行营中军管带方良元，抢劫府库焚烧抚署，饱飏后至厦门伏诛。⑥

清代民人的武力，从本书兹举的四例，可以分成二大型式——契约式武力、拜盟式武力。在契约式武力方面，其最大的特色就是武力聚合的过程中，多有契约充作依据。以民团为例，它的发展过程从义民首的号召—清庄联甲—团练—设局—防军化，都可以找到契据的记录。至于隘、结首更是如此。而从个案平乱或战斗的表现来看，它应是仅次于“职业式武力”——绿营、防军，以及原住民武力——番社、番屯，属于战力次强的武力。它赶不上绿营、防军的原因，最主要的因素都是临时或短期组成。除了设局团练和防军化团练（土勇营）外，成员几乎都没有受过训练，加上饷、械没有绿营、防军充足，所以战力始终不及于此。但它这样的弱点反是官方所乐见，也正因为如此才，不会造成清廷武力统治上的危机，并且供其选择合作的对象大增。当然事后的发展，清廷也可以随着政策的调整而转变，譬如隘就被防军整个取代，不似民团还有“防军化”的阶段。而北部的结首、中

---

① 淡新档案，第三编刑事，第三类财产抢夺，第三款强盗，案码 23308～33312（B），页码 308674，台湾大学图书馆藏。

② 淡新档案，第二编民事，第二类田房，第五款争界，案码 22507～22512，页码 206914～208022，台湾大学图书馆藏。

③ 刘铭传，《刘壮肃公奏议》，台湾银行文献丛刊第二七种，1958 年 9 月，页 388～389。

④ 洪安全主编，《清宫月折档台湾史料（六）》（台北：故宫博物院，1995 年 8 月），页 4705。

⑤ 沈桐生，《光绪政要（二）》（扬州：江苏广陵古籍刻印社，1991 年 8 月），页 913。

⑥ 诸家，《割台三记》，台湾银行文献丛刊第五七种，1959 年 10 月，页 2、38；洪弃生，《瀛海偕亡记》，台湾银行文献丛刊第五九种，1959 年 10 月，页 2、4。

部的土勇营、南部的设局团练，则是民团在光绪朝发展已步入尾声时，所呈现出来的结果。至于它不及番社、番屯的原因，最主要的因素是生、熟番擅长山地战与丛林战。再者番屯成立后，虽常受欠饷所苦，但毕竟已成立规制性的指挥系统。使得该部在部署、调遣上，比契约式武力更能有效且迅速地投入战场。

在拜盟式武力方面，本书认为唯一的武力——会党，仍逊于契约式武力一筹。原因是它对于饷、械、训练的要求，完全谈不上。唯一能让人兴起“恐惧”的感觉，则是不公开的活动和以武犯禁的勇气。但所谓的犯禁，事实上少有政治色彩，乾隆朝的林爽文事件、同治朝的戴潮春事件，则是少数的二例。其他会党的组成，仍以“互助”的功能居多，包括：打家劫舍、制造冲突、扰乱秩序等。不过官府在肃清他们的过程中，也渐渐区分出民间传统的神明会、父母会与他们的不同。更能细致到区分会党与秘密结社、逞凶结党的不同而分开量刑。如此显示出清廷对台湾社会的控制与了解，并非刻板印象中带有消极的一面。

十九世纪末西方人观察了中国军队的情况后，通常以嘲笑的口吻批评他们素质低落，包括：毫无训练、衣着不整、不讲卫生、没有纪律、匹夫之勇。① 不管用哪一种形容词形容，总让人有一种乌合之群的感觉。这样的形容或许没错，但要问的是这样子的军队，还能让清廷倚靠作为支撑政权的工具，其中必有原因。透过协力者的帮忙，则是不可忽视的因素。以台湾的经验来说，职业式、原住民、契约式、拜盟式等四大武力，便是建构武力治台的重要基础。

① 麦高温（？～1922）著，朱涛、倪静译，《中国人生活的明与暗（Men and Manners of Modern China）》（北京：时事出版社，1998 年 1 月），页 33～46。

第三章　武力以外的统治策略

第一节　行政、司法的制约

除了武力之外，司法也是统治者控制人民的重要手段。由于传统中国的司法是附属于行政体系中，因此有必要再兼论各职司官员与吏役的运作。①台湾在被清廷收入版图后，不少新制随即实施。行政、司法制度的更迭，则是代表性的案例。前者在府、县之外（台湾在郑成功统治期间已设过府县），出现“道”的层级；后者以清律的条文为准，成为官方施政的依据。简言之，就是要把台湾转化成有如内地省辖的行政区域一般，以便利统治。当然在此过程当中，结构上的弊病也随之出现。就行政层面来说，吏役取巧屡破坏官府统治的威信；就法律层面来说，包揽词讼的棍徒使公权力面临质疑。这两个问题若处理不好，原本可以让社会稳定的潜在因素将适得其反。清廷如何尽力消除因它们而起，所造成统治上的危机，则是本书所关心的重点。

领台之初百废待举，康熙二十三年（1684）首任诸罗知县季麒光指出当时台地有三大患——赋税之重大、民兵之难辨、荫占（隐田）之未清。②看来初期被奉派来台官员，非有一定的干才否则不足以应付时局。康熙三十年（1691）奉旨台湾各官，自道员以下，俱照广西南宁等府之例，在品级相当现任官员内，拣选调补，三年俸满即升。若无品级相当堪补之员，仍归吏部铨选。③ 这是清廷首次对台湾职官派任的定制，主旨就是避免初任且毫无经验的官员，无法在台胜任愉快。不过又考虑到该岛远隔重洋，为避免奉调的官员士气低落，遂以三年期满升官作为鼓励。至于武职官亦是如此。康熙四十二年（1703）福建陆路提督梁鼐在其奏章中提到，旧例调台将弁必须要谙练海道、熟悉风土者，并在福建本营三年俸满才有资格。④ 梁氏是一

① 织田万，《清国行政法泛论（1909 年汉译本）》（台北：华世出版社，1979 年 3 月）。

② 陈寿祺，《福建通志台湾府》，台湾银行文献丛刊第八四种，1960 年 8 月，页156～158。

③ 陈淑均，《噶玛兰厅志》，台湾银行文献丛刊第一六〇种，1963 年 3 月，页 54。

④ 中国第一历史档案馆编，《康熙朝汉文朱批奏折汇编（第一册）》（北京：档案出版社，1984 年 5 月）。

位能臣，从他可以从提臣被擢升为总督，就已经证明圣祖对其信任。① 大体而言包括梁鼐在位的初治二十年期间，清廷对台湾的控制还算稳定。然此局势是否能继续维持，正考验着官府的能力。

康熙五十九年（1720）编纂的《台湾县志·舆地》，在风俗项下有一写实的记载。书中说道："讼师者，黠民也。台多刁讼，其弊多讼师主之。盖村民何知？惟讼师一力担承，故讼遂不可止。欲使民相安于无事者，亟除讼师之害，则几矣。"② 由此可知官府所掌握的司法解释权，现正遭受到一批名为讼师的人强烈挑战，使得百姓不能相安无事。刻板印象总认为清代法律主要关心的是刑事、行政事务，而不是民事。美国学者黄宗智（Philip Huang）在其研究中反驳此一观点，并从实际案例分析，说明民事案件已占州、县法庭承办案件总数的三分之一。讼师的出现显然跟民事案件增多有关，但要注意的是他们不是"讼棍"。清律对此有详细区分——讼师的行为包括教唆词讼、为人作状，或受雇诬告；讼棍则是串通胥吏，拨弄乡愚，恐吓诈财之积惯者。③ 虽然黄氏的结论，被人批评过分强调民间调解和衙门裁判之间的差异和对立；但他认为过多的民事案件，带给官府统治上的压力，基本上是中肯的。④

那么官府衙门的人事如何呢？除了州、县职官外，还包括：书吏、差役、幕友、长随。当然若要广义解释司法的参与者，更包括：邻右、家族、乡间、保甲、里甲、团练、绅衿、居停、行主、代书等人物。⑤ 康熙六十年（1721）爆发的朱一贵事件，导火线是因为台湾知府王珍暴虐所致。朝廷为进一步监督台湾官员，同年发布上谕，每年至京差满、汉御史各一人前往台湾巡察。此御史往来行走，彼处一切消息可得速闻；然地方事务，御史不必管理。⑥ 隔年福建名士蓝鼎元在朱案善后时，提到台中时事可虑者三——米贵兵单、各官穷蹙、政务懈散。⑦ 值得注意的是，时人最为诟病的胥役乱法，在台湾反而不见记载。不见记载并不代表没有，或许是跟其他地方相较，台湾的情况不那么严重，然"政务懈散"却透露出官员疲态乍现。

---

① 朱彭寿著，何双生点校.《旧典备徵》（北京：中华书局，1997年12月二刷），页23。

② 陈文达，《台湾县志》，台湾银行文献丛刊第一〇三种，1961年6月，页60。

③ 黄宗智，《民事审判与民间调解——清代的表达与实践》（北京：中国社会科学出版社，1998年5月），页2、11、133、146。

④ 梁治平，《清代习惯法——社会与国家》（北京：中国政法大学出版社，1999年10月），页11。

⑤ 张伟仁，《清代法制研究（辑一册一）》（台北："中央研究院"历史语言研究所，1983年9月），页143。

⑥ 台湾银行经济研究室编，《清会典台湾事例》，台湾银行文献丛刊第二二六种，1965年5月，页192。

⑦ 蓝鼎元，《东征集》，台湾银行文献丛刊第一二种，1958年2月，页73。

雍正元年（1723）甫即位的世宗，立刻发布对道员、知府、知县，地方三位最重要正印官的上谕。他认为道员官历佥司，赞襄藩臬、承流宣化。守、巡两道首当洁己惠民，凡府、州、县之廉洁贪污俱宜细加察访，不时密详督、抚以凭举劾地方。有土豪武断尤宜禁戢剪除，卫良除莠乃称其实。如果只知道趋承大吏，或只图下属陋规，一切吏治民生概置不问，贪庸陋劣殊负朝廷设官之意。至于知府扮演的是督抚、监司之耳目，州牧、县令之表率，承流于上、宣化于下，所系重矣。如果知府能廉正自持、屏绝贿赂，则督抚、监司必不致肆行需索，而州牧县令亦不敢肆意贪婪。其他如：劝农课桑以厚风俗，禁戢强暴以安善良，平情听断以清讼狱，更是应尽的职责。至于知县乃为亲民之官，职司贡赋讼狱，品秩虽低责任却大。平常需在县境兴仁兴让、教忠教孝；做到物阜民安、刑轻讼简的要求。如果罔念民瘼、恣意贪婪，或朘削肥家，或滥刑逞虐，或借刻以为清，或恃才而多事，或谄媚上司以贪位，或任纵胥吏以扰民，或徇私逞欲以亏帑，则国法难饶。①

世宗已经把他理想中的官员，做一清楚地描述，同时也点出官员可能发生的负面行为。然这一切对于士习有无发生作用呢？雍正朝是台湾文、武职官定制的关键阶段。属于文职官员的行政区划，从台厦道改为台湾道开始，辖下的一府三县也成一府四县二厅。属于武职官员的营制，则从一镇二协十一营，变为一镇三协十四营。该制维持了 85 年，直到嘉庆十五年（1810）才又更动。事实上台湾所患的，主要是文、武官员不能和衷的问题。② 虽说该缺失不是台湾独有，但巡台御史的出现，却在这问题上有让人意想不到的发展。不过以严厉著称的世宗，并没有注意到这点。或许是巡台御史制度刚行不久，又充当皇帝的耳目，御史之权反倒加重。例如：雍正五年（1727）原本属于道台职权的学政，现交由巡台御史掌理。雍正九年（1731）上谕巡台御史新旧兼用，满汉御史均留任一年，遂成二年一换。③

当时原籍福建漳浦的礼部尚书蔡世远，夙娴台湾情势，在他看来台湾为一难治之地。主要原因是当地少有土著之民，都是从闽、粤移民而来的无赖子弟。官员们平时不知教化，甚至不爱教化只贪图私利；长久下来台俗侈靡荡逸无法禁止，官民更无相系之情。④ 更何况台湾动固易乱、静亦易治，不难治于土番，而难于治理“奸民”，解决之道首重化奸为良。⑤“化奸为良”

① 中国第一历史档案馆编，《雍正朝汉文谕旨汇编（一）》（桂林：广西师范大学出版社，1999 年 3 月），页 9～11。

② 刘良璧，《重修福建台湾府志》，台湾银行文献丛刊第七四种，1961 年 3 月，页29～30。

③ 《清会典台湾事例》，页 192。

④ 余文仪，《续修台湾府志》，台湾银行文献丛刊第一二一种，1962 年 4 月，页 776。

⑤ 佚名，《清初海疆图说》，台湾银行文献丛刊第一五五种，1962 年 9 月，页 99。

的工作就交给同知以下的官员执行，但为避免他们因贪酷乖张激起民变，再规定府、道以上官员有连坐之责。① 当然除了申明纪律之外，对于调台官员士气的提升亦有所奖励。雍正八年（1730）福建按察使李玉鋐原本奏请，嗣后台湾官员缺额由当地任满一年以上者调补。② 虽然世宗否决该议，但在雍正十一年（1733）复准缩短台地任官年限。规定除台湾道仍需三年任满外，其余辖下官员只要任满二年，并再候半年办理移交，即可回内地以应升之缺任用。③

朝廷对于台湾官员整饬的苦心有了成效。雍正三年（1725）根据巡台汉御史景考祥的回奏，台湾三年前的治安状况，只能以"民之旧习未改，兵之强悍未除，匪类潜踪难尽搜获，有司虽竭力尽心不能挽回"。然现在官风丕变，除了彰化知县谈经正甫到任未便考核外，其余各官多是才守兼优实心办事之员。④ 不过在官箴稍有起色之后，却有另一股歪风逐渐生成，那就是差役作恶。同时期蓝鼎元在与台厦道吴昌祚讨论台事时，指出台中胥役比内地更炽。通常一名皂快，身旁跟有数十名帮丁（编制外的衙役）。一票之差就要向对方索贿六七十贯，或百贯不等。并且胥役权势还高过乡绅，皂快狐假虎威还甚于长官。他还提醒道台衙门差役，最善于窥伺长官意旨，每每招摇撞骗、见事生风不可不防。⑤ 再根据雍正十一年（1733）台湾道张嗣昌的描述，台属各县均设立捕馆，多系流棍以"鹰捕"、"里捕"之名充当。有时会再招集无赖棍徒为爪牙，名曰帮捕，在各处捕风捉影乱拿平民。尤其专拿曾经有案，今已改过之小窃；不禀长官，擅行锁禁捕馆，恣意苛索银钱。⑥

吏役的妄为很容易破坏官府统治的威信。虽然文人常对他们嗤之以鼻，但他们又都是行政的执行者，因此有深入讨论的必要。美国学者 Bradly W. Reed 的观点颇为有趣，他透过对四川巴县档案的研究，认为差役扮演清廷和当地社群之间的关系（人）。该说有别于传统看法——中间人角色扮演应是地方士绅，然他所持的理由——吏役才是长期跟百姓相处的人物。⑦ 批

① 中国第一历史档案馆编，《雍正朝汉文朱批奏折汇编（第二十五册）》（上海：江苏古籍出版社，1991 年 3 月），页 302 ~ 303。

② 中国第一历史档案馆编，《雍正朝汉文朱批奏折汇编（第十八册）》（上海：江苏古籍出版社，1991 年 3 月），页 1024 ~ 1026。

③ 《噶玛兰厅志》，页 54。

④ 洪安全主编，《清宫宫中档奏折台湾史料（一）》（台北：故宫博物院，2001 年 11 月），页 388 ~ 391。

⑤ 蓝鼎元，《平台纪略》，台湾银行文献丛刊第一四种，1958 年 4 月，页 50。

⑥ 张嗣昌，《巡台录》，乾隆元年刻本，北京大学图书馆藏。

⑦ Reed W. Bradly，*TALONS AND TEETH*：*County Clerks and Runners in the Qing Dynasty*（California：Stanford University Press，2000）．pp. xiii – xix.

评者或许认为川省的个案，能否说明其他地区的情况。不过 Bradly 的理由倒颇值得深思，因为他可以解释为什么胥役禁革不掉的原因。原来官员有任期，吏役无任期；官员需回避，吏役免回避。其实衙门事务的运作，都要靠他们从中协助。再加上传统中国行政与司法权是合而为一，在缺乏制衡机制的情况下，吏役可以依附在衙门之下，俨然成为公权力的化身。台湾官场上的风气稍有改善，但吏役作威作福之风却已形成。这说明官与吏的关系并非绝对的对立，两者的共生关系使得导正吏役多流于为空谈。

同样结构性的问题，也发生在司法之中。康熙朝为患的讼师，到了雍正朝不减异反增。根据雍正六年（1728）巡台汉御史夏之芳奏报，台湾文武生员往往散处孤村远社，借倚功名包揽事情、武断乡曲，或串通各衙门胥役专作讼师，种种非为贻害地方不浅。① 日本学者夫马进认为产生“好讼之风”、“健讼之风”的根本原因，在于诉讼制度本身就是一种向民众开放的制度。无论诉讼费用如何之高，只要有夠打官司的钱财，任何人都可以提诉讼。② 这可给了讼师与胥役生财的管道，然需留意的是两者勾串的行为，通常只能在民事审判，或者在调处息讼至才能发挥作用。③ 对属于统治之道的刑律、会典、省例、则例等行政法执行，讼师与胥役影响的程度有限。④ 所以说当时司法虽谈不上法治，但作为法制——以法制人的工具是可以。⑤

事实上官方对此亦颇下工夫。就律例本身条文研究而言，早在康熙十三年（1674）就有名为《读律配觿》之作专门探讨。⑥ 就刑事审判所该注意的事项而言，康熙六十年（1721）编纂的《纸上经纶》，算是清初时人经验传授的早期作品。⑦ 就刑律的修订本身而言，前文曾提及的秘密结社之风，就是官方极注意的对象。雍正三年（1725）规定：凡异姓人歃血、订盟、焚表，结拜兄弟者，不分人数多寡，照谋叛未行律论处，为首者绞监候。⑧ 至于州、县官处事的准则而言，当时重臣河东总督田文镜，钦遵世宗圣谕所撰写的二十条目录，就是朝廷所要求循吏的典范。其内容包括：到任、交盘、

① 洪安全主编，《清宫宫中档奏折台湾史料（三）》（台北：故宫博物院，2001 年 11 月），页 1746。

② 夫马进，《明清时代的讼师与诉讼制度》，《明清时期的民事审判与民间契约》（北京：法律出版社，1998 年 10 月），页 418。

③ 郑秦，《清代司法审判制度研究》（长沙：湖南教育出版社，1988 年 5 月），页205 ~241。

④ 参阅苏亦工，《明清律典与条例》（北京：中国政法大学出版社，2000 年 1 月）。

⑤ 吴吉远，《清代地方政府的司法职能研究》（北京：中国社会科学出版社，1998 年 6 月），页 8 ~10。

⑥ 王明德，《读律佩觿》（北京：法律出版社，2001 年 1 月）。

⑦ 吴宏，《纸上经纶》；摘自郭成伟等，《明清公牍秘本五种》（北京：中国政法大学出版社，1999 年 1 月），页 140 ~260。

⑧ 庄吉发，《清代台湾会党史研究》（台北：南天书局有限公司，1999 年 5 月），页 219。

关防、宣讲圣谕律条、放告、催科、借粜仓谷、弭盗、验伤、听断、堂事、防胥吏、慎延幕宾、待绅士、免行户、谨差下乡、劝农桑、严禁狱、讲读律例、操守。① 由此可知清初官方对法制，始终都有一套准绳在运作；而实际操作有它宽猛相济的一面，谨防的工作就是避免"官逼民反"的事件发生。

如果把任何民变动乱的起因，都看成"官逼民反"的结果，那么它透露着武力与行政、司法密切的依存关系。官逼民反爆发的时间，可以解释被统治者受不了行政、司法高压的控制，所揭竿而起的事件。然之后引发的民变规模，到底呈现昙花一现还是野火燎原，端看官民武力强弱决定。清廷对此一直防范，地方官员三年一次大计的考核中，对于贪酷、浮躁、轻浮、暴戾、贪戾、贪劣、贪残、贪婪之官均列为题参的重点。② 巡台御史本来就应负责此工作，但到了乾隆朝情况有点改变。乾隆五年（1740）巡台汉御史杨二酉自曝内幕，他的奏文中提到先前调台的满、汉御史，彼此性情多不相投。若遇事则挟怨偏私，使得文、武员弁亦随之各立崖岸，诸事掣肘贻误地方。③ 此后督、抚对巡台御史密参的个案开始出现。乾隆十二年（1747）福建巡抚陈大受疏言指出，巡台御史出巡南、北二路，向派台、凤、诸、彰四县人夫，又滥准词讼、额设胥役，并有奸民挂名依附生事确有不法。④ 由于陈氏的参劾，不仅使得自乾隆五年以来的历任巡台御史，不是遭到革职就是革职留任，也让高宗认真思考巡台御史存废的问题。⑤ 该案交由大学士、九卿详议后，鉴于不以个案而因噎废食，应维持旧制不需撤回。只是日后巡台御史为避免扰民，每年于农隙时分路各巡察一次即可，毋庸多带仆隶以省烦费。⑥

乾隆十七年（1752）上谕巡台御史从二年一换，改为三年一换；事竣即刻回京，不需在台湾停留。这一道命令让巡台御史权力削减异不少，不过巡台御史的制度——满、汉二人旧例，本身就有设计上的缺陷。朝廷原意是想让二者彼此制衡，孰料却造成对立。乾隆二十九年（1764）巡台汉御史李宜青遭高宗申斥，其原因就是奏陈带有偏见，且不与满御史永庆商议遂径

---

① 田文镜，《钦颁州县事宜》；摘自郭成伟主编，《官箴书点评与官箴文化研究》（北京：中国法制出版社，2000 年 12 月），页 107 ~ 141。

② 李鹏年等编，《清代六部成语词典》（天津：天津人民出版社，1994 年 2 月二刷），页 57 ~ 58。

③ 乾隆朝汉文录副（军机处录副），档号：0062 - 002，微缩号：003 - 2248，中国第一历史档案馆藏。

④ 李桓编，《国朝耆献类征（138）》（台北：明文书局，1985 年 5 月），页 839。

⑤ 台湾银行经济研究室编，《台案汇录乙集》，台湾银行文献丛刊第一七三种，1963 年 6 月，页 101 ~ 103。

⑥ 洪安全主编，《清宫廷寄档台湾史料（一）》（台北：故宫博物院，1998 年 10 月），页 9；《清会典台湾事例》，页 193。

自入奏。① 福建布政使颜希深抓住这个机会，又重提废除巡台御史制度的旧案。② 此时高宗如何再看待这个问题呢？以“鸡肋”来形容亦不为过。其实朝廷已知道巡台御史原属有名无实，只是遽行裁撤则地方官远隔海洋无人稽查，日久不免废弛。因此现在巡台御史的派任不拘时间，可照三年一期派往，也可暂停派往，也可数次后再行派往，有司须随时请旨候办。③ 尔后巡台御史的表现每况愈下，乾隆四十六年（1781）巡台满汉御史塞岱、雷轮以办理敷衍交部议处，高宗谕令巡台御史可不必派往。此二人可谓该职的最后二位御史。不过巡台御史的制度要到乾隆五十二年（1787）才废除，改由督抚、提臣每年轮值赴台巡阅。④

至于台湾各厅、县行政工作，有无繁简的区别呢？其实官方自有一套四字标准来衡量，它们是：冲、繁、疲、难四字属于最要缺，仅有三字者为要缺，仅有二字者为中缺，仅有一字者为简缺。台湾道被视为冲、繁、疲、难最要缺，也是闽省唯一最要缺的道台，他的职责是督理番民稽查沿海。⑤ 台湾知府属于冲、繁、难要缺。⑥ 北路理番同知、南路海防同知均为要缺。⑦ 淡水厅同知、澎湖厅通判属于中缺。⑧ 台湾知县属于冲、繁、难要缺。凤山县属于繁、难中缺。诸罗县属于繁、难中缺。彰化县属于繁、难中缺。⑨ 事务繁简已区分出各行政区重要性的层级。大体来说台湾道、府、县与海防同知同城，各职官都在要缺以上，所以该县为全台第一要地。彰化县本为中缺，但有属于要缺的理番同知驻扎，因此重要性次之。其余的地方均为中缺之地，且都是繁、难二字，基本上就是属于一般民政事务。

另外在文职官员的铨选方面，均维持跟之前同样的制度。不过乾隆三十六年（1771）闽浙总督崔应阶，鉴于台湾闽粤移民相处不睦，唯恐粤籍文员会袒护同乡奏请回避。对此高宗与陛见的金门镇总兵龚宣问对后，初步不表同意。旋再经廷议达成定案，嗣后只有粤省惠、潮、嘉三属人员不与调

---

① 中国第一历史档案馆编，《乾隆朝上谕档（第三册）》（北京：档案出版社，1991年6月），页485。

② 台湾故宫博物院，《宫中档乾隆朝奏折（第二十四辑）》（台北：故宫博物院，1984年4月），页490。

③ 蒋良骐，《十二朝东华录（乾隆朝）》（台北：文海出版社，1968年8月），页795。

④ 《清会典台湾事例》，页194～195。

⑤ 不著编人，《满汉缙绅全本》，清乾隆二十八年同升阁书坊刻本，北京国家图书馆藏。

⑥ 不著编人，《缙绅全书》，清乾隆四十七年刻本，北京国家图书馆藏。

⑦ 不著编人，《缙绅全书》，清乾隆三十九年五本堂刻本，北京国家图书馆藏。

⑧ 不著编人，《乾隆缙绅全书》，清乾隆刻本，北京国家图书馆藏。

⑨ 不著编人，《乾隆缙绅全本》，清乾隆刻本，北京国家图书馆藏。

台，其余文职均照武职不避闽人之例。①大抵在中期以后，台湾官风又逐渐腐化、政务又开始懈怠。连续举发的贪污案件算是一个标准。乾隆四十六年（1781）闽浙总督陈辉祖参劾台湾道俞成、台湾知府万绵前、理番同知史崧寿，罪名分别是包庇吏役勒索知府、漫无觉察、同城不举等。同年福建巡抚杨魁参奏向有“宦绩”的卸任海防同知刘亨基，指责他对台运米谷积压一案不够尽心。② 乾隆六十年（1795）在福州将军魁伦的主导下，大兴福建亏空弊案之狱。③ 此案株连甚广，主犯闽浙总督觉罗伍拉纳、福建巡抚浦霖、布政使伊辙布（病故）、按察使钱受椿均处以斩立决。之后案情有如瓜蔓抄般传开，台湾官员有道台杨廷理涉案，而杨氏遂被判决永不叙用。④

胥役和讼师不法的问题仍持续未解。乾隆十二年（1747）巡台御史白瀛奏言，台地现有一种奸民，只要遇到地方官稍稍执法，即奔赴巡台御史衙门捏款越诉，希图利用御史与府、县权力的矛盾从中获利。⑤ 白瀛还算是谨守分际的官员，但其他御史可不一样，常在接受申诉后遂引发擅理民词的争议。然而这种“奸民”是由谁来扮演呢？其实还是讼师。这问题严重到官府不得不制定专例对付。乾隆三十八年（1773）福建按察使广德发出宪牌，通饬闽省府、州官员转行遵照，清查所有诬告旧案务须确核情罪，并严追讼师照律办理。而为了奖励各县官能实力查办，再规定能访拿到讼师一名者，记功一次。一年内拿获五名以上者，改记大功一次。一年内拿获十名以上者，府、州亦跟着记大功一次。但如果终年无获，府、州、县各记大过一次。⑥ 在臬司雷厉风行之下，此次“猎讼行动”想必有所收获。或许已达吓阻之效，在日后的公、私记录中，讼师恶行恶状的描述少有再出现。

至于吏役的整饬稍需花费工夫，这是因为要针对不同的恶行，再制定不同的法律。乾隆二十四年（1759）台湾道杨景素禀称，台郡向有里差、社差等，整年居住里、社。名为与乡保管事采买纳粮、催纳各番丁饷，实际上多与通、土串通同派累。更有捕役一项，原本要分路专管；如遇抢窃等案，悉系责成该役缉捕。不料多同流合污，流匪反受其包庇。于是由藩、臬二司

---

① 《十二朝东华录（乾隆朝）》，页976。

② 洪安全主编，《清宫谕旨档台湾史料（一）》（台北：故宫博物院，1996年10月），页83~87。

③ 陈康祺著，褚家伟、张文玲点校，《郎潜纪闻四笔》（北京：中华书局，1997年12月二刷），页141~142。

④ 牛创平、牛冀青编，《清代一二品官员经济犯罪案件实录》（北京：中国法制出版社，2000年5月），页341~360。

⑤ 国学文献馆主编，《台湾研究资料汇编（第一辑·第二十五册）》（台北：联经出版社，1993年9月），页10705~10710。

⑥ 佚名，《福建省例》，台湾银行文献丛刊第一九九种，1964年6月，页905~906、1118。

详查，再由抚宪发布命令全数禁革。同年闽抚吴士功侦知有名为“白役”（编制外的衙役）。此辈平常巧附衙蠹，若听到接票办案，即跟在差役之后；各持锁链蜂拥至民家，一登其门如狼虎般多方索诈。官府对于白役的惩罚是相当严峻，拿获者皆处杖毙之刑。①

事实上对差役的整顿是有成效的。乾隆三十一年（1766）闽浙总督苏昌特为台湾民壮奏陈。“民壮”就是皂、壮、快三班差役以外的编制。台湾道衙门原有编制50名，府衙门编制40名，县衙门编制30名。其任务就是学习鸟枪、拿缉盗匪、保护城池与仓库。然雍正十一年（1733）前任闽督郝玉麟，认为他们都是流寓顶充，恐有勾结匪类不法情事，于是全数撤换改由营兵担任。不过苏昌认为此时环境不同，台地民人皆耕勤安生，非复当年无赖者比。于是奏准恢复淡水厅、台湾、凤山、诸罗、彰化四县的民壮，各衙门一律编制40名。② 乾隆三十九至四十七年（1774～1782）台湾扫荡小刀会期间，竟然也从中拿获数名厅、县衙役，他们包括：理番厅役林兴、陈才，彰化县书吏陈文、差役黄尾。③ 该案的破获说明了吏役不仅是贪渎收贿而已，透过会党内部的人际网络，能再进行组织化的犯罪。所以说“合法掩护非法”，已成为乾隆后期差役作恶的模式。乾隆四十八年（1783）复准鉴于台湾兵役，屡次假借句缉罪犯为名，或因催粮巡哨等事，多方抑勒、扰害闾阎。尔后查出即便没有诈赃情事，亦照凶恶棍徒例发遣；倘借端诈赃，从重严加治罪。④

胥役本身游走在法律边缘还不够，有时也勾结长官身边的亲信图利。乾隆五十年（1785）福建有司侦知境内有无赖棍徒，平常游手好闲不务正业，专以讹诈为事。动辄勾通奸保、蠹役，商及州、县长随，百计图谋寻衅滋扰。“长随”就是长官的家丁、仆役。他们原本不负责任何公务，但为什么会成共犯结构的一角呢？这就是胥役冀图运用人情，想要私下交易肆行不法。然省例对此处罚并不严重，一干人等若被查获，顶多责革、责逐而已。⑤ 乾隆五十一年（1786）督宪为恐滥差滋扰，明令日后差役值勤，严格执行“一票一差”制度。原来清代衙门所设的监狱，以监禁重刑犯为主，轻罪人犯令当地地保保候审理。孰料不肖官员擅设仓铺店所，作为私禁轻罪人犯之用。此时“白役”与之勾结，一票数差乱拘小民，投入私囹后即勒

① 《福建省例》，页849～851。
② 乾隆朝汉文录副（军机处录副），档号：0444，微缩号：030，中国第一历史档案馆藏。
③ 《清代台湾会党史研究》，页97～98。
④ 《清会典台湾事例》，页27～28。
⑤ 《福建省例》，页942～943。

索分肥。① 乾隆五十三年（1788）林爽文事件后，全台历经一场整顿。闽抚徐嗣曾对台地差役胆敢私设班馆早有注意，尤其对擅置刑板拶指、句党殃民之役均处以斩决，严重者则需要立碑示禁（淡水厅竹南保）。② 不过最重要的是高宗对蠹役屡禁不绝的评论，他认为：此等自认为地方官之耳目，不肖官员纵其贪婪，昏聩官员受其蒙蔽，以致让他们有恃无恐扰害良善。③

高宗的一席话点出了官员与吏役的共生关系，特别是对那些办事能力较差的官员，反而非常需要吏役的帮忙。因此表面上法令对恶吏、恶差限制不少，但若官员不严格执行，或甚至有求于他们，再多的法令也是枉然。原籍闽县的福建名儒郑光策，对台湾官场风气有独到的看法。他认为台湾孤悬海外，官司体制极尊。凡属在官无不凭借权势以欺凌乡里，于是刁诈无赖者喜充吏书；正役一而散役则十，散役十则帮役则百。一县之中以千百之虎狼肆其蚕食，民由何安？④ 乾隆五十三年（1788）再奉上谕，嗣后闽省督抚、提臣巡阅台湾，毋沿途需索并以严禁从役为第一要务。⑤ 为上者如此的注意，短时间内应该让下属各官有所警惕。例如：乾隆五十五年（1790）闽浙总督觉罗伍拉纳回奏禁革班馆等事，提及台湾镇总兵官奎林及道、府遇事严治，已让胥役敛迹。⑥ 乾隆五十八年（1793）福建巡抚浦霖回奏时，亦提及台湾镇、道对胥役遇事严惩，颇令宵小畏法、班馆根除。⑦

乾隆朝另一件行政、司法的大事，就是《大清律例》编纂完成。清入关以后法律多沿袭前明，顺治三年（1646）修成的《大清律集解附例》，为清代第一部成文法典。雍正五年（1727）又在此律文基础上，编入现行则例供其对照。高宗即位后鉴于律、例条文庞杂，必须进一步加以整理，遂命礼部尚书三泰主理其事。该工作在乾隆五年（1740）完成，共修定律文436条，附增例文1409条，保留比引条例30条，遂定名为《钦定大清律例》。⑧ 在这内容当中关于统治之道的刑律，就占了170条，为整体的四分之一强。举其用重典者如：谋反大逆、谋逆、强盗、窃盗、盗贼窝主、共谋为盗等。举其诉讼大要者如：越诉、诬告、教唆词讼、军民约会词讼。举其整饬官箴

---

① 《福建省例》，页950~951。

② 邱秀堂编，《台湾北部碑文集成》（台北：台北市文献委员会，1986年6月），页4。

③ 不著编人，《清实录-高宗纯皇帝实录（二五）》（北京：中华书局，1985年11月），页701~702。

④ 陈寿祺，《福建通志台湾府》，台湾银行文献丛刊第八四种，1960年8月，页817。

⑤ 中国第一历史档案馆、中国人民大学清史研究所合编，《天地会（五）》（北京：中国人民大学出版社，1986年5月），页129。

⑥ 台湾银行经济研究室编，《台案汇录丁集》，台湾银行文献丛刊第一七八种，1963年9月，页95~96。

⑦ 乾隆朝汉文录副（军机处录副），档号：1445-031，微缩号：099-0052，中国第一历史档案馆藏。

⑧ 徐本等编，田涛、郑秦点校，《大清律例》（北京：法律出版社，1999年9月），页1~5。

者如：官吏受财、坐赃致罪、家人求索、因公科敛、官吏听许财物等。① 当然除了清律之外，各部编纂的则例也是被要求执行。例如：以维护地方治安情况来说，皆属于《兵部则例·诘禁》规定的范围。其内容的保甲、缉盗、缉私、禁赌为首要禁除的工作。② 其他甚至还定有台湾专例，如：台湾生番突出杀人之案，扣限六个月参疏；逾时不获地方官降一级留任，再限一年缉拿。拿获者开复，未获者调用。又台湾兵民不法，文员可以究治兵丁，武员可以移送民人（以往须会同）。若彼此推诿文武皆罚俸一年，徇纵者照徇庇例议处。另外在刑部规定方面，台湾承审盗、命、杂案，厅县限四、三、二月解府。台湾府连海洋程途并算，盗、命、杂案亦限四、三、二月解司。所有案件按察使司限一个月解督、抚。督、抚则限一个月内咨题。不过若遇命盗抢窃重案，台湾府审理后须先解台湾道勘问，然后再解按察使司，花费的时间可以由府审限内通融扣算。③ 再者审判定谳后如果被处以充军，还要依《五军道里表》决定发交二千里附近、二千五百里近边、三千里边远、还是四千里极边之地。④

在高宗的眼中，破坏地方治安的四恶——盗贼、赌博、打架、娼妓，则是立刻要剪除的对象。⑤ 当然官员在执行中，难免会有眼高手低的毛病，其中以缉捕的流弊最为严重。因为条例对督捕的时限催促过急，于是"吃案"隐匿之风大盛，或者诬拿良民为盗以应付上司，无形中也助长胥役的气焰。⑥ 平心而论清代仕宦不是件容易的事，而科举也不一定能选出良官来，更何况还可以靠捐资、身荫、军功的方式入仕。⑦ 此时又有教人为官的大作出现——《学治臆说》、《佐治药言》。不同于先前田文镜遵旨奉颁的版本，二书都是出自以佐幕出名的汪辉祖，累积数十年经验的成果。⑧ 看来清代的官员仕途是否顺遂，能否找到好的幕友佐理是息息相关的。

嘉庆十二年（1807）嘉义县学教谕谢金銮，针对清廷治台之道写了一篇《泉漳治法论》抒发己见。文中提到：

> ……夫民有屈抑则讼之官者，势也；乃讼之官，而官不能治，

① 沈之奇撰，李俊、怀效锋点校，《大清律辑注（上、下）》（北京：法律出版社，2000年1月）。

② 不著编人，《兵部则例□□卷》，清乾隆内（务）府抄本，北京国家图书馆藏。

③ 沈书城，《则例便览》；摘自四库未收书辑刊编纂委员会编，《四库未收书辑刊（贰辑·贰拾柒册）》（北京：北京出版社，2000年1月），页322、387。

④ 尹继善等，《钦定五军道里表》，清乾隆三十二年刻本，北京大学图书馆藏。

⑤ 佚名，《乾隆谕折》，清抄本，北京国家图书馆分馆藏。

⑥ 朱绍侯，《中国古代治安史》（开封：河南大学出版社，1994年12月），页764~765。

⑦ 林川夫主编，《民俗台湾（第四辑）》（台北：武陵出版社，1999年10月三刷），页221~223。

⑧ 林宗岗编，《中国官训经典》（北京：红旗出版社，1996年9月），页169~345。

曰犯不到案者，悍而不可捕也。捕矣，到案矣，又或贿之，而不持其平也。民以为信矣，官不能捕，吾将自捕之；于是乎有掳禁之事，有私刑拷掠毙命灭尸之事。以为犯罪而官不能治，则虽毙命灭尸无惧也。俄而信矣，毙命灭尸者，可不到案矣。到案而贿以免矣，于是乎群相效尤，寖成风俗……①

由此叙述可一窥当时台湾官府公权力破产的情况。在司法不能维持社会一定的公平性之下，被统治者私自武装是必须的。不过有一点也必须注意，那就是两造在冲突前后，都有告官的程序；若结果不使双方感到满意，私下的动武才有可能发生。例如：用水的纠纷常是动武的导火线，但若真的引发斗殴、械斗，彼此也要付出一定程度的代价。所以双方若能以诉讼的方式解决问题，均是一个大家可以接受的选择。②

根据张晋藩的研究，嘉庆朝的刑律也适时调整过。首先在自首规定上，比以前采更宽大的方式处理，不管是“因变逸出”或“畏罪投回”都可以得到免死的发落。其次是再重申保甲的重要，并加强文、武职的连坐处分。③ 然这些从宽的处分，仍不包括对会党成员的减异刑。林爽文事件使得天地会声名大噪，事后清廷也立下台湾专例，凡敢复兴天地会者首犯斩立决、从犯绞立决。嘉庆十六年（1811）这条专例扩及闽粤省份，只有稍做修改——若平日并无为匪，仅止一时随同入会，可免其死罪改发配新疆。④ 至于胥役为恶，此时的记录不多。嘉庆十七年（1812）任职澎湖厅通判后升淡水厅同知吴性诚，曾作有《谕戒书役口号》四首。观其大意就是道德劝说，劝诫胥役们不要以为身居海岛一隅，就可以嚣凌词讼充做蚩氓鼠雀。⑤ 比较值得重视是台湾引发的镇道之争。前文已提及台湾文、武职官共事不合，彼此之大员台湾道与台湾镇总兵官更时而相轻。嘉庆二十五年（1820）台湾道叶世倬以决囚时，屈位于台湾镇总兵官之次而力争。若从品秩来看道台正四品，低位于（挂印）总兵正二品。然台湾道在乾隆十七（1752）收回学政权后，三十二年（1767）复加兵备衔，五十一年（1786）复加按察使衔，使得整体的职权已扩张许多，因此才有叶氏“不平”

---

① 丁曰健，《治台必告录》，台湾银行文献丛刊第一七种，1959年7月，页98。

② 温振华、戴宝村，《淡水河流域变迁史》（板桥：台北县立文化中心，1999年3月初版二刷），页85。

③ 张晋藩，《清朝法制史》（北京：法律出版社，1994年4月），页631～638。

④《清代台湾会党史研究》，页220。

⑤ 伊能嘉矩，《台湾文化志（中译本·上卷）》（台中：台湾省文献委员会，1985年11月），页288～289。

之鸣。①

进至道光朝行政结构性的问题再次浮现，然这次的主角是胥役—幕友—长随。清廷对于久革的班馆，是否再死灰复燃一向注意。道光二年（1822）御史黄中模奏言，查禁各省州县私设班馆一事。黄氏并没有说明是哪一省班馆之风再起，然宣宗的谕示仍是申明旧例，要督抚们详加调查、违者严办。② 或许是这股政治风向，台湾举人、贡生、监生、生员纷呈；而台湾、凤山、嘉义县的奉宪示禁碑，分别在道光四、五、十七年（1824/1825/1837）被竖立起来。当时三县遇到的情况类似，衙役们的恶行包括：在未升堂质讯前先挨一顿刑杖名曰"水钱"、自称"班数"或"铺堂"时而羞辱儒服儒冠之士人、民间词讼从呈发书吏开始，至少有八处地方需要另给规费，使得无力者任其宰割。③ 不过要是遇上纵容差役的长官，地方百姓可真投诉无门。道光二十年（1840）的一个案例，即刑部侍郎黄爵滋审明淡水厅同知龙大惇专信丁役舞弊案。根据黄氏调查的结果，淡水厅差役向来疲玩，有别于他县特设"功过簿"凭单赏给银钱。该厅胥役旧设六班二总，不料龙氏再添设二班——皂、快，六总——副皂总、总皂、总快、粮总、木料总、铁匠总。④ 虽然该同知下乡动辄有一二百人随行，但这二年以来治安稍有改善吗？答案是没有，像是新庄街、沪尾街、摆接庄、鸡笼头、三貂等处，在白昼时已被抢劫数十次，龙氏全不究办。尤信任粮总胡海，多方舞弊言听计从。又分派书差、门丁（长随）、幕友，半留厅治竹堑，半留厅境第一大聚落艋舺。一官两署，两处均得收呈，门丁与差役朋比为奸、招摇撞骗。⑤

黄爵滋的题本把长官、胥役、长随、幕友，不法的关系清楚地暴露出来，然这也是冰山之一角而已。⑥ 道光末年甫任台湾道的徐宗幹，有感于台湾胥役作恶之风未除，各写了一篇文章劝诫，从中可以一窥当时胥役不法的情事。在书吏方面，包揽词讼、串通衿棍、挟制官长是一贯的伎俩；在差役

① 陈康祺著，晋石点校，《郎潜纪闻初笔、二笔、三笔（下）》（北京：中华书局，1997年12月二刷），页600。

② 中国第一历史档案馆编，《嘉庆道光两朝上谕档（二十七）》（桂林：广西师范大学出版社，2000年11月），页293。

③ 台湾银行经济研究室编，《台湾南部碑文集成》（南投：台湾省文献委员会，1994年7月，页457～460、466～467。

④ 参阅戴炎辉，《清代台湾的乡治》（台北：联经出版事业公司，1992年5月三刷），页650～662。

⑤ 黄爵滋，《黄少司寇奏疏》；摘自诸家，《清奏疏选汇》，台湾银行文献丛刊第二五六种，1968年11月，页64～72。

⑥ 道光二十九年竹堑巡检擅理民词，得赃莫计其数；胥役等均为虎作伥，闽抚王懿德特立碑示禁。参阅《台湾北部碑文集成》，页20。

方面，凌虐愚弱、鱼肉乡邻、串通匪徒、扰害良善是常有的恶行。① 值得注意的是幕友此时也成为共犯结构之一。其严重程度使得闽浙总督刘韵珂，在道光二十六年（1846）奏请清厘台湾闲居幕友。据查当时台湾府城待聘幕友已多达32人，有司恐他们钻营求荐贻害地方，将他们全驱逐回内地不准逗留。② 这些幕友都是科举不如意之人，在以幕救贫或以幕济学的名义下，投入各衙门为官员佐理政务。按照工作内容他们分成刑名、钱谷、挂号、朱墨、征比、账房、阅卷、奏折、发审等职务。③ 在所有幕友当中以刑名与钱谷最为重要，而跟司法有关者当然非刑名幕友莫属。由于律学不是清代科举考试的重点，所以入仕后各官员不一定能夠胜任，亟须熟悉刑名之人分其劳。④ 清廷考虑其功能性后，于隔年在则例中规定：台湾地方只能有应聘幕友，不能有闲居幕友。地方官如不能认真驱逐，让内地幕友任意私渡，经督、抚提参后降三级调用，失察则降一级留任。又议准上司滥邀属员充当幕友进署办公，革职，滥充幕友之属员亦革职。⑤

时至清中叶台湾社会的情况又是如何呢？道光三年（1823）卸任的台湾知县姚莹与继任者——晋江知县李慎彝，在往返的书信中提到此问题。姚氏的观察有五点：其一，泉俗逞强而健斗、轻死而重财、好讼无情、好胜无理、樗蒲女妓、顽童槟榔、鸦片日寝食而死生之，台湾人固兼有之。不过台地一隅除了泉州移民外，还有漳州、嘉应州、潮州，更有番众；合数郡番汉之民处之，则民难以成民（古人重视原籍）。其二，实行班兵制的结果，抽调福建九郡五十八营的散兵更戍，也是兵难以为兵。所以当地社会是难以和睦，因为民与民不相能，兵与兵不相能，民与兵不相能，番与兵与民皆不相能。其三，内地游手无赖及重罪逋逃者，亦趁隙混迹杂沓而至；有业者十无二三，地方人工不足以养，群相聚而为盗贼。其四，内地之民聚族而居，彼此相仇牵于私斗，但不敢倡乱。台湾之民不以族分，且以原籍之府分。泉人党泉、漳人党漳、粤人党粤，潮虽粤而党漳；动辄数十万计，匪类相聚千百人足以为乱。其五，台湾各地民风迥异。大抵凤山之民狡而狠，彰化、嘉义之民富而悍，淡水之民涣，噶玛兰之民贫。唯台湾府、县幅员短狭，艋舺通商户多殷实，其民稍为纯良易治。然还是有缺点，那就是一倡百和极为善

---

① 《治台必告录》，页354～355。

② 中国第一历史档案馆编，《嘉庆道光两朝上谕档（五十一）》（桂林：广西师范大学出版社，2000年11月），页398。

③ 郭润涛，《官府、幕友与书生——“绍兴师爷”研究》（北京：中国社会科学出版社，1996年4月），页36～116。

④ 高浣月，《清代刑名幕友研究》（北京：中国政法大学出版社，2000年1月），页7～69。

⑤ 《清会典台湾事例》，页23。

变。若官有一善，则群相入颂悦服；若官一不善，则率诟谇而奸欺。①

大体上来说，道光朝以后台湾官场风气趋向恶化。道光十八年（1838）监察御史杜彦士奏言，台湾政务有八项事宜最需道正，包括：厅县官宜严加甄别、劣幕之盘踞宜除、胥役之陋规宜禁、陈年积案宜清、总董宜择正人充当、偷渡之禁宜认真办理、班兵宜严加校阅、乡邨宜添设义学。② 同年升任台湾道的姚莹，再举出台地三大患——盗贼、械斗、谋逆，作为治台施政优先顺序。③ 盗贼猖獗一直是清廷治台棘手的问题，若拿《刑案汇览》中内地刑事案件排名相比，强盗案仅排名第七。④ 当然前述也谈到台湾盗炽的原因，包括：莠民偷渡、盗役勾结、督捕不力等。当时维护治安的下级官吏，主要是巡检（从九品）与典史（不入流）。巡检可以指挥弓兵，弓兵的来源是从当地百姓征调，其职责可以盘查过往行人。典史位卑受士人所轻，但职权不小有管理监狱或率领衙役巡逻之责。⑤ 相关史料对于台地巡检、典史缉捕盗匪记录不多，较常见到要求他们在正口之外的港汊稽查商舶。⑥ 不过不要忘了乾隆朝曾制定的台湾专例，亦准许武员移送不法民人究官，所以当地治安的维持是文武各司其职 。

道光二十年（1840）姚莹上书闽督邓廷桢、闽抚吴文镕论及台事，再度提出对该岛治理的心得。他认为现在最难治理的二县是嘉义县、彰化县，其次是台湾县与凤山县，再次是淡水厅，尚称易治是噶玛兰厅。姚氏的衡量标准是从道光四年（1824）以后，各处发生的械斗、竖旗案件次数为主。⑦ 然数年之后台湾三大患有消除吗？答案是没有。道光二十九年（1849）台湾道徐宗幹，又提出新三大害——盗匪、讼师、蠹役。⑧ 盗贼仍位居第一害榜首，屡除不尽。徐氏在和凤山知县高鸿非讨论弭盗时，也为这难题伤神。他认为解决之道只有二种：一曰散，但诛首犯，余悉免罪。二曰攻，调派所有的民壮、番丁、兵役痛加剿洗。然无论有哪一种方法，都是官去贼来终无了局的情况。⑨ 同年徐宗幹与云贵总督林则徐书信论及台事时，总结治台心

---

① 姚莹，《东槎纪略》，台湾银行文献丛刊第七种，1957 年 11 月，页 110 ~112。

② 诸家，《道咸同光四朝奏议（第一册）》（台北：台湾商务印书馆，1970 年 6 月），页 434 ~441。

③ 姚莹，《中复堂全集（东溟文外后集）》（台北：文海出版社，1983 年 10 月），页 572。

④ Derk Boddle & Clarence Morris 著，朱勇译，《中华帝国的法律（Law in Imperial China）》（南京：江苏人民出版社，1998 年 3 月三刷），页 160。

⑤ 郭建，《帝国缩影——中国历史上的衙门》（上海：学林出版社，1999 年 12 月），页 49、59。

⑥ 许毓良，《清代台湾的海防》（北京：社会科学文献出版社，2003 年 7 月），页50 ~51。

⑦ 《中复堂全集（东溟文外后集）》，页 697 ~701。

⑧ 徐宗幹，《斯未信斋文编》，台湾银行文献丛刊第八七种，1960 年 8 月，页 61。

⑨ 《治台必告录》，页 409。

得表示："台地之难，险不在风涛，而在官累；患不在盗贼，而在兵冗；忧不在番夷，而在民困。贩运漏卮之货有去无来，逋逃漏网之徒有来无去，旷土少而游民多。如水中一邱，蒿莠丛生，非焚薙来，将不能容，是以有'三年一反之谚'"。① 这真是一针见血的评论，反省了传统印象中，台地多乱是因为作奸犯科之民太多的关系；事实是官、兵举措无方，又不顾及民生才导致的结果。

台湾官员铨选的制度也在道光朝有重大的变革。道光四年（1824）吏部规定，台湾道与台湾知府出缺俱由吏部请旨简用；其余各缺着令督、抚于内地属员内，拣选贤能之员调补升用。台湾道、府、同知、通判、知县任期改为五年。府经历、县丞、杂识等官任期也改为五年，但免除粤省不准选调之规定。五年任满，道员、知府给咨送部引见，候旨升用。同知、通判、知县俱遇有台湾应升之缺，该督、抚即行具题升补。若各官到任未满五年，概不得以他缺题咨升调，均等该员等论俸推升扣满五年后，再按班升选。② 任期延长是改制的特色，虽然清廷没有说明原因为何，但推测应是跟台地渐辟有关。盖因为先前任期定为三年，是恐台湾远隔重洋、又为新辟榛莽之地，官员们可能赴任意愿不高。但现在情况大不相同，除了岛屿东侧和内部山地外，台湾的开垦已具规模。所以现在需要的是能久任的官员，如此才能培养治台事务的熟稔度。于是同知、通判、知县的晋升，也以直接在岛内升用为考量。

道光十年（1830）闽浙总督孙尔准奏准台湾道出巡章程，此法是乾隆末所定将军、督抚、水陆提臣巡阅台湾之外，又一新的出巡要求。③ 二年之后御史冯赞动，另提恢复巡台御史的案子；但被廷议否决，仍维持福建五位大员、台湾镇道，共七位官员定期巡阅的旧例。④ 巡阅不外乎要求吏治，然而什么是吏治？徐宗幹在与噶玛兰通判董正官论台事时，对此下了定义。他认为就是听讼、缉捕两端。尔后在和台湾知府裕铎交换意见时，再次提到奸民放胆妄为，刁徒借口健讼，皆衙署玩役所致。⑤ "刁徒"指的就是讼师，他们被官府打压一阵子，久不见作乱再度复出。不过讼师在角色上已有转变，常借训蒙之便在竖旗时成为的"军师"，道光十二年（1832）的张丙事

① 《斯未信斋文编》，页97。

② 《噶玛兰厅志》，页56。

③ 中国第一历史档案馆编，《嘉庆道光两朝上谕档（三十五）》（桂林：广西师范大学出版社，2000年11月），页36。

④ 中国第一历史档案馆编，《嘉庆道光两朝上谕档（三十七）》（桂林：广西师范大学出版社，2000年11月），页346~347。

⑤ 《治台必告录》，页401、412。

件就是代表性个案。① 其实讼师是根绝不了的一种职业，因为习惯使用方言的人民要进行诉讼，语言是一大问题。先不说状纸的缮写，光在大堂上以官话问答就有困难。② 虽然清中叶有部分洋人，羡慕起中国的民事审判制度，认为无陪审团、无律师，均是西方国家学习的好榜样。③ 然从实际操作面来看，竟有擅受民词、收取规费、索贿贪污、讼役沆瀣一气等现象，都远非他们所能想象。

咸丰朝美国传教士 D. J. MacGowan 研究当时司法制度，认为中国法律对于臣民的生命严加保护，少数死刑非得到皇帝的批准不得执行。④ 此看法见仁见智，不过该措施很快就被打破。由于太平天国军兴的原因，清廷为让各路督、抚用兵便宜行事，从咸丰三年（1853）以后暂准“就地正法”章程。原本的构想是等军务肃清以后，再收回此等权力。不料日后各省局势动荡，虽有御史奏请停止该章程，但终无结果。⑤ 地方督、抚的反对是主要的原因。然为什么他们敢反对旨意呢？那是因为历经平乱的过程，朝廷除了把部分的司法权下放外，军权（防军）与财政权（厘金）也释出，遂造成地方督、抚势大的局面。⑥ 台湾官员受到这大环境变迁，在任免上一定也会受到影响。例如：上文提到同知、通判、知县的擢升，是受到督、抚的题补。如果督、抚有着政治派系的考量，那么在用人上或多或少会出现畛域之分。这问题会在日后成形的湘、淮二系中显现出来。至于胥役的整顿，该时期几乎没有任何作为可言。然各职司差役的人数应有所固定，大抵道台配有十三班、知府六班、县四班。⑦ 这些班役由于都祭祀老虎，因此百姓多以“虎老爹”的诨名相称。⑧

同治五年（1866）闽浙总督左宗棠甫上任，准备大刀阔斧刷新吏治。他对台湾官场收贿风气之盛尤感不满，根据调查台湾道是所有陋规的最大受益者，每年除收受节、寿礼外，洋药、樟脑规费概笼入己。其次是台湾知府，也是除了受节、寿礼外，专据盐利。再次是厅、县，最多有收至二万余

---

① 洪安全主编，《清宫谕旨档台湾史料（五）》（台北：故宫博物院，1997 年 10 月），页 4001。

② 《治台必告录》，页 403。

③ 亨特（William C. Hunter）著，沈正邦译，《旧中国杂记（Bits of old China）》（广州：广东人民出版社，1992 年 12 月），页 130 ~ 131。

④ 《中华帝国的法律（Law in Imperial China）》，页 104 ~ 105。

⑤ 庄吉发，《清代秘密会党史研究》（台北：文史哲出版社，1994 年 11 月），页 295。

⑥ 何烈，《清咸、同时期的财政》（台北：台湾编译馆中华丛书编审委员会，1981 年 7 月），页 419 ~ 464。

⑦ 增田福太郎著，古亭书屋编译，《台湾汉民族的司法神——城隍信仰的体系》（台北：众文图书股份有限公司，1999 年 10 月），页 134。

⑧ 诸家，《台湾杂咏合刻》，台湾银行文献丛刊第二八种，1958 年 9 月，页 8。

两者。风气如此武员也跟着贪污，自副将至守备各职有的已历十二任，少者也有八九任，全无交接结报，被侵吞款项不知若干。① 左氏治闽颇受好评，跟其他督、抚比较起来，三年多的任期未闻有苛索滥征之举，因此他是有资格肃贪。其实闽省风气绅弱官强，若官员肆行贪渎，绅权几乎没有可以相抗衡的力量。② 可惜左氏晚年意气太重，尤与淮系官员处不融洽，此缺点会在未来的政治事件中爆发开来。③ 同治八年（1869）有识时务者提出台湾政务五大缺失，包括：督抚信任不专、镇将执拗不和、属员贤愚不齐、经费缩瑟不多、舆论同异不定。④

英国 Elles 洋行职员必麒麟（W. A. Pickering）对台湾官场劣质风气描述极为传神。他说：福建的大员们已经很久没有巡阅台湾了，突然省城发出一道命令指示有总督要巡阅（其实是水师提督李成谋）。全岛各处立即引发骚动，农人与工人被迫离开自己的工作岗位，奉命穿上官军的制服手执武器充做人数。水师战船都是高龄超过三十年的老帆船，为了这次巡阅还得把搁浅海岸的它们，重新拖到船厂油漆粉刷……⑤这样的批评着实困窘，但详查同治九年（1870）福建各大员的考语可不是这样。例如：福建水师提督李成谋，年方 45 岁，器识沈毅、操守端节，视重洋如枕席，日涉风涛水师改观，人才迭出。福建陆路提督江长贵，年方 55 岁，久历戎行，战功懋著，营伍亦尚谙练；唯甫到闽省，地方情形未甚熟悉，措置稍欠允当。台湾镇总兵官杨在元，年方 33 岁，胆识俱优，趋向不苟，遇事立图整顿，克任怨劳，营制海防措施悉当。台湾道黎兆棠，年方 41 岁，明干有为，办理通商洞中窍要，唯心术不甚平正，措置地方事宜间有恃才任性之处，尚需确查察看。台湾知府陈思燏，年方 40 岁，器局开展、心系才长、图治甚勘、不苟不略。⑥

同治十年（1871）各员的考语稍有改变。例如：福建水师提督李成谋，年方 46 岁，沈毅勇敢，经理营务诸极认真，惜不识字是其所短。福建陆路提督江长贵，年方 56 岁，稍谙戎机，长于训练；唯省南（漳、泉）一带民风强悍，抚驭宜严，该提督稍嫌长厚。台湾镇总兵官林宜华，年方 48 岁，署任未及三个月，例不出考。台湾道定保，年方 56 岁，才明守洁办事认真。唯台湾民气不驯，素称难治；且多华洋交涉事件，随机应变措理尤难。该员

---

① 左宗棠，《左文襄公奏牍》，台湾银行文献丛刊第八八种，1960 年 10 月，页 12。

② 何刚德著，张国宁点校，《客座偶谈》（太原：山西古籍出版社，1997 年 7 月），页 120 ~ 121。

③ 薛福成著，傅一标点，《庸庵笔记》（重庆：重庆出版社，1999 年 10 月），页54 ~ 56。

④ 盛康，《皇朝经世文编续编》（台北：文海出版社，1973 年 12 月），页 3473 ~ 3490。

⑤ 必麒麟（W. A. Pickering）著，吴明远译，《老台湾（Pioneering in Formosa）》（台北：台湾银行经济研究室，1959 年 1 月），页 46 ~ 47。

⑥ 文煜等撰，《闽浙总督奏稿》，同治抄本，北京大学图书馆藏。

谨饬有余于台地，尚不甚相宜，现会同遴员俟得其人，再行具奏。台湾知府周懋琦，年方36岁，署任未及三个月，例不出考。①

整体来看闽省督、抚所给的考评，还没有沦落到虚应故事的地步。不过必麒麟所见所闻，怎么与考语的形容天差地远呢？这就是官僚行政层级处事的落差。督、抚出评的依据是按各官平常的表现，不是对各管内部事务做仔细的调查。不过值得注意的是，大多数台湾镇、道、知府的年龄，都属三四十岁壮年阶段。尤其是台湾镇总兵官年龄更是偏低，除了杨在元、林宜华外，同治五年（1866）任职的刘明灯是32岁，同治七年（1868）任职的朱德明是33岁。“年轻”对处理以繁杂著称的台事，比较有精力上的帮助。另外同治九、十年间，厅县官开缺太多也是一特殊现象。例如：淡水厅同知陈培桂缉盗不力被罢黜，改由鹿港同知周式濂接任。台湾知府陈思燏病故，改由福宁知府周懋琦接任。嘉义知县章覲文被革职，由漳浦知县斌敏接任。海防同知孙寿铭病故，由遇缺即补之黄维煊接任。②

台湾知府周懋琦颇有干才，他到任后亟思整顿，在同治十一年（1872）与水师提督李成谋议复台事八点，包括：1. 请设台北府与移台湾府至彰化。2. 移台湾镇总兵衙署于彰化。3. 挑选福宁、兴化山民与台湾番丁、粤籍移民入山开垦。4. 拟请丈量以升丁课。5. 严保甲以绝逋逃。6. 齐贤才以清积弊。7. 禁陋规以厚津贴。8. 综出产以充国裕。③ 不过他在政务的实际执行力上，没有像他所提的主张一样积极。同治十二年（1873）闽督李鹤年、闽抚王凯泰奏言，台湾现在最需要赶办的事务，就是清厘陈年积案。④ 其实积案不止发生在台湾，晚清约从同治朝开始，各省的积案逐渐成为常态。⑤然而台湾从道光朝就开始有积案出现，过了半个世纪后老问题又再度浮现，不免让人对司法的公信力大打折扣。或许是司法审理的速度不符合人民的期望，此时期台湾又出现一怪象，就是武职与文职佐杂竟私设刑具擅受民词。《福建省例》对此是严格禁止，并明令台湾文武大小官员必恪守官箴，但这也反映了百姓“病急乱投医”的心态。⑥

同治十三年（1874）牡丹社事件爆发，清廷特命船政大臣沈葆桢为钦差大臣，来台与日本处理交涉事宜。沈氏在同年六月抵台，在了解台湾情势

---

① 文煜等撰，《闽浙总督奏稿》，同治抄本，北京大学图书馆藏。

② 文煜等撰，《闽浙总督奏稿》，同治抄本，北京大学图书馆藏。

③ 《皇朝经世文编续编》，页3491～3498。

④ 台湾银行经济研究室编，《清季申报台湾纪事辑录（一）》（南投：台湾省文献委员会，1994年7月），页31～32。

⑤ 赵晓华，《晚清讼狱制度的社会考察》（北京：中国人民大学出版社，2001年4月），页81～115。

⑥ 《福建省例》，页1039～1040。

后，于九月给北洋大臣李鸿章的书信中，透露了该地政务之疲难非闽抚移驻不可的想法。① 十一月沈氏向朝廷上《请移驻巡抚折》，欲把想法化为政策。② 该案在隔年初奏准，但没有实施，因为福建督、抚有不同的意见。王凯泰认为若把巡抚移驻台湾，则福建内地政务无法兼顾，所以另提“冬春驻台、夏秋驻省”的建议。此案再与沈氏磋商后复奏，于年底奏准依议办理。③ 闽抚半年移驻台湾是件大事，因为他可以就近监督各官。以往道、镇分别代表台湾文武最高的官阶，也因巡抚坐镇而产生权力结构的变化。

光绪朝是清治下的台湾最重要的一个阶段，因为台湾建省的议案终于在此获得实现。其实在建省以前，清廷对台湾的行政划分就有一番更制；建省后只不过在不足处，更形强化而已。然这一切必须细说从头。光绪元年（1875）台湾行政区又历经重大变革。原本嘉庆十五年（1810）设置噶玛兰厅后，台湾厅、县已有65年没有调整。此次牡丹社事件让清廷思考北部的重要性，决定添设台北府，下辖宜兰县、淡水县、新竹县。后二者其实就是原淡水厅的区域，宜兰县的前身就是噶玛兰厅。厅的长官是同知或通判，品秩为正五与正六品，然知县为正七品。升格的结果不是比原来的官阶为低吗？其实不然。通、同为分府，被视为闲曹；遂有同知为“点头大老爷”，通判为“摇头大老爷”之谑。④ 同年沈葆桢、李鹤年、王凯泰与福州将军文煜联名上奏更制，最重要的理由就是厅衙词讼受到干扰。由于是分府的关系刁健者可以径自控府，一奉准提则累月穷年，被诬者早为官司倾家荡产；若不准提则厅案由胥役把持，苦主无可控诉而械闻之衅萌檗。如果厅改制成县，按清律地方百姓不准“越诉”，只能在县先进行诉讼，于司法审理上较能杜绝此弊。光绪三年（1877）福州将军兼署闽督文煜回奏，宜兰县（原奏称噶玛兰）积案已销至九成，可见得有收其实效。⑤ 除了厅县外，南、北路海防理番同知也改制。前者移驻卑南，更名为南路抚民理番同知；后者移驻水沙连，更名为中路抚民理番同知。⑥

改制后的台湾官员被赋予一项重责大任——开山抚番。不过此重大的政策，却因吏治问题丛生而蒙上一层阴影。光绪元年（1875）闽抚王凯泰评

---

① 沈葆桢，《沈文肃公牍》（南投：台湾省文献委员会，1998年3月），页209。

② 沈葆桢，《福建台湾奏折》，台湾银行文献丛刊第二九种，1959年2月，页1。

③ 陈在正，《台湾海疆史研究》（厦门：厦门大学出版社，2001年3月），页137。

④ 徐一士著，张继红点校，《近代笔记过眼录》（太原：山西古籍出版社，1996年9月），页169。

⑤ 洪安全主编，《清宫月折档台湾史料（三）》（台北：故宫博物院，1994年10月），页2019～2025、2489～2490。

⑥ 《福建台湾奏折》，页60。

论台湾情势，他认为该地积习已久，武员之权较重于文员，然文、武往往不协。① 隔年接任闽抚的丁日昌更用“台湾吏治暗无天日”来形容。② 丁氏此言是有实据，自闽抚奏准半年驻省、半年驻台后，他是第一位奉命的大员。丁氏来台以后对贪酷各官，以及胥役乱法亟思整顿。对于前者，严参台湾知县白鹭卿、彰化知县朱干隆，接替朱氏的彭鏊；嘉义知县杨宝吴，接替杨氏职位的何銮；以及署北路协副将乐文祥。对于后者，访得嘉义县陋规，新官到任书吏必有点规，金额多至四五千元至一万余元不等。又拿获本为贼党的台湾县役林升，常年鱼肉乡民索诈民财以填欲望，在提讯明确后立即杖毙以儆其余。③ 巡抚分驻台、闽二地，虽可以就近监督台湾官员办事，但丁日昌实际履行后发现，闽抚本身的公文不能全行携至台湾批示，因案调查往复需时也给了抚衙吏胥舞弊的机会。④

光绪三年（1877）侍读学士张佩纶特别针对台湾开山抚番的近况，提出属于自己的看法。他认为闽抚分驻台、闽二地，反而不能把所有的事情办好。现在应该简任“聪强果断、练达忠纯而淡于荣利”之大臣督办全台事务。⑤ 事实上前一年刑部左侍郎袁保恒，就曾提出台湾设省的建议，可惜被北洋大臣李鸿章以台地饷源、兵事，俱与闽省联成一气为由反对否决。⑥ 张氏的建议或许想在这取得一折中方案，以钦差专办的方式解决百废待举的台事。光绪四年（1878）任总理衙门大臣的恭亲王奕䜣，议复丁日昌所提的奏案。原来丁氏建议停止巡抚半年驻省、半年驻台的规定，改照旧章由督、抚轮流巡台。该案获得奏准而且标准更宽，督、抚不必拘定隔年一次，也不必限定冬春驻台、夏秋驻省，只要二者随时斟酌情形轮流前往即可。⑦ 此举可说又恢复成老样子，在失去闽抚坐镇后，台湾道、府的能力就更显重要。

审视光绪三年（1877）闽浙总督何璟出具考语，他对台湾道夏献纶的品评是：“年方41岁，深毅果敢、肆应之才；惜精明有过刻处，再能躁释矜平可期远到”。对台湾知府张梦元的品评是：“年方49岁，才识优长，办事警敏，能胜繁剧之任。”对台北知府林达泉的品评是：“年方46岁，器识宏

① 台湾银行经济研究室编，《台案汇录壬集》，台湾银行文献丛刊第二二七种，1966年5月，页43。

② 洪安全主编，《清宫月折档台湾史料（四）》（台北：故宫博物院，1995年8月），页2766。

③ 陈衍，《台湾通纪》，台湾银行文献丛刊第一二〇种，1961年8月，页205；台湾银行经济研究室编，《清季申报台湾纪事辑录》（南投：台湾省文献委员会，1994年7月），页679~683。

④ 《清宫月折档台湾史料（三）》，页2409~2410。

⑤ 张佩纶，《涧于集》；摘自诸家，《清奏疏选汇》，台湾银行文献丛刊第二五六种，1968年11月，页76~77。

⑥ 李鸿章，《李文忠公选集》，台湾银行文献丛刊第一三一种，1961年12月，页200。

⑦ 不著编人，《清光绪朝中日交涉史料（上册）》（台北：文海出版社，1963年5月），页13。

远，才守兼长，论台北事宜言切实，不好高骛远，措施当有条理。”光绪四年（1878）闽浙总督何璟再出具考语，他对台湾道夏献纶的品评是：“年方42岁，精明果毅、器宇深沉，久于台湾，足资坐镇，才气亦皆能涵养。”对台湾知府张梦元的品评是：“年方50岁，阅历已深，才多而未免巧取，再加笃实斯为粹品。”对台北知府陈星聚的品评是：“年方62岁，笃实明稳，人亦正派，绅民爱戴，不愧循良。”① 光绪五年（1879）闽浙总督何璟再出具考语，他对台湾道张梦元的品评是：“年方51岁，历练精明，近来实事求是，虽严毅不如夏献纶，而署理数月军民尚皆翕服。”对台湾知府周懋琦的品评是：“年方44岁，能耐劳苦是其长，好矜才气是其短，屡加告诫近颇就范，熟悉台地军民相安。”对台北知府陈星聚的品评是：“年方63岁，廉洁持己慈惠爱民，实为闽省中循良之吏。”光绪六年（1880）闽浙总督何璟再出具考语，他对台湾道张梦元的品评是：“年方52岁，察理明通，用心精细，处理中外民番事务，初不露才扬己，皆能筹度得宜。”对台北知府赵均的品评是：“年方52岁，才优识裕吏事精详。”（台湾知府甫请以赵均调补尚未奉准复部）。光绪七年（1881）闽浙总督何璟再出具考语，他对台湾道刘璈的品评是：“年方51岁，性情虽尚有偏执，而讲求吏治，晓畅戎机，实道员中出色之人。”对台北知府陈星聚的品评是：“年方65岁，精力甚健勤甚廉明。”对台湾知府袁闻柝的品评是：“年方60岁，勤谨清廉、民番爱戴。”光绪八年（1882）闽浙总督何璟再出具考语，他对台湾道刘璈的品评是：“年方53岁，敢作敢为，惟好任用私人，颇滋物议。”对台北知府陈星聚的品评是：“年方66岁，老成慎重，纯心仁爱，舆论翕然，可称循吏。”②

前述各官的考语若与同治朝比较，可以发现二个不同点。其一，他们的年龄层都偏高，几乎都是五六十岁的中老年人。虽然考语中不乏老成持重的称赞，但台湾现正执行开山抚番，少有的冲劲可能不利于该政策的执行。其二，历年的考语一届较一届简单，除了特别突出的人物，例如：台湾道刘璈个人风格太强多点评语外，其余多一语带过。刘璈的施政已有毁誉参半的现象出现。由于闽抚已不移驻台湾，台湾道仍为当地品秩最高的文官。刘璈的举措尚不会对他本人带来任何危险，但有没有办法持续维持该局面将受到严厉的考验。

光绪四年（1878）根据《申报》的报道，同年台湾被就地正法达三十

① 中国第一历史档案馆编，《光绪朝朱批奏折（第二辑内政）》（北京：中华书局，1995年2月），页514～515、783～785。

② 中国第一历史档案馆编，《光绪朝朱批奏折（第三辑内政）》（北京：中华书局，1995年2月），页239～240、496、499～500、706～707、890。

人之众，他们都是丁日昌驻台时所惩办的。① 看来光绪初期，台湾司法有过重典下的腥风血雨。台湾与福建相异，前者是土匪多，所以有凶恶棍徒专例；后者是窃贼多，所以有肃窃专例。② 乙未割台后日本殖民者曾在1901年，对“传闻”的嘉义土匪首魁林武理做过访谈。据林氏表示要让土匪在台绝迹，几无良策可言；只有歼其首魁，让部属自然消散才是上策。③ 土匪横行的区域，使得武力成为官府维持社会秩序，或百姓自保的必要手段。光绪七年（1881）福建巡抚勒方锜巡阅台湾三个月，收到词禀六百余张，其中十分之五六被判为驾捏之辞。另外各县控案多者千起，少者数百起，日积月累尘牍纷纭，胥役因缘为弊。④ 美国学者 MarkA. Allee 利用《淡新档案》，研究19世纪北台湾的司法运作状况，得出中叶以后台湾民众已习于利用地方衙门，作为解决民事纠纷的重要手段。其诉讼的案件包括：盗窃、抗租、争界、争财。⑤ Allee 的观点让我们了解到当时司法的一个侧面——民事，但如果他能把官府积案与诬控的问题，也一并列入讨论或许结论会更精彩。

光绪十年（1884）远在北京的官场上发生一大事，即军机处的几位大臣，如：恭亲王奕䜣、大学士宝鋆、吏部尚书李鸿藻、兵部尚书景廉全遭屏斥，改由礼亲王世铎、额勒和布、阎敬铭、张之万、孙毓汶、许庚身入值。世人谓时局江河日下，有国家败亡之征兆。⑥ 这场政治变局对台湾来说，其影响不是马上显而易见。原因除了正处于清法战争无暇他顾外，该岛本身也兴起一场攸关湘、淮对决的风暴。原来政治派系中属于淮系的刘铭传，虽然赏有巡抚衔且被任命督办台湾事务，但是与湘系的台湾道刘璈遇事每不合。当中还有湘系大将——督办福建军务之钦差大臣左宗棠，趁隙掣肘刘铭传，使得二造关系非常紧张。⑦ 不过事情的发展却有二点戏剧性的变化，一是台湾在战争结束后，因清廷重新认识其重要性，决定升格成省；二是建省后的首任巡抚由刘铭传担任，淮系在这波政治角力中胜出。

事实上台湾建省的提案，则是左宗棠在清法战争结束不久具明上奏。左

---

① 《清季申报台湾纪事辑录》，页774～775。

② 华友根，《薛允升的古律研究与改革——中国近代修订新律的先导》（上海：上海社会科学出版社，1999年12月），页48。

③ 台湾惯习研究会原著，《台湾惯习记事（中译本）·第壹卷上》（南投：台湾省文献委员会，1984年6月），页21。

④ 《清宫月折档台湾史料（四）》，页3275。

⑤ 陈秋坤，《晚清法律与地方社会——以十九世纪台湾北部为例》，《台湾史研究》，第2卷第1期，页205～212。

⑥ 杨寿楠辑，宁志荣点校，《云在山房丛书三种》（太原：山西古籍出版社，1996年9月），页24～25。

⑦ 许雪姬，《二刘之争与晚清台湾政局》，《近代史研究所集刊》，第14期，1985年6月，页127～161。

氏或许没料到政治上的宿敌——刘铭传，竟然搭上政治顺风车又更上一层。然即便如此，建省后湘系有横加阻挠吗？答案是没有，而且属于湘系的杨昌濬还多方支援协饷。① 再加上刘铭传多任用同属淮系出身，或亲淮系的部属；并获得淮系的领导者——李鸿章的支持，台湾建省的远景看似一片坦途。而所有的建省事务中，与行政、司法有关的，就是行政区域再度调整。光绪十二年六月（1886.7）刘铭传上奏首次提到政区应该重划的事宜，他认为彰化、嘉义、淡水、新竹县境太大，可以再分出四五个厅县来。隔年八月确定台湾划分成三府一直隶州三厅十一县。② 然而各州、厅、县的四字，却在光绪十四年十月（1888.11）由闽浙总督卞宝第与刘铭传上奏后确立。③当时的标准是：台湾府作为省治，属冲、繁、疲、难最要缺。下辖四县一厅——台湾县亦为冲、繁、疲、难最要缺；彰化县为繁、难中缺；云林县为难字简缺；苗栗县为冲字简缺；埔里社厅为调字缺。台南府（旧台湾府）为冲、繁、难要缺，下辖四县一厅——安平县亦为冲、繁、难要缺；凤山县为繁、难中缺；嘉义县为繁、难中缺；恒春县为疲、难中缺；澎湖厅为简缺。台北府为冲、繁、难要缺（原为冲繁），下辖三县一厅——淡水县亦为冲字简缺；新竹县为疲、难中缺；宜兰县为疲、难中缺；基隆厅为冲、繁中缺。台东直隶州为冲、繁、疲、难最要缺。④

光绪十七年（1891）邵友濂接替刘铭传为第二任巡抚，针对上述的府、县四字有一番调整，其原因是欲把省治从台湾府迁往台北府。尔后奏准台北府原冲、繁、难要缺，改为冲、繁、疲、难最要缺。淡水县充做附廓，亦改为冲、繁、疲、难最要缺。台湾府还是最要缺，但台湾县删去一字，成繁、疲、难要缺。⑤ 由于台湾府府衙暂设立在彰化县，所以彰化县升为冲、繁、难要缺。凤山、嘉义县原系中缺，但尚称难治遂改为繁、疲、难要缺。由此可见截至光绪二十一年（1895）割台为止，台湾的北、中、南行政地位变化不大。例如：台南府与安平、凤山、嘉义县均为要缺，不改长期以来南部行政地位的重要性。台湾府与台北府是新蹿升的行政区，但除了作为它们的首县，可以连带一并升格外，其余的厅县以中、简缺居多。⑥

至于各县衙门的编制与人数则不一，新竹县留下来的记录为八房十总，

---

① 陈孔立主编，《台湾研究十年》（台北：博远出版社，1991年11月），页409～460。

② 刘铭传撰，马昌华、翁飞点校，《刘铭传文集》（合肥：黄山书社，1997年7月），页214～222。

③ 中国第一历史档案馆编，《光绪朝朱批奏折（第一辑内政）》（北京：中华书局，1995年2月），页143。

④ 赵尔巽等著，《清史稿》（北京：中华书局，1998年1月），页627～628。

⑤ 庄吉发，《清史论集（三）》（台北：文史哲出版社，1998年10月），页264。

⑥ 徐一士著，郭建平点校，《一士谈荟》（太原：山西古籍出版社，1996年9月），页6～10。

人数为116名。安平县分为门政司事、堂事司事、直堂司事、招房司事等，人数有400余名之谱。① 那么这些胥役们在建省后有收敛其恶行吗？当然没有。光绪十九年（1893）彰化文士洪繻在《问民间疾苦对》，就痛斥丁役胡作非为；然始作俑者还是县官任人不当，使得幕宾、吏役可以上下其手。② 另外还要留意的是，建省后为便宜行事，巡抚衙门以委员的方式成立许多局，包括：善后、税厘、机器、军装、文报、通商、官医、邮政、电报，以及各路抚垦局。③ 这些单位虽然有利于处理繁杂的省务，但毕竟不是经制而是临时的编制。所以当主政者有兴趣办理时，它们是炙手可热；然一旦失去热忱，各局就成为冗员充斥的机构。台湾建省后，新设立的巡抚、布政使大员，以及各府、州、厅、县，充其量只是改变旧有的权力架构，但还谈不上行政、司法结构的转变。④ 胥役、幕友问题的存在，则是一个很好的指标，而这也是清廷官僚制度的极限。

综合上述台湾行政、司法对社会的控制，可以整理成波段性的强弱（见图一）。

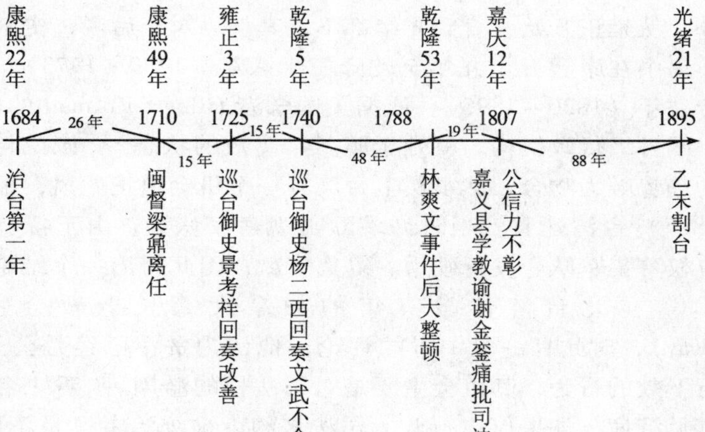

依照上图从康熙二十三至四十九年闽督姚鼐离任（1684～1710），是清初二十余年的稳定时期；此后至雍正三年（1710～1725），统治之道开始出现脱序的现象；然再历经一番整顿后，时至乾隆五年（1740）吏治渐有起色。不过因为满、汉巡台御史的不合，也让台湾文、武官员各立涯岸，造成

① 佚名，《新竹县制度考》，台湾银行文献丛刊第一〇一种，1961年3月，页2～4；佚名，《安平县杂记》，台湾银行文献丛刊第五二种，1959年8月，页45。

② 洪弃生，《洪弃生先生遗书（六）》（台北：成文出版社，1970年4月），页2667～2727。

③ 《刘铭传文集》，页235～237。

④ 唐赞衮，《台阳见闻录》，台湾银行文献丛刊第三〇种，1958年11月，页12～19。

官方控制力的减异弱。这种负面的发展要到乾隆五十三年（1788），再历经一次整顿后始有起色。之后到嘉庆十二年（1807）嘉义县学教谕谢金銮痛批公权力不彰为止，基本上还算平遂。但是尔后一直到光绪二十一年割台，台湾官方受困于积案未清的影响，致使公信力大受打击。另外还有一件很重要的事，也是在这一段时期台湾吏治疲软的明证。根据笔者在北京中国第一历史档案馆摘抄《黄册》资料时发现，从嘉庆九年（1804）开始到光绪二十一年（1895），台湾不再送报仓贮谷数数据。从嘉庆二十五年（1820）开始到光绪二十一（1895）年，台湾不再送报民数数据。当时全国各省、各府，只有福建内地在嘉庆十七至道光十年（1812～1830）的民数未及赶报，不像台湾的官员敢长期疲顽下去。怪不得闽浙总督左宗棠抵任后，曾提到全国吏治以闽省最坏，闽省吏治以台湾最坏的评语。①

由于行政、司法不彰，官方为了达到稳定社会的效果，施以严刑峻法是免不了的。② 然这种只让被统治者畏法，却不一定能养成守法，且更会造就更多人玩法。于是胥役、讼师趁时而起。对于前者，只有在康熙朝未见其作恶的记录外，从雍正开始一直到光绪都不乏其例。对于后者，史料记载其作恶的时段，集中在康熙五十九年至乾隆三十八年（1720～1773）、道光十年至光绪二十一年（1830～1895）。依据美国学者 Gilbert Rozman 的研究显示，十九世纪中国各级行政机构，就处于堕落、腐败的状态。③ 该说与台湾官场劣质发展的趋势颇为吻合，然事实上台湾有一个机会道正此风，那就是光绪十一年（1885）台湾建省。当时许多欧美观察家认为，由于督、抚权力扩张，各省有权募集军队、发行硬币、筹集贷款；因此得出一个结论——省是“自治的”。④ 在北台湾传教有年的加拿大籍长老教会牧师马偕（G. L. MacKay），对此有一段中肯的评论：他认为贪污已经是公开的秘密，并且是上行下效的行为，其机会主要是对司法权的滥用。⑤ 看来台湾的吏治越到清末越见沉疴，如果仅以行政、司法来约束被统治者已是不可能的事，武力对于清廷控制台湾社会也越来越重要。

---

① 军机处录副奏折－农民运动类，案卷号：3297，胶片号：135，中国第一历史档案馆藏。

② 亨利·诺曼著，邓海平译，《龙旗下的臣民——近代中国社会与礼俗》（北京：光明日报出版社，2000年6月），页251～264。

③ 吉尔伯特·罗兹曼（Gilbert Rozman）主编，《中国的现代化（The Modernization of China）》（南京：江苏人民出版社，1998年3月），页108。

④ S. 斯普林克尔，张守东译，《清代法制导论——从社会学角度加以分析》（北京：中国政法大学出版社，2000年10月），页51。

⑤ 马偕（G. L. MacKay），周学普译，《台湾六记（From Far Formosa）》（台北：台湾银行经济研究室，1960年1月），页44～47。

第二节　武科与军功人员的协力

清代台湾是一个科举试行较晚的地区，文风赶不上福建内地的结果，让士子受到轻视，遂有“台湾蟳无黄”之蔑语。① 也由此亦衍生出嘲弄台湾文人的笑谈，借以讽刺该地文人酸迂之气。② 然而实情真是如此吗？至少在武科取士的成绩上，台湾有相当不错的表现——即以一个府，共出一名武探花、三名武解元的记录。③ 刻板印象总以文科科考上榜人数多寡，来衡量地方文风兴盛与否，同样的道理能适用于武科科考吗？形式上是可以肯定。台湾当时共取中10名武进士、297位武举人，代表该地确有尚武之风。④ 针对科考的影响，尹章义提出“科举社群”的看法，强调有志追求功名者，因循序上考的规定，增加对朝廷的向心力。⑤ 的确从文武进士、文武举人、文生员的表现来看是如此，但是在武生员（简称武生）方面，就不见得有相同的作法。事实上清代台湾的乱事，不乏武生参与或发起的案例。光绪十年（1884）台湾府学训导王元穉就认为，部分武生素质低劣，常与不肖汛弁串通，鱼肉乡里比比皆是，国家三年取武生入学，实为民间豢养若干虎狼。⑥ 王氏没有说明原因，仅指出现象，而它就是本书讨论的重点。至于何谓军功？简言之就是随军出力，而被朝廷奖赏者。⑦ 他们不管在地方武力上的号召，或是被奖赏后出任官职，其表现不亚于武科功名者，为不能小觑的一批人物。这也是本书要讨论的另一个重点。

清提准武乡试虽从顺治二年（1645）开始，但各省武举配额似不明朗。直到康熙二十三年（1684）才有定制，当时福建武乡试名额定为50名。尔后名额调降不一，康熙二十六年（1687）有增至54名，康熙五十年

---

① 连横，《台湾通史》，台湾银行文献丛刊第一二八种，1962年2月，页981。

② 青城子著，于志斌标点，《亦复如是》（重庆：重庆出版社，1999年5月），页125。

③ 蒋师辙，《台湾通志》，台湾银行文献丛刊第一三〇种，1962年5月，页404、406。

④ 清代台湾历史上取中文进士29人，文举人251人，没有出现解元。文进士人数是武进士近三倍，文举人人数与武举人伯仲之间，表面上看文科略胜一筹。不过要知道文科，除了科考还有贡举一途，使得求得功名机会增多。参阅庄明水等，《台湾教育简史》（福州：福建教育出版社，1994年7月），页95～96。

⑤ 尹章义，《台湾开发史研究》（台北：联经出版事业公司，1999年10月初版三刷），页527～583。

⑥ 廖毓文，《王元穉与其“夜雨灯前录续录”》，《台北文献》，直字第11/12期合刊，1970年6月，页39。

⑦ 谢金銮，《续修台湾县志》，台湾银行文献丛刊第一四〇种，1962年6月，页224；周玺，《彰化县志》，台湾银行文献丛刊第一五六种，1962年11月，页252。

(1711）减至50名，康熙五十六年（1717）又增至53名。① 有理由相信福建也是一个武风颇盛之处，原因是为应付战事所需，亟需招募或拔擢习武之人担任军职。例如：英国伦敦国家图书馆东方部，典藏有二份康熙十三年（1674/三藩之乱开始）前后福建地方官谕示；一份为考选将才示，一份为学道武试示。②

康熙二十三年领台之初，台湾开科取士尚无表现。迟至康熙二十六年（1687）才在福建陆路提督张云翼的奏准下，宜照甘肃、宁夏例，于闽场另编字号，额外取中文科举人一名。③ 然该保障名额的优待，到了康熙三十六年（1697）被闽浙总督郭世隆奏准撤销，又恢复通省一体匀中。终康熙一朝，因保障名额优待而中举者有4名，通省一体考试而中举者有6名，还未有中进士者。④ 武科考试全无优待，但表现不俗。康熙一朝中武进士者已有6名，中武举者达54名之多，其文、武风气何者较盛已立见分晓。

其实要考中武举人，并非想象中容易，它有许多考试需要应付。凡初应试之童子名曰武童，须向本县（州厅）礼房报名，除了填实三代履历、籍贯，还要同考五人彼此互结，再请本县武生出结认保方准应考。初试为本县县官，考分四场或五场。第一、二场试一文一诗，第三场试一诗一赋或一策一论，第四场试以小讲三四艺。各场逐一淘汰应试者，童生录取有定额限制，考中童生名单即送县（州厅）儒学。有童生的身份才能参加生员考试，儒学署接奉长案后，就要等省垣来府的督学使者（学正）临试，不过台湾是以道台或巡台御史兼任（见三章一节）。这次考试因是督学院莅临，所以名为院试。⑤ 武院试分三场，外场试骑射，中鹄者续试，不中者淘汰。内场试步射，仅中一矢或不中者淘汰。后场试硬弓与刀石，通过者再考文字之试。之后督学使者（学正）再按各县定额取足名数，录取者就被称为武生，发交儒学署隶入学籍。⑥

有了武生的资格才能参加乡试报考武举人。乡试举行的时间是在子、午、卯、酉年的十月。考前一个月，各州县须解送名册至省，考试科目与院

① 席裕福，《皇朝政典类纂（光绪二十九年刊本）》（台北：成文出版社，1969年2月一版），页6125；不著编人，《康熙五十年辛卯科福建乡式武举录》，清康熙刻本，北京国家图书馆藏；陈文达，《台湾县志》，台湾银行文献丛刊第一〇三种，1961年6月，页145~146。

② 王庆成，《稀见清世史料并考释》（武汉：武汉出版社，1998年7月），页297、300。

③ 王世禛著，勒斯仁点校，《池北偶谈》（北京：中华书局，1997年12月三刷），页84~85。

④ 余文仪，《续修台湾府志》，台湾银行文献丛刊第一二一种，1962年4月，页457~458。

⑤ 十九世纪文科院试每三年举行二次，武科每三年举行一次。参阅张仲礼著，李荣昌译，《中国绅士——关于其在19世纪中国社会中作用的研究》（上海：上海社会科学出版社，1998年1月三刷），页74。

⑥ 章中如，《清代考试制度》（上海：黎明书局，1931年11月），页4~6、12~13。

试相同。头场亦试骑射，场中竖立三靶，各离三十五步，放马跑圆三回后始射，九箭中四箭者为合格。二场亦试步射，竖立大靶以五十步为则，务要彀满精优，九箭中二箭者为合格。试马、步箭外，再试八力、十力、十二力弓（一力十斤）；八十觔、一百觔、一百二十觔刀；二百觔、二百五十觔、三百觔石。弓必开满，刀必舞花，石必离地一尺者为合格。三项内只要能过一、二项者，即可入第三场试文墨。以往三场考题试策二道、论一道，但康熙四十九年（1710）改用论二篇，第一篇出《论语》、《孟子》题，第二篇出《孙子》、《吴子》、《司马法》题。① 北京国家图书馆典藏有康熙五十年（1711）福建武乡试录，那一年台湾府考中五个名额——即第七名陈士成、第十一名林培、第十三名林大瑜、第四十名颜士骏，整体表现还算差强人意。②

有了武举人的资格才能参加会试、殿试考取武进士。会试举行的时间是在辰、戌、丑、未年的九月。其应试科目、标准与乡试相同，北京国图典藏有康熙四十五年（1706）会试录，那一年台湾府台湾县武举叶宏桢，在一百名录取者中排名第七十三。③ 最后一关则是殿试，其结果作为任官等第排名的依据。其实武科出路相当优厚，旧制一甲一名授参将（正三品）、二名受游击（从三品）、三名授都司（正四品）；二甲均授守备（正五品），三甲均授署守备（从五品）。尔后制度稍改，康熙十一年（1672）议准前半选任营职，后半选任卫职（皇城侍卫）；但也比文进士取中后，出任七品的知县品秩为高。同样地武举待遇亦优，武举如果会试落第，可以赴兵部拣选，一、二等以千总（正六品）任用，三等以卫千总（从六品）任用，出路仍然很广。④

时人如何看待武科功名者的出身呢？武生率为农、工子弟，无力攻读乃以力自备，学艺既成遂得请试。然因家贫故衣冠敝不成威仪，再加重文轻武的观念，武生不敢与文者比伍。科考虽有文字之试，也多半被认为虚应故事。所以同年为一学（府县儒学）弟子，均不相通谒。⑤ 不过这是文武相轻的结果，以朝廷的立场还是二者并重。例如：康熙四十二年（1703）圣祖称赞本年武进士优者颇多，最重要的是武官须习本地形势，国家所最重者为边疆，简用武臣跟此大有关系。⑥ 康熙五十三年（1714）议准文武生员可互

① 以往都是从《武经七书》中出题，但圣祖认为此书不符“王道”，因此加考《论语》、《孟子》。参阅梁章巨，《退庵随笔》（扬州：江苏广陵古籍刻印社，1997 年 12 月），页 319。

② 不著编人，《康熙五十年辛卯科福建乡式武举录》，清康熙刻本，北京国家图书馆藏。

③ 不著编人，《康熙四十五年武会试录》，清康熙刻本，北京国家图书馆藏。

④ 许仁图编，《清史资料汇编补编（中册二）》（台北：河洛图书出版社，1974 年）。

⑤ 马绪伦著，张继红点校，《石屋续沈》（太原：山西古籍出版社，1995 年 9 月），页 264 ~267。

⑥ 不著编人，《清实录－圣祖仁皇帝实录（六）》（北京：中华书局，1985 年 9 月），页 164。

乡试一次，文武举人可互会试一次，借以考选文武双才之士。① 以上则是考选制度的描述，了解之后可再审视台湾的情况。

康熙朝台湾的武科功名者，有几点值得注意：首先是武进士任官的去向。六位武进士中，只有许榆、范学海任官。前者担任侍卫，旋改调台湾镇标中营游击、建宁镇延平营游击。后者授山东兖州镇寿张营守备，旋署该营游击。② 其二，在武进士的本籍方面，台湾府与首县台湾县占有 4 名居冠，凤山与诸罗各占一名。其三在武举人的本籍方面，台湾府与首县台湾县占有 31 名亦居冠，凤山县占 16 名居次，诸罗县占 8 名再次。其四，武举录取人数最多的一年，则是在康熙四十四年（1705），一共有 12 名被录取，台湾府与首县台湾县占有 8 名比例最高。其五，首度出现兄弟皆为武举的例子。那就是康熙四十四年（1705）中举的萧凤来，以及五十九年（1720）中举的萧凤求。③

总结上述若以武科功名人数，决定地区性的武风兴盛与否，那么台湾县拔得头筹，次为凤山县、诸罗县。然武风兴盛就代表难以统治吗？这必须先探讨科举的意义为何。如果把科举视为朝廷收编、选拔地方人才的方法，给予功名属于应有的笼络。台湾县在科考人数取得绝对优势，表示该地区习武人才鼎盛。不过官方笼络之余，是否有助于统治上的稳定，这还要透过诸多个案观察。以康熙六十年（1721）朱一贵事件为例，台湾武举人在乱发抵御、乱后敉平，完全没有丝毫的表现。④ 唯一与役的武进士，则是出任台湾镇标中营游击的许榆。但此人在乱初表现平平，可能在官军反攻的过程中，立有战功才豁免失土之罪。⑤ 另外最特别处，该乱成就了“军功”人物的出现。例如：台湾县人陈友随水师提督施世骠从征，事后叙功授把总，乾隆初累升至金门镇标游击。凤山县人王作兴亦随施世骠从征，事后叙功授把总，乾隆初累升至台协水师中营游击。凤山县人林黄彩，以平乱有功从把总擢升守备，之后累官至乾隆初年署广东碣石镇总兵官。⑥

所以说功名仅是一种荣誉，如果要成为将才还需历练，并非单靠科考一蹴可及。不过台湾武进士、武举人在朱案的表现，实在令人失望，这使得

---

① 况周颐著，郭长保点校，《眉庐丛话》（太原：山西古籍出版社，1995 年 9 月），页 130。

② 《续修台湾府志》，页 469。

③ 范咸，《重修台湾府志》，台湾银行文献丛刊第一〇五种，1961 年 11 月，页 378。

④ 蓝鼎元提到官军在反攻时，有武举倪宏范率兵千人做先锋；但详查表六十一并没有倪氏的记录，判断此人应为福建内地的武举。参阅蓝鼎元，《平台纪略》，台湾银行文献丛刊第一四种，1958 年 4 月，页 15。

⑤ 刘良璧，《重修福建台湾府志》，台湾银行文献丛刊第七四种，1961 年 3 月，页 391。

⑥ 《续修台湾县志》，页 230～231。

"武风之盛"的招牌显得无光。那么他们都在做些什么呢？有从事拓垦工作，例如：武解元王贞镐（本姓李）在诸罗县哆啰啯（台南县东山乡）代番纳饷，招募客民开垦。① 但最多人充当讼师，这种好动公呈的习性，使得一有争讼就动辄盈庭，皆因以为利。② 雍正三年十月（1725.11）世宗与兵部的一段谈话，透露出朱案敉平过程中，从军效力的武举都是福建内地之人。③ 雍正十年（1732）世宗也注意到，各省试用的武进士弓马、营伍不甚谙熟的问题。可是督抚提镇在题补守备时，仍因袭旧例使得所用非人。④ 武官不似文官，后者在主官能力平平时，还能靠"佐幕"从旁辅助（见三章一节）。然前者战时需冲锋陷阵，平时需秣马厉兵，首重实务经验操作。因此经由武科举入仕的武官，逐渐被出身军功或行伍者超越，并不让人感到意外。台湾在雍正朝共取中 13 名武举人。他们在雍正九、十年大甲西社番乱时，仍没有任何表现。幸好这样的迥况，在步入乾隆以后有所改变。

乾隆元年（1736）甫即位的高宗，对于武乡试、武会试日期有一调整。其原因是 4 天、6 天的考试安排过于紧凑，于是前者改为 8 天，后者改为 11 天，让考生都能稍息。⑤ 不过这样的安排，还不如整顿考场的纪律来的实际。乾隆六年（1741）福建武闱乡试，发生一考生夹带小抄成功，竟以武经中元的弊案。事发后御史陈大玠奏准，废除文武生员、文武举人可以互试的规定。⑥ 事实上乾隆初在湖广、两江、贵州、广东、四川、福建各省武闱考试，即不断传出舞弊的事件。各案件中均以武生考文墨时，请枪手代替、或夹带小抄居多，只有乾隆十五年（1750）发生在福建的个案较为特别。因为犯案侯官县武生杨日光专门诈骗远道而来乡试的台湾武生。不过据杨供称生意还没有兜揽成功就被拿获。⑦ 武生文墨程度差，好像是习以为常的事情。这可能和武闱取士注重弓马技艺，不注重内场文策有关。⑧ 但不管如何科考弊案，对朝廷的公信力总是一大打击；取士名不符实，也失去举办考试的意义。

乾隆四十二年（1777）两江总督高晋建议，不妨裁汰内武科考试中的

---

① 蓝鼎元，《东征集》，台湾银行文献丛刊第一二种，1958 年 2 月，页 83。

② 《平台纪略》，页 49。

③ 允禄等编，《清雍正上谕内阁》，雍正九年、乾隆八年两次内府刻本，北京国家图书馆分馆藏。

④ 中国第一历史档案馆编，《雍正朝汉文谕旨汇编（八）》（桂林：广西师范大学出版社，1999 年 3 月），页 252。

⑤ 不著编人，《兵部则例□□卷·武科》，清乾隆内（务）府抄本，北京国家图书馆藏。

⑥ 赵尔巽等著，《清史稿》（北京：中华书局，1998 年 1 月），页 855；《眉庐丛话》，页 130。

⑦ 中国第一历史档案馆，《乾隆朝武科史料选编》，《历史档案》，总 60 期，1995 年 11 月，页 19～29。

⑧ 赵翼著，李解民点校，《簷曝杂记》（北京：中华书局，1997 年 12 月二刷），页29～30。

舞刀项目，改以鸟枪射击取代。这本是一个前卫性质的议案，孰料高宗以开放武生打靶，会使鸟枪、铅药泛滥为由批驳，失去了一个可以带动火器作为营伍示范的机会。大体而言各省乡试中，以福建、广东二省中举者技勇弓马较为可观。① 北京国图典藏同年度闽省乡试录，武解元就是台湾府诸罗县的黄奠邦。黄氏的成绩是马上中四矢、地球一回、步下中四矢、开弓十二力、舞刀一百二十斤、掇石三百斤。这样的成绩算是很好，但并非仅一人而已；排名第三十一名的诸罗县武生张士敏、三十二名台湾府学武生许士魁、四十二名台湾府学武生陈赓功也是。所以说致胜的关键还是在于文墨。当时考一论一策。论的题目是"善用兵者，修道而保法"，闽浙总督钟音阅卷后批示"词气明达"。策的题目就像一篇短文，钟音虽没有对所作再有嘉言，但论的表现足以让黄氏夺魁。②

黄奠邦之前还有一位武解元，他就是乾隆三十年（1765）夺魁的张方武。此人是彰化县布屿西堡、西螺堡（今云林县西螺镇、刺桐乡、二仑乡）大业户张氏家族的子弟，其伯父就是张士箱，其父为张士筒。③ 只是张方武在科考上没有再出亮丽的表现，反而是稍早前——乾隆四年（1739）台湾县武举蔡庄鹰，以及之后——乾隆五十八年（1793）淡水厅武生周士超先后考取武进士。蔡氏在会试的成绩为第三十五名，殿试时列为二甲第十一名，授职时得御前正黄旗蓝翎侍卫。④ 蓝翎侍卫为正六品职官，虽然仅是"侍卫"，有机会外放时也从守备开始做起，但却是皇帝身边的人马，能充做耳目的功能。⑤ 蔡氏已侍卫致仕，没有再出任外省武官。可是周士超就不同，他是殿试一甲三名武探花出身；按例授二等侍卫，赏戴单眼孔雀翎，品秩为正四品职官。之后外放从游击（从三品）开始做起，一路累官至广东水师提督麾下担任香山协副将（从二品），为台湾武科功名者仕宦官阶最高的第一人。⑥

乾隆朝台湾的武科功名者，有几点值得注意：首先是在武举人的本籍方面，台湾府与首县台湾县占有36名亦居冠，凤山县占20名居次，诸罗县

① 庄吉发，《清史论集（三）》（台北：文史哲出版社，1998年10月），页221。

② 不著编人，《乾隆四十二年丁酉科福建武闱乡试题名录》，清乾隆刻本，北京国家图书馆藏。

③ 尹章义，《张士箱家族移民发展史》（台北：张士箱家族拓展史研纂委员会，1983年7月），页70～71。

④ 王必昌，《重修台湾县志》，台湾银行文献丛刊第一一三种，1961年11月，页356。

⑤ 奕赓，《侍卫琐言》；收录许仁图编，《清史资料汇编补编（上册）》（台北：河洛图书出版社，1974年），页431～432。

⑥ 陈朝龙，《新竹县采访册》，台湾银行文献丛刊第一四五种，1962年7月，页264；杨寿柟辑，宁志荣点校，《云在山房丛书三种》（太原：山西古籍出版社，1996年9月）；《侍卫琐言》，页432。

（含云林）占13名再次，彰化县占10名再次，淡水厅占1名殿后。其二，武举录取人数最多的二年，则是在乾隆三、四十二年（1738/1777），分别有6名被录取，台湾府与首县台湾县分别占有3名比例最高。其三，首度出现父子皆为武举的例子。那就是乾隆二十五年（1760）中举的黄国梁，以及嘉庆十三年（1808）中举的黄清荣、黄清雅。这些武举部分将要在之后的林爽文事件中大显身手。除了武进士、武举人之外，武生逐渐跃上台面也须留意。所谓“跃上台面”有负面与正面的意思。对于前者，乾隆十六年（1751）台湾县武生李光显聚众滋事首开恶例。李自恃武生恣意占管民番田园，以致争闹殴差，又复集流棍藏蓄兵械准备争斗。此事高宗闻讯大怒，传旨饬令福建巡抚潘思矩务必严办。① 乾隆二十年（1755）高宗再下谕，严饬各督、抚俱令府县儒学更加严格督课约束，文武生监如有犯禁，必须按法究治毋徇私邀誉。② 说到邀誉，由于武生是最低阶的功名者，因此若想在地方获得名声，热心参与公共事物是一条捷径。现存台南市孔子庙的《重修文庙碑》，以及南区的《龙潭桥志》，分别有五位、四位武生捐银的记录。③ 不过真想获取名声，还是需要靠战功比较实际。

乾隆五十一年十一月（1787.1）爆发的林爽文事件，其势如排山倒海而来，半年之间官军接连失地，中南部地区仅能死守诸罗县城、鹿港、盐水港、台湾府城。从档案记录来看，乱初武举、武生并没有及时加入平乱，最早的记载是从乾隆五十二年四月（1787.5）开始。四月初七日（5.23）台湾镇总兵官柴大纪回奏，诸罗县武解元黄奠邦现带义民在军前效力，并已拿获匪犯吴映一名，交由水师提督黄仕简审问。④ 同月初九日（5.25）柴大纪再奏，台湾府武举陈宗器、黄奠邦、武生王得禄，各率义民、社番在嘉义县城北的牛稠山与敌厮杀。⑤。这一场战役双方死伤很多，陈、黄二人奋战让高宗颇为赏识，并交待柴大纪要酌量奖赏。⑥ 四月二十一日（6.6）官军探得林阵营，欲切断诸罗县城与盐水港文报往返之路，即刻命署游击邱能成、陈宗器驰赴柴头港（嘉义市）；游击林光玉、黄奠邦驰赴草麻庄（嘉义市）拦截大败敌军。越二日又有千余敌军犯南门营盘，游击李隆协带领黄奠邦、

---

① 不著编人，《清实录－高宗纯皇帝实录（一四）》（北京：中华书局，1985年11月），页15～16。

② 中国第一历史档案馆编，《乾隆朝上谕档（第二册）》（北京：档案出版社，1991年6月），页783。

③ 台湾银行经济研究室编，《台湾南部碑文集成》（南投：台湾省文献委员会，1994年7月，页152～153、156～158。

④ 中国第一历史档案馆、中国人民大学清史研究所合编，《天地会（二）》（北京：中国人民大学出版社，1980年11月），页189～190。

⑤ 《天地会（二）》，页191。

⑥ 洪安全主编，《清宫谕旨档台湾史料（一）》（台北：故宫博物院，1996年10月），页362。

武生钟习信正面迎战；柴大纪亲率陈宗器等从东北绕路截杀，二路均各有斩获。①

乾隆五十二年七月十六日（1787.8.28）钦差湖广总督常青启奏，声称黄奠邦率义民、兵丁押解匪犯二名，凤山县武生吴鹰扬亦押匪犯四名来府。② 隔日福建水师提督蓝元枚想出招抚之策，遂令武生陈大用、钟奇英，分头前往彰化县东螺（彰化县北斗镇）、西螺（云林县西螺镇）、圳塘（彰化县溪州乡）等同安人与漳州人聚落招安。这一次行动据蓝氏回报相当成功，之后武生陈飘香、陈大用又奉命前往海丰港、麦仔寮（云林县麦寮乡）沿海村庄晓谕。截至目前，武科功名者的表现要比文科还好，高宗龙心大悦之余谕令，武举赏以五品职衔，武生给予六品职衔，廪生、生员、贡监给予八品职衔。他们当中以陈宗器、黄奠邦二人，功绩最为卓著，高宗已在此时决定在乱后给予官职奖励。③

乾隆五十二年十月二十六日（1787.12.5）常青命令粤籍武生钟文华，带领义民四百名配合台湾水师协副将丁朝雄克复东港（屏东县东港镇）。④ 这一次的攻击是林案的尾声，之后还是有义民协同官军作战的记录，但档案中已没有武科功名者参与的记载。针对这项空白，方志倒是有一些叙述可以补强。事实上替朝廷效力的武科功名者，人数没有那么少。从其他资料爬梳整理还有：台湾府武举郑鸿善、台湾府武举吴天河、台湾府武举叶显明、彰化县武举陈飘芳、台湾府武举林廷玉、凤山县武举许廷耀、台湾府武举郑应选，再加上诸罗县武举黄奠邦、台湾府武举陈宗器，共有9人之多，占总数的1/5（乾隆十五年以前、五十三年以后人数不算，武举总人数共48人）。⑤ 然值得注意的是这群武举，在方志上被记载的条目是用“军功”二字。这就很清楚武科与军功的差别了，原来前者是一种功名的授予，除非考取武进士或落榜时从武弁做起，不然武举也是一种虚名。军功则不然，有了军功通常就是从伍弁开始当起；品秩虽低，但重实务操作，若表现优良升迁极快。上述提到的郑鸿善即以台湾水师协左营千总任用，叶显名任台湾北路协千

---

① 《天地会（二）》，页234～235。

② 中国第一历史档案馆、中国人民大学清史研究所合编，《天地会（三）》（北京：中国人民大学出版社，1982年12月），页164。

③ 高宗敕撰，《钦定平定台湾纪略》，台湾银行文献丛刊第一〇二种，1961年6月，页482、484、503、510。

④ 中国第一历史档案馆、中国人民大学清史研究所合编，《天地会（四）》（北京：中国人民大学出版社，1983年3月），页143。

⑤ 《续修台湾县志》，页225～227；卢德嘉，《凤山县采访册》，台湾银行文献丛刊第七三种，1960年8月，页273。

总，郑应选累官至署福建建宁镇守备。另外武生的军功也须记上一笔，例如：台湾县武生杨升时授台湾水师协中营千总、戴显群授台湾北路协把总、杜朝成以把总任用。最特别的是王得禄，他在被授予五品衔以千总用后，一路累官直升，至嘉庆十四年（1809）出任福建水师提督，为台湾人任官品秩最高的第一位。①

军功仕宦者表现亮眼，不独在林案之后，早在之前就有出任镇台、协台者。例如：浙江温州镇总兵官杨恩、福建闽安协副将后署海坛镇总兵官魏大猷、福建澄海协副将吴陈胜、福建福宁镇烽火门水师营参将魏天锡、福建水师提标右营游击魏国璜、台湾水师协中营游击王李孟、闽安协右营守备萧英。② 甚至也有行伍出身的台湾府人陈林每，累官至台湾镇总兵官。③ 不过还是要注意武科功名者，在地方武力的影响性问题。乾隆五十三年六月（1788.7）高宗在林案敉平后叙功，当时所列义民首名单仅是府城者就有340余名之多。④ 府城义民首人数比例之高，与武举人数多府城、台湾县刚好成正比。这意味着什么呢？他代表该县的民人武力，已是官方挑选合作对象时最好的伙伴。或许还可以扩大解释，林案以后武科功名者，成为官方遇到地方动乱时首要的合作伙伴。如果真的找不到合适的人选，再寻求其他义民首的协助。这个案例随后将发生在乾隆六十年三月（1795.4），彰化县鹿港的陈周全事件与凤山县石井汛（高雄县燕巢乡）的陈光爱事件。前者官方立刻与武生林国泰合作克复失地，后者则是接获密报后暗调武生李必魁设计诱拿。⑤ 该模式渐成为日后官军在平定地方乱事的通例。

嘉庆朝武科功名者参与地方公共建设，捐题银两个案有逐渐增多的趋势。例如：嘉庆四年（1799）凤山县《新旧捐银襄事姓名碑》刻载武举4名、武生12名；嘉庆八年（1803）《重修府学文庙闽籍题捐碑记》刻载武举5名、武生21名；嘉庆十年（1805）《重修弥陀寺碑记》刻载武生6名；嘉庆十二年（1807）《重修龙山寺碑》刻载武生3名；嘉庆十三年（1808）彰化县《东螺西保北斗街碑记》刻载武举1名；嘉庆二十一年（1816）《重修魁星阁碑记》刻载武举2名、武生11名、军功9名；嘉庆二十一年（1816）彰化县《彰化县城碑记》刻载武生1名；嘉庆二十三年（1818）彰

① 《续修台湾县志》，页225~227。

② 《续修台湾县志》，页225。

③ 许雪姬，《清代台湾的绿营》（台北："中央研究院"近代史研究所，1987年5月），页442。

④ 中国第一历史档案馆、中国人民大学清史研究所合编，《天地会（五）》（北京：中国人民大学出版社，1986年5月），页103~104。

⑤ 中国第一历史档案馆、中国人民大学清史研究所合编，《天地会（六）》（北京：中国人民大学出版社，1987年9月），页5；《彰化县志》，页253。

化县《重兴敬义园捐题碑》刻载武生1名。亦有武举、武生为地方开垦，上书知府力争解禁事，如：嘉庆二十年（1815）凤山县武生李琼林，与其他人联名向台湾知府汪楠陈情，请求开垦该县古令埔（屏东县内埔乡）未果。①

嘉庆朝台湾的武科功名者，有几点值得注意：首先是武进士表现方面，嘉庆元年（1796）登科的吴安邦，之后累官至海坛镇闽安协副将。②其二是在武举人的本籍方面，台湾府与首县台湾县占有11名居冠，嘉义县（含云林）占8名居次，凤山县、彰化县分别占7名再居次，淡水厅无人上榜。其三，武举录取人数最多的一年，则是在嘉庆二十四年（1819），分别有5名被录取，台湾府与首县台湾县分别占有2名比例最高。其四，再度出现兄弟皆为武举的例子。那就是嘉庆十三年（1808）中举的黄清荣、黄清雅。③不过最重要的是，各县武举上榜人数已出现微妙的变化。诚然台湾府与首县台湾县仍稳居第一，但在人数上已经和嘉、凤、彰三县差距拉近；并且嘉义县武举上榜人数首度超越凤山县，彰化县亦急起直追与凤山县拉平。这是否也意味着“尚武风气”逐渐北移了呢？其实并不一定，还须从个案讨论来审视。

嘉庆十至十二年（1805~1807）为闽海盗蔡牵袭台最严重的时期。官军在备战抵御之余，也亟思寻求合作对象。嘉庆十年十二月一日（1806.1.21）蔡牵率众登陆府城洲仔尾（台南县永康市），开启长达四个月的混战。此役蔡牵还勾结凤山县山贼为内应，想里应外合攻下府城。④根据台湾总兵官爱新泰的回奏，连续二个月的战斗，幸有凤山县义民首“武举”赖熊飞与钟麟江，率领义民六千人助阵。⑤本书把武举加引号的意思是，赖、钟二人武举的身份，竟然在《府志》、《通志》、《采访册》遍寻不到。然皇帝上谕与镇台奏折的名单出错可能性极低，或许真的是方志传抄时漏列也说不定。然无论如何它告诉我们一个事实，那就是官方拣选武力合作的伙伴，武科绝不会缺席。嘉庆十一年三月（1806.4）官军对敌进行合围，蔡牵船队趁大潮突围出航。此役台湾县武举张文雅，武生林廷邦奋战不懈；张氏被授予千总一职，林氏被授予千总顶戴。⑥不过与蔡勾结的山贼还在台、凤山地负隅顽抗。四月官军以优势兵力清剿，台湾县武生林玉和、薛元魁有功绩，亦被赏

---

①《台湾南部碑文集成》，页182~184、189、206~208、445~446、548~551、554；台湾银行经济研究室编，《台湾中部碑文集成》，台湾银行文献丛刊第一五一种，1962年9月，页17、25、129。

②《台湾通志》，页403。

③ 倪赞元，《云林县采访册》，台湾银行文献丛刊第三七种，1959年2月，页34。

④ 许毓良，《清代台湾的海防》（北京：社会科学文献出版社，2003年7月），页167~168。

⑤ 洪安全主编，《清宫谕旨档台湾史料（三）》（台北：故宫博物院，1996年10月），页1955。

⑥ 台湾银行经济研究室编，《台案汇录辛集》，台湾银行文献丛刊第二〇五种，1964年12月，页81~83。

予六品顶戴，武生方耀汉赏予七品顶戴。① 凤山县武举张元英临阵殒命，即照守备阵亡例抚恤。② 彰化县武生陈大用在蔡牵分遣别支劫掠鹿港时，亦招义民助官；由于陈氏在林爽文事件后已得五品衔，因此现加赏蓝翎四品衔。前述的武举、武生在方志中，全以军功之名记录。③

蔡牵的个案清楚地表示，"尚武风气"逐渐北移是一种科考形式的表现。在官方的认知中，只要哪里出现乱事，一定先设法联络当地能为朝廷效力的武力。虽然嘉庆朝嘉、彰武举上榜者大增，但蔡牵作乱的地方仍以南路为主，所以还是台、凤二县武举、武生获得军功受到嘉奖的机会居多。这对于想要享有邀誉者来说，参与地方事务遂成另一种选择。以捐题银两碑刻为例，道光朝是武科功名者参与地方公共建设，频率最多的一个阶段。例如：道光二年（1822）彰化县《北斗街义塚碑记》刻载武举 1 名，道光五年（1825）台湾县《重修大观音亭庙桥碑记》刻载武举 1 名、武生 1 名，道光五年（1825）凤山县《和顺流芳碑》刻载武举 2 名、武生 3 名，道光八年（1828）凤山县《林氏姑婆祖碑记》刻载武生 1 名。

道光十一年（1831）嘉义县《古思碑》刻载武生 5 名，道光十四年（1834）彰化县《奠安宫香资斋粮碑记》刻载武举 1 名，道光十五年（1835）台湾县《重建后殿碑记》刻载武生 1 名、军功 5 名，道光十六年（1836）台湾县《重修沙淘宫记》刻载武生 1 名、军功 1 名，道光十八年（1838）台湾县《缺题碑》刻载武举 1 名、武生 10 名、军功 1 名，道光二十年（1840）彰化县《重修彰化县学题捐碑》刻载武生 2 名。

道光二十一年（1841）台湾县《重修北巷佛祖庙碑记》刻载武举 1 名、军功 3 名，道光二十三年（1843）台湾县《重兴开隆宫碑记》刻载军功 3 名，道光二十五年（1845）凤山县《新建萃文书院碑记》刻载武生 1 名，道光二十九年（1849）嘉义县《重建大人庙碑》刻载武生 1 名，道光三十年（1850）台湾县《福德祠重修碑记》刻载武生 1 名。亦有武生为地方生理，上书知府严禁不法事，如：道光二十七年（1847）嘉义县武生黄忠清，与其他人联名向台湾知府仝卜年举发有奸民在盐水港假冒官差掳禁勒索，冀望由官宪立碑严禁以杜绝歪风。④

---

① 洪安全主编，《清宫廷寄档台湾史料（二）》（台北：故宫博物院，1998 年 10 月），页 726；中国第一历史档案馆编，《嘉庆道光两朝上谕档（十二）》（桂林：广西师范大学出版社，2000 年 11 月），页 384 ~ 385。

② 洪安全主编，《清宫谕旨档台湾史料（四）》（台北：故宫博物院，1997 年 10 月），页 2679。

③ 《续修台湾县志》，页 228 ~ 230；《彰化县志》，页 254。

④ 《台湾南部碑文集成》，页 242、254、265 ~ 266、277、292、482、585 ~ 586、589、604 ~ 605、617、628 ~ 629、643 ~ 644、654；《台湾中部碑文集成》，页 31、44、134。

不过对照嘉庆、道光朝武科功名者捐题的差别，最大不同之处在于前者捐题的人数少者四五人，多者有一二十人；后者少者仅一二人，最多者也只有十人。为什么会有这种情形呢？表面上的原因是嘉庆朝可参与公共建设的机会，不如道光朝多（8 次）。所以只要有人提议，武科功名者亦随大家响应。然此个案在道光朝因次数太多（15 次），所以捐题的人数也被稀释掉了。可是还有一个更重要的原因，驱使武科功名者暂抛下这些邀誉；那就是道光朝是内忧外患严重的时代，有更多军功的机会等着他们追取。

道光十二年闰九月（1832. 11）爆发的张丙事件，则是道光朝首见大规模民变。根据台湾镇总兵刘廷斌奏报，乱初张阵营在围攻嘉义县城时，即有当地武生何朝仁率义民追贼。之后战报陆续传来，在数次与敌对阵决战时，有不少武生加入官军平乱，包括：拿获股首詹通的嘉义县武生林腾瑞，跟随福建陆路提督马济胜作战的淡水厅武生林朝动、周殿安，以及台湾府学武生沈廷贵、彰化县武生李捷魁。① 道光二十至二十二年（1840～1842）鸦片战争期间，在台湾道姚莹的指挥下，亦有不少武科功名者请缨助战，包括：台湾府武举蔡际会、台湾县武举林国渊、台湾县武举陈高超，以及淡水厅武生林朝勋、林清维、林清华、郑大安、周奠安，噶玛兰厅陈登元、何国英，彰化县武生郭廛瑞。② 道光二十二年八九月（1842. 10）间，正当鸦片战争接近尾声时，突有凤山县民陈冲竖旗，此乱幸有该县武生吴光辉率队，与其他义民首配合，并协同官军作战才能敉平。③ 道光二十四、五年（1844～1845）彰、嘉二县械斗案，其燎原之势一时不可遏止。除了倚靠官兵的弹压外，二县武生萧联元、林明知、关向荣、周梦渭、洪国晖、蔡国梁，亦助官军维持秩序，而分别被赏以千、把总军职或顶戴不等。④ 道光二十九年（1849）台、凤二县亦发生械斗案，规模有如彰、嘉之翻版；凤山县武举林得时，武生苏廷熏，台湾县武童钟昌、王源涛，也加入官军维持秩序。⑤

道光朝武科功名者替官军出力，若有异于前朝者应该就是首度有武童出现。再者按方志的记载，整体而言以军功被赏赐的功名者，不论文科、

① 洪安全主编，《清宫谕旨档台湾史料（五）》（台北：故宫博物院，1997 年 10 月），页 3621、3732、3758、4114；《彰化县志》，页 255。

② 谢兴尧供稿，《台人舆论》；摘自中国社会科学院近代史研究所近代史资料编辑组编，《近代史资料》，总 82 号，1992 年 11 月，页 1～21。

③ 姚莹，《东溟奏稿》，台湾银行文献丛刊第四九种，1959 年 6 月，页 113。

④ 中国第一历史档案馆编，《嘉庆道光两朝上谕档（五十二）》（桂林：广西师范大学出版社，2000 年 11 月），页 225～228。

⑤ 中国第一历史档案馆编，《嘉庆道光两朝上谕档（五十四）》（桂林：广西师范大学出版社，2000 年 11 月），页 151～153。

武科将来仕宦的官阶，都不若前朝来得高。其主要原因是内地太平天国军起，有更多的军功者等着补缺，候缺的记名提督、总兵、副将不知凡几，遂排挤掉台湾军功者更上一层楼的机会。道光朝台湾的武科功名者，有几点值得注意：首先是武进士表现方面，道光六年（1826）登科的许捷标，则是台湾最后一位中取的武进士。① 其二是在武举人的数目方面，共取中56个名额位居第二，仅次于乾隆朝、排名于康熙朝之上。其三在武举人本籍方面，台湾府与首县台湾县占有20名居冠，嘉义县（含云林）占19名居次，淡水厅占9名再居次，凤山县、彰化县各占4名再居次，噶玛兰厅无人上榜。其四，武举录取人数最多的一年，是在道光十五年（1835）有6名被录取。当中嘉义县的成绩已追上，分别与台湾府县各占3名名额。

嘉义县武举上榜人数大增，的确让人为之侧目。台、嘉二县形式上"尚武风气"的养成，是否也反映到实质上呢？至少上文兹举的个案，已让官方在拣选武力合作伙伴时，不会有找不到对象的困扰。同样的道理若他们以武犯禁，对官方威胁的程度，也比一般民众还来的大。道光二十四年（1844）发生的竖旗与抗官案件可以说明。前者是嘉义县民洪协发动，武生郭崇高暗中支持，根据档案记载参加者达二千余人，与官兵接战六次，阵亡一千余人。② 后者是台湾县武生郭光候发动，郭光候就是郭崇高。郭氏在属县阻挠抗粮，事发后朝廷认定是聚众谋逆，严饬台湾镇道昌伊苏、熊一本加紧拿获（该案有冤，见第五章第三节）。③ 当然也不是所有的武生都有谋反的企图，道光朝的武科功名者跟前朝还有一个不同，就是实际参与拓垦事业的人增多。这在淡水厅尤为普遍，最著名的是金广福大隘的姜氏家族。例如：姜殿邦、姜殿斌皆为武生出身；竹北一堡的林氏家族，更有武举林秋华加入九芎林南势二、三重埔（新竹县竹东镇）的垦殖；同堡武生刘维翰承兄长接办猴洞（新竹县芎林乡）等处隘务。④

咸丰十一年，台湾取中的武举只有11名，为历朝人数最少的一个阶段。虽是如此，但仍有几点值得注意：首先是在武举人的本籍方面，台湾府与首县台湾县占有4名居冠，彰化县占有3名居次，凤山县与淡水厅分别占2名再居次，嘉义县（含云林）与噶玛兰厅无人上榜。其二，武举录取人数最多的一年，则是在咸丰九年（1859），分别有7名被录取。然这

① 《台湾通志》，页403。

② 胡珠生，《清代洪门史》（沈阳：辽宁人民出版社，1996年5月），页175。

③ 《清宫谕旨档台湾史料（五）》，页4219、4225～4229。

④ 吴学明，《金广福垦隘与新竹东南山区的开发1834～1895》（台北：台湾师范大学历史所，1986年2月），页112、301；淡新档案，第一编行政，第七类抚垦，第三款隘务，案码：17301～17323，页码：121681，台湾大学图书馆藏。

一次各县分布很平均，台湾府与首县台湾县占有2名，彰化县与淡水厅也分别占2名，凤山县占1名。其四，再度出现兄弟皆为武举的例子。那就是咸丰九年（1859）中举的赖步云、赖登云；彰化的乡亲与有荣焉，还把兄弟俩的故乡定名为贡旗村。① 总的来说台、凤、嘉三县武举录取的人数，其成绩已没有以往亮丽，反倒是彰化县、淡水厅有迎头赶上之势。这种科考所表现出形式上“尚武风气”的北移，将会在同、光朝显现出来。

不过短暂的咸丰朝，民变事件却不少，这又给了武科功名者建功的机会。咸丰元年（1851）台湾县民王湧造谣滋事酿成巨变，该县武生翁志朝、李朝俊、戴廷耀，以及武童吕达芳随军立功，分别赏予顶戴与千总衔不等。② 咸丰三年（1853）噶玛兰厅民吴磋竖旗，通判董正官殉职，仓促之中该厅武生陈抡元率乡勇讨平始转危为安。③ 同年凤山县民林供亦竖旗，其势亦不可挽兵锋直逼府城，嘉、彰二县也受余匪波及。幸赖台湾府武举林朝清、李逢时、李维鸿，以及武生周德辉、王经纶、侯绥邦、陈维清、黄忠清、李得三、李朝英、林朝带、林逢源、颜国荣；凤山县武举尤拔元，以及武生蔡钟灵、王希贤、赵捷升；以及嘉义县武生王朝楹、彰化县武举萧胜云率队相助，才能敉平乱事。④ 咸丰四年（1854）厦门小刀会袭台，起初出没于淡水厅香山港（新竹市香山区），后转往噶玛兰厅苏澳（宜兰县苏澳镇），最后大军麇集淡水厅鸡笼（基隆市）强攻登岸。此役有该厅武生林启传，以及各路义首率队投效官军始能克敌。⑤ 在所有义首中以彰化县民林文察表现不凡。此人获得军功以后，因缘际会投入武职。咸丰八年（1858）首次率乡勇援闽，并转战福建、浙江一带，参与围剿太平军的战争。同治二年（1863）林氏累功升任福建陆路提督，同年年底又署水师提督（后撤销），遂成为继嘉庆朝王得禄之后，第二位由军功出身担任提臣的高官。⑥

林文察的崛起充满戏剧性，对照他的弟弟林文明以彰化县武生的身份从

① 戴炎辉，《清代台湾的乡治》（台北：联经出版事业公司，1992年5月三刷），页772。

② 中国第一历史档案馆编，《咸丰同治两朝上谕档（二）》（桂林：广西师范大学出版社，1998年8月），页355。

③ 陈进传，《宜兰传统汉人家族之研究》（宜兰：宜兰县立文化中心，1995年5月），页103。

④ 中国第一历史档案馆编，《咸丰同治两朝上谕档（四）》（桂林：广西师范大学出版社，1998年8月），页343~347；洪安全主编，《清宫谕旨档台湾史料（六）》（台北：故宫博物院，1997年10月），页4542、4561。

⑤ 中国第一历史档案馆编，《咸丰同治两朝上谕档（八）》（桂林：广西师范大学出版社，1998年8月），页271。

⑥ 黄富三，《雾峰林家的兴起——从渡海拓荒到封疆大吏（1729~1864）》（台北：自立晚报，1987年10月），页167~173、245~254。

军，仕宦仅止于副将的位阶（同治三年/1864 任）①；文察的成功打破了自道光以来，台湾军功者升不上提、镇以上的局面。然最重要的是还不仅于此，林氏可说是台湾地方武力头人的代表，在他的号召下除了组织台勇回闽师援外，同治初年戴潮春事件的敉平半靠林氏之功。这一点也将在第四章第一节中再度提到。另外咸丰朝武科功名者，除了出力获取军功外，也可以出钱达此目的，这当中以武生最为普遍。例如：咸丰四年（1854）朝廷平乱的奖赏名单中，即有凤山县武生杨大才捐银 120 两赏予把总职衔，嘉义县武生张登三与刘重辉各捐银 210 两、400 两被赏予千总与守御所千总衔，彰化县武生林清辉、黄成德与黄成义、黄克仁各捐银 310 两、210 两、120 两，被赏予把总、千总、把总衔。② 咸丰六年（1856）台湾捐输津米的奖赏名单中，彰化县武生黄克仁再被赏予千总职衔，台湾县武生施龙翔、嘉义县武生陈廷达被赏予把总职衔。③

不过享有邀誉，或甚至拥有武力号召力的武科功名者，在家乡行事也不是无往不利。抗租是当时台湾社会普遍存在的问题，也是困扰官府与业户的问题。台湾大学所藏《淡新档案》，收有不少该时期案例的原件。例如：咸丰二年（1852）淡水厅大溪墘庄（桃园县大溪镇）业户武生吴士芬，赴厅治控告“顽佃”（佃户）姜、徐人等抗纳租谷。④ 咸丰六年（1856）淡水厅铜锣湾武生赖志达，仰同知唐均之命速拨壮勇，协仝屯差等速将各佃应完屯租谷石赶紧完纳清款。⑤ 但此事办理无方，唐均卸任后隔年由马庆钊接任，马氏扩大催租动员的对象，涵括举人、义首、总理等。⑥ 前述的案例告诉我们二件事：其一，平时官府行政权力仍在，它虽然被诟病效率不彰，但有最起码的管理能力；所以地方发生纷争时，还是循司法途径解决为上策。其二，武力可以作为官方解决部分社会问题的手段，但行使武力之人必须要经由官方授权（或曰控制之下），如果偏离此原则将会成为亟欲被铲除的对象。

同治元年至三年（1862～1864）的戴潮春事件，则是一个极为有趣的个案。因为反官方与亲官方阵营中，都有武科功名者加入。前者有彰化县笋仔

---

① 黄富三，《雾峰林家的中挫（1861～1865）》（台北：自立晚报，1992 年 9 月），页 10～11。

② 军机处录副奏折－农民运动类，案卷号：3336，胶片号：137，中国第一历史档案馆藏。

③ 洪安全主编，《清宫月折档台湾史料（一）》（台北：故宫博物院，1994 年 10 月），页 304～305。

④ 淡新档案，第二编民事，第二类田房，第二款抗租，案码：22201～22202，页码：200999，台湾大学图书馆藏。

⑤ 淡新档案，第一编行政，第七类抚垦，第四款屯务，案码：17401～17404，页码：124683，台湾大学图书馆藏。

⑥ 淡新档案校注出版编辑委员会，《淡新档案（六）：第一编行政/财政类》（台北：台湾大学，2001 年 6 月），页 214～215。

林（南投县竹山镇）武生刘参筋入伙，后者有彰化县草鞋墩（台中县草屯）武生洪青选、江观澜，以及该县武生张清华加入。① 其实武科考试发展到了现在，已到了需要检讨其意义的时候。主因是武科规定所考试的项目——弓石刀马步箭，到底能不能反映当时作战的需要？时人亦明白在越来越重视火器作战的时代，武科所列考的科目根本就无用武之地。② 然就如同文科考试一样，所考的八股文也非当时治国所需，只是科举功名早已深植人心难以改变。同治朝台湾取中的武举为 23 名。台湾府与首县台湾县占有 9 名仍位居第一，凤山县占有 5 名位居第二，淡水厅与彰化县各占有 3 名位居第三，噶玛兰厅首度有人上榜占有 2 名位居第四，嘉义县占有 1 人居末。北京国图所藏同治九年（1870）《福建武乡试录》，在中试武举 70 名的定额中，台湾武生成绩并不好。该年武解元由兴化府莆田县武生许捷春夺魁，成绩是马中六矢、地球中、步中六箭、弓十二力、刀一百二十斤、石三百斤。台湾府学（兰厅）武生胡捷登排名第二十六，前三项相同但弓仅十力、刀一百二十斤、石二百五十斤。县学生蔡洪仪排名第六十三，成绩更不理想。③

再从戴案来观察，应该可以发现到一个迹象，那就是完全不见武举加入行动。事实从同治朝开始，武举已不像之前那么热衷号召乡民助官。其原因有可能是安于功名已得，有可能是台湾民变次数锐减异，有可能根本没有能力号召。此时有需要借由参与地方事务，提高本身在乡里影响力的武科功名者都是武生。例如：同治四年（1865）淡水厅大溪墘武生叶长青，亦随各庄总理、保正赴辕以凭谕话。④ 同治六年（1867）甫上任的淡水厅同知严金清，下令厅内竹南二、三、四保头人，星速驰赴大甲行辕听候谕办清厘积案，其中就有铜锣湾武生赖志达。同治十年（1871）竹南二保铜锣湾武生李逢年，被控以设立保安局为由，假公济私勒索庄民资费。⑤ 武生的不法朝廷也有注意，尤其在营伍方面。《则例》明定：各省随营武生，若由马、步、守兵考试取中仍食原粮之，武生均一体随营差操校拔。倘有恃衿滋事

① 林豪，《东瀛纪事》，台湾银行文献丛刊第八种，1957 年 12 月，页 52；丁曰健，《治台必告录》，台湾银行文献丛刊第一七种，1959 年 7 月，页 525；《清宫谕旨档台湾史料（六）》，页 4649；《雾峰林家的中挫（1861 ~ 1865）》，页 47。

② 徐凌霄、徐一士，《凌霄一士随笔（一）》（太原：山西古籍出版社，1997 年 7 月），页 257。

③ 不著编人，《同治九年庚午科福建省武闱乡试题名录》，清抄本，北京国家图书馆藏。

④ 淡新档案校注出版编辑委员会，《淡新档案（七）：第一编行政/财政类》（台北：台湾大学，2001 年 6 月），页 220。

⑤ 淡新档案校注出版编辑委员会，《淡新档案（三）：第一编行政/民政类》（台北：台湾大学，1995 年 10 月），页 122、143。

者，失察之专管官降一级留任；若徇纵不举者，降一级调用。①

光绪朝台湾取中的武举为28名。这当中有几个重点值得注意：其一，该阶段台湾的行政区有大幅度的调整，因为涉及光绪元年（1875）的开山抚番、光绪十一年（1885）台湾建省。该表第一列所标明的州、厅、县名称，即是建省后新的行政区域。改制前后最明显的差别，就是有台北府武生李应东、更名后的台南府（原名台湾府）苏建邦中举。其二，“尚武风气”北移终于在该阶段实现。按录取人数比较，台南府与首县安平县，以及凤山县的上榜人数才8名；但安平县以北已达20名，完全占有压倒性成绩。不过承上述，此成绩的表现已成为一种形式；它对地方武力的发展，已不具有决定性的意义。不仅是武举，连武生都逐渐要退居台面。

光绪四年（1878）闽浙总督何璟奏准，台湾文武考试取士仍照旧章办理，统归台湾道负责。② 然由于台北新设一府，所以武生名额稍有改变。当时规定：台湾府取进闽籍武童16名、加广9名；粤籍武童2名、加广1名。台湾、凤山、嘉义三县各取进14名；台北府额定取进7名、粤籍2名、加广1名；淡水、新竹、宜兰三县各取进4名。建省以后台湾府更名台南府，在台湾中部新设一府定名台湾府。其名额的分配，台北府照旧，台南府减异取至闽籍武童13名、加广6名，粤籍照旧；台湾府取进闽籍15名、加广3名、粤籍4名。③ 只是台湾虽已建省，但文、武乡试并不单独举行，仍与福建省乡试合考。④

从《淡新档案》来看，武生所扮演的角色仍与同治朝相仿，不外乎充当地方头人或抱隘。例如：光绪五年（1879）彰化县武生吴朝良捐银三十大圆，与众人合设永济义渡。⑤ 光绪九年（1883）新竹县竹北一保武生何玉鸣，与其他人等佥状检举九芎林庄总理林焕荣渎职。光绪十年（1884）同县竹南三保武生赖嘉宾，亦其他人等佥状检举吞霄街庄总理林愈薰渎职。光绪十二年（1886）新竹县武生陈绍藩，以垦户陈福成之名义在该县山区抱隘。光绪十三年（1887）嘉义县武生陈祥元与众乡民，向知县罗建祥举发武生陈祥鸿、陈春华霸占鱼塭一事，并合行勒石立碑以杜争端。⑥ 光绪十四年（1888）竹南二保武生刘登洲、刘建动，与其他人等佥举谢锡彰担任蛤

① 佚名，《兵部处分则例·营伍》，光绪抄本，北京国家图书馆分馆藏。

② 洪安全主编，《清宫月折档台湾史料（四）》（台北：故宫博物院，1995年8月），页2885。

③ 洪安全主编，《清宫月折档台湾史料（七）》（台北：故宫博物院，1995年8月），页5706～5709。

④ 汪毅夫，《闽台历史社会与民俗文化》（厦门：鹭江出版社，2000年8月），页6。

⑤ 《台湾中部碑文集成》，页55。

⑥ 《台湾南部碑文集成》，页516～517。

仔市总理。① 光绪十五年（1889）清赋完成，从奖赏名单来看更发现有许多武童参与；单是新竹县随同带丈的24名人员中，就有7名武童上榜。②

至于在战事的助官方面，由于光绪朝统治者与被统治者武力均有结构性重整（参阅第二章第一、三节），武科功名者基本上已不具影响力。光绪十至十一年（1884~1885）清法战争期间，可说是他们最后的一役。当时淡水县武举王廷理（中举时仍为淡水厅）组织暖暖土勇营300余人，协助钦差刘铭传在基隆抵御法军。③ 凤山县武生杨应龙接到台湾道刘璈札委，命他就地招募一旗370人，在旗后塞港布防。④ 日后随之而来的开山抚番战争，列名功劳簿上虽有许多军功的奖赏，但都和武科功名者无关，也就不属于本书讨论的范围了。

纵观清代台湾的武科的发展，其科考所塑造的"尚武风气"，应是形式大于实质。更清楚地说，它的目的是提供武学者任官的出路而已，并非要培养地方武力的领袖人物。再加上中武进士者，或武会试落第愿意补弁者，多要离乡背井前往他处任官，又更不可能在原乡形成地方武力的头人。但是台湾社会多动乱的特性，使得这些武科功名者，会比别人有多立军功的机会。大抵从乾隆朝开始，武举、武生就成为朝廷平乱时，瞩意合作的对象。当然二者的表现各有消长、起伏，但不变的是武科功名再加上军功，遂可判别此人是否为地方武力领导者的依据。武科功名者、军功人物的出现，不可否认会让清廷在统治之道上多添帮手，成为继行政司法后，第二个异于军事以外的统治策略。

第三节 铁器与硝磺的掌握

强盛武力的背后，必定与武器的掌握有着密切的关系。上一节已经提到过，台湾官府公权力长期不彰，致使民番的身家安全只能自求多福。于是乎对于能制造武器的原料——铁、硝、磺相当渴求。清廷看准了这一点，多方采取各种管制，目的就是要造成官方垄断的事实，形成官方武力独大的局面。然这种理想真能达到吗？从《清稗类钞》描写到："台湾人各一刀，顷

① 《淡新档案（三）：第一编行政/民政类》，页198、203、235；淡新档案，第一编行政，第七类抚垦，第三款隘务，案码：17329，页码：122511，台湾大学图书馆藏。

② 淡新档案校注出版编辑委员会，《淡新档案（五）：第一编行政/财政类》（台北：台湾大学，2001年6月），页267~268。

③ 许毓良，《清法战争中的基隆之役——兼论民族英雄墓的由来》，《台湾文献》，第54卷第1期，2003年3月，页312。

④ 洪安全主编，《清宫月折档台湾史料（五）》（台北：故宫博物院，1995年8月），页4011。

刻不离；礤伐割剥，事事用之，不仅以之争斗也。”即可知铁器使用的广泛。① 美国学者 J. M. Meskill 在研究十八、十九世纪台湾中部的历史时，也发现即便是在田园耕种的人，工作时亦成群结队并佩戴刀子、短剑、火绳枪。② 不过台湾是个不产铁的地方，铁器的输入以福建为主要供应地，因此有必要先简述闽省制铁业的发展。

铁矿主要分成四个不同的种类——赤铁矿、磁铁矿、褐铁矿、碳酸铁矿，其中以赤铁矿产量最多、产地最广也最重要。可是纯粹赤铁矿，含铁量也只有70%，其余都是磷等杂质。磷的有无影响铣铁的性质，想得到磷少的铣铁，必须用含磷少之铁矿。③ 铣铁也称生铁、铸铁，含碳量在2.5%～5%，熔点在摄氏1150度，硬度高但质脆，适合用于铸造器物。另外一种为熟铁，也称软铁、锻铁，含碳量在0.5%以下，熔点在摄氏1500度，富延展性，适合锻打器物。含碳量介于二者之间就是钢。优良的兵器必用熟铁打造，而由生铁炒热熟铁的技术，出现在战国时代，至汉代技术已相当纯熟。④

福建的矿业在明代就相当发达，虽然清初对矿山采封禁政策，但乾隆八年（1743）奏准全面开放，使得沉寂的冶铁业得到复苏。福建的产铁区域分布在延平、汀州、建宁、福州府，时人评论闽省的铁质量超越广东，适合制作兵器。值得注意的是冶铁业中比较高级的是采、冶合一的矿厂，这种形式的矿厂在福建也有，每炉聚工常达数百人。⑤ 清末福建的冶铁受到进口洋铁的挑战，虽然部分传统炼铁业产能萎缩，但小五金中的制锅、农具、打刀、打钉还是生存下来。⑥ 以台湾的情况来说，就武器的生产品质，绝对是远不及内地。因为台地的铸户基本上就是生产小五金器具为主，而这些铁器都是以生铁铸造者居多。不过以走私方式取得质精的武器，或私设锻造熟铁的火炉，那又另当别论了。

在所有武器中以火器的威力最强大。火器分为火炮、火铳，前者动辄在百斤以上，后者则可随身携带。引燃火器的物质就是火药。在十九世纪末无烟火药未发明以前，所谓的火药就是指黑火药（blackpowder），它的原料包

---

① 徐珂，《清稗类钞》（台北：台湾商务印书馆，1966年6月一版），页29。

② 麦斯基尔（J. M. Meskill），王淑琤译，《雾峰林家——台湾拓荒之家》（台北：文镜文化事业有限公司，1986年11月），页55～56。

③ 唐吉傑编著，《冶铁学》（台北：台湾商务印书馆，1975年6月一版），页6～7。

④ 杨宽，《中国古代冶铁技术的发明和发展》（上海：上海人民出版社，1956年10月），页6、43～44。

⑤ 方行等主编，《中国经济通史——清代经济卷（上）》（北京：经济日报出版社，2000年2月），页715～716、748、760～761。

⑥ 林庆元主编，《福建近代经济史》（福州：福建教育出版社，2001年4月），页105。

括硝石、硫磺、木炭。由于木炭是随处可以取得的原料，所以不在本书的讨论中。硝石可从矿场中开采，也可以收集廊舍的泥土溶水后，加入木灰汁去其碳酸钙，再经煮沸取其结晶。只有硫磺必须要从矿场中开采，所以磺矿的掌握，对火药原料供应的重要性不言而喻。① 台湾北部淡水地区盛产硫磺，照理制作火药已不具困难。清中叶以后严禁民番私采，甚至官方也只做短期开采，为了就是防止被统治者的武装强盛难制。② 不过优良火药也要有好的制作，大抵硝、磺、炭必须捣以万杵以上，使其粉末越细越好。炭用柳条为佳，做时必去皮去结；盖带皮则烟多，有节则易炸。捣毕后放入手心燃之，药去而手心不觉得热方为合适。③

至于在生、熟番的武器方面，他们对火器认识也很早。例如：17 世纪荷兰人远征花东时，就对生番展现出毛瑟枪的威力④；即便是在前山，熟番的用语中也有毛瑟枪（Lalto）的词汇。⑤ 然要注意的是不管生番，或是熟番，都是族群众多的原住民。他们对火器的使用，依各族不同广泛程度有别。大抵生番中的邹族、布农族、鲁凯、排湾族较普遍使用。⑥ 熟番因被组织成番屯的关系，因此各族（各社）皆有使用火铳者。所以说生、熟番的武器，基本上还是以弓、箭、镖枪、番刀、竹枪、盾等传统兵器为主。⑦ 有趣的是部分生番也有冶锻小屋。根据人类学学者陈奇禄的研究，台湾北部的原住民使用的铁器多仰给自汉人，但南部的鲁凯、排湾族却懂得冶铁技术，可以自制铁锄与枪头。⑧ 看来清代官、番、民对于武器的取得，均有各显神通的本事；这使得三方在武力的对抗上，有足够的实力。

康熙二十二年（1683）清廷攻取台湾以后，虽于隔年展界，但对于出洋携带物品管制仍严。《则例》规定：焰硝、硫磺、军器等物，违例私载出洋接济奸匪者，照例治罪。该管汛口文武官兵盘查不实者革职。知情纵贿者革职提问，兼辖官降四级调用，统辖官降二级留任，提督降一级留任。⑨ 该例虽言明是针对“接济奸匪者”，并非针对台湾；但属于重洋的台湾，在军

---

① 西松唯一著，郝新吾译，《火药》（上海：商务印书馆，1937 年 3 月），页 7～10。

② 庄吉发，《清史论集（五）》（台北：文史哲出版社，2000 年 3 月），页 108～110。

③ 梁章巨著，陈铁民点校，《浪迹丛谈/续谈/三谈》（北京：中华书局，1997 年 12 月二刷），页 79。

④ 康培德，《殖民接触与帝国边陲——花莲地区原住民十七至十九世纪的历史变迁》（台北：稻乡出版社，1999 年 12 月），页 111。

⑤ 陈康编著，《台湾高山族语言》（北京：中央民族学院出版社，1992 年 11 月），页 429。

⑥ 田哲益，《台湾原住民的社会与文化》（台北：武陵出版有限公司，2001 年 4 月），页 58。

⑦ 刘如仲、苗学孟，《清代高山族社会生活》（福州：福建人民出版社，1992 年 12 月），页 51～54。

⑧ 陈奇禄，《台湾土著文化研究》（台北：联经出版事业公司，1999 年 10 月三刷），页 79。

⑨ 不著编人，《兵部则例□□卷·海禁》，清乾隆内（务）府抄本，北京国家图书馆藏。

器使用上也不可避免地受到影响。不过要注意的是《则例》所限定者为"军器"，不是铁器。那么台湾的用铁有管制吗？答案是有。康熙四十五年（1706）台民呈称开垦土地亟须铁器，督抚饬令司、道、府、县准报立烟户，并于册内分为大、中、小三等。每年每季给各烟户执照一张，可赴福建漳州、龙海等县购买铁器；并规定：大户准买铁锅四口、中户三口、小户二口；又每户准买犁锄农具二三件；煎糖之大鼎，每大户十户准买大鼎一口，中户十五户准买大鼎一口，小户二十户准买大鼎一口，大鼎二年准买一次。①

康熙五十年（1711）台厦道陈瑸希望能再放宽。他给闽浙总督范时崇的四项条陈，其中之一就是弛铁禁以利农具。陈氏说道：

> ……独台地农具铁器之价数倍内地，如一煮糖之鼎，卖银三、四两。至日用鼎釜，亦不止倍价。乞请特弛其禁，听从民便，自行购买。饬汛口员弁，凡台民过厦买带锅釜及一切需用农家铁器，毋得借端需索，使民用有资，即出作入息间歌咏宪恩矣。②

上述引文有一个重点，即没有提到针对台地铁禁的法律，所以希望在"宪恩"的裁量下弛铁之禁。因此所谓"铁禁"仅是行政命令，并没有任何法源依据。同样的情形也发生在硫磺上。迟至康熙末也没有任何一条专例，针对台湾北部淡水磺山来封禁。康熙三十九年（1700）因福州火药库爆炸，特地来台开采硫磺的郁永河，对此记载相当详细。他谈到在与台湾知府靳治扬、海防同知齐体物讨论前往淡北时，二位官员只提醒水土恶毒不宜贸然骤行，未见有任何封禁的记录。③另外康熙五十六（1717）编纂的《诸罗县志》，除了在外纪中记载磺山的位置，更提到麻少翁、内北投社熟番常入山掘磺。④所以领台之初二十年，官方对台湾的磺、铁流通，没有想象中的严格。在了解整个环境与背景后，讨论武器的使用才有意义。

徐晓望估计，清初福建每年铁的生产量约9072吨（闽浙赣总产量为27218吨）。该数字与同时期欧洲第一产铁大国俄罗斯，每年出产的2400吨相比多上数倍。⑤如此庞大的产能，对于提供民间或军队用铁不成问题。不过此时绿营武器的制造，并没有特定的后勤规定。根据康熙五十二年

---

① 国学文献馆主编，《台湾研究资料汇编（第一辑·第二十八册）》（台北：联经出版社，1993年9月），页11977～11982。

② 陈瑸，《陈清端公文选》，台湾银行文献丛刊第一一六种，1961年11月，页14。

③ 郁永河，《裨海纪游》，台湾银行文献丛刊第四四种，1959年4月，页16。

④ 周锺瑄，《诸罗县志》，台湾银行文献丛刊第一四一种，1962年12月，页288。

⑤ 徐晓望，《明清闽浙赣边区山区经济发展的新趋势》，《明清福建社会与乡村经济》（厦门：厦门大学出版社，1987年10月），页215。

(1713) 福建水师提督施世骠的奏报，准备打制的2793副铁棉盔甲中，他自己捐资一半，另一半由营伍将弁乐捐；100支鸟枪由施氏全数捐造，无分毫派累兵丁。① 鸟枪是一种厉害的火器，照理应该大量制造才对，一百支的数目恐怕嫌少。原来清代对于火器有一种排斥的态度。时人评论从鸟枪以“鸟”命名，顾名思义非杀人之器。在统治者心中，如果有其他方法可以胜敌，就不欲多所杀伤，所以火器之罕用也。② 其实这仅是一种理想，至少民间不曾有过。《广东新语》提到粤人善鸟枪，尤其是山县民儿十岁就开始训练。③“山县”指的就是粤东客家人，他们在移民台湾后，应也把这套技术给传过来。康熙六十年（1721）朱一贵事件前的一段记录，可知当时台地百姓取得火药之容易，例如：安平水师营兵丁窃卖火药，东窗事发后有司竟不闻问。尔后朱案爆发，朱阵营也不是揭竿而起。更有一则故事叙述朱一贵未举事前，在其巢穴中已是“刀枪森列”蓄势待发的状态。④

至于在熟番方面，除了凤山八社专以耕种外，其余各番以射飞逐走殪獐杀鹿为事，所需铁器都透过社商取得。⑤ 番俗能使标枪，枪身长约四五尺，取物于百步内，发无不中。弓则以竹制成，以麻为弦，矢极为锐利但没有翎毛。⑥《凤山县志》、《诸罗县志》对南北路熟番的武器描述更为详尽。对于前者，所执镖枪长五尺许，取物于百步之内；枪镞铁齿，倒勾个字，活入杆中。弓用坚劲之竹为之，而密扎藤于竹上，不用筋角胶漆；以麻绳或苎绳为弦，渍以鹿血坚韧甚于丝。箭取坚直小竹为之，羽括四面密缠以丝，不需胶漆；镞则自炼铁以制，薄而尖小，铦利穿骨。短刀长止尺许，或齐头，或尖叶，快不可当。番男女出门，以木鞘韬之，横系于背之腰间。⑦ 对于后者，镖枪、短刀、弓与箭身作法相同，只是弓身缠藤染茜草使之变红，而生番的弓是用韧木制成。但北路熟番箭镞稍有花样，有长至四寸许如枪舌，并且他们还刳木为牌，高齐膺，阔二尺许；取木之最坚者为之，内凹外凸，或黑白相亚。⑧

上文有几个重点值得注意：其一，到目前为止生、熟番还没有使用火器

---

① 洪安全主编，《清宫宫中档奏折台湾史料（一）》（台北：故宫博物院，2001年11月），页54。

② 徐凌霄、徐一士，《凌霄一士随笔（一）》（太原：山西古籍出版社，1997年7月），页260。

③ 屈大均，《广东新语》（北京：中华书局，1997年12月二刷），页441。

④ 蓝鼎元，《平台纪略》，台湾银行文献丛刊第一四种，1958年4月，页5～6。

⑤ 蒋毓英，《台湾府志》（北京：中华书局，1985年5月），页102～103。

⑥ 吴振臣，《闽游偶记》；摘自诸家，《台湾舆地汇钞》，台湾银行文献丛刊第二一六种，1965年9月，页21。

⑦ 陈文达，《凤山县志》，台湾银行文献丛刊第一二四种，1961年11月，页82～84。

⑧ 周锺瑄，《诸罗县志》，台湾银行文献丛刊第一四一种，1962年12月，页162。

的记载。其二，在箭身的制作上明显受到汉人的影响，从无箭翎到懂得使用箭翎，让箭矢射出时能更稳定。其三，男女熟番外出皆配刀，可见得武器的普及性相当高。其四，南北路熟番都可以自制箭镞，展现出铁制武器自制的能力。其五，北路熟番懂得使用盾，在作战上比南路熟番更胜一筹。总之虽有法律限制铁的输台，但必须注意到走私的问题，否则无法解释台湾官、番、民，为何能各自拥有武器做后盾。当然这对统治者说相当不利，如何改变此局势成为清廷首要解决之道。

雍正六年（1728）朝廷复准商船、渔船不许携带枪炮器械，但驶往东洋、南洋的大船，准许携带至多8支鸟枪、10把腰刀、10副弓箭以及20斤火药。雍正八年（1730）再规定驶往东洋、南洋的大船，可携带至多2门炮位，30斤火药。造炮时呈明地方官，给予印票赴官局制造。完日由地方官检视，须錾凿某县、某人姓名、某年月日制造字样；并且于照内注明所带炮之轻重大小，以备海关及守口员弁查验。回日缴官贮库，开船再行请领。倘本船遭风，炮位沉失，即向所在地方官报明，免其治罪。① 这两则规定符合情理，但也让有心者可钻其漏洞。台湾的海外贸易一向发达，驶往东洋、南洋不乏其船，合理的推测有遵守规定者，亦有夹带走私军器者。

雍正九年（1731）广东布政使杨永斌奏准严禁铁器出洋。所谓的铁器指称的范围更广，包括铁锅在内都涵盖。② 这事虽是粤省藩司的建议，但沿海各省依情况适用。例如：雍正十一年（1733）船商陈秦使贩铁出洋，遭到闽水师拦截，旋由闽督郝玉麟、闽抚赵国麟上奏，准其通行严禁。③ 二年之后更有严格的铁禁规定，福建按察使觉罗伦达礼上奏，请把船桅用铁箍照例编记，而废铁、铁锅与钉铁一律不许潜出海洋。④ 雍正朝对出洋铁器的规范，充分显示出官方有着莫名的、未雨绸缪的心态。奇怪的是截至目前，对台输铁的数额早有限制，但仍没有制定台湾铁禁的专例。不把它列入《则例》，应该希望统治之道带点弹性有关。

在绿营武器使用方面，雍正五年（1727）朝廷议准沿海各省，每一千名兵丁配置400杆鸟枪。嗣后据福建陆路提督石云议复，闽省各营每兵千名划分成二十队：弓箭马兵四队、弓箭步兵二队、鸟枪兵十队、炮兵一队、藤牌兵一队、长枪兵一队、大刀兵一队。⑤ 如此的编制，也连带使得军器供应

---

① 不著编人，《兵部则例□□卷·海禁》，清乾隆内（务）府抄本，北京国家图书馆藏。

② 印鸾章，《清鉴》（北京：中国书店，1985年3月），页357。

③ 王之春著，赵春晨点校，《清朝柔远记》（北京：中华书局，2000年4月二刷），页86～87。

④ 中国第一历史档案馆编，《雍正朝汉文朱批奏折汇编（第二十八册）》（上海：江苏古籍出版社，1991年3月），页695～696。

⑤ 陈寿祺，《福建通志台湾府》，台湾银行文献丛刊第八四种，1960年8月，页306。

上了轨道。台湾绿营按规定也要比照办理，不过有一个原因使得他们需要多点时间调整。因为该营的组成是由福建内地各营散兵抽调，这些台湾班兵是随身携带自己的武器抵台。所以台湾绿营兵丁的武器，没有像内地各营那么“规格化”。① 再加上各处营伍所习武艺、所用器械操演队伍，向来无定例。全由武弁到任后，投其所好或以熟悉者操练，难免以偏概全。② 雍正八年（1730）的上谕更道出其中的原委，原来弁兵使用的武器，都是各人按编制自己花费打制。以往的经验发现这些武器易受破坏，然将内地精良武器交给台军亦非善策。因此世宗下令动用盐课盈余，为全台一万名弁兵打造新的武器。透过福建总督史贻直的回奏，得知这些新武器包括：1600 杆鸟枪、500 副弓箭撒袋，以及藤牌、牌刀、大刀、腰刀、长枪、铁棉盔甲、旗帜若干。③ 这些拨交的武器不再存库，即交由班兵持续使用。尔后换班时，督、抚须在之前就要查验军器；俟兵丁抵台之日，巡台御史会同台湾镇总兵官再查验点收。如有不堪使用者，巡台御史即刻据实题参。④

上文对绿营军器的陈述，应该已经可以发现一个特点，那就是武器的种类繁多。绿营不愧为一支职业军队，为了应付各种战术队形，以及不同战况，在传统的刀剑上谋思改进。例如：属于长枪者，就发展出 11 种不同枪头的造型。属于大刀者，发展出 17 种长短不同刀刃的造型。属于箭镞者，也发展出 25 种不同镞头的造型。再加上镋、叉、钯、挽等特殊兵器，充分展现出其专业性。⑤ 相较于绿营的专业，长于射飞逐走的台湾生、熟番，其武器是否有所变化？雍正元年（1723）首任巡台汉御史黄叔璥有详细的记录。他对诸罗山等社的观察是弓箭如前述，但镖锋长二寸许有双钩，以长绳系之用时始置于前端。遇鹿麑一发即及，虽奔逸而绳挂于树终能捕获。大武郡等社社番出入必配小刀。凤山八社康熙时没有执盾的描述，但现有以坚木为牌，牌面绘画云鸟以蔽身。傀儡生番的武装是腰配短刀，手执镖槊、竹箭、木牌等械。下瑯峤十八社生番则是与汉人交易铁器、火药，作为捕鹿的工具。整体来说黄氏认为番人所用，镖枪最利；竹弓、竹箭虽不甚竞，但射

---

① 洪安全主编，《清宫宫中档奏折台湾史料（三）》（台北：故宫博物院，2001 年 11 月），页 1659 ~ 1660。

② 中国第一历史档案馆编，《雍正朝汉文谕旨汇编（七）》（桂林：广西师范大学出版社，1999 年 3 月），页 87。

③ 洪安全主编，《清宫宫中档奏折台湾史料（四）》（台北：故宫博物院，2001 年 11 月），页 2263 ~ 2268。

④ 中国第一历史档案馆编，《雍正朝汉文谕旨汇编（五）》（桂林：广西师范大学出版社，1999 年 3 月），页 35；刘良璧，《重修福建台湾府志》，台湾银行文献丛刊第七四种，1961 年 3 月，页 24。

⑤ 刘旭，《中国古代兵器图册》（北京：北京图书馆出版社，1999 年 7 月二刷），页 26、38 ~ 40、62、77 ~ 79、152 ~ 154。

飞逐走发无不中。①

另外生、熟番对火器的使用，仍不在黄氏的记录中。甚至于雍正六年（1728）台湾镇总兵官王郡在奏报中，还乐观地指出生番所惧者唯枪与炮。②然如此的看法很快就要改观。隔年巡台御史赫硕色、夏之芳回奏时，声称汉人私越番界，除了将盐铁贩卖生番外，还教习他们使用鸟枪、火药，这对官方而言不啻为一大震撼。③ 那么熟番是否也跟着学会使用火器的技术呢？答案应该也是。雍正九、十年（1731～1732）发生在台湾中部的熟番动乱事件，官军在平乱过程中掳获不少战利品，它们包括：弓186张、有镞之箭1860支、无镞之箭2000余支、撒袋52副、大镖枪60杆、小镖枪123杆、腰刀6口、鹿枪2杆。由于镖枪已经提到过了，所以“鹿枪”应指的就是火铳。④ 这些武器的数量令人瞠目，它反映出两项事实：其一，不管是禁铁出洋、或是输铁受限，其不便并未立刻影响台湾；因此让熟番们可以囤积不少铁器，充做举事之用。其二，虽然熟番的冶铁技术不如汉人，但可以雇用汉人铁匠为他们打造武器。⑤

不仅番人有办法掌握用铁，汉人与之相比亦不遑多让。雍正六年（1728）诸罗父母会成立，该会党即请铁匠打造军器，共制作大旗2面、长枪40杆。⑥ 雍正十年（1732）的吴福生事件，官军在凤山县亦掳获旗帜、战鼓、刀枪数十件、竹篙枪110支。⑦ 另外硝磺的管制又如何呢？笔者遍寻户、兵、刑部则例，仍未发现此时有封禁台湾硫磺的专例。不过有两条法律，台湾日后应也一体适用：其一，雍正六年议准“失察矿徒”之罪，规定失于查缉以致矿徒聚众潜匿地方，从将军、督抚以致地方官员皆按律治罪。⑧ 其二，雍正十年议准山东、山西、河南省的硝磺，有敢私行贩卖者，不论出产或经过地方，失察之专汛官照失察小伙私盐例议处。对于前者，“失察矿徒”并没有规定聚众几名以上，才达到治罪的标准，无异给了官员量刑的空间；对于后者，虽取缔私贩暂不包括台湾，但是淡北的磺矿不会处

① 黄叔璥，《台海使槎录》，台湾银行文献丛刊第四种，1957年11月，页102、105、137、146、153、158、162。

② 《清宫宫中档奏折台湾史料（三）》，页1670～1671。

③ 《清宫宫中档奏折台湾史料（三）》，页1925～1926。

④ 《清宫宫中档奏折台湾史料（四）》，页2754～2756。

⑤ 中国第一历史档案馆编，《雍正朝汉文朱批奏折汇编（第二十三册）》（上海：江苏古籍出版社，1991年3月），页446。

⑥ 《清宫宫中档奏折台湾史料（三）》，页1575～1576。

⑦ 《清宫宫中档奏折台湾史料（四）》，页2820～2821。

⑧ 董公振，《钱谷刑名便览》；摘自四库未收书辑刊编纂委员会编，《四库未收书辑刊（二辑·二十六册）》（北京：北京出版社，2000年1月），页123。

于长期无人过问的状态。

有证据显示乾隆初期，清廷对台湾用铁的管制更严。乾隆三年（1738）浙江布政使张若震奏称沿海居民越海樵采煎盐，其斧斤、锅锄均属铁器难容下海，应请禁止。此事由台湾镇总兵官马骥复奏时，据悉已久经严禁，凡水师口岸各汛，对出入船只逐日查验有无铁器潜越。① 何谓“久经严禁”？乾隆十四年（1749）福州将军马尔拜的奏折道出了重点。原来他接掌闽海关以后，发现该年出口至台湾的铁锅、农具计有四万余件。复查历年福建销往台湾的铁器，少则三五万件，多则八九万件不等；每件重三四斤，或二三十斤不等，平均一年约计运至10万斤。② 10万斤铁换算后约有5吨重(1吨=2000斤)，对比福建每年约9072吨的铁产量，官方表面上还能控制销往台湾的铁数量。但走私的数量实不止于此。层出不穷的竖旗事件，均非拿着农具举事，可谓最好的旁证。

事实上跟内地其他地方相比，清廷对台湾管制的确多了点。例如：乾隆元年（1736）议准原本不许民间私制鸟枪，但顾及乡村僻远之处防虎、防盗，鸟枪在所必需，着各省督、抚确察各州、县内的确有需，照兵丁鸟枪式样制造。如非地方所需却有私藏、私售鸟枪者，其人责打四十大板、鸟枪入官。③ 这本是清廷对地方一体适用的美意，然隔年福建水师提督王郡陛见时，鉴于台湾番汉杂处情况特殊，奏准该例不适用于台湾；并且再严格管制硝磺、铅铁的使用。④ 乾隆三年（1738）闽浙总督郝玉麟再奏准，以省境泉州府、漳州府、永春州、龙岩州风俗强悍为由，与台湾一体严禁鸟枪。⑤ 王、郝的担心有其根据，先前处理台湾乱事的经验告诉他们，台湾移民多是这些府州的住民，此例一开恐将后患无穷。不过对于是否开放民间持有鸟枪一事，朝臣的意见也呈现两极。例如：乾隆四十年（1775）大学士舒赫德即奏请查禁鸟枪，但不获高宗同意。⑥ 只是屡传鸟枪伤人与私铸案件，迫使高宗也不得不考虑存废。乾隆四十六年（1781）仍然决定继续让民间持有鸟枪，然传谕从将军、督抚到州县各官，必须留心稽查、不动声色办理违例

---

① 台湾银行经济研究室编，《台案汇录丁集》，台湾银行文献丛刊第一七八种，1963年9月，页3。

② 国学文献馆主编，《台湾研究资料汇编（第一辑·第二十八册）》（台北：联经出版社，1993年9月），页11977~11982。

③ 不著编人，《兵部则例□□卷·军器》，清乾隆内（务）府抄本，北京国家图书馆藏。

④ 李桓编，《国朝耆献类征（167）》（台北：明文书局，1985年5月），页557~562。

⑤ 国学文献馆主编，《台湾研究资料汇编（第一辑·第二十五册）》（台北：联经出版社，1993年9月），页10667~10669。

⑥ 中国第一历史档案馆编，《乾隆朝上谕档（第七册）》（北京：档案出版社，1991年6月），页923~924。

之人。①

然官方对台湾铁器、军器管制如此严格，到底有无收到实效呢？答案还是没有。在林爽文案未爆发以前，官方所破获的不法案件中，就已透露了些许的警讯。例如：乾隆十六年（1751）彰化县武生李光显等，因故在下坪（南投县竹山镇）招集棍徒数十人，囤积武器准备在水沙连进行械斗。②乾隆四十八年（1783）诸罗知县冷震金拿获漳泉械斗中，漳籍移民私铸炮位的大案；并在大崎顶埕尾溪（台南县六甲乡）旁起出铁炮两门，据供称是由犁耙废铁铸成。③这两起个案除了显示走私铁、军器之易得，也间接说明硫磺取得并非难事。其实就如同走私铁器一样，淡北的硫磺官方自己不开采，但民间却私挖严重。私挖是否会触犯"失察矿徒"之罪，现存档案中还没有发现此案例。地方志列传中曾提到，乾隆初年有名黄典谟者，在淡水厅艋舺以贩卖硫磺、靛青为业。④黄氏的硫磺有可能采自岛内，也有可能自岛外进口，但说明了所谓硝磺管制应跟用铁一样，指的是对数量的限制而不是全面禁用。

硫磺在内地限制较为宽松，按旧例洋船不论进、出口，一律不准携带定例数量以外的硫磺。乾隆三十四年（1769）高宗发布上谕准许洋船回程时，可以携带硫磺压舱且数量不做限制。⑤这一则规定相当有趣，它跟开放民间持有鸟枪的心态互为表里，就是清廷在火器的使用上，有一定程度的自信；不管是品质还是数量，它都有把握取得压倒性的优势。尤其在台湾，民间的用铁、用硫，向来就被行政命令给限制住。以官方的立场而言，就算是番、民有私藏军器，但终究无法与官方相对抗。然而实情真是如此吗？

要解答此问题前，须先了解台湾绿营的火器施用情形如何。首先是在硫磺、硝石的供应来源上。对于前者，通过乾隆十三年（1748）福建巡抚潘思矩回奏知道，福建各营操演火药，每年以琉球国贡磺拨用。如遇不敷，之前曾有人建议可赴台湾淡水、鸡笼地方开采。然恐淡水孤悬海外、番民杂处，磺厂一开有可能聚匪滋事。因此还是免到淡水开采，至于不够用之硫磺，就由从琉球返国船只所携带余磺充数。对于后者，通过乾隆四十八年（1783）闽浙总督富勒浑奏准知道，福建各营操演硝斤，每年须赴山东采

---

① 中国第一历史档案馆编，《乾隆朝上谕档（第十册）》（北京：档案出版社，1991年6月），页873。

② 柯志明，《番头家——清代台湾族群政治与熟番地权》（台北："中央研究院"社会学研究所，2001年3月），页163。

③ 台湾银行经济研究室编，《台案汇录己集》，台湾银行文献丛刊第一九一种，1964年1月，页256～258。

④ 王月镜主修，《台北市志·人物志》（台北：台北市文献委员会，1988年9月），页74～75。

⑤ 中国第一历史档案馆编，《乾隆朝上谕档（第五册）》（北京：档案出版社，1991年6月），页725。

办，若有不足再至河南或湖北采办。①

其次是在火器的管理上。通过乾隆十七年（1752）闽浙总督喀尔吉善的奏报，得知台湾绿营所有炮位数量与部署的地点如下：台湾城守营共安设29个炮位，内锈坏1位应添铸。台湾水师协三营安放在安平、鹿耳门、大港、水仙宫、打狗、东港、茄藤、笨港、蚊港、鹿仔港、三林港、海丰港、水里港共44个炮位，内锈坏1位应添铸。南路营安放在凤山县城、凤弹、山猪毛口共8个炮位，内锈坏1位应添铸。北路协与淡水营安放在诸罗县城、石榴班、彰化县城、淡水、大鸡笼、八里坌、竹堑城、海口、中港、后垅、篷山、南嵌共65个炮位，内锈坏8位应添铸。总计全台共有146门火炮。② 虽然这些大炮以部署在港口居多，但必要也可以拆卸转向陆地轰击敌军。鸟枪没有数量上的统计，然同时期《则例》规定，倘年久失修不堪使用，该管官验看确实后准熔化成铁收贮，以备增造各项军器之用。③ 火药、铅子（弹）早有明令各营妥为收贮，每年操演出陈易新。至于枪炮、牌刀、盔甲、旗帜的制造，以往统一都在省城修造。乾隆十四年（1749）规定除福州外，于厦门、泉州、南澳、漳州、福宁各立一局，负责附近协营军器的修造。至于台湾绿营军械，系奏准动支盐羡轮年制换，例由理事同知制造交营。④

其三是在火铳的使用上。旧例兵丁打靶时所需的铅药、火绳，可由公费银动支；但此款项有固定数额，若兵丁操演生疏欲令多放数枪，费用之溢额必须由兵丁自付。乾隆十一年（1746）议准恐兵丁为此敷衍了事，明令嗣后打靶一概由公费支付，以便多为演习。⑤ 另外对于火铳射击演练，朝廷也很注意。以往绿营打靶时，多偏向齐射——九进十连环；然此射击精准度如何，实在让人怀疑。乾隆四十年（1775）高宗谕令射击次数可减至四进五连环，但着实要求施放火铳技术须更娴熟，以避免浪费铅药。⑥

在生、熟番武器使用方面，官方对台湾限制用铁、用磺的措施，连带也会影响到他们。但实际情况并非想象的严重。被番界阻隔的生番，久居于山中看似无法得到接济。然前文已提到台闽走私磺铁风气之盛，汉移民可把到手的磺铁，再进行第二次走私——潜越番界。所以只要生番有足够的物品能

---

① 不著编人，《清实录－高宗纯皇帝实录（一二）》（北京：中华书局，1985年11月），页226；《清实录－高宗纯皇帝实录（二三）》，页758。

② 乾隆朝汉文录副（军机处录副），档号：0462，微缩号：031－1851，中国第一历史档案馆藏。

③ 不著编人，《兵部则例□□卷·军器》，清乾隆内（务）府抄本，北京国家图书馆藏。

④ 《清实录－高宗纯皇帝实录（一二）》，页427。

⑤ 不著编人，《兵部则例□□卷·军器》，清乾隆内（务）府抄本，北京国家图书馆藏。

⑥ 中国第一历史档案馆编，《乾隆朝上谕档（第八册）》（北京：档案出版社，1991年6月），页98。

与汉人交易，持续性的供给铁器、火药均不成问题。乾隆二十九年（1764）重修的《凤山县志》记载，瑯峤山番与汉人交流铁器、火药，虽多价亦不惜也。① 时人描述他们的武装情况，提到箭镞恒以铁为之。虽然没有再深入说明是生番自己冶铁打制，还是与汉人交易购得，但箭镞属于大量耗铁的武器，间接证实生番用铁量也不小。②

至于熟番的情形，同一时期对他们的描述，几乎与康、雍朝相同；弓矢、镖枪、大刀、小刀、盾牌的配备自不在话下。③ 但有一点必须厘清的是，汉人被严格管制军器的使用，怎么熟番却可以拥有种类繁多的武器呢？再仔细查看《则例》规定的事项，除非另订专例，不然所有的限制都是针对民人（汉人）。这就彰显出清廷对统治之道的二面手法，对于人口数量占多数的民人小心防范，但对番人（也包括内地少数民族）准予施给小惠以示笼络。不过对于持有鸟枪一事，熟番跟汉人同样受到限制。例如：乾隆二十四、三十四年（1759/1769）彰化县猫雾拺巡检，即饬令社差偕同岸里社通、土，前往番社严加访查私藏鸟枪者。④ 限制番汉使用火器对清廷来说相当重要，虽然不能做到滴水不漏的管制，但官方终究还能取得数量上的优势，这对于镇压民变也将引起决定性的作用。

乾隆五十一年至五十三年发生的林爽文事件，能够历时年余且让高宗发大兵进剿列为十全武功之一，本身即存有相当多的原因（参阅四章一节）。本书认为其中有一个重点，之前却少有人注意——即林阵营的武力是由刀剑弓矢等构筑出。这让他在乱初进行偷袭战、遭遇战、野战时能有所发挥。然而当官军死守住重要的据点，准备进行阵地战时，林阵营因为缺乏大量的火器（尤其是大炮），迫使它不能做有效的攻城。攻势的迟滞让林爽文逐渐陷入不利的状态，清廷了解到敌消我长的情势后，逐一从内地支援更多的火器、火药，终能做全面性的压制而敉平乱事。现在要问的是清廷在平乱的过程中，付出多少代价呢？其一，以硝石的数量来说，总数至少达 796000 余斤。原本闽省采买硝石都在冬天办理，为了应付军需从乾隆五十二年五月

---

① 王瑛曾，《重修凤山县志》，台湾银行文献丛刊第一四六种，1962 年 12 月，页 77。

② 邝其照，《台湾番社考》；摘自诸家，《台湾舆地汇钞》，台湾银行文献丛刊第二一六种，1965 年 9 月，页 35。

③ 六十七，《番社采风图考》，台湾银行文献丛刊第九〇种，1961 年 1 月，页 93；朱仕玠，《小琉球漫志》，台湾银行文献丛刊第三种，1957 年 12 月，页 99；朱景英，《海东札记》，台湾银行文献丛刊第一九种，1958 年 10 月，页 61。

④ 岸里大社文书出版编辑委员会，《台湾大学藏岸里大社文书（三）》（台北：台湾大学，1998 年 3 月），页 1078。

（1787.6）开始，指派委员分赴山东、湖南、湖北赶办。① 山东巡抚觉罗长麟全力配合，向来十个月的办理时间，它奏准可以先把煎制好的半数硝石，先通过大运河辗转运抵福建。② 尔后陆续有追加硝石的要求，长麟亦能赶办完成，并在冬天运河结冰之期征调挑夫南运。③ 其二，以硫磺的数量来说，总数至少达82500余斤，分别在湖南、江西采办。④ 其三，以鸟枪的数量来说，根据乾隆五十二年七月（1787.8）闽浙总督李侍尧的奏报，官军拥有鸟枪的总数，包括可用、损坏再修造、战斗遗失等至少有8468杆。⑤ 其四，不见于文字史料，但被绘于御制《平定台湾得胜图》的战争场面。在钦差大臣福康安指挥的几场关键战役，如：大埔林交战、斗六门交锋、斗六门攻克、大里杙攻坚、大里杙破巢，只见官军施放火器把林阵营轰击的溃不成军，证实了战争末期火炮确实是官军致胜的关键。⑥

林爽文对于自身欠缺火器的劣势不是不知，但毕竟这些武器长期被官方管制，短时间内难以大量取得。而且就算是获得，如何教导手下熟练火器作战也是难题。所以从乾隆五十二年八月（1787.9）开始，清廷陆续获得的情报，知道林阵营少量的火药即将用罄，仅有的鸟枪快要失去威力。⑦ 同时也知道他们急着派人前往北部与生番私换硫磺，或冒险径自前往大屯山私挖硫磺，或用墙上年久石灰煎煮成硝，准备做最后的困兽之斗。⑧ 持平而论清廷对台湾的磺、铁管制是失败的，所以林爽文才能在大里杙召集人马私制旗帜、器械；但是对火器的管制却很成功，所以林爽文有足够的刀剑兵器举事，到底还是敌不过官军使用火器反攻。⑨

事后清廷全面检讨台湾的军器、用磺管制政策。对于前者，乾隆五十三年四月（1788.5）福康安首先回奏收缴义民器械的情况。根据台湾道万钟杰禀报，已收过刀矛竹枪5975件；又据台湾知县王露禀报，已收过器械2523件。全数交由台湾府销毁改铸农具，并严行出示晓谕铁匠、铺户，禁止打造

---

① 高宗敕撰，《钦定平定台湾纪略》，台湾银行文献丛刊第一〇二种，1961年6月，页333。

② 中国第一历史档案馆、中国人民大学清史研究所合编，《天地会（三）》（北京：中国人民大学出版社，1982年12月），页21～22。

③ 中国第一历史档案馆、中国人民大学清史研究所合编，《天地会（四）》（北京：中国人民大学出版社，1983年3月），页209～210。

④《钦定平定台湾纪略》，页357；《天地会（四）》，页148～149。

⑤《天地会（三）》，页51。

⑥《钦定平定台湾纪略》，前页铜版照片。

⑦《天地会（三）》，页249、358。

⑧《钦定平定台湾纪略》，页966；《天地会（三）》，页314。

⑨ 洪安全主编，《清宫谕旨档台湾史料（一）》（台北：故宫博物院，1996年10月），页381。

刀矛等项军器；如有私藏、私造者，即照违禁打造军器例加等治罪。① 不过这只是战时的权宜，真正涉及法令的修改，还在于同年六月由大学士阿桂等提出的复议。其内容指出内地应禁的军器仅有鸟枪与炮位，弓箭腰刀等项顾及防盗之用原所不禁。台湾之前没有严定章程，所以刀矛枪炮等物多私自藏蓄。所以商旅往来，皆携带器械自卫；而盗贼假托行凶，亦执械混入其中无人盘诘。现在明白规定除了熟番、屯丁应用器械，以及民间菜刀、农具外，其余如：弓箭、腰刀、大刀、半截刀、标枪、长矛之类一概禁止。② 同年十一月福建巡抚徐嗣曾认真办理，并依据台湾知府杨廷理的册报，得知已收缴义民、敌军所有器械，包括：大小炮 462 位、鸟枪 864 杆、刀矛钩 35155 件。之后淡水厅再缴出义民自铸九节炮 223 门，合计共有 685 门炮全部署在各营盘、海口与城厢。③ 再根据私家记载，官方收缴民间的器械并非无偿，亦计所缴多寡给赏、叙职有差。④ 台湾管制用铁、严禁鸟枪与刀械的法令，就由废掉巡台御史而代替其职的闽省大员，在巡视台湾时负责查办。⑤ 另外添设铸户，满足民生用铁所需也有办理。例如：乾隆五十五年（1790）以前竹堑并无领有执照的铸户，以后允许设立一家。⑥

对于后者，乾隆五十三年六月（1788.7）福康安回奏时，首次提到台湾硫磺的问题。当时高宗的回应是，汀州府上杭县硫矿已足够各营所需，所以台湾淡水磺山自不必复行开采。⑦ 何谓“复行开采”？这一段话相当模棱两可，因为可以解释成淡水磺山现没有开采，所以不需要启用与上杭硫矿对立。也可以解释为淡水磺山现有开采，但因上杭硫矿已经量产，所以不需要重复开采。隔年高宗谕示军机大臣，终于说出了真相。他提到：“台湾淡水地方土产硫磺，向禁人民私采，从前未能禁绝，今磺山地方已据福康安奏明封禁，并于石门（台北县石门乡）要路添设汛兵防守。”⑧ 用硫的管制前文已经提及，淡水硫磺“向禁人民私采”，可以追溯至乾隆十三年（1748）有

---

① 《钦定平定台湾纪略》，页 941。

② 台湾银行经济研究室编，《台案汇录庚集》，台湾银行文献丛刊第二〇〇种，1964 年 8 月，页 154、159～160。

③ 《台案汇录庚集》，页 210～211。

④ 黄继光、耿莽，《婆娑洋杂咏》；摘自刘如仲、苗学孟编，《台湾林爽文起义资料选编》（福州：福建人民出版社，1984 年 3 月），页 203～204。

⑤ 中国第一历史档案馆、中国人民大学清史研究所合编，《天地会（五）》（北京：中国人民大学出版社，1986 年 5 月），页 27～28。

⑥ 林玉茹，《清代竹堑地区的在地商人及其活动网络》（台北：联经出版事业公司，2000 年 5 月），页 107。

⑦ 《天地会（五）》，页 110。

⑧ 《清实录－高宗纯皇帝实录（二五）》，页 855～856。

"免到淡水开采"一语。然真正出现"封禁"的字眼，实从乾隆五十三年才开始。封禁后的磺山仍不能阻止私挖的行动，同年八月淡水营都司林登云，即带领兵役在八里坌拿获福建走私船只，并在船上搜出私盐三十余担，以及与当地人交易的五百余斤硫磺。① 乾隆五十五年六月（1790. 7）台湾镇总兵官奎林回奏，又拿获私卖火药之人；高宗对此十分震怒，谕令接替奎林的哈当阿，抵台之后务必严办。② 不过要如何严办呢？乾隆五十三年（1788）编修的《则例》从严规定：奸商于逆贼接壤处所，将硫磺、焰硝等物贩卖与贼，该管官员知情故纵，以同谋论处斩。其不知情者州、县官，革职提问；道、府降五级调用；督、抚降二级留任。③

林案结束以后，熟番的地位可谓水涨船高。除了免去一切徭役，专任传递公文之外（参阅第二章第二节），最不同于以往之处，就是官府允许他们使用火器。其实在乾隆五十二年十一月（1787. 12），就有岸里社丁向番义首潘士兴、潘明慈，领到火药十斤的记录。④ 日治学者伊能嘉矩的研究，更进一步指出岸里社精于鸟铳射击，在跟随官兵敉平林案时于屡奏奇功。⑤ 由于林爽文事件发生前，熟番跟汉人一样不准使用火器，所以他们一定是在平定林案时才学习。尔后因番屯成立所需，熟番武器使用的规定益加放宽。官方为顾及各个番丁熟练武器有别，所以在编制上并不硬性规定有如绿营一般，几队马兵、弓箭兵、藤牌兵、鸟枪兵等，而是让他们自由选择熟悉的武器入伍。除选择鸟枪者，按规定要做枪支编号外，其余武器如同往例不必编号，只要在定期点检时出示稽考则可。⑥

绿营对于军器的整顿，也让人有耳目一新的感觉出现。乾隆五十四年（1789）闽浙总督觉罗伍拉纳奏准制造鸟枪16000余杆，以及刀枪藤牌两三千件。⑦ 乾隆五十五年（1890）工部奏准，嗣后鸟枪所用火绳一律以麻绳点燃，毋许偷换纸绳。⑧ 该命令以上谕形式发布，福建办理的状况为何呢？觉

① 《台案汇录己集》，页332～338。

② 洪安全主编，《清宫谕旨档台湾史料（二）》（台北：故宫博物院，1996年10月），页1580；洪安全主编，《清宫廷寄档台湾史料（一）》（台北：故宫博物院，1998年10月），页324～325。

③ 沈书城，《则例便览》；摘自四库未收书辑刊编纂委员会编，《四库未收书辑刊（二辑·二十七册）》（北京：北京出版社，2000年1月），页313。

④ 岸里大社文书出版编辑委员会，《台湾大学藏岸里大社文书（二）》（台北：台湾大学，1998年3月），页814。

⑤ 伊能嘉矩，《台湾屯田兵关奏议案意译》，伊能文库手稿及抄写，编号：M008，台湾大学图书馆藏。

⑥ 台湾银行经济研究室编，《台案汇录甲集》，台湾银行文献丛刊第三一种，1959年1月，页13、25、33、45。

⑦ 《台案汇录庚集》，页266～267。

⑧ 佚名，《福建政事录·武职各官事例》，清（道光九年）蓝丝栏钞本，北京国家图书馆分馆藏。

罗伍拉纳回奏闽省操演火枪，其火绳向由兵丁自备。火绳除了黄麻捶练成选外，亦可用竹节丝与红色树根捶练成选。① 朝廷规定火绳使用麻绳，主要原因是考虑雨天射击的效果。以纸绳代燃虽然成本低廉且点火容易，但一遇下雨就完全失去作用。伍拉纳对此还颇为留心，至少在连续两年的奏报中，对于火枪用麻绳的规定不时抽验。② 另外昔日的重要的军需——铁盔、铁甲，现在也渐渐失去重要性。肇因于火器的发达，盔甲不一定能防身，且作战厮杀时必难于转动。所以乾隆五十六年（1791）以后，盔甲修造不定年限，也可借此绝营伍开销浮滥之弊。③

台湾所需的磺铁，在乾隆末期极为严格的管制下，早已变得奇货可居。所以走私偷越的情况益更加严重。嘉庆元年（1796）甫即位的仁宗，鉴于洋匪势大猖獗，遂命令沿海各省督、抚，必须一体查禁私贩之硝磺。④ 嘉庆四年（1799）福建巡抚汪志伊的《筹议海防事宜》，透露出闽省营伍硝、磺使用情况。原来为了防乱，省境三大磺产区——延平府上杭县郭车乡、福宁府宁德县火夹山、台湾府淡水厅磺山全部封禁。所需用硝取自山东，所需用硫取自湖南。⑤ 嘉庆八年（1803）南投县丞翟灏还曾记录，淡水之金包里磺山已封禁多年。⑥ 表面上官府仍实力奉行上谕，然而私底下的情况如何呢？

仁宗的态度这对活跃于台闽的私枭来说，可说是一个不好的消息。不过自然有他们的生存之道，那就是把共犯结构延伸到军中。这条网络是绿营兵丁先偷卖火药给民人，民人再转手给洋匪。⑦ 以当时头号大海盗蔡牵为例，官府估计所属的八九十艘船只，每艘携带火药一二百斤，总计不下一万数千斤，多半是从前述的管道供应。⑧ 大抵从嘉庆十年（1805）以来，福建绿营的火药已有两三年没有发给。闽抚李殿图的理由是山东的硝矿已经枯竭，所以领运来迟；现已跟自上杭开采的磺矿，赶配做火药二十余万斤。⑨ 这其实是一件令人匪夷所思的事情，不料嘉庆十三年九月（1808.10）福建陆路提

---

① 乾隆朝汉文录副（军机处录副），档号：0514－048，微缩号：035－2320，中国第一历史档案馆藏。

② 乾隆朝汉文录副（军机处录副），档号：0516，微缩号：036；同前注，档号：0515，微缩号：036－0028，中国第一历史档案馆藏。

③ 中国第一历史档案馆编，《乾隆朝上谕档（第十六册）》（北京：档案出版社，1991 年 6 月），页 589。

④ 中国第一历史档案馆编，《嘉庆道光两朝上谕档（一）》（桂林：广西师范大学出版社，2000 年 11 月），页 95。

⑤ 佚名编，《嘉庆年奏稿》，清朱丝栏钞本，北京国家图书馆分馆藏。

⑥ 翟灏，《台阳笔记》，台湾银行文献丛刊第二〇种，1958 年 5 月，页 15。

⑦ 洪安全主编，《清宫廷寄档台湾史料（二）》（台北：故宫博物院，1998 年 10 月），页 998。

⑧ 洪安全主编，《清宫谕旨档台湾史料（三）》（台北：故宫博物院，1996 年 10 月），页 2599。

⑨ 《清宫谕旨档台湾史料（三）》，页 2459～2461、2589。

督许松年，在金门洋面拿获一艘自台湾航行而来的走私船，并在船上起获硫磺七千余斤。① 此事当属非同小可，因为它表示淡北磺禁遭到突破，使得海盗在官民勾结的管道外，又可以联络到私挖磺山者取货。同年十二月官方认真检讨闽省采买、运送、贮存等各环节的流弊，并在嘉庆十四年二月（1809.3）由闽督阿林保、闽抚张师诚重新具奏。②

不同台湾硫磺是走私出口，铁则是走私进口。嘉庆二年（1797）拿获漳浦县民蓝三世走私铁锅渡台，经过审讯透露出当时台湾进口铁锅的规定。原来台地仍遵行雍正朝留下来的旧例，准许商民请领（台湾）府、（海防）厅印照，每年前去内地购买两次，每次大小总以9000口铁锅为率。返台时指定由厦门汛文武口查验，抵台亦需由鹿耳门汛口盘验相符方准售卖。蓝氏这次走私被起出2650余口铁锅、560余斤铁钉，被视为罪行重大遂被判刑绞决。③ 嘉庆十三年（1808）《福建省例》对通省用铁有更详细的规定。闽省铁禁有二，一曰内禁，二曰外禁。内禁者，延平、建宁、邵武、汀州府属不近海之地，宜禁私铁以清其源；外禁者，福宁、福州、兴化、漳州、泉州府属近海之地，宜禁私通以绝其流。可见得福建通省各府，均有用铁的管制。闽浙总督阿林保制定更详尽的规定，包括：清产铁地方之弊、清经过地方之弊、清卖铁地方之弊、清过关地方之弊、清近海地方之弊。台湾铁禁虽一开始没有提及，但在之后被列入与福州等五府同等，属于禁私通以杜偷漏之地。④ 同年为了把噶玛兰新并入版图，福州将军赛冲阿酌定噶玛兰厅章程，关于用铁的规定就是遵照《省例》内容而做。系在三貂隘口严密稽查，防止番民将铁斤、军器带入；猎具、农具及巡常刀械，令其编号报官以防微杜渐。⑤ 嘉庆十九年（1814）官方又把管制的触角深向废铁，并规定贩运废铁五百斤以上，即赴地方官请领印照。若无照贩运，废铁数达五百斤之上者以私铁论。⑥

道光朝台湾发生了两次重大的战事，一次是对内，平定了素有台湾史上五大乱之四的张丙事件；一次是对外，因鸦片战争而抵御英军来袭。这两起

① 中国第一历史档案馆编，《嘉庆道光两朝上谕档（十三）》（桂林：广西师范大学出版社，2000年11月），页545～546。

② 洪安全主编，《清宫谕旨档台湾史料（四）》（台北：故宫博物院，1997年10月），页2864～2865；《清宫廷寄档台湾史料（二）》，页1007。

③ 《清宫廷寄档台湾史料（一）》，页447；台湾银行经济研究室编，《台案汇录丙集》，台湾银行文献丛刊第一七六种，1963年11月，页280～281。

④ 佚名，《福建省例》，台湾银行文献丛刊第一九九种，1964年6月，页595～601。

⑤ 廖风德，《清代之噶玛兰》（台北：正中书局，1994年11月二刷），页120。

⑥ 清人佚名编，《清代奏稿》，清钞本，北京国家图书馆分馆藏。

战事都能检验官方军器使用、维护的状况。道光三年（1823）台湾知县姚莹提到，当时班兵戍台仍维持旧例，除了炮位、铅药外，旧武器均由各兵自己携带过台。新器械则由省局制造，再派参、游解运来台。然根据姚氏的观察，这些新器械的品质十分有问题，不是刀刃太薄，就是藤牌太小，不然就是鸟枪太短，炮位掺沙易于膛炸。① 他认为这样武器供应来源太过复杂，因此建议统筹台湾绿营所用的武器，计算实数若干以资分给，做到军实宜简的要求。② 姚莹没有再进一步说明，如何让武器供应来源不会太过复杂；但仍无损于大局的发展，因为他的建议也没被采纳。道光十二年（1832）张案发生，闽浙总督程祖洛急调浙江、江西火药共10万斤，枪铅子共2万斤，劈山炮铅子共1万斤援台。这样的情况好比林爽文事件翻版一般，福建方面因采办山东硝石不及，又煎煮上杭开采硫磺未成，不得已向邻省乞援。③

铅药因战况紧急，恐一时乏用遂大规模征调，实属情有可原。不过这一次的教训，终于让清廷决心整顿对台军器的供应。程氏在善后的条奏中指出，台湾绿营武器的修造，向由省城委派文员办任；但文员不知兵事，每被工匠所欺。现奏准嗣后修造台湾军械，责成水师提督于将备中选责可靠之人监造。事成后由提督会同兴泉永道试验，通过者再派员把这些新武器，运至搭载班兵渡台的哨船，一起送往台湾。然抵台后需再经台湾镇、道详验，若查出偷工减料之弊，即回禀总督参劾有司。④ 同一时期的地方志，分别记载着台湾绿营使用军器、铅药的数目，有助于我们了解个中情况。

在北路协中营方面，编制有兵丁1224名，配给武器包括：行营炮11尊、母子炮15尊、劈山炮2位、荡寇炮2位、铣贡炮11尊、大小铁炮子187个、母子炮子180个、大小窝蜂子270觔、大小铁子7500斤。备贮三年火药7203斤，备贮三年铅子2874斤。以上铅药给兵操演，次年再赴司领回制炼。弓箭263副、鸟枪762杆、藤牌209面、双手带刀50把、腰刀1087口、战箭9450支。在台湾水师协左营方面，编制有兵丁733名，配给武器包括：大铣贡炮24位、中铣贡炮11位、百子炮40位、母子炮10尊、行营炮4尊、大炮子870出、小炮子300个、窝蜂子700斤、中炮子400出、群子4400出、铣铁子5992斤。弓箭148副、鸟枪418杆、腰刀594口、战箭5290支，藤牌100面，牌刀100口，以上由班兵移防时带。营库自贮藤牌

① 姚莹，《东槎纪略》，台湾银行文献丛刊第七种，1957年11月，页98~100。

② 姚莹，《中复堂全集（东溟文外集）》（台北：文海出版社，1983年10月），页201。

③ 洪安全主编，《清宫谕旨档台湾史料（五）》（台北：故宫博物院，1997年10月），页3646~3647。

④ 台湾银行经济研究室编，《台案汇录甲集》，台湾银行文献丛刊第三一种，1959年1月，页118。

50面、牌刀50口、双手带刀50把、长枪32支。① 在噶玛兰营方面，编制有兵丁685名，配给武器包括：炮位12座，年用火药千余斤、铅子年用二百余斤。弓箭、鸟枪、大炮、藤牌皆戍兵随班换到，毋庸定限修造。②

上述绿营的武器，其实装备还算坚实，以单兵攻击武器来说，鸟枪与弓箭占有相当高的比例。火炮的种类也很多，表示可以应付不同的战况。一些史料显示道光中期，清廷对火炮比以往更加重视。例如：道光十七年（1837）闽浙总督钟祥饬令台湾知府熊一本，命他分往各炮台稽查各炮位有无锈蚀。现仅存艋舺营调查资料，其所属22座火炮均在嘉庆十九年（1814）铸造，该管声称“足额坚固”。③ 道光十八年（1838）福建巡抚魏元烺独尊炮阵，他自创一套步、炮、马兵，接以鸟枪、弓箭、刀矛的阵式，此法奏准后实施。④ 这一些努力，如果用来对付番民举事，实在绰绰有余；不过现在清廷遇到的对手，只有那些被统治者而已吗？英国人东来欲与中国贸易，在不得志之后只有以武力，强迫开设通商口岸。中国在这场名为鸦片战争的过程中，领教了西方船坚炮利的优势。然所谓的“炮利”其实有必要深究。潘向明对于当时中、英两国所使用的火炮，有过细致地讨论。他认为比较双方火炮装填的方式，均是属于旧式的前膛炮，其武器的本质并无不同。清廷所差者在于火炮的铸造，因技术问题使得炮体必须做的“炮身极大、炮口极小”，才能避免膛炸的危险。如此在射程与威力上，反比同一重量的英国火炮还略逊一筹。所以他估计除非清军能铸造六千斤以上的大炮，其射程远在300丈（1丈=3.2米）以上，装填炮弹达28斤（合英制37磅），否则不足以对英舰造成致命性的损坏。⑤

用此标准来衡量当时台湾守军在火炮上的准备，有无办法与英舰相抗衡。根据道光二十年九月（1840.10）台湾道姚莹设防的回奏，台湾现有火炮最重者为部署在灰窑尾（台南县北门乡）炮台的2400斤大炮1门，其都是2000斤或以下不等的火炮。这样火炮威力显然是不足。该认知也由在内地的清军，与英军实战经验中被验证。所以同年在闽浙总督邓廷桢的主持下，福建新铸8000斤与6000斤大炮数门；姚莹获悉即向省垣争取2门8000斤炮、6门6000斤炮援台。⑥ 道光二十一年（1841）新任闽督颜伯焘答应了姚

---

① 周玺，《彰化县志》，台湾银行文献丛刊第一五六种，1962年11月，页191～200。

② 柯培元，《噶玛兰志略》，台湾银行文献丛刊第九二种，1961年1月，页83。

③ 淡新档案，第一编行政，第六类军事，第一款军政，案码：16101～16108，页码：116796～116808，台湾大学图书馆藏。

④ 况周颐著，张继红点校，《餐樱庑随笔》（太原：山西古籍出版社，1995年9月），页48～49。

⑤ 潘向明，《鸦片战争前中西火炮技术比较研究》，《清史研究》，总第11期，1993年9月，页95～104。

⑥ 姚莹，《中复堂全集（东溟文外后集）》（台北：文海出版社，1983年10月），页564～568、594～611。

莹的请求，并于安平部署2门8000斤炮、2门6000斤炮。鸡笼与沪尾各部署1门6000斤炮，澎湖妈宫部署2门6000斤炮。① 以往台湾御盗所用的大炮，仅重一二百斤，至多一两千斤，现即刻要操作重达六八千斤的大炮恐非易事。② 然这巨炮果真发挥实际功用。道光二十一年八月十六日（1841. 9. 30）鸡笼二沙湾的守军，就是用6000斤大炮轰沉一艘英舰（见第四章第三节）。同样的情况，也出现在海岸的防御工事上。按台湾镇总兵官达洪阿的奏报，从道光二十年始即在府城沿海，制备钉筒、钉板、钩运枪棍6400余件，铁蒺藜103000余个。③ 以台湾对内铁筋藏贮有限，对外又带有铁禁的情况下，达洪阿的海岸工事想必也是排除万难才完成的。

至于在民间使用的铁器方面，铁禁的政策仍持续被执行。然根据道光六年（1826）陈盛韶的观察，法愈严则弊愈生，锅铁无地不有，怎会如此呢？原来因开垦所需，釜鬵铁耕以及日用杂物自不能少，加诸禁令寸步难行。陈氏的看法是开放普通铁器流通，但绝对严禁私设铁炉，更不准铸造军器，犯法者以斩刑伺候。④ 该议没有被上者所采纳，不过台地大量需铁总是事实，于是清廷遂调整部分规定。从每年给照两次，改成给照三次；每照定以9000口铁锅为率，须在漳州府龙海县统一采购便于管理。⑤ 道光十三年（1833）闽浙总督程祖洛在张丙事件善后，对于台湾用铁有更详细的报告。其奏言指出台地每年给照，赴漳州采买铁锅以27000口率。全铁铁店有27户，均由地方官取结具详、藩司给照可就地收买废锅旧铁，或是台湾船厂用剩余铁。由于私铁流通过于猖獗，程氏奏准把27户铁店，全移入厅县城中。日后又再私贩、私运铁器，被拿获者照律杖一百、枷号两个月、刺字逐水、没收所有货物器具。⑥

台湾私铁流通对官方威胁最大者，莫过私铸、私贩鸟枪。事实上在道光五年（1825），清廷一反鸟枪可由民间持有的规定，通令各省督、抚立限给价收缴。⑦ 台湾民间本来就被禁止使用鸟枪，但根据陈盛韶观察，台民数十

---

① 《中复堂全集（东溟文外后集）》，页594～611；丁曰健，《治台必告录》，台湾银行文献丛刊第一七种，1959年7月，页189。

② 洪安全主编，《清宫洋务始末台湾史料（一）》（台北：故宫博物院，1999年10月），页220。

③ 姚莹，《东溟奏稿》，台湾银行文献丛刊第四九种，1959年6月，页31。

④ 陈盛韶，《问俗录》（南投：台湾省文献委员会，1997年11月），页64～65。

⑤ 佚名，《福建政事录·正项钱粮》，清（道光九年）蓝丝栏钞本，北京国家图书馆分馆藏。

⑥ 《清宫谕旨档台湾史料（五）》，页4039～4041。

⑦ 中国第一历史档案馆编，《嘉庆道光两朝上谕档（二十九）》（桂林：广西师范大学出版社，2000年11月），页15。

年不谙鸟枪的记录，因今日近山一带所在多有而被打破。① 道光六年（1826）噶玛兰厅发生设厅以来第一起械斗，过程中就有粤籍移民携带火枪向闽庄展开攻击的事件。② 不过民间持有火器也未必是要犯案，例如：道光十七年（1837）凤山县岁贡郑兰，就记载该县粤庄有自康熙存储至今的大炮。③ 道光十九年（1839）台湾道姚莹提到北路治安败坏，彰化之民多习鸟枪。④ 道光二十年（1840）礼部仪制司祁寯藻上奏，以为福建漳泉各属好习鸟枪，寻常命案枪铳致死者十居八九，遇有械斗比户手持火铳相向，惨不可言。⑤ 台闽的鸟枪禁不胜禁，说明了地方公权力不彰的事实，如此也显示出持有者以火器制人的渴望。《则例》记载着台湾熟番在乾隆以后，被允许持有鸟枪的恩典。⑥ 但不被及生番。道光二十九年（1849）淡水厅大北埔（苗栗县三湾乡）庄民陈阿兴赴辕投诉，其堂弟等于田间工作时，突被凶（生）番二十余猛，各执鸟枪器械杀毙馘首。⑦ 这算是早期出现生番手持火器出草的个案。

台湾鸟枪盛行的另一个原因，就是硝磺供之无虞。也是陈盛韶的观察，他说淡水金包里大磺山、内北投山之磺窟与汤窟出产硫磺；嘉、彰沿山民居，陈土墙壁均能煮硝。⑧ 以往官方禁绝的手法，则是每年上山煅烧磺穴二次，磺土烧尽后自然就没有磺源可以开采。道光十三年（1833）程祖洛在张案善后，对于台湾用磺管制更严，他奏准一年四季分赴上山煅烧一次，并责成艋舺县丞、艋舺营参将办理，如果淡水厅同知因公下乡也要顺道查勘。⑨ 道光二十年（1840）御史张灏奏准，重新启用在嘉庆朝被封闭的上杭硫矿，但对台湾淡北硫矿仍维持封禁。⑩

咸丰元年（1851）江西道监察御史陈庆镛奏言，风闻台地人民有私挖硫磺偷贩与英人，亦有英国人前往鸡笼取煤之说，应下旨饬地方官严加防范。⑪ 该条奏立刻获得朝廷正面回应，文宗随即谕令台湾镇、道查明核办，

---

① 《问俗录》，页65。

② 《清代之噶玛兰》，页269。

③ 卢德嘉，《凤山县采访册》，台湾银行文献丛刊第七三种，1960年8月，页433～434。

④ 姚莹，《中复堂全集（东溟文外后集）》（台北：文海出版社，1983年10月），页691～696。

⑤ 《台案汇录己集》，页399。

⑥ 庆源等纂，《钦定兵部处分则例·军器》，道光年间刻本，北京国家图书馆分馆藏。

⑦ 淡新档案，第一编行政，第七类抚垦，第一款社务，案码：17101～17115，页码：119558～119559，台湾大学图书馆藏。

⑧ 《问俗录》，页65。

⑨ 《清宫谕旨档台湾史料（五）》，页4036～4039。

⑩ 不著编人，《清实录－宣宗成皇帝实录（三八）》（北京：中华书局，1986年10月），页157～158。

⑪ 陈庆镛，《籀经堂类稿》；摘自诸家，《清经世文编选录》，台湾银行文献丛刊第二二九种，1966年7月，页80。

并密派委员前往封禁。① 闽浙总督裕泰亦回奏说明办理情况，他指出台湾淡水厅属之金包里大磺山、东瓜湖山、北投山，向为产磺之地。常年由艋舺县丞与艋舺营参将看管，无偷采疏竦之虞，现密委署闽清县知县易金杓前赴淡水查明。② 其实裕泰还少提一件事，那就是守磺的工作向由毛少翁社负责。康、雍时期该社以勇猛著称，但时过百年却受到私挖硫磺汉人之挑战，屡有“弱番难敌恶棍之横” 的困境。③

火器作为克敌制胜的武器，已经越来越形重要。台湾地方一些稍有能力的家族，私藏或私制火器也是公开的秘密。例如：彰化县龙井林家拥有铳柜，每与邻里何姓族人械斗，即自铳柜开火。④ 彰化县阿罩雾居民为防生番攻击，铳具自制且精熟火器。虽然台地人民被严禁使用火器，但对于火器的认识与擅长，却比内地还来得进步。所以同一个时期，台勇被征调至闽、浙平定太平军时，才能以火器屡建奇功。⑤ 这一点奉命专剿太平军的兵部侍郎曾国藩，就显得迂腐不少；他认为离敌交锋，刀矛尤为利器，勿专恃火器。⑥ 曾氏所谓的“火器”，应指的是陈旧的火绳枪。或许拿火绳枪与刀矛相比，在冲锋陷阵上前者不一定能占尽优势；然西方枪炮性能的日新月异，将彻底改变时人对火器的观念。

当时被人所熟悉使用的鸟枪，在兵器分类上属于火绳枪（matchlock）。该类型枪支是在 1411 年左右发明，它的操作是用一条火绳（绿营皆用麻绳），固定在火药池里点燃。由于有长扳机可以扣住火绳，所以射击者可以双手握枪，不必像以前一样，一只手握枪、一只手点燃火药，增加射击的稳定性。十七世纪晚期西方又发明燧发枪（flintlock）。何谓燧发？燧者为取火之具也。燧发的装置是由钢片和火药池盖，以及击发阻铁组合而成。它进步的地方是把火药装入火药池中，透过阻铁与钢片摩擦点火发射枪子。这样比起火绳单靠烧尽后击发，时间上还要有效率的多。不过在咸丰十年（1860）常胜军未组织前（参阅三章一节），清廷都没有引进此新式武器，还是使用鸟枪在作战。很明显的中国火器水准，比西方落后一大截。然而不管是

---

① 中国第一历史档案馆编，《清政府镇压太平天国档案史料（第一册）》（北京：社会科学文献出版社，1992 年 5 月），页 180。

② 台湾故宫博物院，《宫中档咸丰朝奏折（第一辑）》（台北：故宫博物院，1991 年 3 月），页 351 ~352。

③ 温振华、戴宝村，《淡水河流域变迁史》（板桥：台北县立文化中心，1999 年 3 月初版二刷），页 41 ~44。

④ 许雪姬，《龙井林家的历史》（台北：“中央研究院” 近代史研究所，1990 年 6 月），页 41。

⑤ 黄富三，《雾峰林家的兴起——从渡海拓荒到封疆大吏（1729 ~1864）》（台北：自立晚报，1987 年 10 月），页 201、208 ~209。

⑥ 徐凌霄、徐一士，《凌霄一士随笔（一）》（太原：山西古籍出版社，1997 年 7 月），页 261 ~262。

火绳枪，还是燧发枪，都属于由枪管口装填枪子的前膛枪。1825 年欧洲开始有人实验“撞针枪”的可行性，1848 年通过普鲁士当局的研发改进，遂变成后膛填装枪栓装置，并在 1864～1870 年普鲁士统一战争大放异彩。① 步入同治朝，中国因大力推行洋务运动，也引进了后膛撞针枪。这样的进步与以往相比，在模仿的速度上显然是加快的。不过这并不意味旧式枪支全面遭到淘汰，此局部更新仅止于官、番、民少数的群体，使得清末火器的使用呈现新旧杂陈的特殊局面。

同治七年（1868）编纂的《淡水厅志》，难得记载着绿营裁兵加饷前后，武器使用的情况。其兵丁编制为北路协右营原为 726 名，减成为 555 名；艋舺营原为 1400 名，减成为 696 名。武器没有随之增减，包括：牲贡炮 160 位（有重至八千斤，有轻至一百斤）、行营炮 26 尊、劈山炮 14 尊、母子炮 33 尊、百子炮 11 尊、荡寇炮 36 尊、抬炮 57 尊、鸟枪 818 杆、藤牌与牌刀 300 面口、腰刀 3195 口、弓 618 副、箭 5720 支。② 该装备与三十年前的道光朝相较，完全看不到任何改变；但要知道西方军队，可已经使用后膛撞针枪在作战。不过值得一提的是，营伍对于军器缺额，以及偷卖火药、器械的处罚甚严。《则例》明载该管官纵容者，革职提问；失察之总兵官降三级调用，提督降一级调用。③ 其他如委托商贾代买军火用之白硝，解运硝磺沿途由乡保长取结被查等，都显示清廷对军器、铅药管理谨慎，不因武器性能低劣而松散。④

至于在生番的武装方面，同治三年（1864）英国驻安平领事郇和（Robert Swinhoe）在深入瑯峤探险后，首次留下十九世纪西方人对当地生番的武装记录。其重点是没有提到火枪的使用，还是以矛剑、弓箭为主。⑤ 不过到了同治六年（1867）美国驻厦门领事李让礼（或译李仙德、李善得/C. W. Le Gendre），因罗妹号船事件随台湾镇总兵官刘明灯前往瑯峤，在其记录中当地生番已会使用鸟枪。生番为什么能在短时间购得鸟枪学习，李让

① 威廉·利德（William Reid）著，卜玉坤等译，《西洋兵器大全（Weapons Through The Ages）》（香港：万里书店，2000 年 10 月），页 73、165、232。

② 陈培桂，《淡水厅志》，台湾银行文献丛刊第一七二种，1963 年 8 月，页 165～166。

③ 佚名，《兵部处分则例·军器》，光绪抄本，北京国家图书馆分馆藏。

④ 淡新档案校注出版编辑委员会，《淡新档案（二）：第一编行政/总务类》（台北：台湾大学，1995 年 9 月），页 1～3；同前注.《淡新档案（三）：第一编行政/民政类》，页 135。

⑤ Swinhoe Robert，“Additional notes on Formosa”，*Royal Geographical Society of London*10（1866）：122－128.

礼认为是“下甲人”（Hakka 客家人），偷卖鸟枪、火药、炮子的结果。① 同年英国 Elles 洋行职员必麒麟（W. A. Pickering）对凤山县傀儡番的武装，也有相类似的描述。多是携带一把长刀，再加一把短刺刀，或再加一支火绳枪，或是一支长矛。② 只是生番拥有火器的配备，不是每个地区皆然。同治十一年（1872）英国人 Bullock 探访水沙连埔番番社时，就记录他们的武装仅有刀矛，没有火枪。③

由于火绳枪需要以火药粉末装填，所以淡北硫矿仍有直接开采、直接使用的价值。同治二年（1863）闽督左宗棠、闽抚徐宗幹奏准试行开采，之后派淡水厅同知郑元杰筹议，以磺水所出无多佥称窒碍。同治六年（1867）继任同知的严金清，仍然认为无开采的必要，在即将止议时该厅绅士陈维藩，禀请以自行捐办的方式开采。④《淡水厅志》是记载该议复经饬查，不过李让礼的记录是说，磺矿所集之地——大有港（今名大油坑/台北市北投区），因开采早已聚集一小村落，他估计成堆的磺土约价值番银五万元（约 35000 两/0.7 两 = 1 佛银）。⑤ 官方对开采与否仍犹豫不决，同治八年（1869）三口通商大臣崇厚命令商人卢璧山来台买硫。闽浙总督英桂饬令台湾镇总兵官杨在元、台湾道黎兆棠确实查复，二人的回答是矿苗稀少无开采必要，隔年英桂以海外民情浮动奏准照旧封禁，并由屯番就把守毋许奸民私挖。⑥ 然而实情真是如此吗？同一时期英国人 Bates 的观察，纵使硫磺被官方长期封禁，但盗采仍称普遍且方法不俗，完全没有“矿苗稀少”的样子。⑦

盗采硫磺的普遍，使得拥有火绳枪的汉人实力更增。同治元年至三年（1862～1864）的戴潮春事件能拖至三年，除了清廷有太平军之乱暂无暇他顾外，戴阵营拥有强大的火器亦是主因。例如：官军收复彰化县城，即掳获铜炮 25 尊、鸟枪 400 余杆、硝磺火药 30 余石，并攻克周边地区铳柜 30 余

---

① 李仙德（C. W. Le Gendre），《台湾番事物产与商务》，台湾银行文献丛刊第四六种，1959 年 8 月，页 9、21。

② 必麒麟（W. A. Pickering）著，吴明远译，《老台湾（Pioneering in Formosa）》（台北：台湾银行经济研究室，1959 年 1 月），页 35。

③ Bullock，T. L.，“A trip into the interior of Formosa”，*Royal Geographical Society of London*21（1877）：266 - 272.

④《淡水厅志》，页 337～338。

⑤《台湾番事物产与商务》，页 36～39。

⑥ 洪安全主编，《清宫月折档台湾史料（二）》（台北：故宫博物院，1994 年 10 月），页 1370～1373。

⑦ Bates H. W.，“The island of Formosa”，in *Illustrated travels*：*A record of discovery*，*geography*，*and adventure*（London：Cassell，Petter and Galpin，1869），pp. 250 - 252.

座，可见民变军火力之强大。① 虽然当时汉人所用火器亦属旧式，但足夠在乡里令人畏服。就像噶玛兰厅五围头人陈辉煌，以精通武艺且善用火铳，让熟番们十分敬畏。② 由于火器太过炙手可热，同治五年（1866）发生淡水厅竹堑社已革通事钱国殿，盗卖屯丁用小铳28 支、大铳4 支的案件。③ 同治十一年（1872）英国人 Hughes，近距离观察车城（屏东县车城乡）汉人的武装，如同生番一样仍是以火绳枪、刀矛为主。④ 至此可以很确定的说，台湾官、番、民三者所使用的武器，彼此的差异性不大，顶多是在于数量方面的差别而已。不过同治十三年（1874）发生于瑯峤的牡丹社事件，随着日军与内地防军的入台，使得台湾官、番、民都见识到最新式的武器，这也改变了彼此的行情。

光绪元年一月（1875. 2）德宗发布上谕，弛台湾铁、竹之禁以广招徕。⑤ 从康熙四十五年（1706）以行政命令实施的铁禁，终于在169 年后开禁。不过用铁管制的松绑之前早有征兆。同治七年（1868）李让礼所记录的安平、打狗、淡水、鸡笼海关进口货物中，已列出钢、铁、五金等项，且多是由厦门运往者多。⑥ 因此以往限制台湾进口的铁锅、铁斤数目，在咸丰八年（1858）开港通商以后逐渐失去意义。同治十三年（1874）来台处理牡丹社事件的钦差大臣沈葆桢，在奏文中提到当时全台铸户仅27 家（跟道光朝数目一样）。迩来海口通商，铁斤载在进口税则，货源已不是问题，但铸户仍依恃官举，任意垄断铁之流通，民间多有不便。⑦ 铁的弛禁算是清廷的“德政”，在这波政策主导下地方官均实力奉行。例如：光绪元年十月（1875. 11）台湾镇总兵官张其光、台湾道夏献纶联名发出告示，通饬下属官员以及各汛弁兵，对于生熟铁斤、打造农具悉听贩卖，若有借端控留勒索，绝对严办毫不宽贷。⑧ 但有一点也必须澄清，官方现在推行的是“弛禁”。虽铁器自由买卖，铸户数目不限；但铸户拥有的炉座，还是列入管制，直到割台为止都是如此。⑨

---

① 洪安全主编，《清宫月折档台湾史料（一）》（台北：故宫博物院，1994 年10 月），页553 ~554。

② 《清代之噶玛兰》，页109。

③ 淡新档案，第一编行政，第七类抚垦，第二款社租，案码：17201 ~ 17209，页码：119949 ~ 119950，台湾大学图书馆藏。

④ Hughes T. F. ，“Visit cf Tok – e – tok，chief of the eighteen tribes，southern Formosa”，*Royal Geographical Society*16（1872）：265 –271.

⑤ 洪安全主编，《清宫谕旨档台湾史料（六）》（台北：故宫博物院，1997 年10 月），页4716。

⑥ 《台湾番事物产与商务》，页50 ~52。

⑦ 沈葆桢，《福建台湾奏折》，台湾银行文献丛刊第二九种，1959 年2 月，页13。

⑧ 伊能嘉矩著，温吉编译，《台湾番政志》（台北：台湾省文献委员会，1957 年12 月），页257。

⑨ 伊能嘉矩，《台湾文化志（中译本·上卷）》（台中：台湾省文献委员会，1985 年11 月），页516。

用铁已经开禁了，那么用硫呢？依然没有解禁。硫磺它不像铁一样，通过咸丰八年（1858）签订的《天津条约》能得到通融。约中明白规定外国船只仍不准运载或贩卖，包括硝、硫在内的禁例商品至中国各地与台湾，只有本国船只能行使此权力。① 同治十三年（1874）沈葆桢奏议中，有提到硫磺例禁綦严，可以考虑收之以广储军用；但目前经始苦于经费，所以暂没有下文。② 光绪二年八月（1876.9）闽督文煜派遣广东遇缺补用道叶文澜，驻台督办煤厂并察看开采硫磺的可行性。叶氏的报告认为有开采之利，他估计每百斤开采成本约佛银一圆，运至他省转卖可值银四五圆。隔年来台的福建巡抚丁日昌遂办理开磺，其地点选在金包里、洪窟（台北县金山乡）、大黄山（今名磺山，台北县万里乡）、八烟与北投乡（台北市北投区）。③ 从乾隆十三年（1748）福建巡抚潘思矩准称封禁，历经129年淡北磺矿终于由官方出面正式开采。不过私贩硝磺的禁令犹在，例如：光绪九年（1883）恒春知县罗建祥接到台湾府移会，称须严饬所属关津、隘口，认真稽查毋许偷漏硝磺、火药。④

官方的禁令是有道理的，因为从史料来看，说光绪朝是清代台湾枪支最泛滥的一个阶段也不为过。主要原因是战争过于频繁——除了两起对外战争外，进行十余年的开山抚番，使得官、番、民都亟须大量的军火。事实上在光绪元年（1875），总理各国事务衙门就订定私贩外洋枪炮的罪名，冀望能用严刑峻法吓阻不法。⑤ 然而收效十分有限，至少在台湾是很难达成的理想。在原住民方面，此时生、熟番出门携带枪械，已不是什么新鲜事。⑥ 同年俄国人 Ibis 对瑯峤生番武装的描述，最让人印象深刻的是他们拥有毛瑟枪（mauser）。⑦ 毛瑟枪是燧发枪，在火力上显然优于鸟枪。光绪三年（1877）官方更有不同的记录，它描述：

① 呤唎（A. F. Lindley）著，王维周、王元化译，《太平天国革命亲历记》（上海：上海人民出版社，1997年12月），页664。

② 洪安全主编，《清宫月折档台湾史料（三）》（台北：故宫博物院，1994年10月），页1846～1847。

③ 台湾银行经济研究室编，《清季台湾洋务史料》，台湾银行文献丛刊第二七八种，1968年6月，页5、12、27。

④ 台湾银行经济研究室编，《刘铭传抚台前后档案》，台湾银行文献丛刊第二七六种，1968年6月，页47～48。

⑤ 沈桐生，《光绪政要（一）》（扬州：江苏广陵古籍刻印社，1991年8月），页41～42。

⑥ 伊能嘉矩著，杨南郡译注，《台湾踏查日记（上）》（台北：远流出版事业股份有限公司，2000年10月初版三刷），页200。

⑦ Write by Reclus Elisée，Edit by A. H. Keane， “Formosa”，in *The earth and its inhabitant Asia*，*Vol. II*，*East Asia*：*Chinese empire*，*Corea*，*Japan*（New York：D. Appleton，1884）.

……生番无论长幼俱配枪刀。枪系土造虽用火绳，颇有准头，而擦摩滑亮、光可鉴人，较之营兵所用旧式火枪（鸟枪），几胜数倍。而且如番目所带，系新式士乃得后膛洋枪，询其何以有此，则云倭人所赠。臣（闽抚丁日昌）当饬恒春县黄延昭等确查洋枪来路，设法杜绝。年来抚番之后，禁令渐弛，奸人接济子药无从稽查。是以生番军火比前更足……①

丁氏说生番用枪系土造、火绳，可能为贬抑之词，因为能胜过营兵用枪者，应是燧发枪——也就是毛瑟枪。值得注意的是他又提到番目，拥有后膛士乃得枪，这又是什么武器呢？它是在1865年由美国人Jacob Snider所发明的一种带铰链的后膛枪。② 当然也不是所有的生番，都已全面“换装”完毕；同时期美国学者J. B. Steere描述下的傀儡番，仍在使用火绳枪与长矛作战。③ 不过丁氏声称生番得到接济，则是十分重要的讯息。所谓奸人又名为“换番”，他们专门走私军火给生番，以换得山货。④ 既然汉人能走私军火给生番，那么本身拥有火器威力亦可观。例如：光绪元年（1875）嘉义县兵役多人，前往县境北港仔（云林县北港镇）捉拿巨匪蔡显老，并在其巢穴中起出洋枪、鸟枪十余杆。⑤ 只是汉人不像生、熟番出门必带枪，同一时期文人笔下的记录，仅居住在山中的汉人，外出才习惯带枪并配利刃。⑥ 光绪二年（1876）新竹县竹南二保狮潭地方的口碑，当地客家人在开垦的过程中，屡受生番袭击。幸好在武器性能上超越他们，所以垦务不致中断。⑦《则例》不是还规定台湾民人不能持有火器吗？但对比开山抚番的现实环境，官府在执法上也保留着弹性。

官府对台湾民人私藏火器还能默许的原因，最重要的是官军所使用的武器，为番、民所远不及。虽然光绪二年（1876）福建自日本购买的军火中，多数是该国的废枪废炮，而遭到国际媒体的嘲笑。⑧ 但随着大批湘、淮军的移驻，也把当时较新颖的武器引进台湾。其中有几项武器值得一提：首先是德国克虏伯（清代史料译为克鹿卜/Krupp）兵工厂生产的大炮。克虏伯被引进中国跟淮军有关，时间在同治九年（1870）左右。同治十三年（1874）

---

① 《清宫月折档台湾史料（三）》，页2570~2571。
② 《西洋兵器大全（Weapons Through The Ages）》，页248。
③ Steere J. B.，“Formosa”，*Journal of the American Geographical Society of New York*（1876）：302－334.
④ 黄逢昶，《台湾生熟番纪事》，台湾银行文献丛刊第五一种，1960年4月，页4。
⑤ 《清宫月折档台湾史料（三）》，页1962~1963。
⑥ 吴子光，《台湾纪事》，台湾银行文献丛刊第三六种，1959年2月，页5。
⑦ 黄卓权，《黄南球先生年谱初稿（二）》，《台湾风物》，第38卷第1期，1988年3月，页72。
⑧ 《清宫月折档台湾史料（三）》，页2260。

牡丹社事件后，清廷兴起一阵海防大筹议，其中关于“简器”的部分，很多疆吏建议大量采购克虏伯炮。① 光绪三年（1877）因闽抚丁日昌的要求，北洋大臣李鸿章与南洋大臣沈葆桢，共拨借了26尊克虏伯后膛野炮援台。② 其次是英国的阿姆斯特朗炮（清代史料译为阿勿斯郎、安蒙士唐/Armstrong）。它是前膛的海岸防卫炮，被固定在基座上无法移动，首次被部署在亿载金城炮台。其三是美国的格林炮（Gatling）。其实格林炮是一种重型机枪，由10支枪管构成，可装置在野战轮架上移动。③ 它会被称为“炮”，是因为光绪七年（1881）台湾购买格林炮与克虏伯后膛炮共24尊，准备组成“格林炮队”所以才被误会。其四是各种厂牌的后膛撞针枪。美制雷明顿枪（清代史料译为里明东、林明敦枪/Remington）是台湾防军的制式武器，光绪七年亦购买129杆配给镇海中、左营使用。④ 另外淮军普遍使用的德制毛瑟枪，因他们在光绪初期大量驻防，致使一段时间数量最多。当然旧式的火器，如：西瓜炮、开花炮、天门炮、马蹄炮、火箭等仍未淘汰，还是被用来对付生番。⑤

光绪九年（1883）清法战争前夕，翰林院侍讲许景澄上奏时，特别指出各类型洋枪的优劣，其中以德制的毛瑟枪与美制的哈乞克司（或译哈乞开司 Kotchkiss）较优，性能皆在雷明顿枪之上。⑥ 不过毛瑟枪并不是所有枪支中最优，来复枪（Rifle）的火力才最强大。其差别在于前者的有效射程为150码~200码（163米~218米），后者是200码~300码（218米~327米）且精准度高。⑦ 隔年战争开打，台湾一开始饷械皆无，后来得内地支援运入毛瑟枪5000余杆、士乃得枪500杆与哈乞克司枪若干。⑧ 然有另外两种类型的枪支，首次出现在台湾。一种是当时性能最优，属于来复枪系列的云士得马枪（Winchester），但数量多寡未知。另一种是旧式的前膛枪——大吉枪，该枪支应就是1815年美国生产的肯塔基步枪（Kentucky gun）。根据粤督张之洞的密电，援台的大吉枪有2000杆（后增至3000），但磺多硝缺不利前

---

① 乔伟等著，《德国克虏伯与中国的近代化》（天津：天津古籍出版社，2001年9月），页13、120、127、132、182。

② 洪安全主编，《清宫廷寄档台湾史料（三）》（台北：故宫博物院，1998年10月），页1706。

③ 《西洋兵器大全（Weapons Through The Ages）》，页245。

④ 刘璈，《巡台退思录》，台湾银行文献丛刊第二一种，1958年8月，页81。

⑤ 许毓良，《清代台湾的海防》（北京：社会科学文献出版社，2003年7月），页84~85。

⑥ 台湾银行经济研究室编，《法军侵台档》，台湾银行文献丛刊第一九二种，1964年3月，页8。

⑦ Hughes B. P.，Firepower：*Weapons effectiveness on the Battlefield*，1630－1850（New York：Sarpedon Press，1997），pp. 26－29.

⑧ 洪安全主编，《清宫月折档台湾史料（五）》（台北：故宫博物院，1995年8月），页4185。

膛枪操作，于是再派药员匠 13 人赴台。① 光绪十年十二月（1885. 1）钦差大臣刘铭传声称，除了之前提到的约 9000 杆洋枪外，还有后膛钢炮 60 余尊，大小枪炮子弹 300 万发，水雷 40 具，电线 80 余里运抵台湾。②

台湾因战争需求在一时之间涌入大批新式武器，这是以往少见的案例。不过旧式的火绳枪仍未淘汰，甚至可以说在土勇的使用下，杀伤力不低于新式洋枪。当时淡水英国商人陶德（John Dodd），对于北部山区客家人惯用的火绳枪有深刻的描述，并称他们射击技术高超，即便采仰射的姿势，也能用脚趾夹枪精准射击。③ 清法战争对台湾军备是一项深沉的刺激。台湾虽能自内地获得军援，但要是遭到敌方海面封锁就相当危险。这不若自给自足还来的实际。所以建立军火工厂是战争结束后普遍性的看法。该急迫感使得台北机器局的兴工，竟比清廷下诏台湾建省还快上三个月（光绪十一年九月下诏建省）。④

事情经过是刘铭传先委托张之洞代购制造枪弹机器一副，之后饬令下属在台北府城外购买民田，预备作为未来机器局的新址。从光绪十一年六月（1885. 7）动工，至隔年二月完工，先盖好正、侧各屋与小机器厂 117 间。邻近的台北军械所，自光绪十一年八月（1885. 9）动工，至隔年的三月完工，盖好大小房屋 73 间。其他尚有制造炮弹的大机器厂、汽炉房、打铁房、洋房工程，因经费不敷遂另案办理。⑤ 所以说台北机器局第一期工程结束，其成果就是先从制造枪弹、维修枪械开始。当然这些新式技术，省垣与民间是无法单独完成，所以就聘请德国技师步特勒（Butler）担任总监。⑥ 至于机器局的产能如何呢？光绪十三年（1887）的一份清单能一窥究竟。建省后台湾再购买美制黎意快枪（Lee）3000 杆，以及快枪子弹 60 万发。加上驻台淮军制式配备——毛瑟枪，之前援台后留台使用的哈乞开司、士乃得枪，机器局共有设立四条维修线，专门提供四种不同枪只修理与子弹制

---

① 王希隐，《清季外交史料》（台北：文海出版社，1964 年 12 月再版），页 368 ~ 369；《西洋兵器大全（Weapons Through The Ages）》，页 191 ~ 192。

② 《清宫月折档台湾史料（五）》，页 4046 ~ 4047。

③ 陶德（John Dodd）著，陈政三译，《北台封锁记——茶商陶德笔下的清法战争（*Journal of A Blockaded Resident in North Formosa during the Franco - Chinese War* 1884 - 1885）》（台北：原民文化事业，2002 年 7 月），页 67 ~ 69。

④ 邓孔昭，《台湾通史辨误》（台北：自立晚报社文化出版部，1991 年 7 月一刷），页 56。

⑤ 中国第一历史档案馆编，《光绪朝朱批奏折（第一〇二辑工业）》（北京：中华书局，1996 年 12 月），页 197 ~ 198。

⑥ 王尔敏，《清季兵工业的兴起》（台北："中央研究院"近代史研究所，1978 年 6 月二版），页 119 ~ 120。

造。① 由于台北机器局与军械所的议建，都是在光绪十一年底海军衙门成立之前，所以对外购置机器不受约束，但之后就要按照新章报部采办。② 由于开山抚番战争所需，台北机器局在首任巡抚刘铭传的要求下，星夜赶造子弹以资应用，达到了兵工厂最起码的标准。③

光绪十八年（1892）第二任巡抚邵友濂，鉴由剿办生番需要大量的子弹，机器局原有设备规模太小不敷制办，所以进行第二期扩厂计划。增建包括：药矿房、药碎房、药压房、药筛房、药光房、药烘房、药库房、各型厂房、炉房、库房。在向海军衙门报备后隔年年初动工、年底完工。④ 舆论对于扩建后的台北机器局评价两极。例如：天津《北华捷报》就从正面的角度，认为新厂完工后日产 500 磅火药，能使台湾在军火提供上完全自给自足。⑤ 澳门《镜海丛报》也有类似的报道。它说未扩建前因产能不夠，省垣都要向金陵、上海等处外购军火；现厂房完成，军火提供自不是问题。而且部分大型碾药机具，还是该局自行制造。⑥ 一位来台旅游的内地人士，也有相同的看法；他提到拥有 300 余名工匠的台北机器局，制造出来的子弹品质与洋货无异。⑦ 不过台湾文人可有不同意见。彰化县文人洪繻在《机器局》，以极尽嘲讽的语气赋诗“……气基干藏一朝开，千山万山鬼神哭，机器循环何时穷？生民万类皆荼毒，时势所趋亦难止，竭力为之将胡底！损伤元气民怨咨，台湾朘削通肤理……。”⑧

光绪二十一年（1895）美国记者 J. W. Davidson 的一则观察，则是割台前台北机器局最后的评论。他说该局员工增至 800 人，有着全新的设备，有四年制造枪械的经验，若要应付持久战也能提供充足的武器；并且拥有月产 300 枚 8 英寸、10 英寸、12 英寸硬铁弹，600 枚 6 英寸、7 英寸硬铁弹，1000 枚野炮炮弹，以及 50 万发步枪弹的能力。他提到的军用枪支，包括前述的毛瑟枪、黎意快枪、雷明顿枪、云士得枪，还有没提到的美制斯宾塞骑枪（Spencer）、英制的马梯尼枪（Martin – Henry）。结论是比起内地的军队，

---

① 《清季台湾洋务史料》，页 58 ~ 62。

② 中国第一历史档案馆编，《光绪朝朱批奏折（第五十八辑军务）》（北京：中华书局，1995 年 8 月），页 121 ~ 122。

③ 唐赞衮，《台阳见闻录》，台湾银行文献丛刊第三〇种，1958 年 11 月，页 106。

④ 洪安全主编，《清宫月折档台湾史料（八）》（台北：故宫博物院，1995 年 8 月），页 6596 ~ 6598。

⑤ 《台湾通史辨误》，页 67 ~ 68。

⑥ 澳门基金会，《镜海丛报》（上海：上海社会科学院出版社，2000 年 7 月），页 12。

⑦ 阙名，《台游笔记》；摘自诸家，《台湾舆地汇钞》，台湾银行文献丛刊第二一六种，1965 年 9 月，页 104。

⑧ 洪弃生，《洪弃生先生遗书（一）》（台北：成文出版社，1970 年 4 月），页 172 ~ 173。

台湾军队的装备很好。①

想要能生产出品质优良的火药，原料的供应更显重要。前文提到光绪三年（1877）丁日昌奏准开磺一事，当时的做法是让民间开采，之后交由官府统一收购；如遇旺年可收磺60万~70万斤，非旺年也有30万~60万斤。收购完毕闽浙总督会分咨各省，让有意愿购买硫磺之各局来台选购。不过硫磺只准官用，不准流入民间，亦不准民商分售。② 如此销路很容易受限。光绪六年（1880）法国外交官 Camile Imbault-Huart 曾记载，在经过若干年大规模的开采后，官方已停止这种行动。③ 尔后台湾建省后亟须经费，硫磺的产值给了省垣广开财源的想法。光绪十二年（1886）刘铭传奏准商运出口，使得硫磺从被严格限制的军品，逐渐蜕变成可流通的商品。④ 同年台北府磺务总局成立，下设北投、金包里分局。分局负责开采，之后交由总局；总局收解转饬沪尾磺厂委员收存，以备官用商运。⑤ 加拿大籍长老教会牧师马偕（G. L. Mackay），描述北投磺矿开采时的情况，提及有许多工人在磺穴工作，但台湾人至此还不知副产品——温泉，其实具有医疗的效果。⑥

光绪十四年（1888）台湾硫磺成功打开岛外市场，通过布政使邵友濂的饬札，得知磺务总局在上海英租界设有办事处，承办两江、山东、奉天、直隶的商务。⑦ 大致上来说台湾硫磺每年产量稳定上扬，光绪十二至十四年（1886~1888）共煎制硫磺818300余斤，光绪十五年（1889）煎硫磺415600斤，光绪十六年（1890）煎硫磺481800斤。⑧ 不过用磺方便之后，流弊也随之发生。事实上与用铁一样，硫磺只是弛禁而已，买卖硫磺的商家仍须给照才能进货。然客观环境使得用硫几不受限制，除了台湾本身大量开采外，亦准许日本硫磺、广东英德与清远县硫磺进口。⑨ 再加上磺务总局委

---

① James W. Davidson 著，蔡启恒译，《台湾之过去与现在》（台北：台湾银行经济研究室，1972年4月），页202。

② 蒋师辙，《台湾通志》，台湾银行文献丛刊第一三〇种，1962年5月，页258。

③ C. Imbault - Huart 著，黎烈文译，《台湾岛之历史与地志》（台北：台湾银行经济研究室，1958年3月），页92。

④ 朱寿朋，《十二朝东华录（光绪朝）》（台北：文海出版社，1968年8月），页2145。

⑤ 《台湾通志》，页257~258。

⑥ 马偕（G. L. Mackay）著，周学谱译，《台湾六记（From Far Formosa）》（台北：台湾银行经济研究室，1960年1月），页17。

⑦ 《刘铭传抚台前后档案》，页143~144。

⑧ 刘铭传撰，马昌华、翁飞点校，《刘铭传文集》（合肥：黄山书社，1997年7月），页316；《清宫月折档台湾史料（八）》，页6370。

⑨ 《台阳见闻录》，页25。

员，也有偷卖局存硫磺的案例，清末硫磺货源的取得几不是难事。①

这样的发展对生番有利。光绪十一年十二月（1886.1）台湾甫建省不久，新竹县立即发出严禁奸民接济铅药予生番的告示。告示张贴的地点，应该就是容易发生走私的地区。它们包括：北埔庄、礴仔庄、横山庄、树杞林、咸菜瓮、大肚庄、隘蓁脚、伍鹤山、蛤仔市、圭笼、河头、大湖、铜锣湾、三湾庄、南港庄。② 同年英属南非工程师 Colquhoun 在描述台湾生番武装时，不忘提醒番、汉采以物易物的方式，满足生番在弓矢、刀矛、火绳枪的需求。③ 至此必须要厘清一个问题，那就是台湾生番当中，是否都已经普遍使用枪支呢？该问题日治时期的学者尝试讨论过，但以“感觉上不是很久”一语带过，没有清楚的解答。④ 前文提到从同治中期开始，仅南路生番出现配备火枪的记录；但铁器、硫磺的弛禁与枪支的易得，最慢建省以后火枪已是生番流通的武器。从南往北的发展，分属于排湾族、鲁凯族的傀儡番与瑯峤番，早已懂得使用枪支。往北的邹族较善用番刀，他们使用火枪技术不如布农族，但也证明了两族人也学会使用枪支。⑤ 再往北居住在南投、台中、苗栗、花莲的泰雅族，以及赛夏族也出现使用枪支的记录；花莲的太鲁阁番甚至大胆保留整支枪身，不似别族的生番锯短枪管、拿掉枪托。⑥ 北部的生番使用火枪的记录不多，但在传教士马偕的描述中也能发现。⑦

生番似乎都能得利于火枪作战，但英商 John Dodd 保守估计，台湾生番部落拥有火枪者不会超过 10%。⑧ 这一点很难直接证实，有趣的是不少洋人也持类似的看法。例如：英国探险家拉图许（John David Digues La Touche），造访万金排湾族后的记录；⑨ 以及 Honcock 造访屈尺泰雅族后的记录，皆称使用刀矛者居多。⑩ 不过官方的档案，能提出迥异的结论——光绪十四年

---

① 《清宫月折档台湾史料（八）》，页 6410、6585 ~ 6589。

② 淡新档案，第一编行政，第七类抚垦，第一款社务，案码：17101 ~ 17115，页码：119580，台湾大学图书馆藏。

③ Colquhoun A. R. and J. H. Stewart - Lockhart，“A sketch of Formosa”，*The China Review*13（1885）：161 - 207.

④ 宫本延人，《台湾原住民族——回想 · 私民族学调查》（东京：六兴出版株式会社，1985 年 9 月），页 122。

⑤ 陈国强，《高山族风情录》（成都：四川民族出版社，1994 年 4 月），页 29。

⑥ 《台湾踏查日记（上）》，页 86、210 ~ 211；森丑之助著、杨南郡译注，《生番行脚》（台北：远流出版事业股份有限公司，2000 年 1 月），页 460。

⑦ 《台湾六记（From Far Formosa）》，页 114。

⑧ 《北台封锁记——茶商陶德笔下的清法战争》，页 169。

⑨ 刘克襄策划，《探险家在台湾》（台北：自立晚报社文化出版部，1993 年 6 月二版），页 90。

⑩ Hancock A.，“A visit to the savages of Formosa”，Good Words for 1885. pp. 373 - 379.

（1888）刘铭传调派大军，围剿新竹县京孩儿地方之大也甘等十三社，缴获土枪百余杆。① 以十三社的规模，百余杆的枪支已算很多。当然接济生番的汉人身份各异，有一整个家族者，如：光绪十五年（1889）新竹县破获一起大宗的私越军火案，涉案人是竹南一保田尾庄（苗栗县三湾乡）黄姓家族。② 最多是通事身兼货主，如：台东直隶州境内生番，皆由此途径获得军火。③

汉人既然能走私军火给生番，也能售与熟番，更能自行武装。光绪初年传教士马偕在宜兰宣道时，就提及跟随的熟番持有马梯尼枪、雷明顿来复枪护卫，亦有使用旧式美国步枪（应指肯塔基步枪）以及火绳枪者。④ 光绪十四年（1888）台东直隶州大庄（花莲县富里乡）发生竖旗事件，镇海后军提督张兆连赶赴平乱，并拿获“逆党”二百余人，根据供称举事军火是由远在鹿港的施阿蛮提供。⑤ 那么番汉所使用的枪支，与官方比较性能如何呢？日治初期日本收缴的枪支中，难得出现种类清单。它们有：火绳枪、长管枪、单发毛瑟枪、五连发毛瑟枪、水筒式五连发毛瑟枪、十三连发毛瑟枪、来复枪、日制村田式单发步枪、日制村田式单发猎枪、日制村田式连发枪、史耐德枪（士乃得枪）、西敏顿单发枪、五连发温彻斯特枪（云士得枪）、十连发温彻斯特枪、十五连发温彻斯特枪。⑥ 从种类来看得知番、民使用枪支，性能不会逊于官方；只是在数量上，后者占有绝对的优势。而这也是它能统治台湾的必要保证。

长期观察清代台湾的用铁、用磺政策，可说是前者管制的比较严格。康熙二十三年（1684）对军器出洋的限制，则是一个发轫。康熙四十五年（1706）首次以行政命令的方式，对台湾铁斤的进口数量做出限制。之后铁器的管制越来越严，雍正朝有铁锅与船用铁箍的管制，乾隆朝严格限制沿海居民用铁。不过靠着走私的管道，台湾番民对铁器的使用，尚未到达“极度”不便的地步。康、雍朝对淡北硫磺的管制尚不明显，至迟要到乾隆十三年（1748）才出现不必开采的记录，乾隆五十三年（1788）才明确下令封禁。虽然清廷对于用铁管制失败，但对管制火器却相当成功。台湾生、熟番最早使用火器的记录在雍正朝，之后生番要到同治朝才再出现描述。不过熟

---

① 洪安全主编，《清宫月折档台湾史料（七）》（台北：故宫博物院，1995年8月），页5439。

② 淡新档案，第一编行政，第七类抚垦，第一款社务，案码：17101～17115，页码：119785～119854，台湾大学图书馆藏。

③ 胡传，《台湾日记与禀启》，台湾银行文献丛刊第七一种，1960年3月，页31。

④ 《台湾六记（From Far Formosa）》，页99。

⑤ 《清宫月折档台湾史料（七）》，页5433。

⑥ 铃木质原，《台湾番人风俗志》（台北：武陵出版有限公司，1998年11月三刷），页182。

番在乾隆五十三年（1788）因平乱有功，特别恩准可以使用火器，只是如同绿营一样须接受查验。汉人对火器的使用，比生、熟番频繁，但整体来说还是不如官方。事实上清廷对于台湾绿营的兵器一向重视，尤其是火器的使用，不管是质与量都被要求着。所以在对内战争如：林爽文、张丙、戴潮春事件，对外战争如：鸦片战争、中法战争都能应付过去。光绪朝之后，清廷一改过去磺铁管制的态度，转以弛禁的方式取代。番民使用磺铁较以往便利不说，官方更计划兴建台湾史上第一座兵工厂。虽仅生产子弹或维修枪支，但规模之大、产能之高、品质之优，已得到多数人的好评。而它也替开山抚番战争，提供了必要的后勤支援。

总之，官方对于铁器、硝磺，甚至加工而成的兵器、火器，始终都能做到独大式的掌握。这跟官方的武力——绿营、防军是相对的。生、熟番的武力虽强，但在铁器的来源上，却需靠汉人供应不免受制。幸好走私之风颇盛，使得生番没有货源上的困扰；熟番在转变成番屯后，武器的取得更不是问题，这也让他们武力少有减损。最复杂的是民人的部分，按前文所探讨的整合类型，在铁器容易通过走私取得的情况下，他们一直是官方统治下的隐忧。幸好靠着火器的压制，清廷尚能取得优势。不过这并不代表每个区域，都能长期处于优势；屡平屡起的民变，就是最好的说明。因此稳定台湾社会的潜在因素，还得另找一股势力才行。

第四章　战斗兵力的分析

第一节　台湾三大民变的发生

1. 朱一贵事件

康熙六十年（1721）的朱一贵事件，为清代台湾史上第一起大规模的民变。虽然主战场在诸罗县城以南，但烽火已遍及前山；而除了淡水一隅仍被官军死守外，其他地方均被朱阵营攻克。乱初守军兵败如山倒的窘况，对清廷来说实属意外；然如何重整旗鼓反攻回台，更是一大考验。此次平乱模式的奠定对清廷意义重大，因为日后类似事件的处理，仍不脱此道——官、番、民武力的合作。

清廷自康熙二十三年（1684）领台以来，初治的二十年间清廷对台湾的控制相对稳定（参阅三章一节）。然这并非没有隐忧。康熙四十五年（1706）圣祖对当时临战大臣少，知海上用兵者更少，有可能影响到台湾的戍防感到忧虑。① 不独对将弁开始缺乏信心，连班兵移防也逐渐变有名无实，上下因循的结果遂造成一种承平的假象。② 事实上官方沉湎于台防的稳固是有原因。从表四十二来看，清廷最初的驻军人数的确坚强，再对照地方可能的人口数后，各县兵民比例都在可控制的范围内，例如：台湾县维持4∶1，凤山县为12∶1，嘉义县为13∶1（以比例25∶1为标准）。但这样的局势随着移民的增加，在兵民比例上有明显的改变。最主要是康熙六十年台湾总人口数，有可能已达到30万人，但驻军还维持在8000人（见一章一节/二章一节）。37∶1的落差使得官方在武力统治上，已出现危机还浑然不觉。

另外在讨论朱案之前，有二个老问题必须先提及。其一是清代台湾的民变是否都为农民起义？"农民起义"是中国大陆学者在评定清代社会动乱时，口径一致的说法，朱一贵事件不可避免也成为其中一例。③ 然是否

---

① 不著编人，《清实录－高宗纯皇帝实录（六）》（北京：中华书局，1985年11月），页272～273。

② 洪安全主编，《清宫宫中档奏折台湾史料（一）》（台北：故宫博物院，2001年11月），页72～73。

③ 黄文英，《朱一贵领道的台湾农民大起义》，《长泰文史资料》，1981年第1期，1981年6月，页1～8。

通用于每一个案还需观察。陈孔立曾利用《明清史料》收录的口供，对朱阵营举事者的籍贯、年龄、家属、财产、职业做出分析；并且指出“朱一贵起义是在社会矛盾尖锐化的条件下，由农民阶级组织领导的、体现广大农民愿望的农民起义”。① 按作者的看法，农民起义应该不是单纯指在农业社会发动的举事而已；最重要的是它富有阶级的概念，设法透过武力的方式达成统治权轮替的目的。然而当时举事的领导者、参与者，都真的有阶级的概念吗？值得进一步验证。其二是清代台湾的民变，本质上是带有政治色彩的反清举事，还是从一般抗官举事演变成的燎原之乱？对于前者的讨论，通常都会接上“天地会”的故事，把各地举事（不一定只在台湾）说成具有传承性质，为了就是要“反清复明”。对于后者，它需要透过每一起个案来讨论，从一般“官逼民反”到社会、经济、族群问题等原因。

张莉认为朱案的直接原因是吏治腐败所致。尤以康熙五十九年（1720）福建巡抚吕犹龙举发的大案——题参台湾知府王珍、台湾知县吴观域、诸罗知县朱夔，并指控他们亏空官银 152675 两（差不多等于十年丁银、丁米的税收/见表三）。② 财政上出现这么大的漏洞，唯一弥补之道就是暗地转嫁于民，让他们负责摊派官员的疏失。这也是朱一贵在供词中提到的：知府王珍令他儿子代摄凤山知县，收粮每石折银七钱二分；无故拘禁百姓勒索钱银，不从者逐水递回原籍；强征牛只、糖廍、砍籐抽分，而这就是“官逼民反”的导火线。③

朱一贵福建漳州府长泰县人，康熙五十三年（1714）移民来台。原本想在台湾道充当辕役，不成后至大目丁（高雄县田寮乡大廍庭山）地方种田度日，兼以养鸭为生。④ 由于朱氏好武艺、广交游，在地方遂有“小孟尝”之称。⑤ 不过朱本人存有农民起义该有的阶级想法吗？不论从主、从犯的口供，以及日后他人的记述来看，丝毫找不到近似的证据。当时闽省文人蓝鼎元对于朱案始末，有一翔实的记载。虽然他撰文的立场，还是以官方的观点，看待这一群竖旗谋反的叛徒，但跟《口供》对照后仍有一定参考价值。根据蓝氏的描述，当时存有异志者不止朱一贵一人，居于凤山县罗汉门（高雄县内门乡）的黄殿，更是时谋不逞。康熙六十年三月十五日（1721.4.7），同县人李勇、李孝、康健等去古陈坑（高雄县田寮乡古亭

---

① 陈孔立，《清代台湾移民社会研究》（厦门：厦门大学出版社，1990 年 10 月），页 135。

② 张莉，《论台湾朱一贵抗清起义的历史原因》，《历史档案》，总 38 期，1990 年 5 月，页 89 ~ 94。

③ 台湾银行经济研究室编，《台案汇录己集》，台湾银行文献丛刊第一九一种，1964 年 1 月，页 2。

④ 洪安全主编，《清宫谕旨档台湾史料（一）》（台北：故宫博物院，1996 年 10 月），页 293 ~ 297。

⑤ 河乐，《胼手胝足、开发宝岛——漳属人民开拓台湾史略》，《长泰文史资料》，总第 5 期，1982 年 9 月，页 28。

坑），相率往见朱一贵，以地方官种种不堪为由，认为是举事的好时机。拜把后怂恿他以朱氏为名托称明朝后裔，大事方能完成。四月十九日（5.12）包括朱一贵在内的25人，在乌山头（高雄县内门乡与台南县龙崎乡界山）黄殿庄中焚表结盟，并各自会众得一千余人。①

后世的研究者通常会对朱阵营能在短时间内，动员到千余人感到惊讶；并认为除了背后早有一常设组织运作外，实无法达到如此的要求。但这并没有什么特别之处，也如同稍后会提到官军利用义民平乱时，在义民首的号召下也能动员到千人，甚至万人之势。朱阵营在拜把后，隔日即进攻岗山汛。四月二十一日槟榔林（5.14/屏东市）粤籍移民杜君英，遣部下杨来、颜子京与朱一贵联络，共议攻掠台湾府库。另外又有郭国正等起事于草潭（屏东县长治乡），戴穆等起事于下埤头（高雄县凤山市），林曹等起事于新园（屏东县新园乡），王忠起事于小琉球（屏东县琉球乡），皆愿意跟从杜君英攻府。很明显地按照所在地域的不同，民变军分成二大股势力，分别以罗汉门、槟榔林为首的朱、杜二个阵营。②

官军在府接到消息后，于四月二十一日（5.14）派镇标右营游击周应龙，领兵四百赶赴南路弹压。再函台湾道得允遣台湾县丞冯迪，征调四大社熟番——新港、目加溜湾、萧垅、麻豆共五百丁随行。同日大军驻扎离府城五里的半路店（台南县永康市），二十二日推进到角带围（台南县仁德乡）。当晚官军与朱部遭遇，是役敌军利用夜色掩护，袭击槺榔林汛（高雄县路竹乡）再获捷。周的部队被隔于台、凤的界河——二层行溪无法救援，于是敌军复劫掠于大湖（高雄县湖内乡）。四月二十三日（5.17）周的大军终于赶到小岗山（高雄县冈山镇），双方对阵朱部大败；朱向北逃入罗汉门，杨来、颜子京向东逃至杜君英处。隔日周收兵驻二滥（高雄县路竹乡），原本这是一个好的开始，殊知周应龙下令兵番杀贼赏银。熟番贪利戕害无辜良民邀功，朱阵营利用这股民怨分授以职，于是各乡纷纷响应，约二万余人投效。四月二十五日（5.19）南路营参将苗景龙报警，声称林曹夜攻新园，下淡水营汛已被攻陷。③

四月二十六日（5.20）周应龙大军开赴南路营盘（高雄市左营区），同日出战官军获得小胜。隔日双方列阵于赤山（高雄县凤山市）决战，朱一贵、杜君英密谋北、东夹攻，官军不察大败，周应龙逃回府治。此役朱、杜

① 《台案汇录己集》，页2、11；蓝鼎元，《平台纪略》，台湾银行文献丛刊第一四种，1958年4月，页1~2。

② 《平台纪略》，页2。

③ 《台案汇录己集》，页3；《平台纪略》，页3。

乘胜追击，向西攻克凤山县城。民变军为区分与官军不同，全以布巾裹头。在南路的战事中，守备马定国、张玉分别力守县城、下埤头，防区失陷时伤亡最惨。① 台湾府城闻南路之败大惊，文武官员各遣家属宵遁，士民睹状亦相率逃窜。此时新港社番趁火打劫，率众至府内劫夺，百姓不服群杀之，县官不敢闻问而进入混乱状态。② 台湾镇总兵官欧阳凯临危受命，急调镇标千余人，并命台协水师副将许云自安平率五百兵来援。四月三十日（5.24）镇台率军驻扎春牛埔（台南市东区），准备以逸待劳奋力一搏。③ 是役水师兵丁奋勇，又施放火器助战，朱一贵以人少败退；镇台遂命中营游击刘得紫，拨兵前往半路店堵截。五月一日（5.26）杜君英的援军赶到，朱阵营声势大振，以数万人之众围困官军千人。把总杨泰通敌，趁欧阳凯不备刺伤坠马，敌兵刀刃交加，遂成为第一位马革裹尸的台镇。④

春牛埔惨败后，自台厦道梁文煊以下文、武官员搭船逃离；不过虑港内商渔艇舰为敌所有，尽驱出鹿耳门齐赴澎湖。这一决定相当重要，也因为如此朱阵营在全台几乎定底之际，始终没有组织水师的能力；无法扩大战果进军澎湖，亦不能在官军反攻时阻敌于海。

此时只剩诸罗县城（嘉义市）还未沦陷，五月二日（5.27）赖改、赖池、张岳等在下茄冬（台南县后壁乡）竖旗，一时招到七八千人附和。隔日即北上进攻诸罗，北路营参将罗万仓亲自迎战，惜寡不敌众被刺死。⑤ 然民变军中也发生内讧。原来闽籍的朱一贵、粤籍的杜君英，在事成后因权力分配有了嫌隙，再加上原籍不同所引发的地域畛域，彼此的矛盾转趋激烈。五月中旬杜君英、林沙堂率粤籍数万人离开府治，往北历经盐水港、笨港、虎尾溪，并抵达猫儿干（云林县仑背乡）驻扎。朱一贵虽派人从中拦截，但无法阻止他们北上发展。杜君英以此为根据地，剽掠半线（彰化市）上下，仅南嵌（桃园县芦竹乡）以北得以幸免。⑥

诸罗县城被攻陷后，官军最后的据点仅剩淡水营孤守的北部。其实府城沦陷时，有奸民范星文潜踪入境，欲煽惑番民为叛，却被淡水营守备陈策擒斩。范氏是否为朱一贵指派，现已无从考证，但朱氏对淡水不是没有野心。

---

① 王瑛曾，《重修凤山县志》，台湾银行文献丛刊第一四六种，1962年12月，页474；连横，《台湾诗乘》，台湾银行文献丛刊第六四种，1959年9月，页41。

② 黄叔璥，《台海使槎录》，台湾银行文献丛刊第四种，1957年11月，页86。

③ 伊能嘉矩著，杨南郡译注，《台湾踏查日记（下）》（台北：远流出版事业股份有限公司，1997年2月初版二刷），页478。

④ 《台案汇录己集》，页4；《平台纪略》，页3。

⑤ 《台案汇录己集》，页5~6。

⑥ 《台案汇录己集》，页6、9、16；《平台纪略》，页9~10。

他在五月十一日（6.4）召见“平北将军”张看，令其从笨港发兵进攻淡水。然因夏季溪水暴涨，陆路行军困难遂打消此念。路途穹远或许让淡水营免去失败的噩运，不过陈策的举措也相当得宜，最重要的是他善用乡壮分布要害。这是之前官军所没有的作战方式，不重蹈孤军奋战再被歼灭的覆辙。①

台北故宫博物院所藏闽浙总督觉罗满保的满文奏折，对朱案举事后闽省应变之策记载颇详。省垣因海峡浪高船少的关系，直到五月六日（5.29）才接获竖旗的消息。满保立刻与闽抚吕犹龙会商，并决定让吕氏绥辑省城，专办粮饷军需，自己亲往厦门坐镇以图恢复；并飞饬南澳镇总兵官蓝廷珍，星赴厦门面商征台事务。五月八日（5.31）满保缮折回奏军务事项，他最初的想法是调南澳镇标与铜山营1200兵丁，备船20艘交由蓝鼎元指挥直取打狗江（高雄市）；调旗标与兴化协满、汉联军900兵丁，交由兴化协副将朱杰指挥直取蚊江、三林江（云林县麦寮乡/彰化县芳苑乡）；水师提督施世骠指挥提标2500名兵丁，再加上各水师营支援的3000名与督标支援的1000名兵丁，总共6500名大军直取台湾府城。② 五月十日（6.3）满保由陆路发前往厦门，十三日（6.6）施世骠不等满保，径自率领提标开赴澎湖，十五日（6.8）满保抵达厦门，十六日（6.9）施抵达澎湖，二十七日（6.20）蓝廷珍亦抵厦门。③

觉罗满保与蓝廷珍在厦门会商后，听从蓝鼎元的建议，对于进兵方案有了重大的更动。那就是集中大军强攻鹿耳门直取府城，放弃原本三路进兵，南北二路合围、中路攻坚的想法。④ 圣祖对于闽省反攻的计划，基本上采信任交付的态度。事实上台湾警报方至，他与几个皇子正在畅春园习射，皇子们请宣旨授机宜，但圣祖以大员悉合海外情形，惟恐降错旨反而误事，所以一直没有明发干预。⑤

六月一日（6.25）蓝廷珍统率大军8000余名、各型船只400余艘自厦门启碇；但航至青水沟（台湾海峡福建至澎湖段）时飓风骤起，把他们全吹回铜山岛。六月八日（7.2）全军再从铜山出发，十日（7.4）航抵澎湖与施世骠会合。现有一个问题是当时援军共有多少人呢？先前闽省原征调8600人，但此数字因计划更动有所改变。清末编纂的《台湾小志》上记载，

---

① 《台案汇录己集》，页6；《平台纪略》，页10。

② 庄吉发，《清代台湾会党史研究》（台北：南天书局有限公司，1999年5月），页62～63。

③ 《平台纪略》，页8～10；王必昌，《重修台湾县志》，台湾银行文献丛刊第一一三种，1961年11月，页557。

④ 蓝鼎元，《东征集》，台湾银行文献丛刊第一二种，1958年2月，页2～3。

⑤ 章梫，《康熙政要》，宣统铅印本，北京国家图书馆分馆藏。

当时全军有12000人、战船600艘。[①] 民初编纂的《台湾通纪》上记载，当时全军有8000人、战船400艘（一作600艘）。[②] 其实这二种说法都对，根据蓝鼎元的记录除了兵丁8000名外，还有舵工水手4000名同行，所以全军在澎湖聚集的人数为12000人。不过它并不是援军的总人数，因为还少算从福州径渡淡水驰援的军队，其人数约1700余名，所以平定朱一贵事件清廷总共派拨13700余名援台。[③]

施、蓝二人在澎湖除准备联艨进讨外亦攻心计，他们密令渔舟搭载化装后的兵丁，潜渡台湾遍谕城乡，令乡民竖良民旗以分化敌营。[④] 清末《兵鉴》难得收录全文，这封由觉罗满保奉上谕书写的文件，大意是晓谕百姓，此乱是一二匪类倡诱与众何涉？且台湾是一海岛，四面货物俱不能到，不可能长期顽抗。上不忍全体剿除，故暂停进兵，若督提镇统领大军围剿，尔等安能支持谅必就抚。[⑤] 所谓暂停进兵是多久呢？仅三天而已。六月十三日（7.7）大军由澎湖出征，十六日（7.10）舟师咸抵鹿耳门外。依据《口供》朱一贵当时指派郑定瑞，带领3000人去守安平，其中50名士兵分守鹿耳门。当望见清军战船时，郑定瑞急忙催讨救兵，朱一贵再差李勇带400名兵来守。再根据蓝鼎元的记载，当时守军炮轰确实猛烈，清军有办法成功登岸，全靠战船上的大炮反击时，准确命中鹿耳门炮台，在守军阵脚大乱时趁隙登陆。[⑥]

六月十七日（7.11）清军再趁大潮将船航入安平，朱一贵差严子京等率兵8000余来犯，双方在四鲲身对阵。清军复遣小船配合岸上攻势夹击，朱阵营大败退回七鲲身。六月十九日（7.13）朱一贵再差李勇等率兵万人进攻安平，清军以夹攻法故技重施，并配合优势火力炮轰敌阵，未几朱阵营全军皆溃退回府城不敢再犯。改采死守的策略，南至盐埕（台南市南区）、北至洲仔尾（台南县永康市）的海岸列阵如堵。二十一日（7.15）清军分兵从北方的圆港（台南县安定乡）与西港仔（台南县西港乡）登陆，两军在苏厝甲（台南县安定乡）交锋，朱阵营又败退。隔日再交锋于木栅仔、茑松溪（台南县永康市），清军再得胜遂在府城东方形成半包围网；安平的

① 龚柴，《台湾小志》，光绪十年版，北京国家图书馆分馆藏，页15。

② 陈衍，《台湾通纪》，台湾银行文献丛刊第一二〇种，1961年8月，页116。

③ 乾隆初年重修台湾县志云有17000人，但本书采信蓝氏的第一手记载。参阅《平台纪略》，页10~11；《重修台湾县志》，页557。

④ 丁绍仪，《东瀛识略》，台湾银行文献丛刊第二种，1957年9月，页99。

⑤ 徐宗幹，《兵鉴全集》，咸丰二年晚枫书屋刻本，北京国家图书馆分馆藏。

⑥ 《台案汇录己集》，页9~10；《平台纪略》，页13。

官军向前挺进，从濑口（台南市南区）与涂墼埕（台南市西区）攻入府城。①

上文提到民变军的内讧，在五月中旬以后更形激化。不过闽人多散居，粤人多集居，相斗的结果闽人常不敌。五月十日（6.3）凤山县粤民联合客庄——13 个大庄、64 个小庄，组织名为“六堆”的地方武力。何谓六堆？它是由中、前、后、左、右、先锋堆与巡查营组成。兵力分配中堆为1300 人，防守万丹区（今属屏东县竹田乡）；前堆为2100 人，防守水流冲区（今属屏东县长治、麟洛乡）；后堆为1500 人，防守塔寮区（今属屏东县内埔乡）；左堆为1500 人，防守小赤山区（今属屏东县佳冬、新埤乡）；右堆为3200 人，防守新营区（今属屏东县高树、美浓乡）；先锋堆为1200 人，防守阿猴区（今属屏东县万峦乡）；巡查营为集体编制，有1700 人，防守巴六河地方。② 六堆既成对闽人屠戮相当严重，甚者不问良民或朱阵营一概杀之，并烧其家掠其财。六月十三日（7.7）朱一贵调漳、泉籍部众数千，抵达新园、小赤山、万丹、滥滥等庄，彼此展开火拼。六月十九日（7.13）客庄齐竖良（义）民旗，决定与官军合流，这12500名的兵力不啻为官军的帮手，使得朱部崩解的速度更快。③

六月二十一日（7.15）官军收复府城时，朱一贵已提早撤退，并北走欲图谋恢复。二十八日（7.22）两军交锋于大目降庄（台南县新化镇），朱不支再败退；北渡湾里溪（曾文溪），连夜逃至下茄冬。闰六月五日（7.28）朱部至沟尾庄（嘉义县太保市）索讨饭食，沟尾庄杨氏家族为一方巨擘，早与官军取得联系要生擒朱一贵。于是杨氏一族密纠前庄、后庄、新埤、佳走、后潭（全在嘉义县太保市）等庄以待。闰六月六日（7.29）朱一贵渡朴子溪北上月眉潭（嘉义县新港乡），隔日（7.30）庄民杨雄骗回朱一贵返沟尾庄，就在当晚联合乡壮擒住朱一贵，立刻送往蓝廷珍帐下。④ 朱一贵的失败似乎自己也有预知，举事前就曾叹曰：“其共谋者杜君英勇而寡谋，李勇有将才，然有沉湎癖；汪飞虎其勇无敌，而性燥智浅；刘国基、江君论、陈福寿有才学而见机迟，其余碌碌不足数，恐大事终不成。”⑤

朱一贵被擒不代表该案已经落幕，他的余部仍有顽抗者。例如：六月二十四日（7.18）诸罗县民陈徽高举义旗，起兵攻克诸罗县城，但旋被翁飞虎、江国论所夺。该城的收复要到闰六月上旬，清军自郡北上以舟师逐港进

---

① 《平台纪略》，页 14 ~ 15；《重修台湾县志》，页 558。

② 台湾客家公共事务协会主编，《新个客家人》（台北：台原出版社，1993 年 2 月二刷），页 96 ~97。

③ 种村保三郎著，谭继山译，《台湾小史》（台北：武陵出版有限公司，2000 年 10 月三刷），页 118。

④ 《平台纪略》，页 18 ~ 19。

⑤ 川口长孺，《台湾割据志》，台湾银行文献丛刊第一种，1957 年 8 月，页 82。

攻，并配合陆师北上逐庄克定。另外淡水营守备陈策，亦引兵南下攻抵半线，再与自诸罗城北上的清军会师，全台大致定底。① 七月二十一日（9.12）江国论、郑元长等，又竖旗于阿猴林（屏东市），蓝廷珍发兵追剿贼立刻散矣。八月中旬以后余党杨君、李明聚众劫掠盐水港（台南县盐水镇），官军缉捕遂平。又有林君竖旗六加甸（嘉义县六脚乡），俱为诸罗知县汪绅文所获。再有黄辉、卓敬在旧社（嘉义县竹崎乡）、红毛寮（嘉义县水上乡）竖旗，但仍被官军敉平。朱一贵被计擒，那么杜君英的下落呢？在朱失败后，杜就逃入深山。尔后官军在观音山（高雄县大社乡），招抚到另一股头陈福寿；陈氏声称有办法再招抚杜君英出降，果真杜氏父子来蓝廷珍帐中投降。② 十月十六日（12.4）以杜君英为首的余犯，在闽浙总督觉罗满保的密令下，全都被押解到福州，再连夜送至北京与朱一贵同伙对质。康熙六十一年二月二十三日（1722.4.8）朱一贵、李勇、翁飞虎等俱判凌迟，杜君英、陈福寿等因自行投首被判斩立决，至此朱案重要的关系人皆伏法。③

然而朱的党羽全都被剿灭了吗？这倒未必。康熙六十年十月二日（1721.11.20）凤山县民陈成、苏清等竖旗于石壁寮。十月五日（11.23）大军追至剿平。再根据探报余匪巢穴还是设于罗汉门，并往来下淡水（屏东县万丹乡）之间。蓝廷珍决定一劳永逸根尽，遂遣兵番分三路进剿，一路从角宿（高雄县燕巢乡）、冈山（高雄县阿莲乡）、刘兰坡（高雄县田寮乡）进入；一路从土地公崎（高雄县大树乡）、阿猴林、板臂桥（屏东市）进入；一路从卓猴山（台南县山上乡）、木冈山（台南县左镇乡）进入；并派一支在大武垅（台南县善化镇）堵截。三路合围，十月二十七日（12.15）讨平。④ 康熙六十一年三月十五日（1722.4.28）凤山县民林亨竖旗，官军大举出动搜捕，并南至大昆麓（屏东县枋寮乡），北到铁线桥（台南县新营市）清剿。另有股匪藏匿于诸罗县后山小石门、得宝寮（嘉义县竹崎乡），蓝廷珍檄北路营与噍吧哖社番100名入山围剿遂平。四月八日（5.22）又有诸罗县民百余人，在八掌溪、小溪洲（台南县盐水镇）拜旗，趁夜进攻竹仔脚塘（台南县新营市）。但此辈夜聚晓散，官军一时之间无从缉获，遂令营、县广差侦探，拿获剧贼40余人全解福州正法。五月三十日（7.13）诸罗县民郑仕图谋竖旗未果，六月十九日（8.1）遭知县周锺瑄拿获搜出档册

① 《平台纪略》，页19~20。

② 扪虱谈虎客，《近世中国秘史》（扬州：江苏广陵古籍刻印出版社，1997年3月二刷），页318~321。

③ 萧奭著，朱南铣点校，《永宪录》（北京：中华书局，1997年12月二刷），页12。

④ 诸家，《台湾舆地汇抄》，台湾银行文献丛刊第二一六种，1965年9月，页55；《东征集》，页18~19。

被正法。①

朱案至此才算进入尾声，约十六个月（1721. 4. 7 ~ 1722. 8. 1）的平乱与绥靖，清廷共花费纹银二十六万两，代价不可谓不大。② 因此也有许多问题可以被检讨：其一，官番武力合作平乱需在统合下进行。乱初四大社熟番跟着周应龙南下作战，但因纪律不良反而误事；之后新港社熟番又趁乱，在府城恣意劫掠，扰乱后方民心士气。不过官军反攻时，在围剿罗汉门、小石门、得宝寮残匪时，已获得一些经验，所以在调度熟番武力方面，并没再出现自乱阵脚的情况。

其二，官民武力的结合是另一种可行之道。官民合作经验的首例在淡水，该营守备陈策利用乡壮配合协防，成功地固守阵地等待来援。尔后六堆客庄趁势投靠朝廷，以“义民”之姿参与平乱；“义民”遂成为日后民变，亲官方民人武力的代名词。③ 朱案结束后朝廷从优议叙，发给守土义民劄付115张，引兵杀贼义民劄付36张，擒贼义民劄付23张，做到了收编民人武力为己用的目的。④ 从这里也可以观察，大抵在朱一贵就擒后还复叛的地区，多是官方武力收编较弱的地区。它包括：阿猴林（屏东市）、盐水港（台南县盐水镇）、六加甸（嘉义县六脚乡）、旧社（嘉义县竹崎乡）、红毛寮（嘉义县水上乡）、石壁寮、罗汉门、小石门、得宝寮（嘉义县竹崎乡）、八掌溪、小溪洲（台南县盐水镇）。幸而武力控制所不及，还有其他方法可以补救——购线。广布密探侦察贼踪，再联络兵役、民壮趁机捉拿也是一种选择。例如：朱一贵、郑仕落网的方式就是如此。甚至到了雍正二年（1724）拿获“国公”王忠，雍正十二年（1734）拿获“漏逆”蔡马益也靠此法。⑤

其三，朱案也是台闽绿营首次合作平乱的案例。台湾绿营整编之初，其实没有设想到日后需要应付层出不穷的民变，还要从内地调拨大军支援（见二章一节）。结果这一次的举事，让官方学到教训，那就是不管官军在内陆作战如何惨败；最起码的要求是一定死守住港口城市，等待福建绿营或他省军队来援。纵观此次福建绿营征台的兵力为13700名，与原台湾绿营8000名比较，还不到后者的一倍。再与当时全台约有三十万人比较，大概是以

① 《近世中国秘史》，页323 ~ 327；《东征集》，页20 ~ 21。

② 洪安全主编，《清宫宫中档奏折台湾史料（二）》（台北：故宫博物院，2001年11月），页939。

③ 金关丈夫原编，林川夫主编，《民俗台湾（第七辑）》（台北：武陵出版有限公司，1998年1月二刷），页89。

④ 《重修台湾县志》，页559 ~ 560。

⑤ 内阁汉文题本（北京大学移交部分），胶片号52，中国第一历史档案馆藏；中国第一历史档案馆编，《雍正朝汉文朱批奏折汇编（第二十六册）》（上海：江苏古籍出版社，1991年3月），页388。

21:1 的兵力平乱。官军虽说不能用赢得侥幸来形容，但在未有经验的前提下也算赢得冒险，半靠攻台前朱阵营分裂所赐。

其四，原籍的问题使得民变背后的成因更形复杂。十九世纪西洋传教士观察中国社会，对其所有好奇事务之一，就是原籍重于现居地的观念。① 按朱一贵的口供，他声称自己是漳州府长泰县人，结果漳州人在台湾作乱，应该算是台湾民变吗？从属地的角度来看，当然是台湾民变毫无疑问；但从属人的角度来看，其实还有讨论的空间。这就是移民社会的根本性问题，因四处迁徙而飘忽不定的移民，徒增官府统治上的困难。清廷也注意到了，例如：乾隆元年（1736）福建水师提督王郡就曾提到，朱案的爆发就是移民在台思耕、觅利不得，又无由欲回内地，以致“人贪志短流入邪辟，渐致唆使番民扰乱地方”。② “罗汉脚”指的移民来台，单身且无娶媳的成年男子。这一些人以往都被视为引起台湾动乱的祸首。最近的研究成果有替这些人“叫屈”的声音，认为应该用“乡土之谊”来看待。③ 然当时官方的记录，会有如此描述的原因，就是多数罗汉脚的原籍并不属于台湾。很显然当时官方是从“属人”的角度来进行统治。

朱一贵事件是清代台湾第一起大民变，所以跟他相关的传说、故事亦不少。由于朱氏以养鸭为业，谣传有驭鸭的能力，因此民间习称“鸭母王”。④ 当然朱一贵不是如此自称，他在攻入府城后，遂自命为“中兴王”，建年号永和。在他大起大落的故事里，民间的俗文学有一首关于他的歌谣流传。⑤ 在善后工作中——雍正元年（1723）甫即位的世宗，加恩宽宥朱案参与者在福建的亲属，免其连坐死罪均解部充奴。⑥ 而它对清廷的意义就是获得宝贵的平乱经验，这对应付日后发生的大案来说益形重要。

2. 林爽文事件

林爽文事件被列为乾隆朝十全武功之一，就足以说明作为一介民变，对当时清廷震撼的程度如何。⑦ 对于该民变的性质，之前的研究已有精彩的讨论，例如：有谓反清民族起义、反贪官起义、地主阶级领道的起义、农民阶

---

① 明恩溥（Arthur Henderson Smith，1845～1942）著，林欣译，《中国人的素质（Chinese Characteristics）》（北京：京华出版社，2002 年 6 月），页 43。

② 乾隆朝汉文录副（军机处录副），微缩号：031－0530，中国第一历史档案馆藏。

③ 简炯仁，《台湾开发与族群》（台北：前卫出版社，2001 年 10 月三刷），页 75～81。

④ 娄子匡，《台湾人物传说（上）》（台北：东方文化书局，1976 年 4 月），页 40～42。

⑤ 黄秀政，《朱一贵的传说与歌谣》，《台湾文献》，第 26 卷第 3 期，1975 年 9 月，页 149～151。

⑥ 佚名编，《雍正上谕（元年至三年）》，清抄本，北京国家图书馆分馆藏。

⑦ 乾隆五十七年（1792）御制十全记成。参阅印鸾章，《清鉴》（北京：中国书店，1985 年 3 月），页 373～479。

级领导反地主阶级的起义、天地会领导下城乡小生产者反贪官的武装斗争。① 虽然上述的看法部分呈现两极，但用“阶级矛盾”来诠释民变，仍是中国大陆学者研究的主轴。简单地说它是不是农民起义？美国学者许文雄利用清宫档案，把林阵营参与者的背景做更系统的整理，结果发现先前天地会成员与之后举事被拿获者，在职业别上有些许的不同，其差别在于“地主”的人数。前者统计出有地主（包括富翁）5 人，后者竟多达 18 人。也就是说在举事之后，以天地会为主体的林阵营，其组成分子有扩大参与的迹象，尤其以地主身份加入者最为显眼。而且还必须注意一点，档案中所记地主者应指所谓“业户”，如果把档案中所记耕种者，假设为“佃户”的话，这批另一层意义的地主人数又更多了。② 所以说把该事件视为农民起义，其实是有待商榷的。

那么它的本质应该为何呢？从举事的文告来看，可以客观地说明。文告不止一份，现存最早的一份是天运年十二月八日（1787. 1. 26）贴于茄冬坑（南投市）的晓谕，大意是“台湾皆贪官污吏，扰害生灵本帅不忍不诛，以救吾民”。第二份发于顺天年三月（1787. 4），开头就是照得本盟主因贪官污吏剥民脂膏，爰是顺天行道共举义旗，剿除贪污拯救万民。第三份发于顺天年七月（1787. 8），开头亦是照得本盟主，因文武贪污剥民膏脂，爰举义旗共灭剿除以快民心。③ 由此可见它并无任何政治或社会阶级上的诉求，所要求的是剿除贪污拯救万民而已。因此可以说它仍是抗官举事演变成的燎原之乱，原因和朱一贵事件相似，都是受不了官方无度的需索。不过如此的“官逼民反”还是与朱案有相异之处，那就是林案背后有天地会为依恃，不同于朱案举事前仅是简单的序齿拜把。天地会的重要性在于，它形成一个组织性的平台，可以容纳许多职业不同的人参与。所以除了地主之外，还包括：小贩、佣工、和尚、屠夫、挑夫、捕役、书吏、店家等等（会党讨论见第二章第三节）。④

而称它是因抗官演变成燎原是有原因，这必须从乾隆四十九年三月（1784. 4），福建漳州人严烟在台传播天地会说起。同年严烟在彰化县阿密里庄（台中县乌日乡）遇见林爽文后，因严氏见林爽文为人慷慨，再加上林

---

① 秦宝琦，《洪门真史》（福州：福建人民出版社，2000 年 8 月二刷），页 34 ~ 44；《清代台湾移民社会研究》，页 139 ~ 153。

② 许文雄，《林爽文起事和台湾的发展》，清代档案与台湾史研究学术研讨会，2001 年 6 月 15 ~ 16 日，页 4 ~ 12。

③ 中国人民大学清史研究所、档案系中国政治制度史教研室合编，《康雍乾时期城乡人民反抗斗争资料（下）》（北京：中华书局，1979 年 8 月），页 779 ~ 782。

④ 许文雄，《林爽文起事和台湾的发展》，页 4 ~ 6。

氏主动要求入会，遂把天地会暗号、口诀传给他。林爽文随后又约多人入会，于是台湾天地会成立。乾隆五十一年六月（1786.7）诸罗县民杨光勋、杨妈世兄第，因析分家产不睦各自结会以援。杨光勋组添弟会，杨妈世组雷公会彼此互斗。当月署诸罗知县董启埏（原职台防同知）闻讯，恐械斗酿成大案，率领兵役逮捕一干人等。同月该县石榴班汛兵拿获天地会分子张烈。于是被董启埏漏捉的杨光勋，遂在张烈押解途中劫囚逃逸。尔后杨旋被捕获，但张逃往大里杙（台中县大里市）投靠林爽文。同年八月（1786.9）林爽文在大里杙邀集伙伴，再次歃血焚表拜盟约誓。①

现在的问题是为什么添弟会的杨光勋，要出手帮助天地会的张烈呢？多数的研究者认为添弟会并非天地会的化名，事实上它们是两个不同的组织。因此可能的原因就是张烈、杨光勋，二人其中之一或是二人，既是添弟会的成员，也是天地会的成员。② 现藏台北故宫博物院军机处档的林爽文《供词》，就提到当时“斗六门地方有杨光勋弟兄，因分家起衅立会招人入伙，被人告发并牵连我们，一齐呈告。”③ 再根据胡珠生的研究，同一时间除了严烟来台传布天地会外，亦有李水、黄元、许四仪、卢孔、陈欺、许登珑、林漏、林叶、黄添助、陈叶、林宁来台传布天地会。只是在众多天地会支系中，以严烟—林爽文这一支最盛。④

林爽文在收留张烈之后，官府对其事的处理分成二派；一派以新任彰化知县俞峻为代表，主张此辈非急治不可，欲严捕之；另一派以臬司李永祺、台湾镇总兵官柴大纪为代表，欲大事化小仅究杨光勋之案。⑤ 乾隆五十一年十一月六日（1786.12.25）台湾镇总兵官柴大纪巡阅北路，七日抵彰化县城后旋要回郡，俞峻阻止仍不依。十一月十六日（1787.1.4）在台湾道永福的坚持下，柴大纪勉强调派镇标中营游击耿世文，统带300名兵丁开赴彰化，并传檄北路协副将赫生额前往大里杙剿捕。永福怕有变，亦委台湾知府孙景燧赴彰化佐理。十一月二十二日（1.10）赫生额、耿世文、俞峻驻扎大墩（台中市西屯区），官方的记录是此时庄民至军前献款，大军喜之遂不为备，然真是如此吗？⑥ 实情是官军威胁庄民要擒献林爽文，否则大肆毁村，且不

① 庄吉发，《清代台湾会党史研究》（台北：南天书局有限公司，1999年5月），页133~137；秦宝琦，《清前期天地会研究》（北京：中国人民大学出版社，1998年8月二刷），页246~249。

② 乾隆五十二年台湾知府杨廷理在私著提及，杨光勳（勋）、张烈曾加入天地会。参阅杨廷理，《东瀛纪事》；摘自诸家，《海滨大事记》，台湾银行文献丛刊第二一三种，1965年6月，页47。

③ 刘如仲、苗学孟编，《台湾林爽文起义资料选编》（福州：福建人民出版社，1984年3月），页218。

④ 胡珠生，《清代洪门史》（沈阳：辽宁人民出版社，1996年5月），页142~143。

⑤ 谢金銮，《续修台湾县志》，台湾银行文献丛刊第一四〇种，1962年6月，页373~374。

⑥ 佚名，《平台纪事本末》，台湾银行文献丛刊第一六种，1958年5月，页3~4。

分青红皂白先焚数小村充作警告。因此林爽文得以挟民怨，集众大举攻营。①

不过竖旗举兵一开始却不是林的意思，反而在同伙的推戴下，让他骑虎难下成为抗官之首。根据林爽文与三弟林跃星、族叔林绕的《供词》，最先有反念的是林泮、王芬、刘升等。林氏族长——林石、林绕见状不对，赶紧把林爽文藏匿在粪箕湖（台中县雾峰乡）内山。刘升本人也供称，十一月二十五日（1.13）有二百余人集结于茄荖山（台中县草屯镇），原本要推林爽文为大哥，但林不出只得让他带领。他们在十一月二十七日（1.15）以千人之众夜袭大墩营盘，斩杀赫、耿、俞三人及兵役数百人。二十九日（1.17）以三四千人攻破彰化县城，再斩孙景燧、北路理番同知长庚、彰化知县刘亨基（台防同知卸任后署）、北路中军都司王武宗。之后众人不服刘升，执意要林爽文领道，在林泮的运作下，林爽文终于下山。② 就在同日，大肚社番携带大甲社通事的文报，急赴府城报警。十二月初闽浙总督常青、福建巡抚徐嗣曾、陆路提督任承恩、水师提督黄仕简均收到消息，立刻采取应变措施并缮折急奏，从朱批落款的时间来看，高宗在十二月二十七日（2.14）才得知此事。③

林爽文阵营在攻取彰化县城后，下一步该如何进行成为关键，他们知道官军一定都在严阵以待。闽督抚与二提臣在接到消息的第一时间，除了调动内地大军准备增援外，亦分饬营县调派乡勇、熟番协防，最重要的是分头堵御，避免乱事扩大。④ 此时“军师”董喜、陈奉献计，大军直赴南路，淡水战事由偏师经略则可。只是鹿港切近彰化，必须再分兵取之。乾隆五十一年十二月一日（1787.1.19），林爽文留700人守彰，分600人由“扫北将军”王芬（作）指挥袭扰淡水，自己亲率千余人南下袭取诸罗县城。⑤ 同日淡水厅战事即有进展。稍早护理淡水厅同知程峻、北路协右营守备董得魁，接获彰化县城失陷的消息，立刻调集兵马赴中港（苗栗县竹南镇）堵御。王芬的部队沿山岭行军避开侦伺，并联络到月眉（新竹县峨眉乡）庄民李同、猫里社（苗栗市）黄阿宁接应，暗渡至竹堑厅治外山丘。程峻闻讯旋回师北上，但过于轻敌急攻丘顶的官军，被王芬伏击歼于途中，随后王攻城轻取

① 昭梿著，何英芳点校，《啸亭杂录》（北京：中华书局，1997年12月二刷），页154。

② 《台湾林爽文起义资料选编》，页218～221、233、252。

③ 中国第一历史档案馆、中国人民大学清史研究所合编，《天地会（一）》（北京：中国人民大学出版社，1980年11月），页178～188。

④ 《天地会（一）》，页185～189。

⑤ 《平台纪事本末》，页6～7。

厅治。①

淡水厅治得手后，民变军不免松懈。王芬随后把部众分为两股，一股5000人守后垅（苗栗县后龙镇）、一股5000人守厅治。程峻的幕友寿同春见有机可乘，约前任竹堑巡检李生椿、明治书院掌教孙让，纠合义勇13000人，于十二月三日（1.21）反攻光复厅治。② 这些义勇都是新埔庄（新竹县新埔镇）陈紫云、七十份庄（苗栗县铜锣乡）钟瑞生等客籍人士号召组成。③ 至于在林爽文这一边，他所经之处官军无不望风披靡，其重要汛地如：斗六门、笨港守兵皆避去。十二月四日（1.22）大军抵西门外台斗坑（嘉义市）。④ 诸罗县城的守军，前经镇台柴大纪拨600人驰援，加上原驻军共有800人。根据"镇北将军"林扇的《供词》，他攻城指挥的部众就有一千多人，尚不包括其余的股匪，因此诸罗守军其实是坐困孤城。六日（1.24）得内应，林军从北门杀入，署知县董启埏、前署知县唐镒、镇标左营游击李中扬皆死之。⑤

之前私家著述指出，林爽文在攻得彰化县城后，即自命为"顺天大盟主"，建年号"顺天"，这在时间上有问题。根据"鹿仔港管海口总爷"高文麟的《供词》，林在取得彰城后是自命为"盟主大元帅"，然后再分封众将军、军师。虽然在旗号上已书写"顺天"字样，但并没有提到建元。上文提及十二月八日（1787.1.26），贴于茄冬坑的文告还用天运纪年，可见得直到攻取诸罗城后，林还没有建元。现存最早一张署名顺天大盟主的告示，是在顺天年元月四日发出（1787.2.21），所以顺天年号与顺天大盟主的出现，应是在往南进攻府城时，林爽文才打出的名称。⑥

淡水厅城被官军收复后，十二月八日（1.26）王芬开始反攻。但战事进行的极不顺利，根据猫盂庄（苗栗市）股头李载的《供词》，他率领的一百余人部众进攻，在后垅受到粤籍义民的抵抗遂败退。甚至于王芬在返回途中，还被鹿仔港义民拿获正法。经过这次损失，林爽文没有再北图的计划，仅命"游巡将军"王茶驻守犁头店（台中市南屯区）。连番的失利还不止于此，再根据"海防同知"刘志贤、"副元帅"杨振国的《供词》，十二月十

---

① 杨廷理，《东瀛纪事》；摘自诸家，《海滨大事记》，页49。

② 周玺，《彰化县志》，台湾银行文献丛刊第一五六种，1962年11月，页110。

③ 金关丈夫原编，林川夫主编，《民俗台湾（第二辑）》（台北：武陵出版有限公司，1998年1月二刷），页246。

④ 《平台纪事本末》，页6~7。

⑤ 《平台纪事本末》，页7；《台湾林爽文起义资料选编》，页240~241。

⑥ 《台湾林爽文起义资料选编》，页252。

二日（1.30）台湾水师协左营守备陈邦光，率领义民多人反攻亦收复彰城。①

十二月八日又有一场新的战事爆发，那就是在台北盆地的激战。由于竹堑厅治已固守，使得同属一厅的台北，不必担心林阵营的人马能相互支援。然官军还是赢得辛苦。当日有贼众八百多名突到海山口（台北县新庄市）抢劫，海山汛外委廖攀龙不支败走。其实廖氏有通敌的嫌疑，在乱前就曾转送二三十斤火药给“总曹帅府”林全。“先帅”林小文是台北战场的大股首，也是天地会成员，在林爽文举兵彰化之时，就计划招到五百多人来个北、中呼应。不过据他供称，十二月十二日署淡水营都司易连（原任该营守备）已得到情报，带领兵丁、义民一千多人前来新庄擒拿，林小文不敌逃至昆仑山（台北县龟山乡）。② 林小文的回答避重就轻，若按档案记载可不是这样。

易连向闽督常青禀称，十二月十日（1.28）八芝兰（台北市士林区）贼首赖水、郭稳，新庄贼首林小文等，下庄仔、中港厝（新庄市）贼首黄祖成等，摆接庄（台北县板桥市）贼首赖树等，沪尾（台北县淡水镇）、八里坌、长道坑（台北县八里乡）贼首何马等皆竖旗。十三日（1.31）官军反攻，易连亲率兵丁由营盘直攻新庄，董得魁率兵从艋舺（台北市万华区）渡河攻下庄，直抵草店尾大街（新庄市）。收复后易连再进攻（三山）国王庙。五百名义民由武朥湾（板桥市）渡河进攻中港厝，600 名义民由中港厝进攻海山头，粤籍义民埋伏彭厝庄（台北县树林市）截杀贼匪。同日再命沪尾庄义民 300 名、和尚洲庄（台北县芦洲乡）义民 600 名、大坪顶庄（台北县淡水镇）义民 400 名，进攻沪尾、八里坌、长道坑的敌阵。十四日（2.1）淡水营千总张正耀率兵 300 名，配合和尚洲庄义民 500 名，以及北投、琪里岸庄（台北市北投区）义民 600 名，从上埤头（台北市中山区），往东攻抵内湖白石湖山，再渡基隆河往西北攻抵八芝兰员山仔。这一场战役双方损失惨重，各死伤百人。十五日（2.2）易连再率兵 300 名，从新庄搭船经淡水河、新店溪，由溪州（台北县永和市）登陆，直攻芎蕉脚（台北县中和市）。张正耀率义民 800 名，由加腊仔（台北市万华区）渡新店溪，直攻南势角（中和市）。大坪林（台北县新店市）义民 500 名，渡暗坑溪直攻暗坑仔（中和市）。三路合围摆接的敌军，林阵营大败余部逃入藤寮坑山（台北县土城市）。易连再命令石头街庄（树林市）粤籍义民 700 名，三角

① 《台湾林爽文起义资料选编》，页 220、230、240、242、252～253、293。

② 《台湾林爽文起义资料选编》，页 238、264～266。

湧庄（台北县三峡镇）义民600名合攻樣仔林，残匪复聚暗坑仔。①

十二月四日（1.22）台湾镇总兵官柴大纪回奏，据称已调拨镇标300名、台湾水师协300名士兵，共同防守要地铁线桥（台南县新营市）。然这一支军队听闻贼势颇盛，遂退回三坎店（台南县永康市）。五日（1.23）柴大纪带兵北上，六日（1.24）行至湾里溪（台南县善化镇）时，得知诸罗县城已失旋退回盐埕桥（台南县永康市）。② 当时柴大纪逮获间谍一名，鞫问之下才知林爽文欲从海、陆夹攻府城。原来民变军从诸罗南下，陆路先进占下茄冬（台南乡后壁乡），再袭扰盐水港（台南县盐水乡），并在大穆降（台南县新化镇）扎营，从此地到府城约拥众数万。至于海路攻击者从笨港出发，七日（1.25）林的部众利用渔船，在夜色的掩护下欲趁机登岸，但被守军以火炮轰散。根据林阵营"存城千总"苏普的《供词》，他们在十二月八日（1.26）发动对盐埕桥的攻击。而参加府城攻防战的有股首赖达率领的两三百人，股首蔡福率领的二千多人，"中南总统大元帅"陈秀英指挥的一万余人，"镇国大将军"柯春率领的五六百人，"镇北大将军"林九率领若干人等。官军能以寡击众，可说全靠火器。林爽文自知火器难敌，利用沾湿的棉被外蒙牛皮当做巨盾，导引全军攻击前进。十二日（1.30）双方在盐埕桥决战，官军防线濒临失守，幸亏台湾知县王露招募八百名义民助战，战局才转危为安。十四日（2.1）澎湖协右营蔡攀龙率700名士兵援台，这是第一批岛外的援军，府城军民见有援兵来始有固守之志。③

盐埕桥战事持续多久呢？根据林爽文供词描述，这一场战事一直持续到十二月三十日（2.17）为止。其间双方互有胜负。十二月十一至十三日（1.29～1.31）的战斗，官军有办法破敌，其实全靠火器建功。尤以十三日夜柴大纪用计，命令守备邱能成带兵300名，绕至敌人后方，企图利用火铳首尾夹击。隔日林军不察大败，林爽文手臂亦中枪退至大穆降。④ 林的攻势受挫，但南路庄大田却有斩获。庄大田也是一位传奇性的人物，历史上虽都称此案为林爽文事件，但实际上他们是一南一北的两位渠魁。而庄的传说不会比林爽文少，甚至在福州《颍川陈氏族谱》还称他为凤山盗魁。⑤

根据庄大田本人的《供词》，他本人有田四十余亩（约4甲），蔗园一年收糖二千余斤，房子十余间，显然是一地主绝非盗魁。乾隆五十一年十一

---

① 《天地会（一）》，页221～223。

② 《天地会（一）》，页199；陈寿祺，《福建通志台湾府》，台湾银行文献丛刊第八四种，1960年8月，页1007。

③ 《台湾林爽文起义资料选编》，页221、232～233、237、240、291；《平台纪事本末》，页8。

④ 《台湾林爽文起义资料选编》，页218；《平台纪事本末》，页8～9；《天地会（一）》，页236。

⑤ 庄为玑、王连茂编，《闽台关系族谱资料选编》（福州：福建人民出版社，1984年8月），页431。

月二十七日（1787.1.17）林阵营攻破彰化县城，十二月初即遣人联络庄大田的族弟——庄大韭举事。庄大韭招集一百余人至阿里港（屏东县里港乡）抢劫，后因大韭年纪仅20岁不能服众，众人欲公推庄大田为大哥。然也跟林爽文的处境一样，庄大田不愿担纲，遂躲到台湾县三角窟（高雄县旗山镇），但最后还是被追回接受簇拥。十二月十二日（1.30）庄大田率领两三千人，从笃家港（屏东县里港乡）发兵攻凤山县城（高雄市左营区）。此时庄大田自命"南路辅国大元帅"，部众首目曰"旗头"，从者曰"旗脚"。隔日城破知县汤大奎、典史史谦死之，南路营参将瑚图礼前因出城对阵幸免。十四日（2.1）府城见到南路营溃兵，方得知县城失陷。之后瑚图礼南奔打鼓港（高雄市鼓山区），再趁隙沿海岸线北逃回府城；驻扎山猪毛汛（屏东县三地乡）的下淡水营都司陈朝魁，未经战阵也逃回府城。①

南路营的惨败相当没有道理，早在十二月六日（1.24）台湾道永福就遣举人曾中立至"六堆"联络客粤籍义民。凤山县城破后，教谕叶梦令、训道陈龙池，亦逃至埤头（高雄县凤山市）组织义民。只是六堆的八千名义民反应太慢，在县城被攻破后才出兵笃家、阿里港冀图牵制。尔后庄阵营驻扎南仔坑（高雄市楠梓区），隔下淡水溪对六堆保持警戒。林爽文在大穆降获知庄大田的捷报后图谋再举，台防同知杨廷理闻讯得知他们想会师于大武垅，遂想早一步出兵断其合流。二十四日（2.11）杨与镇标中营守备王天植出阵，在大湾（台南县永康市）与林阵营爆发激战。此役林部左右包抄，官军大败杨、王二人几不保，幸有熟番数十人随护才能逃归。杨的计划失败，林爽文、庄大田偏师终于在大武垅会合，对府城完成一个大包围网。三十日（2.17）林爽文设坛祭纛，准备大举进攻府城，亲率部众攻大东门，台湾道永福与杨廷理拒之。林的偏师攻桶盘浅（台南市南区），台湾知县王露率义民千人拒之。然林爽文过于躁进，被杨廷理出小东门、台湾水师协右营游击郑嵩出小南门合围，林部大败撤退，郑嵩趁胜救桶盘浅亦驱敌。此役林爽文斗志锐减异，一来因淡水厅城、彰化县城被官军收复，二来听闻内地将派大军征剿，遂有北归意念。隔日他把大营改扎于盐水港准备持久战，自己先回诸罗县城。②

乾隆五十一年十一月二十七日至五十二年一月四日（1787.1.15～1788.2.21），所谓林案的第一期就结束了。这一阶段最为重要，因为月余的时间，都是台湾绿营独自作战的状态，所以是讨论地方武力一个很好的个

---

① 《平台纪事本末》，页6～7；《台湾林爽文起义资料选编》，页224～228、235～236；钱仪吉编，《碑传集（112）》（台北：明文书局，1985年5月），页756～758。

② 《平台纪事本末》，页11～12；《台湾林爽文起义资料选编》，页218；《续修台湾县志》，页375。

案。它有三点必须注意：其一，兵民比例的问题。从表四十二来看，虽说是乾隆二十一年（1756）的数据，但仍可粗浅做一参考。在所有厅、县戍防中，以淡水厅兵民比例差距最小（表中称桃竹苗/台北）。在桃竹苗的部分为14∶1，此地较强的驻军比例，迫使王芬北攻竹堑城时，要辛苦地从山丘行军已避其锋。再者是台北的部分为27∶1，此地次强的驻军比例，使得官方在与民人武力合作的关系上，做出了一个最成功的示范。至于其他地方的驻军比例，均已高过25∶1的范围，在戍防基础上极为不利。尤其是台中的133∶1，彰化的121∶1，嘉义的136∶1，无怪乎林爽文举兵之初，可以很快冲破当地的防线。

其二，官军与民变军人数的问题。台湾绿营人数是固定的（见表四十一），因此要讨论的是支持官方的义民人数，以及林爽文、庄大田阵营的人数。以往的研究结果总认为，林、庄举事的迅猛是得益于天地会的支持；即靠着会党潜伏的组织，才有一呼百应的效果。这种看法恐有待商榷，因为朱一贵事件也有类似的现象，但朱案就无会党运作。为什么会有这种效果？林案与朱案有一共同点，就是官军在弹压过程中，因不分青红皂白所激起的民怨。这一点在乱初是一个有力的号召。所以从大墩战役，直到府城大东门、桶盘浅战役结束，小计林阵营招集约42100人，庄阵营约3000人。当然官方也非省油的灯，在招集义民人数上，亦有局部的优势。台北就是一个典型的案例，当时共招募到6400人，比淡水营500名士兵还多出12倍。台北能在六天（1.28～2.2）之内定乱，全靠义民之功。桃竹苗的义民人数更多为13000人，可惜的是他们是在厅治沦陷后才招募，事功上比台北稍差一些。府城的表现也尚可，大致上也有1800名义民参与协防，稍微弥补官兵的不足。六堆的8000名义民在乱初仅表现自保而已，在战略上也没有和下淡水营（营盘在万丹）结合；使得庄大田的部众可以在无后顾之忧的情况下，急速进兵抢攻凤山县城。

其三，官方对熟番的征调。朱案之初的失败经验，让官方重新再启用它们，显得格外谨慎。事实上十二月六日（1.24）台湾道永福，就曾招到熟番1000人相助。① 这些熟番也发挥一些作用，例如：二十四日（2.11）杨廷理与王天植能全身而退，就靠他们护卫。不过最重要的是争取到彰化县岸里大社熟番的助战。台湾大学图书馆典藏一份珍贵的资料，就是在乾隆五十一年十二月底，由义（番）首潘士兴与1200名番丁署名的随军清册，证明

---

① 杨廷理，《东瀛纪事》；摘自诸家，《海滨大事记》，页50。

了台湾中部熟番与南部一样，在林案的第一期就投效清廷。①

此外多数火器仍掌握在官军手中，使得第一期战况还有力挽狂澜的余地，也是功不可没的因素。从第二期开始，本书讨论的焦点要放在内地大军，对台湾守军的增援方面。这肇因于官方能与台湾民、番武力合作的对象，在第一期大致上都有接触。所以才有“从官的从官、从贼的从贼”，二大壁垒分明的阵营出现。清廷为了早日平乱，除了调动大军渡台之外别无他法。

第二期是从乾隆五十二年一月五日至三月二十日（1787.2.22～1787.5.7）。即福建水师提督黄仕简、陆路提督任承恩在台指挥作战阶段。黄氏在去年十二月十五日（2.2），自厦门登舟放洋后，到了元月四日（2.21）才在鹿耳门登岸。任氏在去年十二月十七日（2.4），自泉州开航后，到了元月六日（2.23）才在鹿仔港登岸。高宗对二提臣同时赴台甚感不满，以“岂有水陆两提督远涉重洋办一匪类，置内地于不顾之理”传旨申斥。② 根据《纪略》的记载，迟至乾隆五十二年二月（1787.3）为止，援台的军队除了有水、陆二提标、金门镇标、铜山营、长福营、兴化营共4400名外，亦有海坛镇总兵官郝壮猷指挥的1500名、延平协副将林天洛指挥的1000名、汀州镇总兵官普吉保指挥的600名、福宁镇标标右营游击延山指挥的1000名、闽安协副将徐鼎士指挥的1000名。只是这9500名士兵部署得极不平均，大体维持府城守军7500名，鹿仔港1000名，八里坌1000名（这1000名原本支援鹿仔港，因风漂流到台北）。③

淡水厅多了这1000名的生力军，加上原淡水营500名士兵，招募到的义民6400名，使得守军战力大增。一直到该乱被平定为止，敌军都不敢再越雷池一步。所以说往后的战事，都发生在彰、诸、台、凤四县。然林阵营的人马此时又是怎么部署呢？根据《供词》描述：林爽文从诸罗返回大里杙建造土城、“右都督”何有志把守大肚（台中县大肚乡）、“大都督”林领率两三千人把守乌日庄（台中县乌日乡）、“副元帅”林水返率二千余人把守田中央（彰化县田中镇）、“中南总统大元帅”陈秀英率万人把守大武垅至乌青坡（台南县善化镇至新化镇）、“辅信将军”郭汉生率二百余人把守大肚、“游击将军”陈元把守乌日庄、“水陆将军”陈商率三百余人把守笨港、“征南大都督”陈泮率二千余人把守南投、股首蔡福把守诸罗县城、股首李七把守斗六门、吴领把守松柏坑（南投县名间乡）、股首赖应率百余人

① 岸里大社文书出版编辑委员会，《台湾大学藏岸里大社文书（四）》（台北：台湾大学，1998年3月），页1638～1685。

② 许毓良，《清代台湾的海防》（北京：社会科学文献出版社，2003年7月），页146。

③ 清高宗敕撰，《钦定平定台湾纪略》，台湾银行文献丛刊第一〇二种，1961年6月，页147。

把守三分埔庄（台中市北区）。①

庄阵营人马的部署是：乾隆五十二年元月庄大田扎大营于南潭（台南县归仁乡），二月十五日（4.2）移营至大武垅。旗头林汉率四五十人把守大湖（高雄县湖内乡）、“总先锋”郑记率二千余人把守中洲或萧垅（俱在台南县佳里镇）、“顺天副元帅”何光义率三四百人把守南潭、“北门大将军”王周载把守凤山县城、旗头蓝罩温率300人把守阿里港、旗头陈妈球把守大湖。② 观察林、庄二阵营的布防，单从人数上来看，前者约有17600人，比起后者2750人多出六倍。但这些军队调动其实是有玄机的，关键在于庄大田麾下几乎全集中在府城附近，林爽文把麾下一万人马交由陈秀英统带，再与庄呼应对府城形成合围。因此当时民变军的分布，以府城外围麇集约12000余人最多，其次才是林阵营的根据地——大里杙外围，接近鹿仔港的大肚麇集约3200人。这样的布防有什么缺点呢？那就是从府城到大肚的平原上，变成是林阵营防备最脆弱的地方，只要官军有办法突破府城的包围网，一路向北急攻至彰化县，林爽文就危殆矣。而这个计划在第二期眼看就要成功了。

乾隆五十二年初官军的人事安排有部分调整，元月八日（1787.2.25）上谕调江南提督蓝元枚署福建陆路提督。十日（2.27）上谕闽浙总督常青与湖广总督李侍尧职位对调，但常青不必赴鄂，仍留闽会办军务。③ 其实高宗会有这样的安排，已隐含对黄仕简、任承恩的不信任。十二日（1787.3.1）福建水师提督黄仕简，首次向常青报告最新的作战计划。他把大军分为二路，一路由台湾镇总兵官柴大纪指挥，调派兵力2330余名，往北向诸罗挺进；一路由海坛镇总兵官郝壮猷指挥，调派兵力2350余名，往南收复凤山县城。④ 十四日（3.3）任承恩在鹿港有最新的战报传来。原来三天前他命令游击穆腾额带兵500名，由员林进剿南投（南投市）各庄。游击海亮带兵300名，并乡勇、熟番人等进剿嵌顶（彰化县二林镇）各庄。守备常万熊带兵300名并乡勇进剿北投（南投县草屯镇）各庄，并派都司马勋带兵300名，驻扎下茄冬防范浊水溪后路。穆腾额先主攻许厝寮、上下湳仔（俱在彰化县社头乡）敌阵，再攻林厝仔（彰化县员林镇）、施厝坪（南投市）。海亮一路前进，连陷内湾（彰化县田中镇）、竹脚寮、宫下仔、粗坑头、三条仑、松柏坑、竹仔坑敌阵（俱在南投县名间乡）。常万雄先在枫树

① 《台湾林爽文起义资料选编》，页218～223、242～243、246、250～251、277～278

② 《台湾林爽文起义资料选编》，页225、230、234、244、270、273、290。

③ 《天地会（一）》，页226、239。

④ 《天地会（一）》，页317～318。

脚（彰化县芬园乡）扎营，之后直攻上下茄荖、月眉、北投、林仔头（俱在草屯镇）。①

林爽文被任承恩的这波攻势，干扰的有点心惊。元月十六（3.5）任大营拿获间谍僧人三名，一问之下才得知林在三天前，已由诸罗县城途经斗六门，绕内山小路赶回大里杙。任氏当机立断，把这几天推进到敌阵的防线后撤。他调集穆腾额、海亮领兵600名，并署都司张奉廷率兵200名驻守马鸣山（彰化县秀水乡）；另调司马勋、常万熊率兵700名驻守埔心庄（彰化县埔心乡）；并以700名兵力严守鹿仔港，就等林阵营的反攻。二十二日（3.11）林指挥数千兵马，从八卦山东侧杀来；双方在柴坑仔（彰化市）、田中央（员林镇）激战。至黄昏林阵营诈败，官兵追至大肚溪畔，伏兵立刻从竹围冲出官军大乱。幸好官军携有多门火铳，在林阵营趁势反扑时还能压制住。②

任承恩的干扰战略果然奏效，由于敌军的注意力全集中在彰化县的战斗上；元月十三日（1787.3.2）黄仕简命柴大纪、郝壮猷从府城出阵，欲来个首尾夹攻。十八日（3.7）柴的先遣部队在下茄冬（后壁乡），与敌军百余人交火。十九日（3.8）郝的部队在大湖（湖内乡），与庄大田阵营千余人交火。③ 二十一日（3.10）柴大纪突破敌军在府城北侧的包围网，并及时攻下三部竹（台南县善化镇），生擒"护驾大将军"廖东。之后敌军可说全营皆溃，柴大纪只花一天的时间，前锋就攻抵诸罗城。根据柴的描述，诸罗有敌万余人，战斗从中午到傍晚；城守营守备邱能成首先攻入，二十二日（3.11）夜收复诸罗县城。④

诸罗是收复回来了，但有柴大纪的奏折写得这么英勇吗？《供词》记录了林阵营失败的经过。原来陈秀英把攻击的矛头指向柴头港（台南市北区），忽略了官军有突围的可能。而戍守诸罗县城的守将——"保驾大将军"林桂，股首许尚、蔡福、番妇留娘等，根本缺乏守城战斗的经验。再者守城的人数，按私家的记载仅数百人而已，因此诸城很快被柴大纪攻克，也不让人感到意外。只是柴的好运并未持续多久，林阵营部不能守，未必不能围。柴大纪占领诸城后，并没有马上急攻彰化县，反而在城邑进行"清乡"，错失趁热打铁的良机。民变军重整旗鼓后，于二月又复聚于诸罗城，此后柴与敌军展开了长达一年的围城战。⑤

① 《天地会（一）》，页332~335、346~347。
② 《天地会（一）》，页354~355。
③ 《天地会（一）》，页356~357。
④ 《天地会（一）》，页358~359、394~396。
⑤ 《台湾林爽文起义资料选编》，页228~229、232~233、235、274；《平台纪事本末》，页19。

柴大纪的失策是致命的，或许他认为彰化县有任承恩负责，可以不需要急于支援。然这对任氏来说，却是一个不利的消息。元月二十七日（3.16）任发出的奏折指出，官军由于兵力不足，只能在平原分头堵御。林爽文与其党羽——陈泮、吴领，在大里杙与虎仔坑（名间乡）呼应，即便官军在平地获胜，也很难立刻进入内山剿贼。① 由于任部戍守在彰化平原，像一把利刃一样抵住在八卦山东侧的林部，所以从元月底至二月中旬，以彰化县境的战斗最激烈。此时林阵营最大的收获，就是再夺回彰化县城。②

二月五日（3.23）林部从大肚山南下，欲暗渡乌溪焚彰城，但被守军击退。隔日林部又沿海岸线骚扰鹿港，并渗透到瓦窑庄（彰化县埔盐乡）放火。十日（3.28）任承恩睽违已久的援军总算到达。这是由汀州镇总兵普吉保率领的1400名士兵，由府城出发花费八天的时间行抵鹿港。十三日（3.31）林爽文亲率大军五千多人，绕大肚山经番婆庄（彰化县鹿港镇）攻向鹿港；“左都督”陈泮、周振兴率领三千多人攻埔心庄。当林部正在番仔沟（彰化县和美镇）烧庄时，官军突然掩至，林不敌大败。陈、周部袭击埔心时，慑于官军火器厉害，也无功而返。官方档案没有提到彰化县城是何时又沦陷的，但普吉保的支援及时提供官军反攻的助力。二月二十一日（4.8）在任承恩的调度下，署游击唐昌宗带兵500名与乡勇直攻城内八卦山。副将格绷额带兵400名进攻南关（南廓/南门口）。游击海亮带兵300名及乡勇，进攻市仔尾（彰化市文化、中正里）。任本人亲率兵500名在彰化县城西门外坐镇，③ 当夜攻城抢上八卦山，然城内外还有敌军七八千人，所以还鏖战许久。④ 同日又获报，林阵营以斗六门为据点，准备重整旗鼓。

二月二十一日是官军的幸运日，因为同一天郝壮猷也收复了凤山县城。官军在南路的攻势，是以海、陆合击的方式进行。庄大田的部队均把守在岗山（高雄县阿莲乡）、仑仔顶（高雄县阿莲乡）、小新园（高雄县路竹乡）、大湖各处。庄氏运用疑兵战术，扰乱郝的判断。所以从元月十六日（3.5）兴师，直到二月十三日（3.31）为止，郝部始终在大湖附近游走，无法突破敌军的防线。此时台湾道永福建议提臣黄仕简增兵，再以奇兵袭击打破僵局。黄遂命福宁镇标右营游击延山，再带领500名士兵与义民，南下支援郝壮猷。又命台湾水师协右营游击郑嵩，带领500名士兵搭船由海道至打狗山（高雄市）登陆，从后面包抄至凤城。二月二十日（4.7）郝终于突破敌阵，

---

① 《天地会（一）》，页379～380。

② 《续修台湾县志》，页376。

③ 《天地会（一）》，页402～403、406。

④ 《天地会（一）》，页428～429。

攻入桥仔头；隔日午时再攻抵凤城，与郑嵩胜利会师。尔后根据署下淡水营都司邵振纲（原职该营守备）报告，逃窜的敌军复集于新园（屏东县新园乡）、水底寮（屏东县枋寮乡）、三角湖、姑婆寮（高雄县大树乡）、九脚桶（今名九曲堂/大树乡）。①

二月二十二日（4.9）郝壮猷命南路营参将瑚图里，率领兵丁600名赴番仔寮（屏东县长治乡）剿贼。瑚在驻地数日，师劳无功；郝氏怕有变，檄令仍回凤山。不料瑚图里行抵新园中伏受阻。此时黄仕简又命令台湾水师协副将丁朝雄、蔡攀龙，带兵700名从凤山返回府城。郝氏更恐兵单，急催瑚赶紧回邑；但瑚已被敌军包围，难以脱身遂请发兵救援。三月四日（4.21）郝壮猷遣郑嵩带兵600名前去接应，正渡硫磺溪时，庄大田部突截杀官兵大败。此役瑚图里仍困于新园，而庄部掳获官兵的衣帽后，准备进行大胆的偷袭。三月六日（4.23）旗头庄锡舍引众三千来犯，官军出城迎战后佯退。然趁官军收兵时，身着兵丁衣帽的间谍混入，随即在城中四处放火。郝壮猷见状单骑逃至打鼓港，士卒目睹战志全消、全营瓦解，众人皆急忙逃至打鼓港，争相抢搭渔船回郡。②

林案第二期的战斗，在南路旋得旋失后，逐渐接近尾声。其原因是黄仕简、任承恩表现不佳，将要被撤换。上文曾提到常青与蓝元枚的人事调动。乾隆五十一年二月七、十一日（3.25/29），高宗二次谕令常青渡台。其目的有二：一为黄、任彼此观望，就是没有督臣就近统御。另一为他认为台湾官员有虚报战果的嫌疑，亦需要大员来台查明。③ 二月十九日（4.6）新任总督李侍尧到闽，常青闻讯隔日即从泉州，以湖广总督督办军务的头衔渡台；名义上是钦差大臣，但却携带巡台御史的关防。他在三月九日（4.26）航抵鹿耳门。④ 三月八日（4.25）李侍尧接任闽督的第一份奏折，所写内容对黄仕简、任承恩相当不利，其大意不外是畏葸、胆怯。三月十三日（4.30）高宗首次得知林爽文擅立年号，更怒不可遏。十四日（5.1）台防同知杨廷理，把近月来民变军活动情况，由李侍尧抄录随奏（已不再信任黄、任奏文）。大抵林爽文、陈泮啸聚大里杙、乌日庄、大墩、八卦山。叶省、辽东仔啸聚斗六门、水沙连（南投县鱼池乡/水里乡）、庵古坑（云林县古坑乡）、大武垅。庄大田、陈建平啸聚水底寮、三嵌、大湖。简言之，黄、任

① 中国第一历史档案馆、中国人民大学清史研究所合编，《天地会（二）》（北京：中国人民大学出版社，1980年11月），页6～8；台湾银行经济研究室编，《台案汇录甲集》，台湾银行文献丛刊第三一种，1959年1月，页239。

② 《台案汇录甲集》，页240～241。

③ 《天地会（一）》，页310、329～332、336、383、399～400。

④ 《天地会（一）》，页414～416；《天地会（二）》，页2～9、18、54。

二人的平乱调度，完全达不到效果。三月二十一日（5.7）上谕二人革职拿问，福建水师提督由蓝元枚接任，福建陆路提督由柴大纪暂署。①

第二期也颇为重要，因为两个半月的时间，是福建绿营在还未惊动外省支援下，主动援台的成果。它有三点必须注意：其一，官军与民变军人数的问题。经过数月的战斗，台湾绿营确切人数为何难以计算。不过大致上驻守在台湾府县、淡水营的人数，这些未沦陷的地方变动较小，粗估还剩下4770人（见表四十一编号3）。福建绿营援军为9500人。台、闽绿营共14270人。至于林阵营为17600人、庄阵营为2750人，总共为20350人。比较之后民变军竟比官军人数为多，但后者还有义民帮助，承第一期的估算约为29200人。因此官民作战的总人数约为43470人，反倒比民变军多出二倍，无怪乎在乾隆五十二年二月十九日（1787.4.6），高宗上谕不需要再增兵支援台湾。②

其二，山区是作为民变军根据地的好场所。彰化县的战斗告诉我们，林爽文阵营极会利用地形作战，拱卫着大里杙外围的是八卦山山脉、大肚台地。在数次攻防中，林阵营不是利用山脉行军；走大肚山南缘潜渡到乌溪南岸，或是利用八卦山为天险防御。庄大田则以新化丘陵、内门丘陵为掩护，在围攻府城时设大营于大武垅，偷袭凤邑时以姑婆寮、九脚桶为基地。

其三，官军与民变军各有擅长的作战方式。前者弁兵或多或少受过阵地战训练，所以在第二期围城作战时，还能发挥其长处。后者不擅于守城、攻城的阵地战，但却长于化整为零的野战。彰化、凤山县的战斗为民变军充分发挥长处的战场，府城与诸罗县城的战斗则官军略胜一筹。再者不是只有官军才会调兵遣将，林、庄虽分战南北，但不乏互派军队支援。例如：二月庄氏调旗头陈宁光前去围困诸罗，李出进攻打猫（嘉义县民雄乡）。林氏派股首涂虎驻中洲（台南县仁德乡）帮庄大田。③

第三期是从乾隆五十二年三月二十一日至十月二十八日（1787.5.8～12.7）。即钦差大臣常青、福建水师提督蓝元枚在台指挥作战阶段。三月九日常青抵府城，五月二十日（7.4）蓝元枚抵鹿港。表面上看指挥运筹有如黄、任模式，均各据一方遥为呼应。然蓝因逗留在漳浦处理林、吴二姓械斗之事，所以慢了二个月才抵台。④ 这一段期间全台大员仅常青一人，使他更可以灵活调兵遣将奋战，可惜事与愿违。究其原因就是兵力不足。上文提到

① 《天地会（二）》，页1、17、22、24、30、35～36 。

② 《天地会（一）》，页376。

③ 《台湾林爽文起义资料选编》，页239、245。

④ 中国第一历史档案馆、中国人民大学清史研究所合编，《天地会（三）》（北京：中国人民大学出版社，1982年12月），页214。

官民的总兵力，已二倍于民变军；但在官员的眼中，还是不足已平乱。于是上奏要求增兵。只是福建绿营也要戍守，已不能再遣调，所以就调动邻省——广东、浙江绿营来援。

三月二十二（5.9）闽浙总督李侍尧奏报，台湾现有新、旧兵丁仅13000余名，不敷调遣。常青乞援希望能再调派7000名兵丁援台。这七千之众原本包括：浙江黄岩镇绿营兵1000名、温州镇绿营兵1000名、衢州镇绿营兵1000名、粤兵4000名。① 五月份后大军陆续渡台，兵额有不一样的分配。蓝元枚率2000名浙兵支援鹿港，广东肇庆协副将官福率粤兵2500名、香山协副将谢廷选率粤兵1500名抵府城。高廉镇总兵官梁朝桂，先前曾任台镇自请效力，两广总都孙士毅允行赴府城。温州镇总兵官魏大斌率1000名浙兵、福州将军恒瑞率旗标满兵1000名支援府城。② 因此到了五月底，官军新、旧兵力的部署是府城约12870人、诸罗县城约2330人、鹿港约4800人、淡水厅约1500人。

第三期之初即有大战爆发，那就是庄大田阵营挟着重陷凤山县城的余威，准备要一举攻克府城。府城官军在粤浙援兵未抵达前，约有6870人；即便有万余名义民协防，兵力还是不足，危在旦夕。庄部参加这场战役的有旗头庄大韭、"宣略将军"林达、南雅仙（台南楠西乡）贼目许尚等，林爽文还特遣林永率众千人至大穆降助攻，总兵力号称十万。③ 三月二十三日（5.10）庄大田先犯小南门，测试守兵防御状况；桶盘浅（台南市南区）官军出城迎战，小赢进至上中洲（台南县仁德乡）。但隔日庄部趁隙焚府城新化里，劫掠竹篙厝（台南市东区）。三月二十六日（5.13）庄大田扎大营于崁顶（台南县仁德乡），二十七日（5.14）府城攻防战展开。庄大田攻桶盘浅，蔡攀龙御之；庄锡舍攻小南门，都司罗光照御之；番妇金娘攻小东门，守备王天植御之；谢桧攻大东门，常青亲御之；陈建平攻草店尾（台南市东区），守备曾绍龙御之；林永攻大北门，参将朱鼎御之；陈聘攻柴头港，黄象新御之；许尚攻小北门，参将左渊御之。参将那穆素里屯兵春牛埔保护城脚，副将丁朝雄从安平城取出旧贮大炮十余位，连夜运至各营轰敌无算。④

不过此次战役官军能化险为夷，不独火器建功而已，最重要的是庄锡舍的反正。庄锡舍原籍泉州晋江，庄阵营能重陷凤邑，锡舍出力最多。事后高

① 《天地会（二）》，页71~72、112、116、118、146、165、209、304。

② 原海坛镇总兵官郝壮猷畏葸，在敌军攻城时先逃以致城陷，遂在四月四日被高宗谕令正法，四月二十二日军前执行，遗缺由陌廷桂接任。参阅《海滨大事记》，页58。

③ 《台湾林爽文起义资料选编》，页226、246；《台案汇录甲集》，页243。

④ 连横，《雅堂文集》，台湾银行文献丛刊第二〇八种，1964年12月，页198；《台案汇录甲集》，页243；《海滨大事记》，页57。

宗还谕示定要先捉拿此人到案。然他与原籍漳州的庄大田互争领导权，彼此相处不睦。其弟庄达德劝锡舍归顺，遂遣心腹庄允赴郡输诚。庄允之子庄才充任道台辕役，旋告之台湾道永福。永福令海防同知杨廷理侦讯得实大喜。尔后庄锡舍率二千部众来降。四月一日（5.18）庄大田闻讯恐怕有变径自退兵南潭，余部得知消息亦撤兵，这一波的府城攻防才五天就结束了。①

庄锡舍的倒戈，使得庄大田功败垂成；而之后的破坏，更使他蒙受损失。在台湾知府杨廷桦力保下，常青终于允许锡舍前往竹沪（高雄县茄定乡）一带招募义民。途中锡舍被庄大田活捉。大田本想杀之，但阵营泉人左袒；以为锡舍不得已投降，今既归勿杀免失人心。庄大田怕泉人思变依议，然从此留锡舍于左右就近监视。四月四日（5.20）林爽文对诸罗的围攻转炽，遂乞援于庄大田。大田派偏师北上助阵，此时庄锡舍遣人从海道潜回府城，密报官军声称南潭贼巢皆空，可立刻调兵来攻。原本二十四日（6.9）高宗还特发谕旨，抱怨近日全无台湾战报。二十七日（6.12）得知庄锡舍投诚后，于五月八日（6.22）谕令大军先廓清南路。这一封密谕什么时候送抵台湾不得而知，但五月十二日（6.26）常青接获锡舍的情报后，旋亲率三千兵马杀至南潭。庄大田闻讯急遁，官军俘获"仙姑"金娘。②

整个四月各地战事稍歇，惟独林爽文攻诸罗县城急。根据台镇柴大议的奏报，四月四、五日（5.20/21）林拥众数万分三路进攻县邑东、北、西门。官兵纷纷施放火铳拒敌，署诸罗知县陈良翼率领义民、壮番趁势出阵，击败敌军追至白石庄。此时南门外草店尾（嘉义市东区）又有数千贼匪来攻，官军亦出城接战，追至火烧庄才收兵。九日（5.25）官军探得林爽文设大营于牛椆山（嘉义县民雄乡），隔日又率众数万分三路进攻县邑东、北、西门。官军急忙施放大炮迎战，林部不敌败退；官军旋出三座城门，追杀至牛椆山脚收兵。十二日（5.28）林部复至，此次改攻西、北门，同样亦受阻守军的炮轰，官军追至火烧庄才收兵。随即又有数千敌军趁隙进攻南门，但仍被击退赶至八奖溪畔。③ 很明显地林爽文缺乏攻城的重装备，所以只能以打跑战术引诱官军出城决战。但林必须冒着临阵前就先被火器轰击的危险；此举是官军的优势，而且屡屡奏效。虽然在人数上，二千多名的官军比不上数万的敌军，但靠着火器的帮忙勉能守城。

由于府城之围已解，常青应柴大纪之请，指派参将潘韬率兵1100名往

① 《天地会（二）》，页63、133、155、190；卢德嘉，《凤山县采访册》，台湾银行文献丛刊第七三种，1960年8月，页403。

② 《天地会（二）》，页120、133、160；《凤山县采访册》，页404。

③ 《天地会（二）》，页189、191～193。

援。四月十六（6.1）大军在木栅（台南县东山乡）受阻，不得已返回改由海道北上。该部从鹿耳门出发，取道笨港上岸，进抵诸罗县城。① 同日林爽文故技重施，拥兵万余再犯县邑东、北门。虽然结果有如上述，但不同的是林阵营控制牛椆溪的上游。所以当官军欲渡溪追击敌军时，林部把水闸打开溪水顷刻宣泄，帮助自家人脱困。十八日（6.3）余匪数千犯北门，余匪数千犯东门，余匪数百犯西门。经过一日的激战，皆败退回牛椆溪。二十一日（6.6）官军探得林阵营，欲切断诸罗县城与盐水港文报往返之路，即刻命署游击邱能成驰赴柴头港（嘉义市）；游击林光玉驰赴草麻庄（嘉义市）拦截大败敌军。越二日又有千余敌军犯南门营盘，游击李隆协正面迎战；柴大纪亲率官兵从东北绕路截杀，二路均各有斩获。四月二十六日（6.11）闽浙总督李侍尧回奏，正准备解运十门两三千斤的大炮赶赴鹿港。② 这就是四月份双方的战斗。在这一段期间，基本上呈现官守民攻的态势，但随即攻守互易。

四月中旬当诸罗鏖战正烈时，常青有一项计划悄然展开。原来斗六门一带久被林阵营所据，屡造成鹿港与诸邑文报不通。潘韬的援军抵诸后，官军应有余力打开僵局。另外诸罗与府城的联络虽非绝缘，但常遭到民变军的狙击，所以也到了肃清这区余匪的时候。常青饬令在鹿港的汀州镇总兵官普吉保，要他秘密发兵驰援诸罗。普收到指令后，旋与柴大纪于五月一日（6.15）密约在土库（云林县土库镇）会师。不料普、柴二人会面后，起了口角争执旋不欢而散，错失会攻斗六门的良机。普吉保收兵时更意气用事，沿途如：溪墘厝（彰化县溪州乡）、二林（彰化县二林镇）、猫仔干（云林县仑背乡），均遭林部袭击焚毁，但普并不搭救径自返回鹿港。于是中部战事官军气势益衰。③

另外诸罗府城之间的肃清战亦不顺。该役常青命守备黄乔出阵，四月二十三日（6.8）发兵 300 名，从府城驰赴麻豆（台南县麻豆镇）。二十六日（6.11）官军进抵大溪墘（台南县新市乡），即遭到自大武垅（台南县善化镇）南下的敌军强袭。萧垅、麻豆当地义民闻讯赶赴救援，费一番工夫才抵达麻豆。但官军与义民旋被包围。黄乔发书告急，常青命柴大纪往救。柴氏遣游击杨起麟带兵 800 名，并鹿仔草（嘉义县鹿草乡）、盐水港、下茄冬、哆啰嘓（台南县东山乡）义民，共 350 名随行。五月十二日（6.26）杨率部抵达时，麻豆的官军已退出庄外。杨惧于麻豆之民多已通贼，加上听闻有两三千敌军，从粪箕湖（台南县白河镇）出发正准备进攻盐水港，杨起麟

① 《平台纪事本末》，页 32。

② 《天地会（二）》，页 166、222～223、234～235。

③ 《平台纪事本末》，页 33～34。

遂把所有兵马带往盐水港驻扎。盐水港至此继府城、诸罗、鹿港之后，成为第四个要地。① 而该月较能提升士气的事件是，大武垅股首陶乌带领500人投官，有如庄锡舍般稍定军心。②

鉴于官军可能的反攻，五月以后民变军的部署有调整。在林爽文方面，林氏亲自坐镇诸邑外的牛椆山。"安南大将军"陈传把守南投，并负责提供围攻鹿港、诸罗兵源。"军师"陈梅进攻笨港，再负责支援围攻诸罗。"副先锋兼北路管协"刘升围攻诸邑。"总督内外诸军务"蔡福围攻诸邑。"巡查察院"陈天送把守楠仔坑（高雄市楠梓区）。"靖山大将军"林旧管一千多人围攻诸邑。"护驾大将军"温道管三百多人围攻诸邑。"左监军"涂龙管一百多人围攻诸邑。"顺勇将军"李春凤把守大里杙。"忠武将军"刘三把守牛骂头（台中县清水镇）。"扫北大将军"李载把守沙辘（台中县沙鹿镇）。"左都督"苏敬把守犁头店。"游击将军"张回在牛稠溪上游开沟放水。"游击将军"赖敖把守蓝仔庄（台中市南区）。"平西大将军"李七把守斗六门。"巡城将军"李祖把守大里杙。"建武监军"林茂把守乌日庄。

在庄大田方面，庄氏飘忽在南潭、中洲、大目降、大武垅之间。"开南大将军"庄大韭把守南潭，"开南左先锋"陈牙指挥一百余人往来把守东港、南潭，"辅国左将军"林汉把守水口（高雄县燕巢乡），"先锋"郑记把守大目降，"都督将军"谢桧管五百余人把守大目降，"金吾将军"黄潘把守大目降，"征西将军"苏良围攻诸邑，"保驾大将军"李出把守打猫（嘉义县民雄乡），"副主帅"黄成负责调度粮饷，"副先锋"王什方把守牛庄（台南县善化镇），"洪号右将军"叶娥把守南潭。③

五月十三日（6.27）恒瑞、梁朝桂、魏大斌先后抵郡。再加上先二日受困于新园的南路营参将瑚图里，被山猪毛义民首刘绳祖率领的1300名义民护送返郡。现在台湾府城可谓大军麇集。五月十五日（6.29）常青见时机成熟，遂在大北门较场誓师，发兵5500人南下欲先扫平庄大田。庄部屯南潭以静制动，官军行抵关帝厅（台南县关庙乡）时，先遣庄锡舍探敌情不敢轻进。庄大田抓住时机，调遣许尚、谢桧、陈灵光等数千人，在南潭赶造防御工事。二十七日（7.11）官军进抵南潭，庄部三路迎战，官军败退至崁顶且损失惨重。该役官军本有一鼓作气之势，但府城至南潭仅一天的路程，却花费十二日行军。这不是小心谨慎所能解释，其实是官兵胆怯不敢出

① 《天地会（二）》，页276~277；《平台纪事本末》，页32~33。

② 军机处录副奏折－农民运动类，案卷号：3322，胶片号：136，中国第一历史档案馆藏。

③ 《台湾林爽文起义资料选编》，页223、225、226、229、230、232~235、237、239、241~247、275~276、278~279、283。

击的反应。庄阵营洞悉官军的心态，更大胆出没南潭—大武垅道途，常青眼见局势失控，除了再请凋援军外，没有其他办法。①

五月中旬官军对南路发动的攻势，跟高宗设想的作战计划不同。五月二十、二十四、二十六日（7.4/8/10），高宗谕令常青先北上直捣诸、彰，不必等到大军全到达后才行动，并提醒可以火攻大里杙。② 但这三道上谕发布的太迟，南路的战事就以失败收场。现在只能寄望鹿港的官军能带来好消息。先前运抵鹿港的十门大炮，现被部署在马鸣山、埔心庄。或许林阵营慑于火力，或许他们把心思放在围攻诸邑，鹿港近月来战事较少。五月二十日（7.4）福建水师提督蓝元枚抵鹿港，越二日他的二千援军亦到。二十三日（7.7）夜蓝氏派普吉保领兵一千，暗渡到八卦山堵御。再派守备张奉廷带兵350名并义民，潜行至大肚溪口堵御。他本人亲率2300名兵丁并义民，攻抵柴坑仔、大武郡（彰化县社头乡）敌阵。二十四日（7.8）蓝部与敌军在彰邑北门交战，林阵营约有七八千人杀出，官军施放枪炮歼敌颇多。官军尾随败退的敌军，把坐落在柴坑仔、大武郡、渡船头（彰化市）贼巢焚毁。普吉保再得到另1000名官军支援后，从八卦山攻抵快官庄（彰化市）。虽然前后有两三千名的敌军来战，但普部亦靠火器建功。至于有贼众千余人，在大肚溪北岸与张奉廷对阵，但彼此都没有渡河攻击的打算，所以此役官军是进抵到彰邑外围后结束。③

蓝元枚首次出击，战果还算差强人意。虽然敌军只不过退守至八卦山山脉以东的老巢，恢复到第二期拉锯战前的状态，但这是五月底官军仅有的捷报。二十五日（7.9）蓝氏回奏时提到，现鹿港聚集约十万余难民，大里杙、水沙连贼巢的人数也相当。由于难民乏食，从贼者日增。现仅能禁止难民间互抢、互杀。看来民变军的人数，着实让官方吃惊。如果单靠武力平乱，很难压制住敌人的气焰。于是还要加以分化的伎俩手段。六月三日（7.17）上谕除了林爽文、庄大田等外，余部可接收招抚减免其罪。④“招抚”用来解除敌人的武装十分有效，至少在部分区域战况是如此。淡水厅自从林小文失败后，就没有大战发生，但这并不代表余部皆投降。事实上他们都逃窜到较远的金包里（台北县金山乡）、七堵、八堵（俱在基隆市八堵区），等待机会行动。新任同知徐梦麟知此辈只能智取，遂以招抚的方式瓦解心防。根据记载五月八日至十三日（6.22～27）的招抚，解散余匪不下

---

① 《凤山县采访册》，页404～405。

② 《天地会（二）》，页215～216、224～226、232～233。

③ 《天地会（二）》，页269、298～299。

④ 《天地会（二）》，页260～261、301～302。

万人。①

五月二十八日（7.12）常青奏报乞援时，首次提到希望调动京师、湖广、贵州的军队支援。高宗先以变通的方式满足常青的要求。六月十九日（8.2）的廷寄谕令闽督李侍尧照办。李氏遂调拨浙粤驻防满兵3000名、粤兵6000名、闽兵2000名，做第三期的第二次援台。额兵的调度是粤兵2000名支援鹿港，另外的9000名大军支援府城。八月二日（9.3）高宗首次谕令四川总督保宁，挑选屯练2000名；湖广总督舒常挑选湖北绿营兵2000名；湖南巡抚浦霖挑选绿营兵2000名；贵州巡抚李庆棻挑选绿营兵2000名。②他们将在第四期的战争中，跟着福康安一起来台。

六月四日（7.18）福建水师提督蓝元枚回奏，林爽文在大里杙加紧构工，并筑堤决水准备顽抗。诸罗县的战事仍不明朗，敌军进占安溪寮（台南县后壁乡）、龙船窝、铁线桥（台南县新营市），以致文报持续不通。鹿港的守备还算稳妥，番仔沟（彰化县和美镇）、马芝遴（彰化县鹿港镇）、二林、大突（彰化县溪湖镇）皆有重兵据守。蓝氏还遣人至大甲晓谕义民、番众，希望能助官军一臂之力攻破大里杙。七日（7.21）署安平水师协游击黄鸣凤，在卓加（台南县安定乡）巡弋时，突然发现敌艘八只。尔后敌艘船员靠岸逃窜，被萧垅庄义民拿获。八日上午（7.22）府城大雨如注，庄部约三千人趁机来攻；下午雨势稍停，又有五六千人来犯。十日（7.24）再有二千余人攻桶盘浅，但都被官军击退。③

六月十六日（7.30）高宗擢升柴大纪为福建陆路提督，并兼任台湾镇总兵官。十九日（8.2）高宗对南路攻势受阻已深感不耐，他发布上谕要常青设法北图，并对岸里社熟番三千余人不肯从贼表示嘉奖。二十日（8.3）上谕要蓝元枚先将东螺社（彰化县北斗镇）、麦仔寮（云林县麦寮乡）的贼巢焚毁，如此才能假道海岸以通文报。二十六日（8.9）高宗又发上谕，指示常青要先从南路进攻。④不知高宗是被战报给冲昏了头，还是对战略指导一窍不通。六月份中、下旬，分别给常青两样不同的命令，这对处于第一线的军队来说，本身就是一项负担。

不过从七月底的朱批来看，高宗必定对整个六月，民变军发动的攻势感到吃惊。六月五日（7.19）林爽文调千余人偷袭二林、埤头。然这仅是疑

---

① 《海滨大事记》，页58～59。

② 《天地会（二）》，页297、310～311、321、332～333；中国第一历史档案馆、中国人民大学清史研究所合编，《天地会（三）》（北京：中国人民大学出版社，1982年12月），页65、67、93～94、138～139。

③ 《天地会（二）》，页344～345；《天地会（三）》，页8～9。

④ 《天地会（二）》，页280、306～308、316～317、364～365。

兵，林部真正的目标是诸邑与盐水港的中继站——鹿仔草。蓝元枚发觉被敌人虚晃一招后，原本想发兵南下。但整个彰化、云林一带都是敌阵无法横越。所以改采围魏救赵的策略，北上攻大肚、王田（俱在台中县大肚乡），冀望能牵制敌军。那么诸罗县的战事又是怎么回事呢？同日林部在诸邑南门外中庄（嘉义县中埔乡）、北门外山仔门（嘉义县竹崎乡）骚扰，柴大纪立遣邱能成带兵前往中庄，双方在三界埔（嘉义县水上乡）大战，之后林部败退窜至水尾仔（嘉义县中埔乡）。林爽文发动此役的诡计，已经让柴大纪中了圈套。柴以为林部又要倾全力环攻诸邑，所以又急报府城请发援军。常青立派温镇魏大斌带兵1500名驰援，林爽文引蛇出洞的计谋成功。果然十七日（7.31）魏一行人抵鹿仔草时，即遭林部的包围。十八日（8.1）魏亲率兵丁400名突围至埔心（嘉义县太保市），孰料仍被包围，又返鹿仔草等待救援。二十六日（8.9）接应魏部的游击田蓝玉率兵1000名，从鹿耳门登舟北上，七月一日（8.13）至鹿仔草与魏大斌会合。七月八日（8.20）参将张万魁再带兵1400人，走海道驰援魏、田二人，十一日（8.23）抵鹿仔草，该地旋有近四千名的兵力用以解诸邑之围。①

七月十三日（8.25）四千大军从鹿仔草出发，虽然该地距离诸邑仅一天的路程，但途中被林爽文狙击大败，行抵目的地时早已伤亡半数。原来当时官军选择走倒店（嘉义县水上乡）—半天厝（嘉义县鹿草乡）官道。林部侦之屯大兵于倒店待敌。倒店离诸罗县城仅半晌距离，官军或许已遥望到诸邑，警戒心松弛，冷不防遭伏兵环攻。官军立刻阵脚大乱，魏大斌、田蓝玉率伤兵败卒急忙窜入城中。张万魁南逃至三苞竹（台南县善化镇），被当地义民搭救身免。时内地支援府城的9000名援军陆续抵达，常青再命副将贵林率兵1600名，由海道赶赴诸罗。该部在海上遇风，漂流二十日后在七月底始至盐水港。②

私家撰述认为蓝元枚其实在抵台首役后，就自觉能力不足已平乱。于是屯兵于马鸣山、埔心等待援军。当然蓝的想法不会见诸奏折，而从他的奏言来看，他认为援军一到，应将兵分二路出击。一是由埤头往东螺，再深入二八水（彰化县二水乡）；另一是由二林往西螺，再南下至斗六门。七月三日（8.15）林部恐蓝元枚出兵救鹿仔草官军，乃调动王田、犁头店、东螺的部队，攻打鹿港外围的阿掕（彰化市）、中寮溪州（彰化县溪湖镇）、埤头官军阵地。九日（8.21）庄部三千复扰府城。十二日（8.24）常青拨兵二千，南下欲再扫平庄大田。十四日（8.26）官军分作三路进至南潭，庄部主力

① 《天地会（三）》，页56～57、96～97、99～101、132～133；《平台纪事本末》，页40～41。

② 《平台纪事本末》，页42～44。

早已撤退。十七日（8.29）蓝元枚亦反守为攻，由二林发兵经嵌头厝（彰化县竹塘乡）攻往西螺。官军强渡浊水溪，敌军毫无防范被杀散，旋焚毁条圳塘、牛埔厝（云县刺桐乡）贼巢返回二林。此次一北一南的行动，基本上并没有带给民变军致命的打击。蓝氏调派的官军已渡过浊水溪，不意竟又折回殊为可惜。虽然蓝推说兵力不夠，但从闽抚徐嗣曾的奏报来看应足夠。撇开第三期第二次支援的二千人不谈，该处招募的义民、番勇达七千之众，怎说兵力不夠?①

七月二十一日（9.2）高宗终于有了撤换常青的打算，他发谕询问闽督李侍尧的意见为何。八月二日（9.13）高宗命福康安为钦差大臣，督办台湾军务；并带领参赞大臣海兰察，领队大臣普尔普、舒亮同往。同日再发一道上谕给常青，令他不可因福康安赴台督办而心怀疑惧。八月九日（9.20）福康安一行从北京出发，他所率领的兵马，包括：鄂湘黔绿营6000人、四川屯练2000人；复调桂赣绿营兵6000人、粤兵1000人、闽省招募义民2000人随征，总共17000名大军。不过八月初已有先遣部队抵达，那就是江宁将军永庆率领的旗标1500名，广州副都统博清额率领的旗标1500名先后到郡。② 当时知名文人包世臣目睹江宁满兵开拔，有着生动地记载。他说"当行者执途人而号哭，军官皆无人色"。③ 这真是一针见血的描述，林爽文事件至此已近一年，清廷调动数省大军都无法敉平，难怪新增援的部队士气会如此低落。江宁满兵的表现应不是个案，它是档案中找寻不到的人性反映。事实上林、庄的气焰仍强，八月二十二日（10.3）恒瑞带兵3000名从海道支援诸罗，在盐水港刚上岸就被林部团团包围，该役要到九月十七日（10.27）普吉保带兵克笨港，林部感到腹背受敌退去才结束。④ 而直到十月二十八日（12.7）福康安从鹿港登陆为止，官军与民变军都处于混战且拉锯的状态。

第三期的特色是闽省以外的军队首次援台，它包括苏、浙、粤的满兵与绿营。它有三个重点值得讨论：其一，官军与民变军人数的问题。对于前者五月底官军人数是21500，八月底是32500人。对于后者，官方的记载模棱两可，有谓庄大田、林爽文各拥众十万。现要问的是民变军二十万人是否为可靠的数字？笔者认为二十万是包括被裹胁、自愿、受"治理"者的总数。以乾隆五十三年（1788）台湾总人口数920836人来说，二十万占人口比四

① 《天地会（三）》，页114～115、166～167、188～189；《平台纪事本末》，页44。

② 《天地会（三）》，页139～141、159～160；《平台纪事本末》，页45、54～55；《钦定平定台湾纪略》，页466、521、551、569。

③ 包世臣撰，李星点校，《包世臣文集》（合肥：黄山书社，1997年9月），页425。

④ 《平台纪事本末》，页44～49。

分之一强，不可谓不多。官军加上该阶段招募的义民人数 8300 人，合计也仅有 40800 人。不过民变军的“二十万”，并非都是指战斗人员。虽然官方记载的贼众，都以万余、千余、数万一笔带过。但他们的分布有一缺陷，那就是庄大田的主力，可说环集于府城周围；林爽文的主力战线延伸很长，从盐水港至大里杙。所以说官军只要挑选府城以北的任何一处港口，投注大军在此做单点突破，林部的防线就难保。福康安大军渡台，原想循旧路从府城上岸。后来受到风势不顺所阻，以及八月十八日（9.29）蓝元枚病逝的消息，遂从厦门改道崇武由鹿港上岸，之后局势逆转岂非天意？

其二，官军与民变军擅长作战的方式。对于前者，官军能在人数居于劣势，却又能周旋许久其实全靠火器。上述已清楚说明官军擅长的阵地战、守城战，火器对于他们的帮助是多么重要。这不是全然都靠“天意”，福康安大军抵台后，营中所携火器就是另一制胜的关键，此在第三章第二节论及不再赘述。民变军的火器难与匹敌，但仍前赴后继攻城，视死如归的勇气是战争延长的另一主因。然民变军为弥补缺点，采引蛇出洞的策略，勾引官兵出城进行他们擅长的野战、伏击战，又是能屡创官军的主因。

其三，官军常抱怨因文报不通，以致错失出阵杀敌良机。现在看来是很有问题的陈述。截至第三期敌我情势的发展，官军与民变军的阵地、占领地，其实都犬牙交错互结。官军若有文报不通的问题，民变军在官军的阻挡下难道没有吗？其实从两军都能各自调兵遣将来看，“文报不通”不是战场持续的实况，他最有可能是官员缮折时塞责的借口。另外两军的攻防，长时期进行遭遇战的机会很少。基本上呈现出一攻一守的态势。例如：三、四、六、八月民变军进攻，官军就防守；五月官军进攻，民变军防守。七、九月为双方有攻有守的时期。

第四期也是最后一期，时间从乾隆五十二年十月二十八日至五十三年二月五日（1787.12.7～1788.3.12），即钦差大臣福康安在台指挥作战阶段。福康安一行从八月九日（9.20）出北京，直到十月二十八日（12.7）才抵达鹿港。在这之前台湾战事有些许的变化。

九月上旬，南路总计有一百三四十庄，自呈实系良民，恳赏给腰牌以为视别。九月十五日（10.25）又有凤山县竿林（高雄县冈山镇）等庄，以及粤民共一万余人来郡递呈，常青均发给腰牌，令各自回乡安业。① 庄大田见时局势不佳，把家属安顿在大武垅，自带亲信百人至石仔濑（台南县大内乡）潜伏。九月十七日（10.27）安平水师协副将丁朝雄率兵 1200 名、义民 2000 名，从郡城出发由海道进攻东港。庄部以“军师”吴豹、将军洪贺把

① 福康安藏，《廷寄》（台北：台湾省文献委员会，1954 年 6 月），页 124。

守，本想滩头淤浅，虽有潮水亦不通舟楫，所以防备松弛。不料当日天大雷雨、水势暴涨，官军战船直抵岸上炮台，敌军被击全部溃散。丁氏再派守备郑其仁追至茄藤（屏东县佳冬乡）扩大战果。东港的收复至为重要，因为此后南路米谷供应无虞，稍解府城缺粮的恐慌。①

十月一至五日（11.10～14）汀州镇总兵普吉保的出击也有所斩获。他在日前探得林阵营在土库活动密集，于是采先发制人之策出兵，并在仑尾庄（云林县仑背乡）突击成功。同时又控制住五条港（云林县麦寮乡），通往鹿港的旱路，使得中部官军的增援可多一处港口进来。二日（11.11）久没有战事的淡水厅，在同知徐梦麟的策划下，挥军渡大甲溪进行牵制作战。根据徐氏的禀报，由于进入秋收，麾下民番虽有六千余人，但颇思回庄收割。敌军为攫粮为食，定借食诱民恐增匪党，所以宜采先发制人的攻击。六日（11.15）兵分二路进兵，东由岸里社，西从牛骂出发，直趋大肚。徐恐兵单，还增募三千民番加入，合为九千大军佯攻大里杙。② 台湾大学图书馆所藏《岸里大社文书》，收有这段时期岸里社贡生潘士兴、通事潘明慈，向官府请饷的领据。大抵投效的200名义番，以四日为一期作为请饷的时间。③

民变军唯一扳回一城的战果，就是在对诸罗城的围攻上。十月四日（11.13）林部以大石头堵塞道爷埤的方式，决水泛滥淹没老店、大仓庄、鹿仔草一带，使得盐水港官军欲北援也不行。五至九日（11.14～18）林部万余人不分昼夜环攻南、北、西门。幸好知县陈良翼早从盐水港，调入20尊千斤大炮，林部不敌火炮威力又失败。④ 十二日（11.21）柴大纪收到常青转交的谕旨，高宗让他自己决定要死守诸罗，还是要突围杀出。不过柴氏考虑城防仍有大炮28尊，其中3000斤以上有6尊，尚能支撑一段时候。何况守军还可以由山径小路通往府城请饷，并有三次成功的记录，所以诸罗城严格说来也不是一座孤城。⑤

再根据十月底常青的奏报，其战况的汇整是府城至诸罗陷城的大路，已经完全不通。所以能发兵救援该城者，仅有盐水港、笨港；前者有恒瑞统率约七千名大军驻防，后者从鹿港一线算起有五千名大军驻防。但不是彼此观

---

① 闵尔昌，《碑传集补》（台北：明文书局，1985年5月），页691～696；李桓编，《国朝耆献类征（168）》（台北：明文书局，1985年5月），页443～449。

② 中国第一历史档案馆、中国人民大学清史研究所合编，《天地会（四）》（北京：人民大学出版社，1983年3月），页3～4、112～113。

③ 岸里大社文书出版编辑委员会，《台湾大学藏岸里大社文书（二）》（台北：台湾大学，1998年3月），页813～815。

④ 邓传安，《蠡测汇抄》，台湾银行文献丛刊第九种，1958年1月，页27。

⑤ 《天地会（四）》，页1～2、55～56、78～82。

望不救，就是遭敌围攻无法及时支援。这个风雨飘摇的诸罗，城内外共有百姓四万人一起守城。同一时候闽督李侍尧亦回奏，提到连日来调兵至东港、盐水港，府城的兵员数量反而减少，现仅三千人左右。二十三日（12.2）普吉保与恒瑞终于开始行动。普收到的命令是要他从元长（云林县元长乡）出兵，扫荡盘踞在大客庄（云林县元长乡）、大仑、新埤（俱在嘉义县新港乡）的贼巢后，进抵牛稠溪。恒收到的命令是要他进兵到三抱竹，再看情况北上接应普吉保。① 这就是福康安来台前的战况。事实上官军还在全力奋战中，如此官攻民守的态势，十分有利增援部队的扩大战果，它先替福康安的胜利铺平道路。

十月二十九日（12.8）福康安一行从泉州崇武开航，隔日即抵鹿港外海，但因潮退的关系不能入港，所以延至十一月一日（12.9）才上岸。根据游击李化龙给他的简报来看，原来当时鹿港一地的守军约有四千余人，分扎鹿港、番仔沟、大仑、二林、埔心五处。义民旧存一万余人，现再新募五千余人。林阵营的强兵现全调至诸罗，所以中部防卫较空虚。不过从大肚溪以北，至大甲溪以南的漳籍移民村庄，半数皆由林爽文控制。林部把守的要口如：乌日、田中央、犁头店、大肚、水窟头、猪哥庄，亦有重兵驻屯。所谓的义民，只分布在彰化县沿海村庄而已。福的计划是以偏师佯攻大里杙，自己亲率大军南下解诸罗城之围。三日（12.11）上谕改诸罗县为嘉义县，勖勉守城军民的勇气。四日（12.12）参赞海兰察带领多名侍卫至八卦山侦察，不料与数名敌军遭遇，双方即以枪箭互击，此为福康安麾下与林部的首战。②

海兰察以悍将著称。此人自视甚高，能让他心服者，满朝文武只有大学士阿桂一人。传闻福康安在北京出师前亦趋拜下风，海兰察才答应鼎力相助。③ 高宗对福、海二人的表现十分满意，而从旁也谕令他们要做好几件事。第一，逆首林爽文、庄大田、陈泮、吴领定要生擒至京师。第二，可与普吉保联合成一军，火速驰援嘉义。④ 福康安本人在福建时，也亲身垂询地方乡贤，讨论平定林案的方法。泉籍进士郑光策、前任台湾县教谕郭廷筠表现有如智囊角色。郑、郭二人的献策有多重要呢？从《福建通志》、《皇朝

① 《天地会（四）》，页63～64、83～84、102～103、130～131。

② 《天地会（四）》，页127～129、135～137；佚名，《侯福将军征服台湾剿匪纪事残卷（乾隆上谕）》，清抄本，北京大学图书馆藏。

③ 葛虚存，《清代名人轶事》（扬州：江苏广陵古籍刻印社，1997年7月二刷），页126。

④ 《天地会（三）》，页470；《天地会（四）》，页66、91、97。

经世文编》均收录其大作可见一斑。①

截至十月底林阵营围攻嘉义县城的部队，多部署在十四甲、牛稠溪（俱在嘉义县民雄乡）、姜母寮、北社尾、大溪厝（俱在嘉义市）、水崛头、崎仔头（俱在嘉义县水上乡）、堵埤（台南县后壁乡）、三苞竹庄一带。十一月初林得到情报，知道官军准备从鹿港南下，于是把重兵调集在大埔林、中林、大埔尾（俱在嘉义县大林镇），其中又以中林多藏精锐。十一月五日（12.13）都司额尔亨额，带领90名四川屯丁进攻八卦山，该部采伏击战术，结果大败林部。隔日常青与福康安以书信的方式达成协议，常青以府城四千兵马过于单薄为由，不宜轻进北上支援嘉义。所部仍在府城牵制庄大田的军队，福康安则统率二万大军南救嘉义。十一月六日（12.14）柴大纪终于接到福康安抵达鹿港的消息。隔日福的大军开拔至元长庄，与普吉保的6000名营兵、1000名义民会师。八日（12.16）官军分成五队续进，先后扫平埤长庄、紫林脚（嘉义县溪口乡）、新庄仔（云林县北港镇）、西势潭仔（云林县东势乡）、西势潭庄（云林县元长乡）、游厝庄（嘉义县溪口乡）、三块庄（云林县大埤乡）、旧庄（云林县大埤乡）、本厅庄（嘉义县溪口乡）、天锡庄（嘉义县溪口乡）、灰磘、双溪口、上仑庄（嘉义县溪口乡）、海丰庄（云林县水林乡）、过沟仔庄（云林县斗南镇）贼巢。九日（12.17）大军进抵牛稠山，见贼众有万余人，仍以急攻的方式挺进，晚上十时先锋部队终于入城。然官军不敢稍停，一整晚扫荡嘉义县城旁的北社尾、台斗坑（嘉义市）、牛稠庄等敌阵，嘉城之围遂解。十日（12.18）恒瑞从盐水港北上攻克半天厝，鹿仔草的敌军先行逃逸，之后与福康安的部队会师大仑，至府城的道路终于打通。②

福康安是采急行军的方式，先把嘉义县城之围给解了，但对于林爽文的主力并无致命性的摧毁。此时林部仍把守嘉城以北的孔道——斗六、大埔林、庵古坑。十一月十一日（12.19）福康安先在嘉城附近十四甲山清乡，并招抚后壁寮（台南县后壁乡）等45庄后，准备北上攻打斗六门。十二日（12.20）福康安大军行至兴化店（嘉义县中埔乡）时，突然遇贼五六千人阻路，双方爆发激战，林部不敌而逃。该役自兴化店至员林的贼巢均被焚毁。十六日（12.24）福指派领队大臣普尔普带兵前往茅港尾，不料在此遭贼四五千人环攻，一阵混战后官军进抵三坎店。十七日（12.25）根据马稠

---

① 李元春，《台湾志略》，台湾银行文献丛刊第一八种，1958年10月，页79；陈寿祺，《福建通志台湾府》，台湾银行文献丛刊第八四种，1960年8月，页317～319、728～729；贺长龄，《皇朝经世文编》（台北：文海出版社，1973年12月），页2999～3004。

② 《天地会（四）》，页138～140、142～143、159～160、176～178；《清耆献类征选编》，页1209。

后（台南县白河镇）义民线报，贼众数千在大排竹（台南县白河镇）屯聚，十八日（12.26）海兰察率兵进剿克敌，赶跑“中路总提督”何泰。二十日（12.28）官军回过头来，北上突破大埔林、中林、大埔尾敌阵，于隔日进抵斗六门。二十一日（12.29）中午，官军终于攻进城内，擒获“平西大将军”李七。同时偏师亦肃清西螺、东螺一带“北路先锋”陈闯的部队。①

至于林爽文本人如何应付此危局呢？从林阵营人士被俘后，所录的《供词》可以一窥他们防御的情况。林氏在嘉义战败后，北上回到大肚，与“大都督”林领、“建武监军”林茂、“为国元帅”林玉，率领两三千人在乌日顽抗。直到十一月二十一日（12.29）林受伤退回大里杙为止，这一次攻击可说是第四期中，林部在彰化县所发动最大也是最后一波攻势。无奈人数过少，主帅又受伤，最终以败逃收场。② 二十二日（12.30）福康安大军从庵古坑进入水沙连，从生擒的俘虏口中得知，林爽文现在藏匿于大里杙。之后大军沿八卦山山脉东侧一路北上，二十四日（1788.1.1）抵达大里杙南方的平台庄（台中县雾峰乡）。二十五日（1.2）全军发动总攻击，官兵从西北、西南寨门杀入，林爽文弃地逃窜。林爽文要怎么逃呢？第一时间北逃已经不可能，因为同日徐梦麟、徐鼎士指挥的军队，也攻克枫树脚（台中市南屯区），并且乌牛栏（台中县丰原市）至三十张犁，猪哥庄至龙目井（台中市西屯区至台中县龙井乡）都由义民军把守。所以只能往南逃。③

那么围攻府城的庄大田现又如何呢？根据常青的回奏，十一月十七、十八、二十、三十日（1787.12.25/26/28/1788.1.7），庄麾下一二千人仍在小南门、大北门外骚扰。按庄氏的口供，他宣称自己完全不知林爽文已在大里杙失败，直到乾隆五十三年正月十七日（1788.2.23），看见从北路逃来的败兵，才知道林爽文逃入内山躲藏。也就是说庄部在福康安扫荡嘉义、彰化县时，还在台湾、凤山县硬撑了二个月。这二个月他们是如何负隅顽抗呢？麻豆、茅港尾是他们最后攻击目标。大抵在十二月一、六、九、十二、十三、十四日（1788.1.8/13/16/19/20/21），庄大田还能调集约四千之众攻击。但从其弟庄大韭的供词得知，从十二月中旬开始，义民的反攻转烈，而且手下部队很多受抚均成“义民”。庄氏赶忙把家人搬徙到大武垅、噍吧哖（台南县玉井乡），尔后又转徙到三嵌（台南县大内乡），之后大兵至皆往凤山县

---

① 《天地会（四）》，页179、182～183、190～192、210～212；《台湾林爽文起义资料选编》，页238、244、278。

② 《天地会（四）》，页237；《台湾林爽文起义资料选编》，页219、222、276、283。

③ 《天地会（四）》，页233～235；《彰化县志》，页111；《淡水厅志》，台湾银行文献丛刊第一七二种，1963年8月，页275。

逃窜。①

另外死守嘉义县城一年的福建水师提督柴大纪，现在应该苦尽甘来坐享胜利的果实吧！其实不然。由于福康安再援嘉的过程中，曾与柴发生不快，因此决定参劾他。福先对“虎将”福建陆路提督蔡攀龙侦讯开始，搜集蔡、柴二人守城失察之罪。十二月十六、二十四日（1.23/1.31）高宗对于柴大纪仍十分袒护，称他不可随意弹劾“功臣”。但二十五日（2.1）杭州将军德成陛见时，说出柴大纪任台镇时贪赃枉法的罪状，高宗大怒谕令福康安调查；同日发布上谕停发给柴大纪任何奖赏，柴氏即将大祸临头。②

林爽文往南逃窜，想与庄大田会合吗？不排除林氏有此计划，但官军也有所提防。林从大里杙逃出后，走内山小径窜入集集埔（南投县集集镇），此时跟随者仍有万余之多。十二月五日（1788.1.13）官军攻克集集埔，林部一分为二逃亡；其中二千余人再往南逃至小半天（南投县竹山镇），其他六七千人走更内山小径，以逆时钟方向北逃回彰化县。十八日（1.25）在小半天的林爽文残部被围歼。二十四日（1.31）林逃抵东势角（台中县新社乡），在强渡大甲溪准备进入淡水厅时，被生番伏击。于是残部再分成二路，一路约二千余人窜往水底寮，但在朴仔篱（俱在台中县新社乡）全被歼灭。另一路跟随林爽文行抵双崎（苗栗县卓兰镇），又被生番伏击；二千余人被杀，一千余人掉入大安溪溺毙。仅剩的一百余名跟随者，继续往北逃窜。乾隆五十三年元月四日（1788.2.10）林爽文在老衢崎（苗栗县竹南镇）被化装的义民擒获。北路战事终告结束。③

在处理完林爽文后，剩下的就只有庄大田。正月十四日（1788.2.20）福康安从嘉义县城发兵，偏师沿东侧丘陵南下攻抵大武垅，福亲率大军走平原，于十六日（2.22）进抵湾里溪（台南县善化镇）。隔日杀至牛庄，与二千名敌军混战，阵斩“定南将军”苏魁，大获全胜。十九日（2.25）官军推进至南潭、大目降，又遇贼匪三千余名围攻；常青开城出战，贼稍退。此时福命令粤民与四社熟番，进入噍吧哖清剿庄的余部，并在头社（台南县大内乡）、本县庄、大埔（台南县东山乡）也有所斩获。福康安把官兵调往各处驻扎，自己前往冈山找寻庄大田的踪迹。二十一日（2.27）福抵达下埤头，据报现所有贼党全逃至水底寮。二十六日（3.3）海兰察在下淡水，再败二千余名敌军，并听闻庄大田已逃向琅峤。二月四日（3.11）官军由水、

---

① 《天地会（四）》，页265；《台湾林爽文起义资料选编》，页225~227、229、252。

② 《天地会（四）》，页195~199、202~205、217~223；林焜熿，《金门志》，台湾银行文献丛刊第八〇种，1960年5月，页275~276。

③ 柯志明，《番头家——清代台湾族群政治与熟番地权》（台北：“中央研究院”社会学研究所，2001年3月），页251~254。

陆分头进抵风港（屏东县枋山乡）。五日（3.12）追至柴城（屏东县车城乡），上午十时至下午二时，歼灭敌军二千多名，庄大田亦被生擒。若照“总督内外诸军务”蔡福的口供，庄氏妇孺本有机会搭船逃走。无奈上船后，风势转向由南往北，遂漂至岸，再逃入灰窑后被拿获。① 庄氏一族到案也代表南路战事的告终。

尔后林爽文、庄大田被解送北京凌迟，前者在三月十日（4.15）正法，后者在三月十四日（4.19）被正法。然整起事件还未完全落幕。上文提到的柴大纪，于乾隆五十三年元月二十三日（1788.2.29）遭革职拿问。三月一日（4.6）福康安严讯柴氏并查抄其财产，七月二十一日（8.22）按律处斩。时论林案最后能得以敉平，柴大纪坚守嘉城功不可没。因此谓柴之死为“冤死”。② 另外严缉“漏逆”也是台湾官员的重任，从“购线”的手法来看，可知官府对区域社会控制有一定的深入性。例如：乾隆五十三年四月（1788.5）在淡水厅后垅拿获“巡海将军”邱添喜。③ 五十四年四月（1789.5）拿获嘉义逸匪黄结。④ 同年五月拿获嘉义逸匪林安、张左、简助。同年闰五月在港西拿获凤山逸匪李由。⑤ 同年七月拿获嘉义逸匪许俊、许海、许丁、杨恺；凤山县逸匪蔡久、蔡南。⑥

乾隆朝的林爽文事件，在高宗眼中除了列入十全武功外，亦自比康熙朝其祖父平定朱一贵事件的功勋。⑦ 而在最后一期的发展上，更有几点是值得注意：其一，官军与民变军人数的问题。经过三次从内地调动大军的增援，第四期台湾新、旧官军约十万人，义民、义番合计约 24000 人。这样的兵力与第三期林、庄各控有十万人的规模比较，官军还略逊一筹。不过此时情势有所转变，那就是官军胜多败少，使得民变军分子中，不少甘于受抚摇身化为义民。因此林、庄阵营兵源不断流失。然更要注意的是，即便是二人连战连败、穷途末路时，其追随者亦有万人、千人之众。这些不受招抚的“顽

---

① 《天地会（四）》，页 373～376、382～386；《台湾林爽文起义资料选编》，页 232。

② 《天地会（四）》，页 308～309、395～396、420～421；小横香室主人编，《清朝野史大观》（扬州：江苏广陵古籍刻印出版社，1998 年 5 月三刷），页 66～67；张本政主编，《清实录台湾史资料专辑》（福州：福建人民出版社，1993 年 12 月），页 573～574。

③ 乾隆朝汉文录副（军机处录副），档号：1445－0021，微缩号：099，中国第一历史档案馆藏。

④ 台湾故宫博物院，《宫中档乾隆朝奏折（第七十一辑）》（台北：故宫博物院，1988 年 3 月），页 722。

⑤ 台湾故宫博物院，《宫中档乾隆朝奏折（第七十二辑）》（台北：故宫博物院，1988 年 4 月），页 15、192～193。

⑥ 台湾故宫博物院，《宫中档乾隆朝奏折（第七十三辑）》（台北：故宫博物院，1988 年 5 月），页 7、129。

⑦ 《天地会（四）》，页 408～409。

民"，成为事后官方继续统治的阻碍；所以清廷采全数歼灭的方式对付，避免日后尾大不掉。

其二，福康安为什么会胜利的问题。前述已提及林、庄二人兵力部署不当，使得福的大军在北路有突破的良机。乱时充当闽浙总督李侍尧幕宾的赵翼，认为林爽文无法及时攻克鹿港，以至于让福的大军登陆成功是一大失策。① 赵的说法是知其一不知其二。因为按林阵营的布置，福康安的部队只要选择官军控制的任何一处港口，例如：五条港、海丰港、笨港等，在此挹注 17000 大军都会有此战果。另外幸运的是福大军抵台，正好是冬季。冬季是台湾的枯水期，所以他才能从鹿港急速进兵，连跨浊水溪、虎尾溪驰援嘉义县城。

其三，福康安本人在战略上也有独到之处。最重要的是他选择先平定林爽文，后打庄大田。靠着庄部被牵制在府城动弹不得，福康安先解嘉义城围提升士气，最后再北上克定斗六门。斗六门的战略意义重大，其重要性还不是打通文报而已，更要紧的是官军可从庵古坑进入内山，然后沿着山势北上进兵。以往林爽文能久据中部，靠的就是守住八卦山山脉的天险。如此即使官军在彰化平原获胜，也很难马上攻入南投。但现在情况丕变。官军沿着八卦山山脉北攻，民变军东西向拒敌的阵地，全不利南北向的作战，以致全营皆溃。从福康安自庵古坑到大里杙仅花费四天时间，就可以知道林阵营溃退之速。

其四，林、庄阵营能与官军周旋许久，本身也要一定的实力，这就是土地收益转化成的财力。根据事后官府没收土地抄封的资料，这些土地的分布，以日治初期所调查的地点包括：大加蚋堡、芝兰一堡、芝兰二堡、竹南一堡、苗栗一堡、苗栗二堡、苗栗三堡、蓝兴堡、大肚上中下堡、北投堡、武东堡、沙连堡、大槺榔西堡、大竹里、凤山上下里、观音中上里、长治三图里、半屏里、赤山里、新园里、港东上中下里。②

赵翼在事后对林案所花费的军需有一统计。大抵福建省耗费 93 万两，邻省动支 740 万两；再闽省拨米 30 万石，各省支援 110 万石。银米合计再加上运脚，共花费 1000 万两。③ 林案的教训，成为清廷平定台湾民变的重要经验。

3. 戴潮春事件

同治初年爆发的戴潮春事件，在清廷眼中重要性不若朱、林案的原因，则是被内地太平天国之乱所掩盖。但此案在台湾民变史上意义非凡，除了是

---

① 赵翼，"平定台湾述略"；摘自诸家，《海滨大事记》，页 78。

② 惠邨，《清代台湾之租赋》，《台湾文献》，第 10 卷第 2 期，1959 年 6 月，页 119～121。

③ 赵翼著，李解民点校，《簷曝杂记》（北京：中华书局，1997 年 12 月二刷），页 35。

最后一起跨县境的大规模民变外，亦是作乱时间最久的民变。该案始于同治元年三月十五日（1862. 4. 13）林晟倒戈于大墩（台中市西屯区），终至同治四年五月十八日（1865. 6. 11）敉平所有余乱并建立祀祠。① 在时间上可以分为二期，以同治二年九月九日（1963. 10. 20）台湾道丁曰健抵台为分界点；② 之前是台湾驻军主力弹压阶段，之后是台闽大军协力围剿阶段。至于戴案是不是农民起义事件呢？它的领导者与林爽文事件相似，多是"地主"带头举事，所以也非农民起义。此外它与林案又有一共同点，那就是同样都是会党领导的竖旗。

戴氏家族为彰化县捒东堡四张犁（台中市北区）的大地主，在戴潮春暗结天地会之前，其兄戴万桂早因与乡里互争田租之因，纠众结立土地公会、八卦会。万桂结会时，因潮春充任北路协稿识，恐生变波累并未参与。咸丰十一年（1861）北路协副将夏汝贤贪横，向潮春索贿不成竟把他革职。戴返乡兄已亡故，为独树一帜，乃招集旧党成立天地会。天地会与土地公会、八卦会有何不同?③ 原来前者入会还需膜拜朱一贵、林爽文牌位，并有特殊的隐语与暗号。根据会簿登记的人数，已拥众十余万，并假借团练之名行事，成为地方实力派型的武力团体。④

讨论到此不免又会以他们尊奉朱、林的牌位，误以为该团体带有政治上的反清色彩。但有二点证明实无此结果：其一，前文已陈述朱一贵、林爽文的举事，纯粹是抗官的武力行为，前提并无任何政治诉求。其二，戴氏结会的动机，起初是为了联庄保路，尔后组成分子日益复杂；潮春遂扩充该会，添入仪式，收敛钱财。甚至于到最后尾大不掉，天地会会众白昼公然抢杀，戴潮春也无法约束。所以说戴氏自组的天地会，是一个相当特殊的个案。通常官府对于会党的剿捕是不遗余力的（见第二章第三节），孰料初期天地会假名的团练，竟让官府深倚、豪右敛手、行旅便之、愚民安之。但后期戴氏无法完全控制的结果，也使得该会与他本人走向毁灭性的发展。⑤

咸丰朝是太平天国举事最烈之时。台湾虽然没有直接受到太平军的攻击，但该部在咸丰七年二至七月、咸丰八年七月至咸丰九年十一月、咸丰十

① 吴德功，《戴施两案纪略》，台湾银行文献丛刊第四七种，1959 年 6 月，页 5；《清实录台湾史资料专辑》，页 980。

② 同治朝军机处月折包，编号：093614，台湾故宫博物院藏。

③ 之前的研究把天地会与八卦会混为一谈是很有问题的。参阅邵雍，《台湾八卦会起义述略》，《历史档案》，总 40 期，1990 年 11 月，页 97～102。

④ 林豪，《东瀛纪事》，台湾银行文献丛刊第八种，1957 年 12 月，页 1～2；蔡青筠，《戴案纪略》，台湾银行文献丛刊第二〇六种，1964 年 11 月，页 1～2。

⑤ 《东瀛纪事》，页 3；《戴案纪略》，页 3。

一年元月至九月（1857.3～8/1858.7～1859.12/1861.2～10），三次入闽的行动中，对福建产生不小的破坏。① 而它对台湾的影响有两方面：其一，班兵制度的不行。大抵在咸丰八年（1858）福建绿营做最后一次换班，直到同治六年（1867）才重新启班（见第二章第一节）。其二，在福建陷入烽火当中，朝廷少见地命令台湾兵、勇内渡支援作战。对于前者，由于四五年不需要换班，使得台湾绿营更显疲态，例如：北路协中营、台湾水师协左营，虚兵实饷平时见惯，营兵半皆为商毫无训练，一旦有变定仓皇失措。② 对于后者，咸丰三年五月（1853.6）上谕首次饬令台湾道徐宗幹，酌带弁兵内渡漳、泉协同剿办。③ 不过同月台湾旋有林供举事于凤山，使得台湾弁兵内渡福建被推迟了数年。

罗尔纲研究咸丰三年台闽的竖旗案件时，提到台湾天地会（应为小刀会）的举事，是闻风响应黄德美率领小刀会在海澄、林万青率领红钱会在德化的举事而起。④ 林其泉更扩大解释，认为此时台湾各厅、县的民变，不管在政治与军事上，均与太平天国有十分明显的关系。⑤ 林的说法从清宫的档案中找不到证据。罗的说法还须仔细说明。首先太平军与福建天地会关系为何？根据闽浙总督王懿德年谱所记，咸丰四年七月（1854.8）东王杨秀清遣徐向荣来闽勾结，但旋被官兵拿获正法。可见得太平军虽有意图结合福建会党，但终究没有成功。⑥ 所以福建当时的乱事，跟太平军没有合作上的关系。其次林万青率领红钱会又是怎么回事？根据《林万青传》所记，红钱军所扰地区仅限于泉州、永春、长汀一带，直到咸丰八年（1858）被剿灭为止，都跟台湾没有关联。⑦ 因此台闽会党联络举事，仅剩小刀会。咸丰三年四月（1853.5）黄德美进犯厦门成功后，七月即遣人与林供阵营联络，然被台湾弁兵查获整件事才曝光。⑧ 既然计划失败，台湾当时的乱事，跟福建会党也没有合作上的关系。

---

① 范启龙，《太平军四次入闽战斗及福建人民的反清斗争》，《太平天国学刊（第四辑）》（北京：中华书局，1987年7月），页316～367。

② 《戴案纪略》，页7、10。

③ 不著编人，《清实录－文宗显皇帝实录（四一）》（北京：中华书局，1986年11月），页321。

④ 罗尔纲，《太平天国史》（北京：中华书局，2000年11月二刷），页2404。

⑤ 林其泉，《台湾杂谈（一）》（福州：台湾史研究室，1981年5月），页106～115。

⑥ 罗尔纲、罗文起，《太平天国散佚文献勾沉录》（贵阳：贵州人民出版社，1993年1月），页118～119。

⑦ 锦旋编、张玉芷注，《福建红钱军领袖林万青传记》，《近代史资料》，总17号，1957年12月，页1～18。

⑧ 中国第一历史档案馆编辑部、上海师范大学历史系中国近代史研究室编，《福建·上海小刀会档案史料汇编》（福州：福建人民出版社，1993年9月），页221～222。

在厘清这一段历史发展后，即能发现咸丰四年五月（1854.5）厦门小刀会过海犯淡水厅香山，六七月犯噶玛兰厅苏澳，闰七月犯淡水厅鸡笼，都是该会从厦门亡命后独自犯案，顶多与台湾的土匪勾结，但绝没有与台湾小刀会暗结。而闰七月的鸡笼之役造就一位将才，那就是彰化县阿罩雾的义首林文察。林因有胆识遂被重用，咸丰九年（1859）率2000名勇丁内渡福建，转战闽浙平定太平军。① 咸丰三年要调派援闽的台湾营兵，迟了六年之后才启行；而且所调者也不是绿营，反倒是地方上的勇丁。

虽然台勇在闽浙骁勇善战屡建奇功，但在福建诡谲的官场，其将领林文察却为人所不喜。疵议者认为他是林爽文的族裔，多亏福建布政使裕铎的拔擢才能翻身。② 撇开将领的人事不谈，这2000名台勇调离台湾，对台湾的武备造成什么样的冲击呢？最明显的是跟随着义民首，在中部形成的亲官方武力，一时出现真空状态。再者调闽的台勇还不止这2000名，根据其他专文的估计，陆续随征者共有五六千人之多（有曰大部分是熟番为主）。③ 这就是戴潮春事件举事的背景。当时官府对这群台勇的看法，认为是他们内渡时，侦知太平军势张与台湾府行事的虚实；再把这讯息提供给竖旗者后，遂成戴案燎原的原因。④ 这个因素是有的，但把戴案发展过度简单化，其始末还需从头讲起。

同治元年三月五日（4.3）台湾道孔昭慈循例春巡，九日（4.7）抵彰化县城顺道办理会党事宜。⑤ 时人给他的评论是狃于承平之嬉恬，无所防备；听闻大突庄（彰化县溪湖镇）陈弄揭竿而起，才莅临该县犹思抚缉。孔氏先檄调前任彰化知县，现升淡水厅同知的秋曰觐前来剿办，不过对象直指戴潮春而非陈弄。其麾下包括：北路协副将林得成率领的1000余名士兵、义首林晟带领的400名勇丁、义首林奠国带领的400名勇丁。同日官军在大里杙（台中县大里市）获得小胜，继续向四张犁推进。十五日（4.13）官军抵达大墩时，因林晟倒戈官军阵脚大乱。林奠国率部急返阿罩雾，秋曰觐、林得成退入民舍竹围负隅顽抗。十七日（4.15）阵地失守，秋氏被杀，林氏被俘，戴案展开。⑥

---

① 黄富三，《雾峰林家的兴起——从渡海拓荒到封疆大吏（1729～1864）》（台北：自立晚报，1987年10月），页165～182。

② 张集馨，《道咸宦海见闻录》（北京：中华书局，1999年5月三刷），页278、284。

③ 不著编人，《清实录－穆宗纯毅帝实录（四五）》（北京：中华书局，1987年1月），页394、514；潘大和，《平埔巴宰族沧桑史》（台北：南天书局有限公司，1998年4月），页115～118。

④ 丁曰健，《治台必告录》，台湾银行文献丛刊第一七种，1959年7月，页417。

⑤ 洪安全主编，《清宫月折档台湾史料（一）》（台北：故宫博物院，1994年10月），页447。

⑥ 《戴案纪略》，页3～4；《戴施两案纪略》，页5。

孔昭慈在同日接到官军败仗的消息，不免感到惊骇。但他没有听从幕友汪宝箴的建议撤退到鹿港，则是走出错误的第一步。他轻信勇首施久挺，以为此人可去鹿港搬救兵来援，而安坐在彰化县城则是错误的第二步。再者误信奸细王万之言，认为可以与戴阵营议和，则是错误的第三步。事实上当时彰城是难以固守的，由于精锐都已他调北上，城中仅剩老弱残兵300名。千总杨夺元建议趁敌营众心未固，缒城出战或许还有胜算。可惜孔氏否决该议，宁愿死守城中，等待鹿港来的援军。只是施久挺一去不返，十八、十九日（4.16～17）戴阵营攻城益急，铳子如雨。十九日夜得内应，戴部从东门杀入，孔昭慈服毒自尽、夏汝贤以贪酷全家遇害。前任彰化知县高廷镜、马庆钊，以清官著称被俘放回鹿港。现任彰化知县雷以镇因戴内部约定斋堂不受扰，而误打误撞躲入斋堂幸免。①

戴潮春以有司敛赋过苛民心不服，煽众攻取彰城后声势大振，一时跟随者有十余万人。② 入城后戴潮春自命“大元帅”，封戴彩龙为副元帅、郑玉麟为大将军、郑猪母为都督、卢裕为飞虎将军、郑大柴为保驾大将军、陈在把守梧棲港为镇港将军，其余一干人等赏赐受封有差。只是戴阵营的出头，不等于已统合所有民变军的武力。林晟在倒戈之后即有悔意，原想捉拿戴潮春功过相抵，但仍犹豫不决无法定夺。副将林得成趁机游说，但不敌江有仁的蛊惑。江氏之前曾跟林文察赴闽浙讨太平军，知道内地局势纷乱无暇他顾；遂唆使林晟谋反，不必心有旁骛。林得成见大势已去，伏剑自裁。林晟亦自立为“大元帅”，与戴潮春并称“千岁”；并封江有仁为军师，何守为扫北将军、林猫为值殿将军、康江中为大将军、林狗武为都督；并分封茄投（台中县龙井乡）大土豪陈鲱为“元帅”，令与部众陈梓生、陈狗母、赵戆、刘安驻守大肚山；再封牛骂头（台中县清水镇）蔡通为“西保元帅”；葫芦墩（台中县丰原市）纪朝为“满汉将军”；涑东（云林县斗南镇）廖有誉、廖安然为将军；北势湳（南投县草屯镇）大业户洪欉为元帅；看来所谓的民变军，其实是呈现二元领导的态势。③

戴潮春眼看林晟有架空他的态势，谋思反制之道。他把彰邑让给林之后，返回四张犁重新部署。在“丞相”庄天赐的献计下，戴氏遂自命为“东王”。时水沙连的股匪刘三均、五城（南投县鱼池乡）的吴文凤、廉厝沟的“大总制”许丰年、石榴班（云林县斗六市）的张窍喙、赖厝廍（嘉义县竹崎乡）的“先锋”赖阿矮来会，戴潮春一时声势复振。此外还有其

① 《戴案纪略》，页5～7；《戴施两案纪略》，页7。

② 连横，《台湾诗荟杂文抄》，台湾银行文献丛刊第二二四种，1966年4月，页35。

③ 《东瀛纪事》，页5～7；《戴案纪略》，页19。

他势力，初自立旗号并不相统属。例如：之前提到的陈弄，现也自命为“大将军”，梗踞于小埔心（彰化县埤头乡）一带。关帝厅（彰化县永靖乡）萧金泉自命为“三元帅”。彰城南门外三十五庄张赤、西螺廖谈、海丰仑（彰化县埤头乡）邱阿福均自命为“将军”。嘉义县牛朝山（嘉义县民雄乡）严办自命“征南大将军”。柳仔林（嘉义县水上乡）黄猪羔，大仑（嘉义县县水上乡）吕梓均自命“将军”。鳗鱼寮（嘉义县太保市）黄丁自命“大都督”。另有未打出名号的股首，包括：新港东的朱登科、埤堵（嘉义市）的罗猪羔、湖仔内（嘉义市）的罗昌、台斗坑（嘉义市）的林忠厚、大溪厝（嘉义市）的赖猪羔、青埔庄的何钱鼠、水崛头（嘉义县水上乡）的黄猪、八掌溪（嘉义县水上乡）的黄番仔、复鼎金的（嘉义县民雄乡）宋田市。凤山县有冈山（高雄县阿莲乡）的许夏老；台湾府城有萧垅庄（台南县佳里镇）的陈盖、杨毛；淡水厅有大甲的王九螺、王和尚、庄柳、李阿两、钟阿桂，中港（苗栗县竹南镇）的王江龙，现均听命于戴潮春。①

彰邑失守传至府城，原任台湾知府，现升任湖北省汉黄德道的洪毓琛，被郡百姓乞留。三月二十四日（4.22）府城设立筹防总局，由洪氏护理台湾道篆主持剿务。② 洪氏的首要工作就是筹饷，他先以关税抵押，暂向洋商借调15万两，又准鹿港郊商汇兑，并函饬鹿港盐馆将盐价尽数提付官军。洪的努力得到回报，乱初未有营兵缺饷哗变投敌者。四月二十四日（5.22）北京首次收到戴竖旗的消息。③ 而戴阵营在攻下彰邑后，下一步朝哪个方向进兵遂成关键。在四月份的战事中，主要是往西、东、南发展。往西攻打的目标就是鹿港。彰邑的难民，现可说群集于此。不过该港可不是那么容易就能攻陷的，原因是它的外围村庄，有诸多义民把守，形成一环状阵地，拱卫鹿港的安全。这些村庄包括：冲西港、同安寮、涂城、三十五庄、二十四庄。台湾水师协左营游击江国珍及其麾下，虽然也是老弱残兵，但在义民的支援下终能固守。戴潮春眼见鹿港多泉籍移民聚集，先派同为泉籍的“镇北将军”林大用来招抚。不成乃调陈弄围攻鹿港，然强攻三日不下，又收到淡水厅新庄杨贡举事失败的消息旋退兵。④

往东攻打的目标就是阿罩雾。林晟与林奠国一族早有仇隙，该役林晟亲率36000名部众，猛攻三日未果。旋因东势角粤籍义首罗冠英率部来援，林

① 《东瀛纪事》，页6~8；《戴案纪略》，页20~21。

② 蒋师辙，《台湾通志》，台湾银行文献丛刊第一三〇种，1962年5月，页853。

③ 《清实录－穆宗纯毅帝实录（四五）》，页700。

④ 《东瀛纪事》，页10；《戴案纪略》，页9~12。

晟乃退兵返彰邑。① 往南就是嘉义县城及其周边的攻防战。四月二十八日（5.26）安平协副将王国忠，奉台湾镇总兵官林向荣之命，带兵百余名至嘉邑防堵，但被股首黄猪羔侦之，先在柳仔林（嘉义县水上乡）埋伏。果然官兵中伏大败，正在危急之间水师游击颜常春带救兵赶到，一行人且战且走逃入嘉义县城。黄猪羔遂立即围城，幸而守军以火药燔敌，城围始解。②

五月六日（5.4）台湾镇总兵官林向荣先在府城誓师，隔日林氏亲率弁兵3000名北上平乱。九日（5.7）大军进抵坊埤（台南县白河镇）扎营。戴氏遣戴彩龙率严办、陈弄、黄猪羔等万余人，绕过嘉邑扎营南靖厝（嘉义县水上乡），双方隔八掌溪对峙。十九日（5.17）洪毓琛檄调新港小屯200名屯丁，以及内四社熟番（大武垅社群）屯勇300名来郡防守。二十八日（5.26）戴部暗渡八掌溪偷袭白沙墩（台南县后壁乡），切断官军与盐水港联络的粮道。此役官军损失颇大，是夜林向荣率众夜袭得小胜，然粮道受阻林部开始出现危机。林氏见局势不佳，从坊埤后撤至安溪寮（台南县白河镇）待援，但所部200名屯丁却萌生异心通敌内应。③

五月份的战事除了向东攻势稍停外，向南、西、北双方均爆发激战。在南方战场上，不独林向荣遇敌，戴阵营在嘉邑未能立克的情况下，转攻斗六门。④ 斗六门由营都司汤得升驻守，总兵力不过500名，却要单独面对万余名的贼众，情势可说相当危急。幸好副将王国忠从嘉邑率兵来援始解围。现在的局势是官军虽能固守住较大的城邑，但乡间都被民变军占领。所以戴阵营“乡村包围城市”的战略浮出成效。果然洪毓琛遣澎湖协副将陈国铨带兵200名与屯番500名护送饷银至嘉邑，在快到安溪寮时被敌军伏击。陈国铨旋命兵丁身背银两，采化整为零的方式前进；不料兵丁私下瓜分饷银而逃，屯番见状四散。陈国铨只身无法御敌，遂自刎而死。⑤

在西方战场上，鹿港的防御因有大批援军涌入，暂时获得保障。根据《台湾通志》所记，在林向荣带兵北上的同时，亦拨400名屯丁由海道驰援鹿港。五月二日（5.29）府城贡生蔡廷元在郡募勇，之后也是由海道赴鹿

---

① 《雾峰林家的兴起——从渡海拓荒到封疆大吏（1729～1864）》，页230～232；《台湾诗荟杂文抄》，页2。

② 《戴案纪略》，页12；《戴施两案纪略》，页11。

③ 各私家撰述对戴案的描写，在月份日期上有明显不同。本书仔细对照后，认为《戴案纪略》可信度最高。因此以该书为准，再校正、排比一下战事的发展。参阅《台湾通志》，页853；《戴案纪略》，页13；《戴施两案纪略》，页11～12。

④ 嘉邑的城围虽没有林爽文时严峻，但被围至三个月也乏食困顿。参阅连横，《雅堂文集》，台湾银行文献丛刊第二〇八种，1964年12月，页70。

⑤ 《戴案纪略》，页18；《戴施两案纪略》，页16、18～19。

港援剿。最重要的五月十二日（6.8）记名总兵曾玉明由浙防赴泉州，统兵六百名径渡鹿港，旋调集兵勇约两千人扎营于水转桥（彰化县福兴乡）。①两千人可谓不小的兵马，当时鹿港约有十二万余人，幸好本地就是一个米谷的集散区，所以在供食上暂不乏粮。另外再联络和美线（彰化县和美乡）沿海一带各泉籍村庄，巩固鹿港北面的阵地；并由举人蔡德芳、贡生林青源办理（团练）总局，抽厘助饷。②

在北方战场上，淡水厅同知秋曰觐阵亡，一时厅务无人视事。竹堑绅士郑如梁、陈辑先等公推候选通判张世英代理。张氏权视立刻推举士绅林占梅为总办台北军务。闽抚徐宗幹檄文一到，林氏慷慨受命，旋设保安局于竹堑厅城。时北门外有苏、黄二姓械斗，林占梅亲自带勇弹压。厅内罗汉、游民之徒，一时无所觅食皆喜贼至；占梅令头人造册，计口授粮所费不赀，斥去腴田无算破产以应。正值王江龙在中港遍贴告示，到处派饭准备响应戴氏。占梅侦之立遣勇丁速赴，械送竹堑诛之。大甲土豪王和尚，闻彰邑破乃率党羽庄柳、陈再添、王九螺，趁巡检、守备、弁兵皆逃而占据大甲。戴潮春收到消息后，随遣蒋马泉来守大甲。然民变军毫无纪律，白昼公然抢劫，百姓苦之。五月五日（6.1）林占梅命勇首蔡宇，率领百余名勇丁袭取大甲成功。不过王和尚溃退后，也马上招集所部进行反攻；并得到“扫北将军”何守、“先锋”杨大奇等贼众支援，连扎二十七营包围大甲。十三日（6.9）林占梅调彰化县东势角罗冠英率师来救，官军以奇兵偷袭，贼众大败遂解围。③

六月份的战事官军先败后胜。义首李章慈首倡收复彰邑，他与打铁山（彰化县和美镇）义首李利进诏安厝（彰化县和美镇）。戴部获悉从彰邑倾巢而出，李章慈力竭阵亡，李利逃回庄中。六月三日（6.29）嘉义大目堡义首林聿成率义民34人，解运油米接济嘉邑守军，不料至好收庄（嘉义县中埔乡）遇袭全军阵亡。④ 八日（7.4）官军开始反攻。局促于安溪寮的林向荣，因其弟林向皋从厦门募到勇丁500名来援，所以声势复振。此时原戴阵营股匪店仔口（台南县白河镇）吴墙、黄猪羔来降，官军士气更旺急向嘉邑挺进。“大将军”陈弄、“征南大将军”严办抵挡不住，纷纷北逃回彰。时嘉邑义民赖时辉已筹设莆姜林四十九庄联义分局，联络城内外赖、林二姓

---

① 《台湾通志》，页853；陈衍，《台湾通纪》，台湾银行文献丛刊第一二〇种，1961年8月，页186。

② 《戴案纪略》，页14～15、17～18；《戴施两案纪略》，页14～15。

③ 《东瀛纪事》，页16～17；《戴案纪略》，页15～16；林占梅，《潜园琴余草简编》，台湾银行文献丛刊第二〇二种，1964年11月，页131。

④ 台湾银行经济研究室编，《台湾南部碑文集成》（南投：台湾省文献委员会，1994年7月，页693。

子弟。官军至刚好里应外合，林部进抵城邑西门外，破敌垒五座解城围。①

六月十三日（7.9）曾玉明率兵400名、义民千名，从鹿港出阵扫荡平原上的贼巢，连克马芝堡、菁埔仔、后湳、马鸣山四庄，扎大营于秀水（俱在彰化县秀水乡）。这四庄庄民多王姓，从贼被官军扫荡后，移巢于后港仔、莿桐脚、十四甲（俱在彰化市）。十九日（7.15）“副元帅”戴彩龙、桥仔头（彰化县花坛乡）股匪李炎、“大将军”郑玉麟至燕雾堡大庄（彰化县大村乡）派饭，结果被二十四庄义民手到擒来。该役戴、李、郑三人皆被正法，戴部折损二百余名，士气大衰。日后戴阵营以大岸头—湳尾（俱在彰化市）为界，以东全竖红旗并蓄发；官军以白沙坑—口庄（俱在彰化县花坛乡）为界，以西全举白旗仍剃发以别。戴彩龙之死使得戴阵营愤恨，二十一日（7.19）戴潮春率众攻白沙坑，二十三日（7.21）攻口庄，但被击退。②

七月至九月的战况，没有比台镇林向荣阵亡于斗六门，更让官军士气大损的了。七月初林向荣在嘉邑接据汤得升的禀文，声称斗六门现防御单薄需要援助。林氏遂派其弟带领勇丁300名，守备刘国标率兵勇600名前往；并饬崁顶庄（台南县白河镇）义首林义接应，颜常春带兵赴大仑庄（嘉义县水上乡）扫荡后路。③ 至此，林镇的调度还算得当。那么曾镇呢？七月十日（8.4）上谕要曾玉明立刻将彰化县城收复。谕旨会这样宣达，可能是看到嘉邑已被绥靖，所以才会下此命令。④ 但戴阵营不等官军反攻，遂在七月十九日（8.13）发动鹿港北面战役。“大元帅”林晟指挥“镇北将军”林大用，率众攻入湳仔庄、柑仔庄、和美线街、加宝潭（俱在彰化县和美镇）颇有斩获。然林晟大意接受义民陈耀诈降，在收贿二千银圆竖上红旗后收兵。不料陈耀赶抵鹿港讨到救兵，收下红旗改举白旗。林晟大怒再发兵来攻，但义民庄早有准备，直到戴案结束，戴部都未越雷池一步。⑤

林晟图和美线未果，遂把兵锋指向二十四庄。八月十六日（9.9）林氏率众万余名，分三路猛攻白沙坑、口庄、虎山岩坑（彰化县花坛乡），自己登观音山（彰化市）督战；拔贡生陈捷魁调三家春、茄苳脚（彰化县花坛乡）义民来守。林晟见无机可乘暂退兵。十八日（9.11）改攻仑仔顶（彰化县花坛乡），突破义民的防线深入，记名总兵曾玉明急带兵勇驻安东庄

① 《戴施两案纪略》，页19~20；《台湾通志》，页854；颜尚文，《嘉义赖家“嘉城赖仁记家谱”的编撰与家族伦理之建构》，《中国现代史专题研究报告（第二十一辑）》（台北：台湾史料研究中心，2000年10月），页531~533。

② 《戴施两案纪略》，页21~22。

③ 《台湾通志》，页854。

④ 蒋良骥，《十二朝东华录（同治朝）》（台北：文海出版社，1968年8月），页200。

⑤ 《戴施两案纪略》，页22~23。

（彰化县秀水乡）抵御。义民首们见乱势未定，群向曾镇建议开通一条新的道路，从彰城北面的快官庄（彰化市），开至彰城南面的虎山岩。林晟得悉拼死阻止，凿路未果。闰八月十四日（10.6）义民首罗冠英在彰县北的反攻有获，连克蓁脚、葫芦墩（俱在台中县丰原市）。林晟见势不对带兵来援，战于圆宝庄、圳蓁（俱在台中县潭子乡），义民军受挫回翁仔社（丰原市）。① 在戴潮春南下发展时，林晟就负责指挥中部地方的攻防。

台湾道洪毓琛听信小语，未等斗六门防务布置妥当，七月底即命林向荣挥军北上。林镇抵达后，麾下兵力虽有千人之众，但却做了最错误的部署。他不听副将王国忠建议，把大军都麕集于街市，未点放分散扎营于村庄。于是斗六门形成一座孤堡，旁边都没有阵地可以拱卫，也忘了先前在白沙墩粮道被断的窘况可能重演。未几戴阵营"大将军"陈弄、"大总制"许丰年、"征南大将军"严办率万余人南北夹至。《通志》收录一张当时官军探子的报信，记录斗六门失守后的消息弥足珍贵。八月二十九日（9.22）戴潮春已在林杞埔（南投县竹山镇）主持南攻事宜。戴氏出入有卫队四五百人保护，行至林杞埔已收众万余人。闰八月二日（9.24）戴闻报林向荣在斗六门，旋移驻二八水（彰化县二水乡），并派大军赶赴现场围困。这一次围困非同小可，戴部以围点打援的战术，强占十舍娘庄、乌瓦畿（云林县斗南镇），不跟林部千余兵马对决，欲把他们全饿死在孤城。土库（云林县土库镇）义首陈澄清，屡次想运米到营，但都不得志。石榴班等庄（斗六市）本与林镇互通，现受到戴部的威胁也断去接济。此时王国忠又建议，杀出重围至海丰仑（斗六市）就粮。林向荣惑于守备林国泰谗言，以为有官军来援遂否决。九月十三日（11.4）戴潮春亲赴斗六门发动总攻击。此时官军已被围困二个月，乏食已无力反击。是日夜番屯通敌，仅存的弁兵退守营盘。十七日（11.8）林向荣吞金自杀（亦说仰药）。副将王国忠、参将颜常春突围未果皆阵亡。二十一日（11.12）戴氏移营于西螺（云林县西螺镇），准备第二次围攻嘉义县城。②

此役官军可说元气大伤。林向荣在咸丰三年（1853）于闽围剿太平军失利，即以广东海门营参将身份被革职。③ 尔后再靠着军功复职，并一路擢升至台湾镇总兵官。孰料大意败亡，成为继朱案欧阳凯之后，第二位马革裹尸的台镇。其实当斗六门被围时，鹿港生员杨清时请曾镇发兵搭救，不许；

① 《戴施两案纪略》，页25～28。

② 《台湾通志》，页855～856；《东瀛纪事》，页30～32；洪安全主编，《清宫月折档台湾史料（二）》（台北：故宫博物院，1994年10月），页1145～1146。

③ 中国第一历史档案馆编，《清政府镇压太平天国档案史料（第八册）》（北京：社会科学文献出版社，1993年9月），页14。

杨又请曾氏调宝斗仔（彰化县北斗镇）义民往援，亦不许。杨清时与总理许行义率勇丁400名径自前往。行抵番婆庄时，突遇戴部攻击，退守湖仔内（俱在彰化县溪湖镇）驰援失败。①

十至十二月的战况，官军皆呈守势，民变军大举向南、北挺进。在南方战况上，斗六门官军覆没对戴阵营来说，不啻为打开南攻通道的大门。然嘉义县城雄峙于县境，遂成另一个需要攻克的目标。该城防御比斗六门坚强，之前想用围困"城脚"的方式，已被证明是失败的。所以必须扩大战线，把"围点打援"的对象扩张到邻近诸地，而土库与盐水港被他们认为是首先要攻陷的目标。土库义首陈澄清先前接济过官军，戴阵营再以他为先讨对象。不过该地的守备却很坚强。陈氏为一胆识之人，他带领的"土库五虎"早在乱初，即囤积大量饷械粮米，戴部若要硬攻也要蒙受损失。斗六门陷后，陈弄、严办率大军合围该地。陈澄清诈降邀陈弄入庄，是夜义民掩杀至，陈弄大败而逃。澄清即联络埔姜仑（云林县褒忠乡）、盐水港互保，直到戴案平定为止，土库从未失守。②

土库谋攻不下，严办以不如改攻盐水港，可以先图府城。十月底严办率向朝江等三千名部众杀至。可是盐水港也是易守难攻之地，该港居民稠密，四面皆有壕沟保护，亦开有四座城门，饷械米粮均充足。盐水港义首陈志寅、李志镛从西北门迎击，并联络到麻豆庄义首李成龙、李朝魁，以及查亩营（台南县柳营乡）义首举人刘达元来援，才交战二日就阵斩向朝江，驱退敌军。③ 土库、盐水港攻略虽然失败，但戴部已邀到大仑庄（云林县仑背乡）曾鸡角、溪洲仔庄（彰化县溪洲乡）林明、新兴庄（云林县林内乡）陈远、潮洋厝庄（云林县褒忠乡）张添为乱。④

另外凤山县的贼匪也有蠢动的态势。水底寮（屏东县枋寮乡）股首陈大目等，计划在十月十二日（12.3）举事。由于台湾道洪毓琛已设局（团练）于阿公店（高雄县冈山镇），并结合港东、西里的义民固守。加上早侦得他们想在滚水坪（高雄县田寮乡）举事，遂立调兵役前往。结果能在陈氏竖旗前一举擒获，此后贼众散去不复在南路作乱。⑤

十一月十日（12.30）林晟率千余人北上，第二次进攻大甲。由于南埔（台中县大安乡）庄姓族人反叛，旁边十八庄皆投入戴阵营，林晟声势大振。十二日（1863.1.1）官军在城南水尾溪（台中县大甲镇）中伏大败，

① 《东瀛纪事》，页33。
② 《戴案纪略》，页35~36。
③ 《台湾通志》，页856；《戴施两案纪略》，页32。
④ 倪赞元，《云林县采访册》，台湾银行文献丛刊第三七种，1959年2月，页128。
⑤ 《东瀛纪事》，页35；《台湾南部碑文集成》，页344。

林遣偏师攻城北的顶店（台中县大甲镇），欲南北夹攻大甲城。十四、十七日（1.3/1.6）罗冠英率部来援，林占梅急解的铅药也运抵；更有噶玛兰义首生员黄缵绪，权带武朥湾屯丁300名合称保安军往援。① 十八日（1.7）官军转守为攻，分兵出东、西门。然罗冠英部陷敌，被围困在水汴头；奋力突围后逃入城内，官军反攻失败。林晟切断大甲城水源，欲逼守军就范。此时节妇林氏再度“求雨”成功，至二十六日（1.15）林晟知近期可能有内地援军过台，遂自动退兵、城围遂解。②

十一月四日（12.24）北京获悉林向荣战败后大怒，知道非再调派援军渡台不足以敉乱；旋命福建水师提督吴鸿源率领三千部众往援，吴氏在十二月底抵郡。上谕给他的命令是即刻廓清嘉邑附近的贼巢，并北上收复斗六、进规彰化。③ 这就是同治元年底戴案的经过。吴鸿源渡台、进兵路线，与林爽文事件第二期类似。不过吴氏稍微幸运一点，因为府城并没有被围困；而且至盐水港一路，基本上也在官军的控制中。然吴有没有办法利用此大好的形势，开创胜利的契机就看他的调度了。

同治二年元月至八月的战事，有几点发展颇为关键。首先，吴鸿源的进军情况。吴氏在正月十日（2.27）从府城水、陆合进抵达盐水港，号令严肃一时有中兴之象。事实上他得到降贼的支援还不少。店仔口（台南县白河镇）五十三庄总理吴墙弃暗投明，计杀戴部另一位股首卢大鼻来迎。由于吴墙的反正，使得盐水港至店仔口贼踪敛迹。再者吴鸿源又遣盐大使秦培恩募勇一千名随征，使得麾下兵马有四千名之众。或许初战过于平顺，有了轻敌之心。十五日（3.4）官军经过鹿仔草（嘉义县鹿草乡），往埔心（嘉义县太保市）、南靖厝（嘉义县水上乡）途中中伏，大败而还。此役让吴鸿源有了警惕，改采步步为营的策略。二月十二日（3.30）他率部先攻占上树头、马椆后庄（俱在台南县白河镇）巩固后防，然后移大营至下茄苳（台南县后壁乡）；并调偏师至白沙墩、水崛头助攻。“大将军”陈弄受部下所愚，以为戴部失守彰邑，急忙调军北撤。官军把握住机会抢攻，破后蓁仔（嘉义县中埔乡）一路挺进，于二月底解嘉义县城围。④

其次，中部的攻守情况。在水师提督吴鸿源北上盐水港时，林晟谋思第三次围攻大甲。正月十八日（3.7）戴阵营发动总攻击，两军交战于磁磘庄

---

① 伊能嘉矩，温吉编译，《台湾番政志》（台北：台湾省文献委员会，1957年12月），页144；陈进传，《宜兰传统汉人家族之研究》（宜兰：宜兰县立文化中心，1995年5月），页102。

② 《戴案纪略》，页37～38；《戴施两案纪略》，页33；蔡振丰，《苑里志》，台湾银行文献丛刊第四八种，1959年6月，页76。

③ 《十二朝东华录（同治朝）》，页230～231、237～238、246～247。

④ 《戴案纪略》，页34、36～37；《戴施两案纪略》，页40、42～43；《台湾通志》，页857。

（台中县外埔乡），官军不敌逃入城中。林晟又下令填平水道，亲自在铁砧山（台中县大甲镇）督战，欲强攻大甲城。可惜“扫北将军”何守和官军有密约，贼进攻时并不得力；加上林晟中炮受伤，遂撤兵回四块厝（台中县大雅乡）。此次戴部撤退非同小可，官军掌握契机一路追击。二月初克马公厝（今名马岗厝，台中县大雅乡），之后分道进攻。二月五日（3.23）往北克新广庄（台中县神冈乡），十六日（4.3）往南再克坝仔庄（台中县大雅乡）。二十七日（4.14）官军攻入四张犁，林晟大惊逃往彰邑。至于在曾玉明处，同年二月曾氏接任台湾镇总兵官，奖励他的劳绩。不过他在彰化平原的扫荡战中陷入胶着。原因是戴阵营的巢穴都有铁壁般的刺竹拱卫，加上内筑土樯中有铳楼、固若金汤。官军需要用优势火力才能攻克，但此时还未准备好。①

再次，内地援军再增防。北路海防理番同知兴廉以曾玉明累攻不克，禀请闽浙总督耆龄再添兵。三月十七日（5.4）任北路协副将曾元福，率兵一千人从鹿港来援，并命游击萧瑞芳解运大炮十余尊从征。曾元福抵达后立扎大营于白沙坑，前锋则扎于观音山。戴部驻守湳尾、大岸头（俱在彰化市）以对。四月中旬曾部分二路出阵，一路由虎山岩（彰化市）、圹底（彰化县花坛乡），杀入待人坑（彰化市）；另一路由乌磘直攻大岸头。再约曾玉明侧攻后港仔、湳尾（俱在彰化市），但敌军守得很好无法突破。这样的情况也在中部山区上演。四月二十八日（6.14）水沙连举人林凤池、南投堡义首陈云龙、牛牯岭（今名牛辒辘，南投县水里乡）义首陈捷三、北投堡举人简化成、沙仔仑廪生陈贞元、集集庄义首陈再裕、许厝寮义民陈耀山共同举事。义民部队先败后胜，六至八月的战斗中，终能固守牛牯岭、南北投重要阵地。②

最后，南部的攻守情况。“征南大将军”严办不甘心嘉邑解围败退，旋改攻新港（嘉义县新港乡），并用计引诱守军出战，之后趁隙掩杀，于三月十七日（5.4）占领新港扳回一城。③ 五月水师提督吴鸿源决定大举清乡，他先攻刘厝庄（嘉义市）、小定厝、上下涂沟（嘉义县水上乡）；阵斩何钱鼠，生擒“将军”吕梓，并挟余威收复新港，廓清嘉邑四周的贼巢。④ 但此时吴氏遇到的问题，跟林爽文事件时的柴大纪一样。因为敌军已强占斗六门，所以官军无法再急挺。由于林向荣的前车之鉴，使得吴不敢轻进。远在府城的台湾道洪毓琛又误信小语，迫令吴氏进兵。吴鸿源书信往返争辩未

---

① 《戴施两案纪略》，页35～36、38～39。

② 《戴案纪略》，页45～46；《戴施两案纪略》，页38～43；同治朝军机处月折包，编号：089265，台湾故宫博物院藏。

③ 佚名，《嘉义管内采访册》，台湾银行文献丛刊第五八种，1959年9月，页8。

④ 《戴施两案纪略》，页40～41。

果，乃班师回郡。洪氏见状奏参，五月底罢吴鸿源提臣之职。六月洪毓琛积劳成疾过逝。七月十二日（8.25）上命协台曾元福护理水师提督印务，擢戍守嘉邑有功参将汤得升为北路协副将。曾氏从鹿港走海道抵麦寮（云林县麦寮乡），再沿海岸线循陆路回郡接篆。台湾道之缺暂由知府陈懋烈护理。①

这就是戴案第一期的经过。它有几点值得注意：其一，官军与民变军人数的问题。同治初期台湾人口保守估计，至少有250万人之谱（见第一章第三节）。绿营人数因班兵长期不换班，所以固定在12816人（见表四十编号24）。然这一万余人的班兵，在戴案发生时是否额满颇让人怀疑。由之前举出的例证来看，台湾绿营实无法单独弹压叛乱。因此在第一期中，从福建调入5100名士兵来援。那么民变军的人数约多少呢？从戴潮春、林晟、陈弄、严办麾下人马估计，私家的记录已达十余万之众。这样官民对决的比例过悬殊，绿营必须要再找其他的武力助阵才行。

其二，番屯与义民加入官军阵容的问题。林案之后成立的番屯，总计有四千名之众，本来就是辅佐绿营武力的不足，现总算可以派上用场。然而这些屯丁功过不一，在府城、鹿港、大甲的保卫战中表现尚可。但在安溪寮、斗六门战役中，战力无法发挥，甚至于还通敌变节。相对于番屯的起伏，义民的表现就显得不错。官军在乱初还能据守府城、鹿港、嘉义、大甲，全靠他们之劳。不过从战况的发展审视，碍于饷械的限制，义民们是自保重于攻略。除非官军能再发动新的攻势，义民可以从中配合，例如：土库、盐水港等；否则冒进的结果，往往会造成重大伤亡，就像水沙连、南北投堡一样。

其三，绿营、番屯、义民的协力，还是无法一举扫荡成功，根本原因就出在民变军的人数过众，官军一时无力围剿。针对此困局，运用“招抚”的方式以分贼众，也不失为一个好方法。果然原先是戴阵营的吴墙、黄猪羔等相继来降，除了打击戴部的士气外，官军亦以他们为助力趁隙反攻。

其四，民变军实力不容轻忽。乱初人数多过于官军虽是一项优势，但能缠斗年余可见戴部还有其他长处。戴阵营持有火器之强，擅用火器之猛，抵御火器之牢，可能是台湾史上历次民变之最。从私家记载有“铳子如雨”的描述，可知他们娴于操作火器以及数量之巨。另外在战术上，几次善用“围点打援”的策略，痛击官军成功，也证明他们非一般毫无章法的乌合之众。只是他们有一项隐藏，那就是八卦山山脉的丘陵，都已被义民所占据，剩下的只有雾峰台地的浅丘还控制在手中。无山可守是戴部要面临的考验。虽然现阶段在平原的攻防战中，表现的还尽如人意，但能否持续则是未定之数。

① 《戴施两案纪略》，页41～42；《十二朝东华录（同治朝）》，页377～378。

进入戴案的第二期，它与前期甚至历次民变最大的差别，则是援台的主力部队，有一支竟从淡水登陆，并且沿途剿抚至彰化。这就是新任台湾道丁曰健，以及他麾下的2000名福建援军。虽说在林爽文事件时，闽安协副将徐鼎士也是从淡水登岸，但该部不是官军的主力，而且也滞留到林案尾声时，才从竹堑南下进剿。所以跟此次丁曰健的表现无法相比。另一支援军是由福建陆路提督林文察率领，循例从府城登岸，然后北上进图彰化。林氏带兵多少史无记载，只知他是在十月十四日（11.24）方抵鹿耳门。林文察甫到台湾，丁曰健早从竹堑进至鳌头（台中县清水镇），预先立下战功。关于丁、林二人战略部署、邀功时的恩怨；历史学者黄富三已做过详细的考证，不再赘述。① 本书着重的是上述提到的几名股首，要如何应付此变局？

九月“镇北将军”林大用受抚，不啻对戴阵营沉重的一击。林氏为中寮大族，与嘉宝潭陈氏有仇。林大用加入戴阵营，就是要对陈氏一族的陈耀报仇。但陈耀已故，戴部势衰，林大用遂有反正之志。台镇曾玉明得知急忙招抚，盖林大用为戴部主力，受抚抵上千军万马。群贼获悉气愤，调大军环攻林大用驻扎的柑仔井（俱在彰化县和美镇），曾调援军来救败贼。由于中寮已失，彰邑北面无险可守，所以“元帅”陈鲱、王万等把钱财从城中，搬到林晟的根据地——四块厝（台中县乌日乡）。空城般的彰化让“军师”江有仁、“值殿将军”林猫为留守。②

此时林晟与戴潮春的抵御计划如何呢？简言之他们是分裂成两个阵营，各管各的事。戴潮春虽称“东王”，但在中部的势力比不上“大元帅”林晟。时斗六门已被攻陷，所以戴氏都把主力从四张犁移往该处。在官兵大军压境之际，彼此还在互分畛域实自取灭亡。九月十九日（10.30）义首罗冠英攻克东大墩（台中市中屯），替收复彰化县城奠下基础。③

在彰化县有所进展时，官军也在嘉义县有所斩获。福建水师提督曾元福接篆后，从府城先返回鹿港。九月十日（10.21）由海道赶抵嘉邑坐镇。④九月二十三日（11.4）曾调游击白瑛率兵勇从大莆尾（嘉义县大林镇），攻破双廍仑（云林县古坑乡）、东宫庄、上坴仔庄、顶仑仔（嘉义县民雄乡）、溪洲（云林县古坑乡）。十月七日（11.17）大军再破老店（嘉义县水上乡），十日（11.20）收复后港、鱼寮（俱在嘉义县太保市）、北厝。二十日（11.30）曾氏率大军出城，进抵正音庄欲捉拿严办。严办之妻藏匿在瓦窑

① 《雾峰林家的兴起——从渡海拓荒到封疆大吏（1729～1864）》，页270～280。

② 《戴案纪略》，页49。

③ 《戴案纪略》，页49～50；《戴施两案纪略》，页46。

④ 同治朝军机处月折包，编号：092750，台湾故宫博物院藏。

仔，铅药囤积于加走庄（俱在嘉义县太保市）。由于敌军负隅顽抗，曾提调大炮猛轰，击毁贼卡、铳柜十余座。乘胜追击再破水合仔、黄厝港、白鸽厝（俱在嘉义县太保市），并占领黄林仔、番仔沟（俱在斗六市东南），曾氏移大营驻菜公庄（嘉义县新港乡）。该行动肃清嘉义县城东南西北方圆三十里贼踪，尔后林文察能顺利进兵北上全赖此役。① 不过严办却北逃至彰化县小埔心，招集溃匪骚扰王宫（彰化县芳苑乡）、二林（彰化县二林镇）一带，自己带悍匪袭击宝斗（彰化县北斗镇）。

十月中旬至月底，丁曰健得地方团练之助，包括：竹堑林占梅、龙井林永尚、北埔垦户姜殿邦、大肚垦户刘维翰、咸菜瓮义首张溪水等，约有三千名之众声势大振。② 戴部也不甘雌伏。虽然大甲连克不下、彰邑危在旦夕，但林晟、陈鲱亦能勾结吞霄股首刘阿妹来助。丁曰健密约吞霄义首郑据英、郑阿婴，趁隙攻入芎蕉坑（苗栗县苑里镇），斩杀刘阿妹后顺利进兵。十月十四日（11.24）丁派候补知县白骥良带勇400名，先行攻克四张犁。十六日（11.26）亲率大军沿海岸进抵山脚（台中县龙井乡）。戴部连战连败，现只剩赵憨防守大肚（台中县大肚乡）、何首据水师寮、陈鲱据茄投（俱在台中县龙井乡）顽抗。二十七日（12.7）官军用剿抚策略，瓦解其斗志。结果连下梧棲港（台中县梧棲镇）、水师寮、何厝庄、海埔厝（台中县龙井乡），赵憨、陈鲱逃逸赴彰求救。官军掳获的武器是大炮3尊、小炮5尊、鸟枪316杆、刀227件。③

十月二十六日（12.6）曾元福调大军往石龟溪（云林县斗南镇），先遣各义首到东西螺三十余庄、下虎尾溪五十三庄招抚；并深入内山抢占鲤鱼尾庄（南投县竹山镇），切断斗六门戴部的后路。同日曾提再移大营至大潭庄（斗六市西南）。十一月一日（12.10）深入内山的官军，续挺进至林杞埔（南投县竹山镇），收抚内林、顶新十三庄（云林县林内乡/南投县竹山镇）。从一日开始连续十天，官军环攻保长廊（斗六市西北）、二十五峰、小溪洲（斗六市北）、新旧社口（斗六市南）。围城阵地大致布置就绪。虽有番仔沟、虎尾溪各庄贼众来救，但都被官军击退。最特别的是捉到二名奸细，供出戴部境开挖地道往竹围仔（斗六市东北）、牛挑湾（斗六市北）、万庄仔

---

① 《台湾通志》，页862。

② 许雪姬，《龙井林家的历史》（台北："中央研究院"近代史研究所，1990年6月），页46~50；黄朝进，《清代竹堑地区的家族与地域社会——以郑、林两家为中心》（台北："国史馆"，1999年6月二版），页36~39；诸家，《树杞林志》，台湾银行文献丛刊第六三种，1959年9月，页90；吴密察主编，《淡新档案（五）：第一编行政/财政类》（台北：台湾大学图书馆，2001年6月），页270。

③ 同治朝军机处月折包，编号：092750；同前注，编号：093059，台湾故宫博物院藏；《戴案纪略》，页50~51。

（斗六市北）救应。十五日（12.24）福建陆路提督林文察进抵他里雾（云林县斗南镇）。十七日（12.26）二提督各率兵马合围溪底（云林县刺桐乡）、溪洲、下茄冬（斗六市南）、脚顶、大坡尾（云林县刺桐乡）、西瓜寮（斗六市北）。此时“大总制”许丰年、石榴班的张窍喙来降，戴部失去最后的支援。十八日（12.27）官军发动总攻击，戴潮春拿眷杀出逃入石榴班庄义首张三显家中。二十一日（12.30）张三显擒献曾元福，之后械送北斗由丁曰健问供，遂被就地正法。①

在攻克斗六门时，彰化县城已早一步收复。根据福建巡抚徐宗幹的奏报，十一月三日（12.12）官军分成二路，曾玉明率林大用从彰邑西门入城；随后丁曰健自蓁仔脚（台中县大肚乡）进兵，越过大肚溪跟进，掳获武器有铜炮25尊、鸟枪百余杆、硝磺火药30余石。② 由于彰邑与斗六门皆已收复，所以大举扫荡海峰仑（彰化县埤头乡）、竹仔脚的逸匪，以期能打通两地的道路。③ 十二月二日（1864.1.10）提臣林文察进抵彰化县城，虽然奏称在西门外歼敌二十余人，但此时彰邑早在官军的控制中。林的功劳甚至连锦上添花都谈不上。因此有必要再建奇功才行。戴阵营中另一巨魁林晟还未获，此人又跟阿罩雾林氏有仇，所以捉拿他遂成为林文察首要之急。④

戴潮春死后，林晟自命为“燕王”、陈弄为“西王”、洪欉为“北王”，互不相统属。林文察攻击四块厝的日期无载，有可能是在十二月十二日（1864.1.20）。而整个战斗在同治三年正月十一日（2.17）结束，林晟自燃火药炸死，“丞相”庄天赐被擒正法。正月二十日（2.26）官军有人事上的调动，上谕要曾玉明、曾元福互换职位，且命令新任水师提督曾玉明即刻内调，剿办太平军。⑤ 从同治三年正月二十七日（3.5），议政王、军机大臣发出的廷寄来看，上意林文察专攻林晟、洪欉，台镇曾元福专攻陈弄。⑥ 戴、林二位逆首身亡，戴潮春事件应该落幕了吧！非也。由于余党散逸或招抚浮滥，使得绥靖花费不少时间。

三月二十七日（5.2）原本是“义首”的张三显，以械送戴潮春，奖赏太薄为由竖旗。一时“北王”洪欉、“元帅”陈鲱、赵戆、陈狗母等响应，均执青旗为号。是日张氏率众数千占据八卦山与市仔尾（俱在彰化市），知县凌定国闻讯调二十四庄三千余名义民救援。二十九日（5.4）改剿陈弄的

---

① 《台湾通志》，页863～864；《戴施两案纪略》，页47～48。
② 丁曰健，《治台必告录》，台湾银行文献丛刊第一七种，1959年7月，页441。
③ 同治朝军机处月折包，编号：093614，台湾故宫博物院藏；《戴施两案纪略》，页46。
④ 同治朝军机处月折包，编号：093802，台湾故宫博物院藏。
⑤ 《雾峰林家的兴起——从渡海拓荒到封疆大吏（1729～1864）》，页295～301。
⑥ 洪安全主编，《清宫廷寄档台湾史料（三）》（台北：故宫博物院，1998年10月），页1514。

林文察，亦自小埔心率师北援。张三显逃回滥底、枋桥头庄（俱在彰化县溪湖镇）。五月十二日（6.15）凌定国率兵勇驻扎陈厝庄（彰化县埔心乡），十三、十四日强行攻克。张三显再逃至张厝庄（彰化县溪湖镇），凌氏尾随于十九日（6.22）擒获，械送宝斗道台行辕正法。此役掳获铜铁大小炮12尊、鸟枪45杆、贮米200余石。官军再趁势扫荡海丰仑（彰化县埤头乡）粤庄，把“将军”邱阿福捕之正法。①

张三显的速败使得小埔心（彰化县埤头乡）的“西王”陈弄，一时孤掌难鸣。同治三年四月十九日（5.24）陆路提督林文察、台湾镇总兵官曾元福会剿小埔心。是日义首罗冠英中计遇伏身亡，官军攻势稍却。五月二十一日（6.24）曾氏亲督兵勇，先焚上下番仔厝（彰化县二林镇）断接济，随后攻坚成功，但陈弄脱逃至前仑庄（彰化县二林镇）。不过陈氏旋被族人械送以献文察，立斩于军前事平。②

“北王”洪欉局限于内山，因有雾峰丘陵为屏障，所以犹做困兽之斗。官军何时发动进剿，亦没有准确的日期记载。不过《通志》所列戴案阵亡名单中，该役似从同治三年十月展开。③围剿洪欉，林文察没有参与。扰人的人事纷争，使得他在六月二十二日（7.25）内渡回闽对付太平军。④另外根据私家所记，洪欉也改王号为“南王”。剿平“南王”成为台湾道丁曰健独揽的功绩。不过丁氏的行动极不顺利。根据他的回奏，洪欉的大营设在北势湳，以西连至牛峙崎、菁仔园、上下茄荖、上圳寮；迤东有塗城、鸡柔、崎顶坪（俱在南投县草屯镇）一路，铳柜密布、壕沟竹围重垒。迟至十一月二十日（12.18）丁曰健才亲率大军，由宝斗移营围攻。帮助他的除了营兵之外，还征调屯番作战，令该部深入内山龟仔头（南投县国姓乡）堵截，并设局联庄，解散贼援。十一月二十七日（12.25）开始，叠次鏖战，轰倒铳柜三十余座、拔营二十余处。此时消息传来，洪欉已在十日（12.8）“暴卒”，由其弟洪番自立为“北王”。十二月二十一日（1865.1.18）官军攻入北势湳斩洪番事平。⑤

同治四年正月十五日（1865.2.10）廷寄传谕闽浙总督左宗棠、福建巡抚徐宗幹，要他们饬令台湾道丁曰健、台湾镇总兵官曾元福，尽力搜捕务绝

---

① 《戴施两案纪略》，页50～51；《治台必告录》，页462～464、469～470。

② 《戴案纪略》，页56～57；《治台必告录》，页468～469；洪安全主编，《清宫月折档台湾史料（一）》（台北：故宫博物院，1994年10月），页639～652。

③ 《台湾通志》，页877。

④ 《雾峰林家的兴起——从渡海拓荒到封疆大吏（1729～1864）》，页229～231。

⑤ 《戴施两案纪略》，页53；《治台必告录》，页477～481。

根除“漏逆”。① 这个任务是有必要执行的，因为同年又有逃逸股匪死灰复燃的作乱。三月“征南大将军”严办复竖旗于二重沟（嘉义县水上乡）。余部吕梓、王新妇之母、郑大柴之妻来援，王母、郑妻还旗书“为子报仇”、“为夫报仇”。四月丁曰健遣嘉义知县白鹭卿、嘉义营参将徐荣生讨伐。官军先败后胜，擒严办夫妻斩之，吕梓夫妻逃入海贼蔡沙处，被蔡沙诱骗出海沉之。王母临阵被斩，郑妻初战败逃逸，至宝斗仔被拿斩之。② 五月十八日（1865. 6. 11）穆宗以敉平所有余乱并建立祀祠，戴潮春事件终告结束。

在戴案第二期的方面。它有几点值得注意：其一，官军与民变军人数的问题。跟第一期相比，此时内地援军赴台人数不会比较多。丁曰健麾下有2000人，林文察麾下人数未知，但以他内渡带走的2000人计算；第二期福建的援军仅4000人，比第一期5100人还要少。而且丁还声称被戴氏胁诱达二十余万人。③ 那么丁、林二人凭什么敉平乱事呢？招抚作为分化敌营的策略极为有效。虽然事后被讥为招抚过于浮滥，但在敉乱的过程中，还是省去临阵之劳。再者义民的効力比第二期更踊跃也是因素之一。尤其在丁曰健处，时论他的用兵是由北伐南，颠覆台湾以往敉平民变的手法。然不变的是他仍须靠义民的投效，才有如此佳绩出现。另外官军再调威力更大的火炮助战，也是不可忽略的原因。他的效果在茄投、斗六门、小埔心、北势湳攻防战中看出低下。

其二，购线捉拿“漏逆”虽是持续性的工作，但虎头蛇尾。同治四年六月（1865. 7）台湾镇总兵官曾元福衔命剿捕钦命余匪。④ 官府侦得“元帅”陈鲱、陈狗母藏匿到淡水厅三汊河（苗栗县三义乡）、马麟潭（苗栗县铜锣乡）一带，仍蓄发出扰居民。同治四年九月（1865. 10）命淡厅同知王镛征剿。王镛以地方团练为兵，攻击死守于鲤鱼潭（苗栗县三义乡）的贼匪。接仗官军即大败，幸亏义首廖廷凤带屯丁来援，免于全军覆没的命运。未几王镛自行返回竹堑，官军厚贿敌阵，密令暂退内山；随便拿获数人正法，佯称胜利凯旋草率结束。同治五年（1866. 10）秋，彰化知县以重金购线终于拿获“值殿将军”林猫。该年九月鹿港同知洪熙俦密饬岸中部番屯进入山中捉拿陈鲱等。⑤ 同治六年（1867）台湾道吴大廷锲而不舍的追查，拿获股首赵戆正法。同治七年四月（1868. 5）吴大廷与台湾镇总兵官刘明灯

---

① 《清宫廷寄档台湾史料（三）》，页1585～1586。

② 《戴施两案纪略》，页53～55；《戴案纪略》，页58～60。

③ 《治台必告录》，页447。

④ 军机处录副奏折－农民运动类，案卷号：3338，胶片号：137，中国第一历史档案馆藏。

⑤ 岸里大社文书出版编辑委员会，《台湾大学藏岸里大社文书（二）》（台北：台湾大学，1998年3月），页926。

密拿五虎寮、沤汪（俱在台南县将军乡）、学甲（台南县学甲镇）、西港仔（台南县西港乡）的漏逆，且大有所获。① 然除了陈鲱之外，仍有许多股匪逃逸无踪，例如："满汉将军" 纪朝、"将军" 廖有誉、吴文凤、刘三均、钟阿桂、李阿两。离奇的是也有许多股匪，在数波扫荡中也能无事，例如："先锋" 赖阿矮、"镇港将军" 陈在、王九螺等，或安分在家、或下海为盗、或捐资为差。②

其三，戴案起因的本质为何？从档案的记载来看，"抗官" 的成分没有朱、林二案强。按奏折所言台湾道孔昭慈是 "循例春巡"，行抵彰化县城时也是 "顺道办理" 会党事宜，林晟的倒戈才把整件事 "闹大"。林晟倒戈真实原因不明，有曰先与贼相通，有曰与林奠国一族有仇，有曰为报复秋曰觐。会用闹大一词来形容，普遍是认为他把戴潮春推向成骑虎难下之势。③ 真是如此吗？这必须先厘清戴潮春与林晟的关系。虽然史料并没有清楚记载。但有无可能两人皆是天地会成员？这种可能性不高。因为从竖旗后彼此不相统属来看，不像是天地会的作风。当然也有可能林晟倒戈是与贼通，那么戴潮春根本谈不上骑虎难下，反而是早有预谋。亦有可能林晟的莽动为临时起意，戴氏则是趁乱竖旗称帅；未几林晟反悔所作，但对时局判断错误也跟着竖旗称帅，终至一发不可收拾。然而不管是后二者哪一个原因，事发后能号召十余万，甚至二十余万人加入。唯一的原因如同朱、林二案，均是官府治理无道所致，间接说明戴案亦不脱 "官逼民反" 的本质。

其四，戴案跟台湾史上其他民变相比，有两个很特殊之处，一是女悍匪的表现十分重要。在数起战斗的个案中，大股首之妻通常也能号令部众。上文提到 "为子报仇"、"为夫报仇" 是两个显著的例子。不独戴阵营如此，连义民首之妻也是如此。例如：王新妇之母竖旗之初，竟然向义首陈大戆之妻蔡氏下战帖。蔡氏有 "女飞将" 之称，若二女真临阵厮杀，可能在私家记述上会更精彩，可惜官军不允。④ 二是它让台湾高阶文武官员折损最多。包括：台湾一镇二道三协台——台湾镇总兵官林向荣、北路协副将林得成自裁；安平水师协副将王国忠、澎湖水师协副将陈国铨战死；台湾道孔昭慈自裁，续任台湾道洪毓琛积劳成疾病死。

其五，戴潮春事件在一般民间的评价。日治时期大正十五年（1926）年曾在中部收集到《辛酉一歌诗》，其内容以故事夹带俚语的方式，描述戴

① 《清宫月折档台湾史料（二）》，页 1095～1096。
② 《东瀛纪事》，页 50～52。
③ 《雾峰林家的兴起——从渡海拓荒到封疆大吏（1729～1864）》，页 218～221。
④ 《戴案纪略》，页 58。

案始末。① 文中最有趣之处在于对“义民”的评价，例如：义首罗冠英在中部替官府出力甚多，最后还牺牲在沙场；但《歌诗》对他是以“罗仔贼”称呼，可见民间看法两极。再者还有一篇于大正四年（1915）重抄的《新编戴万生作反歌》，其内容观点就与前者大异其趣。最大的差别是对罗冠英着墨甚多，并掺入乡民英雄崇拜。②

其六，地方精英与戴潮春案的关系。戴案的最后一项特色是，后期敉平乱事的过程中，有台人在清代官阶最高的武官——福建陆路提都林文察参与。③ 用传统忠君的观点来看，林文察一族以及跟官府站在同一阵营的士绅、义民，广泛指称他们为地方精英盖无疑问。那么戴阵营的各元帅、将军、股首是否也能用同样标准看待？最近的研究成果提到，由于牵涉到“文化纠结”的问题，使得自以为理所当然的事，往往还需要一番省思。④ 本书以私家撰述为主，官方档案为辅，就是避免统治者笔下可能的污名化。只有戴案才能如此讨论，其他民变即使有私家记载，也都是以官方立场为主。

同治三年十一月三日（1864. 12. 1）当官军在围剿洪杨时，远在福建的提臣林文察被侍王李世贤设计，战殁于漳州府万松关。李世贤是太平军的骁将。同治三年六月十六日（1864. 7. 19）太平天国天京陷落，九月十三日（10. 13）它就从赣粤窜入漳州府平和复起。英国记者指出李氏战略、战术素养均优，林文察遇此劲敌本应留意，但所部营制已坏、兵将不习，竟以全军覆没告终。⑤ 林死后尸骨未寻获，衍生出不少传说。南靖生员张凤藻在漳郡被掠，于李世贤帐中亲眼见到林文察，被俘不屈遂被斩首的情景。⑥ 林文察的死当是将星陨落，但对戴案来说已无影响。现在官员思考的是如何重建被战争破坏的秩序，武力是否还是占有绝对的地位恐要待安排。

① 廖汉臣，《彰化县之歌谣》，《台湾文献》，第11卷第3期，1960年9月，页23~36。

② 连慧珠，《“万生反”——十九世纪后期台湾民间文化之历史观察》，东海大学历史研究所硕士论文，1995年6月，页68。

③ 这份荣誉至今仍存在雾峰林家后代。参阅佚名，《林刚愍公列传》，雾峰林家顶厝捐赠手稿，编号LIN036，台湾大学图书馆藏。

④ 罗士杰，《清代台湾的地方精英与地方社会——以同治年间戴潮春事件为讨论中心（1862~1868）》，清华大学历史研究所硕士论文，2000年6月，页236。

⑤ 《太平天国史》，页2092；魏秀仁，《魏秀仁杂著抄本（一）》（南京：江苏古籍出版社，2000年11月），页515~516。

⑥ 佚名，《太平天国轶闻》（扬州：江苏广陵古籍刻印社，1993年6月），页63；《雾峰林家的兴起——从渡海拓荒到封疆大吏（1729~1864）》，页218~221、336。

第二节 族群对抗下的冲突

1. 民人的械斗

清代帝国境内械斗最严重的省份，则是福建、广东、江西省，势炽的程度有时会波及广西、安徽、浙江部分地区。① 闽粤赣之中，以闽省好勇之风最盛；其内部又以漳、泉二府，械斗之风最烈。然不管是闽之漳泉，还是闽粤赣三省，械斗的型态都是以家族对家族的方式进行。② 这样械斗的风气，有无随着闽粤移民的过台，而被带到台湾来？答案是肯定的。只是除了家族间的械斗外，台湾又衍生出另一种械斗的模式——分类械斗。

戴炎辉曾对分类械斗做出四项“分类”，即闽粤分类械斗、漳泉分类械斗、异姓械斗、西皮福禄械斗。③ 其实所谓的“分类”械斗，并不是指械斗两造，只要是姓氏、职业迥异可以做出区分，就能称为分类械斗。戴氏在叙述异姓、西皮福禄械斗时，并没有在械斗前冠上“分类”的字样，或许已察觉两者性质不同，但没有再进一步说明殊为可惜。对此陈孔立有深入地讨论。根据陈氏从官方档案的考证，分类械斗一词最早出现在乾隆四十九年（1784），台湾镇总兵官柴大纪的奏折。虽然该名词使用并不广泛，要迟至道光六年（1826）以后，才成为奏折和上谕的专有名词；但是乾隆四十九年前后的械斗，性质上均有分类的表现。那么官员眼中的分类械斗所指为何？原来就是以移民祖籍的不同，划分出壁垒分明的械斗。④

许达然（许文雄）统计清代台湾发生过的137次械斗，其中分类械斗有66次，姓氏械斗有37次，职业械斗有23次，泉籍内斗1次，客家内斗1次，不详者9次。⑤ 可见得分类械斗对于移民社会有时代上的意义，以往的研究轻忽此点，欲用民间械斗一词来代替稍嫌不妥。⑥ 当然除了分类械斗外，其余如：姓氏、职业、同籍械斗也颇为重要。但为什么清代台湾有那么多的械斗呢？戴炎辉指出三点原因，即争地水利之纠纷、好事轻生的习尚、官吏之贪污。这些原因想必内地省份也有，不独台湾所独有。虽构成械斗的

---

① 江庆柏，《明清苏南望族文化研究》（南京：南京师范大学出版社，2000年9月二刷），页69。

② 小横香室主人编，《清朝野史大观》（扬州：江苏广陵古籍刻印出版社，1998年5月三刷），页9~10。

③ 戴炎辉，《清代台湾的乡治》（台北：联经出版事业公司，1992年5月三刷），页298~309。

④ 陈孔立，《清代台湾移民社会研究》（厦门：厦门大学出版社，1990年10月），页250~252。

⑤ 许达然，《清朝台湾社会动乱》，《台湾历史与文化论文（一）》（台北：稻乡出版社，2000年12月三刷），页50。

⑥ 樊信源，《清代台湾民间械斗历史研究》，《台湾文献》，第25卷第4期，1974年12月，页90~111。

原因，但无法说明台湾械斗很多的原因。翁佳音尝试用结构角度找寻答案。首先他并不满意用人口多寡作为说明械斗频繁的原因。按照台湾械斗的发展，大抵在同治朝（1861）以后逐渐减少，然而该阶段却是台湾人口数量最多的时候（也见第一章）。其次批判内地化与土著化观点，仅是把械斗当成论证的工具，未清楚说明社会转型的关键。翁氏认为移民入台后，初民（原住民）社会碰上中传统汉人社会，于是冲突发生成为“番害”。官方公权力不彰，形成豪强各据一方，为利害关系械斗不已，等到事情闹大成为“民变”。同治以后清廷把台湾社会内部矛盾，以御外战争、开山抚番的方式，有效地转为对外矛盾，所以大大减少械斗的发生。①

诚然翁氏所提的原因值得思考，但作者认为台湾与内地相较，有较多的械斗发生，则是根源于竞垦导致各方势力不平衡，所引发的武力冲突。在本书第三章第一节已讨论过，官府对台湾行政、司法的制约，宽猛上有着波段性的强弱。从乾隆五年（1740）以后，仅在乾隆五十三年至嘉庆十二年（1788～1807），官箴较为整饬。其余的时间是公权力不彰，积案如山的时代。于是武力成为移民在面对时局的自保之道，同时也是扩大影响力的手段。康雍朝台湾的开垦，至乾隆朝因移民人口渐增，形成竞垦的状态。再加上台湾人口增加最迅速的阶段——嘉庆、道光时期，短短地三十四年就移民约百余万人，越发增加冲突的机会（见第一章第三节）。于是口角、争执、嘲弄等道火线，让有心人有了使用武力的机会；并且自信利用武力可以压制对方，械斗于是乎发生。同、光以后，台湾平原上的拓垦已呈稳定，基本上没有竞垦的问题。所以总人口数比之前还要多，然跨县械斗的规模与次数反而减少。

在众多的械斗中，分类械斗是本节要讨论的重点。除了该械斗是台湾特殊现象外，事发后的燎原，其破坏力不下于民变。清代台湾社会把闽粤分类械斗称为“福客斗”，漳泉分类械斗称为“漳泉拼”，异姓械斗称为“字姓争”。② 不过最近的研究却对“漳泉拼”有不同的看法。语言学者罗肇锦研究漳州话的音节语法，提出所谓的漳州人就是客家人的论点。这些漳州客是漳州人来台开垦的主力，所谓的“漳泉拼”本质就是“福客斗”。③ 根据清末英国 Elles 洋行职员必麒麟（W. A. Pickering）的观察，客家人是喜于械斗

① 翁佳音，《异论台湾史》（台北：稻乡出版社，2002 年 2 月），页 173～177。

② 高贤治、冯作民编译，《台湾旧惯习俗信仰》（台北：众文图书公司，1978 年 5 月），页 11。

③ 罗肇锦，《台湾客家族群史——语言篇》（南投：台湾省文献委员会，2000 年 11 月），页 10；罗肇锦，《“漳泉斗”的闽客情结初探》，《台湾历史与文化论文（三）》（台北：稻乡出版社，2000 年 2 月），页 35。

的。① 若漳州客的说法可以成立，那么“福客斗”从规模看也势均力敌。不过本书不打算考证罗氏的说法，因为在统治者的眼中，分类械斗所引发的乱事，不因祖籍上的差别而有轻重缓急之分。本书关心的是分类械斗时，清廷如何运用官番民的武力，做好堵御的工作。

对于械斗燎原的问题，林伟盛有独到的见解。他认为史载分类械斗造成“蔓延全台”的记录亟须修正。如同文献上所说北路传闻南路，应指械斗的风谣，而非是械斗的成员跑遍全台。② 诚然蔓延全台是夸张式的描述，但跨厅县的发展是有的。或许是分类械斗成为台地的特殊现象，先前的研究有一种奇怪的看法，认为清廷运用闽粤族群的矛盾，进行分化和操纵，成为该械斗发生的原因。这从清律上看毫无根据。③ 盖因为《则例》上明定，各省地方官有失察械斗的处罚，最重者处以革职，最轻者也降一级调用。④ 台湾官员丝毫没有理由，冒着被摘去顶戴的危险，“操纵”未械斗前的两造。

另外台湾民间信仰与械斗的关系也颇有意思。从研究成果发现各地移民所奉祀的守护神庙宇，往往会成为分类械斗者自卫的中心。⑤ 这一点会在第五章中分区域讨论。同治朝编纂的《国朝耆献类征·刘良璧传》，提到朱一贵乱后反侧未靖。加上漳泉惠潮之人寄籍分党，每械斗聚众辄以万计，将士不能弹治。⑥《类征》没有明说台湾械斗最早发生于何时，然已经点出大规模的械斗动辄万人加入。至于台湾械斗最早发生的时间，咸丰朝台湾县学训道魏秀仁认为，是在乾隆四十六年（1781/实为乾隆四十七年即1782）。⑦ 而当年发生何事，会让魏氏直指它是台湾械斗之始。原来它就台湾史上第一个跨县的大规模械斗。本书就以档案为主，讨论官方“认定”较为严重的械斗。其余的小型械斗，则留在第五章。

清廷对于处理台湾分类械斗的经验，是从乾隆朝开始累积。乾隆十八年（1753）上谕从严办理聚众殴夺，把以往只论及首犯的法律漏洞，扩大不分首从即可论绞。⑧ 乾隆三十五年（1770）奏准为顾及闽粤械斗，地方官分头晓示方便。文官扣除粤省惠、潮、嘉三属除人员，不与选调知县外；其余粤

---

① 刘克襄策划，《探险家在台湾》（台北：自立晚报社文化出版部，1993年6月二版），页33。

② 林伟盛，《分类械斗蔓延全台的分析》，《台湾风物》，第38卷第3期，1988年8月，页27～47。

③ 黄秀政，《台湾史研究》（台北：学生书局，1995年8月二版），页29～80。

④ 佚名，《兵部处分则例·卷三杂犯》，光绪抄本，北京国家图书馆分馆藏。

⑤ 颜章炮，《清代台湾民间的守护神信仰和分类械斗》，《清史研究》，总第33期，1998年12月，页48～54。

⑥ 李桓编，《国朝耆献类征（158）》（台北：明文书局，1985年5月），页555～557。

⑦ 魏秀仁，《魏秀仁杂著钞本（一）》（南京：江苏古籍出版社，2000年11月），页514。

⑧ 中国第一历史档案馆编，《乾隆朝上谕档（第二册）》（北京：档案出版社，1991年6月），页665。

省之人可照武职不避闽人例，来台担任文职。① 官府的努力部分有了成效，大抵在乾隆初、中期台湾的械斗案件规模不大。但他们轻忽一个发展，就是时至末期，台湾拓垦活动出现竞垦的态势，部分地方已出现同姓大族的豪强。彰化县大里杙林姓是其中一个例子。根据乾隆四十五年（1780）北路协千总沈国瑞回禀，该庄林某在内山被番所杀，大里杙林姓头人林士慊（应为林慊）即率领本庄、内新、外新（俱在台中县大里市）、大墩（台中市东区）数百名汉人，围攻阿里史社（台中县潭子乡）。迫使社番四散逃命，流离失所。② 奇怪的是官府没有对林氏一族追究刑责，如此的姑息将造成更大的问题。

乾隆四十七年八月二十三日（1782. 9. 29）彰化县西门莿桐脚庄（彰化市）演戏，有漳州民人在此设宝场（赌场），结果泉州民人赌输，所出番银钱色低潮，与三块厝（彰化县秀乡）黄添互起口角。结果有居住秀水庄（彰化县秀水乡）泉民廖老，被黄添之子黄璇误杀身死。廖姓人等倚恃尸亲，赴莿桐脚庄角较；经彰化知县焦长发谕止后本无事，不料隔庄漳泉互闹。二十五日（10. 1）有人从中调处，泉民愿休，但漳人不从。隔日漳民放火烧泉民房舍，引燃分类械斗的导火线。根据事后人犯的口供，得知乱初廖姓尸亲并不知廖老是被谁殴死，由于群聚莿桐脚庄起衅，引发在庄其他漳人的不满。二十六日（10. 2）泉人找到冤家黄添，并在他家殴抢。二十八日（10. 4）三块厝黄添、陈比放话欲纠大里杙漳人，抢杀番仔沟（彰化县和美镇）各庄，声言一遇泉人尽欲杀死。泉民吴成虑被抢杀，告知谢笑、苏奇倡议专备传帖，纠约鹿仔港（彰化县鹿港镇）附近泉民御敌。二十九日（10. 5）二造在番仔沟进行首次集体械斗，泉人心有不甘；谢笑提议焚烧漳民在马芝麟（彰化县鹿港镇）、大肚（台中县大肚乡）房舍，事态扩大。九月二日（10. 7）大里杙林姓出庄，倡令漳民至番仔沟与泉人斗。焦氏眼看情势不对，即会同北路协弁兵前往驱散；然二派庄民仍敢散而复去，于是从九月四日至八日（10. 9 ~ 10. 13）爆发五天的械斗。③

这场械斗如果仅是彰邑附近，漳、泉人马邀集的村庄互斗也就没事。然而地方无赖棍徒趁机附和，借端抢夺遂事发不可收拾。九月七日（10. 12）焦长发急禀台湾道穆和蔺，请求调派官兵。穆氏立刻与台湾镇总兵官金蟾桂

① 不著编人，《清实录－高宗纯皇帝实录（一九）》（北京：中华书局，1985 年 3 月），页 822 ~ 823。

② 柯志明，《番头家——清代台湾族群政治与熟番地权》（台北："中央研究院"社会学研究所，2001 年 3 月），页 248 ~ 249。

③ 中国第一历史档案馆，《乾隆四十七年台湾漳泉民人械斗史料》，《历史档案》，总 61 期，1996 年 2 月，页 20 ~ 21；台湾银行经济研究室编，《台案汇录己集》，台湾银行文献丛刊第一九一种，1964 年 1 月，页 250 ~ 251。

面商，命令安平水师协副将郑瑞、镇标右营游击孔彪带兵200名，会同台湾知府苏泰，于九月九日（10.14）离郡北上平乱。未出发前苏泰还特发告示，晓谕东、西螺漳泉百姓和好，切莫听信谣言彼此互斗。之后护理北路协副将事游击隋光德来禀，现情况是漳人沿山一带，泉人在鹿仔港沿海一带聚众相持不下。九月十日（10.15）协标把总林审带兵换班，行抵快官庄（彰化市）被误认是漳人奸细，竟被庄民杀害。由于该案有扩大趋势，金蟾桂特留在鹿耳门欲换班的240名班兵，并调安平协中、右营200名士兵，再与他营凑足500名士兵，于九月十九日（10.24）率师北上至诸罗。金氏在诸邑听到罗汉脚把乱事带进嘉义，并在笨港南庄（嘉义县新港乡）大肆焚毁；旋指挥兵役拿获抢匪二名，交由诸罗知县冷震金审讯，于二十五日（10.30）正法。①

嘉义县的漳泉械斗又是怎么回事呢？根据笨港县丞周丹霁札称，九月二十日（10.25）该地谣言四起。由于笨港地方居民南漳北泉，彼此对峙相当明显。是日夜南港发生大火，之后延烧到北港。二派居民怀疑对方所为，互相报复彼此哄闹。金蟾桂以先声夺人之策处决二名人犯，对敉平笨港小乱还算有效，十月一日（11.5）金氏檄调郑瑞回诸邑弹压，本人北上进至斗六门（云林县斗六市）大举清乡拿盗。十月四日（11.8）已至彰邑的知府苏泰回报，原械斗案件现往南蔓延到虎尾溪。溪对面的诸罗县泉人，渡溪效尤滋扰彰县漳人村庄，现速派焦长发至虎尾溪细查。② 这一场械斗至此已呈现跨县的发展。然福州省垣何时才得知呢？闽抚雅德在十月四日，才获悉八月底的斗案，等他缮折回报北京时；十月二十一日（11.25）高宗始知台湾发生械斗。③ 高宗一接到消息自然大怒，原来案发时闽浙总督陈辉祖不在福州，却在浙江督办河塘工程，且被人密奏在浙营私谋利。由于制军不在，巡抚雅德观望推诿被传旨申斥。陈辉祖旋被谕令革职，由福长安暂署闽督；浙江巡抚由福崧补授，完成内地派兵平乱前的人事安排。④

十月四日（11.8）镇台金蟾桂行抵彰邑，会同知府苏泰调派兵役捉拿要犯黄添、吴成、苏奇等13名，于十三日（11.17）恭请王命正法。十五日（11.19）金、苏二人南下至诸邑抚绥。由于械斗已跨县蔓延，未被波及的淡水厅、台湾县、凤山县，不免风声鹤唳。道台穆和蔺严饬各县、厅加意防

① 中国第一历史档案馆，《乾隆四十七年台湾漳泉民人械斗史料》，页21～22；《台案汇录己集》，页245～248。

② 中国第一历史档案馆，《乾隆四十七年台湾漳泉民人械斗史料》，页23～24。

③ 洪安全主编，《清宫谕旨档台湾史料（一）》（台北：故宫博物院，1996年10月），页111。

④ 洪安全主编，《清宫廷寄档台湾史料（一）》（台北：故宫博物院，1998年10月），页151～154。

范，局势大致还在掌握之中。①《台湾县志》记载械斗未南下发展，首推台湾镇标中营游击魁德之功。魁德与穆氏日夜派兵巡缉，并分拨队伍于中、北诸途拦截，于是乱事仅止于笨港。②

虽然该械斗有渐平的跡象，但是内地对于台湾官员的处理却有微词。尤其在乱初台湾镇、道不亲自北上弹压，仅派协、府负责感到不满。九月六日（10.11）雅德有意派降调藩司杨廷桦，不动声色地来台察看。不过杨氏要到十月六日（11.10）才启程，原因不明；或许这也是雅德“观望推诿”的罪状之一。九月内福建水师提督黄仕简专差干弁密访，得知台湾械斗势不可止，决定于十月八日（11.12）率兵赴台。黄氏在十八日（11.22）启行，但到了二十五日（11.29）才和杨廷桦不约而同抵达安平。二十一日（11.25）高宗谕令杨氏加恩以按察使衔补授台湾道。十一月四日（12.8）雅德从福州移驻厦门，十一日（12.15）抵厦坐镇。③

十一月三至五日（12.7～12.9）台湾镇、协，会同嘉义知县亲赴笨港与斗六门谕饬。事实上本月械斗乱事渐息，黄仕简、杨廷桦二人来台以搜捕余匪为主，谈不上出兵弹压。不过高宗知道黄氏原籍漳州，先传旨提醒他切莫偏袒漳籍移民。④ 雅德虽已移驻厦门想力求表现，但观其奏折内容实诿过给部属的成分居多。台湾知府苏泰被他奏参，理由是该员在诸、彰县查办时姿态过低，从抄录的劝和告示来看有姑息了事的嫌疑。黄仕简奉上谕彻查此事，从拿获的人犯口中问讯实无此事。不过仍救不了苏泰，隔年元月九日（1783.2.10）苏泰革职拿解刑部治罪。⑤

十一月二十七日（12.1）杨廷桦抵台后第一次回禀雅德，他声称府城“市肆贸易如常，晚禾收获将竣，全城宁谧。”彰邑各庄经文武晓谕开道，俱各安宁；逃难庄民陆续归庄，亦经捐资抚恤。惟诸邑尚有无赖匪徒乘机煽惑，肆行焚抢仍未宁贴。十二月二十日（1783.1.22）黄仕简自笨港启程北上，沿途阅看百姓已经归庄，田土多已翻犁，市肆开张贸易气象如常。二十一日（1.23）抵达彰邑，调查此次械斗在大里杙林慊（又名林士谦）率众加入后，才转趋激烈。波及区域北到犁头店（台中市南屯区）、葫芦墩（台中县丰原市）、沙辘（台中县沙鹿镇）、大肚街、牛骂头（台中县清水镇）；南到东西螺、海丰港（云林县麦寮乡）、布屿禀（云林县仑背、二仑、元长

① 中国第一历史档案馆，《乾隆四十七年台湾漳泉民人械斗史料》，页23、24。

② 谢金銮，《续修台湾县志》，台湾银行文献丛刊第一四〇种，1962年6月，页306。

③ 中国第一历史档案馆，《乾隆四十七年台湾漳泉民人械斗史料》，页24、26～27；中国第一历史档案馆编，《乾隆朝上谕档（第十一册）》（北京：档案出版社，1991年6月），页424。

④ 《清宫谕旨档台湾史料（一）》，页147～149。

⑤ 中国第一历史档案馆，《乾隆四十七年台湾漳泉民人械斗史料》，页27～28、35、37。

乡、土库镇、虎尾镇)。被扰大小村庄200余处，身死者百余命。黄氏奏报先后拿获械斗匪徒365人，情节重大者110人先行正法。再者他也注意到大里杙林姓的活动。据称当地共分三庄，并有内木栅一处紧邻生番地界。二十五日（1.27）他率兵亲捣大里杙，拿获漳匪95人，并搜出铁钟、篙枪、半斩刀等武器；又拿获王爷小刀会匪徒16名。黄仕简的“清乡”要到隔年才结束。直到乾隆四十八年元月八日（1783.2.9）累计被正法匪徒142人。至此该械斗案全部平息。①

作为第一起跨县的械斗，历经四个多月（1782.9.29～1783.2.9）的彰诸械斗案，有四项重点值得讨论。其一，绿营武力堵御的问题。若参考乾隆二十一年（1756）区域人口与驻军的比例，可以了解为什么在官方下令防堵械斗蔓延时，可以在淡、台、凤有效遏阻。原来淡水厅（桃竹苗）兵民比为14∶1，台湾县35∶1，凤山县57∶1；但是彰化县（彰化）却高达121∶1，彰化县（台中）133∶1，诸罗县126∶1。所以械斗案一经爆发，彰化、诸罗县的弁兵有心要驱散二派人马，也是事倍功半。再者弹压械斗案跟敉平民变不一样，不能靠“义民”作为辅助武力。因为这很容易让人误会官府偏袒其中一方，打压另一方。幸好该案械斗两造的前提，都没有引发竖旗的效应，所以只要地方驻军稳住汛地，约二个月（9.29～12.9）的时间即能掌握情况，剩下的就是搜捕余匪而已。

其二，械斗扩大因素，极重要的一点是“局外人”的加入。以该案为例，廖姓尸亲找不到冤头债主，才会聚众前往莿桐脚庄起衅。但误杀廖老的是三块厝人黄璇，因此泉人廖姓根本找错对象，才会引发漳人强烈的反弹。尔后发展面临失控，主张械斗解决问题的两造——大里杙漳人、鹿仔港泉人，与秀水泉人、莿桐脚漳人也没什么关系。反倒是这个导火线给了大里杙林姓，发动武力攻击泉人的机会。林慊的加入让案情更形复杂。同样的情形也发生在笨港。笨港远在诸罗，理应不受波及；但靠着“罗汉脚”风闻造谣，该地百姓彼此猜疑亦变成事主。

其三，大里杙林姓扮演的角色。早在乾隆四十五年（1780）大里杙头人林士慊，就曾经对熟番动武逞凶。然当时官府姑息以致养虎为患。在拓垦的过程，林姓的垦区——大里杙贴近生番，或许也要自保防卫，本身就维持一定规模的武力。所以当黄仕简进入搜捕时，就起出大批武器刀械。林姓算是一个竞垦的个案。由于平原地带已拓垦饱和，林姓才会冒着生番出草的危险，往番界移动开垦。经过一番努力，终于有“三庄一木栅”的规模，成为当地漳人麇集的大聚落。可惜他们以武犯禁的作风太明显，终于成为官府

① 中国第一历史档案馆，《乾隆四十七年台湾漳泉民人械斗史料》，页33～35。

痛定围剿的对象。

其四，法律对械斗的制约。前面已提到过福建是一个械斗严重的省份，因此制定律法来约束是免不了的。从《省例》来看对械斗均采重典治之。乾隆二十三年（1758）《劝改械斗》记载械斗之犯毋论起衅附和，一伤人命概拟情实即行处决。隔年《申禁械斗》记载为防止械斗，以保甲长或族正为预先防范的机制，如果失职则以连坐论处。乾隆三十三年（1768）《劝戒械斗》记载，保甲长或族正不时要对治下人等谆谆戒劝，主动积极意谓相当浓厚。乾隆三十八年（1773）闽浙总督钟音裁示，惩治械斗为闽省施政首要工作之一，各属员必须全力以赴。① 透过这些条文的要求，再对照高宗惩处台湾官员的严格，以及黄仕简来台兴大狱的经过，一切都有脉络可循。

而该案不只台湾道穆和蔺、台湾知府苏泰下台，连台湾镇总兵官金蟾桂、安平协副将郑瑞、护理北路协副将隋光德、彰化知县焦长发、笨港县丞周丹霁亦被革职。② 高宗在事后检讨，尤对官员不能在事前购线，将奸民及早拿获最为不满。因此也让我们了解“购线”暗地侦伺，对于官府统治之道也极为重要。③ 这一次的购线事前没有做好，但事后有些收获。乾隆四十九年闰三月（1784.4）台湾镇总兵官柴大纪，奏拿年前诸罗县泉籍逸匪侯愈。此人在二年前械斗中扰乱半天厝（嘉义县鹿草乡）、咬狗竹、潭仔墘（俱在嘉义县新港乡），后被诸罗知县陈良翼访拿枭示。④ 乾隆五十三年四月（1788.5）林爽文事件甫过，高宗指示在整顿的工作上，械斗必为严切根究的重点。⑤ 原来之前台湾械斗案件，地方官还是有化大为小的心态；仅将杀人犯照命案拟抵，实为轻纵。廷议决定将械斗杀人及起意纠约者，俱照光棍例拟斩立决，伤人之犯从重发遣。⑥ 同年《会典》载入对处理械斗失职官员的处分，若地方官据报不行查拿，即照讳盗例革职；有心故纵及获犯不行严惩、代犯开脱、改捏情弊，均照故出人罪例治罪。⑦

---

① 佚名，《福建省例》，台湾银行文献丛刊第一九九种，1964 年 6 月，页 846 ~ 847、856 ~ 857、893 ~ 894、1116。

② 军机处录副奏折 - 农民运动类，案卷号：3279，胶片号：135，中国第一历史档案馆藏；《乾隆朝上谕档（第十一册）》，页 546；《乾隆朝上谕档（第十七册）》，页 852。

③ 台湾银行经济研究室选编，《台案汇录癸集》，台湾银行文献丛刊第二二八种，1966 年 5 月，页 21 ~ 23。

④ 台湾故宫博物院，《宫中档乾隆朝奏折（第五十九辑）》（台北：故宫博物院，1987 年 3 月），页 689 ~ 690。

⑤ 《清宫廷寄档台湾史料（一）》，页 273。

⑥ 台湾银行经济研究室编，《台案汇录庚集》，台湾银行文献丛刊第二〇〇种，1964 年 8 月，页 155。

⑦ 台湾银行经济研究室编，《清会典台湾事例》，台湾银行文献丛刊第二二六种，1965 年 5 月，页 28 ~ 29。

乾隆五十四年（1789）台湾镇总兵官奎林，对于防治械斗案件十分留心。高宗嘉勉他和台湾道万钟杰加意整顿，或可在一二十年后，导正台湾械斗之风，让民气渐驯各知警惧。① 施以重典消弭械斗，看来是朝廷普遍的看法与做法，然有没有效还要观察。

嘉庆十一年二月二十七日（1806. 4. 15）北路海防理番同知黄嘉训，为防堵从鹿耳门逃逸的海盗蔡牵，出其不意地寇扰鹿港，乃檄调漳籍义首率勇数百人，前来泉人聚居的鹿港，与水师官兵共同协防。不料勇丁与轿店小夫口角，勇丁愤以鸟枪伤毙数人，一时骚动不可收拾。最惨者为沙辘一带泉人，望风而遁渡海溺毙，或被沿途截杀不可胜计。同年六七月漳泉绅士出面调处，才逐渐平息各令归庄。此案《彰化县志》没有提到任何元凶，只记载势炽皆由余匪煽惑所致，遂将著名贼匪究办结案。②“渠魁”之名史无记载，是这次分类械斗的遗憾。不过地方官并没有从中学到教训，数年后竟有更大规模的械斗发生。

嘉庆十四年四月八日（1809. 5. 22）淡水厅后垅（苗栗县后龙镇）泉民黄红之妻，与中港（苗栗县竹南镇）漳民蔡成通奸事发。黄红殴打奸夫蔡成，蔡成反邀漳人还殴。黄红不甘，自将草房焚毁，诬赖受到漳人欺负，冀图蛊惑听众。两造挟怨未释。同月十日（5. 24）适有白底艍盗船一只，驶进中港抢劫商船。附近后厝庄（苗栗县竹南镇）泉人持械搭救。海盗船发炮伤毙一人、打伤四人，旋起碇逃窜。中港漳庄听闻炮声，以为泉人出庄寻衅持械前往。此时泉人指称漳人帮助洋匪，互相开骂。未几有泉人翁聪明写信给后垅泉人杜明珠，捏称中港漳人勾结洋匪，约会帮同械斗。漳人吴愿、林大闻知，亦自中港纠众防堵。十一日（5. 25）两造随即斗杀，酿成大祸。③

四月十六日（5. 30）位于府城的台湾镇总兵官武隆阿、台湾道张志绪，分别收到北路协副将什格、淡水厅同知禀报，始得知械斗的缘由。由于什格驰往谕止没有效果，武隆阿决带兵北上，会同台湾知府徐汝澜前往查办，张志绪留守郡城策应。十七日（5. 31）离郡途次接获彰化、嘉义县具报，方知事态严重。原来械斗的野火，已南下跨过二县蔓延开来；漳、泉百姓误听谣言纷纷搬徙，遂有无赖匪徒乘机抢夺。武隆阿以笨港紧要，先率兵前往弹压，分拨兵役交由徐汝澜，赶往彰化县查办。此后十余日武隆阿皆在嘉义县

① 洪安全主编，《清宫谕旨档台湾史料（二）》（台北：故宫博物院，1996 年 10 月），页 1516 ~ 1517；《乾隆朝上谕档（第十六册）》，页 164。

② 周玺，《彰化县志》，台湾银行文献丛刊第一五六种，1962 年 11 月，页 382。

③ 军机处录副奏折－农民运动类，案卷号：3318，胶片号：136，中国第一历史档案馆藏。

他里雾（云林县斗南镇）、彰化县西螺（云林县西螺镇）抚绥，谕令百姓各归田业俱已宁贴时；五月一日（6.13）接获海盗蔡牵抢掠鹿耳门的消息，急忙率队回郡守御赶走盗船。①

福州省垣何时接到械斗的消息呢？根据署闽浙总督的福建巡抚张师诚奏报，他在五月已收报徐汝澜的回禀，但案情描述模糊旋下令彻查。八月一日（9.10）张师诚才又接到台湾道张志绪七月五日（8.15）较详细的回禀，于是始缮折回报该械斗案件。仁宗是何时知道此案呢？从朱批落款的时间来看，迟至八月十九日（9.28）才得悉。台湾镇、道回奏的时间更晚，要在八月十二日（9.21）才发出第一本奏折。所以从台闽官员办事的心态来看，不排除双方有“压案”的可能。仁宗对此事亦感奇怪，下令于九月十四日（10.22）新接闽浙总督的方维甸密查。②

然而从四月到八月之间，发生太多事情，使得械斗案无法迅速落幕。尤其还往北延及艋舺（台北市万华区）、新庄（台北县新庄市）发展，更显路途遥远鞭长莫及。武隆阿击退府城的海盗后，随即驰赴彰化县城。由于该地先前让什格、徐汝澜抚绥过，所以械斗已经止息。大队人马稍做停留，再驰赴案发地点中港，出乎意料地中港一带也已安静，惟有艋舺、新庄尚在搬移。再根据艋舺营参将黎炳禀称，五月十三日（6.25）朱渥分帮匪船八只，驶入沪尾港行劫，但被守军击退。原本械斗案件要近尾声，不料五月十四日（6.26）淡水厅大甲（台中县大甲镇），有泉人高宰老的雇工，径自抢割漳人林钳、曾叹的稻谷，两造发生冲突互有死伤。武隆阿闻讯指派都司熊琼带兵前去弹压，本身亲自前往艋舺、新庄视察。武抵达目的地接据熊琼回禀得知大甲的骚动已平息，似觉稳妥孰料知府徐汝澜报称，五月二十一日（7.3）有彰化漳籍匪徒张江，往攻三家春（彰化县花坛乡）泉庄并杀死庄勇一名，以至于泉人纠伙进攻彰邑附近漳庄。③

六月四日（7.16）武隆阿带兵折回彰邑与徐汝澜会合，一面安抚归庄、一面捉拿匪犯。讵张江率众沿八卦山山脉南行，于六月二十一、二十二日（8.2～8.3）窜入嘉义县境焚抢。此举非同小可除了县城人心惶惶外，盐水港、笨港居民亦浮动。而彰属百姓渡虎尾溪至嘉义者，不下一二

① 台湾故宫博物院，《宫中档嘉庆朝奏折（第二十五/二十六辑）》（台北：故宫博物院，1994年8月），页44～45。

② 洪安全主编，《清宫谕旨档台湾史料（四）》（台北：故宫博物院，1997年10月），页2891；《宫中档嘉庆朝奏折（第二十五/二十六辑）》，页749～750；《宫中档嘉庆朝奏折（第二十六辑）》，页426；军机处录副奏折－农民运动类，案卷号：3318，胶片号：136，中国第一历史档案馆藏。

③ 《宫中档嘉庆朝奏折（第二十五/二十六辑）》，页44～45；军机处录副奏折－农民运动类，案卷号：3318，胶片号：136，中国第一历史档案馆藏。

万人。台湾道张志绪眼见局势濒临失控，于七月一日（8.11）急忙由郡带兵先往盐水港（台南县盐水镇）弹压，并计划与赶往嘉邑的武隆阿会面。不料张志绪甫离开府治后，朱渥率领海盗船四十余艘驶入鹿耳门。七月四日（8.14）张氏获悉再急忙从盐水港、铁线桥（台南县新营市）一路安抚回郡。这一带的械斗根据私家记载，不乏文武官员袖手旁观，或以为利。幸亏查亩营（台南县柳营乡）漳人刘日纯乐善好施，与店仔口总理吴六秀、番社总理林光义、吉贝要屯弁段铎约，躬赴铁线桥各堡招集乡众，晓以大义械斗乃息。①

七月一日（8.11）朱渥一抵鹿耳门就北窜，为防止洋匪蠢动即调知府徐汝澜，从彰邑到鹿港坐镇。七月五日（8.15）朱渥抵达鹿港，见无隙可乘而开窜。徐氏以外出已久，刑钱事件亟须厘清，遂经斗六门沿途顺看回郡。虽然官兵镇压欲械斗的百姓，在事前还算有效果；但官兵离开后散去的百姓又复聚，实有疲于奔命的感觉。再者台湾绿营官兵多漳泉籍，在弹压过程中难免因乡谊而袒护，所以之前武、张急禀调兵支援。②

七月十一日（8.21）武隆阿从嘉邑回郡，会同道台张志绪晓谕府城漳泉百姓毋得听信谣言，并调派别府班兵二千余名分守府城人心已定。张氏旋札致浙江定海镇总兵官林永昌，由安平移驻府城帮同弹压。二十五日（8.25）武氏再带漳州兵丁九百余名赴北路查拿。现在的情况从茅港尾（台南县下营乡）至下茄冬（台南县后壁乡），原本漳泉分类之徒不敢轻举妄动。但是也没有全部归庄，惟恐日久生事，已传集各总董分头晓示。如今还传出分类械斗者，只剩嘉、彰交界东螺等庄。八月三日（9.13）武、张二人在嘉邑会面，评估局势认为现驻台军队不夠敉乱。八月十二日（9.21）联名的奏折再请求内地派兵支援。③

事实上不等台湾镇道请求派兵支援，福州省垣早有此意。八月二日（9.12）闽抚张师诚的奏折提到，他与藩司景敏、臬司广玉商议，为趁早消弭此次械斗除了调派大军前往别无他法。他们认为陆路提督许文谟熟悉台事为不二人选，所以计划从抚标、长福、兴化等闽北绿营中，抽调1000名士兵而有别于漳泉的闽南绿营，交付许氏指挥立刻赴台。许文谟当年照例要进京陛见，然仁宗接受了张师诚等的建议，要许氏暂缓来京先带兵平乱。另外仁宗亦忧虑海盗从中加入，会让台湾械斗案多添变数。现朱渥可

---

① 连横，《台湾通史》，台湾银行文献丛刊第一二八种，1962年2月，页992。

② 《宫中档嘉庆朝奏折（第二十五/二十六辑）》，页44~46、123~124；军机处录副奏折-农民运动类，案卷号：3318，胶片号：136，中国第一历史档案馆藏。

③ 《宫中档嘉庆朝奏折（第二十五/二十六辑）》，页123~125。

能与其弟朱富在鹿仔港合流，正开往大鸡笼（基隆市）一带或窜回内地，他谕令守军皆加意防范。①

八月十日（9.19）张师诚驰赴厦门赶办大军渡台事宜。他恐调台的1000名部队还不足以平乱，又主张再拨抚标500名、延平与建宁府兵500名，亦凑足1000名之数交由延平协副将花山保指挥，暂时在泉州蚶江候渡。若台事复乱则直接对渡鹿港平乱。张氏也质疑此次械斗是中港民人通奸案引起，之前漳泉两造并无深仇，会难以善了恐台湾官员想化大小不成所致。张的说辞正暴露了他想诿过给部属的心态。盖因为从四月案发到现在，他也是在此时才首次具奏，无法解释三个多月前"压案"的理由。②

八月十九日（9.28）许文谟与宁福道冯磐、候补知府杨廷理自厦门放洋，在蚶江待命的花山保也率队渡台，台湾一时又涌入2000名大军。张师诚给他们的任务，则是立刻赶赴嘉义至东螺等处查办。③ 不过许氏一行候风不顺，直到同月二十九日（10.8）才从大担门放洋，又因风汛未顺寄碇澎湖，九月七日（10.15）离开澎湖，隔日午时抵达鹿耳门。许文谟接见知府徐汝澜，询问状况得知现械斗以牛骂头（台中县清水镇）、白沙坑（苗栗县通霄镇）较为严重。台湾道张志绪现驻劄大埔林（嘉义县大林镇），台湾镇总兵官武隆阿驻劄虎尾溪（云林县虎尾镇），前获吴进等七名重犯已经正法。许氏计划花山保率领的1000名士兵抵鹿，指挥权转由定海镇总兵官林永昌统带。④

九月八日（10.16）许文谟进抵他里雾、土库（云林县土库镇）；同日揀东保翁仔社（台中县丰原市）粤人黄增林、林伯伟，挑米路过沙辘街被漳人误杀。此举使得东势角（台中县东势镇）、石冈仔（台中县石冈乡）粤庄与泉民互结，于十日（9.18）大举焚烧附近漳人房舍，并意图勾结生番下山帮忙。九月九日（10.17）许文谟移驻东螺、三块厝（彰化县北斗镇/埤头乡）。十日张志绪由员林仔（彰化县员林镇），北上抵达彰化县城坐镇。十一日（9.20）张氏派令漳籍义首王松驰往谕止，同日夜晚揀东匪徒约二百余人南窜至北投（南投县草屯镇）欲抢粤人。武隆阿先前获悉彰县有事，从虎尾溪北上途中得此情报，急忙翻越八卦山脉捉拿此辈。原来北投这一带本属漳庄，但因乱事动荡跑来不少粤人插居。这种插居的现象是张志绪便宜

① 中国第一历史档案馆编，《嘉庆道光两朝上谕档（十四）》（桂林：广西师范大学出版社，2000年11月），页501~502、515。

② 《宫中档嘉庆朝奏折（第二十五/二十六辑）》，页2~6。

③ 《宫中档嘉庆朝奏折（第二十五/二十六辑）》，页125~127、130~131；军机处录副奏折－农民运动类，案卷号：3318，胶片号：136，中国第一历史档案馆藏。

④ 军机处录副奏折－农民运动类，案卷号：3318，胶片号：136，中国第一历史档案馆藏。

行事的处理，他先令总理、董事、庄耆互保，凡插居者再有挟嫌寻衅，以强欺弱者则采连坐处分。十三日（9.22）彰化知县陈国麟禀称，粤民真的勾结生番七十余名，帮忙进攻漳庄。武隆阿闻讯大惊，急调番屯把生番赶回乌牛栏（丰原市）内山。十七日（9.26）武氏移驻大墩（台中市南屯区）。①

许文谟对台湾分类械斗观察很仔细，他认为台地民情多疑一经分类，大庄存畛域之心，小庄有自危之虑，而不法莠民乐于有事。挑衅唆诱、东焚西抢、猝不及防。例如：原本是漳泉分类械斗的案件，除了粤人遭误杀引发闽粤分类械斗外，因白沙墩、后垅泉人挑拨，使得猫里庄（苗栗市）粤人纠众攻抢中港漳庄，也是一例。对于白沙墩的乱事，许氏派令武隆阿、杨廷理前去办理；又恐葫芦墩（台中县丰原市）一带接近乱区生变，复派张志绪前往坐镇。现在已拿获械斗源头关系人黄红，粤籍首犯郑祥麟。许氏本人则在彰邑指挥若定，由于淡水厅、彰化县的械斗均已止息，只剩嘉义县内山还有余匪。因此他通饬厅县传集漳泉粤义首、头人，择其急公诚实者，令其漳人查漳、泉人查泉、粤人查粤；将匪徒姓名、住址据实开出，不许徇私隐讳或挟怨株累，协同兵役申送。此次扫荡共拿获纠斗、纠抢人犯110余名。②

九月二十七日（11.4）许文谟大致已平息各地械斗，十月初七日（11.14）许氏缮折回报情况，十二月十六日（1810.1.20）仁宗阅折表示满意。然对于台湾镇、道的处理态度相当愤怒，同日他立刻降旨要闽浙总督方维甸细查二人居官如何，并指示许文谟事情办竣马上回任。二十四日（1810.1.28）谕令革除武隆阿与张志绪的职务，并令方维甸亲赴台湾处理善后事宜。嘉庆十五年正月十一日（1810.2.15）上谕方维甸渡台后，针对已拿获的110余名人犯，各按罪名轻重审拟，此案算是做一了结。③

作为第一起横扫中、北部械斗，历经八个多月（1809.5.22～1810.2.15）的时间，有四项重点是值得讨论。其一，绿营武力堵御的问题。若参考嘉庆十六年（1811）区域人口与驻军的比例，可以了解为什么在官方下令防堵时，只有在台湾、凤山县能有效遏阻（噶玛兰在嘉庆十五年才设厅）。因为台湾县的兵民比例维持在76:1的水准，能相对有效地堵御来自北方械斗的蔓延。所以即便凤山县的兵民比例已达134:1，靠着台湾县的阻隔仍免于械斗波及。但其他的厅、县可不同。案发地淡水厅中港、后垅，以及随后被卷入的白沙坑、猫里庄，该地（桃竹苗）的兵民比例达156:1。无怪乎乱初仅靠当地驻军，根本无法遏止械斗的火苗。至于它邻近的地区——台

① 《宫中档嘉庆朝奏折（第二十六辑）》，页449～452。

② 军机处录副奏折－农民运动类，案卷号：3318，胶片号：136，中国第一历史档案馆藏。

③ 《清宫谕旨档台湾史料（四）》，页2966～2976。

北、台中，台北的兵民比例亦达151:1，也是相当高的地区。所以乱初新庄、艋舺马上也跟着引发械斗。不过兵民比例最高者为台中的577:1，械斗的野火延烧至此实为关键。如果官军能有效的堵御，应可以止住继续往南蔓延的走势。可惜这对守军是一项苛求，所以该区的葫芦墩、牛骂头、大甲也成为械斗的热点。另外再往南的两个县——彰化县、嘉义县，彰县兵民比例132:1，嘉县为228:1，也都是官军难守的防线，尤其是嘉义县兵民比例为全岛次高，县境的笨港、盐水港、斗六门、他里雾、茅港尾、下茄冬亦相继成为械斗的热点。

其二，内地绿营援台的问题。相较于乾隆四十七年黄仕简带兵援台数目无载，这一次的情况就清楚多了。前后两次共4000名大军，跟平定民变援台的规模相比也不遑多让（参阅第四章第一节戴案末期）。为什么清廷会如此慎重呢？那是他们一定也意识到台湾人口快速成长的事实。此时台湾的人口约有178万之谱（见第一章第二节），仅靠着原驻台的军队是无法敉平的，所以才陆续派遣大军，分别从鹿耳门、鹿港登陆敉乱。而且这当中还较为特殊的是，此次赴台的士兵多刻意从漳泉以外的地区挑选，成为绿营支援台湾一个有趣的个案。

其三，该械斗扩大的原因。跟乾隆四十七年械斗相比，此次作乱的时间长达一倍，其中必有缘故。械斗时期海盗无预警的骚扰，让官府相当头疼。事实上这一波的海盗寇掠，在整个东南追剿海盗的行动中也将近尾声。前文提到的朱渥就是粤海盗朱濆的弟弟。嘉庆十四年一月（1809.2）朱濆在广东长山尾洋面遭围剿时殒命，原本以为粤籍海盗就此降伏，但余部仍由朱渥率领做困兽斗。至于闽海盗蔡牵在五月漂抵鹿耳门，则是他最后一次来台，同年九月蔡氏在浙江台州鱼山外洋遭围剿时殒命。① 朱氏之衰与蔡氏之死，使得清廷在敉平械斗案时，不会再多添变数。另外漳泉斗引发成闽粤斗，也是整起械斗案迟未落幕的原因。之前道台张志绪以非同籍插居的方式，在漳泉、闽粤互斗中显得无力阻乱。反倒是提臣许文谟，以同籍地方头人调查同籍械斗匪徒，反而收事半功倍之效。幸好在混乱之中，中部生番（泰雅族）的介入，没有使得械斗案更加恶化。这多亏番屯之力，同时也说明汉移民间的械斗，未卷入漩涡的熟番可以成为阻乱的帮手。

其四，法律对械斗的制约。《会典》所记嘉庆十五年（1810）闽浙总督方维甸来台查办后，条拟约束械斗章程。其中提到台湾乡治的总董，向在村庄包庇违抗；甚至地方官号令不行，诸多掣肘。隶役也是擅自分保，互相党互不服拘传，为最大恶习。现在改弦易辙除严禁总董、隶役把持外，佥设约

① 许毓良，《清代台湾的海防》（北京：社会科学文献出版社，2003年7月），页170。

长、族长，责令管束本庄、本族。① 仁宗把族长（或曰族正）的地位大幅提升有二层意义。一是台湾的人口结构，大自从乾嘉朝以后多呈现定居的倾向，而有别康雍朝的候鸟式移民。经过多年的生聚，让清廷意识到可以从“族”的管理，作为另一种控制台湾社会的方法。二是从整个福建省的统治角度来看，利用宗族来维持治安，早就是自雍正朝以来的手段。鉴于闽省层出不穷的械斗案件，嘉庆以后福建文人如：陈寿祺等亦大力疾呼运用族正来控制械斗的重要性。② 所以说台湾此时提升族长的地位，正好是随着时代脚步所做的调整。

另外嘉庆十四年的械斗案跟“竞垦”有什么关系？该案并没有像乾隆四十七年那一次，可以很明确指出大里杙“林姓”实为幕后的推手。不过根据案发后的陈述，“抢割”稻谷行为的出现，或可作为彼此竞垦的代表。如此的发展还是持续，直到道光朝。

道光三年（1823）刚卸任的台湾知县姚莹，总评台湾各地民风情形，提出如右的描述：“凤山之民狡而狠，嘉义、彰化之民富而悍，淡水之民涣，噶玛兰之民贫。惟台湾附郡幅员短狭，艋舺通商户多殷实，其民稍为纯良易治。然逸则思淫，一倡百和。官有一善，则群相入颂悦服；官一不善，则率诟谇而为奸欺。”③ 看来经过 140 年（1684～1823）的统治，台湾社会的不驯仍让清廷提高警觉。然此点是有必要的，因为械斗、民变等动乱考验着驻军应变的能力。

道光六年四月（1826.5）彰化县东螺保睦宜庄闽人李通，偷取饶平厝庄（俱在彰化县田尾乡）粤人黄文润的猪只引发纠纷。随后两造招众争斗，粤人再格毙闽人许神助等二人，乱事不可遏止遂蔓延开来。员林（彰化县员林镇）一带的粤人逃入大埔心（彰化县埔心乡）、关帝庙街（彰化县永靖乡），于是闽粤分类械斗开始。④ 北京方面是何时知道消息呢？六月五日（7.9）宣宗接获闽浙总督孙尔准的奏折，得知此械斗从彰化爆发又延及嘉义甚怒。福建水师提督许松年亦回奏，他本人刚好在台巡阅，已檄调海坛镇闽安协副将邵永福带兵至艋舺堵御，金门镇总兵官陈化成立即赴台，与台湾镇总兵官蔡万龄三面兜擒。⑤ 其实这起械斗会蔓延如此迅速，固然台湾镇道有处置上的失误，但许松年本人也有贻误。原来许氏知遇于前任闽督赵慎畛，一切均

① 《清会典台湾事例》，页 33。

② 元廷植，《清中期福建的族正制》，《清史论丛》，2000 年号，2001 年 1 月，页168～180。

③ 姚莹，《中复堂全集（东溟文外集）》（台北：文海出版社，1983 年 10 月），页172～176。

④ 陈国瑛，《台湾采访册》，台湾银行文献丛刊第五五种，1959 年 10 月，页 35～37；山根勇藏，《台湾民俗风物杂记》（台北：武陵出版有限公司，1989 年 5 月），页 56。

⑤ 蒋良骥，《十二朝东华录（同治朝）》（台北：文海出版社，1968 年 8 月），页 105。

言听计从；现孙尔准接任二人不相容，反而进退失据。许氏在乱初，想以柔性手段集众讲和。不料械斗更炽，成为日后被弹劾的罪状。①

在这月余之间械斗案有失控的发展，最重要的是也往北蔓延到淡水厅与噶玛兰厅。五月兰厅冬瓜山（宜兰县冬山乡）粤庄以吴集光、吴乌毛为首，纠众数千人向附近的闽庄展开攻击。该厅通判乌竹芳获报，旋带兵役赶往冬瓜山，并追击到马赛（宜兰县苏澳镇）。粤匪余部趁隙抢掠员山之闽庄，并埋伏在打那美庄，等待回援的官军。由于粤匪均持有鸟铳，官兵中伏不敢前进。乌竹芳身先士卒，粤匪临阵退却共被拿获12人。尔后粤匪改攻鹿埔庄（俱在宜兰县冬山乡），乌氏协同员山闽庄义民会剿，并携带大炮助阵。五月二十四日（6.29）粤匪又在被擒获八人后，以局势穷蹙遂自动解散。②

六月十二日（7.16）宣宗阅毕镇台蔡万龄的奏折，认为小小的争斗引发大规模的械斗，无非就是地方文武员弁，平日没有缉捕勤能，才会让盗匪们逮到机会就借机闹事。他下令趁内地援军未抵台前，台湾道孔昭虔与蔡万龄分头堵御，所请兵勇口粮准予台湾府库贮息银内动支，事竣复实报销。③十七日（7.21）宣宗发出的廷寄褒奖噶玛兰厅义首王云鼎，以及头围县丞丁嘉植拿获匪首陈新喜。不过嘉义、彰化县境辽阔，械斗匪徒四处流窜不易拦截，谕令内地援军加紧渡台。④ 十九日（7.23）宣宗得知官军的部署做了一些调整：道台孔昭虔坐镇府城，蔡万龄移驻艋舺，提督许松年先抵台驻防大甲。后檄调陈化成带兵500名渡鹿港，邵永福以及升补澎湖协副将谢建雍带兵300名渡八里坌。另派兴化协副将佟枢、候补副将崇福，带兵1000名渡鹿港。⑤ 二十九日（7.2）上谕准杜绍祁升补淡水厅同知，李廷璧调彰化知县，随同台湾镇道敉平斗案。⑥

由于本书缺乏第一时间台闽官员上奏的资料，虽有《廷寄》、《谕旨》可做补充，但在日期的叙事上难免有隔一层之憾。幸好同时期的方志与私家著作，对这一起大械斗亦有记录。四月案发后彰化县的小庄已焚毁过半，惟有白沙坑庄是潮州人与泉混居之处，赖恩贡生曾拔萃同各庄绅耆总董保护，安堵如故。迤北葫芦墩（台中县丰原市）抢杀颇为严重，大甲溪以北的淡

① 缪全孙编，《续碑传集（117）》（台北：明文书局，1985年5月），页717~720；陈寿祺，《福建通志台湾府》，台湾银行文献丛刊第八四种，1960年8月，页1033。

② 廖风德，《清代之噶玛兰》（台北：正中书局，1994年11月二刷），页269~271。

③ 不著编人，《清实录－宣宗成皇帝实录（三四）》（北京：中华书局，1986年8月），页616。

④ 洪安全主编，《清宫廷寄档台湾史料（二）》（台北：故宫博物院，1998年10月），页1078~1079。

⑤ 中国第一历史档案馆编，《嘉庆道光两朝上谕档（三十一）》（桂林：广西师范大学出版社，2000年11月），页202；缪全孙编，《续碑传集（114）》（台北：明文书局，1985年5月），页794~802。

⑥ 《清宫廷寄档台湾史料（二）》，页1084。

水厅境，闽粤互杀也很严重。虎尾溪以南的嘉义县境，械斗不及淡、彰，然人心动摇危如累卵。① 时人评论水师提督许松年、台湾镇总兵官蔡万龄处置失当，一直未能拿获首犯，乱事久久无法止息。据估计时至七月械斗所戕杀不下万余人，尸相枕借于道；室庐既毁民无所归，不死者又相率为盗。尔后淡水厅靠着陈化成迅速缉捕，彰化县靠北路海防理番同知邓传安抚绥，嘉义县靠知县王衍庆办理得宜才控制住乱局。这场械斗案本来也有往凤山县蔓延的趋势，好在知县杜绍祈善为安戢，地方晏然。②

六月底闽浙总督孙尔准决定亲自渡台平乱，他先调派福建陆路提都马济胜移驻厦门策应，亲率陆路提督麾下的长福营、福宁镇连江营与罗源营共1000名士兵直抵鹿港，驻彰化县城。③ 七月三日（8.6）宣宗终感不耐，密派前任台镇、现任山东巡抚武隆阿，以钦差大臣之职前往督办。六日（8.9）的廷寄透露出械斗惨烈的地区，包括：淡水厅的南崁（桃园县芦竹乡）、大甲，彰化县的葫芦墩、四张犁（台中市北屯区），尤以殿仔（苗栗县竹南镇）等庄被焚最甚。彰化知县李振青（李廷璧未到任）派人搭寮招集难民。不过宣宗对现今还未追查出滋事匪徒几人？受波及村庄多少？何者是主谋？何者是勾结？到底是一股匪徒还是分投滋扰？完全不知而感到震怒。十二日（8.15）巡抚武隆阿受颁钦差大臣关防，由侍卫额勒经额等陪同随往台湾，并调韩克均再回任闽抚，负责接济武隆阿一行所需的物资。④

然而根据七月二十三、二十四日（8.26～8.27）的上谕，事情又出现变化。原来宣宗获悉闽督孙尔准业已渡台，遂改变主意谕令武隆阿毋庸前往。八月一日（9.2）的谕旨提到孙尔准抵台第一件事，就是参劾提臣许松年、镇台蔡万龄、北路协副将赵裕福。而道台孔昭虔、知府陈俊千是否也有失职，再进一步调查。孙氏参劾这三人最大的理由是，错误地让官兵敉乱时只准弹压、不能加诛，无形中让械斗匪徒有恃无恐，又聚结复斗。同时内地援军2800名也全部抵台，官军威力扫荡出现效果。械斗案件闹至八月，总算有被止息的迹象。孙氏侦讯人犯供出同党者，或者由难民指控加害者，已收集到五百余人的名单，全交由地方总董按名缚送。⑤

道光六年八月二十二日（1826.9.23）的上谕，透露闽督孙尔准绥靖的情况。经过调查此次事件的导火线是李通、黄文润争斗而起，后来匪徒乘机

---

① 《彰化县志》，页383。

② 《台湾采访册》，页35；《碑传选集（114）》，页794～802。

③ 李桓编，《国朝耆献类征（156）》（台北：明文书局，1985年5月），页69～94；《碑传选集（114）》，页794～802。

④ 《清宫廷寄档台湾史料（二）》，页1088～1097。

⑤ 《嘉庆道光两朝上谕档（三十一）》，页259～260。

造谣煽惑抢劫，粤民逃至淡水再图勾结报复，闽人亦集众复斗遂成分类械斗。现李通已被拿获，嘉义、彰化县、淡水厅大甲一带，经过孙氏的晓谕、弹压，械斗已经止息，惟有中港一带被扰甚惨。① 中港的械斗又是怎么回事呢？原来同年五月粤籍移民黄斗奶、黄武二，趁械斗的机会勾引生番下山帮助，大举焚杀中港的闽人。② 地方耆老相传竹南闽籍张氏，以及粤籍黄氏在地方早相处不睦。这一次械斗让南庄十六社总土目樟加礼的女婿黄斗奶引导南庄、田尾的生番（俱在苗栗县南庄乡/赛夏族）。粤番联手杀入竹南街、海口庄、盐馆前（俱在苗栗县竹南镇），造成当地闽人死伤惨重，罹难者不下千余人。③ 宣宗认为此次械斗蔓延甚广，台湾镇总兵官蔡万龄、台湾知府陈俊千要负最大的责任，而黄斗奶之乱即刻命令金门镇总兵陈化成带兵讨平。④

中港一带的械斗是一个两极化的个案。因为从官方资料或闽人留传下来的故事，均严指粤人好斗滥杀。不过当地粤人后代保留下来的资料，刚好是相反的控诉。在这一份由今新竹县湖口乡罗氏家族所有的手稿，详述这一次械斗的始末。源头同样都说四月间嘉彰两邑的械斗，但附带贼匪焚烧粤庄，并声言灭粤煽及淡境。此时中港闽籍头人王大令、许得俊、甘腾驹、高谦等，私通匪党起漳泉兄弟旗号，于五月五至七日（6. 10 ~ 6. 12）叠攻田寮（苗栗县头份镇）粤庄三日，附近两张犁（后龙镇）、香山屋（新竹市香山区）、造桥庄（苗栗县造桥乡）、南港仔（头份镇）、流水潭均受波及。九日及十二日（6. 14/6. 17）淡北以上漳泉再度蜂拥，数日间攻破粤人七十余庄，所存者惟新埔（新竹县新埔镇）、九芎林（新竹县芎林乡）。而闽人反报官，诬陷粤庄有窥伺厅治之意。五月底水师提督许松年、镇台蔡万龄按临，双方遵谕取结和好。一月有余彼此无事，不料闽匪陈保琳、林东勾引匪党数千，于六月九至十一日（7. 13 ~ 7. 15）攻破后垅底（后龙镇）、两张犁、柳树湾（苗栗县通霄镇）、头湖（后龙镇）、二湖（后龙镇）、三湖（苗栗县西湖镇）、打呢叭、牛寮埔（西湖镇）粤庄。然粤庄百姓仍确守法纪，未尝怀恨攻打后垅街，且兼保躲入粤庄的漳泉民人百余口等事。⑤

从这一篇诉状的内容来看，作者相信部分叙事的真实性，但也质疑刻意隐瞒不利于己方的事证，例如：绝口不提黄斗奶事件。针对状纸的缘由，台

① 《十二朝东华录（道光朝）》，页 109 ~ 110。

② 郑用锡，《淡水厅志稿》（南投：台湾省文献委员会，1998 年 3 月），页 64。

③ 陈运栋等，《斗葛族人——道卡斯族研究道论》（苗栗：苗栗县立文化中心，1998 年 6 月），页 87。

④ 《嘉庆道光两朝上谕档（三十一）》，页 273 ~ 275。

⑤ 黄荣洛，《有关清代闽粤械斗的一件民间古文书》，《台湾风物》，第 40 卷第 44，1990 年 12 月，页 139 ~ 143。

湾官员评论是“家常便饭”之作。原因是状纸禀报抢窃，必称贼数十猛，千手雷同，真伪难分。① 然不管如何迟至九月二十七日（10.27）全台械斗几乎都已止息，宣宗特别要孙尔准留意义勇倒戈的可能。因为在他的印象中，义民性情犷悍、素无纪律，甚至故纵凶顽、诬拿孱弱。此次调集义民平乱乃一时权宜，所以事竣酌给奖赏，但仍需责令庄董管束其众。二十九日（10.29）宣宗始知“番割”之名，这是肇因于淡水厅三湾（苗栗县三湾乡）还在搜捕黄斗奶，孙尔准奏报这些常与生番交易货品的汉人，实为番界附近治安不稳定的因素。另外查明台湾道孔昭虔从轻发落，原因是孔氏为人朴实，台湾道之职属最要缺与他不甚相宜，因此拣选内地干员与他对调。九月底官军从斗换坪、南港（俱在头份镇）、盐水港（新竹县香山区）三路进剿，兵勇皆攀葛附藤深入内山，生擒黄斗奶等21名戮之。② 十一月二十七日（12.25）内阁奉上谕，已全台平定赏孙尔准为太子太保，拿获或投首林大蛮等35犯分别定拟，义首徐庚三等3名赏赐有差，该械斗案终告结束。③

作为台湾史上波及规模最大的械斗，历经七个多月（1826.5～1826.12.25）的时间，有四项重点是值得讨论。第一，绿营武力堵御的问题。道光朝以后没有区域人口的资料，可以讨论兵民防卫比例。不过有一点可以确定的是，台湾总人口持续增加的事实，使得各地兵民比例只有拉大不会降低。如果再以乱事最快、最慢敉平的速度，衡量区域驻军的反应能力；噶玛兰营表现算是最好，负责桃竹苗的北路协右营表现最差。

第二，内地绿营援台的问题。此次2800名士兵的赴台，论人数比嘉庆十四年的规模还小，但是面对史无前例的大械斗，二千多名士兵还是有办法平乱，可见得有它的长处。其中最重要是军队登陆地点的选择。此次援军摆脱以往径渡鹿耳门的传统，分成二大股从鹿港与八里坌上岸，不管是驰往中港、葫芦墩、嘉义虎尾溪一带，都可以很快到达目的地。事实上从道光以后，鹿耳门成为全台海防最要口的地位已经降低。其台江港湾沙淤严重不讲，多增四个正口与福建对渡，也让军队选择港口登陆的选项变多。④ 再者跟上一次雷同，除了金门镇总兵官陈化成率领的500名绿营兵，属于闽南漳、泉籍之外，其余的部队全是闽北籍的营兵。这说明了清廷已学得教训，在平定台湾械斗案件时，尽量少用跟移民祖籍相同的军队，才能收事半功倍之效。

第三，械斗参与者与受害者人数的问题。之前已述及孙尔准收集到五百

① 陈盛韶，《问俗录》（南投：台湾省文献委员会，1997年11月），页89。
② 《国朝耆献类征（156）》，页69～94；《碑传选集（114）》，页794～802。
③ 《嘉庆道光两朝上谕档（三十一）》，页306～307、311、374～375。
④ 《清代台湾的海防》，页11～20。

余名匪徒的名单，该数据应就是官方认知中作乱的人数。它虽然不一定是准确的参与者人数，但比罗氏诉状声称闽人匪党数千，应该还能让人接受。盖因于“数千”已是民变初起的规模，不太像是罗汉脚风闻造谣，再趁机劫掠的人数。至于受害者的人数，私家撰述记载为“不下万余人”。该数字可信度颇高。因为根据中港耆老留传下的口碑，仅该地就有千余人的死伤。这一次械斗被称为史上之最，除了蔓延地区最广之外，死伤人数之巨也是一点。

第四，民番对于械斗的反应。苦于罗汉脚的生事，以及地方头人，如：中港的王大令、许得俊、甘腾驹、高谦等中途加入，让该械斗变得失控。原本是“局外人”的地方头人参与分类械斗，即说明“竞垦”的压力迫使一方透过武力，欲打压另一方的作为。这种以武力解决争端的方式，常会造成更大的争端；就如同黄斗奶勾引生番助阵一样，这在清廷的眼中已不是单纯械斗的案件，而是牵涉到番界边防整饬不力的问题。当然也不是所有的地方头人，都热衷参与械斗，像是彰化县境的小庄已被焚毁过半，幸赖绅耆之力让白沙坑庄成为闽粤避难的场所。

这一次械斗规模虽大，但还没有让官府全面检讨地方驻军，六年之后同一地点，再度引燃械斗的火苗。道光十二年闰九月（1832.11）嘉义县爆发张丙竖旗事件，县境以南一时纷乱汹汹。乱初彰化以北没有受到波及，正值庆幸之际，同年十二月（1833.2）彰邑迤北至葫芦墩，淡水厅后垅、中港竟又发生闽粤分类械斗。根据道光十三年正月二十六日（1833.3.17）谕旨描述，北路协副将叶长春、来台平张丙之乱的福建陆路提督马济胜，接获消息后分头前往二处地方弹压。隔日台湾镇总兵官刘廷斌亦前往办理，据他回奏受害最烈为铜锣湾（苗栗县铜锣乡）、桃仔园（桃园县桃园市）。二月十三日（4.2）谕旨有更清楚的描述，在经过月余的械斗，闽粤移民分往二处地方搬移。闽籍聚集在艋舺、桃仔园，汀州附粤籍者聚集在中坜新街（桃园县中坜市）；厅南被焚之家难民往后垅、中港、厅治三处迁移。此次械斗的祸首是公馆庄（苗栗县公馆乡）的吴阿贤、张阿三，现已指派安平水师协右营都司杨武镇前往围拿。彰化闽粤相互焚抢业已止息，来台的兴化知府黄绥诰遂进入淡境，来往旧社（苗栗县苑里镇）、泉州厝（台中县大安乡）、吞霄（苗栗县通霄镇）、后垅、中港抚绥难民。二月二十四日（4.13）的谕旨透露闽浙总督程祖洛亦来台绥缉。现在台湾道平庆委前任南路海防理番同知王衍庆驰往，会同镇台刘廷斌捉拿吴阿长等九名，历经两个月的械斗才渐被敉平。①

① 洪安全主编，《清宫谕旨档台湾史料（四）》（台北：故宫博物院，1997年10月），页3749～3750、3756～3757、3763、3775～3777、3787。

道光十三年（1833）北路海防理番同知陈盛韶，对闽粤分类械斗有深入的观察。他认为全台闽粤移民的分布，除了凤山县下淡水地方粤人多于闽人外，其余都是闽人多于粤人。但这不代表一经械斗粤人永居下风。粤人民风诡而和，知道人数寡不敌众，所以不分邪正都能联络。闽人蠢而戾，尤以罗汉脚逞志生事，有家室者观望不前。故闽粤分类械斗，闽人往往不敌。再加上闽人习于蛮横，动酿乱阶；粤人明于利害，不拒捕不戕官。使得闽人乱发很容易变成叛民，此时粤人再以义民之姿助官平乱，遂趁此大开杀戒。陈氏提出的解决之道，是遴选有才干、有声望之人出任总理；并采连坐方法，约束总理与地方头人，最后加之以兵威求得地方平静。① 经过多次惨痛的教训，官府还是意识到必须回过头来检讨乡治，才能对症下药。道光十六至二十年（1836～1840）淡水厅同知娄云，鉴于此次堑北桃仔园的闽粤械斗严重，明令颁布《庄规四则禁约八条》。② 往后的发展来看，强化乡治是非常重要，因为可以阻止械斗发生时罗汉脚带来的燎原。

道光二十五年八月六日（1845.9.7）彰化县葫芦墩街泉人陈结与漳人孙返，争卖菁子角。陈结将孙返掳禁屋内，孙返堂叔孙汉邀同漳人陈照向其索讨不放，彼此斗殴，陈结毙命。于是泉人邀泉，漳人邀漳互相报复；匪徒趁机结党造谣焚抢，漳泉分类械斗再度爆发。八月十日（9.11）台湾知府仝卜年接获消息，得知械斗已蔓延到嘉义县，立即与台湾道熊一本商议，由仝氏会同台湾镇总兵官昌伊苏、嘉义营参将吕大升率兵北上弹压。③

此次械斗，之前研究少有人提及。北京中国第一历史档案馆典藏福建水师提督刘廷斌之奏折，报告该械斗后期的发展。九月初署嘉义营参将洪志高赴斗六门，嘉义知县王德润、笨港县丞李清淮赴他里雾堡，会同嘉义营守备曾玉明弹压，并谕令粤籍候补教职刘捷鳌，约束粤人不许妄动。于是乎嘉义县的械斗就被压制下去。而彰化县焚杀之事，泉籍匪徒陈拮业已被淡水厅同知曹谨拿获；然复有漳籍巨匪洪会纠伙造谣恐吓各庄。署知县魏一德染疾，被知府仝卜年撤换，檄本任知县黄开基接任，并兼署北路海防理番同知。

提臣刘廷斌商请镇台昌伊苏移驻嘉义，居中控制，并拨兵500名交由参将吕大升率领，会同知府仝卜年赴彰化办理；再调水师兵200名，劄饬安平水师协左营守备王国忠管带，赴嘉义听候差遣。九月十八日（10.18）仝氏一行督带兵勇，由嘉属之鳗鱼寮（嘉义县太保市）、月眉潭、旧南港（俱在嘉义县新港乡）、北港（云林县北港镇）、涂库（云林县土库镇）。彰属之西

---

① 《问俗录》，页88。

② 诸家，《新竹县志初稿》，台湾银行文献丛刊第六一种，1959年11月，页235～238。

③ 《台案汇录己集》，页400～402。

螺（云林县西螺镇）、宝斗（彰化县北斗镇）查看。所过大庄都被焚毁，居民甚寥。十九日（10.19）抵达彰邑，据报巨匪洪会已被拿获，各处械斗已经止息。惟现晚稻收成之际，当有互相抢割、阻截田水之情事。

知府仝卜年会商当地文武，由署北路协副将关桂督带弁兵赴北投（南投县草屯镇），劄委斗六县丞姚钟瑞，带领屯丁（柴里小屯）赴西螺驻扎。来台的永春州桃源巡检冉正富，往近山一带谕止各庄阻截田水。猫雾揀巡检胡钧驰赴葫芦墩及交界处晓谕弹压，又责成两籍总理、董事确查各籍滋事之人捆送究法。详查彰化县被毁五百余庄，致毙良民一百余命，逃入港的难民有四千余人，以动用库银七万六千余两抚恤，由官府暂时搭寮收养。

在械斗大致办理完竣时，十一月间他里雾堡（云林县斗南镇）有漳泉民人挖取地瓜彼此争斗，匪徒又趁机抢掠，归庄之民再度逃离。知府仝卜年委令即用知县王廷干前往大槺榔（云林县北港镇）、尖山（云林县口湖、四湖乡）、莺松（云林县水林乡）、涂库、牛椆山（嘉义县民雄乡）、下茄冬（台南县后壁乡）等处抚绥。参将洪志高派委弁兵在菁子园（嘉义县民雄乡）、大仑脚、苦苓脚（俱在嘉义县新港乡）、惠来厝弹压。十二月二十三日（1846.1.20）知府仝卜年由彰邑回郡，二十五日（1.22）途经嘉邑。二十七日（1.24）台湾镇总兵官昌伊苏由嘉邑回郡，仍饬嘉义营参将吕大升带兵500名赴彰支援。至此这一次的漳泉械斗终告结束。

提臣刘廷斌在回奏时，条列相当详细的数据。包括：彰化被焚514庄，共23746户，计难民100619名口，死亡人数131命。嘉义被焚154庄，共6769户，难民30019名口，死亡人数52命。共拿获凌迟斩决人犯157名，流犯17名，徒犯64名。较严重受灾村庄包括：彰化县葫芦墩街、上下溪洲（泉）、水里港（台中县龙井乡）、六张犁（台中县大雅乡）、顶圳寮（漳）、茄投（台中县龙井乡）、竹坑（台中县龙井乡）、福州厝、牛埔仔、枫树脚（台中县大雅乡）、上员林（台中县大雅乡/漳）、田寮仔（台中县清水镇/漳）、九张犁（台中县乌日乡/漳）、十块寮（台中县神冈乡）、社口街（台中县清水镇/泉）、旧社（台中县雾峰乡）、八角楼（台中县龙井乡）、龙目井（台中县龙井乡）、柳树湳（台中县雾峰乡/泉）、瓦磘（台中县大里市/漳）、北投旧街（南投县草屯镇）、观音山（彰化市）、加冬脚、内快庄（彰化市/泉）、三家春（彰化县花坛乡）、林厝坑（彰化县芬园乡）、枫仔坑、半路厝（泉）、菁仔园（泉）、待人坑（彰化市/漳）、芎蕉脚（彰化县埔心乡/泉）、苦苓脚（彰化县二水乡）、金瓜寮（彰化县二林镇/泉）、三条圳（彰化县员林镇/漳）、饶平厝（彰化县北斗镇/泉）、大仑脚（泉）、惠来厝（云林县虎尾镇）、同安寮（云林县东势乡/泉）、三块厝（云林县二仑乡）、北势外、吴厝（彰化县员林镇/泉）、白沙坑（彰化县花坛乡/泉）、半治

（云林县刺桐乡）、犁头厝（云林县西螺镇/泉）、崁仔脚（云林县虎尾镇/泉）、孩沙里（云林县刺桐乡/泉）。

嘉义县属将军仑（云林县斗南镇/泉）、他里雾（泉）、湾内（泉）、半天厝、计港、上茄冬、秀祐、平和厝（云林县虎尾镇）、黄耶间、埔姜仑（云林县褒忠乡/泉）、德兴坑（泉）、廉使庄（云林县虎尾镇/泉）、新庄仔（云林县虎尾镇/漳）、大湳庄（漳）、蛇仔仑（漳）、水漆林（云林县水林乡/漳）、加头（漳）、柯厝（漳）、尖山堡之楦榕后（云林县口湖乡）、厝水井（云林县口湖乡）、埤仔脚、楦榕顶（云林县口湖乡）、下水尾后（云林县口湖乡）、后厝仔（云林县口湖乡）、仑顶仔、三合厝、奄猪厝（云林县北港镇）、竹脚薯（嘉义县六脚乡）、柑宅（嘉义县竹崎乡）、马稠后（嘉义县鹿草乡）、崁头厝、仑仔顶（嘉义县太保市）、草麻园、新埤（嘉义县太保市）、春珠厝（嘉义县太保市）、石碛（嘉义县中埔乡）、大溪厝（嘉义市）、埤仔头（嘉义县义竹乡）、涛庄、坝仔、湖仔（嘉义县大林镇）、下舨山、萆麻园（嘉义县太保市）、车水崎、倒廊庄（泉）、过沟仔（嘉义县水上乡/漳）、下湖头（漳）、社兴（泉）、中薯（泉）、山脚崁（泉）、打马人庄（泉）、下麻园（泉）、坝仔街（漳）、顶麻园（漳）、西庄仔（漳）、车心薯（漳）、车埔仔（漳）。①

由于刘廷斌并没有提到内地将领带兵平乱的事情，所以此次为患七个月（1845. 6. 11 ~ 1846. 1. 24）的械斗，福建到底有没有派兵来台不甚清楚。不过该械斗没有照往例，蔓延到淡水厅倒是一件值得讨论的事情。当时在祝贺淡水厅同知曹谨的《百寿诗录》，透露出此乱没有北延的原因，则是曹氏“躬莅郊关、扼诸境上、遍传黎庶、自爱身家、仍敦睦邻之风、无习嚣凌之气”。② 这一首诗句描写的就是强化乡治，遏止械斗的情形。果然同一时期新竹林家也有同样的记录，那是叙述士绅林占梅募勇扼守大甲溪，方能阻止彰、嘉械斗蔓延的情况。③ 道光二十七年（1847）时任知府仝卜年幕友的丁绍仪，对于台民械斗习尚的描写颇为传神。他说：“台湾百姓气性刚强，浮而易动。缘郑氏初制寓兵于农，暇以战争角力为事，一呼并集。几二百年好勇斗狠之习未尽除。然有足取者轻财尚义，见有流离穷乏者，振之必使得所。尤重同乡、同姓，设受凌辱擎家拯援，身罹法网所不恤，颇有朱家、郭

---

① 军机处录副奏折－农民运动类，案卷号：3324，胶片号：136，中国第一历史档案馆藏；中国第一历史档案馆编，《嘉庆道光两朝上谕档（五十一）》（桂林：广西师范大学出版社，2000年11月），页98；《嘉庆道光两朝上谕档（五十二）》，页225 ~ 227。

② 陈镦厚珍藏、王国璠注记，《百寿诗录》，《台北文献》，直字第36期，1974年6月，页4。

③ 黄朝进，《清代竹堑地区的家族与地域社会——以郑、林两家为中心》（台北：“国史馆”，1999年6月二版），页27。

解之风。”① 丁氏把台湾盛行械斗之因，溯及郑经、郑克塽时代，或许谈得太远。原因是清廷取得台湾，已把治下百姓遣回原籍，雍乾以后的移民和郑氏实没有多大关系。不过他观察到台民尤重同乡、同姓，确是一个重要的线索。即便已要步入清末，台湾社会对于祖籍的观念甚为浓厚；间接作为分类械斗，区分彼此的重要依据。

咸丰朝台湾仍有械斗存在，而且短短的十一年中，南、北就发生五次械斗之多。这当中有史上最后一次跨厅县的械斗，即咸丰三至四年（1853～1854）彰、嘉、淡械斗。不过扣除这一次大械斗，其余的四次械斗都被局限于该厅或该县中。证明从道光朝以来乡治被要求是有效果。此时乡治也不再只是简单的保甲，新的做法——清庄联甲普遍地实施，让区域社会约束罗汉脚的能力增加（见第二章第三节）。例如：咸丰三年（1853）平定凤山县林供之乱，事后闽、粤义民在绥靖时，因发生不和而彼此抢掠。然该械斗终究还是被局限于该县境内，没有往北路发展。台湾道徐宗幹还颇为满意地说："近年稍得安辑者，刻刻先事预防。一有蠢动飞速掩捕，如蝗蝻不令孳生，稂莠不使萌蘖。"② 又如：咸丰三年淡水厅三角涌（1853/台北县三峡镇）、咸丰四年（1854）中港、咸丰九年枋寮街（1859/台北县中和市）、咸丰十年南势矼（1860/台北县中和市），但都没有一次让械斗野火延烧至噶玛兰厅、彰化县。③

北京中国第一历史档案馆典藏咸丰六年（1856）台湾镇总兵官邵连科、台湾道裕铎之奏折，报告咸丰三至四年淡水厅，以及彰嘉械斗的始末。由于这是之前研究较少提到的资料，极具参考价值。咸丰三年淡水厅三角涌的械斗，与稍早在艋舺发生的"顶下郊拼"结合，成为为患台北盆地最大的一次械斗。对于三角涌漳泉械斗与顶下郊拼的考证，大陆学者陈孔立有过讨论。④ 不过容作者另提不同的看法，其关键就在于漳泉械斗与顶下郊拼，是否为前后二起不同的械斗，还是同一起械斗的连锁反应。按陈氏的考证应为同一起才是，但此论点与竹堑士绅郑用锡所记载矛盾。咸丰三年五月（1853.6）郑氏自撰《劝和论》提到："顾分类之害甚于台湾，台属尤甚于淡之新艋。"新艋就是新庄、艋舺。郑用锡还感叹新艋尤为菁华所聚之区，自分类兴元气剥削殆尽，未有如去年之甚；并且之前发生的漳泉、闽粤分类械斗，都不会比这次同府械斗还来得奇怪。⑤ 再对照台北耆老留下来的口述

① 丁绍仪，《东瀛识略》，台湾银行文献丛刊第二种，1957年9月，页32。

② 徐宗幹，《斯未信斋文编》，台湾银行文献丛刊第八七种，1960年8月，页14～15、106。

③ 陈培桂，《淡水厅志》，台湾银行文献丛刊第一七二种，1963年8月，页365～366。

④《清代台湾移民社会研究》，页271～282。

⑤ 郑用锡，《北郭园诗钞》，台湾银行文献丛刊第四一种，1959年6月，页83～84。

历史资料，郑氏所谓械斗就是指“顶下郊拼”。由于该作品是完成于五月，可见得事件的爆发应在五月以前。①

那么官方如何敉平这一波的动乱呢？邵、裕二人在奏折提到，为对付械斗必须先慑以兵威，把桀骜不驯之徒绳之以法，尤严惩造谣纠众首从匪徒。另外确查被掳、被焚户口室庐，分别抚恤劝谕归庄安业。如此程序上的安排，表示官方从多次的教训中已汲取经验。二个月之后——咸丰三年七月（1853.8）淡水听三角涌泉人，假以艰食为名截抢漳人米石。署同知张启煊会营查拿，匪首刘洙必等自知罪重，遂造谣漳人欲与泉人为难，酿成漳泉分类械斗。而自竹堑（新竹市）以至三貂岭（台北县贡寮乡）十三保地方，攻焚抢掳日寻干戈，残毁村庄大小790余处。当中又以新庄为最繁盛之区，店舍、民房不下五六千户盖成灰烬（注意竹堑以南此次幸免）。经台湾镇总兵官恒裕、台湾道徐宗幹，檄委北路协副将曾玉明、候补知府朱材哲前往查办。曾、朱二人在候补县丞黄体元，以及绅士、义首、头人的帮助下弹压有成，数月后克竣。

此时邵连科身任澎湖水师协副将，被调往噶玛兰厅敉平吴磋竖旗事件，亦凯旋回程。不料同年十二月四日（1854.1.2）彰化县四块厝（溪湖镇）泉人廖仔汉等，开掘壕沟以资保卫。漳人赖婴等借伤地脉向阻互起口角被无赖之徒所乘，陡造分类谣言四处传布，延及嘉义、淡水一带，署彰化知县马庆钊见状不对急报府城。十二月二十日（1854.1.18）镇台恒裕、道台徐宗幹，檄调邵连科率领官兵、屯番、壮勇北上平乱。大军行至嘉义县，分遣知县吕朝梁、嘉义营参将王国忠兜处弹压，并传集各庄总董、衿耆谕令各自约束子弟。二十九日（1854.1.27）行抵彰化县城，督率地方文武包括：升任台湾知府孔昭慈、署北路海防理番同知丁曰健、署南投县丞张传教、护理澎湖协左营游击李朝安、护理台湾水师协右营都司祝延龄等分头弹压；并责令总理、头人出俱不敢再斗切结，各处沟圳、源河前被截毁等，均委员查勘勒令濬筑。查彰化县属十三保千有余庄，骚动已息。被害最惨者有县南猫罗保快官（彰化市）等35庄，东螺保四块厝等15庄，县北大肚保葫芦墩与牛骂头。嘉义县有土库、他里雾，淡水厅有大甲、苑里等庄。

咸丰四年正月二十二日（1854.2.19）正在善后之际，突收到淡水厅急禀。据报中港地方粤人何阿番因失牛只，竟伙同匪党借端拥抢闽人村庄。该乱随即燎原波及厅南（竹南）一、二、三保，以及厅北（竹北）一、二保

① 吴伯雄监修，王月镜主修，《台北市志（卷九人物志贤德篇）》（台北：台北市文献委员会，1988年9月），页88～89；金关丈夫原编，林川夫主编，《民俗台湾（第六辑）》（台北：武陵出版有限公司，1997年4月），页74～75。

（今苗栗县、新竹县、桃园县杨梅镇）。白沙墩、房里、苑里的闽庄皆被粤人焚毁，当地闽人尽逃至鹿港，惟田寮郑玉庆雇民丁自守得免。① 新任台湾道裕铎接获消息，随即从府城北上彰邑坐镇。三月十五日（4.12）新任台湾镇总兵官邵连科从彰邑出发北上，十九日（4.16）行抵竹堑厅治主持绥靖事宜，其澎协副将关防交由艋舺营参将黄进平署理。由于械斗的匪徒均已逃入内山，邵氏见局势较稳，遂在四月八日（5.5）先回府城接任官印，同月二十四日（5.21）再回厅治主持围剿事宜。参与这一次行动者有新任台湾知府朱材哲、新任淡水厅同知丁曰健、署澎湖协副将黄进平、新升台湾水师协右营都司祝延龄。官军先在狮头山（今名狮子头/苗栗县后龙镇）集结，之后直指芊菁窝（苗栗县造桥乡）山仑，阵斩11人，生擒5人，缴获铁铳2门、鸟枪刀械18支，寻回耕牛41头。

五月二日（5.28）官军探得余匪复聚老籐寮、沙坑（苗栗县头屋乡），邵连科决定由芊菁窝分三路进剿。知府朱材哲率义首屯勇由右面进入，同知丁曰健率总董义勇由左面入，邵氏与协台黄进平从中路进发，三路集至沙坑会师兜围。这一次剿捕仍无一网打尽，余匪们北逃至鱼藤坪（今名藤坪，新竹县峨眉乡）、牛斗山凹负隅顽抗。十七日（6.12）官军再次进剿。丁曰健带中港义勇由三石六坑（苗栗县三湾乡）出发，与县丞黄体元带三湾义勇由大坪林（苗栗县三湾乡）出发会合抄至东北。黄进平带弁兵、义勇由阳梅凹抄至东南。邵连科、朱材哲、祝延龄由老籐寮进匏杓、漳后坪、第寮坪，直抵牛斗山。在可通生番地的庚寮坪（新竹县北埔乡）见有土匪之铳柜3座、草寮5间，邵氏指挥全军向前，击毙贼匪9人、生擒3人，掳获火药50余斤、小炮3门、鸟枪5杆、刀矛13支。经过三次的围剿，以及地方总董、头人捆送脱逃余匪已尽根绝。六月二十一日（7.16）全军班师回郡，历经半年（1854.1.2～7.16）的械斗案总算落幕，共拿获首从匪徒计248人，花费银两111433两。②

咸丰五年（1855）刊刻的《台湾杂咏合刻》，其内容提到对械斗的描述。书中也是认为台湾械斗之始于乾隆四十六年（1781），跟前文提到魏秀仁的看法一样。尔后七八年一小斗，十余年一大斗。北路则分漳泉，继分闽粤；彰淡分闽番，且分晋（江）、南（安）、惠（安）、同（安）。南路则惟分闽粤，不分漳泉。以往都是积年一斗，官军惩创即平；但今（咸丰朝）乃无年不斗，无月不斗矣。③ 从咸丰三、四年彰化、嘉义漳泉分类械斗的过

① 蔡振丰，《苑里志》，台湾银行文献丛刊第四八种，1959年6月，页99。

② 军机处录副奏折－农民运动类，案卷号：3338，胶片号：137，中国第一历史档案馆藏。

③ 诸家，《台湾杂咏合刻》，台湾银行文献丛刊第二八种，1958年9月，页18～19。

程来看，两造对于彼此的破坏，仍以截毁各处沟圳、源河为最重要；其动机还是不脱“竞垦”的身影，欲透过武力让对方的田业造成严重的损失。竹南三、四保（苗栗县竹南、后龙、通霄、苑里镇、台中县大甲镇、大安乡）总理头人鉴于每次械斗，该地不是成为乱源就是最激烈区域。因此在咸丰八年（1858）于大甲仝立“漳泉械斗谕示碑”，也是有别于其他地方的特例。①

咸丰九年九月（1859.10）淡水厅摆接保、大加腊保、芝兰一保与二保发生的械斗，虽没有达到跨厅的规模，但是作者能找得到清末奏折中，最后一件关于械斗方面的资料。该械斗《淡水厅志》记载时，仅轻描淡写地说九月七日（10.2）枋寮街（台北县中和市）火灾，漳州人与同安人互斗。②然奏折录副有更清楚的说明。原来是枋寮漳州许姓、同安吕姓夙有嫌隙，彼此掳人启衅所引发的械斗事件。复加上林、陈二姓绅士积不能和，以致漳州、同安人疑惧搬徙，匪徒乘机抢掠，堑北一带震动。林姓士绅指的就是摆接保板桥（台北县板桥市）漳人林国芳一族，至于陈姓可能是大加腊保同安籍举人陈霞林一族。不过陈姓在接下来的械斗中介入不深，反倒是沪尾泉人黄龙安接受艋舺泉人邀请参与械斗。③ 署淡水厅同知宁长敬一面饬差金广福职员姜殿邦率隘丁30名，身携鸟枪赴艋舺供差。④ 一方面急禀府城，遂留台湾道孔昭慈于郡策应，台湾镇总兵官曾玉明、台湾知府洪毓琛带屯番兵勇北上平乱。这事由隔年闰三月（1860.4）闽浙总督庆端回奏，北京方面才知道。⑤

同治朝以后台湾械斗仍时有所闻，但都是厅、县级的小区域械斗。此时乡治发挥的功效仍不可抹灭。盖因于在清庄联甲的要求下，不论是冬防、联庄、经费的运作都有前例可循，操作上已渐上轨道；并且防范的对象除盗匪、罗汉脚之外，亦有流丐、赌徒（见二章三节）。然即便是小规模的械斗，对官府统治之道来说仍具威胁。同治六年（1867）卸任的台湾道丁曰健，在自行编纂的台湾官箴书——《治台必告录》，卷二开始就附上从嘉庆朝以降，诸多可以消弭台湾械斗，或者漳泉不睦的说言。⑥ 到此为止台湾械

---

① 台湾银行经济研究室编，《台湾中部碑文集成》，台湾银行文献丛刊第一五一种，1962年9月，页106～107。

② 陈培桂，《淡水厅志》，台湾银行文献丛刊第一七二种，1963年8月，页366。

③ 许雪姬，《板桥林家——林平侯父子传》（南投：台湾省文献委员会，2000年11月），页88～89。

④ 吴学明，《金广福垦隘与新竹东南山区的开发1834～1895》（台北：台湾师范大学历史所，1986年2月），页177。

⑤ 军机处录副奏折－农民运动类（补遗），顺序号：补二142，胶片号：177，中国第一历史档案馆藏。

⑥ 丁曰健，《治台必告录》，台湾银行文献丛刊第一七种，1959年7月，页97～99、102～104、109～113。

斗的现象之一仍不脱“扎厝占田”，可见得用武力来解决竞垦的问题，还是有人所乐用。[1] 同年美国驻厦门领事李让礼（或译李仙德、李善得/C. W. Le Gendre），因罗妹号船难之事来台调查。根据他观察南路的械斗形态，多因族姓争强而起衅。[2] 不独南部如此，在北部的噶玛兰厅，也可以找到“三字姓叛”的例证；即罗东冬山（宜兰县罗东镇、冬山乡）陈、李二姓，与林姓因赌博不合引起械斗。虽蔓延全境，但还是止于该厅。[3] 同治十三年（1874）因牡丹社事件来台的福建陆路提督罗大春，也提到兰厅械斗的原因，本于司法诉讼被胥役把持，在公权力不彰的情况下械斗便容易发生。[4] 在第三章第一节已提到，清末台北未设府以前，全台积案最多的地方就是淡水厅与噶玛兰厅。从咸、同以来北部的械斗频传，正印证了二者的关联性。

光绪元年（1875）钦差大臣沈葆桢建议北京，仿江苏巡抚分驻苏州之例，移福建巡抚驻扎台湾。其上奏的十二条理由，其中之一就是认为台湾动乱频繁，起因于官以吏役为爪牙，吏役以民为鱼肉，继则民以官为仇雠。于是词讼不清而械斗、扎厝之端起，奸宄得至而竖旗聚众之势成，若有巡抚则能预拨乱而塞祸源。[5] 同时期台湾府进士施士洁曾作《械斗》乐府诗，中有“……衙蠹见之色喜然，差役访闻凭一纸，文武亲临鸡犬哗，一时十室空九家，男者壮者铤鹿走，妇者稚者沙蟹爬……”把械斗后官员对械斗地区的“抚绥”，描写地相当生动。[6] 时至清廷治台的最后阶段，台湾的械斗原因还是找得到竞垦的案例。现在云林县的西螺镇钟、廖、李三大家族，因土地利用已到饱和。此时“竞垦”变成竞相开垦到别人的土地上去，于是地界纠纷频起械斗数十次，遂有“钟廖李，拼生死”的地方俗谚。[7] 光绪七年（1881）福建巡抚岑毓英巡视台湾时，特别指出彰化、嘉义一带，械斗、抢杀之案层见叠出，大概就是跟这三大家族有关。[8] 在官员的记录中，台湾什么时候械斗之风渐息呢？光绪十七年（1891）闽浙总督卞宝第在其私著《闽峤輶轩录》写道，由于台闽已有官方轮船互通消息，加上慎选镇道守令

---

① 黄富三，《雾峰林家的中挫（1861～1865）》（台北：自立晚报，1992年9月），页71。

② 李仙德（C. W. Le Gendre），《台湾番事物产与商务》，台湾银行文献丛刊第四六种，1959年8月，页3。

③ 陈进传，《宜兰传统汉人家族之研究》（宜兰：宜兰县立文化中心，1995年5月），页115～116。

④ 罗大春，《台湾海防并开山日记》，台湾银行文献丛刊第三〇八种，1971年12月，页57。

⑤ 不著编人，《清史列传（102）》（台北：明文书局，1985年5月），页501～510。

⑥ 施士洁，《后苏龛合集》，台湾银行文献丛刊第二一五种，1965年11月，页119。

⑦ 邱彦贵、吴中杰，《台湾客家地图》（台北：城邦文化事业股份有限公司，2001年5月），页62。

⑧ 诸家，《台湾关系文献集零》，台湾银行文献丛刊第三〇九种，1972年12月，页115。

讲求吏治，台湾斗风渐息而民亦相安。①

上述所举的械斗实例，由于都是官方档案所见的描述，所以不乏留下官军如何英勇敉平乱事的记录。然实情恐不是那么简单。从嘉庆十四年（1809）嘉义县铁线桥、查亩营、吉贝要的例子来看，档案中最常被轻描淡写的总理、头人晓谕，在官方袖手旁观时益显重要。不过官、民、番武力在械斗时扮演什么样的角色，是本书的主题。官方武力不必再强调，它的职责就是平定乱事。因此民、番武力就成为讨论的重点。本书的看法是，械斗有办法像野火燎原般蔓延各处，有的地方受到波及，有的地方幸免于难。乡治固然发挥了稳定民情的作用，预防那些借故生事的罗汉脚造谣抢掠，形成更新一波的械斗案件。然而这跟区域社会的武力平衡也有关系。会发生械斗的前提，多是械斗的两造，一方的力量有自信超越另一方。如果两造势均力敌，彼此在没有把握的情形下，不一定能发动械斗。由此就可以说明，为什么每次北路械斗，常常在台湾县就被堵御住，不再往南路蔓延。

至于械斗的同时，谁参与械斗，以及谁加入官军的行列敉平械斗，又是另一个重点。对于前者，地方土豪、大姓成为械斗的中坚，前文多已举例。“竞垦”成为他们考虑是否要加入械斗，以武力打压对方的重要考量。不过对生番来说，他们加入械斗，均是汉人的邀约下才下山相助。汉人的邀约有了指标性的意义，那就是准备参与械斗的一方，自忖在武力上无法胜及对手，所以才会商请生番帮忙，打破了该区域汉人之间的武力平衡。对于后者，汉人加入官军敉平械斗，如同敉平民变一般，看似相同其实有些微的差别。这差异点在于被称为“义民”的加入的时间。事实上从乾隆朝以后，官方在敉平械斗的过程中，才谨慎地使用义民为己助。然而义民的投入却与敉平民变不同。按敉平民变的例子，不乏在第一时间，有官军与义民联合出击的实例。但敉平械斗可不同，总是先由官军出面定乱，义民的出动一定是在官军之后，避免义民与械斗双方的祖籍认知，而出现抱薪救火的疑虑。当然番屯就没有此顾虑，所以弁兵屯丁加入平乱，屡见于档案中。官方巧妙地运用民番武力，不仅在敉平械斗方面，即便在两者的矛盾方面，也是可以成立的。

2. 官民对番人的用武

在第二章第一节已讨论到，清廷对生熟番的统治方法是不同的。生番强调的是归化—羁縻—请调—抚番，熟番则是归化—收编。只是在第一步欲归化的过程中，生、熟番若不受抚，甚至自恃武力与清廷相向，那么彼此大动干戈在所难免。日治学者种村保三郎统计自康熙三十八年至光绪二十一年之

① 诸家，《台湾舆地汇钞》，台湾银行文献丛刊第二一六种，1965年9月，页88。

间（1699～1895），官方对生番兴兵次数达26次之多。① 金梁利用《清史稿》稿本史料，把康熙六十一年（1722）阿里山水沙连各（生）番社之乱，作为台湾有生番作乱之始。继之有雍正四年（1726）讨伐水沙连（生）番社、雍正七年（1729）讨伐山猪毛（生）番社、雍正九年（1731）讨伐大甲（熟）番社、乾隆二年（1737）讨伐眉加猎（生）番社。此后要到光绪朝进行开山抚番时，再与生番爆发大规模的战争。② 这当中的特征是从十八世纪中叶至十九世纪末叶这一段时间，没有官民对番兴兵的事件。事实上没有"兴兵"不代表没有冲突。军事行动的背后虽有番务政策做指导，但对居住在番界附近的汉人来说，没有比加强武力来防止生番猎首更重要了。

清治初期未收编的熟番，对清廷来说武力威胁不下于生番。康熙三十八年二月（1699.3）诸罗县吞霄社（苗栗县通霄镇）土官卓个卓雾亚生，以通事黄申苛敛无度杀之拒捕。台湾镇总兵官张玉骐、台湾道常光裕，檄调北路营参将常泰率领萧垅、麻豆、目加溜湾、新港四大社熟番与官兵征讨。然苦于汛防仅止于牛骂（台中县清水镇），路径不熟遂招抚岸里社番（台中县后里乡）随征。同年五月内北投社（台北市北投区）土官冰冷，也杀替通事管账的金贤谋反，并联络二卓举事。冰冷据险而守削竹为签，遍插于山、人不能前；但一时大意，七月被水师官兵诱斩。八月卓个卓雾亚生被岸理社番擒献，斩于府城传首各社事乃平。③

从早期官军平定番乱的过程来看，很显著的是不征调汉人的武力，然借助熟番的力量是不可或缺。因此以番攻番的敉平策略逐渐成形。雍正即位之初，台湾地方官员出于事功上的业绩，大搞生番归化的戏码。根据柯志明的研究，此文化理想主义终究敌不过实际的族群冲突。于是对于层出不穷的生番出草案件，遂引起世宗的注意。④ 庄吉发利用台北故宫博物院所藏档案，统计出从雍正三至十年（1725～1732）生番猎首案达38件之多。⑤ 看来对于生番假以兵威是免不了了。

雍正三年十一月（1725.12）福建巡抚毛文铨回奏时，指出生番杀人之案十有九悬，缉拿究抵甚属寥寥；但又说被杀者悉由自取，因为生番向不出外，只有潜处于番地耕种者才罹祸。今之为计惟有清域，于逼近生番处竖立大碑，严禁诸色人等辄入。隔月巡台御史禅济布回奏时亦称，生番性虽嗜

① 种村保三郎著，谭继山译，《台湾小史》（台北：武陵出版有限公司，2000年10月三刷），页106。

② 金梁，《台湾史料（油印本）》，1955年，页64～66，北京国家图书馆分馆藏。

③ 黄叔璥，《台海使槎录》，台湾银行文献丛刊第四种，1957年11月，页168；《东瀛识略》，页86。

④ 柯志明，《番头家——清代台湾族群政治与熟番地权》（台北："中央研究院"社会学研究所，2001年3月），页35～42。

⑤ 庄吉发，《清史论集（八）》（台北：文史哲出版社，2000年11月），页156～160。

杀，不过乘黑夜值雨天潜伏近界草间，窥伺人伴稀少时途出杀人，从不敢探越内地而有剽劫杀掠之患。在多数官员认定生番杀人，系汉人越界咎由自取的同时，有人持不同的看法。雍正四年正月（1726.2）福州将军署闽浙总督宜兆熊指出，为害于凤山、诸罗县的生番是山猪毛等社，为害彰化县的生番是水沙连等社；尤其水沙连番半年之内焚杀叠见，抚之不可，不得不胁以兵威，为今之计当以番攻番。宜兆熊为汉军正白旗人，目不识丁，但世宗对他的评论为操守尚优、心术亦正。① 宜氏的奏言显然是有高人替他捉刀而成，然而经过毛文铨的附议，竟也成为准备出兵的决策。②

巡台御史禅济布是不赞成出兵，在雍正四年一至四月（1726.2～1726.5）之间，就是因他文书往返而把军事行动延后。同年七月斗六东埔（南投县竹山镇）地方民人又被猎首，再加上巡台御史已换成索琳、汪继燝，这可给了官员出兵的口实。③ 九月在新任闽浙总督高其倬的力主下，饬令台湾文、武准备兴兵。水沙连番以水里社（南投县水里乡）土官骨宗为首，潜踪出没、恣意妄杀。此辈在康熙六十年（1721）朱一贵事件后，即不纳饷赋、肆行劫焚。④ 十月（1726.11）闽督高其倬檄令台湾道吴昌祚总绾兵符，吴氏商请台湾镇总兵官林亮坐镇府城，十一月十六日（12.8）亲率弁兵300名、熟番400名北上。北路营参将何勉从驻地诸罗县城出发，进兵北港（南投县国姓乡）协同支援。麾下原本分为二路：一路由淡水营守备戴日升率兵200名、熟番400名，从南投崎（南投市）进入；一路由海防同知府王汧率兵200名、熟番400名从竹脚寮（云林县土库镇）进攻。并调镇标右营守备张文耀带兵100名赴罗汉门弹压，避免彼处生番遥助。再令彰化知县张缟动碾所存仓谷1000石运给口粮。台湾知府孙鲁拨存贮银2000两以备激赏。但十二月三日（12.25）实际作战时阵容稍有调整，即招募民壮250名随征，征调熟番930名，兵丁830名。十二月十四日（1727.1.5）俘获骨宗等22名土官，讨平水沙连25社。⑤

这一次出击共调2010名大军，成为自朱案以来最大的军事行动。这当

① 李桓编，《国朝耆献类征（152）》（台北：明文书局，1985年5月），页335～342。

② 故宫博物院，《宫中档乾隆朝奏折（第一辑）》（台北：故宫博物院，1982年5月），页498～501、526、536～537、545。

③ 国学文献馆主编，《台湾研究资料汇编（第一辑·第五册）》（台北：联经出版社，1993年9月），页1601。

④ 《东瀛识略》，页87；《清耆献类征选编（143）》，页126～139；《清耆献类征选编（167）》，页501～504。

⑤ 《宫中档乾隆朝奏折（第一辑）》，页693～695；洪安全主编，《清宫宫中档奏折台湾史料（二）》（台北：故宫博物院，2001年11月），页744～751、806、965～976、988～1005。

中最特别的是番壮人数比营兵、民壮还要多，也是有记录以来的首例。为什么会如此呢？这背后当然有“以番攻番”的政策在指导。不过这仅是番务政策的结果，而非原因。原因有二个层面，就纯战术上说，熟番们适合山地战、小部队的游击战，成为惩番战争中的不二人选。就统治之道来说，避免汉人透过战事介入番务，可能是清廷的首要考量。雍正五年闰三、四月（1727.5～1727.6）凤山县山猪毛、北叶社（屏东县三地乡/玛家乡）攻击笃佳庄（屏东县里港乡），七齿岸、大文里、山里留社（屏东县玛家乡）攻击阿猴社熟番，均杀伤民番数人。巡台御史索琳、尹泰，命港东里通事刘琦确查。根据禀称所谓的港东里傀儡生番，并非每社皆出山馘首。只有被称为港西“歹番”的十二社才是最需警戒的对象。索琳是主张剿惩，但世宗以刚对水沙连番用兵，谕示闽督高其倬、闽抚毛文铨咨复，遂采比较保留的态度。①

雍正六年十二月（1729.1）台湾镇总兵官王郡、台湾道孙国玺，以山猪毛社番屡出草为患，在面示巡台御史赫硕色、夏之芳，禀明闽督高其倬、闽抚刘世明，随即奏准用兵。雍正七年二月十六日（1729.3.15）王郡委镇标中营游击靳光瀚、署南路营参将柯连英、海防同知刘浴，率领弁兵350名、番壮200余名进讨。台湾知府俞存仁备应粮赏，又饬诸罗知县刘良璧督率番丁堵截北路，北路营参将何勉入南仔仙山（高雄县杉林乡）相机擒剿。孙国玺给他们的指示是，如果生番们畏惧献出之前猎首的凶番，自愿归顺就罢兵而还。

二月十七日（3.16）大军行抵武洛社（屏东县里港乡）相度形势，隔天往南移营海丰庄（屏东市）。在确定山猪毛番坚不就抚后，于二十一日（3.20）进入内山进攻番社，由于官军有大炮助威，生番不敌撤退，掳获木牌2面、竹弓2张、番刀2把。二十三日（3.22）移大营于溪口（屏东县内埔乡）。二十五日（3.24）调通事率领内优社番，由后山暗渡埋伏。隔日官军强袭番社，前后包夹，山猪毛番大败纷纷逃窜，共掳获枪2杆、鹿枪4杆、木牌41面、竹弓26张、箭79支、镖枪9支、刀7把。三月一日（3.29）官军侦察到逃逸的生番，现都聚集在八里斗，一个名为山猫洛洛社的地方。三月五日（4.3）暗调兵番埋伏，同时也发现还有五六百名生番顽抗。此时刘浴指派北叶番往谕山猪毛番，令其献出凶番再被拒。三月十一日（4.9）守备蔡彬带领兵丁、乡勇160余名进剿，刘浴率民壮、熟番100名接应，大破其众。不过考虑到深山厉瘴未便深入，所以于十四日（4.12）就撤兵回郡。四月四日（4.29）山猪毛社土官罗雷三脚尘，率各社男妇齐赴

① 《清宫宫中档奏折台湾史料（二）》，页1052～1053、1070～1075、。

山外归降，事遂平。①

这一次惩番战争，官军所出动的人数至多610名，属于小规模的战事。汉人乡勇随征人数不明，但作者猜测不会比熟番与兵丁还多。至于番、兵人数何者为多？由于当中又另调数目不详的内优社番，因此也变得不明朗。若汉人民壮人数真的最少，那么清廷不愿他们借机深入内山的政策可算成形。张士阳认为台湾生熟番杀人的原因可分为三种：一是垦荒者侵入番地，二是基于馘首的习俗，三是通事苛虐。② 前二种是常发生在生番身上。经过雍正四、七年（1726/1729）官军对水沙连、山猪毛社番的用武，强迫他们归化的目的大致完成。这虽然不能保证日后无出草的案件发生，但是对官方想要施以羁縻是足夠的。只是平静了三十年的熟番，现又有不稳的状况发生。

雍正朝彰化县爆发了二次熟番举事事件，相隔的时间仅月余，成为史上规模最大的熟番作乱。第一次是在雍正九年十二月二十四日至十年四月（1732.1.21～1732.5）以大甲西社为首的举事，第二次是在雍正十年闰五月二日至十一月（1732.6.23～1732.12）以沙辘、牛骂、南大肚社为首的举事。为期一年的叛乱所造成的兵燹，使得沙辘（台中县沙鹿镇）、牛骂（台中县清水镇）、柳树湳（台中县雾峰乡）、猫雾捒（台中市南屯区）、彰化县城（彰化市）、燕雾（彰化县花坛乡）、枫树脚（彰化县芬园乡）、马芝林（彰化县鹿港镇）、大武郡（彰化县社头乡）、快官（彰化市牛埔里）、东螺（彰化县埤头乡）等的汉人聚落饱受损失，当然官军以武力镇压的结果也使崩山八社、沙辘社、牛骂社、南大肚社、朴仔篱社、阿束社的熟番惨遭屠戮。③

对于该案的始末，海峡两岸典藏的清宫档案有完整的记录。雍正九年五月（1731.6）世宗以台湾镇总兵官王郡三年任满，一时找不到人选接任之际，想起之前浙江提督张溥曾力荐吕瑞麟为水师长才，或可调往台湾担当重任。该案由前后任福建总督史贻直、刘世明复议时，二人均称吕氏虽熟谙水务，但“气质粗暴，御下无恩，操守甚平。”不过世宗考虑再三，决定仍给吕氏一个机会。十一月七日（12.5）上谕调王郡为广东潮州镇总兵官，十日（12.8）吕瑞麟抵台接任印务。然由于王郡还未动身就爆发番乱，此二

---

① 国学文献馆主编，《台湾研究资料汇编（第一辑·第八册）》（台北：联经出版社，1993年9月），页3037～3113、3125～3135、3143～3153；王瑛曾，《重修凤山县志》，台湾银行文献丛刊第一四六种，1962年12月，页278。

② 张士阳，邓孔昭译，《雍正九、十年台湾中部的原住民叛乱》，《台湾研究集刊》，总第32期，1991年5月，页79。

③ 张士阳著，邓孔昭译，《雍正九、十年台湾中部的原住民叛乱（续）》，《台湾研究集刊》，总33期，1991年8月，页76～84。

人就成为这次平定乱事的主角。①

十二月二十四日（1732. 1. 21）彰化知县陈同善接到淡水厅同知张弘章急札，声称根据牛骂社熟番的禀报，方知大甲西社（台中县大甲镇）熟番林武力率众造反。张氏在沙辘的临时厅署，遂急调沙鹿社番、民壮前去抵挡，无奈凶番众多，所带乡勇半皆溃散，适附近粤佃闻讯赶往，牺牲18位义民让他单骑逃往彰邑。陈同善与北路营参将靳光瀚收到消息，二十五日（1. 22）各自带领兵役前往沙辘查看，以及前赴大甲一带堵截。二十六日（1. 23）台湾府城才收到消息，巡台御史奚德慎、高山，查明此乱是由张弘章秉性燥率激变而起，再加上抵挡不住单独逃脱，于二十八日（1. 26）缮折奏参此等劣员。②

福建方面何时知道这个消息呢？雍正十年正月二日（1732. 1. 29）驻扎于厦门的水师提督许良彬最早获悉。根据王郡的禀称，现在分防半线汛（彰化市）的守备王樊，先率126名弁兵北上尚不足以退敌。靳光瀚已从诸罗县城北上，镇台吕瑞麟此时在南路巡阅，据报也正北上赶往该地。由于许良彬不赞成即拨镇标随征，因此飞饬台湾水师协副将祁进忠，先拨协标兵300名北上平乱。③

大甲西社熟番举事后，先以千名之众沿中部海岸线南下攻击沙辘、牛骂、绥斯寮（今名水师寮/台中县龙井乡），随后往内陆攻击猫雾拺各庄。由于署彰化试用知县路以周协力固守，凶番未抵县治。正月二日靳光瀚以镇标左营游击王臣抵猫雾拺剿捕。三日（1. 30）镇标中营游击黄贵、海防同知尹士俍，奉总督之命遍查各营军器、炮台，刚好从淡水（台北县淡水镇）南下返郡，于猫盂（苗栗县苑里镇）碰到这场乱事还受到凶番攻击。此次大甲西社有办法倡乱之因，主要是联络到朴仔离（台中县丰原市）、巴荖苑、狮头、狮尾等生番社作乱。官方见状不对先联络后垅、阿里史社（台中县潭子乡）熟番助阵。五日（2. 1）靳光瀚带兵驻扎岸里社溪（大甲溪），六日（2. 2）王臣攻入大甲西社，但番众们早已逃入内山。十二日（2. 8）大甲西同朴仔离三四百名凶番下山，但被靳光瀚击退。十四日（2. 10）吕瑞麟驻扎彰邑，之后移驻沙辘。从二十三日（2. 19）闽督刘世明接据巡台御史奚德慎、高山，以及台湾道府移报来看，乱初一个月，官军似能控制住

① 中国第一历史档案馆编，《雍正朝汉文朱批奏折汇编（第二十册）》（上海：江苏古籍出版社，1991年3月），页736～737；中国第一历史档案馆编，《雍正朝汉文朱批奏折汇编（第二十一册）》（上海：江苏古籍出版社，1991年3月），页394～395、504～505。

② 洪安全主编，《清宫宫中档奏折台湾史料（四）》（台北：故宫博物院，2001年11月），页2662～2672；周玺，《彰化县志》，台湾银行文献丛刊第一五六种，1962年11月，页263～264。

③ 军机处录副奏折－民族类，案卷号：625，胶片号：17，中国第一历史档案馆藏。

情况。①

二月二日（2.28）守备何期有、蔡棨领兵由乌牛栏（丰原市）小路，进抵朴仔篱后山。靳光瀚率军直攻山前，两侧包夹番众大败再逃入深山。二月三日（3.1）吕瑞麟移驻乌牛栏，并于隔日赴阿里史地方视察。十二日（3.10）靳光瀚率领弁兵至大甲东社（台中县外埔乡）搜捕，并直赴南日南社（台中县大甲镇）堵截。十七日（3.15）何有期往大甲东社山后扫荡，十九日（3.17）守备洪就带弁兵、番黎也抵达大甲东社。根据巡台御史奚、高的回奏，现吕瑞麟麾下共有台、澎3000名兵丁集结。闹事的凶番如：大甲东西社、朴仔离、部分阿里史番均已逃入深山，现计划深入围剿；其蓬山、猫盂等社现已就抚。二十三日（3.21）台湾道倪象恺已到彰邑坐镇。历经这两个月的战事，当地房屋被烧毁2500余间。②

整个三月份的战事，大甲西社番并没投降，仅有的收获是被裹胁的阿里史等社下山就抚。四月六日（5.3）革职留任的广东总督郝玉麟被世宗开恩调补福建总督。在他的谢恩折里提到此役官兵死伤近五百名，占全军的1/6不可谓不多。郝氏抵闽后访视素有“台湾通”之称，卸任在家的广东潮阳知县蓝鼎元。蓝氏听闻此乱除了前文提到的各社外，亦有水里、牛骂、沙辘、猫雾捒社；没有加入作乱的有岸里、扫捒、乌牛栏社；他对镇台吕瑞麟至今还无法妥善运用熟番之力，深入山谷剿清余番甚感不解，并建议郝氏要严督吕瑞麟通令营伍肃以军法。原本以为该乱就要接近尾声，没想到四月十日（5.7）道台倪象恺的表亲贪功，径率壮役袭杀帮助官军运粮的大肚、南大肚（俱在台中县大肚乡）、水里社（台中县龙井乡）5名番丁。此事经大肚社土官乌肉，赴彰邑衙镢投诉后旋被传开。新任巡台御史觉罗柏修、高山知道此事处理不好，会如同林武力般酿成巨案，于是饬令地方官须留意安抚。③

二位御史与蓝鼎元的担心果然成真。事后的发展呈现峰回路转。四月二十二日（5.19）藏匿在山中的大甲西社男妇419名出降，官兵把他们安置在岸里旧社（台中县后里乡）山口等待发落。五月八日（6.3）狮头、狮尾等社生番也就抚，截至现在好像一切都在掌握之中似的。然而五月十一日

① 《雍正朝汉文朱批奏折汇编（第二十一册）》，页666~667、726~727、730。

② 《清宫宫中档奏折台湾史料（四）》，页2672、2738；《雍正朝汉文朱批奏折汇编（第二十一册）》，页926~927；中国第一历史档案馆编，《雍正朝汉文朱批奏折汇编（第二十二册）》（上海：江苏古籍出版社，1991年3月），页27。

③ 军机处录副奏折－民族类，案卷号：625，胶片号：17，中国第一历史档案馆藏；《雍正朝汉文朱批奏折汇编（第二十二册）》，页150；蓝鼎元，《平台纪略》，台湾银行文献丛刊第一四种，1958年4月，页58。

(6.9) 奇仑社番（桃园县龟山乡）酒醉起衅，无异敲出了一记警讯。在持续三天的乱事中，桃仔庄、甘棠溪桃仔园庄（俱在桃园县桃园市）皆被焚毁，北路营参将靳光瀚、淡水营都司苏鼎元闻讯赶赴弹压。不料闰五月二日(1732.6.23) 以沙辘、牛骂、南大肚社为首的熟番数百人，直抵彰化县城，围烧台湾道倪象恺驻扎房屋，以及知县、典史衙门冀图报复。镇台吕瑞麟急调官兵围捕，但追至田洋（彰化县鹿港镇）反被伏击，折损32名兵丁。隔日鹿仔港汛把总陈文带兵来援，甫至县城外就被众番围攻，幸好附近村庄义民两三百人来救。由于情况转坏当地千余百姓，现都蜂拥往彰邑搬迁。坐镇在府城新任福建陆路提督王郡闻讯，即调800名官兵北上驰援，并咨行水师提督立调3000名援军赴台。觉罗柏修、高山对吕瑞麟、倪象恺的处置相当不满。他们认为吕、倪氏坐镇彰化县城，统率3000兵马不能敉平旧乱复引起新乱，遂缮折奏参。①

福建援台的3000名大军，分为水师提标1000名，陆路官兵2000名。经闽督郝玉麟委令陆路提督麾下的长福营参将李荫樾统率渡台。水师提督许良彬奏准，出于吕瑞麟能力之考量，把他调回台湾府城，过台的3000名部队交由王郡指挥即刻平乱。内阁学士兼礼部侍郎的福建观风整俗使刘师恕，对此乱有较详细的奏报。据称福州省垣闰五月二十、二十三日（7.11/14），才得知奇仑社番与南大肚番举事。六月九日许良彬接到吕瑞麟的回咨，透过闰五月二十一日南日社官甘仔辖的探报，方知参与作乱的熟番社，除了前述之外亦有水里、双寮、猫盂、苑里社。这些歹番聚集数百，先在半线骚扰后，往中港地方剽掠民船。在这不稳的局势中，诸罗县又传来水沙连番有酗酒作歹的风声，郝玉麟要王郡加意防范。六月二十六（7.22）吕瑞麟返回府城，七月四日（7.29）王郡偕同巡台御史觉罗柏修，由府城搭船前去半线（彰化市）军营，六日（7.31）抵达鹿仔港。②

七月十五日（8.9）王郡把援台的3000兵马做一分配，以1000名戍守府城与诸罗县城，2000名随他平乱。十七日（8.11）出阵攻击梗阻县治的阿束社（彰化市），官军枪炮齐发很快地扫荡，同日移营彰邑。二十二日(8.16) 王郡勘查彰邑附近情势，准备渡大肚溪北上进兵。隔日有南北投（南投市/南投县草屯镇）、猫罗社（彰化县芬园乡）熟番，在通事、土官的

---

① 光绪十七年（1891）刊刻的《国朝柔远记》，仅记载雍正十年闰五月平大甲西番，而无说明续有南大肚番作乱，不论在时间与事件上都不完备。参阅王之春著，赵春晨点校，《清朝柔远记》（北京：中华书局，2000年4月二刷），页84；《雍正朝汉文朱批奏折汇编（第二十二册）》，页448～449。

② 《清宫宫中档奏折台湾史料（四）》，页2955、2959；《雍正朝汉文朱批奏折汇编（第二十二册）》，页560～561、672～673；中国第一历史档案馆编，《雍正朝汉文朱批奏折汇编（第二十三册）》（上海：江苏古籍出版社，1991年3月），页33、196。

率领下赴军前效力。然碍于台湾夏季多雨溪河水位高涨，要掩到八月中大军才发兵北上。八月二十一日（10.9）王郡与觉罗柏修率3000名大军前进，两路趁夜渡河夹攻南大肚社，靠着火器建功该社逆番旋被击溃，邻近的大肚中、北二社急忙乞降。隔日有岸里、朴仔篱、阿里史三社土官率男妇2100百余名，以及大甲东、南日南北三社土官率男妇600余名来归。二十五日再进攻水里社剿洗。①

九月二、三日（10.19/20）水里、大肚南、阿束、吞霄等社共2000余人，赴军前投顺，并献出首恶逆番14名。不过还有负隅顽抗者，例如：沙辘、牛骂头、双寮、猫盂余番均逃入太平山（另一折名大小坪山/今名平山，台中县潭子乡）据险而守。九月二十日（11.6）官军分三路进兵，入山搜捕焚其巢穴。尔后官军并没有再发动新一波的攻击，因为各熟番社慑于兵威，均急忙绑缚逆番至军前投献。截至十月十三日（12.6）为止，陆续有吞霄、大甲西、双寮、猫盂、苑里、房里等社熟番1400余名投顺，并绑缚同社至少73名逆番投献。二十六日（12.19）根据王郡的回奏，北路熟番举事几已讨平，只有先前大甲西社部分逆番还未投首，现已调派弁兵入山追捕。十一月四日（12.18）福建水师提督许良彬奏报总结此役战果，前后击毙、斩首、生擒、收禁、招解有300余人，投顺归安者不下数千人事平。②

针对史上最大规模熟番作乱，有几点发展值得讨论。其一，双方动员的人数问题。大甲西社番乱之初，奏折就明载有千名之众往南攻击；南大肚社番乱末期，统计奏折提到出降熟番人数有6100人之多。可见得前后两起番乱，当地熟番人数不脱六七千人之谱，但不是说这些人全都投入战争。只有官军急于搜捕的"逆番"，才是作乱的主角。从档案提到大甲西等社有三四百名躲入山中，许良彬奏报敉平南大肚社拿究逆番300余人来看，前后两次参与作乱的熟番约有六七百人。至于官军的人数则较为清楚。两次动员有六千名之众，不过直接投入战场的有5000人，另外的1000人负责戍守府城与诸邑。官军约十倍于熟番的兵力，无怪乎双方对阵的机会不多。人数与低于官军的熟番，多采打跑战术或山地游击战为主。

其二，双方阵容参与的问题。在大甲西社番作乱初期，此辈竟联络到狮头、狮尾等社生番助阵。官方获悉急忙拉拢后垅、阿里史社帮忙。然有趣的是部分阿里史番最后也被裹胁，加入大甲西社番的阵营。事实上始终站在官军阵营的，只有岸里社、乌牛栏社。当然在南大肚社番作乱时期，亦有南北投、猫罗社自动请缨。官军幸得这些"义番"帮助，在最不擅长的山区扫

---

① 《雍正朝汉文朱批奏折汇编（第二十三册）》，页33~34、53~54、196、259、311、480。

② 《雍正朝汉文朱批奏折汇编（第二十三册）》，页401、446、469、480、517。

荡战中还能一搏。至于义民呢？就如同前几次曾对番用兵的经验，汉人义民不管人数、战力，在这二次战事中均没有发挥决定性的作用。虽然前后都有搭救官员、弁兵的记录，但都是偏重突发性的救助。因此可以很确定的说，清廷在对番用兵的行动中，只有官番武力的结合，不加入汉人的武力。这样的政策与操作在此时已完全确立。

其三，官军力持乱事不让扩大的问题。相当有趣的是大甲西社与南大肚社为首的作乱，乱事波及的主要区域仅在大安溪以南与虎尾溪以北。它没有办法像汉人的械斗般，号召南、北部的熟番跟着倡乱，这是为何？最大的原因还在于官军堵截之功。事实上在乱事进行中，仍有一些插曲出现，若处理不慎还是有可能如野火燎原般一发不可收拾，那就是北部的奇仑社与水沙连番的骚动。北部的堵截官军第一时间就进行，即北路营参将直赴南日南社堵截。后来虽有奇仑社番扰乱，但呈现出的是该社个别行动与中部熟番无关。至于南路的堵截更是坚实，5000 名官军堵在熟番们的南边不说，亦有 1000 名部队分别戍防府城与诸邑。

对于善后的处理，台湾镇总兵官吕瑞麟以不胜任为由，改调金门镇总兵官，遗缺由广东碣石镇总兵官苏明良接任。台湾道倪象恺以“性情偏执、与人不睦、行事粗率”为由革职候审，遗缺由漳州知府张嗣昌接任。① 雍正十二年十二月十四日（1735. 1. 7）上谕从宽处理台湾中部熟番，所有正犯眷属不再根究，也不一一搜查扰累牵连。② 这个抚绥的手段是很有用的，此后熟番就没有出现反官的事件，真的敢以武力挑战清廷的原住民只剩生番。

乾隆元年九月（1736. 10）闽浙总督郝玉麟上奏提到，台湾土番（熟番）射死兵民逃往生番内，土官正设法捉拿归案。③ 这事情的原委如何呢？巡台御史白起图、严瑞龙的奏报道出详情。原来从雍正十年用兵后，今属番黎无不输诚向化，惟有淡水厅后垅、中港等处地偏生番。附近庄民多有私越番界辄被杀伤，又或僻处荒村遭其焚劫。虽已立碑严禁，但茂林深草时有生番潜出杀人；均赖熟番抗拒，不致肆行逞凶。讵料本年七月九日（8. 15）中港汛南海汊塘房一座，竟被（熟）番烧尽，射死塘兵一名。二十五日（8. 31）猫里庄被（熟）番射死民人九名。细查之后发现是十名新港社番、七名加志阁社番犯案。这十七名熟番连同眷属五十余人，皆藏匿在内山。北路协副将靳光瀚、淡水厅同知赵奇芳得知，马上调派兵役

---

① 台湾银行经济研究室编，《台案汇录乙集》，台湾银行文献丛刊第一七三种，1963 年 6 月，页 60 ~ 62。

② 中国第一历史档案馆编，《雍正朝汉文谕旨汇编（八）》（桂林：广西师范大学出版社，1999 年 3 月），页 347。

③ 《清实录 - 高宗纯皇帝实录（九）》，页 592。

入山围捕，台湾知府徐治民获悉立刻赶抵当地抚恤。九月二十五日（10.29）部分逃窜勾结生番，偷袭南庄、后庄烧毁草房十三座、烧死一人、射死十一人。①

由于害怕事情闹大，新港社土官乌牌欲率众擒究。此事虽经巡台御史回奏，但却不见台湾镇总兵官马骥奏闻，高宗知道他有压案的嫌疑，传旨申斥。隔年五月闽督郝玉麟奏准严饬通事，对于生番不必诱其来归；让他们听其自便，以免日后启衅。此政策使得自雍正元年以来，鼓励生番归化的行动告终。七月所有犯番全数拿获，该案了结。② 乾隆三年（1738）新任台湾镇总兵官章隆奏报，再度执行严禁私越番界的命令；台民如有再犯，照潜出外境律法办。③ 乾隆八年（1743）新任台镇张天骏对生番的防备，完全采假想敌的方式对付；他要接近番地的小庄，在秋冬溪水干涸生番最容易出草的时候，全都搬迁到邻近的大庄，并在大庄架设望楼，遇有生番窥伺即鸣锣击柝互相救援。乾隆十年（1745）福建布政使高山总结历年来的教训，指出生番杀人呈报数十案，有一案被馘首十余人，亦有一处被毙命四十余人，迄今凶手无获。④ 为求自保增建望楼将成为整个乾隆朝，民庄应付生番来袭的重要防御工事之一。⑤

乾隆十五年二月（1750.3）台湾镇总兵官李有用回奏时，提出了一个有趣的建议。他想模仿古代秋围之事，趁秋收时带兵一千名至番界处打围，演放枪炮对生番以布军威。高宗以台湾向无打围前例，也容易让生番多生疑虑为由否决此议。隔年五月李有用与台湾道金溶，以北路屡有生番戕杀案；遂于通事内择其熟识生番社目之人，令招抚各社土目到郡示以兵威。这是乾隆朝第一次地方官的招抚，高宗认为若有必要，招抚是便宜行事之策，但对于把生番送至府城，有了让汉人与他们接触的机会感到不满。看来清廷对于生番的治理，现阶段是采“井水不犯河水”的方式处置，尤严禁汉人与生番接触。同时闽浙总督喀尔吉善也奏报，现在正在密切注意汉人二大通事——北部的林秀俊、中部的张达京的一举一动。地方官认为他们与熟番往来密切，有勾结民番盘剥致富的嫌疑。由于这次联络生番到郡是他俩负责，更让官方疑心大增。⑥

---

① 乾隆朝汉文录副（军机处录副），微缩号：036－1045，中国第一历史档案馆藏。

② 《清实录－高宗纯皇帝实录（九）》，页770。

③ 台湾银行经济研究室编，《台案汇录丁集》，台湾银行文献丛刊第一七八种，1963年9月，页12。

④ 仁和琴川居士，《皇清奏议》（台北：文海出版社，1967年10月），页3515～3534。

⑤ 乾隆朝汉文录副（军机处录副），微缩号：031－1116，中国第一历史档案馆藏；《清实录－高宗纯皇帝实录（一二）》，页458。

⑥ 《清实录－高宗纯皇帝实录（一三）》，页953；《清实录－高宗纯皇帝实录（一四）》，页。

当然清廷的起疑不是没有道理，其前提就是惧怕民（生）番结合抗官。但从之前所发生过的案例来看，还未出现汉人勾结生番作乱的情事，倒是熟番前科累累。官方在防患未然上只注意到汉人，没注意到熟番的疏失，将在另一场大案中浮现。乾隆十六年十一月初（1752.12）南、北投社通事三甲，因为与汉人番业户已革监生简经，有一笔被占田土四十甲、未还租谷近一千石的纠纷，萌生以武力解决的念头。三甲与万丹坑（南投县名间乡）隘口生番老茅有熟，透过介绍认识埔里社（南投县埔里镇/布农族）土目吁民。从而引见猫里眉社土目歹膜，转纠福骨社、眉加腊（台中县雾峰乡/泰雅族）、哆喀啯社生番相助。十二月八日（1752.1.23）三甲与联络到的生番七十余人在火焰山会合。虽然生番彼此音语不同，但三甲也未曾过问何社何名，任凭老茅率领。当晚即潜行至简经居住的内凹庄（南投市）。生番以简经居住在庄中不易深入，向其旁的佃户赖氏、徐氏、白氏三家下手，共杀毙二十二人。双方分手前，三甲为避免简经起疑，还特别嘱咐这群生番，必须择处另行馘首，刻意制造是生番出草的假象。没料到生番选择的竟是绿营驻防在柳树湳的汛塘；该汛有七名士兵被猎首而去，遂酿成大案。①

十二月十一日（1.26）彰化知县程运青前去内凹庄相验，时随行抬轿的北投社番二名，与当地人士口角斗殴身死，程氏讳匿不究不报，只在案卷上提到内凹之事。北路协中军都司聂成德则捏称，被馘首的士兵是在阿罩露（台中县雾峰乡）出哨游巡时被害。之后因水沙连通事赖春瑞怕事躲避，程氏旋命令也是涉案人之一的叶福担任其职，并命林秀俊、张达京前去帮办。② 当时台湾镇总兵官马负书前往调查此事，或许将要被调往江苏省狼山镇，所以办案置若罔闻。高宗闻讯大怒，传旨要闽浙总督喀尔吉善、福建巡抚潘思矩详查，然所得的结果是文、武各报互不相同。文职称生番、武职称熟番犯案。隔年年初水师提督李有用，有了较确实的回奏。他坦言二处猎首，全是生番趁隙攻入民庄、拥入营盘之举。高宗大致了解案情后，对巡台御史立柱、钱琦没有能及时查清亦感不满。同年三月调陈宏谋为福建巡抚，陈未抵任前印务由福州将军新柱注署理；四月新任台湾镇总兵官陈林每抵任，二人都负有再查案情的重任。③

从保存迄今的档案来看，新柱、陈林每的回奏没有新意。前者是在从粤回闽途中接印，旋在厦门听闻李有用的说辞也另缮一折。后者把调查的重任

① 台湾银行经济研究室编，《台案汇录己集》，台湾银行文献丛刊第一九一种，1964年1月，页215～218。

② 《台案汇录己集》，页218～219。

③ 《清实录－高宗纯皇帝实录（一四）》，页90；蒋良骥，《十二朝东华录（乾隆朝）》（台北：文海出版社，1968年8月），页446。

委以北路协副将郭弘基，让他跟程运青继续追查。乾隆十七年四月（1752.5）遭革职留任的闽督喀尔吉善，考虑指派道员来台查案。四月二十日（6.2）巡台御史立柱、钱琦一面饬令台湾知府陈玉友前往绥缉，一面仔细调查案情并入山寻回头颅。然仅能厘清此案是由生番所作，还无法揪出三甲这位藏镜人。直到同年五月喀尔吉善派遣粮驿道柁穆齐图来台，九月同陈林每会办终于查出元凶就是三甲在背后教唆。①

案情明朗后一干人等，除了生番之外全被拿获。隔年由新任台湾知府曾曰瑛，会同海防同知王文昭、署台湾知县刘辰骏、凤山知县吴士元讯拟。上报省垣时闽督喀尔吉善、闽抚陈宏谋委福州知府徐景熹、泉州知府高霆复审。乾隆十九年正月二十四日（1754.2.15）廷寄福建各大员要从严办理。五月刑部定谳，三甲凌迟处死，相关涉案七人斩决或绞决。② 此案可称半悬案，因为作案生番仍逍遥法外。从官方资料来看巡台御史立柱、钱琦，则是被高宗处罚最严厉的官员——交部议处。而且巡台御史的制度为此还更张，从以往三年驻台巡视，变成三年一巡即回京。③ 不过私家记载对钱琦的记录可不是这样说，反而大力赞扬钱琦直言的个性。原来按例生番杀人，地方官所受的处分比熟番杀人更重。这一点使得官员在侦办此案时，有了偷天换日的想法。先前文、武所报各异道源于此。武官为什么敢错报，那是因为背后有闽督喀尔吉善在撑腰；幸亏钱琦的奏折直指生番犯案，才不会让整起案件误判。④

三甲的案件不是一个独立的个案，长期以来熟番通事勾引生番出草，可以说成为私下用武的模式。只不过此次竟能联络到布农、泰雅二个迥异的族群，并且人数多达七十余名确实特别。乾隆二十年代生番零星下山出草，已不是什么新鲜事。对于这种案件，若无法侦破通常地方官就以罚俸一年了事。⑤ 乾隆三十一年三月（1766.4）淡水厅鲎壳庄民被生番出草伤毙多人，北路协副将观柱、右营守备王祥有捏报的嫌疑。闽浙总督苏昌指派按察使余

① 台湾故宫博物院，《宫中档乾隆朝奏折（第二辑）》（台北：故宫博物院，1982年6月），页341、411～413、683～684、707～710、850～851；台湾故宫博物院，《宫中档乾隆朝奏折（第三辑）》（台北：故宫博物院，1982年7月），页847～848；同治朝军机处月折包，编号：008230，台湾故宫博物院藏。

② 洪安全主编，《清宫廷寄档台湾史料（一）》（台北：故宫博物院，1998年10月），页21～22；《台案汇录己集》，页220。

③ 《十二朝东华录（乾隆朝）》，页446。

④ 《清耆献类征选编（155）》，页203～209；龙顾山人纂，汴孝萱、姚松点校，《十朝诗乘》（福州：福建人民出版社，2000年8月），页252。

⑤ 台湾银行经济研究室编，《台案汇录乙集》，台湾银行文献丛刊第一七三种，1963年6月，页371。

文仪来台调查，得知三湖（苗栗县西湖乡）一带常有汉人偷垦，才会常遭生番袭击。再进一步调查，知道犯案的生番是攸武乃社，而确定邻近的屋鳌、狮子社生番不会暗助后，清廷决定出兵讨伐。八月二十七日（9.30）官军从蛤仔口（苗栗县公馆乡）进剿。虽然官方记载军队人数不详，但据称战果显赫共擒杀番众三百余人，为雍正十年（1732）以来最大规模惩番的行动。①

对于生番一再的出草，高宗也感到不耐。这一次的军事行动他以《廷寄》的方式传谕苏昌，一定要深入扫荡毁其社寮积聚，以示惩创。② 之后相当注意地方官有无失职让生番出草成功，或者出草后拿获生番未到的案件。乾隆四十七年巡台御史塞岱、雷轮整理出之前悬案的清单，即便是台属官员俸满擢升也照样追究。他们包括：前淡水厅同知现升潮州知府宋应麟，以乾隆三十四年五月（1769.6）水头厝（苗栗县头份镇）被毙七命未破降一级留任；前凤山知县姚谷义，以乾隆三十五年十一月（1770.12）中坛庄（高雄县美浓镇）被毙三命未破，连续被三参罚俸；前理番同知李本楠、彰化猫雾捒巡检杨四聪，以乾隆三十六年正月（1771.2）安溪寮庄（彰化市）被毙十七命未破均降一级调用；前同知宋应麟以乾隆三十七年四月（1772.5）麻里庄（苗栗县公馆乡）被毙十四命未破罚俸三年；前同知宋应麟以乾隆三十七年六月（1772.7）南势湖（苗栗县后龙镇）被毙八命未破罚俸三年；前同知宋应麟以乾隆三十七年十一月（1772.12）大姑陷（桃园县大溪镇）被毙二十六命未破罚俸三年；前凤山知县刘亨基以乾隆三十八年四月（1773.5）番仔寮庄（高雄县旗山镇）被毙十五命未破罚俸一年；前淡水厅同知王右弼以乾隆三十九年九月（1774.10）黄士潭（今名黄泥塘/桃园县龙潭乡）被毙十八命未破罚俸三年，再降一级留任。③

上述案例几乎都是十条人命以上未破的大案。当中以淡水厅遇害73人最多，由于积案屡次未破，前后任同知宋、王二氏受到处分最严厉。其次为凤山县的18人，也是前后任知县姚、刘二氏都被处罚。比较特别的彰化县，由于有理番同知驻扎，所以不罚知县，反倒处分同知与巡检。为防堵生番出草杀人，最有效的办法就是先洞察其出没，所以添设侦察的建务显为当务之急。乾隆三十九年（1774）台湾知府李师敏议建望楼1400余座，南自谷山（今名古华/屏东县春日乡），北抵大小鸡笼（基隆市/台北县三芝乡）。④ 不

---

① 《台案汇录乙集》，页407~408；《清实录－高宗纯皇帝实录（一八）》，页416、442、459~460。

② 《清宫廷寄档台湾史料（一）》，页40~41。

③ 乾隆朝汉文录副（军机处录副），档号：1459－1417，微缩号：099，中国第一历史档案馆藏。

④ 钱仪吉编，《碑传集（111）》（台北：明文书局，1985年5月），页717~720。

过李氏旋即离任，隔年由后继的蒋元枢完成。蒋氏在所著《重修台郡各建筑图说》内有详细记载营造法式，有了这些望楼全岛形式上的防御就被建立起来。①

乾隆四十二年（1777）闽浙总督钟音回奏时，曾对台湾这一千多座望楼颇感自豪。他说自厘定界址私越既杜，设立隘口添建望楼以后；文武员弁严密防查并无汉奸窜入，亦无生番戕民之事。② 但这样的防备在部分地区又破功。乾隆四十六年四月（1781.5）淡水厅月眉庄（台中县后里乡），突被生番出戕杀二十八命。此事原来是当地汉人入山樵采误入番界所致。虽事起仓促，但被杀者人数过多，还是要严惩淡水厅同知成履泰。③ 这事也波及刚卸任闽督，才升用云贵总督不久的富纲。富纲以在闽省任内“应办不办、诸事废弛”为由，被传旨申斥，成屡泰则被革职留任，限期一年之内拿获生番归案。④ 此案高宗非常重视，紧盯淡水厅的缉拿行动。隔年六月终于追获凶番 12 名，全被解送至福州省垣正法。⑤

乾隆四十九年三月（1784.4）淡水厅同知潘凯在树林口（苗栗县头份镇）设隘。该处原本是民番相安无事的地方，孰料设隘后阻碍了生番狩猎的通道，于是出草案件不断增加，最后连潘凯也在此送命。⑥ 同年年底潘凯一行十余人，在老衢崎（苗栗县竹南镇）附近被直加未南、目怀二社生番馘首。此事引起清廷强烈地报复，隔年元月指派福建按察使李永祺来台调查之余，还通令福建水师提督黄仕简、台湾镇总兵官柴大纪、台湾道永福、北路协右营守备李希仁三路进剿。虽然档案没有载明共动员部队多少，但却是自乾隆三十一年（1766）以来再度对生番用兵。据报乾隆五十一年正月十八、十九、二十六、二十七日（1786.2.16/2.17/2.24/2.25）的行动中，共杀死两社生番 38 名，跌落山崖身死者 110 人，高宗认为达到以儆凶顽的效果下令收兵。⑦

乾隆五十六年初（1791）档案所见，首度发生汉人勾引生番出草的事

① 蒋元枢，《重修台湾各建筑图说》，台湾银行文献丛刊第二八三种，1970 年 5 月，页 25～34。

② 《清实录－高宗纯皇帝实录（二一）》，页 777。

③ 《台案汇录乙集》，页 165～166。

④ 《清宫廷寄档台湾史料（一）》，页 131～132。

⑤ 档案未说明何社生番，但从地缘关系还看应是乌鏖社。参阅《清宫谕旨档台湾史料（一）》，页 106～107。

⑥ 台湾银行经济研究室编，《台案汇录丙集》，台湾银行文献丛刊第一七六种，1963 年 11 月，页 327～329。

⑦ 《清宫廷寄档台湾史料（一）》，页 227～240；中国第一历史档案馆编，《乾隆朝上谕档（第十三册）》（北京：档案出版社，1991 年 6 月），页 24～29、34、41、91。

件。原来淡水厅三角涌（台北县三峡镇）民人彭贵生，素与当地泉籍百姓不睦，以致勾引生番加害。以剿捕匪徒而斩立决著称的台湾镇总兵官奎林竟没有马上采取行动，反先请旨询问是否要入山痛加剿戮。奎林的谨慎换来高宗一顿斥责，不久改调驻藏大臣都统，遗缺暂由福建水师提督哈当阿兼任。① 该案随即没有下文，作者猜测台湾地方官可能只追究彭贵生了事，未调集军队攻入内山。不过彭案凸显两个问题：一是清廷最担心的问题——汉（生）番勾结终于发生。由于乾隆末叶以后，汉人守隘的工作渐增，意思是与生番接触的机会大增（见第二章第三节）。此后汉人若自忖在武力上屈居下风，勾结生番犯案时有所闻（例如上文提到械斗）。二是由于番界的形成，使得清廷对内、外的统治策略迥异。对外处理这群生番，其大原则仍是以羁縻为主。所以对其征讨不似对界内汉人，可以立即出兵弹压。事实上奎林在对生番用兵前请旨询问是对的，只不过牵涉到汉人涉案，使得高宗怒责为何不先办汉人。同年清廷为让官员更加重视生番出草的案件，大幅度修改《则例》的罚则。日后生番杀人之案，还是以一年为期限期破案，但无拿获者已不是罚俸或降级留任，而是降级调用。②

嘉庆朝的官方记录首次出现“番割”。嘉庆二十二年（1817）噶玛兰厅通判翟淦提到，沿山一带有学习番语，贸易番地者名为番割。他们以铁锅、盐布诸货与生番以物易物交换鹿茸、鹿筋、鹿脯、鹿角，其利倍蓰。但要是贸易起了纠纷，番割常会欺骗生番，嫁祸附近村庄，指为某人拖欠货品，遂引发杀机。③ 至此生番出草的机会又变得更大。不过从嘉庆朝以后，截至同治朝为止，官军就没有再为生番用兵的记录，反而是汉人为拓垦的问题，径自对生番动武。

嘉庆十九年（1814）水沙连隘丁首黄林旺，勾结嘉彰二邑民人陈大用、郭百年，以及台湾知府门丁黄里仁；诓得台湾知府熊一本发出的府示，欲进入属于界外的水沙连开垦。隔年他们再由彰化县衙门申请到垦照，遂拥众大举出界，占垦属于社仔、水里、沈鹿等生番社地。由于社番不服，双方相持月余，郭百年等决定以武力解决争端。先透过番割诈称罢垦，再趁生番不备后大肆焚杀，幸存者逃依眉社、赤嵌（俱在南投县埔里镇）而居。这场名为“郭百年事件”的汉番冲突，惊动了台湾镇总兵官武隆阿，严饬地方审慎办理。二十一年（1816）彰化知县吴性诚驱逐众佃出山，并拆毁耕佃建

---

① 《清宫廷寄档台湾史料（一）》，页 319～321。

② 沈书城，《则例便览》；摘自四库未收书辑刊编纂委员会编，《四库未收书辑刊（贰辑·贰拾柒册）》（北京：北京出版社，2000 年 1 月），页 322。

③ 陈淑均，《噶玛兰厅志》，台湾银行文献丛刊第一六〇种，1963 年 3 月，页 236。

筑的房舍、土城，再重新立碑禁入。① 这种因拓垦的关系，造成汉（生）番的对立，以致引起大规模的武装冲突，又在淡水厅上演。道光十四年（1834）金广福大隘成立，标示着汉人欲进入新竹内山拓垦的决心。如此就与世居于此的泰雅、赛夏族生番，展开长达十余年的缠斗且互有胜负。汉人先败后胜——道光十五年（1835）被出草杀害者达八九十名之多，十七年（1837）大捞社出草又被馘首四十余人。此后汉番在番婆坑（新竹县北埔镇）等处，历经大小战斗十余次；二十九年中兴庄（1849/峨眉乡中盛村）之役，金广福调集手下所有的民壮、隘勇全力进攻。该役生番受创颇重，逐渐退入深山，要等到三十年之后，双方才又复燃战火。②

除了彰化县、淡水厅之外，噶玛兰厅也受到生番所苦。第二章第三节已讨论过兰厅隘数之多不下于他处，但是现留下来的记录，似乎都说明当地汉人多居于下风。例如：道光二十四年（1844）原居于清水沟，宜兰县冬山乡的杨氏家族，不堪生番的袭击遂迁徙到摆厘庄。③ 日治学者田代安定在《宜兰概况》一文，记录自道光以来，当地汉人为防范生番一直耗尽心血，然番害仍然猖獗没有减少。④ 清廷此时虽无意派兵征讨，但却订有台湾承缉生番专例，督促地方官切实遵守。其规定为生番突出焚杀者，该管官扣限六个月查参，限满不获，将专汛官降一级留任（公罪），勒限一年缉拿。限内拿获，准其开复；限满不获，照所降之级调用。⑤ 咸丰朝官方对于生番活动记录出奇的少，因此很难了解官员的态度。不过当时台湾道徐宗幹编纂《兵鉴全集》一书，难得地透露出讯息。徐氏虽然没在书中主张大举再对番用兵，但他条列出雍乾时期疆吏讨番的言论，大有认为解决生番出草的问题唯有动武。⑥

同治十三年四月（1874.5）日本出兵琅峤发生牡丹社事件。该案使得清廷一改对生番羁縻的政策，采以更积极的“抚番”为主。简言之不论生番愿意与否，只要官方势力所及一律强迫归顺，不服者皆用武力征讨。当时抗拒招抚的生番以被称为“凶番”的琅峤十八社，与“王字凶番”的台北府阿史等社最为顽梗（见第二章第二节）。由于琅峤的生番地处日军驻扎的现

---

① 姚莹，《东槎纪略》，台湾银行文献丛刊第七种，1957年11月，页34～35。

② 吴学明，《金广福垦隘与新竹东南山区的开发1834～1895》（台北：台湾师范大学历史所，1986年2月），页75、123。

③ 陈进传，《宜兰传统汉人家族之研究》（宜兰：宜兰县立文化中心，1995年5月），页66。

④ 伊能嘉矩著，杨南郡译注，《平埔族调查旅行——伊能嘉矩“台湾通信”选集》（台北：远流出版事业股份有限公司，1997年5月初版三刷），页187。

⑤ 庆源等纂，《钦定兵部处分则例·缉捕/承缉生番》，道光年间刻本，北京国家图书馆分馆藏。

⑥ 徐宗幹，《兵鉴全集》，咸丰二年晚枫书屋刻本，北京国家图书馆分馆藏。

场，所以也是清廷首要招抚并用武的对象。其实当地的汉番冲突时有所闻，起初日军的到来，反倒让附近的汉人有乘机报复的机会。在四重溪（屏东县牡丹乡）一带不乏住民尾随讨番的日军，跟着“征讨”的个案。① 同年十一月十三日（1874.12.21）清日达成协议，日本撤出台湾的军队，清廷执行“开山抚番”政策，长达二十年的开山抚番战争就此展开。②

琅峤十八社是清廷第一个征讨的对象。这十八社生番包括：内狮头、外狮头、内龟纹（内文）、外龟纹（外文）、竹坑、阿栽米息（阿也美薛）、中心仑、吗梨吧（麻离巴）、草山、干仔（大干子密）、阿养益、中汶（中文）、董底、近阿烟、马兴峭、周武滥社、荅家蓁、雾里社。尤以狮头社在内的前十二社特别不驯，调台的浙江温州右营游击王开俊在招抚时，不幸中伏阵亡，风港、枋蓁（屏东县枋山乡/枋寮乡）被扰道路为之不通。光绪元年二月十三日（1875.3.20），调台淮军提督唐定奎率军进抵枋蓁、南势湖、枋山、莿桐脚（俱在枋山乡）。由于生番擅长丛林战，使得这群在内地参加过剿发、捻，惯打平原战的部队一时不敢深入。在先征调当地土勇千余人充做长夫、向导开路后，同月二十二日（3.29）大军由南势湖、莿桐脚入山，先与草山社500名番丁遭遇，官军克之收抚。三月十三日（4.18）再克竹坑社，二十三日（4.28）与龟纹社番二百余人交战逐之。四月三日（5.7）与狮头社番300名交战，双方互有伤亡；隔日用大炮轰击大甘仔力、周武滥。③

四月十六日（5.20）唐定奎见入山道路已通，遂亲率兵马进攻狮头社。清军分三路前进，先与二百余名内狮头社番丁恶战，自卯至巳攻破番社，余番向龟纹社逃窜，掳获番枪百余杆、刀斧千余柄、火药百余斤。同日由记名提督周志本率领攻外狮头社，也是分三路前进，自卯至辰攻入社内，余番向大甘仔力社逃窜，掳获刀枪二百余件。五月九、十二日（6.12/15）官军的出兵有了结果，各生番社番目纷来乞降。包括：率芒社、董的、南片、草山（改名永安）、内龟纹、外龟纹、射不力、中汶、周武滥、本武社（改名永福）、竹坑（改名永平）、狮头社（改名永化）。十五、十七日（6.18/20）再有中心仑、吗梨也、阿栽米息、大笼藕、谢阿阁、龟仔笼藕，清廷并在莿桐脚社招抚局统筹善后。④

光绪初年的讨番战争清廷在恒春半岛斩获不少，半年的时间竟让十

---

① 王元穉，《甲戌公牍抄存》，台湾银行文献丛刊第三九种，1959年6月，页49。

② 张本政主编，《清实录台湾史资料专辑》（福州：福建人民出版社，1993年12月），页1016～1020。

③ 沈葆桢，《福建台湾奏折》，台湾银行文献丛刊第二九种，1959年2月，页26～32、40～47、53～54。

④ 洪安全主编，《清宫月折档台湾史料（三）》（台北：故宫博物院，1994年10月），页1926～1936、1957～1961。

余社生番就抚，可见大军压境之强。这当中有一点值得注意，即官民合作对付生番的问题。该役与官军作战的生番至多约有 1400 人。虽然这他们来自各社，号令并不统一，但无损于擅长游击战的特长。光绪元年（1875）俄国人 Paul Ibis 趁着搭乘军舰 Ustold 号泊锚香港之便，在一至二月间来台湾旅行，就他认为南路生番一名的战力可抵官军士兵十名。① 既然这样为什么还会被打败呢？原来他们不止遇到官军，还遇到汉人的帮忙。清末开山抚番政策与之前番务最大的不同，就是允许汉人可以直接介入。这不仅于征调千余名土勇而已，设立招抚局更是一大改变。该役官方没有记载多少军加入战斗，不过以唐定奎麾下兵马计算有 5500 人之众（见表四十五编号 1），加上千余名土勇助阵，对生番比例约有 4∶1 的人数优势。然唐定奎的军队可不是一般军队，它是当时中国装备最好的淮军；再有最新式的武器助威，无怪乎半年的时间有不错的表现。

对于这样的成果，北京方面发出廷寄表示满意，并对钦差大臣沈葆桢谕示，饬令该提督相机妥办毋稍疏虞。这些番社经此痛惩果能悔罪输诚，自应宽其胁从（指狮头以外各社），倘顽梗如前不能不酌加惩办。② 看来用武力对待不服的生番，已是既定的策略，同样的做法亦被施以中、北部。

在中路清廷原本指派南澳镇总兵官吴光亮、台湾道夏献纶、后补道刘璈负责。然后夏氏回郡兼理营务，刘氏丁忧回籍，因此就由吴光亮总筹全局。光绪元年正月（1875.2）吴氏兵分二路，由林圯埔、社寮（俱在南投县竹山镇）入山，至大坪顶合为一路，再开路至大水窟、顶城（俱在南投县鹿谷乡）。同年二月七日（3.14）由顶城开工，直抵凤凰山麓进入茅埔（南投县鹿谷/信义乡），迄三月十三日（4.18）共开山路 11610 丈。再截至五月八日（6.11）为止，官军由红魁头、合水、东埔坑头（俱在南投县信义乡）共开山路 8470 丈。③ 官方档案对吴光亮有无与生番作战，全然没有记载。民间流传吴的部队在茅埔一带，与布农族发生激战。④ 当然深入内山，会立刻遭遇生番的抵抗。不过程度可能没有琅峤与北路严重，所以没有见诸档案。

北路的开山抚番，最早是在同治十三年九月十八日（1874.10.27）进行，主要是从苏澳沿海岸线，向南开路至花莲港。据报路途有大南澳生番（泰雅族）千余名，不时狙杀兵民。这一段路修筑的很快，同年十月十四日（11.20）就完成，总计九千余丈约二百里有奇，期间噶玛兰头人陈辉煌出

---

① Translated by Christian Buss, Edited by Douglas Fix, Ibis Paul, "Auf Formosa: Enthnographische Wanderungen," Globus 31 (1877): 149-152, 167-171, 181-187, 196-200, 214-219, 230-235.

② 洪安全主编，《清宫廷寄档台湾史料（三）》（台北：故宫博物院，1998 年 10 月），页 1678。

③ 《福建台湾奏折》，页 34～35、49。

④ 钟义明，《台湾的文采与泥香》（台北：武陵出版有限公司，1992 年 11 月），页 326～327。

力很大。光绪元年正月五日（1875.2.10）福建路陆提督罗大春，亲率大军自苏澳启程赴新城（花莲县新城乡）视察，十二日（2.17）抵达花莲港。正月二十四至二十六日（3.1~3.3）、二月五至八日（3.12~3.15）惊传大鲁阁番（泰雅族/花莲县秀林乡）百余名，扑攻新城附近的碉堡，但终被击退。花莲港以南为秀姑峦之道，此地是木瓜番（泰雅族）的地盘，陈辉煌充做先锋开路至吴全城（花莲县寿丰乡）。①

三月十九日（4.25）加礼宛番谋唆使七脚川诸社（花莲市）蠢动，罗大春闻讯示以兵威遂止，但新城一带苦于大南澳番的偷袭，或数十、数百乘雨扑碉，防不胜防。幸好秀姑峦有佳音传来，四月八日（5.12）有木瓜、大吧笼二十九社生番就抚，丁口人数有17719人。花莲一带的对番战争，攻防形式与琅峤不同。在琅峤官军仅把目标对准狮头社一隅，在有限的区域内进行攻势作战，因而有不错的战果。但在花莲所开的道路都是交通路线，在长达二百余里的区域里，官军是点放驻兵，并非集结至内山讨番，所以采取守势作战。清廷对此等劣势不是不知，四月发出的上谕中要求沈葆桢密切注意叛服异常的薄薄、理刘二社（花莲县吉安乡）。在九月发出的廷寄中，确切地告诉沈葆桢，先向各番劝道就抚，等到道路开通（八通关、昆仑坳古道），再厚集兵力对付顽梗者。同年十月二十三日（11.20）沈葆桢、闽督李鹤年、闽抚王凯泰联名具奏，奖励开山抚番有功的文武官员、弁兵民人等，同光之际最早的开山抚番战役就算结束了。②

光绪二年二月（1876.3）新任福建巡抚丁日昌就职。丁氏属淮系集团对海防一向有兴趣，他的上任之后对台湾极为重视，想大力推动洋务建设。③不过开山抚番的事业恐怕不是一蹴可及，其主要原因是官军深受瘴疠所苦。三月福建水师提督彭楚汉来台整顿营伍，才相隔一个月就受瘴急忙回闽调养。七月新任福宁镇总兵官吴光亮，亦受烟瘴致疾濒死数回，于中路（可能在林圯埔）调养不能起床。台湾镇总兵官张其光、台湾道夏献纶皆患病不出。④方知这些衣食较麾下弁兵为佳的大员皆是如此，那么处在第一线的兵勇境遇可想而知。在这一段时期，采取攻势对番作战还不是件困难的事，困难的是如何固守既得的阵地、营盘、碉堡才是问题。他们除了面对生番出草

① 《福建台湾奏折》，页6~8、33~35。

② 《福建台湾奏折》，页48~49；《清宫月折档台湾史料（三）》，2092~2198；《清宫廷寄档台湾史料（三）》，页1687；洪安全主编，《清宫谕旨档台湾史料（六）》（台北：故宫博物院，1997年10月），页4727。

③ 许毓良，《清代台湾的海防》（北京：社会科学文献出版社，2003年7月），页196~199。

④ 《清宫月折档台湾史料（三）》，2233~2235、2402~2403；台湾银行经济研究室编，《刘铭传抚台前后档案》，台湾银行文献丛刊第二七六种，1968年6月，页5~6。

偷袭外，还得应付骇人的热带疾病。十一月初（1876.12）丁氏缮折回奏现嘉礼远番（加礼宛/花莲县新城乡），串通木瓜、豆栏（花莲县秀林/吉安乡）各社暗夜进攻营垒；他自己以台湾无人视事为由准备渡台，并与闽督文煜先派记名总兵张升楷带兵支援北路。同月发出的廷寄提醒丁氏在对付生番之际，也要留心日国（西班牙）对台湾的窥伺。①

十一月十五日（1876.12.30）丁日昌自福州搭乘轮船出发，十八日（1877.1.2）抵达基隆，垂询先抵台的张升楷得知两年下来，移防台湾的勇丁竟病死二三千人。驻扎苏澳的福锐左营参将李得升来禀，该营先前被生番二百余人围攻，但防守得宜反击退番众。再据同驻扎苏澳的福靖右营副将陈得胜禀报，他与五品军功陈辉煌拿获二名生番，现在该处等待丁氏亲自侦讯。丁日昌获悉前往苏澳，讯问之后生番表示完全不知有"就抚"之说，所以仍按照习俗，秋冬定要出草馘首。丁氏再查明后山有名为"平埔番"者，性极诡诈常怂恿生番杀人居间取利，并且由于住处靠海不时与洋人接触。他对这群平埔番似乎没有好感，严饬各营可抚则抚，不可抚就痛加剿办。适吴光亮、夏献纶前来基隆，丁氏返回与其面商。十二月底发出的廷寄，谕令福建陆路提督孙开华统带三营赴台，增援病殁折损的战力。②

光绪三年正月二十二日（1877.3.6）丁日昌回奏声称嘉礼远番，呈送木瓜番首级前来乞降。由于该番忽和忽仇，丁密示张升楷确切查明意图再行痛办。以当时情况来说，中路经吴光亮的抚驭，已归化者还未发生反叛之事。南路虽较北路稍胜，但时有番情反复，伏杀弁勇伤毙人命之事。现严禁通事、隘丁，不准接济生番军火、盐铁，私通者以军法论处。③就在庆幸南路抚番事业稍有进展时，同年因发生率芒番（屏东县春日乡）作乱，不得不再发兵征讨。

早在光绪二年十二月一日（1876.12.4）振字前营副将李光因，以率芒社生番叠次伏杀居民，而率勇上山引发第一次的武装冲突。由于率芒番屡杀人滋事，复抗官兵追缉，清廷又有了出兵严惩的念头。这一次的行动交由台湾镇总兵官张其光、福建候补道方勋负责。虽然档案没有记载出兵的人数，但从之前麾下规模来看，至多调集3500名勇丁（参阅表四十五编号7、8）。光绪三年三月七日（1877.4.19）大军在枋寮集结完毕出发，行前丁日昌谆饬该镇，用兵前先晓谕狮头、龟纹等胁从番社，意在"以番攻番"。同月九日（4.21）官军一支从董底社入山，先占领沙那看、加伦坳社以攻其后。

① 《清宫廷寄档台湾史料（三）》，页1696~1697。

② 《清宫月折档台湾史料（三）》，页2425~2429；《清宫廷寄档台湾史料（三）》，页1699~1701。

③ 《清宫月折档台湾史料（三）》，页2452~2454。

另一支军队溯率芒溪（今名士文溪）直攻正面，又另一支军队扼扎草山、狮头社接应。张其光督率人马攻率芒左翼，方勋右队攻右翼。在枪炮齐发火力一面倒的情形下，同日就攻克该社。① 十至十七日（4.22～4.29）官军在武吉（屏东县春日乡）搜捕余番，各社不敢收留陆续交出。此役让包括上琅峤十八社在内的周边六十余社生番畏服，千余人纷纷归化剃发易服。官军善后特别严禁他们赴市买卖不准再带军器，并教之耕种移风易俗，再挑选番丁数百名在营充勇。②

北京对这样的结果表示满意，镇台张其光特赏黄马褂、道员方勋加布政使衔，其余各员赏赐有差分别奖励。南路的胜利让清廷信心大增，先前在卑南厅花莲港扰乱不已的生番，现也要主动用兵对付。光绪三年三月二十五日（1877.5.8）廷寄谕令福宁镇总兵官吴光亮所部移扎璞石阁、水尾（花莲县玉里镇/瑞穗乡）居中控驭；苏澳至新城中间各营移防岐莱（花莲市）、秀孤峦（花莲县丰滨乡）、卑南亦归吴节制。至于苏澳另驻一营增防，就近由戍守在基隆的漳州镇总兵官现署福建陆路提督孙开华指挥。③

光绪三年七月（1877.8）卑南厅的阿棉、纳纳社（俱在花莲县丰滨乡）聚众抗官。之前苦于道路未辟、驻军未齐的官方，现已有足夠的能力对付。不过整个战局是有惊涛骇浪之感。吴光亮获悉后立调线枪营至大港口弹压，结果在乌鸦石（俱在丰滨乡）中伏败退至彭存仔（台东县长滨乡）。此时前山方面得知，急忙调军来援。孙开华调擢胜二营走海道前往，记名总兵沈茂胜率镇海左营由府城经恒春陆路前往。十一月孙开华先到成广澳（台东县成功镇），沈的部队还未抵达；孙氏让副将林德喜、吴光忠（世贵）各率线枪营与飞虎军右翼先攻。不料又被打败，都司罗魁还因此阵亡。十二月各路援军皆抵，南路抚民理番同知袁闻柝再率大庄平埔族增援，终于将乱事敉平。④ 从同年十一月发出的廷寄来看，闽浙总督兼署福州将军何璟总绾其事。原巡抚丁日昌生病开缺，职务暂由山西布政使葆亨署理。而同时间发出的谕旨，则谕饬孙开华、吴光亮要相机剿办，迅速将阿棉、纳纳以及邻近的乌漏社大加惩创；但如果悔罪仍准他们宽其既往，以改过自新酌量安抚。⑤

---

① 《清宫月折档台湾史料（三）》，页2466～2467、2612～2614、2652～2660；屠继善，《恒春县志》，台湾银行文献丛刊第七五种，1960年5月，页287。

② 台湾银行经济研究室编，《清季申报台湾纪事辑录》（南投：台湾省文献委员会，1994年7月），页720～723。

③ 《清宫月折档台湾史料（三）》，页4940～4941；《清宫廷寄档台湾史料（三）》，页1715。

④ 这场战役始末已有专书详细探讨，参阅潘继道，《清代台湾后山平埔族移民之研究》（台北：稻乡出版社，2001年4月），页144～146。

⑤ 《清宫廷寄档台湾史料（三）》，页1722～1724；《清宫谕旨档台湾史料（六）》，页4962～4964。

孙开华在这一次讨番战争中，立下显赫的战功。《清史列传》对他的描写更是神勇，记录他在水母丁（台东县长滨乡）遇悍番千余名围攻。然孙氏挥军鏖战阵斩其众，在炮队、火箭的助威下，先突破纳纳社，后攻阿棉社。隔年被视为素不安分的加礼宛番，果真发动乱事。在当地驻军无力弹压之余，再次劳驾他从台北率队来援。① 光绪四年初（1878）发生的加礼宛之役，导火线有两种说法：一是田野调查的资料，称同年元月当地汉人陈文礼因侵垦加礼宛平埔族的土地遂引起冲突；二是清代档案与报纸的记载，称同年三四月五品军功陈辉煌指营撞骗、按田勒派、索诈番银无度，才引起加礼远番的反抗。② 但不管是哪一个原因，仍不脱汉移民欺压原住民的事实。这一点和先前丁日昌提到平埔番性极诡诈，彼此看法大相径庭。不过这一次事件，也正好可以让官军执行"痛加剿办"的机会。

该动乱以竹篙宛社（花莲县新城乡）为首举事，其他五个番社跟着响应，番众约有二千余名。同年六月副将陈得胜率福瑞营练兵500名自新城鹊子铺南下弹压，因过于轻敌复被击败。吴光亮闻讯檄调参将张兆连自花莲港、都司刘风顺（刘洪顺）自吴全城、吴干初自六合庄、守备吴孝禄自农兵庄（花莲市）、刘国志自浊水营北上合剿未成。八月十六日（1878.9.12）从基隆调来的第一批援军——擢胜营开抵花莲港。十九日（9.15）惊传番丁截杀参将文毓麟与勇丁九名，时福建巡抚吴赞诚力主以武力扫荡。他檄调孙开华带领亲兵与镇海中营营官胡德兴所部七哨（595人）、新设海字营四哨（340人）分坐轮船驶赴花莲港。八月二十九至九月三日（9.25～9.28）各部陆续抵达花莲港。九月五日（9.30）吴赞诚由马尾，搭乘船政局"威远"兵轮抵达基隆，接据孙开华与吴光亮的回禀，声称于隔日准备进攻巾老耶社（花莲市）。虽然巾老爷番得加礼宛番数百支援，但被官军火力压制战至三时投降。七、八日（10.2/3）调集大军环攻加礼宛社大破之，连续四天的战争共击毙番丁二百人。此时官军又招抚到七脚川社（花莲县吉安乡），阻绝木瓜番与加礼宛番的联络；豆栏、薄薄社番（花莲县吉安乡）答应不收留加礼宛逃番；太鲁阁番受抚前来助战。十五日（10.10）吴赞诚亲赴花莲港主持善后事宜，施以恩威除了将番目姑乳斗玩、刘武歹、底歹洛洛正法外，其余陆续受抚的九百余名逃番既往不咎。至于陈辉煌据报已逃回宜兰县山区躲藏，现饬营县务必捉拿到案。总计官兵阵亡几二百名，病故三百余名。③

---

① 不著编人，《清史列传》（台北：明文书局，1985年5月），页365～371。

② 潘继道，《清代台湾后山平埔族移民之研究》，页157～171。

③ 连横，《台湾通史》，台湾银行文献丛刊第一二八种，1962年2月，页449；《清季申报台湾纪事辑录》，页793；《刘铭传抚台前后档案》，页21；吴赞诚，《吴光禄使闽奏稿选录》，台湾银行文献丛刊第二三一种，1967年10月，页19～30；洪安全主编，《清宫月折档台湾史料（四）》（台北：故宫博物院，1995年8月），页3004、3050。

十月三、二十二日（1878.10.28/11.16）从北京发出的廷寄与谕旨，嘉奖吴赞诚与孙开华的劳绩。上命吴氏处理善后，特别是分建兵房、广备医药、设局招抚。① 事后清廷对花莲港的垦务做一调整，凡豆兰溪以北官地，以南为番地，各事开垦互不侵凌；并改加礼宛社为佳落社，竹篙宛社为归化社。吴赞诚以福州船政大臣升任福建巡抚，该案让他崭露头角。可惜身体欠佳，在办理完台事内渡后，竟引发中风半身不遂。② 吴的去职代表一个阶段的结束，那就是从开山抚番的热度已逐渐消退。由于清廷在驻军、拓垦方面已耗费许多银两，但这些代价很难在四五年内迅速回收。这使得官方对后山的经营显得热情不再，更遑论还要调派大军进行讨番战役。因此在台湾建省以前，所谓的对番用兵就在此暂画下句点。不过这当中有两点颇值得注意：

其一，以番攻番的问题。虽然在光绪元年的征讨狮头社行动中，民壮扮演极重要的助手，但是往后的战役，官方基本上还是用“以番攻番”的策略。原因当然不是惧怕汉人介入番务，因为后山早已开放拓垦；主要是着眼于原住民在山地战、丛林战方面比汉人坚强。这样的认识在光绪三年攻克率芒社后，竟史无前例地征召生番入营补勇而可见一斑。

其二，前山官军增援后山的问题。从卑南厅历次战事来看，几乎都要前山的官军大举支援，才能有效镇压原住民的举事。这样的态势等于是清初至中叶，台湾前山在开拓时出现动乱，福建官军大举援台的翻版。换句话说该处军队有能力支援他地，就表示驻防的地方是相对稳定的状态。所以经过二百年（1684～1885）的治理，前山的社会经过官方武力的控制，大致上已趋向稳定。这样的发展不一定能应付外侮，但在对付岛内的动乱上显然已足够。

光绪十年三月（1884.4）清法战争爆发前夕，新竹县士绅林汝梅在南庄的田厝（苗栗县南庄乡）公馆突然遭到生番大举包围。在该处的隘丁、佃户等八十余人一时进退不得情况危急。后靠着客籍垦户黄南球与黄龙章之力，召集三百多名壮丁夜袭生番后路才解围。③ 此案说明二件事，一是虽然开山抚番的垦务官方热情消退，但在局部地区汉人却相当有兴趣。二是不必单靠官方的武力，若有必要汉人也可以自我号召，进行对生番的作战。这样子的发展，在光绪十一年九月（1885.10）清廷下诏台湾建省后，有了新的结果。“抚番”再度被首任巡抚刘铭传列为重点工作之一。但是凭以往的经验，只靠官军独自与番作战，或者利用“以番攻番”的策略效率不能全面。

---

① 《清宫廷寄档台湾史料（三）》，页1733～1736；《清宫谕旨档台湾史料（六）》，页4972。

② 连横，《台湾通史》，页449；闵尔昌，《碑传集补（121）》（台北：明文书局，1985年5月），页3～6。

③ 黄朝进，《清代竹堑地区的家族与地域社会——以郑、林两家为中心》（台北：“国史馆”，1999年6月二版），页48。

由于全台所有的隘丁都被防军所取代，汉人组成的土勇营在清法战争也有不错的表现（参阅第二章第三节）。所以建省后的开山抚番战争，刘铭传决定施行以前都没有过的做法，让汉人的武力直接挑战生番，形成“官民制番”的态势。《刘壮肃公奏议·抚番略序》提到，从光绪十二年春至十六年（1886～1890），每年均有讨番战事发生。① 其实不仅如此，在下诏建省前与邵友濂接任后，讨番战争就一直持续了，而它的起点又必须从率芒社番谈起。

光绪十一年四月八日（1885.5.22）根据柴里屯队目潘贵生禀报，因率芒与七家弹（俱在屏东县春日乡）彼此互杀，当地屯营管带潘高升未能妥善处理，以致有屯兵一名被杀。之后潘高升回禀时案情稍异，他说是董底与七家二社互伤。福建巡抚刘铭传（刘未任台抚前是闽抚）深觉怪异，命令飞虎前营管带田丰年前去查办。不料同月十三日（5.27），潘高升急禀董底、率芒、大同坳等社百余番丁，竟于十日（5.24）夜围攻该营右哨归化门碉堡。刘铭传获悉檄调楚军记名提督方春发，从旗后率队支援；记名副将张兆连从卑南往西南驰援。台防智营、飞虎前营迤东一路堵截，南番屯军、恒胜营抽调四成部队抄入番社。

刘铭传派令方春发统筹各营，并密嘱董底、率芒早已就抚，如今生事恐有别情须仔细调查。四月二十四日（6.6）方氏以该社恃强反叛，非严加剿洗势难收复，下令全军分三路进攻。于是官军讨番久熄的战火复被点燃。该役由于有熟悉山径土勇20名，以及上琅峤十八社生番一百余名助阵，官军攻击还算顺利。五月三日（6.15）直捣深山，占领董底、率芒二社。不过刘铭传觉得把就抚的番社，全行焚杀铺张战功毕竟不妥。于是再派候补道员陈鸣志、副将戴秉纲前赴三条仑（屏东县枋寮乡）查办。刚好刘铭传与台湾道刘璈正在做激烈地政治斗争，前者就以办理不善酿至激变的罪名严参后者。②

光绪十一年十月（1885.11）根据刘铭传的回奏，初步的抚番有不错的成果。之前提到屯营管带潘高升在率芒案结束后，竟以副将之职调至台北府淡水县山区驻防。然此人虐（生）番太过，该县屈尺（台北县乌来乡）生番就是因为他的关系迟不就抚。不过在刘氏决定参劾后，“马来八社”八百余人在头目马来的率领下求抚。相似的情况也发生在埔里社厅。驻扎在当地的副将周鸣声，听闻有生番杀人，遂令译人前往招抚，旋有“沙里兴七社”男女980余人就抚。③ 马来番受抚后，官方立刻从石碇（台北县石碇乡）开

---

① 刘铭传，《刘壮肃公奏议》，台湾银行文献丛刊第二七种，1958年9月，页17～19。
② 洪安全主编，《清宫月折档台湾史料（五）》（台北：故宫博物院，1995年8月），页4376～4391。
③ 《刘壮肃公奏议》，页199～200。

通山路百余里直达宜兰县，并且只花了二个月就竣工。台北府山区现仅剩下大嵙崁（桃园县大溪镇）、三角涌（台北县三峡镇）、塩菜瓮（新竹县关西镇），生番出没骚扰无常。

大抵从光绪十一年底至隔年九月，就发生了一连串的讨番战争，而且是先从中部开始。光绪十一年十月（1885. 11）武荣社番（苗栗县卓兰镇）铳杀民夫并截断灌溉水源，官方决定以林朝栋的栋字营为主力出兵征讨。同年十二月林氏调派军队包抄到东势角、上新庄（台中县东势镇）武荣社之后，并以火炮猛轰逼得该社就抚。另外临近的司马限、马那邦、屋㧬等十余社，亦先后就抚；只有深居于山中的带目、禾芦翁等二十余社仍顽抗，并阻止马那邦、苏鲁来降（俱在卓兰镇）。此时驻防在彰化的陕甘补用总兵柳泰和率队驰援，但随后据探报说当地生番"畏威"已尽逃一空。于是林朝栋声称罩兰一带的生番已全部就抚。

罩兰番务处理完毕后，林朝栋、柳泰和以大湖地方（苗栗县大湖乡）持续被生番出草严重为由，转移兵锋于此。十二月二十六日（1886. 1. 30）大军抵达大坪（苗栗县铜锣乡）开路筑营，并先招抚到苏武洛社，再透过该社招抚下楼、八卦力、大木淮等社。光绪十二年正月二十五日（1886. 2. 28）官军退至田寮扎营，又招抚到北港、下楼仔等七社来降，但有大南势、小南势、武绒菓诸社恃强反抗。林朝栋遂令老屋㧬少头目道引武绒菓、打捞淮席二社来归；再以打捞淮席社头目，带出流明、卑乃、薄伏、大南势等社来抚。只有小南势、雪恃、学油叭盖仍不肯就抚。于是林、柳调大军直入七寮山顶（今名七寮山东/大湖乡），夺下制高点后发炮猛轰，二月十六日（3. 21）副头目率男妇就抚。林氏见状大喜，立调都司郑有勤率勇入山，在狮潭、南浦（苗栗县狮潭乡）一带招抚，并宣称从塩菜瓮到彰化、新竹县前山番社一律归化。

就在中部讨番的同时，光绪十二年正月十三日（1886. 2. 16）刘铭传檄令记名总兵刘朝祜、沪尾水师守备张广居各率兵马开赴大嵙崁相机援剿。十五日（2. 18）大军扎营头寮（桃园县大溪镇），即有大嵙崁十三社前来就抚，但有竹头角、猫里翁社（俱在桃园县复兴乡）恃强梗化。十八日（2. 21）双方在南雅（大溪镇）激战，官军用大炮遥击，竹头角不敌先降，剩下猫里翁社仍在顽抗。二月三日（3. 8）刘铭传亲赴该地督战，并再派拨三营兵马往援。五日（3. 10）大军攻入猫里翁社旁的高山，以大炮猛轰逼其屈服，隔日该社头目投降。刘氏闻讯立调新竹知县方祖荫等驰赴塩菜瓮趁势招抚；据刘的宣称从三角涌并塩菜瓮以南，毗连大湖一带生番六十余社一律就抚。

其实官方一再"宣称"多少番社就抚，实际情况如何颇值得怀疑。就如同刘铭传随后再奏报，在原来已就抚的区域——三角涌紫微坑（三峡镇）、屈尺二地，有竹加山、加九岸社生番出草。其实这二社近在咫尺，彼此相隔约五十里。刘氏探得消息得知此地“番社甚多”，且万山壁立毫无路径。刘命令记名总兵唐仁元先行开路，行抵竹加山社后，该社头目自知难敌率同八社生番男女千名，并有白鸭尾社（乌来乡）乞降。至于加九岸社，奏折只有提到唐仁元再开路至加九岸山后就没有消息。

台东直隶州的招抚成果较丰，根据后山统领副将张兆连的回禀，该军分防恒春、卑南、花莲港一带抚得172个生番社。剩下深居山中的生番，希望能加派军队由嘉义开路直抵卑南两面夹抚，免得凡事均要绕道恒春旷日费时。刘铭传深韪其言，于三月初调署台湾道陈鸣志、记名提督杨金龙、署台湾镇总兵官章高元入山，先招抚到上四社（达邦、知母劳、阿拔全、鹿株/嘉义县阿里山乡）、下四社（勃仔、简雾三石濑、简雾梯仔、简雾红远/高雄县桃源乡）、大南势社，共有1700余丁口来归。三月十八日（4.20）章、杨二人开抵大埔（阿里山乡），因为八潼关、雁里溪（今名陈友兰溪/俱在南投县信义乡）夏季溪水暴涨，无法飞渡所以须等到冬季枯水方能续进。刘铭传在末尾奏称，半年以来共招抚生番四百余社，男女七万余人，复垦弃地二万余亩可谓成绩卓著。①

刘铭传为什么急着遂行讨番战争呢？当然生番连年出草伤毙人命不能再坐视不管。但有一点原因更是重要，他自己在同一份奏折中也道出：原来台湾土豪每每借口防番，敛费养勇抗官以致号令不行。现在可做一石二鸟之策，透过讨番也能收编地方土豪的武力。② 不过刘铭传太过乐观了，上述已经“就抚”的生番，许多仍未真正缴械，还是保有作乱的实力。

六月二十二日（7.23）林朝栋急禀已抚之苏鲁番，现又反悔出草杀人，并勾结马那邦六社（俱在苗栗县泰安乡）戕杀马那邦山（苗栗县大湖、泰安乡界山）的脑丁。刘铭传即刻下令用兵。八月十一日（9.8）林朝栋、柳泰和得令率队开赴大隙山（今名司令山/苗栗县卓兰、泰安乡界山）。不料这一次官军太过轻敌，在和千余名生番交战时，并无预警到不能太过深入以免身陷重危。十二日来自东势角的急禀，告知埋鹤坪（台中县东势镇广兴里）的栋字营后哨被二百名生番围攻，岌岌可危。十五日（9.12）林、柳伐木造桥，继续深入欲攻苏鲁社；然由于粮道被番截断，官军又后撤回大隙

① 洪安全主编，《清宫月折档台湾史料（六）》（台北：故宫博物院，1995年8月），页4746～4763。

② 该役根据雾峰林家流传的故事，林朝栋的夫人杨氏还带领乡勇救夫，参阅《清宫月折档台湾史料（六）》，页4758；麦斯基尔（J. M. Meskill），王淑琤译，《雾峰林家——台湾拓荒之家》（台北：文镜文化事业有限公司，1986年11月），页213。

山。九月三日（9.30）刘铭传决定亲征，他檄调驻防沪尾的记名提督朱焕明部三个营、澎湖的记名提督吴宏洛部四个营，暂停一切修筑炮台的工作，各带六成的队伍搭乘轮船各在后垅、鹿港上岸开赴前线。①

九月十日（10.7）刘铭传行抵罩兰，朱、吴的部队陆续集结，而过于深入内山的林朝栋部早被生番团团包围于大隙山。十三日（10.10）刘氏先到大坪（卓兰镇）查勘情势，由于平常柳泰和治军不力，以致虽然开通道路，但先后被凶番袭杀有七八十人之多，可谓易攻难守。刘改派记名提督李定明再开一路，从瓮子肚至大隙山。十五日（10.12）刘氏扎大营于大坪，并命吴宏洛的部队溯房里溪（大安溪）进至白布棚（今名白布帆/卓兰镇）。十七日（10.14）刘铭传带队攻至大隙山，解林朝栋之围，但见山势陡峭非再开路不足以进军；乃令吴宏洛再从白布棚深入，彰化知县蔡嘉谷挑选屯丁、民夫开路搭桥，并饬老屋峨社番做前道。苏鲁番见官军凫水前进，均自岸上发枪伏击，且枪法精严每发必中，官军损失不少。二十日（10.17）朱焕明、林朝栋带部至雪山坑（台中县和平乡）堵截，避免武荣社生番支援苏鲁，二十二日（10.19）官军终于攻入苏鲁社。虽然马那邦、武荣社生番来援，但全被击退。苏鲁之逸番逃窜至出火山。

刘铭传探得武荣、司马限社悍番不足七百人，能夠久持皆受附近各社暗助。刘氏随命老屋峨社番晓示大、小南势（俱在大湖乡）十余社，不准帮助叛番。二十五至二十九日（10.22～10.26）林朝栋与吴宏洛合攻出火山，死伤弁勇百余人仍未攻克。十月三日（10.31）林、吴改以火炮威力轰击，复以勇丁冲入林中攻至山脚。十月五至九日（11.2～11.6）刘铭传得章高元三营来援，连日发动猛攻终于让苏鲁余番乞降。只是一波未平，一波又起，就在大军全面围剿苏鲁时，八月白阿歪白番（白鸭尾社）又屡出杀掠。十月十五日（11.12）刘铭传命章高元前去集集街（南投县集集镇），准备再辟一条越岭道路（关门古道），自己从罩兰启程率师北上。

十月十八日（11.15）刘铭传抵达大嵙崁，与台北士绅内阁侍读学士林维源商议剿番。该地现集结从基隆调来，由候补道方策勋率领的防军三营，驻扎南雅、义兴（桃园县复兴乡）一带。林维源密购竹头脚生番为向道，又募得加走社生番引路，自南雅筑路五十里达白阿歪社。二十日（11.17）刘氏亲入内山视察，令大军三路前进；吴宏洛由加飞开路，朱焕明由竹头角（今名长兴/复兴乡）辟道，刘朝祜由义兴而入。白阿歪番严守加九岸山（今名加九岭山/台北县新店市、三峡镇界山），二十九日（11.26）吴宏洛绕至番社后面，众番察觉大骇乞降不许。隔日刘铭传抵达白阿歪山，头目率

① 《刘壮肃公奏议》，页208～210。

桌家山等十七社投降。该役刘氏再宣称，所有淡、兰交界，未降之二十余番社现一律归化。除此之外南路已由道台陈鸣志、副将张兆连，续行招抚后山、凤山一百七十余社。中路则由林朝栋、郑有勤续招狮潭五指山生番四十余社，宜兰生番也由方策勋、苏得胜剿服溪头三十余社，同时复令记名提督王贵扬，剿服新竹县境之南河二十余社。还未降之“凶番”，仅剩新竹县境的京孩儿数十社（新竹县五峰乡）、猫里翁二十余社、宜公兰后山（今名鹅公髻山/新竹、苗栗县界山）大埠塘十余社（苗栗县南庄乡），其余弱小无害治安。①

光绪十三年四月（1887.5）之前，生番袭击兵民事件减少，官府趁此机会赶工开凿穿越中央山地的道路。其中最重要一条是现名关门古道的山路，负责前山筑路者为台湾镇总兵官章高元，他从集集街出发，负责后山筑路者为副将张兆连，他从水尾（花莲县瑞穗乡）。双方东西向开凿并约在丹社岭（南投、台东县界山）贯通，同年三月竣工，总长度182里。张氏开路时，一面招抚沿途生番，先后有水尾南北川、丁仔老（花莲县丰滨乡）等二十四社，番丁四千余人归化。又招抚较远的花莲港至岐莱一带他良（花莲县万荣乡）等十二社番丁二千余人。现仅剩下大鲁阁、木瓜番等恃强抗拒，张氏主张先以武力讨伐最强的大鲁阁番，其余各社定望风披靡。果然张兆连调集军队，声言开炮攻剿。头目廉画溢暂时受抚，邻近的大马鞍、大吧垄（秀林乡）等五十三社跟进，共得番众一万五千余人。张兆连在处理完台东直隶州北部的番务后，与同知欧阳骏南下至埤南一带抚番。吕家望社是当地第一大社，听闻官军一到起先谋思反抗，之后还是与邻近二十六生番暂时受抚，并有八㧽南十三社风闻归化，总共得番众一万三千余人。

前山方面未抚生番凤山县以三条仑为大支，恒春县以牡丹湾为大支。同一时期下淡水营都司蓝凤春等分道入山招抚三条仑（屏东县枋寮乡）等十五社、牡丹湾（屏东县牡丹乡）等二十二社、中心等四十二社、大兰（台东县太麻里乡）等十一社，总共抚得129个番社，番丁三万五千余人。另外刘铭传再檄调副将陶茂森，率兵自牛栏棍（高雄县美浓镇）招抚沙摩溪六社；又从山猪门招抚到柏叶十八社（俱在屏东县三地门乡），自万全招抚粪箕四社（屏东县万峦/泰武乡），共得番众一万二千余人。台湾县未抚生番由道台陈鸣志饬调镇标中军守备易豫俊招抚大喃等二十四社，番丁四千三百余人。嘉义县未抚生番又派游击刘坤智续抚大武等四社，番丁四百余人。彰化县未抚山番由镇台章高元招抚北港、万雾（南投县埔里镇、仁爱乡）等五大社；眉毛纳、吻吻等四十四小社，共番丁九千余人。又于拔埔社通路至

---

①《刘壮肃公奏议》，页211～217；《清宫月折档台湾史料（六）》，页4884。

丹社时，沿途招抚卓大、意东等十六社（俱在仁爱乡），共番丁八千余人。云林县未抚生番由县丞陈世烈招抚到郡番十六社，蛮番、丹番、樟脚等四十四社，共番丁五千余人。先前提到的京孩儿、石加禄社，刘铭传调派林朝栋与郑有勤往攻。石加禄、哇西（俱在苗栗县南庄乡）见状不对，与京孩儿社暂时归顺。①

刘铭传自豪地表示，自光绪十二年九月至十三年四月（1886.10～1887.5）为止，后山已经招抚到二百一十八社，番丁五万余人；前山招抚到二百六十余社，归顺者三万八千余人。前景看似一片坦然，不过即将爆发的战争，又不得不让双方干戈相向。光绪十三年五至六月（1887.6～1887.7），台湾内山疫疠大作，番社被疫严重，其俗杀人禳灾。于是据都司郑有勤的禀报，大嵙崁、盐菜瓮、三角涌化番恒出杀人，访查后得知是尖石社（新竹县尖石乡）、竹头角社、大埧怡磨、墩乐、插角社（后三社俱在台北县三峡镇）。八月二十四日（10.10）天气转凉，刘氏饬令提督李定明率领四营人马，随同太常少卿林维源剿办。二十六日（10.12）先攻褒憧社，九月一日（10.16）李定明自紫微坑剿大埧西侧，进抵牛角坑与生番发生激战。五日（10.20）大坝七社请降，林维源与刘铭传商议决定把他们迁下山来，其原居地就由汉人入据开垦。

在北路用兵的同时，中路生番里冷、白茆社（俱在台中县和平乡）也作乱。中路营务处道员林朝栋请调提督朱焕明带领武毅军助剿。八月十五日（10.1）林氏攻抵白茆社，该社随后会同里冷社番约五百人反攻。官军以洋枪毙敌，于二十日（10.6）攻抵里冷社。二十三日（10.9）逃逸的生番复聚三百余人反攻。此后直到九月一日（10.16），官军与生番在林中缠斗；惟生番死伤较大，于二十五日（10.11）请降。②

这两起战争与先前的教训都给了刘铭传一个警惕，即受抚的生番不一定全然安全，或许只是一时穷蹙，或许只是慑于兵威。但等到官方的武力稍弛，或防卫松懈时，他们随时都可以再起。这种疲于奔命的战争的确让官方吃不消。此事若是发生在后山，碍于交通不便调兵遣将会更加费时，当然官军的死伤也会加大。光绪十四年六月二十五日（1888.8.3）爆发在台东直隶州的“大庄事件”就是一个例子。大庄事件（花莲县富里乡）又被称为“吕家望番之乱”，因为有吕家望生番四千余名加入，燎原之势全台大震。③从人数的规模来看，加上大庄民番二千名总数约六千人，它应是仅次于雍正

① 《刘壮肃公奏议》，页217～220；《刘铭传抚台前后档案》，页96～97。

② 《刘壮肃公奏议》，页221～223。

③ 《刘壮肃公奏议》，页224。

九、十年（1732/1733）中部熟番举事。① 不过该案最特别的是乱初举事者，则是汉人与迁往后山的熟番共谋而成。其导火线是官府征收清丈田亩费用不当激变引起。有趣的这一点在官方文书绝口不提。《台湾通志》收录一张难得的公文，是代理同知陈灿回给台湾镇总兵官万国本、台湾道唐景崧的急禀。他说近年招安后的土匪，虽屡思蠢动，但“形迹未露”。② 果真是如此吗？

事实上这一次的举事，汉人通事占有相当重要的地位，为什么后期卑南、下朥湾会参与作乱，二社通事俱有关键性的影响。不过追溯乱初的起事者，大庄的刘添旺，以及水尾庄张兆辉、陈宗献才是元凶。由于不堪官府的压迫，遂决定鼓动迪阶、观音山（俱在花莲县玉里镇）、头人埔、螺仔坑、石牌、里行（俱在花莲县富里乡）、新开园、里垅、大庄的熟番一起抗官。二十四日夜（8.2）他们联络到里垅（台东县关山镇）、新开园（台东县池上乡）、大庄百姓七百余人，攻击清丈委员宿舍、新开园防营，另外二百余人攻击水委营盘。根据副将张兆连的急禀，他的麾下仅有三营，却分防六百里的区域，留驻卑南不及三百人。③ 由于听闻民番可能再北上进攻花莲港，所以包括镇海左营三哨在内的余部全往该地集结准备固守。至于水尾、璞石阁、新开园等后山较大的聚落，因为应变不及均已陷落。

六月二十八日（8.6）卑南屯军外委毕宝印赴援，行至卑南见吕家望生番、大庄民（熟）番千人，正在围攻张兆连的大营无法接近。同日前山已接到后山动乱的消息，然不巧运兵船“海镜”驶往福州维修，所以不能即时运兵从海道支援。拖至七月初镇台万国本才调到轮船“伏波”赶忙搬运军装、火炮驰赴前线；提督李定明亦率队搭乘兵轮“威定”赶往。另外镇海中军从凤山县三条仑，走浸水营古道开赴后山；恒春营游击谈炳南率部从八瑶湾（屏东县满州乡），沿海岸线北上至巴塱卫（台东县大武乡）与镇海中军会合。

七月十四日（8.21）万国本与李定明同时抵达卑南，激战三日终于解张兆连之围。二十二日（8.29）官军大举进攻吕家望社，结果双方两败俱伤；此时大庄民番赶来救援，彼此在卑南呈现拉锯战的态势。而先前刘铭传急电北洋大臣李鸿章请求支援有了结果，二十五日（9.1）水师提督丁汝昌率“致远”、“靖远”军舰驶抵台湾。八月四日（9.9）澎湖镇总兵官吴宏洛也率部抵达卑南支援，十四日（9.19）丁汝昌的两艘军舰驶抵卑南外海，以舰上主炮遥击吕加望番。隔日清晨官军拂晓出击，趁势攻下邦邦社，该社

---

① 洪安全主编，《清宫洋务始末台湾史料（四）》（台北：故宫博物院，1999年10月），页2326～2327。

② 蒋师辙，《台湾通志》，台湾银行文献丛刊第一三〇种，1962年5月，页891。

③ 《刘壮肃公奏议》，页224。

番众二千余人逃入吕家望社避难。十六日（9.21）官军发动总攻击与吕家望番等血战，最后官军由西门攻入该社投降，稍迟邻近的大巴六九社也投降。①

正当官番在卑南激战时，最早举事的大庄民番以救援吕家望不成，改攻花莲港冀图牵制官军。七月十二日（8.19）陈宗献、张兆辉在花莲港被购线拿获，旋送抵营内正法。八月四日（9.9）大庄民番千余人往攻鲤鱼山（花莲县寿丰乡），结果被官军趁夜袭击遂败退。二十六日（10.2）民军得到璞石阁化番二千余人的响应，重整旗鼓从豆兰、薄薄（花莲县吉安乡）、饱干（花莲市），分道进攻花莲港。官军幸靠火炮猛轰，粉碎敌军最后一波的攻势；官军见敌阵混乱，大举出营冲杀；并有南势番等配合“清乡”，所谓大庄事件在八月底落幕。②

该案有一个相当重要的特点值得讨论，即是武器与战争的问题。以四千余人举事的规模，若按同治朝以前的旧例，乱事持续的时间至少也要半年左右；结果该案差不多花费两个月的时间就被平定，而且若是“海镜”兵轮支援够快的话，或许乱事能更快速敉平。为什么会有如此大的差别呢？原来台湾建省以后，得到更多新式西洋武器的支援，并设立史上首座兵工厂（参阅第三章第二节）。更有来自军舰、轮船的驰援，做了一次成功的海、陆合击。在所有有利条件的造就下，即便是乱初后山守军呈现吃紧状态，但终能化险为夷。同年九月二十六日（10.30）从北京发出的谕旨，大力嘉奖丁汝昌、吴宏洛、万国本、张兆连、李定明等有功将弁。③

在这一波余威下，光绪十四年底官军在前山发动数起战争，征讨那些未降余番。埔理社厅在通判吴本杰的治理下尚称平静。吴氏为有效控制生番，每社精选数人入营补勇。若遇到酗酒滋事的番社，时而断其食盐、火药入山颇为有效。大庄事件过后吴氏调任台东，接替其位的李春荣、北路协副将林福喜又把归化生番番童送入学堂读书去其暴戾之气。

淡水、新竹县的情况比较复杂，因为还有不少番社没有被招抚。北路自大坝社（苗栗县泰安乡）剿办后，惟淡水县树木绕、食纳社（俱在台北县乌来乡）屡出劫杀。都司郑有勤即刻带勇剿办，并牒请宜兰防军扼扎林望眼社（乌来乡）以为声援。靠着火炮轰击，二社生番与部分竹加山诸番分头出降。同年十一月郑氏接获刘铭传的命令，要他马上出兵前剿新竹县的大也

① 《清宫月折档台湾史料（六）》，页5256～5266。

② 以往的研究成果对该案考证、叙述甚详，参阅潘继道，《清代台湾后山平埔族移民之研究》，页171～183。

③ 《清宫谕旨档台湾史料（六）》，页5089～5090。

甘社（尖石乡）。该社远在深山粮道艰阻，郑氏商派抚垦委员先驻马武都社（新竹县关西镇），然后亲率部队进攻六畜社（关西镇），再督令麾下进攻木树仁、内马里旺、达都懒社（俱在尖石乡）。诸勇冒雾宵征，在达都懒社与大也甘等番激战；后经郑有勤四面围攻，诸番始退遂占领马来社。之后官军在攻占细妹社（尖石乡），并对大也甘社发动总攻击，夺获标枪110具之多。约在同时记名提督刘朝带亦攻破京孩儿、南两社（新竹县五峰乡），其旁打马等十三社，以及维时、竹角英社（俱在五峰乡）见状，纷纷送子乞降，并缴获土枪百余杆。

至于在宜兰县方面也有捷报传来，根据统带镇海中军前营总兵陈罗禀报，他的部队在十二月进逼牛斗山（宜兰县三星乡），准备进剿内溪头四社。为求攻击顺利，它招募到外溪番相助，先攻占下墨社（宜兰县大同社），结果内溪诸番四散逃逸。官军追击再攻克大马龙、拜阿暖社。然原本可以凯旋而还，不料回程时过于轻敌在埤兰社口（俱在大同乡）中伏，官军急忙撤回牛斗山。郑有勤闻讯从大也甘拨队分屯树木绕、竹加山（乌来乡），刘朝带从加拿鹤社（新竹县关西镇）开路前进，欲从西面夹攻内溪头番。十二月二十一日（1889.1.22）刘朝带进抵宜兰，生擒生番一名得知原来先前陈罗中伏是本人因故迁怒化番杀戮所致，众番不服遂铳毙勇丁并非存心反叛。刘铭传获悉开革陈罗，再令外溪头番招抚内溪头将功折罪，事成又得拾高摇等十四社来抚。①

数年来的讨番，虽然官军常有挫折，也有两败俱伤的情形，但卷土重来时仍能创敌。只有光绪十五年（1889）讨伐宜兰县老狗社时，官军遇到前所未有的失败——半军覆没。九月五日（9.28）台北府收到宜兰军管带王廷楷的急禀，告知九月一日（9.24）刘朝带督率弁勇500名从苏澳入山开路。当行抵光立岭时，他把军队分成东、西二营驻扎；孰料老狗社番趁其不备围攻，包括刘朝带在内273人阵亡。② 刘铭传本想立刻派军围剿，但此时加九岸十七社总头目有敏阿歪，阴结卓家山、树木绕（乌来乡）诸社，连杀四十余名隘勇作乱。刘氏暂时先调兵敉平淡水县的番乱。他派任澎湖镇总兵官吴宏洛为总指挥，节制建宁镇总兵官苏得胜四营、记名提督李定明三营、浙江处州镇总兵官窦如田二营，复批准台北隘勇营游击郑有勤就地招募土勇千名。

十二月初约四千余名大军出发，很快就攻抵内、外加辉（桃园县复兴乡），十二月十四日（1890.1.4）进至白阿山，有敏阿歪率悍番二百余人顽

① 《刘壮肃公奏议》，页229～233。

② 《清宫谕旨档台湾史料（六）》，页5120～5121。

抗。吴宏洛以炸炮、火箭轰击，立刻攻毁白阿歪社。十七日（1.7）再攻克破校椅栏社。二十二日（1.12）再克卓家山、树木绕社，众番大惧捆绑有敏阿歪等凶番赴营乞降。官军在白阿歪山建筑炮台以备屯守，其余尽数撤兵，准备赴兰进讨南澳番。①

光绪十六年正月二十七日（1890.2.16）巡抚刘铭传亲自前往苏澳督战，同样地还是派令吴宏洛为总指挥，下辖宜兰防军统带副将傅德柯、都司衔陈辉煌所部三百名、窦如田的铭字三营、李定明的定字三营、苏得胜的健字三营，共约四千余人。二月三日（2.22）以李定明部开路，窦如田部专顾后防；吴宏洛率宏、健字营自南澳山（今名澳尾山/苏澳镇、南澳乡界山）包抄，傅德柯、李定明溯南澳溪往前进。六日（2.25）傅氏抵达末都纳社（宜兰县南澳乡），众番拼死抵御，适吴宏洛由山巅抄至，生番弃卡逃逸。傅再乘胜追击到搭壁罕五社，九日（2.28）傅、吴合攻搭壁罕五社克之。十二日（3.3）官军进抵外老狗五社，社番自火其社逃逸；然隔日傅德柯督军前进时，冷不防被生番开枪狙击身亡。吴宏洛闻讯赶至，挥师急攻内老狗社；突有百名悍番冲出死战不去，双方损失颇大。刘铭传接获消息亲自登武搭山（南澳乡）视察，深感山势耸绝、天日不开，实为用兵险处不宜继续深入。现末都纳十八社番男妇数千人都已避入山谷，他旋命左右埋设地雷，欲以围困的方式逼其就范。此计谋果然奏效，二月二十八日（3.18）以粮食吃尽穷蹙不已出降。闰二月一日（3.20）刘氏命令宜兰抚垦局善后，总计该役官军伤亡人数不下二百人。②

在同年二月二十二日（3.12）事毕的前夕，从北京发出的廷寄要求台湾巡抚刘铭传要加意整顿番务，如有必要可“大加惩创、以儆凶顽”。③ 武力用来对付不驯的生番，此法经过数十年仍未改变。而进伐老狗番也是刘氏在台湾最后一场讨番战役，隔年四月刘氏去职，布政使沈应奎护理印务几个月后，光绪十七年十月（1891.11）由邵友濂继任台湾巡抚。在沈氏护理期间，三四月份淡水县大嵙崁、双溪口（台北县新店市）、三角涌的生番复蠢动。原来是马速社、大熟、加拉叭（俱在台北县石碇乡）、大也甘、加九岸社生番出草杀人。九月间合吻、呐哮、舌摆鹤社（桃园县复兴乡）生番围攻硐堡驻军。沈氏以合吻等番罪行重大先行征讨，命林维源亲赴大嵙崁督剿；由他节制定海正、副营六成兵力，并准就地募勇千余名。时竹头角、呐

① 洪安全主编，《清宫月折档台湾史料（七）》（台北：故宫博物院，1995年8月），页5603～5607、5645～5650。

② 《清宫月折档台湾史料（七）》，页5722～5729、5736～5737。

③ 《清宫廷寄档台湾史料（三）》，页2013～2014。

哮社闻讯前来归命，其余番社再勾结内加辉社（复兴乡）作乱。在十月二十四日至十一月六日（1891.11.25～12.6）的战斗中，官军从竹头角、呐哮进入深山，番众不敌溃散。为扩大战果另一支官军从大坝、大窝社深入，瞠眼等社（俱在苗栗县泰安乡）相继归抚。根据林维源表示，从咸菜瓮至五指山（新竹县关西镇、五峰乡）一带的番社甚为平静，加辉各社也已出降，只剩下水流东各社（今名志朗/复兴乡）顽梗抵抗，现已饬道员林朝栋率勇北上助剿。①

光绪十七年十一月（1891.12）中旬，呐哮、大坝、外加辉社复乱，林朝栋部无法及时赶到，邵友濂先派驻防沪尾游击杨春海率部前来。不料杨氏在外加辉接战时阵亡，官军一时势衰，从大坝南抵枕头山、大绥、水流东（台北县三峡镇/桃园县复兴乡），尽是生番跳梁。十二月四日（1892.1.3）林朝栋率领的四营兵马终于抵达大嵙崁，邵友濂命其节制诸军，林氏遂把大营驻扎于阿母坪（桃园县大溪镇）。林朝栋派隘勇新右营把守北面，改定海正副营为栋字左右营扼其西，以定海右、中营守东面。林朝栋亲率栋字正营卫队直攻夹板山（今名角板山/复兴乡），阵中还有苗栗县军功黄南球率勇相助。呐哮番被炮轰的措手不及，官军一路进至合吻；但之后攻势迟滞，要到光绪十八年三月十日（1892.4.6）隘勇前营才进入外加辉。此时领道生番作战的头目牙畏阿瓮等均战殁，各社困顿才又出山投降。邵友濂检讨生番归化复叛的原因，主要是莠民侵欺侮玩、积成仇衅，再加上奸匪从中煽惑终酿战祸。他要林朝栋与林维源会商，体察民情妥立民番界限，尤严禁通事构煽。此役官军阵亡者达数百人之多，也算是清末开山抚番战争中较为惨烈的一次。②

同年六月在恒春县攻打射不力等社（屏东县狮子乡），则是清末最后一次的讨番战争。在六月一至四日（1892.6.24～6.27）枫港（屏东县枋山乡）附近射不力等番，相率勾结三百余人围攻乡民联团。台湾镇总兵官万国本在台南府接获消息，于闰六月十八日（8.9）率部勇搭乘轮船前往，隔日抵达。万氏先在当地雇募屯番百名作为向导，而后山防军统领记名提督张兆连也带队巡哨至恒春，于是两军合作准备进剿。在所有番社中以巴仕墨、草埔后（俱在狮子乡）最为凶悍。八月二日（9.22）官军逼进巴仕墨山，同月五至七日（9.25～9.27）山番主动出击；九日官军分三路出动攻击，在大炮、火箭的掩护下攻克巴仕墨社。之后张氏飞饬后山各营由巴塱卫（台东县大武乡）进兵，欲夹击草埔后社。十一至十二日（10.1～10.2）草埔后

① 洪安全主编，《清宫月折档台湾史料（八）》（台北：故宫博物院，1995年8月），页6362～6365。

② 《清宫月折档台湾史料（八）》，页6418～6425。

社番截击官军粮道，十六日（10.6）万、张二人分督十二营前后夹攻该社，并以大炮、火箭轰击一昼夜后，全军冲入终于攻克。该役共击毙生番八十余人，余番逃往保大社躲藏；并掳获洋枪17杆、镖刀各百余件。二十八日（10.18）部分官军往家新路社追捕逸番，而从九月三至二十日（10.23～11.9）官军都在大举搜山缉拿逸番。十月十八日（12.6）官军才拔营下山，总计该役官兵阵亡57名，受伤51名；所拿获的生番全送到恒春县，交由知县陈文纬审明后正法。①

总结清代台湾近二百年（1699～1892），官民对生熟番用兵的历史中，有三点值得深究：其一，双方使用武器的问题。就如同第三章第二节提到的，虽然台湾长时期有磺、铁的管制，但生熟番透过走私还是可以取得武器、火药。幸而这些数量再怎么庞大，也从没有压倒官方的武力；加上生熟番的作乱，不似汉人有风闻造谣、煽风点火导致燎原的困扰，使得乱初官军都可以集结大军，做局部地区的围剿，较没有后顾之忧的烦恼。唯一对官方讨番较为不利，就是官兵的山地战、丛林战、游击战的训练不如生熟番。不过透过熟悉番情的汉人，或者归降的生熟番，或甚至用“以番攻番”之道，均使官方的劣势扭转。

其二，汉人介入番务的问题。从光绪朝以前的讨番战争来看，汉人作为战斗主力的例子可谓少之又少。唯一一次是在嘉庆十九年（1814）水沙连的郭百年事件。然该案是独特的案例，因为它是汉人越界偷垦造成的。光绪朝以后清廷执行“开山抚番”政策，碍于兵力、人力、资金等问题，非得要汉人从旁协助不可。于是在这一段时间，汉人的武力才逐渐成为讨番战争的主力，尤其在台湾建省以后更加明显。不过当汉人介入番务越深时，衍生的问题亦随之而来，那就是清廷最担心的——民番勾结。光绪十四年（1888）的大庄事件、光绪十七年（1891）的讨伐大嵙崁番，其实都有通事从中介入，或构煽、或领导。即便部分个案没有民番勾结的问题，但在邵友濂的奏折里也提到民番交往，番常被民欺成为下次番乱的潜在原因。于是如何拿捏规定，就成为善后一个很重要的工作。不过从光绪十一至十八年（1885～1892），连年征战、抚而复叛的情况来看，清廷对这问题的解决，还没找到一个万全之策。

其三，光绪朝抚番成果的问题。从官方档案记载来看，每次讨番战争的业绩似乎都是战功彪炳、成果丰硕。然实情真是如此吗？古今中外任何一件记录战争的官方资料，显少会暴露自己短处。于是本书在大量使用清宫档案之余，不得不注意这方面的问题。幸而同时期还有一些民间的记录

① 《清宫月折档台湾史料（八）》，页6553～6555、6599～6607。

可以对照。光绪十六年（1890）考中进士的台南府文人许南英，在其私著《窥园留草》曾记载几次，官方讨番“不利”的战役。包括：光绪元年（1875）唐定奎讨狮头社番、光绪十二年（1886）刘铭传亲征大嵙崁（猫里翁社番）、光绪十五年（1889）刘铭传亲征苏澳老狗社番。尤其是讨伐老狗社番这一次，不止许南英如此记述，到了日治时期台南文人连横在其私著《台湾诗乘》中也提到“刘壮肃颇为瘴毒所苦，相持两月乃班师”。①

整体来说清廷对于生、熟番的控制，基本上是采武力为主，不似汉人还能透过科举、礼教从旁限制。如果以作乱间隔时间，以及参与作乱人数为标准，衡量施政的良窳。至少清廷在对番务的处理上，比起统治汉人稍有成功。因为从雍正九至十年（1732～1733）中部熟番大规模作乱后，要到155年以后——光绪十四年（1888）东部才又出现相似规模的番乱。然清廷还不能高兴得太早，因为除了番乱、民变、械斗外，列强的叩关又是另一个棘手的问题。

第三节 列强的叩关

1. 鸦片战争

清中叶英国以商务为由，欲用武力强迫中国开放口岸；然这当中又涉及鸦片贸易使得问题更加复杂。道光十九年元月（1839.2）宣宗命林则徐为钦差大臣，至广东查禁鸦片；同年十一月罢英国互市，两国濒临交战。② 道光二十年七月六日（1840.8.3）英舰闯入厦门，攻击炮台并伤及居民二千余人，首度把战火带来福建。此举虽是试探通商的行动，英舰随后就离开，但足以威胁闽省海防。最重要的是漳、泉二府台米莫通，粮价昂贵。看来初期台湾也感受到战争的气息，船只纷纷停驶。③

道光二十一年七月十日（1841.8.26）英舰第二次袭击厦门，隔日攻占；但旋离开改占鼓浪屿，主力北上开赴浙江。八月鼓浪屿的英舰第三次袭击厦门，彻底摧毁炮台。道光二十二年正月（1842.2）革除闽浙总督颜伯焘之职，改以钦差大臣怡良代理。④ 事实上颜氏是极为昏庸的官员。当时汀漳龙道张集馨曾记录颜氏主持军务的过程，以为是刚愎自用之人。就以厦门炮台

---

① 许南英，《窥园留草》，台湾银行文献丛刊第一四七种，1962年9月，页222～225；连横，《台湾诗乘》，台湾银行文献丛刊第六四种，1959年9月，页201。

② 王之春著，赵春晨点校，《清朝柔远记》（北京：中华书局，2000年4月二刷），页186～191。

③ 佚名，《夷匪犯境闻见录》（北京：中华全国图书馆文献缩微复制中心，1995年10月），页35、46、78～79。

④ 《清朝柔远记》，页208～209、216。

为例，当时所铸造六八千斤的巨炮，竟然以节省军费为由不作炮车。属下进言没有炮车除了搬运不便外，且炮台在墙外非用炮车拉回，则士兵不敢冒枪林弹雨的危险装填火药。然颜氏言骄气傲以为一炮可以毙敌，不须再装填为由否决。尔后与英舰接战时，炮台官兵不等英舰进入射程就急忙发炮，但碍于第二发装填火药之不便，英舰乃趁隙连环轰击，沿海炮墙应声齐塌全军溃散。① 厦门失守震撼最大的倒不是福建内地而是台湾。因为福建饷、械与百货无法渡台，守军别无选择的第一次尝试孤岛作战。②

在战争爆发前后，英军有无注意到台湾的战略地位，谋思加以占领的可能呢？答案是有的。1839 年 9 月 23 日至 11 月 4 日英国首相巴麦尊子爵（Viscount Palmerston）致迈尔本勋爵（Lord Melbourne），英商威廉·查甸（William Jardine）致英商詹姆斯·马地臣（James Matheson），威廉·查甸致巴麦尊，下议院议员拉本德（G. G. de H. Larpent）、约翰·阿拜·斯密思（John Abel Smith）等致巴麦尊的信件，均不约而同地考虑攻占台湾。他们认为把台湾、厦门、舟山比较，占领台湾可以附加厦门。不过有时另提取代方案，以为台湾、金门、厦门可以全部占领，或仅占领后两者以截断对台贸易。有时又认为应该占领舟山，因为它最靠近北京。然占领台湾的计划意见分歧，反对者最大的理由是该岛面积太大，并且岛的西部缺乏优良的港口，除非岛上居民对英国人有“好感”才行。③ 1840 年 4 月 7 日英国驻印度总督奥克兰勋爵（Auckland）致巴麦尊的信件中，终于透露出战争开打后英军清楚的战略方向。他说：

> ……的确，在台湾岛永久建立居留地作为可以从该地进行贸易的基地，很可能最后被认为是有益的。有人也许认为最好是摧毁澎湖群岛的炮台，因为那些炮台使对台湾的贸易，处于被控制的地位。我可以说愿极力促使总司令官（海军少将懿律 Elliot G.），注意该项目并把中国军队驱逐出去。那支军队控制着台湾，而且防守这群岛屿中著名的良好港口。我们一些巡洋舰对台湾的其他港口进行一次友好访问也许是有益。但将相当多的远征部队，背离主要目的将是不恰当。我们可以希望总司令官将大部分的陆军占领舟山群岛，使它免受敌方的攻击，并成为远征军必需品的供应仓库……④

---

① 张集馨，《道咸宦海见闻录》（北京：中华书局，1999 年 5 月三刷），页 59 ~ 60。

② 许毓良，《清代台湾的海防》（北京：社会科学文献出版社，2003 年 7 月），页 224 ~ 225。

③ 严中平辑译，《英国鸦片贩子策划鸦片战争的幕后活动》，《近代史资料》，总第 21 号，1958 年 8 月，页 28、33、38 ~ 41、44、51 ~ 53。

④ 胡滨译，《英国档案有关鸦片战争资料选译（下册）》（北京：中华书局，1993 年 8 月），页 976。

由于英军不把台湾作为主要的攻击目标，使得该岛与东南沿海相较免受战火的蹂躏。不过这是百余年后英方档案公开的结果，在当时一片草木皆兵、风声鹤唳的状态，台湾守军是如何应付这场危局？

道光二十年七月八日（1840.8.5）宣宗针对东南海防下达谕示时，首次提到台湾的防务。内容认为闽洋紧要之区以厦门、台湾为最，而台湾尤为英国人歆羡之地不可不防。他要台湾镇、道及澎湖等协营准备周防，严守口岸勿使稍有疏虞。北京方面为什么到了下半年，才对台防做出反应呢？原来六月的时候，英舰屡至台、澎外洋游弋；根据广东传来的消息，英军有侵台的可能。① 当时台湾镇总兵官达洪阿、台湾道姚莹分往南北路防御，在籍前浙江提督王得禄透过姚莹的禀报，由闽浙总督邓廷桢奏准协办台防。王氏与达洪阿早年有隙，也在姚莹的劝解下弃嫌，且自募精兵三百出驻澎湖。②

除了道光二十年六月英舰在鹿耳门外马鬃隙洋（台南县将军乡）窥伺被击走后，整个年度台湾均无战事。同年台防部署的情形，可看九月二十二日（1840.10.17）姚莹发出的奏折，但该折到隔年正月二十八日（1841.3.9）才送到北京。奏折中提到一件要事——他和达洪阿分防的情形。肇因于水师战船都不是英舰的对手，所以他们以严防海口为准。台湾府当为根本重地，安平又为郡城之门户。于是达洪阿督同护理安平水师协副将江奕喜、台湾知府熊一本办理郡城、安平上下至凤山县的防务。八月六日（9.20）姚莹单独北上直抵鸡笼视察防务，一路上有护理北路协副将关桂、嘉义营参将珊琳、艋舺营参将邱镇功及各厅县陪同履勘。在姚莹主持的防务中，最值得注意的是他下令各庄头人组织团练，因为该团练是首次由官方主导下成立（见第二章第三节）。各团人数从一二百名至七八百名不等，总计二厅四县共组团练壮勇13000余人。一旦有警则半数守庄，半出听候调用。此外还招募乡勇2160名、水勇520名，或配战船、商船防堵海口；或在炮台、炮墩日夕登陴，作为常川在地之师。③

道光二十一年八月一至五日（1841.9.15～9.19），英舰对台湾的侦伺变得频繁。北路的鸡笼、中港，南路的小琉球均有敌艘出没。八月十三日（9.27）有一艘英船在鸡笼杙（基隆市基隆屿）洋面停泊，十五日（9.29）该船驶入近口门之万人堆（基隆市中山区）洋面，隔日该船进入口门发炮攻击二沙湾炮台。参将邱镇功督率署噶玛兰营守备许长明、署艋舺营守备欧阳宝，在二沙湾发炮回击。另外淡水厅同知曹谨、委驻鸡笼协

① 洪安全主编，《清宫洋务始末台湾史料（一）》（台北：故宫博物院，1999年10月），页15、28。

② 梁廷枏著，邵循正点校，《夷氛闻记》（北京：中华书局，1997年12月二刷），页86～87。

③ 姚莹，《东溟奏稿》，台湾银行文献丛刊第四九种，1959年6月，页29～32。

防澎湖厅通判范学恒、艋舺县丞宓惟慷在三沙湾炮墩（俱在基隆市中正区），亦放炮接应。守军所使用的大炮可不是普通的大炮，它是自福建新铸六千斤的巨炮（见第三章第二节）；讵料真的在这场战役立功，轰沉入侵的英船。落水的英军即遭守军俘虏，此时义首、乡勇、屯丁、弁兵纷纷驾驶杉板生擒敌军。①

道光二十一年九月五日（1841.10.19）又有一艘英舰驶入万人堆，并派军队首次登陆台湾，声称要索还之前被俘的英人。守军先是按兵不动，英军迟疑许久；十三日（10.27）又闯入二沙湾猛轰炮台，守军立刻还击。许长明在三沙湾之鼻头山，见有登岸英军其势甚凶，开炮攻击后旋退守至后方要隘。曹谨闻讯，急调总理姜秀銮带领精练鸟枪壮勇一百名，以及摆接、八芝兰（台北县中和、永和、板桥、土城市/台北市士林区）等堡壮勇赶赴前线。十四日（10.28）所有兵勇、屯丁均已集结鸡笼，英军见守军人众、山险仰攻不易，于同日自动撤军向北航去。②

北京对台湾守军二次的表现感到满意。由于东南沿海的战况不佳，台湾的捷报是少数在这一段时期的获胜消息。道光二十一年十至十一月（1841.11～12）发出的廷寄，宣宗除了嘉奖台湾镇、道的劳绩外，亦令王得禄移驻台湾，其澎防事宜由闽督颜伯焘派员更替；而台湾所请三十万饷银，也要由省如数拨给。③ 道光二十二年正月二十四日（1842.3.3）又发现英船在彰化县五汉港（台中县梧棲镇）外向北航行。姚莹获悉后飞饬彰化县、淡水厅守军计诱搁浅，不许与之海上争锋。三十日（3.9）果有英舰一艘，随带杉板四艘欲在淡水厅大安港（台中县大安乡）入口。北路协副将关桂、署北路协右营游击安定邦，立率兵勇前往堵御，并分兵前往淡水厅土地公港（台中县大甲镇）埋伏。英舰遥望岸上守军众多不敢靠岸，后经猫雾捒巡检高春如、大甲巡检谢得琛，募得粤籍船夫与英船上的广东水手招呼，诱骗至土地公港停泊遂被暗礁搁浅。关桂、安定邦督令兵勇发炮攻击，船破进水英人纷跳船逃生；谢得琛、竹堑巡检汪昱，督饬义首、总理带领兵勇围击。④

土地公港战役后英舰不敢直入口门，仅在外海或无驻军的港湾侦伺。例如：同年三月份在沪尾、中港、五汉港、番仔挖（彰化县芳苑乡）有英船出没。瑯峤大秀房（屏东县恒春镇）洋面发现有六艘英船停泊，其中一艘

① 第三章第二节提到道光二十年（1840），鸡笼原本只部署一门六千斤大炮，但现在多增一门八千斤大炮，或许是姚莹日后追加。参阅《东溟奏稿》，页33～35。

② 《东溟奏稿》，页41～42。

③ 洪安全主编，《清宫廷寄档台湾史料（二）》（台北：故宫博物院，1998年10月），页1258～1260。

④ 《东溟奏稿》，页76～81。

航向打鼓港（高雄市鼓山区）洋面，见有驻军即向西南驶去。黑水外洋（澎湖水道）亦望见英船十艘，甚至还有英船勾结广东海盗草乌船，进入四草湖（台南市安南区）、树苓湖（云林县台西乡）骚扰。① 不过没有任何一艘英船再被击沉，直到道光二十二年七月二十四日（1842.8.29）签订江宁条约战争结束。纵观这一场战争，双方陆上临阵的机会极少，因此测不出台湾兵勇真正的战力。不过从守口的个案来看，台湾守军已尽全力发挥；尤其是在官府的主持下，能组织一万到四万余名团练壮丁（见第二章第三节），表示出官方已能巧妙善用民气，朝对外御侮的方式操作。

2. 牡丹社事件

十九世纪末台湾沿海就频传欧美船只海难的消息，有记录且鲜为人知的是从道光二十八年（1848）开始，英国商船克尔比号（Kelpie）在台湾附近失踪。由于包括美国在内的船只常在该岛沿海失事，遂引起英、美二国高度的关切，派遣军舰来台搜寻。② 这些海难者的下场如何，因为少有人寻获到，所以常发生受到当地人士监禁、谋杀、抢劫的传闻。对于这样故事的流传，只要稍对当时中国社会了解的人，多半不会感到意外。根据传教士的观察，中国人对落水者是不援救的。对于漂流上岸的幸存者，许多人不是伸出援手，而是抢去他身上的衣服。③ 这样的民情到了台湾，因有“生番”的问题遂出现不一样的发展。

同治十年十一月（1871.12）琉球船遇飓风于海上，漂抵台湾（琅峤牡丹社），人为生番所杀戮者 54 人。隔年三月，日本小田县民亦遭风被难，为生番屠害者 4 人。日本乃遣外务卿副岛种臣至北京交缔条约，别议生番暴杀之事。总理衙门置之未答，故不毕议而还。于是日本遂欲借端兴师问罪于生番，乃置蕃地事务局于长崎，准备出兵台湾。这就是当时著名报人王韬在香港依据可靠见闻所编纂《台事纪闻》的前言，它足以代表当时非官方对整起事件的看法。④ 然实际情况远比民间了解的复杂，尤其是在清、日彼此的调兵遣将上。

当时日本欲出兵台湾，国内外不是没有阻力的。前者如文部卿并代理内务卿的木户孝允就相当反对，并不惜以辞职表示抗议；后者如英国驻日公使巴夏礼（Harry S. Parkes）、美国驻日公使平安（John A. Bingham）均表达

① 《夷氛闻记》，页 108～109。作者自行出版。

② 叶振辉，《清季台湾开埠之研究》（台北：标准书局，1985 年 5 月），页 9～13。

③ 明恩溥（Arthur Henderson Smith，1845～1942）著，林欣译，《中国人的素质（Chinese Characteristics）》（北京：京华出版社，2002 年 6 月）。

④ 王韬，《台事纪闻》；摘自中国社会科学院近代史研究所近代史资料编辑部编，《近代史资料》，总第 94 号，1998 年 8 月，页 15～17。

严重关切之意。这使得同治十三年三月三日（1874.4.18）原本要从长崎出发的日军，拖至三月十二日（4.27）才在台湾蕃地事务都督西乡从道的坚持下，不顾一切地向台湾瑯峤出兵。①

也是三月三日当日本按原订计划出兵时，英国驻华公使威妥玛（Sir Thomas Wade）向总理衙门函称，询问清廷知道日本正在准备行动与否。主事官员如恭亲王等回答不知，但随后几天法国、西班牙使臣均陆续前来询问此事，方知事态严重。三月十五日（4.30）日本兵船出现在厦门，福建水师提督李成谋遣员诘问，结果由两江总督兼南洋大臣李宗义回奏，称日兵所答支吾未能窥其底蕴。三月二十二日（5.7）这群日军在琅峤上岸，成为首波的登陆者。二十九日（5.14）恭亲王汇整各路消息启奏，上谕以闽浙总督李鹤年对此等重大事件至今还未奏报表示诧异；并谕示李氏以公事繁忙不能离开省城，此事交由船政大臣沈葆桢办理，以巡阅为名前往台湾察看，不动声色相机办理。②

日军登陆琅峤后，即刻招抚附近的社寮庄，后扎大营于龟山（俱在屏东县恒春镇）。四月七日（5.22）不等西乡从道抵达，先遣日军径自对石门（屏东县车城乡）的生番发动攻击，并击毙包括牡丹社头目在内的12名生番。③ 巧合的是同日西乡从道搭乘军舰"高砂号"，以及首次代表清廷谈判的官员——南路海防理番同知袁闻柝搭乘兵轮"扬武号"均抵达。其实袁氏仅来投递李鹤年的外交照会，抗议日本发兵占地，这样的效果甚微，日方自然不理。四月十日（5.25）日方对较无敌意番社的招抚，有了突破性的收获；重要的番社如：猪朥束社、射麻利社、蚊率社、龙銮社、加芝来社、猫仔社头目（俱在屏东县满州乡），均来营表示投诚之意，现只剩杀害琉球漂民的番社——牡丹花、高士滑社准备顽抗到底。④

清廷一开始似乎还摸不清楚日军的意图，因此所提出的策略看来消极。事实上日本的军事行动，在未出发前就被外国媒体披露带有经营台湾殖民地的野心，然清廷仍以单纯处理年前海难事件的余波看待。直到四月十四日（5.29）恭亲王认清时局，知道并非简单的涉外事件。因此奏准以沈葆桢为钦差办理台湾等处海防兼理各国事务大臣，福建省镇、道等以下各官全听其

---

① 藤井志津枝，《近代中日关系史源起 1871～1874 年台湾事件》（台北：金禾出版社，1994 年 6 月二刷），页 101～115。

② 台湾银行经济研究室编，《同治甲戌日兵侵台始末》，台湾银行文献丛刊第三八种，1959 年 4 月，页 1～4。

③ 《近代中日关系史源起 1871～1874 年台湾事件》，页 119。

④ 伊能嘉矩，《台湾文化志（中译本·下卷）》（台中：台湾省文献委员会，1991 年 6 月），页 98；沈葆桢，《沈文肃公牍》（南投：台湾省文献委员会，1998 年 3 月），页 494～495。

节制，江苏、广东沿海各口轮船准其调遣并即刻渡台。同时恭亲王认为台湾道夏献纶视番界寻衅势难禁止，有存心推诿不知缓急之图；亦函达闽督李鹤年，严劄台湾道在沈氏未抵台前，必须统筹全局毋误军机。①

四月十七日（6.1）集结于琅峤的日军约2400余名，在西乡从道移大营于统埔（车城乡）后，以1300余名分三路入山作战。第一路由枫港（屏东县枋山乡）自西向东直攻女奶社（狮子乡/牡丹乡界山），第二路由竹社（车城乡）自东北入高士滑社（牡丹乡），第三路由西乡亲自指挥再攻石门。二十日（6.4）三路会合于牡丹社后，移回大营于龟山；并调重兵驻守于内双溪口（车城乡）、枫港、龟仔角社（恒春镇）。② 这就是五月一日（6.14）钦差大臣沈葆桢从福州出发前，日军的兵力、战果、部署情况。现有一个问题是台湾不是有驻军吗？为什么台湾的驻军没办法阻止日军的行动？

在回答这个问题前，先要了解当时台湾驻军的情况为何。同治八年（1869）的"裁兵加饷"政策，使得台湾绿营的人数从12000余名，大幅下降至6938名。这样的改变是肇因于闽浙总督左宗棠认为台湾绿营员额多、战力弱，倒不如以精兵策略还能达到戍防的效果。这样的做法达到左氏的目的了吗？显然是没有。因为从绿营训练方式与使用的军器来看，完全不能应付日新月异的武器与战法。再者以当时绿营分布的汛塘而论，琅峤处于番界外，正是绿营汛防所不及的地方。在台湾绿营兵力人数遽减之下，台湾镇总兵官不可能不顾其他地方的戍防，而把所有的兵马调集专攻日军。于是乎仍要依循往例请求内地支援，只是现在要请哪一支军队援台呢？福建绿营已经是不能，因为在台湾大力裁军的同时，福建也跟着缩编员额。更何况台湾绿营是班兵选调，如果他们战力出了问题，相对来说福建绿营战力也呈现滑落（参阅第二章第一节/第三章第二节）。

事实上左宗棠会如此计划，那是着眼于绿营已不再是主力，新崛起的防军才是官方借重的武力。由于防军使用比绿营更新式的武器，其训练也是以洋式操典为主，所以战力较强。在牡丹社事件发生当下，台湾并无防军驻防。现可考防军驻台的时间是在同治七年（1868），该部的1000名勇丁是随台湾镇总兵刘明灯去留而滞台。换句话说当时台湾没有任何一支军队是日军的对手，甚至于包括福建的军队也是（见第二章第一节）。于是这跟以前台湾发生乱事，福建即刻派兵支援的方式大不相同；即跳过省垣这一关，直接向他省讨救兵。

---

① 《同治甲戌日兵侵台始末》，页6~7。

② 《近代中日关系史源起1871~1874年台湾事件》，页106；《台湾文化志（中译本·下卷）》，页98~99。

同治十三年五月四日（1874.6.17）沈葆桢偕福建布政使潘霨抵达台湾，先前日军分三路进攻牡丹、高士佛社，现在清方也得到消息。此外根据淡水厅同知陈星聚的回禀，一艘日本运兵舰还由台南绕至后山，经过噶玛兰至鸡笼买煤。沈氏提三项应变之道——理论、设防、开禁。① 在理论方面，五月九日（6.22）指派潘霨、夏献纶携带外交照会给西乡从道，表明生番的统辖全属清廷所有，日方示以兵威毫无道理。五月十一、十二日（6.24/25）潘霨二次再与西乡从道展开会谈，希望能达成撤兵的协议。② 不过这样的外交折冲其实是缘木求鱼，因为日方早就设想将来的外交谈判，完全是在内地进行，尤其在七月二十一日（9.1）全权办理大臣大久保利通出使北京以后。③ 所以说在彼此陷入僵局之情形下，清廷若不假以兵威看来也不行了。

在设防方面，同治十三年六月八日（1874.7.21）在沈葆桢、李鹤年等的要求下，奏请于北洋大臣借拨洋枪队3000名，南洋大臣借拨洋枪队2000名，共5000名部队援台。调拨洋枪队来台的建议被朝廷所接受，但在直隶总督兼北洋大臣李鸿章的主导下，改调驻防江苏省徐州的武毅铭军援台。该部在记名提督唐定奎的指挥下，统辖十三营6500名勇丁；六月二十日（8.2）全数拔队开赴台湾，八月十六（9.26）陆续在凤山县旂后上岸。④ 这一支部队属于淮系刘铭传麾下，历经围剿太平天国、捻乱，整体战力被评价颇高。来台后各部不乏跃跃欲试，一战驱敌以竟大功的想法。⑤ 淮系首脑李鸿章为何在此时，把手下的淮军精锐调往台湾；可能欲扩大本身的政治影响力，插足这块属于南洋大臣办理洋务的岛屿有关。⑥

英国商人 John Thomson 曾在当时赴瑯峤一游，根据他的描述他看到2000名日本士兵在此登陆，并说这可能是清、日双方首次以现代武器对决的一场战争。⑦ 2000名日军的估计，跟首波赴台的日军人数相当，但这不是最后的数目。由于日军在当地深受热带疾病所苦，因此后送与增援部队调动

---

① 洪安全主编，《清宫洋务始末台湾史料（二）》（台北：故宫博物院，1999年10月），页756、759～769。

② 《同治甲戌日兵侵台始末》，页30～32、44～47。

③ 《近代中日关系史源起1871～1874年台湾事件》，页125～184。

④ 洪安全主编，《清宫月折档台湾史料（二）》（台北：故宫博物院，1994年10月），页1630～1636；《沈文肃公牍》，页497、500。

⑤ 诸家，《海滨大事记》，台湾银行文献丛刊第二一三种，1965年6月，页91～95。

⑥ K. E. 福尔索姆（Kenneth E. Folsom）著，刘悦斌等译，《朋友·客人·同事（Friends, Guests, and Colleagues）》（北京：中国社会科学出版社，2002年1月），页158～159。

⑦ Thomson John, The Straits of Malacca , Indo－China and China or Ten years' travel , adventures and residence abroad (London: Sampson Low, Marston , Low& Searle, 1875).

频繁。该事件结束后，计算其征台的人数共有5990人之多（不含海军舰艇兵）。① 不过提到现代武器，作者倒是对双方使用的武器感兴趣。调台淮军所使用的武器，已在第三章第二节的内容讨论过。那么日军方面有何史料可以说明吗？根据清方的探报，当时日军配备有大铜炮8尊、飞轮炮1尊、小铜炮10余尊，其他用牛车装载的枪炮器具若干。② 然这些武器已经成为日军全面性的制式装备吗？恐不尽然。同一时期在日本国内出刊并以图片著称的《东京日日新闻》，就连载几期日军"讨蕃"的彩色绘画。画中的日本士兵颇为英勇，但都有一个共同的特色，即手持长矛、腰系太刀、脚穿草鞋。③ 这跟刻板印象中，娴熟于新式武器作战的日军有很大的出入。因此本书认为当时双方军队，都处于新、旧武器杂陈的阶段；有枪炮、火药助威，但使用刀矛也不在少数。

在开禁方面，其实广泛地说这也算是设防的一种。为了抢在日军之前，能招抚更多的生番社，通常就由军队执行该任务。这项工作相当繁琐，援台的武毅铭军要专防日军，所以暂不派他们负责。于是必须要再找新的部队担纲才行。福建绿营练军成立的时间是在同治十三年五月（1874.6），原因与牡丹社事件有关。在闽督李鹤年的要求下，福建陆路提都罗大春挑选绿营精兵十四营充做防军。不过这十四营的其中一营，要到同年七月才被调台，而大部分要到光绪以后才抵台。由于事情紧急，五月十三日（6.26）罗氏先被命令赴台，同月二十二日（7.5）抵台谒见沈葆桢后，七月十七日（8.28）就带着夏献纶所招募的土勇920人、料匠158人，前往苏澳进行开山工作。九月十七日（10.26）虽然南澳镇总兵官吴光亮也招粤勇二千余人抵台，但五天之后牡丹社事件就订约结束，因此没有产生实际地武吓作用。④ 所以当时与淮军相辅的武力，就以在台就地招募的土勇营与乡团为主。

团练早在台湾行之有年，其兴办就交由台湾道夏献纶、现任台湾镇总兵官张其光，以及卸任镇台曾元福负责，办理区域在凤山县、淡水厅、噶玛兰厅。⑤ 至于土勇营，这种职业式的武力在民间是很新的尝试。台湾史上第一支500人的洋枪队，就是由曾元福招募名为"安抚军"，并委由山东烟台税务司博朗操练（见第二章第三节）。另外袁闻柝也自募一营500人的土勇营，

---

① 《近代中日关系史源起1871～1874年台湾事件》，页192。

② 《清宫月折档台湾史料（二）》，页1768、1796。

③ Eskildsen Robert, "Of Civilization and Savages: The Mimetic Imperialism of Japan's 1874 Expedition to Taiwan", The American Historical Review, Vol. 107, No. 2 (2002): 387－418.

④ 罗大春，《台湾海防并开山日记》，台湾银行文献丛刊第三〇八种，1971年12月，页6～15；《同治甲戌日兵侵台始末》，页130～131、167。

⑤ 王元穉，《甲戌公牍钞存》，台湾银行文献丛刊第三九种，1959年6月，页104、116、118。

名为“绥靖营”，驻防在凤山县赤山（屏东县万銮乡）。① 这二支总数1000人的土勇营，再加上武毅铭军6500人，清廷能夠临阵的部队在7500人左右。若再加上人数不详，但估计至少也在万人之上的团练（以鸦片战争为准），其实清廷是有一战的实力。

日军亦察觉出局势有变，六月十三日（7.26）台湾蕃地事务参军赤松则良提交一份作战报告，即针对双方开战的应变之道。文中共列有九项要点，都是环环相扣之教战守则。包括：第一条，清军来攻时日军将把所有饷糈藏于石门、内双溪，仅留二小队保护。其余部队准备七月份口粮，立刻向北进攻枋藔（屏东县枋寮乡），直抵东港（屏东县东港镇）、凤山新城（高雄县凤山市）、凤山旧城（高雄市左营区），然后坚守打狗（高雄港）。第二条，若攻下凤山新、旧城，则戍守双溪口的部队北上增援。第三条，全军在凤山县休息数日后，兵分二路夹击台湾府；一路沿观音山（高雄县大社乡）通过楠梓坑（今名向南仔/台南县龙崎乡）北上，一路从罗汉门、蕃薯藔（高雄县内门乡/旗山镇）西进。第四条，海军攻占澎湖，切断台闽的联络，必要时再封锁福州。第五条，开战时驻防长崎之一大队，立刻搭船攻占鸡笼；若登陆成功仅留二小队固守，其余部队沿鸡笼河攻占艋舺。第六条，攻占艋舺后即刻南下进攻淡水厅治竹堑城（新竹市）、彰化县。第七条，在打狗、台湾府、鸡笼、淡水的海关人员与外侨，一律加以保护与继续聘用。第八条，如果北京清日谈判破裂，须在长崎速调12000名军队佯攻台湾，实开赴天津突击。第九条，在鹿儿岛新募3000名军队，速攻浙江舟山，扰乱上海附近的航运、通商。②

从假设史学的角度讨论，只能说幸亏日军没有真的对清军开战，否则牡丹社事件的结局定有所改变。先不说日军发兵攻占天津、舟山的成功几率如何，只凭台湾陆战的阵仗，有办法尽如日军的盘算让他们南北夹攻吗？从两军人数与装备来看，可以想见即便防军与土勇营不能取胜，至少也是平分秋色式的鏖战。只是决定开战与否，军人并非唯一的定夺者。北洋大臣李鸿章在这场对日谈判中，扮演关键性的角色。在英国公使威妥玛强力介入，并替清廷草拟《中日北京专条》的主导下，李氏代表的清廷遂有求和之心。③ 英国为何此时变得如此热心？其实怕的就是影响它在远东的商业利益。虽然时论对日开战的声浪不断，甚至还有极力倡言请讨日本本土的意见；④ 但碍于

① 《同治甲戌日兵侵台始末》，页70~71、84~85、87。

② 《台湾文化志（中译本·下卷）》，页106~107。

③ 王庆成，《稀见清世史料并考释》（武汉：武汉出版社，1998年7月），页345~351。

④ 陈其元，《庸闲斋笔记（摘抄）》；摘自诸家，《悔逸斋笔乘（外十种）》（北京：北京古籍出版社，1999年2月），页129~136。

正值用兵西北之际，英国看出清廷并没有在台湾点燃战火的决心。①

同治十三年九月二十二日（1874.10.31）清廷与日本签订条约，中方赔款日方军费四十万两、抚恤银十万两，换得日军退出台湾。② 光绪朝任职于海关的美籍"中国通"Hosea Ballou Morse，在其大作提到对于这样的结局，当时威妥玛受到各方无限的赞扬。日本以逃脱它尚无准备的一次冲突而感庆幸。然清廷是值得怜悯的——因为没想到它会情愿被人侵略而付出代价。③ 清廷除了在军事上，失去一次与日对决胜算较大的良机外，外交上的处置又不够慎重，让日本在事后可以曲解条文，成为并吞琉球的有利条件。④ 不过台湾的防卫在该事件过后，得到清廷应有的重视可谓塞翁失马，这对十年后要来到的大战是非常重要的。

3. 清法战争

法国图谋越南为时已久，同治元年五月（1862.6）法越签订柴棍条约（西贡条约），可说把整个行动表面化。⑤ 对于该问题清廷不是没有注意。在清法战争爆发前夕——光绪八年三月（1882.4）两广总督张树声即密奏法、越兵端已起，亟宜通筹边备以弭后患。⑥ 北京方面对于张的警语非全然无动于衷，不过从隔年九月（1883.10）翰林院编修朱一新再启奏，告以法国侵逼日胜，并吁请速定大计的情况来看，朝廷仍徘徊于和、战二端。⑦

在这一段期间，台湾受到东南沿海战云密布的影响，在防务的整顿上也显得急迫。光绪八年十二月（1883.1）福建巡抚张兆栋巡阅台湾的一段记录，可让我们一窥台防的大概：

> ……查全台口岸林立防不胜防，而最要者有四处，南则安平、旗后，北则沪（尾）、基隆，均经设有炮台派勇驻守。……安平、旗后二处炮位俱系明露，……沪尾口外之油车口有炮台基址一所，……臣顺途逐加履勘并督饬操练，炮械均属精利，演放亦上拦

---

① 张建华，《英国与1874年日本侵犯台湾事件》，《北大史学》，第8期，2001年12月，页320～345。

② 洪安全主编，《清宫洋务始末台湾史料（二）》（台北：故宫博物院，1999年10月），页1074～1086。

③ 马士（Hosea Ballou Morse，1855～1934）著，张汇文等译，《中华帝国对外关系史·第二卷1861～1893年屈从时期（The International Relations if the Chinese Empire：Volume II）》（上海：上海书店出版社，2000年9月），页293～301。

④ 梁伯华，《台湾事件与琉球问题的关系》，《近代台湾的社会发展与民族意识》（香港：香港大学校外课程部，1987年12月），页237～252。

⑤ 不著编人，《法军侵台档·大事年表》，台湾银行文献丛刊第一九二种，页1。

⑥ 中国第一历史档案馆编，《光绪朝朱批奏折（第一一九辑）》，（北京：中华书局，1996年12月），页525～526。

⑦ 洪安全主编，《清宫月折档台湾史料（四）》（台北：故宫博物院，1995年8月），页3465～3478。

（娴）熟。……驻扎郡城兵勇调集操演，技艺均属可观；其余扼要分扎，声势尚觉联络。惟勇丁未能一律精壮，已谆饬统带各官汰弱留强、认真训练，务期勇归实用，饷不虚糜……①

看来台湾的防务在当时官员的眼中尚属持平，而兵力布防的重点也以台湾府城（台南市）为主。不过观其四个要口的守备，只有基隆的防务闽抚未再说明，这是否表示清廷对于该港的认识，还停留在“水势平稳，洋船可随时出入”的状态呢？从光绪十年元月四日（1884.1.31）下达的一道谕旨来看，不排除有这种可能。该谕旨内容旨在垂询台防二件事情：一为镇将是否得力，另一为兵勇是否足恃。② 很显然地到了清法快要开战的边缘，清廷还未察觉到盛产煤炭的基隆其战略价值何在。

至于北京方面为何较偏重人事问题而少谈防御部署，其实跟台防的官员彼此失和有关。台湾镇总兵吴光亮为当时品秩最高（正二品）的军事将领，然因在光绪九年十月（1883.11）涉嫌侵吞饷项、勒索规费而被奏办。③ 尔后吴又与台湾品秩最高的文官（正四品）——台湾道刘璈产生嫌怨，其势如水火还需吏科官员奏请冀由闽抚移驻来平息。④ 因此台湾的人事纷争，可说是在战争未开始即提前引爆；⑤ 日后它一直困扰着守军，使之无法一致对外直到战争结束。不过即便如此，台湾的防务还是在清廷的要求下持续进行。闽浙总督何璟是当时专阃海防的地方大员，他在光绪九年十一月至隔年元月（1883.12～1884.2），多次向北京奏报军情。以他的观察基隆、安平、旗后已分别建筑炮台，购置洋炮以为守御，惟沪尾炮台仍在改筑，然已下令克期竣工。再者台地防勇裁减1600余名，仅留6700余名以汰强换弱，不足的兵力着水、陆民团补充。而整个台湾的防区则划分为五路：恒春至曾文溪为南路，兵力5000名；曾文溪至大甲溪为中路，兵力3000名；大甲溪至宜兰苏澳为北路，兵力4000名；花莲港至卑南为后路，兵力1500名；澎湖为前路，兵力3000名。⑥

从兵力部署的情况来看，前路与南路可谓重兵云集，这一种台湾府城与澎湖连成一气的防卫模式，实际上是台湾负责海防的官员追索旧经验的

---

① 洪安全主编，《清宫洋务始末台湾史料（三）》（台北：故宫博物院，1999年10月），页1417～1420。

②《清宫洋务始末台湾史料（三）》，页1500。

③《清宫月折档台湾史料（四）》，页3479。

④《清宫月折档台湾史料（四）》，页3491～3493。

⑤ 光绪十年三月（1884.4）台湾道刘璈亦被参劾“肆意贪横，办防松懈”，并被指称与吴光亮事不合恐致偾事。参阅台北故宫博物院编，《清宫廷寄档台湾史料（三）》（台北：故宫博物院，1998年10月），页1779～1780。

⑥《清宫月折档台湾史料（四）》，页3483～3490、3494～3503、3506～3510。

结果。① 只不过看似缜密的布防，不一定能切合实际；要是对当时战争的打法与战略一无所知，守军的偏防反有孤注的危险。光绪十年三月十八日（1884.4.13），法舰哇尔大号（Ie Volta）到基隆购煤启衅。根据基隆厅通判梁纯夫禀报，该事件起因于法舰驶进港口后，随即有三人上岸登山瞭望。他们除了有绘制地图的动作外，还想进入二沙湾炮台“游玩”，但被该管营官与教习阻拦。② 翌日法方以遭炮台兵勇詈骂与官方禁售煤炭为借口，准备炮轰基隆挑衅生事。此事幸赖英驻淡水领事费里德（Alexander Frater）、英籍基隆关代理税务司费世等的调处才小事化无。整件事清廷处理尚称明快，然把它定位为商务纠纷，则轻视了法舰在此进出的真正目的。③

炮台成为海防守口的利器，则是当时稍谙洋务官员的一种想法。④ 经过法舰这次在基隆滋事的刺激，清廷也开始提防法方有可能夺踞口岸为质的诡计，因此密谕闽、粤官员小心行事。⑤ 光绪十年四月（1884.5）闽浙总督何璟特别针对法舰的动态，以及台湾防务的缺失提出报告。他认为台湾现存的二万兵力还不足以应付危局，且调拨该岛的万年青、伏波、永保、琛航四艘兵轮，还远不及法舰的威力。因此应变之道在于先办水、陆团练，一旦有警则坚守各炮台抵御，待敌舰进入水浅处再出动杉板应战。⑥ 何的战术在今日看来简直是以卵击石，若真的照章办理即有全军覆没之虞；但这就是当时对海战的认知，一种以陆战延伸的手法去操作。

不同于其他官员的想法，属于淮系集团的前直隶提督刘铭传，对于战争胜负取决于火力的认识，比起他的同僚们还进步许多。刘在同年闰五月二日（1884.6.24）上奏，直言我方须从兵将、器械、炮台、兵船兴革才有机会获胜。⑦ 二天之后，刘即被赏与巡抚衔并命督办台湾事务。⑧ 前文

---

① 《清代台湾的海防》，页11～22。

② 许毓良，《清法战争中的基隆之役——兼论民族英雄墓的由来》，《台湾文献》，第54卷第1期，2003年3月，页299～302。

③ 《法军侵台档》，页34～36。

④ 《光绪朝朱批奏折（第一一九辑）》，页541～542。

⑤ 事实上早在光绪九年十二月二十二日（1884.1.19），北京同文馆已把法国报纸催逼法军及早占领台湾、琼州、舟山的讯息给翻译出来；但过了三个月之后，清廷才正视这项消息。参阅《法军侵台档》，页13～15；洪安全主编，《清宫廷寄档台湾史料（三）》（台北：故宫博物院，1998年10月），页1781～1782。

⑥ 《光绪朝朱批奏折（第一一九辑）》，页546～548。

⑦ 《清宫月折档台湾史料（四）》，页3568～3588。

⑧ 野史谓刘铭传不喜仅有钦差头衔，真正想要得到的职务是督抚之职，于是在李鸿章的奏请下加巡抚衔任命。参阅《清宫廷寄档台湾史料（三）》，页1790；罗惇曧著，孙安邦、王开学点校，《罗瘿公笔记选》（太原：山西古籍出版社，1997年7月），页246～247。

提到的台湾官员彼此不和问题，事隔半年仍未止息。因此从北京的观点来看，除非能简放统筹战局的大员，不然实无更好的解决方式。① 以淮系首脑李鸿章的政治实力，再度启用他手下的强将实不让人感到意外。② 刘在接受任命后，旋即在同月十四日（7.6）行抵天津与李会商军情，四天后与从铭军旧部挑选的140余人渡台；二十四日（7.16）抵达基隆上岸，四天之后移驻台北府城。③

刘铭传对于台湾当时的防务，以全台总共四十营，但台北仅部署九个营最表不满。他除了增调旧部记名提督章高元督率二营来台外，亦下令在基隆赶造社寮与岸鳞墩炮台（基隆市中山/中正区），并商请两江总督曾国荃调援“澄庆”、“登瀛洲”、“靖远”、“开济”四艘兵轮。④ 刘的担心是正确的，因为法军正准备先发制人对基隆展开轰击。光绪十年六月十四日（1884.8.4），法国远东舰队副司令官李士卑斯（S. N. J. Lespés）率领兵船四艘驶近基隆。李氏佯称清法和议不成，要在次日上午八时炮轰守军。刘在十五日黎明于台北府城接到情报后，即火速赶往前线督战，但行至半途已听闻法舰轰击大沙湾炮台的炮声。该炮台营官姜鸿胜本欲还击，但所配备的五尊洋炮均采固定炮座无法回旋，因此在法舰的侧轰下仅两个小时即伤亡六十余人。刘铭传自知我方火力无法匹敌，遂想以诱敌深入的方式进行陆战。隔日上午九时法军在舰炮的掩护下，有四五百人趁隙登陆；以半数直攻从海岸退守至田寮港二重桥的曹志忠部，再以半数扎营于曹部北方的山头。双方战至中午，刘派令章高元与同样也是记名提督苏得胜率百余人由东路抄截，复派已革游击邓长安率六十人由西路绕击，而曹志忠与副将王三星再率领二百余人出阵，三路夹攻大败法军、摧毁山头营舍并驱赶他们回船。⑤

这一场战役值得探讨，因为它不是法军第一次失败。光绪九年四月十三日（1887.5.19）交趾支那舰队司令李维业（Riviére）上校率领二个连的海

① 《清宫月折档台湾史料（四）》，页3552～3566。

② 马昌华主编，《淮系人物列传——李鸿章家族成员·武职》（合肥：黄山书社，1995年12月）；同前注，《淮系人物列传——文职·北洋海军·洋员》。

③ 刘铭传撰，马昌华、翁飞点校，《刘铭传文集》（合肥：黄山书社，1997年7月），页88～90。

④ 台北的九个营包括福宁镇总兵曹志忠的“霆庆营”六营，福建陆路提督孙开华的“擢胜营”三营，随后又有章高元的“武毅营”二营加入。不过整个计划仅有章高元部在刘的掌握下完成，参阅《刘铭传文集》，页90～93。

⑤ 洪安全主编，《清宫月折档台湾史料（五）》（台北：故宫博物院，1995年8月），页3611～3617；《清宫廷寄档台湾史料（三）》，页1796～1797、1810～1811；蔡庆涛，《基隆地方研究资料》，收入伊能嘉矩文库微卷编号T0021，卷号6－4（手稿及抄写部分〔四〕），页3，台湾大学图书馆所藏；刘璈，《巡台退思录》，台湾银行文献丛刊第21种，页268～269。

军步兵、炮兵等约四百人，进攻驻扎在北越纸桥由刘永福率领的黑旗队。① 刘氏麾下至少 1700 名大军，早设伏诱敌深入。初战时法军凭借优势火力，把对阵的刘部右营击溃；但过于轻敌在无斥侯预警下，全军竟大胆深入对手的阵地。于是被刘永福指挥全军合围惨败，李维业本人阵亡，余部伤亡约一百名。② 没想到此教训仍在台湾上演。法人 E. Garnot 在清法战争结束后，根据自己从军的经历写了一本《远征史》，书中有不少一手的记载，自然对此役有一描述。原来法军称呼大沙湾炮台为"新炮台"（Fort Neuf），它对法军的反击不具威胁性。而在被摧毁后，李士卑斯命令 Martin 中校率领海军步兵约四百人登岸。此时约有 2000 名清军向后方撤退，其间他们还受到法舰 Villars 的炮轰。尔后法军分成两支，一支由 Martin 中校指挥留守在高地，一支由 Jacquemier 上尉指挥进入市街侦察。然这二支军队，都遭受至少 2500 名清军的合围，在激战四小时后退回法舰，共阵亡 2 名、负伤 11 名。③

本书并不打算考证彼此"战果"的真实性，但临阵人数可能法方记载可信度较高。纸桥与基隆战役的共同点，就是法军在临阵前，一定以优势火力对敌猛轰，直到确定对手无反击的能力才继续进兵。这一步骤是正确的，清军在法军的攻势下，的确出现不少伤亡。不过法军疏于斥侯，遂成为进兵深入后的致命伤。诱敌深入已成为清军在火力居于劣势下，唯一可以选择的方法。但敌人中伏后，慑于法军火力强大，仍必须使用"人海战术"方能奏效。所以在纸桥大战中，清、法军人数比例为 4∶1，在基隆为 6∶1。

该役法军不得志于基隆，遂把兵锋指向福州船政局。事实上在光绪十年闰五月二十二日（1884. 7. 14），法国远东舰队司令官孤拔（A. A. P. Courbet）即率领数艘兵船驶入闽江窥伺。同年七月三日（8. 23）法方以迅速宣战的手法，即刻轰击马尾造船厂并毁船九艘。④ 三日后清廷下诏宣战，清法战争正式展开。⑤ 七月九日（8. 29）又有法舰三艘近泊基隆，并连续二日对守军发炮猛轰。同月十四、二十日（9. 3/9. 9）淡水亦出现法舰踪迹，不过

---

① "黑旗军"为一他称，刘永福本人自称所部为"黑旗队"。参阅李世瑜，《有关刘永福晚年活动的一篇文献——跋"粤省民团总长刘永福之通告"》，《文献》，第七辑，1981 年 3 月，页 113 ~ 116。

② 张壮强，《广西近代援越抗法战争》（厦门：厦门大学出版社，2000 年 7 月），页 32、43 ~ 44。

③ E. Garnot 著，黎烈文译，《法军侵台始末（L′ Expedition francaise de Formose，1884 – 1885）》，台湾研究丛刊第 73 种，页 14 ~ 15。

④ 此役清方参战兵船共 11 艘，船政大臣何如璋奏报只损失 7 艘；但事实上是包括扬武、福星、福胜、建胜、飞云、济安、琛航、永保、振威在内 9 艘。参阅《法军侵台档》，页 124 ~ 127。

⑤ 时论马江之败以钦差大臣张佩纶为众所恶，其次为闽浙总督何璟。参阅李孟符著，张继红点校，《春冰室野乘》（太原：山西古籍出版社，1995 年 9 月），页 120；胡思敬，《国闻备乘》（上海：上海书店出版社，1997 年 1 月），页 13。

在二十八日（9.18）以前，近泊基隆的三艘法舰仍持续滞留，并带给守军攻击上的压力。① 清廷此时密谕刘铭传若有办法，宜以塞港的方式对付法舰。② 但这非易事，因为法舰日以巨炮轰击，守军早远离海岸退入山边。两个星期之后，又有一场更大规模的陆战爆发。

八月十二日（1884.9.30），法国远东舰队司令官孤拔率领军舰九艘、运输舰二十二艘来袭。隔日（10.1）上午六时，法方以一千余名之众登陆港口西岸的仙洞庄。章高元率领驻扎该地的恪靖巡缉营、霆庆中营、武毅营二百余人邀击于牛椆港山上。双方会战两个小时，法军从山巅抄截，迫章部退出山口；至上午十时，法军更猛扑我军，幸赖副将陈永隆力战挫敌。然而当夜，刘铭传却以沪尾遭法舰五艘炮轰，恐陷敌为由；命令大军拔营援沪，并撤退至水返脚（台北县汐止镇），仅留曹志忠部三百人驻狮球岭。因此基隆港湾之战即在守军的撤兵下结束，法军可谓以极小的代价就有丰硕的战果。③

E. Garnot 对该役法军的编组有详细的记载，Bertaux - Levillain 中校为登陆后法军最高指挥官，麾下海军步兵一联队共 1800 人，配备 4 斤山炮一中队、配备旋回炮二小队、配备 80 毫米山炮一小队，并加上宪兵、辎重等共 600 人。④ 刘铭传提到一千余名法军登陆仙洞庄，与法国海军步兵人数相当，有一定的真实性。不过该役清、法军的人数比例却不寻常。按照刘氏的说法，当时守军才二百余人，比例为1:9。或许刘铭传在缮折上奏时，刻意把守军人数压低以避罪也说不定。然不管如何法军千余人之数，清军按照经验至少也要调拨七千余名勇丁，才能达到4:1 的最低要求。但此时在基隆至多仅三千名勇丁，无法与法军正面交锋。

以往评论刘铭传径自从基隆撤兵，有出于保存实力考量，有出于战略援沪考量，现在看来二者皆有可能。对于前者，保存实力应非用于湘、淮斗争；他是着眼于大胆的赌博，把兵力全投注到法军人数可能较少的淡水，再以大吃小的方式赢得小胜。该赌盘也是险局。据事后刘铭传缮折辩驳，十三日在与法军接战时，忽报淡水有法船五艘直犯口门，他自忖淡水离台北府城更近，非先驰援不可。⑤ 刘的说辞现在看来越来越像借口，因为他根本不知

---

① 《刘铭传文集》，页 98 ~ 99。

② 《清宫廷寄档台湾史料（三）》，页 1822。

③ 根据刘铭传的奏报，法舰全数只有 11 艘，这与蔡庆涛的调查略有出入。作者采用蔡的资料原因除了叙事更为详尽之外，蔡的报导人想必也亲历这场战争。参阅《刘铭传文集》，页 100 ~ 101；《基隆地方研究资料》，页 3；《巡台退思录》，页 284。

④ 《法军侵台始末》，页 18 ~ 19。

⑤ 刘铭传，《刘壮肃公奏议》，台湾银行文献丛刊第二七种，1958 年 9 月，页 174 ~ 175。

法军何时会进攻淡水，上岸的兵力有多少。但他还是赌赢了。事实上刘氏若不撤兵，按清法人数比例与双方火力的悬殊，他想要在基隆获胜亦极为渺茫。基隆撤兵是他置之死地而后生的最后一招。只是既有撤兵的计划，当下就要有安排，岂能拔营而不顾？仓促撤兵的结果，使得清军在基隆的重要阵地皆失，不久连最要地狮球岭也被法军所夺。

淡水之役是刘铭传起死回生的关键。根据刘铭传的奏折，光绪十年八月十六日（1884.10.4）法舰八艘轰击我阵，二十日（10.8）清晨法舰忽散，福建陆路提督孙开华料法军必登岸，遂亲督营官（记名提督）龚占鳌埋伏港中，营官（记名总兵）李定明埋伏油车埠，营官（副将衔闽浙补用游击）范惠意为后应，记名提督章高元、刘朝祜率领营官（记名提督）朱焕明埋伏北台后山，五品军功张李成率土勇一营埋伏北路山间。顷刻法军以小轮船，分道拨兵千人登陆猛攻炮台。孙开华见法军进逼，亲率李、范二人出阵，章、张二人包抄阵斩敌军25名，铳毙300余名，敌军不及逃避，溺海而死70余名。① 看来清军是获得大胜非小胜，但实情真是如此吗？

E. Garnot也提到淡水之役的情况，详细程度较清方为佳。事实上这一次法军的总指挥官，就是第一次基隆之役失败的李士卑斯（S. N. J. Lespés）少将。他命令Martin中校为登岸后的指挥官，但此人风湿病复发，改由Duval上尉担任。八月二十日（10.8）共派600名海军步兵登陆，他们的目标有二：一是摧毁新炮台（油车埠炮台）与白炮台（沙仑炮台），② 另一是摧毁引爆航道水雷的点火哨。上午十时法军登陆完毕，随即向内陆推进。但此时他们遇到障碍，就是苦于密林所阻。密林不但打散他们队形，也使彼此联络感到困难。而密林的另一头，清军早屏息以待欲伏击他们。约十分钟的接触，双方即爆发激烈的枪战。根据Garnot记载，这一条战线长达1500米，彼此射距仅100米。清军利用密林充做掩护，成功地包抄至法军后方，法军全陷入危境。约中午法军因弹药用罄，乃决定撤退；不巧风浪转大，小艇无法靠岸。拖至下午一时十分，法军才踉跄撤离完毕，该役法军阵亡12名、失踪8名、负伤49名。③

法方对此次的失败有所检讨，他们认为除了登陆兵力过少外，也缺乏战术经验；致命处在于没有斥侯保护前线的推进，以至于受到清军狙击手攻击时便一筹莫展。兵力不足的缺点，李士卑斯少将在未下令登陆前自知，但这些员额是孤拔所能从基隆分拨的最多人数。因此淡水的法军也只能冒险孤注

① 《刘铭传文集》，页101～103。

② 周宗贤，《淡水与淡水炮台》，《台湾文献》，第41卷第1期，1990年3月，页47～48。

③ 《法军侵台始末》，页26～28。

一掷。① 再者，登陆后的法军火力并不强。据记载600名海军步兵仅配备一门旋回炮（该炮清军记为格林炮 Gatling/它其实是一种美制重型机枪，由10支枪管构成，可装置在野战轮架上移动）。若按当时射距临阵的教战守则，100码以外应是大炮的火力支援区，怎料失去这一层支援，法军的失败实有迹可寻。② 事实上清军的成功，还是得利于人海包围战术奏效。由于刘铭传已把原驻守基隆的三千大军移调，现淡水到台北府一路，至少有四千之众驻扎。清军不管是临阵，还是预备队的上补，兵源都极度充裕。刘铭传因基隆不战而退，所引发的政治危机稍解。

光绪十年八月十五日（1884.10.3）法军差不多占领基隆港埠，而住在街肆的百姓相率逃走以致十室九空。法军看到此情形也感到惊讶，为避免清军潜伏狙击乃纵火烧屋，最后终于确定敌军已全数撤走。③ 虽然法军已攻占基隆，但碍于辎重兵严重不足，使得他无法乘胜追击攻入台北府。因此往后的四个月，基本上以固守阵地、待机进攻为主；尤其在二十日（10.8）入据沪尾失利后，更显得不得失守的重要。

当时法军的占领区是由西方、南方、东方三条防线围绕着。在西方防线方面，法军有 Clément 与 Thirion 二个炮兵阵地。前者位于球仔山，为利用清军遗留的中央炮台稍加修葺而成；后者位于石皮濑山头，本来是控制着往金山的孔道，但因防守的士兵苦于痢疫不久便弃守。在南方防线方面，法军以二度易名的 Leverger 与淡水炮台为重心（其实就是狮球岭炮台），再搭配西北方以及西南方被称为“鹰巢”的堡垒。东方防线方面，总共有三个炮兵阵地——即位于今主普坛的 Fort Ber、位于今中正公园的 Fort Gardiol、位于今中正国小的 Fort Bayard。指挥部设在也是被称为 A 点（Point A）的 Fort Bayard，它有一条电报线通往位于二沙湾被临时充做军医院的海关关舍。前述提到的所有阵地，在法军看来都不是最佳的选择。虽然它们都很接近基隆港湾，但山头的海拔并不高，在其后方还有更高的山丘可以俯视它们。法军也想过攻占这些更高的山丘，然碍于兵力有限，无法再进一步扩大自己的防线。④

在清军的阵营中，八月二十日（10.8）重挫法军进攻淡水的行动，算

---

① 《法军侵台始末》，页26、29。

② Hughes B. P., Firepower: Weapons effectiveness on the Battlefield, 1630 - 1850 (New York: Sarpedon Press, 1997), pp103 - 107.

③ 《基隆地方研究资料》，页4。

④ 对于该段任何提及法军炮台、炮兵阵地的考证，除了南方防线的 Fort Bayard 之外，均参照刘敏耀先生所著一书。参阅《法军侵台始末》，页18 ~ 37；刘敏耀，《基隆炮台手册》（基隆：基隆市立文化中心，2000年8月），页37 ~ 42。

是把从基隆不战而退的劣势再扳回一城。① 至此清、法双方攻势停顿，逐渐呈现出一种相持不下的状态。二天之后清廷一连下了三道密谕，除了命令在滇、黔的清军伺机进兵，借以牵制基隆的法军之外，亦调前陕甘总督杨岳斌带勇援台。不过最让人感到好奇的是第三道谕令的内容，文中提及法军占领基隆后，即雇募当地土勇为兵。因此北京方面指责刘铭传为何让法方先声夺人，并要求趁敌喘息未定与台湾道刘璈联络反攻。② 事实上北京先前冀望调派刘铭传来台，以弭镇、道不合的纷争现已落空。因为他引起另一场更大的人事风暴——湘、淮畛域。③ 当时刘铭传的困境是军饷、器械、兵源全部不足。对此清廷亦下令东南沿海的督、抚设法接济，但以当时紧急的状况仍属缓不济急。④

在北京的认知中，台湾银米不缺，且多富户；尤其是台北"林姓"家业巨富，可以设法劝输。实际上这反映着一种对战场无奈的事实。因为早在战争爆发之初，地方官员早有兴办水、陆团练之举；然而现在还为了筹饷、拉夫而疲于奔命，可见得该方法有它实际的困难。迫不得已清廷也开出一些奖励，如：绅民募众逐法者，以五等之爵封赏；所费口粮立功后报明补发；捐饷者减成从优，成功再賸粮一年。⑤ 从清廷追溯八月十三日（1884.10.1）基隆战事的记录来看，我方在清理战场时，不管是从俘虏的口中，还是从被击毙的尸体均发现有为数不少"华人"。根据两江总督兼南洋大臣曾国荃的说法，他们是法方在东南沿海口岸以雇工为名诱骗充军。虽然曾言之凿凿，但从E. Garnot的回忆录来看，完全没有提到这类事情，有的只是从东京（越南北圻）、交趾支那（越南南圻）调来的援军。⑥

从清廷的档案来看，刘铭传似乎还能领导台北军民来抵御法方，但在淡水关税务司法来格（E. Farago）眼中却完全不是这么一回事。九月二日（10.20）他给总税务司赫德（Robert Hart）的报告提及："刘爵帅往日英名今已全失，曾令淡水、基隆二处督兵人退兵，皆抗而不遵。又有自回台湾府之意，乃为乡民所禁，不得出衙。"⑦ 法氏为英国人，当时属于中立国的官

---

① 《刘铭传文集》，页101～105。

② 《清宫廷寄档台湾史料（三）》，页1850～1852。

③ 许雪姬，《刘璈与中法战争》，《台湾风物》，第35卷第2期，1985年6月，页1～28。

④ 吴玫，《中法战争期间大陆对台湾的支持》，《台湾研究集刊》，总第26期，1989年11月，页53～60。

⑤ 《清宫洋务始末台湾史料（三）》，页1596～1597。

⑥ 此外还有第三种说法。根据淡水关税务司法来格（E. farrago）给总税务司赫德（Robert Hart）的报告，这些人都是中国的天主教徒。参阅《清宫廷寄档台湾史料（三）》，页1854～1855；《法军侵台始末》，页20～21；《法军侵台档》，页216～217。

⑦ 《法军侵台档》，页214。

员，他的记录应有一定的参考价值。有趣的是刘不得出衙形同软禁的局面，与台湾马上就要面临到的处境相似。也是在同日，孤拔宣布封锁台湾从南岬（恒春半岛）迤北至苏澳的港口、海湾，并且有权检查第三国的船只或驱逐他们。① 这个破天荒的决定可谓台湾史上的一件大事。因为之前该岛虽也面临过鸦片战争的冲击，但这种压制式的封锁还是头一次，并且是除了花东海岸之外全都算入。②

法军的这个举动，在进行之初已收到了效果。九月七日（10.25）刘铭传发出的电报指称：北京方面一直要求他招募的土勇，现已募集五千人，但因为饷械不足、药品缺乏、土匪四起、疾病大作，能战者还不足三千人。③ 所以在九月份，法方趁机放出和谈空气试探。十一日（10.29）法国新报馆主笔嘎马代替总理茹斐礼（Jules Ferry）与清廷驻英公使曾纪泽的翻译官马格理（Halliday Macartney）做非正式的接触。法方提出四点要求：同年四月与北洋大臣李鸿章签订的《天津简约》仍属有效；清军撤出东京，法舰撤出中国洋面；越南谅山之役法国不索兵费；台湾由法军驻守。④ 该协议可说要清廷做极大的让步，一些京官如：礼部侍郎尚贤、光禄寺卿沈源深均上奏朝廷切莫接受。⑤ 当然事后清廷也没接受，因为此时它仍相信有把握获胜，但得先解决眼前的问题。

在对付法舰封锁的问题上，调派一切可动用的兵轮援台，则是被认为可行的方法。⑥ 但不管是北洋大臣还是南洋大臣，总以固守汛地之词推托。正巧十月十七日（1884.12.4）朝鲜发生“甲申政变”，李鸿章遂有借口把援台的兵船全调到朝鲜。如此只剩曾国荃的南洋水师能担负这个重任。曾在十二月三日（1885.1.18）派出“开济”、“澄庆”、“驭远”、“南琛”、“南瑞”五舰援台。十天之后孤拔亲自率法舰六艘邀击于浙江坛头洋面。结果前二艘兵轮被击沉于三门湾石浦港，后三艘则逃往镇海港，整个驰援行动终告失败。⑦

在增进我方士气的问题上，九月十一日（10.29）清廷实授刘铭传为福建巡抚。⑧ 此举象征着北京对刘的信任与看重，不过实际有助益的还是兵源

---

① 《法军侵台始末》，页39。
② 《清代台湾的海防》，页43~44、162~171、220~230。
③ 《清宫洋务始末台湾史料（三）》，页1620~1621。
④ 《法军侵台档》，页298~310。
⑤ 《清宫月折档台湾史料（五）》，页3696~3707。
⑥ 《清宫月折档台湾史料（五）》，页3690~3691。
⑦ 姜鸣，《龙旗飘扬的舰队——中国近代海军兴衰史》（上海：上海交通大学出版社，1991年7月），页169~175。
⑧ 《清宫廷寄档台湾史料（三）》，页1874。

与饷源的稳定。除了前文提到台北“林家”——三品卿衔候选道林维源之外，前内阁中书台北绅士陈霞林、候选知府嘉义绅士陈熙年、郎中彰化雾峰绅士林朝栋、郎中新竹绅士林汝梅俱成为官府眼中的大户。然而他们出力彼此有所不同。陈霞林、陈熙年、林朝栋、林汝梅办理团练算是与清廷密切配合，林维源则是以躲避战火为由内渡厦门，再以分期缴付的方式消极拒绝。①

在军情处理的问题上，对于刘铭传不战而弃守基隆的举动，使得往后三个月陆续有官员上奏议处。不过他们也都建议最好能让刘克期进剿、将功赎罪。② 事实上从日后的档案发现，八月十三日的这一场战役，前线官员过于渲染。最明显的是李鸿章从上海所得的消息，均是我方斩将搴旗，以及越二日后守军反攻，掳得军械无数的虚假战报。③ 再者，对于孤拔阵亡的讯息，也时常以讹传讹见于奏报、电稿中；④ 淡水一直在我方控制的情形，也屡被误传为失守陷敌。⑤

在兵防调动与部署的问题上，法军的东、南、西三个防线成为清军急需突破的目标。由于各部见刘铭传无急攻基隆的计划，台北府知府陈星聚乃怂恿曹志忠发动反攻。九月十四日（1884.11.1）上午三时，曹带队前往法军南方防线的狮球岭炮台，甫至山下正准备夜袭九等（弓）坑敌营时就被发现。据 E. Garnot 的描述，曹部主要是想争夺 Thirion 炮台；清军在法军的阻止下暂时放慢攻击，但在四个小时后又想以包围战术环攻“鹰巢”堡垒。不过法军交叉射击的火网毕竟厉害，我方共伤亡四十余人仍徒劳无功。尔后刘铭传命令曹驻扎五堵水陆要隘不得再轻进，但鉴于麾下六营伤亡、疫病颇大，准其在当地招募二营土勇。虽然有时守军会再趁夜至敌营摸哨，但该攻击是我方在同年十二月底（1885.2）以前规模最大的一次。⑥ 因此在这一段期间，清军均以防守为主。

根据刘铭传本人在十一、十二月及隔年元月的奏报，对于增长的兵力有矛盾之处。前两个月刘向北京方面报告，台北的总兵力有13000人，扣除沪尾不算，基隆附近有曹志忠六营、苏得胜与林朝栋等土勇五营。然而在光绪

① 同治七年（1868）未裁兵加饷以前，台湾绿营每年的经费约二万两，以淡水厅0.69两对1佛银的比率来计算，约折合佛银28912圆，而当时清廷即要以林维源认捐洋圆二十万。参阅《清宫月折档台湾史料（五）》，页3692～3695、3851～3853、4155、4162；《刘铭传文集》，页112。

② 《清宫月折档台湾史料（五）》，页3933～3977。

③ 李鸿章，《李文忠公全集（六）电稿》（台北：文海出版社，1970年），页74～100。

④ 《清宫月折档台湾史料（五）》，页3680；《法军侵台始末》，页166～168。

⑤ 《法军侵台档》，页245、252、254。

⑥ 《清宫月折档台湾史料（五）》，页3996；《清宫洋务始末台湾史料（三）》，页1910～1915；《刘铭传文集》，页67；《法军侵台始末》，页44。

十一年元月六日（1885.2.20）的奏折竟汇报，统计沪尾、基隆二处仅有兵四千余人。其实刘铭传会如此宣称，主要是反驳督办福建军务钦差大臣左宗棠对其弃守基隆的参劾。不过二人争辩的焦点有些错置，刘是解释因八月份台北兵力不夠，所以只能选择比基隆更重要的沪尾防守；但左是指他在九月份已募集土勇千人，早有足夠的兵力反攻却未行动。① 刘、左二人的说辞均有对错，前者是避重就轻，后者是没考虑到饷、械的问题。然而在战场上清军一直采取守势，并提防法军可能展开的一连串攻击。

从清军的前线记录来看，法军的所谓东、南、西三个防线，在他们的眼中其实就是暖暖、深澳、四脚亭、桀鱼坑、六堵、七堵、八堵、九弓山、狮球（毬）岭、木瓜岭、佛祖岭、牛椆山顶、二重桥山顶、大炮台后山等数个据点。② 九月二十日（1884.11.7）法军连攻清军暖暖阵地三日。据刘铭传的说法，当时清军守将是练董周玉谦，由于周率领的土勇皆是当地人，因此颇能据险而守给敌重创。③ 不过法方的记载可不是如此。首先在出阵的日期上，法军记录的时间是二十六日（11.13）清晨而非二十日。其次法军行动的目的在于侦查，并非攻陷敌阵。再次该行动即在同日下午四时结束，仅一位军官与二位士兵受了轻伤，还未到“重创”的地步。④ 事实上法军准备向内陆挺进的工作一直在进行，其中赶修炮车的道路就是明证。⑤ 不过他们阵营内部也有隐忧存在，即持续发生越南佣兵叛逃的事件。据左宗棠收到的消息，九月二十五日（1884.11.12）即有安南人逃至曹志忠营纳降。⑥ 尔后即便是战局不利清军，却也有投诚潮出现。例如：十一月一日（12.17）暖暖土勇拿获名叫陈番婆的敌探。刘铭传趁机利用陈再招降十余名安南人之外，亦把愿意投降的敌探、通事五十余人再留做敌营反间。⑦

十月下旬法军攻击变得紧凑。二十日（12.7）他们出动攻击清军一个名叫“齿形高地”的新阵地。该阵地之所以重要，主要是在淡水炮台、鹰巢堡垒的火网之外，但却可扼守通往石硬港谷地的道路。法军先遣部队有130人，支援部队200人，在未有炮火的掩护下直接进行拂晓偷袭。虽然他

---

① 《清宫月折档台湾史料（五）》，页3996；《刘铭传文集》，页64、114；左宗棠，《左文襄公奏牍》，台湾银行文献丛刊第88种，页44。

② 《清宫月折档台湾史料（五）》，页3994；王希隐，《清季外交史料（二）》（台北：文海出版社，1964年12月再版），页371～372。

③ 《刘铭传文集》，页107。

④ 《法军侵台始末》，页45～47。

⑤ 《清宫廷寄档台湾史料（三）》，页1901。

⑥ 《清宫月折档台湾史料（五）》，页3930。

⑦ 《清宫洋务始末台湾史料（三）》，页1914～1915。

们没打算久占，但据法方描述这次行动极为成功。因为它造成清军三百余人的死伤。① 不过往后的攻击就没有那么顺遂了。二十三日（12.10）法军五百余人再分成两路，自深澳坑、月眉山来袭击清军，但早被庆字前营记名总兵廖得胜侦之而预先做了准备。是日夜晚法军直扑援梅庄，曹志忠飞告林朝栋、提督衔记名总兵刘朝祜带兵支援。双方鏖战至上午五时，因法军死伤过多始行溃退。② 隔日法军又在大牛埔一带侦查，二十五日（12.12）清晨，法军在九弓坑、纱帽岭的炮兵阵地开始对我轰击。未几有法兵千人自狮球岭、鸟嘴峰、石梯岭、大水窟杀出，袭击守军的鸟觜尖阵地。虽然他们全数遭守军击退，但又有红衣悍敌五百余人，改扑林朝栋所驻扎的大牛埔、大水窟阵地。该役自上午十时战至夜晚十时，幸赖曹志忠率兵援救，法军才遭击退；而夜半法军为了抢尸，又被帮带林朝昌率勇伏击，损失十余人。二十六日（12.13）以后法军不敢再有行动，仅以港湾军舰上的大炮遥击鸟觜尖的清军。③

自十一月底至十二月上旬法军又陆续增兵二千。据刘铭传的奏报，这一次法军的攻击险些造成守军全线溃败。十二月五日（1885.1.20）法军在暖暖附近的大武仑侦查频繁，曹志忠见该地兵力薄弱，旋命王三星与营官陈士贵各率一营驻防。十日（1.25）清晨，法兵千余分攻大水窟、圆窗岭（法军名“圆形剧场”）清军阵地；又有别船载兵四百，自八斗趁隙上岸，抄袭深澳坑后路。法军突破该处土勇的防线后，挺进至暖暖对河之月眉山。林朝栋、桂占彪得知后急忙出阵截击，营官张仁贵则冲入敌阵实行逆袭；不料法军人数众多，张的部队反被包围起来。隔日凌晨林朝栋进行突击，并得廖得胜、营官叶友胜各率楚勇三百来援，张部始突围逃回。但由于法军已攻下该地区的制高点——月眉山，所以清军在暖暖、大水窟的阵地均被击溃。尔后清军以廖得胜、张仁贵部反攻月眉山顶，林朝栋部死守大水窟残余的阵地，桂占彪与营官苏树森死守圆窗岭阵地。当日中午十二时至夜晚十时的攻击，法军把目标放在圆窗岭的清军；此时驻扎于六堵的苏得胜，急调营官邓长安率土勇三百与练兵百余人驰援。十二日（1.27）黎明曹志忠亦亲往前线督战。双方战至隔日下午，法军攻势稍缓，但仍设阵于月眉山、圆窗岭山脚，与在山顶反攻成功的清军开枪互击。十五日（1.30）两军都坚守不出，各在自己的阵地内筑垒准备长期对峙。十六日（1.31）夜晚，曹志忠、林朝栋夜袭法军阵地，但不及占领又退回。二十日（2.4）法军复犯大武仑，营

---

① 《法军侵台始末》，页48～49。

② 《刘铭传文集》，页110～111。

③ 《刘铭传文集》，页116～117；《李文忠公全集（六）电稿》，页98～112；《清季外交史料（二）》，页414。

官陈士贵、林则荣率队邀击，法军在死伤二十余人后撤退。①

十二月十日至二十日（1885.1.25～2.4）的这一场战事，已让清军强烈感受到法军西、南、东三个防线外扩的压力。刘铭传即令曹志忠不惜经费多雇民夫，从大水窟至月眉山一带十余里的路程，连夜修浚筑墙、挖洞驻兵，期能堵截法军的攻势。当然这种被动的防御，证明在数月之后又面临到敌人严苛的考验。不过眼前最让前线守军感到不便的是缺乏雨中作战的用具。前述的十天当中，有五天双方是在大雨中接战。法军装备齐全，即便是下雨也可身着雨衣战斗。反观清军遍身淋湿，忍饥冒雨；就算是贵为总兵、练董的曹志忠、林朝栋也只能跣足督战，泥淖满身。② 如此反映出清军在火器不如人的情况下，仅能靠旺盛的士气作为后盾，并作为这场胜负不明战争的唯一凭借。

光绪十一年元月五日（1885.2.19）清廷密谕刘铭传，责备为何没有趁上年十二月十三日（1885.1.28）孤拔前往浙江拦截南洋五舰时趁隙进攻。③其实这一段期间即是刘被法军打的焦头烂额之际，怎有时间想到“趁隙进攻”。不过上述的大水窟至月眉山的防线，虽然旨在防御，但完工后反而让法军有进逼的压力。据 E. Garnot 的记载，法军称呼它为 Cramoisy 谷地至“桌形高地”防线。而在上年十一月二十二与十二月六日（1885.1.7/1.21），法方的阵营中调来了二支生力军——由罪犯组成名为“西风”的非洲大队，以及最负盛名的外籍兵团。④ 这二支部队在投入战场之后，展现了可以改变战局的惊人能力。⑤

光绪十一年元月十四至十七日（1885.2.28～3.3）统领恪靖等营的营官王诗正、陈鸣志，以及统带铭字等营的营官聂士成分别从嘉义布袋嘴（嘉义县布袋镇）、卑南（台东市）上岸并率军抵达台北。⑥ 二十一日（1885.3.7）帮办福建军务钦差大臣杨岳斌亦在台湾后山的卑南登陆。⑦ 此举显示法方对台的封锁其实存在着漏洞。清法双方新一波的援军既然都已抵达，在攻守上理应是势均力敌才对。不过法军却以上一年的攻势为基础，准备再发动更大一波的强袭，欲廓清基隆附近的清军。

---

① 《刘铭传文集》，页 117～119。

② 《清季外交史料（二）》，页 425～426。

③ 《清宫廷寄档台湾史料（三）》，页 1949～1950；《法军侵台档》，页 343、345～346。

④ 《法军侵台始末》，页 56～63。

⑤ 对于法国外籍兵团的研究可参阅 Timothy J. Kutta，“The French Foreign Legion”，*Strategy & Tactics*, *issue* 200，(*Nov.* /*Dec.*, 1999)，pp. 4－14.

⑥ 《清季外交史料（二）》，页 446、501～502。

⑦ 野史谓杨岳斌渡台假扮成客商，并携一子搭乘渔船以避耳目。参阅《法军侵台档》，页 394；汪康年，《汪穰卿笔记》（上海：上海书店出版社，1997 年 1 月），页 200～201。

元月十八日（3.4）法军故技重施，以轮船四艘装兵于八斗登岸，潜行偷袭月眉山后的清军。曹志忠、刘朝祜派700人把守戏台山，堵战一日即刻飞书告急；此时防守六堵的苏得胜分500人守竹枝寮，另外派500人火速赶往赴援。隔日上午十时，法军兵分三路由枕头山、竹篙山、龙潭堵进击；而首当其冲的是防守在此处的曹志忠、苏得胜二部。由于曹已派300人驻扎戏台山，二营兵力守大武仑，正好中了法军声东击西之计。不得已曹又急忙把原先驻守月眉山各隘的300人抽回，集中兵力把守月眉山到深澳坑的十里长墙。双方战至中午十二时，法军突然由深澳坑直冲长墙之外并突破戏台山防线，顿时曹、苏二部腹背受敌，守军立刻阵脚大乱并后撤。法军亦迅速沿着长墙挺进至月眉山，尔后再分成多路出击。其中一路配合东方防线的炮兵，反过来肃清在深澳坑的清军，其余围攻月眉山顶的清军。驻扎在此的廖得胜部，大半已被曹志忠调至他处，仅靠刘朝祜及时来援的300名土勇抵挡，但仍挨不住敌人猛烈的炮火，纷纷弃守阵地退至山下。同日曹志忠、苏得胜、刘朝祜、廖得胜均把残余的兵力，暂行驻扎于新煤厂。①

清军在深澳坑与月眉山的阵地均已沦陷，表面上由林朝栋驻守的大水窟，以及由苏树森驻守的四脚亭看似无恙。不过法军早已占领整个战场的中枢要地——狮球岭，如果他们再从这里出兵，配合前述的各路军队，那残余的清军就有被各个击破的危险。刘铭传在元月十九日（3.5）夜晚，密调聂士成部赴六堵策应；而在五堵的王诗正部，也于同日调威、良二营前往六堵。刘的目的在于避免法军真的从狮球（头）岭下山，断了大水窟清军的退路。然而在狮头岭附近的法军侦查颇严，为避免被敌发现，清军只能以夜行军的方式快速穿越。原本刘铭传要在同月二十一日（3.7）亲赴暖暖曹志忠营商讨战守，但前一日下午四时，威、良二营在营官刘见荣、易玉林的带领下径自进攻月眉山尾；正值激战，二营绕至敌后突击，迫法军退至山腰而夺回一隘。②

元月二十一日（3.7）清法双方再调集大军血战于月眉山。由于有前一日的小胜，清军在当日的攻击上显得士气旺盛。但主力王诗正部毕竟才第一次与敌交锋，因此采取了最错误的战术——正面猛进。未几，在敌人的火网下该部死伤惨重；正后撤到月眉山下时，法军就分成三路追击。曹志忠、王诗正虽挡住了前面的法军，但另外从月眉山出暖暖，以及由乌嘴峰出大水窟的法军，反以左、右包夹的态势要合围他们。迫不得已曹、王又退回暖暖基隆河谷南岸。如此在大水窟、四脚亭的清军反被三面包夹。于是林朝栋、刘

① 《刘铭传文集》，页121。

② 《清季外交史料（二）》，页501～502。

朝祜、苏树森协同突围而出，亦不管西路鸟嘴峰被敌攻破的事实，在接近下午五时与曹、王的残部撤回到五堵。①

从十八日连续四天的战役，以林朝栋、刘朝祜部损失最大；而清军在基隆附近的阵地可说都沦陷了，同时主要防线还退缩至六堵附近的小坑隘口。刘铭传把他们再重新编派。不过法军似乎并没有再急攻，反而出人意料地在二月十三日（3.29）占领澎湖。基隆外围丘陵战役，从光绪十年八月十三日（1884.10.1）至十一年元月二十一日（1885.3.8），约五个月的时间清军以失败收场。检讨这场战局，清法彼此各有所长。以兵源人数来说，双方经过增援，清军约有15000人，法军约有4400人。若单纯计算比例清法3.5:1的数字，清方勉能有人数上优势。但这一次接战不若以往，先前清军的得胜，都是以进行遭遇战的方式，诱敌深入再进行合围。现在由于法军准备持久战，所以在基隆四周丘陵构筑坚固的防御工事，准备进行他们拿手的阵地战。清军不善此道，甚至不明白虚实；贸然发动攻坚，结果全在法军优势火力下败北。

既然合围已经不可能，清军必须改弦易辙才能扳回劣势。于是在土勇营、团练熟知地形的协助下，改用骚扰战、游击战对付法军。法军虽精于阵地战，但为扩大战果与占领地，亦必须离开阵地进攻敌阵，这给了清军可乘之机。于是十月下旬开始，清军利用掌握地形的优势，以小部队作战的方式，均能伏击法军得逞。十至十二月的战斗中，法方虽有损失，但密集的侦察与斥候，也已经掌握基隆外围丘陵地形。所以光绪十一年元月的大攻势，法方才能一举奏效，连克清军所有阵地，把他们赶到五堵。从遭遇战的诱敌合围，到骚扰战、游击战，清军有黔驴技穷之感，但还是尽全力御敌。法军在占领基隆及其周边后，留下多数军队休养整补，而把兵锋指向澎湖。

清法战争的基隆、淡水、澎湖战役，以基隆为最重要，因为直到停战为止，它历时半年。淡水之役仅一天就结束，澎湖之役作战三天，占领半个月。如果说这场战争，带给台湾什么好处的话，无疑就是建省。台湾建省把该岛洋务的推动带入高峰。其次得利者为淮系首脑李鸿章。因为福建洋务的标的马尾船厂，南洋水师的军舰均遭法军摧毁。此时洋务的推动，尤其是舰队的整军，只有独尊北洋不然无其他办法。可惜的是防军在台湾战场上的经验，不论是阵地战、遭遇战、游击战、骚扰战，均不能被北洋淮军所汲取。十年后该部惨败于甲午战争，亦是有迹可循。

清法战争台湾守军可谓先胜后败，其基隆阵地皆失尽被逐到水返脚。虽然法军表现十分勇猛，但人数毕竟太少；而且苦于部分军官指挥失当，以及

---

① 《清宫月折档台湾史料（五）》，页4106~4107。

热带气候的折腾。最重要的是这支远征军，后来没有得到国内的支持，坚持对清廷继续作战。① 所以即便眼看着可以攻入台北府，然还是在光绪十一年三月一日（4.15）协议停战，同年四月二十七日（6.9）签订条约结束战争。② 台湾土勇营在这场御外战争中也初试莺啼，并以林朝栋率领的部队表现最为杰出。若没有包括林部在内等熟悉地形的土勇帮忙，仅凭防军单打独斗肯定是无法独撑战局。事后林部遂被重用，并在台湾建省时成为辅助中、北部防军的重要武力。

检验清代台湾官、番、民武力合作的个案，大体来说都能让清廷得到稳定治台的结果。然而从统治者的角度出发，以武力保持社会秩序的稳定，对于历史上任何一个政权来说，又何尝不是如此呢？因此就要从被统治者的角度讨论起，探讨这种稳定的环境到底带来什么样的意义。原来它是促进区域开发的一个很重要的前提，摆脱刻板印象中的清代台湾社会几乎都是动乱的认知；以为开发的过程，都是在每件乱事之间才趁隙展开。在下一章中本书将修正此观点，证明即便在“乱世”，只要透过武力保持区域社会的稳定，照样可以让人民愿意对土地投资。

① 亨利·诺曼著，邓海平译，《龙旗下的臣民——近代中国社会与礼俗》（北京：光明日报出版社，2000年6月），页296。

② 《法军侵台档》，页34～37。

第五章　武力控制下的拓垦

第一节　北部——官方独大到官、番、民合作

社会秩序稳定是拓垦的先决条件，任何形式的拓垦，包括：契约上写明之招垦、招耕、招佃、给垦、给贌、给佃、贌耕、给予垦照、给予垦单、给予丈单、开凿水圳，甚至是熟番的杜卖尽根字，都是交易双方或单方，亟须花费时间与金钱的土地投资。虽然部分契约签订的时间，与实际进行农耕的时间不一定一致；但透过明载的时间，可以推测立约人主观上对该地区区域社会秩序安定与否的考量，转而检验清廷武力统治最终目的——力求区域社会的稳定。

从古文书、方志，按时间依序整理出的区域开拓过程，方知拓垦是延续性的事业，若再跟民变、械斗等案件比较，它富有三项意义：其一，可以解释厅、县的动乱，被以堵御的方式局限于一地，而其他地方仍在官方的控制下稳定开拓。其二，即便是处在动乱的厅、县，还是可以找到同时同地拓垦的记录。如此说明该乱事，亦呈现被官方尽力压制的状态，若压制成功仍可见到开拓。其三，台湾虽号称“三年一反”，但这是道光以后的现象。之前民间颇能把握各乱事之间隙，全力投入开垦事业。例如：康熙二十四至三十四（1685～1695）、康熙四十一至五十九年（1702～1720）、乾隆八至十四年（1743～1749）、乾隆十九至二十九年（1754～1764）、乾隆三十四至四十四年（1769～1779）、嘉庆十七至二十五年（1812～1820）。

整体而言对于一个地区的开拓，有五项重点颇值得注意；即水运与陆运、闽粤分布、聚落防卫、祭祀圈范围、汉番关系。本书先以北部为例，讨论官、番、民武力合作成功与否，对区域社会稳定的重要性与拓垦的影响。所谓北部即是指现在的台北盆地、桃竹苗丘陵地区。这一片地方在清治初期原本属诸罗县。雍正元年以后、光绪元年以前（1723～1875）改隶淡水厅。光绪以后筹设台北府，原淡水厅析分为基隆厅、淡水县、新竹县；建省后再从新竹县析分出苗栗县，只是苗栗县划归新设于台中的台湾府管辖。对于台湾开发史的刻板印象，传统皆认为由南往北进行。会有这种看法多半是把汉移民拓垦的时间，从荷西、明郑时期算起。然不要忘了康熙二十二年

(1683)，清廷曾把占台湾人口半数的郑氏文武官员、兵丁安插回籍（见第一章第一节）。如此改变造成垦务的中断是可以想见。所以把清代视为一个拓垦重新再开始的阶段亦无不可。此说法若能让人接受的话，北部在清代开发的时间也很早；因为康熙二十四年（1685）已有南崁、莺歌拓垦的记录了。

再细查区域动乱对拓垦的影响，又会发现康熙、雍正时期，发生在北部地区的动乱次数较少。最早是在康熙三十八年二至八月（1699.3～9）吞霄、内北投社番举事，随后就是康熙六十年五月（1721.6）朱一贵事件，最后则是雍正十年五月（1732.6）奇仑社番起衅（第四章第一、二节）。由于前两次的动乱，均找不到拓垦记录，因此略过不提外，值得注意的是第三次奇仑社番起衅。奇仑社址在今桃园县龟山乡，同时同地竟有开垦桃园县观音乡、台北县芦洲乡、台北市士林区的记录。其实这种他处发生动乱，本地仍做开垦的个案实不胜枚举。例如：雍正四年（1726）凤山县发生陈三奇滋事，以及诸罗县水沙连番骨宗叛乱，然正是漳州移民开垦桃园市的时候。雍正六年（1728）诸罗查获二起父母会案，亦正是漳州移民开垦桃园县大园乡、台北县八里乡与淡水镇的时候。雍正七年二至三月官军对凤山县山猪毛社番用兵，亦有移民开垦台北市。雍正十年（1732）正是中部熟番举事最炽的时候，但有如上述北部垦务均不受影响。雍正十二、十三年（1734/1735）当凤山县、台郡、彰化县均有事时，正是新竹县竹北镇、台北市拓垦凿渠的时候。

为什么清初北部垦务会进行的较为顺利？从表四十二编号2来看，雍正朝桃竹苗、台北兵防与人口比例偏高（1.3∶1/4.6∶1），当是维持区域社会稳定的基础。不过还需深究官、番、民在武力合作操作面上的问题。事实上在康熙五十四年（1715）以前，北部汉番关系存在一定程度的紧张。有如诸罗知县周锺瑄所言，让官府感到难治的番社，包括：吞霄社、后垅社、麻少翁社、内北投社（见第二章第二节）。此外水土恶毒的环境，使得人至即病，一病辄死的威胁，更让移民或戍卒害怕。① 不过这一切在水、陆交通渐辟后有了很大的改善。在水上交通方面，主要是指淡水河流域的河道运输。至迟在雍正末年，汉人透过淡水河及其支流基隆河、新店溪，已经沿河兴建不少聚落，包括：水湳、溪墘、中洲埔（俱在芦洲乡）、关渡、嘎嘮别、唭里岸（台北市北投区）、八芝连（台北市士林区）、武朥湾（新庄市）、新埔（板桥市）。② 在陆上交通方面，主要是指台北与桃竹苗所接的三条孔道；即沿大汉溪河谷的“内港道”、沿海岸线而行的“外港道”、直接穿越林口与

---

① 郁永河，《裨海纪游》，台湾银行文献丛刊第四四种，1959年4月，页16。

② 王世庆，《淡水河流域河港水运史》（台北：“中央研究院”中山人文社会科学研究所，1996年12月）。

桃园台地的“龟仑岭道”。① 雍正十年（1732）清廷平定中部熟番之乱后，最重要的一项业绩就是打通北路的官道。使得原本暂设沙辘（台中县沙鹿镇）的淡水厅治，在道路开通后可归治于竹堑（新竹市）。② 而从竹堑北上的官道，行抵芝葩里（桃园县中坜市）时，再接上三条进入台北盆地的道路。由于水、陆交通的畅通，直接让清廷对地区的控制力大为加强。

《诸罗县志·外纪》提到当时的情况，根据记载当时摆接（板桥市、中和市、永和市、土城市）附近，还是内山野（生）番出没之地。海山（树林市、莺歌镇）旧为人所不到，近始有汉人耕作，全因内港道路开通之功。再者武朥湾、大浪泵（台北市大同区）地广土沃，可容万夫之耕。若立市廛通贾于福州、厦门，不数年淡水将成一大都会。③ 北部垦务的发展让清廷有所注意，康熙四十九年（1710）出任台厦道的陈瓃，就建言为了防范熟番，必须在大肚以北添设汛塘。④ 陈氏的要求在二年后得到回应，兵部议复奏准移加里兴（台南县佳里镇）汛防入淡水，加里兴防务空缺由镇标拨兵接防。⑤ 有趣的是此举添设汛塘目的不是防范汉人，而是防范熟番。或许在陈瓃眼中强势的番社，比为数不多的汉人还要难治得多。然而也不是所有的熟番社，均对官府或汉人采取敌视。例如：竹堑社就因常有社商往来，与官民互动较为密切（见第二章第二节）。康熙六十一年（1722）来台敉平朱案的蓝鼎元，就记载竹堑附近野（生）番出没，行人路过此地，必请竹堑社熟番挟弓矢护卫才敢穿越。⑥

施添福在研究清初竹堑地区的拓垦时，提出“垦区庄”的看法。他认为汉移民在拓垦的过程中，为方便请垦会在公文书上事先设定庄名。此庄名不同于自然村和行政村，因为前二者是先有聚落，后有村庄；垦区庄是在尚无汉人聚落时，就先有了村庄（名）。由于垦区庄是垦户正式拓垦前创设，因此该庄等同于垦户私人财产。在这块区域内他负有报课升科、缴纳正供、招佃开垦、收取地租等的权力与义务。⑦ 施氏的说法道出一个重点，即垦户

---

① 陈世荣，《清代北桃园的开发与地方社会建构 1683～1895》，台湾中央大学历史研究所硕士论文，1999 年 6 月，页 96、99、174。

② 黄智伟，《统治之道——清代台湾的纵贯线》，台湾大学历史学研究所硕士论文，1999 年 6 月，页 65～81。

③ 周锺瑄，《诸罗县志》，台湾银行文献丛刊第一四一种，1962 年 12 月，页 288。

④ 丁宗洛，《陈清端公年谱》，台湾银行文献丛刊第二〇七种，1964 年 11 月，页16～17。

⑤ 不著编人，《清实录－圣祖仁皇帝实录（六）》（北京：中华书局，1985 年 9 月），页 477。

⑥ 蓝鼎元，《东征集》，台湾银行文献丛刊第一二种，1958 年 2 月，页 87。

⑦ 施添福，《清代台湾的地域社会——竹堑地区的历史地理研究》（竹北：新竹县文化局，2001 年 9 月），页 37。

（或业户）在拓垦之初，实扮演与官、番接触的关键角色。《诸罗县志》的编纂——福建漳浦县监生陈梦林，在同一时期也指出，官治、兵防、移垦之间，存在着互动的关系；即官方力量的伸展，会带动大量的移民进入。①

根据盛清沂、尹章义分别对桃竹苗、台北拓垦的研究，清初这二处地方开垦的力量，均是以业主或是众业主组成的垦号为主。② 事实上从雍正元年（1723）以后，北部的拓垦事业就少有中断过。如此的发展是否意味着官治、兵防、移垦之间，保持着良性的互动。至少在雍正朝时是这样。雍正十三年（1735）台湾道尹士俍对淡水厅印象颇佳，他记录着该厅下辖竹堑、淡水堡，此二堡分别再辖 21 与 29 个庄。漳、泉、潮、惠之民耕种生理者日渐云集，而当地风俗朴实，终年少斗殴、争讼之事。③ 当然还没有直接证据显示，业主们在拓垦之余还需帮忙官府堵御动乱。不过从诸多开垦契约载明，不准窝盗、窝赌的限制来看，最起码维持地方治安的要求是有的。然治安终究还是不能靠"风俗朴实"支撑，由于人口滋生、土地渐辟，移民间的冲突日增；为求稳定秩序，官方也在民、番间寻求合作对象。

乾隆、嘉庆时期北部官民在武力合作上，比起先前最大的不同，就是出现民团、隘、结首等武力凝聚机制供官方选择。该时期除了乾隆二十八年（1763）、嘉庆十八年（1813）没有开垦的记录之外，其余的时间都有迹可寻。只不过与清初相较，此时源自于北部的乱事稍多一些，包括：乾隆元年七至九月新港、加志阁番作乱，乾隆十五年陈盖纠众滋事，乾隆三十年生番出草，乾隆三十一年三至八月鲎壳庄遭生番出草与官军围剿，乾隆四十八年林淡焚抢，乾隆四十九年三月淡水厅同知潘凯一行遭生番袭击馘首，乾隆五十一年十二月林爽文事件北部战役，乾隆五十六年初彭贵生勾结生番出草，嘉庆十年海盗蔡牵寇扰淡水，嘉庆十三年海盗朱濆寇扰淡水，嘉庆十六年高妈逵滋事作乱。

事实上这十一起乱事完全不构成开垦的阻碍。为什么会如此？个中原因值得深究。纵观乱事的经过，大致可以分为两种层次，一种是乱事出于生番者，另一种是乱事出于汉人本身。对于前者来说，生番出草属于偷袭式的攻击，乱事不带有蔓延的因子。所以即便是乾隆元年（1736）苗栗市、苗栗县后龙镇遭生番攻击，移民仍选在台北市、台北县中和市、桃园县大溪镇、

---

① 陈宗仁，《从草地到街市——十八世纪新庄街的研究》（台北：稻乡出版社，1996 年 6 月），页 71。

② 盛清沂，《新竹、桃园、苗栗三县地区开辟史（上）》，《台湾文献》，第 31 卷第 4 期，1980 年 12 月，页 154～176；尹章义，《台湾开发史研究》（台北：联经出版事业公司，1999 年 10 月初版三刷），页 29～172。

③ 尹士俍，《台湾志略·全郡形势》，清乾隆三年刻本，北京国家图书馆藏；同前驻，《台湾志略·民风土俗》。

苗栗县通霄镇开垦。同样的例子也出现在乾隆三十年（1765）。当时生番攻击苗栗县西湖乡并引发官军出兵围剿，但这正是新竹县新埔镇，台北县树林、新庄、三重市开圳凿渠的时候。乾隆四十九年（1784）生番在新竹县竹南镇袭击潘凯一行，五十一年（1786）初官军出兵报复。二个不同时期也有新竹市、新竹县芎林乡、新埔镇、基隆市、桃园县杨梅镇开垦的记录。比较特殊的是乾隆五十六年（1791）三角涌民人彭贵生勾结生番出草。该案比起前述三案案情严重。因为不管彭氏的理由为何，一定是本身力有未逮，所以才会勾结生番欲以武力解决。不过这事没有引发械斗等更大一波的动乱，官军可能在拿获彭氏后结案。同一时间移民选择开垦台北县金山乡、桃园县杨梅镇、中坜市、新竹县芎林乡、新竹市、苗栗县后龙镇，丝毫不受其影响（见第四章第二节）。

上述的四个个案中，能发现到一个有趣的共通点。就是生番的攻击仅是单一地点的骚扰，所以只要避开它，垦务还是可以继续维持下去。但这对于汉人引发的乱事来说，可没有那么简单处理。按照往例一旦有警，通常都会有罗汉脚、游民匪徒等，刻意造谣生事惟恐乱事没有迅速传播。因此所谓的堵御、弹压、购线捉拿等，就是要对付他们。

从表四十二编号3来看，乾隆朝桃竹苗、台北兵防与人口比例，虽然比之前已大幅度降低，但14:1与27:1的数字与其他处相比仍然很高。这样的基础有助于维持区域社会的稳定。例如：乾隆十四年（1749）根据台湾道书成、知府方邦基的禀报，声称八月接到北路协副将马龙图来札，报告淡水厅秀陇、雾里薛（台北县中和市、台北市文山区）有人械斗，拳头母山（台北县新店市）聚有匪人，居民间迁他处。但确切查明后澄清仅是庄民刘富家一户被抢而已，无稽之徒造谣的流言很快就被制止。官军这次出动前往调查，仅有淡水厅同知陈玉友、北路协右营守备赵永贵酌带兵役前往，并无征调任何民、番随行，可见得在当时官府对驻军还颇具信心。①

乾隆十八年（1753）正是诸罗县发生吴典聚众抗官时，淡水厅爆发二起诬人竖旗事件。第一起是在同年二月大浪泵（台北市大同区）港边发现竖有红旗一面，上头写着“周裔孙郭”，其旁又写“统领淡水八社社壮番民等，以翦贪官、以纾愤瞒事”，旗带又写“顺天一百九十二号”。第二起是在同年六月凤山崎（新竹县湖口乡）亦发现布旗一支，上写“军师黄伯伯、李士烈旗号。左将李说，将下陈干、李桂勋；右将李越，将下李寅、陈四

① 不著编人，《清实录－高宗纯皇帝实录（一三）》（北京：中华书局，1985年11月），页855；国学文献馆主编，《台湾研究资料汇编（第一辑·第二十八册）》（台北：联经出版社，1993年9月），页12105～12111。

选、陈兰”，旗带上又写“五虎将严统、李四、李维、李意、李石”字样。根据淡水厅同知王鹗的调查，大浪泵诬人竖旗是兴直（新庄市）业户刘和林，欲嫁祸给郭腾琚的诡计；凤山崎诬人竖旗是广东揭阳籍移民胡通挟仇起衅，欲嫁祸邻居李士烈家内傭工等。① 这二起案件在官府严密的掌控下，并没有让宵小借吴典事件倡乱。也因此同年二、四、七月遂有开垦台北市内湖区、台北县淡水镇、桃园县芦竹乡的记录。

虽然当时清廷并未征调民、番协同平乱，但在民人方面已经有“隘制”的形成。淡水厅的隘最早可追溯至乾隆十三年（1748）摆接堡的石门隘（台北县中和市），尔后数目大增，乾隆二十五年（1760）该厅已设隘十八处（见第二章第三节）。这十八处隘分布在何处史无记载，不过从十一年前福建布政使高山提到，淡水厅生番最常出没之地在麻薯（台中县后里）、南日（台中县大甲镇）、嘉志（苗栗市），这些隘有可能集中在附近。② 乾隆二十六年（1761）清廷完成土牛沟的建设，把台湾划分成番界内、外二个地方，番界沿边设隘抵御生番已成刻不容缓的工作。施添福研究新竹地区的土牛沟时发现，这条人为界线对于日后的拓垦，竟产生关键性的发展。这肇因于移民常潜出界外私垦，使得官府必须重新厘定所谓的番界。因此该区在拓垦形态上遂出现以业户制、自垦制为主的汉垦区，以私垦制、自垦制、屯垦制为主的保留区，以及垦户制为主的隘垦区。而值得注意的是在汉垦区、保留区里，形成近乎纯客籍移民建立的汉人社会。③

根据研究成果显示，客籍移民在台湾北部拓垦的地区，包括有：广东海陆丰移民聚居的新竹县；广东大埔、饶平移民聚居的新竹县芎林乡、竹北镇、桃园县中坜市、苗栗县卓兰镇；福建漳州府诏安客开垦台北县莺歌镇、土城市、三峡镇；福建汀州移民开垦台北县淡水镇、三芝乡、石门乡；另外台北县泰山乡、深坑乡、中和市、新店市、树林市、台北市内湖区等也都有客籍移民开垦的记录。④ 闽粤交错分布的环境，很容易因拓垦时浮现地缘意识，而产生利害上的冲突。不过至迟在乾隆朝末期，台湾北部因兵防上的稳

① 中国人民大学清史研究所、档案系中国政治制度史教研室合编，《康雍乾时期城乡人民反抗斗争资料（下册）》（北京：中华书局，1979年8月），页672～674；台湾故宫博物院，《宫中档乾隆朝奏折（第五辑）》（台北：故宫博物院，1982年9月），页863～864。

② 仁和琴川居士，《皇清奏议（七）》（台北：文海出版社，1967年10月），页3515～3534。

③ 施添福，《清代台湾竹堑地区的土牛沟和区域发展》，《台湾风物》，第40卷第4期，1990年12月，页1～68。

④ 罗肇锦，《台湾客家族群史·语言篇》（南投：台湾省文献委员会，2000年11月），页18、27～28；邱彦贵、吴中杰，《台湾客家地图》（台北：城邦文化事业股份有限公司，2001年5月），页36～40；杨国鑫，《台湾的饶平客家人》，《客家文化论丛》（台北：中华文化复兴运动总会，1994年10月），页114。

固，还未出现这样的问题。最明显的例子是乾隆四十七年（1782）八至十二月发生在彰化、嘉义县的漳泉大械斗，近在咫尺的淡水厅堵御得法没有卷入风波。也因此同时候才有开垦苗栗县后龙、台北县板桥市、新店市，并在桃园县八德市、苗栗县卓兰镇开凿沟渠的记录。即便是在隔年淡水厅发生林淡焚抢事件，正当朝廷担心会演变如前一年械斗时的导火线，台湾道杨廷桦不慌不忙地指示同知马鸣镳自行查报办理。当然高宗对杨、马二人，以及北路协副将左瑛未事先预防深感不满。虽然马、左二人被革职提问，杨氏传旨申斥；但在拿获43犯后，终究未引发燎原的大患。① 于此同时正有移民开垦台北市中正区、士林区，台北县三芝乡、莺歌镇，桃园县龟山乡、新竹县新埔镇。

有理由相信乾隆末期以前，淡水厅兵防的坚强，提供拓垦稳定环境的必要保障。因为从乾隆四年（1739）水沙连番滋事开始，厅南各县发生的动乱，完全不影响该厅的垦殖。例如：乾隆七年（1742）凤山县郭兴遭诬，乾隆十五年（1750）李光显在水沙连滋事，乾隆十六、十七年（1751～1752）彰化生番出草，乾隆十八年（1753）凤山县与彰化县滋事，乾隆三十三年（1768）凤山、台湾、诸罗县黄教事件，乾隆四十五年（1780）彰化县汉番互攻事件，乾隆四十六年（1781）彰化县拿获小刀会，乾隆四十九年（1784）彰化县焚抢事件。而这一段时期正是开垦苗栗县头份镇、西湖乡、苗栗市、桃园县杨梅镇、大溪镇、龟山乡、中坜市、桃园市、新竹县新丰乡、新埔镇、台北市万华区、文山区、内湖区、松山区、士林区、台北县板桥市、土城市、中和市、瑞芳镇、石门乡、深坑乡、基隆市的时候。

不过这样的形势在乾隆五十一年底（1787）林爽文之乱发生后，有了重大的改变。其关键在于绿营的军力已不足恃，必须征调民、番上阵方能止乱。同年十一月林爽文挟攻破彰化县城的声势，派遣“扫北将军”王芬急攻竹堑厅城得手。官军在溃败之余幸有新埔庄（新竹县新埔镇）、七十份庄（苗栗县铜锣乡）义民来援，仅花费二天的时间就收复厅治。这一次竹、苗头人拔刀相助，则是淡水厅史上第一次由义民主动援助官兵的个案。而十二月份在台北盆地的战斗中，官军可说全靠义民的帮助，才能清剿以“先帅”林小文为首的敌军。除了民团是官军平乱的助手外，军工匠也在林案中扮演辅助的力量。例如：隔年军工匠首黄世恭，即听从新庄巡检王增錞的调遣，率众协同淡水营的官兵防卫艋舺的安全（第四章第一节）。林案就在内地发

① 洪安全主编，《清宫廷寄档台湾史料（一）》（台北：故宫博物院，1998年10月），页209～211；台湾故宫博物院，《宫中档乾隆朝奏折（第五十九辑）》（台北：故宫博物院，1987年3月），页308～309；台湾银行经济研究室编，《台案汇录己集》，台湾银行文献丛刊第一九一种，1964年1月，页283。

大兵的镇压下被平息了，但北部兵防寻求义民支援已开先例，此后一遇乱事官军常援例征调义民作战。

至于在熟番方面，林案时北部的战役不见有义番加入，然清廷对他们的征调却比汉人为早。乾隆十年（1745）淡水厅所属竹堑、南嵌、芝包里（芝葩里）、八里坌，由通事、土官搭建的望楼全派番丁守望巡视。乾隆五十三年（1788）林案结束后，清廷决定仿云、贵屯练在台成立番屯。北部的编制是竹堑大屯与武朥湾小屯，总兵力是700名（第二章第二节）。不过时至乾隆朝结束，清廷对北部乱事的剿捕、弹压，若有办法调派兵役平乱，并不轻言动用民、番助阵。例如：乾隆五十四年五月（1789.6）该厅发生陈、郭二姓纠众械斗，官兵以优势武力处理得宜，并未酿成燎原之祸。① 乾隆五十六年（1791）淡水厅同知袁秉义，购线访拿彰化县张标案的天地会余匪。果然在后垅地方活捉到形迹可疑之人黄再。透过对黄再的严讯再捉拿另一会匪吴祖生。原来黄、吴二人都加入去年在南投死灰复燃的天地会。透过此个案可以了解，淡水厅官府与乡治的合作是紧密的，所以才有办法密拿此人。② 不过也不能小觑民人另一股反官方武力——会党的存在。天地会的前车之鉴给了清廷一个强烈的震撼，让它明白会党分子势大可能造成统治基础的动摇。尔后对于会党发展的监视与掌握，就成为官府武力治台一个极重要的课题。

嘉庆朝源自于北部的乱事不多，这六件是嘉庆元年（1796）海盗寇扰鸡笼、嘉庆二年（1797）兵民私作逆旗与杨肇结立小刀会、嘉庆十年（1805）海盗蔡牵袭扰淡水、嘉庆十三年（1808）海盗朱濆袭扰淡水、嘉庆十四年（1809）大械斗、嘉庆十七年（1812）摆接庄民高妈逵作乱。虽然海盗袭淡事件，造成海防不小的威胁，但海盗逞威毕竟只能在海口。因此同时期的拓垦路线，全部避开水运可及之地往丘陵挺进。例如：开垦苗栗县头份镇、新竹县湖口乡、芎林乡、桃园县八德市、桃园市、台北县汐止镇。张炎宪、吴学明在研究苗栗、新竹的二大河流——中港溪、头前溪开垦史时，也证实乾、嘉正是移民溯河拓垦的初始阶段。③

再者，兵民私作逆旗事件，不构成什么大事。因为他们还未举事前，就

① 中国第一历史档案馆编，《乾隆朝上谕档（第十四册）》（北京：档案出版社，1991年6月），页906~907；中国第一历史档案馆编，《乾隆朝上谕档（第十五册）》（北京：档案出版社，1991年6月），页218。

② 军机处录副奏折－农民运动类（补遗），顺序号：补二42，胶片号：177，中国第一历史档案馆藏。

③ 张炎宪，《汉人移民与中港溪流域的拓垦》，《中国海洋发展史论文集（第三辑）》（台北："中央研究院"中山人文社会科学研究所，1995年6月三刷），页29~60；吴学明，《头前溪中上游开垦史暨史料汇编》（竹北：新竹县立文化中心，1998年6月）。

被同营把总戴鹏查获。① 然需要留意的是杨肇与高妈逵作乱。根据福建水师提督兼管台湾总兵事务哈当阿、台湾道季学锦启奏，嘉庆二年十二月二十日（1798. 2. 5）从桃涧堡地保密禀得知，桃仔园有匪徒杨安、戴珍，纠众歃血订盟。芝兰三堡地保亦密禀有匪徒杨肇等四人，欲结小刀会在八里坌、沪尾滋事。淡水厅同知李明心获悉，旋在十二月二十二、二十三日（2.7～2.8）会营密拿杨安等六名。二十四日（2.9）台湾知府遇昌接到来禀后，星夜会同北路协副将董金凤北上捉拿逸匪。二十五日（2.10）小刀会匪十余人攻击水枧头（台北县淡水镇）并击毙庄民9人，淡水营都司许元薰闻讯率领兵役驰赴大屯山搜缉。官兵此时传集义首何绘、蔡才、郭龙贵等购线密拿，果然擒获8名会匪并格毙1人。嘉庆三年元月十日（2.24）遇昌与董金凤才行抵新庄（台北县新庄市），分别审讯一干人犯案情才逐渐明朗。从杨肇等75人的口供得知，原来杨肇以当地闽粤不合为由，打着“漳泉灭广”的旗号劫舍。不过他们手持的武器并不锐利，只有半斩刀、竹篙串、木棍等。幸好是如此，所以才在一个月之内就被敉平。②

在高妈逵作乱方面，根据同年台湾镇总兵官武隆阿、台湾道糜奇瑜的回奏，此案是在嘉庆十七年六月十日（1812. 7. 18）发生。事由是摆接庄民高妈逵、高海在高平家中共谈穷苦。妈逵以台俗崇尚鬼神，起意捏称将有神授葫芦、宝剑，借此诱惑民人务令给其钱米。十五日（7. 23）高妈逵纠得九人同伙，并赴庙宇烧金当众求签问卜，谎称手中葫芦、宝剑能杀人放火。此时共犯黄观生惟恐株累，十七日（7. 25）私赴艋舺县丞衙门首告，县丞弓清翰立刻会同艋舺营陆路中军守备黄国材，带领兵役于隔日黎明赶赴高平家围捕，而艋舺营游击庄秉元带兵在后接应。高妈逵等闻风逃匿，弓清翰先拿获高平之妻刘氏，以及幼孙等七人先行带回。不料高平返家见状持械追赶，行至枫拒店（树林市）遇上庄秉元一行人。高海用山猪镖戳伤兵丁，高妈逵用长柄镰刀砍伤兵丁，高瑞用镖戳伤兵丁均毙命。游击庄秉元闻喊追捕，高氏人等一哄而散逃逸。

仁宗接获奏报大怒，降旨革除庄秉元、弓清翰的职务，并要闽浙总督汪志伊指派台湾知府汪楠、淡水厅同知查廷华北上办理。查氏根据线报得知高妈逵等藏匿在九芎林，旋调兵役前往捉拿，但仅生擒刘氏等七名。据人犯供称高平躲藏在岩头（台北县新店市），高海之表兄住在大菁坑，高妈逵等躲在凌接蓁内庄；现可能又窜入内湖庄、后木栅（台北市文山区）一带。由

① 不著编人，《清实录－仁宗睿皇帝实录（三八）》（北京：中华书局，1986年6月），页207～208。

② 中国第一历史档案馆编辑部、上海师范大学历史系中国近代史研究室编，《福建·上海小刀会档案史料汇编》（福州：福建人民出版社，1993年9月），页32～45。

于该处地近番界，官府遂僱请义勇购线查拿，而在八连港坑（台北县汐止镇）擒获高海、高派、高愿，亦在山顶岩拿获高秋。然据一干人等供称高妈逵窜入番地，惧于生番与瘴气，义勇不敢深入。不过十月十二日（11.15）线民来报妈逵在大安寮（台北县土城市）出没，官府出价二千圆悬赏，果真有线民诱骗其下山捕获了结此案。①

《续碑传集·查崇华传》还有更戏剧性的记载。声称侦讯高妈逵时获悉他们早与林清有联系。林清就是华北八卦教的首领，他在嘉庆十八年九月（1813.10）带领教徒杀入北京紫禁城而轰动一时。当时台湾官员讯得案情，不料竟嗤之以鼻带过，错失可预防的良机。② 上述杨、高二案分别扰攘了一或四个月，有三项重点颇值得注意：其一，民间铁器使用的问题。事实上在乾隆五十三年林案之后，清廷对台湾铁器使用管制更严。仅开放民间使用菜刀、农具，其他如弓箭、腰刀、半截刀、镖枪、长矛一概严禁（见第三章第三节）。杨案因为铁器管制严格，所以官兵可以很快平乱。高案则不然，他们是以利器砍毙兵丁，表示艋舺地区铁禁不严，无怪乎仁宗在盛怒之余要革除县丞、游击之职。其二，兵丁平常游巡的范围仅限番界以内为主，出了界外路径不熟非得要义民帮忙不可。不过也不是所有的番境义民都能畅行无阻，若遇到凶番势强或瘴疠极深的险境，义民也不得不打退堂鼓。其三，购线是官府不动声色捉拿要犯的高招。刻板印象总质疑清廷在兵防以外，少有对社会控制的良策。其实不然，购线获取情报一直是官方暗地里监视民番的方法，尤其在动手准备缉拿要犯时更是如此。

从表四十二编号4来看，虽然嘉庆朝桃竹苗、台北兵防比例156∶1与151∶1，已不是厅县中最低者；但二次小型民变的敉平个案，验证了淡水厅驻军若结合义民，在捉拿或购线上还是有了令人满意的成果。这一点相当重要，因为也反映到堵御动乱的表现上。在其他厅、县动乱方面，受害于海盗蔡牵的大掠，此时反而是台湾县、凤山县、嘉义县的乱事居多。由于地理位置距离淡水厅较远，因此该厅的垦务不受影响。不过这当中最值得注意的是嘉庆十四年四至九月的淡、彰、嘉大械斗。该械斗的乱源就是淡水厅的中港（苗栗县竹南镇），孰料事发后旋北上波及艋舺、新庄一带。现不免有一疑惑浮现，刚才不是说该厅的堵御工作尚可，怎么一遇械斗时就失灵了呢？事实上堵御的成败，关键在于官兵与义民的合作。这一点在敌我意识极为分明的民变中特别容易区分。但在混战夹带焚抢的械斗反变得相当模糊。所以在没有义民

---

① 军机处录副奏折－农民运动类，案卷号：3317，胶片号：136，中国第一历史档案馆藏；洪安全主编，《清宫谕旨档台湾史料（四）》（台北：故宫博物院，1997年10月），页3093～3094、3100。

② 缪全孙编，《续碑传集（116）》（台北：明文书局，1985年5月），页819～823。

的协助下，单凭官军的堵御是无法完成。不过整个嘉庆朝的械斗仅有一例，其余的时间正是移民开垦台北市士林区、万华区、台北县深坑乡、八里乡、金山乡、三重市、桃园县观音乡、杨梅镇、芦竹乡、龟山乡、新屋乡、大溪镇、平镇市、八德市、苗栗县头屋乡、公馆乡、铜锣乡、卓兰镇、苑里镇、头份镇、新竹县横山乡、湖口乡、新埔镇、竹北镇、芎林乡的时候。①

道光朝北部地区拓垦与武力的关系，有了进一步的发展——聚落防卫、祭祀圈雏形的形成。就源自于本地的动乱来说，械斗、番汉相斗，列强叩关是其重点。该阶段全台引发三次跨县的大型械斗，淡水厅被波及二次。第一次是在道光六年四至十一月（1826.5～12）彰化爆发的闽粤械斗，旋北上在淡水厅蔓延开来，幸赖金门镇总兵官陈化成弹压得当才止息。根据廷寄的记载，该听以南坎（桃园县芦竹乡）、殿仔（苗栗县竹南镇）焚杀最惨；而且在中港一带，还有粤民引诱生番下山相助，让整起事件处理更加复杂。② 第二次是在道光十二年十二月至隔年二月（1833.2～4）淡水厅后垅、中港爆发的闽粤械斗。该乱不仅南下蔓延到彰化县，淡水厅械斗的两造更在铜锣湾（苗栗县铜锣乡）、桃仔园（桃园市）混战。此举造成很大一波的移民潮，即厅北闽人往艋舺、桃仔园移动，粤人往新街（桃园县中坜市）移动；厅南旧社（苗栗县苑里镇）、吞霄、后垅、中港成为焦土，由兴化知府黄绥诰负责抚绥（见第四章第二节）。

不过吊诡的是官方档案记载二次械斗受害惨况，却仍看到古文书中写有开垦的记录。对于前者，例如：在道光六年八月秀朗社番业户给垦青潭坑（台北县新店市）；对于后者，例如：道光十三年二月给垦六块厝三段埔（新竹县新埔镇）。本书认为这是官府弹压控制之余，民间对区域社会稳定的反映。然械斗毕竟是妨碍垦务的阻力，淡水厅在连受二次教训后，也开始强化乡治的管理。现存可见最早以“禁”为主清庄公约，即是同知娄云在道光十六年（1836）公布（见第二章第三节）。娄云的努力产生效果，因为发生在道光二十五年八至十一月（1845.9～12）彰、嘉大械斗，淡水厅即全境幸免于难（见第四章第二节），而当时正是开垦苗栗县大湖乡、苑里镇的时候。

至于在番汉斗争方面，道光朝发生三起重大的讨番战争全在淡水厅。这肇因于金广福大隘组成后，亟力拓垦南兴庄（新竹县宝山乡、峨嵋乡、北埔镇），立刻与居住于此的泰雅族、赛夏族发生冲突。道光十五、十六、二十九年（1835/1836/1849）的战争，汉移民先败后胜迫使原住民迁徙至今新竹

---

① 盛清沂，《新竹、桃园、苗栗三县地区开辟史（下）》，《台湾文献》，第32卷第1期，1981年3月，页139～143。

② 连横，《台湾诗乘》，台湾银行文献丛刊第六四种，1959年9月，页161～162。

县五峰乡（见第二章第三节）。① 然与械斗不同的是这场战争只局限于一地，其他地方均未受到波及。因此可见开垦苗栗县通霄镇、苑里镇、台北县莺歌镇的记录。

也在该阶段淡水厅竹堑城的聚落防卫，进入一个新的里程碑。这样的改变是从雍正十一年（1733）以来厅治环植刺竹的形态，一改变成砖造的城墙。② 这事的发展颇为有趣，因为即便在林爽文事件的善后，清廷也只不过照旧用刺竹植栽而已；③ 没想到在道光六年（1826）械斗过后，地方士绅有感于砖城防御的重要，遂募款修建此城。④ 整个工程在道光九年（1829）完成，共花费154137两，全赖文武养廉银与绅民捐输之力。⑤ 根据中外学者的研究，竹堑城围呈现圆菱形；至道光二十至二十二年鸦片战争期间，又在城外建筑一道土城，并围以刺竹和壕沟，以及修筑八座城楼。⑥

除了竹堑厅城之外，其余的聚落也出现类似的防御工事，例如北部的新庄。虽然这个沿河兴建的港市，没有厅城宏伟的城楼、围墙，但也有六道防御工事——水道、隘门、庙宇、铳眼、城中之城、弯折的道路。⑦ 这是平原的防御方式，如果是在生番出入的山区，防御形式又有所不同。碍于地形造成散村的环境，每个聚落就是一个单独的防御工事。它们的防番设施包括：隘防线、提供良好射击视野的宽广田地、充做壕沟的埤圳与水池、充做城墙的刺竹林。⑧ 南兴庄最重要的聚落北埔，就是一个典型防番聚落。最外围的工事是由隘丁固守，第二层是小山峦构成的天然屏障，第三层是刺竹环绕的“竹墙”，第四、五层是弯曲的街道与满是铳眼的民宅。⑨ 客家聚落防御工事的建立，则是一个相当有趣的问题。若按照他们在原乡的发展，通常会兴建体积庞大的土堡或围楼。为何在台湾没有出现同样的建筑？作者认为客家人在闽粤原乡，从明、清以来繁衍众多的人口，不论在劳动力或财力上，均有条件让他们构筑这样的建物。对照在台湾的客家人，清初的移民方式属于候

---

① 连横，《台湾通史》，台湾银行文献丛刊第一二八种，1962年2月，页858～859。

② 台湾银行经济研究室编，《清一统志台湾府》，台湾银行文献丛刊第六八种，1960年2月，页4。

③ 中国第一历史档案馆、中国人民大学清史研究所合编，《天地会（五）》（北京：中国人民大学出版社，1986年5月），页33。

④ 陈国瑛，《台湾采访册》，台湾银行文献丛刊第五五种，1959年10月，页22；佚名，《淡水厅筑城案卷》，台湾银行文献丛刊第一七一种，1963年5月。

⑤ 《清宫谕旨档台湾史料（四）》，页3505～3506。

⑥ 施坚雅（G. W. Skinner）主编，叶光庭等译，《中华帝国晚期的城市》（The City in Late Imperial China）》（北京：中华书局，2000年12月），页97、183。

⑦ 郑秀玲，《古新庄街区之环境特质》，《北县文化》，第48期，1996年5月，页17～20。

⑧ 邱瑞杰，《清末关西地区散村的安全与防御》（竹北：新竹县立文化中心，1999年6月），页67～81。

⑨ 梁宇元，《清末北埔客家聚落之构成》（竹北：新竹县立文化中心，2000年3月），页113～116。

鸟式迁徙（见第一章第一节），中叶以后各家族人丁滋生又不及原乡的势众，因此无兴建土堡或围楼的必要。① 然这并不代表台湾的客家人，没有发展出一套独特的防御工事。苗栗县公馆乡的客籍聚落，石墙与刺竹并种，墙上再栽种又尖又刺的"鸟不站"就是代表。②

当然空有防御工事，没有联防体系还是略嫌空洞。只是运用什么样的网络，可以把散落在各处的聚落，组织一个密实的联防网络呢？祭祀圈的形成可以达到此效果。根据温振华的研究，台北盆地共可分为五个祭祀圈——兴直与海山区、摆接区、芝兰区、大加腊区、文山区。这些祭祀圈内部以移民祖籍别的不同，再细分成不同小祭祀圈。若出现区域动乱，彼此间的危机意识刚好可以借着祭祀圈的网络互相串联。③ 例如：摆接地区可考年代最早的庙宇，也是漳州移民信仰开漳圣王的中心——广济宫，祭祀圈就扩及摆接十三庄（大门楹联的碑刻），包括：枋寮街、芎蕉脚、𫔭势角、员山仔（俱在中和市）、籐寮、柑林陂、冷水坑、员林仔、火烧、大安寮（俱在土城市）、新埔墘、社后、后埔（俱在板桥市）。④

桃竹苗丘陵区也有类似的发展。不过在这片客家移民聚居的地方，义民爷的信仰是其代表。可考三座建于乾隆末年的褒忠亭（庙/祠），均分别坐落在桃园平镇、新竹新埔、苗栗市。⑤ 以新埔义民庙为例，它的祭祀圈最晚在道光十五年（1835）成立，范围也是十三庄——六张犁、下山、九芎林、枋寮、新埔、五分埔、石冈仔、咸菜硼、大茅埔、大湖口、杨梅、溪北、溪南。⑥ 祭祀圈所发挥的防御效用，确实能产生同仇敌忾的功能，如此的作用也包括施于械斗上。清末北部械斗规模与次数，均比起中、南还要激烈恐与此有关。

另外，家族也是一个不可忽视的人际网路维系管道。以新竹为例，粤籍移民的蒸尝组织，就是一个代表性的个案。即便蒸尝制还分有契约认股式的会份尝，以及阄分家产式的血食尝，但都不妨碍作为团结家族向心力的良好机制。⑦ 不同于客籍移民蒸尝制度的发展，竹堑二大闽籍家族——郑、林所

① 参阅杨国桢、陈支平，《明清时代福建的土堡》（台北：国学文献馆，1993 年 1 月）；陆元鼎、魏彦钧，《粤闽赣客家围楼的特征与居住模式》，《中国客家民居与文化（论文集）》（广州：华南理工大学出版社，2001 年 8 月），页 1 ~7。

② 孔永松、李小平，《客家宗族社会》（福州：福建教育出版社，1997 年 6 月二刷），页 122 ~123。

③ 温振华，《清代台北盆地汉人社会祭祀圈之演变》，《台北文献》，直字第 88 期，1989 年 6 月，页 1 ~42。

④ 盛清沂，《台北县板桥市开辟史事考》，《台湾文献》，第 36 卷第 1 期，1985 年 3 月，页 26。

⑤ 仇德哉，《台湾之寺庙与神明（四）》（台北：台湾省文献委员会，1983 年 6 月，页 382 ~383。

⑥ 吴育臻，《大隘地区聚落与生活方式的变迁》（竹北：新竹县立文化中心，2000 年 3 月，页 117 ~121。

⑦ 庄英章、周灵芝，《唐山到台湾——一个客家宗族移民的研究》，《中国海洋发展史论文集（第一辑）》（台北："中央研究院" 中山人文社会科学研究所，1995 年 6 月三刷），页297 ~333。

表现的是自我科举功名的追求。如此塑造出的士绅地位，虽然在人际网路的联结上，不若蒸尝制密实；但享有一定程度的号召力，遂成区域社会的领导人物。① 这种以科举为导向的家族发展，在台北盆地也可发现到，例如大龙峒陈逊言。时称陈氏善于经商，财富足能与板桥林家相匹敌。值得注意的人称“陈老师”的逊言第四子陈维英，自道光二十五年（1845）担任闽县教谕后，即开始作育英才的教途。其门下多栽桃李，在北台湾自成一门。② 当然也不是所有的家族都可以透过功名，取得社会领导阶层的地位，既然如此就没有其他的管道吗？康豹（Paul R. Katz）研究新庄慈祐宫与地方社会建构过程时发现，地方的庙宇本身就是开发史的核心。所以只要掌握跟庙务有关的公共领域事务，照样还是可以晋升为地方头人的行列。③ 比较特殊的是祭祀圈再加上家族的发展。虽然因开垦而划分“势力范围”的家族，在当地呈现出对峙的角头空间分布；但在同一信仰下，却又可以打破祖籍别藩篱。例如：淡水河下游（台北市士林与北投区的社子岛、大同区、台北县芦洲乡、五股乡、淡水镇、八里乡、泰山乡、三重市、新庄市）燕楼李家、兑山李家、西亭陈家、浮洲仔王家，以及打破漳泉藩篱的郭子仪会。④

在讨论械斗、番汉相斗之后，不要忘了还有列强叩关。其实鸦片战争让全台虚惊者多。北部的战斗仅有道光二十年（1840）趁火打劫淡水的海盗，以及二十一年八、九月（1841.9～10）闯入鸡笼的英舰。所以只要远离海边，垦务就不至于受到干扰；而此时也正是移民开垦桃园县大溪镇、台北县莺歌镇、新店市的时候。整个道光朝三十年的阶段中，虽然中、南、东北部均有零星的民变举事，但对于北部的垦务影响不大。不仅对距离较远的台、嘉、凤三县是如此，就是邻近的噶玛兰厅与彰化县出现动乱，淡水厅的堵御工作仍有极佳防备。此时可见移民开垦桃园县龙潭乡、八德市、桃园市、大溪镇、台北市万华区、士林区、台北县深坑庄、贡寮乡、新店市、新竹县新埔镇、关西镇、北埔镇、峨眉乡、横山乡、竹南镇、竹东镇、新竹市、苗栗县苑里镇、通霄镇、三义乡的记录。

---

① 张炎宪，《台湾新竹郑氏家族的发展型态》，《中国海洋发展史论文集（第二辑）》（台北：“中央研究院”三民主义研究所，1990年6月再版），页199～217；黄朝进，《清代竹堑地区的家族与地域社会——以郑、林两家为中心》（台北：“国史馆”，1999年6月二版）。

② 温振华，《清代后期台北盆地士人阶层的成长》，《台北文献》，直字第90期，1999年12月，页1～31。

③ 康豹（Paul R. Katz），《慈祐宫与清代新庄街地方社会之建构》，《北县文化》，第53期，1997年6月，页71～78。

④ 王志文，《淡水河岸同安人祖公会角头空间分布——以燕楼李、兑山李、西亭陈、郭子仪会例》，台南师范学院乡土文化研究所硕士论文，2000年12月。

咸丰朝对北部社会秩序破坏最大的就是械斗。该阶段全台发生的四起械斗，淡水厅全被波及，甚至其中三起还是起源地。而受害地区包括：淡水厅摆接堡，大加腊堡，海山堡，芝兰一堡与二堡，竹南一、二、三保与竹北一、二堡（见第四章第二节）。但是对垦务有造成严重的破坏吗？咸丰三、四年（1853～1854）的个案不排除有这种可能，但九、十年（1859～1860）却也还有开垦桃园县大溪镇、苗栗县苑里镇的记录。可见得移民还是能够寻找不受兵燹的地方开垦。除了械斗之外，渡海犯台的厦门小刀会逸匪，也是令官府头痛的问题。正巧他们袭台的时间，也是在咸丰三年闰七月（1853.8）。于是乎台湾北部的乱事呈现一波方平、一波又起的态势。根据咸丰六年（1856）上谕记载，前后械斗与会匪作乱的人数，竟达近500人之多。①

根据台湾镇总兵官邵连科、台湾道裕铎的回奏，虽然该厅械斗死事惨烈，但幸亏有各绅董办理局务，或劝捐抚恤周济难民，或综理笔墨不辞勤劳，或分驰弹压保护难民，或随军打仗获犯解办等。② 而剿办小刀会乱者，北部出力最大的士绅为大嵙崁的林国华。林国华是北部漳籍移民的领袖之一。平定会匪之乱让他初试莺啼，然咸丰三、四年的漳泉械斗，也让其卷入冲突漩涡中。其导火线一说是林氏的泉籍佃人，因欠租而被林家私自逮捕入狱。此举引发泉人的不满乘机起衅，但是当地泉人的武力太弱不足以压制，遂商请远在竹堑的新合和垦号助阵。这一次的械斗要到咸丰六年（1856）才结束，同时也让林家迁居至枋桥（台北县板桥市）。隔年林国华去世，其弟林国芳接替兄长充做漳人领袖。咸丰九年（1859）兴起的械斗，其原因又是土地租佃问题。此次漳人获得粤人的帮助，屡胜大稻埕、树林樟湾的泉人。后来三角涌的泉人出面相挺，泉人恢复气势反攻摆接、漳和的漳人，并将树林的粤人逐到中坜。该械斗延续到十一年（1861）才结束。③ 不料官府在同年追究林国芳械斗的罪行，林在被解送至省垣途中暴卒。④

枋桥林家对于北部山区开发的业绩值得注意。从契约来看他们在当时至少在三层埔头寮庄、大嵙崁新溪洲庄（俱在桃园县大溪镇）、咸菜瓮庄与新和庄（新竹县关西镇）从事拓垦。⑤ 不独林家在丘陵的发展，新竹北埔姜家

① 中国第一历史档案馆编，《咸丰同治两朝上谕档（六）》（桂林：广西师范大学出版社，1998年8月），页164～165。

② 军机处录副奏折－农民运动类，案卷号：3336，胶片号：137，中国第一历史档案馆藏；洪安全主编，《清宫月折档台湾史料（一）》（台北：故宫博物院，1994年10月），页343～351。

③ 王世庆，《海山史话（上）》，《台北文献》，直字第37期，1976年9月，页73～74。

④ 许雪姬，《板桥林家——林平侯父子传》（南投：台湾省文献委员会，2000年11月），页82～91。

⑤ 黄富三，《板桥林本源家与清代北台山区的发展》，《台湾史研究》，第2卷第1期，1995年6月，页13。

除了在南兴庄的垦务之外，亦向北在九芎林（芎林乡），向南在大湖、罩兰（苗栗县大湖乡、卓兰镇）开垦。① 林、姜二大家族积极在浅山地区拓垦，其实正印证了一件事情，即截至清末西部平原地区大抵都已垦成，只剩下丘陵地区还有开垦的空间。所以该阶段北部地区留下很多丘陵开垦的记录。例如：台北盆地周围的小粗坑、屈尺（俱在台北县新店市）；北势溪上游的九芎林庄、鲒鱼窟庄、厚德岗庄、番仔藔庄（俱在台北县坪林乡）。② 汉人大肆向山区开垦，难免会因越界争垦或混占熟番公有埔地的情事。遇到这情况熟番们都不会恃强，以本身番屯的强大武力径自对汉人施以报复，反倒是依循司法管道以公权力解决。③

同样属于垦务方面的纠纷，上文提到佃户欠租的案件，在当时官方档案的记载中，似已成为普遍而严重的社会问题。首先是对番屯屯租的拖欠。其地点以五小庄、霄里（桃园县八德市）、大姑崁（桃园县大溪镇）、猫里庄（苗栗县苑里镇）、中港（苗栗县竹南镇）、大坑口（苗栗县竹南镇）、铜锣（苗栗县铜锣乡）、九芎林（新竹县芎林乡）为主。只是当地欠租者不是别人，多是带有功名的贡生、监生、生员等；若是普通的佃户则以路途遥远害怕遇盗遭抢为由，拒绝运赴租谷至厅治交卸（见第二章第二节）。其次是"顽佃"抗纳的案由。枋桥林家则是一代表性的个案。然而这些顽佃凭什么恃强抗纳？本书猜测多半有武力充做后盾的结果。遇到这种情形业户只有二种选择，一种如同林家的作风，再以更强大的武力投人下（私）狱；一种是循司法途径解决，但需忍受冗长的时间与耗费极大的金钱。

当然也不是所有的业户都像枋桥林家一样，有办法以武制武。所以多半会选择用司法解决。《淡新档案》收藏的卷宗里，就保留许多从咸丰元年（1851）开始，业佃因抗租问题而起的诉讼。④ 然这样的民事诉讼多半是双输。因为在第三章第一节已提到，以厅作为"分府"的司法层级，诉讼双方可以选择留在厅治或郡治投诉。如此造成的积案盈尺或往来公牍调卷，早已超过一个衙门正常的负担。而当时在官府的眼中，北部哪些地方属于民风

① 吴学明，《清代一个务实拓垦家族的研究——以新竹姜朝凤家族为例》，《台湾史研究》，第2卷第2期，1995年12月，页5~52。

② 伊能嘉矩著，杨南郡译注，《台湾踏查日记（上）》（台北：远流出版事业股份有限公司，2000年10月初版三刷），页65；李文良，《中心与周缘——台北盆地东南缘浅山地区的社会经济变迁》（台北：台北县立文化中心，1999年6月），页24~25。

③ 淡新档案校注出版编辑委员会，《淡新档案（五）：第一编行政/财政类》（台北：台湾大学，2001年6月），页112~114。

④ 淡新档案，第二编民事，第二类田房，第二款抗租，案码22201~22202，页码200974~201344，台湾大学图书馆藏。

强悍难治呢？山区以铜锣湾为代表，多番割出没；沿海以 Paksa Point（一个界于淡水、新竹间的海岬，可能在今新竹县新丰乡凤山溪出海口附近的拔子窟）为代表，多海盗出没。① 官府面对此难题的解决之道，即尝试用“族正”的力量约束各家族的乘员。咸丰七年八月淡水厅同知马庆钊谕示竹南一、二、三、四保（苗栗县与台中县大甲镇、大安乡）的巨姓，包括：王、陈、林、李、张、黄、郭、何、蔡、庄、曾等，佥举一人为族长并发给谕戳，令他们约束子侄休得犯禁（见第二章第三节）。根据庄英章、陈运栋的研究，此时也正是苗栗地区蒸尝组织发展成熟的时候，也难怪马庆钊会挑选此地先行办理。②

同治、光绪时期台湾北部汉人武力的发展进入新的阶段。在民团方面，自从咸丰七年（1857）淡水厅大加蚋堡出现设局团练开始，团练作为官方的辅助武力已成为常态。同治元年至三年（1852～1854）中部发生戴潮春事件，其北上燎原之势就是靠着团练在大甲、竹堑堵御成功，才能遏止乱事蔓延（见第四章第一节）。不过团练毕竟还是有寓兵于农的身影，主要用于战时的战斗，而非平时的警戒。③ 除了绿营和番屯之外，民人武力发展中带有职业军人身份者以隘丁为滥觞，特别是抱隘制度下的隘丁。然这些隘丁的总人数毕竟太少，而且不相统属的形态，难以统合战力。因此同治十三年（1874）牡丹社事件发生时，清廷为应付紧急状况，仓猝在台组织历史上第一支洋枪队——安抚军，遂成为在营制、武器配备与内地相仿的职业军队。只是他们有别于防军，所以在官方的称呼上皆以土勇营来视别。土勇营成立以后，最大的任务就是投入“开山抚番”的战争；其战果以宜兰县闽籍头人陈辉煌率领的二营土勇，追随福建陆路提督罗大春开凿苏花古道为代表（见第二章第三节）。

事实上提到防番、讨番的武力，除了隘与土勇营之外，从宜兰传入北部山区的结首制也需注意。结首本就是一种武力拓垦的方式，当其与隘制或联庄制结合时，益加强化本地乡治的控制。这对清末北部山区因隘丁首充任番割，导致汉番纠纷日增而治安败坏是很重要的。但到了光绪十一年（1885）台湾建省，隘制全部由防军取代，代表官方武力欲全盘掌握山区的开发；其防军守备空缺或不足额的部分，才交付给与省垣关系密切的土勇营协防（见

① 台湾银行经济研究室编，《台案汇录丁集》，台湾银行文献丛刊第一七八种，1963 年 9 月，页 148～150；白尚德（Chantal Zheng）著，郑顺德译，《十九世纪欧洲人在台湾》（台北：南天书局，1999 年 6 月），页 54。

② 庄英章、陈运栋，《清代头份的宗族与社会发展史》，《第一届历史与中国社会变迁（中国社会史）研讨会〔下册〕》（台北：“中央研究院”三民主义研究所，1982 年 8 月），页 333～367。

③ 不著辑者名氏，《咸同奏稿》，清抄本，北京国家图书馆分馆藏。

第二章第三节）。

在这一段时期能干扰北部拓垦的因素不多。同治朝以戴案为主，光绪朝以十至十一年（1884～1885）的清法战争为主。即便是史载战事之激烈，仍能见到拓垦桃园县大溪镇的记录。至于他县乱事更不会造成垦务上的中断，例如：同治四年（1865）嘉义戴案余党复乱，正是开垦桃园县大溪镇、新竹县芎林乡之时。同治十年（1871）彰化王爷会作乱，正是开垦台北市万华区之时。同治十三年（1874）恒春牡丹社事件结束不久，正是开垦台北县贡寮乡之时。光绪元年至四年（1875～1878）爆发讨番战争，正是开垦苗栗县大湖乡、铜锣乡、桃园县大溪镇、台北县石碇乡、新竹市之时。光绪六至九年（1880～1883）中南部发生莠民滋事，正是开垦桃园市、苗栗县三义乡、三湾乡、新竹县竹北镇之时。光绪十一至十七年（1885～1891）发生讨番战争，正是开垦桃园县大溪镇、新竹县峨眉乡、竹东镇、苗栗县苑里镇、大湖乡、公馆乡、台北县深坑乡、基隆市之时。

有理由相信光绪朝清廷对台湾北部比以往还要看重，其指标在于光绪元年（1875）新设台北府，以及析分淡水厅为淡水、新竹县。① 另外还一点也可视为清廷欲加强对台湾的控制，即是该阶段以官方具名绘制的地图大增。跟北部相关者包括：光绪四年全台地图，② 光绪四年（1878）全台前后山舆图，③ 光绪五年（1879）台湾舆图（并说），④ 光绪七年（1881）台湾全图，⑤ 光绪九年（1883）淡水县图；光绪十二年（1886）台湾山水图，⑥ 光绪十四年（1888）新竹与苗栗县图，⑦ 光绪十四年淡水、新竹、凤山县简明总括图册，⑧ 光绪十五年（1889）台湾地舆全图。⑨

不过这并不是说北部地区的治安，都达到令人满意的程度。根据时论台北有三害——各辕亲兵、福州无赖依附各衙门者、淡水县差役。⑩ 其土匪、私枭出没的地方还有三貂岭（台北县瑞芳镇）、中港盐馆、后厝仔、山豢庄

① 佚名，《光绪奏牍》，清抄本，北京国家图书馆分馆藏。

② 康长庆制，《全台地图》，墨绘，光绪四年绘本，北京国家图书馆藏。

③ 余宠制，《全台前后山舆图》，墨印，光绪四年刻本，北京国家图书馆藏。

④ 夏献纶编，《台湾舆图并说》，墨印，光绪五年刻本，北京国家图书馆藏。

⑤ 李延祐制，《台湾全图》，色绘，光绪七年绘本，北京国家图书馆藏。

⑥ 佚名，《台湾山水图》，色绘，不注比例，清光绪年间绘本，北京国家图书馆藏。

⑦ 淡新档案校注出版编辑委员会，《淡新档案（二）：第一编行政/总务类》（台北：台湾大学，1995年9月），页301。

⑧ 佚名，《淡新凤三县简明总括图册》，台湾银行文献丛刊第一九七种，1964年4月。

⑨ 佚名，《台湾地舆全图》，台湾银行文献丛刊第一八五种，1963年11月。

⑩ 廖毓文，《王元穉与其“夜雨灯前录续录”》，《台北文献》，直字第11/12期合刊，1970年6月，页40。

（俱在苗栗县竹南镇）、盐水港（新竹市）、北沪头、赤牛栏（桃园县大园乡）、头重坑（桃园县杨梅镇）、龟仑口（桃园县龟山乡）、田心仔（桃园县芦竹乡）。① 再根据闽督、抚的奏报，光绪朝有四件大案须火速办理：其一，光绪二年五至七月（1876.6～8）新竹县铜锣庄巨匪吴阿来、吴阿富兄作乱，前任同知陈星聚招募勇丁50名拿办。过程中官军击毙吴阿富，吴阿来旋逃入老鸡笼庄，将内山水源截断顽抗。尔后北路协右营游击乐文祥带500人来援，施放火炮摧毁匪巢铳柜五座，逸匪复窜新鸡笼（俱在苗栗县铜锣乡）。此时福锐新右营都司杨金宝带勇200名来援，再毁敌铳柜五座，吴阿来在准备逃入内山时被乐文祥生擒。②

其二，光绪二年（1876）淡水县和尚洲李东面、李先登父子，倚恃信奉天主教多年自称"教首"，叠犯各案拒捕伤差。地方官员早已注意他们多年，准备适时一举擒拿。同年八月前任同知陈星聚在艋舺仓署断案，不料李氏父子竟持刀闹堂，旋被陈氏喝令拿下就地正法。③

其三，光绪九年（1883）淡水县有十余年前之"邪匪"陈乌，在开馆授徒能以符咒杀人旋被官府捕获伏诛后，其余党又重出江湖犯案，并以"定心符"、"锁喉符"、"火符"迷惑乡愚。御史谢谦亨风闻此事旋启奏，建议台湾道刘璈谕令绅董造具牌甲册清庄。德宗发布上谕要闽浙总督何璟、福建巡抚张兆栋留心此事；并以廷寄密令他们要督饬刘璈，务必把这一干人等全部追拿到案。④

其四，光绪十年三月（1884.4）新竹县大湖（苗栗县大湖乡）、罩兰（苗栗县卓兰镇）地方，发生民番彼此戕杀事件。原来此地向来无事，迨去年葫芦墩街（台中县丰原市）驻扎兵勇，附近生番社疑为民人引往准备剿办，遂将道路截断冲突日起。于是汉移民先发制人攻击苏鲁、马那邦社，官府闻讯立遣中路抚民理番同知邹丞前往查办。⑤

上述的个案有几个重点值得注意，首先是火器使用的问题。根据作者的

---

① 伊能嘉矩著，杨南郡译注，《平埔族调查旅行——伊能嘉矩"台湾通信"选集》（台北：远流出版事业股份有限公司，1997年5月初版三刷），页175；吴密察主编，《淡新档案（八）：第一编行政/建设类》（台北：台湾大学图书馆，2001年6月）。页1～10、28、47、252；淡新档案，第三编刑事，第三类财产抢劫，第三款强盗，页码33313～33316，台湾大学图书馆藏。

② 张菼，《同籍械斗的吴阿来事件》，《台湾文献》，第20卷第4期，1969年12月，页118～136。

③ 洪安全主编，《清宫月折档台湾史料（三）》（台北：故宫博物院，1994年10月），页2540～2542。

④ 洪安全主编，《清宫月折档台湾史料（四）》（台北：故宫博物院，1995年8月），页3463～3464；洪安全主编，《清宫廷寄档台湾史料（三）》（台北：故宫博物院，1998年10月），页1771；洪安全主编，《清宫谕旨档台湾史料（六）》（台北：故宫博物院，1997年10月），页5009～5010。

⑤ 刘璈，《巡台退思录》，台湾银行文献丛刊第二一种，1958年8月，页198～199。

研究，火器在台湾的使用向例甚严，但为达开山抚番之用难免便宜行事（见第三章第三节）。所以光绪朝台湾火器泛滥的程度，连地方性的盗匪四处流窜之余，还有办法建立铳柜顽抗而可见一斑。第二是司法行政控制的问题。根据《申报》的报道，光绪初年是严刑治台的阶段。若按清律处以大辟是需要层层审理才能执行。然从一年被就地正法三十人的结果来看，淡水县李氏父子刚好是这波重典下的牺牲品（见第三章第一节）。第三是保甲制度强化的问题。淡水县发生施巫邪术的事件，北京所做的第一反应不是立刻调集兵马抓人，反而先强化保甲以防邪教传播。其实从《淡新档案》来看，早在同治四、五、十一年（1865/1866/1872）淡水厅就已编过三次保甲。① 此次官方追寻旧经验来应变，在了解来龙去脉后也不让人意外。第四是番汉冲突的问题。同治朝原本作为番界的土牛、红线早已灭迹。近界农民私越番地的结果，引发的馘首报复是免不了。② 光绪七年（1881）湖南旅台名士黄逢昶，曾在福建巡抚岑毓英巡台时，作抚番禀文要求准募500名兵丁训练成军，驻扎台北府内山以镇生番。③ 由于清廷在先四年的讨番战争中均不得力，因此黄氏的建议自然不被接受。

官府努力维持北部区域社会秩序的稳定，至少在建省初期是达到效果。光绪十二年（1886）首任巡抚刘铭传回奏时，则相当夸赞已升任台北知府的陈星聚，奖励他在任内约束书差、拿办积匪十余年让宵小敛迹、台北得以安谧。④ 综观清廷统治下的北部，已证明在任何一个时期，不论是乱事源自于本地或他地，几乎都有拓垦的记录。即便是在乱事持续、蔓延的过程中，移民还是能选择治安较为稳定的环境继续垦务，这样的结果与武力控制有极密切的关系。职业式的武力——绿营，显然在此任务上有较令人满意的表现。从康、雍时期开始，绿营就一枝独秀地控制北台，这样的局面要到林爽文事件发生才有所改变。不过即使如此，绿营也不是没挑战；原住民武力——生番以及拜盟式武力——会党，就采零星出击的方式，干扰绿营对当地的统治。这样的发展会试着刺激清廷，思考选择合作伙伴的可能。乾隆初期因台北盆地有着设隘的记录，标示着当地开始进入契约式武力的阶段。林案的敉平就是适时靠着这股力量，才能在北台的战场中化险为夷。

不过清廷意识到只靠绿营，就想维持地方的治安毕竟还嫌单薄，于是另

① 淡新档案校注出版编辑委员会，《淡新档案（三）：第一编行政/民政类》（台北：台湾大学，1995年10月），页109、149～151；淡新档案校注出版编辑委员会，《淡新档案（七）：第一编行政/财政类》（台北：台湾大学，2001年6月），页220。

② 叶宗元，《台湾府舆图纂要》，同治五年抄本，北京大学图书馆藏。

③ 黄逢昶，《台湾杂记》，光绪十一年福州吴玉田刻本，北京国家图书馆分馆藏。

④ 洪安全主编，《清宫月折档台湾史料（六）》（台北：故宫博物院，1995年8月），页4766。

一支原住民武力——番屯就趁势而起。番屯在北台的表现，不如他们在中、南重要，然也是一股向官方控拢的常规武力。只是比较特殊的事，为了防止生番的袭击，隘防或结首普遍设立于北台山区，让属于契约式武力的它们与原住民武力有了较量的机会。过程中彼此胜负难分，而道光朝新竹金广福大隘的成立，可说是把对抗带上的高潮。就官方的立场而言，它是乐见这样的发展。原因是绿营、屯丁不用辛苦地站在第一线防番，即便此工作都是隘防未设前，他们所必须负责的。再者若控制住像隘防般的契约式武力，也可以在事变时收征调之效。

此外祭祀圈与家族的发达，也有维系各地民人武力联结的效果。如此的发展在正面功能上能强化乡治，但在负面功能上亦能催化械斗。事实上自咸丰朝以后，契约式武力即以（设局）团练、土勇营的形态，成为民人武力凝聚的新机制。很重要的一点是不管民人的武力如何的发展，官方总有办法制约，甚至加以选择合作。这是维持一个稳定拓垦环境所必须要做到的工作。

第二节　中部——官、番为主到民人加入

所谓中部即是指现在的台中盆地与海岸平原、彰化平原、南投丘陵与平原一带。跟北部一样，清初这片地方原属诸罗县；雍正元年至光绪十一年（1723～1885）改隶彰化县。台湾建省在此筹设台湾府，并从彰化县析分出台湾县。按原计划省会本要兴建于此，惜预定地桥孜图（台中市东区）城垣尚在赶工，于是改台北府为巡抚衙门治所，直到割台前都是如此。

以清代为断限的拓垦记录，中部开垦的时间稍晚于南、北部。现存可查最早的时间是在康熙二十九年（1690）给垦北斗打廉庄（彰化县北斗镇）。事实上整个康熙朝，并无发源于中部的动乱。同时期该地区能见到拓垦的记录，还包括：台中县大肚乡、大安乡、沙鹿镇、台中市。如此稳定的开垦环境与兵防巩固有直接关系，而异于北部绿营一枝独秀地控制，中部的绿营很早就与熟番合作。康熙三十八年（1699）清廷为平定吞霄社举事，征调岸里社就替官、番合作立下好的开始。不过要知道的是岸里社，以及邻近的阿里史社，都是在清初被官府评定为难治的熟番。孰料靠着“以番攻番”的策略，终于能收编他们。此外彰化平原也有许多番社，都是早期与社商往来密切的熟番，例如：东螺、二林、三林、猫罗、大武郡、半线、马芝遴、阿束社（第二章第二节）。

闽粤分布也是讨论中部开发史一个很重要的课题。不同于粤籍移民在台湾其他地方的发展，南彰化平原祖籍广东的饶平客，被大多数的福建漳、泉

移民同化，形成所谓的“福佬客”。① 这种现象在台中的开发却很少见。康熙朝粤籍移民零散分布在日南（台中县大甲镇）、新广庄、社口（俱在台中县神冈乡）、葫芦墩（台中县丰原市）、石冈仔（台中县石冈乡）、霸雅（台中县大雅乡）、潭仔墘（台中县潭子乡）、大姑婆（台中市东区）。② 与聚居在三角仔（台中县神冈乡）、圳堵、台中盆地的漳州人，以及聚居在神冈、圳前、山皮（台中县清水镇）、海岸平原的泉州人鼎足为三。③ 有研究指出这些粤籍移民，最后全都迁徙至台中县东势镇、新社乡、石冈乡，形成客家人独占山区的局面。只是此发展不能视为单纯族群挤压的推力，还要考虑到樟脑、伐木等活动的拉力。④ 诚然移民的迁徙，不能只着眼于被动的推力。但是在此过程中彼此武力是否取得“平衡”，达到稳定拓垦的状态，才是本书所关心的焦点。

另外水、陆交通路线的建构，也是开发过程很重要的步骤。不同于北部有河运的便利，中部地区的河川较无舟楫之利。然当地却有一个很重要的海港——鹿港，其街市的形成据考证最早在康熙五十六年（1717）。⑤ 路运根据康熙三十年代绘制地图所示，越过虎尾溪后即行至西螺社—西螺溪—东螺社—东螺溪—大武郡社—半线。此路线因康熙四十三年（1704）诸罗县邑从佳里兴（台南县佳里镇）奉文归治后渐有改变。主要是有一条新路线形成，即所谓的海线：从笨港—白沙墩—猫儿干社—南社—二林社—大突社—马芝遴社—半线。而旧有的那一条则定名为“纵贯线”，并且从半线再北上延伸至阿束社—南大肚社—中大肚社—北大肚社—沙辘社—牛骂社—大甲西社。⑥ 至于路线所经过的站名，均以番社居多的原因有二：一则当时汉人的聚落尚未建立，所以道路的开通只能先抵番社。二则这两条道路实际上都是官道，因此在传递公文或配拨车辆上，皆要征调番丁帮忙。利用道路把各番社联结起来，目的就是为了方便征调（见第二章第二节）。

其实汉人聚落的建立，在康熙末年已经出现。康熙五十五年（1716）

---

① 邱彦贵、吴中杰，《台湾客家地图》（台北：城邦文化事业股份有限公司，2001 年 5 月），页 58 ~ 59；台湾常民文化学会，《彰化平原的族群与文化风录》（彰化：彰化县立文化中心，1999 年 1 月），页 100 ~ 151。

② 吴镇坤等，《台中县客家风物专辑》（丰原：台中县立文化中心，1989 年 12 月），页 12 ~ 13。

③ 罗肇锦，《台湾客家族群史 · 语言篇》（南投：台湾省文献委员会，2000 年 11 月），页 76。

④ 蔡采秀，《台中地区的拓垦组织与产业开发》，《中县文献》，第 6 期，1998 年 1 月，页 35 ~ 63。

⑤ 黄秀政等，《台湾史志论丛》（台北：五南图书出版有限公司，2000 年 3 月二刷），页 65。

⑥ 黄智伟，《统治之道——清代台湾的纵贯线》，台湾大学历史学研究所硕士论文，1999 年 6 月，页 36 ~ 45。

漳州人张国带领一批同乡移居大肚山，拓建犁头店（台中市南屯区）。① 张国是何许人也。旧说他是"总兵官"并且因大肚山番社兴乱，清廷命他率军来台平乱。事后遣部将刘源沂、黄鹏爵驻屯开垦，人称其地为"张镇庄"。② 张镇庄是开拓了，但张国的身份却有疑问。首先张国是以总兵官的身份来台平乱吗？细查档案就会发现，当时并没有番社举事的案件。所以旧说的开垦动机立刻遭到质疑。其次张国是哪一个镇的总兵官呢？张国在台湾是有任官的，《续修台湾府志》记载康熙四十五年（1706）泉州人张国任北路营参将，四十八年升福州城守营副将。③《陈清端公年谱》亦记载，康熙五十四年十月（1715.11）福建巡抚陈瑸陛见，圣祖询问他台湾吏治与营伍的情况，其中提到安平水师协副将张国，说他整练兵船、出海巡哨，已蒙升浙江定海镇总兵官。④ 由此可见当时张镇庄的开垦不是有张冠李戴之嫌，就是张国卸任后来台开垦（洪敏麟主张此说），尔后经过时间的流逝遂以讹传讹。⑤

再者，水圳的开凿也颇为重要。康熙五十八年（1719）开凿的八堡圳，以及六十年（1721）开凿的五十庄圳，皆是灌溉千甲以上的水利设施。但值得注意的是所谓"千甲"，是指雍正以后陆续开垦的成果，康熙朝仅灌溉190余甲而已。⑥ 差不多同一时期，台湾发生了史上首次全岛性的民变——朱一贵事件。朱案的主战场在府治与凤山县，北路虎尾溪以北的战事，要到朱阵营内讧另一股首杜君英，带领粤籍数万人北上抵猫儿干（云林县仑背乡）才转炽。根据记载杜氏以此为基地，剽掠半线上下，仅南嵌以北得以幸免（第四章第一节）。现有一个问题是为什么杜君英选择的是剽掠而非占领。作者猜测有两个主要的原因：一为自南嵌以至猫儿干地方辽阔（今桃园、苗栗、台中县、台中市、彰化、云林县）。虽有万人之众，亦不足以防守广大的区域。二为此地的开发有限所获不多，为了供养人数过众的军队，必须到处"游食"方能生存。

---

① 河乐，《胼手胝足、开发宝岛——漳属人民开拓台湾史略》，《长泰文史资料》，总第5期，1982年9月，页33。

② 张胜彦，《台中市史》（台中：台中市立文化中心，1999年6月），页25；庄吉发，《清史论集（二）》（台北：文史哲出版社，1997年12月），页380～381。

③ 余文仪，《续修台湾府志》，台湾银行文献丛刊第一二一种，1962年4月，页400。

④ 丁宗洛，《陈清端公年谱》，台湾银行文献丛刊第二〇七种，1964年11月，页84。

⑤ 洪敏麟，《台湾旧地名之沿革（第二册·下）》（南投：台湾省文献委员会，1997年6月二版），页48。

⑥ 王崧兴，《八堡圳与台湾中部的开发》，《台湾文献》，第26卷第4期、27卷第1期合刊，1976年3月，页43。

朱案平定后，来台的南澳镇总兵官蓝廷珍见有开垦之利，乃招徕移民在张镇庄附近拓垦。至雍正五年（1727）所垦田地多至四百多甲，皆奉命入官名为“蓝兴庄”。蓝兴庄的范围根据考证，应坐落于台中县大里、太平、乌日乡。尔后又有蓝天秀、张嗣徽合垦该处，垦地被及台中市核心区。由于是蓝、张二姓开垦之故，所以又名为“蓝张兴庄”。① 然在此地开垦也有风险。前一年彰化知县孙鲁回禀闽督、抚，告知生番杀入猫雾捒并放火烧屋、戕杀的消息。官府的反应不是马上调兵追剿，反倒是先厘清蓝兴庄址有无越界。② 生熟番出其不意的攻击，的确对垦务平添变数，然更大规模的举事还在后头。

雍正九至十年（1731～1732）中部发生台湾史上规模最大的熟番举事。其实在这一波乱事中，亦有少数生番加入。前者包括：大甲东西社、朴仔篱、阿里史、水里、牛骂、沙辘、猫雾捒、南大肚、双寮、猫盂、苑里、吞霄社；后者有巴荖苑、狮头、狮尾社。根据本书的估算，清廷大约用了十倍于生熟番的兵力才敉平该乱，而“顽梗”的熟番被报复性的屠戮自不在话下（见第四章第二节）。不过此事的善后还是有得利者，那就是尽早归附清廷的熟番与充当义民的汉人。当时接替台湾道倪象恺的张嗣昌，对此事留下难得的记录。尤其对大甲西社、沙辘、牛骂三社社域的处分，则是现今公开的史料中少见的，兹节录如下：

窃本道巡视北路，于本年正月十一日回署，所有赈给民番银谷及现在百姓归庄安业情形。业经节次禀报在案，兹于本月十三日接奉宪谕，将沙辘、牛骂、大甲西三社所遗田园一项条例管见，为宪台陈述之。

一、沙辘、牛骂、大甲西三社所遗田园，宜分别招垦给赏也。查此项田园依律原应入官。今提督王以此三社系首祸之人所遗田园，应赏出力有功之岸里、后垅、南日南、甲东等社，不可因其悬旷招民垦耕。兹奉宪谕云该社等田园招垦原属有限，以之赏给有番社所议未有不可；但恐番势日炽，不无尾大之虞。宪虑极为深远。本道遵查牛骂、沙辘、甲西俱隶大路尽属番社。而岸里在沙辘、牛骂之东，中隔一山界址相连，俱在大甲溪之南，此彰邑所辖也。大甲东与大甲西俱在溪北，两社东、西相对，中隔小山。南日南又在

① 《台中市史》，页25；尹章义，《张士箱家族移民发展史》（台北：张士箱家族拓展史研纂委员会，1983年7月），页113。

② 洪安全主编，《清宫月折档台湾史料（一）》（台北：故宫博物院，1994年10月），页572～573。

大甲溪之东北。后垅又在南日南之北，中隔猫盂、苑里、房里、吞霄等社，距甲西六十里之遥，此淡防厅所辖也。兹奉宪谕不必执定一见，总期归于至当。本道不揣愚昧，应请将此三社田地饬行该厅县，每社丈其已垦田园若干，未垦田园若干。各以十分为率，应以四分给赏出力有功之番，以六分招民耕种纳粮，其未垦者以俱着其开垦升科。查去年军前头等出力之岸里社应赏四分内之二；就近于牛骂、沙辘社内拨给。次等出力之后垅应赏四分内之一，就近于大甲西社内拨给。又次等出力之大甲东、南日南二社，应共赏四分内之一，亦就近于大甲西社内分拨。如此亦足以奖励有功矣。其余已垦、未垦各存有六分，着落该厅县招民耕种。其已垦者应照时估价缴银入官。其未垦者准开垦升科，照例立户纳粮。至承耕之户，必须查有家室殷实之人，取该厅县印结申送，不得滥招无籍之徒，致有抛荒、欠粮等弊。本道在北路之时，已嘱该厅县将三社所遗已、未垦田园，确查数目报夺，是否有当伏候宪裁。①

以往总认为中部熟番乱事结束后，清廷对叛乱番社的处分，给予岸里社最大的利益。当然依照上述的确如此，不过别忘了还有后垅、大甲东、南日南三社的赏赐。并且这些熟番的赏赐，不管是已、未垦的土地，仅占总额的十分之四而已。也就是说汉人以业户或自耕人的身份，跳过向熟番瞨耕的程序，直接向官方请垦的人数应相当多，其总面积更比熟番领有的还大。然要注意的是，平乱时清廷并没有重用汉人的打算。虽然仓猝成军的义民，有几次搭救官员、兵丁的记录；但是清廷谨守“以番攻番”的原则，尽量不让义民介入过深的战局（见第四章第二节）。只是乱后讲求的是开垦土地，遂重用他们在这方面的长处。因此在土地的分配上汉人反后来居上，成为善后最大的赢家。

有趣的是汉人亦非等到动乱过后才着手开垦。从现存的古文书来看，雍正十年十一月（1732.12）乱事结束前，至少三处地方有招垦、开圳的记录，包括：彰化县溪湖镇、芬园乡、台中县丰原市。十二月立即有业户陈周文向官方请垦猫雾捒。此发展似乎跟史载难民流离失所、残破的景象不同；透露出即便是在战时，只要兵防控制得宜、治安许可下，仍能进行土地投资。该情况若换做是源自于他地的动乱，那就更不是问题。例如：雍正元年（1723）朱案余党举事于凤山、雍正四年（1726）凤山县民陈三奇作乱、雍正七年（1729）官兵讨伐山猪毛番、雍正十三年（1735）生番戕杀登台；

① 张嗣昌，《巡台录上卷·密陈事宜》，乾隆元年刻本，北京大学图书馆藏。

正是开垦彰化县社头乡、鹿港镇、彰化市、台中县神冈乡、大雅乡的时候。

再从表四十二编号2来看，雍正十三年（1735）台中、彰化的兵防比例为33:1与25:1。这样的数字与北部相比低出许多，但跟南部相比又高出一些。它的意义是说明该地区的拓垦环境还算稳定。同年接替台湾道张嗣昌的尹士俍，在其私著中亦提到“东螺、燕雾数堡田土肥润，圳水交流，居民殷富。水利各港（台中县龙井乡）多捕鱼讨海，以为业者颇食自安。惟猫雾拺与南、北投堡村落窎远，内山生番闲出，今添汛设寨自卫。”① 中部熟番经清廷惩创后，除了岸里社之外，其余各社武力大不如前。不过生番出草的问题还没有解决。前文提到生番袭击登台事件，根据调查是眉加腊番所为。同年官军主动出击，捕拿（土目）巴里鹤阿尉正法，并新设柳树湳隘（台中县雾峰乡）番害稍除。②

乾隆朝官、番、民的武力运作起了些许的变化，即属于民人武力的民团角色加重，而反官方武力的会党崛起尤要注意。在中部地区动乱个案方面，乾隆七年八月五日（1742.9.3）彰化县南北投、茄荖庄（南投县草屯镇、南投市）等处，被奸民在庄头、庄尾各竖一白布，上写“顺天”二字与十一人姓名，声言欲抢营汛村庄。各村男妇见状间有惊慌躲避走入山林。六日（9.4）南北投社通事吴永泰赴县衙禀称，初五日晚有民人郭兴到番社，勒取每社番一家弓箭一副。各番不肯轻予，郭兴便吵闹至外竖旗。初七日（9.5）快官庄管事薛良亦来禀，并扯下布旗一并报案。隔日北路协副将江化龙急禀台湾镇总兵官何勉，旋遣中营都司黄成绪率兵役前往捉拿。是日夜擒获首犯吴永泰、林察儿，从犯庄列等22人，以及竹篙枪四杆；再根据千总周龙报称，亦擒获林石等三名，惟元凶郭兴逃逸。台湾道刘良璧还札禀福建巡抚刘于义，表示台地五方杂处，游手无赖之徒动辄竖旗，居民不以为怪。③ 闽省以福建水师提督王郡最早获悉，他在十九日（9.17）得知后即上报闽浙总督纳苏图，由闽督在二十一日（9.19）缮折具奏。④ 同年十月纳苏图再奏报，声称郭兴已被拿获，经讯问才知事件导火线是垦务纠纷。原来郭兴等佃种的番地与生员陈元度毗连，陈氏遏绝水道使得郭氏人等不能灌溉以致歉收。郭兴赴县衙投告胜诉，不料陈氏不但拒绝开放水道还屡次殴阻。郭

① 尹士俍，《台湾志略·中卷民风土俗》，清乾隆三年刻本，北京国家图书馆藏。

② 黄富三，《雾峰林家的兴起——从渡海拓荒到封疆大吏（1729～1864）》（台北：自立晚报，1987年10月），页95。

③ 国学文献馆主编，《台湾研究资料汇编（第一辑·第二十五册）》（台北：联经出版社，1993年9月），页9307～9308。

④ 台湾银行经济研究室编，《台案汇录已集》，台湾银行文献丛刊第一九一种，1964年1月，页162～163。

兴人等忍无可忍遂出此下策。①

该案彰显四项重点值得注意：其一，官府司法公信力落实的问题。郭、陈的诉讼个案不难发现，即便是官司打赢也不见得能伸张公权力。因此有时会逼得二造以武力相向，徒增社会治安的纷扰（见第三章第一节）。其二，铁器管制的政策见效。虽然清初官方还没有禁止台湾人民使用刀械，但对每年进口至台湾铁斤数量的限制甚严（见第三章第三节）。这样的措施发挥些许的成效，由于用铁受限，武器的取得奇货可居。于是像郭兴的个案，即便是准备持械寻衅，也要向较不受限制的熟番“勒取”武器。其三，官方的情报布线工作。该案不是由汛兵自己侦破，而是通事、管事赴县衙告发才曝光。当然营兵慢了二天才出动捉拿，在事机上已迟缓许多。幸好绿营的兵防尚称稳固，所以在对付手无寸铁的民人还是略胜一筹。其四，官方拿获涉案人中，有一个人名叫“林石”。此人是否就是雾峰林家的开台祖，现已没有足够的证据证实。不过林石之名还会再出现，而且将是一场大民变的开端。

乾隆八年（1743）彰化知县陆广霖所记，该县治安渐趋恶化；县境内尤多鸭寮，台湾道庄年以朱一贵养鸭为虑，欲禁止百姓从事此业。② 这到底是怎么回事呢？乾隆十三年（1748）猫雾捒地方的一块《养鸭示禁碑》，透露出实情。按业户张嗣徽、秦张江、张承祖、张振万、廖盛、陈周文等具呈，各庄田园现被畜鸭之徒于搭寮，每处聚数十人或百人不等。甚至藏奸窝匪，夜则流散偷盗庄民牛只，日则驱鸭践食禾苗贻害不浅。③ 乾隆十四年（1749）福建巡抚潘思榘的一份奏折，更道出官方眼中的彰化，已从静谧之地转变成难治的地方。其原由与碑文所述如出一辙。皆称离郡穹远、四静辽阔，大批漳泉之人散住，每于偏僻旷野之处搭盖寮厂，招伙养鸭、种地，游手匪类借以潜藏，频有抢劫之事。④ 如此的发展成为治安的隐忧。果然同年蓝（张）兴庄即闹出越界开垦的案件。该地的垦务经蓝廷珍启之后，传至此时已由其孙蓝日仁接手。不料他竟倚借昔年声势、不安本分，在彰化县呼朋引类自称田主，偷越番地亦任意侵占他人田园。闽督喀尔吉善、闽抚潘思榘获悉，遂指示台湾道书成查拿。经过讯问方知蓝日仁原在大姑婆（台中市

---

① 中国人民大学清史研究所、档案系中国政治制度史教研室合编，《康雍乾时期城乡人民反抗斗争资料（下）》（北京：中华书局，1979年8月），页625~626。

② 不著编人，《清史列传（105）》（台北：明文书局，1985年5月），页272~274。

③ 台湾银行经济研究室编，《台湾中部碑文集成》，台湾银行文献丛刊第一五一种，1962年9月，页63。

④ 台湾故宫博物院，《宫中档乾隆朝奏折（第一辑）》（台北：故宫博物院，1982年5月），页21。

东区）界内报垦，近因希图射利才大胆越界。①

蓝氏的案件是一个相当有趣的个案。因为该地的业户如此之多。为什么官府独挑蓝日仁为整肃的对象？柯志明把台中近山地区的拓垦势力，绘制成一张地图便于了解。上述提到的张承祖，其垦地在甲雾林；张振万，其垦地在台中县大雅乡；秦张江，其垦地在潭子乡；陈周文，其垦地在台中市南屯区；张嗣徽，其垦地在台中市南、中、北区。他们的东侧都接邻着熟番的土地。以北从大安溪开始，即是岸里社土目潘敦仔的私地，往南依序是社番口粮地，阿里史社地与认管地，猫雾捒、柴坑、大肚社认管地，阿束社认管地。这样的安排显然是刻意，目的就是防止汉人直接入垦生番地，所以中间夹着熟番充当人墙。不过这样的安排未必能约束住汉移民，诸如蓝日仁般的角色，官方不得已就会以武力中断其垦务、解散佃人。②

汉人宵小扰乱社会治安，已经让官府保持警戒；现多增生番出草，使得中部地区的防务显得吃力。彰化县的生番被形容最为刚狠，往往一遇汉人辄加杀害（见第二章第二节）。为了对付生番，改调重兵把守是需要的。该县生番最常出没之地，在头重（南投县名间乡）、北头（南投县草屯镇）、大婆（台中市东区）、黄竹（台中县太平市）等处。③ 乾隆二年（1737）北路协在当地添设柳树湳汛，并于登台、新庄（台中县雾峰乡）添造义胜、勇胜二寨，各设乡壮 30 名给予军器，协同汛兵巡防。④ 乡壮亦称民壮，均是三班差役以外的编制，身份近似临时雇员（见第三章第一节）。只是这样的防备仍嫌不足。乾隆十六年（1751）北投社通事三甲勾结生番滋事，未料生番离去前竟选择柳树湳汛出草，戕杀七名士兵遂酿成大案（第四章第二节）。

设隘也是另一种防番方式。乾隆二十年（1755）中部地区有了隘防最早的记录。当时的四座隘——校栗林（台中县潭子乡）、旧社岗仔头（台中县后里乡）、朴仔篱（台中县东势镇）、大坑口（台中市东区），全调派岸里社的熟番把守。本书之前已讨论过隘制是汉人武力整合的机制，怎么现在反而由熟番操作？原来这些隘都是官隘，调派熟番把守则是任务的指派，无关熟番武力的整合（见第二章第三节）。然此个案的呈现，又证明了中部原住民武力与官方合作之深。不过与官府互动密切，对岸里社是好是坏还很难说。根据施添福的研究，该族群虽拥有大片青埔林地，但也必须承担各种公

① 国学文献馆主编，《台湾研究资料汇编（第一辑·第二十八册）》（台北：联经出版社，1993 年 9 月），页 12093 ~ 12097。

② 柯志明，《番头家——清代台湾族群政治与熟番地权》（台北：“中央研究院”社会学研究所，2001 年 3 月），页 160 ~ 162。

③ 仁和琴川居士，《皇清奏议》（台北：文海出版社，1967 年 10 月），页 3515 ~ 3534。

④ 尹士俍，《台湾志略·上卷城垣台寨》，清乾隆三年刻本，北京国家图书馆藏。

差劳役，因此无法亲自力农。其结果只好招佃管耕，沦为收租养活，无法与土地建立更亲密的关系。①

乾隆十八年三月（1753.4）彰化县发生抗官拒捕事件，案由是鹿仔港民人余柔家中遭盗，其赃物据报在施笃家中。于是鹿仔港巡检张振勋率领衙役前往埔仔寮起赃。讵料该村施姓人等持械打伤差役，抢回施笃后逃逸。鹿仔港汛把总朱陈勋闻讯赶至，拿获施笃以及殴差的施四、施老、蔡丕。该案由台湾镇总兵官陈林每上报给福建水师提督李有用，再由李氏回报给闽督喀尔吉善缮折具奏。五月高宗得知后震怒，以廷寄的方式谕令喀尔吉善、闽抚陈宏谋必须严办，指示速审速结并于该处正法。就在要结案时，彰化县大肚地方（台中县大肚乡）又传来诬人竖旗事件。② 根据福州将军新柱的奏报，此事是当地民人赵悻欲图害赵新之作。然或许是害怕官府深究，赵悻在未有指证前就自行投案。③

乾隆元年至二十年（1736～1755）阶段，中部地方看似治安小有纷扰，但承继雍正十三年（1735）还算稳固的兵防，始终没有发生跨县性的动乱。即便同一时期：乾隆元年（1736）淡水厅加志阁番出草、乾隆四年（1739）水沙连生番滋事、乾隆十五年（1750）淡水厅民陈盖滋事与水沙连汉人械斗、乾隆十八年（1753）诸罗县民吴典抗官，也没能阻碍该地区的垦务。于是能见到开垦台中县沙鹿镇、清水镇、雾峰乡、台中市；南投县草屯镇、彰化县埔心乡的记录。事实上当地的拓垦的成绩还不仅于此。虽说清廷明令禁止移民私越番界，但抓不胜抓、禁不胜禁。迟至乾隆二十二年（1757）台湾镇总兵官马龙图、台湾道德文清查时，对于私垦面积有惊人的发现。这些地点包括：清水沟（南投县鹿谷乡）、集集埔、八娘坑（俱在南投县集集镇）、虎仔坑、万丹隘、腊塞头、头重埔、二重埔、三重埔、中洲仔（俱在南投县名间乡）、葫芦肚（南投市）、万斗六（台中县雾峰乡）、东势山脚庄（台中县太平乡）、黄竹坑（台中县大里市）、三十张犁、积积巴来（俱在台中市）。④

从表四十二编号 3 来看，乾隆二十一年（1756）彰化与台中的兵防比例，大幅降低至 121:1 与 133:1。尤其是台中地区的数字，已成为各厅县兵防比例最低的地方；彰化的排名也只比云嘉地区稍好一些，代表着官方的控

① 施添福，《清代台湾岸里社地域的族群转换》，《平埔族研究论文集》（台北；“中央研究院”台湾史研究所筹备处，1995 年 6 月），页 301～332。

② 台湾故宫博物院，《宫中档乾隆朝奏折（第五辑）》（台北：故宫博物院，1982 年 9 月），页 248～249、434。

③ 洪安全主编，《清宫廷寄档台湾史料（一）》（台北：故宫博物院，1998 年 10 月），页 7～10、13。

④ 《番头家——清代台湾族群政治与熟番地权》，页 171。

制逐渐减弱当中。乾隆二十五年五月（1760.6）鹿仔港又查获诬人竖旗案件。鹿仔港巡检陈登象即刻密饬乡保张瑞、沈合访拿，果然查出番仔乞（彰化县芳苑乡）民人沈房，供认与外委张世奇不睦欲陷害之。这事经由彰化知县张世珍、台湾道余文仪审明判处绞立决结案。① 鹿港是当地最大的港市，据闻此处的街道是仿虾子的形状而建，拥有许多小巷和死胡同。② 这当然是便于防御而构筑的街景。此外为对付盗匪，该地也有更夫的配置，若有警则彼此敲锣救援。③ 先前提到的施姓是鹿港的第一大姓，依次是黄姓与许姓。传闻施、黄二姓向有宿仇，不过从清代官方的档案来看，倒是没有因仇怨而大动干戈惊动官府的记录。④ 鹿港对官方的重要性，将在日后的动乱中凸显出来。

像暴风雨前的宁静般，乾隆三十年代是中部地区无事的十年。乾隆三十、三十一年（1765/1766）淡水厅遭生番出草不说，乾隆三十三年（1768）在台、凤、诸三县纷扰最烈的黄教事件，竟也没有波及彰化。此刻正是开垦彰化县鹿港镇、台中县潭子乡、龙井乡、沙鹿镇的时候。虽然史无记载是什么原因导致这样的结果，但作者认为应是官方与熟番合作得当所致。上文提及的守隘是一个范例，还有一例也能证明中部熟番在这方面的表现，即护卫军工匠入山伐料。今台中县东势镇、石冈乡、新社乡，则是当时军工匠出入频繁的区域。根据温振华的研究，乾隆二十六年（1761）土牛沟挑挖完成后，该区界外地权产生变化。例如：石冈地区为了缴纳归化生番——屋鏖十三社的饷税，通事明知越界耕种是违法也要续行。新社一带肇因于军工匠覃集，其间有不少汉人趁机向岸里社贌垦埔地。显示出岸里社通、土有滥权的情形。所以只要一遇官方查缉，番业户都会要求汉佃暂避风头。⑤

由于北台中垦务日渐发达，出入及运货所需亦带动沿海港口的繁荣。大安港（台中县大安乡）以地理位置临近葫芦墩（台中县丰原市），加上港阔水深的优越条件，遂趁势而起成为当地最重要的港口。⑥ 事实上论街市的数

---

① 《台案汇录已集》，页235～238。

② 金关丈夫原编，林川夫主编，《民俗台湾（第六辑）》（台北：武陵出版有限公司，1997年4月），页266。

③ 金关丈夫原编，林川夫主编，《民俗台湾（第五辑）》（台北：武陵出版有限公司，1995年4月二刷），页53。

④ 金关丈夫原编，林川夫主编，《民俗台湾（第三辑）》（台北：武陵出版有限公司，1995年7月），页82～83。

⑤ 温振华，《清代东势地区的土地开垦》（台北：日知堂，无年月）。

⑥ 王显荣，《大安港史话》，《台湾文献》，第29卷第1期，1978年3月，页181～187。

目，此时的台中与彰化均一样多。前者为犁头店街、水里港街、牛骂头街、沙辘街、大墩街、大肚街，后者为半线街、鹿港街、员林仔街、三林港街、东螺街、枋桥头街。①

乾隆四十五年（1780）北路协千总沈国瑞回禀，大里杙林某在内山被番所杀，该庄林姓头人林士慊（应为林慊）即率领本庄、内新、外新（俱在台中县大里市）、大墩（台中市东区）数百名汉人，围攻阿里史社（台中县潭子乡）。迫使社番四散逃命，流离失所。这事当属非同小可，汉番械斗已危及区域社会的稳定，清廷理当调派兵役追查此案捉拿元凶才是。只可惜官方姑息养奸，并没有过问此事。为何有如此离谱的事呢？原来当时官方对中部地区兵防的控制已经失衡。兵防偏低的情形下，若办理不宜极易酿成巨变。然官方的姑息终究还是要付出代价。乾隆四十六年（1781）台湾道杨廷桦拿获王爷小刀会，这是台湾首次追查到小刀会名号的案件，照理应小心防治才对。可是只有首犯正法、余等抄家或发遣的发落，显见官员毫无警觉会党的坐大（见第二章第三节）。乾隆四十七年八月至隔年元月（1782.9～1783.2）爆发台湾史上第一次跨县的械斗，中部的驻军完全无法弹压，甚至调派府城的援军也无法止息。清廷急忙檄调福建水师督标大军援台，好不容易才镇压住动乱（见第四章第二节）。

彰、嘉大械斗的个案说明，官、番武力合作的情况受到极大的考验。从阿里史番受到大里杙汉人攻击，不见官府出面主持公道的情形下，能想见官、番的合作已大不如前。不过这也不能说明汉番相斗，汉人就一定居于上风。乾隆四十三年（1778）《感恩社民番业佃谕示碑》的内容，就透露出该社番业户与通、土恶行恶状，逼得汉佃赴理番同知衙门呈控，重新清丈土地按甲交收。② 另外熟番之间互斗亦时有所闻。《岸里大社文书》收有一份差票，为乾隆四十六年九月（1781.10）彰化知县焦长发护理理番同知时发出。原来当时阿拺社流番群聚朴仔篱等社，并在界外勾结生番滋事，现要通、土查明尔等姓名严加约束。③ 有证据显示清廷对中部控制力降低还不自知。同一时期台湾知府蒋元枢于该地添建48座望楼，声称较台、凤、诸三县更加完固；并且自豪地表示“奸匪敛迹、民赖以安”。④ 值得注意的是纵使中部的治安呈现每况愈下的情形，但移民总能在主观认定较稳定的地区拓垦。例如：台中县石冈乡、大肚乡、清水镇、梧棲镇、丰原市；彰化县芬园乡、南

① 温振华，《清代台湾中部的开发与社会变迁》，《台湾师范大学历史学报》，第11期，页73。

② 《台湾中部碑文集成》，页75～76。

③ 岸里大社文书出版编辑委员会，《台湾大学藏岸里大社文书（三）》（台北：台湾大学，1998年3月），页1216。

④ 蒋元枢，《重修台湾各建筑图说》，台湾银行文献丛刊第二八三种，1970年5月，页31。

投县草屯镇。①

乾隆五十一年十一月（1787.1）林爽文事件爆发，不啻在清廷疏失的兵防上，给予最沉重的一击。其实案发还有挽回的余地，大里杙林姓族长林石，曾力劝天地会首林爽文悬崖勒马，可惜林阵营内部喧嚷已成骑虎难下之势。天地会的势力在这波反官方的行动中，起了推波助澜的效果。民变军一路势如破竹，整个中部地区只剩下鹿港由官军死守住，其余街市、城邑均已沦陷。鹿港为什么还能坚守住呢？主要原因是义民的靠拢。之前中部的兵防，单靠官、番武力的合作证明已不足恃。所幸挑选合作伙伴时，清廷还能靠着死忠的义民支持着，在鹿港苦撑待变。饶富趣味的是受到文献记载的影响，刻板印象总认为在如此纷乱的时局中，很难有任何开垦的行动。但是古文书有不同于此的记录。乾隆五十二年八月（1787.9）正是盐水港（台南县盐水镇）战役最激烈的时候，竟有水里社业户购垦三层崎（台中县龙井乡）。同年十二月亦是府城、南投山区战役最激烈的时候，亦有岸里社业户贌垦山枫树（台中县大雅乡/见第四章第一节/四十七）。

乾隆五十三年二月（1788.3）林案平定，清廷记取教训，大规模整顿中部地区的兵防。在熟番方面番屯的成立是重点工作。根据统计全台4000名屯丁中，以彰化县占1497名高居首位（见第二章第二节）。多增一千余名生力军辅助绿营当然是好的，岸里社经过屯埔的放领，坐稳中部熟番武力最强的地位仍没有改变。② 不过这对全面巩固统治还嫌不夠。如何妥善运用民人的武力才是最重要。就“堵御”的要求来说，战时策动义民首的投效，已有令人满意的成果。不过在平时，“购线”侦伺地方则是当务之急。该工作表现在对林案“漏逆”的追捕。例如：乾隆五十四年六月（1789.7）拿获逸匪陈兴。③ 乾隆五十七年拿获逸匪邹祥。④

官府锲而不舍的追查也是有原因，主要是恐惧会党死灰复燃。果然乾隆五十五年九月（1790.10）彰化县南投地方，查获林案之后第一起复兴天地会事件。案由是漳人张标向与当地泉人不睦，同年七月有粤籍逸匪谢志逃亡于此，彼此认识后谢志建议可以结会对抗泉人。于是张标再邀集八个人于虎仔坑（南投县名间乡），排设香案、歃血钻刀、序齿焚表成立天地会。尔后

① 《雾峰林家的兴起——从渡海拓荒到封疆大吏（1729～1864）》，页224。

② 施添福，《区域地理的历史研究途径——以清代岸里地域为例》，《“空间、家与社会”研讨会》（台北：“中央研究院”民族学研究所，1994年2月），页1～24。

③ 台湾故宫博物院，《宫中档乾隆朝奏折（第七十一辑）》（台北：故宫博物院，1988年3月），页702～703。

④ 洪安全主编，《清宫谕旨档台湾史料（二）》（台北：故宫博物院，1996年10月），页1624～1625。

在九月十五、十八至二十五日（1790.10.20/10.23～11.1）会众又各自向外结会，共得49人之多。九月九日（10.10）台湾知府杨廷理已接获密报告此事，杨氏即密饬彰化知县宋学浩、北路协右营游击陈大恩，令他们不动声色联络义首购线密拿。十月一日（11.8）官兵动手抓人，共擒获其中28人，惟会首张标逃入内山。十月七日（11.14）社丁首黄汉率领隘丁入山拿获张标，同时北路海防理番同知金棨回报拿获四犯，斗六门守备回报拿获一犯，嘉义知县单瑞龙回报拿获一犯，全被押解到台湾府受审。谢志在这波搜捕中又被逃过，但终究难逃制裁。乾隆五十六年正月十日（1791.2.12）北路协右营擒获谢志。其余在逃共犯迟至同年八月，还在继续追捕；而且连远在淡水厅猫里庄（苗栗市）的逸匪，也还能购线拿获。①

乾隆五十七年闰四月二十二日（1792.6.12）台湾知府杨绍裘，接获密报得知彰化县埔心地方（彰化县埔心乡）又有匪徒结会，旋密饬营、县前往围捕。北路协副将特克什布、彰化知县宋学浩得令擒获陈潭等六犯。讯问才知晓此案是张标结会案的余波。原来首犯陈潭原住水尾庄（彰化县员林镇），买卖槟榔度日；不料与好友吴光彩、吴基计划结会抢夺。吴光彩还建议若结天地会，可以倚仗人多势众，即便是兵役来拿也可以拒捕。不过他们都不知道天地会的结法。讵吴光彩随后认识王都、张英、吴刊都是张标案的逸匪。经过三人传以口诀、印记，共招伙41人之多。②

吴光彩是一位值得注意的角色。他在乾隆五十四年七月（1789.8）移民来台居住埔心，与张文秀交好。乾隆五十五年七月（1790.8）张标复兴天地会，张文秀也是其中一员，之后被捉拿遭到正法，吴光彩旋计划报仇。当他得知陈潭有结会的念头，就招引天地会余匪准备另起炉灶。乾隆五十七年闰四月至八月的大搜捕中，吴光彩幸运逃过并躲入山区。斗六门都司吴大瑞获悉亦命社丁首黄汉，率领隘丁入山缉拿。根据线报吴光彩的行踪飘忽在北路、南路，甚至远在琅峤也有他的消息。九月十五日（10.30）吴氏终于在凤山县被逮获。然深恐还有漏逆，台湾镇总兵官哈当阿、台湾道杨廷理仍密饬属下，改装易服、不动声色、访拿严缉。③

从以上的叙述可知林案过后，清廷对中部的控制有强化的趋势。“购线”是其中代表性的个案。不过它是着重暗处侦伺，真正维护社会治安还需要军队，这方面兵防的整饬也有相同效果。乾隆五十五年八月、十一月

① 中国第一历史档案馆、中国人民大学清史研究所合编，《天地会（五）》（北京：中国人民大学出版社，1986年5月），页375～390。

② 军机处录副奏折－农民运动类（补遗），顺序号：补二42，胶片号：177，中国第一历史档案馆藏。

③ 《天地会（五）》，页391～403。

(1790.9/12）发生的斗殴、抢劫案件可以说明。对于前者，事由是彰化县吕祖厝庄林东等五人，因连日大雨恐菜园积水，径自挖破十张犁庄（俱在彰化县田中镇）丁远开凿的水圳，让园中的积水顺渠道流。此时丁远巡田撞见，阻止无效遂引起争斗，林东被殴致死，彰化县获报即调差役前往缉捕。① 该案与乾隆四十七年（1782）彰、嘉大械斗的导火线一样，均是有人被殴毙命引起事端；但却没有一发不可收拾，追究其主因跟当地兵防稳固有直接的关系。对于后者，案由是瓦窑庄民刘文誉在此处讨账（彰化县埔盐乡），不料被陈非、王庇砍伤劫财。彰化县衙门获报即调派差役追捕，旋将二人逮捕归案迅速侦破。②

截至目前，中部绿营的表现还令人满意。然而疏失不得，否则将酿巨变。乾隆六十年二月（1795.3）凤山县民陈光爱竖旗，旋被官兵击破擒斩数十人。由于乱事很快的平定，因此对一些“漏逆”的追捕出现懈怠。此时福建内地米价腾贵，各商船大肆来台采购，台米价格也随之飙涨。彰化县出现游民抢米风潮，台湾知府遇昌、镇标右营游击陈大恩驰往查办。官府再擒治数十人后，晓谕有谷之家出粜，米价渐平。事竣，遇昌回府，命令陈大恩暂时留守弹压。③ 在这表面无事的时局中，因官府先前追缉要犯的大意，将要付出惨重的代价。

陈案中有一余匪名为陈周全，此人是福建天地会分子。乾隆五十七年（1792）官兵在泉州府同安县破获苏叶倡立的天地会后，他只身逃往台湾府凤山县卖糖为生。陈光爱举事时他亦参与，事败又逃逸藏匿在彰化县西螺地方（云林县西螺镇）。陈周全在当地结匪劫掠，庄民禀官追捕甚急。陈氏再窜逃至湖仔内庄（云林县刺桐乡），听闻彰化县境发生抢米风潮，知道又是生事的大好机会。乾隆六十年三月十日（1795.4.29）陈周全在荷包仑庄（云林县二仑乡）树帜歃血，再次复兴天地会，并以泉州人马江、潮州人陈光辉、漳州人黄潮与黄亲为股首，洪栋为“军师”，陈光秀、杨成佳为“将军”。④

陈周全的令旗上写“大盟主朱”，随身木印四角刻上“竖仰攻济”四字，中间桃型再刻上朱字，其党皆以朱为号。为激励士气，并诡称有朱一贵

① 乾隆朝汉文录副（军机处录副），档号：1239－003，微缩号：088－1031，中国第一历史档案馆藏。

② 中国第一历史档案馆编，《乾隆朝上谕档（第十六册）》（北京：档案出版社，1991年6月），页525。

③ 陈衍，《台湾通纪》，台湾银行文献丛刊第一二〇种，1961年8月，页145。

④ 周玺，《彰化县志》，台湾银行文献丛刊第一五六种，1962年11月，页377；龚柴，《台湾小志》，光绪十年版，北京国家图书馆分馆藏。

后裔朱桃九，将率海船数千入鹿港来援。① 党羽信以为真，旋在他的指挥下，准备进攻鹿港。三月十二日（5.1）夜陈氏带领三四百人向鹿港蜂拥，官军接获消息列队迎战。初次对阵官军以火枪克敌，立刻铳毙股首陈光辉。十三日（5.2）陈周全见军心不稳，谎称清晨将有援军开抵；不料鹿港的罗汉脚暗助陈阵营，抛砖掷土攻击官军。官军听闻罗汉脚喊叫，以为敌人数倍于己而胆怯。乱军之中台湾水师协左营游击曾绍龙中枪阵亡，官兵见状更是全营皆溃。陈阵营趁势杀入，北路海防理番同知朱慧昌与敌在自宅接战，因寡不敌众亦被戕害。

署北路协副将张无咎闻变，檄调游击陈大恩率兵赴鹿港救援；行至途中得知鹿港失陷，旋返回县邑。鹿港被陈周全攻克后，下一个目标是彰化县城。十三日（5.2）夜彰邑文武官员登八卦山御敌，并急札各路义民带队来救。此时陈氏已与城内股首廖挂勾结，准备里应外合夹攻官军。十四日（5.3）两军在八卦山交战，方酣战忽然大雨如注，官军枪炮皆失灵。陈阵营趁机攻山，游击陈大恩见敌人迫近，情急扔掷火药桶与敌同归于尽。届时阵地轰然巨响，副将张无咎、署彰化知县朱澜等人俱亡。北路协中营都司焦光宗在山脚激战，见状知大势已去伏剑自刎。陈部强行入城，巡城千总陈见龙巷战被执遇害。此时陈周全志得意满，遣部沿街派饭，翌日各庄股匪持械执旗云集城中，见陈氏众少无备知必败，旋各怀异心。②

三月十七日（5.6）福建已得知彰邑、鹿港失陷的消息。消息来源是鹿港米商并充当行保的郑载。他在十六日（5.5）搭乘内渡的船只，于隔日航抵厦门时赶忙至厦防厅报案。无独有偶在鹿港开行生理的林文濬兄弟，亦在十七日（5.6）驾船逃出，十九日（5.7）航抵蚶江至泉州知府衙门通报。二十二日（5.11）布政使伊辙布收到泉州知府张大本的急禀，省垣方知台湾爆发陈周全事件。③ 漳、泉二郡得知此事后，随即的反应就是陷入缺米的恐慌。由于数月前才平籴米价，现台运中断抢米风潮再起。福建巡抚浦霖急拨江浙米谷协济，稍解燃眉。④

从上谕朱批的日期来看，北京最早是在四月九日（5.26）才得知陈案。乱初高宗对福建与台湾的应变深感不满。首先是福建米荒的问题。原来福建常平仓早已虚贮，而采买台米屡次遇盗也掩饰不报。现因陈周全事件发生，

---

① 陈寿祺，《福建通志台湾府》，台湾银行文献丛刊第八四种，1960 年 8 月，页1020 ~ 1021。

② 《彰化县志》，页 378。

③ 军机处录副奏折 – 农民运动类，案卷号：3316，胶片号：136，中国第一历史档案馆藏；台湾银行经济研究室编，《台案汇录已集》，台湾银行文献丛刊第一九一种，1964 年 1 月，页 116。

④ 长白金城，《浣霞摸心记》；摘自中国社会科学院历史研究所明史研究室编，《清代台湾农民起义使料选编》（福州：福建人民出版社，1983 年 11 月）。

才将此弊完全曝露出来。其次，台湾绿营的部署毫无章法。福建水师提督兼台湾镇总兵官哈当阿、台湾道杨廷理未即带兵马北上平乱，任由乱事扩大。高宗原本已谕令之前平定林爽文事件的钦差大臣，现任云贵总督福康安衔命赴台。直到四月十一日（5.28）接到陈周全已被拿获的消息，才又发布上谕停止所有平台的职务调动。①

这一段时间台湾发生何事呢？事实上提臣哈当阿获报后，即留道台杨廷理、镇标中军游击潘国材坚守郡城，台湾水师协副将陈上高带领战船赴鹿港堵御，自己率领知府遇昌、台湾水师协右营游击麦瑞，以水、陆兵900名往剿。不料大军被暴雨困在湾里溪（曾文溪），无法渡河北上驰援。② 针对这个理由高宗并不接受，上谕还以敌军能在雨中作战为例，斥责哈当阿为何官军不能。③ 所以说陈周全的事败，完全与官军征剿无关，全靠义民自发性的平乱。然而官军无法围剿未必不能堵御。当彰邑失陷后，斗六门股匪王快率数百人与陈周全呼应，趁大雨夜袭斗六门营。该营守备吴大瑞出援彰化未返，千总龙腾升出战抵御。官军以大炮、鸟枪连轰，敌军不支大败，王快逃至嘉义县城被拿获正法。④

三月十七日（5.6）陈氏率众三百余名，欲北攻犁头店巡检署（台中市南屯区）。当陈阵营行抵柴坑仔庄时，田中央（俱在彰化县员林镇）庄民疑为是要进攻该处大惊，后来探得陈部人数不多，各义民首决定先发制人（犁头店是在彰邑之北，但陈周全竟率部往南。由于《县志》是如此记载，亦记之）。田中央以林姓族大丁多，是日夜义民二千余名环攻柴坑仔庄，陈部不敌皆溃；陈周全只身逃往小埔心（彰化县埤头乡），被街民生擒交给庄耆陈祈。⑤ 大肚、鹿港义民闻讯皆起，连克彰邑、鹿港二地。时哈当阿已行抵嘉邑，未知陈周全已经失败；接获虎尾溪渡口船只皆被敌焚毁的消息，分兵二百名令守备林国陞协守。不过得义民首张添锡、张田玉率数千人相助声势复振。至于在郡城方面，由于镇标、协标部分兵力抽调北上支援，遂给了其他股匪可乘之机。陈光爱竖旗时另一个逸匪郑贺，潜居在凤山县中州庄（高雄市旗津区）；他本与另一逸匪许强联络，招集陈喜等五人欲趁隙进攻府城。

① 中国第一历史档案馆、中国人民大学清史研究所合编，《天地会（六）》（北京：中国人民大学出版社，1987年9月），页11～21。

② 郑兼才，《六亭文选》，台湾银行文献丛刊第一四三种，1962年5月，页55～57；《福建通志台湾府》，页1021。

③ 《天地会（六）》，页24～25。

④ 《六亭文选》，页57；《福建通志台湾府》，页1021～1022。

⑤ 《彰化县志》，页378；洪安全主编，《清宫谕旨档台湾史料（二）》（台北：故宫博物院，1996年10月），页1645。

不料被许强灌醉擒献道台，陈喜等逃至大目降（台南县新化镇）亦被线民、义民拿获，陈案至此全被平定。①

陈周全事件历时七天（1795. 4. 29 ~ 5. 6）就结束，但连克鹿港、彰邑不可不谓迅猛，其暴起暴落之过程有四点值得注意：其一，义民的重用。事实上林爽文事件时，义民的事功已崭露头角。不过林案过后清廷对于义民之助，多定为在“购线”的角色上。反而与官府关系密切的番屯，不见有任何调动或自发性的援助。义民的武力对番屯有取而代之，渐渐成为中部兵防重要的辅助力量。其二，绿营兵防时好时坏。鹿港守军的表现十分糟糕，竟被敌军虚张声势所吓；彰邑的守军表现也不佳，其火枪燃绳一定没有按照规定办理，否则在雨中怎么会失灵（第三章第二节）。相较于此斗六门营的守军即表现很好，不管在列队作战或雨中射击，都展现出平日训练的成果。其三，台湾发生的乱事，部分“乱源”相当固定，都是“漏逆”所发动。陈周全与郑贺都是陈光爱的余党，即是明证。其实从更早张标、谢志复兴天地会开始，天地会的党羽如吴光彩之流即四处窜扰。陈案过后也不代表所有的人犯均被拿获，漏逆如廖挂、洪四（泗）老奔入生番界，或依附海贼，分别在嘉庆二年、十年（1797/1805）复出作乱。② 其四，善后清廷的统治态度。此点高宗表达的相当明确。他认为台湾向分漳、泉、粤三庄，伊等类聚群分，一遇事端（民变）可让彼此转得互为牵制；就像林爽文、陈周全般，悉赖义民之力方能就擒。所以该处纵有民情不睦，亦可只听其自然；但倘有械斗仇杀情事，地方文武须随时查拿按律惩治。由此可知清廷是放任移民心存畛域而不试图抚平，但绝无操弄各籍移民的对立，以拉一帮打一帮的方式遂行统治。③

综观林案后中部的社会动乱，虽不乏屡扑屡起的案例，但终究能维持住一个稳定的局面。这对垦务进行来说是需要的，而此刻正也是开垦彰化县伸港乡、田尾乡、鹿港镇、溪湖镇，台中县丰原市、沙鹿镇、后里乡、清水镇，南投县竹山镇、草屯镇之时。根据人类学者王崧兴引用日治时期总督府资料显示，时至乾隆末年彰化平原泉、漳、粤移民的分布，界线已经明显。大抵泉州人人数最多，均集中在北部与西部。漳州人集中在彰邑与员林以南靠八卦山山麓。客家人集中在员林、埔心、永靖三地。④ 会有如此定型的分布，外力的影响恐是一大主因。所谓的外力，械斗是一大推手。嘉庆朝中部

① 《彰化县志》，页 378；《福建通志台湾府》，页 1022 ~ 1023。

② 《彰化县志》，页 379。

③ 《天地会（六）》，页 35 ~ 36。

④ 王崧兴，《论血缘与地缘——浊水、大肚两溪流域汉人之垦殖与聚落》，《中国的民族社会与文化——芮逸夫教授八秩寿庆论文集》（台北：食货出版社，1981 年 10 月），页 21 ~ 31。

地区没有大规模的民变，惟苦于二次械斗的荼毒。一次是发生于嘉庆十一年二月（1806.4）起于鹿港的漳泉械斗，结果沙辘（台中县沙鹿镇）一带的泉人死伤惨重。一次是源发于嘉庆十四年四至十二月（1809.5～1810.1）淡水厅的漳泉械斗，不料竟蔓延至彰化、嘉义县竟成泉粤联合斗漳。彰化县以三家春、东螺、三块厝、牛骂头、东势角、石冈仔、大墩、北投焚杀最惨（见第四章第二节）。

这二次械斗均靠着福建急调大批援军赴台，才能弹压止息。另外先前提到乾隆末没有表现的番屯，也被檄调防守东势角山区，避免莠民勾结生番趁机作乱。该乱对中部住民影响甚大，古文书的内容可以一窥究竟。上文提及客家人聚居的永靖庄，根据契约所记成庄的时间稍晚。嘉庆十八年（1813）关帝厅粤籍百姓以人稠地密，趋赴各市维艰为由，众议置田地十六甲建为街市，蒙知县杨桂森命名“永靖”。有趣的是这份契约还规定以粤籍为主的永靖庄，其大、小店出卖定须盖永靖街公记，否则将店宇拆毁、店地还众。① 作者对该约的解读是粤籍住民，欲用此法塑造一种向心力。盖因为漳泉粤移民分布已趋定型，各籍住民尽量不希望透过土地买卖，让己方居住的聚落混居他籍住民，免得无形中因土地蚕食而势衰，这对人口数居于劣势的粤籍来说尤其重要。

泉籍住民还找不到类似粤籍的规定，但运用祭祀圈的人际网络，来强化庄与庄之间的关系也是可行之道。人类学者许嘉明在研究彰化平原祭祀圈的发展时，特别指出其独特意义在以社区为单位，所组成的联防体系以确保身家财产。② 例如鹿港的“十二庄”联庄信仰，根据考证它们可能创立在乾隆朝，原本属于鹿港天后宫的宗教组织，但平时也可透过运作成为治安组织。它涵盖的范围在今彰化县埔盐乡与福兴乡境。而且“十二庄”组织又可分为顶十二庄、中十二庄、下十二庄单位。此外亦有“同安十二庄”，以及枋桥头天门宫“七十二联庄”等类似的单位，如此说明当时联庄风气之盛。③

这种聚落之间的防卫意识，很快地也反映在对筑城的要求上。乾隆五十三年林爽文事件过后，彰化县城仍照旧以刺竹植栽围城，只是多开了一条护城壕，以及在八卦山添设石卡一座。嘉庆十四年（1809）该地士民因屡遭匪扰，有醵金改建砖城之议。势适闽浙总督方维甸巡台，据情奏请报可，越二年始鸠工兴建。嘉庆二十年（1815）完工，共筑四座城楼、十二座炮台，

---

① 台湾银行经济研究室编，《清代台湾大租调查书》，台湾银行文献丛刊第一五二种，1963 年 4 月，页 220～222。

② 许嘉明，《祭祀圈之于居台汉人社会的独特性》，《中华文化复兴月刊》，第 11 卷第 6 期，1978 年 6 月，页 66～67。

③ 《彰化平原的族群与文化风录》，页 79～83。

耗费工料银十九万两。①

虽然嘉庆朝中部有两次大规模械斗的记录，但跟北部一样该地区动乱的次数远低于南部。现在要问的是为什么中、南部接邻在一起，南部的动乱没有北上蔓延。细查当时源发于南部的乱事，包括：嘉庆元年至二年（1796~1797）陈周全余党复乱、嘉庆三年（1798）嘉义县民徐章结会、嘉庆四年（1799）凤山县民汪降滋事、嘉庆五年（1800）嘉义县民陈锡宗戕官、嘉庆七年（1802）嘉义县结会与诬人竖旗事件、嘉庆九年（1804）海盗蔡牵抢掠鹿耳门、嘉庆十年（1805）海盗蔡牵抢掠洲仔尾、嘉庆十一年（1806）海盗蔡牵复窜鹿耳门、嘉庆十五年（1810）凤山县民许比滋事，大部分受扰的区域离彰化县还很远，而三次发生在嘉义县的乱事，也很快地由当地营县率领兵役敉平。

事实上在嘉庆初年，官府对中部的控制尚严。《军机处奏折录副》留有不少的口供，则是当时购线密拿陈周全余党的成果。② 仁宗对于余匪落网的情况也极为关心，即位后立刻发出廷寄谕示台湾镇总兵官哈当阿、台湾道刘大懿不可掉以轻心，尤不能笼统声叙漏捉任何余匪。③ 仁宗的担心是正确的，果然隔年这些漏逆又躲至林圯埔（南投县竹山镇）竖旗。哈当阿闻讯密派文武前往追捕，共拿获首伙 49 名。元凶廖挂本来又逃逸无踪，尔后靠着义民之力不仅生擒廖挂，还续拿多名共犯前后总计一百余人。④

从表四十二编号 4 来看，嘉庆十六年（1811）彰化与台中的兵防比例分别为 132∶1 与 577∶1。值得注意的是台中兵防已弱化到居于全台之首，照理很容易引起动乱。幸运的是一直到道光五年（1825），该地区均呈现平静的状态。原因有可能是官府购线之法奏效，也有可能是闽粤各自联庄的力量发挥功用。而整理嘉庆朝拓垦的记录，包括有：彰化县福兴乡、溪湖乡、埔心乡、田尾乡、和美镇、埤头乡、芬园乡、社头乡、二林镇、埔盐乡、秀水乡、彰化市，台中县丰原市、大甲镇、大肚乡、后里乡、潭子乡、东势镇、龙井乡、沙鹿镇，南投县竹山镇、南投市、草屯镇。

步入清中叶，熟番的武力有必要另行讨论。嘉庆五年（1800）北路海防理番同知郭恭发出的一道示谕，透露出熟番苦于汉人的高利贷、滥葬毁

---

① 陈国瑛，《台湾采访册》，台湾银行文献丛刊第五五种，1959 年 10 月，页 15~16；洪安全主编，《清宫谕旨档台湾史料（四）》（台北：故宫博物院，1997 年 10 月），页 3046。

② 《天地会（六）》，页 48~69。

③ 洪安全主编，《清宫廷寄档台湾史料（一）》（台北：故宫博物院，1998 年 10 月），页 383~385。

④ 《清宫廷寄档台湾史料（一）》，页 431；中国第一历史档案馆编，《嘉庆道光两朝上谕档（二）》（桂林：广西师范大学出版社，2000 年 11 月），页 140~141、162~163、208。

坟、抬尸勒索、诱奸番妇、驱番拆屋、窝容盗匪等恶行。① 或许道因于生计困难，部分中部熟番亟思“出走”。嘉庆九年（1804）岸里社熟番潘贤文，率领同社以及阿里史、阿束、东螺、北投、大甲、吞霄社番约一千余人，翻越雪山山脉进入噶玛兰（宜兰县）成为“流番”。这一次迁徙并没有对中部番屯的战力造成伤害。嘉庆十四年（1809）大械斗案中，番丁仍听命调度把守东势角。然熟番养赡地相继受到汉佃的刁抗，也让清廷到了必须解决的地步。嘉庆十五年（1810）闽浙总督方维甸实施清厘屯地，算是官府对番务的一个回应。道光三年（1823）中部熟番又做第二次迁徙，这一次是乌牛栏、阿里史、朴仔篱社等迁往水沙连（南投县埔里镇）。究其原因还是不脱生计困难，出走另寻新天地的考量（见第二章第二节）。有趣的是熟番被汉人欺压至此，本身就拥有武力的他们，为何都未出现哗变的案例呢？作者认为是清廷施予小惠奏效之故。因为汉佃再怎么无理刁抗，属于该管熟番的地权还是不变。然一旦群番反叛，短时间或许能戕杀欺番之汉人，但随后官军反扑与屠戮，均是他们无法付出的代价。

道光三年（1823）甫卸任台湾知县的姚莹，认为彰化之民富而悍，有钱又强悍正是最难约束的一群。道光朝发生的三次大械斗，全都起源于彰化。第一次是在道光六年四至九月（1826.5～10）起于东螺堡，随后就蔓延至噶玛兰厅、淡水厅、嘉义县的闽粤械斗。第二次是道光十二年十二月至隔年二月（1833.2～1834.4），从彰邑到葫芦墩（台中县丰原市）并延及淡水厅的闽粤械斗。第三次是道光二十五年八至十二月（1845.9～1846.1）起于葫芦墩，随后往南蔓延至嘉义县的漳泉械斗（见第四章第二节）。

道光六年（1826）宣宗发出的廷寄，谕示来台惩办械斗的闽浙总督孙尔准，其内容就提到彰化县为全台难治之区。② 看来继承嘉庆末年弱化的兵防，现成为当地文武维持治安的一大挑战。时论中部地区盗匪最常出没之域，包括：彰化县城、大埔心（彰化县埔心乡）、二林（彰化县二林镇）、北投（南投县草屯镇）、大里溪（台中县大里市）、牛骂头（台中县清水镇）、大肚（台中县大肚乡）、葫芦墩（台中县丰原市）。道光十三年（1833）署北路海防理番同知陈盛韶留心观察“盗薮”的情况，认为靠山、靠海盗贼作案的目的不同。沿海之贼多赤贫，不过为抢窃、为劫杀；沿山之贼多产业，有产业再犯案者，为的是竖旗、分类。陈氏所提的解决之道，惟

---

① 台湾银行经济研究室编，《台湾私法物权编》，台湾银行文献丛刊第一五〇种，1963 年 1 月，页 315～316。

② 《清宫谕旨档台湾史料（四）》，页 3385。

有兴教化、设学校，变化其戾气方能止盗。①

不过这些械斗、盗害对于垦务并非不可挽。上述的三大械斗仍可找到拓垦的记录，例如：彰化县线西乡、埤头乡，南投县南投市，台中县新社乡、神冈乡、东势镇、雾峰乡、清水镇、大甲镇、大安乡、丰原市、台中市。同样的情形在民变案例中也能发现到。源发于中部的抗官最早是在道光十年(1830)。当时彰化县民王溪水起意捏造谣言，纠党图劫以致各处庄民闻风疑惧。不过该乱很快就被平息，原职台防同知、现署台湾知府的王衍庆，亲自带领兵役驰往查办，迅将王溪水一干人等拿获。② 道光十四年（1834）彰化县民林坤趁械斗过后官方可能失察，复在犁头店（台中市南屯区）纠集匪党潜谋滋事。台湾镇总兵官张琴闻讯立刻带兵北上弹压。虽然林坤等也很快溃散，但张琴没有再回奏究办的情况。于是宣宗下达上谕要闽浙总督钟祥严密确查，尤其要详查这批人是否为嘉义张丙事件之逸匪。③ 或许是官府紧迫盯人奏效，林坤（或名林昆）被逼得走投无路，隔年主动赴案投首遂被判处充军。④

道光十八年（1838）根据台湾道姚莹的奏报，台湾盗匪滋扰多在秋冬，且南北响应，非抢劫为生就是谋逆滋事。为遏止这股歪风，甫上任的姚莹旋前往彰邑视察，加强联庄借资镇定。台湾镇总兵官达洪阿则督饬营县，购派线勇捉拿造谣生事之徒。同年北路协副将叶长春、前后任彰化知县贾懋功与黄开基、因公来台的建宁知县范献之，拿获聚众结会之蔡水藤等 25 犯、叠劫盗犯郭再沅等 32 名，可谓成果丰硕。⑤ 在达镇、姚道的整饬之下，中部地区的兵防稍有起色，这对即将来到的鸦片战争非常重要。是役中部地区不像北部，并没有受到英军直接的攻击。仅有一次的接触是道光二十二年正月(1842.2)，一艘英舰在土地公港（台中县大甲镇）受诱触礁（见第四章第三节）。然战时的紧张，也带给匪徒生事大好的机会。

彰化县积匪陈勇、黄马素行不良，喜欢结交匪类，屡被控告抢劫、占夺

---

① 姚莹，《东槎纪略》，台湾银行文献丛刊第七种，1957 年 11 月，页 88；陈盛韶，《问俗录》（南投：台湾省文献委员会，1997 年 11 月），页 79；姚莹，《中复堂全集（东溟文外后集）》（台北：文海出版社，1983 年 10 月），页 534 ~ 538。

② 中国第一历史档案馆编，《嘉庆道光两朝上谕档（三十五）》（桂林：广西师范大学出版社，2000 年 11 月），页 196。

③ 台湾故宫博物院，《宫中档道光朝奏折（第二辑）》（台北：故宫博物院，1995 年 3 月），页 458；中国第一历史档案馆编，《嘉庆道光两朝上谕档（四十九）》（桂林：广西师范大学出版社，2000 年 11 月），页 390。

④ 洪安全主编，《清宫谕旨档台湾史料（五）》（台北：故宫博物院，1997 年 10 月），页 4136。

⑤ 姚莹，《东溟奏稿》，台湾银行文献丛刊第四九种，1959 年 6 月，页 2、10 ~ 12。

田园、截河抽税，地方官员早已注意许久。鸦片战争爆发英舰常在台游弋，陈、黄有跃跃欲试之心；再听闻新署彰化知县魏一德到任后，准备设法围拿的消息，决定竖旗对抗。道光二十二年四月八日（1842.5.17）陈勇自称“镇溪大王”、黄马自称“镇山大王”，二人在触口（云林县林内乡）构筑石围，并招集匪类歃血为盟。一伙人计划在五月十日（6.18）举事，其间遣党羽在附近村庄派饭索银。北路协副将关桂、知县魏一德接获密报，急饬属下率部捉拿。五月六日（6.14）署北路协中营都司岑建高、南投县丞胡钧，率带兵勇屯丁前往缉捕。由于触口已聚匪一百余人，阵地被构筑得十分稳固；官军掩至冷不防被敌铳所伤，遂暂时包围等待援军。五月十一日（6.19）达洪阿、姚莹收到彰化来的急禀，方知中部有匪徒竖旗，于是调兵遣将重新部署。

首先，严令嘉义知县易金杓、署嘉义营参将洪志高、署斗六门都司张金泰、署斗六门县丞潘振玉，把守县境要口防其分窜。其次，檄调外委陈焦升酌带兵勇100名，至彰化县北门外驻扎以防葫芦墩与淡水匪徒附和。再次，派令镇标左营游击陈连斌带领镇台自练的“选锋”200名，以及2000斤大炮二门、小铜炮四门、抬枪20杆；原任台湾知县、现任候补同知托克通阿亦带150名勇丁随行。最后，复令嘉义营守备曾玉明带兵200名、勇丁120名前往；北路海防理番同知黄开基带领壮勇200名前往。此时陈勇、黄马分隔二地死守，黄马听闻官军准备先攻击陈勇，遂调人来救，不意中途被屯勇拦截败退而逃。五月十九日（6.27）大炮运到，官军发动总攻击。隔日轰垮敌阵后攻坚，共击毙13名匪徒，生擒“元帅”陈蟒、“先锋”林纣等22人，惟陈勇等13人逃脱。

五月二十日（6.28）有线民来报，陈勇等北逃至水沙连八圯仙（南投县中寮乡）投依黄马。陈连斌立刻率领曾玉明、托克通阿、黄开基前往围捕。陈勇、黄马负隅顽抗，带领百余人与官军激战。然不敌被阵斩20余名，黄马、“元帅”廖梅等41犯皆被生擒，但仍被陈勇逃脱。于是关桂、魏一德、胡钧各带兵勇，分驻水沙连、小埔心（彰化县埤头乡）、二八水（彰化县二水乡）购线密拿。该案沉寂四个月后，有线民来报陈勇仍藏匿在内山。九月十五日（10.18）陈勇突然袭击林圯埔街（南投县竹山镇），不慎掉入总董、义勇设计的圈套，其党羽亦有34人落网。不过朝廷在事平后并未即刻奖励，要到道光二十六年（1846）才降旨行赏。①

这是探讨道光末年一个很好的个案，盖因为在达镇、姚道的整顿下，台湾的兵防相当有起色。各路的义民、勇丁均效命（团练也被组织起来/见第二章第三节），购线的工作亦有好的成绩。绿营、屯练不论是征剿、堵御都有不错的表现；而官军的火力极强，也让竖旗、谋反者望尘莫及。只是按照规章办事的兵防，已退步到系于一、二人之手，且充满人治的色彩。因此当达、姚二人去职后，中部兵防复衰，遂有道光二十五年（1845）的大械斗。然而这些民变有中断该地区的垦务吗？答案是否定的。原因垦民会选择治安较稳定的地方拓垦，例如：南投县中寮乡、竹山镇，台中县石冈乡、龙井乡、沙鹿镇、神冈乡。

至于源自于其他厅、县的乱事方面，可以分为远、近二个层面。在远距离部分，包括：道光元年（1821）噶玛兰厅民朱蔚竖旗、道光二年（1822）噶玛兰厅海盗林牛寇扰、道光三年（1823）噶玛兰料匠林泳春作乱、道光四年（1824）凤山县许尚竖旗、道光二十年（1840）粤海盗寇扰淡水。这五起乱事离中部地方都太远，不构成垦务的阻碍，所以可以发现如：南投县鹿谷乡、名间乡，台中县丰原市、后里乡、清水镇、龙井乡、潭子乡、沙鹿镇、大安乡、梧棲镇的拓垦记录。在近距离的部分，全以嘉义县的竖旗、滋事案为主，包括：道光十六年（1836）沈知案、二十一年（1841）江见案、二十三年（1843）洪协案、二十四年（1844）李安案、二十九年（1849）吴吮案、三十年（1850）王涌案。在这些案件中，仍不乏能看到拓垦的痕迹，包括：台中县清水镇、石冈乡、大肚乡、大甲镇、沙鹿镇，南投县名间乡。

上文说过，道光二十五年（1845）大械斗前后，是中部地区兵防最弱的时候，为何此时嘉义县发生的滋事案，彰化县都有办法堵御不让其蔓延？可能的原因是跟地方民团的壮大有关，尤其是祭祀圈导致联庄的发展。施振民曾对彰化平原原籍主神分布做过调查：大抵客家人守护神三山国王，分布在彰化县竹塘乡、溪洲乡、埔心乡、永靖乡、员林镇；泉州安溪人守护神清水祖师，分布在彰化县大城乡、二林镇、秀水乡、福兴乡；泉州同安人守护神保生大帝，分布在彰化县大城乡、二林镇；漳泉共有的王爷信仰，除了芬

① 洪安全主编，《清宫月折档台湾史料（一）》（台北：故宫博物院，1994 年 10 月），页 100 ~ 110；台湾故宫博物院，《宫中档道光朝奏折（第十七/十八辑）》（台北：故宫博物院，1994 年 8 月），页 688 ~ 689；中国第一历史档案馆编，《嘉庆道光两朝上谕档（五十一）》（桂林：广西师范大学出版社，2000 年 11 月），页 299 ~ 301。

园乡、二水乡、埔心乡、永靖乡、员林镇之外全境皆是。① 由于缺乏史料的记载，本书无法直接讨论个祭祀圈在民变堵御时的运作。不过以村落、角头为单位，形成的曲馆与武馆可谓操作的参考模式。② 另外义民庙的设立，也是探知该地区乱事激烈程度的参考标准。中部地区在咸丰朝以前建立的义民庙，包括有：台中县大安乡崇善祠、彰化县永靖乡恩烈祠、彰化县鹿港镇大将军庙、彰化市怀忠祠。③

咸、同时期中部地区各发生一次跨县的械斗与民变。咸丰三年六月（1853.7）福建厦门小刀会即将犯台的消息甚嚣尘上，台湾道徐宗幹严饬嘉义、彰化县及淡水、鹿港厅加意防范。之后鹿港同知丁曰健回禀，协同营县拿获洋匪张得、蔡尾、林回，以及凤山县林供案逸匪许排等九名。④ 截至目前官军的表现尚可，不料同年十二月竟爆发漳泉械斗。该械斗是台湾史上最后一次跨县的械斗，导火线是四块厝（彰化县溪湖镇）开凿沟渠引发破坏风水的纠纷，地方无赖趁机造谣生事延及嘉义、淡水。台湾镇总兵官恒裕、道台徐宗幹获悉，立刻檄调来台平定噶玛兰厅吴磋竖旗的澎湖协副将邵连科前往弹压。邵氏从府城率领兵丁、屯番、壮勇赶赴，仅花费一个月的时间即压制乱事；并剿办淡水厅引发闽粤械斗的粤匪，旋因功擢升福建海坛镇总兵官（见第四章第二节）。⑤

邵连科是圆满达成任务，但平乱的过程却值得讨论。因为邵氏指挥的军队不是中部的官军，而是从南部急调上来的援军。这间接说明在捕盗、购线上，中部的兵防还能勉强胜任，但一遇跨县的乱事则无法单独对付。如此的缺点终咸丰一朝都没有改善，果然同治元年三月（1862.4）爆发的戴潮春事件，中部官军皆无法抵挡，任其蔓延到淡水厅的大甲与嘉义县的斗六门。而如同林爽文事件般，官军又只能退守到鹿港，等待其他的部队支援。

戴案的发生引发对中部官、番、民武力深层的思考。因为时至同治朝，清廷在中部的统治已近二百年。不管是最早官、番武力合作，或是乾隆朝才成熟的官、民武力合作，理因官方都能运作自如。为何中部地区的兵防，从道光末年以来持续弱化的现象，却提不出解决的方法？本书认为有两个问题

---

① 施振民，《祭祀圈与社会祖织——彰化平原聚落发展模式的探讨》，《"中央研究院"民族学研究所集刊》，第36期，1973年，页199～202。

② 林美容，《彰化妈祖信仰圈内的曲馆与武馆之社会史意义》，《人文及社会科学集刊》，第5卷第1期，1992年11月，页57～86。

③ 仇德哉，《台湾之寺庙与神明（四）》（台北：台湾省文献委员会，1983年6月，页383～384。

④ 中国第一历史档案馆编，《清政府镇压太平天国档案史料（第八册）》（北京：社会科学文献出版社，1993年9月），页459～460。

⑤ 陈衍，《福建通志列传选》，台湾银行文献丛刊第一九五种，1964年5月，页279。

值得注意：其一，中部的兵防已经反客为主。在清廷的构想下，绿营本是驻守当地的主要武力，若有不足可以选择番、民以资辅助。但从嘉庆末年开始兵防比例偏低的窘境，时至道光还是无法解决。不得已官方只好强化与番、民武力合作的关系。可惜的是中部番屯的表现，并没有义民们出色，于是中部官、民武力合作的依存度更加紧密。因此隐忧浮现——只要民人的武力做大，遂成为一个尾大不掉的祸患。其二，会党暗中扰乱防不胜防。事实上从乾隆朝开始，中部地区因会党而起的乱事高于其他地方。虽然购线追缉一直是官府的工作，但漏逆复出为害的案例也层出不穷。而且若会党寄生在官府所倚的民团，那危害的情况又更加严重。戴潮春事件正巧就是二者的总合（见第四章第一节）。

咸、同朝原发于中部的械斗，的确对垦务造成影响。不过这并不代表源发于他地的动乱，也可以阻断中部地区的拓垦。例如：咸丰元年（1851）嘉义县洪纪作乱、咸丰二年（1852）凤山县匪徒滋事、咸丰五年（1855）嘉义与凤山县竖旗事件、咸丰九至十年（1859～1860）淡水厅械斗、同治八年（1869）台湾府拿获哥老会，均能看到开垦台中县大雅乡、龙井乡、清水镇、大甲镇、大安乡、台中市的记录。同治十一年（1872）台湾镇总兵官林宜华，以捒东（台中市西、南、北屯区/大雅乡、乌日乡）民俗强悍又多殷富，向来土匪蠢动多起于乡为由，欲迁北路协与彰化知县衙门于此地。①当然事后朝廷没有准行。不过林宜华提到“民俗强悍又多殷富者”，这种角色在清代亦称“土豪”。戴案的参与者在官方的档案记录中，全以土豪称呼。他们都拥有强大的武力，屡造成清廷统治上的危害。然而民间对“土豪”的评价不一，有谓土豪的武力是维护地方秩序之用，尤其是对抗贪官污吏。

同治十二年（1873）彰化县捒东堡廖有富事件提供如此的案例。同年来台侦查的日本间谍水野遵、桦山资纪，碰巧行抵台湾府城，听闻彰化发生动乱，大部分官军都被调往该处，遂跟着前往观战。在水野的手记中，还记载他们被廖有富接待于私宅中，当廖氏知道他们是日本人时，遂表明自己不是盗匪，而是官吏征税太多，当要求合理课税时，却被官府当成盗匪处理。根据水野的观察，廖宅备有许多新式英制马枪，均从淡水进口购买得来。②廖案的后续呈现打打停停的状态。同治十三年（1874）福建陆路提督罗大春在日记中提到该案，记录闽浙总督李鹤年在文书中声称，二月台湾官军已

① 诸家，《台湾舆地汇抄》，台湾银行文献丛刊第二一六种，1965年9月，页82。

② 铃木明著，谢森展译，《外国人眼中的台湾真相》（台北：创意力文化事业，1992年1月二版），页55～57。

至犁头店（台中市南屯区），步步为营逼压贼巢。不料三月六日（4.21）夜各军正准备攻坚时，廖有富一党倾巢突围逃入内山。①

北路协副将秦怀亮、署彰化知县朱干隆追拿廖氏甚急，根据线报廖氏党羽藏匿在内山伺机伏出。十月二十四日（12.2）廖有富等突然窜回捒东强行占庄，并分据马鳞潭、江西厝、中庄仔、七分埔，扎筑堡垒于犁头店街、新庄仔、竹围（台中市西、南屯区）。二十九日（12.7）官方获悉速调福锐新右营拔队来援，隔日官军发动总攻击，击毙七十余名匪徒。十一月一日（12.9）双方在中庄仔鏖战，是夜廖氏一伙乘间再逃入内山，此后就没下文。②

光绪朝中部的兵防以建省作为分期。前期控制较为稳定。期间虽不乏小乱，但总能迅速敉平。例如：光绪三年三月（1877.4）彰化县邱厝庄（台中市北屯区）、乌石庄，突然被林金受等六名强盗持械抢劫，旋缉获正法传首。③ 光绪四年十一月（1878.12）捒东堡内山有出番出草，来台巡阅的福建巡抚吴赞诚立饬营县选妥隘守、多设隘丁。④ 同年十二月德宗传谕闽浙总督何璟、暂署闽抚的福建布政使李明墀，要他们严治彰化县阿罩雾"土豪"林万得、林清郊、黄河山霸占邻佑田产之罪。⑤ 光绪十一年四月（1885.5）淡水厅大甲巡检余宠来禀（台中县大甲镇），声称近日有匪徒潜迹伺抢街仔尾、栅门外，幸好会营赶拿群盗不敢轻举妄动，现由北路协右营调派六棚（60人）驰赴围捕。⑥

光绪十一年九月（1885.10）清廷下诏台湾建省。这个变化对官府维持中部社会的稳定有什么转变呢？最大的变化是土勇营的崛起。早在光绪初年土勇营就被成立在府城、宜兰，主要用于固防与开山抚番。光绪十至十一年（1884～1885）清法战争期间，彰化县雾峰士绅林朝栋筹办的土勇营多有表现，深受钦差大臣刘铭传的赏识。战争结束后该部不但没有解散，还扩编成"栋军"负责防守东大墩、桥仔头、平和厝、彰化县城、大湖一带（见第二

① 罗大春，《台湾海防并开山日记》，台湾银行文献丛刊第三〇八种，1971年12月，页2。

② 洪安全主编，《清宫月折档台湾史料（三）》（台北：故宫博物院，1994年10月），页2211～2213。

③ 洪安全主编，《清宫月折档台湾史料（四）》（台北：故宫博物院，1995年8月），页2954～2959。

④ 吴赞诚，《吴光禄使闽奏稿选录》，台湾银行文献丛刊第二三一种，1967年10月，页33。

⑤ 洪安全主编，《清宫廷寄档台湾史料（三）》（台北：故宫博物院，1998年10月），页1737～1738。

⑥ 淡新档案，第一编行政，第六类军事，第一款军政，案码：16101～16108；页码：116860～116882，台湾大学图书馆藏。

章第三节）。虽然此举仍不脱中部兵防上反客为主的形势，但深受淮军营制影响的栋军，与全面戍台的淮军，均在首任巡抚刘铭传的制约之下，当不会发生哗变的顾虑。至于番屯与隘制也有变化，前者以选锋的方式整编。光绪十三年八月（1887.9）刘氏饬令将淡水县武朥湾屯、新竹县竹堑屯、苗栗县日北屯、台湾县麻薯屯，所额设1400名屯丁，挑选350名归都司郑有勤统带，投入新竹县的开山抚番工作（见第二章地二节）。后者则是全岛性地把隘丁解散，由淮军隘勇营接手防番的工作。然中部的防御基本上已交由栋军负责，所以林朝栋部实为中部官、民武力合作的典范。

光绪十一年十二月二十日（1886.1.24）彰化知县蔡麟祥来禀，声称十二日（1.16）有童生充当总理黄玉衡前来报案，控诉遭受湳底庄（彰化县溪湖镇）同族黄敏兄弟纠党七八十猛，各持枪械闯入埤脚庄（彰化县埔心乡）家中劫掠。现已急请彰化统领柳泰和派遣副将吴西元等驰赴湳底庄相机援剿，并于十四日（1.18）夜突破竹围攻坚成功拿获黄敏兄弟多人。同月三十日（2.3）台湾镇总兵官章高元禀报，彰化县南投地方与番境接壤，匪首许添丁、王乌毛、陈亮聚众百数十人四出劫掠。彰化知县蔡麟祥禀请派兵追捕，前有巡抚飞饬澎湖协副将苏吉良带勇会县往拿。经文武当场格毙陈亮、王乌毛，独许添丁率众逃逸。现已将匪巢拆毁，旋许添丁遭其堂兄诱捕送官，解县后讯明正法。① 光绪十二年二月（1886.3）巡抚刘铭传对中部兵防又有新的指示。他命令台湾镇总兵官章高元、记名提督柳泰和驻守嘉义、彰化，专办二县土匪以补栋军之不足。② 这样的安排似有未雨绸缪之举，果然二年后派上用场。

光绪十四年九月一日（1888.10.5）爆发的彰化施九缎事件，则是清代台湾史上最后一起民变。该案导火线是清丈土地不公所引起，但官方与民间对施阵营作为，却有两极化的评价值得进一步探讨。光绪十二年（1886）刘铭传奏准全台一律清丈，以一条鞭办理。原任彰化知县蔡麟祥先在桥仔头进行，随丈随算若有错误立刻修改，民无怨言。不料李嘉棠接篆后，以有司催迫为由尽变旧章，引发地方百姓不满。正巧六月嘉义县清丈也有同样的问题，刘铭传先听闻嘉邑骚动，遂檄调驻守彰邑的武毅右营记名提督朱焕明率领300人前往弹压。③

---

① 刘铭传撰，马昌华、翁飞点校，《刘铭传文集》（合肥：黄山书社，1997年7月），页384~386。

② 洪安全主编，《清宫月折档台湾史料（六）》（台北：故宫博物院，1995年8月），页4664~4668。

③ 吴德功，《戴施两案纪略》，台湾银行文献丛刊第四七种，1959年6月，页97；刘铭传，《刘壮肃公奏议》，台湾银行文献丛刊第二七种，1958年9月，页402。

同年八月二十日（9.25）彰化县有消息传来，彰邑内外发现逆匪之匿名揭帖，但知县李嘉棠置之不理，孰料这就是施案的前奏。八月二十八日（10.3）彰邑急电台北府告知鹿港盐馆被劫，盗匪多至数百人，声言克期攻城。九月一日（10.5）彰邑再电土匪愈聚愈多，不下数千围攻县城，南北电线俱为毁断。刘铭传获悉知非同小可，分饬各部支援彰化进行围剿。时道员林朝栋的栋字三营，全驻扎于台湾、苗栗县内山，得令后即抽调500名赶赴彰化。又调派驻扎基隆的记名总兵窦如田，命他带领铭军三营六成兵力，与都司郑有勤的500名隘勇在大甲会合后，共同驰援彰化。另外急电前后任闽浙总督杨昌濬、卞宝第，请调福宁镇总兵官曹志忠率四营兵力，搭乘轮船来台助剿。①

原来抢劫路港盐馆是湖仔内庄杨中成、番薯庄（俱在彰化县埔盐乡）施庆率众所为。二十九日（10.4）有人混入彰邑，分发黄布为号。九月一日（10.5）浸水庄（彰化县福兴乡）施九缎率杨中成、施庆等数百人竖旗，并以索焚丈单为名，在大旗上书写“官激民变”，约定不准抢劫人家财物。彰邑西门外六庄总理王涣，出派点心饷众；一行人驻扎城外南瑶宫，至黄昏已聚党千余人。幸好知县李嘉棠在城中布置周密，率兵勇上城固守。以往鹿港与彰邑互为唇齿的关系，现安平水师协左营游击郑荣麾下只有兵数十名，仅能把守阵地自保无法救援彰邑。②

九月二日（10.6）远在嘉义县城的记名提督朱焕明闻讯星夜赶回，至东螺堡北斗街（彰化县北斗镇），绅董告以人情汹汹切莫轻进。朱氏以家属在重围中，必须逐急赶回。讵行至大埔心（彰化县埔心乡），便有施阵营人马尾随其后准备截杀。双方在白沙坑（彰化县花坛乡）激战，朱麾下仅300人枪弹俱穷伤亡过半。朱焕明仍率部苦撑至口庄（彰化县花坛乡），时大批敌军从南瑶宫掩至，朱氏遂阵亡于水流观音庙桥头（彰化市）。③

九月三至六日（10.7～10.10）施阵营围攻彰邑甚急，惟李嘉棠仍然防守得很好。李氏一面与敌谈判拖延时间，一面开仓赈济收编游手，避免城内有人乏食与敌通。施九缎则缺乏攻城的武器，即便先前在野战中能围歼朱部，但一遇高墙深壑的城邑，从未受过攻城战、阵地战训练的他们也一筹莫展。七日（10.11）林朝栋的援军最先抵达，该部在路途中又招募土勇千人，配合原本800名练勇，先扎营北门外的市仔尾（彰化市）。当晚在夜色的掩

① 蒋师辙，《台湾通志》，台湾银行文献丛刊第一三〇种，1962年5月，页884～885；洪安全主编，《清宫月折档台湾史料（六）》（台北：故宫博物院，1995年8月），页5273～5275。

② 《戴施两案纪略》，页98。

③ 《戴施两案纪略》，页99；《刘铭传文集》，页394。

护下，攻击城外西南角的施部。根据刘铭传的奏报，该役官军大获全胜，连克约三千敌众。十一日（10.15）林朝栋率部进行清乡，目标是湳尾、大岸头、顶仑平、三块厝、砖仔窑、平和厝（俱在彰化市）的余匪。结果官军以优势火力，把施阵营全赶往西部城围遂解。

九月八日（10.12）巡抚刘铭传本来还发电文给北洋大臣李鸿章，希望能酌调北洋各军赴台。① 不过施阵营已溃，亦无必要再劳师动众。同日窦如田、郑有勤的部队行至牛骂头（台中县清水镇），勇丁与街众闹事，街民蔡芳鼓噪使得官军暂退牛骂头山顶。之后当地绅士蔡占鳌接济粮食、安排解散。十二日（10.16）刘铭传指派布政使沈应奎、台东直隶州同知吴本杰赴彰调查本案。十三日（10.17）前述的一行人均安抵彰化县城。隔日知县李嘉棠倡攻城南二十四庄，定要找出杀害提督朱焕明之元凶。县教谕周长春之幕友凌云以二十四庄民无辜，劝阻官军停剿得宜，幸未再节外生枝。十五日（10.19）线东、西数十庄与猫罗三十五庄、东西螺堡全被招抚，同领义民旗来归。二十二日（10.26）澎湖镇总兵官率部攻浸水庄施九缎家，但被施氏逃逸。二十九日（11.5）撤换彰化知县李嘉棠，改以朱纯接任。施案到此告一段落。②

同年十一月巡抚刘铭传对鹿港激变的士绅，给予相当严厉的处分。③ 对于同案逸匪官府购线急于追捕，乱平随即捉拿到蔡芳正法。光绪十五、十八至十九年（1889/1892～1893）先后在嘉义追缉到王涣，台湾府追缉施庆、杨中成等均斩之。只有施九缎传闻在光绪十六年（1890）病故。④ 施案历时一个月即结束，而它迅速敉平实靠中部官、民武力合作之功所致。当然林朝栋部队的功劳最大，也一扫自同治以来中部兵防不振，亟须外地支援的窘境。同时期彰化著名文人洪繻在《彰化兴弊除利问对》中直言县境有五弊——士习不端、狂寇不止、械斗频兴、税契之害、讼狱不清，施案可谓五者取三。⑤

光绪十四年八月（1888.9）施九缎事件发生前，还能找到三月份开垦台中县东势镇的记录。这种远处动乱、他地开垦的例子前文也列举许多。事实上整个光绪朝，全岛均陷入开山抚番战争中；但远在山区的战争，均未对平原地区的拓垦造成妨碍。此时中部地区能见到的开垦记录，包括：彰化县田

① 李鸿章，《李文忠公全集（六）电稿》（台北：文海出版社，1970 年），页 276～277。

② 《戴施两案纪略》，页 101～106；《台湾通志》，页 879～882。

③ 军机处录副奏折－农民运动类，案卷号：3340，胶片号：137，中国第一历史档案馆藏。

④ 《戴施两案纪略》，页 108～109；洪安全主编，《清宫月折档台湾史料（七）》（台北：故宫博物院，1995 年 8 月），页 5446～5447。

⑤ 洪弃生，《洪弃生先生遗书》（台北：成文出版社，1970 年 4 月），页 2721～2727。

中镇、芳苑乡、鹿港镇、伸港乡，台中县大甲镇、清水镇、后里乡、大安乡、沙鹿镇、外埔乡、龙井乡、潭子乡、丰原市、台中市，南投县草屯镇、南投市。

综观清廷统治下的中部，也是如同北部一般，几乎任何一个时期都能见到拓垦。不过中部兵防的布局却迥异于北部，其中的差别在于自康熙朝开始，职业式武力的绿营与原住民武力的熟番，即成为稳定该区域二大武力支柱。虽然岸里社熟番的效力，减轻绿营在中部防卫上的负担，但“官”过度依赖“番”的结果，被证明未必是好的。雍正朝平定大甲西、南大肚社为首的叛乱后，岸里社成为中部熟番独大武力的地位已经确定。此时能挑战它的，仅剩下在山区出没无常的生番。绿营为了减少负担，并谨守“以番攻番”的原则，遂征调岸里社熟番守隘。因此“守隘”成为乾隆末年以前，职业式武力与原住民武力合作的平台。

乾隆三十年代以前绿营与熟番合作得当，给予中部地区一个稳定的拓垦环境。不过官、民的武力合作还在摸索阶段，他们必须透过几次战争方能转变。值得注意的是乾隆朝逐渐兴起的拜盟式的武力——会党，它的出现强烈威胁官方统治权威。事实上从乾隆四十六年（1781）拿获小刀会开始，清廷即不断地与会党明争暗斗。乾隆五十一年十一月（1787.1）的林爽文事件，则是职业式、原住民武力，初次与拜盟式武力大规模的对决。官军先败后胜，关键在于契约式武力——民团适时加入，再靠着内地支援的军队才能克敌。此后拜盟式的武力长期蛰伏，要到清末才又发动另一次跨县的民变。期间官府为对付他们，利用“购线”为手段并配合当地驻军密拿。

虽然林案过后，原住民武力经过整顿——番屯，但该部日后的表现却没有契约式武力好。乾隆六十年（1795）陈周全事件证明了，民团对于中部兵防重要性与日俱增，如此的发展直到清末都没有改变。嘉庆末年中部兵民比例大幅降低，弱化的兵防使得当地治安转坏。道光二十二年（1842）陈勇、黄马事件是一个有趣的个案。原本相当积弱的绿营，竟靠着民团、番丁的辅助，成功地敉平竖旗。这其实是当时台湾镇总兵官达洪阿、台湾道姚莹的功劳，而有这样的结果目的原是应付同年的鸦片战争。然而这一次佳绩是中部职业式武力的回光返照，此后当地的兵防就反客为主，契约式武力的民团遂成稳定区域的中坚。

这样的发展有极大的风险，因为民团不一定都在官府的控制当中，若民团还被会党渗透则后患无穷。果然同治元年至三年（1862～1864）的戴潮春事件，让中部官军负出惨痛的代价。只是中部官军积弱已是事实，在无法振衰起弊之下，有必要整饬民团，让它不会再变成反噬官方的武力。于是模仿防军营制的土勇营趁势而起。这支在操练、武器、给饷上深受官方控制的武力，不论是挑选任何合作伙伴，皆能让清廷感到放心，这其中的佼佼者以“栋军”统领林朝栋莫属。栋字营的崛起代表契约式武力，代替职业式武力来控制中部的地位更加稳固。当然这样的发展也说明了自道光朝以后，中部兵防反客为主的形势就再也没有改变过。

讨论至此方能得知清廷对于中部武力实煞费苦心，附带也让移民有稳定的拓垦环境。所以说兵防作为区域稳定的前提是不变的，其中的变化是官、番、民合作的方式。就中、北部的发展来看，已经分析出彼此的差异性。

第三节　南部——官、番、民的合作

所谓南部即是指现在的云嘉南与高屏平原。虽然这片地方土地最为辽阔，但行政区则相当固定。例如：高屏平原从清初到清末一直是凤山县的辖地。台南市及以东七乡镇也一直是台湾县的辖地，仅在建省后更名为安平县而已。比较不同的是诸罗县，原本辖地从新港溪（盐水溪）延及台北；然雍正元年（1723）析分出彰化县与淡水厅后，即以虎尾溪与彰化县为界。其县名除了在乾隆五十二年（1787）更名为嘉义县之外，光绪十一年（1885）建省以后再分出云林县。观其县域，大抵与今日的云林县、嘉义县、台南县相近。

南部的武力发展有两个特色：其一，不同于中、北部，该地区从清初开始，即是官、番、民合作的局面。其二，民间对地方滋事案的“元凶”，有异于官方档案的评价，不少给予正面的肯定。不过此特殊性与拓垦问题结合后，存在有讨论的局限。因为南部地区是现存古文书中，资料保留最少的一个地区。虽然该缺点难以对本区域的拓垦多做发挥，但境内乱事“堵御”成功与否，仍对其他地方的拓垦造成影响。继承自荷西、明郑以来开垦的成果，清初即便有遣返郑氏文武、兵丁回籍的政策，南部一直是官府控制与防卫最严密的地方。最明显的例子是从康熙二十三年至同治十三年（1684～1874），持续190年的“一府”时期；所谓的一府，指的就是设置在今台南市的台湾府。

由于首邑长期居于此，所以当地的水、陆交通自是相当繁荣。跟中部一样，南部水运也是海运重于河运。台湾府城本身就是一个海港，它的“外港”鹿耳门是对渡厦门的重要正口。得利于海岸与水系形态的组合，在八掌溪与湾里溪（曾文溪）之间，洲潟海岸相当发达，形成一个小型的港口系统。[①] 潟湖是一个风平浪静的优良海域，向南航行可抵府城；再顺着凤山县

① 林玉茹，《清代台湾港口的空间结构》（台北：知书房出版社，1996年12月），页147。

沿海航行，可抵达下淡水溪，此处又是另一个港口系统。至于在陆运方面，南部地方的官道路线，很早就形成网状的分布。从府城出发往南进入凤山县，最远可抵达大昆麓（屏东县枋寮乡），其间的道路至迟在雍正朝已呈现树枝状的走向。另外从府城往北进入诸罗县，在原本的官道之外，还多了二条路线。一条是被称为“山线”的道路，从目加溜湾—乌山头—哆啰膀—大排竹，行抵诸罗县城再接上素有纵贯线之称的官道。一条是被称为海线，从官道的铁线桥站分出，沿着海岸线北上盐水港—大丘田—大槺榔—笨港—白沙墩，再往北就进入彰化县境内。①

在康熙六十年（1721）朱一贵事件之前，南部的动乱次数颇多，例如：康熙二十三年（1684）台湾县郑氏旧部林盛反清，同年贼匪蔡机公滋事，康熙三十五年（1696）吴球事件，康熙四十年（1701）刘却事件。然而这些小乱很快就被平定。主要原因除了起事者不多外，清廷善用民、番的武力更是重要的原因。以蔡案为例，康熙二十二年八月（1683.9）靖海将军施琅来台，同年十一月收兵返回厦门，之后独留兴化镇总兵官吴英驻台弹压。吴英以大局甫定，首重维持治安与捕盗。他先拿获巨匪康福、洪碧，赦免其罪令他们四处打探贼踪。果然隔年十月十九日（1684.11.24）康福密报贼首蔡机公招集二千余人，哨聚小冈山（高雄县冈山镇）分给劄付，各标营兵俱有共谋。十天之后吴英率领官兵、土番二千余人进剿，十一月一日（12.7）与敌激战大获全胜，余党四散台地以安。②

台湾一入清版图就爆发千余人的乱事，若处置不好极容易生变。吴英一开始用民人充做眼线，出兵围剿又获土番之力，终能敉平该乱。问题是吴英征调的土番是哪一社呢？《县志》没有明载，但本书认为应是四大社熟番——新港（台南县新市乡）、目加溜湾（台南县安定乡）、萧垅（台南县佳里镇）、麻豆（台南县麻豆乡）。对于日后有类似事件者，该案则是一个弭乱很好的示范。果然在吴球事件时，官军也借此法很快戡定。吴球家住新港田尾庄（台南县东山乡），本身爱好拳勇；有诡称明后裔者朱祐龙，数度往来吴球家准备举事。吴球妻舅陈枢亏空凤山县仓粟，逃入吴球家藏匿。球以图大事之良机，招集渐众准备竖旗。不料事泄于保长林盛，密报北路营参将陈贵。七月陈贵率官、民于吴球家埋伏，趁一伙人外出时拿下；即刻杖毙吴球等七名首犯，事平。③

---

① 黄智伟，《统治之道——清代台湾的纵贯线》，台湾大学历史学研究所硕士论文，1999年6月，页41~54。

② 陈文达，《台湾县志》，台湾银行文献丛刊第一〇三种，1961年6月，页243~244。

③ 周锺瑄，《诸罗县志》，台湾银行文献丛刊第一四一种，1962年12月，页278~279。

不过刘却事件则是一个棘手的个案。刘却为臭祐庄（台南县白河镇）管事，也是以拳棒自负，并与无赖恶少歃血为盟。久之党羽们想要生事，即制造异象拱刘却做大哥。刘却受到蛊惑后挖掘地窖、打制兵器约日举事。康熙三十五年十二月七日（1696.1.4）刘却扬旗击鼓，很快地攻下茄冬汛（台南县白河镇），并趁夜攻抵茅港尾（台南县下营乡）。这次事件官军首次乱了阵脚，莠民与诸番亦乘机劫掠。北路营参将白通隆重整军容反攻，刘却退守急水溪（台南县新营市）。同月十二日（1.9）镇、道二标援军赶到，双方在急水溪激战，刘却大败逃入山区。刘却逃亡期间，常昼伏夜出擒拿不易。康熙四十二年二月（1703.3）被缉捕于秀才庄（台南县新营市），弃市。①

刘案的例子有一个重点值得注意，盖因于他们有办法攻克汛塘，扰乱官军的布防，其关键就是拥有不少铁制兵器。清代对于台湾用铁进口数目有管制，现可以找到最早的记录是在康熙四十五年（1706）。或许该案给清廷一个警觉，认为有必要在用铁上限制台湾以防反侧。不过这三起事件，因官军处理得宜终究未蔓延到其他地方。该佳绩的呈现跟强固的兵防有关。从表四十二编号1来看，台湾、凤山县兵防比例分别是4:1与12:1，即能说明为什么官军可以很快荡平乱事的原因。也因为如此在刘案发生时，仍可见到移民于斗六开垦、凿陂的记录。

事实上在康熙朝阶段，南部的开垦环境还是属于蓁莽状态。瘴疠的流行是移民在拓垦时的大敌。以吴球案为例，台湾镇总兵官王国兴接获逸匪朱祐龙的消息，同年秋天派遣百余名官兵戍防下淡水。结果才二个月，全军水土不服皆病殁。② 另一个问题是生番出草。康熙二十七至三十年（1688～1691）通州举人王兆升任台湾知县，其家人返回内地时曾记录："县南百余里山林蓊翳，獠民居之盖一蛮地也。……中国人误入其地者，缚而杀之，以金涂首悬于家。"③ 王氏家人指的就是凤山县的傀儡番。根据施添福的研究，汉移民也差不多在康熙三十年左右才开始拓垦屏东平原。傀儡番的出草对他们是一大威胁，尔后也有因"番害"严重，官军不得不出兵的个案。④ 由于民人要面对生番强大的威胁，因此加强武力对抗自是免不了。然而此举在官府眼中却已是逾越。所以《县志》提及下淡水之地时，总会以离邑既遥，

---

① 陈衍，《台湾通纪》，台湾银行文献丛刊第一二〇种，1961年8月，页110。

② 郁永河，《裨海纪游》，台湾银行文献丛刊第四四种，1959年4月，页17。

③ 钮琇，陈迹标点，《觚剩》（重庆：重庆出版社，1999年10月），页167～168。

④ 施添福，《清代台湾屏东平原的土地拓垦和族群关系》，《平埔族群与台湾历史文化学术研讨会》，"中央研究院"台湾史研究所筹备处主办，1998年5月16～17日。

"奸宄"易于窃发称之。①

闽粤族群的分布，也是南部拓垦过程的重点。云嘉南地区的粤籍分布，较重要的地方有来自漳州府韶安县，并落脚在云林西螺、仑背、二仑开垦的廖、李、钟姓。然而这些客家人也跟彰化县的"漳州客"命运相同，因为人数少均被闽籍同化。另外斗六九庄——社口、大潭、大仑、沟仔埧、江厝子、板桥、柴里（俱在云林县斗六市）、温厝脚（云林县斗南镇）、滳仔（云林县古坑乡），以及嘉义新街五十三庄（嘉义县大林镇、溪口乡、民雄乡、梅山乡、云林县斗南镇、大埤乡、元长乡、古坑乡），后大埔十三庄头十四缘（嘉义县大埔乡）均是该区重要的粤籍聚落。高屏地区的粤籍分布，则以屏东平原东侧靠近山区的美浓镇、高树乡、麟洛乡、内埔乡、竹田乡、万峦乡、新埤乡、佳冬乡为主。② 这九个乡镇在清初组织"六堆"，成为康熙六十年（1721）平定朱一贵事件的重要力量（见第二章第三节/第四章第一节）。

虽然粤籍移民武力强盛，但在官方眼中似乎是刻意防范的对象。《诸罗县志·风俗志》记载："佃田者，多内地依山之犷悍、无赖、下贫、触法亡命，潮人尤多，厥名客。多者千人，少亦数百，号曰客庄。朋比齐力、而自护小故，辄哗然以起，殴而杀人，毁匿其尸。"③ 即使六堆有功于社稷，然当地闽、粤向来不和。现客民因功多被朝廷授予外委名号，数目盈千以致奸良莫辨。他们习拳勇、喜格斗，倚恃护符、武断乡曲难以治理。④ 朱一贵事件的善后的确有一阵混乱，跟随南澳镇总兵官蓝廷珍来台献策的蓝鼎元，在给北路营参将朱文的札文中，即指出北路之大坵田、朱晓庄、笨港、社尾均盗乱严重，必须提防严加缉捕。⑤ 虽然清初对于台湾还未全面驻军，但对于扼塞绝险之地清廷相当注意。大抵北以斗六门为要害，南以傀儡为堑绝；府城居中，其旁区域则是拱卫郡治的紧要之处。⑥

雍正朝南部动乱的次数仍比中、北部还多。不过这些乱事的性质大不相同，有必要细究原委。发生在云嘉南的个案，其实称呼它们为"乱事"实在严重。雍正六年、十三年（1728/1735）的三起会党案件，早在起会之初就被破获。因此无所谓乱事，顶多只能称为异姓结拜之案。真正能被称为乱

---

① 陈文达，《凤山县志》，台湾银行文献丛刊第一二四种，1961年11月，页34。

② 邱彦贵、吴中杰，《台湾客家地图》（台北：城邦文化事业股份有限公司，2001年5月），页61~74；杨国鑫，《台湾客家》（台北：唐山出版社，1993年3月），页102。

③ 周锺瑄，《诸罗县志》，台湾银行文献丛刊第一四一种，1962年12月，页136。

④ 黄叔璥，《台海使槎录》，台湾银行文献丛刊第四种，1957年11月，页92。

⑤ 蓝鼎元，《东征集》，台湾银行文献丛刊第一二种，1958年2月，页78。

⑥ 高拱乾，《台湾府志》，台湾银行文献丛刊第六五种，1960年2月，页51~52。

事者，则是发生在高屏的五件个案，其中一件是官军主动对番用兵，四件是民人发起的滋事。对于前者，雍正七年二至三月（1729.3～4）台湾镇总兵官王郡，率领南路营的兵马亲讨傀儡番，目的是想解决该地区生番连年出草的问题。虽然该役官兵仅出动610名，属于小规模的战争；但这次练兵对往后是相当重要，遂成为弹压三年后民变的参考（见第四章第二节）。

对于后者，四件在凤山县发生的滋事中，以雍正十年三月吴福生事件，官方档案记载最详细也最重要。根据巡台御史觉罗柏修、高山的奏报，同年正月十七日已风闻匪类聚抢埤头（高雄县凤山市），并从拿获的贼伙中供出是居住在浊水溪大庄（高雄县冈山镇）吴福生发起。但凤山知县熊琴不实心缉拿，以致乱事有越演越烈之势。三月三十日岗山汛（高雄县阿莲乡）回禀，前一日守备彭捷带兵往埤头查缉匪类。不意当晚有奸匪两三百人在营盘外喊杀，并放火焚烧守备衙署。又有旧社汛（台南县新市乡）回禀，黎明突有匪类来营放火强夺器械。镇台王郡获悉拨澎湖协左营守备林如锦赴岗山追缉，自己率领其余兵马往旧社、大穆降（台南县新化镇）搜捕。四月二日彭捷报称石井汛被敌焚烧、器械被抢危急。王郡遂檄调林如锦往猴洞、虎头山（俱在高雄县燕巢乡）追捕。旋又获报吴福生阵营在赤山（凤山市）蚁聚，准备攻抢埤头营盘与凤山县城（高雄市左营区）。初三日官军往攻赤山，果见到有百余贼竖旗，彼此混战贼众落荒而逃。初五日王郡与南路营参将侯元勋往援凤弹汛，适贼众攻营双方激战，官军驱贼入山。随后追击的部队在牛相触（燕巢乡）遇到怀忠里义民千余名支援，复大破敌阵掳获刀枪数十件、竹篙枪110支。初七日王郡先率队返回府治，隔日捉到一名奸细张鸿，此人是朱一贵案的漏逆。经讯问才知吴福生欲联络下茄冬（台南县后壁乡）同伙进攻府城，但这利用中部熟番作乱，欲生事端的计划已被官军粉碎。

虽然吴福生竖旗已被镇压，但此人未立刻逮获。台湾知府王世任审讯王郡擒获的人犯，欲从他们的口供中追寻吴氏的下落。这些党羽除了有朱案的逸匪外，亦有雍正四年（1726）陈三奇案的逃犯。原任福建陆路提督、现署福建总督的阿尔赛，深恐台湾府城兵力单薄还特派督、提二标，共500名兵力前往台郡协防。雍正十年五月二十九日（1732.6.15）新任福建总督郝玉麟就职，上谕给他的命令就是要尽早拿获吴福生。闰五月三日（6.19）在购线、探丁绵密的追缉下，吴福生终于在诸罗县落网。①

剿平吴福生事件粤籍义民又立了大功。这次由义民首侯心富指挥，纠同

① 中国第一历史档案馆编，《雍正朝汉文朱批奏折汇编（第二十二册）》（上海：江苏古籍出版社，1991年3月），页110～112、174～176、388～389、450。

港东、港西里万余名义民分守。包括：二千余人守上淡水，四千余人守万丹街、放索社、茄藤社，二千余人守下淡水、龙肚岖（高雄县美浓镇），八百人守冷水坑（屏东县九如乡）、搭楼社，千余人守笃佳（屏东县里港乡）、武洛、罗汉门，千余人守巴六焦、阿猴社，三千人守三叉河（屏东县东港镇）、乌树港、力力社、新园汛。时吴福生进攻埤头甚急，侯心富亲率九百余人渡下淡水溪应援，南路遂平。这事经由闽督郝玉麟奏请鼓励还不算，乾隆四年（1739）由继任闽督德沛奏准再叙功一次。① 对于闽、粤移民个性的评价，官方有深入的观察。一般普遍认为闽人轻惰、粤人勤劳，由粤人开垦的庄田均被称为“客庄”（又曰内庄），自朱案后凤山的闽粤即两不相容。②

六堆的辅助使得清廷在控制凤山县得力不少。事实上比起诸罗县，官府在南路的捕盗的确花费不少心思。例如：雍正四年（1726）南路营参将林子龙和凤山知县萧震风闻阿猴林（屏东市）、黄基仑（屏东县长治乡）有匪类聚集，即飞饬文武协同搜捕。旋有差役速报赤山庄（凤山市）有匪类黄万等四人行劫，台湾县查获陈日隆家窝藏盗犯陈三奇等四人。③ 雍正九年（1731）凤山县又接到通报，访闻到保长“胡九”素非善类，有谣言说他要抢劫新庄（屏东县万丹乡），深入调查后澄清是误传。④ 雍正十二年五月（1734.6）福建陆路提督阿尔赛收到台湾镇密札，禀称根据凤山县武举谢希元的密报，同年三月在二滥（高雄县路竹乡），听到有人将在观音山（高雄县大社乡）竖旗证实是误传。然官军不敢掉以轻心持续追查，果拿获嫌犯“无齿甫”，严讯后供称与朱游龙、“传法大胗”密谋举事。不过为掩人耳目遂选在诸罗县城北门外竖旗，旗上还书写“大明朱四太子、北路与南路国公、丞相、将军”等名号。稍早诸罗汛兵发现此旗还以为是诬人竖旗事件，孰料一经详查才知道是二案合而为一的预谋。同年八月二十七日（1734.9.24）朱游龙在萧垅社落网，只剩传法大胗在逃，可能的竖旗案又再一次被敉平。⑤

朱游龙其人，本书怀疑是康熙三十五年（1696）吴球案漏逆朱祐龙。其实对于逸匪的追缉清廷从来没有放松过。这些蛰伏再复出的逸匪，若重新

---

① 王瑛曾，《重修凤山县志》，台湾银行文献丛刊第一四六种，1962 年 12 月，页257～258、346。

② 诸家，《台湾诗钞》，台湾银行文献丛刊第二八〇种，1970 年 3 月，页 31。

③ 洪安全主编，《清宫宫中档奏折台湾史料（二）》（台北：故宫博物院，2001 年 11 月），页 1050～1052。

④ 洪安全主编，《清宫宫中档奏折台湾史料（四）》（台北：故宫博物院，2001 年 11 月），页 2483～2484。

⑤ 中国第一历史档案馆编，《雍正朝汉文朱批奏折汇编（第二十六册）》（上海：江苏古籍出版社，1991 年 3 月），页 7～8、305、377～378；同前注，《雍正朝汉文朱批奏折汇编（第二十七册）》，页 210。

犯案仍有可能会被官府拿获；即便是隐姓埋名，稍漏行踪还是无所遁形。例如：雍正十二年五月（1734.6）朱一贵余党蔡马益，在诸罗县牛稠庄（嘉义县民雄乡）演戏酬神会场斗殴，旋被防汛千总郭捷拿获盘问，方泄漏底细得知他就是追缉多年的要犯。① 由于清廷平日侦伺、堵御工作得宜，因此雍正朝南部的垦务，仍在未有乱事的地方持续进行。能发现到的记录包括：云林县水林乡、土库镇、褒忠乡、东势乡、台西乡、二仑乡、林内乡、仑背乡，台南县柳营乡、善化镇。雍正十三年（1735）台湾道尹士俍在其私著中，提到当时罗汉门（高雄县内门乡）局势开敞，番社民壮资其地利。附廓内外商贾贸易，成灯夜市民物丰盈，他邑鲜有及者。当时较大的聚落还有笨港、盐水港、（目）加溜湾、哆啰嘓（台南县东山镇）。尤其在康熙四十三年（1704）诸罗县城从佳里兴（台南县佳里镇）归治到诸罗；凤山县城从统领营（高雄县路竹乡）归治到兴隆庄（高雄市左营区），皆表示官方对于南部的控制逐渐上轨道。②

乾隆朝官方对于南部番、民，在武力合作的态度上，仍维持稳定发展的局面。乾隆十年（1745）福建布政使高山奏报台、诸、凤三县生番出没之处，包括：龟文（屏东县三地门乡德文村）、牛栏（高雄县美浓镇牛栏窝）、巴扬（屏东县三地门乡北叶村）、槟榔、米琅（高雄县桃源乡美兰社）、南仔（高雄县甲仙乡）、芋匏（台南县左镇乡）、重溪（台南县大内乡）、阿里（高雄县甲仙乡阿里关）、武峦（嘉义县番路乡）、枋仔、台斗（嘉义市）、梅仔（嘉义县梅山乡）、竹脚（嘉义县竹崎乡）。③ 至于民人盗薮、藏匪之处亦不少，例如：诸罗县礁巴哖（台南县玉井镇），台湾县茑松脚（台南县仁德乡）、隙仔口（台南县山上乡）、角带围（台南县盐水镇）、土地公崎（台南县龙崎乡）、岗山（高雄县阿莲乡）、石门坑、梨仔坑（俱在高雄县内门乡），凤山县大湖（高雄县湖内乡）、覆鼎金（高雄市三民区）、二滥（高雄县路竹乡）、坪仔头（凤山市）、旗尾（高雄县旗山镇）、高朗朗（屏东县盐埔乡）、阿猴街（屏东市）、深水山（高雄县燕巢乡）均是奸匪伏莽窃发之所。④

看来不论是山区还是平地，南部各处皆属难治。不过逆向思考一下，由

---

① 《雍正朝汉文朱批奏折汇编（第二十六册）》，页388。

② 尹士俍，《台湾志略·全郡形势》，清乾隆三年刻本，北京国家图书馆藏；同前注，《台湾志略·文员定制》。

③ 仁和琴川居士，《皇清奏议（七）》（台北：文海出版社，1967年10月），页3515～3534。

④ 朱景英，《海东札记》，台湾银行文献丛刊第一九种，1958年10月，页23；蒋元枢，《重修台湾各建筑图说》，台湾银行文献丛刊第二八三种，1970年5月，页25、27；王瑛曾，《重修凤山县志》，台湾银行文献丛刊第一四六种，1962年12月，页16。

于官府已条列许多治安重点之处，证明兵防控制的对象也在该处。只是所有的危险，都没有番、民结合来得棘手。《重修台湾府志》对于下淡水溪以南，客庄番、汉杂居的现象，导致好事轻生、健讼乐斗感到忧虑。① 跟中、北部一样，官方防堵移民越垦番界可谓不遗余力。例如：乾隆二十年（1755）台湾知县章士凤在木烧楝寮、头重埔、二重埔、三重埔、龙潭口、金校椅（俱在高雄县内门乡）、六张犁山、蕃薯庄、旗尾山（俱在高雄县旗山镇）立碑示禁，不许百姓私贌越垦。② 乾隆三十三年（1768）诸罗知县陶浚在大湖、三渡水、蟾蜍岭、奇里岸、庵古坑（俱在云林县古坑乡）、顶簝（嘉义县梅山乡），亦立碑禁止百姓偷越私垦。③

根据美浓客家人的说法，乾隆元年（1736）他们的祖先在武洛庄（屏东县里港乡）粤籍领袖林丰山、林桂山兄弟的带领下，共有宋、刘、曾、罗、古、邱、吴、李、林、陈、钟、张十二姓，假道土库（里港乡）、手巾寮（旗山镇）、牛埔（美浓镇）等闽人村落入垦灵山、月光山、双峰山（俱在高雄县美浓镇）。灵山紧临着旗尾山，非常接近番界，无怪乎清廷相当注意民人有无越界的拓垦。事实上乾隆初年正是武洛客家人，大举北进开垦苼浓、弥浓、隘寮溪的时候。原因据称是在屏东平原，受到闽人与熟番的压力，不得不朝北向弥浓、大路关（屏东县高树乡）、龙渡（高雄县美浓镇）发展。④ 不过在屏东平原其他地方，也非一直呈现闽、粤对立的状态。例如：该平原闽人的聚落——北端的里港乡，以及南端的林边乡，其寺庙碑文均记载闽、粤二群移民曾在此聚居过，甚至还合资建庙而有“和谐”之气氛。⑤

由于凤山县是官方极度重视的地方，在分遣线民打探消息之余，也有为邀功而刻意夸大的弊病。乾隆八年十一月（1743.12）福建陆路提督武进升回奏，南路尽头极底之处有粮支番参社（屏东县恒春镇），在平坡中藏有鹿枪四五百支。其中有又有匠头刘奇盖簝于此处，修理船料木材聚集流棍者约有二千余人。武氏担心这些军工匠会仿效朱一贵、吴福生竖旗，成为尾大不

---

① 范咸，《重修台湾府志》，台湾银行文献丛刊第一〇五种，1961年11月，页398。

② 台湾银行经济研究室编，《台湾私法物权编》，台湾银行文献丛刊第一五〇种，1963年1月，页1298。

③ 陈文达，《嘉义梅山乾隆民番界碑》，《台湾文献》，第37卷第3期，1986年9月，页197~204。

④ 石万寿，《乾隆以前台湾南部客家人的垦殖》，《台湾文献》，第37卷第4期，1986年12月，页80~81。

⑤ 简炯仁，《台湾开发与族群》（台北：前卫出版社，2001年10月三刷），页394~415；简炯仁，《由屏东县里港“双慈宫”珍藏的两块石碑论里港的开发》，《台湾风物》，第46卷第1期，1996年3月，页15~38。

掉的祸患。高宗获悉之后，先谕令福州将军新柱“密访台匪”；旋再谕令广州将军兼署广东巡抚策愣调查此事，结果访得武进升是危言耸听之作。① 《清实录》有记载此事查明后的情况，原来这些谣言是从北路协中营千总许廷珠误传。武进升不查明真相立刻上奏，遂引起一场虚惊。② 该案也反映出清初官方普遍认为，南路是全台最难治理地方的看法。果然隔年六月傀儡番礁八力干社（屏东县玛家乡）大举出草，戕杀私入番地的港西里埠长邱子刚等9人，其余22人被驱入大圳溺毙。③ 该案是自雍正七年二至三月（1730.3～4）讨伐山猪毛社以来，民人死伤最惨重的一次遇袭（见第四章第二节）。

垦民偷越番地禁不胜禁，对官府来说是一个难办的问题。其实早在乾隆四年（1739）闽浙总督郝玉麟即以生番戕杀为由，严饬台湾文武官员加意防范。根据巡台御使诺穆布、杨二酉的奏报，现台湾南北各路沿山一带本有农民报垦，但日渐一日侵出界外，久后草寮竟成村庄。台湾知府刘良璧接获命令，酌定条规详加办理。不料向以“敢作敢为”著称的台湾镇总兵官章隆，执意采取迅雷不及掩耳的做法处理，于八月晓谕界外佃民，令其二个月内拆寮回界，如有违抗立刻遣兵概行焚毁，一时人心惶惶。各官规劝章隆不听，八、九月章隆檄调城守营右军守备马龙图赴大武垅烧毁民舍334间。刘良璧急饬诸罗知县何衢赶赴当地安顿，恐无籍穷民借机生事。从事后没有横生枝节来看，刘、何二氏的善后应办得宜。章隆是一位行事备受争议的人物。例如：他的镇标帐下设有“探丁”一职，专门侦伺各地情况。但此职又让非善类担任，以致妄拿妄报、任意发交审理。④

以清廷的立场来说，探丁是应当要设立，只是需由“善类”担任才是。官方对区域控制的用心，还是在维持治安上达到效果。乾隆十八年三月十三日（1753.4.15）诸罗知县徐德峻前往海丰庄（云林县麦寮乡）缉盗。讵被庄民鸣锣纠众，执持竹枪等械包围；除殴伤家丁、差役外，还强迫徐氏具结“庄内并无容留匪类”一语。⑤ 这事的缘由是海丰、火烧（云林县台西乡）

---

① 军机处录副奏折－农民运动类，案卷号：3303，胶片号：135，中国第一历史档案馆藏；乾隆朝汉文录副（军机处录副），档号：523，微缩号：036－1284，中国第一历史档案馆藏。

② 不著编人，《清实录－高宗纯皇帝实录（一一）》（北京：中华书局，1985年11月），页775～776。

③ 军机处录副奏折－民族类，案卷号：626，胶片号：17，中国第一历史档案馆藏。

④ 乾隆朝汉文录副（军机处录副），档号：0062－001，微缩号：003－2243，中国第一历史档案馆藏。

⑤ 中国人民大学清史研究所、档案系中国政治制度史教研室合编，《康雍乾时期城乡人民反抗斗争资料（下册）》（北京：中华书局，1979年8月），页672。

二庄有吴姓族大丁多最为强悍。乾隆十七年十二月（1753.1）火烧庄居民吴昭等，趁夜偷取邻庄衣物、猪只。徐得峻接获控诉酌带差役乡保前往，吴昭等躲入海丰庄请求吴典帮忙，孰料闹出殴差逼官案件。① 海丰庄民挑战公权力的做法，自然是官府所不能忍受。徐德峻回署后即调兵役查拿，共搜捕到包括首犯吴典在内的39人。廷寄传达北京的指示要严办此案，由闽督喀尔吉善、闽抚陈弘谋，密饬台湾道拕穆齐图、台湾知府曾曰瑛办理。② 台防同知王文昭负责审理该案，本来仅是首犯吴典判处斩刑，其余从犯判处杖刑与逐回原籍；现连从犯也改判绞监候，在秋审时一并处决。③ 高宗的上意有干扰审判之嫌，但在以法制人的时代，法律本就是统治者钳制被统治者的工具（见第三章第一节）。

不可否认，台湾文武处理抗官的效率还算明快。这对照从雍正末年以来，台湾、诸罗、凤山三县，兵防比例2.5:1与136:1以及37:1的差异，方知诸罗县在兵民比例极低的环境下，尚能谨慎处理不致酿成巨变当属不易（表四十二编号2）。事实上在这一段时间前后，南路造谣生事、诬人竖旗的案件屡见不鲜。例如：乾隆十七年三月六日（1752.4.29）斗六门汛千总张观德游巡时，在他里雾（云林县斗南镇）水陂头竹林拾获一条白布镶红旗一面，上写居民夺食，其旁又写一詹字，旗下有花名簿一本，字迹潦草凌乱方知为棍徒挟仇之作。北路协副将郭弘基、诸罗知县徐德峻或禀后详细调查，访得原来是营兵蔡倪、民人陈纳、卓连，向与地方詹姓有隙。于是蔡倪起意以诬人竖旗的方式，欲陷害詹崇在内等一百余人。④ 隔年七月十九日（1753.8.27）凤山县潭仔墘（屏东市）亦发生诬人竖旗之案。事由是阿猴保长张凤喈以不谙书写，遂被辞退保长之职。旋与潘景等四人，向潭仔墘施姓地主租地开垦。邻近地主李智有糖廍设立于此，其佃户张毛见张凤喈等欲开垦，以荒地供牧牛为由阻止耕地，双方遂结下梁子。时有凤喈记得担任保正时，奉命追查逆匪李开花，以同姓李可以诬他同党。然旗上所书写字迹，被乡保杨伟认出是代写禀帖之谢文贵笔迹。凤山知县吴士元获悉，即刻调派

① 台湾故宫博物院，《宫中档乾隆朝奏折（第六辑）》（台北：故宫博物院，1982年10月），页665~668。

② 洪安全主编，《清宫廷寄档台湾史料（一）》（台北：故宫博物院，1998年10月），页7~9、13。

③ 军机处录副奏折－农民运动类，案卷号：3307，胶片号：136，中国第一历史档案馆藏；中国第一历史档案馆编，《乾隆朝上谕档（第二册）》（北京：档案出版社，1991年6月），页750。

④ 台湾故宫博物院，《宫中档乾隆朝奏折（第二辑）》（台北：故宫博物院，1982年6月），页448；同前注，《清宫宫中档奏折台湾史料（三）》，页632。

兵役追捕；张凤喈被判绞立决，余等被判绞监候。①

跟中部的情况相仿，乾隆元年至三十年（1736～1765）南部地方即便有滋扰案件，但靠着还算稳固的兵防，不致让乱事有扩大的迹象。所以这段期间能看到的开垦记录，包括：云林县元长乡、四湖乡、古坑乡、西螺镇、虎尾镇、土库镇、水林乡、口湖乡，嘉义县民雄乡，高雄县田寮乡。不过这当中有一点值得注意，即台郡与台邑的兵防，不管是任何时期，都是兵防比例最高者。作为全台行政中心，有如此高度的防御力亦不让人感到奇怪。只是这样的部署并不代表没有威胁，从府城设立设示禁碑来看，罗汉脚、游民、流丐、赌徒是城内治安的大敌。② 乾隆二十五年（1760）台湾镇总兵甘国宝以严疆界、勤缉捕为事。任内计擒斗六门大盗董六，一扫该地苦盗的窘境；又建立汛塘之间的总巡、分巡、轮巡、会哨之法，兵民得以安辑。③ 不过对于棍徒可能的生事，仍需严阵以待，因为稍有不慎即会引发动乱。

乾隆三十三年正月（1768.2）台湾、凤山县界附近，西溪洲仔（高雄县田寮乡）地方发生一件惨绝人寰的谋杀案。苦主是戴五一家五口全被杀害，并被割去头颅。经过凤山县衙追查，凶手是戴五的雇工黄衷见色起意所为。黄衷闯下大祸后欲嫁祸给生番，还故意断其头颅故布疑阵。尔后因交卖头颅给生番土目率力，整件事才东窗事发。该案特别的一点是案发后，官府一时未能弄清楚西溪洲仔，到底是属于台湾县还是凤山县。虽知府判暂由凤山县衙承办，但明令结案后二县必会商勘界。④ 三不管地带的山区，则是有心滋事者最好的温床。凤署未能记起这次教训，遂于同年十月让有心人利用疏漏举事。

乾隆三十三年十月二日（1768.11.10）城守营管辖的凤山县岗山汛，紧急回报有百余人在山顶竖旗二面图谋不轨。原任镇标左营游击、现署城守营参将陈玉书立刻带兵往捕，又飞饬南路营参将王介福就近擒拿。隔日官军有所斩获，追击逃匪入山并生擒张笑、刘恭等27名，全交给台湾道张珽审讯。截至目前，官军似乎对案情都在掌握之中，但他们忽略一件事情，即番界外

① 台湾故宫博物院，《宫中档乾隆朝奏折（第七辑）》（台北：故宫博物院，1982年11月），页287～289。

② 台湾银行经济研究室编，《台湾南部碑文集成》（南投：台湾省文献委员会，1994年7月，页398～399、412～414。

③ 陈寿祺，《福建通志台湾府》，台湾银行文献丛刊第八四种，1960年8月，页744。

④ 台湾故宫博物院，《宫中档乾隆朝奏折（第三十一辑）》（台北：故宫博物院，1984年11月），页88～90。

或是沿着番界，有可能是竖旗者重整旗鼓的场所。① 原来该案是大穆降（台南县新化镇）牛盗黄教所发动。黄教素行不良常与地方乡保、差役结怨。乾隆三十三年六至八月期间，地方文武因伤害案拘黄教甚急。九月二十九日（11.7）黄教首先发难攻击北岸汛；十月一日（11.9）黄教在麻豆出没，守备任珩带兵追捕无获。是日黄教探得岗山汛守备刘国梁、千总董得龙，酌带汛兵赴郡会操，所以决定攻击岗山汛。由于这起攻击事件过大，先前官员的隐匿纸包不住火遂被揭穿。②

十月三日（11.11）台湾镇总兵官王巍飞调台湾水师协副将龚宣来郡驻劄，协同台湾道张珽弹压郡治；并命令南路营参将王介福、凤山知县方辅悟充做前锋，自己与台湾知府邹应元督率官兵随后赶到。根据战报黄教阵营不敌官军优势兵力，初次对阵就一战即溃。然而他们利用熟悉地形的长处，迅速地逃入深山躲藏。官军一时不敢轻进，只在要口围堵防范逃窜。十月八日（11.16）台湾镇总兵官王巍在案件稍有控制后才敢回奏。福建方面最早得知者是福建水师提督吴必达，时间是在十月十二日（11.20）；不过他并没有急奏此事，反而先派督标千总张必高来台查明真伪，延至十月十九日（11.27）方缮折具奏。十月二十二日（11.30）福建巡抚鄂宁接到台湾道、府的回禀，再详细对照先前王巍的咨文大致相符后，亦在隔日回奏。从上谕提到鄂宁奏文的时间来看，北京最早在十一月七日（12.15）才获悉此事。③

十一月十日（12.18）闽浙总督崔应皆提到，初一日（12.9）有鹿仔港船只航抵厦门。内有客民与淡水厅衙役一名皆被传来询问，方知十月二十六日（12.4）斗六门汛也被贼焚毁，乱源不止南路一处。此事台湾文、武并没有马上回禀，所以福建对案情有扩大之势感到震惊。闽抚鄂宁当机立断移驻厦门督办，提臣吴必达调派金门镇左营游击蔡国骐带兵320名、海坛镇右营游击游辅带兵400名，搭乘船只直接开航北路增援。十一月十二日（12.20）闽督崔应阶回奏时，终于详细报告黄教事件的后续发展。原来自十月三日（11.11）黄教蛰伏一段时间后，十七日（11.15）突然杀出进攻大穆降汛。十九日（11.17）贼匪在大排竹（台南县白河镇）招集200余人竖旗，竹子门也有招人入伙，间有生番加入。二十五日（11.23）贼匪攻击诸罗县火烧庄（嘉义县中埔乡）。王巍见状不对，赶紧请调福建援兵共1300名来台。崔应皆答应王巍的请求，立刻重新安排改调金门、海坛、南澳、闽

---

① 台湾故宫博物院，《宫中档乾隆朝奏折（第三十二辑）》（台北：故宫博物院，1984年12月），页107。

② 石舍，《黄教的抗清》，《台南文化》，第6卷第4期，1959年10月，页62。

③《宫中档乾隆朝奏折（第三十二辑）》，页107、189~190、253~254；洪安全主编，《清宫谕旨档台湾史料（一）》（台北：故宫博物院，1996年10月），页57~58。

安、铜山各镇协官兵1300名援台。这些部队多由水师提督吴必达指挥，命令他在十一月一日（12.9）启行。该部在十一月八日（12.16）靠岸于澎湖，十一日（12.19）进抵台湾。①

十一月十五日（12.23）闽督崔应阶回奏时，提到台湾镇、道四次具禀，均是审讯黄教落网党羽的口供；声称阵营内部有序齿，无歃血的行为，但还是没有说到北路有警的详情。同日提臣吴必达亦回奏来台时所闻，原来黄教滋事远比想象中严重。其出没焚杀之地，除了上述之外，还包括：台湾县雁门关（高雄县内门乡）、诸罗县隆恩庄、凤山县万丹、新园、磅礴（高雄县旗山镇），已杀害千把各一员、兵丁73名。吴必达所提的解决之道，则是将所有零星小汛归并成大汛，避免被各个击破或蚕食。二十日（12.28）海坛镇总兵官章绅回奏，游辅所带400名士兵，已由崇武开驾预计在鹿仔港登陆；另拨兵200名搭船至金门，同该镇官兵相机援台。② 台湾镇总兵官王巍迟迟不能敉平该乱，又有隐匿案情之嫌，让北京方面十分不满。二十日上谕福建按察使余文仪前往台湾督办捕务，二十八日（1769.1.5）自厦门放洋来台。十二月一日（1769.1.8）高宗发布上谕将王巍革职，遗缺由漳州镇总兵官叶相德调补，十五日（1.22）余文仪行抵台湾。③

作为乾隆朝第一起内地援台平乱的个案，黄教事件坐大显得在预料之外。该案最特别的一点，则是贼匪迄今没有攻克任何一个城邑，久占任何一个汛塘。全部采取游击战术，让官兵疲于奔命。柯志明在研究番界问题时，指出黄教善于利用熟悉番界内外的优势，神出鬼没地重创官军。④ 台湾道张珽面对此难题，所提解决之道是征调义民、乡勇、熟番，趁冬晴溪涸入山剿捕。台湾知县王右弼以新港社熟番为主力，选拔壮番巡查堵御；又有理番同知张所受晓谕北路生番，以重赏为饵诱其擒捕黄教。⑤

十一月中旬水师提督吴必达奏称，在凤山县九脚桶（高雄县大树乡）、八仔寮、磅礴坑、岗山、水鸡潭（高雄县田寮乡）、三角堀（高雄县旗山镇）与敌接战，又发现诸罗县水沙连等处有贼300余人倡乱。军务倥偬之际，忽闻凤山县闽、粤各庄彼此争斗。原来粤籍客庄假借义民名义率众焚

① 《宫中档乾隆朝奏折（第三十二辑）》，页444、463；台湾银行经济研究室编，《台案汇录己集》，台湾银行文献丛刊第一九一种，1964年1月，页57。

② 《宫中档乾隆朝奏折（第三十二辑）》，页549；《台案汇录己集》，页55~58。

③ 《清宫谕旨档台湾史料（一）》，页59；《台案汇录己集》，页60~62。

④ 柯志明，《番头家——清代台湾族群政治与熟番地权》（台北："中央研究院"社会学研究所，2001年3月），页239~243。

⑤ 《台案汇录己集》，页59；伊能嘉矩，温吉编译，《台湾番政志》（台北：台湾省文献委员会，1957年12月），页94~95、105~106。

抢，未收到革职上谕的镇台王巍，火速赶往万丹（屏东县万丹乡）、南势（高屏县高树乡）察看，并晓示自罗汉门迄水底寮（屏东县枋寮乡）闽粤百姓和好。十二月十日（1.17）闽抚鄂宁回奏，水师提督吴必达率领的1200余名官兵早已到达；调赴北路的720余名官兵，只有一船未到其余都已到达；又续调援台的1300名水师官兵业已到达，第三次檄调的陆路官兵1000名也在月初开驾。总计台湾在乾隆三十三年十二月底，共有福建绿营援军约4220名。不过高宗等不及台湾道张珽立功，十二月十四日（1769.1.21）降旨将其革职，遗缺由四川按察使孙孝愉接任。①

众多援军调台使得堵御的工作容易发挥。乾隆三十四年三月二十七日（1769.5.3）黄教在诸罗县棺材垅山（台南县楠西乡）中伏身死，事件终于结束。事实上在元月至三月这一段时间，黄教党羽被官军追击流窜居多，已经没有能力再发动新一波的攻势。陈孔立研究黄案时，指出失败的三个特点：没有政治目标、队伍软弱涣散、战略失误。② 没有政治目标是正确的，但后二者的观点恐值得商榷。盖因为黄教以牛贼身份，率众与官军周旋半年之久，绝非有勇无谋之辈。连横在撰写《台湾通史》时，曾在乡里采访到黄教的故事。澄清黄教本人并非偷牛的盗首，只是喜结亡命；门下食客必牵牛择肥而献，日久所有偷牛罪名皆由黄教承担。期间台湾知县遣衙役拘捕，众役皆不敢往；并声称黄教的眼线侦及城市，若贸然前往会被杀于半途。③所以说黄教与食客（或称党羽）的关系是紧密，没有“涣散”的问题。至于说他们战略失误，难免有以成败论人物之讥。从黄教与官军彼此不对等式的作战来看，黄营采取游击战是对的。可惜游击战有一大缺点，就是后勤供需难以维持。因此只要官军堵御得法，黄教阵营在后援不继的情形下，不得不束手就擒。

从表四十二编号3来看，乾隆二十一年（1756）南部地方的兵民比例有些许改变，即台湾、诸罗、凤山县为35:1、126:1与57:1。台湾、凤山二县兵民比例，与雍正朝比较呈下降的趋势。虽然诸罗县与雍正朝相比，兵防比例有所提升；但它却是各县中比例最低的地区。所以可以肯定地说，清廷在黄教事件中有幸运的一面。因为黄教滋扰的主战场多以凤山县为主，若主战场改在诸罗县，那么燎原的声势一定很惊人。官方最后能镇压黄案的成功，可以证明南部官、民、番武力合作得当，以及福建绿营适时来援的成果。如此堵御上的表现，对于中部的垦务不被乱事波及是非常重要，所以才能发现

① 《清宫谕旨档台湾史料（一）》，页60；《台案汇录己集》，页63～68。
② 陈孔立，《清代台湾移民社会研究》（厦门：厦门大学出版社，1990年10月），页232～235。
③ 连横，《台湾通史》，台湾银行文献丛刊第一二八种，1962年2月，页819。

到同时有台中县龙井乡、沙鹿镇、南投县草屯镇的记录。

从档案资料的记录来看，南部的治安经过黄案的整顿后，显示出清廷力求稳定的决心。明显的例子是官府仍锲而不舍追缉黄教的党羽，譬如：乾隆三十五年二月（1770.3）台湾道邹应元回奏续获吴生等8名逸匪。① 直到乾隆五十一年十一月（1787.1）林爽文事件发生前，南部的乱事只有二件比较重要。其一是乾隆四十七年四月（1782.5）追捕诸罗县大盗洪笼。根据调查洪笼早在乾隆三十六年（1771）就有犯案的记录。三十九年至四十五年间（1774~1780）地方文武屡缉捕不到，遂成养痈为患的积匪。此时线报所掌握的消息，是洪笼现在可能躲藏在淡水厅大姑陷、八里岔、内木栅等处。②四十六年八月（1781.7）高宗首次对洪笼案表示关切。虽然他不像竖旗带给清廷统治上的威胁，但对于治安的扰乱也不能不注意。四十七年八至十月（1782.9~11）的上谕，特将擒拏不力之诸罗知县杨慰革职。③ 其二是乾隆四十七年十一月八日（1782.12.12）凤山县竖旗事件。该案的元凶陈虎（化名陈泰元）、林弄（化名林富元），以为北路八至十二月漳泉大械斗是个生事的大好机会，遂伙同沈灶等树反旗于小岗山（高雄县冈山镇），欲趁机抢夺庄民财物。该旗被乡保黄朝章发现后回报，时值凤山知县徐英在地巡查，立刻分饬兵役追查，迅速将陈虎等一干人缉获。④ 原来陈虎等居住在番薯寮街（高雄县旗山镇），以生活穷苦为由临时起意犯案。但尔等并不识字，以致大旗上书写文字多有错误，露出破绽被乡保查拿归案。⑤

现有一个问题是乾隆四十年代南部还算稳固的兵防，为什么到了乾隆五十一年林案时，就变得疲弱不堪无法平乱呢？当然从之前历次动乱的个案来看，官府有能力弭乱是占了大量使用铁制武器的优势。林爽文阵营在乱初也拥有打制铁制武器的能力，所以官方一时没有能力压制，直到调派大量的火器援台才镇压成功（见第三章第三节）。不过还有一点也必须深思的是驻军分布的问题。台湾府城的兵防，一向是重兵驻扎之所盖无疑问。⑥ 这种孤注一点的部署方式，在小规模乱事发生时，因为都可以迅速被平定，所以显示

---

① 军机处录副奏折－农民运动类，案卷号：3304，胶片号：135，中国第一历史档案馆藏。

② 台湾故宫博物院，《宫中档乾隆朝奏折（第五十一辑）》（台北：故宫博物院，1986年7月），页573~575；《宫中档乾隆朝奏折（第五十二辑）》，页325~329。

③ 《清宫廷寄档台湾史料（一）》，页124~126；《清宫谕旨档台湾史料（一）》，页75~80。

④ 军机处录副奏折—农民运动类，案卷号：3305，胶片号：135，中国第一历史档案馆藏。

⑤ 台湾银行经济研究室编，《台案汇录己集》，台湾银行文献丛刊第一九一种，1964年1月，页253~256。

⑥ 石万寿，《台南府城的城防——台南都市化研究之一》，《台湾文献》，第30卷第4期，1979年12月，页140~166。

不出头重脚轻的缺点。然而当其他厅、县，在短时间内无法堵御乱事时，府城的官军救援不及，很容易造成阵地皆失的窘境。到了最后官军除了再号召义民，或者紧急求救于内地之外别无良策。

幸而南部的官、番、民武力合作早已累积经验，因此在林爽文事件中，频频看到征调南路粤庄义民或熟番。例如：林案末期——乾隆五十二年十一月（1787.12）的上谕，透露了南路良民赏给腰牌已资识别的村庄多达134个，以及凤山县竿林（高雄县冈山镇/闽人）、（六堆）粤民共一万余人到郡请求发给义民腰牌。① 有趣的是也如同中部一样，在林案如火如荼之时，竟也能发现拓垦的记录。如五十二年四月（1787.5）是林爽文围攻诸罗县城最激烈时，有阿里山通事立垦单开垦石龙崎（嘉义县竹崎乡）；五十三年二月（1788.3）庄大田在琅峤做困兽之斗时，有垦民正在购耕蜈蜞潭庄。林案结束之后，清廷对于约束地方豪强有预警性的做法。乾隆五十三年十一月（1788.12）台湾知府杨廷理，以效忠里、安定东西堡之二大巨姓——邱、方二姓，勾结蚶寮庄（俱在台南县佳里镇）巨族黄姓，沿海插标、聚匪搭寮，结断各庄采捕的行径特立碑示禁。②

林爽文事件过后，正是中部地区在密拿漏逆之时，南部没有追缉此辈的记录，但有相当多肃清盗匪的案件。根据台湾镇总兵官奎林的奏报，它们包括：乾隆五十四年十一月（1789.12）嘉义县翁轻劫牛案、凤山县吊狗岭（台南县龙崎乡）郑添打劫案、凤山县北旗尾（屏东县枋寮乡）孙随打劫案、凤山县港西里凌洛庄（屏东县麟洛乡）徐蛮世抢割盗谷杀毙田主案，③ 乾隆五十五年十月（1790.11）追捕嘉义县盗犯林添成、凤山县盗犯许凤林案，④ 乾隆五十六年九月（1791.10）嘉义县林温越狱从贼、谋杀捕役案。⑤ 清廷对地方治安维持的用心，将在数年后得到回馈。

久未出现的会党，又在乾隆末年再现。乾隆五十九年五月（1794.6）凤山县盐埔庄（屏东县盐埔乡）郑光彩、杨骨结立小刀会。原来此二人在乡里横行，常借口代人看守田园强割偷窃；众乡亲皆敢怒不敢言，惟粤籍百姓不服声言告官。郑、杨害怕势单，想起结会可以多添其他人相助，遂以小刀

---

① 《清宫谕旨档台湾史料（一）》，页597。

② 《台湾南部碑文集成》，页422~425。

③ 台湾故宫博物院，《宫中档乾隆朝奏折（第七十四辑）》（台北：故宫博物院，1988年6月），页112~115、508。

④ 中国第一历史档案馆编，《乾隆朝上谕档（第十六册）》（北京：档案出版社，1991年6月），页2。

⑤ 军机处录副奏折－农民运动类（补遗），顺序号：补二139，胶片号：177，中国第一历史档案馆藏。

会为名纠得 54 人歃血立盟。不料其中一员施水反悔，于六月九日（1794.7.5）赴台湾镇总兵官署自首。台湾镇、道正在商酌时，又接到南路密禀声称前三日，有柳仔林（屏东市）地保报告附近草寮，常有人夜聚晓散形迹可疑。镇台哈当阿、道台杨廷理确定无误，遂指派台湾知府遇昌，协同南路营参将敏禄、凤山知县张祥辰前往密拿。六月十九日（7.15）先后擒住郑光彩等 64 犯，均被解送府成审讯，一场未流血的会党案就这样敉平。①

官府弹压效率为什么能这么高？靠着就是情报消息的准确。如此的佳绩随后再被重复一遍。乾隆六十年正月二日（1795.2.21）凤山县和尚庄（高雄县燕巢乡）莠民陈光爱，被同伙吕恭怂恿结会犯案，一时邀得 109 人入会。同月二十八日（3.19）一伙人在乌山后（台南县龙崎乡）序齿歃血。此时吕恭建议向外造谣各庄不和，趁小庄并大庄之际竖旗攻击石井汛（燕巢乡），等到抢到鸟枪多人附和可以攻县。果然二月二、三日（3.23～24）小庄骚动，四日（3.25）即有差役来台湾镇总兵官衙署禀告此事。镇台哈当阿立遣署城守营参将陈大恩带兵前往和尚庄。途中闻得陈光爱等已在进攻石井汛遂火速驰援，陈光爱、吕恭等 64 人逃跑不及全被捉住。南部官军在陈案的表现也不错，仅一日就粉碎会党的行动。再从哈当阿与台湾道杨廷理的奏折来看，同年二至三月正是密拿陈光爱党羽的时候。甚至到了嘉庆五年、七年（1800/1802）地方文武仍在购线追捕郑案与陈案逸匪。②

乾隆末年南部的垦务因缺乏古文书，难以深入讨论。不过根据研究此时罗汉内、外门的发展出现消长的变化。也是在林爽文事件以后，下淡水溪的上游楠仔仙溪逐渐开发。这使得没有位于山区交通中心的罗汉内门（高雄县内门乡）没落，位于交通中心的罗汉外门（高雄县旗山镇）兴起。③ 罗汉门素称难治，之前爆发的民变、盗乱不知凡几，清廷为此布有重兵把守。不管是罗汉内门，还是外门，地区逐渐开发对于清除盗薮的工作皆是有益。

清代台湾向被认为动乱很多，另一层意思似乎是暗指台民好乱。如此看法还需要追根究底讨论，原因是大部分乱事的发动或参与者，多是上一次民变的漏逆所制造。陈光爱案件的漏逆陈周全，在凤山举事失败后逃往彰化

① 中国第一历史档案馆编辑部、上海师范大学历史系中国近代史研究室编，《福建·上海小刀会档案史料汇编》（福州：福建人民出版社，1993 年 9 月），页 18～32。

② 中国第一历史档案馆、中国人民大学清史研究所合编，《天地会（六）》（北京：中国人民大学出版社，1987 年 9 月），页 1～10；洪安全主编，《清宫谕旨档台湾史料（二）》（台北：故宫博物院，1996 年 10 月），页 1639～1640。

③ 吴进喜，《罗汉门地区的开发与中心转移》，《南台湾乡土文化学术研讨会论文集》，台湾中正大学历史学系冀研究所主办，2000 年 9 月，页 33～35。

县，不久又发动另一次民变。未几陈周全事败，余党四处逃逸，其中二名天地会漏逆廖挂、洪泗老南下逃亡，复在新落脚的地方扰乱治安（见第五章第二节）。嘉庆二年六月（1797.7）根据台湾镇总兵官哈当阿、台湾道季学锦的奏报，年初在彰化县山区拿获廖挂等余匪多人，依照《口供》对于案情有清楚的了解。原来廖挂逃往内山后，贫难度日遂私结也是陈案漏逆的林起、黄亲，准备干起抢劫的勾当。嘉庆二年正月二日（1797.1.29），一伙人至下林仔大众庙与住僧高海串谋，再邀得28人；于正月八日（2.4）计划行抢东螺、集集埔（南投县集集镇）店家得逞。由于店家报案兵役追捕甚急，林起遂起意举事，干脆在林圯埔地方竖旗。尔后听闻官军查拿越紧，大家害怕就逃往内山躲藏。不料行至茄坝仑（南投县竹山镇狮橱仑）地方与官兵、义民遭遇，不得已只好硬拼真酿成竖旗。

事实上在东螺遭抢后，新任台湾道季学铭就赶赴斗六门主持捕务。由于有消息传来，这批抢匪可能是陈案的漏逆，所以官兵不敢大意。哈当阿获悉后也分饬，从水沙连至南投的汛兵加强戒备。台湾知府遇昌亲自带队往山区搜索。为避免逸匪窜扰，也严令诸罗知县吴球在青埔（台南县左镇乡）、大武垅警戒。茄埧仑之役官军以优势兵力，一口气擒获贼匪51名。经过审讯发现他们的住址分布于嘉、彰一带，包括：彰化县内新庄（彰化县竹塘乡）、姜仔蓁（彰化县花坛乡）、埤脚庄（彰化县芳苑乡）、内湾（彰化县田中镇）、大武郡（彰化县社头乡）、登台庄（台中县雾峰乡）、阿密庄（台中县乌日乡）、车笼埔（台中县太平市）、涂城（台中县大里市）、半天蓁、林圯埔（俱在南投县竹山镇）、北投庄（南投县草屯镇）、湾仔庄、浊水庄（俱在南投县名间乡）、八娘坑（中寮乡）、官工蓁、南投庄（俱在南投市）、南头堧、麻萝庄，嘉义县檨仔坑、林仔头（俱在云林县斗六市）、鲤鱼头庄（南投县竹山镇）、崁头厝（云林县古坑乡），淡水厅桃仔园（桃园市）。①

作为联络各方势力的平台，会党充分提供了这样的功能。幸好官府的侦伺也不弱，并且靠着义民的帮助，仍可以在举事前来个先发制人。这样快速反应的能力是必要的，因为在嘉庆初年除廖案之外，南部连年发生三起会党案件。嘉庆三年七月二十日（1798.8.31）嘉义知县吴球禀报台湾镇道，声称在七月九日（8.20）访得有匪徒徐章、陈尉等18人，在茅港尾（台南县下营乡）成立小刀会。该县兵役获报后大举出动搜捕，立即拿获元凶徐章等12人。他们全被押往府城由知府遇昌审讯，根据徐章、陈尉的供词，他们起会的原因是穷苦难度，因此才商谋结会纠伙抢劫。生活困苦结立会党，进一步铤而走险抢劫，遂成为干、嘉之际会匪一致的借口。不料同年九月十日

① 军机处录副奏折－农民运动类，案卷号：3315，胶片号：136，中国第一历史档案馆藏。

(10.18）凤山县小刀会首汪降，不惧近日官府追缉风声鹤唳，竟然计划在九月十三日（10.21）聚众半屏山（高雄市楠仔/左营区）欲攻打县城。只是营县早已接获线报，也在同一日带领兵役赶往该地围捕。由于汪降仅纠伙数十人，所以不敌畏惧逃散。隔年三月汪降在逃往北路时，被台湾府役带同眼线跟踪，一路尾随至彰化县松柏坑（南投县名间乡）见时机成熟拿下。徐案与汪案在逃的逸匪，都是嘉庆四、五年（1799/1800）清廷极力追拿的漏逆，按照经验他们都有重新犯案的可能。①

果然嘉庆五年四月五日（1800.4.29）嘉义县衙来禀，报称初三日（4.27）拿获一名形迹可疑之人，审讯后透露小刀会首陈锡宗，在“军师”吴泰、徐章案漏逆胡杜猴等人帮助下，聚众400余人准备竖旗。初五日夜陈锡宗党羽知事泄，提前发动攻击，持械焚抢佳里兴巡检衙署与盐水港汛塘。由于贼众兵寡，造成11名汛兵阵亡、10名汛兵受伤。隔日府城闻讯后，台湾道遇昌会同署镇标中军游击陈廷高守郡。台湾镇总兵官爱新泰率领城守营参将舒万年、镇标右营游击戚连新兵丁500名，督同台湾知府吴逢圣北上弹压。初七、八日（5.1～2）官军探得木栅（台南县东山乡）至茅港尾有大批伏兵，遂不敢轻进复增援军。遇昌在府城办理后援，他先调派镇标中营守备陈宗煌带兵200名前往；又令台防同知延青云捐廉招募义民1000名接应。一面再派遣义首陈安、陈凤、黄兴给发印示，分赴向忠里贼巢附近之二十二庄民，收拢人心齐力拿贼。

四月八日（5.2）爱新泰部在茅港尾与敌约1000名接战，靠着火器克敌首战告捷，是日又有北路协副将董金凤、左营都司吴大瑞带队来援。方从俘虏口中得知，陈锡宗已在白天的战斗中中枪而亡，余匪慌乱四散逃亡。爱新泰半信半疑仍严饬全军与府城警戒。初十日（5.4）府城大东门巡役逮获可疑者六人，经过侦讯知道这些四散的余匪，在贼目蔡忠的带领下，仍然冒险潜入府城焚抢。义首陈安获悉赶赴府城支援，半路截获蔡忠等四人。“军师”吴泰知事败急逃至郑拐庄（台南县安定乡），另一股首王思谦窜匿六龟班庄（高雄县六龟乡）。十一日（5.5）爱新泰率军进抵盐水港抚绥，至十四日（5.8）的清乡行动中，总共拿获余匪200余名。

官军不以此为满足，在台湾镇、道、知府主持的剿务中，屡次提到“购带眼线、分路追踪”。时至闰四月三日（5.26）包括胡杜猴等在内的匪首，均被擒获正法。根据镇台爱新泰的奏报，陈锡宗党羽举事时才400余人，数日后暴增至千人。其中多为游手匪徒自行附和，冀图趁机抢劫并非本伙。正因为如此，被拿获的匪首多不知手下人名，平添追查的困难。另有消息传

① 《天地会（六）》，页86～90；《福建·上海小刀会档案史料汇编》，页50～56。

来，榜上有名的逸匪部分逃窜至凤山县傀儡山老籐林躲藏。爱新泰获报后旋指示出动屯番，进入山区搜索务必捉拿到案。五月十三日（7.4）统计拿获到的逸匪已有304名之多，事实上整个搜捕行动至嘉庆七年九月（1802.10）才告段落。①

陈锡宗事件以后，会党份子仍持续活跃。例如：嘉庆六年十一月（1801.12）嘉义县许秀才庄（台南县新营市）白启倡立小刀会，嘉庆九年八月（1804.9）凤山县崎仔头庄（屏东县里港乡）李顺倡立小刀会。②不过这些会匪扰乱的程度，终究比不上海盗蔡牵数次侵扰府城严重。嘉庆八年（1803）蔡牵遣部众来台探路，船只出没于鹿港，为将要来到的大掠做准备。九年四月二十八日（1804.6.7）蔡牵首次劫掠府城即饱扬而去。是役其船队强行进入鹿耳门，攻击北线尾的驻军；台湾镇标左营游击武克勤不敌阵亡，郡城守军大惊遂不敢出战。三十日（6.9）蔡牵一帮焚烧鹿耳门文、武馆，抢夺泊港的船只。时营兵、番卒、义民、乡勇布满海岸，没有任何官弁敢率队阻止。五月十三日（6.22）南风盛发，蔡牵乃拥重资离去。③

该役台湾镇总兵官即是爱新泰，为何此人在先前平定会党之乱时，表现一番骁勇，现遇上海盗反而一筹莫展；主要原因可能跟不熟悉水战有关。而且当时台郡水师战船数量也没有海盗船多，又被封堵在港口内无法迎敌，导致官军惨败收场。不过这一场战役给了郡城守军全新的体验，下一次蔡牵若敢再进犯，不会那么轻易全身而退。嘉庆十年十二月一日（1806.1.21）“镇海王”蔡牵第二次寇扰府城。此役最特别之处是蔡牵，还勾结了远在嘉义县的土匪作乱。这一群土匪的首领，即是乾隆六十年（1795）陈周全案的漏逆洪四（泗）老。嘉庆十一年正月四日（1806.2.21）仁宗发布上谕，命令嘉义县萧垅至府北面文报道路，绝不可被其阻断。④未几内地水师战船赶至，敌我在洲仔尾大战，双方沿着海面或岸边把战线拉长至北方的盐水港、笨港。同年三月官军攻破蔡牵在洲仔尾的本阵，蔡牵一时穷蹙趁海潮扬帆起碇逃往鹿港，之后径渡海峡至崇武与另一海盗朱濆会合。

这一次是蔡牵最后一次袭郡，在他逃逸之后官军围剿对象仅剩土匪。仁宗对于肃清他们表现出谨慎的态度，他谕令广州将军赛冲阿为钦差大臣，指挥福建路路提督许文谟、镇台爱新泰剿灭嘉义、凤山的余匪。最重要的工作是克复被敌久占八十余日的凤山县城，据报爱新泰反攻颇有斩获；除了歼擒

① 《福建·上海小刀会档案史料汇编》，页57~98。

② 《福建·上海小刀会档案史料汇编》，页105~110。

③ 许毓良，《清代台湾的海防》（北京：社会科学文献出版社，2003年7月），页165~166。

④ 洪安全主编，《清宫谕旨档台湾史料（三）》（台北：故宫博物院，1996年10月），页1910~1911。

贼匪2500名外，亦迅速收复凤邑。另外铁线桥、盐水港一带，又有逸匪蚁聚，仁宗已严饬赛冲阿亲自督捕。然而贼首洪四老恐利用混乱逃逸无踪，因为档案并没有记载下落。①

总结清廷有办法抵御蔡牵与土匪联手攻击，最大的原因是官、番、民武力合作得到发挥。官、民武力上的结合，先前几次民变已有例证，但官、番合作又是如何呢？原来自从乾隆五十三年（1788）设立番屯以后，南部绿营如同中、北部般，均得到熟番经制武力的增援。这些屯丁在嘉庆十年十一月至隔年七月（1805.12～1806.8）的御寇扫荡战中大展身手。参与战役的放索大屯、新港小屯、搭楼小屯转战南北，均立下赫赫的战功（第二章第二节）。这样的佳绩使得至嘉庆二十五年（1820）为止，南部地区只有在嘉庆十四年四月（1809.5）受到中部分类械斗的波及外，没有再发生任何动乱。如此的表现，若对照嘉庆十六年（1811）南部兵防比例来看，方知是一项很不容易的成果。因为当时台湾、嘉义、凤山县的兵防比例，各为76:1、228:1、134:1，早已经比乾隆朝的数据还要低出许多（见表四十二编号4）。官方力求稳定的环境是有利于拓垦，所以可以发现到例如：台南县左镇乡、北门乡，屏东县林边乡、里港乡的记录。

道光初年闽浙总督赵慎畛慎选台湾文员，其台湾道孔昭虔、台湾知府方传穟、台湾知县李慎彝、凤山知县杜绍祁、嘉义知县王衍庆、淡水厅同知吴性诚、噶玛兰厅通判吕志恒皆有政声。道光四年五月（1824.6）凤山县打鼓山鸣园里的竹子突然开花，好事者谓有动乱兆头谣言四起，未几遂有许尚、杨良斌事件。台湾卸任知县姚莹对于该案叙述甚详，有助于我们对始末的了解。凤山县广安庄人（屏东县万丹乡）许尚，平日以贩卖槟榔为业，素结无赖群盗悦之。此举受到乡保的注意赴县署告发，许尚等人惧捕遂有竖旗之意；并计划同年十月十一日（12.1）先攻淡水县丞署，次攻凤邑，后攻府城。署凤山知县刘功杰闻讯率兵役赶至，十三日（12.3）在同庄乡民密报下捉拿许尚归案。②

台湾知府方传穟亲自审讯许尚，得知还有诸多余党未获，遂建议原任北路协副将、现署台湾镇总兵官赵裕福，道台孔昭虔分防南北，避免逸匪乘机来袭。镇、道韪其言，檄调署台湾海防同知杜绍祁、都司翁朝龙带郡兵200名协防埤头凤邑。许尚被擒以后，一干党羽本要解散，但分子之一的杨良斌力阻，于是众人推他为股首带领竖旗。杨良斌聚议黄梨山（高雄县内门乡），暗中打制刀杖、旗帜，并互相约定十月二十四日（12.14）攻打埤头。

① 《清代台湾的海防》，页168～169；《清宫谕旨档台湾史料（三）》，页2174～2185、2247。

② 陈寿祺，《福建通志台湾府》，台湾银行文献丛刊第八四种，1960年8月，页1031～1032。

不料“军师”林溪在府城被购线拿获，杨良斌知事泄乃于二十二日夜(12.12)，率众数百人两路分攻埤头。杨良斌一伙攻苦苓门汛（内门乡）得逞，但至凤邑时被大兵拒之。可惜南路营参将祥宗懦弱，拥兵火药库不出，让部分贼匪得以抢掠财物逃逸。二十三日夜（12.13）府城获悉凤邑战况，赵裕福、方传檖、镇标中营游击杨俊督师驰援。安平水师协副将吴得勋率兵600名驻扎西城外蝼蛄石（台南市中区），城守营弁兵300余人拒守府治足为策应。二十五日（12.15）赵裕福部行抵阿公店，留驻兵勇200名把守要道。隔日抵达埤头，就地招募乡勇800人大举清乡。杨良斌急撤回黄梨山，欲待各路股首率带人马来援，不料地方文武堵御有佳，通贼者不敢轻举妄动。杨良斌见大势已去遂散其众，只身驾小舟入海逃抵彰化，被知县李振青购线获之，送郡正法事乃平。①

杨案的敉平主要是靠着绿营之力。虽然地方乡勇在清乡时有所出力，但包括坚守府城与凤邑攻防均以营兵为主。姚莹总评这次胜利，提到剿贼宜速、乡勇宜募、军实宜简的要求。尤其是散匪逃逸时，面孔除了线民可辨外，几乎没有人能胜任此工作。可见得购线拿匪在清乡时的重要。不过姚莹也指出绿营兵纪律不整的问题。盖因为营兵私自请假生理日多，集合时常仅有总数十之六七。若移调外兵来援，又恐该汛防备稍弛。因此如何禁止营兵“兼差”，可谓当务之急。②

事实上道光初年清廷对于南部的控制，的确有一番心思的努力。最明显的例子是加开第五个正口——五条港的举动。根据《福建政事录》所记，道光六年（1826）以鹿仔港口门沙淤流浅，其下又有暗礁港路纡曲，商民视为畏途。遂于旧有的海丰港（云林县麦寮乡）以南十五里处麦仔蓁之附近，设五条港为正口（云林县台西乡）。其港口稽查由嘉义县笨港县丞负责，台运事宜归鹿港同知经理。原本官方的计划等一二年后，就要封闭鹿仔港，改由新设立的五条港取代。但直到同治朝，鹿仔港的正口之名仍未被废，跟五条港一样肩负配运功能。③

不过也如同中部熟番一样，南部凤山县的熟番武洛、搭楼、阿猴社，因不堪汉人的侵垦，在族长杜四孟、陈溪仍、潘阿枝的率领下，约有300余人离开故土，翻越中央山脉南段至巴塱卫（台东县大武乡）定居。④ 虽然与中部熟番迁徙千余人比较，南部熟番有小巫见大巫之感；但他们对于南路番屯

---

① 姚莹，《东槎纪略》，台湾银行文献丛刊第七种，1957年11月，页3~4。

② 丁曰健，《治台必告录》，台湾银行文献丛刊第一七种，1959年7月，页141~144。

③ 北京国家图书馆分馆藏，佚名，《福建政事录·台湾形势更数》，清（道光九年）蓝丝栏钞本。

④ 潘继道，《清代台湾后山平埔族移民之研究》（台北：稻乡出版社，2001年4月），页111。

运作的影响，还是值得注意。不过可以很确定地说，丝毫不构成屯务的阻碍。因为在道光十二年（1832）的张丙事件中，南路三个屯新港、放索、搭楼，在屯千总李元璋、外委潘仙英的率领下屡建奇功（见第二章第二节）。

对于张丙的评价，民间流传的逸闻，如同乾隆朝的黄教一样，皆与官方版本相差太多。《台湾通纪》记载张丙世居嘉义，为店仔口“鱼牙”；素本无赖好结纳亡命，以小忠小信庇其乡里遂著名。《台湾通史》更称张丙居店仔口庄（台南县白河镇），世业农，能以信义庇相邻，众倚重之。道光十二年夏大旱，各庄皆禁米出乡。有陈壬癸购买店仔口米数百石不得出，以重资求生员吴赞庇送。吴赞的族亲吴房是强盗，得知后于路途抢劫壬癸。陈壬癸以店仔口米不得出，实为张丙的意见，所以张丙一定通匪遂告官。县役捕吴房、张丙甚急。另一位竖旗者陈辨本是居于北仑仔（嘉义县新港乡）的巨盗，因故与双溪口（嘉义县溪口乡）粤庄大族张阿凛有隙。同年闰九月十四（1832. 11. 5）张阿凛率众焚陈辨住屋，陈辨怒联络张丙等聚众300人攻双溪口，反为其所败。适台湾镇总兵官刘廷斌北巡，张丙得知窜回店仔口，陈辨继续焚抢交平（溪口乡）诸粤庄。二十五日（11. 16）陈辨攻抢大埔林汛（嘉义县大林镇）器械。刘廷斌闻讯追至东势湖（嘉义县民雄乡），正值北路协副将叶长春、诸罗知县邵用之带援兵赶到，夹击陈辨于红山仔（民雄乡）。陈辨败逃与另一股首王奉会合，一起焚抢姜仑庄（嘉义县中埔乡）；未几官兵又至阵斩党羽多人，陈辨等再逃至店仔口依附张丙。①

张丙气愤官军只捕杀闽人，认为故意偏袒粤人，遂有竖旗之念。十月一至二日（11. 16～17）张丙率众攻打佳里兴巡检署，来援的知县邵用之、台湾知府吕志恒、南投县丞朱懋皆阵亡。至是张丙自称“开国大元帅”，年号天运，高举戕杀秽官之旗。张丙的声势一时惊人，台湾守军恐有失，急忙向内地求援。这一次从福建来的援军，并没有像之前全孤注于府城一地，反以较平均的配额调度军队。例如：福建陆路提督马济胜率本标兵600名、兴化营兵400名、漳州镇标各营兵1000名入鹿耳门；金门镇总兵窦振标率本标兵500名、水师提标兵800名入鹿港；督标中军副将谢朝恩率督标兵500名、长福营兵300名，并桐山营游击保芝林率连江、罗源兵400名入八里坌。所以当时整个官军的部署，以府城2000名兵力、鹿港1300名兵力、八里坌1200名兵力在进剿。

再者张丙阵营举事后，被其攻陷的重要聚落仅有盐水港、斗六门，其余地方如对笨港、东港、茅港尾的攻击，仅是骚扰性质的抢掠。最关键性的战

① 陈衍，《台湾通纪》，台湾银行文献丛刊第一二〇种，1961年8月，页162；《台湾通史》，页867。

役，还是张丙与马济胜在盐水港的对决。不过值得注意的是窦振彪与保芝林二路援军的角色。很显然地从鹿港登陆的官军，则要配合在府城的官军，对盘踞在嘉义一带的民变军做一合围；在八里坌登陆的官军，则负责做好后方绥靖的工作，避免乱事扩大。当大军进抵嘉义时，前任福建水师提督王得禄亦委闽安协右营都司许远生，率精兵300名在埔仔脚（嘉义朴子市）登陆，并与王所雇募乡勇500名守住沿海港汊，勿让敌人有从海口脱逃的机会。同年十一月二十日（1833.1.10）大军解嘉义城危，张丙败走，十二月被俘送至府城正法。①

张案是道光朝唯一援台的个案。从事件发生的过程来看，整个作乱的时间仅四个月。但为何却急调福建绿营来援，难道台湾绿营无法自行平乱吗？依照作者的看法，若台湾文、武善用绿营、番屯、义民的兵力，仍然可以用自己的力量敉乱。然而乱初张丙阵营的声势太大，连戕台湾知府与嘉义知县。或许这种先声夺人之势让官军有所畏惧，因此纷纷采取守势，请调内地援军后再协同围剿。张案以后盗匪肆虐的程度不减，凤山与嘉义县贼薮亦所在多有，包括：黄梨山（高雄县内门乡）、番市寮（高雄县旗山镇）、水底寮（屏东县枋寮乡）、店仔口（台南县白河镇）、草麻庄（云林县斗南镇）、虎尾溪（云林县斗六市）、三块厝（云林县东势乡）、噍吧哖（台南县玉井乡）、国赛港（Koksikong/台南县七股乡）。②

道光十六年九月（1836.10）发给闽督钟祥、闽抚魏元烺的上谕透露，台湾自张案剿平以来，间有贼匪林坤在彰化县犁头店纠集滋事。虽经镇台出兵弹压后溃散，但未闻有任何下文。不料道光十五年十月（1835.11）嘉义知县熊飞遣家丁解犯，行至店仔口至八桨溪（台南县后壁乡）蔗园时，竟有贼匪600余人冲出劫囚。又闻斗六门、盐水港、水沙连均有余匪劫杀，地方官不敢过问。宣宗对台湾治安情况趋向恶化表示不满，复再发出《廷寄》告诫钟、魏二人要正视此问题，尤需严饬台湾镇、道不时查察拿盗。③

讵料耳提面命之际，道光十六年十月十八日（1836.11.27）嘉义县又发生沈知竖旗事件。是日夜下茄冬（台南县后壁乡）匪徒沈知聚众数百人，焚抢当地粮管，当地把总柯青山奋力反击遇害。嘉义知县陈文起获悉急禀台湾镇道。正巧台湾镇总兵官达洪阿在巡阅南路，得知后急忙返郡。二十二日

---

① 《清代台湾的海防》，页153~154。

② 陈盛韶，《问俗录》（南投：台湾省文献委员会，1997年11月），页79；白尚德（Chantal Zheng）著，郑顺德译，《十九世纪欧洲人在台湾》（台北：南天书局，1999年6月），页54。

③ 洪安全主编，《清宫谕旨档台湾史料（五）》（台北：故宫博物院，1997年10月），页4119~4121；洪安全主编，《清宫廷寄档台湾史料（二）》（台北：故宫博物院，1998年10月），页1245~1246。

(12.1) 挑选自练精兵600名、安平协水师兵丁600名，檄调城守营参将保芝琳统带弹压。旋又接到陈文起的回报，根据线民的密探，沈知已自命"大元帅"，并派股匪杨享埋伏在八水（桨）溪。达洪阿了解军情后很有自信地表示，不需要内地援军帮助可以自行平乱。十一月十日（12.18）福建督抚收到驻守鹿港的安平水师协左营游击陈景岚、北路海防理番同知陈盛韶的回禀，方知有沈知作乱之事。虽然稍后福建也收到达洪阿、台湾道周凯的咨文，但仍不放心指派署兴化府知府王衍庆、陆路提标游击饶廷选来台详查。

达镇不愧为用兵得当，十月二十四日（12.3）官军在竹围后（后壁乡）与"先锋"谢广接战。营兵施放火器，贼匪支持不住败阵，沈知未几就被俘获。而至迟在十二月二日（1837.1 8），官军已剿平大部分的乱事，仅剩下股首刘蓝、"南路先锋"石大山等在逃。从宣宗降旨的日期来看，北京在十二月六日（1.12）才获悉此事；并对台湾绿营不需要外援感到满意，亦指示严查沈知是否为首逆。官府对逸匪的追缉自不敢放松，严令地方文武、弁兵、总董、乡耆、义首不惜重费悬赏购线搜拿。十二月二十二日（1.28）王衍庆、饶廷选抵台，立刻往十八重溪、哨山一带晓谕，附近草麻、阿陈、火烧（俱在台南县白河镇）等庄素为逋逃渊薮，严饬居民对面生之人细查盘问。直到道光十七年正月十一日（1837.2.15）为止，总共拿获逸匪65人，全交给台防同知仝卜年、署嘉义知县龙大惇审明后正法。正月二十日、二月十一日（2.24/3.17）台湾知县托克通阿续获石大山，凤山知县曹谨续获刘蓝，均发交台湾知府熊一本审讯后正法。①

道光十七年正月十九日（1837.2.23）根据闽督钟祥、闽抚魏元烺的回奏，缉获的南、北路漏逆并正法者，总共有260余名。同年四月十三日（5.17）上谕再透露，截至目前拿获首要各犯又增为340余名。或许宣宗也接到消息，可能在清乡中兵役有妄拿良民的情事，因此特别要求注意此等劣行。张丙、沈知案的漏逆一直追缉到什么时候呢？有证据显示道光十八年四月（1838.5），仍有擒获张案逸匪2名，沈案逸匪19名的记录。②

此案过后地方应有几年稳定的日子，但道光中叶西力东渐，台湾兵防受到挑战日深，最显著的改变是鸦片走私猖獗。根据台湾道姚莹写给闽督钟祥的信中，直言嘉义县朴仔脚的"外港"树苓湖（嘉义县布袋镇），已成为全台鸦片走私的重镇。其附近之水堀头（嘉义县水上乡）、虎尾溪（斗六市）

① 洪安全主编，《清宫月折档台湾史料（一）》（台北：故宫博物院，1994年10月），页13~29；《清宫谕旨档台湾史料（五）》，页4126~4128。

② 台湾故宫博物院，《宫中档道光朝奏折（第一、二辑）》（台北：故宫博物院，1995年3月），页7~8；《宫中档道光朝奏折（第三、四辑）》，页771~773；《清宫谕旨档台湾史料（五）》，页4133~4135。

皆是盗薮，已饬令知县范学恒前往查办，追拿到张班、郑存等45名盗匪。道光十八年（1838）春夏间，嘉义、彰化县界的桐树均生成刀枪形状，又虎尾溪混浊之水突然澄清七日，好事者以林爽文、张丙之乱有此异。姚莹发觉必须先发制人，主动搜捕盗匪维持治安，方能安定人心。于是在同年五至九月之间大举缉盗，一些指标性的巨匪，例如：嘉义县赖山、陈赛准备插旗造谣，嘉义县吕宽、吕九歃血结会，彰化县蔡水藤、张心群结党制旗，凤山县张贡、张生聚众抢汛等，皆被破获送官惩治。根据姚莹表示，这一波大扫荡中总共拿获多达210名匪类，成果可谓相当丰硕。①

然而这并不代表没有后顾之忧。道光十八年十一月三日（1838.12.18）姚莹从彰化回郡，将一干人犯交由知府熊一本研鞫时，同月十六日（12.31）嘉义县大武垅巡检丁启宗急报，逆匪胡布聚众竖旗谋攻湾里街汛（台南县善化镇）。姚莹督派城守营参将德谦、署台湾知县裕禄，督带兵勇赶赴查拿。胡布一党闻风逃窜，先行拿获杨丕等三人，经严讯得知已躲入内山，投靠贼匪洪保。现可能勾串店仔街口（台南县白河镇）萧红、李明二匪为内应。十一月二十四日（1839.1.8）胡布等突然从山区杀出，焚抢店仔口汛。隔日镇台达洪阿接到嘉义营参将珊琳驰报，决心要亲自带兵平乱。他先檄调安平水师协副将张朝发、会同知府熊一本固守郡城。之后统带选锋兵600名、镇标兵400名、水师兵500名北上清剿。二十六日（1.10）大军行抵店仔口，即遣将备、员弁、台嘉二县兵役、义首等密购眼线，侦探胡布、洪保的行踪。据报胡布藏匿在大埔（台南县东山乡）地方，洪保亦出没于该山左右。二十八日（1.12）官军出动搜山，拿获胡布、洪保、萧洪等12人，立即绑赴军前正法。②

不过官军并没有急着撤兵，因为达洪阿认为仍有余匪未获。事实上该地区再深入，南自关仔岭、北逾槎仔寮，从十八重溪至内加枝番社（俱在台南县白河镇）一带，深林密箐居民绝少适合窝盗。尤其以栋仔顶、官真门、廊亭尖三处（俱在嘉义县中埔乡）最为险峻。十二月十八日（1839.2.1）达洪阿率兵丁400名由三层跻（嘉义县中埔乡）进入，另外一路有兵丁400名、屯丁200名、义勇200名从店仔口进入；生擒股首郑七（游七）等11人，击毙匪众40余人，贼匪坠崖身死者30余人。郑七经过侦讯方知他是张丙案漏逆，之后又陆续拿获64名，其山区巢穴确定已被焚毁，二十八日

① 姚莹，《中复堂全集（东溟文外后集）》（台北：文海出版社，1983年10月），页531～538。

② 军机处录副奏折－农民运动类（补遗），顺序号：补二141，胶片号：177，中国第一历史档案馆藏。

(2.11) 大军凯旋回郡。①

道光二十一年七月(1841.8)鸦片战争英军攻克厦门,全台震动风谣四起。同年九月五日(10.19)英舰第二次驶入鸡笼港湾,十一日(10.25)正当两军在鸡笼激战时,嘉义忽闻有匪徒抢劫(见第四章第三节)。台湾道姚莹在郡不敢小视,即命城守营参将德谦酌带弁兵北上,会同嘉义县参将洪志高、署嘉义知县魏彦仪查办。讵料十五日(10.29)大军行至店仔口(台南县白河镇),突有匪徒窜出环攻,幸赖当地义勇支援旋击退。台湾镇总兵官达洪阿攘外先行安内,遂在同月二十二日(11.4)亲率精兵1000名,义勇200名驰赴围剿。原来这起乱事是贼首江见发动,他知英舰在鸡笼叩扰,所以想乘机起事。其计划原本攻击湾里街(台南县善化镇)之后,再攻县城。没想到官军迅速来援,只得率200余人在店仔口硬拼。由于义民的力助,不仅初次对阵就大败,而且还在清乡中与33名共犯被活捉。

正当官军庆幸速戡此乱时,同年十月七日(11.19)凤山县匪首吴慈竟在观音岩(高雄县大社乡)竖旗,旋攻打竿蓁林汛(高雄县冈山镇)。隔日守郡之台湾道姚莹获悉,知道吴慈一定认为大军北上,府城空虚无可调拨。虽是如此他亦委派义首吴廷篪、林洪泉,挑选壮勇500名赶赴南路,帮同南路营参将余跃龙、署凤山知县白鹤庆。同时檄委台湾知县阎炘、守备李思升,带领冈山、猴洞(台南县关庙乡)二汛弁兵夹击。台防同知仝卜年调派番屯、隘丁分防要隘堵截。吴慈的部众聚集在观音岩、滚水庄(高雄县燕巢乡),听闻大军即将到来一哄而散。很快地官军就拿获吴慈等26人,审讯股首陈头供出他们真是听闻江见滋事,才趁机纠众响应。

道光二十一年十至十二月(1841.11~1842.1)当中,达洪阿与姚莹各主持南、北路的捕务,搜捕江见、吴慈案的漏逆。在北路方面,北路协副将关桂、彰化知县黄开基及鹿港同知魏瀛、魏彦仪、阎炘,分别购线拿盗。陆续捕获到大股首陈疆、"军师"李粗皮西、旗首乌鼠等76犯。南路方面,访拿期间无意中发现下淡水青龙会,以焚抢滋事闽粤各庄,导致他们互相惊疑取利。余跃龙、白鹤庆立刻密饬屯丁、义首擒获大股首陈冲、"先锋"留真番与张从、旗首会匪林流、许本、张量,以及匪伙张玉山等73犯,全部交由台湾知府熊一本审明后正法。② 道光二十二年三、七、八月(1842.4/8/9),宣宗接连发出上谕、廷寄表示满意与奖励,然不到一年嘉义县又发生洪

① 台湾银行经济研究室编,《台案汇录甲集》,台湾银行文献丛刊第三一种,1959年1月,页141~143;姚莹,《东溟奏稿》,台湾银行文献丛刊第四九种,1959年6月,页1~5、14~15。

② 《东溟奏稿》,页46~55。

协竖旗事件。①

道光二十三年十月十一日（1843.12.2）嘉义巨匪洪协称“总元帅”，率领“副元帅”卓轮、黄兴，纠集匪徒三四百人攻击木栅汛（台南县东山乡）。隔日台湾镇总兵官昌伊苏亲率营兵1000名，另有义首叶占春带领乡勇100名听调，赶赴北路驰援。行至大穆降（台南县新化镇），听闻贼匪在此地派饭遂驻扎剿捕。之后又接到情报有过港仔庄（台南县归仁乡）革职武生郭光侯、大湾庄（台南县永康市）刘取诓收民钱代民完粮，现已从贼。洪协的党羽分布在大人庙（台南县归仁乡）、大湾庄二地，分为十四股约有2000余人。昌伊苏自忖在人数上居于劣势，再请求增援调水师兵500名，以及屯外委刘安邦、林鼎山、王正元带领屯丁500名。十五日（12.6）大军集结完毕，再东向扎营埔姜头。隔日官军过吴淇庄（永康市）时，突遇贼匪三四百人从蔗园冲出，一阵激战驱敌至大人庙、大湾。

十月十七日（12.8）贼匪2000人扑营盘，双方在潭浦（永康市）交战，官军阵斩300余名，贼败逃回大湾、大人庙、厝庄。官军随后清乡，义民首陈廷禄拿获洪协来报，据供称有余匪潜回隙仔口庄（台南县山上乡）派饭，意图死灰复燃。昌伊苏得知立调南路营参将余跃龙，带兵500名督同冈山汛守备卜斌岩，义首林淇泉在凤山、大湖（高雄县湖内乡）堵截。再命令台湾知府仝卜年札调义首王飞虎、许朝锦，带领乡勇1000名把守罗汉门、内优（台南县龙崎乡）。二十六日（12.17）昌伊苏部署完成后，率军直攻隙仔口、瓦窑仔庄。靠着阵前配置的十余门大炮，官军势如破竹轰毙贼匪无数。整个战役到十一月五日（12.26）结束，十六日（1844.1.5）官军收队回郡。根据昌伊苏表示此役共铳毙贼匪1000余名，阵斩五六百名；俘获大小刀20把、铁尺2把、铁锏3把、长刀16把、关刀1把、竹篙矛14支、籐牌5面、弓箭与鸟枪51件、火绳5盘、火药5罐等等。②

正当局面甫定时，十一月三日（12.24）另一匪徒李安竟在果毅后庄（台南县新营市）派饭。根据昌伊苏表示，幸亏他在九月已经会同台湾知府仝卜年在当地实施联庄。因此当李顺到境时，所联百余村庄立刻召集壮丁两三千名御敌。营县闻讯火速赶到，李顺一伙旋溃散不致有燎原之乱。③再者，洪协事件又扯出一件案外案——武生郭洸侯的京控案。上文提到按照官方说法，郭氏已经从贼参加竖旗，所以必须诛之。但实情真是如此吗？乡里流传的故事有不同的版本，或谓郭洸侯以义闻里闬，他被以反贼对待完全是

① 《清宫谕旨档台湾史料（五）》，页4190～4198；《清宫廷寄档台湾史料（二）》，页1267。

② 《台案汇录甲集》，页144～148。

③ 军机处录副奏折－农民运动类，案卷号：3329，胶片号：136，中国第一历史档案馆藏。

官方的罗织。① 原来道光二十三年（1843）台湾正供的征收有一极大的转变，即正色全部改成折色（见第一章第三节）；照旧米一石一圆，征收折色以后官方规定须纳二圆，众皆哗然。郭洸侯代替乡民与官方交涉，不料竟被官员记恨。正巧洪协竖旗有邀郭氏参与。虽然郭氏拒绝，但却成为官员秋后算账的口实。郭洸侯在乡民的暗助下，逃离台湾至北京进行台湾史上首次京控。后经晋江人浙江道监察御史陈庆镛技巧的安排，终于获得平反。②

咸丰元年四月（1851.5）闽浙总督裕泰、福建巡抚徐继畬回奏自道光十六至二十三年（1836～1843），平定各起竖旗案件动用的银两数目。经过核算沈知、胡布、江见、吴慈案，总共耗费124676两；洪协一案耗费18000两。③ 洪协事件以后，道光朝南部出现的动乱，还包括：道光二十九年凤山县闽粤械斗、嘉义县匪徒吴吮聚众滋事，道光三十年台湾县匪徒王涌散布邪言，借端煽惑事。④ 但碍由档案记载不多，因此略过不论。

整个道光朝三十年时间里，看似竖旗案件很多，难免给人一种台湾纷乱无所复加的印象。但它们都有一个特色，即乱事很快就被平定。以作乱最久的张丙案为例，始末也只不过三个月而已；其余案件多在月余，或甚至不超过一个月。会有如此良好的表现，本书认为又是南部官、民、番武力合作得当的结果。不过此时也是各方武力发展的关键时期，还有详细讨论的必要。在官方武力方面，绿营与之前最大的不同是出现“选锋”（见第二章第一节）。该队伍是台湾镇总兵官达洪阿的得意之作，也是靠着他们才能自信地不需要内地援军，就能平定沈知、胡布、江见事件。在番人武力方面，番屯是辅助绿营的重要力量。然而奇怪的是番屯并不是每一次动乱皆出调，能见到的几个个案包括：张丙事件的弹压、胡布事件后的清乡、吴慈事件中的堵御、洪协事件中的弹压。所以说番屯的出动端视战况而定，如果是进行山区搜索或作战，那么一定征调番屯。否则即视战争规模，由台湾镇、道主观上决定。在民人武力方面，为了应付道光二十年（1840）的鸦片战争，台湾道姚莹首次兴办全台团练（见第二章第三节）。姚莹在征调民团上屡有心得，应该是从扫荡赖山、陈赛、吕宽、吕九、蔡水藤、张心群、张贡、张生这帮匪徒，以及胡布案件中总结出的经验。虽然漏逆不时再犯案，例如：张

---

① 《台湾通史》，页876。

② 张菼，《清道光年间郭洸侯京控案》，《台湾文献》，第19卷第4期，1968年12月，页25～43；张菼，《郭洸侯京控案中的许东灿暨该案各人的惩处》，《台湾文献》，第20卷第2期，1969年6月，页18～66。

③ 台湾故宫博物院，《宫中档咸丰朝奏折（第一、二辑）》（台北：故宫博物院，1991年1月），页709～710。

④ 《清宫谕旨档台湾史料（五）》，页4295、4302、4381。

丙案的郑七，随后又加入胡布案；但义民加入也让购线缉拿余匪，变得较为得力。

不过在这些竖旗案中，也发现到一个现象值得注意，即是造反之人所用武器越来越强大。例如：道光四年（1824）杨良斌事件，参与者竟在黄梨山打制军器；道光二十三年（1843）洪协事件，官军掳获的武器数量也很惊人。如此显示出从乾隆五十三年（1788）以来，严格的铁器管制又流于形式（见第三章第二节）。民间武力的发展也表现在另一个层面上，即村庄里甲武馆的兴盛。该个案的代表以“西螺七嵌”最为著名。根据记载道光十一年（1831）广兴“振兴社”成立，传入少林金鹰拳；未几港尾也成立“金狮连振武馆”，传入白鹤拳（或曰布鸡拳），为了就是对付后牛埔（云林县刺桐乡）一带的土匪。① 限于史料道光朝南部的开垦记录不多，例如：云林县东势乡、二仑乡，嘉义县梅山乡，台南县安定乡、台南市安南区、东区，高雄县内门乡、田寮乡、高雄市小港区。然而堵御有成的结果，让中部地区的开垦事业不致中断。

道光二十七年（1847）闽浙总督刘韵珂在给兵部的移会时，提到全台汛塘宜酌量变通者，惟有凤山县的阿公店、水底寮、嘉义县的店仔口、下茄冬。② 道光二十九年（1849）台湾道徐宗幹的私人信件中，透露全台民情之刁、公务之繁，以嘉义县为最。③ 看来南部竖旗者的蠢动，十足让官府保持警戒。咸丰元年十月四日（1851.11.25）匪徒洪纪等在嘉义县官佃庄（台南县官田乡）孤庙歃血结盟。洪纪自称“元帅”，林漏为“总大哥”；看准了各庄收藏丰稔，联甲团练农忙无暇可趁机竖旗。初五日（11.26）台湾镇总兵官叶绍春、道台徐宗幹已接获密报，方派差役查明清楚时；六日（11.27）洪纪真的在官佃竖旗派饭，聚众大约八九百人。隔日台湾县、营以紧临边界探查较快，先急报给台湾镇、道准备应战。叶绍春佯称要去南路巡阅，旋亲率镇标左营游击曾元福、中营游击曾玉明、右营游击曹宗铨各带兵400名密往北路剿办。同行还有台湾知府朱材哲、留郡艋舺县丞马庆钊、留郡斗六门县丞吕朝梁各带义勇250名，充做后路接应。又饬署台湾知县郑元杰管带义勇800名，屯丁300名，赶赴台、嘉交界堵截。

正要出兵之际，有消息传来嘉义营参将常存、署嘉义知县丁曰健，统带兵丁400名、壮勇1600名先赴访拿，洪纪阵营惧怕已窜至溪底庄（台南县

① 廖丑，《西螺七嵌开拓史》（台北：前卫出版社，1998年11月），页186～192。

② 台湾银行经济研究室编，《台案汇录丁集》，台湾银行文献丛刊第一七八种，1963年9月，页176～178。

③ 徐宗幹，《斯未信斋文编》，台湾银行文献丛刊第八七种，1960年8月，页55。

大内乡）。叶绍春获悉遂停止行动，仅派城守营参将富兴阿带兵300名，与台湾府经历所带义勇分布要口。若各匪由中路出山，即联络台湾县营督派兵勇追捕。果然逸匪数股由台湾、嘉义突围而出，被埋伏的兵勇手到擒来。然根据线报洪纪沿南路山岭，逃窜至凤山县境内。叶绍春飞调嘉义、台湾县兵勇在后追赶，复命南路营参将安定邦、署凤山知县唐均向前拦截。旋访闻到洪纪在五令埔（高雄县内门乡苦苓埔）地方藏匿，遂被地方总理、义首纠集壮勇围捕擒获。另外郑杰元亦在县属胡寮厝擒获林漏等24名匪伙。① 文宗对于台湾文武官员，能在一旬之内敉平此乱表示嘉勉。② 的确，只凭官、民武力合作就能快速定乱，证明了清廷以武力控制地方得宜。不过现有隐忧开始出现，即内地太平军之乱起，其势炽的程度已影响到台湾绿营的换班。班兵长期不必换班的结果，疲态方现遂变骄横。私家记载台兵之横殃及平民，然所惧者有四种人——府城大西门五姓、舆夫、罗汉脚、大南门担粪人。五大姓是蔡、郭、黄、许、卢，他们在动乱时皆充任义民早有佳绩，后三者则是每次乱事的基本群众。讽刺的是绿营本应该与五大姓义民合作，维持平常的治安情况，现反而玩起相克的游戏，越发显得绿营战力下降的隐忧。③

洪纪事件快速落幕，台湾文武官员被文宗赞赏有加。镇台叶绍春被擢升为浙江提督功绩最著，其余从道台徐宗幹以下各赏赐有差。④ 徐氏总结他人平乱经验，对嘉义、彰化县的匪徒做出比较。大抵海口多泉匪，罗山多漳匪。彰化之斗多为仇、非为盗。嘉义则匪类惟恐其乡不斗，而激之使起借以为盗。实非嘉义之人仇不能忘，故焚劫多而杀伤少。所以当嘉境乱事萌发时，只要立刻捉拿为首者，乱事自平。⑤ 咸丰二年（1852）徐氏在存稿上，记录着台湾乱事的萌发，若文武官员不抱着幸灾乐祸的心态，势必可以一网打尽。例如：同年所拿获的台湾县匪徒钟阿三、嘉义县匪徒邹戆狗，均是在地方营、县通立合作下才顺利拿缉。⑥ 以史上台湾道任期长短来看，徐宗幹在位六年（1848.4～1854.4），仅次于嘉庆朝的平庆在位七年（1805～1812）。⑦ 而他对台湾政务上熟稔，可谓同时期台闽官员中最强的，这对他

① 台湾故宫博物院，《宫中档咸丰朝奏折（第三、四辑）》（台北：故宫博物院，1991年1月），页243～247。

② 不著编人，《清实录－文宗显皇帝实录》（北京：中华书局，1986年11月），页699～700。

③ 诸家，《台湾杂咏合刻》，台湾银行文献丛刊第二八种，1958年9月，页21。

④ 《清宫谕旨档台湾史料（五）》，页4401～4404。

⑤ 徐宗幹，《斯未信斋杂录》，台湾银行文献丛刊第九三种，1960年10月，页10。

⑥ 丁曰健，《治台必告录》，台湾银行文献丛刊第一七种，1959年7月，页263～265。

⑦ 蒋师辙，《台湾通志》，台湾银行文献丛刊第一三〇种，1962年5月，页347～352。

应付突发的事件是具有优势。

咸丰三年四月二十八日（1853.6.5）嘉义、台湾、凤山县皆有人竖旗，一时情势危急。根据台湾镇总兵官恒裕、台湾道徐宗幹的回奏，原来同日访闻到凤山县阿里港（屏东县里港乡）有匪徒竖旗数杆，台湾县辖之湾里街、番薯寮（台南县善化镇/高雄县旗山镇），以及嘉义县内山均闻风响应。徐宗幹即先命令署台湾知县高鸿飞、署城守营右军守备李云龙，各带兵勇、屯丁赶赴湾里街弹压。是夜有积匪李石前来投首，由于此人曾是李云龙的线民，所以未曾加诛。不料他在打探大营底细后逃走，隔日率领大批匪徒攻营；官军寡不敌众惨败，高鸿飞与兵勇、番屯、家丁百余人皆阵亡。①

二十八日官军的惨败还不止于此。凤山县大股首林供、杨汶爱、林万能等，纠集500余人假充义民，行近凤邑砍破竹围杀入。署凤山知县王廷幹守御不及，与典史兼兴隆巡检张树春等皆被害。南路营参将曾元福正在巡视楠仔坑（高雄市楠仔区），闻讯急忙返回据守大营火药库。王廷幹的死民间有流传异于奏折的版本。其大意是张氏闻北路事变，招义民首林万掌入卫。林万掌就是林供之兄，兄弟俩应召各带众入城；不料引狼入室，林供立即发动事变直攻衙署。县邑百姓以张廷幹平日为官贪墨成性，所以突遇倒戈亦没有人前往搭救。②

镇台恒裕、道台徐宗幹本应本着“文武共济”协同平乱，但两人相处不睦。徐宗幹在这紧要关头，忘了之前总结台湾平乱经验所得，竟然与恒裕意见不合后称病不出。③ 不过这事却有私家迥异的记录，有谓恒裕以勋荫荣升镇台，本人根本未经阵战，逼于时势才勉强出兵。有谓镇台恒裕畏葸怯懦才是问题的关键。闽浙总督王懿德不查以“借病图安、意见不合”参劾徐宗幹有失偏允，幸亏文宗明察仅降旨议处查看。④ 如此蹉跎至迟到五月十日（6.16）官军才出郡扫荡，这一段期间基本上以守势作战为主。恒裕、徐宗幹分别命令署城守营参将富兴阿、署镇标中营游击夏汝贤、台湾知府裕铎、署澎湖厅通判卓津、教谕刘家谋分守城垣。台防同知洪毓琛、前淡水厅同知朱材哲专司军需局务。镇标都司曹宗铨、守备汤得升时而出城迎战。根据估计当时包围府城的匪徒约有四五千人，包围嘉邑的匪徒约有两三千人。嘉邑的攻防由嘉义营参将常存、知县吕朝梁、义民首白瑛负责，面对着是“元

① 《斯未信斋杂录》，页84。

② 《台湾通史》，页873。

③ 洪安全主编，《清宫谕旨档台湾史料（六）》（台北：故宫博物院，1997年10月），页4428。

④ 丁绍仪，《东瀛识略》，台湾银行文献丛刊第二种，1957年9月，页94；林占梅，《潜园琴余草简编》，台湾银行文献丛刊第二〇二种，1964年11月，页73。

帅”赖鬃率领的贼众。①

赖鬃久居嘉义县茄萣庄（台南县白河镇茄走林），因抢劫犯罪被官府追捕甚急，正逢台、凤二县巨变，于是邀彰化县匪首曾鸡角、盐水港匪首张古一同竖旗。② 现在恒裕的计划是先廓清中路，然后同时向南、北进兵。五月十日（6.16）镇标营兵在茑松埔（台南县永康市）与敌军交战，十一日（6.17）大军开拔至埔姜头。十七日（6.23）恒裕檄调守郡的镇标守备韩锦标，率领兵丁400名、壮勇600名，合攻大穆降（台南县新化镇）与他的主力会合。此次攻击顺利，根据恒裕表示他麾下已擒获贼匪200余人，大军进抵大湾社（永康市）、南潭（台南县归仁乡）搜索。

旋嘉义营县来报，五月十二日（6.18）匪徒蚁聚茄萣庄，义民首吕伟珠率众出其不意离城狙击，击毙贼伙甚多并探得“元帅”赖鬃即日来攻的消息。十五日（6.21）敌军果来袭城，但官军已有所准备，所以铳毙贼伙甚多。十九至二十日（6.25～26）义民首秦腾飞、赖奏平、林思、刘青选率众出城，大破赖鬃阵营，擒获“副帅”叶泉、“军师”吴西江与陈江流等多人。时有人向恒裕建议，西螺（云林县西螺镇）地方壮丁精习火器，可以征调挑选鸟枪手1000名立刻赴郡。

至于凤山县方面，署南路营参将曾元福移称，火药库阵地坚守稳固，已闻粤庄义民已出动助官，请赶紧调派大军支援。恒裕遂檄调游击夏汝贤等率领水、陆营兵700人，义首郑膺、武生何璇巩等率领勇丁1500名随行驰赴凤邑。此时又有消息传来，南路海口一带有贼船出没；惟恐郡城至凤山县界溪港分歧，贼匪在上游灌水截路。所以再调派安平水师协副将郭世勋，率领水师兵256名并配足军火，由海道往援凤邑。③

到了六月各路官军的增援渐集。六月二日（7.7）西螺鸟枪壮勇1000名，在义民首李朝祥带领下至郡。游击夏汝贤的部队已前进至大湖（高雄县湖内乡），副将郭世勋的部队也已出航。恒裕再命令下淡水营都司刘国标，带领兵丁100名、屯丁400名，与后补县丞沈树勋带领义民300名，从下淡水前进驰赴凤邑。六堆义民首曾史平带领义勇由山道绕至凤邑会剿。直到六月十二日（7.17）的战斗中，官军在凤山县有突破性的进展。当时林供的贼巢分布在林园（高雄县林园乡）、九甲围（高雄县桥头乡）、大寮埔（高雄县大寮乡）、新园（屏东县新园乡）、二滥沟、下竹围庄（俱在屏东县万丹乡）。夏汝贤探得当地约有贼匪两三千人，先不急于驰援埤头凤邑，反而

① 《福建·上海小刀会档案史料汇编》，页207～210。

② 佚名，《嘉义管内采访册》，台湾银行文献丛刊第五八种，1959年9月，页44。

③ 《福建·上海小刀会档案史料汇编》，页213～215。

先攻占兴隆旧城（高雄市左营区），建立稳固的桥头堡在南图。夏汝贤的计划获得成功，群贼环攻旧城不克后，往下淡水方向撤退。七月一日（8.5）大军安抵埤头凤邑，曾元福出城迎接。

在嘉义县方面，恒裕自移驻埔姜头（台南县永康市）后，没有再继续前进。他又檄调澎湖水师协副将邵连科，率领营兵400名赴郡候遣。北路海防理番同知孔昭慈、义首任度与姚滐，亦带领壮勇、屯丁700余名搭船赴郡支援。台防同知洪毓琛带领壮勇600余名、屯丁400名赶赴恒裕大营。六月七日（7.12）恒裕拔营前进至大社庄（台南县新市乡），派武生王经纶、侯绥邦扫荡村里。六月九日（7.14）部队途经小新营，进抵湾里街（俱在台南县善化镇）直捣贼巢；屯弁王基、义首姚嘉琳建立头功。隔日“元帅”赖鬃、罗阿沙率众千余来犯，官军三路出营抵御大败之。赖鬃北窜至茅港尾（台南县下营乡）。恒裕饬令屯弁李顺义密调附近屯丁300名截击，一面派遣义首邱震曦、叶滋尾随追击，复大破之。部分余匪向西南逃至麻豆庄（台南县麻豆镇），恒裕改移大营至茅港尾驻扎。①

另外据护理北路协副将曾玉明（原任北路协副将吕大升伴随琉球使臣由京赴闽）报称，他在六月七日（7.12）同义首刘国华、钟开盛率队赴斗六门援剿。嘉义县盐水港总理李丙寅、武生黄忠清等，已联络沿海一百余庄径自清乡。麻豆庄武举林朝清、李逢时等自组义勇，四处追捕逃逸来庄的残匪。孔昭慈率领武生林逢源、义首任度，在郡附近清乡也有所收获。武进士吴士邦、武生刘标芳、武生李朝英，亦各自在居住的村庄追缉余匪。逸匪在冻仔顶（嘉义县中埔乡）的贼寮全被焚毁，时至六月十八日（7.23）为止官军已擒获贼匪400余人。②

六月中旬北路贼匪逃窜至嘉义县鹿仔草（嘉义县鹿草乡），南路贼匪逃窜东港（屏东县东港镇）。对于前者，七月一日（8.5）镇台恒裕拔营进抵盐水港相机围剿。在初七至十日（8.11～14）的搜捕中，总共拿获股首、旗脚180余人。对于后者，贼首林供在东港被捕获。尔后官军在万冷庄大举清乡，时至八月二十九日（10.1）官军已拿获匪犯271名。然根据台湾道徐宗幹的奏报，方出现一件棘手的事情。原来九月五日（10.7）徐氏带同文武官员出凤邑巡视时，有万丹、阿猴、阿里港乡民赴辕投诉。这些闽籍居民声称遭粤籍义勇在清乡时借机报复；现粤人尚未解散，所以不敢回庄。徐宗幹得知即赴潮州（屏东县潮州镇）、内埔（屏东县内埔乡），传集绅耆奖赏剿匪出力者，惩罚从中扰乱者，并令粤勇从闽庄尽行撤退。当时闽粤互斗的村

① 《福建·上海小刀会档案史料汇编》，页215～220。

② 军机处录副奏折－农民运动类，案卷号：3333，胶片号：136，中国第一历史档案馆藏。

庄以万蛮（屏东县万峦乡）最为严重，余匪藏匿之处只剩枋寮、水底（俱在屏东县枋寮乡）。徐宗幹回郡前命参将曾元福、署凤山知县郑元杰加意办理。①

咸丰四年八月（1854.9）继任的台湾镇总兵官邵连科在回奏时附上一份清单，内容都是年前林供事件南、中、北路首从按律拟办的罪名。细查条列的人物，前述提到的股首，包括："南路总帅"林供、"北路总帅"张古、"北路正帅"赖鬃、"北路副帅"叶泉、"军师"吴西江等1144名人犯，大部分均被正法，只有少部分被裹胁的旗脚是被发配。但"漏逆"杨汶爱、林万能在逃，此后再以没有消息。② 从拿获的人数来看，台湾文武购线、堵截、追缉的能力不减。然而这可是银两堆积起来的成果。咸丰三年六月兼署总督、原任福建巡抚王懿德在奏文时提到，台湾府办理剿匪案件请饷多至50万两，不能如数给发只靠绅士捐输。③ 同年十月福州将军兼署闽浙总督有凤统计林案追加经费约20万两，《廷寄》宣达文宗的旨意要闽抚王懿德迅速拨给。④ 但这都不是真正的底数，同治五年十月（1866.11）闽督左宗棠、闽抚徐宗幹会奏时提到，林案实用银902844两。⑤

林供事件始末有两点是值得注意：其一，它是官、番、民武力合作再一次明证。由于案发时内地深受太平军所苦，自不可能有余力调动援军赴台。因此台湾绿营只能靠经验的积累，慎选合作的对象，不要再重蹈凤山知县王廷幹的覆辙。针对此点官方在围剿时的做法是成功的，不管是番屯，还是义民均能听命动员。但也是不同于以往，绿营战力的衰弱也在此役中逐渐显露出来。这种细微的观察很难见于档案，多藏于私家的记录中。淡水厅竹堑城的士绅（捐赀候选知府）林占梅，曾在该役奉台湾道徐宗幹的命令筹办团练往援。在从军征伐中写道"戎装日日上城巅，饷窘兵孱弱械未全；披甲营徒张赤帜，买刀家尽卖乌犍。"⑥ 清末台湾在防军未驻台前，官、番、民的武力发展；民助官的角色越来越吃重，或许可拿此事件为分水岭。其二，武科功名者在此役大显身手。事实上早在乾隆五十一年林爽文事件时，南部的武举、武生就崭露出头角。之后在蔡牵袭台、张丙竖旗、彰嘉械斗案，武科

① 《福建·上海小刀会档案史料汇编》，页224~228、231~236；《斯未信斋文编》，页10~11。

② 《福建·上海小刀会档案史料汇编》，页252~261。

③ 中国第一历史档案馆编，《清政府镇压太平天国档案史料（第七册）》（北京：社会科学文献出版社，1993年9月），448~449。

④ 《清宫廷寄档台湾史料（二）》，页1372。

⑤ 左宗棠，《左文襄公奏牍》，台湾银行文献丛刊第八八种，1960年10月，页22。

⑥ 黄朝进，《清代竹堑地区的家族与地域社会——以郑、林两家为中心》（台北："国史馆"，1999年6月二版），页27~31；《潜园琴余草简编》，页37。

功名在平乱时也没有缺席。不过林供事件算是他们请缨的最后一次，接下来的发展中，就没有出现源自于南部的跨县动乱（见第三章第三节）。

咸丰四年四月（1854.5）林案的漏逆赖唇等啸聚布袋嘴庄（嘉义县布袋镇），署嘉义营参将王国忠、台湾海防同知张启煊督队进剿，余匪悉数歼除，台湾镇总兵官恒裕被议去。① 咸丰五年七月四日（1855.8.6）嘉义县匪徒林房，戕杀斗六门县丞陆仕兴造反。根据台湾镇总兵官邵连科、台湾道裕铎的回奏，案由是陆仕兴赴埔仔庄（云林县刺桐乡）追缉掳人勒赎的匪徒林娓，不料返署途中竟被匪徒林房追至虎尾溪（云林县斗六市）杀害。林房眼见铸成大错，遂自称“元帅”聚众百余人竖旗。北路协副将曾玉明、督带精兵壮勇800名，会同署嘉义营参将凌敬先、署嘉义知县冉正品率领兵役围剿。稍后在刺桐巷、埔仔庄（俱在刺桐乡）拿获包括林房在内的41名匪徒。同年十月三日（11.11）凤山县匪徒王办聚众200余人在岗山（高雄县阿莲乡）地方焚抢。原任护理安平水师协副将王国忠、署城守营左军守备姚振恭，协同台湾知县许凤翔、凤山知县罗宪章各带兵勇合力进剿。初七日（11.15）大军云集仰攻山头，王办等不敌纷纷败阵落网，连同林房案的匪徒共120余人，全被解送府城正法。②

地方治安的好坏会影响到土地投资的意愿。南部地区至今仍流传许多土匪、豪强的传说，包括：台南县白河镇湾潭仔、大内乡二重溪与滴水仔营、新化镇礁坑仔、后壁乡崁顶、下营乡茅港尾、六甲乡赤山岩。③ 这些故事与上文提到动乱地区对照，有相当的可信度。当然为了要对付土匪，清庄联甲的要求是不可少（见第二章第三节）。此外自然环境的改变，也会影响土地拓垦的发展。根据历史学者简炯仁的研究，凤山县中冲崎街（高雄县桥头乡）原本是南路一个繁荣的河港，搭乘船只途经中崎溪、倒松溪、五里溪、典宝溪，可以抵达万丹港与蛲港（高雄县梓官乡/弥陀乡）。但由于万丹港、蛲港的淤塞，连带也影响到位于内陆中冲崎街的发展，大概到了道光初年这三个港口就完全没落。④ 同治朝南部动乱的个案不多，仅有一次是受到中部戴潮春案的波及，使得县境的斗六门、嘉义县城、盐水港、土库（云林县土库镇）、柳仔林（嘉义县水上乡）、白沙墩、下茄冬（俱在台南县白河镇）均沦为战场。然由于南部官、民、番合作堵御有成，乱事始终没有蔓延到府

① 《东瀛识略》，页94。

② 《清宫月折档台湾史料（一）》，页380～392。

③ 黄文博，《南瀛俗谚故事志》（新营：台南县文化局，2001年5月），页74、134、154、188；黄明惠、黄明雅，《南瀛聚落志》（新营：台南县文化局，2002年1月），页61、148、170、363。

④ 《台湾开发与族群》，页317～326；简炯仁，《由两块石碑论史籍上弥陀港的兴衰——兼谈浊水溪（阿公店溪）的改道情形》，《台湾风物》，第48卷第3期，1998年9月，页135～179。

城；仅在凤山县滚水坪侦之水底寮匪徒陈大目欲竖旗呼应，但被阿公店团练局联合港东、西里义民讨平（参阅第四章第一节）。①

不过论及战略地位，时论以嘉义县城位居中冲，可以控制南、北道路。然而附近的布袋嘴、朴仔脚水浅沙平，实为奸商暗结洋盗之所；内加拔、大武峦（垅）山深林茂，亦为逋逃啸聚之场。② 值得注意的是调台防军参与捕盗的角色。同治六年（1867）台湾道吴大廷遣道标与新左营，同赴学甲庄（台南县学甲镇）、沤汪庄（台南县将军乡）、西港仔庄（台南县西港乡）搜捕余匪。③ 新左营就是台湾最早的防军（见第二章第一节）。从此个案来看，绿营被防军取代的迹象可以预期。南部因为最早有防军驻扎，所以在重用防军的做法上，比其他地区还要快速。

光绪元年四月（1875.5）根据来台的钦差大臣沈葆桢奏称，嘉义县沿海三条仑（云林县四湖乡）、布袋嘴私枭充斥。嘉义营都司沈国光风闻新厝庄（嘉义县布袋镇）有匪徒聚集追捕，反被贼匪杀伤兵丁一名。时台湾镇总兵官张其光驻兵南路，台湾道夏献纶派镇海中营副将张逢春，会同嘉义知县陈祚查拿。四月十四日（5.18）大军进抵，匪首蔡显老得知南逃至北港仔（嘉义县义竹乡）。隔日官军蜂拥而至，蔡显老负隅顽抗遂被击毙，拿获从犯蔡波等11名、洋枪与鸟枪十余杆、矛械三十余件。④ 同年十一月为有效弹压当地，线枪营副将林福寿调赴嘉义驻防；并分拨三哨（300人）分驻下茄冬（台南县后壁乡）、他里雾（云林县斗南镇）、北港（云林县北港镇）。直到光绪二年三月（1876.4）全军再被他调至林圮埔（南投县竹山镇）为止。⑤

事实光绪朝以后，南部的治安状况多是土匪滋扰，或者乡里械斗居多，较少竖旗的案例。可查的个案包括：光绪四年十一月（1878.12）来台巡阅的福建巡抚吴赞诚，奏报嘉义县查亩营（台年县柳营乡）毛、刘二姓征收田谷相斗互有杀伤。⑥ 光绪六年七月（1880.8）闽浙总督何璟奏报，四至五月份台湾镇总兵官吴光亮，拿获戴潮春事件漏逆、彰化县笱仔林（南投县竹

① 简炯仁认为此役是清廷对六堆客家义民态度的分水岭，见简炯仁，《由屏东市天后宫珍藏“义祠亭碑记”论清廷对屏东平原客家六堆态度的转变》，《台湾风物》，第47卷第2期，1997年6月，页9～36。

② 叶宗元，《台湾府舆图纂要》，同治五年抄本，北京大学图书馆藏。

③ 吴大廷，《小西腴山馆主人自著年谱》，台湾银行文献丛刊第二九七种，1971年12月，页44～45。

④ 洪安全主编，《清宫月折档台湾史料（三）》（台北：故宫博物院，1994年10月），页1962～1963。

⑤ 台湾银行经济研究室编，《台案汇录壬集》，台湾银行文献丛刊第二二七种，1966年5月，页102。

⑥ 吴赞诚，《吴光禄使闽奏稿选录》，台湾银行文献丛刊第二三一种，1967年10月，页33。

山镇）武生刘参筋（见第三章第三节）。① 光绪七年冬嘉义县先后拿获结伙抢劫的匪犯张璧等10名，又拿获临时起意盗犯曾添一名；恒春县拿获谋杀人命匪徒游勇等三名，全部讯明后就地正法。② 最值得注意的唯一一件竖旗案即庄芋事件。《台湾通史》记录着乡里对庄芋的评价，又是与官方呈现两极的版本；称他“殊财仗义，为绿林豪。顾犯忌，旋捕急，人多匿之，潜居梅仔坑（嘉义县梅山镇）……嘉义知县某（邱峻南），素贪墨遭罢官，归装数十具藏巨金。庄芋盗之散穷民惠者众，官府衔恨。”③ 台湾道刘璈对于捉拿庄芋的描述可不是这样。刘氏禀文内提到光绪七年十二月二十五日（1882.2.13），庄芋挟怨报复嘉义县甘蔗仑庄、顶枰庄（俱在嘉义县民雄乡）的线民，纠众300余人前往焚杀。隔日庄芋党羽在梅仔坑地方竖旗，自称“中路大元帅”；旋立郑氏旗号，意图假借郑成功蛊众。刘璈檄调镇海右、后营勇丁，部署在白杞寮、埔尾、梅仔坑、窝尾（俱在嘉义县梅山乡）、林杞埔（南投县竹山镇）、半天寮（云林县古坑乡）、斗六街、草岭、集集街（云林县集集镇）各处。对庄芋的巢穴山猪窟、大湖（云林县古坑乡）、甘蔗寮、柑仔寮、加冬仔形成一个大包围网。不过捉拿庄芋的行动很不顺利。虽然光绪八年二月二十二日（1882.4.9）官军已攻破所有贼巢，但却被庄芋兔脱。此时正好遇到福建巡抚岑毓英巡台，岑氏严饬文武拿获此犯，并在出动绿营练兵加入搜捕。一直到光绪九年正月二十三日（1883.3.1）才又得到线报，庄芋躲在嘉义县月眉潭庄（嘉义县新港乡），被当地林姓大族窝藏。④

即便是在清法战争期间，刘璈对于土匪的防范亦不遗余力，尤其要注意他们对于道路梗塞的阻碍。⑤ 三月战争结束以后，有数月的时间是在筹办台湾建省事宜。光绪十一年七月（1885.8），钦差大臣刘铭传调集兵力大举扫荡南部的土匪。当时著名的积匪包括：五间厝（嘉义县义竹乡）的颜摆彩、庄芋、薛国鳌、吴金印四大头目外，亦有下潭庄（嘉义县鹿草乡）的沈唠二、竹围庄（义竹乡）的翁搥头、角带围庄（台南县新营市）的翁呆等140余名。颜摆彩是刘铭传极力捉拿的要犯。嘉义营县屡出动练营、嘉义营，甚至台湾镇总兵官章高元亲自带队捉拿。终于在十二月十六日攻破藏匿地鱼寮

---

① 洪安全主编，《清宫月折档台湾史料（四）》（台北：故宫博物院，1995年8月），页3220～3226。

② 《清宫月折档台湾史料（四）》，页3386～3387。

③ 《台湾通史》，页1005～1006。

④ 刘璈，《巡台退思录》，台湾银行文献丛刊第二一种，1958年8月，页64～80；诸家，《台湾关系文献集零》，台湾银行文献丛刊第三〇九种，1972年12月，页128～129。

⑤ 洪安全主编，《清宫月折档台湾史料（五）》（台北：故宫博物院，1995年8月），页3925。

(嘉义县六脚乡)，二十日在布屿保大义仑庄（嘉义县新港乡）将其拿获。根据颜摆彩供称，从同治十二年（1783）以来，总共结伙五六百人之多，骚扰范围远及台湾、嘉义、彰化三县。① 庄芋的下落官方没有再述，不过《台湾通史》有庄芋因酒误事后被生擒正法的记录。② 光绪十二年三至五月凤山县也大举扫荡土匪。其著名积匪有陈春林、庄明月、苏金英、刘乞食、尤永记、张老师等六大头目，不时劫掠凤山县旧城、潮州、阿猴、埤头等处盐馆与铺户。台湾巡抚刘铭传闻讯立刻檄调镇海前军，会同凤山知县吴元韬切实拿办。③

根据光绪十四年十月（1888.11）台湾巡抚刘铭传的奏报，凤山县土匪横行仍然严重，就算是县城也不能幸免。④ 当时对于凤山县治安状况留有不少负面的描述。例如：闽浙总督卞宝第就认为虽然该县风俗、物产与台湾（安平县）同，但民情健讼。⑤ 光绪十七年（1891）特别从上海来台湾旅游的池志征，提到今高雄县燕巢乡的恶地地形时，还补充“两塘如荻黑暗如林，最为盗贼出没之区”。⑥光绪十八年（1892）台湾巡抚邵友濂奏报最近台湾匪踪，声称台南府积匪郑尚频年到处劫掠，聚众则百十成群已到了严办的地步。他饬令都司郑超随带勇线分头缉拿，郑尚见情势不利从凤山率党窜至嘉义，并在嘉义县蔴仔廍（台南县麻豆镇）爆发激战生擒郑尚，同时掳获洋枪2杆、六响小洋枪（左轮手枪）4杆、尖刀4把。⑦ 光绪十九年（1893）台东直隶州同知胡传对台湾嘉义县治安的观察，或许可以作为本书的结尾。他认为该县处于滨海要区，民风强悍、盗风素炽，全恃营勇弹压。若竟撤回合操，不复遣出分驻，奸宄从而生心，地方或至疏虞。胡传提出的解决办法是靠保甲协助。⑧

纵观南部的武力发展，与中、北最大的差别是自清初以来，官、番、民武力就是区域控制的主轴。不过在此发展下，有以下三点值得再进一步讨论：其一，对于情报来源的掌握。购线作为消息来源的管道，以在中、北部

---

① 洪安全主编，《清宫月折档台湾史料（六）》（台北：故宫博物院，1995年8月），页4689~4697。

② 《台湾通史》，页1007。

③ 《清宫月折档台湾史料（六）》，页5062~5071。

④ 《清宫月折档台湾史料（六）》，页5340。

⑤ 诸家，《台湾舆地汇钞》，台湾银行文献丛刊第二一六种，1965年9月，页88~89。

⑥ 诸家，《台湾游记》，台湾银行文献丛刊第八九种，1960年8月，页11~12。

⑦ 洪安全主编，《清宫月折档台湾史料（八）》（台北：故宫博物院，1995年8月），页6515~6519。

⑧ 胡传，《台湾日记与禀启》，台湾银行文献丛刊第七一种，1960年3月，页28。

的武力发展中被深刻地叙述。不过南部的购线与其他地方最大的不同是，除了购线缉拿乱事过后的逸匪外，也非常重视侦伺乱事未萌前的动静。例如：康熙二十三年十月（1684.11）讨平蔡机公事件，康熙三十五年（1696）的破获吴球事件，雍正十二年五月（1734.6）破获朱游龙事件，乾隆四十七年十一月（1782.12）破获陈虎事件，乾隆五十九年六月（1794.7）破获郑光彩事件，乾隆六十年二月（1795.3）讨平陈光爱事件，嘉庆三年七、九月（1798.8/10）破获徐章与汪降事件，道光十六年十月（1836.11）讨平沈知事件，咸丰元年十月（1851.11）讨平洪纪事件。

其二，对于追捕漏逆的不懈。购线追缉的目的，除了防患未然的侦伺外，最重要的是恐惧于这些漏逆有重新犯案的可能。针对这种情形，南部所发生的件数远高于中、北部。例如：雍正十年三月（1732.4）吴福生事件中，有朱一贵、陈三奇案的逸匪参与；嘉庆二年六月（1797.7）廖挂事件，其本人就是中部陈周全事件的逸匪；嘉庆五年四月（1800.4）陈锡宗事件中，有徐章案的逸匪参与；嘉庆十年十二月（1806.1）海盗蔡牵袭台事件中，所勾结的匪首亦是中部陈周全事件的逸匪；道光十八年（1838）胡布事件中，有张丙案的逸匪参与；咸丰四年四月（1854.5）赖唇事件，其本人就是林供事件的逸匪。至于线民为什么那么重要呢？除了他们是消息来源的提供者，在清乡时更是指认逸匪的唯一证人。

其三，会党与土匪都是南部治安的隐忧。对于前者，康熙三十五年十二月（1696.1）刘却事件，应算是清初首件异姓结拜的案件。不过就立有会名的会党案件来说，南部会党案的兴起比中部还晚。大致在乾隆五十一年林爽文天地会举事后，南部才有看见相同的个案。对于后者，土匪为患南部的情况，可能比中、北部还要严重。下淡水地区，或甚至整个凤山县，都是终清朝一世被视为最难治理的地方。原因有出于长期的闽粤互斗、汉（生）番对抗，最重要的不管任何一个时期，有许多盗薮就是分布于县境中。道光以后鉴于鸦片成为奇货可居的商品，嘉义县沿海的走私情况变得严重，使得该县的治安成为次恶化者。南部土匪为患到什么程度呢？跟中、北部比较起来，清末调台防军最重要的任务，即参与开山抚番的战斗，或者进行抵御外侮的战争。惟有在南部防军还要执行捉拿巨匪的工作，可见当地土匪之凶猛与难办。

其四，官民对铁器的使用。根据记载刘却是首次私制武器，准备谋反的竖旗者。他本人在逃亡七年以后，于康熙四十二年二月（1703.3）被擒获。他的举事提供了我们对于康熙四十五年（1706）台湾最早有铁禁记录的思考。之后南部竖旗事件，扣除林爽文事件是连带影响外，其余举事者私造、私藏武器的例子，均远比中、北部多。例如：道光四年十月（1824.11）杨良斌事件、道光二十三年十月（1843. 12）洪协事件、光绪元年四月（1875. 5）蔡显老事件、光绪十八年（1892）郑尚事件。

其五，选锋与防军是官方武力关键的发展。对于前者来说，道光十六年（1836）台湾镇总兵官达洪阿自练绿营选锋，在平定沈知、胡布、江见案中表现杰出。可惜的是后继者无力维持局面，让绿营逐渐走向下坡的战力，不能把握时机加以整顿。对于后者来说，南部是台湾首次有防军戍防的地方。此后除了花东之外，南部则是防军驻扎最多的地区。

就清廷武力治台来说，南部一开始就采官、番、民武力合作的方式运作，更加说明统治者善于利用因地制宜的环境。这样的差别到了后山地区，因面对较多的生、熟番，使得做法上又出现与北、中、南部不同的操作。

第四节　东部——官、民的合作

所谓东部本书是以乾隆二十六年（1761）番界以外的地区为准。在这一片昔日被称为后山的地方，包括今日的兰阳平原与中央山地（雪山、玉山、阿里山、中央、海岸山脉）。① 跟前山比较，后山的拓垦除了琅峤之外，其余都在清中叶以后才逐渐开发。该区域最大的特色即是生、熟番分布广、势力强，所以在武力发展上，官、民合作以制番成为一种维持统治稳定的方式。

清廷对于该地区的认识，可以说是从归化与征伐开始。康熙朝被官府认为势强的生番，有阿里山番与水沙连番。康熙六十一年（1722）朱一贵事件后的搜捕，官方又联络到卑南觅大土官文结，而首次把归化触角延伸到东海岸。雍正二、三、五年（1724/1725/1727）是官府最热衷招抚生番的时候，包括凤山县的傀儡番与彰化县的水沙连番在内，至少有11065人受抚。然而这种形式性的羁縻，仍无法解决汉人不时遭到生番出草的问题。于是雍正四年十至十二月（1726. 12 ~ 1727. 1）清廷首次对生番用兵，其征讨的对象是水沙连番。雍正七年二至四月（1729. 3 ~ 4）在台湾镇总兵官王郡的主持下，亦出兵讨伐傀儡番（见第二章第二节/第四章第二节）。

康、雍时期对水沙连、傀儡番的领地描述有限，例如：在福建知名文人蓝鼎元笔下，水沙连番被写为“控弦千计皆鸷悍未甚驯良”，至此还没有民人胆敢进入拓垦。② 王郡在讨伐完傀儡番后，对沿边管制更严。他规定从枋

① 施添福，《红线与蓝线——清乾隆中叶台湾番界图》，《台湾史田野研究通讯》，第19期，1991年6月，页46 ~ 50。

② 蓝鼎元，《东征集》，台湾银行文献丛刊第一二种，1958年2月，页85。

藔至卓佳（屏东县枋寮乡/里港乡），所栽种的刺桐、刺竹均要照“品字”形排列，示其曲折借以划清界限。① 然而这就表示当时整个后山地区，都没有民人往来的足迹吗？这也不尽然。在中央山脉的最南段恒春，这个当时被称为琅峤的地方，因有军工匠出入，成为唯一官府听任汉民贸易、取材捕采之所（见第二章第三节）。

乾隆元年七月（1736.8）发生淡水厅新港社番勾结生番，焚杀中港汛、南庄、后庄事件。清廷对于该案的善后，显示出对生番招抚政策的告终。接下来的做法，就是防堵民人与生番相联络，避免二大武力可能的结合产生抗官力量（见第四章第二节）。乾隆二十六年（1761）纵贯台湾西侧的番界筑成，象征着官方准许民人拓垦的区域，仅限于番界以西的部分。以东除了军工匠活动的范围，被允许搭寮、伐木外，其余地方任何形式的拓垦活动都是违法（见第二章第三节）。由于军工匠可以自由出入番界，因此他们与生番代表的原住民武力有了较量的机会。不过从数起个案来看，总是生番的武力居于上风。虽然在中部，能看到清廷命令熟番（另一种原住民武力）伴随保护军工匠；但在南、北部却没有看到相同的做法。

如此的发展到了嘉庆朝有了重大的改变，那就是把噶玛兰从界外划归成界内。兰地的开垦与归并版图有一曲折的过程。原本属于界外的兰地，在乾隆五十三年（1788）林爽文事件善后时得到注意。但碍于开疆缺乏经费与恐激番衅为由，福州省垣未准许民人入垦。嘉庆元年（1796）淡水厅民吴沙向同知何茹莲申请垦单，遂率领漳、泉、粤三籍移民进垦兰地。尔后官府对兰地的开垦抱持消极的态度，既没有再批准任何开垦的申请，也没有禁止移民续垦。于是在嘉庆十七年（1812）噶玛兰设官理民以前，兰地几成“化外之地”。最明显的例子：嘉庆四、十一、十四年（1799/1806/1809）爆发的三次械斗，以及嘉庆九年（1804）中部熟番大举迁徙至兰地，官府都呈现未曾过问的状态。②

然而二次海盗入侵改变清廷对兰地的态度。嘉庆十一、十二年（1806/1807）闽海盗蔡牵与粤海盗朱濆，先后看上这块弃地，欲占领乌石港、苏澳，作为久据的打算。蔡、朱的入侵被当地民番与赶赴的水师合攻，最后都以失败收场。③ 嘉庆十三年十二月二日（1809.1.17）詹事府少詹事梁上国把握住此机会，向仁宗奏言四项重点——以绝盗贼觊觎之患、使海疆无化外

① 国学文献馆主编，《台湾研究资料汇编（第一辑·第九册）》（台北：联经出版社，1993年9月），页3315～3317。

② 廖风德，《清代之噶玛兰》（台北：正中书局，1994年11月二刷），页89～91、234。

③ 许毓良，《清代台湾的海防》（北京：社会科学文献出版社，2003年7月），页170。

之民、使全台增土田之利、使番社怀天朝之德，强调收并噶玛兰的重要。① 同日仁宗阅毕立刻发上谕给闽浙总督阿林保、福建巡抚张师诚，要他们俩悉心妥议回奏。② 如此文书往返，到了嘉庆十五年（1810）终于由新任闽浙总督方维甸奏准噶玛兰设厅。不过文武官员的进驻要迟至嘉庆十七年（1812）才渐备。

噶玛兰厅的成立对于后山开拓来说，则是竖立一个里程碑，此后番界的划定向东南移至苏澳。不过兰地的开垦过程迥异于前山，所以它的武力形成机制，也出现因地制宜的特色——结首制（见第二章第三节）。这些本质都是小农的大、小结首，从最早与熟番对抗的武装团体，演变成汉人移民内部的利益团体。结首下的移民对于本团体利益相关之事，有共享与承担的权力。这和前山的土地利用情况，业户—佃户制大不相同。对于施行统治策略来说，官府自然是不希望地方出现势强的业户与之对抗。因此兰地一开始出现的小农制，颇符合官方的期待。③ 另外匠寮与隘制普遍设立，也说明当地民人武力的整合跟生番有着密切关系。

至于在官方武力上，绿营当然还是主干。而乾隆五十三年（1788）番屯成立时，兰地还未收入版图。现在噶玛兰厅成立，清廷却没有在当地新组番屯的计划，可见官、番在武力上的合作，绝非兰地统治上的重点。初设的噶玛兰营在兵制上隶属水师，其上受艋舺营节制；全营弁兵为404名，没有编制马兵。④ 这样的额兵数目所形成的兵防比例为何？从表四十二编号4来看为354:1，这跟其他区域比较是属于次低的地区。该数据不利于动乱时的弹压，因此有必要加强其他项目的防卫。首先是城池的兴建。嘉庆十五年（1810）委办知府杨廷理始植竹为城，外环以九芎树木（又名九重葛，一种有刺的植物）；十七年（1812）通判翟淦又加种刺竹，并搭四门吊桥各一座，厅邑的防御益加稳固。⑤ 现代学者在研究噶玛兰城时，提出一个新颖的看法，认为该城初建时就呈圆形，其目的为了就是要比同样单位面积的矩形

---

① 军机处录副奏折－农民运动类，案卷号：3693，胶片号：145，中国第一历史档案馆藏。

② 洪安全主编，《清宫谕旨档台湾史料（四）》（台北：故宫博物院，1997年10月），页2860～2861。

③ 周翔鹤，《埤圳·结首制·“力裁业户”——水利古文书中所见之宜兰拓垦初期社会状况》，《台湾研究集刊》，总第57期，1997年8月，页69～78。

④ 杨庆平，《清代的宜兰驻军》，《“宜兰研究”第三届国际学术研讨会论文集》（宜兰：宜兰县文化局，2000年8月），页63～103。

⑤ 陈淑均，《噶玛兰厅志》，台湾银行文献丛刊第一六〇种，1963年3月，页21。

城还要节省材料。[1] 这也是一个有趣的观点。然节省材料的动机可能也有“速成”的打算，以当时兰地过低的兵防比例来看，也迫使官方不得不如此。

其次是交通的开辟。在陆路交通方面，当时入兰的通道有两条：一为沿北海岸而行，从鸡笼—八斗子—水湳洞—龙洞—澳底—隆隆岭；二为沿基隆河上游溯行，从八堵—暖暖—枫仔岭—伽石—三貂岭—顶双溪—新社—隆隆岭。[2] 在海上交通方面，比陆路稍迟的是至道光六年（1826）才开辟乌石港为第四个正口。该港的开辟搭上了嘉庆十五年（1810），清廷明令台闽不拘对渡的便车。所以从乌石港出发，可以航抵福建的福州、泉州、厦门。可别忽视兰厅海面的这一小段水程，它是当时中国唯一伸入太平洋的固定航线。[3]

另外后山的其他地方，截至嘉庆朝为止还呈现封禁的状态。不过嘉庆十九年（1814）在水沙连地方（南投县埔里镇），却发生一件离奇的越垦事件。原来是地方人士诓得台湾府的府示，并向彰化县衙申请出垦照成功后，即蜂拥向界外的水沙连拓垦。二十年（1815）汉移民首领郭百年以武力的方式，大肆屠杀原居于水沙连的生番，欲驱逐他们强占土地。然此事惊动台湾镇台，恐酿成激番巨变的冲突，遂于隔年出面驱赶汉移民出山，重新立碑示禁（见第四章第二节）。之前提到生番武力强悍，怎么遇上郭百年等欲以武相向竟败下阵来？嘉庆二十一年（1816）彰化知县吴性诚是执行驱赶垦民的官员，他以古诗的笔法对该事件始末留下记录。诗乘其中一段：“……土牛红线分番汉，文身剺面判衣冠……睒睒枭獍人见愁，癡顽吾民与之游；憨不畏惧侵其地，吞食抵死竟无休。千峰万壑潜深入，荷戈负耒如云集；横刀带剑万人强，蠢尔生番皆掩泣……”[4] 原来汉移民胜过生番的原因，在于人数与武器上取得优势。乾隆五十三年（1788）林爽文事件后，武器管制严谨的措施至此也被证明是失败的。[5]

道光朝整个后山的开拓仍是以噶玛兰为主。道光三年三月二十四日至七

① 章生道，《城治的形态与结构研究》，《中华帝国晚期的城市（The City in Late Imperial China）》（北京：中华书局，2000 年 12 月），页 96 ~ 97。

② 唐羽，《古代噶玛兰与前山间交通道路之研究 1632 ~ 1810》，《“宜兰研究”第二届国际学术研讨会论文集》（宜兰：宜兰县立文化中心，1997 年 12 月），页 184 ~ 234。

③ 许毓良，《边陲中的边陲——清代噶玛兰的海防》，《“宜兰研究”第四届国际学术研讨会论文集》（宜兰：宜兰县立文化中心，2002 年 10 月），页 335 ~ 368。

④ 连横，《台湾诗乘》，台湾银行文献丛刊第六四种，1959 年 9 月，页 133 ~ 134。

⑤ 地方传说郭百年阵营刀剑的来源，是偷挖生番墓穴陪葬的武器。参阅种村保三郎著，谭继山译，《台湾小史》（台北：武陵出版有限公司，2000 年 10 月三刷），页 102。

月十七日（1823.5.4～8.24）该厅发生料匠林泳春事件。该案可说给了兰地驻军一次考验。乱初噶玛兰营遏止燎原有余，但还不足深入山中缉拿林的党羽。六月正值福建水师提督许松年巡台，许氏闻讯于二十日（7.29）至兰主持剿务。艋舺营游击张朝发由鸡笼澳（基隆市）带兵200名随后赶到。新任噶玛兰厅通判吕志恒饬令隘首在叭哩沙喃（宜兰县三星乡）堵截、总理陈奠邦带领乡勇助战。七月一日（8.8）官军发动总攻击，敉平乱事（见第二章第三节）。① 这次军事行动立下兰地官、民武力合作的典范。不过除了突发的民变之外，对治安常态性的威胁仍以生番莫属。当时的看法认为全台番害，以噶玛兰最为严重。兵役多不敢撄其锋，更不敢深入截捕。虽有乡勇自告奋勇入山，但官府以事关重大皆否决，仅下令在要口设隘堵截，并谕令不得冒昧起衅。②

道光三年（1823）甫卸任台湾知县的姚莹，曾比较台湾各厅县民风情况，噶玛兰在他的记录中是民贫。"民贫"容易成为犯罪的温床，也容易造成社会对立。果然道光六年四至九月（1826.5～10）发生在彰化县的闽粤械斗，也很快地蔓延到噶玛兰。兰厅的这一场乱事，被通判乌竹芳亲率兵役与优势火力给镇压下来（见第四章第二节）。乌竹芳有办法在一个月内平乱，不靠淡水厅方面兵力的支援，实为前任官员治理留下的成绩。此人正是由八品县丞，一路升任六品通判的吕志恒（道光十一年升任台湾知府，隔年殁于张丙事件）。道光六年（1826）上谕嘉奖吕氏的劳绩，宣慰他在编查保甲、清厘积案、筑城开埔、除暴安良皆能得宜。③ 所以道光二十年（1840）姚氏升任台湾道时，他再比较噶玛兰厅与他地的情况，大力称赞兰地是最易治理的地方（见第三章第一节）。

至于在水沙连地方，自从嘉庆末年汉人被逐后，仍有人不死心私自偷越。道光三年（1823）万斗六社（台中县雾峰乡）革职通事田成发，暗中建议水沙连埔社番，不如向外招募熟番入山以自卫，埔番听之。田成发遂私下串联北投社（南投县草屯镇）革职番屯屯弁乃猫诗、革职通事余猫尉，暗地里招募熟番潜往复垦。不料亦有汉人阴持其后，计划土地垦成后混入强行侵占。由于田成发先前与水沙连社丁首萧长发有隙，萧氏旋赴官署密告此事。同年九月北路海防理番同知邓传安会营入埔里社勘查，听到风声的熟番早已逃逸。邓氏抚谕水沙连番后颇有开辟之志。时值有浙江绍兴人马莪士在福州省垣游走，引诱福州商人林志通谋为业户。闽浙总督赵慎畛为此询问台

---

① 陈淑均，《噶玛兰厅志》，台湾银行文献丛刊第一六〇种，1963年3月，页183～184。

② 柯培元，《噶玛兰志略》，台湾银行文献丛刊第九二种，1961年1月，页119～120。

③ 洪安全主编，《清宫谕旨档台湾史料（四）》（台北：故宫博物院，1997年10月），页3372。

湾县卸任知县姚莹看法。姚氏的观点正代表当时清廷对于后山开发的普遍认知。他说：

> 台湾生齿日繁，游手甚众，山前无旷土矣；番弱，势不能有其地，不及百年，山后将全入版图，不独水、埔二社也。然会有其时，今则尚未可耳。

道光四年五月（1824.6）新任闽浙总督孙尔准来台巡阅，邓传安又旧案重提力言开辟水沙连的好处。孙尔准有点心动，想要仿照收归噶玛兰的办法实行，询问台湾知府方传檖。正巧姚莹在台湾，方氏又请教此法可行与否。姚莹表示反对，他认为噶玛兰的归并是汉人先与番斗，等到设厅时大局已定，故番汉献纳舆图设官经理。今水沙连汉人早已被驱，社番必未输诚愿纳，贸然开发必引起番汉的旧仇，故不宜骤然并之。① 方传檖把姚莹给他的建议，写了一篇《开埔里社议》。文中指出除非水沙连环境，已让有志者把握到八项指标——和番情、选通事、别番汉、定疆域、罢业户、招官佃、设文武、通财货，否则不宜贸然开垦。②

道光四年十二月二十一日（1824.2.8）宣宗发布上谕，命令台湾文、武对于水沙连仍实力封禁，并于集集铺（南投县集集镇）、内木栅（南投县草屯镇）二处隘口设立专汛；分饬北路协副将于彰化营内就近移拨弁兵，实力防堵毋许番民擅自出入。北路海防理番同知、彰化知县每年份上下两班轮往巡查一次，仍按月取具汛弁及屯弁、通土等切结。③ 有趣的是官府的命令，实在是一纸徒具形式的公文。因为从道光三年至咸丰十一年（1823~1861），中部熟番二十三社——北投社、阿束社、南投社、万斗六社、房里社、大马璘社、乌牛栏社、日北社、双寮社、吞霄社、阿里史社、大肚社、东螺社、水里社、二林社、马芝遴社、大湳社、水底寮社、山顶社、葫芦墩社、麻薯旧社、社寮角社、眉里社，均陆续迁往该地。④ 从他们迁徙的路线来看，共有四条：其一，从水底寮出发，之后沿大肚溪支流水长流溪南下。其二，从北投出发，溯大肚溪进入水沙连。其三，穿越八卦山脉至南投，再穿越南投丘陵至日月潭，最后北上入水沙连。其四，溯浊水溪北上至日月潭，再北上入水沙连。⑤

---

① 姚莹，《东槎纪略》，台湾银行文献丛刊第七种，1957年11月，页35~36。

② 周玺，《彰化县志》，台湾银行文献丛刊第一五六种，1962年11月，页407~412。

③ 台湾银行经济研究室编，《台案汇录癸集》，台湾银行文献丛刊第二二八种，1966年5月，页100~101。

④ 陆传杰，《裨海纪游新注（大地别册）》（台北：大地地理出版事业，2001年4月），页80~81。

⑤ 陈俊杰，《埔里开发的故事》（南投：财团法人南投县文化基金会，1999年11月），页12~13。

温振华研究这一段历史，认为须注意熟番生活困苦所造成移民的推力，水沙连地坦土膏与熟番间互通有无的移民吸力，以及熟番学习汉人的开垦组织、筹措资金的方式，否则不足以说明道光朝熟番大举入垦水沙连的动机。① 道光二十六年（1846）秋天北路海防理番同知史密，照例前往水沙连巡视。番众欣然迎入，称生平未见官至，咸愿剃发输诚。从中部熟番大规模徙居，未见有文武奏闻来看，“生平未见官至”的说法可能属实。② 水沙连熟番献地对于地方官员，可谓难得的治绩。因此史密立即回禀闽浙总督刘韵珂，力主收归水沙连的重要。刘氏亦被说动，旋上《奏开番地疏》。不过此事竟被江南道监察御史江鸿升奏言阻止。江氏一方面提醒朝廷这可能又是汉人借机请垦的戏码，一方面直言若真的开禁，台湾文武可有良策解决番汉相斗的纠纷。③ 此时史密亦上《筹办番地议》，说明现台湾镇总兵官武凤攀已拨兵200名，进入水沙连维持治安。台湾道熊一本、台湾知府仝卜年也在商议，大有局外操作之势。④ 廷议最后支持御史的看法。道光二十七年十月十九日（1847.11.26）宣宗再发布上谕，饬令刘韵珂督视台湾文武对水沙连照旧封禁。⑤

水沙连的开垦是一个值得深思的个案。盖因为若按姚莹先前的看法，该地并没有被并入版图，为什么还要派任官员定期巡视？原来在清廷的眼中，番界是一条防御线不是国界。以清廷的立场而言，是不是要收入界内，并非仅端看土地利用的收益，最重要的是整体防务有无办法负荷。因此当部分台湾文武极力倡言，水沙连的拓垦对正供收入相当有帮助时，另外一派却总是担心接踵而来民、番的冲突，恐不是台湾驻军所能应付。同样的道理也反映在对花东的开发上。例如：道光二十一年（1841）鸦片战争爆发时，鉴于英军有可能久占台湾某地的企图，部分京官提出台湾未耕之地的建议（见第四章第三节）。当时台湾道姚莹先秉承上意，说明奇来（花莲市）、秀姑峦（花莲县寿丰乡）、卑南觅（台东县台东市）的确还有余地可以开垦。但同时提出必须甘冒与生番兵戎相见、耗费钱财过巨、没有能吏负责垦务、交通不便等风险，力劝有兴趣的官员打消此念。⑥ 事实上早在嘉庆十七年（1812）有噶玛兰厅民李享、庄找，曾私自前往奇莱以布匹折价银圆的方

① 温振华，《清代中部平埔族迁移埔里分析》，《台湾文献》，第51卷第2期，2000年6月，页27~37。

② 丁绍仪，《东瀛识略》，台湾银行文献丛刊第二种，1957年9月，页6。

③ 诸家，《道咸同光四朝奏议（第二册）》（台北：台湾商务印书馆，1970年6月），页750~751。

④ 丁曰健，《治台必告录》，台湾银行文献丛刊第一七种，1959年7月，页207~212、252~258。

⑤ 洪安全主编，《清宫谕旨档台湾史料（五）》（台北：故宫博物院，1997年10月），页4274~4275。

⑥ 姚莹，《中复堂全集（东溟文外后集）》（台北：文海出版社，1983年10月），页540~545。

式，向奇莱五番购买土地开垦。① 道光七年（1827）吴全向番社购买奇莱上港之地拓垦。② 对此官府一直抱持未曾闻问的态度，十余年后姚莹再提此事时，不见他对奇莱垦民的描述，或许李、庄、吴三人的拓垦已经中断。

咸丰三年八月（1853.9）趁南部林供、赖鬃竖旗之际，噶玛兰厅民吴磋亦作乱；八月十四日（9.16）通判董正官前往梅洲捕匪途中，被狙击杀害。头围县丞王衢闻讯急禀府城，台湾道徐宗幹先命王氏护理印篆，一面飞檄澎湖厅通判杨承泽前往接署。③ 王衢先命其子王毓槐纠集壮丁数百人固守头围，并以义民陈寿为义首联庄兴办团练。各堡义民闻风响应，城厢附近贼匪皆被肃清。时王氏收到密报贼匪林汶英假充义首，旋不动声色留置署中，趁夜就地正法。之后随同噶玛兰营都司刘绍春、罗东巡检沈树政，带同义勇分头搜捕余匪。咸丰四年二月二十七日（1854.3.25）文、武官员终于在淡水厅中心仑（基隆市暖暖区）拿获吴磋，解送厅邑五围正法，事平。④

平定吴磋事件的方法，就如同道光朝林泳春事件般，全赖官、民武力合作的结果。吴案以后官方对兰地的控制也越严密，而早期赴兰的官道以距离较远，在咸丰末年遂有开辟淡兰便道之议。这条道路在同治初完成，起点是从艋舺（台北市万华区）出发，行至古亭（台北市中正区）后沿新店溪，再溯景美溪抵达深坑（台北县深坑乡）；之后再溯景美溪支流崩山溪，抵达石碇（台北县石碇乡）。最后翻越梅树岭抵达坪林（台北县坪林乡），并沿鱼堀溪、石槽溪、四堵溪进入兰阳平原。⑤ 先前提到花东的开发，至今也有人勇于尝试。咸丰元年（1851）有名黄阿凤，曾集资率领万余人抵达奇莱开垦。但数月之后黄阿凤水土不服病死，底下的垦民顿失领导中心。整个垦务一直撑到咸丰五、六年（1855～1856），因缺乏资本再次挹注，又面临熟番的仇杀，垦民四散后耕地又变成荒埔。⑥

同治、光绪朝后山的拓垦与先前迥异之处，在于台湾开港后大批的洋人造访此地。他们有基于传教的热忱，亦有探险的兴趣，更有商务利益的占有，或对土地占垦的野心。台湾先行互市的要求，原由美国提出；然先到台

① 康培德，《殖民接触与帝国边陲——花莲地区原住民十七至十九世纪的历史变迁》（台北：稻乡出版社，1999年12月），页144。

② 潘继道，《晚清"开山抚番"下后山奇莱平原地区原住民族群势力消长之研究》，《国家与东台湾区域发展史研讨会》，"中央研究院"台湾史研究所筹备处主办，2001年12月13～14日，页87。

③ 徐宗幹，《斯未信斋文编》，台湾银行文献丛刊第八七种，1960年8月，页6。

④ 中国第一历史档案馆编辑部、上海师范大学历史系中国近代史研究室编，《福建·上海小刀会档案史料汇编》（福州：福建人民出版社，1993年9月），页242～251。

⑤ 陈培桂，《淡水厅志》，台湾银行文献丛刊第一七二种，1963年8月，页25～26。

⑥ 叶宗元，《台湾府舆图纂要》，同治五年抄本，北京大学图书馆藏。

湾开始正式通商者，却为英国。咸丰十一年六月（1861.7）英国领事郇和（Robert Swinhoe）抵台，遂定议以沪尾于口岸，旋于同治元年（1862）开关征税。① 台湾文武官员应付这些前仆后继的外国探险家，最初的反应十分缓慢，竟也要他们遵守从乾隆朝以来残破不堪、界址不明，自己也无法约束民人偷越的土牛界。这样的管制完全无法限制洋人的行动，尤其是当他们的船只在后山漂难，遇到生番袭击又投诉无门时，更平添烦琐的外交纠纷。果然同治六年三月十四日（1867.4.18）美国驻厦门领事李让礼（或译李仙德、李善得/C. W. Le Gendre），为了前一个月美国商船罗妹（Rover）在红头屿触礁沉没，一行14人搭救生船漂至琅峤龟仔角（屏东县恒春镇），突被生番杀害的事件，至台湾府与道台吴大廷、镇台刘明灯交涉。②

台湾镇、道一开始虚与委蛇，李让礼眼看交涉不得要领，遂径自搭乘兵船前往琅峤"剿办"。但美军的出击十分不顺利，他们被生番诱至丛林作战。结果海军上将贝勒（Ball）的参谋长在指挥作战时，被击中当场身亡，许多士兵也中暑倒地不得不退兵。③ 台湾镇、道害怕事情闹大，遂在五月二十四日（6.25）奏请"饬下总理衙门照会该国公使据理辩论，毋得带兵自办"。同年八月十三日（9.10）台湾镇总兵官刘明灯率兵赴琅峤查看，九月十五日（10.12）抵龟鼻山准备进攻龟仔角。不料竟有戏剧性的变化，李让礼已先一步与生番们达成和解；生番同意日后遇上海难以旗子为凭，允诺妥为救护。李让礼又到刘明灯大营交涉，官府遂俯如所请见好就收，这个名为"罗妹号事件"的案子就结束。④

其实这一次事件，清廷应该有所警觉昔日的番界政策，是否到了要该调整的时候。可惜从执事者道台吴大廷的日记来看，完全感受不到有改弦易辙的想法。吴氏与他的同僚们总认为，外国人一直想找机会生事。⑤ 如此中外对后山治权上的落差，马上于隔年又发生纠纷。同治七年九月（1868.10）中旬有英国人康（或译为荷恩/Horn），还有承领咸伯国（未统一的德国城邦，汉堡 Hamburg）商人美利士（James Milisch），雇觅工匠40余人前往大南澳（宜兰县南澳乡）建堡伐木开垦。噶玛兰厅通判丁承禧发现有洋人在

① 台湾银行经济研究室编，《筹办夷务始末选辑·序言》，台湾银行文献丛刊第二〇三种，1964年9月，页5~6。

② 洪安全主编，《清宫洋务始末台湾史料（一）》（台北：故宫博物院，1999年10月），页323~343。

③ 亨利·絮贝尔（Henri Zuber）著，袁树仁译，《中国通讯（1866~1867）——亨利·絮贝尔旅华散记》，《近代史资料》，总67号，1987年11月，页30~31。

④ 李仙德（C. W. Le Gendre），《台湾番事物产与商务》，台湾银行文献丛刊第四六种，1959年8月，页3~5。

⑤ 吴大廷，《小西腴山馆主人自著年谱》，台湾银行文献丛刊第二九七种，1971年12月，页46~48。

界外活动，劝阻无效旋急禀闽督英桂、闽抚卞宝第。福建方面亦急报北京，由总理衙门透过英、布（普鲁士）双方施压。同治八年十月一日（1869.11.4），康与美利士尽撤出在大南澳、南风澳所有的投资，最后终止这项侵垦行动。①

如果以为只有属于界外的东海岸，让西方人感到有兴趣而染指那就错了。位于内陆的水沙连同样也遭遇相似的问题。例如：同治十一年十月（1872.11）英国驻打狗领事馆翻译官布洛克（T. L. Bullock）就曾远赴水沙连。② 事实上清廷并非一味漠视水沙连，只是纸上谈兵居多。就像是同年台湾知府周懋琦在论述埔里社的重要性时，仅指出在战略据点以土地公案（南投县水里乡）、鸡胸岭（南投县鱼池乡），有一夫当关、万夫莫开的气势，只字不提早有洋人出入该地的事实。③ 直到同治十三年四月（1874.6）发生牡丹社事件（见第四章第三节），清廷来个番界大探勘，竟惊讶地发现水沙连早有教堂数处，并有逃匪逋匿其间。④ 看来传统番界政策，带给台湾文武官员对界外的普遍看法“宁为番窟，不为贼巢”，已面临严苛的挑战。于是在内地的支持下，一项名为开山抚番的政策即如火如荼马上进行。⑤

一般对于开山抚番的看法，皆认为是牡丹社事件后，清廷出于海防的考量，调整对后山开发的策略。不过要注意的是光绪初年的开山抚番，其实是内地大量挹注人力、物力、财力的结果。道光朝台湾道姚莹曾经提及，他说如果要开发界外，必须在军事、财政、能吏、交通多管齐下，方有执行的可能。当时台湾因缺乏这些条件，所以不能骤然实施。然隔了三十余年，如果单靠台湾一己之力还是无法实施；因此在军事上就以防军戍台、财政上以关税助饷、能吏交由闽抚定期移驻负责、交通先开北中南道的方式，作为政策执行的先锋。

初始之时，清廷对台湾开山抚番的计划还充满信心。行政区划分的调整是最大的改变，包括改噶玛兰厅为宜兰县，在琅峤新设恒春县。移北路海防理番同知改驻埔里，更名中路抚民理番同知；移南路海防理番同知改驻卑南，更名为南路抚民理番同知。同治十三年十二月十五日（1875.1.22）钦

① 《清宫洋务始末台湾史料（一）》，页505~548；陈在正，《台湾海疆史研究》（厦门：厦门大学出版社，2001年3月），页120~122。

② Bullock, T. L. “A trip into the interior of Formosa,” Royal Geographical Society of London 21（1877）：266-272.

③ 诸家，《台湾舆地汇抄》，台湾银行文献丛刊第二一六种，1965年9月，页86。

④ 洪安全主编，《清宫廷寄档台湾史料（三）》（台北：故宫博物院，1998年10月），页1648。

⑤ 台湾银行经济研究室编，《清季申报台湾纪事辑录》（南投：台湾省文献委员会，1994年7月），页47。

差大臣沈葆桢在奏折指出："台地之病，病于土旷；土旷之病，由于人稀。重洋远隔，必利市三倍而后内地食力之众不召而来。"① 看来官方对开山抚番的招徕，一开始想以利诱的方式招民开垦。诱民以利的方式是正确，可是利诱的对象却不是前山的住民，反而是东南沿海的百姓。为什么沈葆桢会做如此的决定呢？官方档案没有记载，但在他给福建巡抚王凯泰的书信中透露出蛛丝马迹。沈氏声称"台民习于游惰，樵者日可得钱五百，抽籐则可得七八百，尚不足以劝之。稍有所积，必耗费尽乃肯再做。"② 沈葆桢的观察实过于主观，因为台民果真习于游惰，那为什么从嘉庆朝以来，番汉要千方百计私越番界开垦。造成沈葆桢错误的认知，应是官、民立场不同的结果。本书合理猜测樵、籐的市价，绝不可能仅有每日工资五百至八百文钱就能打发。因此大部分人定会选择私采、私樵，只有少部分"游惰"者愿意让官府雇用。所以开山抚番的发轫选择不熟悉台湾风土的内地移民，可谓踏出错误的第一步。

台北府首任知府林达泉的幕友陈与同，曾提出与沈氏相异的看法，他认为应把后山土地，交给台湾富户认垦，并且能辟地抚社者，量予虚衔以荣之，如古代劝农搜粟名号。陈氏为福州举人，未来台前曾在福州船政局工作，他的建议日后被证明是可行，可惜清廷当初未采纳。③ 光绪三年（1877）福建巡抚丁日昌拟定抚番章程共二十一条，由此可以很具体细察官方对开垦的看法。其中最重要者包括：要求生番剃发、归化各番社头目充做给薪之社长、与番交易不透过番割、生番归化后往来市镇不准携械、前后山均设立医局医治"出痘"生番、设立招垦局总绾垦务等。④

光绪五年十月（1879.11）台湾府公文透露出前一年垦务办理的情况，原来先前所谓招徕移民，主要是以粤东的移民为主。由台湾道夏献纶、候补道方耀所拟章程，送给闽督、闽抚与船政大臣查核，批准每月派拨轮船，赴汕头两次接载。幸好夏献纶已稍作变通，所招募的垦民不全然都是粤东百姓，亦有台地人士。可是官府对于台民与内地之民开垦给予的待遇有所差别。前者从俟到开垦起，前六个月每名每日给银八分、米一升；后六个月田地渐次开辟，减为每名每日给银四分、米半升。后者以一年为期，每人每日

① 孙毓棠编，《中国近代工业史资料（第一辑 1840～1895 年·下册）》（北京：科学出版社，1957 年 4 月），页 582。

② 沈葆桢，《沈文肃公牍》（南投：台湾省文献委员会，1998 年 3 月），页 152～153。

③ 庄为玑、王连茂编，《闽台关系族谱资料选编》（福州：福建人民出版社，1984 年 8 月），页 432。

④ 台湾银行经济研究室编，《刘铭传抚台前后档案》，台湾银行文献丛刊第二七六种，1968 年 6 月，页 7～10。

给银八分、米一升。① 当时整个后山的开垦，时论以卑南觅（台东县台东市）较有潜力。该地自山到海阔五六十里，南北长约百里（今花东纵谷）。开辟后可得良田数千万甲，岁得租赋数万石，足置一县。②

事实上当时垦务的推动，只能以百废待兴字四形容；甚至招垦还不是最重要的工作，前置作业反而是先以武力迫使生番屈服。同治十三年十二月（1875.1）钦差大臣沈葆桢、福建布政使潘霨回奏北京时，提到开山抚番的顺序应是：屯兵卫、（砍）刊林木、禁草莱、通水道、定壤则、招垦户、给牛种、立村保、设隘碉、致工商、设官吏、建城郭、设邮、置廨。③ 军事管理已成为开垦初期的法则，它比设官经理还早十个步骤，比招徕垦务还早五个步骤。如此也说明从光绪元年二月至三年十一月，官军与生番在琅峤、茅埔（南投县鹿谷乡/信义乡）、加里宛（花莲市）、乌鸦石（花莲县丰滨乡）等地彼此恶战数回合（见第四章第二节）。对清廷来说，试图想赢得每一次战役的胜利不是难事，但想要固守攻掠下来的阵地则困难重重。因为看不见的敌人——热带疾病，所造成的折损比在战场上还大。

光绪三年五月（1877.6）福建巡抚吴赞诚在视查后山时，留下难得的垦务记录。他谓在五月二十八日（7.8）与福宁镇总兵官吴光亮会晤，吴氏禀请建筑水尾城；但吴赞诚以商贾未集、城工需费甚巨为由否决。由此可知持续三年的垦务，在进度上只进行到“设隘碉”的阶段。至于各地区开垦的状态，卑南（台东市）自大陂（台东县卑南乡）以南，可招外人承垦土地者已无多。大陂以北至水尾（花莲县瑞穗乡）、马太鞍、大巴塱（俱在花莲县光复乡），地广人稀可容招垦。岐莱一带虽可垦，但太鲁阁、嘉里远、豆栏等社番情未驯，垦民不敢轻往。璞石阁亦有闽粤杂居的民庄，但番众民单势难相抗。现在吴赞诚扩大招徕闽粤之民，除了汕头之外，连厦门也列入招募。④

虽然开山抚番之后，后山一时拥入大批防军的驻扎，显示出清廷想在短时间内强力控制该区域的用心，但后山开辟的成功不单仅是驻军而已，如何保蓁莽变为沃土才是关键。而在一些番害较严重的地区，在招不到垦民的情况下，只好由军人亲自下去拓垦。例如：福宁镇总兵官吴光亮就招募淡水、宜兰县200名民兵，在五佛埔筑围居住，以为半耕、半守之计。记名总兵张升楷接统北路各军，改民兵为碉勇，招募100名分扎米仓港、苏澳、五里

① 台湾银行经济研究室编，《台湾私法物权编》，台湾银行文献丛刊第一五〇种，1963年1月，页10~12。

② 黄逢昶，《台湾杂记》，光绪十一年福州吴玉田刻本，北京国家图书馆分馆藏。

③ 洪安全主编，《清宫月折档台湾史料（三）》（台北：故宫博物院，1994年10月），页1856。

④ 吴赞诚，《吴光禄使闽奏稿选录》，台湾银行文献丛刊第二三一种，1967年10月，页7~12。

亭。张氏去职后吴光亮接统，又改碉勇为民兵，饬赴花莲港一带开垦。① 然而这样操作的前提，则是官方必须有大量经费挹注。光绪五年（1879）由于清廷眼见投资均不见回收，整体开山抚番的热度逐渐减退。再加上日本并吞琉球、清俄伊犁交涉等外交问题都需要花费，官方对台湾后山开发的投资呈现停滞。②

针对开山抚番未竟全功的结果，旋有批评的舆论出现。光绪七年九月（1881.10）《申报》有署名“岱参将”认为开山一役，毫无益而大有损。一误于沈（葆桢）总制轻信人言，不能慎其始；再误于王（凯泰）中丞多疑不决，不能正其中。迨至丁（日昌）前抚宪，纵才智足以有为，然大错已成，亦不能善其后矣。③ 何谓“大错”？就是拓垦的主力不用本岛的住民，反而大量招徕闽粤移民。再者，垦务一事多如牛毛，单就《化番俚言》所记就有32条之多，处事没有轻重缓急，以致种下败因。④ 不过这一次清廷因政策错误而松手，对后山拓垦来说是危机也是转机。关键在于官方不再主导闽粤移民，使得前山垦户逐渐跃上舞台。光绪八年（1882）来台巡阅的福建巡抚岑毓英上奏时提到，台湾中、北两路尚多梗化，已派垦户（苗栗）黄南球、（新竹）姜绍基分投招安，并且檄调南路屯丁500名，投入台湾、嘉义县交界之三重埔（台南县玉井乡）、老弄社、小八洞、关领（台南县南化乡）开路。挑派北路屯丁500名，投入大小南澳、新城（花莲县新城乡）一带开路，以通花莲港。⑤ 光绪七至十年（1881～1884）台湾道刘璈主持开山抚番善后工作。所谓善后其实就是停办各项业务。他在私著里也可惜地说：“议者以台湾自办开山抚番，十余年来伤人逾万，糜饷数百万，迄无成效，以致奏请停办意在节流。乃不推究于办理非人，又非其法。”⑥

总之，台湾建省前的开山抚番工作，在毫无经验、章法的作业下匆匆结束。不过其中有一项基础性的工作甚为重要，它成为日后再重新来过的参考——开路。该阶段从前山通往后山的道路共有六条：其一，南琅峤海岸线道，旧道。由恒春县城东行至射麻里，在行至万里得、八磘湾（俱在屏东县满州乡），之后全沿着海岸线北行抵达卑南。其二，北琅峤越岭道，通判鲍复康所筑。由恒春县城北行至枫港（屏东县枋山乡），往东北行至射不力，双溪口（屏东县狮子乡）、英华岭、鲁木鹿山（台东县达仁乡）、阿郎壹溪、

① 《清季申报台湾纪事辑录》，页732～733。

② 李宜宪，《晚清后山驻兵初探》，《台湾文献》，第50卷第1期，页13～42。

③ 《清季申报台湾纪事辑录》，页999。

④ 黄逢昶，《台湾生熟番纪事》，台湾银行文献丛刊第五一种，1960年4月，页38～49。

⑤ 诸家，《台湾关系文献集零》，台湾银行文献丛刊第三〇九种，1972年12月，页123～124。

⑥ 刘璈，《巡台退思录》，台湾银行文献丛刊第二一种，1958年8月，页4。

八朗卫（台东县大武乡）。其三，昆仑坳越岭道，同知袁闻柝筑。凤山县赤山（屏东县万峦乡），向东行至双溪口、昆仑坳、大石岩、诸也葛、虷子仑（台东县太麻里乡金仑）。其四，中琅峤越岭道，台湾镇总兵官张其光所筑。从恒春县射寮（屏东县车城乡）向东行，至红泥嘴、南昆仑、春望岩、大鸟万溪（台东县大武乡）、虷子仑。其五，八通关越岭道，福宁镇总兵官吴光亮所筑。从嘉义县大坪顶（南投县鹿谷乡）出发，向东行至茅埔、红魁头、东埔、八通关（南投县信义乡）、双峰仞、粗树脚、雅托（俱在花莲县卓溪乡），最后抵达水尾（花莲县瑞穗乡）。其六，苏花海岸线道，福建陆路提督罗大春所筑。由宜兰县苏澳向南，行至东澳、大南澳、得其黎、新城、加里宛、花莲港、吴全城（花莲县寿丰乡）、象鼻嘴、鹿甲皮、大巴塱（花莲县光复乡）、拔子庄（花莲县瑞穗乡），最后抵达水尾。①

施添福在研究上述的道路时发现，它们的寿命都不长。除了第一条南琅峤海岸线道，原本就是旧道利用度颇高外，其余五条道路至迟在光绪三年三月，或因生番截杀、或因暴雨冲塌均废弃堙没。②《曾、胡治兵语录》里提到防边之要，不可处处设防；若处处设防，兵力必分，不能战亦不能守。惟择其紧要必争之地，厚集兵力以守之便是稳固。又云：碉卡之设，原所以省兵力，予地方官以据险慎守之方。有守土而无守之人，虽天堑不能恃其险；有守人而无守具，虽贲获所展其长。③ 由此可见湘军的治军之道，并没有被驻台防军活用于实际，导致耗费甚巨又事倍功半。然而透过开路，清廷总算能沿线了解台湾后山的地理状况，尤其是一些未知生番社，也在这波行动中渐为人所得知。

光绪十一年九月（1885.10）清廷下诏台湾建省，首任巡抚即是清法战争时的淮军宿将刘铭传。刘氏主政后又重新执行沉寂许久的开山抚番。这一次与前阶段在做法上有相同之处，也有相异之处。对于前者，以武力作为开山抚番的前锋，则是不变的地方。光绪十一年四月至十七年二月（1885.5～1891.3）刘铭传在位期间，官军与生番大小激战数回，其战火延烧至董底、率芒、屈尺（台北县新店市）、东势角（台中县东势镇）、大湖（苗栗县大湖乡）、大嵙坎（桃园县大溪镇）、紫微坑（台北县三峡镇）、马那邦（苗栗县泰安乡）、大坪（苗栗县卓兰镇）、南雅、义兴（俱在桃园县复兴乡）、尖石（新竹县尖石乡）、白茆（台中县和平乡）、迪阶、观音山（俱在花莲县

① 胡传，《台东州采访册》，台湾银行文献丛刊第八一种，1960年5月，页2～3；王一婷，《台湾的古道》（台北：远足文化事业有限公司，2002年5月）。

② 施添福，《开山与筑路——晚清台湾东西部越岭道路的历史地理考察》，《师大地理研究报告》第30期，1999年5月，页65～95。

③ 蔡锷，《曾胡治兵语录》（太原：山西古籍出版社，1995年9月），页146。

玉里镇）、头人埔、里行（俱在花莲县富里乡）、里垅（台东县关山镇）、新开园（台东县池上乡）、吕家望（台东市）、林望眼、树木绕（俱在台北县乌来乡）、牛斗山（宜兰县三星乡）、光立岭（宜兰县苏澳镇），战争规模惨烈比起以前可说有过之而无不及（见第四章第二节）。

刘铭传为什么比之前更能持续发动战争，除了防军驻台人数创下新高，有更多的兵源可以投入外，最重要的是得到民人武力的辅助——土勇营（见第二章第一、三节）。此点就是与前一个阶段开山抚番操作相异之处，因为刘铭传懂得把利益下放给跟他合作的士绅。① 也就是说建省后的后山开拓，已不是如最早的招募闽粤移民为主，正确地选择以台湾前山住民。因此刘氏才会在光绪十三年（1887）缮折时很自豪地说，全台总共归化生番478社，剃发者约88000人。② 光绪十四年绘制的《台湾内山番社地舆全图》，更记载全台招抚生番673社，男妇大小丁口共148479人。③

另外开路亦是建省初期重要的事业，不过成功几率还是不高。直到光绪十三年七月（1887.8）为止，官方总共试图开辟五条道路，包括：浸水营越岭道、关门越岭道、隘寮—新开园道、内山道、后大埔—卑南道。但真正开通者只有前面二条，并且关门古道使用不到一年就废弃。④ 道路修筑的艰辛应该让官方有所警惕，纵使用武力短时间让番社归顺，也不一定能长期控制。时论对于刘铭传开山抚番的成绩出现批评，并认为官方之后所招抚的七百余社，都是有名无实。所报垦的土地皆旧垦界内之地，隘勇扎入内山只是垦成撮土；归化仅是哄番出来剃发，一归番社又复杀人。⑤

针对此点，光绪十四年十一月（1888.12）浙江道监察御史林绍年也上奏弹劾。林氏认为从刘铭传回奏的内容来看，清一色都是宣称招抚多少番社、多少番众，但对于如何安置只字不提，恐有喜功糜饷之虞。⑥ 林绍年的纠弹可谓振聋发聩，只是对于一头热似的开山抚番，似乎没有带来多大正面的影响。光绪十七年三月刘铭传去职，继任的邵友濂以经费拮据为由，大幅度缩小开山抚番的规模。如此的心态从讨番战争中最能证明，大抵在光绪二

① 黄富三，《从刘铭传开山抚番政策看清廷、地方官、士绅的互动》，《“中华民国”史专题论文集第五届讨论会（抽印本）》（台北：“国史馆”，2000年12月）。

② 刘铭传撰，马昌华、翁飞点校，《刘铭传文集》（合肥：黄山书社，1997年7月），页146～150。

③ 佚名，《台湾内山番社地舆全图》，墨印，清光绪年间印本，北京国家图书馆藏。

④ 施添福，《开山与筑路——晚清台湾东西部越岭道路的历史地理考察》，页96；郑安晞，《台湾最后秘境——清代关门古道》（台北：晨星出版有限公司，2000年10月）。

⑤ 诸家，《树杞林志》，台湾银行文献丛刊第六三种，1959年9月，页116。

⑥ 洪安全主编，《清宫月折档台湾史料（六）》（台北：故宫博物院，1995年8月），页5319～5320。

十年（1884）邵氏离职前，官方发动的战争只有夹板山（桃园县复兴乡）、射不力（屏东县狮子乡）二役。

末期对于开山抚番还存有热心的官员，可谓所剩无几。台东直隶州同知胡传，应可算是少数中之一位。清末来台旅游的知名文人池志征，评论胡传勤核猛朴，吏治才也；但带兵用人，非其所长。① 如此品评非空穴来风。光绪十九年（1883）胡传与《台湾通志》编纂蒋师辙，在讨论抚垦之失时，即不经意流露出书生典兵的窘境。胡传坦率指出台东二百四十里间，隘寮棋布；戍者明或十人或七八人，或四五人，率多虚籍，拟悉罢之。另请调澎湖兵600人分屯六所，想取力裕而威壮者令番胆寒。② 取练勇之强者，就能让生番"胆寒"吗？当然不可能。不过基于职责，胡传对开山抚番失败的观察倒值得参考。他云十八年来，所办者有剿、防、抚、垦四端。"剿"如猫入鼠穴以捕鼠。"防"则尺土寸地、一民一户，皆欲以兵保护。"抚"则以财帛贿番，以酒肉餍之如养骄子。"垦"则无一处报请丈地升科。③ 前三则的失策还不难理解，但为何招垦的结果却换来没有土地升科呢？这可能有三点原因：其一，垦民深受热带疾病的侵袭，所以招垦的土地抛荒严重。其二，昔日民人隐田的老把戏又故技重施，以致官府没有收到升科之田。其三，抚垦局的业绩各处不同。官府为落实垦务在全台设立十四个抚垦局。在原番界外共有三个——恒春、卑南、秀姑峦抚垦局。这三个抚垦局的运作如何，现缺乏史料已不得而知；但胡传既然已如此抱怨，可能其业务不太顺遂。④

光绪二十一年（1895）《马关条约》签订，台、澎割日已成定局，也终止了二十年的开山抚番事业。纵观清代后山开拓史有两点可以注意：其一，对于后山的开拓，即便是台湾官员也人云人殊。从不同时期各级官员对开发水沙连、奇莱的兴趣，相信对于番界的定义，也一定不止局限于军事、保安上。⑤ 不过对于清廷来说，只有防卫才是他们感到关心的。因此当台湾在讨论开放部分番界地区，充做版图可裕民课时，廷议却一再以台湾防卫无力负担为由否决。直到同、光之际，为应付牡丹社事件调派大批防军援台；这批兵源刚好可以解决番界开放，短时间之内台湾防卫真空的问题。所以清廷才

---

① 诸家，《台湾游记》，台湾银行文献丛刊第八九种，1960年8月，页15。

② 蒋师辙，《台游日记》，台湾银行文献丛刊第六种，1957年12月，页126。

③ 胡传，《台湾日记与禀启》，台湾银行文献丛刊第七一种，1960年3月，页67。

④ 伊能嘉矩，《台湾文化志（中译本·下卷）》（台中：台湾省文献委员会，1991年6月），页266。

⑤ 例如：番界在《清史稿》中被列入《食货志》。参阅藤井志津枝，《"清史稿"乾隆时期"番界禁例"考》，《台湾风物》，第40卷第1期，1990年3月，页25～35。

一改过去保守的态度，大量挹注钱财积极投入。其二，就武力控制方面，官、民武力合作则是一贯的模式。它最早的先例，可追溯至道光三年（1823）噶玛兰料匠林泳春事件。该经验亦成咸丰三年（1853）平定吴磋事件的参考。尔后到了光绪朝的开山抚番，虽然在建省前民、番武力合作的个案不多，但建省后仰仗着土勇营的帮助，官方才有能力发动更多起讨番战争，把双方合作的业绩推向高峰。遗憾的是能攻未必能守，在一连串抚番失策的包袱下，注定清廷在开山抚番上要以失败收场。清廷的“开山抚番”政策就在政权转移下结束，但它的事业却被新的统治者继承，并以“理蕃”为名重新开始，而台湾史也从清治走向另一个阶段。

结　论

光绪二十年（1894）甲午战争是清代台湾武备的最后一次试练。不过在战事发展上，日军并没有直接进攻本岛，仅抢攻澎湖作为与清廷谈判的筹码。① 跟之前的对外战争比较，台湾在战备整饬方面有强有弱。在强项部分，全台部署20门不同口径的英制阿姆斯脱浪炮（Armstrong）、11门不同厂牌口径的洋炮，火力上确有进步。② 在弱项的部分，绿营人数降至新低，只有2405人；防军人数亦降至新低，只有十四营12500人（见第二章第一节）。台湾官军人数不足的窘境，只有大力招募土勇营与团练应战；前者共募得二十八营14000人，后者共募得十营7000人（见第二章第三节）。清廷赴日谈判全权代表李鸿章认为台湾人民强悍，间接已说明土勇战力坚实的一面。③ 然而光绪二十一年三月二十三日（1895.4.17）中日签订《马关条约》，决定将台湾岛及附属岛屿割让给日本。四月二十六日（5.20）上谕台湾文武官员即刻内渡，代表着清廷统治台湾告终。④ 而前述这些部队，在未发一弹的情况下，多数易帜为台湾民主国的军队，清治下的武备也在此画下句点。

综观清代对台湾的治理，武力统治之道已经达到"稳定治台"的要求。不过这一历史的发展，亦是经过经验的累积才完成。康熙二十三年（1684）诸罗知县季麒光最早指出台湾有三大患——赋税之重大、民兵之难辨、荫占（隐田）之未清。这种百废待举的局面，成为治安不稳定的温床。同年季氏再撰文《严禁结拜示》，指出福建秘密结社的风气，随着移民迁徙也被带入台湾。官府对于这群结社分子的看法极为负面，普遍认为是"奸之媒也、贫之基也、盗之门也、争之阶也。"为了对付他们，保甲制度即刻实施，首要目标就是清查兵民杂处的问题。初期效果尚可，秘密结社以乡村较为频繁，

---

① 日本参谋本部编，许佩贤译，《攻台战纪》（原名明治廿七八年日清战史）（台北：远流出版事业，1995年12月），页70~100。

② 日本东洋文库藏，《台岛劫灰》；摘自曹永和、吴密察，《日据前期台湾北部施政纪实——经济、军事篇》（台北：台北市文献委员会，1886年10月），页554~556。

③ 李鸿章手记，《台湾割让中日谈判秘话录——伊藤博文·李鸿章一问一答》（台北：西南书局，1975年6月再版），页47、89。

④ 黄秀政，《台湾割让与乙未抗日运动》（台北：台湾商务印书馆，1996年4月二刷），页356~359。

府治县邑较不常见。但康熙五十九年（1720）以后，保长始被无赖钻充，保甲难以发挥功效，部分成为过事生风、架局吓骗、窝藏匪类、肆害良民的秕政。另外讼师的兴起，对于治安的危害也值得注意。充当讼师最多者是武举人。康熙朝台湾武科科举的表现比文科还好，总共录取 6 名武进士、54 名武举人。不过清廷寄望他们成为武力治台的中坚力量暂时落空。由于争讼可以获得暴利，使得在数量上比起文科还多的武举人，纷纷投入讼师的行列。

除了民人有统治上的难处之外，亦有生、熟番的问题。康熙朝是清廷与他们首次接触的阶段，从官方的记录来看不论生、熟番，都有武力桀骜的一面。生番以阿里山番与水沙连番最为凶悍，熟番以吞霄社、后垅社、麻少翁社、内北投社、岸里社、嘄吧哖社、（芋）茅匏社、阿里史社最为不驯。他们有办法与官相抗，其实都仗着番社绝险、距离汛防遥远的优势。只是如此的局面在官府逐步深化统治后，均面临极严重的挑战。

前述番民民情浮动难题，着实带给清廷统治上的困扰。不过靠着两大法宝——磺铁与军器的管制、官番民武力的合作，清廷仍有能力遂行统治。对于前者，康熙二十三年（1684）禁止军器出洋，则是一个发轫。康熙四十五年（1706）再以行政命令，规定每年输入台湾的铁筋数目，严格地控制台民对铁器的使用。在此措施下，番民的武力果然被约束在一定的范围内。其中最重要的是阻隔对火器的使用与学习。对于后者，清廷很早就认识因地制宜对区域稳定的重要，所以南部先采取的方式是官、番、民的合作，中部的方式是官、番为主，北部的方式是官军一支独大。如此的操作是有效果，例如：接连平定康熙二十三年（1684）蔡机公事件、三十五年（1696）吴球事件、三十八年（1699）吞霄与北投社番事件、四十年（1701）刘却事件。

清廷在武力执行面上的成功，有两层深刻的意义。其一，先以台湾本岛的军力弹压动乱的地区，购线掌握情报来源，以及堵御不让乱事蔓延，则是执行成功与否的关键。上述的蔡、吴二案皆是在获得线报，先发制人的情况下顺利敉平。而所有的案件，均是乱事堵御成功的佳作。由于乱事仅局限于某个地区，所以几不构成拓垦的阻碍。其二，台湾的军力不足以压制乱事时，则福建的援军随即往援。事实上本书虽强调武力治台之道重要，但论述的主轴仍未脱“省级”的思考。因为台闽同为一省，福建绿营当然有义务平定同为一省——台湾的乱事。康熙六十年（1721）朱一贵事件，首次让清廷有此经验。而在围剿朱案过程中，还有一个发展相当重要，即首度有“义民”的出现。从朱案的例子来看，义民是先自封而后才受到敕封。在此之前地方民人有听调随征的个案，但多是居于被动。现在有粤籍百姓自发性组织团练——六堆，并主动请缨帮助官府平乱，可视为民人武力整合的重要改变。

康熙六十一年（1722）福建名士蓝鼎元，在朱一贵事件善后提到台事可虑者三——米贵兵单、各官穷蹙、政务懈散。表面上台湾被形容的摇摇欲坠，但实际上统治工作正逐步深化。其中最有进展者，即是对生番的联系。原来为了追捕朱案的逸匪，官兵联络到卑南大土官文结，以及辖下的七十二社生番帮忙搜捕。这是清廷首次把统治的触角伸向东海岸，对后山情形的了解甚为重要。雍正元年（1723）官方记录台湾社会，仍处于“兵民立社结盟，作盗为奸无分昼夜”的状态。不过三年之后，充做皇帝耳目的巡台御史，督察台湾文武官员尽心办事，治安情况稍有改善。然而当官箴有了起色后，以往没有的一股歪风却逐渐生成——蠹役。台湾差役作恶的情况，时论认为比内地更加严重。

雍正五年（1727）原籍福建漳浦的礼部尚书蔡世远，素娴台湾情势。在他看来台湾难治的原因，都是闽粤无赖子弟移民台湾，官员平时不知教化的结果。该批评对台湾是非常严厉，但也反映出整顿后的官箴又衰微的迹象。雍正六年（1728）巡台御史夏之芳奏称，台湾文武生员往往散处孤村远社，借倚功名包揽事情、武断乡曲，或串通各衙门专作讼师贻害地方。其实不仅民人以文乱法，即便是熟番也参与其中。例如：新港、目加溜湾、麻豆、萧垅四大社熟番，就被认为近于府治习于刁猾健讼。而同处诸罗县的诸罗山社、哆啰膀社，则仅次于他们。蓝鼎元与台湾道吴昌祚讨论台事时，一再提醒吴氏注意知县与通事规礼上的共犯关系，并留心讼师、社棍趁机介入社务。为应付治安日趋恶化的可能，巡台御史赫硕色、夏之芳奏请台湾保甲专稽“游民”。

有理由相信雍正朝，清廷对于不驯的生、熟番改采以强硬的态度对待。雍正四、七年（1726/1729）出兵征讨彰化县水沙连番，以及凤山县山猪毛番则是两个很好的例子。当然官方用兵最大的理由是生番馘首危害严重，但要知道的是雍正七年首次出现生番（山猪毛）使用火枪的记录。因此也不排除清廷发兵于未萌，趁生番未熟练火器前大加惩创。雍正八年根据署福建水师提督许良彬奏报，台湾新旧归化的熟番户口数已有二三万之多。这也是清代史载首次提到全台熟番的总数。与康熙朝相较，官方对熟番的掌握又更往北发展，网罗了新设彰化县、淡水厅境的番社。这样的用心是非常有必要，因为雍正九、十年（1731～1732）先后爆发的大甲西社番，以及沙辘、牛骂、南大肚社番的举事，官军在无力平乱之余，就是靠着岸里社，与反正的后垄、大甲东、南日南社助剿才能成功。

彰化县熟番的举事，除了让清廷再度成功地执行“以番攻番”的策略外，也让福建绿营增添渡海援台的经验。另外雍正十年三月（1732.4）凤山县莠民吴福生趁中部番乱竖旗，有形中也带给六堆义民练兵的机会，让他们与官方合作更加密切。吴福生失败后并没有马上就逮。直到隔年闰五月，才在线报、探丁绵密追缉下于诸罗县就擒。清廷在敉平中部熟番乱事后，最大的收获就是打通南北官道，使得道路可以横越大甲溪，向北延伸三条路线进入台北盆地，大大有利于北部的拓垦。

乾隆元年（1736）甫即位的高宗发布上谕，严饬地方官员剪除破坏地方治安的四恶——盗贼、赌博、打架、娼妓。对台湾来说，盗贼问题尤为严重。当时的“盗薮”分布在几个地方，包括：诸罗县礁巴哖（台南县玉井镇）、角带围（台南县盐水镇），台湾县茑松脚（台南县仁德乡）、隙仔口（台南县山上乡）、土地公崎（台南县龙崎乡）、岗山（高雄县阿莲乡）、石门坑、梨仔坑（俱在高雄县内门乡），凤山县大湖（高雄县湖内乡）、覆鼎金（高雄市三民区）、二滥（高雄县路竹乡）、坪仔头（凤山市）、旗尾（高雄县旗山镇）、高朗朗（屏东县盐埔乡）、阿猴街（屏东市）、深水山（高雄县燕巢乡）均是奸匪伏莽窃发之所。

似乎越往南贼窝分布越多，至凤山县时已达到最高峰。的确在官府眼中，下淡水溪以南，客庄番、汉杂居，导致好事轻生、健讼乐斗层出不穷。除了南路治安不稳之外，北路彰化县也有恶化趋势。乾隆十四年（1749）福建巡抚潘思榘的一份奏折，更道出官方眼中的彰化，已从静谧之地转变成难治的地方。其原因是该域离郡窎远、四静辽阔，大批漳泉之人散住，每于偏僻旷野之处搭盖寮厂，招伙养鸭、种地，游手匪类借以潜藏频有抢劫之事。

至于番害为患的程度则跟盗匪相反，呈现北路较南路严重的情况。淡水厅、彰化县的生番被形容最为刚狠，只要一遇汉人定马上戕害。当时生番出没最频繁的地方，包括头重（南投县名间乡）、北头（南投县草屯镇）、大婆（台中市东区）、黄竹（台中县大里市）等处。在乾隆朝部分官员眼中，生番素喜为乱。若出兵讨伐也很难直捣深山巢穴，改施恩惠未必能满足他们。最好的办法是示以威武，怀以德意才不会让他们作乱。如此的想法让他们朝隔离的政策执行。乾隆二十六年（1761）纵贯台湾南北的番界筑成，前提有如前任闽浙总督喀尔吉善所称：“鉴于台湾闽粤流寓之人惯欺番众，对生番游侵其疆土；恐将来流寓日强、番众日弱，官府明令禁止奸徒侵犯生番。”

当然有了划界还是不够，因为界外的生番仍有出界猎首之虞。为了对付他们，另一种武力的整合机制形成——隘。时论隘就是防番之地。乾隆元年（1736）北路协副将靳光翰，处理淡水厅后垄、中港生番出草，则是官书中最早提到隘制的地方。不过早期的隘丁并非由汉人担任，反而是在官府的指派下让熟番充任，其代表者是中部的岸里大社。岸里社熟番的听调，符合官、番武力合作的操作模式。在此要求下他们亦有额外的任务，即必须护卫军工匠入山采料。从乾隆二十五年（1760）的记录来看，当时以淡水厅设隘18处最多，其次是彰化县的10处，二地共征熟番937名守隘。然隔年番界划成改变了隘制的发展，最主要的是番界所到之处皆是防番之地，所以设隘的需求与数量大增。汉人可能在此时才开始守隘，其地点是在淡水厅的竹北、杨梅、平镇。

或许在此先有一个疑问，既然隘制最早是由熟番负责，为什么它不算是番人武力整合机制呢？本书认为熟番守隘，仅是官府交给他们的工作之一，其武力的根源还是出于番社。但民人守隘并非如此。方知隘防与浅山地区的拓垦息息相关，在汉人守隘的历史中，因应环境的不同而形成的全官隘、官四民六隘、隘丁团体隘、公隘、垦户隘，就是汉人武力整合差异最好的说明。

乾隆三十二年（1767）清廷裁撤泉州府西仓同知，仿广东理猺同知例以其缺新设台湾府理番同知，统辖淡水厅、彰化县、诸罗县的民番交涉问题（南路番务由海防同知兼任）。这是一个极重大的变革，因为它在配合乾隆二十三年（1758）罢黜汉人通事，改由熟番担任通事的政策，揭示了官方跳过汉人的中介，欲从“间接控制”转变成“直接控制”的局面。事实上清廷对熟番的控制，可谓渐入佳境。乾隆九年（1744）官员声称全台熟番番社170余个、人口数不下10余万人，则是一个端倪。

乾隆元年至三十年（1736～1765）台湾治安颇为平静，虽有抗官、诬人竖旗与生番出草事件发生，但规模甚小均不构成对垦务的阻碍。这种以武力维持区域安定的局面，甚至也让偷越番界的私垦者受惠。乾隆二十二年（1757）台湾镇总兵官马龙图、台湾道德文清查时，对于私垦面积有惊人的发现。这些地点包括：清水沟（南投县鹿谷乡）、集集埔、八娘坑（俱在南投县集集镇）、虎仔坑、万丹隘、腊塞头、头重埔、二重埔、三重埔、中洲仔（俱在南投县名间乡）、葫芦肚（南投市）、万斗六（台中县雾峰乡）、东势山脚庄（台中县太平乡）、黄竹坑（台中县太平市）、三十张犁、积积巴来（俱在台中市）。

当然危害治安的隐忧也不是没有。例如：乾隆五年（1740）巡台汉御史杨二酉自曝内幕，他的奏文中提到先前调台的满、汉御史，彼此性情多不相投。若遇事则挟怨偏私，使得文、武员弁亦随之各立崖岸，诸事掣肘贻误地方。乾隆十二年（1747）巡台御史白瀛奏言，台地现有一种奸民，只要遇到地方官稍稍执法，即奔赴巡台御史衙门捏款越诉，希图利用御史与府、县权力的矛盾从中获利。“奸民”指的就是讼师。乾隆三十八年（1773）福建按察使广德主持一项通省的“猎讼行动”，目标就是严拿这些乱法之人。据称该行动颇有成效，至少往后三十年间，时论没有再记载讼师的恶行。

不过乾隆三四十年代，台湾各有一场民变与械斗，迫使清廷对防务的疏漏做出检讨。乾隆三十三年十月（1768.11）凤山县传出牛盗黄教竖旗。该役台湾文武最初的反应仍采官、番、民武力合作的方式敉乱。然他们忽略黄教党羽所采取的战术，完全是先前竖旗者所无的——沿番界神出鬼没地偷袭。台湾守军完全被此游击战搅乱而疲于奔命，不得已只能急禀内地，赶紧再调派大军援台。福建绿营约四千之众，投入台、凤、诸三县，再配合当地的守军，终于能围堵黄教的攻击。黄教本人在隔年三月，于诸罗县山中中伏身死。乾隆四十七年八至十二月（1782.9~1783.2）台湾爆发史上首次跨县的械斗。乱源是从彰化县莿桐脚庄（彰化市）点燃，之后往嘉义县蔓延成为大规模的漳泉械斗。中部守军与府城驰援的官军，均不能有效弹压，因此再急调福建援军来台平乱。透过这两起案例，其实正告诉清廷三件事情：一是北部相对于中、南部，治安是比较稳定，往后必须密切注意后两地有心人的蠢动。二是番界的戍防显得薄弱，已让竖旗者察觉并懂得利用。三是中部漳泉械斗势炽，其中很重要的原因是大里杙林姓土豪介入所致，而如何裁抑地方豪强的武力则是当务之急。

很遗憾清廷并没有下工夫检讨，所以当乾隆五十一年十一月（1787.1）台湾发生震惊朝廷的林爽文事件，其前因后果也就不足为奇。林案被列为高宗十全武功之一，可想见战事规模之大。的确以台湾民变的个案而言，它也创下不少纪录。首先它是第一个由会党发动的竖旗。在此之前虽早有父母会、子龙会、小刀会、添弟会、雷公会结拜于乡里，但他们都被官府先行破获，不构成对统治者的威胁。然而林爽文却善用天地会的人际网络，在台湾北、中、南发动举事，一时让官军措手不及。其次它也是第一个意图结合生番共同作乱的民变。透过通事杜美的帮助，林阵营原本可以联络到水沙连番与事。不料却被清廷探知，赶紧抢先一步交好水沙连十四社。同时还联络到屋鳌等十六社、傀儡番听调，扭转了可能改变战局的变数。再次它也是第一个调动福建以外兵力平台的民变。乾隆五十二年五月（1787.7）湖广总督调职来台担任钦差大臣的常青，最早在奏折内提出调动他省军队的要求。高宗满足了他的请求，先调拨浙江、广东绿营与八旗往援。孰料仍无法压制林阵营的气焰，于是再调拨湖北、湖南、贵州、广西、江西绿营，以及江宁八旗与四川屯练助战，总算平定了这场乱事。最后要说明的是林爽文阵营，能够与清廷周旋一年半之久，除了擅长野战与游击战外，有能力制造大量兵器更是关键。其实林爽文的根据地就是大里杙——乾隆四十七年械斗的涉案地点。由于官府平日姑息，才会有让该地武力不断做大，以至于一发不可收拾。不过林阵营打制的武器，多半都是刀剑弓矢等冷兵器，对于火器皆无法掌握。清廷看准了林爽文的弱点，从内地调送大批鸟枪、火炮抵台。靠着火器猛轰建功，林阵营终于不支败阵。

有趣的是在这么激烈的战争里，中、南部地区竟然也可以发现到拓垦三层崎（台中县龙井乡）、山枫树（台中县大雅乡）、石龙崎（嘉义县竹崎乡）、蜈蜞潭（高雄县燕巢乡）的记录。林案结束以后，清廷对台湾兵力有突破性的调整。当中最重要的是组织番屯。在清廷的办理下，全台共分十二个大小屯与下辖的4000名屯丁。若按分县的屯丁人数计算，以彰化县部署1497名最多，依次是淡水厅的1000名、凤山县的800名、嘉义县的503名、台湾县的300名。另外得利于平定林案时大批的义民的协助，官府与民人武力亦有更密切的互动。整体来说，林爽文事件让清廷改变以往因地区不同，所造成官番民武力合作取舍上的差别。现在整个番界以西，清廷只用一种手法在操作——即一遇乱事，就是官、番、民武力一起投入平乱。

另外二项社会控制措施的强化也值得注意——磺铁之禁、广布眼线。前者方面，乾隆五十三年（1788）以前台湾没有严定章程，以至于刀矛枪炮等物多私自藏蓄。甚至商旅往来，皆携带器械自卫；而盗贼假托行凶，亦执械混入其中无人盘诘。现在明白规定除了熟番、屯丁应用器械，以及民间菜刀、农具外，其余如弓箭、腰刀、挞刀、半截刀、标枪、长矛之类一概禁止。同年高宗再以上谕的形式，封禁台湾淡水磺穴，并把它载入《会典》成为法律。对于后者，主要是捉拿“漏逆”而设。林爽文失败后党羽四散，部分逸匪逃入山区有复兴天地会之志。乾隆五十五年（1790）在彰化县南投查获林案后首起天地会案。尔后打着天地会的旗号，乘机生事者亦所在多有。例如：乾隆五十七年（1792）彰化县吴光彩案、乾隆五十九年（1794）凤山县郑光彩案、乾隆六十年正月（1795.2）凤山县陈光爱案。

上述案件最重要者为陈案。因为当中的一名逸匪陈周全，逃窜至彰化县湖仔内庄（云林县刺桐乡），再次复兴天地会。乾隆六十年三月（1795.4）他利用县境抢米风潮，带领会众竖旗，仅花费七天的时间连克鹿港与彰邑。该案是林爽文事件之后，初见规模最大的民变，本有可能成为燎原之火动荡全台。然而经过林案的洗礼，中部官军在反攻时，已懂得如何堵御与结好义民。因此趁陈周全夜宿柴坑仔（彰化县员林镇）不备时环攻掩杀，敉平该乱。

嘉庆朝对台湾拓垦史最大的意义，即是纳噶玛兰为版图。事实上兰地的开发，就是民人武装拓垦的范例。跟前山迥异之处，汉移民进入噶玛兰开垦，实际上已偷越番界。为了对付当地大批的熟番，民人发明新的武力整合机制——结首，作为夺取熟番土地的方法。该制有如金字塔结构般，易于发号施令，能有效加快拓垦脚步与进行战斗。因此当嘉庆十七年（1812）清廷决定在噶玛兰设官理民时，已是坐享其成的结果，原来整个兰阳平原早被垦熟。

就武力统治之道来说，嘉庆初年官府对台湾控制尚严。购线仍持续发挥效力，有多起滋事案在未萌前，就被官方掌握可靠消息。例如：嘉庆二年正月（1797.1）彰化县陈周全案逸匪廖挂竖旗、嘉庆二年十二月（1798.2）淡水厅芝兰三保地保密禀小刀会匪杨肇举事、嘉庆五年四月（1800.4）嘉义县衙提早得知陈锡宗举事计划。不过任何一起民变，还没有比得上闽海盗蔡牵多次劫掠台湾造成的破坏。嘉庆九年四月（1804.6）蔡牵首次进攻府城，或许是台湾水师战船数量少有海盗船，也或许是海盗船封锁住港口，造成水师无法出海迎敌。此役官军惨败收场，让蔡牵盘踞鹿耳门月余，趁南风盛发时拥重资离去。然蔡牵第二次进攻府城时，由于官兵已累积水、陆作战的经验，因此一雪前耻大破之。嘉庆十年十二月（1806.1）蔡牵二次袭郡，该役特别之处在于勾结陈周全案逸匪，已经在嘉义县充当山贼的洪泗老作乱。这一战清廷不敢大意，除了首次调动番屯应战外，亦请到凤山县生番下山助阵。另外在动员义民上，遵循林爽文事件之例，重用武举、武生成为平乱的要角。如此官、番、民武力合作果然奏效，迫使蔡牵的船队被困在洲仔尾（台南县永康市）。未几福建水师赶抵台湾，协同当地官军合击蔡牵，战火从府城一路延烧至盐水港、笨港。隔年三月蔡牵战败，旋趁海潮扬帆起碇北逃，日后再也不敢寇掠台郡。

番屯初试莺啼就有不错的表现。无独有偶地嘉庆十三年六月（1808.7），粤海盗朱渍骚扰淡水厅淡水港时，知府邹翰亦调集500余名番屯应战，并配合绿营、义民的围拿，终能击退朱渍的攻势。隔年四至九月淡水厅、彰化与嘉义县发生漳泉械斗，番屯在福建陆路提督许文谟的指挥下，与闽省援台的绿营兵协同弹压平定此乱。官府不断强化武力治台的方法，是否也透露以法治人的不行。嘉庆十二年（1807）嘉义县学教谕谢金銮，针对清廷治台写了一篇《泉漳治法论》。文中认为台湾官府的公权力已经破产，主因是衙门对于民事案件过于怠慢，小民受不了官员的推托，常做出掳禁、私刑、灭尸的动作，更平添以暴制暴的变数。

道光三年（1823）卸任台湾知县姚莹观察社会的现况，留有各地民风迥异的记录。大抵凤山县民狡而狠，彰化、嘉义县民富而悍，淡水之民涣，噶玛兰之民贫，唯台湾府治与县境、艋舺通商户多殷实，其民稍为纯良易治。然三地还是有缺点，那就是一倡百和极为善变。若官有一善，则群相入颂悦服；若官一不善，则率诟谇而奸欺。再根据道光六年（1826）《问俗录》记载，台湾社会存有“共犯结构”的问题，即头家—贼友—逃人—大哥沆瀣一气。头家是有钱人的通称，常结交幕友、长随，吓唬穷民狐假虎威。若遇贼强，就贿通其党，摆饭敛钱；看见贼败，又变为义首，高举义旗剿之。更有富户，故意结交巨盗为贼友，意图以毒攻毒；致使官差不敢惊动，小贼不敢打扰。更有命案凶手逃入内山，亡命于同乡强族庇护间。然自知必死，闻某庄滋事，必起而抢掠，酿成巨案贻祸不浅。

道光朝三十年间，台湾乱事频率有升高的迹象。势炽者包括：道光三年三月（1823. 4）噶玛兰厅林泳春事件、道光四年十月（1824. 12）凤山县杨良斌事件、道光六年四至九月（1826. 5～10）嘉彰淡噶大械斗、道光十二年闰九月（1832. 11）嘉义县张丙事件（福建派兵支援）、道光十二年十二月至十三年二月（1833. 1～3）彰淡械斗、道光十六年十月（1836. 11）嘉义县沈知事件、道光十八年十一月（1838. 12）嘉义县胡布事件、道光二十一年九月（1841. 10）嘉义县江见事件、道光二十二年四月（1842. 5）彰化县陈勇事件、道光二十三年十月（1843. 12）嘉义县洪协事件、道光二十五年八至十二月（1845. 9～1846. 1）嘉彰械斗、道光二十九年（1849）嘉义县吴吮事件，总共有十二起之多。为什么会如此呢？

其症结在于人口数量激增，但兵防人数远远不及的结果。清代台湾人口的估量，以乾隆五十五年或五十九年（1790/1794）首度突破100万人为里程碑。嘉庆十六年（1811）增至178万人，道光四年（1824）再增至250万人。然而绿营的人数，从乾隆至道光平均仅维持在10000～12000名左右，非常不利常态控制（见表三十八/四十二）。清廷在无法增加绿营兵源的情况下，只能更加依赖操作面的方法，尽力维持官、番、民武力合作的局面。当然从上述各起乱事，均能有效平定的情况来看，该操作方式也有一定的水平。

而针对外在环境纷乱的变化，民人的武力整合方式也有改变。道光十四年（1834）淡水厅金广福大隘的成立，代表地区的隘防获得连贯。由于民人透过隘线，可以完全整合防番的武力，因此更有实力与生番正面较量。再者清庄联甲的出现，也可谓应付时势的代表。该制的本意，肇因于匪势强大，以一街庄为主的保甲无法制服时，可进一步联合各庄保甲，形成更大的保安单位对抗。清庄规约最早能追溯至道光十六年（1836），内容是以“禁约”为主；联甲规约最早能追溯至道光十八年（1838），内容是以“赏约”为主。由于保甲透过清庄联甲更加强化，使得官府在缉捕要犯或应付动乱时，最常使出的二招——购线、堵御能更为有效。另外团练也有突破性的发展。这种民人常设性的武力，先前只出现在凤山县的六堆。但是道光二十年（1840）鸦片战争，促使台湾道姚莹有机会命令全台绅耆组织团练。在他的努力下，约有13000～47000余名壮勇被组织起来；以半数守庄、半数听调的方式协防。

姚莹不愧为当时的循吏，对于台湾的观察均能洞见观瞻。道光二十年（1840）他上书闽督邓廷桢、闽抚吴文镕论及台事，再度提出对该岛治理的心得；并认为现在最难治理的二县是嘉义县、彰化县，其次是台湾县与凤山县，再次是淡水厅，尚称易治是噶玛兰厅。至于对治安的潜在危害的对象，道光二十九年（1849）台湾道徐宗幹，又提出新三大害——盗匪、讼师、蠹役。同年徐氏与云贵总督林则徐书信论及台事时，总结治台心得表示："台地之难，险不在风涛，而在官累；患不在盗贼，而在兵冗；忧不在番夷，而在民困。贩运漏卮之货有去无来，逋逃漏网之徒有来无去，旷土少而游民多。如水中一邱，蒿莠丛生，非芟薙来，将不能容，是以有'三年一反'之谚"。

考台湾"三年一反"之谚，最早就是出于此时。从道光朝乱事的频率来看，该形容并不过分。然而要注意的是，它不等于是全部历史的缩影。并且徐氏一针见血的评论，反省了传统印象中，台地多乱是因为作奸犯科之民太多的关系；事实是官、兵举措无方，又不顾及民生才导致的结果。或许是整体兵防不若以往稳固，清廷对于界外开垦的建议显得谨慎，最明显的例子是议开水沙连。嘉庆十九、二十年（1814～1815）该地发生偷垦并虐杀生番事件，使得官府对当地偷越番界汉人提高警觉。虽然整个道光朝，包括前后任北路海防理番同知、闽浙总督，不断上奏说明开放水沙连的好处；但廷议在讨论此事时，总以为纳水沙连入版图，则是现阶段兵力无法负荷之难否决。道光二十七年（1847）宣宗发布上谕，饬令水沙连照旧封禁，使得该地的拓垦向后推迟约三十年。

咸丰元年（1851）台湾道徐宗幹提出治台之道，重点在于"治番不如治民"。确实经过一百六十余年的统治，番界以西民人作乱的次数远超过熟番。不过咸丰朝台湾平定民变的态势，跟以往比较有一很大不同，即是内地深受太平天国战事所苦，没有余力调拨援军赴台。台湾文武官员应付危局，除了极度倚赖官番民的合作外别无他法。例如：咸丰元年（1851）十月嘉义县洪纪竖旗、咸丰三年四月（1853.5）台凤嘉三县的林供与赖鬏事件、咸丰五年（1855）嘉义县林房事件、咸丰九至十年淡水厅分类械斗，均循此法平息。

当然从敉乱的过程来看，如此的操作跟先前的个案相比，似乎没有什么不同。不过在民人武力的发展上，却有两点值得注意。其一，团练出现设局的现象。咸丰七年（1857）淡水厅同知马庆钊，发给淡南、淡北谕戳要求设局团练，则是最早的记录。"设局"就有统筹防务的意思，使得局下的团练更有组织性与向心力。其二，隘制出现“抱隘”与“借隘”的转变。旧有的隘制，其隘防都是当地人设法筹办。但现在可以把隘防委托给专门守隘的团体负责，甚至其中的隘丁，也可以透过签约的方式出借贴防。不过在官方善用民人武力的同时，也要注意他们是否有太阿倒持的可能。尤其是会党的潜伏与渗透，稍一不慎即会引发灾难性的后果。

同治元年三月（1862. 4）爆发的戴潮春事件，则是民人武力反噬官府的典型个案。彰化县四张犁（台中市北区）大地主戴潮春，暗结天地会拥众十余万，并假借团练之名行事。官方以尾大不掉欲除之，孰料另一“义首”林晟趁剿办戴氏时倒戈，之后动乱野火燎原波及淡水厅、嘉义县。同治四年五月（1865. 6）在敉平所有余乱后，官军终于宣告胜利。然长达三年的兵燹，让戴案成为台湾史上作乱最久的民变。戴阵营有办法与官军周旋许久，除了利用太平军起事让清廷无暇他顾外，本身拥有强大的火器也是重要原因。另外该役虽有福建援军往援，但表现不如预期。反而是戴案末期，台湾道丁曰健重用淡水厅团练之力，由北往南突破敌军防线，才奠定获胜的契机。

戴潮春事件后台湾社会暂得喘息，并无接连发生重大竖旗案件。同治五年（1866）闽浙总督左宗棠检讨福建、台湾绿营战力下滑的事实，执行大幅度裁军。福建绿营缩减至 16298 名，台湾绿营降为6938名。台湾绿营人数的锐减，使得官方武力退为少数。该现象原本会造成统治上的危机，但始终没有的原因，则是绿营已不是主力，其位置现被防军取代。考防军最早驻防台湾的时间，也是在同治五年。他们是跟着台湾镇总兵官刘明灯移防的新左营、靖海营。同治六年（1867）琅峤罗妹号事件、同治十二年（1873）彰化县廖有富事件，均有出动防军的记录。然而大规模防军驻台，还在同治十三年（1874）牡丹社事件。

为了应付日军在琅峤的生事，清廷迅调当时全中国装备与训练最优的淮军援台。这 6500 名防军被部署在凤山县一带，与麇集在琅峤的 2400 名日军遥遥对峙。此外清廷还设法“改造”民人武力，当中最重要的是二件事：一为模仿淮军的编制，成立台湾第一支洋枪队——安抚军。二为在钦差大臣沈葆桢的奏请下，新设全台团练总局于府城。事实上前述的改变，只是清廷下决心整顿台湾政务的开始。

同治十二年（1873）闽督李鹤年、闽抚王凯泰曾奏言，台湾现在最需要赶办的事务，就是清厘陈年积案。其实积案不止发生在台湾，晚清约从同治朝开始，各省的积案逐渐成为常态。然而台湾从道光朝就开始有积案出现，不免验证之前对司法破产的说法。或许是司法审理的速度不符合人民的期望，当下台湾又出现一怪象，就是武职与文职佐杂竟私设刑具擅受民词。

《福建省例》对此严格禁止，并明令台湾文武大小官员必恪守官箴，但这也反映了百姓“病急乱投医”的心态。光绪元年（1875）沈葆桢、李鹤年、王凯泰与福州将军文煜联名上奏更制，欲设台北府与改噶玛兰厅为宜兰县，分淡水厅为淡水、新竹县。这群疆吏奏言最重要的理由，就是厅衙词讼很容易受到干扰。由于淡、噶二厅是分府的关系，刁健者可以径自控府，也可以选择控厅。如此很容易让府、厅胥役把持司法程序，平添制造积案的机会。如果厅改制成县，按清律地方百姓不准“越诉”，只能在县先进行诉讼，于司法审理上较能杜绝此弊。

另外拓垦附带治安紊乱的现象，也不能不注意。《淡水厅志》提到同治初年山区垦地渐辟，可以直达山后（花东）。但是隘丁良莠不齐，盗贼也随之增加。《厅志》忠实地记载当时的现况，告诉我们招募隘丁来防番，不一定能够维持当地社会的秩序，有时也要冒着“引狼入室”的风险。甚至隘丁首本身就充任番割，破坏清律不准私下与生番贸易的规定。地方官苦于鞭长莫及，于是与隘防地区的治安日坏。同治十二年（1873）淡水厅同知陈星聚大刀阔斧整顿，采取大规模联庄以廓清此辈，并且谕示各垦户不得滥与番割充当隘丁（首）。

同光之际的台湾政治、社会的变革，替清廷在执行“开山抚番”政策确立有利的条件。光绪朝二十年间，可以用建省作为对台统治的分期。光绪元年至十年（1875～1884）阶段，解除搬眷与弛禁用铁是清廷大力招徕移民垦荒的表现。而为了进行讨番战争，清廷也调派福建绿营练军、广东绿营练军、贵州绿营练军、楚军援台。同时也允许台湾绿营就地招募，并且选锋组成台湾绿营练军。再者也整编番屯，补足缺额派委员管带操防，部分还投入后山戍防，冀望他们能做到“以客勇为主，以屯番为陪，以生番为助”的佳境。

然而这样的期待过于乐观，以至于在作法上并没有考虑周延。建省前开山抚番最大的败笔，则是清廷想用移民实边的方式开拓后山，却不找位于前山的台湾居民，反而去鼓励新的一批闽粤移民迁入。由于不适合台湾水土，以至于抵挡不了热带疾病，造成垦务拖延未展。表面上防军讨番战争打得如火如荼，官方档案常夸称强迫多少生番就抚，但是只要新垦的土地相继抛荒，后山的拓垦还是难逃失败的命运。光绪三年（1877）《申报》的一则报道，说明因办理台防，各路散勇、游民冀图投效，纷至沓来。穷无所归者，难保不啸聚为匪。台湾各属抢劫之案，亦层出不穷，捕治非严肃不可。台湾与福建相异，前者是土匪多，所以有凶恶棍徒专例；后者是窃贼多，所以有肃窃专例。光绪元年至四年（1875～1878）台湾文武大举扫荡嘉义县沿海私枭与山区土匪。据称当时贼巢分布在今台南县白河镇湾潭仔、大内乡二重溪与滴水仔营、新化镇礁坑仔、后壁乡崁顶、下营乡茅港尾、六甲乡赤山岩一带。

光绪十至十一年（1884～1885）的清法战争，让台湾的海防地位提升不少。为了阻止法军扩大占领北台湾的范围，湘、淮军纷纷驰援台湾。当然台湾民人武力支援官方是不可或缺。台湾道刘璈负责南部防务，在他的推动下全台团练总局，细部分工成一般团练、族团、渔团、粤团。刘璈政治上的夙敌钦差大臣刘铭传，少了团练可以奥援，改重用土勇营帮衬。战争结束后，随着淮系刘铭传得势，土勇营被官府拉拔的程度，已经远超过团练；也成为光绪十一至二十年（1885～1894）台湾建省阶段，进行开山抚番战争的主力。

台湾首任巡抚刘铭传，对讨番武力的整编还不止于此。刘氏在清楚隘制之后，进行史无前例的大改革——收编全岛之隘成为官隘，并且还裁撤隘粮名目，解散1000～1500名隘丁，改以淮军隘勇三营约1500名兵力取代。另外对于番屯的改革也是重点。光绪十二年九月（1886.10）刘氏把番屯整个防军化，规定以100名番丁为度，编列营伍作为十棚；每棚挑选一名担任什长，另派熟悉番情有职熟番者为正百长，晓畅营务者为副百长。光绪十三年八月（1887.9）刘铭传上《整顿屯田折》，奏准把屯丁4000名原额如数保留，每年按屯抽调分扼山内生番，半年轮防一次。番屯的管理、指挥权全归台湾镇总兵官，道台、同知不再过问。

有了台湾番、民武力充做后盾，刘铭传对于再次执行讨番战争颇具信心。因为在他七年的任内，每年皆有新的战事爆发。防军为了应付此局面，大批队伍增援台湾。光绪十五年（1889）驻台防军人数冲至历史新高，总共有16500名之多。据官方估计当时生番人数，约有148479人，分散在806个番社之中。表面上官军战功彪炳，档案所记皆是抚番邀功的文字。然而实际情况是生番抚后又叛，官军疲于奔命又受瘴疠所苦，整体垦务没有比建省前发展多少。光绪十九年（1893）台东直隶州同知胡传，坦言开山抚番已经失败停顿，必须重新思考新的方式，方能再重启政策时有成功的机会。不过清廷已经没有机会，二年后一纸《马关条约》，改变了台湾的命运，开启另一段历史——日治时期。而归纳清代台湾武力的发展，总共有八个重点：

其一，官方资料中的人口数、分布与军队人数、分布息息相关。跟雍正十三年（1735）的人口数据相比，大抵到了乾隆二十一年（1756）台湾人口北移的现象才较为明显。进至嘉庆朝，人口北移的行动仍持续进行，并且还往界外的噶玛兰发展。以往皆认为绿营的驻军，总落后于移民的脚步。从雍正十一年（1733）北路营升格成北路协，已提早应付乾隆朝人口北移的现象来看，方知此刻板印象须稍修正。至于噶玛兰厅的驻军，晚于噶玛兰的开拓才设立，则是本于番界限制跟驻军早晚与否无关。

其二，统治者与被统治者各有一套武力整合的机制，供其纵横捭阖之用。职业式、原住民、契约式、拜盟式武力的出现，足以说明台湾社会“以武制人”层面上的需求。然而在这些武力发展的过程中，职业式永远和拜盟式武力相对抗。前者为要效铲除后者，刻意交好原住民、契约式武力帮衬。后者为了与前者周旋，会采化整为零的方式，渗透到职业式与契约式武力。双方斗法的结果，即交织成一部清代台湾军事史。

其三，武力治台的二大核心——维持区域社会秩序的稳定、伸张统治的合法性。从第五章整体论述来看，动乱对垦务造成的阻碍有限。按照清廷武力治台的逻辑，任何一场乱事皆尽量限制在某个区域内，不致让它扩散蔓延。从数起个案观察，清廷的作法是成功的。若再以区域兵防比例审视，台湾郡邑长期维持高度的兵力，使得该地区武力控制最为深化。它所缔造的佳绩，为仅有一次被攻陷的记录——朱一贵事件；这对在光绪前只有一府的台湾来说，有极大统治象征意义。

其四，官方为了防止动乱造成燎原，所行使的购线与堵御，可以用来解释官、番、民武力合作的成败。从竖旗、抢劫、械斗个案来看，并非每一起事件的走势均有迹可循，其关键在于武力操作面的不同。购线是先发制人的上策，若不行则以武相向进行堵御，大部分乱事均可在此之下消弭于无形。假若还是无法克制住敌焰，则请内地的军队支援弹压。

其五，台湾绿营实际上是福建绿营台湾班兵的组合，所以短时间内福建可以挹注大量的军队援台，造成平乱的局部兵力优势。表四十七的内容，则是本书整理清代台湾动乱的详细情况。若以讯息传递作为统治之道的基础，北京—福建—台湾的消息传送，台湾案发最快7天可传至福建（陈周全案），最慢者53天（朱一贵案）；传至北京最快要27天（陈周全案），最慢者130天（嘉庆漳泉械斗）。至于内地大军援台平乱的记录：康熙朝一次（朱一贵案）、雍正朝一次（中部熟番案）、乾隆朝三次（黄教、漳泉械斗、林爽文案）、嘉庆朝二次（蔡牵、漳泉械斗案）、道光朝二次（闽粤械斗、张丙案）、同治朝二次（戴潮春、牡丹社案）、光绪朝二次（开山抚番、清法战争案），总共有十三次之多，占具规模动乱者五十次当中的四分之一强，进而说明台闽武力依存度的密切。

其六，台湾各地区域性差异极大，官方与番、民的合作中，前者除了居于主动的地位外，对于后二者的取舍是带有高度的选择性。这种因地制宜的考量，足以说明武力治台有着选择对象的弹性。乾隆五十三年（1788）以前，南部采官番民、中部采官番、北部以官方武力一支独大，则是很好的例子。虽然之后，番界以西一律采官番民武力的模式；但嘉庆朝才并入的噶玛兰，采取的却是官民合作的方式。之后清廷对后山统治策略已经定调，即便到了光绪朝执行开山抚番时，稳定后山的秩序仍以官、民武力为主。

其七，武力本质的不同，使得台湾动乱的发展，大致呈现地区差异。以竖旗与械斗为例，前者不管是不是由会党所发动，内部均有序齿的秘密结社现象，因此武力分类属于拜盟式则无疑问。所比只要多竖旗的地方，一定与拜盟式武力盛行有关。后者的参与者不脱契约式武力概括的对象，然有办法发动械斗（不管规模大小），前提是一方主观性地认为，能以武力压倒对方才会产生。所以只要是多械斗的地方，应与契约式武力失衡有关。

其八，台湾官、番、民武力的强弱跟武器性能大有关系。尤其是在同、光时期，清廷引进大量的新式装备与洋式操法，使得官方武力一枝独秀。能挑战它的只剩下被迫应战，但却擅长游击与丛林战的生番。

至此本书可以对“稳定治台”的理论下一注脚。虽说武力控制，是整个清帝国普遍性的作法。但在台湾所出现的特殊性，例如：驻军的分布、番民武力发展、辅以武力控制、军事经验累积、因地制宜武力合作等问题，却是清廷能有效统治的必要保证。1895 年 5 月 2 日台湾民主国成立，即刻面临的困难，就是如何抗拒日军的接收。在往后五个月的战斗中，日军从北到南不断进击，其战事均呈一面倒的状态。① 不过要知道，台湾民主国军队就是清廷契约式武力的组合。他们能与装备精良、训练有素的日军周旋许久，已证明地方性武力顽强的一面。② 原住民几乎没有加入这次战斗，他们与日军的对抗要到下个世纪才会发生，但这又是另一段历史。

① 黄昭堂著，廖为智译，《台湾民主国之研究》（台北：财团法人现代学术研究基金会，1993 年 12 月）。

② 翁仕杰，《台湾民变的转型》（台北：自立晚报社文化出版部，1994 年 8 月），页 84～93。

附　　表

第一章　武力配置的基础——人口估量

第一节　康雍时期的人口

表一　康熙二十八年（1689）台湾府属民口数

编　号	行政区别	民口数	备　注		资料来源
1.	台湾府（扣除澎湖）	30229	男子 16274	妇女 13955	蒋毓英，《台湾府志》（北京：中华书局，1985 年 5 月），页 139～142。
2.	台湾县（扣除澎湖）	15465	男子 8579	妇女 6886	
3.	凤山县	6910	男子 3496	妇女 3414	
4.	诸罗县	7849	男子 4199	妇女 3650	

表二　康熙二十八至五十年（1689～1711）台湾府属户口数

编号	年代	台湾府（扣除澎湖）	台湾县（扣除澎湖）	凤山县	诸罗县
1.	康熙二十八年（1689）	户:12727 口:16820	户:7836 口:8579	户:2455 口:3496	户:2436 口:4199
2.	康熙三十年（1691）	户:12727 口:17450	户:7836 口:9020	户:2455 口:3614	户:2436 口:4270
3.	康熙三十五年（1696）	户:12727 口:17773	户:7836 口:9200	户:2455 口:3712	户:2436 口:4315
4.	康熙四十年（1701）	户:12727 口:18072	户:7836 口:9339	户:2455 口:3831	户:2436 口:4356
5.	康熙四十五年（1706）	户:12727 口:18562	户:7836 口:9641	户:2455 口:3954	户:2436 口:4421
6.	康熙五十年（1711）	户:12727 口:18827	户:7836 口:9744	户:2455 口:4078	户:2436 口:4459

资料来源：

1. 蒋毓英，《台湾府志》（北京：中华书局，1985 年 5 月），页 139～142。
2. 高拱乾，《台湾府志》，台湾银行文献丛刊第六五种，1960 年 2 月，页 113～114。
3. 周元文，《重修台湾府志》，台湾银行文献丛刊第六六种，1960 年 7 月，页 153～155。

表三　康熙三十七、五十八年（1698、1719）台湾府属人丁兵饷银数

编号	行政区别	康熙三十七年（1698）	康熙五十八年（1719）
1.	台湾府	人丁兵饷银14965两4钱（分计：丁银8459两9钱、丁米4645石3斗）	人丁兵饷银总数无载（分计：丁银8961两6钱、丁米4645石3斗）
2.	台湾县	人丁兵饷银5265两1钱	—
3.	凤山县	人丁兵饷银764两1钱	—
4.	诸罗县	人丁兵饷银8392两4钱	—

资料来源：

1. 不著编人，《康熙三十七年通省额派地丁钱粮完欠数目文册》，内阁大库现存清代汉文黄册编号：712，中国第一历史档案馆藏。
2. 不著编人，《康熙五十八年通省额派地丁钱粮完欠数目文册》，内阁大库现存清代汉文黄册编号：713，中国第一历史档案馆藏。

表四　康熙朝台湾府正供数额

编　号	年　代	正供谷数	二谷一米折换的米数	可能养活的人口	资料来源
1.	康熙二十八年（1689）	92128石	46064石	12620	(1)
2.	康熙三十四年（1695）	120098石	60049石	16451	(2)
3.	康熙三十七年（1698）	123073石	61536石	16859	(3)
4.	康熙五十一年（1712）	129162石	64581石	17693	(4)
5.	康熙五十二年（1713）	138000石	69000石	18904	(5)
6.	康熙五十八年（1719）	130116石	65058石	17824	(6)
7.	康熙六十一年（1722）	138952石	69476石	19034	(7)

(1) 蒋毓英，《台湾府志》（北京：中华书局，1985年5月），页150。
(2) 高拱乾，《台湾府志》，台湾银行文献丛刊第六五种，1960年2月，页127。
(3) 不著编人，《康熙三十七年通省额派地丁钱粮完欠数目文册》，内阁大库现存清代汉文黄册编号：712，中国第一历史档案馆藏。
(4) 周元文，《重修台湾府志》，台湾银行文献丛刊第六六种，1960年7月，页174。
(5) 李桓编，《国朝耆献类征（141）》（台北：明文书局，1985年5月），页699～706。
(6) 不著编人，《康熙五十八年通省额派地丁钱粮完欠数目文册》，内阁大库现存清代汉文黄册编号：713，中国第一历史档案馆藏。
(7) 黄叔璥，《台海使槎录》，台湾银行文献丛刊第四种，1957年11月，页89。

* 一人一天食米一升，一年食米365升

** 十升等于一斗，十斗等于一石；一百升等于一石

表五　康熙朝台湾府开垦面积数额

编　号	年　代	田园开垦甲数	田园甲数换算成亩数	可能养活的人口	资料来源
1.	康熙二十八年（1689）	21019.4 甲	237519.22 亩	59379	（1）
2.	康熙三十四年（1695）	26460.0 甲	298998.00 亩	74749	（2）
3.	康熙三十七年（1698）	27357.1 甲	309135.23 亩	77283	（3）
4.	康熙五十一年（1712）	30109.7 甲	340239.61 亩	85059	（4）
5.	康熙五十八年（1719）	30342.8 甲	342873.64 亩	85718	（5）

（1）蒋毓英，《台湾府志》（北京：中华书局，1985 年 5 月），页 143～144。

（2）高拱乾，《台湾府志》，台湾银行文献丛刊第六五种，1960 年 2 月，页 117。

（3）不著编人，《康熙三十七年通省额派地丁钱粮完欠数目文册》，内阁大库现存清代汉文黄册编号：712，中国第一历史档案馆藏。

（4）周元文，《重修台湾府志》，台湾银行文献丛刊第六六种，1960 年 7 月，页 160。

（5）不著编人，《康熙五十八年通省额派地丁钱粮完欠数目文册》，内阁大库现存清代汉文黄册编号：713，中国第一历史档案馆藏。

* 一甲 = 11.3 亩

** 4 亩地能养活一个人

表六　康熙朝台、凤、诸三县开垦面积数额

编号	年代	台湾县	凤山县	诸罗县	三县总人口
1.	康熙二十八年（1689）	8561.8 甲 = 96748.34 亩	5048.6 甲 = 57049.18 亩	4843.7 甲 = 54733.81 亩	52132
		可能养活：24187 人	可能养活：14262 人	可能养活：13683 人	
2.	康熙三十四年（1695）	10074.9 甲 = 113846.37 亩	7401.2 甲 = 83633.56 亩	8366.9 甲 = 94545.97 亩	73005
		可能养活：28461 人	可能养活：20908 人	可能养活：23636 人	
3.	康熙三十七年（1698）	11179.0 甲 = 126322.7 亩	7966.6 甲 = 90022.58 亩	8483.4 甲 = 95862.42 亩	78050
		可能养活：31580 人	可能养活：22505 人	可能养活：23965 人	
4.	康熙五十一年（1712）	11256.2 甲 = 127195.06 亩	—	10317.1 甲 = 116583.23 亩	—
		可能养活：31798 人		可能养活：29145	

资料来源：

1. 不著编人，《康熙三十七年通省额派地丁钱粮完欠数目文册》，内阁大库现存清代汉文黄册编号：712，中国第一历史档案馆藏。

续表

2. 陈文达，《台湾县志》，台湾银行文献丛刊第一〇三种，1961 年 6 月，页 178 ~ 181。
3. 陈文达，《凤山县志》，台湾银行文献丛刊第一二四种，1961 年 11 月，页 66 ~ 69。
4. 周锺瑄，《诸罗湾县志》，台湾银行文献丛刊第一四一种，1962 年 12 月，页 90 ~ 95。

* 一甲 = 11.3 亩

** 4 亩地能养活一个人

表七　康熙朝台湾府县仓贮养活人口计算

康熙四十一年（1702）台湾县：
20000（石）谷 = 10000（石）米 = 1000000（升）米
30 × 9 = 270（天）　　1000000 ÷ 270 = 3703（人）

康熙四十三年（1704）台湾府：
118600（石）谷 = 59300（石）米 = 5930000（升）米
30 × 9 = 270（天）　　5930000 ÷ 270 = 21962（人）

康熙五十二年（1713）台湾府：
663000（石）谷 = 331500（石）米 = 33150000（升）米
30 × 9 = 270（天）　　33150000 ÷ 270 = 122777（人）

康熙六十一年（1722）台湾府：
400000（石）谷 = 200000（石）米 = 20000000（升）米
30 × 9 = 270（天）　　20000000 ÷ 270 = 74074（人）

* 一人一天食米一升，九个月共 270 天食米 270 升

** 十升等于一斗，十斗等于一石；一百升等于一石

*** 二谷等于一米

表八　康熙朝方志与官书所载台湾府可能人口

编号	年代	蒋编《府志》		《文册》		周编《府志》		正供		开垦面积		仓贮	
		台湾府		台湾府		台湾府		台湾府		台湾府		台湾府	
		总人口	男丁数	总人口	男丁数	总人口	男丁数	总人口	男丁数	总人口	男丁数	总人口	男丁数
1.	康熙二十八年	30299	16274				16820	12620		59379			
2.	康熙三十年						17450						
3.	康熙三十四年							16451		74749			
4.	康熙三十五年						17773						
3.5	康熙三十七年				21449			16859		77283			
6.	康熙四十年						18072						

续表

编号	年代	蒋编《府志》		《文册》		周编《府志》		正供		开垦面积		仓贮	
		台湾府		台湾府		台湾府		台湾府		台湾府		台湾府	
		总人口	男丁数	总人口	男丁数	总人口	男丁数	总人口	男丁数	总人口	男丁数	总人口	男丁数
7.	康熙四十三年											21962	
8.	康熙四十五年						18562						
9.	康熙五十年						18827						
10.	康熙五十一年							17693		85089			
11.	康熙五十二年							18904				122777	
12.	康熙五十八年				22402			17824		85718			
13.	康熙六十一年							19034				74074	
资料来源		表一		表三		表二		表四		表五		表七	

表九 雍正朝台湾府正供数额

编　号	年　代	正供谷数	二谷一米折换的米数	可能养活的人口	资料来源
1.	雍正二年（1724）	139400 石	69700 石	19095	（1）
2.	雍正三年（1725）	140000 石	70000 石	19178	（2）
3.	雍正五年（1727）	140261 石	70130 石	19213	（3）
4.	雍正十一年（1733）	166000 石	83000 石	22739	（4）

（1）洪安全主编，《清宫宫中档奏折台湾史料（一）》（台北：故宫博物院，2001 年 11 月），页 241。
（2）台湾银行经济研究室选编，《台案汇录丙集》，台湾银行文献丛刊第一七六种，1963 年 11 月，页 173。
（3）洪安全主编，《清宫宫中档奏折台湾史料（二）》（台北：故宫博物院，2001 年 11 月），页 1275。
（4）台湾银行经济研究室选编，《台案汇录丙集》，台湾银行文献丛刊第一七六种，1963 年 11 月，页 1。
* 一人一天食米一升，一年食米 365 升
** 十升等于一斗，十斗等于一石；一百升等于一石

表十　雍正朝台湾府开垦面积数额

编　号	年　代	田园开垦甲数	田园甲数换算成亩数	可能养活的人口	资料来源
1.	雍正五年（1727）	30618.9 甲	345993.57 亩	86498	（1）
2.	雍正七年（1729）	47788.9 甲	540014.57 亩	135003	（2）

（1）不著编人，《雍正五年通省额派地丁钱粮完欠数目文册》，内阁大库现存清代汉文黄册编号：716，中国第一历史档案馆藏。

（2）洪安全主编，《清宫宫中档奏折台湾史料（四）》（台北：故宫博物院，2001 年 11 月），页 2286。

＊一甲 = 11.3 亩

＊＊4 亩地能养活一个人

表十一　雍正朝台湾府属仓贮养活人口计算

300000（石）谷 = 150000（石）米 = 15000000（升）米 30 × 9 = 270（天）　15000000 ÷ 270 = 55555（人） 700000（石）谷 = 350000（石）米 = 35000000（升）米 30 × 9 = 270（天）　35000000 ÷ 270 = 129629（人）	＊一人一天食米一升，九个月共 270 天食米 270 升 ＊＊十升等于一斗，十斗等于一石；一百升等于一石 ＊＊＊二谷等于一米

表十二　雍正朝奏折与官书所载台湾府可能人口

编号	年代	正供 台湾府 总人口	正供 台湾府 总人口	正供 台湾府 总人口
1.	雍正三年	19178		55555
2.	雍正五年	19213	86498	
3.	雍正七年		135003	
4.	雍正十一年	22739		129629
资料来源		表九	表十	表十一

表十三　雍正十三年（1735）台湾府属各厅县人口

编　号	行政区别	人口数	占总人口数比例	资料来源
1.	台湾县（不含澎湖）	108705	24.67%	尹士俍，《台湾志略中卷民风土俗》，清乾隆三年刻本，北京国家图书馆藏。
2.	凤山县	91613	20.79%	
3.	诸罗县	202458	45.94%	
4.	彰化县	34653	7.86%	
5.	淡水厅	3257	0.74%	
6.	台湾府	440686	100%	

表十四　雍正十三年（1735）台湾府各厅县人口与个别区域人口

<table>
<tr><td rowspan="2">编号</td><td rowspan="2">年代</td><td>台湾县 24.67%</td><td>诸罗县 45.94%</td><td>凤山县 20.79%</td><td colspan="2">彰化县 7.86%</td><td colspan="2">淡水厅 0.74%</td></tr>
<tr><td colspan="2">云嘉南</td><td>高屏</td><td>彰化</td><td>台中</td><td>桃竹苗</td><td>台北</td></tr>
<tr><td rowspan="2">1.</td><td rowspan="2">雍正十三年（1735）</td><td rowspan="2">108705</td><td rowspan="2">202458</td><td rowspan="2">91613</td><td colspan="2">34653</td><td colspan="2">3257</td></tr>
<tr><td>25867</td><td>8786</td><td>931</td><td>2326</td></tr>
</table>

参考书目：台中、彰化、台北、桃竹苗村庄数目，采用乾隆六年（1741）刊刻的《府志》为准，参阅刘良璧，《重修福建台湾府志》，台湾银行文献丛刊第七四种，1961 年 3 月，页 79 ~ 80。

＊台北、桃竹苗人口比例用村庄数目为标准（25/35: 10/35）

＊＊台中、彰化人口比例用村庄数目为标准（18/71: 53/71）

3257 × 10/35 = 931　　3257 × 25/35 = 2326　　34653 × 18/71 = 8786

34653 × 51/71 = 25867

第二节　乾嘉时期的人口

表十五　乾隆朝台湾府正供数额

编　号	年　代	正供谷数	二谷一米折换的米数	可能养活的人口	资料来源
1.	乾隆三年（1738）	165726 石	82863 石	22702	（1）
2.	乾隆九年（1744）	169540 石	84770 石	23224	（2）
3.	乾隆十六年（1751）	170012 石	85006 石	23289	（3）
4.	乾隆十九年（1754）	168430 石	84215 石	23072	（4）
5.	乾隆二十一年（1756）	196179 石	98090 石	26873	（5）
6.	乾隆二十二年（1757）	179580 石	89790 石	24600	（6）
7.	乾隆二十六年（1761）	181177 石	90589 石	24818	（7）
8.	乾隆三十三年（1768）	188758 石	94379 石	25857	（8）
9.	乾隆三十九年（1774）	181169 石	90585 石	24817	（9）
10.	乾隆四十五年（1780）	160000 石	80000 石	21917	（10）
11.	乾隆四十七年（1782）	190750 石	95375 石	26130	（11）
12.	乾隆五十三年（1788）	190900 石	95450 石	26150	（12）

（1）不著编人，《福建赋役全书八十八卷 · 台湾府总一卷》，清乾隆三年刻本，北京国家图书馆藏。

（2）范咸，《重修台湾府志》，台湾银行文献丛刊第一〇五种，1961 年 11 月，页 169。

（3）董天工，《台海见闻录》，台湾银行文献丛刊第一二九种，1961 年 10 月，页 23。

（4）乾隆朝汉文录副奏折，档号：0540，微缩号：037，中国第一历史档案馆藏。

续表

(5) 不著编人，《福建通省赋役总册全书七十九卷·台湾府总一卷》，清乾隆二十一年刻本，北京国家图书馆藏。

(6) 乾隆朝汉文录副奏折，档号：0539，微缩号：037，中国第一历史档案馆藏。

(7) 乾隆朝汉文录副奏折，档号：0541，微缩号：037，中国第一历史档案馆藏。

(8) 台湾故宫博物院，《宫中档乾隆朝奏折（第三十一辑）》（台北：故宫博物院，1984年11月），页178。

(9) 余文仪，《续修台湾府志》，台湾银行文献丛刊第一二一种，1962年4月，页224。

(10) 洪安全主编，《清宫谕旨档台湾史料（一）》（台北：故宫博物院，1996年10月），页71。

(11) 台湾故宫博物院，《宫中档乾隆朝奏折（第五十二辑）》（台北：故宫博物院，1986年8月），页349。

(12) 台湾银行经济研究室选编，《台案汇录丙集》，台湾银行文献丛刊第一七六种，1963年11月，页23。

*一人一天食米一升，一年食米365升

**十升等于一斗，十斗等于一石；一百升等于一石

表十六　乾隆朝台湾府开垦面积数额

编　号	年　代	田园开垦甲数	田园甲数换算成亩数	可能养活的人口	资料来源
1.	乾隆三年（1738）	52913.1甲	597918.03亩	149479	(1)
2.	乾隆九年（1744）	53184.9甲	600989.37亩	150247	(2)
3.	乾隆二十一年（1756）	52345.5甲	591504.15亩	147876	(3)

(1) 不著编人，《福建赋役全书八十八卷·台湾府总一卷》，清乾隆三年刻本，北京国家图书馆藏。

(2) 范咸，《重修台湾府志》，台湾银行文献丛刊第一〇五种，1961年11月，页145。

(3) 不著编人，《福建通省赋役总册全书七十九卷·台湾府总一卷》，清乾隆二十一年刻本，北京国家图书馆藏。

*一甲=11.3亩

**4亩地能养活一个人

表十七　乾隆朝淡水厅与台、凤、诸、彰四县开垦面积数额

	年代	台湾县	凤山县	诸罗县	彰化县	淡水厅	总人口
1.	乾隆三年（1738）	12204.0甲 24.41% = 137905.2亩	10917.6甲 21.84% = 123368.88亩	15109.0甲 30.21% = 170731.7亩	11284.2甲 22.57% = 127511.46亩	485.4甲 0.97% = 5485.02亩	100%
		可能养活： 34476人	可能养活： 30842人	可能养活： 42682人	可能养活： 31877人	可能养活： 1371人	141248

续表

	年代	台湾县	凤山县	诸罗县	彰化县	淡水厅	总人口
2.	乾隆九年（1744）	12203.6 甲 23.00% = 137900.68 亩	10960.4 甲 20.66% = 123852.52 亩	15038.4 甲 28.35% = 169933.92 亩	13030.3 甲 24.56% = 147242.39 亩	1818.9 甲 3.43% = 20553.57 亩	100%
		可能养活： 34475 人	可能养活： 30963 人	可能养活： 42483 人	可能养活： 36810 人	可能养活： 5138 人	149869
3.	乾隆二十一年（1756）	134994.76 亩 22.56%	126017.05 亩 21.06%	170917.61 亩 28.56%	144705.31 亩 24.18%	21814.02 亩 3.64%	100%
		可能养活： 33748 人	可能养活： 31504 人	可能养活： 42729 人	可能养活： 36176 人	可能养活： 5453 人	149610

（1）不著编人，《福建赋役全书八十八卷·台湾府总一卷》，清乾隆三年刻本，北京国家图书馆藏。
（2）范咸，《重修台湾府志》，台湾银行文献丛刊第一〇五种，1961 年 11 月，页 145。
（3）不著编人，《福建通省赋役总册全书七十九卷·台湾府总一卷》，清乾隆二十一年刻本，北京国家图书馆藏。
* 一甲 = 11.3 亩
** 4 亩地能养活一个人

表十八　乾隆二十年（1755）台湾府属仓贮养活人口估计

400000（石）谷 = 200000（石）米 = 20000000（升）米 30 × 9 = 270（天）　20000000 ÷ 270 = 74074（人） 230000（石）谷 = 115000（石）米 = 11500000（升）米 30 × 9 = 270（天）　11500000 ÷ 270 = 42592（人） 50000（石）谷 = 25000（石）米 = 2500000（升）米 30 × 9 = 270（天）　2500000 ÷ 270 = 9259（人） 20000（石）谷 = 10000（石）米 = 1000000（升）米 30 × 9 = 270（天）　1000000 ÷ 270 = 3703（人）	* 一人一天食米一升，九个月共 270 天食米 270 升 ** 十升等于一斗，十斗等于一石；一百升等于一石 *** 二谷等于一米

表十九　乾隆朝台湾府属盐额供养人口估计

90000（石）盐 = 9000000（斤）盐 = 144000000（两）盐 = 1440000000（钱）盐 1440000000 ÷ 1095 = 1315060（人） 110000（石）盐 = 11000000（斤）盐 = 176000000（两）盐 = 1760000000（钱）盐 1760000000 ÷ 1095 = 1607300（人） 130000（石）盐 = 13000000（斤）盐 = 208000000（两）盐 = 2080000000（钱）盐 2080000000 ÷ 1095 = 1899540（人）	* 一石等于百斤（参阅诸家，《新竹县志初稿》，台湾银行文献丛刊第六一种，1959 年 11 月，页 81），一斤等于十六两，一两等于十钱 ** 一人一天食盐三钱，一年食盐六斤十二两（1080 钱） *** 按照一人一天食盐三钱计算，一年 365 天食盐 1095 钱；与食盐六斤十二两，所换算成的 1080 钱有些出入。不过本文还是以 1095 钱为准

表二十　乾隆四十一、五十七年（1776、1792）台湾府属盐额供养人口估计

<table>
<tr><td>16864.8 两 = 168648 钱　　168648 ÷ 1.2 = 140540（石）
1405400（石）盐 = 14054000（斤）盐 = 224864000（两）盐
= 2248640000（钱）盐

2248640000 ÷ 1095 = 2053550（人）
12528 两 = 125280 钱　　125280 ÷ 1.2 = 104400（石）
104400（石）盐 = 10440000（斤）盐 = 167040000（两）盐
= 1670400000（钱）盐

1670400000 ÷ 1095 = 1525470（人）</td><td>* 一石等于百斤，一斤等于十六两，一两等于十钱
** 一人一天食盐三钱，一年食盐六斤十二两（1080 钱）
*** 按照一人一天食盐三钱计算，一年 365 天食盐 1095 钱；与食盐六斤十二两，所换算成的 1080 钱有些出入。不过本文还是以 1095 钱为准
**** 按照洲南、洲北、濑北盐场规定，每交盐一石，纳番广银 1.2 钱</td></tr>
<tr><td colspan="2">资料来源：
1. 不著编人，《乾隆四十一年分福建省各属县额征盈余引课并征收额外盈余官运余价等项银两数目及各官职名月日黄册》，内阁大库现存清代汉文黄册编号：2286，中国第一历史档案馆藏。
2. 不著编人，《乾隆五十七年分奏销福建省额征盈余盐课并额外盈余及督经销征接管各官职名月日黄册》，内阁大库现存清代汉文黄册编号：2287，中国第一历史档案馆藏。</td></tr>
</table>

表二十一　乾隆朝台湾人口总数一览

编　号	年　份	人口数	备　注
1.	乾隆二十一年（1756）	660147	
2.	乾隆二十八年（1763）	666040	
3.	乾隆二十九年（1764）	666210	
4.	乾隆三十年（1765）	666380	
5.	乾隆三十二年（1767）	687290	
6.	乾隆三十三年（1768）	691338	
7.	乾隆三十八年（1773）	765721	
8.	乾隆四十一年（1776）	788193	*
9.	乾隆四十二年（1777）	839803	
10.	乾隆四十三年（1778）	845770	
11.	乾隆四十四年（1779）	871739	
12.	乾隆四十五年（1780）	888516	
13.	乾隆四十六年（1781）	900940	
14.	乾隆四十七年（1782）	912920	
15.	乾隆四十八年（1783）	916863	
16.	乾隆五十三年（1788）	920836	

续表

编　号	年　份	人口数	备　注
17.	乾隆五十四年（1789）	932420	
18.	乾隆五十五年（1790）	943414	有可能 1063522
19.	乾隆五十八年（1793）	978420	**

资料来源：

宫中档、军机处档月折包，台湾故宫博物院典藏；摘自庄吉发，《清史论集（二）》（台北：文史哲出版社，1997 年 12 月），页 373。

* 乾隆朝汉文录副（军机处录副－财政），档号：0755，微缩号：051，中国第一历史档案馆藏

** 乾隆朝汉文录副（军机处录副－财政），档号：0766，微缩号：051，中国第一历史档案馆藏

表二十二　乾隆二十一年（1756）台湾府各厅县人口

<table>
<tr><td rowspan="2">编号</td><td rowspan="2">年代</td><td>台湾县
22.56%</td><td>诸罗县
28.56%</td><td>凤山县
21.06%</td><td colspan="2">彰化县
24.18%</td><td colspan="2">淡水厅
3.64%</td><td>备　注</td></tr>
<tr><td colspan="2">云嘉南</td><td>高屏</td><td>彰化</td><td>台中</td><td>桃竹苗</td><td>台北</td><td>各厅县比例参阅表十六</td></tr>
<tr><td rowspan="2">1.</td><td rowspan="2">乾隆二十一年（1756）</td><td rowspan="2">33840</td><td rowspan="2">42840</td><td rowspan="2">31590</td><td colspan="2">36270</td><td colspan="2">5460</td><td rowspan="2">以正供、台谷、仓贮、盐额算出的总人口为十五万</td></tr>
<tr><td>28210</td><td>8060</td><td>2340</td><td>3120</td></tr>
<tr><td rowspan="2">2.</td><td rowspan="2">乾隆二十一年（1756）</td><td rowspan="2">148896</td><td rowspan="2">188496</td><td rowspan="2">138996</td><td colspan="2">159588</td><td colspan="2">24024</td><td rowspan="2">同一年度《宫中档》的记录为六十六万（参阅表二十）</td></tr>
<tr><td>124124</td><td>35464</td><td>10296</td><td>13728</td></tr>
<tr><td colspan="9">参考书目：台中、彰化、台北、桃竹苗村庄数目，采用乾隆十二年（1747）刊刻的《府志》为准，参阅范咸，《重修台湾府志》，台湾银行文献丛刊第一〇五种，1961 年 11 月，页67～69。</td><td>台中、彰化人口比例用村庄数目为标准（20/90:70/90）
台北、桃竹苗人口比例用村庄数目为标准（20/35:15/35）</td></tr>
</table>

表二十三　嘉庆十六年（1811）台湾府开垦面积数额

编号	行政区别	田园开垦甲数	田园甲数换算成亩数	田园甲数所占的比例	可能养活的人口	资料来源	备注
1.	台湾府	63855.8 甲	721571.23 亩	100%	180392	（1）	
2.	噶玛兰厅	5708.7 甲	64508.31 亩	8.94%	16127	（2）	
3.	淡水厅	—	85180.00 亩	11.81%	21295	（3）	同治朝编纂。只记载到乾隆五十七年，无嘉庆资料

续表

编号	行政区别	田园开垦甲数	田园甲数换算成亩数	田园甲数所占的比例	可能养活的人口	资料来源	备注
4.	台湾县	12146.2 甲	137252.06 亩	19.02%	34313	(4)	嘉庆朝编纂。只记载到乾隆十九年，无嘉庆资料
5.	凤山县	12639.7 甲	142828.66 亩	19.79%	35707	(5)	
6.	嘉义县	14884.5 甲	168195.51 亩	23.31%	42048	(6)	乾隆五十二年改名
7.	彰化县	—	123606.69 亩	17.13%	30901	(7)	道光朝编纂。只记载到嘉庆九年

(1)(2)(5)佚名，《台湾府赋役册》，台湾银行文献丛刊第一三九种，1962 年 2 月，页 10～12、40、53。

(2)柯培元，《噶玛兰志略》，台湾银行文献丛刊第九二种，1961 年 1 月，页 44～45。

(3)陈培桂，《淡水厅志》，台湾银行文献丛刊第一七二种，1963 年 8 月，页 91～94。

(4)谢金銮，《续修台湾县志》，台湾银行文献丛刊第一四〇种，1962 年 6 月，页 74～76。

(7)周玺，《彰化县志》，台湾银行文献丛刊第一五六种，1962 年 11 月，页 163～169。

* 一甲 = 11.3 亩

** 4 亩地能养活一个人

表二十四　嘉庆十六年（1811）台湾府各厅县人口

<table>
<tr><th rowspan="2">编号</th><th rowspan="2">年代</th><th>台湾县
19.02%</th><th>嘉义县
23.31%</th><th>凤山县
19.79%</th><th colspan="2">彰化县
17.13%</th><th colspan="2">淡水厅
11.81%</th><th>噶玛兰厅
8.94%</th></tr>
<tr><th colspan="2">云嘉南</th><th>高屏</th><th>彰化</th><th>台中</th><th>桃竹苗</th><th>台北</th><th>宜兰</th></tr>
<tr><td rowspan="2">1.</td><td rowspan="2">嘉庆十六年(1811)</td><td rowspan="2">339865</td><td rowspan="2">416522</td><td rowspan="2">353624</td><td colspan="2">306093</td><td colspan="2">211030</td><td rowspan="2">159747</td></tr>
<tr><td>153047</td><td>153046</td><td>115364</td><td>95666</td></tr>
<tr><td>2.</td><td>嘉庆十六年(1811)</td><td>300622</td><td>818659</td><td>184551</td><td colspan="2">342166</td><td colspan="2">214833</td><td>42904</td></tr>
</table>

参考书目：台中、彰化、台北、桃竹苗村庄数目，采用道光中叶（1840'S）绘制的《道光台湾舆图》为准，参阅“中央图书馆”台湾分馆特藏资料编纂委员会编，《台湾文献书目解题——第二种地图类（一）》（台北：“中央图书馆”台湾分馆，1992 年 3 月），页 187～189。

编号 2 的数据摘自陈绍馨纂修，《台湾省通志稿·卷二人民志人口篇》（台北：台湾省文献委员会，1964 年 6 月），页 159～160。

* 台北、桃竹苗人口比例用村庄数目为标准（34/75:41/75）

** 台中、彰化人口比例用村庄数目为标准（45/90:45/90）

1786883 × 19.02% = 339865　1786883 × 23.31% = 416522　1786883 × 19.79% = 353624

1786883 × 17.13% = 306093　1786883 × 11.81% = 211030　1786883 × 8.94% = 159747

306093 × 45/90 = 153046.5　211030 × 41/75 = 115364　211030 × 34/75 = 95666

第三节　道咸同光时期的人口

表二十五　光绪朝台湾省正供数额

清代台湾银元与银两的兑换，各区域有别，其兑换率如下： 乾隆朝 0.69 两 =1 荷兰剑银 0.73 两 =1 荷兰花边剑银 嘉庆以后 淡水厅 0.69 两 =1 佛银（西班牙银或墨银） 彰化县 0.7 两 =1 佛银（西班牙银或墨银） 恒春县 0.68 两 =1 佛银（西班牙银或墨银） 其他地方有 0.71、0.72、0.73 两兑换 1 佛银 * 嘉庆以后原先都称西班牙银，但 1821 年墨西哥独立也称墨西哥银或墨银。不管是西班牙银或墨西哥银在清代台湾民间都称“佛银”或“六八番银”
** 为求运算整数方便，以彰化县 0.7 两 =1 佛银（西班牙银或墨银）为准 *** 谷一石 = “六八番银”二元 85746(两) ÷0.7 =122494.28(佛银) 122494.28 +18669 =141163.28(佛银) 141163.28 ÷2 =70581(石) 70581 +198057 =268638(石) 512979 两 ÷0.7 =732827(佛银) 732827 ÷2 =366413(石)

表二十六　清末台湾各厅、县正供数额

编号	年代	淡水厅	噶玛兰厅	台北府 新竹县	台北府 淡水县	台湾县、彰化县、嘉义县、安平县、凤山县	资料来源
1.	道光二十六年（1846）	—	69811.7 石	—		—	(1)
2.	咸丰九年（1859）	13084.9 石	—	—		—	(2)
3.	同治十三年（1874）	13000 余石	—	—		—	(3)
4.	光绪三年（1877）	—	—	56000 余石 —		130000 余石	(4)
5.	光绪五年（1879）	—	—	— 8598.3 石	 —	—	(5)
6.	光绪八年（1882）	—	—	 8800 石	 —		(6)

续表

编号	年代	淡水厅	噶玛兰厅	台北府		台湾县、彰化县、嘉义县、安平县、凤山县	资料来源
				新竹县	淡水县		
7.	光绪十年 (1884)	—	—	— 8917.3石	 4153.8石	45450.9石(仅止凤山县) 36599.8石(仅止安平县)	(7)
8.	光绪十三年 (1887)	—	—	— 62621石		—	(8)

(1) 陈淑均,《噶玛兰厅志》,台湾银行文献丛刊第一六〇种,1963年3月,页65~68。
(2) 陈培桂,《淡水厅志》,台湾银行文献丛刊第一七二种,1963年8月,页91~94。
(3) 台湾银行经济研究室编,《台湾私法物权编》,台湾银行文献丛刊第一五〇种,1963年1月,页56。
(4) 台湾银行经济研究室编,《清季申报台湾纪事辑录》(南投:台湾省文献委员会,1994年7月),页695。
(5) 淡新档案校注出版编辑委员会,《淡新档案(二):第一编行政/总务类》(台北:台湾大学,1995年9月),页121。
(6) 吴密察主编,《淡新档案(五):第一编行政/财政类》(台北:台湾大学图书馆,2001年6月),页33。
(7) 佚名,《淡新凤三县简明总括图册》,台湾银行文献丛刊第一九七种,1964年4月,页3、29;临时台湾土地调查局,《清赋一斑(明治33年/1900发行)》(台北:南天书局,1998年7月),页145。
(8) 诸家,《新竹县志初稿》,台湾银行文献丛刊第六一种,1959年11月,页64。

表二十七　清末台湾各厅、县仓贮数额

编号	年代	建省前				建省后			资料来源
		淡水厅	噶玛兰厅	彰化县	凤山县	新竹县	苗栗县	恒春县	
1.	道光元年 (1821)	—	谷20000石	—	—	—	—	—	(1)
2.	道光六年 (1826)	—	—	谷10000石	—	—	—	—	(2)
3.	同治六年 (1867)	谷52600石	—	—	—	—	—	—	(3)
4.	同治十二年 (1873)	—	谷4000余石	—	谷9500余石	—	—	—	(4)
5.	光绪十六年 (1890)	—	—	—	—	谷12426石(包括未收谷)	—	—	(5)
6.	光绪十八年 (1892)	—	—	—	—	—	谷800余石	—	(6)
7.	光绪二十年 (1894)	—	—	—	—	—	—	谷2000石	(7)

续表

编号	年代	建省前				建省后			资料来源
		淡水厅	噶玛兰厅	彰化县	凤山县	新竹县	苗栗县	恒春县	

（1）陈淑均，《噶玛兰厅志》，台湾银行文献丛刊第一六〇种，1963年3月，页25。
（2）周玺，《彰化县志》，台湾银行文献丛刊第一五六种，1962年11月，页39。
（3）陈培桂，《淡水厅志》，台湾银行文献丛刊第一七二种，1963年8月，页55。
（4）卢德嘉，《凤山县采访册》，台湾银行文献丛刊第七三种，1960年8月，页142；陈进传，《宜兰传统汉人家族之研究》（宜兰：宜兰县立文化中心，1995年5月），页331。
（5）陈朝龙，《新竹县采访册》，台湾银行文献丛刊第一四五种，1962年7月，页64~68。
（6）沈茂荫，《苗栗县志》，台湾银行文献丛刊第一五九种，1962年12月，页35。
（7）屠继善，《恒春县志》，台湾银行文献丛刊第七五种，1960年5月，页61。

表二十八　光绪朝台湾建省前后（1884~1895）正供、米谷产量养活人口估计

268638（谷）石÷2=134319（米）石 134319×100=13431900（升） 13431900÷365=36799（人） 366413（谷）石÷2=183206.5（米）石 183206.5×100=18320650（升） 18320650÷365=50193（人） 1500000（米）石=150000000（米）升 150000000÷365=410958（人）	*一人一天食米一升，一年食米365升 **十升等于一斗，十斗等于一石；一百升等于一石

表二十九　清末台湾代销漳州府盐额数量

编　号	年　代	盐额内容	资料来源
1.	道光五年（1825）	代销南靖县6862道 代销长泰县1151道	不著编人，《道光五年分福建省各州县经督销盈余引目并各官职名月日及行销额外余引黄册》，内阁大库现存清代汉文黄册编号：2252，中国第一历史档案馆藏。
2.	道光十五年（1835）	代销南靖县6862道 代销长泰县1151道	不著编人，《道光十五年分福建省各州县经督销盈余引目并各官职名月日及行销额外余引黄册》，内阁大库现存清代汉文黄册编号：2256，中国第一历史档案馆藏。
3.	道光二十一年（1841）	代销南靖县3138道 代销长泰县848道	不著编人，《道光二十一年分福建省各州县经督销正额引目及各官职名月日黄册》，内阁大库现存清代汉文黄册编号：2260，中国第一历史档案馆藏。

续表

编号	年代	盐额内容	资料来源
4.	道光二十八年（1848）	代销南靖县3138道 代销长泰县848道	不著编人，《道光二十八年分福建省各州县经督销正额引目及各官职名月日黄册》，内阁大库现存清代汉文黄册编号：2262，中国第一历史档案馆藏。
5.	咸丰元年（1851）	代销南靖县6862道 代销长泰县1151道	不著编人，《咸丰元年分福建省各州县经督销盈余引目及行销额外余引并各官职名月日黄册》，内阁大库现存清代汉文黄册编号：2266，中国第一历史档案馆藏。
6.	咸丰二年（1852）	代销南靖县3138道 代销长泰县848道	不著编人，《咸丰二年分福建省各州县经督销正额引目及各官职名月日黄册》，内阁大库现存清代汉文黄册编号：2268，中国第一历史档案馆藏。
7.	咸丰六年（1856）	代销南靖县3138道 代销长泰县848道	不著编人，《咸丰六年分福建省各州县经督销正额引目及各官职名月日黄册》，内阁大库现存清代汉文黄册编号：2273，中国第一历史档案馆藏。
8.	咸丰十年（1860）	代销南靖县6862道 代销长泰县1151道	不著编人，《咸丰十年分福建省各州县经督销盈余引目并各官职名月日及行销额外余引黄册》，内阁大库现存清代汉文黄册编号：2277，中国第一历史档案馆藏。
9.	同治元年（1862）	代销南靖县6862道 代销长泰县1151道	不著编人，《同治元年分福建省各州县经督销盈余引目并各官职名月日及行销额外余引黄册》，内阁大库现存清代汉文黄册编号：2278，中国第一历史档案馆藏。
10.	同治三年（1864）	代销南靖县3138道 代销长泰县848道	不著编人，《同治三年分福建省各州县经督销正额引目及各官职名月日黄册》，内阁大库现存清代汉文黄册编号：2281，中国第一历史档案馆藏。

表三十　清末台湾盐场课数额（养活人口计算参阅表三十一）

编号	年代	盐场课	养活人口	资料来源
1.	道光十二年（1832）	19840.2两	2415853	不著编人，《道光十二年分福建省各属县额征盈余引课并征收额外盈余及续收各年盈余已未完解银两数目黄册》，内阁大库现存清代汉文黄册编号：2307，中国第一历史档案馆藏。
2.	道光十七年（1837）	19388.3两	2360825	不著编人，《道光十七年分福建省各属县额征盈余引课并征收额外盈余及续收各年盈余已未完解银两数目黄册》，内阁大库现存清代汉文黄册编号：2312，中国第一历史档案馆藏。

续表

编　号	年　代	盐场课	养活人口	资料来源
3.	道光二十一年（1841）	20823.9两	2535627	不著编人，《道光二十一年分福建省各属县额征盈余引课并征收额外盈余及续收各年盈余已未完解银两数目黄册》，内阁大库现存清代汉文黄册编号：2313，中国第一历史档案馆藏。
4.	道光二十五年（1845）	18952.9两	2307799	不著编人，《道光二十五年分福建额征盈余引课并征收额外盈余及续收各年盈余已未完解银两黄册》，内阁大库现存清代汉文黄册编号：2314，中国第一历史档案馆藏。
5.	道光二十六年（1846）	20637.0两	2512876	不著编人，《道光二十六年分福建额征盈余引课并征收额外盈余及续收各年盈余已未完解银两黄册》，内阁大库现存清代汉文黄册编号：2315，中国第一历史档案馆藏。
6.	道光二十八年（1848）	19409.6两	2363411	不著编人，《道光二十八年分福建省额征盈余引课并征收额外盈余等项钱粮及督经征接管各官职名月日黄册》，内阁大库现存清代汉文黄册编号：2317，中国第一历史档案馆藏。
7.	道光三十年（1850）	18567.6两	2260894	不著编人，《道光三十年分福建省额征盈余引课并征收额外盈余及续收各年盈余已未完解银两黄册》，内阁大库现存清代汉文黄册编号：2319，中国第一历史档案馆藏。
8.	咸丰元年（1851）	21584.1两	2628193	不著编人，《咸丰元年分福建额征盈余引课并征收额外盈余及续收各年盈余已未完解银两黄册》，内阁大库现存清代汉文黄册编号：2320，中国第一历史档案馆藏。
9.	咸丰五年（1855）	18992.9两	2312679	不著编人，《咸丰五年分福建省各属县额征盈余引课并征收额外盈余续收各年盈余已未完解银两数目册》，内阁大库现存清代汉文黄册编号：2323，中国第一历史档案馆藏。

表三十一　清末台湾盐场课数额养活人口

1.	19840.2两＝198402钱　　198402÷1.2＝165335(石) 165335(石)＝16533500(斤)盐＝264536000(两)盐＝2645360000(钱)盐 2645360000÷1095＝2415853(人)
2.	19388.3两＝193883钱　　193883÷1.2＝161569(石) 161569(石)＝16156900(斤)盐＝258510400(两)盐＝2585104000(钱)盐 2585104000÷1095＝2360825(人)

续表

3.	20823.9 两 = 208239 钱　208239 ÷ 1.2 = 173532（石） 173532（石）= 17353200（斤）盐 = 277651200（两）盐 = 2776512000（钱）盐 2776512000 ÷ 1095 = 2535627（人）
4.	18952.9 两 = 189529 钱　189529 ÷ 1.2 = 157940（石） 157940（石）= 15794000（斤）盐 = 252704000（两）盐 = 2527040000（钱）盐 2527040000 ÷ 1095 = 2307799（人）
5.	20637.0 两 = 206370 钱　206370 ÷ 1.2 = 171975（石） 171975（石）= 17197500（斤）盐 = 275160000（两）盐 = 2751600000（钱）盐 2751600000 ÷ 1095 = 2512876（人）
6.	19409.6 两 = 194096 钱　194096 ÷ 1.2 = 161746（石） 161746（石）= 16174600（斤）盐 = 258793600（两）盐 = 2587936000（钱）盐 2587936000 ÷ 1095 = 2363411（人）
7.	18567.6 两 = 185676 钱　185676 ÷ 1.2 = 154730（石） 154730（石）= 15473000（斤）盐 = 247568000（两）盐 = 2475680000（钱）盐 2475680000 ÷ 1095 = 2260894（人）
8.	21584.1 两 = 215841 钱　215841 ÷ 1.2 = 179867（石） 179867（石）= 17986700（斤）盐 = 287787200（两）盐 = 2877872000（钱）盐 2877872000 ÷ 1095 = 2628193（人）
9.	18992.9 两 = 189929 钱　189929 ÷ 1.2 = 158274（石） 158274（石）= 15827400（斤）盐 = 253238400（两）盐 = 2532384000（钱）盐 2532384000 ÷ 1095 = 2312679（人）
* 一石等于百斤（参阅诸家，《新竹县志初稿》，台湾银行文献丛刊第六一种，1959 年 11 月，页 81），一斤等于十六两，一两等于十钱 ** 一人一天食盐三钱，一年食盐六斤十二两（1080 钱） *** 按照一人一天食盐三钱计算，一年 365 天食盐 1095 钱；与食盐六斤十二两，所换算成的 1080 钱有些出入。不过本文还是以 1095 钱为准 **** 按照洲南、洲北、濑北盐场规定，每交盐一石，纳番广银 1.2 钱	

表三十二　光绪十一年后有记录的各县盐额（养活人口计算参阅表三十三）

编号	府行政区	县行政区	县盐额	总馆盐额	分、子馆盐额	养活人口	资料来源
1.	台南府	安平县、嘉义县	77000 石	—	—	1125114	(1)
2.		凤山县	42000 石	—	—	613698	
3.		恒春县	1200 石	—	—	17534	

续表

编号	府行政区	县行政区	县盐额	总馆盐额	分、子馆盐额	养活人口	资料来源
4.	台湾府	彰化县（部分云林、台湾县）	—	鹿港总馆44350石(分配鹿港、清水、彰化城、土库、南投)	—	648036	(2)
				—	北斗子馆29000石	423744	
5.		苗栗县	20500石	大甲总馆9000石	—	131506	(3)
				—	后垄子馆7500石	109589	
				—	吞霄子馆2500石	36529	
				—	房里子馆1500石	21917	
6.	台北府	新竹县	28000石	—	—	409132	(4)

（1）胡传，《台湾日记与禀启》，台湾银行文献丛刊第七一种，1960年3月，页74。
（2）吴密察主编，《淡新档案（八）：第一编行政/建设类》（台北：台湾大学图书馆，2001年6月），页199。
（3）沈茂荫，《苗栗县志》，台湾银行文献丛刊第一五九种，1962年12月，页65。
（4）吴密察主编，《淡新档案（八）：第一编行政/建设类》（台北：台湾大学图书馆，2001年6月），页144。

表三十三　光绪十一年后有记录的各县盐额养活人口计算

1.	77000（石）＝7700000（斤）＝123200000（两）＝1232000000（钱）/1232000000÷1095＝1125114（人）
2.	42000（石）＝4200000（斤）＝67200000（两）＝672000000（钱）/672000000÷1095＝613698（人）
3.	1200（石）＝120000（斤）＝1920000（两）＝19200000（钱）/19200000÷1095＝17534（人）
4.	44350（石）＝4435000（斤）＝70960000（两）＝709600000（钱）/709600000÷1095＝648036（人）
	29000（石）＝2900000（斤）＝46400000（两）＝464000000（钱）/464000000÷1095＝423744（人）
5.	9000（石）＝900000（斤）＝14400000（两）＝144000000（钱）/144000000÷1095＝131506（人）
	7500（石）＝750000（斤）＝12000000（两）＝120000000（钱）/120000000÷1095＝109589（人）
	2500（石）＝250000（斤）＝4000000（两）＝40000000（钱）/40000000÷1095＝36529（人）
	1500（石）＝150000（斤）＝2400000（两）＝24000000（钱）/24000000÷1095＝21917（人）
6.	28000（石）＝2800000（斤）＝44800000（两）＝448000000（钱）/448000000÷1095＝409132（人）

* 一石等于百斤（参阅诸家，《新竹县志初稿》，台湾银行文献丛刊第六一种，1959年11月，页81），一斤等于十六两，一两等于十钱

** 一人一天食盐三钱，一年食盐六斤十二两（1080钱）

*** 按照一人一天食盐三钱计算，一年365天食盐1095钱；与食盐六斤十二两，所换算成的1080钱有些出入。不过本文还是以1095钱为准

表三十四　清末洋人对台湾区域人口的记录

编号	年代	台湾县（安平县）	嘉义县	云林县	凤山县	彰化县	台湾县	苗栗县	新竹县	淡水县	宜兰县	台东州	恒春县	埔里厅	资料来源
		云嘉南			高屏	彰化	台中	桃竹苗		台北	宜兰	花东	中央山地		
1.	道光三十年（1850）				打狗 5000										（1）
2.	同治三年（1864）												琅峤 1000		（2）
3.	同治六年（1867）	府城约 70000													（3）
4.	同治六年（1867）				县城 70000										（4）
5.	同治十年（1871）	府城约 70000													（5）
6.	同治十一年（1872）													埔里 2000 ~3000	（6）
7.	同治十一年（1872）							猫里 10000	堑城 35000 新埔 10000	艋舺 45000 大稻埕 30000 中港 10000 锡口 10000	三结仔街 10000				（7）
8.	同治十二年（1873）	府城 60000													（8）
9.	同治十三年（1874）								堑城 40000	三角湧 2000 水返脚 4000					（9）

续表

编号	年代	台湾县（安平县）	嘉义县	云林县	凤山县	彰化县	台湾县	苗栗县	新竹县	淡水县	宜兰县	台东州	恒春县	埔里厅	资料来源
		云嘉南			高屏	彰化	台中	桃竹苗		台北	宜兰	花东	中央山地		
10.	同治十三年（1874）													埔里 6000	（10）
11.	光绪元年（1875）			林圯埔 3000										埔里 5000	（11）
12.	光绪元年（1875）				东港 6000～7000										（12）
13.	光绪元年（1875）	府城约 75000	县城 10000～15000		县城 15000 东港 20000 枋寮 5000	县城 15000			县城 30000				全县 10000		（13）
14.	光绪二年（1876）	府城 40000～60000													（14）
15.	光绪十年（1884）									艋舺 40000	县城 40000				（15）
16.	光绪十年（1884）						基隆 10000				（16）				
17.	光绪十一年（1885）						大稻埕 20000～30000 基隆 8000～10000				（17）				

续表

编号	年代	台湾县（安平县）	嘉义县	云林县	凤山县	彰化县	台湾县	苗栗县	新竹县	淡水县	宜兰县	台东州	恒春县	埔里厅	资料来源
			云嘉南		高屏	彰化	台中	桃竹苗		台北	宜兰	花东	中央山地		
18.	光绪十一年（1885）	府城 60000～70000										奇莱 700			（18）
19.	光绪十六年（1890）									淡水 10233	三结仔街 60000	七脚川 1000			（19）

* 以上的行政区域划分以光绪十一年（1885）台湾建省为主，或许与数据记录时的厅县行政区不同；这是为顾及到下篇各区域讨论时的方便，对此本书会详明聚落、城邑名称来区别

资料来源：

（1）白尚德（Chantal Zheng）著，郑顺德译，《十九世纪欧洲人在台湾》（台北：南天书局，1999年6月），页74。

（2）Swinhoe Robert，"Additional notes on Formosa，" *Royal Geographical Society* 10（1866）：122－128.

（3）Dennys N. B.，"Formosa"，in *Dennys N. B. &Fred Mayers，the Treaty Ports of China and Japan*（London：Trübner，1867）：291－325.

（4）James W. Davidson 著，蔡启恒译，《台湾之过去与现在》（台北：台湾银行经济研究室，1972年4月），页81。

（5）Thomson，John，"Note of a journey in Southern Formosa，" *Journal of the Royal Geographical Society XLIII*（1873）：97－107.

（6）Bullock，T. L. "A trip into the interior of Formosa，" *Royal Geographical Society* 21（1877）：266－272.

（7）（9）（17）马偕（G. L Mackay）著，周学谱译，《台湾六记（From Far Formosa）》（台北：台湾银行经济研究室，1960年1月），页43、47、64～66、104。

（8）铃木明著，谢森展译，《外国人眼中的台湾真相》（台北：创意力文化事业，1992年1月二版），页55。

（10）Campbell，W.，"Aboriginal Savages of Formosa，" *Ocean Highways：The geographical Review n. s.* 1（1874）：410－412.

（11）*Allen，Herbert J.*，"*Notes of a Journey through Formosa from Tamsui to Taiwanfu*，" Royal Geographical Society of London21（1877）：258－266.

（12）*Beazeley，M.*，"*Notes of an Overland Journey through the southern part of Formosa from Takow to the South Cape in* 1875 *with an Introductory Sketch of the Island*，" Royal Geographical Society and Monthly Record of Geography n. s. 7（*January*1885）：1－22.

（13）*Translated by Christian Buss，Edited by Douglas Fix，Ibis Paul*，"*Auf Formosa：Enthnographische Wanderungen*，" Globus 31（1877）：149－152，167－171，181－187，196－200，214－219，230－235.

（14）*Steere J. B.*，"*Formosa*，" Journal of the American Geographical Society 6（1876）：302－334.

（15）（18）陶德（*John Dodd*）著，陈政三译，《北台封锁记——茶商陶德笔下的清法战争（*Journal of A Blockaded Resudent in North Formosa during the Franco－Chinese War* 1884－1885）》（台北：原民文化事业，2002年7月），页51、93、145、149、155。

（16）*E. Garnot* 著，黎烈文译，《法军侵台始末（*L'Expédition francaise de Formose*，1884－1885）》（台北：台湾银行经济研究室，1960年10月），页9。

（19）*C. Imbault－Huart* 著，黎烈文译，《台湾岛之历史与地志》（台北：台湾银行经济研究室，1958年3月），页81。

表三十五　清末洋人对台湾人口的记录

编号	年　代	台湾的人口数	资料来源
1.	咸丰十年（1860）	领事报告记为200万	林满红，《茶、糖、樟脑业与台湾之社会经济变迁 1860～1895》（台北：联经出版事业公司，2001 年 11 月四刷），页 149。
2.	同治二年（1863）	英国皇家地质学会会刊记为 300 万	叶振辉，《清季台湾开埠之研究》（台北：标准书局，1985 年 5 月），页 16。
3.	同治四年（1865）	作者记为汉人 300 万，熟番 50 万	必麒麟（W. A. Pickering）著，吴明远译，《老台湾》（台北：台湾银行经济研究室，1959 年 1 月），页 38。
4.	同治十年（1871）	传教士记为 200 万	金关丈夫原编，林川夫主编，《民俗台湾（第六辑）》（台北：武陵出版有限公司，1997 年 4 月），页 257。
5.	同治十一年（1872）	作者记为 300 万	马偕（G. L. Mackay）著，周学谱译，《台湾六记（From Far Formosa）》（台北：台湾银行经济研究室，1960 年 1 月），页 43。
6.	同治 11 年（1872）	作者记为 300 万	Thomson，J.，F. R. G. S. *Illustrations of China and its people*：*A series of two hundred photographs*，*with*；*letterpress descriptive of the places and people represented*（London：Sampon Low，Marston，Low and Searle，1873－1874）.
7.	光绪元年（1875）	作者记为 400 万	Translated by Christian Buss，Edited by Douglas Fix，Ibis Paul，"Auf Formosa：Enthnographische Wanderungen，" *Globus* 31（1877）：149－152，167－171，181－187，196－200，214－219，230－235.
8.	光绪二年（1876）	作者记为 300 万	Steere J. B.，"Formosa，" *Journal of the American Geographical Society* 6（1876）：302－334.
9.	光绪十年（1884）	法国报纸记为 360 万	台湾银行经济研究室编，《法军侵台档》，台湾银行文献丛刊第一九二种，1964 年 3 月，页 22。
10.	光绪十一年（1885）	作者记为 300 万	C. Imbault－Huart 著，黎烈文译，《台湾岛之历史与地志》（台北：台湾银行经济研究室，1958 年 3 月），页 105。
11.	光绪十二年（1886）	作者记为 300～400 万	Guillemard F. H. H.，"Formosa" in *The Curise of the Marchesa to Kamschatka & New Guineaa*，*with notices of Formosa*，*Liu－Kiu and various islands of Malay Archipelago*（London：John Murray，1886），pp. 1－25.
12.	光绪十三年（1887）	法国人记为 300 万	白尚德（ChantalZheng）著，郑顺德译，《十九世纪欧洲人在台湾》（台北：南天书局，1999 年 6 月），页 21。
13.	光绪十九年（1893）	领事报告记为 255 万	林满红，《茶、糖、樟脑业与台湾之社会经济变迁 1860～1895》（台北：联经出版事业公司，2001 年 11 月四刷），页 152。
14.	光绪二十一年（1895）	作者记为 250 万	James W. Davidson 著，蔡启恒译，《台湾之过去与现在》（台北：台湾银行经济研究室，1972 年 4 月），页 47。

表三十六　清末官方对台湾区域人口的记录

编号	年代	台湾县（安平县）	嘉义县	云林县	凤山县	彰化县	台湾县	苗栗县	新竹县	淡水县	宜兰县	台东州	恒春县	埔里厅	资料来源
		云嘉南			高屏	彰化	台中	桃竹苗		台北	宜兰	花东	中央山地		
1.	同治元年（1862）					鹿港 120000									（1）
2.	同治十一年（1872）									淡水 50000					（2）
3.	同治十一年（1872）							淡水厅 420000							（3）
4.	同治十三年（1874）							竹堑城 2097 东厢二十五庄 2942 东厢十庄 1018 南厢二庄 309 东厢十七庄 1496 东北厢十六庄 1630 西北厢十六庄 1014 中港堡 1530 后垄堡 1677 苑里堡 884 大甲堡 1321 桃涧堡 1068		拳山堡 625 石碇堡 534 兴直堡 1019 芝兰堡 2131 海山堡 1121 摆接堡 718 大加蚋堡 1092					（4）

续表

编号	年代	台湾县（安平县）	嘉义县	云林县	凤山县	彰化县	台湾县	苗栗县	新竹县	淡水县	宜兰县	台东州	恒春县	埔里厅	资料来源
		云嘉南			高屏	彰化	台中	桃竹苗		台北	宜兰	花东	中央山地		
5.	光绪元年（1875）							淡水厅 420000					县城 490		（5）
6.	光绪二年（1876）												6000～7000		（6）
7.	光绪三年（1877）												县城 490		（7）
8.	光绪十五年（1889）												宣化里 1927 德和里 3416 仁寿里 354 兴文里 3321 善余里 1779 嘉禾里 185 咸昌里 644 泰庆里 1230 治平里 794 长乐里 649 安定里 555 永靖里 1255 至厚里 628		（8）

续表

编号	年代	台湾县（安平县）	嘉义县	云林县	凤山县	彰化县	台湾县	苗栗县	新竹县	淡水县	宜兰县	台东州	恒春县	埔里厅	资料来源
		云嘉南			高屏	彰化	台中	桃竹苗		台北	宜兰	花东	中央山地		
9.	光绪十六年（1890）							苗栗县 62778							（9）
10.	光绪十七年（1891）					鹿港 40000 ~ 50000		苗栗县 63892							（10） （11）
11.	光绪十八年（1892）							苗栗县 65274				南乡 730 新乡 2813 奉乡 1140 莲乡 986 广乡 170			（12） （13）
12.	光绪二十年（1894）			斗六堡 28659 大糠榔堡 52935 茑松北堡 3149 尖山堡 12009 海丰堡 21029 他里雾堡 19347 西螺堡 1034 白沙墩堡 5729	大竹里 55542 兴隆里 19068 赤山里 8433 小竹里 35618 凤山里 20467 观音里 25105 半屏里 5679 仁寿里 29999				竹堑城 5023 竹堑堡 东厢 15173 竹堑堡， 南厢 3097 竹堑堡 北厢 4590 竹堑堡 东南厢 10863 竹堑堡 西南厢 2346						（14） （15） （16）

续表

编号	年代	台湾县（安平县）	嘉义县	云林县	凤山县	彰化县	台湾县	苗栗县	新竹县	淡水县	宜兰县	台东州	恒春县	埔里厅	资料来源
		云嘉南			高屏	彰化	台中	桃竹苗		台北	宜兰	花东	中央山地		
12.	光绪二十年（1894）			大坵田东堡 4833 溪州堡 7623 沙连堡 12789 打猫东堡 2670 打貓北堡 3610 布屿东堡 10764 布屿西堡 8585	维新里 6674 嘉祥里 11653 文贤里 8735 长治里 5526 港东里 52128 港西里 108928				竹堑堡西北厢 4342 竹南堡 25076 竹北堡 60584						

＊以上的行政区域划分以光绪十一年（1885）台湾建省为主，或许与数据记录时的厅县行政区不同；这是为顾及到下篇各区域讨论时的方便，对此本书会详明聚落、城邑名称来区别

资料来源：（1）蔡青筠，《戴案纪略》，台湾银行文献丛刊第二〇六种，1964年11月，页14。
（2）（3）台湾银行经济研究室选编，《清季申报台湾纪事辑录》（南投：台湾省文献委员会，1994年7月），页8、11。
（4）淡新档案校注出版编辑委员会，《淡新档案（三）：第一编行政/民政类》（台北：台湾大学，1995年10月），页328～351。
（5）洪安全主编，《清宫月折档台湾史料（三）》（台北：故宫博物院，1994年10月），页2021、2570。
（6）台湾银行经济研究室选编，《台湾私法物权编》，台湾银行文献丛刊第一五〇种，1963年1月，页1。
（7）不著编人，《清光绪朝中日交涉史料（上册）》（台北：文海出版社，1963年5月），页9～10。
（8）屠继善，《恒春县志》，台湾银行文献丛刊第七五种，1960年5月，页125～129。
（9）（10）（12）沈茂荫，《苗栗县志》，台湾银行文献丛刊第一五九种，1962年12月，页61～63。
（11）唐赞衮，《台阳见闻录》，台湾银行文献丛刊第三〇种，1958年11月，页5。
（13）胡传，《台东州采访册》，台湾银行文献丛刊第八一种，1960年5月，页18～21。
（14）倪赞元，《云林县采访册》，台湾银行文献丛刊第三七种，1959年2月，页1～194。
（15）卢德嘉，《凤山县采访册》，台湾银行文献丛刊第七三种，1960年8月，页1～15。
（16）陈朝龙，《新竹县采访册》，台湾银行文献丛刊第一四五种，1962年7月，页68～98。

表三十七　日治初期台湾总人口与区域人口的记录

编号	时　间	地　区			人　数	资料来源
1.	明治二十八年(1895)	全台湾			2000000 左右	(1)
2.	明治二十九年(1896)		台北县	大稻埕、艋舺、城内	46710	(2)
3.	明治三十年(1897)		新竹县		304476	(3)
4.	明治三十年(1897)		新竹县	苑里	20544	(4)
5.	明治三十年(1897)		新竹县	苗栗县城	2499	(5)
			新竹县	狮潭桂竹林	898	
			新竹县	大湖	651	
			台中县	台中	2368	
			台中县	彰化城	14068	
			台中县	鹿港	20392	
			台中县	集集	1600	
			嘉义县	斗六门	1372	
			嘉义县	他里雾	440	
			嘉义县	打猫街	725	
			嘉义县	嘉义县城	9648	
			台南县	麻豆庄	3000	
			台南县	萧垄庄	300	
			台南县	番仔田庄	200	
			台南县	台南	40034	
			台南县		317192	
			台南县	关庙庄	229	
			凤山县	罗汉外门	1616	
			凤山县	里港街	2220	
			凤山县	旧城	772	
			凤山县	新城	5345	
			凤山县	打狗街	1600	
			凤山县	旗后街	1936	
			凤山县	恒春县城	1000	
			台东厅	花莲港	303	
6.	明治三十一年(1898)		新竹县	树杞林	41223	(6)

续表

编号	时间	地区			人数	资料来源
7.	明治三十二年（1899）	全台湾（扣除原住民）			2725041	(7)
8.	明治三十二年（1899）		台北县	大稻埕	31715	(8)
			台北县	艋舺	20317	
			台北县	台南	47000	
9.	明治三十三年（1900）	〔王石鹏袭用清末地名〕		台湾府城	20000 余	(9)
				台北府城	150000 余	
			宜兰县		7000 余（平埔族）	
				安平县城	15000	
				新竹县城	10000 余	
				嘉义县城	15000 余	
				打狗港	5000 余	
				大嵙崁	10000 余	
10.	明治三十三年(1900)		凤山县	东港	6994	(10)
11.	明治三十三年(1900)		嘉义县	打猫西堡	12134	(11)
				打猫北堡	3115	
				打猫南堡	7814	
				打猫东下堡	4091	
				打猫东顶堡	8807	
12.	明治三十四年(1901)	全台湾			2842378	(12)
13.	明治三十八年(1905)	全台湾（扣除原住民）			3046859	(13)

资料来源：

(1) 佚名，《安平县杂记》，台湾银行文献丛刊第五二种，1959 年 8 月，页 23。
(2) 温振华、戴宝村，《淡水河流域变迁史》（板桥：台北县立文化中心，1999 年 3 月初版二刷），页 148。
(3) 诸家，《新竹县志初稿》，台湾银行文献丛刊第六一种，1959 年 11 月，页 49。
(4) 蔡振丰，《苑里志》，台湾银行文献丛刊第四八种，1959 年 6 月，页 36 ~ 40。
(5) 伊能嘉矩著，杨南郡译注，《台湾踏查日记（上）》（台北：远流出版事业股份有限公司，2000 年 10 月初版三刷），页 109、113、118、123、152 ~ 153、155、216 ~ 217、226、241 ~ 242、244、246 ~ 247、250 ~ 252、254、267、269、271、280、282、287 ~ 288、292、302 ~ 303、322。
(6) 诸家，《树杞林志》，台湾银行文献丛刊第六三种，1959 年 9 月，页 37 ~ 50。
(7) 陈绍馨纂修，《台湾省通志稿·卷二人民志人口篇》（台北：台湾省文献委员会，1964 年 6 月），页 277。

续表

(8) 王世庆，《淡水河流域河港水运史》（台北："中央研究院"中山人文社会科学研究所，1996年12月），页47。
(9) 王石鹏，《台湾三字经》，台湾银行文献丛刊第一六二种，1962年12月，页27～29。
(10) 伊能嘉矩著，杨南郡译注，《台湾踏查日记（下）》（台北：远流出版事业股份有限公司，1997年2月初版二刷），页424。
(11) 佚名，《嘉义管内采访册》，台湾银行文献丛刊第五八种，1959年9月。
(12) 台湾惯习研究会原著，《台湾惯习记事（中译本）·第肆卷上》（南投：台湾省文献委员会，1989年3月），页41。
(13) 李絜非，《台湾》（上海：商务印书馆，1947年2月上海四版），页22。

表三十八　清代史料所见的台湾总人口数

<table>
<tr><th>编　号</th><th>年　代</th><th>正供、仓贮、垦地面积估算出的人口</th><th>直接的人口记录</th><th>盐额估算出的人口</th><th>资料来源</th></tr>
<tr><td>1.</td><td>康熙二十三年(1684)</td><td>5万～7万</td><td></td><td rowspan="2"></td><td>第一章第一节</td></tr>
<tr><td>2.</td><td>康熙六十一年(1722)</td><td>7万～8万</td><td>30万</td><td>第一章第一节</td></tr>
<tr><td>3.</td><td>雍正十三年(1735)</td><td>9万～13万</td><td>44万(440686)</td><td></td><td>第一章第一节/表十三</td></tr>
<tr><td>4.</td><td>乾隆元年(1736)</td><td></td><td></td><td rowspan="5">131万～160万</td><td>第一章第二节</td></tr>
<tr><td>5.</td><td>乾隆二十一年(1756)</td><td>14万～15万</td><td>66万(110147)</td><td>第一章第二节/表二十一</td></tr>
<tr><td>6.</td><td>乾隆三十八年(1773)</td><td></td><td>76万(765721)</td><td>第一章第二节/表二十一</td></tr>
<tr><td>7.</td><td>乾隆四十二年(1777)</td><td></td><td>83万(839803)</td><td>第一章第二节/表二十一</td></tr>
<tr><td>8.</td><td>乾隆四十六年(1781)</td><td></td><td>90万(900940)</td><td>第一章第二节/表二十一</td></tr>
<tr><td>9.</td><td>乾隆五十五年(1790)</td><td></td><td>106万(1063522)</td><td rowspan="2">189万～200万</td><td>第一章第二节</td></tr>
<tr><td>10.</td><td>嘉庆十六年(1811)</td><td></td><td>178万(1786883)</td><td>第一章第二节</td></tr>
<tr><td>11.</td><td>道光四年(1824)</td><td></td><td>250万</td><td rowspan="3">214万～262万</td><td>第一章第三节</td></tr>
<tr><td>12.</td><td>同治七年(1868)</td><td></td><td></td><td>第一章第三节</td></tr>
<tr><td>13.</td><td>光绪元年(1875)</td><td></td><td>300万</td><td>第一章第三节</td></tr>
<tr><td>14.</td><td>光绪十一年(1885)</td><td></td><td></td><td rowspan="2">接近400万</td><td>第一章第三节/表三十二</td></tr>
<tr><td>15.</td><td>光绪二十年(1894)</td><td>40万</td><td></td><td>第一章第三节</td></tr>
</table>

表三十九　清代史料所见估算的台湾区域人口数

编号	年代	台湾县（安平县）	嘉义县	云林县	凤山县	彰化县	台湾县	苗栗县	新竹县	淡水县	宜兰县	台东州	恒春县	埔里厅	资料来源
		云嘉南			高屏	彰化	台中	桃竹苗		台北	宜兰	花东	中央山地		
1.	康熙二十八年（1689）	24187	*旧诸罗县		14262	*旧诸罗县（该县人口为13683）									表六
2.	雍正十三年（1735）	10875	202458		91613	25867	8786	931		2326					表十四
3.	乾隆二十一年（1756）	148896	188496		138996	124124	35464	10296		13728					表二十二
4.	嘉庆十六年（1811）	339865	416522		353624	153047	153046	115364		95666	159747				表二十四
5.	同治十一年（1872）							278906		141093					第一章第三节
6.	光绪十五年（1889）												16737	5000～6000	表三十三、五
7.	光绪十八年（1892）							65274				5839			表三十五
8.	光绪二十年（1894）			194765	393555				131094						表三十五

*以上的行政区域划分以光绪十一年（1885）台湾建省为主，或许与数据记录时的厅县行政区不同，这是为顾及到下篇各区域讨论时的方便

第二章 官番民的武力发展

第二节 官方——职业式武力的驻防

表四十 清代台闽绿营人数

编 号	年 代	福建绿营人数	台湾绿营人数	资料来源
1.	康熙二十三年（1684）	83562 名	—	金鋐，《福建通志》（北京：书目文献出版社，1988 年），页 1541～1547。
2.	康熙二十八年（1689）		8000 名（不包括澎湖 2000 名）	蒋毓英，《台湾府志》（北京：中华书局，1985 年 5 月），页 210～211。
3.	康熙三十四年（1695）		7580 名（不包括澎湖 2000 名）	高拱乾，《台湾府志》，台湾银行文献丛刊第六五种，1960 年 2 月，页 69～75。
4.	康熙五十一年（1712）		7580 名（不包括澎湖 2000 名）	周元文，《重修台湾府志》，台湾银行文献丛刊第六六种，1960 年 7 月，页 85～91。
5.	雍正十三年（1735）		10670（不包括澎湖 2000 名）	尹士俍，《台湾志略·武职营规》，清乾隆三年刻本，北京国家图书馆藏。
6.	乾隆六年（1741）		10670（不包括澎湖 2000 名）	刘良璧，《重修福建台湾府志》，台湾银行文献丛刊第七四种，1961 年 3 月，页 324～325。
7.	乾隆七年（1742）		9870 名（不包括澎湖 2000 名）	台湾银行经济研究室选编，《台案汇录丁集》，台湾银行文献丛刊第一七八种，1963 年 9 月，页 220。
8.	乾隆十九年（1754）	51124 名	10670 名（不包括澎湖 2000 名）	不著编人，《兵部则例□□卷·营制》，清乾隆内（务）府抄本，北京国家图书馆藏。
9.	乾隆二十九年（1764）	66726 名（包括台湾、澎湖）		赵尔巽等著，《清史稿》（北京：中华书局，1998 年 1 月），页 1045。
10.	乾隆三十八年（1773）		10670 名（不包括澎湖 2000 名）	朱景英，《海东札记》，台湾银行文献丛刊第一九种，1958 年 10 月，页 23。
11.	乾隆四十八年（1783）		10229 名（不包括澎湖 1858 名）	台湾银行经济研究室编，《台案汇录丙集》，台湾银行文献丛刊第一七六种，1963 年 11 月，页 326。

续表

编号	年代	福建绿营人数	台湾绿营人数	资料来源
12.	乾隆五十年（1785）	63119名（包括台湾、澎湖）		赵尔巽等著，《清史稿》（北京：中华书局，1998年1月），页1045。
13.	乾隆五十二年（1787）		10310名（不包括澎湖1858名）	台湾银行经济研究室选编，《台案汇录庚集》，台湾银行文献丛刊第二〇〇种，1964年8月，页36。
14.	乾隆五十三年（1788）	50943名	10099名（不包括澎湖1858名）	台湾银行经济研究室选编，《台案汇录庚集》，台湾银行文献丛刊第二〇〇种，1964年8月，页173、184。
15.	乾隆五十四年（1789）		10318名（不包括澎湖1858名）	不著编人，《清实录－高宗纯皇帝实录（二五）》（北京：中华书局，1985年11月），页975~976。
16.	乾隆六十年（1795）		11518名（不包括澎湖1858名）	乾隆朝汉文录副奏折（财政），档号：0767，微缩号：051，中国第一历史档案馆藏。
17.	嘉庆十一年（1806）		11534名（不包括澎湖1858名）	台湾银行经济研究室选编，《台案汇录丁集》，台湾银行文献丛刊第一七八种，1963年9月，页273。
18.	嘉庆十五年（1810）		10531名（不包括澎湖1858名）	李桓编，《国朝耆献类征（154）》（台北：明文书局，1985年5月），页870~913。
19.	嘉庆十六年（1811）		12142余名（不包括澎湖1858名）	翟灏，《台阳笔记》，台湾银行文献丛刊第二〇种，1958年5月，页2。
20.	道光十一年（1831）		12798名（不包括澎湖1858名）	姚莹，《东槎纪略》，台湾银行文献丛刊第七种，1957年11月，页11。
21.	道光十三年（1833）	47456名	12063名（不包括澎湖1858名）	陈寿祺，《福建通志台湾府》，台湾银行文献丛刊第八四种，1960年8月，页261~290、301。
22.	道光二十七年（1847）		12799名（不包括澎湖1858名）	丁绍仪，《东瀛识略》，台湾银行文献丛刊第二种，1957年9月，页41。
23.	道光二十九年（1849）	61675名（包括台湾、澎湖）		赵尔巽等著，《清史稿》（北京：中华书局，1998年1月），页1045。

续表

编号	年代	福建绿营人数	台湾绿营人数	资料来源
24.	咸丰三年（1853）		12816（不包括澎湖1858名）	中国第一历史档案馆编，《清政府镇压太平天国档案史料（第八册）》（北京：社会科学文献出版社，1993年9月），页639。
25.	咸丰三年（1853）	47300余名		中国第一历史档案馆编，《清政府镇压太平天国档案史料（第九册）》（北京：社会科学文献出版社，1993年11月），页409。
26.	同治八年（1869）		6938余名（不包括澎湖762名）	刘铭传，《刘壮肃公奏议》，台湾银行文献丛刊第二七种，1958年9月，页287。
27.	同治十三年（1874）	16298		洪安全主编，《清宫月折档台湾史料（二）》（台北：故宫博物院，1994年10月），页1687。
28.	光绪八年（1882）	19500余名		洪安全主编，《清宫洋物始末台湾史料（二）》（台北：故宫博物院，1999年10月），页1404。
29.	光绪八年（1882）		4323名（不包括澎湖177名）	刘铭传撰，马昌华、翁飞点校，《刘铭传文集》（合肥：黄山书社，1997年7月），223页。
30.	光绪九年（1883）		4346名（不包括澎湖177名）	刘璈，《巡台退思录》，台湾银行文献丛刊第二一种，1958年8月，页236。
31.	光绪十三年（1887）		4323名（不包括澎湖177名）	中国第一历史档案馆编，《光绪朝朱批奏折（第三十四辑军务）》（北京：中华书局，1995年2月），页117。
32.	光绪十九年（1893）		2405（不包括澎湖镇）	蒋师辙，《台湾通志》，台湾银行文献丛刊第一三〇种，1962年5月，页651～678。

表四十一　清代台湾绿营分布人数

编号	年代	时期	台湾县（安平县）	嘉义县	云林县	凤山县	彰化县	台湾县	苗栗县	新竹县	淡水县	宜兰县	台东州	恒春县	埔里厅	资料来源
			云嘉南			高屏	彰化	台中	桃竹苗		台北	宜兰	花东	中央山地		
1.	康熙二十八年（1689）	康雍时期	6000	＊旧诸罗县		1000	＊旧诸罗县（1000/康熙五十七年〔1718〕抽调台湾县额兵500人组淡水营）									（1）
2.	雍正十三年（1735）	康雍时期	4270	1485		2425	1025	265	200	500	500					（2）
3.	乾隆二十一年（1756）	乾嘉时期	4270	1485		2425	1025	265	200	500	500					（3）
4.	嘉庆十六年（1811）	乾嘉时期	4446	1825		2630	1157	265	200	536	633	450				（4）（5）（6）
5.	道咸同朝	道咸同光时期	3698	1525		2173	1360	303	294	648	1407	655				（7）
6.	同治十一年（1872）	道咸同光时期	2534	1087		900	659	245	156	379	672	380				（8）
7.	光绪十五年（1889）	道咸同光时期														
8.	光绪十八年（1892）	道咸同光时期	692	180	40	377	259	40	156	32	305	210		249	50	（9）
9.	光绪二十年（1894）	道咸同光时期														

续表

编号	年代	台湾县（安平县）	嘉义县	云林县	凤山县	彰化县	台湾县	苗栗县	新竹县	淡水县	宜兰县	台东州	恒春县	埔里厅	资料来源
		云嘉南			高屏	彰化	台中	桃竹苗		台北	宜兰	花东	中央山地		

＊以上的行政区域划分以光绪十一年(1885)台湾建省为主,或许与数据记录时的厅县行政区不同,这是为顾及到下篇各区域讨论时的方便

(1)蒋毓英,《台湾府志》(北京:中华书局,1985 年 5 月),页 210。

(2)尹士俍,《台湾志略・武职营规》,清乾隆三年刻本,北京国家图书馆藏。

(3)不著编人,《兵部则例□□卷・营制》,清乾隆内(务)府抄本,北京国家图书馆藏。

(4)谢金銮,《续修台湾县志》,台湾银行文献丛刊第一四〇种,1962 年 6 月,页 247～250。

(5)陈淑均,《噶玛兰厅志》,台湾银行文献丛刊第一六〇种,1963 年 3 月,页 161～162。

(6)陈培桂,《淡水厅志》,台湾银行文献丛刊第一七二种,1963 年 8 月,页 157～162。

(7)陈寿祺,《福建通志台湾府》,台湾银行文献丛刊第八四种,1960 年 8 月,页 261～290、301。

(8)佚名,《台湾兵备手抄》,台湾银行文献丛刊第二二二种,1966 年 2 月,页 10～12(额兵共 7621 人与表四十编号 26 记录台、澎额兵 7700 人略有出入)。

(9)蒋师辙,《台湾通志》,台湾银行文献丛刊第一三〇种,1962 年 5 月,页 651～678(额兵共 2590 人与表四十编号 32 记录台、澎额兵 2405 人略有出入)。

表四十二　清代台湾区域人口数与营额兵人数比例

编号	年代	时期	台湾县（安平县）	嘉义县	云林县	凤山县	彰化县	台湾县	苗栗县	新竹县	淡水县	宜兰县	台东州	恒春县	埔里厅
			云　嘉　南			高　屏	彰　化	台　中	桃　竹　苗		台　北	宜　兰	花　东	中央山地	
1.	康熙二十八年（1689）	康雍时期	24187 人	＊旧诸罗县		12462 人			＊旧诸罗县		13683 人				
			6000 兵			1000 兵			1000 兵						
			4:1			12:1			13:1						
2.	雍正十三年（1735）		10875 人	202458 人		91613 人	25867 人	8786 人	931 人		2326 人				
			4270 兵	1485 兵		2425 兵	1025 兵	265 兵	700 兵		500 兵				
			2. 5:1	136:1		37:1	25:1	33:1	1. 3:1		4. 6:1				
3.	乾隆二十一年（1756）	乾嘉时期	148896 人	188496 人		138996 人	124124 人	35464 人	10296 人		13728 人				
			4270 兵	1485 兵		2425 兵	1025 兵	265 兵	700 兵		500 兵				
			35:1	126:1		57:1	121:1	133:1	14:1		27:1				
4.	嘉庆十六年（1811）		339865 人	416522 人		353624 人	153047 人	153046 人	115364 人		95666 人	159747 人			
			4446 兵	1825 兵		2630 兵	1157 兵	265 兵	736 兵		633 兵	450 兵			
			76:1	228:1		134:1	132:1	577:1	156:1		151:1	354:1			

续表

编号	年代		台湾县（安平县）	嘉义县	云林县	凤山县	彰化县	台湾县	苗栗县	新竹县	淡水县	宜兰县	台东州	恒春县	埔里厅
			云嘉南			高屏	彰化	台中	桃竹苗		台北	宜兰	花东	中央山地	
5.	道咸同朝	道咸同光时期	3698 兵	1525 兵		2173 兵	1360 兵	303 兵	942 兵		1407 兵	655 兵			
6.	同治十一年（1872）								278906 人 535 兵 521:1		141093 人 672 兵 209:1				
7.	光绪十五年（1889）													16737 249 67:1	5000 50 100:1
8.	光绪十八年（1892）								65274 156 418:1	131094 32 4096:1					
9.	光绪二十年（1894）				194765 40 4869:1	292555 人 377 兵 776:1									

资料来源：表三十九、四十一

表四十三　清代台湾巡阅事宜

编号	年代	巡阅奏报者	职称	巡阅路线	事宜	资料来源
1.	雍正三年十二月(1726.1)	禅济布	巡台满御史	台湾府城	阅看台湾镇标三营军火器械颇为谙熟	洪安全主编,《清宫宫中档奏折台湾史料(一)》(台北:故宫博物院,2001年11月),页528~532。
2.	雍正四年七月(1726.8)	索琳汪继燝	巡台满、汉御史	台湾府城	台湾水师协三营	洪安全主编,《清宫宫中档奏折台湾史料(一)》(台北:故宫博物院,2001年11月),页689~692。
3.	雍正五年三月(1727.4)	索琳尹泰	巡台满、汉御史	台湾府城	台湾镇标中左右三营、台湾水师协中左右三营	洪安全主编,《清宫宫中档奏折台湾史料(二)》(台北:故宫博物院,2001年11月),页1041~1049。
4.	雍正七年十月(1729.11)	赫硕色夏之芳	巡台满、汉御史	台湾府城	台湾镇标中左右三营、台湾水师协中左右三营	洪安全主编,《清宫宫中档奏折台湾史料(三)》(台北:故宫博物院,2001年11月),页2199~2201。
5.	雍正九年四月(1731.5)	高山奚德慎	巡台满、汉御史	北路诸罗县、彰化县、淡水厅竹堑返回,南路凤山县	阅看镇标三营、台协水师三营、北路营、淡水营、南路营至各塘汛兵丁训饬令其小心	洪安全主编,《清宫宫中档奏折台湾史料(四)》(台北:故宫博物院,2001年11月),页2501~2503。
6.	雍正十一年十一月(1733.12)	觉罗柏修林天木	巡台满、汉御史	府城、南路	阅看镇标三营、台协水师三营、南路营	中国第一历史档案馆编,《雍正朝汉文朱批奏折汇编(第二十五册)》(上海:江苏古籍出版社,1991年3月),页499。

编号	年代	巡阅奏报者	职称	巡阅路线	事宜	资料来源
7.	雍正十二年十一月(1734.12)	图尔泰 林天木	巡台满、汉御史	府城、南路	阅看镇标三营、台协水师三营、城守营、南路营	中国第一历史档案馆编,《雍正朝汉文朱批奏折汇编(第二十七册)》(上海:江苏古籍出版社,1991年3月),页377。
8.	雍正十三年十二月(1736.1)	图尔泰 严瑞龙	巡台满、汉御史	府城、诸罗县、彰化县、大甲、猫盂、鹿子港、笨港、盐水港	阅看台协水师三营、北路协中左营、城守营、镇标三营	中国第一历史档案馆编,《雍正朝汉文朱批奏折汇编(第三十册)》(上海:江苏古籍出版社,1991年3月),页145~146。
9.	乾隆四年十一月(1739.12)	诺穆布 杨二酉	巡台满、汉御史	南路大湖、二滥、阿公店、凤山县城、下淡水、凤弹、新园、万丹、山猪毛、罗汉门、岗山、北路诸、彰、淡水	府城会同镇台阅看镇标、台协水师、南路营操演、器械、盔甲娴熟,恪遵纪律,民番相安	乾隆朝汉文录副奏折(军机处录副-军务),微缩号:029-2180,中国第一历史档案馆藏。
10.	乾隆五年十一月(1740.12)	舒辂 杨二酉	巡台满、汉御史	北路木栅仔、湾里、茅港尾、诸罗县城、打猫、他里雾、斗六门、东西螺、大武郡、彰化县城、大肚、淡属各界、鹿仔港、二林、南社、笨港、盐水港	府城会同镇台阅看镇标、台协水师、城守营旗帜、器械、兵丁操演鲜明熟整,汛塘防守严密,宵小潜踪,地方宁谧	乾隆朝汉文录副奏折(军机处录副-军务),微缩号:029-2189,中国第一历史档案馆藏。
11.	乾隆七年十一月(1742.12)	书山 张湄	巡台满、汉御史	北路木栅仔、湾里、茅港尾、诸罗县城、斗六门、东西螺、大武郡、彰化县城、淡属各界、鹿仔港、笨港、盐水港	会同镇臣阅看府城会同镇台阅看镇标、台协水师、城守营、北路协中左右营操演,队伍整齐,甲械鲜利	乾隆朝汉文录副(军机处录副),微缩号:030-0007,中国第一历史档案馆藏。
12.	乾隆十年十一月(1745.12)	六十七 范咸	巡台满、汉御史	南路大湖、阿公店、凤山县城、凤弹、新园、万丹、下淡水、放索、傀儡山、茄藤、力力、上淡水、阿猴、山豬毛、搭楼、武洛、大杰巅、罗汉门山	会同镇臣阅看府城会同镇台阅看镇标、台协水师、城守营、南路营旗帜鲜明,甲械坚利,陆路步伍均属整齐	乾隆朝汉文录副(军机处录副),微缩号:030-0372,中国第一历史档案馆藏。

续表

编号	年代	巡阅奏报者	职称	巡阅路线	事宜	资料来源
13.	乾隆十五年十一月(1750.12)	书昌	巡台满御史	北路木栅、茅港尾、下茄苳、诸罗县城、斗六门、西螺、大武郡、彰化县城、竹堑城,南返至大肚、马芝遴、鹿仔港、笨港、盐水港	北路协左营、中营、左营	国学文献馆主编,《台湾研究资料汇编(第一辑·第二十九册)》(台北:联经出版社,1993年9月),页12377~12382。
14.	乾隆十六年一月(1751.2)	林君升	台湾镇总兵官	南路凤弹、下淡水、岗山、罗汉门	阅看南路营、下淡水营、台湾水师协三营	国学文献馆主编,《台湾研究资料汇编(第一辑·第二十九册)》(台北:联经出版社,1993年9月),页12429~12431。
15.	乾隆十六年九月(1751.10)	李有用	台湾镇总兵官	南路	会同镇臣阅看南路营、下淡水营、城守营左军	台湾故宫博物院,《宫中档乾隆朝奏折(第一辑)》(台北:故宫博物院,1982年5月),页710~711。
16.	乾隆十六年十一月(1751.12)	立柱 钱琦	巡台满、汉御史	府城	阅看府城会同镇台阅看镇标、台协水师、城守营	台湾故宫博物院,《宫中档乾隆朝奏折(第二辑)》(台北:故宫博物院,1982年6月),页23。
17.	乾隆十六年十一月(1751.12)	钱琦	巡台汉御史	南路新园、下淡水、放索、茄藤、力力、阿猴、傀儡山、山猪毛、搭楼、武洛、大杰巅、罗汉门	南路营	台湾故宫博物院,《宫中档乾隆朝奏折(第二辑)》(台北:故宫博物院,1982年6月),页27。
18.	乾隆十七年十二月(1753.2)	陈林每	台湾镇总兵官	北路诸罗山、斗六门、石榴班、触口、水沙连、三重埔、万丹坑、南北投、柳树湳、大安港、吞霄、后垅港、中港、大溪墘、霄里山、拳头母山、八里坌,沿海南返	北路协、淡水营	乾隆朝汉文录副(军机处录副),微缩号:031－1656,中国第一历史档案馆藏。

续表

编号	年代	巡阅奏报者	职称	巡阅路线	事宜	资料来源
19.	乾隆十七年十一月（1753.1）	陈林每	台湾镇总兵官	南路一带	南路营	台湾故宫博物院，《宫中档乾隆朝奏折（第四辑）》（台北：故宫博物院，1982年8月），页531。
20.	乾隆二十一年四月（1756.5）	官保 李友棠	巡台满、汉御史	南路大湖、桥仔头、凤山县城、埤头、阿里港、武洛、淡水、阿猴、搭楼、傀儡山、大杰巅、罗汉门山	会同镇臣阅看府城 会同镇台阅看镇标、台协水师、城守营、南路营队伍整齐	乾隆朝汉文录副（军机处录副），微缩号：030，中国第一历史档案馆藏。
21.	乾隆二十一年九月（1756.10）	官保 李友棠	巡台满、汉御史	北路木栅、湾里、哆啰膀、斗六门、东西螺、大武郡、猫雾拺、岸里社、吞霄、后垅港、中港、竹堑城、沙辘、马芝遴、鹿仔港、笨港、盐水港	北路协右营、中营、右营	乾隆朝汉文录副（军机处录副），微缩号：031－1939，中国第一历史档案馆藏。
22.	乾隆二十五年五月（1760.6）	觉罗实麟 汤世昌	巡台满、汉御史	北路诸罗县、彰化县、淡水厅竹堑	会同镇臣阅看府城镇标、台协水师	乾隆朝汉文录副（军机处录副），微缩号：030，中国第一历史档案馆藏。
23.	乾隆二十八年十二月（1764.1）	永庆 李宜青	巡台满、汉御史	台湾府城	阅看城守营、台协水师	台湾故宫博物院，《宫中档乾隆朝奏折（第二十辑）》（台北：故宫博物院，1982年8月），62～63页。
24.	乾隆二十九年三月（1764.4）	永庆 李宜青	巡台满、汉御史	北路诸罗县、彰化县、淡水厅竹堑	北路协三营	台湾故宫博物院，《宫中档乾隆朝奏折（第二十辑）》（台北：故宫博物院，1982年8月），页840～841。
25.	乾隆二十九年十一月（1764.12）	杨瑞	台湾镇总兵官	南路下淡水、罗汉门	下淡水营、城守营左军	国学文献馆主编，《台湾研究资料汇编（第一辑·第四十册）》（台北：联经出版社，1993年9月），页17328～17330。

续表

编号	年代	巡阅奏报者	职称	巡阅路线	事宜	资料来源
26.	乾隆二十九年十二月(1765.1)	永庆 李宜青	巡台满、汉御史	南路大湖街、小店仔、礁巴斯绒、凤山县城、凤弹、坪仔头、小竹桥、阿猴、搭楼、武洛、放索、上下淡水、力力、傀儡山、罗汉门、大杰巅	南路营、下淡水营	台湾故宫博物院,《宫中档乾隆朝奏折(第二十辑)》(台北:故宫博物院,1982年8月),页518~519。
27.	乾隆三十年十一月(1765.12)	杨瑞	台湾镇总兵官	北路诸罗县、彰化县、淡水厅	北路协三营、上淡水营	台湾故宫博物院,《宫中档乾隆朝奏折(第二十六辑)》(台北:故宫博物院,1984年6月),页485。
28.	乾隆三十二年十一月(1767.12)	觉罗明善 朱丕烈	巡台满、汉御史	北路新港、诸罗县、彰化县、淡水厅竹堑返回、西螺、鹿仔港、笨港、盐水港	校阅台协水师三营,北路协三营演习阵式、弓箭、枪炮、藤牌纯熟,弁兵分守汛地无懈弛	乾隆朝汉文录副(军机处录副),微缩号:030,中国第一历史档案馆藏。
29.	乾隆三十九年四月(1774.5)	颜鸣皋	台湾镇总兵官	南路凤山县	南路营、下淡水营、城守营左军考阅官兵技艺,分别优劣,示以奖励	乾隆朝汉文录副(军机处录副),微缩号:030-1186,中国第一历史档案馆藏。
30.	乾隆三十九年十月(1774.11)	颜鸣皋	台湾镇总兵官	北路诸罗县、彰化县、淡水厅	城守营右军、北路协三营考阅官兵技艺,分别优劣,示以奖励	乾隆朝汉文录副(军机处录副),微缩号:030-1224,中国第一历史档案馆藏。
31.	乾隆四十年十月(1775.11)	颜鸣皋	台湾镇总兵官	北路诸罗县、彰化县	城守营右军、北路协中、左营考阅官兵技艺,分别优劣,示以奖励	乾隆朝汉文录副(军机处录副),微缩号:030-1334,中国第一历史档案馆藏。
32.	乾隆四十一年一月(1776.2)	颜鸣皋	台湾镇总兵官	南路凤山县	南路营考阅官兵技艺,点检军装器械,分别优劣,示以奖励	乾隆朝汉文录副(军机处录副),微缩号:030-1357,中国第一历史档案馆藏。

续表

编号	年代	巡阅奏报者	职称	巡阅路线	事宜	资料来源
33.	乾隆四十二年九月(1777.10)	觉罗图思义孟邵	巡台满、汉御史	台湾府城	会同镇臣阅看府城会同镇台阅看镇标、台协水师、城守营队伍整齐，其中一二操练生疏	乾隆朝汉文录副(军机处录副)，微缩号:030－1511，中国第一历史档案馆藏。
34.	乾隆四十二年九月(1777.10)	董果	台湾镇总兵官	北路诸罗县、彰化县、淡水厅、南路凤山县	阅看北路协、南路营	乾隆朝汉文录副(军机处录副)，微缩号:030－1537，中国第一历史档案馆藏。
35.	乾隆四十三年二月(1778.3)	觉罗图思义孟邵	巡台满、汉御史	南路大湖、凤山县城、山猪毛隘寮	阅看南路营、下淡水营官兵年力壮健，弓马娴熟，施放枪炮，联发有准	乾隆朝汉文录副(军机处录副)，微缩号:099，中国第一历史档案馆藏。
36.	乾隆四十三年十一月(1778.12)	董果	台湾镇总兵官	南路一带	南路营、下淡水营	台湾故宫博物院，《宫中档乾隆朝奏折(第四十五辑)》(台北:故宫博物院，1986年1月)，页476～477。
37.	乾隆四十六年十月(1781.11)	塞岱雷轮	巡台满、汉御史	台湾府城	会同镇臣阅看府城会同镇台阅看镇标、台协水师、城守营	乾隆朝汉文录副(军机处录副)，微缩号:030－1634，中国第一历史档案馆藏。
38.	乾隆四十六年十一月(1781.12)	张总动	台湾镇总兵官	南、北路	北路协三营、南路营营伍俱属合式	乾隆朝汉文录副(军机处录副)，微缩号:030－1644，中国第一历史档案馆藏。
39.	乾隆四十六年十二月(1782.1)	塞岱雷轮	巡台满、汉御史	北路诸罗县、彰化县、淡防厅竹堑	阅看北路协中左右三营，阵式进退合法，施放枪炮及马步弓箭都有准，唯淡水营有生疏。查核厅县仓库钱粮	乾隆朝汉文录副(军机处录副)，档号:1459－1403，中国第一历史档案馆藏。
40.	乾隆四十九年十一月(1784.12)	柴大纪	台湾镇总兵官	南路凤山县城、下淡水，北路诸罗县、彰化县	阅看镇标三营、台协水师三营、城守营、南路营、下淡水营、北路协左右营	乾隆朝汉文录副(军机处录副)，微缩号:030－1852，中国第一历史档案馆藏。

续表

编号	年代	巡阅奏报者	职称	巡阅路线	事宜	资料来源
41.	乾隆五十年十月(1785.11)	柴大纪	台湾镇总兵官	南、北路	阅看镇标三营、台协水师三营、城守营、南路营、下淡水营、北路协、上淡水营	乾隆朝汉文录副(军机处录副),微缩号:030-2105,中国第一历史档案馆藏。
42.	乾隆五十一年四月(1786.5)	陆廷柱	台湾镇总兵官	南、北路	阅看镇标三营、城守营、南路营、下淡水营、安平水师协	乾隆朝汉文录副(军机处录副),微缩号:030-2143,中国第一历史档案馆藏。
43.	嘉庆十九年十二月(1815.1)	武隆阿	台湾镇总兵官	南路凤山埤头、水底寮、下淡水、罗汉门、冈山,北路嘉义、斗六、彰化、竹堑、艋舺、淡水、八里坌、沪尾、石门、噶玛兰,折返鹿仔港、笨港、盐水港	阅看镇标三营、台协水师三营、城守营,南北两路屯丁、屯弁	台湾故宫博物院,《宫中档嘉庆朝奏折(第二十九/三十辑)》(台北:故宫博物院,1994年8月),页689。
44.	道光十九年九月(1839.10)	达洪阿	台湾镇总兵官	南路一带	南路营	军机处录副奏折-农民运动类,案卷号:3328,胶片号:136,中国第一历史档案馆藏。
45.	道光二十七年八月(1847.9)	刘韵珂	闽浙总督	北路嘉义县城、斗六门、南投、水沙连、彰化县城、竹堑城、艋舺、噶玛兰	阅看镇标三营、台协水师中右营、城守营、嘉义营、北路协中营、台协左营、北路协右营、艋舺营、沪尾水师营、噶玛兰营	台湾故宫博物院,《宫中档道光朝奏折(第十九/二十辑)》(台北:故宫博物院,1996年4月),页144~146。
46.	同治九年三月(1870.4)	杨在元	台湾镇总兵官	凤山县、枋寮、嘉义县、彰化县、淡水厅、艋舺、噶玛兰、水沙连、林圮埔、南投、斗六门、鹿港、笨港、盐水港	阅看南路营、下淡水营、镇标、道标、城守营、台湾水师协、噶玛兰营水陆阵式均属整齐,枪炮亦俱联络,籐牌对械跳舞跷捷,军器旗帜锋利鲜明	洪安全主编,《清宫月折档台湾史料(二)》(台北:故宫博物院,1994年10月),页1347~1451。
47	光绪三年五月(1877.6)	张其光	台湾镇总兵官	淡水、艋舺	艋舺营、沪尾水师营	淡新档案,第一编行政,第六类军事,第一款军政,页码16103,台湾大学图书馆藏。

表四十四　清代台湾防军人数

编号	年　代	台湾防军人数	资　料　来　源
1.	同治七年（1868）	至少1000名（新左、靖海二军）	洪安全主编，《清宫月折档台湾史料（二）》（台北：故宫博物院，1994年10月），页1095。
2.	同治十三年（1874）	16500名（淮军十三营，练勇二十余营，每营约五百人）	沈葆桢，《福建台湾奏折》，台湾银行文献丛刊第二九种，1959年2月，页16。
3.	光绪三年（1877）	10000（防军二十营）	洪安全主编，《清宫月折档台湾史料（三）》（台北：故宫博物院，1994年10月），页2639。
4.	光绪四年（1878）	10000名（防军二十营，每营约五百人）	洪安全主编，《清宫月折档台湾史料（四）》（台北：故宫博物院，1995年8月），页2890。
5.	光绪六年（1880）	8820名（防军十七营，每营约五百人；水师练兵一百九十名，队一百三十）	洪安全主编，《清宫月折档台湾史料（四）》（台北：故宫博物院，1995年8月），页3274。
6.	光绪七年（1881）	12686名（防勇十六营，一大营为五百〇五人，另加上练军二千五百四十人，黔军二千〇六十六）	诸家，《台湾关系文献集零》，台湾银行文献丛刊第三〇九种，1972年12月，页115～116、129。
7.	光绪八年（1882）	7505名（防勇十二营，一小营为三百七十人，另加上练军二千〇三十二人，黔军一千〇三十三）	诸家，《台湾关系文献集零》，台湾银行文献丛刊第三〇九种，1972年12月，页115～116、129。
8.	光绪九年四月（1883.5）	6700余名	洪安全主编，《清宫洋务始末台湾史料（三）》（台北：故宫博物院，1999年10月），页1469。
9.	光绪九年十二月（1884.1）	8700余名（包括：南路台湾绿营练兵一千多名，中路台湾绿营暨粤勇防军三千名，后路防军一千五百名，北路防军约二千名，前路防军一千二百名）	刘璈，《巡台退思录》，台湾银行文献丛刊第二一种，1958年8月，页229～236。
10.	光绪十年（1884）	21000名（台南三十营，台北十二营，每营约五百人）	洪安全主编，《清宫月折档台湾史料（六）》（台北：故宫博物院，1995年8月），页4551、4575。
11.	光绪十一年（1885）	17500名（防军三十五营，每营约五百人）	刘铭传，《刘壮肃公奏议》，台湾银行文献丛刊第二七种，1958年9月，页147、246。
12	光绪十二年（1886）	19000名（防军三十五营，练军三营，每营约五百人）	洪安全主编，《清宫月折档台湾史料（六）》（台北：故宫博物院，1995年8月），页4777。
13.	光绪十五年（1889）	21500名（四十三营，每营约五百人）	洪安全主编，《清宫月折档台湾史料（七）》（台北：故宫博物院，1995年8月），页5498。

续表

编号	年代	台湾防军人数	资料来源
14.	光绪十六年(1890)	17000名(淮军三十一营,练军三营,每营约五百人)	中国第一历史档案馆编,《光绪朝朱批奏折(第五十九辑军务)》(北京:中华书局,1995年8月),页264~265。
15.	光绪十七年(1891)	16798名	洪安全主编,《清宫月折档台湾史料(七)》(台北:故宫博物院,1995年8月),页6133~6182。

表四十五　清代台湾防军驻扎区域

编号	年代	指挥官	营伍名称	驻防地	人数	资料来源
1.	同治十三年十二月(1875.1)	记名提督唐定奎	淮军八营	凤山县城西	4000	洪安全主编,《清宫月折档台湾史料(三)》(台北:故宫博物院,1994年10月),页1906。
		记名提督唐定奎	淮军三营	凤山县城东	1500	
2.	光绪元年六月(1875.7)	记名提督高登玉	兰军中营	嘉义县	500	洪安全主编,《清宫月折档台湾史料(三)》(台北:故宫博物院,1994年10月),页1962。
		记名副将张逢春	镇海中营	嘉义县	500	
3.	光绪元年七月(1875.8)	记名副将唐守赞	宣义右营	台北	500	洪安全主编,《清宫月折档台湾史料(三)》(台北:故宫博物院,1994年10月),页2040。
		记名副将石得宝	绥远前旗	奇来	—	
		—	绥远左旗	奇来	—	
		—	练勇后营	南澳	500	
4.	光绪元年八月(1875.9)	副将衔浙江(记名)参将卢为霖	振字左营	恒春县莿桐脚	500	洪安全主编,《清宫月折档台湾史料(三)》(台北:故宫博物院,1994年10月),页2058。
5.	光绪二年三月(1876.4)	记名参将黄得桂	福靖新右营	苏澳	500	洪安全主编,《清宫月折档台湾史料(三)》(台北:故宫博物院,1994年10月),页2248。

续表

编号	年　代	指挥官	营伍名称	驻防地	人数	资料来源
6.	光绪二年十二月（1877.1）	记名参将李得升	福锐左营	苏澳	500	洪安全主编，《清宫月折档台湾史料（三）》（台北：故宫博物院，1994年10月），页2426～2427。
		记名副将陈得胜	福靖右营	苏澳	500	
7.	光绪三年二月（1877.3）	漳州镇总兵孙开华	练勇三营	基隆、淡水	1500	洪安全主编，《清宫月折档台湾史料（三）》（台北：故宫博物院，1994年10月），页2562。
		福建候补道方勋	广东潮州镇潮晋三营	凤山旧城	1500	
8.	光绪三年三月（1877.4）	福建陆路提督罗大春	十四营	苏澳至吴全城	7000	洪安全主编，《清宫月折档台湾史料（三）》（台北：故宫博物院，1994年10月），页2639。
		台湾镇总兵张其光	振字四营	社寮至卑南	2000	
		福宁镇总兵吴光亮	线枪二营	南投牛辊辘至花莲璞石隔	1000	
9－1	光绪四年（1878）	台湾镇总兵张其光	振字中营	卑南厅知本	500	吴赞诚，《吴光禄使闽奏稿选录》，台湾银行文献丛刊第二三一种，1967年10月，页7～9、31。
9－2		福宁镇总兵吴光亮	飞虎左、右营	卑南厅璞石阁	1000	
9－3		—	练勇前、左营	水尾、马大鞍、吴全城、溪洲	1000	
9－4		福宁镇总兵吴光亮	振字前营（原名线枪营）	大港口	500	
9－5		—	海字营	米仑山	500	
9－6		记名参将李得升	福锐左营	新城	500	
9－7		福宁镇总兵吴光亮	飞虎前营	溪洲	500	
9－8		记名提督高登玉	福锐中营兰军中营	台湾府	1000	
9－9		—	绥靖营	台湾府	500	
9－10		—	健勇营四哨	枫港、枋山	40	
10.	光绪四年四月（1878.5）	参将衔留浙尽先补用水师游击张欣	捷字左营	后山	500	洪安全主编，《清宫月折档台湾史料（四）》（台北：故宫博物院，1995年8月），页2856。

续表

编号	年 代	指挥官	营伍名称	驻防地	人数	资料来源
11.	光绪四年八月(1878.9)	福建候补道方动	潮晋营二哨	凤山县潮州	200	洪安全主编,《清宫月折档台湾史料(四)》(台北:故宫博物院,1995年8月),页2889。
		福宁镇总兵吴光亮	线枪营改名吉字营	南投牛辊辘至花莲璞石隔	1000	
12.	光绪五年三月(1879.4)	同知朱上泮	镇海前营	基隆	500	洪安全主编,《清宫月折档台湾史料(四)》(台北:故宫博物院,1995年8月),页2989。
13-1	光绪七年二月(1881.3)	福建陆路提督孙开华	三营	基隆	1500	洪安全主编,《清宫月折档台湾史料(四)》(台北:故宫博物院,1995年8月),页3274、3306。
13-2			一营	沪尾	500	
13-3		台湾镇总兵官吴光亮 台湾道刘璈	一营	彰化、嘉义界	500	
13-4			一营	彰嘉近里	500	
13-5			二营	台湾府城内	1000	
13-6			一营	府城西门外	500	
13-7		台湾镇总兵官吴光亮 台湾道刘璈	一营	安平	500	
13-8			二营	恒春县	1000	
13-9			一营	苏澳	500	
13-10			一营	花莲港自象鼻嘴	500	
13-11			一营	中溪洲至大港	500	
14.	光绪九年十二月(1884.1)	记名总兵杨在元	湘军一营	台湾府城	2000	洪安全主编,《清宫洋务始末台湾史料(三)》(台北:故宫博物院,1999年10月),页1495。
		记名总兵章高元	淮军一营	基隆		
		记名提督杨金龙	湘军恪靖、仁绥二营	彰化		
15.	光绪十年一月(1884.2)	福建陆路提督孙开华	擢胜三营	基隆、淡水	1500	洪安全主编,《清宫洋务始末台湾史料(三)》(台北:故宫博物院,1999年10月),页1501。
		福宁镇总兵曹志忠	三营	基隆	1500	
16.	光绪十年十二月(1885.1)	江苏题奏道王诗正	恪靖亲军三营	台北	1500	洪安全主编,《清宫月折档台湾史料(五)》(台北:故宫博物院,1995年8月),页3986。

续表

编号	年 代	指挥官	营伍名称	驻防地	人数	资料来源
17-1	光绪十一年五月(1885.6)	记名总兵聂士成	淮军盛、铭营	基隆	850	洪安全主编,《清宫月折档台湾史料(五)》(台北:故宫博物院,1995年8月),页4074、4155~4159。
17-2		福宁镇总兵曹志忠	淮军庆、祥营	基隆	—	
17-3		江苏候补道陈鸣志	恪靖卫队	基隆	500	
17-4		记名提督申道发	恪靖刚营	基隆	500	
17-5		记名提督贺兴隆	恪靖副中营	基隆	500	
17-6		升用提督刘见荣	恪靖威营	基隆	500	
17-7		简放总兵易玉林	恪靖良营	基隆	500	
17-8		简放总兵唐安仁	铭字中军左营	基隆	500	
17-9		记名总兵廖得胜	淮军庆字前营	基隆	500	
17-10		尽先补用副将谈发祥	淮军健字右营	基隆	500	
17-11		降补游击萧清福	祥字中营	基隆	500	
17-12		尽先补用参将郑洪胜	功字副营	基隆	500	
17-13		补开州都司武青龙	淮军健字后营	基隆	500	
17-14		记名提督苏得胜	淮军健字营	基隆	—	
18-1	光绪十一年六月(1885.7)	福建陆路提督孙开华	擢胜三营	沪尾	1500	洪安全主编,《清宫洋务始末台湾史料(三)》(台北:故宫博物院,1999年10月),页2122~2123。
18-2		陕甘补用总兵柳泰和	一营	沪尾	500	
18-3		记名总兵刘朝祜	铭军二营	沪尾	1000	
18-4		福宁镇总兵曹志忠	六营	基隆	3000	
18-5		记名总兵陈永隆	巡缉营	基隆	500	
18-6		记名总兵章高元	淮军二营	基隆	1000	
19-1	光绪十一年十月(1885.11)	记名提督杨金龙	楚军四营、安平炮勇三哨	台南府城、安平海口	2030	

续表

编号	年代	指挥官	营伍名称	驻防地	人数	资料来源
19－2	光绪十一年十月(1885.11)	记名提都方春发	楚军三营、炮勇二哨	凤山县、旗后海口	1520	刘铭传撰，马昌华、翁飞点校，《刘铭传文集》。(合肥:黄山书社，1997年7月)，页281～282、390。
19－3		记名副将张兆连	楚勇二营	台东州埤南	1000	
19－4		署台湾镇总兵官章高元	淮军炮勇一营、练兵二营	嘉义县、埔里社厅	1500	
19－5		记名总兵柳泰和	楚军春字三营	彰化县、鹿港	1500	
19－6		记名提督刘朝祜	淮军三营、亲兵炮队二哨	台北府城	1520	
19－7		建宁镇总兵官苏得胜	淮军三营	基隆	1500	
19－8		已革总兵蒯炳南	楚军一营	宜兰县、苏澳	500	
19－9		记名提督王贵扬	淮军四营	沪尾	2000	
19－10		福建陆路提督孙开华	楚军三营	沪尾	1500	
20.	光绪十二年一月(1886.2)	记名总兵黄宗河	胜勇左营	沪尾	500	洪安全主编，《清宫月折档台湾史料(六)》(台北:故宫博物院，1995年8月)，页4609。
21.	光绪十二年八月(1886.9)	记名总兵刘朝祜	铭军副、前、左营	沪尾	1500	洪安全主编，《清宫月折档台湾史料(六)》(台北:故宫博物院，1995年8月)，页4811。
22.	光绪十二年九月(1886.10)	记名提督方春发	镇海前军三营	凤山、旗后	1500	洪安全主编，《清宫月折档台湾史料(六)》(台北:故宫博物院，1995年8月)，页4835～4836。
		记名总兵桂占彪	镇海前军右营	凤山、旗后	500	
23.	光绪十三年四月(1887.5)	台湾镇总兵官万国本	镇海三营	台南府城	1500	洪安全主编，《清宫月折档台湾史料(六)》(台北:故宫博物院，1995年8月)，页4950。
		记名总兵余德昌	昌字三营		1500	

编号	年　代	指挥官	营伍名称	驻防地	人数	资料来源
24.	光绪十五年八月(1889.9)	鹿港游击周南义	武毅右军左、右营	鹿港	1000	洪安全主编,《清宫月折档台湾史料(七)》(台北:故宫博物院,1995年8月),页5564～5565。
		建宁镇总兵苏得胜	健字营	台湾府	—	
25－1	光绪十七年四月(1891.5)	台湾镇总兵官万国本	镇海中军正营	台南府城	496	洪安全主编,《清宫月折档台湾史料(七)》(台北:故宫博物院,1995年8月),页6130～6184。
25－2		记名副将刘思盛	镇海中军副营	台南府西门外	496	
25－3		记名参将邓裕香	武毅右军右营	嘉义、云林县	496	
25－4		记名副将王化祥	安平炮勇三哨	台南府安平	308	
25－5		记名提督张兆连	镇海后军中营	台东州埤南、马兰坳(原驻璞石阁)	496	
25－6		补用守备毕宝印	海防屯兵营(原名镇海后军右营,光绪十六年二月改名)	台东州拔仔庄(原驻璞石阁、新开园、鹿寮、埤南)	496	
25－7		记名副将李得胜	镇海后军左营	台东州花莲港、吴全城)	496	
25－8		记名副将张振裕	镇海后军前营	台东州(璞石阁、新开园)	496	
25－9		记名副将江云山	南路屯军两哨	云林县三条仑	200	
25－10		恒春营游击谈炳南	南番屯军两哨	凤山县东港	200	
25－11		尽先补用副将邢长春	定海后营	彰化	496	
25－12		补用千总林胜标	屯军正营	埔里厅水长流	496	
25－13		浙江处州镇总兵窦如田	铭字中军副营	基隆	496	
25－14		尽先补用参将刘朝焯	铭字中军左营	基隆	496	
25－15		两江补用参将赵宗连	铭字中军右营	基隆	496	
25－16		留闽补用参将周起凤	台湾巡抚亲兵两哨	台北府城	199	
25－17		补用总兵陈罗	淮军隘勇中营	台北内山新孩儿	496	

续表

编号	年　代	指挥官	营伍名称	驻防地	人数	资料来源
25－18	光绪十七年四月（1891.5）	总兵官衔已革副将顾全魁	淮军隘勇前营	台北内山外加辉	496	洪安全主编,《清宫月折档台湾史料（七）》（台北：故宫博物院,1995年8月）,页6130～6184。
25－19		尽先补用千总杨国安	淮军隘勇左营	台北五指山	496	
25－20		留闽补用守备陈玖英	淮军隘勇右营	台北内山合吻坪	496	
25－21		尽先补用游击杨春海	定海中营	淡水	496	
25－22		记名提督万本华	定海前营	沪尾（原驻地在台北府城,后调苏澳,再调沪尾）	496	
25－23		尽先补用都司郑运泰	定海左营	苏澳（（原驻地在台北府城,后调大龙同,再调沪尾,最后调苏澳）	496	
25－24		尽先补用都司苏绪谟	定海右营	彰化（原驻地在台北府城,后调沪尾,再调彰化）	496	
25－25		尽先补用参将何胜云	台防卫队营	台北三角湧	496	
25－26		两湖尽先补用守备刘起云	抚标定海正营	台北府东门外（原驻地在沪尾,后调台北府东门外）	496	
25－27		尽先补用副将李桂成	抚标定海副营	沪尾	496	
25－28		尽先补用参将龙斌概	抚标定字右营	沪尾	496	
25－29		补用守备周家桂	淮军镇海炮队	沪尾	496	
25－30		尽先补用副将李胜才	淮军台南防军营	凤山县隘寮（原驻地大坪顶）	496	
25－31		尽先补用副将李胜才	台南防军卫队副左、副右哨	凤山县	212	
25－32		尽先补用游击万国标	淮军镇海前军右营	凤山县东港	496	

续表

编号	年代	指挥官	营伍名称	驻防地	人数	资料来源
25－33	光绪十七年四月（1891.5）	尽先补用游击万国标	旗后炮台炮勇两哨	旗后	188	洪安全主编，《清宫月折档台湾史料（七）》（台北：故宫博物院，1995年8月），页6130～6184。
25－34		署台东直隶州知州宋维钊	台东安抚军	台东州	496	
25－35		尽先补用副将陈尚志	淮军镇海中军前营	宜兰县（原驻地在三角湧）	496	
25－36		尽先补用参将蓝明祥	淮军南字营	宜兰县	496	
25－37		尽先补用守备陈翬翔	淮军台勇营	宜兰县	496	
25－38		补用都司钟定国	义抚军一哨	嘉义、彰化县	106	
25－39		嘉义营参将陈宗凯	义抚军卫队一哨	嘉义、彰化县	106	
25－40		—	台湾善后局亲兵两棚	台北府城	24	
25－41		简放记名总兵曾喜照	台湾左翼练兵	南路楠仔坑、湾里街、新市、旂后	330	
25－42		简放记名总兵何玉隆	台湾右翼练兵	嘉义县埔里社	440	
25－43		补用守备杨连珍	大甲左翼练兵一哨	苗栗县大甲	110	
25－44		安平协副将李思经	安平左右翼练兵	安平	178	
25－45		北路协副将滕国春	北路中营练兵一哨	埔里社厅	101	
25－46		嘉义营参将陈宗凯	嘉义营练兵一哨	嘉义县内山	125	
25－47		恒春营游击谈炳南	恒春营练兵两哨	恒春县	220	
26－1	光绪十九年（1893）	—	镇海后军中营中、前、左哨	台东州埤南	300	
26－2		—	镇海后军中营右哨	台东州水尾	100	
26－3		—	镇海后军中营后哨	台东州成广澳、大陂、鹿寮	100	
26－4		—	镇海后军左营中、右、后哨	台东州花莲港	300	

续表

编号	年代	指挥官	营伍名称	驻防地	人数	资料来源
26－5	光绪十九年(1893)	—	镇海后军左营左哨一、二、三、四队	台东州加里宛	30	胡传,《台湾日记与禀启》,台湾银行文献刊第七一种,1960年9月,页27～28、41、51～52、59。卢德嘉,《凤山县采访册》,台湾银行文献丛刊第七三种,1960年8月,页142～146;胡传,《台东州采访册》,台湾银行文献丛刊第八一种,1960年5月,页15～17。
26－6		—	镇海后军左营左哨五、六、七、八队	台东州吴全城	40	
26－7		—	镇海后军左营前哨五、六、七、八队	台东州象鼻嘴	40	
26－8		—	镇海后军左营前哨二、三、四队	台东州鹿甲皮	30	
26－9		—	镇海后军左营前哨一队	台东州大巴塱	10	
26－10		—	镇海后军前营中、前、左哨	台东州新开园	300	
26－11		—	镇海后军前营右哨	台东州成广澳	100	
26－12		—	镇海后军前营后哨五、六、七队	台东州璞石阁	30	
26－13		—	镇海后军左营前哨一、二、三、四队	台东州鹿寮	40	
26－14		—	武毅右军右营亲兵一、二、六队	嘉义城之龙王庙	30	
26－15		—	武毅右军右营三队	嘉义南门城楼	30	
26－16		—	武毅右军右营前哨八队	嘉义北门城楼	10	
26－17		—	武毅右军右营左哨四队	嘉义西门城楼	10	
26－18		—	武毅右军右营左哨八队、后哨六队	嘉义城义仓	20	
26－19		—	武毅右军右营前哨六队	嘉义县水崛头	10	
26－20		—	武毅右军右营前哨五、六队	嘉义县八掌溪	20	

续表

编号	年代	指挥官	营伍名称	驻防地	人数	资料来源
26－21	光绪十九年(1893)	—	武毅右军右营前哨三、四队	嘉义县下茄冬	20	胡传,《台湾日记与禀启》,台湾银行文献刊第七一种,1960年9月,页27～28、41、51～52、59。卢德嘉,《凤山县采访册》,台湾银行文献丛刊第七三种,1960年8月,页142～146;胡传,《台东州采访册》,台湾银行文献丛刊第八一种,1960年5月,页15～17。
26－22		—	武毅右军右营后哨五队	嘉义县火烧店	10	
26－23		—	武毅右军右营后哨四、八队	嘉义县茅港尾	20	
26－24		—	武毅右军右营右哨五、六队	嘉义县新港	20	
26－25		—	武毅右军右营左哨五、六队	嘉义县朴仔脚	20	
26－26		—	武毅右军右营左哨七队	嘉义县东石	10	
26－27		—	武毅右军右营后哨一、二、三、七队	嘉义县盐水港	30	
26－28		—	武毅右军右营右哨一、二、四队	云林县笨港	20	
26－29		—	武毅右军右营前哨一、二队	云林县斗六	20	
26－30		—	武毅右军右营左哨三队	云林县他里雾	10	
26－31		—	武毅右军右营左哨二队	云林县刺桐	10	
26－32		—	武毅右军右营右哨八队	云林县三条仑	10	
26－33		—	镇海中军正、副营	台湾府安平城西	500	
26－34		—	安平炮队	三鲲身炮台	—	
26－35		—	铭字副、左、右营	基隆	1500	
26－36		—	定海前、中营	沪尾	1000	
26－37		—	定海右营	台北府大陇东	500	

续表

编号	年代	指挥官	营伍名称	驻防地	人数	资料来源
26－38	光绪十九年（1893）	—	定海左营中哨	苏澳街	100	胡传,《台湾日记与禀启》,台湾银行文献刊第七一种,1960年9月,页27～28、41、51～52、59。卢德嘉,《凤山县采访册》,台湾银行文献丛刊第七三种,1960年8月,页142～146;胡传,《台东州采访册》,台湾银行文献丛刊第八一种,1960年5月,页15～17。
26－39		—	定海左营前哨	苏澳炮台	100	
26－40		—	定海左营后哨	苏澳五里亭	100	
26－41		—	镇海中营防军营	凤山县港西里	统领一员,兵二百名	
26－42		—	防军营右哨	凤山县港东里二处,港西里一处	正、副哨官各一,兵一百名	
26－43		—	石头营	凤山县港东里三条仑岭	都司一,兵二百	
26－44		—	打鼓山营	凤山县大竹里打鼓山	副将一,兵五百	
27.	光绪二十年（1894）	记名提督李定明	九营	沪尾	4500	洪安全主编,《清宫月折档台湾史料（八）》（台北:故宫博物院,1995年8月）,页6988～6989。
		都司邱启标	一营	恒春	500	
		台湾镇总兵官万国本	四营	安平、旗后	2000	

第二节　番人——原住民武力的招抚

表四十六　清代台湾番屯屯制

编号	清代行政区	屯　名	所辖番社	屯丁人数	养赡地	地名考证	备　注
1.	凤山县	南路放索大屯	放索社	39	凤山县埔姜林	屏东县高树乡	屯千总一,屯把总一,屯外委一 大屯屯丁共四百名
2.	凤山县		茄藤社	121	凤山县埔姜林	屏东县高树乡	
3.	凤山县		力力社	69	凤山县埔姜林	屏东县高树乡	
4.	凤山县		下淡水社	111	凤山县南坪顶	屏东县高树乡	
5.	凤山县		上淡水社	60	凤山县南坪顶	屏东县高树乡	

续表

编号	清代行政区	屯名	所辖番社	屯丁人数	养赡地	地名考证	备注
6.	凤山县	南路搭楼小屯	搭楼社	155	凤山县南坪顶	屏东县高树乡	屯外委一 小屯屯丁共三百名
7.	凤山县		武洛社	50	凤山县南坪顶	屏东县高树乡	
8.	凤山县		阿猴社	71	凤山县南炭林口	屏东县高树乡	
9.	凤山县		上淡水社	27	凤山县南坪顶	屏东县高树乡	
10.	台湾县	南路新港小屯	新港社	201	凤山县大北坪	屏东县高树乡	屯外委一 小屯屯丁共三百名 光绪十一年更名为安平县
11.	台湾县		卓猴社	68	凤山县南坪顶	屏东县高树乡	
12.	台湾县		大傑巅社	31	凤山县南炭林口	屏东县高树乡	
13.	嘉义县	萧垅小屯	萧垅社	41	彰化县永平坑	南投县中寮乡	屯外委一 小屯屯丁共三百名
14.	嘉义县		麻豆社	50	彰化县永平坑	南投县中寮乡	
15.	嘉义县		湾里社	46	彰化县八娘坑	南投县集集镇	
16.	嘉义县		萧里社	20	彰化县永平坑	南投县中寮乡	
17.	嘉义县		大武垄头社	16	彰化县大姑婆	台中市西屯区	
18.	嘉义县		大武垄二社	20	彰化县大姑婆	台中市西屯区	
19.	嘉义县		茄拔社	20	彰化县大姑婆	台中市西屯区	
20.	嘉义县		诸罗山社	20	彰化县沙历巴来积	台中县潭子乡	
21.	嘉义县		哆啰咯社	20	彰化县沙历巴来积	台中县潭子乡	
22.	嘉义县		芒仔芒社	30	彰化县大姑婆	台中市西屯区	
23.	嘉义县		内优社	10	嘉义县十张犁	高雄县杉林乡	
24.	嘉义县		阿里山社	7	嘉义县后大埔	嘉义县大埔乡	

续表

编号	清代行政区	屯　名	所辖番社	屯丁人数	养赡地	地名考证	备　注
25.	嘉义县	北路 柴里小屯	柴里社	38	彰化县内木栅	南投县草屯镇	屯外委一 小屯屯丁共三百名 光绪十一年改隶云林县 光绪十一年改隶云林县 光绪十一年改隶云林县
26.	嘉义县		阿里山社	40	嘉义县芋蓁仑	–	
27.	嘉义县		水沙连社	90	彰化县八娘坑	南投县集集镇	
28.	嘉义县		打猫社	15	彰化县沙历巴来积	台中县潭子乡	
29.	嘉义县		他里雾社	20	彰化县沙历巴来积	台中县潭子乡	
30.	彰化县		西螺社	56	彰化县水底寮	台中县新社乡	
31.	彰化县		猫儿干社	29	彰化县水底寮	台中县新社乡	
32.	彰化县		南社	12	彰化县水底寮	台中县新社乡	
33.	彰化县	北路 东螺大屯	东螺社	52	彰化县沙历巴来积	台中县潭子乡	屯把总一,屯外委一 大屯屯丁共四百名
34.	彰化县		马芝遴	23	彰化县沙历巴来积	台中县潭子乡	
35.	彰化县		二林社	28	彰化县沙历巴来积	台中县潭子乡	
36.	彰化县		眉里社	50	彰化县校标林	台中市东区	
37.	彰化县		大武郡社	28	彰化县万斗六	台中县雾峰乡	
38.	彰化县		半线社	13	彰化县万斗六	台中县雾峰乡	
39.	彰化县		大突社	76	彰化县水底寮	台中县新社乡	
40.	彰化县		阿束社	30	彰化县水底寮	台中县新社乡	
41.	彰化县	北路 北投小屯	北投社	128	彰化县内木栅	南投县草屯镇	屯外委一 小屯屯丁共三百名 光绪十一年改隶台湾县 光绪十一年改隶台湾县 光绪十一年改隶台湾县 光绪十一年改隶台湾县
42.	彰化县		南投社	23	彰化县内木栅	南投县草屯镇	
43.	彰化县		猫罗社	45	彰化县万斗六	台中县雾峰乡	
44.	彰化县		柴仔坑社	33	彰化县水底寮	台中县新社乡	
45.	彰化县		大肚北社	21	彰化县水底寮	台中县新社乡	
46.	彰化县		大肚南社	21	彰化县水底寮	台中县新社乡	
47.	彰化县		猫雾拺社	19	彰化县水底寮	台中县新社乡	
48.	彰化县		猫雾拺东社	10	彰化县水底寮	台中县新社乡	
49.	彰化县	北路 阿里史小屯	阿里史社	119	彰化县水底寮	台中县新社乡	屯外委一 小屯屯丁共三百名 该小屯在光绪十一年改隶台湾县
50.	彰化县		水里社	26	彰化县水底寮	台中县新社乡	
51.	彰化县		牛骂南社	35	彰化县水底寮	台中县新社乡	
52.	彰化县		牛骂北社	14	彰化县水底寮	台中县新社乡	
53.	彰化县		乌牛栏社	32	彰化县水底寮	台中县新社乡	
54.	彰化县		沙辘社	27	彰化县水底寮	台中县新社乡	
55.	彰化县		猫雾拺东社	10	彰化县水底寮	台中县新社乡	

续表

编号	清代行政区	屯　名	所辖番社	屯丁人数	养赡地	地名考证	备　注
56.	彰化县	北路麻薯大屯	麻薯旧社	38	彰化县鸡油埔	台中县东势镇	屯把总一，屯外委一 大屯屯丁共四百名 该大屯在光绪十一年改隶台湾县
57.	彰化县		岸里社	111	彰化县鸡油埔	台中县东势镇	
58.	彰化县		翁仔社	25	彰化县鸡油埔	台中县东势镇	
59.	彰化县		葫芦墩社	25	彰化县鸡油埔	台中县东势镇	
60.	彰化县		崎仔脚社	21	彰化县鸡油埔	台中县东势镇	
61.	彰化县		西势尾社	23	彰化县鸡油埔	台中县东势镇	
62.	彰化县		朴仔篱社	144	彰化县鸡油埔	台中县东势镇	
63.	彰化县		猫里兰社	13	彰化县鸡油埔	台中县东势镇	
64.	淡水厅	北路日北小屯	日北社	70	淡水厅马陵埔	桃园县龙潭乡	屯外委一 小屯屯丁共三百名 该小屯在光绪一年改隶新竹县，光绪十一年再改隶苗栗县
65.	淡水厅		日南社	74	淡水厅马陵埔	桃园县龙潭乡	
66.	淡水厅		大甲东社	40	淡水厅黄泥塘	桃园县龙潭乡	
67.	淡水厅		大甲西社	40	淡水厅黄泥塘	桃园县龙潭乡	
68.	淡水厅		大甲中社	32	淡水厅四方林	桃园县龙潭乡	
69.	淡水厅		双寮社	44	淡水厅淮仔埔	桃园县龙潭乡	
70.	淡水厅	北路竹堑大屯	竹堑社	95	淡水厅武陵埔	桃园县龙潭乡	屯千总一，屯把总一、屯外委一 大屯屯丁共四百名
71.	淡水厅		房里社	44	淡水厅武陵埔	桃园县龙潭乡	
72.	淡水厅		苑里社	12	淡水厅武陵埔	桃园县龙潭乡	
73.	淡水厅		吞霄社	25	淡水厅武陵埔	桃园县龙潭乡	除竹堑屯仍属新竹县外，其余再改隶苗栗县 该大屯在光绪一年改隶新竹县
74.	淡水厅		猫盂社	8	淡水厅武陵埔	桃园县龙潭乡	
75.	淡水厅		后垅社	39	淡水厅芎蕉湾	苗栗县铜锣乡	
76.	淡水厅		新港社	52	淡水厅内湾	苗栗县三湾乡	
77.	淡水厅		猫阁社	30	淡水厅盐水港	苗栗县竹南镇	
78.	淡水厅		中港社	30	淡水厅盐水港	苗栗县竹南镇	
79.	淡水厅		双寮社	40	淡水厅武陵埔	桃园县龙潭乡	
80.	淡水厅		霄里社	20	淡水厅武陵埔	桃园县龙潭乡	

续表

编号	清代行政区	屯名	所辖番社	屯丁人数	养赡地	地名考证	备注
81.	淡水厅	北路武朥湾小屯	武朥湾社	32	淡水厅山坑仔	桃园县龙潭乡	屯外委一 小屯屯丁共三百名 该小屯在光绪一年改隶淡水县
82.	淡水厅		摆接社	13	淡水厅山坑仔	桃园县龙潭乡	
83.	淡水厅		里族社	14	淡水厅山坑仔	桃园县龙潭乡	
84.	淡水厅		雷里社	22	淡水厅淮仔埔	桃园县龙潭乡	
85.	淡水厅		猫里锡口社	14	淡水厅淮仔埔	桃园县龙潭乡	
86.	淡水厅		搭搭攸社	16	淡水厅淮仔埔	桃园县龙潭乡	
87.	淡水厅		圭泵社	15	淡水厅尖山脚	台北县莺歌镇	
88.	淡水厅		八里坌社	5	淡水厅尖山脚	台北县莺歌镇	
89.	淡水厅		圭北屯社	11	淡水厅尖山脚	台北县莺歌镇	
90.	淡水厅		毛少翁社	4	淡水厅八连港	台北县汐止镇	
91.	淡水厅		大鸡笼社	12	淡水厅八连港	台北县汐止镇	
92.	淡水厅		金包里社	28	淡水厅七堵埔	基隆市七堵区	
93.	淡水厅		北投社	22	淡水厅七堵埔	基隆市七堵区	
94.	淡水厅		三貂社	21	淡水厅七堵埔	基隆市七堵区	
95.	淡水厅		小鸡笼社	6	淡水厅田寮港	基隆市信义区	
96.	淡水厅		龟仑社	23	淡水厅七堵埔	基隆市七堵区	
97.	淡水厅		南崁社	14	淡水厅三角湧	台北县三峡镇	
98.	淡水厅		坑仔社	16	淡水厅三角湧	台北县三峡镇	

参考资料：
1. 庄金德，《台湾屯政之兴废》，《台湾文献》，第 11 卷第 4 期，1960 年 12 月，页 77～84。
2. 谢仲修，《清代台湾屯丁制度的研究》，台湾政治大学历史研究所硕士论文，1988 年 6 月，页 90～91。
3. 柯志明，《番头家——清代台湾族群政治与熟番地权》（台北："中央研究院"社会学研究所，2001 年 3 月），页 262。
4. 施添福，《清代台湾的地域社会——竹堑地区的历史地理研究》（竹北：新竹县文化局，2001 年 9 月），页 86。

表四十七　清代台湾动乱个案表

编号	事件名称	波及区域	作乱天数	福建得知时间	北京得知时间	参与乱事人数	动用军队人数	平乱经费	资料来源
1.	蔡机公事件	凤山县	康熙二十三年十月十九日至康熙二十三年十一月一日(1684.11.24~1684.12.7)共14天	—	—	2000余人	兵丁、熟番2000余人	—	第五章第三节
2.	刘却事件	诸罗县	康熙三十五年十二月七日至康熙二十五年十二月十二日(1796.1.4~1796.1.9)共6天	—	—	—	兵丁1500	—	第五章第三节
1.3.	朱一贵事件及余波	台湾县 凤山县 诸罗县	康熙六十年三月十五日至康熙六十一年六月十九日(1721.4.7~1722.8.1) 朱案117天，余波断续339天共456天	康熙六十年五月六日(5.29)案发第53天	—	至少20000人	兵丁21700 熟番500 义民12500 总共约34700人	—	第四章第一节
4.	讨伐水沙连番	彰化县	雍正四年十月至雍正四年十二月十四日(1726.11~1727.1.5)共约22天	—	—	俘获土官22人	兵丁830熟番930民壮250总共2010人	—	第四章第二节
5.	讨伐傀儡番	凤山县	雍正七年二月十六日至雍正七年四月四日(1729.3.15~1729.4.29)共46天	—		有记录者500~600人	兵丁350熟番200乡勇160总共610人	—	第四章第二节
6.	讨伐中部熟番	彰化县	雍正九年十二月二十四日至雍正十年十一月四日(1732.1.21~1732.12.18)共332天	雍正十年一月二日(1732.1.29)案发第10天	—	有记录者6000~7000人	兵丁6000	—	第四章第二节

续表

编号	事件名称	波及区域	作乱天数	福建得知时间	北京得知时间	参与乱事人数	动用军队人数	平乱经费	资料来源
7.	吴福生事件	凤山县	雍正十年一月十七日至雍正十年闰五月三日(1732. 1. 9 ~ 1732. 6. 19)共162天	—	—	有记录者200 ~ 300人	兵丁1000 义民1000 总共2000人	—	第五章第三节
8.	黄教事件	台湾县 凤山县 诸罗县	乾隆三十三年十月二日至乾隆三十四年三月二十七日(1768. 11. 10 ~ 1769. 5. 3)共175天	乾隆三十三年十月十二日(1768. 11. 20) 案发第11天	乾隆三十三年十一月七日(1768. 12. 15) 案发第36天	有记录者527人	兵丁12400	—	第五章第三节
9.	漳泉械斗	嘉义县 彰化县	乾隆四十七年八月二十九日至乾隆四十八年一月八日(1782. 10. 5 ~ 1783. 2. 9)共128天	乾隆四十七年十月四日(1782. 11. 8) 案发第35天	乾隆四十七年十月二十一日(1782. 11. 25) 案发第48天	拿获489人	兵丁1440 (福建援军人数不明)	—	第四章第二节
10.	林爽文事件	台湾县 凤山县 嘉义县 彰化县 淡水厅	乾隆五十一年十一月二十二日至乾隆五十三年二月四日(1787. 1. 10 ~ 1788. 3. 11)共426天	乾隆五十一年十二月初 案发半个月内	乾隆五十一年十二月二十七日(1787. 2. 14) 案发第36天	包含被裹挟者200000人	兵丁100000 义民、番61500 总共约161500人	1000万两	第四章第一节
11.	陈周全事件	彰化县	乾隆六十年三月十日至乾隆六十年三月十七日(1795. 4. 29 ~ 1795. 5. 6)共7天	乾隆六十年三月十七日(1795. 5. 6)案发第7天	乾隆六十年四月九日(1795. 5. 26) 案发第27天	有记录者300 ~ 400人	兵丁490 义民2000 总共2490人	—	第五章第二节
12.	廖挂事件	彰化县	嘉庆二年一月八日至嘉庆三年六月(1797. 2. 4 ~ 1797. 7)共约154天	—	—	拿获51人	兵丁人数不明	—	第五章第三节

续表

编号	事件名称	波及区域	作乱天数	福建得知时间	北京得知时间	参与乱事人数	动用军队人数	平乱经费	资料来源
13.	杨肇事件	淡水厅	嘉庆二年十二月二十五日至嘉庆三年一月十日(1798.2.10～1798.2.24)共15天	—	—	拿获75人	兵丁500	—	第五章第一节
14.	陈锡宗事件	嘉义县	嘉庆五年四月五日至嘉庆五年五月十三日(1800.4.29～1800.7.4)共67大	—	—	有记录者1000人 拿获304人	兵丁700 义民1000 总共1700人	—	第五章第三节
15.	蔡牵袭台事件	台湾县 嘉义县	嘉庆九年四月二十八日至五月十三日;嘉庆十年十二月一日～十一年三月(1804.6.7～1804.6.22)(1806.1.21～1806.4)共约100天	—	—	有记录者2500人	—	—	第五章第三节
16.	漳泉械斗	嘉义县 彰化县 淡水厅	嘉庆十四年四月八日至嘉庆十五年一月十一日(1809.5.22～1810.2.15)共270天	嘉庆十四年五月案发一个月内	嘉庆十四年八月十九日(1809.9.28)案发第130天	有记录者380人	兵丁6400 番屯700 总共7100人	—	第四章第二节
17.	高妈逵事件	淡水厅	嘉庆十七年六月十五日至嘉庆十七年十月十二日(1812.7.23～1812.11.15)共112天	—	—	拿获10人	兵丁633	—	第五章第一节
18.	林泳春事件	噶玛兰厅	道光三年三月二十四日至道光三年七月十七日(1823.5.4～1823.8.24)共113天	—	—	人数不明	兵丁650 义民若干	—	第五章第四节
19.	杨良斌事件	凤山县	道光四年十月十三日至道光四年十月二十五日(1824.12.3～1824.12.15)共13天	—	—	—	兵丁800 义民800 总共1600人	—	第五章第三节

续表

编号	事件名称	波及区域	作乱天数	福建得知时间	北京得知时间	参与乱事人数	动用军队人数	平乱经费	资料来源
20.	闽泉械斗	嘉义县 彰化县 淡水厅 噶玛兰厅	道光六年四月至道光六年十一月二十七日(1826.5～1826.12.25)共约208天	—	道光六年六月五日(1826.7.9)案发约第37天	有记录者数千人	兵丁6200	—	第四章第二节
21.	张丙事件	嘉义县	道光十二年十月一日至道光十二年十二月(1832.11.16～1833.1)共约48天	—	—	有记录者万余人	兵丁16500 义民500 总共17000	八大案之一总共花费586万	第五章第三节
22.	闽泉械斗	彰化县 淡水厅	道光十二年十二月至道光十三年二月二十四日(1833.2～1833.4.13)共约44天	—	道光十三年一月二十六日(1833.3.17)案发一个半月内	—	—	八大案之二总共花费586万	第四章第二节
23.	沈知事件	嘉义县	道光十六年十月十八日至道光十七年四月十三日(1836.11.27～1837.5.17)共173天	—	道光十六年十二月六日(1837.1.12)案发第48天	拿获340人	兵丁1200 义民若干	124676两	第五章第三节
24.	胡布事件	嘉义县	道光十八年十一月三日至道光十八年十二月二十八日(1838.12.18～1839.2.11)共56天	—	—	拿获157人	兵丁1500 番屯200 义民200 总共1900人		第五章第三节
25.	江见事件	嘉义县	道光二十一年九月十五日至道光二十一年九月二十二日(1841.10.29～1841.11.4)共7天	—	—	有记录者200人	兵丁1000 义民200 总共1200人		第五章第三节

续表

编号	事件名称	波及区域	作乱天数	福建得知时间	北京得知时间	参与乱事人数	动用军队人数	平乱经费	资料来源
26.	鸦片战争	淡水厅	道光二十一年八月十三至十六日;道光二十一年九月五至十四;日道光二十二年一月三十日(1841.9.27~30/10.19~28/1842.3.9)共15天	—	—	俘获二艘落难英舰	兵丁12063 团练47000 总共59063人	八大案之三 总共花费586万	第四章第三节
27.	捉拿陈勇、黄马	彰化县	道光二十二年四月八日至道光二十二年九月十六日(1842.5.17~1842.10.18)共155天	—	—	有记录者一百余人	兵丁400 义民102 总共502人	八大案之四总共花费586万	第五章第二节
28.	洪协事件	嘉义县	道光二十三年十月十一日至道光二十三年十一月五日(1843.12.2~1843.12.26)共25天	—	—	有记录者2000人	兵丁2000 番屯500 义民1100 总共3600人	18000两	第五章第三节
29.	漳泉械斗	嘉义县 彰化县	道光二十五年八月六日至道光二十五年十二月二十七日(1845.9.7~1846.1.24)共140天	—	—	有记录者238人	兵丁1200	76000两	第四章第二节
30.	洪纪事件	嘉义县	咸丰一年十月四日至咸丰一年十月七日(1851.11.25~1851.11.28)共4天	—	—	有记录者800~900人	兵丁400 义民1600 总共2000人	八大案之五总共花费586万	第五章第三节
31.	林供、赖鬃事件	台湾县 凤山县 嘉义县	咸丰三年四月二十八日至咸丰三年九月五日(1853.6.5~1853.10.7)共125天	—	—	有记录者7000~8000人 拿获者1144人	兵丁12816 番屯1500 义勇3100	902844两	第五章第三节

续表

编号	事件名称	波及区域	作乱天数	福建得知时间	北京得知时间	参与乱事人数	动用军队人数	平乱经费	资料来源
32.	吴蹉事件	噶玛兰厅	咸丰三年八月初至咸丰四年二月二十七日（1853.9～1854.3.25）共约181天	—	—	人数不明	兵丁655 义民数百人	八大案之六总共花费586万	第五章第四节
33.	漳泉、闽粤械斗	嘉义县 彰化县 淡水厅	咸丰三年十二月四日至咸丰四年六月二十一日（1854.1.2～1854.7.16）共196天	—	—	拿获248人	兵丁人数不明 番屯600	111433两	第四章第二节
34.	林房、王辨事件	嘉义县 凤山县	咸丰五年七月四日咸丰五年十月三日至七日（1855.8.6/1855.L11.11～11.15）共6天	—	—	有记录者300余人 拿获者120余人	兵勇有记录者800余人	八大案之七总共花费586万	第五章第三节
35.	戴潮春事件及余波	嘉义县 彰化县 淡水厅	同治一年三月十五日至同治四年五月十八日（1862.4.13～1865.1.18～1865.6.11）戴案1012天，余波断续145天，共1157天	—	—	包含被裹胁者10余万人	兵丁21916 番屯4000 义民至少千名 总共约26916人	八大案之八总共花费586万	第四章第一节
36.	廖有富事件	彰化县	同治十二年三月六日至同治十二年十一月一日（1873.4.21～1873.12.9）共233天	—	—	击毙匪徒70余名	官军人数不明	—	第五章第二节
37.	牡丹社事件	界外琅峤	同治十三年三月二十二日至同治十三年九月二十二日（1874.5.7～1874.10.31）共178天	同治十三年三月十五日（1874.4.30）案发前8天	同治十三年三月三日（1874.4.18）案发前20天	日军2400	兵丁6938 防勇5500 总共12438人	—	第四章第三节

续表

编号	事件名称	波及区域	作乱天数	福建得知时间	北京得知时间	参与乱事人数	动用军队人数	平乱经费	资料来源
38.	讨伐狮头番	恒春县	光绪一年二月十三日至光绪一年五月十二日(1875.3.20～1875.6.15)共88天	—	—	有记录者1200人	防勇5500 土勇1000 总共约6500人	—	第四章第二节
39.	捉拿巨匪吴阿、吴阿富来等	新竹县	光绪二年五至七月(1876.6～1876.8)共约2个月	—	—	不明	兵丁500 防勇200 土勇50 总共750人	—	第五章第一节
40.	讨伐率芒番	恒春县	光绪三年三月七日至光绪三年三月十七日(1877.4.19～1877.4.29)共11天	—	—	有记录者千余人	防勇3500	—	第四章第二节
41.	讨伐阿棉、纳纳番	卑南厅	光绪三年七至十一月(1877.8～1877.12)共约4个月	—	—	有记录者千余人	防勇2000 熟番若干	—	第四章第二节
42.	讨伐加里宛番	卑南厅	光绪四年三月至光绪四年九月十五日(1878.4～1878.10.10)共约163天	—	—	有记录者2000余人	防勇1435	—	第四章第二节
43.	捉拿庄芋	嘉义县	光绪七年十二月二十五日光绪八年二月二十二日光绪十一年七月(1882.2.13～1882.4.9～1885.8)攻坚捉拿共56天,购线捉拿二年半	—	—	—	防勇1000	—	第五章第三节

续表

编号	事件名称	波及区域	作乱天数	福建得知时间	北京得知时间	参与乱事人数	动用军队人数	平乱经费	资料来源
44.	清法战争	淡水县 基隆厅	光绪十年八月十二日至光绪十一年三月一日(1884.9.30 ~ 1885.4.15)共198天	—	—	法军4400	清军15000	—	第四章 第三节
45.	讨伐董底、率芒	恒春县	光绪十一年四月二十四日至光绪十一年五月三日(1885.6.6 ~ 1885.6.15)共10天	—	—	有记录者百余人	防勇千余人 化番100 土勇20	—	第四章 第二节
46.	招抚苏武洛等番，讨伐雪恃等番	苗栗县	光绪十一年十二月二十六日至光绪十二年二月十六日(1886.1.30 ~ 1886.3.21)共51天	—	—	—	—	—	第四章 第二节
47.	讨伐竹头脚番	淡水县	光绪十二年一月十三日至光绪十二年二月六日(1886.2.16 ~ 1886.3.11)共24天	—	—	—	—	—	第四章 第二节
48.	讨伐苏鲁、马那邦番	苗栗县	光绪十二年八月十一日至光绪十二年十月九日(1886.9.8 ~ 1886.11.6)共60天	—	—	有记录者700余人	—	—	第四章 第二节
49.	讨伐尖石、里冷等番	淡水县 台湾县	光绪十三年八月二十四日至光绪十三年九月二十五日(1887.10.10 ~ 1887.11.10)共31天	—	—	里冷等番有记录者500余人	—	—	第四章 第二节

续表

编号	事件名称	波及区域	作乱天数	福建得知时间	北京得知时间	参与乱事人数	动用军队人数	平乱经费	资料来源
50.	讨伐吕家望番	台东直隶州	光绪十四年六月二十五日至光绪十四年八月二十六日（1888.8.3～1888.10.2）共约61天	—	—	民番6000人	防勇不详 化番2000 北洋舰队致远、靖远号	—	第四章第二节
51.	施九缎事件	彰化县	光绪十四年九月一日至光绪十四年九月二十九日（1888.10.5～1888.11.5）共约32天	—	—	有记录者3000人	防军1700 土勇营800 义民1000 总共3500人	—	第五章第二节
52.	讨伐老狗番	宜兰县	光绪十五年九月一日至光绪十六年闰二月一日（1889.9.24～1890.3.20）共约179天	—	—	生番有记录者数千人	防勇4500 土勇千名	—	第四章第二节
53.	讨伐呐哮等番	淡水县	光绪十七年十一月中旬至光绪十八年三月十日（1891.12.15～1892.4.6）共约111天	—	—	—	土勇2000	—	第四章第二节
54.	讨伐射不力等番	恒春县	光绪十八年六月一日至光绪十八年十月十八日（1892.6.24～1892.12.6）共约166天	—	—	有记录者300余人	—	—	第四章第二节

参考书目

壹、中文

一、史料

（一）档案

甲、中央

（甲）奏折

1. 中国社会科学院历史研究所明史研究室编，《清代台湾农民起义史料选编》（福州：福建人民出版社，1983 年 11 月）。
2. 中国第一历史档案馆编，《康熙朝汉文朱批奏折汇编（第一册）》（北京：档案出版社，1984 年 5 月）。
3. 中国第一历史档案馆编，《康熙朝汉文朱批奏折汇编（第五册）》（北京：档案出版社，1984 年 5 月）。
4. 中国第一历史档案馆编，《雍正朝汉文朱批奏折汇编（第六册）》（上海：江苏古籍出版社，1991 年 3 月）。
5. 中国第一历史档案馆编，《雍正朝汉文朱批奏折汇编（第八册）》（上海：江苏古籍出版社，1991 年 3 月）。
6. 中国第一历史档案馆编，《雍正朝汉文朱批奏折汇编（第九册）》（上海：江苏古籍出版社，1991 年 3 月）
7. 中国第一历史档案馆编，《雍正朝汉文朱批奏折汇编（第十八册）》（上海：江苏古籍出版社，1991 年 3 月）。
8. 中国第一历史档案馆编，《雍正朝汉文朱批奏折汇编（第十九册）》（上海：江苏古籍出版社，1991 年 3 月）。
9. 中国第一历史档案馆编，《雍正朝汉文朱批奏折汇编（第二十册）》（上海：江苏古籍出版社，1991 年 3 月）。
10. 中国第一历史档案馆编，《雍正朝汉文朱批奏折汇编（第二十一册）》（上海：江苏古籍出版社，1991 年 3 月）。
11. 中国第一历史档案馆编，《雍正朝汉文朱批奏折汇编（第二十二册）》（上海：江苏古籍出版社，1991 年 3 月）。
12. 中国第一历史档案馆编，《雍正朝汉文朱批奏折汇编（第二十三册）》（上海：

江苏古籍出版社，1991年3月）。
13. 中国第一历史档案馆编，《雍正朝汉文朱批奏折汇编（第二十四册）》（上海：江苏古籍出版社，1991年3月）。
14. 中国第一历史档案馆编，《雍正朝汉文朱批奏折汇编（第二十五册）》（上海：江苏古籍出版社，1991年3月）。
15. 中国第一历史档案馆编，《雍正朝汉文朱批奏折汇编（第二十六册）》（上海：江苏古籍出版社，1991年3月）。
16. 中国第一历史档案馆编，《雍正朝汉文朱批奏折汇编（第二十七册）》（上海：江苏古籍出版社，1991年3月）。
17. 中国第一历史档案馆编，《雍正朝汉文朱批奏折汇编（第二十八册）》（上海：江苏古籍出版社，1991年3月）。
18. 中国第一历史档案馆编，《雍正朝汉文朱批奏折汇编（第三十册）》（上海：江苏古籍出版社，1991年3月）。
19. 中国第一历史档案馆编，《光绪朝朱批奏折（第一辑内政）》（北京：中华书局，1995年2月）。
20. 中国第一历史档案馆编，《光绪朝朱批奏折（第二辑内政）》（北京：中华书局，1995年2月）。
21. 中国第一历史档案馆编，《光绪朝朱批奏折（第二十六辑内政）》（北京：中华书局，1995年2月）。
22. 中国第一历史档案馆编，《光绪朝朱批奏折（第三十四辑军务）》（北京：中华书局，1995年2月）。
23. 中国第一历史档案馆编，《光绪朝朱批奏折（第四十二辑军务）》（北京：中华书局，1995年2月）。
24. 中国第一历史档案馆编，《光绪朝朱批奏折（第五十八辑军务）》（北京：中华书局，1995年8月）。
25. 中国第一历史档案馆编，《光绪朝朱批奏折（第五十九辑军务）》（北京：中华书局，1995年8月）。
26. 中国第一历史档案馆编，《光绪朝朱批奏折（第一〇二辑工业）》（北京：中华书局，1996年12月）。
27. 中国第一历史档案馆编，《光绪朝朱批奏折（第一一七辑民族）》（北京：中华书局，1996年12月）。
28. 中国第一历史档案馆编，《光绪朝朱批奏折（第一一九辑）》，（北京：中华书局，1996年12月）。
29. 中国第一历史档案馆编，《清政府镇压太平天国档案史料（第一册）》（北京：

社会科学文献出版社，1992 年 5 月）。
30. 中国第一历史档案馆编，《清政府镇压太平天国档案史料（第七册）》（北京：社会科学文献出版社，1993 年 9 月）。
31. 中国第一历史档案馆编，《清政府镇压太平天国档案史料（第八册）》（北京：社会科学文献出版社，1993 年 9 月）。
32. 中国第一历史档案馆编，《清政府镇压太平天国档案史料（第九册）》（北京：社会科学文献出版社，1993 年 11 月）。
33. 中国第一历史档案馆、中国人民大学清史研究所合编，《天地会（一）》（北京：中国人民大学出版社，1980 年 11 月）。
34. 中国第一历史档案馆、中国人民大学清史研究所合编，《天地会（二）》（北京：中国人民大学出版社，1980 年 11 月）。
35. 中国第一历史档案馆、中国人民大学清史研究所合编，《天地会（三）》（北京：中国人民大学出版社，1982 年 12 月）。
36. 中国第一历史档案馆、中国人民大学清史研究所合编，《天地会（四）》（北京：中国人民大学出版社，1983 年 3 月）。
37. 中国第一历史档案馆、中国人民大学清史研究所合编，《天地会（五）》（北京：中国人民大学出版社，1986 年 5 月）。
38. 中国第一历史档案馆、中国人民大学清史研究所合编，《天地会（六）》（北京：中国人民大学出版社，1987 年 9 月）。
39. 中国第一历史档案馆编辑部、上海师范大学历史系中国近代史研究室编，《福建·上海小刀会档案史料汇编》（福州：福建人民出版社，1993 年 9 月）。
40. 中国第一历史档案馆、中国社会科学院历史研究所，《乾隆刑科题本租佃关系史料之一·清代地租剥削形态》（北京：中华书局，1982 年 11 月）。
41. 中国人民大学清史研究所、档案系中国政治制度史教研室合编，《康雍乾时期城乡人民反抗斗争资料（下册）》（北京：中华书局，1979 年 8 月）。
42. 王希隐，《清季外交史料》（台北：文海出版社，1964 年 12 月再版）。
43. 不著编人，《清光绪朝中日交涉史料》（台北：文海出版社，1963 年 5 月）。
44. 同治朝军机处月折包，编号：008230，台湾故宫博物院藏。
45. 同治朝军机处月折包，编号：089265，台湾故宫博物院藏。
46. 同治朝军机处月折包，编号：092750，台湾故宫博物院藏。
47. 同治朝军机处月折包，编号：093059，台湾故宫博物院藏。
48. 同治朝军机处月折包，编号：093614，台湾故宫博物院藏。
49. 同治朝军机处月折包，编号：093802，台湾故宫博物院藏。
50. 洪安全主编，《清宫月折档台湾史料（一）》（台北：故宫博物院，1994 年 10 月）。

51. 洪安全主编,《清宫月折档台湾史料（二）》（台北：故宫博物院，1994 年 10 月）。
52. 洪安全主编,《清宫月折档台湾史料（三）》（台北：故宫博物院，1994 年 10 月）。
53. 洪安全主编,《清宫月折档台湾史料（四）》（台北：故宫博物院，1995 年 8 月）。
54. 洪安全主编,《清宫月折档台湾史料（五）》（台北：故宫博物院，1995 年 8 月）。
55. 洪安全主编,《清宫月折档台湾史料（六）》（台北：故宫博物院，1995 年 8 月）。
56. 洪安全主编,《清宫月折档台湾史料（七）》（台北：故宫博物院，1995 年 8 月）。
57. 洪安全主编,《清宫月折档台湾史料（八）》（台北：故宫博物院，1995 年 8 月）。
58. 洪安全主编,《清宫宫中档奏折台湾史料（一）》（台北：故宫博物院，2001 年 11 月）。
59. 洪安全主编,《清宫宫中档奏折台湾史料（二）》（台北：故宫博物院，2001 年 11 月）。
60. 洪安全主编,《清宫宫中档奏折台湾史料（三）》（台北：故宫博物院，2001 年 11 月）。
61. 洪安全主编,《清宫宫中档奏折台湾史料（四）》（台北：故宫博物院，2001 年 11 月）。
62. 故宫博物院明清档案部编,《第二次鸦片战争（一）》（上海：上海人民出版社，1978 年 7 月）。
63. 军机处录副奏折－民族类，案卷号：625，胶片号：17，中国第一历史档案馆藏。
64. 军机处录副奏折－民族类，案卷号：626，胶片号：17，中国第一历史档案馆藏。
65. 军机处录副奏折－民族类，案卷号：635，胶片号：17，中国第一历史档案馆藏。
66. 军机处录副奏折－农民运动类，案卷号：3279，胶片号：135，中国第一历史档案馆藏。
67. 军机处录副奏折－农民运动类，案卷号：3297，胶片号：135，中国第一历史档案馆藏。
68. 军机处录副奏折－农民运动类，案卷号：3303，胶片号：135，中国第一历史档案馆藏。
69. 军机处录副奏折－农民运动类，案卷号：3304，胶片号：135，中国第一历史档案馆藏。
70. 军机处录副奏折－农民运动类，案卷号：3305，胶片号：135，中国第一历史档案馆藏。
71. 军机处录副奏折－农民运动类，案卷号：3307，胶片号：136，中国第一历史档案馆藏。
72. 军机处录副奏折－农民运动类，案卷号：3315，胶片号：136，中国第一历史档案馆藏。
73. 军机处录副奏折－农民运动类，案卷号：3316，胶片号：136，中国第一历史档案馆藏。
74. 军机处录副奏折－农民运动类，案卷号：3317，胶片号：136，中国第一历史档案馆藏。
75. 军机处录副奏折－农民运动类，案卷号：3318，胶片号：136，中国第一历史档案馆藏。
76. 军机处录副奏折－农民运动类，案卷号：3322，胶片号：136，中国第一历史档案馆藏。
77. 军机处录副奏折－农民运动类，案卷号：3324，胶片号：136，中国第一历史档案馆藏。
78. 军机处录副奏折－农民运动类，案卷号：3328，胶片号：136，中国第一历史档案馆藏。
79. 军机处录副奏折－农民运动类，案卷号：3329，胶片号：136，中国第一历史档案馆藏。
80. 军机处录副奏折－农民运动类，案卷号：3333，胶片号：136，中国第一历史档案馆藏。
81. 军机处录副奏折－农民运动类，案卷号：3335，胶片号：137，中国第一历史档案馆藏。
82. 军机处录副奏折－农民运动类，案卷号：3336，胶片号：137，中国第一历史档案馆藏。
83. 军机处录副奏折－农民运动类，案卷号：3338，胶片号：137，中国第一历史档案馆藏。
84. 军机处录副奏折－农民运动类，案卷号：3340，胶片号：137，中国第一历史档案馆藏。
85. 军机处录副奏折－农民运动类，案卷号：3693，胶片号：145，中国第一历史档案馆藏。
86. 军机处录副奏折－农民运动类（补遗），顺序号：补二42，胶片号：177，中国第一历史档案馆藏。
87. 军机处录副奏折－农民运动类（补遗），顺序号：补二139，胶片号：177，中国第一历史档案馆藏。
88. 军机处录副奏折－农民运动类（补遗），顺序号：补二141，胶片号：177，中国第一历史档案馆藏。
89. 军机处录副奏折－农民运动类（补遗），顺序号：补二142，胶片号：177，中国第一历史档案馆藏。
90. 乾隆朝汉文录副（军机处录副），微缩号：003－2243，中国第一历史档案馆藏。

91. 乾隆朝汉文录副（军机处录副），微缩号：003－2248，中国第一历史档案馆藏。
92. 乾隆朝汉文录副奏折（军机处录副－军务），微缩号：029，中国第一历史档案馆藏。
93. 乾隆朝汉文录副（军机处录副），微缩号：030，中国第一历史档案馆藏。
94. 乾隆朝汉文录副（军机处录副），微缩号：031，中国第一历史档案馆藏。
95. 乾隆朝汉文录副（军机处录副），微缩号：031－1116，中国第一历史档案馆藏。
96. 乾隆朝汉文录副（军机处录副），微缩号：031－1851，中国第一历史档案馆藏。
97. 乾隆朝汉文录副（军机处录副），微缩号：031－0530，中国第一历史档案馆藏。
98. 乾隆朝汉文录副（军机处录副），微缩号：035－2320，中国第一历史档案馆藏。
99. 乾隆朝汉文录副（军机处录副），微缩号：036，中国第一历史档案馆藏。
100. 乾隆朝汉文录副（军机处录副），微缩号：036－0028，中国第一历史档案馆藏。
101. 乾隆朝汉文录副（军机处录副），微缩号：036－1045，中国第一历史档案馆藏。
102. 乾隆朝汉文录副（军机处录副），微缩号：036－1284，中国第一历史档案馆藏。
103. 乾隆朝汉文录副奏折，微缩号：037，中国第一历史档案馆藏。
104. 乾隆朝汉文录副奏折，微缩号：049，中国第一历史档案馆藏。
105. 乾隆朝汉文录副奏折（财政），微缩号：051，中国第一历史档案馆藏。
106. 乾隆朝汉文录副奏折（财政），微缩号：054，中国第一历史档案馆藏。
107. 乾隆朝汉文录副（军机处录副），微缩号：076，中国第一历史档案馆藏。
108. 乾隆朝汉文录副（军机处录副），微缩号：088－1031，中国第一历史档案馆藏。
109. 乾隆朝汉文录副（军机处录副），微缩号：099，中国第一历史档案馆藏。
110. 乾隆朝汉文录副（军机处录副），档号：1459，中国第一历史档案馆藏。
111. 台湾故宫博物院，《宫中档乾隆朝奏折（第一辑）》（台北：故宫博物院，1982年5月）。
112. 台湾故宫博物院，《宫中档乾隆朝奏折（第二辑）》（台北：故宫博物院，1982年6月）。
113. 台湾故宫博物院，《宫中档乾隆朝奏折（第三辑）》（台北：故宫博物院，1982年7月）。
114. 台湾故宫博物院，《宫中档乾隆朝奏折（第四辑）》（台北：故宫博物院，1982年8月）。
115. 台湾故宫博物院，《宫中档乾隆朝奏折（第五辑）》（台北：故宫博物院，1982

年9月）。
116. 台湾故宫博物院，《宫中档乾隆朝奏折（第六辑）》（台北：故宫博物院，1982年10月）。
117. 台湾故宫博物院，《宫中档乾隆朝奏折（第七辑）》（台北：故宫博物院，1982年11月）。
118. 台湾故宫博物院，《宫中档乾隆朝奏折（第二十辑）》（台北：故宫博物院，1982年8月）。
119. 台湾故宫博物院，《宫中档乾隆朝奏折（第二十四辑）》（台北：故宫博物院，1984年4月）。
120. 台湾故宫博物院，《宫中档乾隆朝奏折（第二十六辑）》（台北：故宫博物院，1984年6月）。
121. 台湾故宫博物院，《宫中档乾隆朝奏折（第三十一辑）》（台北：故宫博物院，1984年11月）。
122. 台湾故宫博物院，《宫中档乾隆朝奏折（第三十二辑）》（台北：故宫博物院，1984年12月）。
123. 台湾故宫博物院，《宫中档乾隆朝奏折（第五十一辑）》（台北：故宫博物院，1986年7月）。
124. 台湾故宫博物院，《宫中档乾隆朝奏折（第五十二辑）》（台北：故宫博物院，1986年8月）。
125. 台湾故宫博物院，《宫中档乾隆朝奏折（第五十三辑）》（台北：故宫博物院，1988年5月）。
126. 台湾故宫博物院，《宫中档乾隆朝奏折（第五十九辑）》（台北：故宫博物院，1987年3月）。
127. 台湾故宫博物院，《宫中档乾隆朝奏折（第七十一辑）》（台北：故宫博物院，1988年3月）。
128. 台湾故宫博物院，《宫中档乾隆朝奏折（第七十二辑）》（台北：故宫博物院，1988年4月）。
129. 台湾故宫博物院，《宫中档乾隆朝奏折（第七十三辑）》（台北：故宫博物院，1988年5月）。
130. 台湾故宫博物院，《宫中档乾隆朝奏折（第七十四辑）》（台北：故宫博物院，1988年6月）。
131. 台湾故宫博物院，《宫中档嘉庆朝奏折（第二十五/二十六辑）》（台北：故宫博物院，1994年8月）。
132. 台湾故宫博物院，《宫中档嘉庆朝奏折（第二十六辑）》（台北：故宫博物院，

1994 年 8 月）。
133. 台湾故宫博物院，《宫中档嘉庆朝奏折（第二十九/三十辑）》（台北：故宫博物院，1994 年 8 月）。
134. 台湾故宫博物院，《宫中档道光朝奏折（第一/二辑）》（台北：故宫博物院，1995 年 3 月）。
135. 台湾故宫博物院，《宫中档道光朝奏折（第二辑）》（台北：故宫博物院，1995 年 3 月）。
136. 台湾故宫博物院，《宫中档道光朝奏折（第三/四辑）》（台北：故宫博物院，1995 年 5 月）。
137. 台湾故宫博物院，《宫中档道光朝奏折（第十七/十八辑）》（台北：故宫博物院，1994 年 8 月）。
138. 台湾故宫博物院，《宫中档咸丰朝奏折（第一辑）》（台北：故宫博物院，1991 年 3 月）。
139. 台湾故宫博物院，《宫中档咸丰朝奏折（第一/二辑）》（台北：故宫博物院，1991 年 1 月）。
140. 台湾故宫博物院，《宫中档咸丰朝奏折（第三/四辑）》（台北：故宫博物院，1991 年 1 月）。
141. 台湾故宫博物院，《宫中档咸丰朝奏折（第二十二辑）》（台北：故宫博物院，1991 年 3 月）。
142. 国学文献馆主编，《台湾研究资料汇编（第一辑 · 第五册）》（台北：联经出版社，1993 年 9 月）。
143. 国学文献馆主编，《台湾研究资料汇编（第一辑 · 第七册）》（台北：联经出版社，1993 年 9 月）。
144. 国学文献馆主编，《台湾研究资料汇编（第一辑 · 第八册）》（台北：联经出版社，1993 年 9 月）。
145. 国学文献馆主编，《台湾研究资料汇编（第一辑 · 第九册）》（台北：联经出版社，1993 年 9 月）。
146. 国学文献馆主编，《台湾研究资料汇编（第一辑 · 第二十二册）》（台北：联经出版社，1993 年 9 月）。
147. 国学文献馆主编，《台湾研究资料汇编（第一辑 · 第二十五册）》（台北：联经出版社，1993 年 9 月）。
148. 国学文献馆主编，《台湾研究资料汇编（第一辑 · 第二十七册）》（台北：联经出版社，1993 年 9 月）。
149. 国学文献馆主编，《台湾研究资料汇编（第一辑 · 第二十八册）》（台北：联经出版社，1993年9月）。
150. 国学文献馆主编，《台湾研究资料汇编（第一辑·第二十九册）》（台北：联经出版社，1993年9月）。
151. 国学文献馆主编，《台湾研究资料汇编（第一辑·第四十册）》（台北：联经出版社，1993年9月）。
152. 台湾银行经济研究室编，《法军侵台档》，台湾银行文献丛刊第一九二种，1964年3月。
153. 〔清〕福康安藏，《廷寄》（台北：台湾省文献委员会，1954年6月）。
154. 刘如仲、苗学孟编，《台湾林爽文起义资料选编》（福州：福建人民出版社，1984年3月）。

（乙）题本

1. 内阁汉文题本（北京大学移交部分），胶片号52，中国第一历史档案馆藏。
2. 台湾银行经济研究室编，《台案汇录甲集》，台湾银行文献丛刊第三一种，1959年1月。
3. 台湾银行经济研究室编，《台案汇录乙集》，台湾银行文献丛刊第一七三种，1963年6月。
4. 台湾银行经济研究室编，《台案汇录丙集》，台湾银行文献丛刊第一七六种，1963年11月。
5. 台湾银行经济研究室编，《台案汇录丁集》，台湾银行文献丛刊第一七八种，1963年9月。
6. 台湾银行经济研究室编，《台案汇录戊集》，台湾银行文献丛刊第一七九种，1963年1月。
7. 台湾银行经济研究室编，《台案汇录己集》，台湾银行文献丛刊第一九一种，1964年1月。
8. 台湾银行经济研究室编，《台案汇录庚集》，台湾银行文献丛刊第二〇〇种，1964年8月。
9. 台湾银行经济研究室编，《台案汇录辛集》，台湾银行文献丛刊第二〇五种，1964年12月。
10. 台湾银行经济研究室编，《台案汇录壬集》，台湾银行文献丛刊第二二七种，1966年5月。
11. 台湾银行经济研究室编，《台案汇录癸集》，台湾银行文献丛刊第二二八种，1966年5月。

（丙）黄册

1. 不著编人，《康熙三十七年通省额派地丁钱粮完欠数目文册》，内阁大库现存清代汉文黄册编号：712，中国第一历史档案馆藏。
2. 不著编人，《康熙五十八年通省额派地丁钱粮完欠数目文册》，内阁大库现存清代汉文黄册编号：713，中国第一历史档案馆藏。
3. 不著编人，《雍正三年交待前任一切正杂钱粮四柱文册御览》，内阁大库现存清代汉文黄册编号：714，中国第一历史档案馆藏。
4. 不著编人，《雍正五年通省额派地丁钱粮完欠数目文册》，内阁大库现存清代汉文黄册编号：716，中国第一历史档案馆藏。
5. 不著编人，《乾隆五十四年汇奏各省民数谷数清册》，内阁大库现存清代汉文黄册编号：966，中国第一历史档案馆藏。
6. 不著编人，《乾隆五十六年汇奏各省民数谷数清册》，内阁大库现存清代汉文黄册编号：967，中国第一历史档案馆藏。
7. 不著编人，《道光十一年汇奏各省民数谷数清册》，内阁大库现存清代汉文黄册编号：969，中国第一历史档案馆藏。
8. 不著编人，《道光十四年汇造各省民数谷数清册》，内阁大库现存清代汉文黄册编号：972，中国第一历史档案馆藏。
9. 不著编人，《汇造道光十六年分各省民数谷数清册》，内阁大库现存清代汉文黄册编号：974，中国第一历史档案馆藏。
10. 不著编人，《汇造道光十八年分各省民数谷数清册》，内阁大库现存清代汉文黄册编号：976，中国第一历史档案馆藏。
11. 不著编人，《汇造道光十九年分各省民数谷数清册》，内阁大库现存清代汉文黄册编号：977，中国第一历史档案馆藏。
12. 不著编人，《汇造道光二十年分各省民数谷数清册》，内阁大库现存清代汉文黄册编号：978，中国第一历史档案馆藏。
13. 不著编人，《汇造道光二十一年分各省民数谷数清册》，内阁大库现存清代汉文黄册编号：979，中国第一历史档案馆藏。
14. 不著编人，《汇造道光二十二年分各省民数谷数清册》，内阁大库现存清代汉文黄册编号：980，中国第一历史档案馆藏。
15. 不著编人，《汇造道光二十三年分各省民数谷数清册》，内阁大库现存清代汉文黄册编号：981，中国第一历史档案馆藏。
16. 不著编人，《汇造道光二十四年分各省民数谷数清册》，内阁大库现存清代汉文黄册编号：982，中国第一历史档案馆藏。
17. 不著编人，《汇造道光二十五年分各省民数谷数清册》，内阁大库现存清代汉文黄册编号：983，中国第一历史档案馆藏。
18. 不著编人，《汇造道光二十六年分各省民数谷数清册》，内阁大库现存清代汉文黄册编号：984，中国第一历史档案馆藏。
19. 不著编人，《汇造道光二十七年分各省民数谷数清册》，内阁大库现存清代汉文黄册编号：985，中国第一历史档案馆藏。
20. 不著编人，《汇造道光二十八年分各省民数谷数清册》，内阁大库现存清代汉文黄册编号：986，中国第一历史档案馆藏。
21. 不著编人，《汇造道光二十九年分各省民数谷数清册》，内阁大库现存清代汉文黄册编号：988，中国第一历史档案馆藏。
22. 不著编人，《汇造道光三十年分各省民数谷数清册》，内阁大库现存清代汉文黄册编号：989，中国第一历史档案馆藏。
23. 不著编人，《汇造咸丰元年分各直省民数谷数清册》，内阁大库现存清代汉文黄册编号：990，中国第一历史档案馆藏。
24. 不著编人，《汇造咸丰二年分各直省民数谷数清册》，内阁大库现存清代汉文黄册编号：992，中国第一历史档案馆藏。
25. 不著编人，《汇造咸丰三年分各直省民数谷数清册》，内阁大库现存清代汉文黄册编号：994，中国第一历史档案馆藏。
26. 不著编人，《汇造咸丰四年分各直省民数谷数清册》，内阁大库现存清代汉文黄册编号：996，中国第一历史档案馆藏。
27. 不著编人，《汇造各直省咸丰五年分民数谷数清册》，内阁大库现存清代汉文黄册编号：997，中国第一历史档案馆藏。
28. 不著编人，《汇造各直省咸丰七年分民数谷数清册》，内阁大库现存清代汉文黄册编号：999，中国第一历史档案馆藏。
29. 不著编人，《汇造各直省咸丰八年分民数谷数清册》，内阁大库现存清代汉文黄册编号：1000，中国第一历史档案馆藏。
30. 不著编人，《汇造各直省咸丰九年分民数谷数清册》，内阁大库现存清代汉文黄册编号：1002，中国第一历史档案馆藏。
31. 不著编人，《汇造各直省咸丰十年分民数谷数清册》，内阁大库现存清代汉文黄册编号：1004，中国第一历史档案馆藏。
32. 不著编人，《汇造各直省咸丰十一年分民数谷数清册》，内阁大库现存清代汉文黄册编号：1006，中国第一历史档案馆藏。
33. 不著编人，《汇造各直省同治元年分民数谷数清册》，内阁大库现存清代汉文黄册编号：1008，中国第一历史档案馆藏。
34. 不著编人，《汇造各直省同治二年分民数谷数清册》，内阁大库现存清代汉文黄册编号：1009，中国第一历史档案馆藏。
35. 不著编人，《汇造各直省同治三年分民数谷数清册》，内阁大库现存清代汉文黄册编号：1011，中国第一历史档案馆藏。
36. 不著编人，《汇题同治四年分各直省民数谷数清册》，内阁大库现存清代汉文黄册编号：1013，中国第一历史档案馆藏。
37. 不著编人，《户部汇题各直省同治五年分民数谷数清册》，内阁大库现存清代汉文黄册编号：1015，中国第一历史档案馆藏。
38. 不著编人，《户部汇题各直省同治六年分民数谷数清册》，内阁大库现存清代汉文黄册编号：1017，中国第一历史档案馆藏。
39. 不著编人，《户部汇题各直省同治七年分民数谷数清册》，内阁大库现存清代汉文黄册编号：1019，中国第一历史档案馆藏。
40. 不著编人，《户部汇题各直省同治八年分民数谷数清册》，内阁大库现存清代汉文黄册编号：1021，中国第一历史档案馆藏。
41. 不著编人，《户部汇题各直省同治九年分民数谷数清册》，内阁大库现存清代汉文黄册编号：1022，中国第一历史档案馆藏。
42. 不著编人，《户部汇题各直省同治十一年分民数谷数清册》，内阁大库现存清代汉文黄册编号：1023，中国第一历史档案馆藏。
43. 不著编人，《户部汇题各直省同治十二年分民数谷数清册》，内阁大库现存清代汉文黄册编号：1024，中国第一历史档案馆藏。
44. 不著编人，《户部汇题各直省光绪元年分民数谷数清册》，内阁大库现存清代汉文黄册编号：1025，中国第一历史档案馆藏。
45. 不著编人，《户部汇题各直省光绪二年分民数谷数清册》，内阁大库现存清代汉文黄册编号：1026，中国第一历史档案馆藏。
46. 不著编人，《户部汇题各直省光绪三年分民数谷数清册》，内阁大库现存清代汉文黄册编号：1027，中国第一历史档案馆藏。
47. 不著编人，《户部汇题各直省光绪四年分民数谷数清册》，内阁大库现存清代汉文黄册编号：1028，中国第一历史档案馆藏。
48. 不著编人，《户部汇题各直省光绪五年分民数谷数清册》，内阁大库现存清代汉文黄册编号：1029，中国第一历史档案馆藏。
49. 不著编人，《户部汇题各直省光绪六年分民数谷数清册》，内阁大库现存清代汉文黄册编号：1030，中国第一历史档案馆藏。
50. 不著编人，《户部汇题各直省光绪八年分民数谷数清册》，内阁大库现存清代汉文黄册编号：1031，中国第一历史档案馆藏。
51. 不著编人，《户部汇题各直省光绪九年分民数谷数清册》，内阁大库现存清代汉文黄册编号：1032，中国第一历史档案馆藏。
52. 不著编人，《户部汇题各直省光绪十年分民数谷数清册》，内阁大库现存清代汉文黄册编号：1034，中国第一历史档案馆藏。
53. 不著编人，《户部汇题各直省光绪十一年分民数谷数清册》，内阁大库现存清代汉文黄册编号：1036，中国第一历史档案馆藏。
54. 不著编人，《户部汇题各直省光绪十三年分民数谷数清册》，内阁大库现存清代汉文黄册编号：1037，中国第一历史档案馆藏。
55. 不著编人，《户部汇题各直省光绪十四年分民数谷数清册》，内阁大库现存清代汉文黄册编号：1039，中国第一历史档案馆藏。
56. 不著编人，《户部汇题各直省光绪十五年分民数谷数清册》，内阁大库现存清代汉文黄册编号：1041，中国第一历史档案馆藏。
57. 不著编人，《户部汇题各直省光绪十六年分民数谷数清册》，内阁大库现存清代汉文黄册编号：1042，中国第一历史档案馆藏。
58. 不著编人，《户部汇题各直省光绪十七年分民数谷数清册》，内阁大库现存清代汉文黄册编号：1044，中国第一历史档案馆藏。
59. 不著编人，《户部汇题各直省光绪十九年分民数谷数清册》，内阁大库现存清代汉文黄册编号：1046，中国第一历史档案馆藏。
60. 不著编人，《户部汇题各直省光绪二十年分民数谷数清册》，内阁大库现存清代汉文黄册编号：1048，中国第一历史档案馆藏。
61. 不著编人，《户部汇题各直省光绪二十一年分民数谷数清册》，内阁大库现存清代汉文黄册编号：1050，中国第一历史档案馆藏。
62. 不著编人，《道光五年分福建省各州县经督销盈余引目并各官职名月日及行销额外余引黄册》，内阁大库现存清代汉文黄册编号：2252，中国第一历史档案馆藏。
63. 不著编人，《道光十五年分福建省各州县经督销盈余引目并各官职名月日及行销额外余引黄册》，内阁大库现存清代汉文黄册编号：2256，中国第一历史档案馆藏。
64. 不著编人，《道光二十一年分福建省各州县经督销正额引目及各官职名月日黄册》，内阁大库现存清代汉文黄册编号：2260，中国第一历史档案馆藏。
65. 不著编人，《道光二十八年分福建省各州县经督销正额引目及各官职名月日黄册》，内阁大库现存清代汉文黄册编号：2262，中国第一历史档案馆藏。
66. 不著编人，《咸丰元年分福建省各州县经督销盈余引目及行销额外余引并各官职名月日黄册》，内阁大库现存清代汉文黄册编号：2266，中国第一历史档案馆藏。

67. 不著编人，《咸丰二年分福建省各州县经督销正额引目及各官职名月日黄册》，内阁大库现存清代汉文黄册编号：2268，中国第一历史档案馆藏。
68. 不著编人，《咸丰六年分福建省各州县经督销正额引目及各官职名月日黄册》，内阁大库现存清代汉文黄册编号：2273，中国第一历史档案馆藏。
69. 不著编人，《咸丰十年分福建省各州县经督销盈余引目并各官职名月日及行销额外余引黄册》，内阁大库现存清代汉文黄册编号：2277，中国第一历史档案馆藏。
70. 不著编人，《同治元年分福建省各州县经督销盈余引目并各官职名月日及行销额外余引黄册》，内阁大库现存清代汉文黄册编号：2278，中国第一历史档案馆藏。
71. 不著编人，《同治三年分福建省各州县经督销正额引目及各官职名月日黄册》，内阁大库现存清代汉文黄册编号：2281，中国第一历史档案馆藏。
72. 不著编人，《乾隆四十一年分福建省各属县额征盈余引课并征收额外盈余官运余价等项银两数目及各官职名月日黄册》，内阁大库现存清代汉文黄册编号：2286，中国第一历史档案馆藏。
73. 不著编人，《乾隆五十七年分奏销福建省额征盈余盐课并额外盈余及督经销征接管各官职名月日黄册》，内阁大库现存清代汉文黄册编号：2287，中国第一历史档案馆藏。
74. 不著编人，《道光十二年分福建省各属县额征盈余引课并征收额外盈余及续收各年盈余已未完解银两数目黄册》，内阁大库现存清代汉文黄册编号：2307，中国第一历史档案馆藏。
75. 不著编人，《道光十七年分福建省各属县额征盈余引课并征收额外盈余及续收各年盈余已未完解银两数目黄册》，内阁大库现存清代汉文黄册编号：2312，中国第一历史档案馆藏。
76. 不著编人，《道光二十一年分福建省各属县额征盈余引课并征收额外盈余及续收各年盈余已未完解银两数目黄册》，内阁大库现存清代汉文黄册编号：2313，中国第一历史档案馆藏。
77. 不著编人，《道光二十五年分福建额征盈余引课并征收额外盈余及续收各年盈余已未完解银两黄册》，内阁大库现存清代汉文黄册编号：2314，中国第一历史档案馆藏。
78. 不著编人，《道光二十八年分福建省额征盈余引课并征收额外盈余等项钱粮及督经征接管各官职名月日黄册》，内阁大库现存清代汉文黄册编号：2317，中国第一历史档案馆藏。
79. 不著编人，《道光三十年分福建省额征盈余引课并征收额外盈余及续收各年盈余已未完解银两黄册》，内阁大库现存清代汉文黄册编号：2319，中国第一历史档案馆藏。
80. 不著编人，《咸丰元年分福建额征盈余引课并征收额外盈余及续收各年盈余已未完解银两黄册》，内阁大库现存清代汉文黄册编号：2320，中国第一历史档案馆藏。
81. 不著编人，《咸丰五年分福建省各属县额征盈余引课并征收额外盈余续收各年盈余已未完解银两数目册》，内阁大库现存清代汉文黄册编号：2323，中国第一历史档案馆藏。

（丁）谕旨、廷寄

1. 中国第一历史档案馆编，《雍正朝汉文谕旨汇编（一）》（桂林：广西师范大学出版社，1999 年 3 月）。
2. 中国第一历史档案馆编，《雍正朝汉文谕旨汇编（五）》（桂林：广西师范大学出版社，1999 年 3 月）。
3. 中国第一历史档案馆编，《雍正朝汉文谕旨汇编（七）》（桂林：广西师范大学出版社，1999 年 3 月）。
4. 中国第一历史档案馆编，《雍正朝汉文谕旨汇编（八）》（桂林：广西师范大学出版社，1999 年 3 月）。
5. 中国第一历史档案馆编，《雍正朝汉文谕旨汇编（十）》（桂林：广西师范大学出版社，1999 年 3 月）。
6. 中国第一历史档案馆编，《乾隆朝上谕档（第二册）》（北京：档案出版社，1991 年 6 月）。
7. 中国第一历史档案馆编，《乾隆朝上谕档（第三册）》（北京：档案出版社，1991 年 6 月）。
8. 中国第一历史档案馆编，《乾隆朝上谕档（第四册）》（北京：档案出版社，1991 年 6 月）。
9. 中国第一历史档案馆编，《乾隆朝上谕档（第五册）》（北京：档案出版社，1991 年 6 月）。
10. 中国第一历史档案馆编，《乾隆朝上谕档（第七册）》（北京：档案出版社，1991 年 6 月）。
11. 中国第一历史档案馆编，《乾隆朝上谕档（第八册）》（北京：档案出版社，1991 年 6 月）。
12. 中国第一历史档案馆编，《乾隆朝上谕档（第十册）》（北京：档案出版社，1991 年 6 月）。

13. 中国第一历史档案馆编，《乾隆朝上谕档（第十一册）》（北京：档案出版社，1991 年 6 月）。
14. 中国第一历史档案馆编，《乾隆朝上谕档（第十三册）》（北京：档案出版社，1991 年 6 月）。
15. 中国第一历史档案馆编，《乾隆朝上谕档（第十四册）》（北京：档案出版社，1991 年 6 月）。
16. 中国第一历史档案馆编，《乾隆朝上谕档（第十五册）》（北京：档案出版社，1991 年 6 月）。
17. 中国第一历史档案馆编，《乾隆朝上谕档（第十六册）》（北京：档案出版社，1991 年 6 月）。
18. 中国第一历史档案馆编，《乾隆朝上谕档（第十七册）》（北京：档案出版社，1991 年 6 月）。
19. 中国第一历史档案馆编，《嘉庆道光两朝上谕档（一）》（桂林：广西师范大学出版社，2000 年 11 月）。
20. 中国第一历史档案馆编，《嘉庆道光两朝上谕档（二）》（桂林：广西师范大学出版社，2000 年 11 月）。
21. 中国第一历史档案馆编，《嘉庆道光两朝上谕档（七）》（桂林：广西师范大学出版社，2000 年 11 月）。
22. 中国第一历史档案馆编，《嘉庆道光两朝上谕档（十一）》（桂林：广西师范大学出版社，2000 年 11 月）。
23. 中国第一历史档案馆编，《嘉庆道光两朝上谕档（十二）》（桂林：广西师范大学出版社，2000 年 11 月）。
24. 中国第一历史档案馆编，《嘉庆道光两朝上谕档（十三）》（桂林：广西师范大学出版社，2000 年 11 月）。
25. 中国第一历史档案馆编，《嘉庆道光两朝上谕档（十四）》（桂林：广西师范大学出版社，2000 年 11 月）。
26. 中国第一历史档案馆编，《嘉庆道光两朝上谕档（二十七）》（桂林：广西师范大学出版社，2000 年 11 月）。
27. 中国第一历史档案馆编，《嘉庆道光两朝上谕档（二十九）》（桂林：广西师范大学出版社，2000 年 11 月）。
28. 中国第一历史档案馆编，《嘉庆道光两朝上谕档（三十一）》（桂林：广西师范大学出版社，2000 年 11 月）。
29. 中国第一历史档案馆编，《嘉庆道光两朝上谕档（三十五）》（桂林：广西师范大学出版社，2000 年 11 月）。

30. 中国第一历史档案馆编，《嘉庆道光两朝上谕档（三十七）》（桂林：广西师范大学出版社，2000 年 11 月）。
31. 中国第一历史档案馆编，《嘉庆道光两朝上谕档（四十一）》（桂林：广西师范大学出版社，2000 年 11 月）。
32. 中国第一历史档案馆编，《嘉庆道光两朝上谕档（四十九）》（桂林：广西师范大学出版社，2000 年 11 月）。
33. 中国第一历史档案馆编，《嘉庆道光两朝上谕档（五十一）》（桂林：广西师范大学出版社，2000 年 11 月）。
34. 中国第一历史档案馆编，《嘉庆道光两朝上谕档（五十二）》（桂林：广西师范大学出版社，2000 年 11 月）。
35. 中国第一历史档案馆编，《嘉庆道光两朝上谕档（五十四）》（桂林：广西师范大学出版社，2000 年 11 月）。
36. 中国第一历史档案馆编，《咸丰同治两朝上谕档（一）》（桂林：广西师范大学出版社，1998 年 8 月）。
37. 中国第一历史档案馆编，《咸丰同治两朝上谕档（二）》（桂林：广西师范大学出版社，1998 年 8 月）。
38. 中国第一历史档案馆编，《咸丰同治两朝上谕档（四）》（桂林：广西师范大学出版社，1998 年 8 月）。
39. 中国第一历史档案馆编，《咸丰同治两朝上谕档（六）》（桂林：广西师范大学出版社，1998 年 8 月）。
40. 中国第一历史档案馆编，《咸丰同治两朝上谕档（八）》（桂林：广西师范大学出版社，1998 年 8 月）。
41. 中国第一历史档案馆编，《光绪宣统两朝上谕档（一）》（桂林：广西师范大学出版社，1996 年 10 月）。
42. 中国第一历史档案馆编，《光绪宣统两朝上谕档（十）》（桂林：广西师范大学出版社，1996 年 10 月）。
43. 〔清〕允禄等编，《清雍正上谕内阁》，雍正九年、乾隆八年两次内府刻本，北京国家图书馆分馆藏。
44. 〔清〕佚名，《侯福将军征服台湾剿匪纪事残卷（乾隆上谕）》，清抄本，北京大学图书馆藏。
45. 〔清〕佚名，《乾隆谕折》，清抄本，北京国家图书馆分馆藏。
46. 〔清〕佚名编，《雍正上谕（元年至三年）》，清抄本，北京国家图书馆分馆藏。
47. 洪安全主编，《清宫廷寄档台湾史料（一）》（台北：故宫博物院，1998 年 10 月）。
48. 洪安全主编，《清宫廷寄档台湾史料（二）》（台北：故宫博物院，1998 年 10 月）。

49. 洪安全主编,《清宫廷寄档台湾史料(三)》(台北:故宫博物院,1998 年 10 月)。
50. 洪安全主编,《清宫谕旨档台湾史料(一)》(台北:故宫博物院,1996 年 10 月)。
51. 洪安全主编,《清宫谕旨档台湾史料(二)》(台北:故宫博物院,1996 年 10 月)。
52. 洪安全主编,《清宫谕旨档台湾史料(三)》(台北:故宫博物院,1996 年 10 月)。
53. 洪安全主编,《清宫谕旨档台湾史料(四)》(台北:故宫博物院,1997 年 10 月)。
54. 洪安全主编,《清宫谕旨档台湾史料(五)》(台北:故宫博物院,1997 年 10 月)。
55. 洪安全主编,《清宫谕旨档台湾史料(六)》(台北:故宫博物院,1997 年 10 月)。

乙、地方

1. 吴密察主编,《淡新档案(五):第一编行政/财政类》(台北:台湾大学图书馆,2001 年 6 月)。
2. 吴密察主编,《淡新档案(六):第一编行政/财政类》(台北:台湾大学图书馆,2001 年 6 月)。
3. 吴密察主编,《淡新档案(七):第一编行政/财政类、建设类》(台北:台湾大学图书馆,2001 年 6 月)。
4. 吴密察主编,《淡新档案(八):第一编行政/建设类》(台北:台湾大学图书馆,2001 年 6 月)。
5. 淡新档案校注出版编辑委员会,《淡新档案(一):第一编行政/总务类》(台北:台湾大学,1995 年 9 月)。
6. 淡新档案校注出版编辑委员会,《淡新档案(二):第一编行政/总务类》(台北:台湾大学,1995 年 9 月)。
7. 淡新档案校注出版编辑委员会,《淡新档案(三):第一编行政/民政类》(台北:台湾大学,1995 年 10 月)。
8. 淡新档案校注出版编辑委员会,《淡新档案(四):第一编行政/民政类》(台北:台湾大学,1995 年 11 月)。
9. 淡新档案校注出版编辑委员会,《淡新档案(五):第一编行政/财政类》(台北:台湾大学,2001 年 6 月)。
10. 淡新档案校注出版编辑委员会,《淡新档案(六):第一编行政/财政类》(台北:台湾大学,2001 年 6 月)。
11. 淡新档案校注出版编辑委员会,《淡新档案(七):第一编行政/财政类》(台北:台湾大学,2001 年 6 月)。
12. 淡新档案,第一编行政,第六类军事,第一款军政,台湾大学图书馆藏。
13. 淡新档案,第一编行政,第七类抚垦,第一款社务,台湾大学图书馆藏。
14. 淡新档案,第一编行政,第七类抚垦,第二款社租,台湾大学图书馆藏。

15. 淡新档案，第一编行政，第七类抚垦，第三款隘务，台湾大学图书馆藏。
16. 淡新档案，第一编行政，第七类抚垦，第四款屯务，台湾大学图书馆藏。
17. 淡新档案，第二编民事，第二类田房，第二款抗租，台湾大学图书馆藏。
18. 淡新档案，第二编民事，第二类田房，第五款争界，台湾大学图书馆藏。
19. 淡新档案，第三编刑事，第三类财产抢劫，第三款强盗，台湾大学图书馆藏。
20. 台湾银行经济研究室编，《刘铭传抚台前后档案》，台湾银行文献丛刊第二七六种，1968 年 6 月。
21. 谢兴尧供稿，《台人舆论》；摘自中国社会科学院近代史研究所近代史资料编辑组编，《近代史资料》，总 82 号，1992 年 11 月。

（二）古文书

1. 王世庆辑，《台湾公私藏古文书》，第一辑第一册，“中央研究院”民族学研究所藏。
2. 三田裕次文书（一）－北中南地区文书，编号：T020D020，“中央研究院”台湾史研究所筹备处藏。
3. 李景旸文书（三）－北、中、南地区契字，编号：T104D104，“中央研究院”台湾史研究所筹备处藏。
4. 林振干文书（二）－北部地区契字，编号：T068D068，“中央研究院”台湾史研究所筹备处藏。
5. 林汉章、林德龙文书（二）－台北、桃园地区契字，编号：T067D067，“中央研究院”台湾史研究所筹备处藏。
6. 岸里大社文书出版编辑委员会，《台湾大学藏岸里大社文书（一）》（台北：台湾大学，1998 年 3 月）。
7. 岸里大社文书出版编辑委员会，《台湾大学藏岸里大社文书（二）》（台北：台湾大学，1998 年 3 月）。
8. 岸里大社文书出版编辑委员会，《台湾大学藏岸里大社文书（三）》（台北：台湾大学，1998 年 3 月）。
9. 岸里大社文书出版编辑委员会，《台湾大学藏岸里大社文书（四）》（台北：台湾大学，1998 年 3 月）。
10. 邱水金文书（一）－宜兰县五结乡张氏文书，编号：T075D075，“中央研究院”台湾史研究所筹备处藏。
11. 邱水金主编，《宜兰古文书第壹辑》（宜兰：宜兰县立文化中心，1994 年 6 月）。
12. 邱水金主编，《宜兰古文书第贰辑——台大人类学系藏》（宜兰：宜兰县立文化中心，1995 年 6 月）。

13. 邱水金主编,《宜兰古文书第伍辑》(宜兰:宜兰县立文化中心,1998 年 5 月)。
14. 姜烘楷文书 - 桃竹苗地区文书,编号:T015D015,“中央研究院”台湾史研究所筹备处藏。
15. 姜重烈文书 - 金广福文书(一),编号:T035D035,“中央研究院”台湾史研究所筹备处藏。
16. 洪丽完主编,《外埔乡藏古文书专辑》(台中:外埔乡公所,2001 年 1 月)。
17. 洪丽完撰稿,《台中县立文化中心藏台湾古文书专辑(下)》(丰原:台中县立文化中心,1997 年 10 月)。
18. 洪丽完,《台湾中部平埔族群古文书研究与导读——道卡斯族崩山八社与拍瀑拉族四社(上册)》(丰原:台中县立文化中心,2002 年 7 月)。
19. 洪丽完,《台湾中部平埔族群古文书研究与导读——道卡斯族崩山八社与拍瀑拉族四社(中册)》(丰原:台中县立文化中心,2002 年 7 月)。
20. 洪丽完,《台湾中部平埔族群古文书研究与导读——道卡斯族崩山八社与拍瀑拉族四社(下册)》(丰原:台中县立文化中心,2002 年 7 月)。
21. 胡家瑜主编,《道卡斯新港社古文书》(台北:台湾大学人类学系,1999 年 9 月)。
22. 高贤治,《大台北古契字集》(台北:台北市文献委员,2002 年 12 月)。
23. 曹炳辉文书(二)- 士林石角仔曹氏文书、毛少翁社文书,编号:T082D082,“中央研究院”台湾史研究所筹备处藏。
24. 连昭光文书(一)- 北部、中部地区契字,编号:T045D045.030,“中央研究院”台湾史研究所筹备处藏。
25. 连昭光文书(四)- 彰化、桃园地区文书,编号:T062D062.008,“中央研究院”台湾史研究所筹备处藏。
26. 曾振名、童元昭主编,《噶玛兰、西拉雅族古文书》(台北:台湾大学人类学系,1999 年 9 月)。
27. 陈达明文书(一)- 北、中、南、宜兰地区文书,编号:T077D077,“中央研究院”台湾史研究所筹备处藏。
28. 陈运栋文书(一)- 竹堑社、猫里社地契簿,编号:T005D005,“中央研究院”台湾史研究所筹备处藏。
29. 陈庆芳文书(三)- 台中、彰化地区契字,编号:T107D107,“中央研究院”台湾史研究所筹备处藏。
30. 凯达格兰族文史调查小组编,《凯达格兰族古文书汇编》(台北:台北县立文化中心,1996 年 12 月)。
31. 张炎宪、王世庆、李季华主编,《台湾平埔族文献资料选集·竹堑社(上)》(台北:“中央研究院”台湾史田野研究室,1993 年 5 月)。

32. 董伦岳撰文，《梧棲古文书史料专辑》（台中：梧棲镇公所，2000 年 7 月）。
33. 叶金全文书－兴直堡三重埔溪尾庄古契集，编号：T023D023，“中央研究院”台湾史研究所筹备处藏。
34. 彰化、台中地区土地文书，编号：T238D208，“中央研究院”台湾史研究所筹备处藏。
35. 台中市立文化中心文英馆文书－中北部文书，编号：T008D008，“中央研究院”台湾史研究所筹备处藏。
36. 台湾古文书，排架号：200C，“中央图书馆”台湾分馆藏。
37. 台湾省文献委员会采集组编校，《草屯地区古文书专辑》（南投：台湾省文献委员会，1999 年 6 月）。
38. 台湾省文献委员会采集组编校，《台湾省文献委员会典藏北部地区古文书专辑（一）》（南投：台湾省文献委员会，2000 年 12 月）。
39. 台湾省文献委员会采集组编校，《台湾省文献委员会典藏北部地区古文书专辑（二）》（南投：台湾省文献委员会，2000 年 12 月）。
40. 机玉石文书－高雄大树、新港社文书（一），编号：T138D138，“中央研究院”台湾史研究所筹备处藏。
41. 刘泽民编著，《大肚社古文书》（南投：台湾省文献委员会，2000 年 12 月）。
42. 刘泽民编著，《平埔百社古文书》（南投：“国史馆”台湾文献馆，2002 年 3 月）。
43. 刘泽民等编译，《台湾总督府档案平埔族关系文献选辑》（南投：台湾省文献委员会，2001 年 3 月）。
44. 刘峰松文书－中部地区契字，编号：T048D048，“中央研究院”台湾史研究所筹备处藏。
45. 钟金水文书（六）－北部、中部地区契字，编号：T069D069，“中央研究院”台湾史研究所筹备处藏。
46. 钟金水文书（十三）－金广福文书（二）、中南部地区契字，编号：T089D089，“中央研究院”台湾史研究所筹备处藏。
47. 钟金水文书（二十一）－中部地区契字、岸里社文书（三），编号：T105D105，“中央研究院”台湾史研究所筹备处藏。
48. 钟金水文书（二十二）－打猫社文书、嘉义地区契字，编号：T111D111，“中央研究院”台湾史研究所筹备处藏。
49. 谢继昌主编，《凯达格兰古文书》（台北：台湾大学人类学系，1999 年 9 月）。

（三）方志

1. 王月镜主修，《台北市志》（台北：台北市文献委员会，1988 年 9 月）。

2. 〔清〕王必昌，《重修台湾县志》，台湾银行文献丛刊第一一三种，1961 年 11 月。
3. 〔清〕王瑛曾，《重修凤山县志》，台湾银行文献丛刊第一四六种，1962 年 12 月。
4. 〔清〕沈茂荫，《苗栗县志》，台湾银行文献丛刊第一五九种，1962 年 12 月。
5. 〔清〕余文仪，《续修台湾府志》，台湾银行文献丛刊第一二一种，1962 年 4 月。
6. 〔清〕佚名，《新竹县制度考》，台湾银行文献丛刊第一〇一种，1961 年 3 月。
7. 佚名，《安平县杂记》，台湾银行文献丛刊第五二种，1959 年 8 月。
8. 佚名，《嘉义管内采访册》，台湾银行文献丛刊第五八种，1959 年 9 月。
9. 李汝和主修，《台湾省通志》（台中：台湾省文献委员会，1972 年 6 月）。
10. 〔清〕林焜熿，《金门志》，台湾银行文献丛刊第八〇种，1960 年 5 月。
11. 〔清〕林豪，《澎湖厅志》，台湾银行文献丛刊第一六四种，1963 年 6 月。
12. 林德喜主修，《重修中和乡志》（中和：中和乡公所，1977 年 12 月）。
13. 〔清〕周元文，《重修台湾府志》，台湾银行文献丛刊第六六种，1960 年 7 月。
14. 〔清〕周凯，《厦门志》，台湾银行文献丛刊第九五种，1961 年 10 月。
15. 〔清〕周玺，《彰化县志》，台湾银行文献丛刊第一五六种，1962 年 11 月。
16. 〔清〕周锺瑄，《诸罗县志》，台湾银行文献丛刊第一四一种，1962 年 12 月。
17. 〔清〕范咸，《重修台湾府志》，台湾银行文献丛刊第一〇五种，1961 年 11 月。
18. 〔清〕金鋐，《福建通志》（北京：书目文献出版社，1988 年）。
19. 〔清〕柯培元，《噶玛兰志略》，台湾银行文献丛刊第九二种，1961 年 1 月。
20. 〔清〕胡传，《台东州采访册》，台湾银行文献丛刊第八一种，1960 年 5 月。
21. 〔清〕倪赞元，《云林县采访册》，台湾银行文献丛刊第三七种，1959 年 2 月。
22. 〔清〕高拱乾，《台湾府志》，台湾银行文献丛刊第六五种，1960 年 2 月。
23. 盛清沂总纂，《台北县志》（台北：台北县文献委员会，1960 年）。
24. 孙水木，《重修永和镇志》（台北：永和镇公所，1973 年 3 月）。
25. 谌化文等纂修，《桃园县志》（桃园：桃园县文献委员会，1962 年 9 月）。
26. 〔清〕屠继善，《恒春县志》，台湾银行文献丛刊第七五种，1960 年 5 月。
27. 黄奇烈纂修，《台湾省新竹县志》（新竹：新竹县文献委员会，1976 年 6 月）。
28. 〔清〕陈文达，《台湾县志》，台湾银行文献丛刊第一〇三种，1961 年 6 月。
29. 〔清〕陈文达，《凤山县志》，台湾银行文献丛刊第一二四种，1961 年 11 月。
30. 陈绍馨纂修，《台湾省通志稿·卷二人民志人口篇》（台北：台湾省文献委员会，1964 年 6 月）。
31. 〔清〕陈培桂，《淡水厅志》，台湾银行文献丛刊第一七二种，1963 年 8 月。
32. 〔清〕陈淑均，《噶玛兰厅志》，台湾银行文献丛刊第一六〇种，1963 年 3 月。

33. 〔清〕陈国瑛,《台湾采访册》，台湾银行文献丛刊第五五种，1959 年 10 月。
34. 〔清〕陈朝龙，《新竹县采访册》，台湾银行文献丛刊第一四五种，1962 年 7 月。
35. 〔清〕陈寿祺，《福建通志台湾府》，台湾银行文献丛刊第八四种，1960 年 8 月。
36. 张炳楠监修,《嘉义县志》(嘉义：嘉义县政府，1977 年 3 月)。
37. 张启仲监修,《台中市志稿》(台中：台中市文献委员会，1965 年 5 月)。
38. 张胜彦总纂,《台中县志》(丰原：台中县政府，1988 年 8 月)。
39. 〔清〕诸家,《新竹县志初稿》，台湾银行文献丛刊第六一种，1959 年 11 月。
40. 诸家,《树杞林志》，台湾银行文献丛刊第六三种，1959 年 9 月。
41. 蔡振丰,《苑里志》，台湾银行文献丛刊第四八种，1959 年 6 月。
42. 刘定国等纂修,《苗栗县志》(苗栗：台湾省苗栗县文献委员会，1960 年 5 月)。
43. 〔清〕刘良璧，《重修福建台湾府志》，台湾银行文献丛刊第七四种，1961 年 3 月。
44. 台湾银行经济研究室编，《清一统志台湾府》，台湾银行文献丛刊第六八种，1960 年 2 月。
45. 〔清〕郑用锡,《淡水厅志稿》(南投：台湾省文献委员会，1998 年 3 月)。
46. 郑钦仁编纂,《新竹市志》(新竹：新竹市政府，1999 年 6 月)。
47. 〔清〕卢德嘉,《凤山县采访册》，台湾银行文献丛刊第七三种，1960 年 8 月。
48. 卢嘉兴等纂修,《台南县志》(新营：台南县政府，1980 年 6 月)。
49. 〔清〕蒋毓英,《台湾府志》(北京：中华书局，1985 年 5 月)。
50. 〔清〕蒋师辙,《台湾通志》，台湾银行文献丛刊第一三〇种，1962 年 5 月。
51. 〔清〕谢金銮，《续修台湾县志》，台湾银行文献丛刊第一四〇种，1962 年 6 月。

(四) 舆图
1. 〔清〕六十七,《番社采风图考》，台湾银行文献丛刊第九〇种，1961 年 1 月。
2. 〔清〕佚名,《清初海疆图说》，台湾银行文献丛刊第一五五种，1962 年 9 月。
3. 〔清〕佚名,《淡水县舆图》，墨绘，清光绪年间绘制，北京国家图书馆藏。
4. 〔清〕佚名，《淡新凤三县简明总括图册》，台湾银行文献丛刊第一九七种，1964 年 4 月。
5. 〔清〕佚名，《台湾山水图》，色绘，不注比例，清光绪年间绘本，北京国家图书馆藏。
6. 〔清〕佚名，《台湾内山番社地舆全图》，墨印，清光绪年间印本，北京国家图书馆藏。
7. 〔清〕佚名，《台湾地舆全图》，台湾银行文献丛刊第一八五种，1963 年 11 月。
8. 〔清〕佚名，《藤牌手鸟枪队合演阵图》，清绘本，北京大学图书馆藏。
9. 〔清〕李延祐制，《台湾全图》，色绘，光绪七年绘本，北京国家图书馆藏。
10. 〔清〕余宠制，《全台前后山舆图》，墨印，光绪四年刻本，北京国家图书馆藏。
11. 〔清〕康长庆制，《全台地图》，墨绘，光绪四年绘本，北京国家图书馆藏。
12. 〔清〕叶宗元，《台湾府舆图纂要》，同治五年抄本，北京大学图书馆藏。
13. 〔清〕夏献纶，《台湾舆图》，台湾银行文献丛刊第四五种，1959 年 8 月。
14. 〔清〕夏献纶编，《台湾舆图并说》，墨印，光绪五年刻本，北京国家图书馆藏。
15. “中央图书馆”台湾分馆特藏资料编纂委员会编，《台湾文献书目解题——第二种地图类（一）》（台北：“中央图书馆”台湾分馆，1992 年 3 月）。
16. 〔清〕诸家，《台湾舆地汇钞》，台湾银行文献丛刊第二一六种，1965 年 9 月。
17. 〔清〕蒋元枢，《重修台湾各建筑图说》，台湾银行文献丛刊第二八三种，1970 年 5 月。
18. 〔清〕谢遂，《清职贡图选》，台湾银行文献丛刊第一八〇种，1963 年 8 月。

（五）笔记、杂著

1. 〔清〕丁绍仪，《东瀛识略》，台湾银行文献丛刊第二种，1957 年 9 月。
2. 〔清〕六十七，《使署闲情》，台湾银行文献丛刊第一二二种，1961 年 10 月。
3. 小横香室主人编，《清朝野史大观》（扬州：江苏广陵古籍刻印出版社，1998 年 5 月三刷）。
4. 〔清〕王世禛著，勒斯仁点校，《池北偶谈》（北京：中华书局，1997 年 12 月三刷）。
5. 〔清〕王之春著，赵春晨点校，《清朝柔远记》（北京：中华书局，2000 年 4 月二刷）。
6. 王石鹏，《台湾三字经》，台湾银行文献丛刊第一六二种，1962 年 12 月。
7. 〔清〕王韬，《台事纪闻》；摘自中国社会科学院近代史研究所近代史资料编辑部编，《近代史资料》，总第 94 号，1998 年 8 月。
8. 〔清〕尹士俍，《台湾志略》，清乾隆三年刻本，北京国家图书馆藏。
9. 〔清〕朱仕玠，《小琉球漫志》，台湾银行文献丛刊第三种，1957 年 12 月。
10. 朱彭寿著，何双生点校，《旧典备徵》（北京：中华书局，1997 年 12 月二刷）。
11. 〔清〕朱景英，《海东札记》，台湾银行文献丛刊第一九种，1958 年 10 月。

12.〔清〕汪荣宝，《清史讲义》（台北：文海出版社，1983年10月）。
13. 汪康年，《汪穰卿笔记》（上海：上海书店出版社，1997年1月）。
14.〔清〕李元春，《台湾志略》，台湾银行文献丛刊第一八种，1958年10月。
15. 李孟符著，张继红点校，《春冰室野乘》（太原：山西古籍出版社，1995年9月）。
16.〔清〕吴子光，《台湾纪事》，台湾银行文献丛刊第三六种，1959年2月。
17. 吴德功，《戴施两案纪略》，台湾银行文献丛刊第四七种，1959年6月。
18.〔清〕易顺鼎，《魂南记》，台湾银行文献丛刊第二一二种，1965年8月。
19. 况周颐著，郭长保点校，《眉庐丛话》（太原：山西古籍出版社，1995年9月）。
20. 况周颐著，张继红点校，《餐樱庑随笔》（太原：山西古籍出版社，1995年9月）。
21.〔清〕佚名，《平台纪事本末》，台湾银行文献丛刊第一六种，1958年5月。
22. 佚名，《太平天国轶闻》（扬州：江苏广陵古籍刻印社，1993年6月）。
23.〔清〕佚名，《夷匪犯境闻见录》（北京：中华全国图书馆文献缩微复制中心，1995年10月）。
24. 何刚德著，张国宁点校，《客座偶谈》（太原：山西古籍出版社，1997年7月）。
25.〔清〕青城子著，于志斌标点，《亦复如是》（重庆：重庆出版社，1999年5月）。
26.〔清〕林豪，《东瀛纪事》，台湾银行文献丛刊第八种，1957年12月。
27. 洪弃生，《瀛海偕亡记》，台湾银行文献丛刊第五九种，1959年10月。
28.〔清〕奕赓，《侍卫琐言》；收录许仁图编，《清史资料汇编补编（上册）》（台北：河洛图书出版社，1974年）。
29.〔清〕奕赓，《寄楮备谈》；收录许仁图编，《清史资料汇编补编（上册）》（台北：河洛图书出版社，1974年）。
30.〔清〕昭梿著，何英芳点校，《啸亭杂录》（北京：中华书局，1997年12月二刷）。
31. 胡思敬，《国闻备乘》（上海：上海书店出版社，1997年1月）。
32. 胡寄尘，《清季野史》（长沙：岳麓书社，1985年12月）。
33.〔清〕郁永河，《裨海纪游》，台湾银行文献丛刊第四四种，1959年4月。
34.〔清〕姚莹，《东槎纪略》，台湾银行文献丛刊第七种，1957年11月。
35.〔清〕唐赞衮，《台阳见闻录》，台湾银行文献丛刊第三〇种，1958年11月。
36. 徐一士著，郭建平点校，《一士谈荟》（太原：山西古籍出版社，1996年9月）。
37. 徐一士著，张继红点校，《近代笔记过眼录》（太原：山西古籍出版社，1996年9月）。
38. 徐珂，《清稗类钞选录》，台湾银行文献丛刊第二一四种，1965年9月。

39. 徐珂著，孙安邦、路建宏点校，《康居笔记汇函（一）》（太原：山西古籍出版社，1997 年 7 月）。
40. 徐凌霄、徐一士，《凌霄一士随笔（一）》（太原：山西古籍出版社，1997 年 7 月）。
41. 徐凌霄、徐一士，《凌霄一士随笔（四）》（太原：山西古籍出版社，1997 年 7 月）。
42. 马绪伦著，张继红点校，《石屋续沈》（太原：山西古籍出版社，1995 年 9 月）。
43. 连横，《台湾语典》，台湾银行文献丛刊第一六一种，1963 年 3 月。
44. 〔清〕梁廷楠著，邵循正点校，《夷氛闻记》（北京：中华书局，1997 年 12 月二刷）。
45. 〔清〕梁章钜著，陈铁民点校，《浪迹丛谈/续谈/三谈》（北京：中华书局，1997 年 12 月二刷）。
46. 〔清〕梁章巨，《退庵随笔》（扬州：江苏广陵古籍刻印社，1997 年 12 月）。
47. 梁溪坐观老人著，王淑敏点校，《清代野记》（太原：山西古籍出版社，1996 年 9 月）。
48. 〔清〕屈大均，《广东新语》（北京：中华书局，1997 年 12 月二刷）。
49. 〔清〕陈康祺著，晋石点校，《郎潜纪闻初笔、二笔、三笔（下）》（北京：中华书局，1997 年 12 月二刷）。
50. 〔清〕陈康祺著，褚家伟、张文玲点校，《郎潜纪闻四笔》（北京：中华书局，1997 年 12 月二刷）。
51. 〔清〕陈盛韶，《问俗录》（南投：台湾省文献委员会，1997 年 11 月）。
52. 〔清〕黄叔璥，《台海使槎录》，台湾银行文献丛刊第四种，1957 年 11 月。
53. 〔清〕黄逢昶，《台湾生熟番纪事》，台湾银行文献丛刊第五一种，1960 年 4 月。
54. 〔清〕黄逢昶，《台湾杂记》，光绪十一年福州吴玉田刻本，北京国家图书馆分馆藏。
55. 〔清〕陆以湉，《冷庐杂识》（北京：中华书局，1997 年 12 月二刷）。
56. 〔清〕董天工，《台海见闻录》，台湾银行文献丛刊第一二九种，1961 年 10 月。
57. 扪虱谈虎客，《近世中国秘史》（扬州：江苏广陵古籍刻印出版社，1997 年 3 月二刷）。
58. 〔清〕张集馨，《道咸宦海见闻录》（北京：中华书局，1999 年 5 月三刷）。
59. 〔清〕张嗣昌，《巡台录》，乾隆元年刻本，北京大学图书馆藏。
60. 杨寿楠辑，宁志荣点校，《云在山房丛书三种》（太原：山西古籍出版社，1996 年 9 月）。
61. 葛虚存，《清代名人轶事》（扬州：江苏广陵古籍刻印社，1997 年 7 月二刷）。
62. 〔清〕钮琇，陈迹标点，《觚剩》（重庆：重庆出版社，1999 年 10 月）。

63. 〔清〕福格，《听雨丛谈》（北京：中华书局，1997年12月三刷）。
64. 〔清〕赵翼著，李解民点校，《簷曝杂记》（北京：中华书局，1997年12月二刷）。
65. 蔡青筠，《戴案纪略》，台湾银行文献丛刊第二〇六种，1964年11月。
66. 蔡锷，《曾胡治兵语录》（太原：山西古籍出版社，1995年9月）。
67. 〔清〕薛福成著，傅一标点，《庸庵笔记》（重庆：重庆出版社，1999年10月）。
68. 〔清〕翟灏，《台阳笔记》，台湾银行文献丛刊第二〇种，1958年5月。
69. 〔清〕邓传安，《蠡测汇钞》，台湾银行文献丛刊第九种，1958年1月。
70. 〔清〕诸家，《海滨大事记》，台湾银行文献丛刊第二一三种，1965年6月。
71. 〔清〕诸家，《悔逸斋笔乘（外十种）》（北京：北京古籍出版社，1999年2月）。
72. 〔清〕诸家，《割台三记》，台湾银行文献丛刊第五七种，1959年10月。
73. 〔清〕诸家，《澎湖台湾纪略》，台湾银行文献丛刊第一〇四种，1961年5月。
74. 〔清〕诸家，《台湾舆地汇钞》，台湾银行文献丛刊第二一六种，1965年9月。
75. 刘体智著，刘笃龄点校，《異辞录》（北京：中华书局，1997年12月）。
76. 〔清〕刘献廷著，汪北平、夏志和点校，《广阳杂记》（北京：中华书局，1997年12月二刷）。
77. 〔清〕蓝鼎元，《平台纪略》，台湾银行文献丛刊第一四种，1958年4月。
78. 罗惇曧著，孙安邦、王开学点校，《罗瘿公笔记选》（太原：山西古籍出版社，1997年7月）。
79. 〔清〕萧奭著，朱南铣点校，《永宪录》（北京：中华书局，1997年12月二刷）。
80. 〔清〕龚柴，《台湾小志》，光绪十年版，北京国家图书馆分馆藏。

（六）文集、诗集

1. 〔清〕王明德，《读律佩觿》（北京：法律出版社，2001年1月）。
2. 〔清〕包世臣撰，李星点校，《包世臣文集》（合肥：黄山书社，1997年9月）。
3. 〔清〕李光地著，陈祖武点校，《榕村语录/榕村续语录（下）》（北京：中华书局，1995年6月）。
4. 〔清〕李鸿章，《李文忠公全集》（台北：文海出版社，1970年）。
5. 〔清〕林占梅，《潜园琴余草简编》，台湾银行文献丛刊第二〇二种，1964年11月。
6. 〔清〕施士洁，《后苏龛合集》，台湾银行文献丛刊第二一五种，1965年11月。
7. 洪弃生，《洪弃生先生遗书》（台北：成文出版社，1970年4月）。
8. 〔清〕徐宗幹，《兵鉴全集》，咸丰二年晚枫书屋刻本，北京国家图书馆分馆藏。
9. 〔清〕徐宗幹，《斯未信斋文编》，台湾银行文献丛刊第八七种，1960年8月。
10. 〔清〕徐宗幹，《斯未信斋杂录》，台湾银行文献丛刊第九三种，1960年10月。

11. 许南英，《窥园留草》，台湾银行文献丛刊第一四七种，1962 年 9 月。
12. 连横，《雅堂文集》，台湾银行文献丛刊第二〇八种，1964 年 12 月。
13. 连横，《台湾诗乘》，台湾银行文献丛刊第六四种，1959 年 9 月。
14. 连横，《台湾诗荟杂文钞》，台湾银行文献丛刊第二二四种，1966 年 4 月。
15. 〔清〕盛康，《皇朝经世文编续编》（台北：文海出版社，1973 年 12 月）。
16. 〔清〕孙元衡，《赤嵌集》，台湾银行文献丛刊第一〇种，1958 年 1 月。
17. 〔清〕陈璸，《陈清端公文选》，台湾银行文献丛刊第一一六种，1961 年 11 月。
18. 诸家，《清经世文编选录》，台湾银行文献丛刊第二二九种，1966 年 7 月。
19. 诸家，《台湾诗钞》，台湾银行文献丛刊第二八〇种，1970 年 3 月。
20. 〔清〕诸家，《台湾杂咏合刻》，台湾银行文献丛刊第二八种，1958 年 9 月。
21. 〔清〕诸家，《台湾关系文献集零》，台湾银行文献丛刊第三〇九种，1972 年 12 月。
22. 〔清〕贺长龄，《皇朝经世文编》（台北：文海出版社，1973 年 12 月）。
23. 〔清〕郑用锡，《北郭园诗钞》，台湾银行文献丛刊第四一种，1959 年 6 月。
24. 〔清〕郑兼才，《六亭文选》，台湾银行文献丛刊第一四三种，1962 年 5 月。
25. 〔清〕刘铭传撰，马昌华、翁飞点校，《刘铭传文集》（合肥：黄山书社，1997 年 7 月）。
26. 龙顾山人纂，汴孝萱、姚松点校，《十朝诗乘》（福州：福建人民出版社，2000 年 8 月）。
27. 〔清〕魏秀仁，《魏秀仁杂著钞本（一）》（南京：江苏古籍出版社，2000 年 11 月）。

（七）日记、年谱、列传
1. 〔清〕丁宗洛，《陈清端公年谱》，台湾银行文献丛刊第二〇七种，1964 年 11 月。
2. 不著编人，《清史列传》（台北：明文书局，1985 年 5 月）。
3. 佚名，《林刚愍公列传》，雾峰林家顶厝捐赠手稿，编号 LIN036，台湾大学图书馆藏。
4. 〔清〕李桓编，《国朝耆献类征》（台北：明文书局，1985 年 5 月）。
5. 〔清〕吴大廷，《小酉腴山馆主人自著年谱》，台湾银行文献丛刊第二九七种，1971 年 12 月。
6. 〔清〕胡传，《台湾日记与禀启》，台湾银行文献丛刊第七一种，1960 年 3 月。
7. 陈衍，《福建通志列传选》，台湾银行文献丛刊第一九五种，1964 年 5 月。
8. 庄为玑、王连茂编，《闽台关系族谱资料选编》（福州：福建人民出版社，1984 年 8 月）。

9. 〔清〕闵尔昌，《碑传集补》（台北：明文书局，1985 年 5 月）。
10. 诸家，《台湾游记》，台湾银行文献丛刊第八九种，1960 年 8 月。
11. 〔清〕蒋师辙，《台游日记》，台湾银行文献丛刊第六种，1957 年 12 月。
12. 〔清〕钱仪吉编，《碑传集》（台北：明文书局，1985 年 5 月）。
13. 〔清〕缪全孙编，《续碑传集》（台北：明文书局，1985 年 5 月）。
14. 〔清〕罗大春，《台湾海防并开山日记》，台湾银行文献丛刊第三〇八种，1971 年 12 月。

（八）公牍、奏议

1. 〔清〕丁曰健，《治台必告录》，台湾银行文献丛刊第一七种，1959 年 7 月。
2. 〔清〕文煜撰，《署闽浙总督任内奏稿》，同治抄本，北京大学图书馆藏。
3. 〔清〕文煜等撰，《闽浙总督奏稿》，同治抄本，北京大学图书馆藏。
4. 〔清〕王元稺，《甲戌公牍钞存》，台湾银行文献丛刊第三九种，1959 年 6 月。
5. 不著辑者名氏，《咸同奏稿》，清钞本，北京国家图书馆分馆藏。
6. 日本东洋文库藏，《台岛劫灰》；曹永和、吴密察，《日据前期台湾北部施政纪实——经济、军事篇》（台北：台北市文献委员会，1886 年 10 月）。
7. 〔清〕仁和琴川居士，《皇清奏议》（台北：文海出版社，1967 年 10 月）。
8. 〔清〕左宗棠，《左文襄公奏牍》，台湾银行文献丛刊第八八种，1960 年 10 月。
9. 〔清〕佚名，《光绪奏牍》，清钞本，北京国家图书馆分馆藏。
10. 〔清〕佚名，《清代奏稿》，清钞本，北京国家图书馆分馆藏。
11. 〔清〕佚名，《嘉庆年奏稿》，清朱丝栏钞本，北京国家图书馆分馆藏。
12. 〔清〕沈葆桢，《沈文肃公牍》（南投：台湾省文献委员会，1998 年 3 月）。
13. 〔清〕沈葆桢，《福建台湾奏折》，台湾银行文献丛刊第二九种，1959 年 2 月。
14. 〔清〕李鸿章手记，《台湾割让中日谈判秘话录——伊藤博文・李鸿章一问一答》（台北：西南书局，1975 年 6 月再版）。
15. 〔清〕吴赞诚，《吴光禄使闽奏稿选录》，台湾银行文献丛刊第二三一种，1967 年 10 月。
16. 〔清〕施琅，《靖海纪事》，台湾银行文献丛刊第一三种，1958 年 2 月。
17. 〔清〕姚莹，《中复堂全集（东溟文外集）》（台北：文海出版社，1983 年 10 月）。
18. 〔清〕姚莹，《中复堂全集（东溟文外后集）》（台北：文海出版社，1983 年 10 月）。
19. 〔清〕姚莹，《东溟奏稿》，台湾银行文献丛刊第四九种，1959 年 6 月。
20. 〔清〕陈韬编，《同治中兴奏议约编》，光绪元年匣剑囊琴之室刻本，北京国家图书馆分馆藏。
21. 郭成伟主编，《官箴书点评与官箴文化研究》（北京：中国法制出版社，2000 年

12月）。
22. 郭成伟等，《明清公牍秘本五种》（北京：中国政法大学出版社，1999年1月）。
23. 〔清〕杨岳斌，《杨勇悫公奏议》，台湾银行文献丛刊第六二种，1959年9月。
24. 〔清〕诸家，《道咸同光四朝奏议》（台北：台湾商务印书馆，1970年6月）。
25. 台湾银行经济研究室编，《同治甲戌日兵侵台始末》，台湾银行文献丛刊第三八种，1959年4月。
26. 台湾银行经济研究室编，《清季台湾洋务史料》，台湾银行文献丛刊第二七八种，1968年6月。
27. 〔清〕刘铭传，《刘壮肃公奏议》，台湾银行文献丛刊第二七种，1958年9月。
28. 〔清〕刘璈，《巡台退思录》，台湾银行文献丛刊第二一种，1958年8月。
29. 〔清〕蓝鼎元，《东征集》，台湾银行文献丛刊第一二种，1958年2月。

（九）典制、官书
1. 〔清〕文庆，《筹办夷务始末》（台北：国风出版社，1963年4月）。
2. 〔清〕尹继善等，《钦定五军道里表》，清乾隆三十二年刻本，北京大学图书馆藏。
3. 不著编人，《户部则例□□卷存二十卷》，清乾隆内（务）府抄本，北京国家图书馆藏。
4. 不著编人，《兵部则例□□卷》，清乾隆内（务）府抄本，北京国家图书馆藏。
5. 不著编人，《同治九年庚午科福建省武闱乡试题名录》，清抄本，北京国家图书馆藏。
6. 不著编人，《康熙五十年辛卯科福建乡式武举录》，清康熙刻本，北京国家图书馆藏。
7. 不著编人，《康熙四十五年武会试录》，清康熙刻本，北京国家图书馆藏。
8. 不著编人，《乾隆四十二年丁酉科福建武闱乡试题名录》，清乾隆刻本，北京国家图书馆藏。
9. 不著编人，《乾隆缙绅全书》，清乾隆刻本，北京国家图书馆藏。
10. 不著编人，《乾隆缙绅全本》，清乾隆刻本，北京国家图书馆藏。
11. 不著编人，《满汉缙绅全本》，清乾隆二十八年同升阁书坊刻本，北京国家图书馆藏。
12. 不著编人，《缙绅全书》，清乾隆四十七年刻本，北京国家图书馆藏。
13. 不著编人，《福建赋役全书八十八卷》，清乾隆三年刻本，北京国家图书馆藏。
14. 不著编人，《福建通省赋役总册全书七十九卷》，清乾隆二十一年刻本，北京国家图书馆藏。

15. 不著编人，《缙绅全书》，清乾隆三十九年五本堂刻本，北京国家图书馆藏。
16. 〔清〕沈之奇撰，李俊、怀效锋点校，《大清律辑注（上、下）》（北京：法律出版社，2000 年 1 月）。
17. 〔清〕沈书城，《则例便览》；摘自四库未收书辑刊编纂委员会编，《四库未收书辑刊（贰辑·贰拾柒册）》（北京：北京出版社，2000 年 1 月）。
18. 〔清〕佚名，《兵部处分则例》，光绪抄本，北京国家图书馆分馆藏。
19. 〔清〕佚名，《淡水厅筑城案卷》，台湾银行文献丛刊第一七一种，1963 年 5 月。
20. 〔清〕佚名，《淡新凤三县简明总括图册》，台湾银行文献丛刊第一九七种，1964 年 4 月。
21. 〔清〕佚名，《福建省例》，台湾银行文献丛刊第一九九种，1964 年 6 月。
22. 〔清〕佚名，《福建政事录》，清（道光九年）蓝丝栏钞本，北京国家图书馆分馆藏。
23. 〔清〕佚名，《福建盐法志》，道光年间刻本，北京国家图书馆分馆藏。
24. 〔清〕佚名，《台湾兵备手抄》，台湾银行文献丛刊第二二二种，1966 年 2 月。
25. 〔清〕佚名，《台湾府赋役册》，台湾银行文献丛刊第一三九种，1962 年 2 月。
26. 洪安全主编，《清宫洋务始末台湾史料（一）》（台北：故宫博物院，1999 年 10 月）。
27. 洪安全主编，《清宫洋务始末台湾史料（二）》（台北：故宫博物院，1999 年 10 月）。
28. 洪安全主编，《清宫洋务始末台湾史料（三）》（台北：故宫博物院，1999 年 10 月）。
29. 洪安全主编，《清宫洋务始末台湾史料（四）》（台北：故宫博物院，1999 年 10 月）。
30. 直隶学校司编译处纂，《皇朝事略（初等小学课本）》，光绪二十九年山东印书局石印本，北京国家图书馆分馆藏。
31. 〔清〕高宗敕撰，《钦定平定台湾纪略》，台湾银行文献丛刊第一〇二种，1961 年 6 月。
32. 〔清〕席裕福，《皇朝政典类纂（光绪二十九年刊本）》（台北：成文出版社，1969 年 2 月一版）。
33. 〔清〕徐本等编，田涛、郑秦点校，《大清律例》（北京：法律出版社，1999 年 9 月）。
34. 〔清〕董公振，《钱谷刑名便览》；摘自四库未收书辑刊编纂委员会编，《四库未收书辑刊（贰辑·贰拾陆册）》（北京：北京出版社，2000 年 1 月）。
35. 〔清〕载龄等纂，《钦定户部则例》，同治十三年刻本，北京国家图书馆分馆藏。
36. 〔清〕庆源等纂，《钦定兵部处分则例》，道光年间刻本，北京国家图书馆分馆藏。

37. 〔清〕荣华堂,《大清中枢备览》,光绪八年刻本,自藏。
38. 〔清〕荣禄堂,《爵秩全览》,光绪三十四年刻本,自藏。
39. 台湾银行经济研究室编,《清会典台湾事例》,台湾银行文献丛刊第二二六种,1965年5月。
40. 〔清〕刘岳云编,《光绪会计表》,光绪二十七年教育世界社石印本,北京国家图书馆分馆藏。
41. 〔清〕宝名堂,《大清中枢备览》,乾隆五十年刻本,北京大学图书馆藏。

(十)兵书

1. 〔清〕王定安,《曾文正公水陆行军练兵志》;收录高体乾等编,《中国兵书集成(47)》(沈阳:辽沈书社,1992年9月)。
2. 〔清〕王鑫,《练勇刍言》;收录高体乾等编,《中国兵书集成(47)》(沈阳:辽沈书社,1992年9月)。
3. 〔清〕朱璐,《防守集成》;收录高体乾等编,《中国兵书集成(46)》(沈阳:辽沈书社,1992年4月)。
4. 〔清〕曾国藩,《直隶练军马步营制章程》;收录高体乾等编,《中国兵书集成(48)》(沈阳:辽沈书社,1993年5月)。

(十一)碑碣

1. 邱秀堂编,《台湾北部碑文集成》(台北:台北市文献委员会,1986年6月)。
2. 台湾银行经济研究室编,《台湾中部碑文集成》,台湾银行文献丛刊第一五一种,1962年9月。
3. 台湾银行经济研究室编,《台湾南部碑文集成》(南投:台湾省文献委员会,1994年7月)。

(十二)调查资料

1. 台湾银行经济研究室编,《清代台湾大租调查书》,台湾银行文献丛刊第一五二种,1963年4月。
2. 台湾惯习研究会原著,《台湾惯习记事(中译本)·第壹卷上》(南投:台湾省文献委员会,1984年6月)。
3. 台湾惯习研究会原著,《台湾惯习记事(中译本)·第壹卷下》(南投:台湾省文献委员会,1984年6月)。
4. 台湾惯习研究会原著,《台湾惯习记事(中译本)·第贰卷上》(南投:台湾省文献委员会,1986年6月)。

5. 台湾惯习研究会原著，《台湾惯习记事（中译本）·第叁卷上》（南投：台湾省文献委员会，1988年6月）。
6. 台湾惯习研究会原著，《台湾惯习记事（中译本）·第叁卷下》（南投：台湾省文献委员会，1987年11月）。
7. 台湾惯习研究会原著，《台湾惯习记事（中译本）·第肆卷上》（南投：台湾省文献委员会，1989年3月）。
8. 台湾银行经济研究室编，《台湾私法物权编》，台湾银行文献丛刊第一五〇种，1963年1月。

（十三）报纸
1. 澳门基金会，《镜海丛报》（上海：上海社会科学院出版社，2000年7月）。
2. 郑曦原编，李方惠等译，《帝国的回忆——“纽约时报”晚清观察记（China in the New York Time）》（北京：三联书店，2001年5月）。
3. 台湾银行经济研究室编，《清季申报台湾纪事辑录》（南投：台湾省文献委员会，1994年7月）。

（十四）总类
1. 牛创平、牛冀青编，《清代一二品官员经济犯罪案件实录》（北京：中国法制出版社，2000年5月）。
2. 〔清〕王先谦，《东华录》（济南：齐鲁书社，2000年5月）。
3. 不著编人，《清实录－圣祖仁皇帝实录》（北京：中华书局，1985年9月）。
4. 不著编人，《清实录－世宗宪皇帝实录》（北京：中华书局，1985年11月）。
5. 不著编人，《清实录－高宗纯皇帝实录》（北京：中华书局，1985年11月）。
6. 不著编人，《清实录－仁宗睿皇帝实录》（北京：中华书局，1986年6月）。
7. 不著编人，《清实录－宣宗成皇帝实录》（北京：中华书局，1986年8月）。
8. 不著编人，《清实录－文宗显皇帝实录》（北京：中华书局，1986年11月）。
9. 不著编人，《清实录－穆宗纯毅帝实录》（北京：中华书局，1987年1月）。
10. 不著编人，《清实录－德宗景皇帝实录》（北京：中华书局，1987年5月）。
11. 印鸾章，《清鉴》（北京：中国书店，1985年3月）。
12. 〔清〕朱寿朋，《十二朝东华录（光绪朝）》（台北：文海出版社，1968年8月）。
13. 〔清〕沈桐生，《光绪政要（一）》（扬州：江苏广陵古籍刻印社，1991年8月）。
14. 〔清〕沈桐生，《光绪政要（二）》（扬州：江苏广陵古籍刻印社，1991年8月）。
15. 〔清〕吴廷燮编《光绪建元以来督抚年表初稿》，清末木活字印本，北京国家图书馆藏。

16. 〔清〕章梫，《康熙政要》，宣统铅印本，北京国家图书馆分馆藏。
17. 孙毓棠编，《中国近代工业史资料（第一辑 1840－1895 年·下册）》（北京：科学出版社，1957 年 4 月）。
18. 陈衍，《台湾通纪》，台湾银行文献丛刊第一二〇种，1961 年 8 月。
19. 张本政主编，《清实录台湾史资料专辑》（福州：福建人民出版社，1993 年 12 月）。
20. 赵尔巽等著，《清史稿》（北京：中华书局，1998 年 1 月）。
21. 〔清〕蒋良骥，《十二朝东华录（天命至同治）》（台北：文海出版社，1968 年 8 月）。

二、专书

1. 丁光玲，《清代台湾义民研究》（台北：文史哲出版社，1994 年 9 月）。
2. 方行、经君健、魏金玉主编，《中国经济通史——清代经济卷（下）》（北京：经济日报出版社，2000 年 2 月）。
3. 王一婷，《台湾的古道》（台北：远足文化事业有限公司，2002 年 5 月）。
4. 王士达，《近代中国人口的估计（初稿）》（北平：北平社会调查所，1931 年 8 月）。
5. 王世庆，《淡水河流域河港水运史》（台北："中央研究院"中山人文社会科学研究所，1996 年 12 月）。
6. 王世庆，《清代台湾社会经济》（台北：联经出版事业公司，1994 年 8 月）。
7. 王先明，《近代绅士——一个封建阶层的历史命运》（天津：天津人民出版社，1997 年 12 月）。
8. 王纯五，《袍哥探秘》（成都：巴蜀书社，1993 年 6 月）。
9. 王嵩山，《阿里山邹族的历史与政治》（台北：稻乡出版社，2000 年 11 月）。
10. 王嵩山，《阿里山邹族的社会与宗教生活》（台北：稻乡出版社，1995 年 2 月）。
11. 王尔敏，《清季兵工业的兴起》（台北："中央研究院"近代史研究所，1978 年 6 月二版）。
12. 王尔敏，《淮军志》（台北："中央研究院"近代史研究所，1981 年 2 月再版）。
13. 王庆成，《稀见清世史料并考释》（武汉：武汉出版社，1998 年 7 月）。
14. 王跃生，《十八世纪中国婚姻家庭研究——建立在 1781～1791 年个案基础上的分析》（北京：法律出版社，2000 年 4 月）。
15. 王继平，《湘军集团与晚清湖南》（北京：中国社会科学出版社，2002 年 3 月）。

16. 尹章义，《张士箱家族移民发展史》（台北：张士箱家族拓展史研纂委员会，1983 年 7 月）。
17. 尹章义，《台湾开发史研究》（台北：联经出版事业公司，1999 年 10 月初版三刷）。
18. 陈孔立，《厦门史话》（上海：人民出版社，1979 年 9 月）。
19. 孔永松、李小平，《客家宗族社会》（福州：福建教育出版社，1997 年 6 月二刷）。
20. 中国军事史编写组，《中国军事史（第三卷兵制）》（北京：解放军出版社，1987 年 10 月）。
21. 仇德哉，《台湾之寺庙与神明（四）》（台北：台湾省文献委员会，1983 年 6 月。
22. 台湾客家公共事务协会主编，《新个客家人》（台北：台原出版社，1993 年 2 月二刷）。
23. 台湾常民文化学会，《彰化平原的族群与文化风录》（彰化：彰化县立文化中心，1999 年 1 月）。
24. 金梁，《台湾史料（油印本）》，1955 年，北京国家图书馆分馆藏。
25. 田玄，《淮军》（太原：山西人民出版社，2000 年 1 月）。
26. 田哲益，《台湾原住民的社会与文化》（台北：武陵出版有限公司，2001 年 4 月）。
27. 史志宏，《清代前期的小农经济》（北京：中国社会科学出版社，1994 年 10 月）。
28. 皮明勇，《湘军》（太原：山西人民出版社，1999 年 10 月）。
29. 池子华，《中国近代流民》（杭州：浙江人民出版社，1996 年 3 月）。
30. 任桂淳，《清朝八旗驻防兴衰史》（北京：三联书店，1993 年 3 月）。
31. 朱绍侯，《中国古代治安史》（开封：河南大学出版社，1994 年 12 月）。
32. 朱国宏，《中国的海外移民——一项国际迁移的历史研究》（上海：复旦大学出版社，1994 年 12 月）。
33. 行龙，《人口问题与近代社会》（台北：南天书局，1998 年 1 月）。
34. 汪宗衍，《读清史稿札记》（台北：弘文馆出版社，1986 年 4 月）。
35. 汪毅夫，《闽台历史社会与民俗文化》（厦门：鹭江出版社，2000 年 8 月）。
36. 江庆柏，《明清苏南望族文化研究》（南京：南京师范大学出版社，2000 年 9 月二刷）。
37. 何烈，《清咸同时期的财政》（台北：台湾编译馆中华丛书编审委员会，1981 年 7 月）。
38. 李文良，《中心与周缘——台北盆地东南缘浅山地区的社会经济变迁》

（台北：台北县立文化中心，1999年6月）。
39. 李文治、江太新，《中国宗法宗族制度和族田义庄》（北京：社会科学文献出版社，2000年4月）。
40. 李文治、魏金玉、经君建，《明清时代的农业资本主义萌芽问题》（北京：中国社会科学出版社，1983年5月）。
41. 李中清、王丰，《人类的四分之一——马尔萨斯的神话与中国的现实（1700～2000）》（北京：三联书店，2000年3月）。
42. 李汝和，《清代驻台班兵考》（台北：台湾省文献委员会，1971年5月）。
43. 李絜非，《台湾》（上海：商务印书馆，1947年2月上海四版）。
44. 何兆武、柳卸林主编，《中国印象——世界名人论中国文化（下册）》（桂林：广西师范大学出版社，2001年4月）。
45. 邱彦贵、吴中杰，《台湾客家地图》（台北：城邦文化事业股份有限公司，2001年5月）。
46. 邱瑞杰，《清末关西地区散村的安全与防御》（竹北：新竹县立文化中心，1999年6月）。
47. 吴吉远，《清代地方政府的司法职能研究》（北京：中国社会科学出版社，1998年6月）。
48. 吴育臻，《大隘地区聚落与生活方式的变迁》（竹北：新竹县立文化中心，2000年3月）。
49. 吴学明，《金广福垦隘与新竹东南山区的开发1834～1895》（台北：台湾师范大学历史所，1986年2月）。
50. 吴学明，《头前溪中上游开垦史暨史料汇编》（竹北：新竹县立文化中心，1998年6月）。
51. 吴镇坤等，《台中县客家风物专辑》（丰原：台中县立文化中心，1989年12月）。
52. 林玉茹，《清代台湾港口的空间结构》（台北：知书房出版社，1996年12月）。
53. 林玉茹，《清代竹堑地区的在地商人及其活动网络》（台北：联经出版事业公司，2000年5月）。
54. 林宗岗编，《中国官训经典》（北京：红旗出版社，1996年9月）。
55. 林其泉，《台湾杂谈（一）》（福州：台湾史研究室，1981年5月）。
56. 林美容，《草屯镇乡土社会史资料》（台北：台湾风物杂志社，1990年10月）。
57. 林美容，《彰化妈祖信仰圈内的曲馆》（南投：台湾省文献委员会，1997年5月）。

58. 林美容，《台湾人的社会与信仰》（台北：自立晚报社文化出版部，1993年1月）。
59. 林满红，《茶、糖、樟脑业与台湾之社会经济变迁 1860～1895》（台北：联经出版事业公司，2001年11月四刷）。
60. 林庆元主编，《福建近代经济史》（福州：福建教育出版社，2001年4月）。
61. 姜鸣，《龙旗飘扬的舰队——中国近代海军兴衰史》（上海：上海交通大学出版社，1991年7月）。
62. 高浣月，《清代刑名幕友研究》（北京：中国政法大学出版社，2000年1月）。
63. 高贤治、冯作民编译，《台湾旧惯习俗信仰》（台北：众文图书公司，1978年5月）。
64. 周育民、邵雍，《中国帮会史》（上海：上海人民出版社，1995年12月二刷）。
65. 洪敏麟，《台湾旧地名之沿革（第一册）》（南投：台湾省文献委员会，1999年6月四版）。
66. 洪敏麟，《台湾旧地名之沿革（第二册上）》（南投：台湾省文献委员会，1997年6月二版）。
67. 洪敏麟，《台湾旧地名之沿革（第二册下）》（南投：台湾省文献委员会，1997年6月二版）。
68. 洪丽完，《台湾中部平埔族——沙辘社与岸里大社之研究》（台北：稻乡出版社，1997年6月）。
69. 胡珠生，《清代洪门史》（沈阳：辽宁人民出版社，1996年5月）。
70. 柯志明，《番头家——清代台湾族群政治与熟番地权》（台北："中央研究院"社会学研究所，2001年3月）。
71. 姜涛，《人口与历史——中国传统人口结构研究》（北京：人民出版社，1998年7月）。
72. 施添福，《清代台湾的地域社会——竹堑地区的历史地理研究》（竹北：新竹县文化局，2001年9月）。
73. 施添福，《兰阳平原的传统聚落——理论架构与基本资料（上册）》（宜兰：宜兰县立文化中心，1997年5月修订版）。
74. 连横，《台湾通史》，台湾银行文献丛刊第一二八种，1962年2月。
75. 连横，《台湾语典》，台湾银行文献丛刊第一六一种，1963年3月。
76. 连立昌，《福建秘密社会》（福州：福建人民出版社，1993年6月二刷）。
77. 连立昌，《扰攘社会三百年——三大帮演义》（福州：福建人民出版社，1999年9月）。
78. 涂开舆，《华侨》（上海：商务印书馆，1930年）。

79. 秦宝琦，《中国地下社会（清前期秘密社会卷）》（北京：学苑出版社，1994 年 1 月）。
80. 秦宝琦，《洪门真史》（福州：福建人民出版社，2000 年 8 月二刷）。
81. 秦宝琦，《清前期天地会研究》（北京：中国人民大学出版社，1998 年 8 月二刷）。
82. 马昌华主编，《淮系人物列传——李鸿章家族成员、武职》（合肥：黄山书社，1995 年 12 月）。
83. 马昌华主编，《淮系人物列传——文职·北洋海军、洋员》（合肥：黄山书社，1995 年 12 月）。
84. 唐吉傑编著，《冶铁学》（台北：台湾商务印书馆，1975 年 6 月一版）。
85. 翁仕杰，《台湾民变的转型》（台北：自立晚报社文化出版部，1994 年 8 月）。
86. 翁佳音，《大台北古地图考释》（台北：台北县立文化中心，1998 年 6 月）。
87. 翁佳音，《异论台湾史》（台北：稻乡出版社，2002 年 2 月）。
88. 黄文博，《南瀛俗谚故事志》（新营：台南县文化局，2001 年 5 月）。
89. 黄明惠、黄明雅，《南瀛聚落志》（新营：台南县文化局，2002 年 1 月）。
90. 黄秀政等，《台湾史》（台北：五南图书出版股份有限公司，2002 年 2 月）。
91. 黄秀政等，《台湾史志论丛》（台北：五南图书出版有限公司，2000 年 3 月二刷）。
92. 黄秀政，《台湾割让与乙未抗日运动》（台北：台湾商务印书馆，1996 年 4 月二刷）。
93. 黄富三，《雾峰林家的兴起——从渡海拓荒到封疆大吏（1729～1864）》（台北：自立晚报，1987 年 10 月）。
94. 黄富三，《雾峰林家的中挫（1861～1865）》（台北：自立晚报，1992 年 9 月）。
95. 黄朝进，《清代竹堑地区的家族与地域社会——以郑、林两家为中心》（台北："国史馆"，1999 年 6 月二版）。
96. 许仁图编，《清史资料汇编补编（中册 2）》（台北：河洛图书出版社，1974 年）。
97. 许功明、柯惠译，《排湾族古楼村的祭仪与文化》（台北：稻乡出版社，1998 年 9 月）。
98. 许雪姬，《板桥林家——林平侯父子传》（南投：台湾省文献委员会，2000 年 11 月）。
99. 许雪姬，《清代台湾的绿营》（台北："中央研究院"近代史研究所，1987 年 5 月）。
100. 许雪姬，《龙井林家的历史》（台北："中央研究院"近代史研究所，

1990 年 6 月）。
101. 许毓良，《清代台湾的海防》（北京：社会科学文献出版社，2003 年 7 月）。
102. 康培德，《殖民接触与帝国边陲——花莲地区原住民十七至十九世纪的历史变迁》（台北：稻乡出版社，1999 年 12 月）。
103. 梁方仲，《中国历代户口、田地、田赋统计》（上海：上海人民出版社，1983 年 3 月四刷）。
104. 梁宇元，《清末北埔客家聚落之构成》（竹北：新竹县立文化中心，2000 年 3 月）。
105. 梁治平，《清代习惯法——社会与国家》（北京：中国政法大学出版社，1999 年 10 月）。
106. 娄子匡，《台湾人物传说（上）》（台北：东方文化书局，1976 年 4 月）。
107. 郭松义，《伦理与生活——清代的婚姻关系》（北京：商务印书馆，2000 年 8 月）。
108. 郭松义等，《清朝典章制度》（长春：吉林文史出版社，2001 年 3 月）。
109. 郭建，《帝国缩影——中国历史上的衙门》（上海：学林出版社，1999 年 12 月）。
110. 郭润涛，《官府、幕友与书生——“绍兴师爷”研究》（北京：中国社会科学出版社，1996 年 4 月）。
111. 曹树基，《中国人口史——第五卷清时期》（上海：复旦大学出版社，2001 年 5 月）。
112. 孙晓芬，《四川的客家人与客家文化》（成都：四川大学出版社，2000 年 5 月）。
113. 孙谦，《清代华侨与闽粤社会变迁》（厦门：厦门大学出版社，1999 年 6 月）。
114. 孙绳武，《稻》（上海：商务印书馆，1926 年 1 月）。
115. 温振华、戴宝村，《淡水河流域变迁史》（板桥：台北县立文化中心，1999 年 3 月初版二刷）。
116. 温振华，《清代新店地区社会经济之变迁》（台北：台北县政府文化局，2000 年 12 月）。
117. 温振华，《清代东势地区的土地开垦》（台北：日知堂，无年月）。
118. 曾少聪，《东洋航路移民——明清海洋移民台湾与菲律宾的比较研究》（南昌：江西高校出版社，1998 年 11 月）。
119. 曾思奇、许良国，《高山族风俗志》（北京：中央民族学院出版社，1988 年 2 月）。
120. 彭先国，《湖南近代秘密社会研究》（长沙：岳麓书社，2001 年 9 月）。

121. 陈孔立，《清代台湾移民社会研究》（厦门：厦门大学出版社，1990 年10 月）。
122. 陈孔立主编，《台湾研究十年》（台北：博远出版社，1991 年 11 月）。
123. 陈孔立，《台湾历史纲要》（台北：人间出版社，1998 年 10 月一版三刷）。
124. 陈支平，《近 500 年来福建的家族社会与文化》（上海：三联书店，1991 年 5 月）。
125. 陈在正，《台湾海疆史研究》（厦门：厦门大学出版社，2001 年 3 月）。
126. 陈亦荣，《清代汉人在台湾地区迁徙之研究》（台北：东吴大学中国学术著作奖助委员会，1991 年 5 月）。
127. 陈旭麓，《近代中国社会的新陈代谢》（上海：上海人民出版社，1992 年 12 月）。
128. 陈其南，《传统制度与社会意识的结构——历史与人类学的探索》（台北：允晨文化实业股份有限公司，1999 年 11 月二刷）。
129. 陈宗仁，《从草地到街市——十八世纪新庄街的研究》（台北：稻乡出版社，1996 年 6 月）。
130. 陈奇禄，《台湾土著文化研究》（台北：联经出版事业公司，1999 年 10 月三刷）。
131. 陈秋坤，《清代台湾土著地权——官僚、汉佃与岸里社人的土地变迁 1700～1895》（台北：“中央研究院”近代史研究所，1994 年 12 月）。
132. 陈俊傑，《埔里开发的故事》（南投：财团法人南投县文化基金会，1999 年 11 月）。
133. 陈康编著，《台湾高山族语言》（北京：中央民族学院出版社，1992 年 11 月）。
134. 陈国强，《高山族风情录》（成都：四川民族出版社，1994 年 4 月）。
135. 陈绍馨，《台湾的人口变迁与社会变迁》（台北：联经出版事业，1997 年 9 月五刷）。
136. 陈进传，《宜兰传统汉人家族之研究》（宜兰：宜兰县立文化中心，1995 年 5 月）。
137. 陈运栋等，《斗葛族人——道卡斯族研究导论》（苗栗：苗栗县立文化中心，1998 年 6 月）。
138. 陈碧笙，《台湾人民历史》（台北：人间出版社，1996 年 12 月）。
139. 陈鸿图，《水利开发与清代嘉南平原的发展》（台北：“国史馆”，1996 年 6 月）。
140. 陆传傑，《裨海纪游新注（大地别册）》（台北：大地地理出版事业，2001 年 4 月）。

141. 庄吉发，《清代台湾会党史研究》（台北：南天书局有限公司，1999 年 5 月）。
142. 庄吉发，《清代秘密会党史研究》（台北：文史哲出版社，1994 年 11 月）。
143. 庄吉发，《清史论集（一）》（台北：文史哲出版社，1997 年 12 月）。
144. 庄吉发，《清史论集（二）》（台北：文史哲出版社，1997 年 12 月）。
145. 庄吉发，《清史论集（三）》（台北：文史哲出版社，1998 年 10 月）。
146. 庄吉发，《清史论集（五）》（台北：文史哲出版社，2000 年 3 月）。
147. 庄吉发，《清史论集（八）》（台北：文史哲出版社，2000 年 11 月）。
148. 庄明水等，《台湾教育简史》（福州：福建教育出版社，1994 年 7 月）。
149. ［德］乔伟等著，《德国克虏伯与中国的近代化》（天津：天津古籍出版社，2001 年 9 月）。
150. 傅衣凌，《明清封建土地所有制论纲》（上海：上海人民出版社，1992 年 6 月）。
151. 傅衣凌、杨国桢主编，《明清福建社会与乡村经济》（厦门：厦门大学出版社，1987 年 10 月）。
152. 华友根，《薛允升的古律研究与改革——中国近代修订新律的先导》（上海：上海社会科学出版社，1999 年 12 月）。
153. 张世明，《18 世纪的中国与世界（军事卷）》（沈阳：辽海出版社，1999 年 6 月）。
154. 张仲礼著，李荣昌译，《中国绅士——关于其在 19 世纪中国社会中作用的研究》（上海：上海社会科学出版社，1998 年 1 月三刷）。
155. 张仲礼著，费成康、王寅通译，《中国绅士的收入——“中国绅士”续篇》（上海：上海社会科学出版社，2001 年 1 月）。
156. 张壮强，《广西近代援越抗法战争》（厦门：厦门大学出版社，2000 年 7 月）。
157. 张研，《清代社会的慢变量——从清代基层社会组织看中国封社会结构与经济结构的演变趋势》（太原：山西人民出版社，2000 年 1 月）。
158. 张振岳，《后山西拉雅人物志》（台北：常民文化事业有限公司，1996 年 5 月）。
159. 张伟仁，《清代法制研究（辑一册一）》（台北：“中央研究院”历史语言研究所，1983 年 9 月）。
160. 张胜彦，《清代台湾厅县制度之研究》（台北：华世出版社，1993 年 3 月）。
161. 张胜彦，《台中市史》（台中：台中市立文化中心，1999 年 6 月）。
162. 张德泽，《清代国家机关考略》（北京：学苑出版社，2002 年 5 月）。
163. 张耀锜，《平埔族社名对照表》（台北：台湾省文献委员会，1951 年）。

164. 张绣文，《台湾盐业史》（台北：台湾银行经济研究室，1955 年 11 月）。
165. 叶振辉，《清季台湾开埠之研究》（台北：标准书局，1985 年 5 月）。
166. 杨国桢，《林则徐传》（北京：人民出版社，1983 年 8 月二刷）。
167. 杨国桢、陈支平，《明清时代福建的土堡》（台北：国学文献馆，1993 年 1 月）。
168. 杨国鑫，《台湾客家》（台北：唐山出版社，1993 年 3 月）。
169. 杨宽，《中国古代冶铁技术的发明和发展》（上海：上海人民出版社，1956 年 10 月）。
170. 路遇、滕泽之，《中国人口通史（下）》（济南：山东人民出版社，2000 年 1 月）。
171. 薛化元，《台湾开发史》（台北：三民书局，1999 年 7 月）。
172. 廖丑，《西螺七嵌开拓史》（台北：前卫出版社，1998 年 11 月）。
173. 廖风德，《清代之噶玛兰》（台北：正中书局，1994 年 11 月二刷）。
174. 蔡少卿，《中国秘密社会》（台北：南天书局有限公司，1996 年 8 月）。
175. 赵文林、谢淑君，《中国人口史》（北京：人民出版社，1991 年 12 月）。
176. 赵冈等，《清代粮食亩产量研究》（北京：中国农业出版社，1995 年 5 月）。
177. 赵晓华，《晚清讼狱制度的社会考察》（北京：中国人民大学出版社，2001 年 4 月）。
178. 熊志勇，《从边缘走向中心——晚清社会变迁中的军人集团》（天津：天津人民出版社，1998 年 6 月）。
179. 潘大和，《平埔巴宰族沧桑史》（台北：南天书局有限公司，1998 年 4 月）。
180. 潘英，《台湾平埔族史》（台北：南天书局，2001 年 11 月三刷）。
181. 潘继道，《清代台湾后山平埔族移民之研究》（台北：稻乡出版社，2001 年 4 月）。
182. 郑安晞，《台湾最后祕境——清代关门古道》（台北：晨星出版有限公司，2000 年 10 月）。
183. 郑秦，《清代司法审判制度研究》（长沙：湖南教育出版社，1988 年 5 月）。
184. 霍斯陆曼·伐伐，《中央山脉的守护者：布农族》（台北：稻乡出版社，1997 年 10 月）。
185. 邓孔昭，《台湾通史辨误》（台北：自立晚报社文化出版部，1991 年 7 月一刷）
186. 刘子明，《中国近代军事思想史》（南昌：江西人民出版社，1997 年 7 月）。
187. 刘光涛，《敦厚堂文史论丛》（台北：天工书局，1990 年 12 月）。
188. 刘如仲、苗学孟，《清代高山族社会生活》（福州：福建人民出版社，1992 年 12 月）。

189. 刘志伟，《在国家与社会之间——明清广东里甲赋役制度研究》（广州：中山大学出版社，1997 年 12 月）。
190. 刘克襄策划，《探险家在台湾》（台北：自立晚报社文化出版部，1993 年 6 月二版）。
191. 刘旭，《中国古代兵器图册》（北京：北京图书馆出版社，1999 年 7 月二刷）。
192. 刘敏耀，《基隆炮台手册》（基隆：基隆市立文化中心，2000 年 8 月）。
193. 戴炎辉，《清代台湾的乡治》（台北：联经出版事业公司，1992 年 5 月三刷）。
194. 戴兴明、邱浩然主编，《客家文化论丛》（台北：中华文化复兴运动总会，1994 年 10 月）。
195. 藤井志津枝，《近代中日关系史源起 1871～1874 年台湾事件》（台北：金禾出版社，1994 年 6 月二刷）。
196. 简炯仁，《台湾开发与族群》（台北：前卫出版社，2001 年 10 月三刷）。
197. 苏亦工，《明清律典与条例》（北京：中国政法大学出版社，2000 年 1 月）。
198. 钟义明，《台湾的文采与泥香》（台北：武陵出版有限公司，1992 年 11 月）。
199. 罗肇锦，《台湾客家族群史——语言篇》（南投：台湾省文献委员会，2000 年 11 月）。
200. 罗尔纲，《太平天国史》（北京：中华书局，2000 年 11 月二刷）。
201. 罗尔纲，《晚清兵志——第一卷淮军志》（北京：中华书局，1997 年 1 月）。
202. 罗尔纲、罗文起，《太平天国散佚文献勾沉录》（贵阳：贵州人民出版社，1993 年 1 月）。

三、论文

1. 上海图书馆编，《中国谱牒研究——全国谱牒开发与利用学术研讨会论文集》（上海：上海古籍出版社，1999 年 10 月）。
2. “中央研究院”三民主义研究所编，《第一届历史与中国社会变迁（中国社会史）研讨会〔下册〕》（台北：“中央研究院”三民主义研究所，1982 年 8 月）。
3. “中华民国”史料研究中心主编，《中国现代史专题研究报告（第二十一辑）——台湾史料的搜集与运用讨论会论文集》（台北：“中华民国”史料研究中心，2000 年 10 月）。
4. 中国海洋发展史论文集编辑委员会主编，《中国海洋发展史论文集（第一辑）》（台北：“中央研究院”中山人文社会科学研究所，1995 年 6 月三刷）。
5. 中国海洋发展史论文集编辑委员会主编，《中国海洋发展史论文集（第二辑)》(台北:“中央研究院”三民主义研究所,1990年6月再版)。
6. 王志文,《淡水河岸同安人祖公会角头空间分布——以燕楼李、兑山李、西亭陈、郭子仪会例》,台南师范学院乡土文化研究所硕士论文,2000年12月。
7. 王慧芬,《清代台湾的番界政策》,台湾大学历史学研究所硕士论文,2000年1月。
8. 太平天国学刊编委会,《太平天国学刊(第四辑)》(北京:中华书局,1987年7月)。
9. 太平天国学刊编委会,《太平天国学刊(第五辑)》(北京:中华书局,1987年7月)。
10. 古鸿廷、黄书林编,《台湾历史与文化论文(一)》(台北:稻乡出版社,2000年12月三刷)。
11. 古鸿廷、黄书林编,《台湾历史与文化论文(三)》(台北:稻乡出版社,2000年2月)。
12. 李中清等主编,《婚姻家庭与人口行为(论文集)》(北京:北京大学出版社,2000年1月)。
13. 李亦园、乔健合编,《中国的民族社会与文化——芮逸夫教授八秩寿庆论文集》(台北:食货出版社,1981年10月)。
14. 李素月编辑,《“宜兰研究”第二届国际学术研讨会论文集》(宜兰:宜兰县立文化中心,1997年12月)。
15. 周惠民主编,《北台湾乡土文化学术研讨会论文集》(台北:台湾政治大学历史学系,2000年10月)。
16. 施添福,《清代台湾屏东平原的土地拓垦和族群关系》,《平埔族群与台湾历史文化学术研讨会》,“中央研究院”台湾史研究所筹备处主办,1998年5月。
17. [日]若林正丈、吴密察主编,《台湾重层近代化论文集》(台北:播种者文化有限公司,2000年8月)。
18. 许文雄,《林爽文起事和台湾的发展》,清代档案与台湾史研究学术研讨会,台湾故宫博物院主办,2001年6月。
19. 连慧珠,《“万生反”——十九世纪后期台湾民间文化之历史观察》,东海大学历史研究所硕士论文,1995年6月。
20. 汤熙勇主编,《中国海洋发展史论文集(第七辑·下册)》(台北:“中央研究院”中山人文社会科学研究所,1999年3月)。
21. 黄于玲编辑,《“宜兰研究”第四届国际学术研讨会论文集》(宜兰:宜兰县立文化中心,2002年10月)。

22. 黄智伟，《统治之道——清代台湾的纵贯线》，台湾大学历史学研究所硕士论文，1999 年 6 月。
23. 黄康显主编，《近代台湾的社会发展与民族意识（论文集）》（香港：香港大学校外课程部，1987 年 12 月）。
24. 黄富三，《从刘铭传开山抚番政策看清廷、地方官、士绅的互动》，《“中华民国”史专题论文集第五届讨论会（抽印本）》（台北：“国史馆”，2000 年 12 月）。
25. 黄应贵主编，《“空间、家与社会”研讨会（论文集）》（台北；“中央研究院”民族学研究所，1994 年 2 月）。
26. 陆元鼎主编，《中国客家民居与文化（论文集）》（广州：华南理工大学出版社，2001 年 8 月）。
27. 陈世荣，《清代北桃园的开发与地方社会建构 1683～1895》，台湾中央大学历史研究所硕士论文，1999 年 6 月。
28. 杨庆平，《清末台湾的“开山抚番”战争 1885～1895》，台湾政治大学民族研究所硕士论文，1995 年 6 月。
29. 张炎宪主编，《中国海洋发展史论文集（第三辑）》（台北：“中央研究院”中山人文社会科学研究所，1995 年 6 月三刷）。
30. 张素玢，《平埔社群空间地图的重构与解释——以东螺社与眉里社为中心》，《“平埔族群与台湾社会”国际学术研讨会》，“中央研究院”民族学研究所、台湾史研究所筹备处主办，2000 年 10 月。
31. 廖英杰编辑，《“宜兰研究”第三届国际学术研讨会论文集》（宜兰：宜兰县文化局，2000 年 8 月）。
32. 潘英海、詹素娟主编，《平埔研究论文集》（台北：“中央研究院”台湾史研究所筹备处，1995 年 6 月）。
33. 潘继道，《晚清“开山抚番”下后山奇莱平原地区原住民族群势力消长之研究》，《国家与东台湾区域发展史研讨会》，“中央研究院”台湾史研究所筹备处主办，2001 年 12 月。
34. 谢仲修，《清代台湾屯丁制度的研究》，台湾政治大学历史研究所硕士论文，1988 年 6 月。
35. 罗士杰，《清代台湾的地方菁英与意方社会——以同治年间戴潮春事件为讨论中心（1862～1868）》，清华大学历史研究所硕士论文，2000 年 6 月。

四、期刊

1. 中国第一历史档案馆，《同治年间哥老会史料》，《历史档案》，总 73 期，1998 年 11 月。

2. 中国第一历史档案馆，《清代查勘台湾官庄民地佃租史料》，《历史档案》，总25期，1987年2月。
3. 中国第一历史档案馆，《乾隆四十七年台湾漳泉民人械斗史料》，《历史档案》，总61期，1996年2月。
4. 中国第一历史档案馆，《乾隆朝武科史料选编》，《历史档案》，总60期，1995年11月。
5. 王世庆，《海山史话（上）》，《台北文献》，直字第37期，1976年9月。
6. 王崧兴，《八堡圳与台湾中部的开发》，《台湾文献》，第26卷第4期、27卷第1期合刊，1976年3月。
7. 王显荣，《大安港史话》，《台湾文献》，第29卷第1期，1978年3月。
8. 元廷植，《清中期福建的族正制》，《清史论丛》，2000年号，2001年1月。
9. 田彤，《清代（1840年前）的人口危机及对近代社会经济的影响》，《史学月刊》，总209期，1994年5月。
10. 石舍，《黄教的抗清》，《台南文化》，第6卷第4期，1959年10月。
11. 石万寿，《乾隆以前台湾南部客家人的垦殖》，《台湾文献》，第37卷第4期，1986年12月。
12. 石万寿，《台南府城的城防——台南都市化研究之一》，《台湾文献》，第30卷第4期，1979年12月。
13. 李中清、王丰，《摘掉人口决定论的光环——兼谈历史人口研究的思路与方法》，《历史研究》，总第275期，2002年2月。
14. 李世瑜，《有关刘永福晚年活动的一篇文献——跋“粤省民团总长刘永福之通告”》，《文献》，第七辑，1981年3月。
15. 李宜宪，《晚清后山驻兵初探》，《台湾文献》，第50卷第1期。
16. 李祖基，《清代巡台御史制度研究》，《台湾研究集刊》，总24期，1989年5月。
17. 李祖基，《清代前期台湾的田园赋则》，《台湾研究集刊》，总32期，1991年5月。
18. 李国荣，《论雍正时期对台湾的开发》，《历史档案》，总48期，1992年11月。
19. 李华，《清代前期赋役制度的改革——从“盛世滋生人丁永不加赋”到“摊丁入亩”》，《清史论丛》，第1辑，1979年8月。
20. 河乐，《胼手胝足、开发宝岛——漳属人民开拓台湾史略》，《长泰文史资料》，总第5期，1982年9月。
21. 吴申元，《对“清代人口研究”一文的两点意见》，《中国社会科学》，总16期，1982年7月。

22. 吴玫，《中法战争期间大陆对台湾的支持》，《台湾研究集刊》，总第 26 期，1989 年 11 月。
23. 吴学明，《清代一个务实拓垦家族的研究——以新竹姜朝凤家族为例》，《台湾史研究》，第 2 卷第 2 期，1995 年 12 月。
24. 林文龙，《台湾中部古碑续拾》，《台湾风物》，第 40 卷第 4 期，1990 年 12 月。
25. 林仁川、王蒲华，《清代福建人口向台湾的流动》，《历史研究》，总 162 期，1983 年 4 月。
26. 林美容，《彰化妈祖信仰圈内的曲馆与武馆之社会史意义》，《人文及社会科学集刊》，第 5 卷第 1 期，1992 年 11 月。
27. 林伟盛，《分类械斗蔓延全台的分析》，《台湾风物》，第 38 卷第 3 期，1988 年 8 月。
28. 林庆元，《洋务运动中来华洋匠名录》，《近代史资料》，总 95 期，1998 年 10 月。
29. 周力农，《清代台湾的土地制度和租佃关系》，《清史论丛》，第 7 辑，1986 年 10 月。
30. 周宗贤，《淡水与淡水炮台》，《台湾文献》，第 41 卷第 1 期，1990 年 3 月。
31. 周源和，《清代人口研究》，《中国社会科学》，总 14 期，1982 年 3 月。
32. 周翔鹤，《埤圳 · 结首制 · “力裁业户” ——水利古文书所见垦拓初期宜兰社会状况》，《台湾研究集刊》，总 57 期，1997 年 8 月。
33. 周翔鹤，《从水利事业看清代宜兰的社会领导阶层与家族兴起》，《台湾研究集刊》，总 59 期，1998 年 3 月。
34. 周翔鹤，《清代台湾给垦字研究》，《台湾研究集刊》，总 20 期，1988 年 5 月。
35. 周翔鹤，《清代台湾垦照与番社给垦字研究——清代台湾早期土地文书研究之一》，《台湾研究集刊》，总 23 期，1989 年 2 月。
36. 周翔鹤，《垦首考辨——清代台湾后期土地文书研究之一》，《台湾研究集刊》，总 24 期，1989 年 5 月。
37. 周翔鹤，《清代早期台湾中部北部平地的乡村经济和业户经济》，《台湾研究集刊》，总 25 期，1989 年 8 月。
38. 周翔鹤，《清代台弯土地开发史上的垦首、业主、佃首等名称的地理分布》，《台湾研究集刊》，总 31 期，1991 年 2 月。
39. [法] 亨利 · 絮贝尔 (Henri Zuber) 著，袁树仁译，《中国通讯 (1866 ~ 1867) ——亨利 · 絮贝尔旅华散记》，《近代史资料》，总 67 号，1987 年 11 月。
40. 洪灿楠，《台湾地区聚落发展之研究 (连载一)》，《台湾文献》，第 29 卷第 2 期，1978 年 6 月。

41. 施添福，《红线与蓝线——清乾隆中叶台湾番界图》，《台湾史田野研究通讯》，第 19 期，1991 年 6 月。
42. 施添福，《清代台湾竹堑地区的土牛沟和区域发展》，《台湾风物》，第 40 卷第 4 期，1990 年 12 月。
43. 施添福，《开山与筑路——晚清台湾东西部越岭道路的历史地理考察》，《师大地理研究报告》第 30 期，1999 年 5 月。
44. 施振民，《祭祀圈与社会祖织——彰化平原聚落发展模式的探讨》，《“中央研究院”民族学研究所集刊》，第 36 期，1973 年。
45. 胡果文，《论清代的人口膨胀》，《华东师范大学学报（哲学社会科学版）》，总 52 期，1984 年 4 月。
46. 胡良珍，《南投静观赛得克人的社会生活之研究》，《台湾文献》，第 20 卷第 4 期，1969 年 12 月。
47. 邵雍，《台湾八卦会起义述略》，《历史档案》，总 40 期，1990 年 11 月。
48. 范明焕，《清代新竹县猴洞庄探源》，《台湾风物》，第 40 卷第 3 期，1990 年 9 月。
49. 梁荣迅，《美国首次“清代历史人口的讨论会”综述》，《中国史研究动态》，总第 85 期，1986 年 1 月。
50. 马小鹤，《清代前期人口数字勘误》，《复旦学报》，1980 年第 1 期，1984 年 1 月。
51. 高王凌，《关于“清代人口研究”的几点质疑》，《中国社会科学》，总 16 期，1982 年 7 月。
52. 高淑媛，《罕见的团练公约》，《台湾风物》，第 44 卷第 3 期，1994 年 9 月。
53. 康豹（Paul R. Katz），《慈祐宫与清代新庄街地方社会之建构》，《北县文化》，第 53 期，1997 年 6 月。
54. ［美］许文雄，李祖基译，《十八～十九世纪的台湾社区组织》，《台湾研究集刊》，总 24 期，1989 年 5 月。
55. 许雪姬，《二刘之争与晚清台湾政局》，《“中央研究院”近代史研究所集刊》，第 14 期，1985 年 6 月。
56. 许雪姬，《刘璈与中法战争》，《台湾风物》，第 35 卷第 2 期，1985 年 6 月。
57. 许毓良，《清法战争中的基隆之役——兼论民族英雄墓的由来》，《台湾文献》，第 54 卷第 1 期，2003 年 3 月。
58. 许嘉明，《祭祀圈之于居台汉人社会的独特性》，《中华文化复兴月刊》，第 11 卷第 6 期，1978 年 6 月。

59. 盛清沂，《新竹、桃园、苗栗三县地区开辟史（上）》，《台湾文献》，第31卷第4期，1980年12月。
60. 盛清沂，《新竹、桃园、苗栗三县地区开辟史（下）》，《台湾文献》，第32卷第1期，1981年3月。
61. 盛清沂，《台北县板桥市开辟史事考》，《台湾文献》，第36卷第1期，1985年3月。
62. 曹树基、陈意新，《马尔萨斯理论和清代以来的中国人口——评美国学者近年来的相关研究》，《历史研究》，总第275期，2002年2月。
63. 惠邨，《清代台湾之租赋》，《台湾文献》，第10卷第2期，1959年6月。
64. 郭松义，《论"摊丁入地"》，《清史论丛》，第3辑，1982年2月。
65. 孙毓棠、张寄谦，《清代的垦田与丁口的记录》，《清史论丛》，第1辑，1979年8月。
66. 黄文英，《朱一贵领导的台湾农民大起义》，《长泰文史资料》，1981年第1期，1981年6月。
67. 黄卓权，《黄南球先生年谱初稿（一）》，《台湾风物》，第37卷第3期，1987年9月。
68. 黄卓权，《黄南球先生年谱初稿（二）》，《台湾风物》，第38卷第1期，1988年3月。
69. 黄卓权，《黄南球先生年谱初稿（三）》，《台湾风物》，第38卷第2期，1988年6月。
70. 黄卓权，《黄南球先生年谱初稿（四）》，《台湾风物》，第38卷第3期，1988年9月。
71. 黄秀政，《朱一贵的传说与歌谣》，《台湾文献》，第26卷第3期，1975年9月。
72. 黄雯娟，《清代台北盆地的水利事业》，《台湾文献》，第47卷第3期，1996年9月。
73. 黄富三，《板桥林本源家与清代北台山区的发展》，《台湾史研究》，第2卷第1期，1995年6月。
74. 黄荣洛，《有关清代闽粤械斗的一件民间古文书》，《台湾风物》，第40卷第44，1990年12月。
75. 温振华，《清代中部平埔族迁移埔里分析》，《台湾文献》，第51卷第2期，2000年6月。
76. 温振华，《清代台湾中部的开发与社会变迁》，《台湾师范大学历史学报》，第11期，页73。
77. 温振华，《清代台湾中部的开发（第八十四回台湾研究研讨会记录）》，

《台湾风物》，第 43 卷第 1 期，1993 年 3 月。
78. 温振华，《清代台北盆地汉人社会祭祀圈之演变》，《台北文献》，直字第 88 期，1989 年 6 月。
79. 温振华，《清代后期台北盆地士人阶层的成长》，《台北文献》，直字第 90 期，1999 年 12 月。
80. 汤熙勇，《清代巡台御史的养廉银及其相关问题》，《人文及社会科学集刊》，第 3 卷第 1 期，1990 年 11 月。
81. 陈文达，《嘉义梅山乾隆民番界碑》，《台湾文献》，第 37 卷第 3 期，1986 年 9 月。
82. 陈支平，《明清福建家族与人口变迁》，《中国社会经济史研究》，总 30 期，1989 年 8 月。
83. 陈孔立，《“有唐山公，无唐山妈”质疑——有关台湾早期人口性别比例问题》，《台湾研究集刊》，总 58 期，1997 年 12 月。
84. 陈孔立，《清代台湾社会动乱原因与性质的分析》，《台湾研究集刊》，总第 54 期，1996 年 11 月。
85. 陈绍馨，《台湾人口史的几个问题（座谈会）》，《台湾文献》，第 13 卷第 2 期，1962 年 6 月。
86. 陈国栋，《“军工匠首”与清领时期台湾的伐木问题 1683～1875》，《人文及社会科学集刊》，第 7 卷第 1 期，1995 年 3 月。
87. 陈桦，《释“滋生人丁”》，《清史研究通讯》，总 14 期，1985 年 12 月。
88. 陈镦厚珍藏，王国璠注记，《百寿诗录》，《台北文献》，直字第 36 期，1974 年 6 月。
89. 惠邨，《清代台湾的租赋》，《台湾文献》，第 10 卷第 2 期，1959 年 6 月。
90. 程士毅，《军工匠人与台湾中部的开发问题》，《台湾风物》，第 44 卷第 3 期，1994 年 9 月。
91. 程贤敏，《论清代人口增长率及“过剩”问题》，《中国史研究》，总 15 期，1982 年 9 月。
92. 庄吉发，《盛清时期台湾会党起源及其性质》，《淡江史学》，第 11 期，2000 年 6 月。
93. 庄金德，《台湾屯政之兴废》，《台湾文献》，第 11 卷第 4 期，1960 年 12 月。
94. ［日］张士阳，邓孔昭译，《雍正九、十年台湾中部的原住民叛乱》，《台湾研究集刊》，总 32 期，1991 年 5 月。
96. ［日］张士阳，邓孔昭译，《雍正九、十年台湾中部的原住民叛乱（续）》，《台湾研究集刊》，总第 33 期，1991 年 8 月。

97. 张英宇，《清代缙绅录略考》，《文献》，第 19 期，1984 年 3 月。
98. 张岩，《试论清代的常平仓制度》，《清史研究》，总 12 期，1993 年 12 月。
99. 张莉，《论台湾朱一贵抗清起义的历史原因》，《历史档案》，总 38 期，1990 年 5 月。
100. 张菼，《同籍械斗的吴阿来事件》，《台湾文献》，第 20 卷第 4 期，1969 年 12 月。
101. 张菼，《清道光年间郭洸侯京控案》，《台湾文献》，第 19 卷第 4 期，1968 年 12 月。
102. 张菼，《郭洸侯京控案中的许东灿暨该案各人的惩处》，《台湾文献》，第 20 卷第 2 期，1969 年 6 月。
103. 张建华，《英国与 1874 年日本侵犯台湾事件》，《北大史学》，第 8 期，2001 年 12 月。
104. 杨玉姿，《清代同发号家族在清水的开发》，《高雄师范学院学报》，第 14 期，1986 年。
105. 杨其昌，《清代人口问题及其历史教训》，《云南教育学院学报》，总 10 期，1987 年 3 月。
106. 闵宗殿，《清代的人口问题及其农业对策》，《清史研究通讯》，总 31 期，1990 年 3 月。
107. 蔡采秀，《台中地区的拓垦组织与产业开发》，《中县文献》，第 6 期，1998 年 1 月。
108. 台湾省立台中图书馆，《台湾中部地方文献资料（四）》，《台湾文献》，第 34 卷第 4 期，1983 年 12 月。
109. 赫治清，《“天地会盟书誓词”辨正》，《清史研究通讯》，总 11 期，1985 年 3 月。
110. 潘向明，《鸦片战争前中西火炮技术比较研究》，《清史研究》，总第 11 期，1993 年 9 月。
111. 潘英海，《平埔族研究的困惑与意义——从邵式伯的博士论文“十七及十八世纪台湾拓垦中的汉番关系”谈起》，《台湾风物》，第 37 卷第 2 期，1987 年 6 月。
112. 潘喆、陈桦，《论清代的人丁》，《中国经济史研究》，总 5 期，1987 年 3 月。
113. 廖汉臣，《岸里大社调查报告书》，《台湾文献》，第 8 卷第 2 期，1957 年 6 月。
114. 廖汉臣，《彰化县之歌谣》，《台湾文献》，第 11 卷第 3 期，1960 年 9 月。
115. 廖毓文，《王元穉与其“夜雨灯前录续录”》，《台北文献》，直字第 11/

12 期合刊，1970 年 6 月。
116. 樊信源，《清代台湾民间械斗历史研究》，《台湾文献》，第 25 卷第 4 期，1974 年 12 月。
117. 郑秀玲，《古新庄街区之环境特质》，《北县文化》，第 48 期，1996 年 5 月。
118. 锦旋编、张玉芷注，《福建红钱军领袖林万青传记》，《近代史资料》，总 17 号，1957 年 12 月。
119. 刘平，《略论清代会党与土匪的关系》，《历史档案》，总第 73 期，1999 年 2 月。
120. 刘枝万，《台北平埔番印谱》，《台北文献》，第 2 期，1962 年 12 月。
121. 刘育嘉，《清代台北盆地的水利开发》，《台湾文献》，第 47 卷第 3 期，1996 年 9 月。
122. 钟华操，《同治初年戴潮春之役》，《台湾文献》，第 25 卷第 2 期，1974 年 6 月。
123. 蒋德学，《试论清代人口编审的几个问题》，《贵州社会科学》，总 25 期，1984 年 7 月。
124. 穆黛安（Dian H. Murray）、秦宝琦，《西方学者有关天地会研究述略》，《清史研究通讯》，总第 34 期，1990 年 12 月。
125. 卫惠林，《阿美族的部落制度》，《台湾文献》，第 9 卷第 1 期，1958 年 3 月。
126. 颜章炮，《清代台湾民间的守护神信仰和分类械斗》，《清史研究》，总第 33 期，1998 年 12 月。
127. 颜义芳，《清代台湾盐业发展之脉络》，《台湾文献》，第 54 卷第 1 期，2003 年 3 月。
128. 藤井志津枝，《“清史稿”乾隆时期“番界禁例”考》，《台湾风物》，第 40 卷第 1 期，1990 年 3 月。
129. 简炯仁，《由屏东县里港“双慈宫”珍藏的两块石碑论里港的开发》，《台湾风物》，第 46 卷第 1 期，1996 年 3 月。
130. 简炯仁，《由两块石碑论史籍上弥陀港的兴衰——兼谈浊水溪（阿公店溪）的改道情形》，《台湾风物》，第 48 卷第 3 期，1998 年 9 月。
131. 简炯仁，《由屏东市天后宫珍藏“义祠亭碑记”论清廷对屏东平原客家六堆态度的转变》，《台湾风物》，第 47 卷第 2 期，1997 年 6 月。
132. 罗尔纲，《清季兵为将有的起源》；收录许仁图编，《清史资料汇编补编（下册）》（台北：河洛图书出版社，1974 年）。
133. 严中平辑译，《英国鸦片贩子策划鸦片战争的幕后活动》，《近代史资料》，总第 21 号，1958 年 8 月。

五、工具书

1. 上海社会科学院经济研究所编，《晚清经济史事编年》（上海：上海古籍出版社，2000 年 5 月）。
2. 中国第一历史档案馆、福建师范大学历史系，《清季中外使领年表》（北京：中华书局，1997 年 1 月二刷）。
3. 朱寰、王恒伟主编，《中国对外条约辞典 1689～1949》（长春：吉林教育出版社，1994 年 6 月）。
4. 李鹏年等编，《清代六部成语词典》（天津：天津人民出版社，1994 年 2 月二刷）。
5. 郭毅生主编，《太平天国历史地图集》（北京：中国地图出版社，1989 年 6 月）。
6. 连锋宗总编，《1/5 万台湾地理人文全览图（北・南岛）》（台北：上河文化，2001 年 6 月）。

贰、外文

一、史料

（一）原文

1. Allen, Herbert J., "On a journal through Formosa from Tamsui to Taiwan fu," *The Geographical Magazine* 4 (1877): 135 - 136 (from http://academic.reed.edu/formosa/texst/Allen1877.html)
2. Allen, Herbert J., "Notes of a Journey through Formosa from Tamsui to Taiwan-fu," *Royal Geographical Society of London* 21 (1877): 258 - 266. (from http://academic.reed.edu/formosa/texst/Allen1877.html)
3. Bates H. W., "The island of Formosa," in *Illustrated travels: A record of discovery, geography, and adventure* (London: Cassell, Petter and Galpin, 1869), pp. 250 - 252. (from http://academic.reed.edu/formosa/texts/Bates1869.html)
4. Beazeley, M., "Notes of an Overland Journey through the southern part of Formosa from Takow to the South Cape in 1875 with an Introductory Sketch of the Island," *Royal Geographical Society and Monthly Record of Geography n. s.* 7 (January 1885): 1 - 22. (from http://academic.reed.edu/formosa/texts/Beazeley1885.html)
5. Bullock, T. L. "A trip into the interior of Formosa," *Royal Geographical Society* 21 (1877): 266 - 272. (from http://academic.reed.edu/formosa/texts/Bullock1877.html)

6. Campbell, W., "Aboriginal Savages of Formosa," *Ocean Highways: The geographical Review n. s.* 1 (1874): 410 – 412. (from http://academic. reed. edu/formosa/texts/Campbell1874. html)

7. Colquhoun A. R. and J. H. Stewart – Lockhart. "A sketch of Formosa," *The China Review* 13 (1885): 161 – 207. (from http://academic. reed. edu/formosa/texts/Colquhoun1885. html)

8. Dennys N. B., "Formosa", in *Dennys N. B. & Fred Mayers, the Treaty Ports of China and Japan* (London: Tr bner, 1867, pp. 291 – 325. (from http://academic. reed. edu/formosa/texts/Dennys1867. html)

9. Guillemard F. H. H., "Formosa" in *The Curise of the Marchesa to Kamschatka & New Guineaa, with notices of Formosa, Liu – Kiu and various islands of Malay Archipelago* (London: John Murray, 1886), pp. 1 – 25. (from http://academic. reed. edu/formosa/texts/Guillemard1886. html)

10. Hancock A., "A visit to the savages of Formosa," Good Words for 1885. pp. 373 – 379. (from http://academic. reed. edu/formosa/texts/Hancock1885. html)

11. Hughes T. F., "Visit of Tok – e – tok, chief of the eighteen tribes, southern Formosa," *Royal Geographical Society* 16 (1872): 265 – 271. (from http://academic. reed. edu/formosa/texts/Hughes1872. html)

12. La Prouse, Jean – Francois de Galaup, comte de, The Voyage of La Prouse round the world in the years 1785, 1786, 1787and 1788 with nautical tables. Translated from the French Illustrated with fifty – one plates in two volumes (London: Printed for John Stockdate, Piccadilly, 1798). (from http://academic. reed. edu/formosa/texts/Laperouse. html)

13. Write by Reclus Elise, Edit by A. H. Keane, "Formosa", *in The earth and its inhabitant Asia, Vol. II, East Asia: Chinese empire, Corea, Japan* (New York: D. Appleton, 1884). (from http://academic. reed. edu/formosa/texts/Reclus1884. html)

14. Steere J. B., "Formosa," *Journal of the American Geographical Society* 6 (1876): 302 – 334. (from http://academic. reed. edu/formosa/texts/Steere1876. html)

15. Swinhoe Robert, "Additional notes on Formosa," *Royal Geographical Society* 10 (1866): 122 – 128. (from http://academic. reed. edu/formosa/texts/swinhoe1866. html)

17. Thomson, John, "Note of a journey in Southern Formosa," *Journal of the*

Royal Geographical Society XLIII (1873): 97-107. (from http://academic.reed.edu/formosa/texts/Thomson1873.html)
18. Thomson John, *The Straits of Malacca, Indo-China and China or Ten years' travel, adventures and residence abroad* (London: Sampson Low, Marston, Low& Searle, 1875)
19. Thomson, J., F. R. G. S. *Illustrations of China and its people: A series of two hundred photographs, with; letterpress descriptive of the places and people represented* (London: Sampon Low, Marston, Low and Searle, 1873-1874). (from http://academic.reed.edu/formosa/texts/Thomson 73-74.html)
20. Translated by Christian Buss, Edited by Douglas Fix, Ibis Paul, "Auf Formosa: Enthnographische Wanderungen," Globus 31 (1877): 149-152, 167-171, 181-187, 196-200, 214-219, 230-235. (from http://academic.reed.edu/formosa/texts/ Ibis1877.html)
21. 伊能嘉矩,《瑯峤十八社》,伊能文库手稿及抄写,编号:M033,台湾大学图书馆藏。
22. 伊能嘉矩,《台湾屯田兵关奏议案意译》,伊能文库手稿及抄写,编号:M008,台湾大学图书馆藏。
23. 伊能嘉矩,《观风蹉跎》,伊能文库手稿及抄写,编号:M037,台湾大学图书馆藏。
24. 蔡庆涛,《基隆地方研究资料》,收入伊能嘉矩文库微卷编号T0021,卷号6-4(手稿及抄写部分〔四〕),台湾大学图书馆所藏。
25. [日] 临时台湾土地调查局,《清赋一斑(明治三十三年/1900发行)》(台北:南天书局,1998年7月)。

(二)译著

1. [日] 川口常孺,《台湾割据志》,台湾银行文献丛刊第一种,1957年8月。
2. [日] 日本参谋本部编,许佩贤译,《攻台战纪(原名明治二十七八年日清战史)》(台北:远流出版事业股份有限公司,1995年12月)。
3. [英] 必麒麟(W. A. Pickering)著,吴明远译,《老台湾(Pioneering in Formosa)》(台北:台湾银行经济研究室,1959年1月)。
4. [日] 伊能嘉矩著、杨南郡译注,《平埔族调查旅行——伊能嘉矩"台湾通信"选集》(台北:远流出版事业股份有限公司,1997年5月初版三刷)。
5. [日] 伊能嘉矩著、杨南郡译注,《台湾踏查日记(上)》(台北:远流出版事业股份有限公司,2000年10月初版三刷)。

6. ［日］伊能嘉矩著、杨南郡译注，《台湾踏查日记（下）》（台北：远流出版事业股份有限公司，1997 年 2 月初版二刷）。
7. ［英］亨利·诺曼著，邓海平译，《龙旗下的臣民——近代中国社会与礼俗》（北京：光明日报出版社，2000 年 6 月）。
8. ［美］亨特（William C. Hunter）著，沈正邦译，《旧中国杂记（Bits of old China）》（广州：广东人民出版社，1992 年 12 月）。
9. ［美］李仙德（C. W. Le Gendre），《台湾番事物产与商务》，台湾银行文献丛刊第四六种，1959 年 8 月。
10. ［美］明恩溥（Arthur Henderson Smith，1845～1942）著，林欣译，《中国人的素质（Chinese Characteristics）》（北京：京华出版社，2002 年 6 月）。
11. ［英］呤唎（A. F. Lindley）著，王维周、王元化译，《太平天国革命亲历记》（上海：上海人民出版社，1997 年 12 月）。
12. ［荷］施列格（Gustave Schlegel），薛澄清译，《天地会（Thian Ti Hwui，The Hung League，or Heaven－Earth League：A Secret Society with the Chinese in China and India）》（台北：古亭书屋，1975 年 8 月）。
13. 胡滨译，《英国档案有关鸦片战争资料选译（下册）》（北京：中华书局，1993 年 8 月）。
14. ［法］C. Imbault－Huart 著，黎烈文译，《台湾岛之历史与地志》（台北：台湾银行经济研究室，1958 年 3 月）。
15. ［法］E. Garnot 著，黎烈文译，《法军侵台始末（L′Expedition francaise de Formose，1884－1885）》（台北：台湾银行经济研究室，1960 年 10 月）。
16. ［美］马士（Hosea Ballou Morse，1855～1934）著，张汇文等译，《中华帝国对外关系史·第二卷 1861～1893 年屈从时期（The International Relations if the Chinese Empire：Volume II）》（上海：上海书店出版社，2000 年 9 月）。
17. ［加］马偕（G. L. Mackay）著，周学谱译，《台湾六记（From Far Formosa）》（台北：台湾银行经济研究室，1960 年 1 月）。
18. ［英］约·罗伯茨（J. A. G. Roberts）著，蒋重跃、刘林海译，《十九世纪西方人眼中的中国（China Through Western Eyes：The Nineteenth Century）》（北京：时事出版社，1999 年 1 月）。
19. ［美］James W. Davidson 著，蔡启恒译，《台湾之过去与现在》（台北：台湾银行经济研究室，1972 年 4 月）。
20. ［英］麦高温（？～1922）著，朱涛、倪静译，《中国人生活的明与暗（Men and Manners of Modern China）》（北京：时事出版社，1998 年 1 月）。
21. ［美］陶德（John Dodd）著，陈政三译，《北台封锁记——茶商陶德笔下的清法战争（Journal of A Blockaded Resident in North Formosa during the Franco－Chinese War 1884－5)）》（台北：原民文化事业，2002 年 7 月）。

22. ［英］斯当东（Sir George Staunton），叶笃义译，《英使谒见乾隆纪实（An Authentic Account Of An Embassay From The King Of Great Britain To The Emperor Of China)）》（上海：上海书店出版社，1997 年 6 月）。

23. ［日］森丑之助著、杨南郡译注，《生蕃行脚》（台北：远流出版事业股份有限公司，2000 年 1 月）。

24. ［英］爱尼斯·安德逊（Aeneas Anderson），费振东译，《英国人眼中的大清王朝》（北京：群言出版社，2002 年 1 月）。

25. ［瑞典］龙思泰（Anders Ljubgstedt，1759～1835）著，吴义雄等译，《早期澳门史》（北京：东方出版社，1997 年 10 月）。

26. ［美］E. A. 罗斯著，公茂虹、张 皓译，《变化中的中国人（The Changing Chinese)》（北京：时事出版社，1998 年 1 月）。

二、专书与期刊

（一）原文

1. Irick Robert L.，Ch′ing Policy Toward the Coolie 1847－1878（Taipei：Chinese Materials Center，1982）.

2. Hughes B. P.，*Firepower：Weapons effectiveness on the Battlefield*，1630－1850（New York：Sarpedon Press，1997）.

3. Reed W. Bradly，TALONS AND TEETH：County Clerks and Runners in the Qing Dynasty（California：Stanford University Press，2000）.

4. Shepherd J. R.，*Statecraft and Political Economy on the Taiwan Frontier* 1600－1800（Taipei：Nan－Tian Bookstore press，1995）.

5. Timothy J. Kutta，"The French Foreign Legion"，*Strategy & Tactics*，*issue* 200，(Nov./Dec.，1999）.

6. Woodward David，Armies of the World 1854－1914（New York：G. P. Putnam's，1978）.

7. ［日］黄昭堂，《台湾总督府》（东京：教育社，1981 年 4 月）。

（二）译著

1. ［美］R. J. 史密斯（Richard Joseph Smith）著，汝企和译，《十九世纪中国的常胜军（The Ever－Victorious Army of Nineteenth Century China)》（北京：中国社会科学出版社，2003 年 2 月）。

2. ［日］太田出，《清代绿营的管辖区域与区域社会——以江南三角洲为中心》，《清史研究》，总第 26 期，1997 年 6 月。
3. ［日］山根勇藏，《台湾民俗风物杂记》（台北：武陵出版有限公司，1989 年 5 月）。
4. ［法］白尚德（Chantal Zheng）著，郑顺德译，《十九世纪欧洲人在台湾》（台北：南天书局，1999 年 6 月）。
5. ［美］孔飞力（Philip A. Kuhn）著，谢亮生等译，《中华帝国晚期的叛乱及其敌人（Rebellion And Its Enemies In Late Imperial China）》（北京：中国社会科学出版社，2002 年 1 月二刷）。
6. ［日］西松唯一著，郝新吾译，《火药》（上海：商务印书馆，1937 年 3 月）。
7. ［美］艾马克（Mark a. Allee）著，王兴安译，《晚清中国的法律与地方社会——十九世纪的北部台湾（Law and Local Society in Late Imperial China: Northern Taiwan in the Nineteenth Century）》（台北：播种者文化有限公司，2003 年 9 月）。
8. ［日］伊能嘉矩，《台湾文化志（中译本·上卷）》（台中：台湾省文献委员会，1985 年 11 月）。
9. ［日］伊能嘉矩，《台湾文化志（中译本·中卷）》（台中：台湾省文献委员会，1991 年 6 月）。
10. ［日］伊能嘉矩，《台湾文化志（中译本·下卷）》（台中：台湾省文献委员会，1991 年 6 月）。
11. ［日］伊能嘉矩，温吉编译，《台湾番政志》（台北：台湾省文献委员会，1957 年 12 月）。
12. ［美］吉尔伯特·罗兹曼（Gilbert Rozman）主编，《中国的现代化（The Modernization of China）》（南京：江苏人民出版社，1998 年 3 月）。
13. ［美］J. C. 亚历山大、邓正来编，《国家与市民社会——一种社会理论的研究路径》（北京：中央编译出版社，1999 年 3 月）。
14. ［英］贝思飞（Phil Billingsley）著，徐有威等译，《民国时期的土匪（Bandits in Republican China）》（上海：上海人民出版社，1996 年 1 月二刷）。
15. ［美］何炳棣著，葛剑雄译，《明初以降人口及其相关问题 1368 - 1953》（北京：三联书店，2000 年 11 月）。
16. ［瑞典］威廉·利德（William Reid）著，卜玉坤等译，《西洋兵器大全（Weapons Through The Ages）》（香港：万里书店，2000 年 10 月）。
17. ［美］黄宗智，《民事审判与民间调解——清代的表达与实践》（北京：中国社会科学出版社，1998 年 5 月）。
18. ［英］莫里斯·弗里德曼（Maurice Freedman）著，刘晓春译，《中国东南的宗族组织（Lineage Organization in Southeastern China）》（上海：上

海人民出版社，2000 年 3 月）。
19. ［美］芮玛丽（Mary Clalaugh Wright）著，房德邻等译，《中国保守主义的最后抵抗——同治中兴 1862 ~ 1874（The T'ung - Chih Restoration）》（北京：中国社会科学出版社，2002 年 1 月）。
20. ［日］东嘉生著，周宪文译，《台湾经济史概说》（台北：海峡学术出版社，2000 年 5 月）。
21. ［美］杰弗里·帕克（Geoffery Parker）著，傅景川等译，《剑桥战争史（Cambridge Illustrated History of Warfare）》（吉林：吉林人民出版社，2001 年 3 月二刷）。
22. ［日］金关丈夫原编，林川夫主编，《民俗台湾（第二辑）》（台北：武陵出版有限公司，1998 年 1 月二刷）。
23. ［日］金关丈夫原编，林川夫主编，《民俗台湾（第三辑）》（台北：武陵出版有限公司，1995 年 7 月）。
24. ［日］金关丈夫原编，林川夫主编，《民俗台湾（第四辑）》（台北：武陵出版有限公司，1999 年 10 月三刷）。
25. ［日］金关丈夫原编，林川夫主编，《民俗台湾（第五辑）》（台北：武陵出版有限公司，1995 年 4 月二刷）。
26. ［日］金关丈夫原编，林川夫主编，《民俗台湾（第六辑）》（台北：武陵出版有限公司，1997 年 4 月）。
27. ［日］金关丈夫原编，林川夫主编，《民俗台湾（第七辑）》（台北：武陵出版有限公司，1998 年 1 月二刷）。
28. ［法］阿兰·佩雷菲特（Alain Peyrefitte）著，王国卿等译，《停滞的帝国——两个世界的撞击（L'EMPIRE IMMOBILE ou LE CHOC DES MONDES）》（北京：三联书店，1998 年 1 月三刷）。
29. ［美］施坚雅（G. W. Skinner）主编，叶光庭等译，《中华帝国晚期的城市（The City in Late Imperial China）》（北京：中华书局，2000 年 12 月）。
30. ［日］宫本延人，《台湾原住民族——回想·私民族学调查》（东京：六兴出版株式会社，1985 年 9 月）。
31. ［英］埃瑞克·霍布斯鲍姆（Eric Hobsbawm）著，李立玮、谷晓静译，《匪徒（BANDITS）》（北京：中国友谊出版公司，2001 年 1 月）。
32. ［美］麦斯基尔（J. M. Meskill），王淑琤译，《雾峰林家——台湾拓荒之家》（台北：文镜文化事业有限公司，1986 年 11 月）。
33. ［日］国分直一著，邱梦蕾译，《台湾的历史与民俗》（台北：武陵出版有限公司，1998 年 9 月二版）。
34. ［日］梶原通好著，李文祺译，《台湾农民的生活习俗》（台北：台原出版社，1998 年 1 月五刷）。
35. ［英］S. 斯普林克尔，张守东译，《清代法制导论——从社会学角度加以分析》（北京：中国政法大学出版社，2000 年 10 月）。
36. ［日］黄昭堂著，廖为智译，《台湾民主国之研究》（台北：财团法人现代学术研究基金会，1993 年 12 月）。
37. ［日］铃木 明著，谢森展译，《外国人眼中的台湾真相》（台北：创意力文化事业，1992 年 1 月二版）。
38. ［日］铃木质原，《台湾番人风俗志》（台北：武陵出版有限公司，1998 年 11 月三刷）。
39. ［美］K. E. 福尔索姆（Kenneth E. Folsom）著，刘悦斌等译，《朋友·客人·同事（Friends，Guests，and Colleagues）》（北京：中国社会科学出版社，2002 年 1 月）。
40. ［日］种村保三郎著，谭继山译，《台湾小史》（台北：武陵出版有限公司，2000 年 10 月三刷）。
41. ［美］费正清（John King Fairbank）著，张理京译，《美国与中国（The United States and China）》（北京：世界知识出版社，2000 年 3 月）。
42. ［美］费正清（J. K. Fairbank）、刘广京编，张玉法主译，《剑桥中国史（第十一册）——晚清篇 1800 ~ 1911》（台北：南天书局，1987 年 9 月）。
43. ［日］增田福太郎著，古亭书屋编译，《台湾汉民族的司法神——城隍信仰的体系》（台北：众文图书股份有限公司，1999 年 10 月）。
44. ［日］滋贺秀三等著，《明清时期的民事审判与民间契约》（北京：法律出版社，1998 年 10 月）。
45. ［美］Derk Boddle & Clarence Morris 著，朱勇译，《中华帝国的法律（Law in Imperial China）》（南京：江苏人民出版社，1998 年 3 月三刷）。
46. ［美］穆戴安（Dian H. Murray）著，刘 平译，《华南海盗 1790 ~ 1810（Pirates of South China Coast 1790 ~ 1810）》（北京：中国社会科学出版社，1997 年 9 月）
47. ［美］魏斐德（Frederic Evans Wakeman）著，王小荷译，《大门口的陌生人——1836 ~ 1861 年间华南的社会动乱（Strangers at the Gate：Social Disorder in South China）》（北京：中国社会科学出版社，2002 年 1 月二刷）。
48. ［日］滨下武志著，朱荫贵、欧阳菲译，《近代中国的国际契机——朝贡贸易体系与近代亚洲经济圈》（北京：中国社会科学出版社，1999 年 1 月）。
49. ［日］织田万，《清国行政法泛论（1909 年汉译本）》（台北：华世出版社，1979 年 3 月）。

后　记

本书是从我的博士论文修改而来，其题目的选定背后还有一段故事。回忆起1998年的时候，我还只是一名硕士班二年级的学生。当时政大历史所开设一门台湾史讲座的课程，邀请“中央研究院”台湾史研究所（筹备处）陈秋坤教授来演讲。讲题结束以后，照例由学生发问请教。陈老师在为我们解惑的同时，也提出个人研究台湾史的心得；认为“武力”是探讨清代台湾社会，一个非常重要的议题。

来年我进入台湾师大历史研究所博士班就读，陈老师的一席话让我深思化为行动的可能。未几台湾史学界发生一件盛事，“中央研究院”社会学研究所柯志明教授，完成了一本力作——《番头家——清代台湾族群政治与熟番地权》。我自忖可否像柯老师看齐，写出一本“掷地有声”的论文？这种想法的前提，关键在于对不同史料的掌握。基于这个特点，从未去过大陆的我，决定在2001、2002年展开北京之旅。利用这二年的暑假，约六个月的时间，前往中国第一历史档案馆、北京国家图书馆与分馆、北京大学图书馆，找寻论文相关资料。当然也得到相当大的收获。

平庸的我，虽在锲而不舍的努力下，搜集许多珍贵的资料；但是若没有好的老师指导，也不可能完成学位论文。首先我要感谢的是二位指导教授——“中央研究院”台湾史研究所所长许雪姬、长荣大学台湾研究所教授温振华。二位老师各自在专业领域的杰出表现，让身为学生的我受益良多。其次是我的舅公——“中央研究院”台湾史研究所学术咨询委员王世庆。王老师深厚的台湾史素养，正是我学习的榜样。再次是从2000年认识迄今，长期关心我的另一位业师——中国社会科学院荣誉学部委员郭松义。

自从2004年取得博士学位后，不知不觉也过了四个年头。回顾前面三年，虽然专任教职仍未找到，但研究工作始终没有中断。特别是前往中国社会科学院近代史研究所，以及在台湾大学法律系、中央大学历史所从事博士后研究。大陆学界把博士后视为一项学位，这跟台湾学界视博士后，为找到专任教职前的过渡身份不同。然而我想拥有如此学术经历的人，在现今的两岸恐怕也不多。在这段时间，我最要感谢的学者，则是我在近代史所的指导教授——中国社会科学院学部委员张海鹏。

如今有幸能在辅仁大学进修部历史系任教，也是得到众多老师的肯定才能成事。贵人相助的因素，也在本书的出版之时再次得到印证。这必须感谢东方历史学会会长沈志华及其师母李丹慧的介绍，再加上九州出版社总编辑王杰的支持，才能顺利付梓。最后我要把这本书，献给我的妈妈，远在美国的妹婿与妹妹，以及我的父亲——一位早已离我远去，但却是我最想念的人。

许毓良

2008 年 2 月 26 日写于辅仁大学得愚斋